中华人民共和国地方志丛书

乐安县志

（1986—2016）

上册

乐安县地方志编纂委员会　编

方志出版社
Publishing House of Local Records

图书在版编目（CIP）数据

乐安县志.1986—2016 / 乐安县地方志编纂委员会编. -- 北京 : 方志出版社, 2019.12
ISBN 978-7-5144-4082-9

Ⅰ.①乐… Ⅱ.①乐… Ⅲ.①乐安县－地方志－1986—2016 Ⅳ.①K295.64

中国版本图书馆CIP数据核字(2020)第019190号

乐安县志（1986—2016）

编　　者：乐安县地方志编纂委员会
责任编辑：董　琳

出 版 者：方志出版社
　　地　址：北京市朝阳区潘家园东里9号（国家方志馆4层）
　　邮　编：100021
　　网　址：http://www.zgfzcb.cn
发　　行：方志出版社图书经销中心
　　电话（010）67110500
经　　销：各地新华书店
印　　制：山东新华印务有限公司　（0531）82079209

开　　本：889mm×1194mm　1/16
印　　张：101.75
字　　数：2276千字
版　　次：2019年12月第1版　2020年12月第1次印刷
印　　数：0001~3000册

ISBN 978-7-5144-4082-9　　定价：688.00元（全两册）

乐安县地方志编纂委员会

（2017 年 7 月—2018 年 6 月）

顾　　　问：彭银贵

主　　　任：吴宜文

第一副主任：江少辉

常务副主任：吴淑琴

副　主　任：王金华　曾志军　袁加勤

委　　　员：游国珍　曾亦农　邓荣祥　赵　晶　钱　民　龚幼光
黄财明　王绍辉　杨友宗　邹献辉　邹春英

乐安县地方志编纂委员会

（2018 年 7 月—2020 年 5 月）

顾　　　问：彭银贵

主　　　任：吴宜文

第一副主任：江少辉　吴淑琴

常务副主任：覃　鹏

副　主　任：王金华　曾志军　袁加勤

委　　　员：游国珍　曾亦农　邓荣祥　赵　晶　钱　民　龚幼光
黄财明　王绍辉　杨友宗　邹献辉　邹春英　王龙秀

乐安县地方志编纂委员会

（2020 年 6 月—　　）

顾　　　问：彭银贵

主　　　任：吴宜文

第一副主任：江少辉　陈伙明

常务副主任：惠　峰

副　主　任：罗中华　曾志军　袁加勤

委　　　员：游国珍　王金华　邓荣祥　赵　晶　钱　民　黄财明
陈羽后　王绍辉　刘晓东　胡佳民

《乐安县志（1986—2016）》
修纂人员

主　　　修：吴宜文
副　主　修：吴淑琴（2017.07—2018.06）　覃　鹏（2018.07—2020.05）
　　　　　　惠　峰（2020.06—　　　）

主　　　编：袁加勤
副　主　编：邹春英（2017.07—2018.10）　王龙秀（2017.08—2019.03）
总　　　纂：袁加勤
编　　　辑：缪凤祥　王来龙　陈兆芳　陈　庚　杨荣峰　王春元
特邀编辑：银光灿
特聘编审：段绍镒　陈志平
图片征集：陈　庚
校　　　对：丁德义
打　　　印：董梦男　徐　璐　何蓉蓉

《乐安县志（1986—2016）》
复审会专家组成员

汪志强　市地方志办主任
陈志平　市地方志办副主任
段绍镒　市地方志办原副主任、调研员
汪　洋　市地方志办地方志科科长
谷丽茜　市地方志办干部
熊梓良　市地方志办干部

序一

盛世修志，志载盛世。乐安建县于南宋绍兴十九年（1149），乐安人民素有编修方志的优良传统，先后有宋、元、明、清时期13次修志。时事变迁，一些旧志已风流云散、邈焉难寻，流传至今的清·同治十年《乐安县志》成为我们了解乐安历史最基础的史料。中华人民共和国成立后，乐安首轮编修的《乐安县志》于1989年付梓成书，记述了1149年至1985年乐安的历史变迁，是我们了解乐安这一时期的“百科全书”。2017年，乐安进行第二轮续修县志，时间断限为1986—2016年，编修《乐安县志（1986—2016）》付梓问世，是乐安历史文化建设承上启下、继往开来、服务当代、垂鉴后世的重要载体。

仁者乐山，智者乐水，信者乐安。乐安，地处赣域中心，远在新石器时代就有先民繁衍生息；在历史的长河中，乐安这片土地上经历过人事代谢、沧海桑田的变迁，出现过烽烟滚滚、刀光剑影的变幻，一代代乐安人民在历史的风雨中生生不息，用勤劳、智慧建设着自己的家园。特别是党的十一届三中全会后，乐安人民意气风发、艰苦奋斗，经济社会发展取得了显著成绩。本志所记录的1986—2016年，是乐安人民推进可持续发展、奋力建设全面小康社会的31年，是县委县政府不忘初心再出发、砥砺前行铸辉煌的31年。期间，全县经济总量不断壮大，发展思路逐渐清晰，发展举措日益完善，农业结构调整、工业振兴、旅游发展逐步走稳走实，城乡居民收入持续增长，交通区位大幅改善，城乡面貌发生明显变化，社会事业取得长足进步。乐安历史长河中的这段快速发展、色彩斑斓的历史，值得圈点、值得书写、值得铭记。

“治天下者以史为鉴，治郡县者以志为鉴”。地方志书的存史、资政、育人作用早已被社会实践。站在建党100周年的历史节点，回顾中国共产党100年来所经历的沧桑巨变、风雨征程，我们需要以史为鉴，从历史的发展规律中得到启迪，汲取有益的经验和教训，从而正确地认识和把握乐安的今天，科学地预见和迎接乐安的明天。这也是编纂这部志书的重要意义所在。

读史以励志，掩卷当奋发。中华民族伟大复兴的中国梦成为引领着乐安县人民锐意进取、励精图治的不竭动力。展望“十四五”，乐安人民正瞄准国家全域旅游示范区、全国绿色有机农业示范县、全省数字经济示范区、长江经济落后地区绿色崛起示范县的目标，勠力同心、埋头苦干，持续推进经济社会高质量赶超发展，为实现乐安“绿色崛起，跨跃赶超”不懈奋斗。

值此志书问世之际，谨向在修志工作中潜心耕耘、默默奉献的全体工作人员表示崇高的敬意和深深的感谢！他们为世修志，为业存史，不胜光荣之至。

是为序。

中共乐安县委书记 彭银贵

2020年12月

序二

欣逢盛世修县志，勠力四载终修成。在举国上下隆重迎接中国共产党诞辰100周年的日子里，谨将《乐安县志（1986—2016）》作为一份贺礼，向党表达40万乐安人民一份崇高的敬意。

乐安历史悠久，文化深厚，物华天宝，人杰地灵，红色是乐安的基因和血脉，绿色是乐安的金山和银山，古色是乐安的自然和人文。

乐安建县于南宋绍兴十九年（1149），至今已有870余年历史，古邑古村古迹众多，非物质文化遗产丰富，有9个中国传统村落、4个省级传统村落，傩舞被列入国家非物质文化遗产名录，小吹会、装故事、罗陂庙会、蛋雕等被列入省非物质文化遗产名录。乐安自然资源丰富，森林覆盖率达70.46%，高于全省平均水平7个百分点，是中国气象协会评定的“中国天然氧吧”，是国家绿色农业示范区，江西第二批生态文明示范县，全市唯一的省级生态扶贫示范区。

乐安是中央苏区重要组成部分，乐安战役是毛泽东在中央苏区指挥的最后一次战役。中央苏区第四次反“围剿”中登仙桥大捷，红军“三天分别活捉和击毙一师长”传为佳话。老一辈无产阶级革命家毛泽东、周恩来、朱德、邓小平等在这块红土地上从事过革命实践活动，留下了诸多革命遗迹，留存的红军标语达3826条，是名副其实的“红军标语第一县”。

《乐安县志（1986—2016）》以习近平新时代中国特色社会主义思想为指导，以党建为核心，以经济建设和社会发展为中心，以各行各业为构架，以人民的创造和业绩为素材，运用辩证唯物主义和历史唯物主义的观点，全面、系统、客观地记述31年来乐安的自然、政治、经济、文化和社会发展状况。特别全县上下聚焦“作示范勇争先”目标定位和“五个推进”更高要求，以“创新引领，改革攻坚，开放提升，绿色崛起，担当实干，兴县富民”24字方针为指引，以“绿色崛起，跨跃赶超”为统领，全力打好脱贫攻坚、项目带动、美丽城乡建设“三大攻坚战”，着力打造古村生态旅游知名县、绿色工业活力县、现代农业精品县、生态文明建设样板县、公共服务民间投资示范县，重点作了详细记述。

修志问道，以启未来。细读该志，时代特点和地域特色鲜明，思想性、资料性和科学性融为一体，是一本以史鉴今、资政教育的良史，对推进各项工作大有裨益。

《乐安县志（1986—2016）》煌煌220万言，很不容易，凝集了修志人员四载的心血，谨向为《乐安县志》付出辛劳的同志们表示深切的谢意和崇高的敬意！

是为序。

乐安县人民政府县长 吴宜文

2020年12月

县行政中心

四九广场

文化广场

水上乐园

县城鸟瞰图

森林公园

湿地公园

县城一角

排下新农村

县城鳌河

流坑乌江

千古第一村——流坑村门楼

水南古樟林

大华山——江南绝顶三峰

古樟林

金竹瀑布——虎啸瀑

大华山山脉

金竹畲族乡白龙峡谷

金竹瀑布——双龙瀑

流坑龙湖

茶园梯田

登仙桥大捷旧址

金竹畲族乡大通彩绘村

抚吉高速与昌韶高速交会处

昌韶高速乐安互通出入口

国道 322 与省道 313 交会处

山村公路

龙潭水库

南村乡移民搬迁点——和谐新村

土地治理增田镇带陂项目区

乐安110千伏变电站

公溪光伏发电

中保四青希望小学

生活垃圾卫生填埋场

前坪工业区一角

厚发工业区一角

公溪工业区一角

前坪工业区标准厂房

前坪工业区大道

纺织车间

电子产品生产车间

服装生产车间

竹笋加工生产车间

药品生产车间

茧丝缫丝车间

大棚种植

白莲种植

大棚蔬菜

晾晒油茶籽

烤烟种植

稻谷收割

金竹畲乡稻田养鱼

茅苔韭菜

乐安花猪

毛竹林

桑叶种植

蚕上蔟结茧

茶叶采摘

茶叶晾青

食用菌种植

流坑村董氏大宗祠遗址

流坑村理学名家宅

流坑村文馆

流坑村凤凰厅照壁

流坑村麒麟厅照壁

流坑村状元楼

流坑村民宅内景

湖坪乡东山村国宝公祠内景

湖坪乡东山村节孝坊

牛田镇水南村红石牌坊

罗陂乡水溪村龙图学士坊

罗陂乡水溪村刺史传芳坊

龚坊镇同富村光程公祠

南村乡稠溪村王氏大宗祠

招携镇葛陂村曾氏宗祠

南村乡前团村古戏台

湖坪乡参陂村古石拱桥

鳌溪镇东坑村古石拱桥

乐安一中教学楼

乐安二中运动场

县城街道夜景

县城保障性住房

中学地理数字化教学

学生接受革命传统教育——参观红军标语展

农村学校课间营养餐

乐安傩舞展演

学生做傩舞健身操

农村文化“三项活动”送戏下乡演出

全民健身日活动

舞龙

太极拳运动

竹杆舞

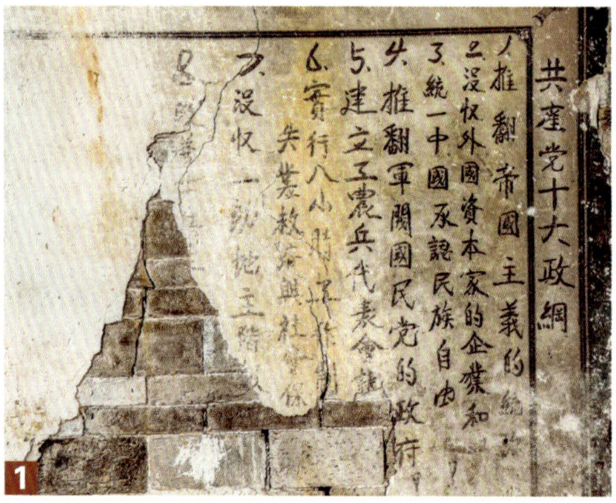

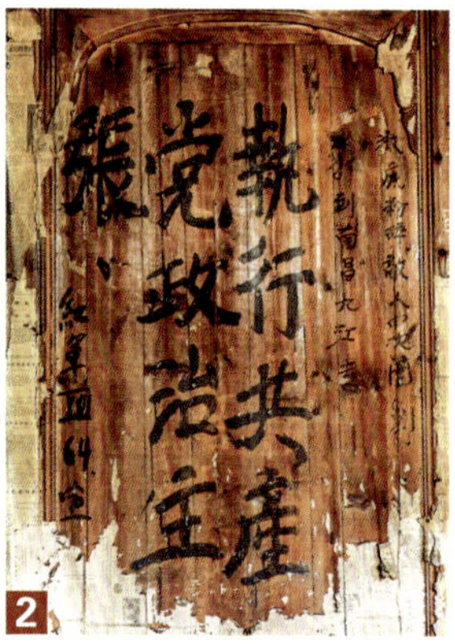

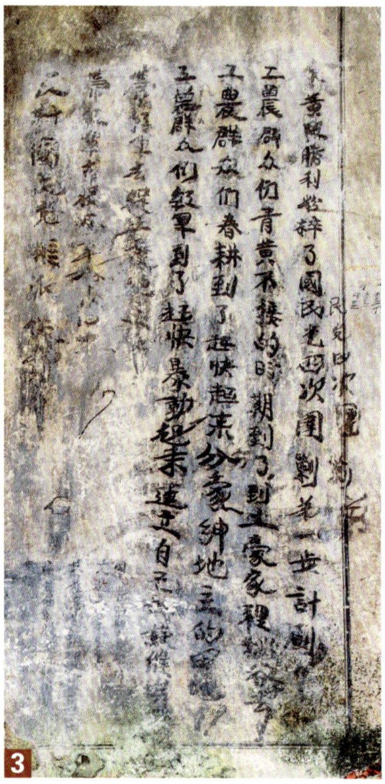

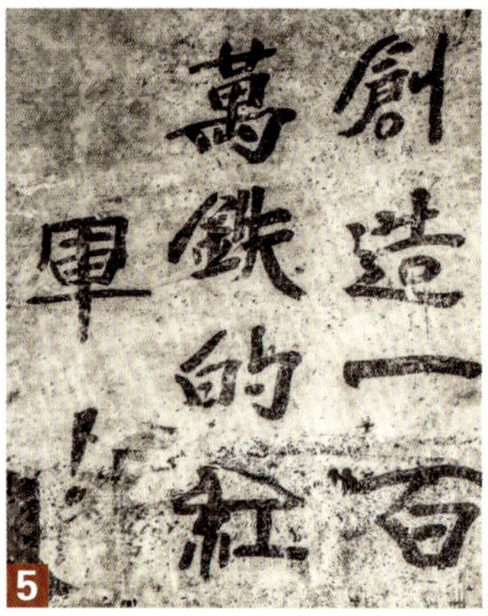

1 标语内容：共产党十大政纲
标语落款：中国工农红军第四军
书写时间：1929 年 2 月—1933 年 12 月
标语地址：招携镇坪上村

2 标语内容：执行共产党政治主张
标语落款：红军：ⅩⅩⅡ 64D
书写时间：1932 年 9 月
标语地址：谷岗乡火嵊村

3 标语内容：黄陂胜利粉碎了国民党四次围剿……
标语落款：中国工农红军（卅七）
书写时间：1933 年 3 月底至 4 月初
标语地址：鳌溪镇罗山村

4 标语内容：国民党帮助资本家压迫人民
书写时间：1933 年 4—8 月
标语地址：牛田镇水南村

5 标语内容：创造一百万铁的红军
标语落款：红三军团
书写时间：1933 年 5—6 月
标语地址：湖坪乡坊塘村

6 标语内容：勇敢坚决的工农当红军去！
标语落款：红五政
书写时间：1933 年 6 月
标语地址：湖坪乡东山村

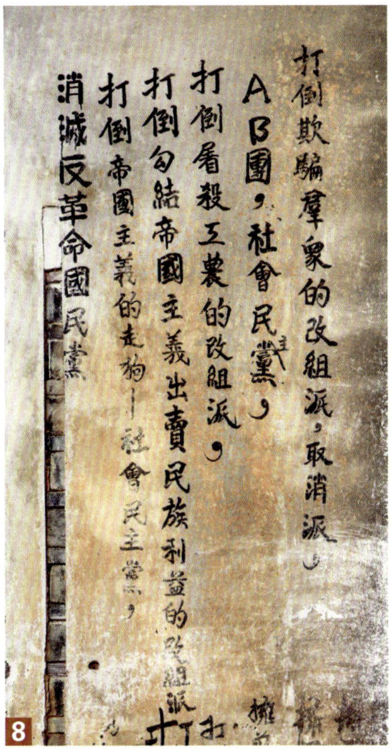

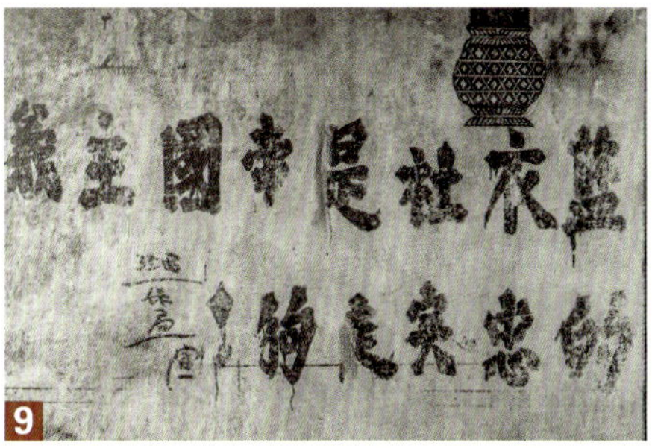

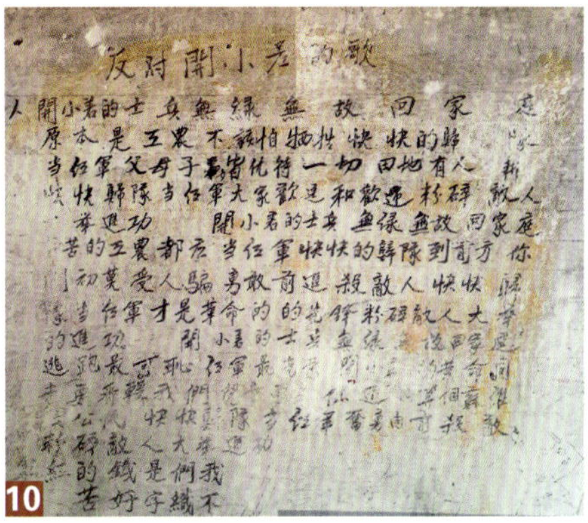

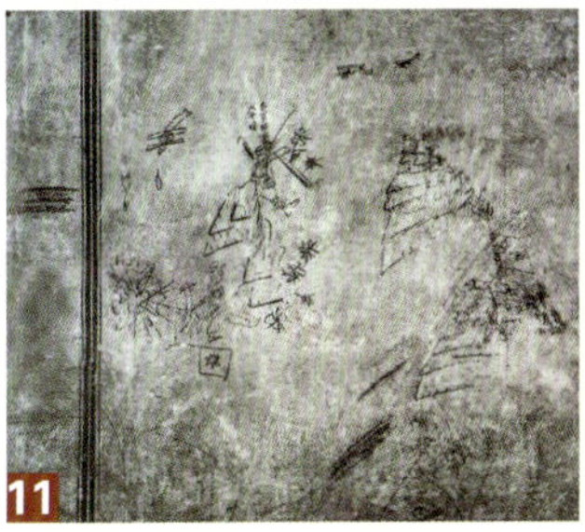

7 标语内容：纪念八一，反对进攻苏联……
书写时间：1933 年 7—8 月
标语地址：万崇镇池头村

8 标语内容：打倒欺骗群众的改组派……
书写时间：第四次反“围剿”后至第五次反“围剿”前
标语地址：牛田镇峡圳村

9 标语内容：蓝衣社是帝国主义的忠实走狗！
标语落款：江西保局
书写时间：第五次反“围剿”期间
标语地址：金竹畲族乡流舍村

10 标语内容：反对开小差的歌
书写时间：1933 年 4—6 月
标语地址：罗陂乡杏园村

11 漫画内容：登仙桥大捷
标语落款：红三军团
书写时间：1933 年 5—6 月
标语地址：湖坪乡汉上村

12 漫画内容：卧狮
标语落款：红三军团
书写时间：1933 年 5—7 月
标语地址：罗陂乡龙江村

13 漫画内容：红旗打天下，坚决打军阀
标语落款：红一方面军
书写时间：第四次反“围剿”后至第五次反“围剿”前
标语地址：牛田镇峡圳村

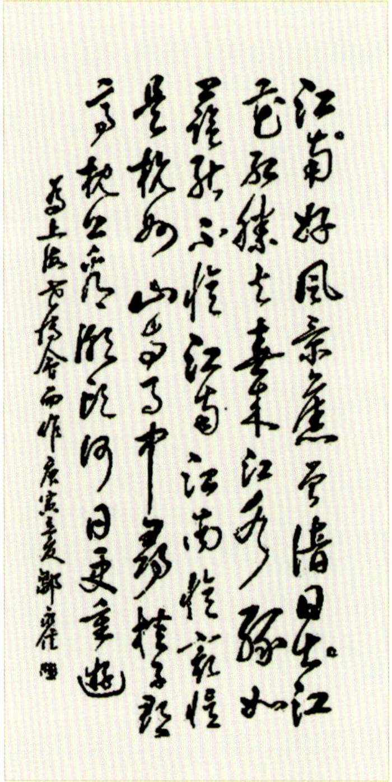
江南好風景舊曾諳日出江花紅勝火春來江水綠如藍能不憶江南
江南憶最憶是杭州山寺月中尋桂子郡亭枕上看潮頭何日更重遊

翰墨驚天地
詩書通古今

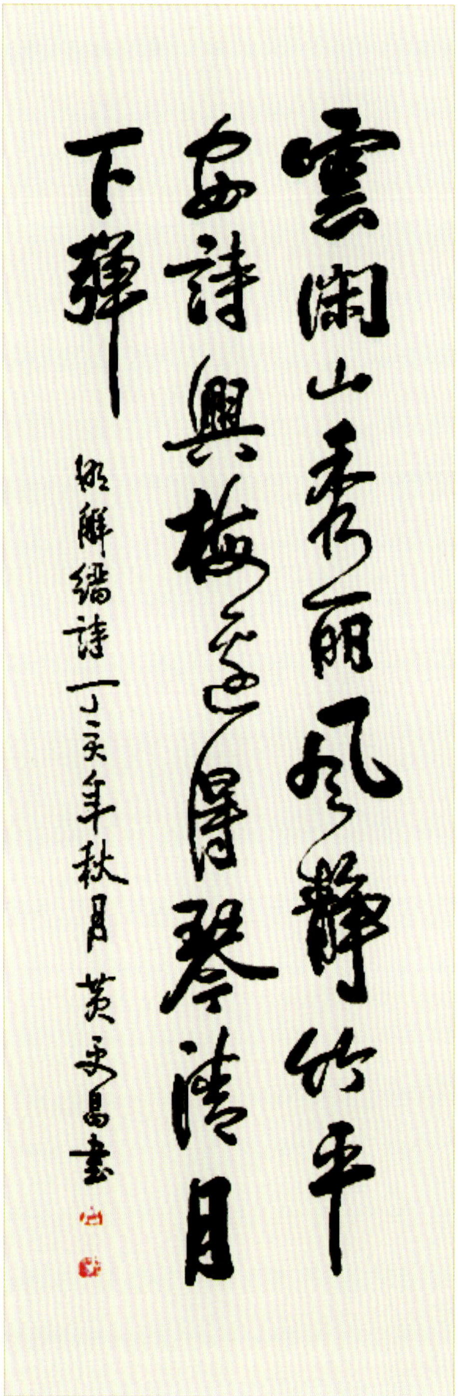
雲開山秀麗風靜竹平安詩興梅邊得琴清月下彈

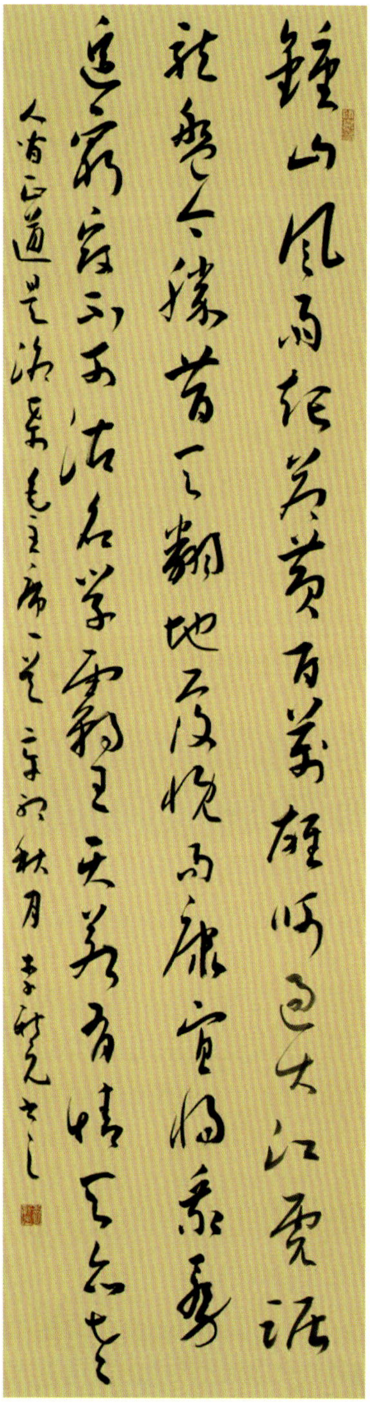
鐘山風雨起蒼黃百萬雄師過大江虎踞龍盤今勝昔天翻地覆慨而慷宜將剩勇追窮寇不可沽名學霸王天若有情天亦老人間正道是滄桑

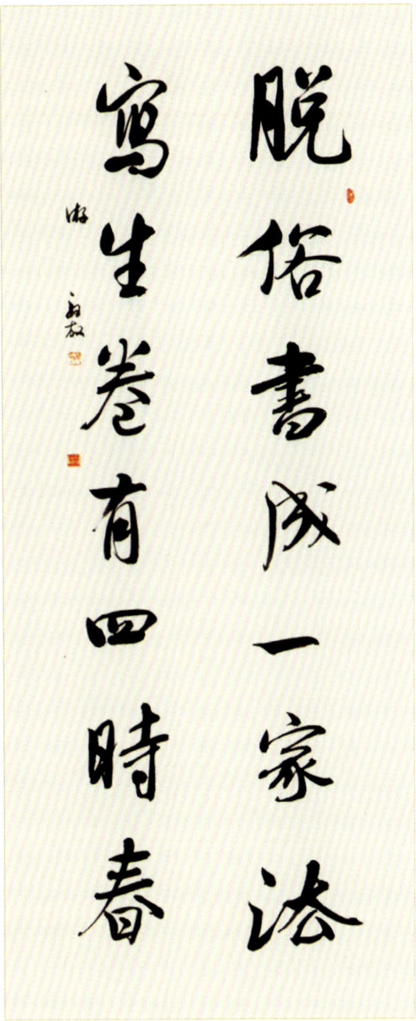

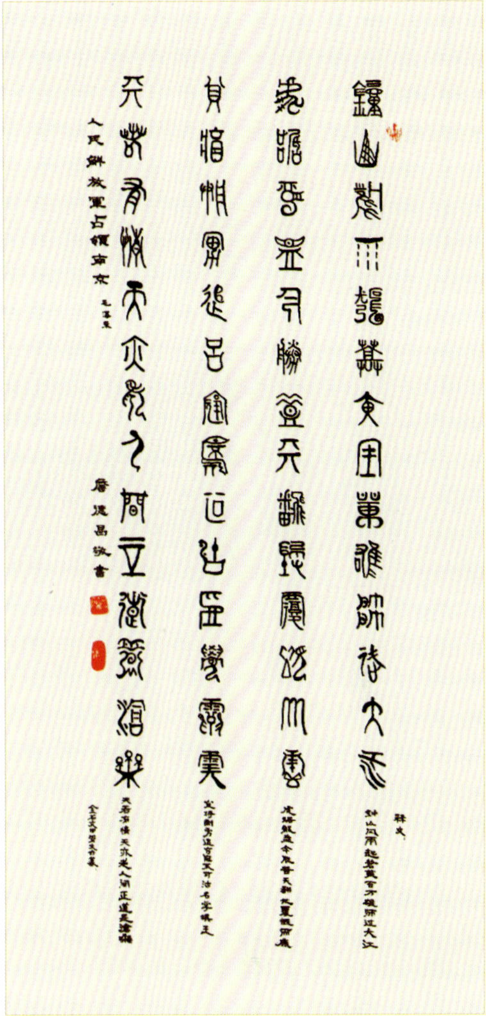

蛋雕

竹衣工艺

乐安名片（截至2020年）

中国天然氧吧

中国生态旅游大县

中华民族文化生态旅游名县

全国绿色农业示范县

红军标语县

千古第一村：流坑村

中国第一古樟林：牛田古樟林（入选上海大世界基尼斯之最）

江南道教名山：大华山

国家AAAA级旅游景区：流坑古村景区、金竹飞瀑景区、九瀑峡景区

国家非物质文化遗产：乐安傩舞

全国重点文物保护单位：流坑村古建筑群、龙图学士和刺史传芳牌楼门、中央苏区第四次反“围剿”战役遗址（登仙桥大捷旧址）

中国历史文化名村：流坑村、湖坪村

中国传统村落：流坑村、水南村、湖坪村、万坊村、稠溪村、古村村、峡源村、水溪村、汤山村

国家农产品地理标志：乐安竹笋、乐安花猪

凡例

一、本志定名为《乐安县志（1986—2016）》，系1989年版《乐安县志》的续志。

二、本志以马克思列宁主义、毛泽东思想、邓小平理论、“三个代表”重要思想、科学发展观、习近平新时代中国特色社会主义思想为指导，坚持辩证唯物主义、历史唯物主义的观点和实事求是的原则。

三、本志时限上起1986年，下至2016年，部分内容作了适当的上溯和下延，以确保记述的连续性和完整性。大事记和四套班子领导任职下限延至2019年。本志全面、系统地记述县域内31年的发展历程，努力用客观鲜活的史料揭示发展规律，体现时代特征和地方特色；力求科学性、著述性、资料性的统一，为存史、资政、教化服务。

四、本志按类立卷，卷下设章、节、目，部分目下设子目，各章下均设无题序，概括、引领正文内容。

五、本志采用述、记、志、传、图、表、录诸体，以志为主，志前有地图，图表随文，志后设附录、后记。全志力求史料翔实、文字简练、结构合理、内容全面。

六、本志表按卷排号，用“×-×-×”表示，第一个“×”代表卷序号，第二个“×”代表章序号，第三个“×”该表在此章中的序号。照片不排序号。

七、本志采用现代语文体、记述体，述而不论。

八、本志对正科级机构的主要领导进行了收录。

九、本志人物传收录本籍和客籍对乐安社会发展有突出贡献和重大影响的人物，排序以卒年为序，卒年相同的以生年为序。本志人物传遵循“生不立传”原则。人

审图号：赣S（2020）012号

江西省自然资源档案馆编制

总目录

第九卷　军　事

第十卷　综合政务

第十一卷　综合经济管理

第十二卷　财税金融

第十三卷　农　业

第十四卷　林　业

第十五卷　水　利

第十六卷　工业　中小企业

第十七卷　商　贸

第十八卷　交通运输　信息产业

第十九卷　城乡建设　环境保护

第二十卷　教育　科技　体育

第二十一卷　医疗卫生

第二十二卷　文化 旅游

第二十三卷　宗教 风俗 精神文明

第二十四卷　特色专记

第二十五卷　艺　文

第二十六卷　人物　荣誉

附　录

上册目录

第二卷　人口与居民生活

第三卷　中国共产党地方组织

第四卷　地方人民代表大会

第五卷　地方人民政府

第六卷　地方政治协商会议

第七卷　群众团体

第八卷　法　治

第九卷　军　事

第十二卷 财税金融

第十三卷 农 业

第十四卷　林　业

Catalogue

Volume Ⅱ Population and Residents' Lives

Volume Ⅲ Local Organizations of the Communist Party of China

Volume Ⅳ Local People's Congress

Volume Ⅴ Local People's Government

Volume Ⅵ Local Political Consultative Conference

Volume Ⅶ Mass Organization

Volume Ⅷ Rule of Law

Volume Ⅸ Military Affairs

Volume Ⅹ Comprehensive Government Affairs

Volume XI Comprehensive Economic Administration

Volume Ⅻ Financial, Taxation and Finance

Volume XIII Agriculture

Volume XIV Forestry

Volume XVII Business

Volume XVIII Transportation & Information Industry

Volume XIX Urban-Rural Construction & Environmental Protection

Volume XXIII Religion & Customs & Spiritual Civilization

Volume XXIV Feature Notes

Volume XXV Art and Literature

Volume XXVI Character & Honor

Appendix

概　述

一

乐安县位于江西省中部腹地，抚州市西南部，地理坐标为北纬26°50′~27°45′、东经115°36′~116°10′，南北最大距离85千米，东西最大距离47.5千米，隶属于江西省抚州市。东邻崇仁县、宜黄县，南连赣州，西南接吉安，北毗宜春。总面积2410.44平方千米，县政府驻地鳌溪镇。2016年，全县辖9镇7乡，下辖20个社区居委会，176个村委会。户籍人口390215人，其中有畲族、壮族、苗族、侗族、水族、藏族、瑶族、回族、彝族、满族、土族、白族、土家族、蒙古族、布依族、哈尼族、维吾尔族、朝鲜族18个少数民族，总人口6560人，占全县总人口的1.68%。常住人口354611人。

乐安地形复杂，气候温润。“七山半水二分田，半分道路和庄园”是全县地貌、地类轮廓的概括。乐安地处雩山余脉，地形呈南北长、东西狭的不规则形状，整个地势大致为南高北低。南部多山，东高西低；北部多丘陵，地势由西南向东北倾斜。地貌多样，有山地、高丘和低丘岗地，并以低丘岗地为主，约占全县面积的51%；其次是山地，约占全县总面积的38%；再次为高丘，约占全县总面积的11%。境内河网密布。境域处抚河、赣江上游，有公溪、谷岗、牛田、万崇4条河流水系，大小支流共有56条，年平均径流量约24亿立方米。气候具有亚热带湿润季风气候区的特色，温暖多雨，日照充足，雨量充沛，无霜期长。据气象资料记载：1986—2016年，年平均日照1571.1小时，年平均降水量为1745.3毫米，年平均气温17.5℃左右，无霜期平均为265.6天。

乐安资源丰富，矿藏富饶。是江西省重点林业县之一，2016年，全县有林地面积183924公顷，占全县总面积的76.3%；活立木总蓄积657.1万立方米，毛竹蓄积5211.2万株，森林覆盖率70.23%。全县林业产值占国内生产总值的8.63%。县内已发现矿藏有钨矿、煤矿、稀土金属矿、石灰石、瓷土、铀矿、铁矿、黏土矿、铜矿、锡矿、水晶矿、电器石等16种。其中铀矿储量居亚洲第一。

二

乐安历史悠久，隶属多变。据考古发现，域内最迟在新石器时代晚期已有先民从事渔猎和种植。乐安历代封疆不一，版图辽阔，拆合频繁，名称各殊。春秋时属吴，战国初属越，周显王三十五年（前334）属楚，秦属于九江郡，西汉属豫章的南城县，东汉属临汝县，三国时属吴国的临川郡，隋属崇仁县。南宋绍兴十九年（1149年）置县，辖天授、乐安、忠义、云盖四乡，并以乐安乡名而得县名，属抚州。元属抚州路，明清属抚州府。民国年间先后属豫章道、第七区、第八行政区、第七行政区。中华人民共和国成立后，属抚州，县治为鳌溪镇。

乐安人杰地灵，英才辈出。这块热土孕育了一批圣哲先贤、文人名士、专家学者。南朝军事家黄法氍，北宋谏议大夫董敦逸，南宋恩科状元董德元、理学家曾丰，元代理学家、教育家吴澄，明代刑部尚书董裕，驰誉文林何中、袁度、袁国栋、董士标，人称“乐安四杰”的黄极、何淑、张洁、王栩，史称“直臣”的陈祥浦、黄伯渊、王长贵、王时保、萧仪、袁旭等人，都是一代名贤。至近、现代，更是人才辈出。其中，有追随孙中山的易耕梅，有与方志敏合办进步刊物的张田民，有为建立和巩固苏区政权、最终献出自己宝贵生命的张英、张方说、曾友颜、何德辉、谭伦明、张书锡、廖丕文，还有参加长征，转战沙场，屡建战功的黄火星、曾传芳、李金才等。从宋代至清代末，历代科举文、武状元各1人，已考证的进士148人。民国时期留学美、法、日等国的学生中，获博士、硕士学位的不乏其人。

乐安传统光荣，华章赓续。乐安人民从来不屈服于反动统治、阶级压迫，有着追求正义、

大事记

1986年

1月20日 东元水库三级电站建成投产。

2月13日 排下农场附近山坡上发现汉代古墓，出土汉弩机1件、环首铁刀1把、青瓷小碗3件及印有方格纹、回字纹、蕉叶纹的破碎陶片等。

2月30日 乐安县电力公司从721矿变电站接网引电1500千瓦，解决全县工农业生产和照明用电。

3月11日 乐安县开放潭港石桥寺为宗教活动场所。

4月10日 龚坊乡陀上岭发现晋代墓葬，出土四系青瓷罐、扁腹小罐各1件，青瓷小鼎1件和青瓷小碗6件。

4月17日 中国人民解放军乐安县人民武装部改归地方建制。

5月5日 乐安县文化馆干部林长生创作反映南京大屠杀长篇小说《千古浩劫》出版，县人民政府颁发创作奖。《解放军报》《中国青年报》《江西日报》等14家新闻单位相继为该书作介绍和评论；香港《文汇报》《明报》《华侨报》也作报道。1989—1990年该书先后获江西省谷雨文学“古汉酒杯”奖，华东六省一市文艺图书一等奖和全国优秀图书奖。

是日 乐安县卫星地面接收站（6兆发射天线，350瓦电视发射机）动工兴建。9月28日竣工，10月1日正式转播国庆盛况。

5月21日 乐安县计划生育委员会、体育委员会联合举办县镇首届独生子女运动会。

5月22日 乐安县第九届人大常委会第十三次会议通过关于编纂《乐安县志》决议。1989年9月由江西人民出版社出版发行。

7月23日 在抚州的江西省政协委员一行22人，由考察团团长张玉英带领至乐安参观，深入乡镇、厂（矿）考察，并向革命烈士纪念碑敬献花圈。

7月25日 中共乐安县委、县人民政府追授望仙乡坪上村护林员曾书明为优秀民兵、护林模范称号。曾书明在一次护林中与盗伐林木的歹徒搏斗时献身，1990年5月江西省人民政府追授其为革命烈士。

8月20日 焦坑—乐安（38.94千米）公路正式开工修建。1989年12月18日竣工通车。

9月20日 乐安县人民政府组织全县21个乡镇、场和有关部门负责人赴浙江省、福建省考察乡镇企业。

9月22日 乐安县自编舞蹈《鸡逗》参加由江西省文化厅主办的“庐山之夏”博览会获二等奖。10月，录像送北京参加全国民间舞蹈比赛，获文化部、广播电视部“丰收奖”。

10月17日 乐安县第九届人大常委会第十五次会议通过《乐安县实施九年义务教育的意见》。

12月18日 乐安县城自动电话工程动工。1988年3月31日，HJ-921纵横制1000门自动电话投入运营。

是年 乐安县农民扫盲教育被抚州地区行署验收确认为基本无盲县。

是年 牛田镇首次发现检疫性对象——水稻细菌性条斑病。

1987 年

2 月 9 日 望仙乡发生一起山林火灾，大火连烧44小时，死亡1人，直接经济损失4.2万元。

2 月 成立乐安县土地利用管理局，属于政府职能管理部门，正科级行政单位。

4 月 11 日 乐安县公安局查获湖坪、万崇、罗陂、牛田等 7 个乡镇农民私种罂粟并制作、贩运鸦片的违法行为，收押犯罪嫌疑人 7 人。

是日 南村乡派出所查获一起伪造假币案，抓获犯罪嫌疑人 1 人并缴获全部作案工具。

4 月 20 日 乐安县卫生部门对大集体医护人员实行退休基金统筹管理的做法，受到省、地卫生部门表扬。

5 月 1 日 湖溪乡甘泉村罗某某无证驾车造成 3 人死亡、2 人重伤和 3 人轻伤特大交通事故。

是日 乐安县公费医疗改革方案正式实施。

5 月 12 日 望仙乡尧坊村委会划归招携镇管辖。

6 月 成立乐安县农技推广中心，为县政府直属正科级一类事业单位，挂靠县农业局。

是月 撤销乐安县交通监理站，成立县公安局交通警察队（副科级）。1988 年 4 月改为县公安局交警大队。

7 月 20—24 日 政协乐安县第六届一次会议在县委二楼会议室召开。会议选举毛明瑞为政协乐安县第六届常委会主席，卢向云、胡德群、黄春德、龚华云为副主席，谢芦生为秘书长，15 人为常委会委员。

7 月 21—23 日 乐安县第十届人民代表大会第一次会议在县城影剧院召开，出席会议代表 155 人。会议选举胡汉陶为乐安县第十届人大常委会主任，吴忠诚、谢芷萍（女）、杨希真为副主任，9 人为常委会委员；选举钱家琪为县人民政府县长，杨明华、徐发根、梅泰和、陈桃芳为副县长；董华春为县人民法院院长，杨明才为县人民检察院检察长。

8 月 5 日 江西省高招办统计，乐安县输送大中专院校新生 284 人，创 1977 年恢复高考以后纪录。

9 月 15—17 日 中共乐安县第七次代表大会在县城召开，出席会议代表 380 名。会议选举产生县委委员 24 名、候补委员 5 名，常务委员会委员 9 名。李耀南为中共乐安县委书记，钱家琪、张山东、陈干才为副书记。

9 月 17 日 乐安县城实行猪肉限价销售，每千克不得超过 3.8 元。

9 月 组建乐安县公安局林业分局（副科级）。

11 月 6 日 乐安县人民检察院发生 64 式手枪 1 支、子弹 65 发被盗案件。

11 月 18 日 万崇乡养猪专业户万发龙等 3 人运销广东的 178 头生猪，被会昌县筠门岭联合检查站强行扣押，并以低价收购，造成损失近 3 万元，使 3 户专业户陷入破产境地。1988 年 5 月，此事被《新华社内参》《半月谈》《江西日报》等多家媒体曝光后，省政府派工作组专程赴乐安、会昌处理，协调赔偿专业户损失事宜，最终达成赔偿协议，副省长黄璜专程到乐安慰问养猪专业户。抚州地区由此率先将私自设在农村的各类关卡全部撤销，得到省委、省政府的赞许并在全省推广。

12 月 12 日 乐安县台籍同胞黄道元赴北京参加“台湾省出席第七届全国人民代表大会代表协商选举会议”，受到邓小平、李先念等党和国家领导人接见。

是年 乐安县 1000 门自动电话开通。

1988 年

2 月 县直各单位制作的 120 多盏彩灯、4 条龙灯在县城广场花园元宵灯会上展演，2 万多人观看灯会盛况，录像在江西电视台播出。

是月 湖溪乡东堆村中格田村小组短岭发现南朝时古墓群，出土青瓷罐、盘壶、香炉等文物 19 件，铁铲、匕首、铜镜等文物 21 件。

3 月 17 日 中共乐安县委、县人民政府决定牛田镇、招携镇为综合体制改革试点镇。

3月 乐安县人民医院主治医师杨善谋受卫生部派遣，参加赴突尼斯共和国医疗队工作。

6月12日 乐安县自北向南普降大暴雨，其中湖坪、万崇、罗陂乡降水量296.5毫米，河堤决口92处，淹没农田5435公顷，冲毁西瓜、烟叶等753公顷，倒塌房屋144间、桥梁183座，毁坏陂坝544处，死、伤各1人，直接经济损失1365万元。19日，副省长黄璜到乐安慰问受灾群众。

6月23日 中共乐安县委、县人民政府领导带领20个乡镇主要领导，赴上海市松江县车墩、仓桥、华阳桥、九亭、佘山、泗泾、洞泾等10个乡镇跟班学习发展乡镇企业等相关工作，历时2个月。

8月 乐安县博物馆选送5件文物参加在庐山举办的全国珍贵文物展览会。

12月 成立乐安县红十字会。

是年 成立乐安县电力公司，隶属于县水利电力局。

是年 世界银行贷款红壤开发项目在乐安实施。

1989年

5月11日 山砀乡流坊、杏坊、田下等6个村遭受龙卷风袭击10分钟左右，最大风力12级以上，最大风速达33米/秒，同时伴有大暴雨，雨量达50毫米，致使房屋倒塌，百年大树连根拔起，水泥电杆折断，交通受阻，直接经济损失80余万元。

6月29日 全县各地遭大暴雨袭击，中部地区降水287.3毫米，北部地区降水279毫米，南部地区降水239.1毫米，西部地区降水262毫米，造成9座小型水库溢洪，2人被洪水冲走。

10月1日 乐安县首次举办国庆40周年大型焰火晚会，数万名观众到广场花园观看。

10月27日 全国台联国内部部长刘明，对外联络处处长石弥致到乐安考察台胞扶贫工作。

10月 乐安县乡镇企业生产的木珠汽车坐垫、檀香扇、藤折椅等新产品，参加农业部、对外贸易部在北京举办的中国乡镇企业第二届出口商品展览会展出。

1990年

2月 乐安县举办马年大型元宵灯会，县城广场花园悬挂100余盏新颖别致彩灯。

3月22—23日 中共乐安县第八次代表大会在县城召开，出席会议代表386名。会议选举产生县委委员25名、候补委员2名，常务委员会委员9名。许国光为中共乐安县委书记，邱欣森、张山东、黄德宪为副书记。

4月9—14日 政协乐安县第七届第一次会议在县委二楼会议室召开。会议选举毛明瑞为政协乐安县第七届常委会主席，卢向云、胡德群、傅茂臣为副主席，缪凤翔为秘书长，15人为常委会委员。

4月10—13日 乐安县第十一届人民代表大会第一次会议在县城影剧院召开，出席会议代表240人。会议选举许国光为乐安县第十一届人大常委会主任，谭风翔、杨明华、谢芷萍（女）、杨希真为副主任，12人为常委会委员；选举邱欣森为县人民政府县长，陈桃芳、龚华云、董瑞珍、苏泉生为副县长；董华春为县人民法院院长，杨明才为县人民检察院检察长。

6月1—30日 乐安县人民政府组织全县乡镇长和县农经委、科委、农业局、林业局、水电局负责人赴中国农业大学进行短期培训。

6月26日 乐安县鳌河尧坊电站下段河水因毒鱼污染，导致县城自来水停供8小时。

9月1日 成立乐安县人民政府法制办公室和行政复议办公室，级格为副科级，实行两块牌子、一套人马，归口县政府办公室管理。

10月5—6日 乐安县第十二次（第五届）民兵代表大会在县城召开，315名代表出席大会。

10月23日 乐安县台胞徐清水出席全国台联在浙江杭州召开的华东六省一市台胞为祖国做贡献经验交流会，并在会上作典型发言。

11月4日 江西省省人民检察院在乐安召开打击偷税抗税违法犯罪专项斗争经验交流会。

11月 乐安县人民政府发布命令，成建制调集民兵5000多名，参加修筑招芒公路及县城外环路。

12月 乐安县委组织部、党史办、档案局联合编纂的《中共江西省乐安县组织史资料》，由海南南海出版公司出版发行。

是年 乐安县被评为全国速生丰产林基地先进县。

1991年

6月4日 中共乐安县委、县人民政府作出《关于加快荒山造林绿化，发展林业的决定》，提出四年实现消灭荒山，五年绿化乐安的目标。

6月6日 乐安县山坑电站建设指挥部成立。1993年4月8日，水电站工程破土动工。是年8月19日，成立山坑电站管理局，与山坑电厂合署办公，挂靠县水电局。

8月6日 乐安县首次实施人工降雨成功。

8月7日 公溪镇遭受龙卷风袭击，龙卷风夹着暴雨，持续半小时，江边、坎上、王陂、荷陂、长安5个村最严重，全镇3500多农户受灾。7个镇属单位和企业的车间房屋、机械、产品遭毁坏，直接经济损失1200万元。

8月10日 成立乐安县畜牧兽医管理总站。

8月 乐安县将烤烟生产确定为富民兴县的重要产业，并被列入全省烤烟生产重点县。

9月17日 中共乐安县委下发《关于在全县农村开展社会主义思想教育实施方案》，决定用两年左右时间，在全县农村分3期深入开展社会主义基本路线教育活动。1993年4月结束。

9月 乐安县长途电话进入全国自动网。

10月1日 台胞杨新金女士捐资20万元兴建的龚坊镇庆新桥竣工通车。

10月21日 成立乐安县金龙泉天然矿泉水厂。1994年9月，所生产的天雅牌矿泉水被国家体委确定为第十二届亚运会中国体育代表团专用矿泉水。

11月14—17日 乐安县参加全区第二届商品交易会和经济技术洽谈会，签订项目6个、销售合同24个，成交金额1200万元。

11月 乐安县鳌溪税务分局在全区率先实行计算机开票。

12月9日 最低气温-11.1℃，雪深8厘米，乐安县柑橘受到毁灭性损毁。

12月30日 乐安县绞股蓝研究所成立。人工栽培绞股蓝及其产品获抚州地区行署科技进步三等奖；绞股蓝高级保健茶获江西省首届专利技术、专利产品交易会金牌奖。

是年 水利部副部长翟益涛（曾任中共乐安县委第二任书记）到乐安考察。

是年 乐安县将蚕桑作为主导产业来抓，实施“蚕桑工程”，在牛田、招携、龚坊、万崇、罗陂、湖坪、望仙、湖溪等乡镇发展桑园1100亩，养蚕11批，产鲜茧900扣，产值43.2万元。

是年 乐安县速生丰产林基地总体规划设计获林业部二等奖。

1992年

1月1日 乐安县城镇住房制度改革试行方案及配套政策正式实施。

1—3月 乐安县造林1.29万公顷，其中人工造林9400公顷，飞播造林3533公顷。

3月6日 成立乐安县房地产信贷部，居民购房可以贷款。

4月15日 成立乐安县国有资产管理局，归口县财政局。

4月29日 乐安县部分乡镇遭受百年罕见的冰雹、雷雨大风袭击，风力在9级以上，降水量35毫米，冰雹直径约1.5厘米，持续20分钟左右。增田、罗陂、鳌溪、鹏洲、谷岗、坪溪6个乡镇灾情严重。

6月16日21时—17日5时 乐安县境内连降8小时暴雨，县域西南的坪溪等7个乡镇降水量270毫米。招携、牛田河水暴涨，洪水超过1982年的水位。受灾农田面积1908公顷，其中经济作物470公顷，洪水冲走、溺死牲畜800头，房屋倒塌22间，毁坏大小桥梁38座、公路65处，受伤41人，死亡1人，直接经济损失470万元。

是月 江西省农村卫生协会理事会在乐安召开。

是月 公溪、航桥、山砀等乡镇马尾松松毛虫大暴发，受灾面积8万余亩，县林业局紧急调运农药进行防治，虫害得到有效控制。

7月5日22时 永丰县反步桥水库突然泄洪，导致乐安县招携、牛田镇遭受经济损失98.5万元。

10月10日 乐安县工商联组织赣东矿泉水厂、绞股蓝开发公司等7家企业参加在南昌举行的华东六省一市工商联第七届商品交易会，成交额达127.4万元，名列抚州地区第一。

10月21日 核工业北京地质研究所一架勘探飞机因机械故障，降落在乐安县牛田大桥下游100多米沙滩上，14名应急队民兵保护现场。

11月1日11时许 坐落于招芒公路坪溪乡徐庄村下严坑姨婆桥（单跨40米平坦式石拱桥）在石拱合拢施工时，桥拱突然倒塌，造成2人死亡、19人重伤。后桥体结构改为钢筋混凝土。

11月25日 成立乐安县赣东南农业开发办公室（副科级）。

12月15—16日 第十次乐安县妇女代表大会在县城召开，到会代表240人，大会选举产生县妇女联合会委员31人。

12月27—29日 中共乐安县第九次代表大会在县城召开，出席大会代表380名。会议选举产生县委委员25名、候补委员2名，常务委员会委员9名。许国光为中共乐安县委书记，邱欣森、牛才智、银光灿为副书记。

是年 乐安县被评为全省造林绿化先进县。

是年 乐安县农村电话直拨和长话直拨开通。

1993年

1月1日 乐安县内取消国家粮食定购任务，取消城乡居民凭证（票）定量供应粮食制度，保留商品粮关系档案。

1月9—12日 政协乐安县第八届第一次会议在县委二楼会议室召开，到会委员129人。会议选举许国光为政协乐安县第八届常委会主席，卢向云、傅茂臣、杨水生、戴接兴为副主席，缪凤翔为秘书长，15人为常委会委员。

1月10—13日 乐安县第十二届人民代表大会第一次会议在县城影剧院召开，出席会议代表244人。会议选举谭凤翔为县人大常委会主任，杨明华、谢芷萍（女）、游解放、凌云为副主任，11人为常委会委员；选举邱欣森为县人民政府县长，黄晓波、龚华云、董瑞珍、张信昌、张梅生为副县长；甘金莲（女）为县人民法院院长，董华春为县人民检察院检察长；毛振荣、邱欣森、谭凤翔、兰元芳为江西省第八届人民代表大会代表。

2月20日 鳌溪镇、潭港乡荒山飞播造林3200公顷。

2月22日 县直机关在鳌溪镇赖村、四都排山上建果业基地，种植奈李。

是日 成立乐安县招商局（正科级），与县外经办、外资办合署办公。成立县绞股蓝开发利用公司（正科级）。

2月 乐安县烟草公司、工商行政管理局查获假红塔山卷烟137件，当众焚烧处理。

3月23日 中共乐安县委、县人民政府下发《关于鼓励和支持发展个体私营经济的决定》。

4月28日 乐安首次人民警察授衔仪式在县城举行。

4月30日 乐安县人民政府下发《乐安县农

村社会养老保险暂行办法》，凡属乐安县非城镇户口，不由国家供应商品粮的农村人口，不分性别、职业（包括农民、渔民、乡镇企业职工、民办教师、乡镇招聘干部、职工及其他各类人员）均为保险对象。

4月 乐安县人民检察院侦破一起挪用公款30余万元特大案件。

5月5日 中共乐安县委、县人民政府下发《关于切实减轻农民负担的决定》。

6月22日清晨 乐安县突降大暴雨，造成山洪暴发，河水猛涨。全县20个乡镇受灾，谷岗、鳌溪、南村、增田、湖溪、戴坊6个乡镇最严重，致3人死亡、2人受伤，直接经济损失3164万元。

7月20日 乐安县人民政府下发《乐安县职工大病医疗费用统筹实施办法》，全民所有制企业、非财政拨款的事业单位和中央、省、地驻县企业（不含国务院批准，按系统统筹的中央部属企业）一律参加乐安县大病医疗保险费用统筹。

是日 乐安县人民政府下发《乐安县县级以上大集体单位退休费统筹实施办法》《乐安县企业职工基本养老金计发办法》，对县以上大集体企业退休费（包括离休费和退职生活费等）实行全县统筹管理；企业职工基本养老金实行国家、企业、个人三方共同负担原则。

8月19日 成立乐安县矿产资源管理局，挂靠县经委。

10月 乐安县城至抚州公路首次铺设沥青路面17.34千米，结束全县无油路的历史。

11月上旬 乐安县开展历时7天的“严厉打击乱砍滥伐盗伐林木，无证贩运木竹的专项斗争”。

12月28日 抚州地区冬种冬积现场会在乐安县城召开，各县（市）主管农业副县（市）长、农业局长参加会议。

12月 部分省人大代表到乐安县鳌溪镇视察人大工作。

是年 乐安县杉木、马尾松地理种源试验获江西省科技进步一等奖。

1994年

3月14日 中共乐安县委下发《关于全县企业干部全面实行聘、选任制的实施细则》。

4月5日 乐安县北部地区遭受冰雹灾害，暴风所过之处大树连根拔起，房屋倒塌损坏，农作物遭毁。湖溪、戴坊最为严重，农作物受灾面积220多公顷。湖溪中学因教室倒塌，12名学生受伤，其中重伤5名。

5月1日5—21时 乐安县普降大到暴雨，平均降雨量为132毫米，公溪镇为192毫米，招携镇为213毫米。9个乡镇受灾，农作物受灾面积3107公顷，直接经济损失968万元。

5月27日 成立乐安县绞股蓝医药保健制剂厂。9月5日改名为江西赣东制药厂。

6月15日 乐安县青年农民裴国平追击抢包歹徒，迫使歹徒就擒。1995年11月，中宣部、公安部、中华见义勇为基金会授予其“全国见义勇为先进分子”称号，并由乐安县公安局吸收其为公安民警。

7月8日 乐安县人民政府下发《乐安县土地管理“五统一”实施办法》，全县土地由政府统一规划、统一征地、统一开发、统一出让、统一管理。

7月28日 中共乐安县委、县人民政府作出《关于大力发展油茶生产的决定》，全县计划种植油茶6667公顷，油茶籽7000吨，产值2500万元。

8月13日 中央电视台《新闻联播》节目播出江西省乐安县金竹乡发现瀑布群的报道。

8月25日 乐安县人民政府下发《乐安县乡村医疗机构一体化管理办法》，乡镇设立卫生院，内设防保站（组）；行政村设乡卫生院分院或村卫生所。

9月23日 组建乐安县地方税务局。

9月 台胞戴子琦捐资6万元兴建乐安县戴

坊新门诊楼——弘恩楼。

10月12日 乐安县人民政府下发《乐安县水资源管理暂行办法》，水政主管部门对全县的水资源进行统一调度、统一规划、统一发放取水许可证、统一征收水资源费。

10月 中共乐安县委布置打响以高效毛竹林基地为主体的农业总体开发战，组织动员各乡镇场1000多名民兵编成4个营、21个连开赴湖溪乡投入战斗，5天时间打穴3.5万余个。

11月25日 江西省副省长张逢雨到乐安检查指导林业工作，考察石陂林场咸溪工地林业生产情况。

12月22日 乐安县林业公安分局破获一起非法猎捕4只云豹（一母三崽）的特大案件。

12月 江西省委书记毛致用到乐安指导工作，考察江西赣东制药厂、龚坊镇黄乐村。

是年 乐安县城5400门程控电话和18个乡镇的程控电话开通。

1995年

2月13日 中共乐安县委、县人民政府下发《关于城镇建设的实施意见》，作出《关于大力发展个体私营经济的决定》和《关于促进全县乡镇企业持续、快速、健康发展的决定》。

2月14日 中共乐安县委、县人民政府下发《关于拍卖“五荒”使用权的实施意见》，鼓励群众购买荒山、荒地、荒坡、荒滩、荒水，开发利用“五荒”。

2月15—16日 召开乐安县三级干部大会，布置春季植树造林，开展消灭荒山决战活动。

2月 江西省省长吴官正到乐安县龚坊镇黄乐村考察农业农村工作。

5月10日 乐安县人民政府下发《乐安县城镇房地产开发建设管理暂行规定》，城镇建设实行全面规划、合理布局、综合开发。

5月 经江西省卫生厅考核评审委员会评审，乐安县人民医院评为二级甲等医院。

是月 乐安县首次举行土地使用权公开拍卖，出让原水产场8宗住宅用地。

7月25日 召开中共乐安县代表会议，选举李秋生、赖大益为县出席江西省第十次党代表大会代表。

9月16—17日 在上海举办“95’上海—江西乐安知青联谊会暨振兴乐安经济洽谈会”。上海申银证券公司缪恒生捐资30万元，为招携镇兴建希望小学；上海市普陀区长征镇等单位捐资30万元，为谷岗乡兴建希望中学；上海部分下放知青筹资6万元设立教育奖励基金。1997年申银万国招携希望小学竣工投入使用。

10月 经省政府血吸虫病防治领导小组考核，乐安县达到基本消灭麻风病标准。

12月 在县城南门设立的乐安县乡镇工业开发区动工建设，2006年更名为乐安工业园区。

是年 乐安县利用世界银行贷款造林的“森林资源发展与保护项目”开始启动。

是年 乐安县城乐安大道开工建设，1997年12月建成通车。

1996年

1月4日 中共江西省委、省人民政府、省军区授予乐安县人民武装部“热爱武装、艰苦创业模范人武部”荣誉称号。3月14日，中共抚州地委、地区行署、抚州军分区下发《关于开展向乐安县人武部学习的通知》；17日，中共乐安县委、县人民政府下发《关于在全县开展向县人武部学习的决定》。

1月18日 乐安县人民政府下发《乡镇财政体制改革方案》，对乡镇财政实行“划分收支、核定基数、比例上解或补助、增长分成、一定三年”的分税制财政体制。

1月 经国家计委、财政部、卫生部和世界银行审定，乐安被列入江西省世界银行贷款综合卫生妇幼卫生项目县（简称卫Ⅵ项目）。

2月29日 乐安县人民政府下发《关于计划

生育目标管理考核方案》，将计划生育目标管理考核引进竞争机制、激励机制及利益机制。

2月 乐安县土地利用管理局更名为乐安县土地管理局。

3月12日 中共乐安县委、县人民政府下发《关于1996年发展生猪生产的意见》。

3月18日 举行乐安县人武部收归军队建制交接仪式。

3月 龚坊镇农民城、山砀镇商贸城竣工并投入使用。

5月3—4日 中共乐安县委、县人民政府下发《关于乡镇企业"五个一"工程实施方案》《关于加快发展乡镇企业的若干规定》。

5月9日—6月9日 中共乐安县委、县人民政府选派乡镇党委书记、乡镇长共12人，赴上海松江县、长征镇等地挂职学习，重点考察当地产业结构调整及镇村办企业、招商引资、基本建设等情况。

5月31日—6月1日 乐安县普降大暴雨，局部地区出现特大暴雨，20个乡镇受灾，其中龚坊、戴坊、公溪、湖溪、山砀、招携、鳌溪、牛田8个乡镇灾情最严重。全县毁坏农田2333公顷，农作物受淹面积8333公顷，死亡1人，直接经济损失5000多万元。

6月26日 中共乐安县委、县人民政府下发《建设十大基地、发展特色农业的规划》的通知，提出建设林果、蔬菜、蚕桑、棉花、烤烟、生猪、牛羊、鹅鸭、特种水产、药材等十大基地。

7月10日 中共乐安县委、县人民政府作出《关于加快农网建设，实现全县村村通广播的决定》。

7月18日 中共乐安县委、县人民政府作出《关于全面深化国有集体企业改革的决定》。

7月 乐安县人民医院主治医师许贵勤参加江西省第12批援突尼斯医疗队，赴突尼斯克比里省医院工作。

8月1日 乐安县遭受暴雨和大暴雨袭击，部分乡镇降雨量达250毫米以上，9个乡镇受灾，望仙、招携、增田、南村、鳌溪5个乡镇最严重，全县农作物受灾面积5133公顷，农田毁坏绝收面积167公顷，直接经济损失2370万元。

9月5日 中共乐安县委、县人民政府作出《关于加快全县科技进步的决定》，切实把经济建设真正转移到依靠科技进步和提高劳动者素质的轨道上来，加快全县科技事业发展。

9月16日 中共乐安县委、县人民政府下发《关于1997年发展烤烟生产的意见》。

10月17日 中共乐安县委下发《关于加强干部队伍作风建设的若干意见》。

10月21日 中共乐安县委、县人民政府下发《关于实施乐安县党政机构改革方案的通知》，县委设置工作部门5个，县政府设置工作部门28个。县直机关行政编制536个，精减率为35.7%。全县乡镇设党政、工业、农业、综合、综治5个综合性办公室，乡镇机关行政编制606个。

10月 撤销乐安县招商局，成立县招商引资中心。

11月19日 《光明日报》头版登载《江西千年古村流坑，中国古代文明缩影》文章，中共中央政治局委员、国务委员李铁映阅后，在报头上批示："文彬同志：此事如实，应责成江西省文物局尽快制定条例保护起来，并搞好规划，给予支持保护好。"不久，国家文物局古建筑专家组组长罗哲文、国家历史文化名城保护专家委员会副主任郑孝燮、中国城市科学研究会副秘书长鲍世行等6名专家，应邀考察流坑村，并对流坑提出保护意见。是年11月22日，国家文物局局长张文彬同志批示：印发领导批示。请张柏同志责成一处调查核实，如情况属实，请按铁映同志批示，责成江西文物局制定条例和保护方案，给予积极支持。

11月 乐安县开展保护野生动物专项行动，共摧毁非法猎捕、收购、贩卖野生动物网点11个，破获赣南籍郭某某、刘某某在乐安县非法猎捕珍稀动物案，缴获国家一级保护动物云豹2只，二级保护动物金猫1只、穿山甲6只，省级保护动物毛冠鹿1只、平胸龟186只、五步蛇300条等，全部放归大自然。

是月 撤销乐安县经济委员会，组建县经济贸易委员会。

12月6日 乐安县人民政府下发《乐安县乡镇农业技术推广机构“三定”方案》，要求认真做好乡镇农业“五站”（农技推广站、畜牧兽医站、水产站、农经站、农机站）、“三定”（定机构、职能、编制）工作。

12月16日 成立乐安县林业发展公司。

是日 成立县乡镇工业开发区管理委员会办公室，与县招商引资中心、县对外经济合作办公室合署办公，三块牌子，一套人马。

是年 罗陂乡农贸市场竣工投入使用。

1997年

2月2日 乐安县春节文艺晚会在县城影剧院公演，评出优秀节目一等奖1名、二等奖2名、三等奖3名、优秀表演奖10名。

2月21日 乐安县元宵灯会在县城广场举行，参赛单位111个，参展彩灯达120盏。

3月11—14日 乐安县第十二届人民代表大会第五次会议在县城影剧院召开，会议补选牛才智为县人大常委会主任、胡松柏为县人民政府县长。

3月12日 成立乐安县人民检察院反贪污贿赂局（副科级）。

3月25日 中共乐安县委下发《乐安县“招商引资年”实施方案》的通知，全县确保完成合同外资180万美元，实际进资100万美元，“三资”企业出口创汇60万美元，引进县外资金5200万元人民币。

3月28日 中共乐安县委、县人民政府下发《1997年特色农业发展意见》的通知，重点抓好烟叶、商品蔬菜、水果、家禽、草食畜禽、水产、林竹等10个特色产业（产品）。

3月 国营721矿职工医院被联合国儿童基金会、世界卫生组织联合授为“爱婴医院”。

5月1日 乐安县遭受罕见飓风和冰雹袭击，风力8级以上，冰雹直径最大4厘米，时间持续20多分钟，增田、南村、牛田、望仙、鹏洲、潭港、万崇等7个乡镇受灾。全县农作物受灾面积2470公顷，经济作物受灾面积1150公顷，倒塌房屋55间，直接经济损失1800余万元。

是日 乐安县人民政府下发《乐安县职工医疗保障制度暂行办法》，职工医疗实行社会统筹医疗基金与个人医疗账户相结合，医疗基金由财政、用人单位和职工个人共同缴纳。

7月7—9日 乐安县普降大暴雨，北部176毫米，南部111毫米，中部127毫米。全县21个乡镇受洪涝灾害，公溪、湖溪、山砀、龚坊、航桥、戴坊、鹏洲最为严重。农作物受灾面积5733公顷，损坏房屋345间，直接经济损失3000万元。

7月19日 中共乐安县委下发《关于在全县干部中开展“整顿作风，加快发展”教育活动的实施方案》。

7月28日 成立乐安县预算外资金管理局（副科级），归口县财政局。

8月6—7日 国家文物局局长张文彬专程视察流坑村，对流坑村给予高席评价：“流坑村的历史从五代一直延续到清代，延续时间之久，历史价值、学术价值、艺术价值之高，建筑艺术之精美，保存完整，文化内涵之丰富，恐怕是国内其他古村所不能比拟的。”并为流坑村题词：“千古第一村”。22日，江西省人民政府特批流坑为省级历史文化保护区。

8月12日 成立乐安县果业开发办公室，为正科级事业单位，挂靠县农业局。2003年3月撤销县果业开发办公室。

8月25日 乐安县妇联召开“春蕾计划”结对认亲大会，扶助贫困女童50人重返校园。

8月27日 乐安县人民政府下发《乐安大道管理办法》，确保大道路面完好、畅通、路容路貌整洁美观。

8月31日 乐安县人民政府下发《乐安县国

家公务员制度实施方案》，全县于1997年第三季度完成职位分类和人员过渡。年底，全县各级国家行政机关基本纳入国家公务员制度管理轨道。

9月29日 戴坊镇商贸城竣工投入使用。

10月23日 中共乐安县委、县人民政府下发《1997年公路改造实施方案》。

10月 江西省卫生系统医德医风表彰大会在乐安县召开。

11月中旬 乐安县人民政府组织各乡镇（场）主管林业副乡镇场长、林业局有关技术人员，赴浙江省安吉县就毛竹生产经营进行专题考察。

11月21日 人事部副部长赵宗鼐到流坑考察，并题词：骊珠埋荒超千载，盛世重光耀九州。

11月 清华大学教授陈志华、李秋香率清华大学建筑学院学生一行20多人考察流坑，并编制《江西省乐安县流坑古村落保护规划》。

12月12日 乐安县人民政府下发《乐安县农村社会保障实施办法》。

12月26—28日 中共乐安县第十次代表大会在县城召开，出席大会代表398名。会议选举产生县委委员27名、候补委员4名，常务委员会委员9名。李秋生为中共乐安县委书记，胡松柏、符节约、杨水生为副书记。

是年 乐安县15家国有和城镇集体工业企业完成转机改制任务，经地区验收合格。

是年 省委组织部、省老干部局授予乐安县戴坊镇全省老干部先进集体称号。

1998年

1月2—4日 政协乐安县第九届第一次会议在县国防宾馆五楼会议室召开，到会委员132人。会议选举银光灿为政协第九届常委会主席，董华春、陈道源、黄更昌、陈显明为副主席，董贵明为秘书长，18人为常委会委员。

1月2—5日 乐安县第十三届人民代表大会第一次会议在县城影剧院召开，出席会议代表194人。会议选举牛才智为第十三届县人大常委会主任，卢向云、董瑞珍、游解放、凌云为副主任，13人为常委会委员；选举胡松柏为县人民政府县长，张信昌、龚华云、郑济平、黄凤珍（女）、吴福才为副县长；甘金莲（女）为县人民法院院长，陶英华（女）为县人民检察院检察长；卢联灿、胡松柏、牛才智、徐英（女）为江西省第九届人民代表大会代表。

2月 江西省省长舒圣佑视察乐安县鳌溪镇大棚蔬菜和流坑古村。

3月2日 中共乐安县委、县人民政府下发《关于加快发展农业产业化经营的实施意见》。

3月20日 中共乐安县委、县人民政府下发《关于抽调千名干部到基层驻村上户实施“1+5”富民工程的意见》，确保农民增收，实现农村经济全面繁荣。

3月 乐安县林业局牵头组织各乡镇主管林业的副乡（镇）长，到浙江省安吉、临安等地考察雷竹生产情况，并分别从两地引进雷竹4720株，在乐安13个乡镇试种成功，成活率80%以上。

4月21日 撤销乐安县矿产资源管理局，组建县地质矿产局。

4月30日 中国核工业总公司发文，华东地质勘探局261大队由乐安县迁至江西省鹰潭市。6月4日，在乐安基地设立核工业华东地勘局261大队地质矿产勘查院。

5月2—8日 乐安县组团参加在深圳召开的江西省招商引资新闻发布会，签约合同资金2640万元，引进县外资金1753万元。

5月11日 中共乐安县委、县人民政府下发《关于在全县农村全面推行“村务公开、民主管理”工作的意见》。

5月15—22日 中共乐安县委、县人民政府在上海举办上海知青振兴乐安经济联谊会，36名知青参会。

6月13—24日 乐安县境连续5次强降水，总降雨量538.4毫米，全县农作物受灾面积1.7万公顷，经济作物受灾面积3467公顷，倒塌房屋950间，交通、水利、通信等设施毁坏严重，直接经济损失 1.52 亿元。

6 月 乐安县林业局牵头组织鹏洲、潭港等乡镇领导，到浙江余姚学习考察杨梅生产。

7 月 24 日 中共乐安县委、县人民政府下发《关于促进全县卫生工作全面发展的实施意见》。

7 月 31 日 乐安县坪溪乡苦竹村首次发现稻瘿蚊为害，之后金竹乡、谷岗乡也相继发生，受害面积 3322 公顷。

12 月 10 日 中共乐安县委、县人民政府下发《关于一九九九年烤烟生产发展意见》，提出全县计划种植烤烟 333 公顷，实现产量 1 万担。

是年 乐安县森林公安局局长吴国桢被国家林业局森林公安局记一等功。

是年 乐安县招携林业派出所被团中央授全国青年文明号，并被公安部评为全国公安系统讲文明、树新风先进单位。

1999 年

3 月 7 日 中共乐安县委、县人民政府下发《关于加强农业和农村工作的意见》，要求全县积极发展多种经营，大力发展乡镇企业，加快农业产业化经营步伐，不断提高农村经营整体水平。

4 月 20 日 中共乐安县委、县人民政府下发《关于实行党风廉政建设责任制的实施意见》。

4 月 21 日 中共乐安县委、县人民政府下发《关于在全县推行乡镇政务公开的实施意见》，实行民主决策、民主管理和民主监督。

4 月 22 日 乐安县委下发《关于实行县乡村“三级联动”进一步加强农村基层组织和党员干部队伍建设的意见》。

4 月 27 日 乐安县建设局增挂县环境保护局牌子，实行两块牌子，一套人马。

5 月 7 日 中共乐安县委下发《关于改进干部作风树立良好形象的意见》，要求全县广大干部树立政治坚定、廉洁奉公、纪律严明、勤政为民公仆形象。

5 月 24 日 中共乐安县委、县人民政府下发《关于在全县实施竹业产业化工程的决定》。

是日 成立乐安县委督促检查室，为副科级机构，与县委办公室督查科合署办公，两块牌子，一套人马。

5 月 27 日 成立乐安县供电局，与县电力公司合署办公，两块牌子，一套人马。是年，县电力公司更名为县供电有限责任公司，属省电力公司控股企业。

5 月 28 日 中共乐安县委、县人民政府招待所改制，设立县接待科，为正科级事业单位。

6 月 3 日 乐安县人民政府批转县教委《关于实行教师轮流下派制度实施方案》，实行教师轮流下派制度。

7 月 1 日 经江西省人民政府批准，龚坊乡撤乡设镇。

7 月 2 日 乐安县乡镇土管所收归县土管局管理。

7 月 11—15 日 中国民俗摄影家协会工作会在乐安召开，26 名执委出席会议。中央电视台等 4 家新闻单位派出记者全程采访。

8 月 8 日 中共乐安县委、县人民政府下发《乐安县乡镇人员分流暂行规定》，并下发《关于乡镇工作人员分流的实施方案》（试行），大力裁减乡镇机关人员，规范管理，转变职能，减轻财政和农民负担。

8 月 16—20 日 乐安县在县城举办纪念上海知青插队 30 周年活动。

9 月 10 日 乐安县人民政府下发《关于在全县行政机关进一步推行政务公开实施方案》的决定，要求实行政务公开单位在办理政务时，除法律、法规规定不宜公开的外，凡与人民群众切身利益密切相关事项都应及时公开。

9 月 30 日 中共乐安县委、县人民政府下发《关于加快实施果业工程的决定》。

9 月 乐安县人民武装部被中央文明委评为“全国精神文明建设工作先进单位”，成为全军县级人武部唯一获此殊荣单位。

10 月 23 日 中共乐安县委、县人民政府下发《关于进一步加强扶贫开发工作的决定》，决定坚持扶贫到村到户，着重解决1.86万贫困人口脱贫问题。

10月 鳌溪镇下岭村发生4人死亡、1人受伤的重大刑事案件。

11月3日 中共乐安县委下发《关于公开选拔部分副科级领导干部的通知》，公开选拔副科级干部5名。

12月26日 成立乐安县委信息室（副科级），与县委办公室信息科合署办公，两块牌子，一套人马。

12月 湖溪乡政府驻地由湖溪老街搬迁至凿树桥。

是年 乐安县被国家列为无规定动物疫病区建设项目县。

2000年

1月6日 中共乐安县委、县人民政府下发《关于抽调千名干部驻村进户切实做好当前农村工作的实施意见》。10—30日，县、乡机关单位抽调1000名干部深入农村基层第一线，驻村进户，宣传中央、省、地经济工作会议精神，帮助和指导农民搞好产业结构调整，切实做好增收计划早落实、结构调整早安排、贫困农户早走访、统筹提留早完成工作。

3月11日—5月17日 乐安在全县开展“三讲”（讲学习、讲政治、讲正气）教育活动。

3月31日 中共乐安县委下发《关于选拔任用干部实行公示制的实施细则》。

5月17日 中共乐安县委下发《关于实行厂务公开的决定》，切实加强企业管理和党风廉政建设。

6月20日 中共乐安县委、县人民政府下发《乐安县“项目年”活动实施方案》，促进全县国民经济持续发展和社会事业全面进步。

6月27日 成立乐安县投资服务中心，对到县投资兴办企业个人、团体和客商实行集中办事、公开办证、规范收费、承诺服务。28日，集中办事大厅正式挂牌服务，工商、土管、国税、地税、公安等17个单位进大厅。集中办事，一律在大厅内“阳光操作”，有效遏制“三乱”行为。

6月28日 中共乐安县委、县人民政府下发《关于优化经济发展环境的若干意见》，在全县上下营造宽松、健康、优良、有序的经济发展环境。

是日 中共乐安县委、县人民政府下发《关于鼓励外商投资的若干规定》，进一步扩大开放，吸引更多客商到乐安投资兴业，促进县域经济持续、快速发展。

7月1日 中共乐安县委、县人民政府作出《关于深化教育体制改革的决定》。

7月4日 中共乐安县委、县人民政府下发《关于鼓励机关、事业单位干部职工直接参与经济活动的暂行规定》。

8月30日 乐安县人民政府决定建立老虎脑自然保护区。2004年4月30日经江西省人民政府批准为省级自然保护区，保护区面积为2.2万公顷，核心面积7500公顷。

9月28—30日 乐安县第十三届人民代表大会第四次会议在县城影剧院召开。会议补选何建辉为县人民政府县长；选举出席抚州市第一届人民代表大会代表33名。

10月10日—11月3日 国家生态公益林检查组华东森林资源监督中心二处处长李明华、技术组负责人蒲永锋等6人到乐安开展国家公益林核查。

12月 谷岗林业派出所破获陈某某等3人犯罪团伙和犯罪嫌疑人管某某盗伐国家一级保护植物红豆杉案件。

2001年

1月5日—5月5日 乐安在全县开展农村“三个代表”（始终代表中国先进生产力的发展要求、始终代表中国先进文化的前进方向、始终代表中国最广大人民的根本利益）重要思想学习教育活动。

2月24—26日 乐安县第十三届人民代表大会第五次会议在县城影剧院召开。会议补选黄耀波为县人民政府县长、黄建华为县人民法院院长。

2月 成立乐安县旅游局，为县政府直属正科级事业单位。

3月14日 流坑村“千古第一村”牌坊揭牌，“千古第一村”为国家文物局局长张文彬题写。

3月22日 流坑村发现一座汉代古墓，标志着流坑历史可推前1000多年。

4月28日 经江西省人民政府批准，山砀乡、增田乡、万崇乡改设镇建制。

6月25日 流坑村明清古建筑群被国务院列为第五批全国重点文物保护单位。

7月2日 国家文物局答复全国政协委员喻长林提案《关于尽快将江西景德镇古窑遗址、龙虎山、流坑村申请列入〈世界遗产名录〉的建议》，指出：“流坑村也具备申报世界遗产的潜力，但需制定保护规划、整治环境、维修危旧房屋，建立和完善保护体系，并在进一步研究的基础上编撰申报文本。”是年7月18日，抚州市人民政府第11次常务会研究讨论乐安县人民政府《关于流坑古村申报世界文化遗产工作的报告》，开始启动申报世界文化遗产工作。2003年6月13日，江西省文物局召开申报“世界文化遗产预备名单”工作会议，流坑村列为申报单位。2006年12月15日，国家文物公布新的“中国世界文化遗产预备名单”，流坑古村落未能列入此名单。

7月24—25日 全国政协常委、省政协副主席、农工党省委会主任沃祖全率省政协委员、提案承办单位负责人、有关专家学者赴乐安县督办提案。与会人员实地考察了流坑村保护利用工作。在“省政协领导督办重点提案现场协商座谈会”上，现场督办了桂水金同志在当年省政协八届四次全会上提出的286号提案《加快对流坑古村保护利用工作的进度》。

8月11日 被保险人张某在中国人寿保险公司乐安县支公司分别投保国寿千禧理财两全保险及鸿泰卡，总保额高达41万元。2002年5月6日张某因车祸身故，经中国人寿保险公司详细调查，在确认属保险责任后及时进行赔付，这是抚州市经营人寿保险以来最大一笔个人人身保险保赔款。

8月13日 中共抚州市委、市人民政府办公室转发省政府批准决定，撤销潭港乡，成建制划归鳌溪镇管辖；撤销鹏洲乡，成建制划归戴坊镇管辖；撤销坪溪乡，成建制划归金竹乡，乡政府驻坪溪；撤销航桥乡，成建制划归山砀镇管辖；撤销望仙乡，成建制划归招携镇管辖。

9月 中共乐安县委、县人民政府下发《乐安县拔尖人才选拔和管理暂行规定》，拔尖人才每月享受特殊津贴30元。

11月2日 乐安县4个库点列入第三批国家储备粮库建设计划。乐安县国家储备粮库设在龚坊乡境内。2004年3月29日，龚坊国家粮食储备库通过省验收组验收。新库区占地面积13.32万平方米，建筑面积7236平方米，总投资1360万元。

12月1—4日 拯救中国虎国际慈善组织联合会秘书长全莉率中国野生华南虎生存环境考察团14人，到乐安实地考察老虎脑自然保护区野生动物生存情况，在猴子嶂和天门嶂之间的高山草甸，发现华南虎足迹和虎毛，并发现一只活体苏门羚。

是年 乐安县被中宣部、国家计生委评为全国“婚育新风进万家活动”先进县。

是年 撤销乐安县农牧渔业局，设立县农业局。

2002年

2月6—12日 日本女摄影师高桥亚弥子在乐安县博物馆和流坑村古戏台举办《“千古一村”的翁与媪》人物肖像摄影展，展出精致作品88幅。

2月10日 国务院批准乐安县列入新阶段全

国扶贫开发工作重点县。

4月24日 省政协港澳委员捐资兴建的牛田镇2个村小学举行奠基仪式。

4月29日 抚州军分区在乐安县人武部召开"推行人武部部务公开试点现场会"。省军区副政委周日杨、政治部副主任颜春宁参加会议。《人民前线》和《中国民兵》对部务公开的做法进行宣传报道。

5月6—7日 中组部原部长、全国党建研究会会长、全国政协常委张全景，江西省政府原省长、全国政协常委舒圣佑，省政协副主席韩京承到乐安考察农村"三个代表"重要思想学习教育、农村经济建设、旅游开发等工作。

6月13—16日 乐安持续遭受大暴雨袭击，雨量集中，持续时间长，引起山洪暴发，河水猛涨，短时间内即形成重灾。全县13个乡镇，165个行政村，1360个村小组，约16万人口受灾。其间有2.5万人遭洪水围困，1000余处山体滑坡，倒塌房屋1250间，损坏房屋2500多间，总计经济损失约2.2亿元，农业直接损失1.4亿元。

6月 乐安县正式规划流坑旅游开发工作。

8月 721矿列入国家军工企业破产计划，实施关闭破产，重组改制，组建中核抚州金安铀业有限公司。2016年2月，该公司全面停产。

9月 乐安县及全省33个省定贫困乡义务教育中小学收费实行"一费制"试点。

10月8日 江西省人民政府批准金竹乡改为金竹畲族乡。金竹畲族乡13个行政村有畲族人口3143人，占总人口的30.2%。2003年8月27日，金竹畲族乡成立挂牌仪式在金竹中学举行，副省长凌成兴和省直有关单位领导出席仪式，并为金竹畲族乡挂牌。

10月 乐安县人武部再次被中央精神文明建设指导委员会评为全国精神文明建设工作先进单位。

是月 乐安县人民政府下发《乐安县关于殡葬管理的办法》，革除陋习，提倡文明节俭，全面推行火葬。

11月12日 中共乐安县委、县人民政府下发《关于进一步深化国有企业产权制度改革的通知》。要求以产权制度改革为重点，以产权出让、股份改造、外资嫁接、依法破产为主要形式，辅之以股份合作制、兼并等形式，积极推进企业所有制结构和组织结构调整，使县属国有企业和国有资产全部有序退出。集体企业可参照执行。

11月 乐安县计划生育委员会参与创作的《古村悠悠》电视专题片，获文化部、国家电视总局等7部委颁发的第十届中国人口文化奖。

12月26—28日 中共乐安县第十一次代表大会在县城召开，出席大会代表347名。会议选举产生县委委员27名、候补委员5名，常务委员会委员11名。黄赛荣为中共乐安县委书记，李来木、陈绍平、吴信根、吴福财为副书记。

12月31日至2003年1月3日 乐安县第十四届人民代表大会第一次会议在县城影剧院召开。会议选举赖大益为县第十四届人大常委会主任，游解放、董克旺、黄更昌、欧阳可明、聂小乐为副主任，16人为常委会委员；选举李来木为县人民政府县长，吴信根、易光华、邱秀兰（女）、陈显明、吴自胜为副县长；黄建华为县人民法院院长，陶英华（女）为县人民检察院检察长；增选赖大益、李来木为乐安县出席市第一届人民代表大会代表。

是年 乐安县为招携镇尧坊村10户贫困户安排扶贫资金8万元，开展移民搬迁扶贫试点工作。

2003年

1月1—3日 政协乐安县第十届第一次会议在县财政局六楼会议室召开。会议选举杨水生为政协乐安县第十届常委会主席，董华春、陈道源、张乐明、陈国忠、吕小汉为副主席，董贵明为秘书长，20人为常委会委员。

3月 乐安县地质矿产局并入县土地管理局，更名为乐安县国土资源局。

4月 谷岗乡小港村发现23株天然生长、树龄千年以上的国家一级保护植物——南方红豆杉。这些红豆杉分布在村口小溪两岸，自然混生于枫树、樟树等阔叶林中。最大的一棵胸径2.36米、围径7.38米、高35米。

6月29日开始 乐安县日平均气温持续33.4℃以上，极端最高气温40.7℃，地面极端高温达66. 4℃，至8月9日持续高温干旱42天，为县内47年来最严重的伏旱，造成农作物大面积干枯、河水断流、森林火灾频发、人畜饮水发生困难。

6月 成立乐安县农业产业化经营工作领导小组，办公室设在县农业局。

7月1日 乐安县城乡居民生活用电同网同价，标准为每千瓦时0.56元。

8月17日14时40分左右 戴坊镇零线煤矿—29水平煤巷掘进工作面发生一起透水事故，涌水量300多立方米，导致2人死亡。

8月28日 乐安县城至山砀水泥公路工程正式开工。2004年7月23日全面竣工。

8月29日 江西省全民健身工程建设现场会在乐安召开。

9月16日 全国人大常委会环资委《中华人民共和国固体废物污染环境防治法》执法调研组一行到721矿，对矿产资源开发利用、矿山尾矿及废石固体废物处置、矿山环境保护等情况进行执法调研。

是日 乐安县争取到日本“利民”工程项目。“利民”工程是日本驻华使馆为无偿援助中国公益项目建设设立的专项工程，资金限额为67万元人民币，2002年在江西省开始实施。流坑医院建设作为江西省第一批两个申报项目之一，已确定安排在2004年实施。

9月24日 乐安县行政村区划作出调整，撤并行政村31个，新设行政村1个，全县共设175个行政村、1707个村小组。

9月30日 乐安县行政中心及四九广场土方开工建设。2004年4月29日县行政中心办公楼奠基。其中，县委办公大楼建筑面积6476.85平方米、县政府办公大楼建筑面积6476.85平方米、人大政协办公大楼建筑面积4123.06平方米，均于2006年12月竣工。

9月 乐安县人大常委会、县人民政府、县政协机关从县广场路5号分别迁至乐安大道194号县国土资源局办公楼、乐安大道5号原县人武部办公楼和乐安大道100号县水利局办公楼办公。

是月 乐安县人民政府下发《关于对城镇居民最低生活保障户中的特困户实施优惠办法》，对低保特困户的自来水费、电费、医疗费、教育费、职业介绍和就业培训费及法律援助等给予优惠。

11月28日 流坑被建设部、国家文物局公布为首批中国历史文化名村。

12月29日 抚（州）乐（安）段公路开工建设，全长119.6千米，投资6.29亿元。其中，崇仁马鞍至乐安石塘段为二级公路，长65.43千米。

是年 乐安县安排扶贫资金20万元，在金竹等3个重点乡镇扩大移民扶贫试点工作。至年底，44户184名移民迁入新居。

2004年

2月4日 成立乐安县安全生产监督管理局。

2月26—28日 抚州市扶贫开发规划现场会在乐安召开。

4月 成立流坑管理局，为县政府直属正科级事业单位。

5月17—18日 省政协副主席刘运来率有关专家到乐安，就促进流坑古村申报世界文化遗产进行专题调研。

7月5日 乐安县首次在全市范围内公开选拔科技局副局长、流坑管理局副局长、旅游局副局长、蚕桑局副局长、县委党校副校长5名副科级领导干部。93人报名参加公选（其中县外1人），有25人面试入围，15人考察入围，5名符合条件干部被任用。

7月5—6日 金竹、龚坊、招携、牛田、增田等乡镇遭受雷雨大风袭击。3小时内降雨量在70毫米以上，加之永丰县返步桥水库泄洪，造成河水猛涨，山洪暴发，坪溪至金竹公路交通中断，龚坊镇供电中断。全县有42个行政村共4.6万人受灾，造成经济损失3000万元。

8月20日 北京电影学院动画学院在流坑村举行定点实习写生基地揭牌暨捐助仪式，向流坑小学捐赠书包、书籍、文具等300多套，108名师生在流坑实习写生近一个月。

8月23日 应江西省外国专家局邀请，加拿大动物营养学专家伊恩·社敦博士到乐安县，对乐安花猪保护和提纯复壮进行专项指导。

10月18—19日 香港电台、电视台记者史志伟、刘雅欣及摄影师张和兴到乐安，对老虎脑自然保护区进行采访。

10月25日 江西省检查验收组一行4人，对乐安2004年度农业综合开发项目验收，乐安县被评为一类县。

10月底 “日本政府贷款江西造林项目”在乐安正式启动，该项目当年投资20.19万元。

是年 成立乐安县人民政府应急管理委员会，下设办公室。

是年 乐安县龙潭水库供水工程开工建设。2007年建成，日供水能力4.5万立方米。

2005年

4月24日 乐安籍旅台同胞、原任台北莺歌中学、台北板桥中学校长黄玠，再次当选台北市第十五届江西同乡会理事长。

4月25日 海峡两岸促进会常务理事长、上海金泉房产发展有限公司总经理林金泉先生到乐安考察农业果业开发项目，并走访龚坊镇台湾籍同胞聚集地。

8月12日 乐安县召开纪念中国人民抗日战争胜利60周年暨林长生《南京大屠杀之铁证》出版发行座谈会，省文联副主席、著名作家刘华等参加座谈会。

9月23日 中央统战部副部长、全国工商联党组书记、第一副主席、中国光彩会副会长兼秘书长胡德平（中共中央原总书记胡耀邦长子），在全国工商联副主席、科瑞集团董事长郑跃文，江西省政协副主席、省委统战部部长王林森陪同下，到龚坊镇浯塘村寻根祭祖，看望父老乡亲，并参加由光彩会帮助新建的浯塘村小学教学楼落成典礼及捐赠仪式。

10月28日 乐安县二中新校区开工兴建，2006年7月28日竣工。

11月29日 中国妇女发展基金会副秘书长秦国英到山砀镇检查验收“大地之爱、母亲水窖”项目实施情况。

11月 公溪陈家大桥、牛田官庄大桥开工建设，标志着全县渡改桥项目开始实施。

12月9日 董必武生平图片展在乐安举办。

12月10日 乐安县召开江西乐安流坑文化产业开发暨经贸洽谈会。市委副书记、纪委书记罗建华到会祝贺并讲话，市领导蒋建农、王晓媛（女）、谢发明、吴凤雏，兄弟市县嘉宾、董氏宗亲代表、客商代表、中央、省、市电视台记者共230多人出席会议。原国家主席董必武的女儿、女婿董良翚、张力理莅临会议。此次经贸洽谈会签订招商引资项目10个，签约资金1.94亿元。来自湖北、福建、广东等地的董氏宗亲到流坑实地参观，并共商流坑发展大计。

是年 乐安在全县分三批开展保持共产党员先进性教育活动。

是年 全面取消农业税，农民负担全部取消。

2006年

3月10日 中共抚州市委书记钟利贵率市四套班子领导、市直有关部门负责人、各县（区）委书记、县（区）长等75人到乐安行政中心建设工地视察。

4月16日 国家食品药品监督管理局食品安全协调司司长孙咸泽一行到乐安指导食品安全示

范县创建工作。

4月23日 中央编译局副局长俞可平一行15人到流坑考察。

4月 成立中共乐安工业园区工作委员会和乐安工业园区管理委员会，实行两块牌子一套班子工作机制。

5月15—16日 中国扶贫基金会会长段应碧一行到乐安考察非政府组织与政府合作实施村级扶贫规划项目实施情况。

5月20日 省道丰洛线乐安段新（改）建公路工程全面完工。丰洛线S221望仙至招携新（改）建公路总里程13.23千米，标准为三级路面，完成国债资金总投资375.85万元。

是日 乐安傩舞被国务院列入第一批国家级非物质文化遗产名录。

6月6日 全国重点文物保护单位——流坑文馆通过省文化厅等有关部门组织验收，整个修缮工作历时3年。

6月 乐安县被确定为全省城镇居民医疗保险工作试点县。

7月1—3日 中共乐安县第十二次代表大会在县城召开，出席大会代表347名。会议选举产生县委委员38名、候补委员7名，常务委员会委员11名。黄赛荣为中共乐安县委书记，李来木、徐建辉为副书记。

8月19日 中国科学院地质系与资源研究所所长、博士生导师张青松专家组一行到流坑考察。

9月24日 国家土地督察南京局副专员王春秋一行，到乐安视察指导“土地执法百日行动”工作。

10月12日 经中国绿色食品协会批准，乐安县成为国家绿色农业示范县。

11月3日 经江西省人民政府第51次常务会议审议通过，乐安县牛田水南“继序其皇”牌坊、湖坪国宝公祠红一方面军整编旧址定为江西省第五批文物保护单位。

11月21—22日 国家防汛抗旱总指挥部办公室副主任田以堂，率抗旱检查组到乐安县鳌溪镇、龙潭水库、供水公司检查指导抗旱工作。

是年 乐安县开发创建前坪工业区和中小企业创业园。

2007年

1月7日 中共乐安县委、县人民政府机关迁入行政中心办公。17日县人大常委会机关、20日县政协机关迁入行政中心办公。

3月31日—4月3日 政协乐安县第十一届第一次会议在县财政局六楼会议室召开。会议选举杨水生为政协乐安县第十一届常委会主席，陈国忠、吕小汉、徐友洪、管同文、吴瑞云、易鸣辉、叶芝云（女）为副主席，曾贵才为秘书长，22人为常委会委员。

4月1—4日 乐安县第十五届人民代表大会第一次会议在县城影剧院召开，出席会议代表191人。会议选举赖大益为县第十五届人大常委会主任，张梅生、游解放、黄更昌、欧阳可明、王云生、黄协怀为副主任，16人为常委会委员；选举李来木为县人民政府县长，李以庚、吴自胜、易光华、陈显明、揭秉华、伍珊（女）为副县长；黄国福为县人民法院院长，何新华为县人民检察院检察长。

4月10日 721矿600余名退休、离岗工人及家属因房改及经费补助问题，欲赴昌进京非法上访，并聚众堵塞抚八线公路，致使抚八线公溪镇段交通中断。

6月12日 省人大常委会立法调研组就制定《实施〈中华人民共和国各级人民代表大会常务委员会监督法〉办法》到乐安调研。

7月 乐安县数字遥测地震台通过选址、建设及各种仪器设备安装调试历时4年，正式运行使用，并顺利与江西省地震局实现联网。

8月10—11日 江西省副省长熊盛文到鳌溪镇石塘、林头村和龙潭水库、供水公司视察旱情，指导抗旱工作。1—7月全县平均降雨量为944.8毫米，比历年平均值减少413毫米，为全市

更昌、王云生、黄协怀、杨绍鹏、江小梅（女）为副主任，17 人为常委会委员；选举姚飞翔为县人民政府县长，张文贵、章燕萍（女）、陈显明、吴瑞云、杨建忠、罗鸣为副县长；杨新（女）为县人民法院院长，杨建忠为县人民检察院检察长。

9 月 乐安竹笋通过农业部地理标志登记保护认定。

是月 乐安县人民政府下发《乐安县城镇居民社会养老保险试点实施方案》，对城镇居民养老保险工作作出详尽部署。

10 月 20 日 乐安县长途汽车站动工兴建。2013 年 12 月 20 日竣工投入运营。

10 月 乐安县结合争先创优活动，在全县各级党组织中开展“鼓士气、顺民心、树新风”主题教育活动，并开展“四送”（送政策、送科技、送服务、送温暖）下乡活动。

11月24日 成立乐安县政府金融工作办公室，为县政府办公室下属全额拨款副科级事业单位。

11 月 成立乐安县重点项目管理办公室，为全额拨款正科级事业单位。

是月 国务院扶贫办批准乐安县纳入罗霄山脉集中连片贫困地区，成为全国扶贫开发主战场，项目资金优先安排，是抚州市唯一享受此优惠政策的县。

12 月 由澳门高氏集团投资 3.8 亿元的油茶产业科技园落户乐安。项目建成后，将成为集油脂加工、油茶产品延伸加工、苗木基地、科技研发、生态旅游为一体的现代化高科技油茶产业示范园。

是月 成立乐安县中小企业信用担保中心，在县中小企业局增挂乐安县中小企业信用担保中心牌子，两块牌子，一套人马。

是年 乐安县被评为全省依法用地模范县。

2012 年

1 月 19 日 江西省人民政府公布乐安县湖坪村为第四批历史文化名村。

2 月 9 日 日供水 4 万立方米的乐安县第二自来水厂开工建设。2013 年 4 月 29 日竣工。

2 月 26 日 乐安县 22 个重点项目（城建项目 12 个、工业项目 10 个）举行开工庆典。

3 月 乐安县商务局被商务部评为全国商务综合行政执法县级先进单位。

5 月 22 日 人力资源和社会保障部副部长胡晓义到乐安视察调研，实地察看公溪镇社会保障所办事大厅。

5 月 乐安县被列入高考实施定向招生专项计划县。

6 月 4 日 在江西省召开的贯彻落实《关于促进民族乡经济又好又快发展的意见》文件情况通报会上，乐安县少数民族地区建设工作得到省领导的高度肯定，并以工作简报形式专题印发《乐安县少数民族地区建设工作领导小组会议纪要》和《关于全面完成民族地区三年经济发展目标任务的实施意见》供全省各市、县学习借鉴。

6 月 20 日 乐安县行政中心综合楼开工建设，建筑面积 6900 余平方米。2013 年 6 月竣工投入使用。

6 月 21—25 日 乐安县组织江西雅丝帝丝绸家纺有限公司、乐安县鹏鑫食品有限公司、乐安县山蜂养蜂专业合作社 3 家企业，携 40 多个具有地方特色的品种，参加在广州举行的 2012 年江西省地方特色产品展销会，现场销售额累计 20 多万元，签订意向合同资金 1000 多万元。

6 月 乐安县正式启动农村义务教育阶段学生营养供餐计划，全县 235 所农村中小学校 4 万多名学生免费享受营养餐。

9 月 9 日 乐安县四九广场改建工程开工。2013 年 5 月 9 日竣工。

9 月 12 日 中央信访督导组到乐安检查相关工作。

9 月底 乐安县收缴农村和城镇居民养老保费 1272 万元，完成全年任务的 90.3%，为 3 万多 60 周岁以上农村老人发放养老金 1527 万元，发放率 100%。县农保局获全国新型农村和城镇居民社会养老保险先进单位。

是月 乐安县人民政府作出《关于精减县级非行政许可证审批项目的决定》，保留实施的非行政许可审批项目108项，精简的非行政许可审批项目19项，承接市级以上下放或委托实施的非行政许可审批项目18项。

10月17日 乐安县人民法院公开审理一起婚姻登记纠纷案件：被告牛田镇社会事务综合服务中心，在原告曾某某和第三人陈某均未到场的情况下向他们颁发结婚证，原告以被告婚姻登记程序违法为由，提起行政诉讼要求撤销被告违法颁发的结婚证。被告机关负责人出庭应诉。这是《乐安县行政机关负责人出庭应诉工作暂行办法》出台后，县人民法院审理首件机关负责人出庭应诉案件。

是月 乐安县被认定为赣南等原中央苏区县，成为国家三大政策（全国重点扶贫开发县、罗霄山脉集中连片困难地区、原中央苏区县）全覆盖县。

是月 乐安县小蓬莱风景旅游区被认定为省级休闲农业示范点。

是月 乐安县公溪镇入选“秀美江西·绿色崛起——2012中国（江西）十大秀美乡镇”候选名单。

11月 乐安县湖坪乡发现元末起义军领袖陈友谅女儿墓碑。

12月17日 牛田镇流坑村和湖坪乡湖坪村被城乡建设部、文化部、财政部列入首批中国传统村落名录。

12月 乐安县华盖山茶叶专业合作社评为全国供销总社示范社。

是月 乐安湖坪乡西头村王兆麟宅和罗陂乡罗田村苏维埃学校，列入江西省第一批优秀近现代建筑保护名录。

是年 乐安县利用龚坊镇和山砀镇之间的平缓坡地建设厚发工业区。2016年正式成为省级工业园。

是年 金竹畲族乡被评为国家级生态乡镇。

是年 鳌溪镇芜塘社区被评为全国综合减灾示范社区；鳌溪法庭获全国青年文明号称号。

2013年

1月中旬 乐安县“三傩欢舞闹新春”经江西省文化厅认定，成为全省27个“春节文化特色地区”之一。乐安傩舞文化已有千年历史，于2006年经国务院批准列入第一批国家级非物质文化遗产名录。

1月中旬 环保部发布第75号公告，乐安县金竹畲族乡被评为“国家级生态乡镇”。

4月1—2日 中共江西省委副书记、省长鹿心社在省政府秘书长、党组成员谭晓林陪同下到乐安调研。

5月2日 万崇镇上罗村首次发现稻水象甲疫情。截至6月20日，全县除谷岗、金竹外，其余乡镇122个村均有发生。经防治，疫情得到控制。

5月25日 15时，鳌溪、湖溪、龚坊、戴坊等乡镇先后出现龙卷风，造成4432公顷水稻、烟叶等农作物受损，绝收面积1047公顷，直接经济损失6330万元。

5月29日 同济大学国家历史文化名城研究中心主任、同济大学建筑城规学院教授、博士生导师阮仪三一行到乐安考察流坑古村保护利用工作。

6月8日 罗陂乡“龙图学士”和“刺史传芳”牌坊被列为第七批国家重点文物保护单位。

7月29—31日 乐安县第十六届人民代表大会第四次会议在县城召开，补选吴宜文为县人民政府县长，选举喻大荣、吴宜文为抚州市第三届人民代表大会代表。

7月 昌韶高速公路（南昌—韶关）开工建设。2016年1月13日建成通车。此高速公路境内经过山砀、龚坊、戴坊、牛田、万崇、湖坪、罗陂7个乡镇，分别在山砀镇和万崇镇境内设乐安北和流坑南两个互通进出口。

8月18日 乐安县举行2013年重点工业项目集中开工（竣工）典礼。此次开工6个工业项目，总投资达12.83亿元，主要涉及农副产品精深加工、精细化工、生物科技、电子科技、轻纺鞋服等产业；竣工3个项目，总投资2.15亿元，主要涉及轻纺鞋服、食品加工等产业。

8月 成立乐安县中小企业创业园管理办公室。

10月23日 全国政协常委、解放军总后勤部原副政委刘晓榕一行到流坑考察。

11月1日 乐安县水上乐园工程开工建设。2014年11月1日竣工。

11月7—10日 国家民委经济发展司司长乐长虹率国家民委调研组到乐安县就对口支援乐安工作进行调研。

11月29日 铁道部第四勘察设计院线站处总工程师钟绍林率专家组一行到乐安，就吉安—抚州—武夷山铁路线路走向及站点布局等征求意见。

是年 乐安县免费孕前优生健康检查项目列入国家试点县。

是年 乐安县旧城区改造工程开始实施。

是年 乐安县被评为江西省扶贫移民工作先进县。

是年 流坑村获省级风景名胜区称号，入选中国最具潜力十大古镇（村）、首批中国传统村落。

2014年

1月7—8日 国家民委副主任罗黎明一行到金竹畲族乡走访慰问困难户并召开座谈会。

1月 农业部发布2014年第一批农产品地理标志登记产品公告信息，乐安花猪经农业部农产品质量安全中心审查和组织专家评审，符合《农产品地理标志管理办法》规定的登记保护条件，实行农产品地理标志登记保护。乐安县花猪具有抗逆性好、母性好、产仔多、肉质鲜美等优良性状，被畜牧专家誉为“熊猫猪”。

2月26—10月24日 乐安在全县开展党的群众路线教育实践活动，以“为民、务实、清廉”为主题，以“照镜子、正衣冠、洗洗澡、治治病”为总要求，着重整治官僚主义之风、享乐主义之风、形式主义之风、奢靡之风等问题。

2月 乐安县被国务院列入全国产粮大县，获得中央财政产粮大县奖励资金1344万元，主要用于扶持粮油生产和产业发展。

3月 流坑古村景区被批准为国家AAA级旅游景区。

4月17日 山东省政协副主席郭爱玲（女）率考察团一行到乐安就城镇化进程中历史文化保护与传承情况进行考察。

4月23日 全国政协文史和学习委员会副主任、河北省政协原主席刘德旺率全国政协文史和学习委员会专题调研组到流坑古村，就推进城镇化进程中加强古村落保护进行专题调研。

4月 乐安工业园区被省政府正式批准纳入省级工业园区管理。截至2013年，投产企业68家，新增规模以上企业7家达24家，完成主营业务收入19.76亿元，同比增长34.87%，完成工业增加值5.55亿元，同比增长28.7%；实现工业税收6749万元，增长25.58%。

5月16日 全县农村集体土地确权登记颁证工作全面开始实施，计划3年内完成。

6月1日 鳌河两岸景观工程开工建设。2015年11月1日竣工。

6月15日 文化部副部长、国家文物局局长励小捷一行到乐安，就古村落保护开展调研。

6月20—21日 南京林业大学教授、博士生导师关庆伟率国家林业局创建国家森林城市核验组就抚州市创建国家森林城市到乐安开展核验工作。

7月9—10日 中华全国供销合作总社监事会副主任潘种树一行到乐安调研指导农民专业合作社建设情况。

7月29日 抚州市深入开展“三大工程”（强基、连心、模范）加强基层服务型党组织建设现场推进会在乐安县召开。

8月28—29日 中央第六巡回督导组组长、

中央组织部原常务副部长、人事部原部长张柏林一行，到乐安调研督导党的群众路线教育实践活动。

8月 鳌溪镇入选国家重点建设镇名单。

9月18日 全国文化先进评选工作复查组一行到乐安流坑村参观考察。

9月28日 大马头垦殖场举行设乡挂牌仪式，正式成立大马头乡人民政府。大马头垦殖场创建于1957年12月，2011年完成国企改制。2013年，抓住省政府深化国有农垦企业管理体制改革和行政区划设置良机，积极推进场乡合一工作。2014年4月，江西省人民政府批准同意设立大马头乡。

9月 牛田镇水南村被授予“全国生态文化村”称号。

是年 乐安县被国家卫生和计划生育委员会评为全国计划生育优质服务先进县。

是年 鳌溪镇上大街社区被中国科协、财政部授予全国科普示范社区。

2015年

1月18日 流坑、水南、湖坪3个历史文化名村保护规划通过省专家评审。专家认为3个村风景秀丽、人才辈出、建筑多样且保存完好，在省内屈指可数。一致同意通过3个村的“保护规划”。

1月26日 乐安县举行中华情龙源老年公寓开工仪式。

1月27—29日 国家民委专职委员管培俊一行到乐安开展春节走访慰问，并就国家民委对口支援乐安工作进行调研。

2月8日 乐安籍曾传芳将军家庭获授“共和国将军之家”。曾传芳于1930年参加红军，1934年参加长征。中华人民共和国成立后，历任上海警备区政治部副主任、主任、副政委等职。1964年4月被授予少将军衔。1982年享受正军级待遇。是年9月在北京因病逝世。“共和国将军之家”授牌活动是江西省军区2015年元旦、春节期间开展的一项特色活动，旨在进一步增强江西籍军人的光荣感和使命感，激励他们更好地在部队建功立业。

2月 乐安县疾控中心荣获全省食品安全工作先进单位。

3月1日 乐安县特色农业烟叶、高产油茶、桑园连续4年蝉联全市第一。粮食生产实现“十一连增”，被评为全省粮食生产先进县。

3月29日 流坑村列入中央财政支持传统村落，将获得不少于300万元的中央财政资金补助。

4月12—14日 央视七套《农广天地》栏目组拍摄乐安花猪专题片。

4月28日 2015年抚州市林业重点工业暨油茶产业发展现场会在乐安召开。

5月22日 乐安县在前坪工业园区举行2015年重大项目集中开工仪式。此次集中开工13个重点项目，总投资约17.75亿元，主要涉及农副产品精深加工、生态加工、电子科技、轻纺鞋服等产业。

5月31日 江西省社区（村）党组织书记、居（村）委会主任培训班学员到乐安观摩学习基层党组织建设工作。先后观摩学习南村乡望下村便民服务点、管坊村便民服务站和乡政府一办三中心工作。

5—11月 乐安在全县处级以上领导干部中开展“三严三实”（严以修身、严以用权、严以律己；谋事要实、创业要实、做人要实）专题教育。

6月16—17日 中央电视台新闻中心记者何莉一行到乐安，专程采访农机“创客”曾书良，聚焦这位农民发明家及其研发的实用农机。自2011年以后，曾书良先后研发出智能遥控耕整机、农用机械遥控自动控制系统、谷物收集机等产品，并获得两项国家发明专利和一项国家实用新型专利。

6月28日 乐安蛋雕、流坑小吹会、打船歌、装故事、罗陂庙会入选江西省非物质文化遗产名录。

7月18日 乐安县蛋雕艺人、非物质文化遗产传承人邹兆庆在意大利参加米兰世博会展演。展出特地创作包括有意大利文艺复兴著名艺术家、米兰两支世界著名的足球队AC米兰和国际米兰著名球员的蛋雕作品，以及中国历史伟人、乐安山水风光等蛋雕作品。

8月18日 全国乡村旅游提升与旅游扶贫推进会在安徽召开。牛田镇流坑村、金竹畲族乡流舍村获“中国乡村旅游模范村”称号；小蓬莱风景旅游区、桑海人家、台大农业科技园、乐屹山庄、华盖山茶文化休闲区、大码头生态度假区获“中国乡村旅游金牌农家乐”称号，金竹畲族乡流舍村党支部书记邓世平获“中国乡村旅游致富带头人”称号。

9月17日 国务院关于支持赣南等原中央苏区振兴发展的若干意见实施情况评估调研组到乐安调研。

10月15日 教育部党组成员、部长助理陈舜率国务院教育督导检查组到乐安，专项督查教育领域重要指标和任务完成情况。

是日 文化部恭王府管理中心主任、中国非物质文化遗产生产性保护系列活动组委会主任孙旭光一行到乐安，为即将在恭王府举行的抚州非物质文化遗产及文化旅游产品展示活动实地考察展演展示项目。11月15日，由文化部恭王府管理中心、抚州市政府主办，国家非物质文化遗产生产性保护系列活动组委会、文化部恭王府中华传统技艺研究保护中心承办的“华夏梦都 才子之乡”——抚州文化展示月在北京市恭王府举行，乐安流坑小吹会和蛋雕两项“非遗”项目在展示月上展示。

10月28日 江西省烟叶生产深翻耕作现场会在乐安召开。

11月8日 乐安县小微企业创业园被认定为省级小微企业创业园。

11月15日 乐安县老年大学被评为全省老年教育先进集体。

11月22日 江西中烟乐安基地单元建设正式启动，将更有利于促进县烟叶产业发展。

是日 乐安县被评为全国法治县（市、区）创建活动先进单位。县司法局被评为2014年度全省公众满意政法单位。

11月 乐安县第五小学开工建设。2017年2月13日竣工并投入使用。

12月1日 乐安县湿地公园工程开工建设，2016年12月1日竣工。

是年 乐安籍漳州古雷消防中队长何立在4月6日的漳州古雷石化罐体爆炸着火事故灭火救援中表现突出，被公安部荣记个人一等功。

2016年

1月13日 2013年7月开工建设的昌韶高速公路建成通车。此高速公路经过山砀、龚坊、戴坊、牛田、万崇、湖坪、罗陂7个乡镇，境内全长64.61千米，分别在山砀和万崇镇内设乐安北、流坑南2个互通进出口。

1月20—21日 国家民委党组副书记、副主任李昭一行到乐安走访慰问困难户，并召开座谈会听取乐安县关于原中央苏区振兴发展工作情况汇报。

1月 牛田古樟林入选上海大世界基尼斯之最，认定为“规模最大的古樟林——中国第一古樟林”。该古樟林古樟总数2907株，其中国家一级古树288株，二级古树1563株，三级古树1056株。5月6日，上海大世界基尼斯纪录颁证仪式在乐安举行，吸引来自全国70余家网媒记者的关注。上海大世界基尼斯总部理事王以德现场颁证。

2月 乐安流坑景区被评为国家AAAA级旅游景区。

4月22日 “乐游乐安”第八届全国网络媒体江西游启动仪式在乐安举行。省旅游发展委员会主任丁晓群，江西日报社总编辑任辛出席。

5月18日 中国人民对外友好协会文化交流部主任马小明一行到乐安，为推进与地方文化合作项目开展，做好9月下旬“驻华使馆文化官员和外国专家中国文化行”活动进行前期调研。

5 月 20 日 国家防总长江委综合管理中心主任陈进一行到乐安督查指导防汛工作。

6 月 2 日 中共江西省委副书记、省长鹿心社率省政府调研组视察增田镇石陂蔬菜基地、流坑古村及牛田古樟林等。

7 月 7 日 “寻梦·汤公故里抚州行”——纪念中国戏剧家汤显祖逝世 400 周年全国摄影作品征集暨“寻找赣东的红军足迹”——纪念长征胜利 80 周年摄影采风活动启动仪式，在流坑举行。中国摄影家协会主席王瑶，中国摄影家协会理事、中国摄影报社总编曾星明和抚州市委副书记于秀明共同为活动启动揭牌，来自全国各地的 300 多名摄影家和摄影爱好者参加启动仪式。

8 月 23—25 日 中共乐安县第十四次代表大会在县城召开，出席大会代表 324 名。会议选举产生县委委员 42 名、候补委员 9 名，常务委员会委员 11 名。彭银贵为中共乐安县委书记，吴宜文、江少辉为副书记。

8 月 31 日—9 月 1 日 国务院扶贫办副主任郑文凯率国务院扶贫办督查组到乐安，调研精准脱贫攻坚工作。

9 月 10 日 由乐安县人民政府、抚州市旅游发展委员会联合主办的“千年乡愁圆梦乐安”乐安首届帐篷音乐节在牛田古樟林拉开序幕。

9 月 18 日 乐安县城管道天然气以 LNG 槽车拉运方式正式向名门首府小区供气，居民首次用上清洁天然气。

9 月 26 日 2016 年中国·抚州纪念汤显祖逝世 400 周年国际高峰学术论坛专家、学者文化考察团到牛田水南古樟林和流坑村参观考察。

9 月 30 日 乐安县城新象山农贸市场工程开工建设。

9 月 国电龙源抚州乐安鸭公嶂风电场工程正式开工，该项目属于新能源发电项目，是江西省 2016 年第一批重点项目，纳入国家第二批核准增补计划，工程总投资 5.24 亿元。

10 月 16—19 日 政协乐安县第十二届第一次会议在县行政中心综合楼一楼会议室召开。会议选举李以庚为政协乐安县第十二届常委会主席，袁国平、陈显明、陈中平、袁小明、杨欣平、陈晖、黄茂文为副主席，王农为秘书长，28 人为常委会委员。

10 月 17—20 日 乐安县第十五届人民代表大会第一次会议在县行政中心综合楼二楼大会议室召开，出席会议代表 192 人。会议选举张乐明为县第十五届人大常委会主任，陈国忠、吕小汉、黄协怀、杨绍鹏、江小梅（女）、许良贵为副主任，20 人常委会委员；选举吴宜文为县人民政府县长，吴淑琴（女）、陈兵、龚勇、叶芝云（女）、曾风辉、杜国辉为副县长；张诚为县人民法院院长，杨建军为县人民检察院检察长；34 人为出席抚州市第四届人民代表大会代表。

10 月 江西广雅食品有限公司被授予为县内首家国家级农业产业化龙头企业。

11 月 22 日 国家新闻出版广电总局印刷发行司副司长周传军率“深入生活，扎根人民”调研组到乐安，对部分农家书屋建设情况进行实地调研指导，并组织学生开展农家书屋导读活动。

11 月 25 日 全国工商联副主席谢经荣率全国“万企帮万村”精准扶贫行动提质增效专题调研组到乐安，就村企结对帮扶工作进行调研。

12 月 1 日 乐安县南山公园景观工程开工建设。

是年 乐安县残疾人工作被国务院残疾人工作委员会评为全国残疾人工作先进单位；国税局被国家税务总局评为先进集体。

2017 年

1 月 抚州市首个融媒体中心在乐安县试运行。县融媒体中心整合县广播电视台、县委新闻报道中心、乐安网宣办、江西手机报乐安版、乐安发布微信公众号、抚州乐安发布微博等县属媒体，实现广播、电视、报纸、网络、移动客户端等媒介资源融合，产生“一次采集、多种生成、多元传播、全方位覆盖”的最大效应。

AAAA级旅游景区。

9月29日 参加抚州市2018年汤显祖戏剧节暨国际戏剧交流月活动，来自欧美及“一带一路”17个国家的国际游客80余人到乐安县开展汤翁故里寻梦之旅活动。

9月30日 在厚发工业园区举行2018年乐安县重大项目集中开工仪式。有30个重点项目集中开工，总投资94.32亿元。

10月2日 “金竹飞瀑景区旅游扶贫分红发放仪式”在金竹畲族乡吓通村举行，165户贫困户群众领取旅游扶贫分红17万多元。

10月9日 乐安县人民政府与中南民族大学签订战略合作协议。

10月13日 中共江西省委书记刘奇到乐安调研园区、企业、高标准农田和脱贫攻坚等，要求企业要培育核心竞争力，针对脱贫攻坚问题整改，要不改到位不销号，不见成效不收兵，切实增强人民群众的获得感幸福感。

10月18日 国家民委副主任、党组副书记刘慧（女）到乐安，就少数民族特色村寨建设、旅游扶贫、文化建设、基础设施建设等进行调研。

11月5日 中国人民保险集团定点扶贫点金竹畲族乡大通、半坪、水口3个深度贫困村250户贫困户率先参加“深贫保”项目。该项目是江西省首个落地的深度贫困村综合扶贫保险项目，为贫困户的畜牧、作物、林木、种养设施、财产及人身意外等方面提供综合保障3000万元以上。

11月22日—12月23日 省委第四巡视组对乐安县开展脱贫攻坚巡视“回头看”暨扫黑除恶、作风建设专项巡视。

11月 牛田镇流坑村入选2018年度“全国生态文化村”名单。

是月 在乐安县境内发现一株结有黄色果实的野生南方红豆杉。经江西农业大学植物分类与植物资源专家初步鉴定，该株结黄色果实的红豆杉为国家一级保护植物南方红豆杉的变异品种“黄豆杉”，在全省亦属首次发现。

12月6日 中国人民保险集团股份有限公司党委书记、董事长缪建民到乐安调研督导定点扶贫工作。

12月11日 东部战区陆军政委廖可铎到金竹畲族乡大通村调研指导脱贫攻坚工作，了解部队帮扶工作进展情况，走访慰问贫困群众，与当地干部群众共商脱贫攻坚大计。

12月12日 乐安籍人士、北京理工大学教授周桃庚研发的《光电成像系统参数测试与校准关键技术及应用》项目，获国家技术发明二等奖。

12月28日 乐安县在厚发扶贫搬迁集中安置区举行易地扶贫搬迁入住仪式。全县各乡镇683户贫困户3037人，走出深山搬进新家，开启新的幸福生活。

2019年

1月1日 乐安县行政服务中心窗口开始实行错时延时预约服务。

1月15日 乐安衙门巷街区列为第四批省级历史文化街区。

是日 乐安县被省绿化委员会授予“江西省森林城市”称号。

1月17日 乐安龙潭湿地公园获批为省级湿地公园。

是月 省道S227招携至滓灌公路改建工程动工。该工程起点位于招携镇新街，终点位于乐安县与赣州市宁都县交界处，全长21.81千米，是国道G236与G322之间的连接线，也是连接抚州市与赣州市的一条主要公路。

2月 乐安县被评为全省农业农村综合工作先进集体和全省粮食生产先进集体。

3月1日 中共江西省委常委、副省长刘强率调研组对乐安县推动城市功能与品质提升三年行动工作进行专题调研。

3月12日 乐安蛋雕列入省级非物质文化遗产代表性项目名录。

3月14日 山西省政协副主席、吕梁市委书记李正印率吕梁市党政代表团到乐安县考察脱贫攻坚工作。

4月28日 江西省人民政府正式批复乐安县退出贫困县。经过严格评估，全县综合贫困发生率、脱贫人口错退率、贫困人口漏评率低于2%，群众认可度均高于90%，符合贫困县退出条件。

5月7日 县计局被省农村贫困监测中心评为2018年贫困监测一等奖。

6月6日 住房和城乡建设部、文化和旅游部、国家文物局、财政部、自然资源部、农业农村部联合印发《关于公布第五批列入中国传统村落名录的村落名单的通知》，乐安县万崇镇丰林村万坊村、南村乡炉桐村稠溪村、牛田镇水南村、罗陂乡右源村峡源村、罗陂乡水溪村、罗陂乡罗陂村古村、谷岗乡汤山村7个村落列入中国传统村落名单。

6月12日 江西省首个“政融保”金融扶贫项目落地乐安，发放融资款1000万元。

6月15日 乐安县驻北京人才工作站成立暨“招才顾问”聘任大会在京举行。乐安籍人士、中科院院士、清华大学教授陈晔光以及部分在京的优秀人才代表参加会议。

7月12日 中国气象服务协会发布2019年“中国天然氧吧”创建活动结果公告，乐安县荣获“中国天然氧吧”称号。

7月18日 金竹畲族乡吓通村被江西森林公园管理办公室评为2019年江西省十佳森林乡村。

8月7日 江西省红色标语保护利用工作现场推进会在乐安县召开。

8月30日 乐安县在汽车站广场举行乐安至抚州城际公交开通仪式。

9月24日 乐安县被全国绿化委员会表彰为全国绿化模范单位。

9月 国务院授予江西省乐安县金竹畲族乡人民政府为“全国民族团结进步模范集体称号”

10月 万崇镇上罗村发现有曲谱的红军歌曲《上前线去》。

11月15日 乐安县人民政府被省政府评为全省民族团结进步模范集体。

11月21日 民政部办公厅公布第一批全国乡镇政府服务能力建设典型经验，乐安县《搭建“1134”平台，打通服务群众最后一公里》典型经验名列其中并在全国推广。

12月3日 东部战区陆军司令员徐起零深入乐安县，就脱贫攻坚工作进行专题调研指导。

12月7日 由第一财经发起并联合全国80家主流媒体共同主办的“2019乡村振兴发展论坛暨最美村镇颁奖典礼”在安徽举行，金竹畲族乡吓通畲族文化示范村荣获“2019中国最美村镇”精准扶贫典范奖，牛田镇流坑村荣获“2019中国最美村镇”乡风文明成就奖。

12月31日 南村乡稠溪古村旅游政府与社会资本合作项目开工仪式在稠溪古村举行，项目总投资为3.98亿元，总建设面积约为11万平方米。

第一卷　政区　环境

本卷目录

第一章　建置　区划

乐安县位于江西省中部，抚州市西南部，地理位置为北纬 26°50′～27°45′、东经 115°36′～116°10′，南北最大距离 85 千米，东西最大距离 47.5 千米。东与抚州市的崇仁县、宜黄县接壤，西与吉安市的永丰县、新干县相邻，南连赣州市的宁都县，北靠宜春市的丰城市，是连接抚州、宜春、吉安、赣州四市之要塞。1984 年，全县土地概查，全县土地面积为 2412.59 平方千米。其中陆地面积 2171.9 平方千米，占 90%；水域 240.69 平方千米，占 10%。1990—1993 年，全县第一次土地调查，全县土地总面积 2424.49 平方千米；1996 年土地变更调查修正为 2418.47 平方千米。2008—2010 年，全县第二次土地调查，全县土地总面积为 2410.44 平方千米，较 1986 年少 2.15 平方千米。2016 年，辖 9 镇 7 乡、20 个社区居委会、176 个村委会、1878 个村民小组。

第一节　建　置

据考古发现，乐安最迟在新石器时代晚期已有先民从事种植和渔猎。《永乐大典》《寰宇记》《读史方舆》《舆地纪胜》《江西通志》等记载：乐安在虞、夏、商时期为扬州故地；西周共和十三年（前 829），境域属吴国；至周元王四年（前 473），境域属越国。秦代，始皇二十六年（前 221）实行郡县制，全国分为三十六郡，境域属扬州九江郡。汉代高祖四年（前 203），境域属九江（淮南）王国九江郡；汉高祖五年（前 202），分淮南置豫章郡领县十八，境域属豫章郡的南城县。至东汉和帝永元八年（96），从南城县境析建临汝县，境域属归临汝县（其中云盖乡属庐陵郡永丰县）。至三国时，境域属吴国；吴太平二年（257），分豫章东部为临川郡时，在境域东北部置新建、安浦两县属临川郡；在境域西南部置兴平县属庐陵郡，此时，境域分属新建、安浦及兴平三县。

南朝，梁普通三年（522），分安浦县归属临川郡，将新建、西宁及兴平三县地合置巴山郡，郡治设今公溪古城。梁太平二年（557），分江州之地设立高州，管辖巴山等四郡，州治设巴山郡。陈天嘉四年（563），撤高州，管辖乐安境域的巴山郡复归江州管辖。

隋代，开皇九年（589）撤巴山郡，将巴山、新建、兴平、西宁等地合置崇仁县，至此，境域转属崇仁县。

唐代，武德七年（624），将兴平地还归吉州（辖境相当今江西省新干县与泰和县之间的赣江流域及安福、永新等县）；而新建及安浦则仍属崇仁县。

南宋，绍兴十九年（1149），划出崇仁县天授乡、乐安乡、忠义乡及永丰县云盖乡地，建置乐安县。因境内有一乡名乐安，故将县名定为乐安县，县治设鳌溪。乐安自建县后，即隶属抚州（路、府）。经过元、明、清各个朝代，均无变更。

1912 年建立中华民国，江西全省分四道，乐安属豫章道，道治设在南昌。民国十五年（1926）取消道建制，由省直管。民国二十年（1931）夏，江西全省革命根据地周边 44 县划为 9 个区，乐安属第七区。民国二十一年（1932）夏，江西省以下划为 13 个行政区；民国二十三年（1934）一月，缩为 11 个行政区，该时期乐安一直属第八行政区。民国二十四年（1935），江西省缩为 8 个行政区；民国二十八年（1939）春，改为 11 个行政区；民国三十一年（1942）秋，调整

2016年乐安县行政区划情况表

表1-1-2　　　　单位：个、平方千米

乡镇	村（居）委会数	所辖村（居）委会名称	村（居）小组数	土地面积
鳌溪镇	21	下大街、上大街、象山、桥背街、芜塘街社区居委会，鳌溪、桥背、下岭、咸溪、桥陂、咸口、下罗、店元、罗山、青山、赖村、潭港、案山、林头、大元、东坑村委会	221	228
公溪镇	11	公溪社区居区会，公溪、荷陂、新居、武家、陈家、莲塘、芜头、杨家、丁垅、乐家村委会	125	130.57
山砀镇	14	茂花岗社区居委会，杏坊、流坊、蔡坊、龙义、山砀、荷塘、田下、黄家、口前、厚坊、航桥、桐江、草坑村委会	138	139.32
龚坊镇	11	龚坊社区居委会，南边、般坊、大垅、长罗、黄乐、陀上、浯塘、炉下、同富、濂坑村委会	89	155.74
戴坊镇	21	戴坊社区居委会，红光、丰秋、朱元、沙堆、横江、村前、戴坊、树下、甘竹、麦坑、竹山、小曹、鹏洲、古竹、龙兴、良元、仲溪、白石、上林、中心村委会	235	255.19
牛田镇	9	牛田社区居委会，牛田、傍安、员陂、峡圳、水南、麻坑、南羊、流坑村委会	110	131.57
万崇镇	9	万崇社区居委会，丰林、坪背、盐丰、桐山、池头、安里、上罗、陂汉村委会	101	96.53
增田镇	11	增田社区居委会，增田、西边、瑶前、温田、长江、小池、带陂、王沙、石陂、东湖村委会	126	119.19
招携镇	18	招携社区居委会，港田、汗上、茶园、瓦子场、坝上、杭村、坪头、青里、南槽、午田、尧坊、望仙、肖坊、东炉、山湾、坪上、高望村委会	149	255.56
湖溪乡	10	湖溪社区居委会，小陂、湖溪、甘泉、梅溪、东堆、社背、尧门、沙港、康村村委会	102	131.57
罗陂乡	9	罗陂社区居委会，罗陂、罗田、杏园、力下、云下、水溪、棠溪、右源村委会	61	67.57
湖坪乡	11	湖坪社区居委会，街上、坊塘、长富、参陂、东山、汉上、西头、善和、中村、贺立村委会	116	104.66
南村乡	14	南村居委会，南村、大里、西坑、太平、望下、山心、管坊、茅岗、努坪、樟坑、前团、车头、炉桐村委会	139	142.86
谷岗乡	11	谷岗社区居委会，谷岗、汤山、圭峰、四青、王坊、板岭、登仙桥、四下、水口、火嵊村委会	96	161.09
金竹畲族乡	11	坪溪社区居委会，坪溪、严杭、引水、大通、徐庄、金竹、联村、流舍、半坪、深坵村委会	109	239.86
大马头乡	5	大马头社区居委会，召尾、龙虎岭、石塘、下陂村委会	31	50.83

第二章　乡　镇

1986年，乐安县辖5镇、15乡、1场。2001年10月撤乡并镇，设9个镇、6个乡、1场。2014年4月，增设大马头乡。至2016年年末，全县共16个乡级行政区。

第一节　鳌溪镇（附：潭港乡）

鳌溪镇位于乐安县中部，东邻谷岗乡，东北接崇仁县山斜乡，南毗南村乡、增田镇，西与大马头乡接壤，北接戴坊镇、湖溪乡。抚吉高速，国道G238、G322，省道S227穿境而过。境域东西最大距离16.9千米，南北最大距离22.5千米，总面积228平方千米。是县政府所在地，全县政治、经济、文化中心。

因城南溪中有一石耸立如巨鳌，“山疑象状，石似鳌奔”，由此得名鳌溪。乐安建县前期，鳌溪属崇仁县忠义乡。清同治年间（1862—1874）属乐安县忠义乡情同里1都至7都。1931年，开始设镇。中华人民共和国成立初期，鳌溪属第一区管辖。1958年，建立人民公社，先后称鳌溪人民公社、城关人民公社。1984年，撤销鳌溪公社设鳌溪镇。1986年10月，撤销石陂乡并入鳌溪镇。2001年8月，撤销潭港乡并入鳌溪镇。

2016年，鳌溪镇辖下大街、上大街、象山、桥背街、芜塘街5个社区居委会和鳌溪、桥背、下岭、桥陂、咸溪、下罗、咸口、赖村、青山、罗山、店元、案山、林头、潭港、东坑、大元16个村委会，及增坊桔子场和王家排基地，下设49个居民小组、172个村民小组，有23075户、81900人，其中城镇常住人口55400人、农村常住人口13845人、流动人口12655人。

1986—2016年，历任党委书记：袁招祥、董克旺、杨水生、李乐辉、王云生、李旭、杜国辉、易建文；历任镇长：王南香、黄招龙、王华福、李乐辉、王云生、黄财明、张志华、戴慧龙、胡文军、钟剑文、黄建明、游立云。

鳌溪镇政府办公大楼

2016年鳌溪镇各村（社区）基本情况表

表 1-2-1　　　　单位：户、人、公顷、个

名称	户数	人口	耕地面积	山林面积	村（居）小组数	村（居）小组名称
鳌溪村	941	3486	73.3	1072.0	16	北门、四新、林场、东门、刘家湾、池头、蚕元、河元、龙潭、南门、港下、万龙、仓下、尧坊、新屋下、王田
桥背村	916	2903	37.3	573.3	18	桥头、桥背、坑口、前坪、荷塘、下它、塔元、下街、西门、林场、田西、严江、芜塘、鳌溪、胜利、楼下、前进、坳上
下岭村	302	866	73.3	1400.0	9	下岭、上岭、上家岭、王石坑、岭背、上舍、坑口、尧坪、南寨
桥陂村	697	2383	212.5	1066.7	18	郭坑，聂家，杨家，山下，唐家，桥陂，上罗汗，王家山，上罗坪一、二、三、四组，上堡，子田，坪上，油太脑，华坑，大吾
咸溪村	237	826	56.7	1666.7	6	新荣，严坑一、二组，咸溪，井脑上，丁元
下罗村	283	981	75.7	253.3	7	坪上、桂家、下罗、鸭坑、元头、韶湘、大唐
咸口村	237	1097	79.8	533.3	8	一、二、三、四、五、六、七、八组
赖村村	373	1229	105.1	800.0	9	上赖一、二组，下赖，秋田，石田，来岭，下坑，山贯，湘建
青山村	418	1980	146.7	800.0	13	厚坊，理坑，樟坑一、二组，青山，新建，湘乐，南阳，林场，卢家，店里，四都排，无元
罗山村	612	2160	209.3	973.3	11	罗山一、二、三、四、五、六组，西坑，堆城，白竹，南头，郑元
店元村	333	1075	92.3	480.0	4	横江、石脑上、上店元、下店元
案山村	516	1378	86.5	1347.8	11	尾里、周家地、王元、韶移、杏树下、周家岭、塘边、案山、燕上、琴岭、琴元
林头村	331	1029	55.2	566.7	7	石上汗、湾里、白竹坑、嵊上、西元、林头、白石岭
潭港村	802	2462	137.5	1389..0	16	大塘，新建，田丰，中心，村一、二组，方排，石家脑，井边，付一、二组，上村，桥上，贯背，社下，上力元
东坑村	245	748	38.1	486.7	8	东坑一、二、三、四、五、六、七组，林场
大元村	428	1472	94.7	720.0	8	陂下、竹员、排下、山下、小戴坊、大元组、新树岭、古罗江
王家排基地	68	209	3.3	33.3	2	王家排、林场
增坊桔子场	66	216	36.5	160.0	1	增坊
象山社区	3878	11638	—	—	10	一组：沿河路；二组：鳌溪路；三组：三贯路；四组：毕力路；五组：南门路、南门巷；六组：土家路、土家巷；七组：站前路、排上路；八组：金行得路；九组：惠民小区；十组：龙腾花城小区
上大街社区	3520	11830	—	—	10	一组：广场路、烈士路（双号）；二组：楼下巷；三组：长征路；四组：象山路；五组：胡家巷；六组：东门巷；七组：关皇庙；八组：城墙路；九组：爱民路、新居路；十组：尧家岭

续表 1-2-1

名称	户数	人口	耕地面积	山林面积	村（居）小组数	村（居）小组名称
下大街社区	1996	8688	—	—	8	一组：城墙路；二组：宝塔路；三组：长征路双号1；四组：长征路双号2；五组：下街巷；六组：塔脚巷；七组：庙口巷、衙门巷；八组：象山路
芜塘街社区	2090	9980	—	—	11	一组：烈士路（单号）；二组：广场路（广场北路）单号；三组：鹤栖路；四组：占家巷、芜塘巷；五组：田仔巷、谢家巷、民乐巷；六组：长征路单号、乐安大道双号；七组：利民路；八组：公园路；九组：田西巷、北大道；十组：安民路；十一组：育才路
桥背街社区	3786	13264	—	—	10	一组：乐安大道单号；二组：杨柳路、代陂岭；三组：商贸南大道、商贸北大道；四组：财苑路；五组：大元巷、城墙巷；六组：蓝天巷、红卫巷；七组：东英角；八组：前坪路、前坪南路；九组：站前路双号；十组：金桥路、工业大道
合计	23075	81900	1613.8	14322.6	221	

说明：表中数据来源于鳌溪镇政府，户数、人口合计数含非农业户数及人口

自然条件　鳌溪镇地处半丘陵、半山区，地势自东向西倾。最高处是东北部的芙蓉山，海拔1070.8米，最低处是南部的桥背村塔元村小组，海拔约140米。

镇域有鳌溪、咸溪、丁元和潭港4条河流，分属抚河水系崇仁河和赣江水系牛田河，河网密度1.1千米/平方千米，河流总长32千米，径流总量30万立方米。境内最大的河流为鳌溪河，长13千米。有各项水利工程77座，修建河渠10千米，有效灌溉面积726公顷。

境内矿藏主要是铀、锡、稀土、大理石、煤、石英石、黑花岗石、长石等。

基础设施　全镇村组级公路硬化100多千米，村村通水泥路。镇内有60余辆中巴车每天往返各乡镇；有发往上海、深圳、温州、广州、厦门和省内南昌、吉安、永丰、抚州、鹰潭、丰城、东乡等市县的直达班车。城区开通4路城市公交线，有公交车20余辆；有60余辆出租车在城区营运，滴滴、优步等现代运营模式正在城区发展。

镇村通邮100%，固定电话、移动通信普及率90%，电信线路服务范围已覆盖全镇行政村及自然村；顺丰、申通、圆通等9家大型物流公司在镇域设立网点。

镇区居民自来水普及率100%。投资49万元，实施农村饮水工程2个，解决3000余户贫困人口饮水安全问题。全镇有小水电站10座，年发电量86万瓦时；农网改造率95%，全部自然村实现通电。

经济发展　镇域以种植优质水稻、蔬菜、薯类为主，经济作物次之。1986年，有耕地面积1700.4公顷，其中水田1626.1公顷，旱地74.3公顷，人均耕地1.8亩，水稻总产量91.3万千克；油茶种植面积124.6公顷，年产茶油1000千克；生猪出栏4100头，肉类总产量29万千克。至2016年，全镇有耕地面积1613公顷，人均耕地0.9亩，年产稻谷202万千克；蔬菜种植面积310.2公顷，年产蔬菜145万千克；薯类种植面积211.2公顷，年产薯类66.4万千克；烟叶种植面积79.2公顷，年产烟叶30万千克；油茶种植面积128.7公顷；生猪年饲养量1.1万头，牛年饲养量2100头，家禽年饲养量11.5万羽。

林业以松木、杉木为主，1986年，全镇用材

林活立木蓄积量36.37万立方米，其中，杉木5.69万立方米，马尾松25.9万立方米，阔叶林4.75万立方米；有毛竹39万株，多散生于杉林之中。2016年，全镇用材林活立木蓄积量45.7万立方米，其中，杉木13.6万立方米，马尾松14.5万立方米，阔叶林16万立方米，毛竹70万株。

1986年，全镇有镇、村、户办企业245家，总产值249.2万元，年缴税18.4万元。进入21世纪，工业以民营企业为主，主要行业有食品加工、服装加工、建筑材料等。2016年，全镇有民营企业141家，工业生产总值122.21亿元，年缴税收2000万元。

1986年在象山桥东侧新建农贸市场，分行业设立摊位209个，站前路两边统一规划，设立小商铺92个。全镇共有个体工商户197户，从业人员225人，营业额426万元。2016年，镇财政收入4632.4万元，其中，国税收入3361.4万元，地税收入1094.4万元，地方财政收入176.6万元。

社会发展　1986年，全镇有完全小学8所，公办村小6所，民办小学21所，教职员工246人，在校学生数5011人，适龄儿童入学率82%；农村幼儿园1所，保育员1人，入园儿童28人。至2016年，有幼儿园16所，专任教师26人；中心小学、村级完小16所，在校学生1050人，专任教师123人；初级中学1所，在校学生254人，专任教师29人；教学点4个，在校学生85人，专任教师5人。初中适龄人口入学率、小升初升学率、九年义务教育覆盖率均达100%。全年教育经费投入110.6万元，比2015年增长55%。

1986年，已形成以镇卫生院为主体，村合作医疗站为依托的医疗卫生网，共有卫生所13所，医务人员28人。至2016年，全镇有镇级卫生院2所，专业卫生人员21人，其中执业医师12人，注册护士5人；乡村（社区）卫生所（室）25个，有乡村医生41人；全镇医疗卫生机构有床位50余张，每万人拥有病床6张。参加农村合作医疗保险人数为2.42万人，占农村人口的90%。

鳌溪镇群众文化活跃，设施较齐全，有线电视入户率99%，城镇拥有电视机的家庭达100%，电信、移动等网络电视覆盖率100%；镇文化站有文化活动场所450平方米，有村级文化活动中心25处，各类文化专业户15户，农家书屋及各类图书室25个，藏书20余万册，罗山村傩舞表演团1个；镇域有体育场2个，90%的村（社区）安装健身器材，参加锻炼的人数达到常住人口的48%；全镇有科技人才47人，农村实用人才56人。

2016年，全镇有城镇最低生活保障户1566户4670人，支出1232万元；医疗救助195人次，

鳌溪镇集镇（县城）全景图

支出63万元；农村最低生活保障户数346户834人，支出130万元；敬老院有床位50张，收养农村五保户44人；社区服务设施20个，其中社区服务中心5个，社区服务站5个；国家抚恤、补助各类优抚对象324人，抚恤事业费支出196万元。参加新型农村养老保险2.42万人，参保率90%。

附：潭港乡

潭港乡位于县境中部，东邻鳌溪镇，南毗增田乡、牛田镇，西靠鹏洲乡和永丰县的鹿岗乡，北接湖溪乡。省道S215公路穿境而过。乡域总面积91.93平方千米，其中耕地面积676.9公顷，林地面积7370.5公顷。乡政府设在潭港村，距县城10千米。

因村溪中多潭而得名。南宋绍兴十九年（1149）乐安建县前，潭港属崇仁县忠义乡。清同治年间（1862—1874）属乐安县乐安乡兴平里14都。1931年隶属第四区。中华人民共和国成立初期，属第一区管辖。1956年5月成立潭港乡，1958年成立潭港人民公社，1959年3月潭港公社并入鳌溪公社，1961年10月重新设立潭港公社，1968年10月再次并入鳌溪公社，1972年2月又重新恢复潭港公社，1984年5月改为潭港乡。2001年8月，撤销潭港乡并入鳌溪镇。

潭港乡经济以农业为主，农业以水稻为主。1986年实施抚州地区科技扶贫项目“星火计划”，发展食用菌生产取得成功，成为农民致富的主导产业。袋装香菇、草菇等食用菌生产技术成为农民外出打工、走向全国的生产项目。境内有30多米高的天然石拱桥，桥下建有古寺——石桥寺，附近几处奇特的古迹，已列入县级文物保护单位，前来参观游览者众多。

2001年8月，潭港乡辖潭港、力元、林头、案山、石塘、白竹、下陂、东坑、大元9个村委会，1个增坊桔子场，下设71个村民小组，有2220户、8292人，其中非农业人口382人。

1986—2001年，历任党委书记：邱捍东、易鸣辉、彭光华、董崇芳、陈树根、刘军；历任乡长：艾梅春、李乐辉、戴茶花（女）、黄志辉、刘军、张世福、程仉发。

2001年潭港乡各村基本情况表

表1-2-2　　　　单位：户、人、公顷、个

名称	户数	人口	耕地面积	山林面积	村小组数	村民小组名称
潭港村	414	1297	67.7	1133.3	11	大塘，新建，田丰，中心，方排，石家脑，井边，村一、二组，付一、二组
力元村	175	722	59.3	333.3	5	上村、桥上、贯背、社下、上力元
林头村	208	859	64.8	566.7	7	石上汗、湾里、白竹坑、嵊上、西元、林头、白石岭
案山村	254	1032	105	1353.3	11	尾里、周家地、王元、韶移、杏树下、周家岭、塘边、案山、燕上、琴岭、琴元
石塘村	296	1217	85.4	933.3	9	巴塘、瑶家、石塘、城下、坑口、乌石、朱山脑、大么汗、东元
白竹村	147	498	54	470.7	5	长山、西元、白竹、韶移、大石门
下陂村	194	783	81.5	1200	6	舟上、区山、古寺、田西、桥头、港背
东坑村	162	609	45.6	486.6	8	东坑一、二、三、四、五、六、七组，林场
大元村	315	1070	94.7	733.3	8	陂下、竹员、排下、山下、小戴坊、大元、新树岭、古罗江
增坊桔子场	55	205	18.9	160	1	增坊
合计	2220	8292	676.9	7370.5	71	—

说明：表中数据来源于鳌溪镇政府

第二节　公溪镇

公溪镇位于乐安县东北部，东、北与崇仁县相连，南部和湖溪乡接壤，西部与山砀镇毗邻。向乐铁路终点站止于江边村火车站，省道S313穿境而过，是江西省百强乡镇。境域东西最大距离12千米，南北最大距离20千米，总面积130.57平方千米，耕地面积1183.7公顷，林地面积7549.3公顷，水域面积330公顷。

公溪村古城是镇政府所在地，距县城39千米。镇中学、中心小学、邮政、电信、工商银行、建设银行、邮政储蓄、信用社、公安派出所、石油公司等单位均集中于古城。集贸市场逢农历单日为集市，是公溪镇及湖溪乡、山砀镇邻近群众农产品物资交易中心，市场活跃，商贸繁荣。

南北朝梁普通三年（522）在此设立巴山郡治，巴山郡管辖新建、西宁、巴山、丰城、兴平、广丰、新安7个县。梁太平二年（557）在此设立高州，高州管辖巴山、临川、安成、豫宁4个郡。按当时的行政构架，地方设州、郡、县三级政府，州相当于现省级政府，郡为设区市政府，公溪成为州、郡首府，故称古城。高州存续时间不长，陈天嘉四年（563）被撤销。隋朝开皇九年（589）巴山郡也被撤销，巴山之地并入崇仁县。南宋绍兴十九年（1149）建立乐安县时，该地划入乐安县管辖。元至元十三年（1276），著名理学大师吴澄，为避兵乱隐居乐安布水谷（今公溪镇布水村）潜心著述《孝经章句》一书，并校定《易》《书》《诗》《春秋》《礼》及《大小戴记》等儒家经典著作，讲授理学经典，听众上千人，后人感念这段归隐讲学的故事，修建有“谷隐观”。清同治年间（1862—1874）分属天授乡尚善里（26都璜田、27都芜头）、甘泉里（29都公陂、30都怀仁）。民国前期属乐安县第五区。芜头街为公溪河上的交通要道，1933年6月4日，红一方面军在公溪发起芜头街战役，成为国共双方争夺的一个据点。民国34年（1945）属龚坊区。中华人民共和国成立初，为第五区。1958年撤区并乡，改为公陂乡，11月改为公溪人民公社。1960年9月，因建立721矿，公溪升格为抚州地区直辖县级镇。1962年5月，又划回乐安县管辖，恢复公社建制。1966年后，公溪公社改为公溪镇。

2016年，公溪镇辖公溪社区居委会和荷陂、公溪、莲塘、杨家、丁垅、乐家、陈家、芜头、武家、新居10个村委会，下设3个居民小组和122个村民小组，有10151户、27389人，其中男14778人、女12611人。

1986—2016年，历任党委书记：董克旺、戴鹏翔、张信昌、欧阳可明、王乐临、帅蓉晖（女）、邹炳忠、邓荣祥、曾凤辉、范正庚；历任镇长：戴鹏翔、彭光华、欧阳可明、肖平、刁振华、邱秀兰（女）、帅辉德、邹贵芳、邓荣祥、帅蓉晖（女）、陈小龙、杨敏、周志文。

公溪镇政府办公大楼

2016年公溪镇各村（社区）基本情况表

表1-2-3　　单位：户、人、公顷、个

名称	户数	人口	耕地面积	山林面积	村（居）小组数	村（居）小组名称
荷陂村	1500	5110	258.66	633.33	14	坎上一、二组，枧上一、二组，梅山，巷里，昌元，王陂，厚山，江边，罗家新村，聂坊，墙里，下王
公溪村	664	2656	177.46	593.33	17	无背，新建，上一、二组，上蔬，下蔬，下街一、二组，古城，围里，渡头一、二组，卢家湾，马骝湾，去坑一、二组，长安
莲塘村	1000	4000	168.40	1066.67	21	田西、陂下、铁路、杜坑、张家、江背、罗家、湾里、万家、辛家、前村、尤家咀、桃岭、黄家、李家、洪家、莲塘、铺前、晨一组、晨二组、长山界
杨家村	470	2040	73.33	1400.00	20	河上，布水一、二、三、四组，杨家，叶且，罕坑，裴家，罗陂一、二组，新居，元头，邹家，白竹，仙山，云丰，山背，高升，古坪
丁垅村	265	1060	59.88	509.33	6	丁垅、下保、新建、向阳、王田、瑶上
乐家村	195	809	28.66	1800.00	7	乐家、庙上、邹家山、泥垒、周家、船坑、杏丰
陈家村	410	1500	116.66	400.00	12	陈家一、二、三、四、五、六、七、八、九、十组，上西元，下西元
芜头村	330	1400	154.67	266.67	9	陂头，街上一、二组，乌竹，楼江，王塘，江头，前江，前陂脑
武家村	260	1100	84.00	666.67	10	大里元，武家一、二、三、四、五组，洋坑，里头埠，上麻子坪，下麻子坪
新居村	222	832	62.00	213.33	6	新居一、二组，下山，山星，土桥，刘家排
公溪社区	4836	6882	0	0	3	西大街、江边街、水塔巷
合计	10151	27389	1183.72	7549.33	125	—

说明：表中数据来源于公溪镇政府

自然条件　公溪地处半丘陵山区地带，地势自东南向西北倾斜，最高点位于南部的杨家村相山顶，海拔1219.2米，最低点为北边的公溪河桥头，海拔仅70米，为全县最低点。

公溪河属抚河水系支流，从西南向东北贯穿境内，河流长40千米，流入崇仁县。流域面积62.3平方千米，年径流量5.9亿立方米，河网密度0.41千米/平方千米，有小（2）型水库8座。

境内矿藏主要是铀、砂和岩石，铀储量居亚洲第一、世界第二，建有全国最大的铀矿开采基地。

基础设施　省道S313公路穿境而过，在境内长12千米；昌韶高速公路乐安北出口离集镇中心20千米。村村通水泥路，镇内设客运站1处，日发客车30辆；长途客车开往广东、福建、浙江、上海；铁路客运江边村站位于荷陂村委会江边村小组，1966年1月开通客货运，客运每日一班发往南昌，2014年停运。

全镇有邮政网点2个，投递路线单程总长度17千米，镇村通邮率100%；顺丰、申通、圆通、德邦等9家大型物流公司在镇域内设立流动网点。

镇区有大型饮用水库1座，铺设干线引水管17千米，镇区居民自来水普及率77.32%。域内有小水电站4座，年发电量44万瓦时；有110千伏以上变电站1座，总容量3600千伏安，高压输电线路8条，总长度132千米，国家电网用户10236户，年总用电量1454万千瓦时。

公溪镇位于矿区，为解决矿企生产的废渣、废水、废气对环境的影响，矿企与国家各级环保部门采取一系列环境保护、监控措施，建有各类污染物处置设施。

经济发展　公溪镇以种植杂优水稻为主，经济作物次之。1986年，有耕地面积1329.4公顷，其中水田1143.5公顷，旱地185.9公顷。2016年，全镇有耕地面积1183.7公顷，山林面积7549.3公顷；烟叶种植39.2公顷，油茶种植341.3公顷，果园232.2公顷，主要种植柑橘、杨梅、柿子、板栗、梨等；年产稻谷2.48万千克；生猪出栏9371头，禽类出笼15.92万羽。

20世纪80年代中期是公溪镇兴办企业最辉煌的时期，有镇属企业17家，总产值247万多元，年缴税8万元。2016年，全镇有企业28家，从业人员397人，工业生产总值9885万元，缴税130万元，镇财政收入1763万元。

社会发展　1986年，全镇有中学1所，完全小学8所，教职员工146人，在校学生2306人，适龄儿童入学率100%。至2016年，有幼儿园、托儿所7所；小学11所，在校生1522人，专任教师124人，小学适龄儿童入学率100%；初中2所，在校学生2336人，专任教师123人，初中适龄人口入学率、小升初升学率、九年义务教育覆盖率均达100%。

1986年，已形成以镇卫生院为主体，村合作医疗站为依托的医疗卫生网，有医务人员23人。至2016年，全镇有县属医院（原721矿医院）1所，病床118张，专业卫生人员30人；还有10余家私人诊所、牙医、骨科门诊部。新型农村合作医疗参保人数20642人，参保率100%。

群众文化活跃，2006年建成有线电视台。

公溪镇集镇全景图

2016 年，中央卫视、北京卫视、上海卫视、江西卫视等 70 个电视频道在本地落户；电信、移动等网络电视蓬勃发展，全镇电视综合覆盖率 98%；有镇文化站、广播电视站、电影院各 1 个，有村级文化活动中心 10 个，藏书 4 万余册；有居民腰鼓队、群众健身舞队各 2 个；有各类体育场 5 个，旱冰场 1 处。镇区有镇中心广场 1 个、721 矿社区广场和运动俱乐部各 1 个。

2016 年，全镇发放城乡居民养老保险金 249.83 万元。

第三节　山砀镇（附：航桥乡）

山砀镇位于乐安县北部，东傍公溪镇，东南界湖溪乡，西南、西北与龚坊镇毗邻，北临宜春市的丰城市，东北与崇仁县相连。昌宁高速公路和国道 G238、省道 S313 穿境而过，是乐安通往抚州、南昌的交通要道。境域东西最大距离 11.3 千米，南北最大距离 17.5 千米，总面积 139.32 平方千米。其中耕地面积 2565.8 公顷，林地面积 9245.8 公顷，水域面积 210 公顷。

茂花岗是镇政府所在地，距县城 25 千米。镇中学、中心小学、邮政、电信、信用社、公路段、运管站、林业派出所等单位均集中于茂花岗。集贸市场逢农历单日为集市，是山砀镇及湖溪乡、龚坊镇邻近群众农产品物资交易中心，市场活跃，商贸繁荣。

南宋末，龙义康氏迁此开基时有小鸟盘旋，鸣叫“山砀、山砀”，故名山砀。清同治年间（1862—1874），山砀镇域属天授乡甘泉里 28 都和巴山里 31 都、32 都。民国至中华人民共和国成立初期，先后隶属公溪、航桥、桐江和龚坊等乡。1956 年 4 月，成立山砀乡。1958 年，成立山砀人民公社。1959 年，山砀公社撤销，所辖大队、生产队分别划入公溪、龚坊公社。1961 年 10 月，重新恢复山砀公社，驻地设在山砀村。1968 年 8 月，扩社并队，山砀公社被撤销并入龚坊公社。1980 年 2 月，又从龚坊公社划出，设立山砀公社，驻地设在流坊村。1984 年 5 月，山砀公社改为山砀乡。1996 年 3 月 18 日，乡政府由流坊村迁至茂花岗。2001 年 4 月，撤乡设镇，8 月撤销航桥乡并入山砀镇。

2016 年，山砀镇辖山砀社区居委会和山砀、龙义、航桥、荷塘、口前、草坑、杏坊、流坊、蔡坊、厚坊、田下、黄家、桐江 13 个村委会，下设 1 个居民小组、137 个村民小组，有 7581 户、25430 人，其中男性 13778 人、女性 11652 人。

1986—2016 年，历任党委书记：陈年生、彭光辉、邱秀兰（女）、杨绍鹏、邓荣祥、陈晖；历任乡（镇）长：游解生、汪伟群、元贤义、王乐临、黄兴龙、李旭、王敏、杨绍鹏、陈晖、王秀英（女）、黄赵平。

山砀镇政府办公大楼

2016 年山砀镇各村（社区）基本情况表

表 1-2-4　　　　单位：户、人、公顷、个

名称	户数	人口	耕地面积	山林面积	村（居）小组数	村（居）小组名称
荷塘村	730	2702	269.9	612.2	13	叶山，老居，下街，店里，桃里，港下，新居，浯溪坑，社边，社边周家，樟坊一、二、三组
流坊村	567	2099	225.7	306.3	13	戴家，新居，草步桥，新流坊一、二、三、四组，塘边一、二组，老居一、二组，麻田一、二组
杏坊村	712	2638	298.3	844.6	11	杏坊一、二、三、四组，宋坊，新陂湾，老陂湾，淡川，南塘，新建，土山
田下村	531	1967	368	1063.6	13	田下一、二、三、四组，岭背，小岭，太坊，郭坊，新居，对门，石城，彭步，蛟湖
山砀村	622	2304	175.1	499.3	12	山砀一、二、三、四、五、六、七、八、九、十、十一、十二组
龙义村	608	2253	221.9	964.7	10	庙前，南元，康家，周家，邹家一、二组，王家山，万坑，店里，村里
蔡坊村	371	1375	140.5	1377.3	11	上石元，岭女上，蔡坊一、二组，塘元，东元，邓家，陂岭，徐家，长塔，同古面
航桥村	605	2239	209	893.5	15	航桥一、二、三、四、五、六组，南陂，下边，陈家，万家，邹丰，界溪一、二、三、四组
桐江村	305	1130	120	365	5	桐江一、二组，田村，横村，新居
草坑村	297	1100	122.5	391	6	草坑一、二、三、四、五、六组
口前村	564	2087	203.5	592.7	14	口前，南排，元家一、二组，李家一、二组，众和，泥石岭一、二组，托家山，上中坑，下中坑，社坑一，二组
黄家村	286	1059	117.7	341	5	杨家排、新塘、黄家、武家、沙坑
厚坊村	380	1406	93.7	994.6	9	白上，白下，桥头，对门，新厚坊一、二组，老厚坊，塔城，东陂湾
山砀社区	1003	1071	0	0	1	茂花岗
合计	7581	25430	2565.8	9245.8	138	—

说明：表中数据来源于山砀镇政府

自然条件　山砀镇地处丘陵地带，地势自北向南倾斜，最高点在西北部杯山，海拔 949.3 米；最低点位于田下村蛟湖村小组，海拔 76.1 米。河流水系属抚河水系宝塘水支流，流域面积 62 平方千米，主要河道有山砀河、航桥河，河流总长度 25 千米，河网密度 0.2 千米 / 平方千米，年径流总量 0.1 亿立方米。有小（1）型水库 2 座，小（2）型水库 11 座。

境内矿藏主要是砂和岩石，有采砂场 2 个、采石场 1 个。

基础设施　山砀镇是乐安通往抚州、南昌的主要交通要道，国道G238境内长17.8千米，省道S313境内长9千米，均为双向单车道，乐安北高速路口离集镇中心4千米。镇域村组级公路硬化66.76千米，村村通水泥路。

镇内有邮政网点1个，投递路线单程总长23千米，镇村通邮率100%；顺丰、申通、圆通、德邦等9家大型物流公司在镇域内设立流动网点。全镇固定电话510户，移动电话用户11350户，用户普及率82.3%。

镇区有自来水厂1座，铺设干线水管6126米，年工业用水35万立方米，生活用水190万立方米，居民自来水普及率90%。

2016年，投资110万元购置环卫板车90辆，垃圾桶1000个。探索和试行垃圾压缩转运办法，新增垃圾压缩车2辆，垃圾中转车2辆。投资95万元的集镇污水处理项目已选址杏坊村并开工建设。

经济发展　山砀镇农业以种植杂优水稻为主，经济作物次之。1986年，有耕地面积1262公顷，其中水田1095公顷，旱地167公顷，人均耕地1.65亩，水稻总产量90.88万千克，生猪出栏3536头，肉类总产量23.1万千克。至2016年，全镇有耕地面积2565.8公顷，人均1.5亩；山林面积9245.8公顷。有各类中小型农业机械3260台。农业生产总值1.63亿元，比2015年增长10.3%，农业增加值占国内生产总值的23.5%。全镇烟叶种植面积343.2公顷，产值1780万元，创税391.6万元；油茶1056.3公顷，果园232.2公顷，主要种植柑橘、杨梅、柿子、板栗、梨等；年产稻谷248万千克；年肉类总产量174.6万千克；生猪出栏9371头，同比增长11.2%，禽类出笼15.92万羽，同比增长5.8%。

1986年，全乡有乡、村、户办企业77家，总产值22.36万元，年缴税2900元。2016年，全镇有工业企业4家，工业总产值2.7亿元。

2016年，全镇有商业网点55个，从业人员200人。财政收入1598.4万元，其中，财政完成380.4万元，国税收入135.1万元，地税收入1082.9万元，固定资产投资3.3亿元。

社会发展　1986年，山砀镇有中学1所，完全小学8所，教职员工146人，在校学生2306

山砀镇集镇全景图

人，适龄儿童入学率 100%。至 2016 年，有幼儿园 1 所，在园幼儿 135 人，专任教师 2 人；小学 10 所，在校学生 1522 人，专任教师 124 人，小学适龄儿童入学率 100%；初中 2 所，在校学生 477 人，专任教师 30 人，初中适龄人口入学率、小升初升学率、九年义务教育覆盖率均达 100%。

1986 年，镇域已形成以乡卫生院为主体，村合作医疗站为依托的医疗卫生网，共有医务人员 23 人。至 2016 年，全镇有乡级卫生院 2 所，病床 41 张，每千人拥有医疗床位 1.5 张，专业卫生人员 36 人，其中执业医师 6 人，执业助理医师 4 人，注册护士 9 人；村卫生室 13 个，乡村医生 13 人。农村安全饮用水普及率 97%，农村卫生厕所普及率 62%。新型农村合作医疗参保人数 21672 人，参保率 93.5%。

自 1996 年 4 月开通有线电视后，至 2016 年，中央卫视、北京卫视、上海卫视、江西卫视等 70 个电视频道在本地落户；电信、移动等网络电视蓬勃发展，全镇电视综合覆盖率 98%；群众文化活跃，有 3 支 36 人的村级文体表演队，14 支 210 人的舞龙队经常性开展文体活动；全镇有文化站 1 个，农家书屋 13 个，藏书 3 万册；有体育场所 5 处，社会体育指导员 20 人，经常参加体育锻炼人员占常住人口的 40%。有老年体育协会 1 个、农民体育协会 14 个，会员 537 人；有各类科技人才 585 人，其中专业技术人才 60 人，技能人才 380 人，农村实用人才 145 人。

2016 年，全镇有城镇最低生活保障 46 户 62 人，支出 21.6 万元；农村最低生活保障 716 户 801 人，支出 167.5 万元；农村五保集中供养 32 人，分散供养 80 人，支出 42.44 万元；国家抚恤、补助各类优抚对象 87 人，抚恤事业费支出 58.5 万元。参加新型农村养老保险 15895 人，参保率 90.5%。

附：航桥乡

航桥乡位于县境西北边陲，东靠崇仁县马安乡；西界吉安市新干县七琴镇；北邻宜春市的丰城市焦坑乡，南接公溪镇和山砀乡。国道 G238、省道 S313 穿境而过。境域东西最大距离 11.3 千米，南北最大距离 17.5 千米，总面积 43 平方千米，其中耕地面积 718 公顷，林地面积 3270 公顷。乡政府设在航桥村。

清同治年间（1862—1874），航桥乡域属天授乡巴山里 32 都。民国隶属四区航桥乡。中华人民共和国成立初期，先后属五区口前、航桥、桐江乡。1958 年，属山砀公社。1959 年，属公溪镇。1961 年，由公溪分出成立航桥公社。1966 年，复并入公溪镇。1980 年，恢复航桥公社。1984 年，改为航桥乡，乡政府驻地由航桥迁口前。1990 年，又复迁回航桥。2001 年 8 月，撤销航桥乡并入山砀镇。

航桥乡境内大部属丘陵地带，地势自西北向东南倾斜，最高处是北部杯山，海拔 943.3 米；最低在南部托山村；桐江河是全乡水利的命脉，有小（1）型水库（东陂湾）1 座，小（2）型以下水库 31 座。主要作物有水稻、大豆、玉米、红薯等；主要经济作物有白莲、芝麻、油菜、烤烟、西瓜等；林果资源有松、杉、株树、枫树、毛竹、小山竹等 20 多种；柑橘、油茶、油桐、蚕桑等经济树 10 种，以及竹笋、小山笋、金银花、毛栗等土特产品；畜牧资源有生猪、肉鸡、蛋鸡、鸭、牛、野兔等 10 多种。

2001 年 8 月，航桥乡辖航桥、厚坊、界溪、桐江、草坑、黄家、口前 7 个村委会，下设 52 个村民小组，总人口 1714 户、7983 人。

1986—2001 年，历任党委书记：杨水生、易华全、杨华良、刁东森、陈树根、冯书明、沈亚武、乐九春；历任乡长：康广木、龚金林、杨华良、邹和生、冯书明、余国勇、乐九春、王敏。

2001 年航桥乡各村基本情况表

表 1-2-5　　　　单位：户、人、公顷、个

名称	户数	人口	耕地面积	山林面积	村小组数	村小组名称
口前村	390	1822	159	422	14	口前，南排，元家一、二组，李家一、二组，众和，泥石岭一、二组，托家山，上中坑，下中坑，社坑一、二组
草坑村	207	986	121	215	6	草坑一、二、三、四、五、六组
黄家村	215	932	69	298	5	杨家排、新塘、黄家、武家、沙坑
桐江村	229	1042	133	376	6	桐江一、二组，田村一、二组，横村，新居
航桥村	300	1203	87	582	8	航桥一、二、三、四、五、六、七组，南陂，下边
厚坊村	270	1287	103	1049	9	白上，白下，桥头，对门，新厚坊一、二组，老厚坊，塔城，东陂湾
界溪村	103	711	46	328	4	邹丰、万家、界溪、陈家
合计	1714	7983	718	3270	52	—

说明：表中数据来源于山砀镇政府

第四节　龚坊镇

龚坊镇位于乐安县北部，东接山砀镇、湖溪乡，西南邻戴坊镇，西北界吉安市新干县，北交宜春市的丰城市。昌韶高速和省道 S313 公路穿境而过，是江西省重点台胞乡镇之一。境域东西最大距离 12.5 千米，南北最大距离 24.2 千米，总面积 155.74 平方千米，其中耕地面积 3124.9 公顷，林地面积 9417.3 公顷，水域面积 142 公顷。

南边村是镇政府所在地，距县城 29 千米。镇中学、中心小学、邮政、电信、工商银行、邮政储蓄、信用社、公安派出所等单位均集中于南边村。集贸市场逢农历双日为集市，是龚坊镇及山砀镇、戴坊镇邻近群众农产品物资交易中心，市场活跃，商贸繁荣。

原由肖氏开基，名肖坊。宋绍兴十八年（1148），福建龚氏迁此，改称龚坊。清同治年间（1862—1874），龚坊域内属乐安乡长安里 17 都、18 都和天授乡 33 都、34 都、35 都。民国时期分别划归四区、五区管辖。1933 年 5 月至 1934 年建立濂坑区苏维埃政府，管辖濂坑及新干周边苏区。中华人民共和国成立初，为四区龚坊乡。1958 年，设立龚坊公社。1961 年，改设龚坊区公委。1964 年，复称龚坊公社。1968 年 8 月，山砀公社并入龚坊公社。1980 年 2 月，划出山砀公社。1984 年，龚坊公社改为龚坊乡。1999 年 7 月 1 日，撤乡设镇。

2016 年，龚坊镇辖龚坊社区居委会和南边、

龚坊镇政府办公大楼

陀上、炉下、浯塘、同富、黄乐、长罗、大垅、濂坑、殷坊10个村委会，下设4个居民小组、85个村民小组，有7925户、24469人，其中男13172人、女11297人。

1986—2016年，历任党委书记：杨霭兴、龚金林、王呈生、黄招龙、张望、李自发、刁东森、吴瑞云、陈党保、陈小龙、陈卫；历任乡（镇）长：张绍仁、彭光辉、李自发、郑和元、吴瑞云、王贵香、杨拾祥、艾玮（女）、赵晶（女）、杨国平。

2016年龚坊镇各村（社区）基本情况表

表1-2-6　　单位：户、人、公顷、个

名称	户数	人口	耕地面积	山林面积	村（居）小组数	村（居）小组名称
陀上村	1003	3763	585.4	645	10	陀上一、二、三、四、五、六、七、八、九、十组
南边村	646	2422	213.8	419.3	7	门前园、南边、丰门老、为里民、上坑、练陂、义门
炉下村	828	3105	399.3	1125.1	10	耿元、武家、中坪、上坪、炉下、范家、娘庙、姚家、大排、丰树脑
浯塘村	866	3249	361.6	675.9	9	坪上、南边、南新、土陂、上元、下元、马步、下步、蔡坊
同富村	830	3113	453.3	759	13	同富一、二、三、四组，上边，青陂，胡家，王牙池，杜家，圩上，坪下，垅里，江边
大垅村	366	1374	246.5	712	5	下石，上石一、二组，罗塘，王元
黄乐村	431	1617	230	279	7	哈陂，黄家一、二组，乐家一、二、三组，新建
长罗村	463	1737	261.9	771	9	官堆上，陈家一、二组，上新屋一、二组，石里元，长罗，箬堆上一、二组
濂坑村	499	1873	235.3	2410	7	濂坑、孔溪、麻田、上麻田、油坑、洋江上、横溪
殷坊村	316	1184	137.8	1801	8	高家一、二组，殷坊一、二组，下司一、二组，元头、罗陂脑
龚坊社区	1677	1032	0	0	4	一、二、三、四组
合计	7925	24469	3124.9	9417.3	89	—

说明：表中数据来源于龚坊镇政府

自然条件　龚坊镇地处丘陵地带，地势西北高，东南低。最高点是北部的杯山，海拔949.3米；最低点是东南部的浯塘村下步村小组，海拔约77.2米。

境域最大的河流为陀上河，发源于殷坊村，为宝塘水，流入公溪河、崇仁河，境内长约30千米，流域面积8.6平方千米，河网密度为0.21千米/平方千米。有小（1）型水库2座，小（2）型水库24座，有效灌溉面积990.9公顷。

境内砂石丰富，约120万吨；浅水层地下水资源总量260万立方米；域内多为林地，各种林地面积9417公顷。盛产杉木、油桐、毛竹、油茶等。有可利用养殖水面132公顷。

基础设施　龚坊镇交通便捷，除昌韶高速公路和省道S313公路穿境而过之外，昌韶高速乐安北出口距集镇中心3.5千米，镇村组级公路硬化118.57千米，村村通水泥路。邮政投递路线单程总长度36千米，镇村通邮率100%，业务收入2万元。固定电话用户365户，移动电话用户4600户，用户普及率81%，全年电信业务收入57万元。无线通信覆盖全镇。

镇区有自来水厂1座，年供水2.04万立方米。镇内建有35千伏变电站，拥有1千伏供电线路290千米，0.4千伏供电线路160千米，公变200台，专变70台，总用电户4216户，供电总量13760千伏安，供电量1350万千瓦时/年。

2011—2016年，全镇共实施26个新农村建设点，总投资1300万元，其中群众自筹资金900万元，硬化村内公路24千米，改水1040户，改厕946户，拆除旧房248间，新建住房147栋，整修旧房63栋，改栏188间，建排水沟6500米，新增绿地面积1000平方米。

经济发展　农业以种植杂优水稻为主，经济作物次之。1986年，有耕地面积2227.9公顷，其中水田2075.4公顷，旱地152.5公顷，人均耕地1.95亩，水稻总产量149.4万千克，生猪出栏5436头。至2016年，全镇有耕地面积3124公顷，人均2亩。全镇粮食总产量295万千克，农业总产值14867万元。烟叶、油茶、蚕桑、苗木等特色农业发展为全镇农业主导产业，烟叶累计实现税收964.5万元，年均增长21.6%；在江西高氏集团、台大农业科技园、大地常青实业有限公司等省级龙头企业辐射带动下，全镇油茶林面积发展到1122公顷，花卉苗木示范基地面积49.5公顷；蚕桑示范基地面积14.5公顷，总产值238万元。

1986年有乡、村、户办企业119家，总产值94.8万元，年缴税7.74万元。2016年有工业企业3家，工业总产值3051万元，从业人员192人，年缴税301万元。

2016年，镇财政收入1358.8万元，其中地方一般预算收入完成1161.9万元，固定资产投资3.6亿元，社会消费品零售总额1.58亿元，城镇居民人均可支配收入18236元，农民人均纯收入8496元，各类存款余额1.9亿元。

社会发展　1986年，全乡有中学1所，完全小学18所，幼儿园1所，教职员工201人，在校学生3437人，适龄儿童入学率100%。至2016年，全镇有公办幼儿园1所，在园幼儿96人，专任教师4人；小学8所，在校学生1797人，专任教师112人；初中1所，在校学生486人，专任教师47人，初中适龄人口入学率、小升初升学率、九年义务教育覆盖率均达100%。全年教育经费投入132万元。

1986年，已形成以镇卫生院为主体，村合作医疗站为依托的卫生网，定期进行儿童计划免疫接种，消灭大型传染病。至2016年，全镇有中心卫生院1所，床位31张，专业卫生人员24人，其中执业医师8人，注册护士6人；村卫生室

龚坊镇集镇全景图

11 个，乡村医生 21 名。新型农村合作医疗人数 21437 人，参保率 99.33%。

1996 年，龚坊镇开通有线电视，至 2016 年，中央卫视、北京卫视、上海卫视、江西卫视等 70 个电视频道在本地落户，电视综合覆盖率 100%。全镇有文化站 1 个，村级文化活动中心 5 个，农家书屋 10 个，藏书 5 万册。有体育场地 5 处，经常参加体育锻炼人员占常住人口的 45%。

2016 年，全镇有城镇最低生活保障户数 78 户、人数 94 人，支出 24.93 万元；医疗救助 106 人次，支出 0.28 万元；民政部门资助参加合作医疗 156 人次，支出 15.36 万元。农村最低生活保障 482 户 862 人，支出 87 万元。集中供养农村五保户 63 人，支出 13.7 万元；分散供养 41 人，支出 2.1 万元。参加新型农村养老保险 9886 人，参保率 106.36%。

第五节　戴坊镇（附：鹏洲乡）

戴坊镇地处乐安县西北部，西南与吉安市永丰县接壤，西北与吉安市新干县相邻，东北连龚坊镇，东靠湖溪乡，南毗大马头乡、鳌溪镇。昌韶高速、省道 S313 公路穿境而过，至新干公路直通“京九线”与国道 G105 相距 20 千米，是离“京九线”最近的路线。境域东西最大距离 21.3 千米，南北最大距离 18.5 千米，总面积 255.19 平方千米，其中耕地面积 4034.6 公顷，山林面积 19468.6 公顷。

红光村是镇政府所在地，距县城 30 千米，北距抚州市 90 千米。镇中学、中心小学、邮政、电信、信用社、公安派出所等单位均集中于戴坊街。集贸市场逢农历双日为集市，是戴坊镇及龚坊镇和新干县邻近群众农产品物资交易中心，市场活跃，商贸繁荣。

明代戴氏开居务农经商，故名戴坊。清同治年间（1862—1874），戴坊镇域属乐安乡长安里 19 都、提杨里 20 都、21 都、22 都和天授乡崇仁里 23 都。民国时属第四区管辖。1933 年 4 月至 1934 年 6 月，建立竹山区、白石区苏维埃政府。1949 年 10 月设立第四区（戴坊）人民政府，驻红光村。1956 年 5 月，分别成立戴坊、鹏洲、竹山、沙堆 4 个乡人民政府。1958 年 10 月，戴坊、鹏洲、竹山、沙堆 4 个乡组建戴坊人民公社，驻红光村。1961 年 10 月，戴坊公社划分为戴坊、竹山、鹏洲 3 个公社。1968 年 10 月竹山、鹏洲公社撤销，并入戴坊公社。1976 年 1 月重新恢复鹏洲公社。1984 年 5 月撤销戴坊公社改为戴坊乡。1985 年 4 月撤乡设镇。2001 年 8 月，撤销鹏洲乡并入戴坊镇，2007 年 6 月，镇政府由红光村老街迁至村前村野溪村小组。

2016 年，戴坊镇辖戴坊社区居委会和红光、戴坊、村前、树下、沙堆、朱元、丰秋、横江、麦坑、竹山、甘竹、鹏洲、龙兴、仲溪、上林、小曹、中心、白石、古竹、良元 20 个村委会，下设 1 个居民小组、234 个村民小组，有 13409 户、39355 人，其中男性 21123 人、女性 18232 人。

1986—2016 年，历任党委书记：董南昌、周荣、管同文、吴福才、王庆华、聂小乐、张志华、杨欣平、杨敏；历任镇长：龚金林、康广木、曾为生、吴福才、程宝光、黄协怀、张志华、杨欣平、周菊生、李荣国。

戴坊镇政府办公大楼

2016年戴坊镇各村（社区）基本情况表

表1-2-7　　　　单位：户、人、公顷、个

名称	户数	人口	耕地面积	山林面积	村（居）小组数	村（居）小组名称
红光村	1046	2623	157.6	417.7	15	街上一、二组，社下一、二组，牟陂一、二、三、四、五、六组，羊坊，溪南，排下，罗坊一、二组
戴坊村	269	138	87	3731	10	一、二、三、四、五、六、七、八、九、十组
村前村	1263	3059	301.5	662.7	18	村前一、二、三、四组，徐坊，江头，增坊，上房一、二组，店前一、二组，湖背，野溪，新街，廖坊，新塘，甘陂，官塘
树下村	897	2264	179.5	779.8	17	罗塘一、二、三、四组，树下，麻陂，沙河坪一、二组，狮子石，石枧，英山，社下，白路，下汉，坪上，郎官地，麻咀
沙堆村	738	1805	147.5	601.7	16	东坑，尾得，员坊一、二组，邹家，曾家，街上，路下，中宅，桐溪一、二组，严溪，杉排，口上，陈家，中村
朱元村	260	673	93.1	931	6	楼下、朱元、石口、柴圹、大水垅、齐元
丰秋村	756	1841	170.9	1263.8	11	任元，火场，牙里，丰秋，付田，东源，长垅一、二组，北元一、二组，里溪
横江村	842	2209	179.7	1636	15	新建，港里，仓下，炎坪，首元，四房下，江背坑，横江一、二组，社下一、二组，社坑一、二组，板安一、二组
麦坑村	592	1576	162.2	922.9	7	麦坑一、二、三、四组，樟坑，除坑，大池
竹山村	897	2314	268.5	978	16	邹家，尺江，坑得，书溪，南坪，街上，汗上，石陂，下土陂一、二组，塘溪一、二组，才岭一、二组，庙背一、二组
甘竹村	597	1537	237	650	12	甘竹，邹家，陂下，代陂，下大圹，上大塘，百前脑，上河山，港背一、二组，南元一、二组
鹏洲村	402	1265	121.6	314.3	5	鹏洲一、二、三、四组，银坑
龙兴村	566	1397	113.3	1050	13	龙兴，水东，汗上，徐家，朱保汉，大总元，管家，保塘，张家，山背一、二组，聂家一、二组
仲溪村	674	2022	262.2	1122.4	14	仲溪上，仲溪下，东边，枥山，石库，为前，庙山，邹坑一、二组，界山一、二组，棚下，立志，路边
上林村	405	1040	81	801	12	西石堡、朱家老、桥头、丰家元上、丰家元下、匡家、横垅、枧头、水马坑、坪头老、田北、黄元
小曹村	662	1665	198.5	1134	11	罗家、曾家、帅家、高坑、彭家老、大富桥、大坑、下丰元、坳得、呈仔坑、坪上
中心村	309	871	97.7	509.4	9	仓家老、港口、外严坑、上保、岗上、坑头、排上、内上、内下

续表 1-2-7

名称	户数	人口	耕地面积	山林面积	村（居）小组数	村（居）小组名称
白石村	277	746	122	648.1	7	刘家、金盆形、江家、坑得、王家、武家、邹家
古竹村	502	1504	200.8	759.4	14	瑶下、田北、田东排、汉得、樟坊、社下、社二、下张家、在下、下保、王陂、圹边、瑶得、上张家
良元村	284	773	853	555	6	社下、山下、坑口、排上、王田、大割
戴坊社区	1171	8033	0	0	1	戴坊街
合计	13409	39355	4034.6	19468.6	235	

说明：表中数据来源于戴坊镇政府

自然条件　戴坊镇地处丘陵地带，地势西北高，东南低，西北山岭起伏，东南岗地相接。最高点在西部的主峰岭，海拔569.9米，最低点在树下村沙河坪村小组，海拔约80米。

境内河道属宝塘水，自西向东流，境内河流长15千米，流域面积254平方千米，河网密度为0.1千米/平方千米。境内有小（1）型水库4座，小（2）型水库12座，山塘陂坝176座。

辖区内已探明的矿产资源有石英矿、锡、萤石矿、水晶、陶土、无烟煤等。开采石英矿、萤石矿场各1个。

基础设施　除昌韶高速公路和省道S313公路穿境而过，乐安北、流坑高速路口分别离集镇中心13千米、18千米。省道S312公路过境长10.06千米，起点镇政府所在地，经村前、沙堆，由新干线潭丘出境，接国道G105。日发客车40余次，村村通水泥公路。

邮政投递路线单程总长度20千米，镇村通邮率100%；顺丰、申通、圆通、德邦等9家大型物流公司在镇域内设立流动网点。全镇固定电话1210户，移动电话用户12340户，用户普及率89.6%。

镇区有自来水厂1座，铺设干线水管6328米，年工业用水35万立方米，生活用水210万立方米，居民自来水普及率76%。两相电路普及全镇100%家庭，三相电路普及20个村委会和社区居民委员会。

经济发展　农业以种植杂优水稻、烤烟为主，经济作物次之，是烤烟生产重点乡镇。1986年，有耕地面积2073公顷，其中水田1971公顷，旱地102公顷，人均耕地1.8亩，水稻总产量1.4万多千克，生猪出栏5000头。至2016年，全镇有耕地面积4034.6公顷，山林面积19468.6公顷。粮食总产量4.02万千克；种植烟叶349.8公顷，产值1800多万元，缴税400多万元。建有农民专业合作社47个，主要特色种植业有药材、铁皮石斛、兰花、竹荪；特色养殖业有鹌鹑、大闸蟹、菜花蛇、甲鱼等。

工业有较大发展，1986年，全镇有乡、村、户办企业102家，总产值186.4万元，年缴税8.93万元。2016年，全镇有工业企业11家，工业总产值6966多万元，实现税收200万元，安排就业376人。

社会发展　1986年，全镇有中学1所，完全小学27所，教职员工174人，在校学生3701人，小学适龄儿童入学率99%，小学升学率95%，初中升学率90%。至2016年有中学2所，小学19所，教职员工160人，在校生2849人，初中适龄人口入学率、小升初升学率、九年义务教育覆盖率均达100%。

1986年有镇中心医院1所、分院1所、村卫生所12所，共有医务人员54人。至2016年，全镇有乡级卫生院2所，新型农村合作医疗参保率98%。

1990年11月兴建调频广播，1991年先后兴办电视差转站、卫星地面接收站。至2016年，中央卫视、北京卫视、上海卫视、江西卫视等70个电视频道在本地落户，电信、移动等网络电视蓬勃发展，全镇电视综合覆盖率100%。

2016年，全镇发放城乡居民养老保险金407.53万元。

附：鹏洲乡

鹏洲乡位于县境西部，东邻湖溪乡，南界潭港乡，西毗吉安市永丰县境，北连戴坊镇、龚坊乡。省道S313公路穿境而过，土地总面积109平方千米，其中耕地面积1788.3公顷，山林面积7975.3公顷。乡政府所在地彭家脑，距县城22千米。

乡以驻地命名。清同治年间（1862—1874），鹏洲乡域属乐安乡提杨里20都。民国时属第四区管辖。中华人民共和国成立初期，属四区（戴坊）管辖。1958年，改为鹏洲公社。1968年，并入戴坊公社。1976年，重新成立鹏洲公社。1984年6月，鹏洲公社改为鹏洲乡。2001年8月，撤乡并入戴坊镇。

鹏洲乡属半丘陵半山区地带，地势自西南向东北倾斜。最高点是东南部金盆形村东南山顶，海拔368.6米；最低点在北部的樟坊村，海拔100米。境内有4条溪流分别经戴坊、龚坊汇入宝塘水系，有小（1）、（2）型水库和山塘42座。

农业以种植水稻为主，经济作物有烟叶、芝麻、花生、绞股蓝、油菜等。有林面积0.8万公顷，出产松、杉、株、枫、毛竹、小山竹等用材林20多种。还有蘑菇、百合、山薯等农副产品。已探明的矿产资源有煤矿和石英石。

2001年8月，鹏洲乡辖小曹、鹏洲、苦竹、龙兴、良元、仲溪、白石、上林、丰元、中心10个村委会和1个乡办林场，下设90个村民小组，有3479户、11118人。

1986—2001年，历任党委书记：黄九龙、谢金生、杨水生、黄绍玉、熊高文、邹和生、帅辉德、黄协怀；历任乡长：江木春、张绍仁、熊高文、黄庭福、杨绍鹏、曾丽萍（女）。

戴坊镇集镇全景图

2001 年鹏洲乡各村基本情况表

表 1-2-8　　单位：户、人、公顷、个

名称	户数	人口	耕地面积	山林面积	村小组数	村小组名称
鹏洲村	402	1205	121.7	554	7	鹏洲一、二、三、四、五、六组，银坑
仲溪村	674	2022	262.2	1064.6	13	仲溪上，仲溪下，东边，枥山，新陂汗，石库，为前，庙山，邹坑一、二组，界山一、二组、棚下
龙兴村	566	1397	306.8	1658.3	12	龙兴，水东，山背一、二组，管家，聂家一、二组，徐家，汗上，保圹，大总元，朱婆汗
上林村	405	1040	147.7	1076	11	西石堡，朱家老，桥头，丰家元一、二组，匡家，枧头，水马坑，坪头老，横垅
小曹村	—	1125	188	870.7	8	罗家、曾家、帅家、高坑、鹏家老、大富桥、大坑
中心村	309	871	122	543.2	6	仓家老、港口、内严、外严、上保、岗上
白石村	277	746	122	609.5	7	刘家、金盆形、江家、坑得、王家、武家、邹家
古竹村	502	1375	277.5	686	14	瑶下，田北，田东排，汉得，樟坊，社公前一、二组，下张家，在下，下保、王陂，圹边，瑶得，上张家
良元村	284	773	138.6	557.9	6	社下、山下、坑口、排上、王田、大割
丰元村	51	511	93.3	165.1	5	丰元、坳得、呈仔坑、坪上、大坑
黄元林场	9	51	8.5	190	1	黄元
合计	3479	11118	1788.3	7975.3	90	—

说明：表中数据来源于戴坊镇政府

第六节　牛田镇

牛田镇地处乐安县西南部，东临增田镇，南连招携镇、湖坪乡，西南接万崇镇，西北与吉安市永丰县接壤，北面连接大马头乡，辖区南北最大距离19千米，东西最大距离约16千米，总面积131.57平方千米。

牛田村是镇政府所在地，距县城30千米。镇中学、中心小学、邮政、电信、信用社、公安派出所、卫生院、粮油购销公司等单位均集中在牛田村。农贸市场逢单日为集市，是万崇镇、大马头乡、增田镇、永丰县七都乡等地邻近群众农产品物资交易中心，市场活跃，商贸繁荣。

元朝时，董姓从流坑迁来定居，因村后有石如牛状，村前有田，故名“牛田”。清同治年间（1862—1874），属乐安县云盖乡望仙里37都、38都、39都。1912年后，分属第三区牛田、流坑2乡。1932年7月至1934年6月，建立水南区苏维埃政府。中华人民共和国成立初期，分属第八区牛田、流坑、峡圳3乡。1958年，牛田、流坑、峡圳3乡合并成立牛田人民公社。1984年，撤销公社成立牛田乡。1985年，撤乡设镇，辖牛田、峡圳、高坪、员陂、旁安、水南、连河、谢家、麻坑、流坑、南安、羊家岭12个村委会和1个居委会，共108个村小组。2003年9月，行政村合并，将高坪并入峡圳村，将连河、谢家并入麻坑村，将南安、羊家岭合并为南羊村，2004年成立流坑管理局。

2016年，牛田镇辖牛田社区居委会和牛田、峡圳、员陂、傍安、水南、麻坑、流坑、南羊8个村委会，下设1个居民小组、109个村民小组，有9372户、23463人，其中非农业人口1678人、农业人口21785人。除18人为畲族外，其余均为汉族。

1986—2016年，历任党委书记：许光明、刘树香、许林福、饶国卿、王乐临、邹炳忠、周冰、戴慧龙、黄建明；历任镇长：张志坚、徐秋生、黄乐平、饶国卿、郝万里、邹炳忠、曾丽萍（女）、曾凤辉、陈晓平、夏俊。

牛田镇政府办公大楼

2016年牛田镇各村（社区）基本情况表

表1-2-9　　　　单位：户、人、公顷、个

名称	户数	人口	耕地面积	林地面积	村（居）小组数	村（居）小组名称
牛田村	1086	2201	133.37	475.62	11	街上，祠堂背，山背，柏树下，村头，牛田一、二、三、四、五、六组
水南村	1246	3053	182.05	415.95	10	茶园，上横木，水南一、二、三、四、五、六、七、八组
麻坑村	1238	3501	204.75	999.8	20	麻坑一、二、三、四、五、六、七、八、九、十、十一组，连河一、二、三组，谢家一、二、三、四组，乌江，窑脑上

续表 1-2-9

名称	户数	人口	耕地面积	林地面积	村（居）小组数	村（居）小组名称
流坑村	2140	5464	213.2	2637.5	30	周家，羊田，元里，流坑四、五、六、七、八、九、十、十一、十二、十三、十四、十五、十六、十七、十八、十九、二十、二十一、二十二、二十三、二十四、二十五、二十六、二十七、二十八、二十九、三十组
南羊村	662	1627	106.13	1183.67	5	东岸、廖家、上下门、羊家岭、船坪
峡圳村	1041	2806	300.17	653.73	15	峡圳，官庄一、二组，熊家，西务，沙公背，老南陂，山足街，港口，港下，横木，上坑，高坪一、二、三组
员陂村	625	1527	133.4	654.86	9	员陂，高车一、二组，潭口，车里，来塘，谭水坑，油麻田，农场
傍安村	629	1606	133.6	475.62	9	傍安、马安山、杨家院、建新、河南棚、杨排、青陂、锯元、建元
牛田社区	705	1678	0	0	1	—
合计	9372	23463	1406.67	7496.75	110	—

说明：表中数据来源于牛田镇政府

自然条件　牛田镇属半丘陵山区地带，地势自东南向西北倾斜，地貌以低丘岗地为主，一般海拔 100 ~ 300 米。最高点是东部东华岭，海拔 672.1 米，最低点是西部峡圳村上高坪村小组，海拔 89 米。

境内属赣江水系，河流总长度 57.1 千米，主要河流有牛田河（乌江）、鳌溪河、建元河及增田河，流域面积 135 平方千米。境内有小（1）型水库 1 座，小（2）型水库 7 座，总蓄水量为 730.8 万立方米。

牛田镇集镇全景图

基础设施 镇域有抚吉、昌韶高速和国道S238过境，境内国道长17.5千米，镇区公路120千米。牛田通往永丰县城的客运有4班次，牛田通往招携镇的客运1班次，过境通往县城客车22班次，通往南昌客运班次1班。

全镇有固定电话500户。圆通、中通、韵达、顺丰、申通、百世、天天等快递进驻牛田，镇区有乐美电商等36户，主要销售小竹笋、霉豆腐、霉鱼、霉豆腐饼等特色食品。

1990年建成木子岭排灌发电站，供电于牛田、水南、员陂、旁安、峡圳等地，其他村委会用电由县内洞口电站供应。2016年全镇用电户6200户。

经济发展 农业以种植水稻、蔬菜、蚕桑、烟叶为主。2016年，镇区耕地面积1406.67公顷，人均耕地约1.05亩，粮食总产1447.8万千克，农业总产值9800万元。林权改革后，镇区经济林发展较快，新增油茶林200多公顷，其他经济林266.67公顷。

2016年，镇区有服装、眼镜、食品、建筑材料加工等私有企业16家，从业人员1622人，工业产值8200万元。

2016年，镇财政总收入343.3万元，其中地方财政收入316.9万元，完成税收334.8万元。

社会发展 1986年，镇区有中学2所，在校生约800人，教师41人。2016年，镇区有公办幼儿园1所，民办幼儿园3所，在园幼儿628人，专任教师32人；小学9所，在校学生1326人，专任教师90人，小学适龄儿童入学率100%；初中1所，在校学生698人，专任教师39人；初中适龄人口入学率100%。

2016年，全镇有综合文化站1个，藏书2.6万册；农家书屋10个，藏书4万余册，从业人员10人。镇区群众性文化活动比较活跃，牛田、水南、麻坑等村建有老年活动中心。全镇共有公共体育场地12处，经常参加体育活动的9000余人。2001年6月25日，流坑村古建筑群被国务院列为第五批全国重点文物保护单位。2008年6月，流坑的“乡射遗乐”被列入江西省第二批省级非物质文化遗产名录。2016年5月6日，上海大世界基尼斯在水南村古樟林举行授牌仪式，牛田古樟林被正式认定为“规模最大的古樟林——中国第一古樟林”。是年9月10日，“千年乡愁圆梦乐安”首届帐篷音乐节在“中国第一古樟林”开幕，活动吸引近万人参加。

2016年，有各类科技人才142人，其中专业技术人才16人，经营管理人才30人，技能人才37人，农村实用人才59人。有中心卫生院1所，村卫生室8个，个体诊所2个，病床60张，从业人员61人，其中执业医生22人，乡村医生25人。实现百姓看病“小病不出村，一般大病不进城”的保健目标。

1988年，镇区开通有线电视，2016年年底有用户1210户，开通中央卫视、江西卫视等42个电视频道。电视综合覆盖率91%。

2016年，新型农村养老保险9442人，参保率76.4%；国家抚恤、补助各类优抚对象51人，抚恤事业费23.7万元；有敬老院1所，床位28张，入院人数14人；城镇最低生活保障户数137户、162人；农村最低生活保障户数669户、839人；新农合参保人数19698人，新型农村养老保险参保人数5786人。

第七节　万崇镇

万崇镇地处乐安县西南面，东接湖坪乡，南毗罗陂乡，西邻永丰县，北倚牛田镇。辖区东西最大距离13千米，南北最大距离9.5千米，总面积96.53平方千米。其中，陆地面积95.8平方千米，占98.1%；水域145公顷，占1.9%。

丰林村是镇政府所在地，距县城44千米、抚州120千米、京九线吉安站75千米。镇中学、中心小学、邮政、电信、信用社、林业派出所、电力、税务等单位均集中于丰林村。农贸市场逢单日为集市，是牛田镇、湖坪乡、罗陂乡邻近群众农产品物资交易中心，市场活跃，商贸繁荣。

清乾隆年间（1736—1795），万坊村万氏始建成街，以姓为之示尊崇而取名万崇。同治年间（1862—1874），万崇属云盖乡乐安里40都、41都。1912年后为万崇乡。土地革命战争时期，万崇是乐安苏区的一部分。1930年1月底，中共乐安县第一次党员代表大会召开后，红色区域扩大到万崇等地，先后在万坊、丰林、毛洲、池头、陂汗、盐丰、吴元、罗田、罗陂、水口、坪背、桐山等乡建立党支部。1932年5月，在上罗增坊成立中共万崇区委，7月成立万崇区苏维埃政府，管辖上述乡党支部和乡苏维埃政府。

1933年10月，国民党政府为“围剿”苏区，在永丰、乐安边境成立临时性的“藤田特别区”，万崇属该区管辖，直至1935年才划归到乐安管辖。1945年抗日战争胜利以后，乐安县缩减区的建制，万崇乡并入罗陂乡，归望仙区管辖。

中华人民共和国成立初期为第三区万坊乡。1958年，并入湖坪公社。1961年，从湖坪公社分出设立万坊公社，管辖丰林、坪背、桐山、上罗、陂汗、池头、盐丰、安里8个大队117个生产队。1966年，再次并入湖坪公社。1976年，又恢复万坊公社。1983年，为避免与南城县万坊公社重名，更名为万崇公社。1984年5月，撤社设乡，更名为万崇乡，管辖8个村委会56个村小组。2001年4月，撤乡设镇，更名为万崇镇。2016年，万崇镇管辖万崇社区居委会和丰林、池头、上罗、陂汗、坪背、桐山、盐丰、安里8个村委会，下设1个居民小组、100个村民小组。

万崇镇政府办公大楼

1985年，万崇乡有2240户、11609人，户均5.18人，其中城镇常住人口23户110人；男性5922人，女性5687人。2016年，有4776户、16704人，户均3.5人，均为汉族。

1986—2016年，历任党委书记：刘贤春、王义翔、王来龙、游永和、陶英华（女）、吴平安、黄协怀、王敏、杨金乐；历任乡（镇）长：许林福、游永和、陈继发、邹建明、吴平安、黄谷明、黄查英（女）、钟剑文、周志文、熊国华。

2016年万崇镇各村（社区）基本情况表

表1-2-10　　单位：户、人、公顷、个

名称	户数	人口	耕地面积	山林面积	村（居）小组数	村（居）小组名称
丰林村	887	3187	206.80	854.93	13	街上，山塘，万坊一、二、三组，上丰林一、二组，下丰林，院前，毛洲，古井，乃江，大元
池头村	793	3115	262.67	640.00	18	上村一、二、三、四组，排上一、二组，上屋、下屋，无头，高田，上井，下井一、二组，下罗一、二组，上敢塘五、六组，下敢塘

续表 1-2-10

名称	户数	人口	耕地面积	山林面积	村（居）小组数	村（居）小组名称
坪背村	612	2225	288.00	546.67	17	坪背一、二、三组，新建，上坊一、二、三、四组，石桥，乌石，黄木塘，习家，上胡家，下胡家，店前，熟元一、二组
上罗村	530	1927	85.33	257.33	8	上罗一、二、三、四、五、六、七、八组
桐山村	508	1786	165.40	908.00	14	贯坑一、二、三、四组，新屋，老屋，架排，洋陂江，山下，田北，塘边，上桐山，下桐山，花员
陂汗村	469	1726	139.13	866.67	9	陂上一、二、三、四组，上屋，中屋，下屋，枧陂，陈背岭
盐丰村	401	1502	148.33	1927.00	14	武蓺一、二组，下洲，山内，上磊坑，韶日，黄家，庙前，彭元，盐丰，汪家边，山背、曾家，西坑
安里村	187	651	96.07	637.33	7	安里、吴元、上元、新建、韶丰、韶安、兴水坑
万崇社区	389	585	0	0	1	—
合计	4776	16704	1391.73	6637.93	101	—

说明：表中数据来源于万崇镇政府

自然条件　镇域属丘陵地带，以红壤土为主，土质偏酸性。地势自东向西倾斜，境内最高点是东北部的鹰咀岭，海拔 435 米；最低点是西部的盐丰村山背村小组，海拔约 100 米。水系较为发达，万崇河是境内最大的河流，属赣江支流乌江水系，由两大支流汇合于万坊，一支由湖坪乡的溪流组合西流，另一支是汇合罗陂乡境的溪水北流，两支流汇合后折向西北达西部坪下岭入永丰县，汇入乌江。境内河流长 15 千米，流域面积 27 平方千米。沿河地区大都为峡谷，河道弯曲，冲淤大，平均坡度 8.67‰。全镇有小（1）型水库 1 座，小（2）型水库 9 座，山塘陂坝 100 多处。

主要矿产资源有钴土、云母等，已探明瓷土 60 万吨。主要林木种类有杉树、松树、毛竹，有少量香樟、白桦等。主要野生动物有山牛、野猪、野山羊、兔、野鸡等 40 余种。

基础设施　乡、村、组都通公路，昌韶高速（G6011）过境万崇且设有高速互通出入口“流坑南”，国道 G238 纵贯南北，省道 S536 穿境而过，是湖坪、罗陂、牛田 3 个乡镇的中心交会点，也是乐安通往县外的主要道路之一。镇内村村通公路 41.17 千米，乡道 11.21 千米。万崇无固定起始班车，主要是湖坪、罗陂乡镇过路班车载客。

实现电话村村通，手机网络信号基本覆盖。全镇有固定电话用户 497 户，互通电视用户 640 户，移动电话 10878 人，宽带用户 1451 户。

1985 年年末，全乡有水电站 3 个，发电能力 3.92 万千瓦时，全乡 59 个自然村通电率 100%。2016 年投资 500 万元，完成 9 座小（2）型水库除险加固和 8 座小山塘整治工程，有效灌溉面积 306.67 公顷；投资 1731 万元建成 35 千伏变电站 1 座；投资 251 万元建设集中饮水自来水工程 1 座，生产能力 280 立方米 / 日，全镇农户已全部完成电网改造工程。镇区有供气站 1 个，天然气（煤气）用户 3426 户，燃气普及率 71.73%。

经济发展　1985 年，全乡耕地面积 1381.47

公顷，粮食总产量1.1万吨；主要种植水稻、大豆、油菜、晒烟、甘蔗、柑橘、麻类等农作物。耕牛年末存栏量1611头，生猪4873头，家禽29114羽。水产养殖面积74.93公顷，水产品总量42.6吨。2016年，全镇有耕地1391.73公顷，林地面积6637.93公顷，森林覆盖率77%，主要有杉木、松木、毛竹、香樟、白桦等树木，人造林2350公顷。有各种农业机械2000台（辆）。粮食总产量15193吨，其中水稻14833吨。主要经济作物有烟叶、大棚蔬菜、西瓜等。生猪存栏量3680头，家禽存笼量3.24万羽，耕牛存栏量2081头，渔业养殖面积189.33公顷。

1985年，全乡工业总产值7.2万元。2016年全镇以农副产品加工、建筑材料为主的工业企业主要有兴旺实业、为民搅拌站、丰裕牧业3家。兴旺实业年提供大长白母猪1万头，出栏1万头瘦肉型商品猪；为民搅拌站年加工商品混凝土10万立方米，年上缴税金125万元；丰裕牧业2016年6月落户万崇镇。

1985年，乡财政总收入5万元。2016年，财政总收入完成800.1万元，固定资产投资额完成2.1亿元，农村居民人均可支配收入7480元。

社会发展　1986—1993年，乡有党校、广播电视站、文化站、电影院等。2016年，镇有文化站1个，村级文化活动中心8个，农家书屋8个，藏书7万余册。8个村全面完成数字电视转换工作。1993年，有中学1所，在校学生525人，教师职工35人；小学14所，在校学生1696人，教师职工123人。2016年，全镇有幼儿园9所，在园幼儿485人，专任教师20人；小学10所，在校生1275人，专任教师95人；初中1所，在校生612人，专任教师34人。90%的村安装健身器材，经常性参加体育活动人员占常住人口的86%。全镇有卫生院1所，村级卫生室8个，病床20张，每千人拥有医疗床位1.2张，专业卫生人员14人。新型农村合作医疗参合人数15869人，参合率95%。

2016年，全镇农村低保523户、585人，城镇低保42户、47人。城乡低保、农村五保、残疾人、城乡居民养老保险待遇等保障水平稳步提高，2011—2016年，发放各类民政救助款项1100余万元；参加新型农村养老保险4700余人。国家抚恤、补助各类优抚对象59人，抚恤事业费支出27.8万元。

万崇镇集镇全景图

第八节 增田镇

增田镇地处乐安县中部，东与南村乡毗邻，南与招携镇接壤，西与牛田镇、大马头乡相邻，北与鳌溪镇山水相连。抚吉高速公路和省道 S227 穿境而过，辖区东西最大距离 15.2 千米，南北最大距离 9.8 千米。总面积 119.19 平方千米。

增田村是镇政府所在地，距县城 6.5 千米。镇中学、中心小学、医院、邮政、电信、移动、林业工作站、实验林场、信用社、粮油购销公司、公安派出所、国土分局等单位均集中于增田村。集贸市场逢农历双日为集市，是增田镇及附近乡、镇群众农副产品等物资交易集散地，市场活跃，商贸繁荣。

增田因土壤肥沃，不断增开良田而得名，镇政府以驻地命名。清同治年间（1862—1874），增田分属忠义乡仙桥里和仙台里 8 都、9 都、11 都、12 都。民国期间为第一区，分属带陂、增田两乡。1932 年 8 月至 1934 年 6 月，曾建立增田区苏维埃政府。1945 年乐安县由 5 个区缩减为城区、望仙、龚坊 3 个区，增田、带陂两乡同属城区。中华人民共和国成立初，域内设有带陂、增田、舟坊、东湖、瑶前等乡，同属第一区。1958 年，成立增田人民公社，辖白塔、瑶前、带陂、枧下、王沙、五一、温田、石陂、东湖 9 个生产大队。1984 年 5 月，撤销人民公社改为乡人民政府。2001 年 4 月撤乡设镇。

2016 年，增田镇辖增田社区居委会和东湖、石陂、带陂、瑶前、长江、增田、温田、王沙、小池、西边 10 个村委会，下设 1 个居民小组、125 个村民小组，有 4389 户、22067 人，其中男性 11882 人，女性 10185 人。

1986—2016 年，历任党委书记：谢金生、陈方针、曾为生、邓小云、陈国忠、黄查英（女）、陈晓平；历任乡（镇）长：彭光辉、乐云飞、宋乐丰、邓小云、周福生、王丽芳（女）、杨绍鹏、胡文军、杨辉、邹健彪、王小平。

增田镇政府办公大楼

2016 年增田镇各村（社区）基本情况表

表 1-2-11　　单位：户、人、公顷、个

名称	户数	人口	耕地面积	山林面积	村（居）小组数	村（居）小组名称
东湖村	666	3308	352.6	1517.1	21	昌下，陈陂，陈家，单庄，东湖，供山，鉴元，界头，礼江，李家，沙前排，思中坑，汤元，塘边，塘元，文家，吾塘一、二组，尧岭，增元，庄背
石陂村	511	2649	256	1369.1	17	折元，罗元，王家，麻江，新牙山，老牙山，木山，石陂，安下，陈家，炉竹，代门，尺山，水口，尧坊，舟坊一、二组

续表 1-2-11

名称	户数	人口	耕地面积	山林面积	村（居）小组数	村（居）小组名称
小池村	310	1722	168.8	992.8	9	皮单，双员，路下，小池一、二组，枣树下，寒南，老丰亭，寨头
长江村	465	2236	137.5	657	13	增坊、青田、上头山、长江、陂头、坑头、廖门、排上、石井、郊元、吕家园、锁员、桐树下
增田村	400	2114	190.5	677.4	7	聂家、高田、庙背、新街、庄下、平安、老街
温田村	327	1521	207.7	848.5	11	昌下员、陈家、店脑上、刘家、排内、袁家、姚家、杨家、下保、李家、梨树下
瑶前村	404	2151	217.9	1167.5	11	麻元，夏家，东林坪，堵元，瑶前一、二组，炉下，王元，大山排，坊元，枫树下
王沙村	511	2261	295	1523.2	13	王家墓，枧下，库下，龙塘，南元上，南元下，排上，沙坑，杏家边，西江一、二组，应上，长烟
带陂村	329	1772	188.5	697.6	15	钟家，曾家一、二组，应背一、二组，新建、王家一、二组，棚下，李家，大路一、二、三组，陈家一、二组
西边村	240	1437	174.4	891.6	8	西边一、二组，土江头，占坊脑，坳上，炉元一、二组，麻石岭
增田社区	221	896	0	0	1	—
合计	4389	22067	2188.9	10341.8	126	—

说明：表中数据来源于增田镇政府

自然条件　增田镇地处丘陵地带，地势东高西低，最高点是南部的东华岭，海拔672.1米；最低点是西部的小池村老丰亭村小组，海拔约100米。

镇域属赣江水系，牛田河支流增田河横贯东西，境内长24千米，河网密度0.18千米/平方千米；流域面积60平方千米，径流总量3.8亿立方米。域内有小（2）型水库10座，小山塘131座，水力发电站1座，年发电265万千瓦时。

境内已探明的矿产资源有稀土、云母、瓷土及优质大理石等，拥有大量的砂、石资源，山林资源分布较广。

基础设施　全镇形成由公路运输方式构成的交通运输网络。有省、县、乡级公路5条，总长47千米。抚吉高速公路东西过境，境内长5千米，在西边村的麻石岭设有高速出口，距镇政府5千米。省道S227贯穿南北，境内全长8.9千米。全镇125个村小组自1998年开始实行道路硬化，现均通水泥路，全长约120千米。增田镇无固定起始班车，主要是招携、金竹等乡镇过路班车载客。

全镇有邮政网点1个，投递路线单程总长度68千米，乡村通邮率100%；固定电话用户120户，移动电话用户7300户，用户普及率75%。

镇区有自来水厂1座，铺设自来水管道3200米。增田中学、东湖、带陂、小池等村建成安全饮水工程。全镇供电分别由10千伏坑口变电站和35千伏望仙变电站供给。现有35千伏输电线路1回路，10千伏配电线路共有2回路，镇区主变压器3台，总容量0.9兆伏安，高压输电线路1条，总长度29千米，用电负荷900千瓦，年售电量601.97万千瓦时，镇区（集镇）用电量119.51万千瓦时，综合电压合格率99%，供电可靠率98.5%。

2008年，在小池村建有丰亭水力发电站1座，年发电约265万千瓦时。2016年，成立16个光伏专业合作社，吸收641户贫困户加入合作社，投资2243.5万元在贫困户房屋顶或集中点建光伏发电。

经济发展　全镇有耕地面积2188.9公顷，人均1.5亩；可利用林地面积10341.8公顷。农业以水稻为主，烤烟、蔬菜、瓜果、茶叶有长足发展。2016年，粮食总产量2.1万吨，优质稻种植率达100%。特色农业有千亩石陂村阳光大棚蔬菜、长江村智菌农光互补食用菌基地、温田村蚕桑科技示范园基地、东湖村双利桑菌黑木耳食用基地，烤烟240公顷，西瓜146.7公顷，茶叶100公顷。水产品总产量32吨。耕牛饲养量210头，生猪出栏1800头，家禽存笼2万羽。累计造林1200公顷，经济林533.3公顷，其中油茶、果树333.3公顷。有各类农业机械2560台。

1986年，有小型企业编织袋厂，年产值约10万元。至2016年，全镇有工业企业6家，工业生产总值2.4亿元，工业增加值占国内生产总值的23.5%。

镇域有商业网点185个，从业人员460人。2016年，社会商品销售总额42.5亿元；城乡集市贸易成交额1.82亿元。镇财政总收入2479万元，其中地方财政收入979.1万元。

名优特产有带陂米粉、烟叶、黑木耳、无籽西瓜、杏孢菇。

社会发展　镇有文化站1个，村级文化活动中心10个，各类图书室10个，藏书6.5万余册。东湖傩舞2010年被列入国家级非物质文化遗产名录。

2016年，财政投入教育160万元，有幼儿园2所，在园幼儿386人；小学11所，在校生931人，专任教师93人，小学适龄儿童入学率100%；增田中学有在校学生349人，专任教师42人。初中适龄人口入学率、小升初升学率、九年义务教育覆盖率均达100%。

增田镇卫生院有病床44张，专业卫生人员32人，其中执业医师4人。有村卫生室10个，乡村医生23人，注册护士5人。医疗机构年完成诊疗1.2万人次。农村安全饮用水普及率100%，农村卫生厕所普及率92%，新型农村合作医疗参合率99.5%。镇域有体育场地8处，增田中学、增田中心小学各建有标准化篮球场1个，40%的村委会安装健身器材，经常参加体育活动的人员占常住人口的45%。

镇有广播电视站1个，有线电缆干线总长30千米，中央卫视、北京卫视、上海卫视、江西卫视等68个电视频道在本地落户，全镇有电信、移动、网络有线电视用户2780户，电视覆盖率95%。

2016年，城镇最低生活保障52户58人，支出22.3万元，月人均320元。农村最低生活保障582户695人，支出162.06万元，月人均194.3元。农村五保分散供养88人，集中供养29人，

增田镇集镇全景图

农村医疗救助 305 人次，民政部门资助参加合作医疗 156 人次，共支出 98 万元。参加新型农村养老保险 7034 人，参保率 89.2%，有 2328 人领取农村养老保险。

第九节　招携镇（附：望仙乡）

招携镇位于乐安县南部，东与南村乡、谷岗乡、金竹畲族乡接壤，南和吉安市的永丰县交界，西与湖坪乡、牛田镇为邻，北连增田镇。省道 S227 穿境而过。境内东西最大距离 21 千米，南北最大距离 23 千米，总面积 255.56 平方千米。

镇政府原驻汗上村，2012 年开始在瓦子场村花园村小组兴建占地 2000 平方米，建筑面积 9000 平方米的镇政府综合办公楼，2015 年 9 月 18 日迁入新驻址办公。镇政府驻地距县城 34 千米。镇中学、中心小学、中心卫生院、信用社、邮政所、林业派出所等分布于汗上村和花园村。镇域内有两个集贸市场，招携集贸市场逢农历每旬一、三、六、九为集市，是招携镇及金竹乡、湖坪乡、牛田镇邻近群众农副产品物资交易中心；望仙村集贸市场逢农历单日为集市。

相传宋末，由到此平乱的杨姓将军的留屯部属开基，共约互招互携，故称招携。明弘治《抚州府志》记载，为防匪盗，宋代朝廷在此立招携寨，设巡检 1 员，驻兵 117 名。此后沿袭不辍，明崇祯五年（1632）仍驻有 200 名兵员，设把总 1 员辖制。南宋绍兴十九年（1149）前，此地属永丰县云盖乡。绍兴十九年随云盖乡划入乐安县。清同治年间（1862—1874），属云盖乡丰乐里 51 都和长乐里 47 都。

招携是乐安第一个中共党组织——中共乐安招携汗上小组诞生地。1930 年，在招携青里龙门村召开全县第一次党员代表会议，选举产生中共乐安县委。1932 年 9 月中旬，中共乐安中心县委在此建立。此后，招携成为巩固的苏区，乐安早期红色政权的政治中心。

1933 年 10 月，国民党政府为“围剿”苏区，在永丰、乐安边境成立临时性的“藤田特别区”，招携属该区管辖，直至 1935 年才划归到乐安管辖。1945 年抗日战争胜利以后，乐安县缩减区的建制，招携境域分望仙区的招携乡和南团乡。

中华人民共和国成立初期，招携境域分属二区（招携区）和七区（南村区）。1958 年 11 月，成立招携人民公社，辖尧坊、友谊、明辉、丰光、锦丰、禄元、夽田、坪头、青里、王泥汗、上庄、严杭 12 个大队。1969 年，因修建洞口电站，撤销招携公社，并入金竹公社。1975 年，洞口电站下马，外迁的村民迁回招携，恢复招携公社，公社驻汗上村。1976 年，尧坊大队从招携公社析出，划归望仙公社管辖。1984 年，撤社设乡，招携乡辖招携、茶园、东风、坝上、杭村、横坝、夽田、青里、南槽、午田、曲港 11 个村委会和招携居委会，83 个村（居）小组。1985 年 3 月，撤乡设镇。1988 年，县委确定招携镇为综合改革试点，辖区内的村委会更名为村公所，作为镇政府的派出机构，有的两个村委会合并为一个村公所，1990 年 12 月，又各自复称村委会。2001 年 8 月，撤销望仙乡并入招携镇。2003 年 11 月，东炉村被批准为畲族村。2016 年，招携镇辖招携社区居委会和汗上、港田、瓦子场、坪头、午田、南

招携镇政府办公大楼

槽、杭村、坝上、茶园、青里、尧坊、望仙、高望、山湾、肖坊、坪上、东炉17个村委会及香菇厂、银口、夿田、下严4个镇办林场，下设1个居民小组、147个村民小组，有8625户、25719人，其中男性13752人、女性11967人；汉族25296人，畲族384人，其他民族39人。

1986—2016年，历任党委书记：曾星顺、董瑞珍、彭志才、管同文、谢晓云、周福生、程宝光、乐九春、帅辉德、杜国辉、胡文军、陈小龙；历任镇长：张池元、王来龙、彭志才、刘道芳、汤乐、董圣武、刘晓东、王浪平、袁务香、孙仉才、杜国辉、易安福、罗中华。

2016年招携镇各村（社区）基本情况表

表1-2-12　　单位：户、人、公顷、个

名称	户数	人口	耕地面积	山林面积	村（居）小组数	村（居）小组名称
港田村	384	1120	102.1	268.7	5	街上、港田、锦丰、前街、龙田排
汗上村	268	717	34.8	32	4	汗上一、二、三、四组
茶园村	366	1169	69.3	1200	10	乌石坳、六头岭、三茶坳、桥背、桃朱社、金盘形、天子地、丰竹坪、上堡、下堡
瓦子场村	590	1765	124	62.6	16	瓦子场一、二组，城江上，花园，桥头，新建，坳上，下堡，塘坑，横坝，坑头，禄元，螃元垄，高排，黄连坑，湾里
坝上村	269	830	49.2	659.3	9	新村、黄香排、斜坑、羊角寨、猪仔捷、杉山排、元头、坝上、横街上
杭村村	315	934	92	1025.1	5	杭村一、二组，塔坪上，活田，白竹陂
坪头村	342	1018	109.3	760	3	坪头、东洲、新街
青里村	582	1846	112	3133.3	14	青里一、二组，龙门，竹山，雪竹坪，鹅形，福船形，王泥汗，洋溪坑，上庄，桃军石，港背，龙上一、二组
南槽村	609	1935	110.1	2549.3	11	车上、坝上、寺内、阴排、港背、曲港、上车、塘下、三叉坳、坪上、胡竹
午田村	270	868	62.7	578.5	6	午田、上坊、下通、大水垅、来坊、廖家
尧坊村	494	1584	196.7	2213.3	7	马家塅、尧坊、高陂、塅上、陂湾、牛坪、小带
望仙村	753	2210	106.3	1860.1	12	炉元，街上，中团，熊家，陈家，京田一、二组，何家庄，白竹坳，龙脑，白水洞，云峰
肖坊村	456	1437	182.9	551.1	8	肖坊一、二、三、四组，茶付，东西龙，毛家咀，胡坊
东炉村	271	891	59.3	520	5	下园、杨家、汗下、塘头、徐田
山湾村	408	1360	105.3	386.7	7	铁路排，下新屋，葛陂一、二组，山湾一、二组，信元
坪上村	524	1645	154.1	1356.3	6	坪上一、二、三、组，元内一、二组，大琴
高望村	530	1713	186.8	1552.6	7	高望一、二、三、四、五、六组，冷元垅
夿田林场	223	689	54.1	533.3	4	夿田一、二组，罗家，罗家排
下严林场	139	419	24.5	733.3	4	塔坪上、芦家庄、上严、下严
香菇厂林场	122	372	30.1	10.8	2	东边、西边
银口林场	94	247	23.6	385.3	2	银口、王泥斜
招携社区	603	916	0	0	1	
望仙街	13	34	0	0	1	
合计	8625	25719	1989.2	20371.6	149	

说明：表中数据来源于招携镇政府

自然条件　招携镇地处雩山山脉的山地丘陵，南部多山，北部以丘陵为主，海拔600米以上的山地占全镇总面积的41%，300～500米的丘陵占35%，100～300米的低丘岗地占24%。地势由东南向北部徐徐倾斜，南部高于北部。最高点是鸭公嶂，海拔1346米；最低点是位于银口村，海拔119米。

境内河道属赣江水系，最大河流为招携河，总长度35千米，河网密度0.34千米/平方千米，流域面积128平方千米，径流总量3.2亿立方米。主要支流有杭村河、青里河、望仙河。有小（2）型水库6座，总库容量105万立方米；小水电站11座，装机23台，装机容量8250千瓦，其中县内第一座水电站——洞口水电站坐落在该镇。

境内已探明有钨、锡、金、银、铜、石灰石、萤石矿、花岗岩等矿产资源。山林和野生植物及水能资源丰富。

基础设施　省道S227从北到南贯穿全镇，境内长22千米；省道S536望仙至银口途经西部9千米；21个行政村均通公路，乡村公路硬化160千米，硬化率99%。2010年起开通招携至牛田的客运班线，每天往返一趟。2016年招携镇至县城的客运班次每天12趟，13个行政村通客车。镇内有邮政网点2个，投递路线单程总长度31千米，镇村通邮率100%；固定电话用户260户，移动电话用户2154户。

1986年，镇政府投资135万元的坝上水电站建成运行，装机容量400千瓦，年发电量150万千瓦小时。2016年，镇内拥有主变压器6台，总容量1.3兆伏安，高压输电线路1条，总长度30千米，用电负荷900千瓦，年售电量累计1000万千瓦时，辖区有液化气站1个，加油站2个。

镇内有自来水厂1座，铺设干线水管30千米，生产能力每日150立方米，年用水3万立方米，居民家用自来水普及率25%。

经济发展　农业以种植杂优水稻为主，经济作物次之。1986年招携镇有耕地面积943.7公顷，粮食总产量4725吨，生猪出栏2217头，耕牛存栏1258头。2016年，全镇有耕地面积1989.2公顷，水稻种植面积1442.7公顷，产量2.1万吨；有农桑面积28.3公顷，产鲜茧68480千克，产值273万元；烤烟种植200公顷，生产烤烟7800担，产值900万元；拥有各类农业机械2900台；山林面积20372公顷，累计造林7866.6公顷；毛竹面积1533.3公顷，年产值240万元。

工业企业以竹木加工、水力发电为主。20世纪90年代末，镇办企业有的关闭，有的改为民营企业。

1987年，镇财政收入70.8万元，财政支出27.7万元。2016年财政总收入1896万元，人均财政收入553.9元。各类存款余额4.5亿元，人均储蓄17496元，各项贷款余额为2500万元；有商业网点198个，从业人员546人。

社会发展　1987年，建成五层1000多平方米的镇文化大楼。21世纪初建设有线电视，可收看中央卫视、北京卫视、上海卫视、江西卫视等42个电视频道，有线电视用户4800户。2016年，全镇有文化站、广播电视站和17个村级文化活动中心、5家农家书屋，藏书4万余册。

2016年，全镇有幼儿园4所，在园幼儿150人，专任教师10人；小学19所，在校学生1380人，专任教师115人，小学适龄儿童入学率100%；有初中2所，在校学生893人，专任教师42人，初中适龄人口入学率、小升初升学率、九年义务教育覆盖率达100%。有远程教育示范点17个，财政教育经费支出206万元。有体育健身场所6处，篮球场6个，参加体育锻炼人数占常住人口的42%。

全镇拥有各类科技人才320人。其中，专业技术人才65人，经营管理人才10人，技能人才85人，农村实用人才160人。有中心卫生院、镇卫生院各1所，村卫生室17个，床位26张；专业卫生人员34人。全年医疗机构完成诊疗3.6万人次，出院病人0.85万人次。

2016年，城镇最低生活保障140户172人，支出65.98万元，月人均320元；农村最低生活保障807户940人，支出211.08万元，月人均187.1

元；救助城镇居民 87 人次，救助农村居民 279 人次，资助参加合作医疗 1112 人次，共支出 16.4 万元；新型农村合作医疗保险参保 21932 人，参保缴费 300 万元；城乡居民养老保险保参保 8980 人，参保缴费 96 万元。镇敬老院有床位 59 张，集中供养农村五保 42 人，分散供养 116 人。

附：望仙乡

望仙乡位于县境东南部，东邻南村乡，南接招携镇，西连牛田镇、湖坪乡，北毗增田乡，总面积 68.4 平方千米。其中耕地面积 733.5 公顷，山地面积 6612 公顷。乡政府驻地望仙村，距县城 20 千米。

据传说，大华山时有神仙漫游其中，村常能望见神仙游览大华山的胜景，故名望仙。南宋绍兴十九年（1149），由永丰县云盖乡划入乐安县。清同治年间（1862—1874），属云盖乡长乐里 47 都管辖。1926 年，属南一区管辖。1931 年，属第二区望仙乡。1945 年，属望仙区南团乡。1952 年，属七区望仙乡。1958 年，划入南村公社。1960 年，属南村公社望仙管理区，后成立望仙公社。1964 年，又并入南村公社。1976 年，再从南村公社析出，与牛田公社析出的东炉大队和招携公社析出的尧坊大队合并成立望仙公社。1984 年撤社设乡，设立望仙乡，辖望仙、东炉、山湾、坪上、高望、白荷、尧坊、肖坊 8 个村委会。1986 年，尧坊村划回招携镇管辖。2001 年 11 月 8 日，撤销望仙乡建制，其并入招携镇管辖。

乡域地势由东南向西北倾斜，最高点是何家庄的东岭山顶，海拔 980 米；最低点是北部的山湾村，海拔 140 米。全乡有一条主要溪流，分别流经牛田、万崇汇入永丰河。有小（2）型水库 6 座，塘坝 54 座，陂坝 17 座。有效灌溉面积 11002 亩，旱涝保收面积 7123 亩，占耕地面积的 64%。

农业主要粮食作物以水稻、大豆，红薯为主，主要经济作物以蚕桑、绞股蓝、白莲、花生为主。森林覆盖率 36%，主要树种有杉、松、樟、株、枫等；经济林主要有板栗、柑橘、捺李、油茶等。农副产品有小竹笋、香菇、笋干、茶油等，中药材茯苓是主要土特产。畜牧资源主要有生猪、鸡、鸭、鹅、牛、兔等。

2001 年 11 月，望仙乡辖望仙、肖坊、东炉、山湾、坪上、高望、白荷、银口 8 个村委会，下设 47 个村民小组，有 2137 户、7984 人。

1986—2001 年，历任党委书记：陈方针、李仉才、黄九龙、刘道芳、郑和元、黄庭福、帅辉德；历任乡长：周位加、张池元、杨卫、董海鹏、黄庭福、陈夏林。

招携镇集镇全景图

2001 年望仙乡各村基本情况表

表 1-2-13　　　　单位：户、人、公顷、个

村名	户数	人口	耕地面积	山林面积	村小组数	村小组名称
望仙村	202	1071	99.7	860.7	8	炉元，街上，中团，熊家，陈家，京田一、二组，白水洞
肖坊村	398	1245	169.6	551.1	8	肖坊一、二、三、四组，茶付，东西龙，毛家咀，胡坊
东炉村	231	821	80.4	520	5	下园、杨家、汉下、塘头、徐田
山湾村	296	1139	108	386.7	7	铁路排，下新屋，葛陂一、二组，山湾一、二组，信元
坪上村	313	1284	98.3	1356.3	6	坪上一、二、三组，元内一、二组，大琴
高望村	460	1459	105.9	1552.6	7	高望一、二、三、四、五组，冷元垅
白荷村	156	760	48	1000	4	白荷、龙脑、白竹坳、云峰
银口林场	81	205	23.6	385.3	2	银口、王泥斜
合计	2137	7984	733.5	6612.2	47	

说明：表中数据来源于招携镇政府

第十节　湖溪乡

湖溪乡位于乐安县北部，东临崇仁县，南接鳌溪镇，西连戴坊镇、龚坊镇，北靠山砀镇、公溪镇。境域东西最大距离 19.5 千米，南北最大距离 21 千米，总面积 131.57 平方千米。有耕地面积 1135 公顷，林地面积 8206 公顷，水域面积 50 公顷。

小陂村凿树桥是乡政府所在地，距县城 14.5 千米。乡中学、中心小学、邮政、电信、信用社、公安派出所等单位均集中于凿树桥。湖溪乡是县境北部距县城最近的乡镇。

乡政府原驻地湖溪村，因地势较低，逢大雨积水成湖，故名湖溪。湖溪乡域史赋盛名，唐朝时即载入史册。清雍正《江西通志》记载：唐德宗时（780—804），“大盗肆起，民转徙无所依，乐安朱纶率乡众结寨于严陀，固以土墙，七筑崇楼，令妇女处其中，而屋市屯店环绕于外。七千余户相依，盗不得逞。”严陀寨由朱纶主事，寨内“分职守，立法制，催督各户输苗米、酒税、曲脚钱纳于抚（州）”。朱纶年老以后，由其弟朱绘继任。此后子孙相继，自唐元和年间至五代，前后 150 年安居无恙。宋太祖平定江西以后，寨子始废。朱纶的后代遂定居于山下朱源村。严陀寨自山下盘旋 1.5 千米至山顶，有平坦空旷地 5 亩，寨建于此。峰南平坦之地为练兵场，场延伸有宽十余米、长 1.5 千米的环跑马道。寨下峰有人工开凿的梯田及占地 7 亩的水库，平时引水灌田，临战放水御敌，以解山寨之危。

湖溪乡政府办公大楼

清同治年间（1862—1874），湖溪乡域分属乐安乡兴平里16都，天授乡崇仁里24都、尚善里25都、甘泉里30都。民国时期境内设立小陂乡。1933年年底，中共新干县委、县苏维埃政府和独立营遭到国民党军重兵合围，由新干县委妇委书记黄秀英率领数十名干部战士，突围来到乐安寻找中心县委，因叛徒出卖，于1934年3月转战至芙蓉山一带，被围困在芙蓉山王家崖（今甘泉村尤溪村小组），仅剩5名女战士，她们不当俘虏、一道纵身跳崖壮烈牺牲。中华人民共和国成立初期湖溪属五区管辖。1956年，撤区并乡后，境内设立东堆乡。1958年，成立东堆人民公社。1960年，设立湖溪人民公社。1968年，境域分别划归公溪、龚坊、石陂3个公社管辖。1972年，恢复湖溪公社建制。1984年9月，撤销人民公社改为湖溪乡。1998年12月，乡政府由原驻地湖溪村迁凿树桥。

2016年，湖溪乡辖湖溪社区居委会和梅溪、东堆、甘泉、湖溪、小陂、社背、沙港、尧门、康村9个村委会，下设1个居民小组、101个村民小组，有3817户、13380人。

1986—2016年，历任党委书记：游解放、易鸣辉、邹和生、熊高文、杨世辉、易建文、陈晓平、陈小浪；历任乡长：王秋金（女）、杨宗贤、黄志辉、帅辉德、谭国华、张学军、陈卫、陈小浪、唐红梅（女）。

2016年湖溪乡各村（社区）基本情况表

表1-2-14　　单位：户、人、公顷、个

名称	户数	人口	耕地面积	山林面积	村（居）小组数	村（居）小组名称
梅溪村	376	1286	204.33	419.33	9	梅溪一、二、三、四组，郭岭一、二组，店边，土塘，何元背
东堆村	402	1554	192.73	681.87	11	东堆村一、二组，水背一、二组，江上，瑶下，东堆街上，无里，付元，王龙，中格田
甘泉村	653	2505	190.27	3000	18	堆头、田堆、甘泉、坪上、下元、塔元、桥上、西坑、郎江、寨下、署塘、刁坑、阳光、交屋、瑶红、尤溪、石溪、芙坪
湖溪村	428	1644	80.67	813.33	10	黄家、杨家、船坑、郑家、安门前、当前、青林、丰林、沙垅、石宜坑
小陂村	462	1681	124.07	480	13	汉头、江家、枧上、下店、山下、塘头、周坑、水西、罗家、郑家、西田、上保、湖田
社背村	242	872	81.66	306.67	8	熊家、谢家、罗家、家园呈、江家、下社背、社背、杨家
沙港村	290	1234	93.80	600	12	上排，下排，无坑，老坑，松坑，白竹，庙下，沙港，库前，山曲，住居一、二组
尧门村	265	1020	98.67	880	12	高家、刘家、李家、盆型、坳背、叶下、竹园、尧门、应上、付家、元头、袁家
康村村	302	1164	69.00	1025.33	8	高峰、红斜、元头、庙下、西边、瑶口、坪上、店边
湖溪社区	397	420	0	0	1	凿树桥
合计	3817	13380	1135.20	8206.53	102	—

说明：表中数据来源于湖溪乡政府

自然条件　乡域地势东南高，西北低，东南部是山区，西北部为丘陵地带；最高点是东南部的芙蓉山，海拔1071.8米；最低点是西北部的湖溪村青古坪自然村，海拔约77米。

乡域属抚河流域宝塘水系。小陂河自康村高峰发源，由南而北入公溪河，境内河道长约20千米，径流量30立方米/秒，流域面积0.34平方千米，河网密度为0.17千米/平方千米。有小（2）型水库6座，其他类型水库、山塘32座，陂坝9座，有效灌溉面积464.6公顷。

境内矿藏主要有储量丰富的铀矿及其伴生矿铅、锌、银矿等。

基础设施　全乡公路总里程340.5千米，其中国道G238公路穿境而过，过境19.5千米；县道21千米、乡道95千米、村道215千米。9个村101个村民小组水泥路覆盖率100%。全乡有营运货车28辆，年货运量410万吨；客运班线2条，客运班次6次/日，年客运量3.4万人次。

全乡有邮政营业点、电信营业点、联通营业点各1个，移动专营店5家，乡村通邮100%。有固定电话105户，移动电话用户4200余户，联通用户350户，宽带用户310户。

乡域有自来水厂1座，2016年投资170万元，对集镇自来水工程进行升级改造，铺设自来水管道5千米，供水量3万立方米/年，基本解决全乡用水难的问题。湖溪是乐安县最早通电的乡镇之一，通电率为100%。用电设施有0.4千伏线路长约45千米，10千伏线路65千米，年用电量32万千瓦时。

经济发展　农业以种植杂优水稻、烟叶为主，经济作物次之。1986年，有耕地面积1154.2公顷，其中，水田1082.2公顷，旱地72公顷，人均1.35亩。水稻总产量798.8吨，生猪出栏3820头。至2016年，全乡水稻种植面积967.03公顷，粮食总产量14000吨，烤烟种植面积205.19公顷，年收购烟叶4.5万千克，产值1200万元，缴税255万元；经济作物年收大豆26万千克，红薯54万千克，油菜籽15万千克，农业总产值5172万元。有种粮大户21户，专业合作社36家，带动农户致富2465户；有毛竹、用材林1381.4公顷，经济林140公顷；牛存栏1520头、出栏400头，猪存栏3200头、出栏4500头，羊存栏65头、出栏156头，鸡鸭共计13.2万羽。

1986年，全乡有乡、村、户企业153家，总产值1630万元，年缴税3.8万元。2016年，依托

湖溪乡集镇全景图

当地资源优势发展工业，以户办、联户办民营企业模式进行招商引资，工业得到长足发展，有民营联户办企业8家。

全乡有商业网点67个，从业人员420人。2016年，社会商品销售总额达6100万元。全乡国内生产总值6372万元，财政总收入1430万元，其中地方财政收入430万元，人均财政收入3779元。各类存款1.2亿元，人均储蓄9100元，各项贷款2600万元。

社会发展　全乡有乡级文化站1个，村级文化活动中心9个，农家书屋12个，藏书8万余册。有幼儿园8所，在园幼儿180人；中学1所、小学9所，专任教师100人，在校学生806人，初中适龄人口入学率、小升初升学率、九年义务教育覆盖率均达100%。

全乡有农业技术推广所1所，科协技术研究会1家，会员150余人，有高级科技人员18人，农民技术员65人，经营管理人才50人。有医疗卫生机构11所，其中乡卫生院1所，病床15张，专业卫生人员14名；村级卫生室10个，注册乡村医师16人，新型农村合作医疗参合率100%。

全乡有环卫所管理人员3人，垃圾转运车2辆，环卫人员105人。为留住绿水青山，每年颁布烧山、烧桔梗禁令，安排宣传车到各村宣传，配备防火员、护林员共109人。境内3条河溪全部实施河长制管理，河长制管理人员25人。

全乡有城镇最低生活保障13户14人，支出5万余元。参加合作医疗57人，医疗救助1人，民政资助13人，共支出82万多元。农村五保集中供养22人，支出10万余元；农村五保分散供养33人，支出10.9万元。医疗救助22人，民政资助参加合作医疗350人，支出4.2万元；全乡60周岁以上老人4187人，全部按照上级有关政策参加新农保领取养老金。

第十一节　罗陂乡

罗陂乡位于乐安县西南部，东临湖坪乡，南、西与吉安市永丰县接壤，北接万崇镇。东西最长9.6千米，南北最宽9.34千米，全乡面积67.57平方千米，有耕地面积1310公顷、山林面积4549公顷。

罗陂村是乡政府所在地，距离县城48千米。中学、中心小学、卫生院、粮油购销公司、信用社、邮政所、电信营业部、公安派出所等单位均集中于罗陂村驻地。农贸市场每逢农历逢双日为集市日，是邻近乡镇群众农副产品交易中心。

唐弘道元年（683）陈孟璋由崇仁槿坑（今乐安南村井坑）迁居于此。因地形似风吹罗带，旁有溪流，故名罗溪、罗阳。后来溪上筑有水陂，故称罗陂。清同治年间（1862—1874）乡域属云盖乡乐安里42都、43都。1926年，属南二区。1931年，为第三区（湖坪）罗陂乡。1945年，为望仙区罗陂乡。中华人民共和国成立初，罗陂乡隶属第三区（湖坪）管辖。1955年8月撤区，罗陂乡直属县政府。1958年，成立人民公社，罗陂并入湖坪公社。1961年10月，调整社队规模，设罗陂公社。1965年，再次并入湖坪公社。1976年，又恢复罗陂公社。1984年4月，撤销人民公社，设立罗陂乡。

罗陂乡政府办公大楼

1986年，罗陂乡管辖罗陂、罗田、杏园、云下、水溪、右源、棠溪、上洋8个村委会、50个村小组。1990—2002年，增设力下村委会，全乡共9个村委会，53个村民小组。2003年9月，上洋、棠溪合并为棠溪村委会。2016年，罗陂乡辖罗陂社区居委会和罗陂、云下、右源、水溪、罗田、杏园、力下、棠溪8个村委会，直辖聋江、白鹭、安乐3个直属村小组，下设1个居民小组、60个村民小组，有6320户、18752人。

1986—2016年，历任党委书记：王义翔、刘贵生、乐云飞、罗崇高、陈继发、陈党保、龚勇、曾凤辉、陈晖、王浪平、陈雪华；历任乡长：丁有根、王新祥、王华福、罗崇高、沈亚武、谢星辉、詹鸿飞、龚勇、陈晖、陈雪华、吴刚。

2016年罗陂乡各村（社区）基本情况表

表1-2-15　　单位：户、人、公顷、个

名称	户数	人口	耕地面积	山林面积	村（居）小组数	村（居）小组名称
罗陂村	968	2979	168.67	275.94	5	大元、古村、塘背、屏山、汉上
云下村	935	2865	211.87	417.46	8	下排、云下、环山、石龙江、元上、松山里、坪下、安上
右源村	683	2089	200.40	586.29	8	右源、流江、上组、下组、胡坊、山背、高津、潭江
水溪村	798	2365	160.00	410.69	4	水溪一、二、三、四组
罗田村	753	2412	187.60	575.65	10	上桥、下桥、来岭、友谊、三门、坎上、伞厅、井头、友好、艾家
杏园村	531	1649	88.33	139.14	5	老井、杏园、老厅、吉滩、聂家
力下村	303	941	87.20	524.66	4	力下、红卫、向阳、井头
棠溪村	634	2005	107.87	1206.10	12	罗家，棠溪一、二、三组，田西，尺江，大岭，大坑，邱家，曾家，水勾员，小罗陂
聋江直属村小组	131	393	33.00	161.60	2	东边、西边
白鹭直属村小组	63	191	30.07	79.40	1	白鹭
安乐直属村小组	103	288	34.60	171.87	1	安乐
罗陂社区	418	575	0	0	1	
合计	6320	18752	1309.6	4548.8	61	

说明：表中数据来源于罗陂乡政府

自然条件　罗陂乡地处丘陵地带，地势自东南向西北倾斜，呈东南高、西北低之势。最高处是东南部的右源村高津组南山，海拔802.1米；最低处是北部的罗田村下桥村小组，海拔130米。

境内罗陂港由东南来向北去，流入万崇水，境内溪流总长6.8千米，年径流量约1.3亿立方米，河网密度0.1千米/平方千米。全乡建有小（1）型水库1座（三百墩水库），小（2）型以下水库55座，大小山塘、陂坝36座，总容量343万立方米。

境内已探明有煤炭、煤矸石、瓷土等矿产资源。野生植物主要有松、杉、樟、毛竹、油茶等。野生动物主要有野兔、山鸡、山羊、野猪等。

基础设施　1986年，境内有碎石路5条，长8.96千米。乐安汽运公司3辆客车，开通罗陂的客运。2016年有罗陂至乐安县城客运班车6辆，日发10班次，客运量300人次；发往吉安方向班车2班次，发往南昌班车1班次。昌韶高速公路、国道G238从罗陂中部穿越而过，“村村通”硬化水泥路100%。

1993年以前，乡有邮政代办所1所，负责报刊征订邮递，拍发电报等业务。无线电呼叫机1台，进入县政府系统无线电通信网络。2016年邮政投递路线单程总长50千米，固定电话用户300户，移动电话用户7000户，联通用户5000户。

乡内有个体加油站1个，供电所1所，2000年完成农网改造，户户通电。垃圾处理从2012年开始，配备村社、集镇、河道保洁员89人，乡村公路养护员每天早晚打扫，并配有垃圾桶560只，垃圾运输专车3辆，实现日产日清，集中处理。

经济发展　1986年，全乡有耕地面积1074.33公顷，人均1.2亩，农业总产值300万元。2016年，有耕地面积1309.61公顷，人均1.05亩，农业生产总值1.1亿元，农民人均纯收入3600元。农业以水稻为主，1986年粮食总产量0.63万吨，2016年达到1.31万吨；烤烟种植面积274.95公顷，产值1236.98万元；蔬菜种植146.67公顷，产量1841吨。畜牧水产以生猪、役用牛、鸡、鸭为主。1986年末家禽存笼30490羽，生猪存栏6350头，全年出售自宰肉猪3430头；渔业产值4.4万元。2016年，生猪存栏3650头，全年出售和自宰肉猪4328头；役用牛存栏总数1800头；渔业产量455吨。全乡有林地面积4549公顷。2011年和2016年分别造林123.33公顷和20公顷。

1986年，有企业58家，产值56.13万元。2016年，有私营陶瓷企业3家，石材厂2家，建筑材料厂（煤砖）1家，工业总产值2560万元。

1986年，全乡社会商品零售额180万元。2011年有商业网点110个，从业人员492人，社会商品零售额4150万元，2016年达到6500万元。

1986年，乡财政收入8.6万元。2016年，全乡国民生产总值1.67亿元，财政总收入598.4万元，其中地方财政收入277.6万元。年末各类存款余额2.65亿元，人均储蓄1.12万元，各项贷款余额3850万元。

社会发展　1986年，全乡有民办幼儿园1所，在校幼儿30人；小学11所，初中1所，在校学生2140人，专任教师103人。2016年，有公办、民办幼儿园10所，在园幼儿438人，专任教师18人；小学10所，在校学生1580人，专任教

罗陂乡集镇全景图

师 92 人，小学适龄儿童入学率 100%；初中 1 所，在校学生 781 人，专任教师 44 人，初中适龄人口入学率、小升初升学率、九年义务教育覆盖率均达 100%。

乡科技机构有农技站、畜医站、乡科技办等。2016 年有各类科技人才 102 人，其中医疗、农业、教育等专业技术人才 23 人，经营管理人才 12 人，技能人才 26 人，农村实用人才 41 人。

2010 年，“罗陂庙会”被列入江西省非物质文化遗产名录。2013 年 6 月 8 日，水溪村“龙图学士”和“刺史传芳”牌坊被列为第七批国家重点文物保护单位。2016 年有乡文化站 1 个，图书室、农家书屋 8 个，藏书 1.36 万册，业余文艺队 2 个。乡广播站每日早晚进行广播，当圩日中午开展专题广播。全乡有线电视用户 2100 户；移动、电信宽带用户 4000 多户，有中央卫视、北京卫视、上海卫视、江西电视台、浙江台、新疆台等 50 多个频道，电视覆盖率 90% 以上。

2016 年，乡卫生院有病床 19 张。9 所村卫生室有专业卫生人员 38 人。新型农村合作医疗参合 16552 人，参合率 100%。

1986 年，全乡有贫困村 9 个，贫困户 960 户。2016 年城镇最低生活保障 46 户 49 人，支出 18.83 万元，月人均 384.2 元；农村最低生活保障 540 户 604 人，支出 141.62 万元，月人均 195 元。农村五保集中供养 15 人，分散供养 59 人。参加新型农村养老保险 1979 人，参保率 100%。9 个贫困村 660 户贫困户脱贫，占总数的 68.7%。

第十二节　湖坪乡

湖坪乡位于乐安县南部，东与招携镇接壤，南连吉安市永丰县，西南与罗陂乡毗邻，西邻万崇镇，北接牛田镇。东西最大距离 14.25 千米，南北最大距离 10.5 千米，总面积 104.66 平方千米。乡政府驻湖坪村，距县城 49 千米。

湖坪于北宋雍熙二年（985）王氏从吉水带源村迁此开基建村。因村周围分布五口硕大的湖塘，湖水碧波荡漾，地势一马平川，取名为湖平，后“平”与“坪”同音，苏维埃政府时期称为“湖坪”，沿袭至今。俗因村庄大，人员多，人们习惯称“大湖坪”。

湖坪古属庐陵郡吉水县，后划归永丰县云盖乡。南宋绍兴十九年（1149），划永丰县云盖乡到乐安县，湖坪遂隶属乐安县。清同治年间（1862—1874），为云盖乡善和里 44 都、45 都、46 都。1926 年，湖坪属南二区管辖。

土地革命战争时期，湖坪建立乡苏维埃政权，隶属乐安县善和区苏维埃政府，区苏维埃政府一度设在湖坪村。1933 年 5—6 月，红一方面军在此进行著名的“大湖坪整编”。周恩来、朱德、彭德怀等老一辈革命家曾在湖坪乡工作生活过，据 2016 年统计，湖坪乡各类建筑物上仍留存红军标语 574 条。

1933 年 10 月，国民党政府为“围剿”苏区，在永丰、乐安边境，成立临时性的“藤田特别区”，湖坪属该区管辖，直至 1935 年才划归到乐安管辖。1945 年抗日战争胜利后，乐安县设 3 个区，湖坪乡属望仙区管辖。

中华人民共和国成立初，乐安县设 5 个区，湖坪区政府管辖湖坪、万坊、罗陂等 13 个乡。

湖坪乡政府办公大楼

1958年人民公社化时，设立湖坪公社，管辖坊塘、东山、西头、参陂、春光、贺立、上洋、右源、水口、云下、罗陂、杏园、罗田、上罗、池头、陂汗、盐丰、汉上18个大队。此后政区屡有变更，但湖坪公社一直存在。1976年1月，湖坪公社划分为湖坪、罗陂、万坊3个公社。1984年6月，撤销人民公社，设立湖坪乡，下辖街上、张坊、坊塘、长富、参陂、东山、汉上、西头、圳上、善和、中村、贺立12个村委会和1个居委会，辖87个自然村。

2016年，湖坪乡辖湖坪社区居委会和贺立、中村、善和、西头、汉上、街上、坊塘、东山、长富、参陂10个村委会，下设1个居民小组、115个村民小组，有6401户、20792人，其中农业户6185户、20110人。

1986—2016年，历任党委书记：曾火生、董南昌、丁锦林、陈友生、聂小乐、陈国忠、周冰、邹炳忠、曾文辉、邹俊、欧阳志华；历任乡长：裘三龙、丁友根、许林福、聂小乐、陈国忠、戴华兴、周冰、黄卫民、曾文辉、欧阳志华、陈景才。

2016年湖坪乡各村（社区）基本情况表

表1-2-16　　　　单位：户、人、公顷、个

名称	户数	人口	耕地面积	山林面积	村（居）小组数	村（居）小组名称
贺立村	694	2678	259.7	1043.2	17	文元、下元、许上、许下、山心、云下、汉上、围墙、贺立、官厅、巷背、下山、光辉、元楼、新建、早树、朱坑
中村村	743	2036	232	240	11	韶和，前山一、二组，且坊上，且坊下，园内，水车，坪上，云下，中村，坪下
善和村	554	1790	173.3	600	10	街上，大元一、二组，南坑，仓下，龙车，新屋，樟树形，安下，岭背
西头村	1100	3477	366.8	684.8	19	西头一、二、三、四、五、六、七、八、九、十、十一、十二组，圳上，桐胡，下村，麻塘，阮家坊，涂家，谢家
汉上村	677	2083	124	151.2	8	汉上一、二、三、四、五、六、七、八组
街上村	514	1468	82.1	215	9	街上一、二、三、四、五、六、七、八、九组
坊塘村	616	2167	189.9	1199.4	14	东头，花门，西屋，坊塘，丁家一、二组，贯前上组，贯前下组，山田，张坊，港背，高坑，下排，高庄
东山村	589	2525	140.1	209.5	10	东山一、二、三、四、五、六、七、八、九、十组
长富村	415	1276	189.1	414.7	7	丁元一、二组，荷老上组，下长富组，上长富一、二组，梅林
参陂村	283	610	124	4016	10	北山排、木桥、村前、友谊、市上、石桥、元内、坳上、南陂、冷水坑
湖坪社区	216	682	0	0	1	—
合计	6401	20792	1881.1	5159.4	116	—

说明：表中数据来源于湖坪乡政府

任望仙区委巡视员，时间不足10天。1945年南村属望仙区南团乡。

1949年9月13日，中共乐安县委和县人民政府工作人员，由临川进入乐安县南村，15日宣布乐安县人民政府正式成立，10月6日由南村迁入县城办公。1950年4月，太平由崇仁县划归乐安县管辖，设第六区太平区。1952年，设第七区南村区。1956年5月，设南村乡、太平乡。1957年，太平乡、南村乡合并为南村区。1958年11月，设南村人民公社，辖南村、前团、茅岗、管坊、张坊、努坪、太平、山心、望下、大堑、库下、王坊、良元、山湾、高望、肖坊、东炉、白荷、稠溪、拿坑、小巷、小金竹、炉桐23个生产大队。1976年，分设南村公社和望仙公社。1984年6月，南村公社改为南村乡。

1986年，全乡设15个村委会、1个林场、1个园艺场，下设121个村小组。2016年，辖南村社区居委会和望下、大里、西坑、太平、山心、管坊、茅岗、南村、樟坑、前团、车头、努坪、炉桐13个村委会，下设1个居民小组、138个村民小组，有7546户、21613人，其中男性11806人、女性9807人。

1986—2016年，历任党委书记：董传发、周位加、张梅生、张志坚、刁振华、何元民、李旭、谢国辉、龚冬根；历任乡长：游琪南、邹七生、张志坚、陈平、管银文、黄二仔、杨贡南、谢国辉、游咏梅（女）、龚冬根、余剑。

2016年南村乡各村（社区）基本情况表

表1-2-17　　单位：户、人、公顷、个

名称	户数	人口	耕地面积（公顷）	山林面积（公顷）	村（居）小组数	村（居）小组名称
南村村	570	2580	258	835	12	张家、周家、陈家、街上、和平、黄家、李家、南坑、樟坊、乌山、池元、前江
前团村	894	2700	287	732	17	前团一、二、三、四、五、六、七、八、九、十、十一组，后江，林上，黄土排，朱江咀，小池，朝晖
管坊村	312	1370	205	616	8	李家、大垅、七元、井坑、未元、脑头、小都、艾家
努坪村	273	1073	90	1070	7	余家，努坪二、三、四、五组，田北，贯背
茅岗村	320	1179	151	169	8	茅岗一、二、三、四、五、六组，烟坑，来田
山心村	224	810	105	412	8	山心一、二、三、四组，溪江，草坪，谷马岭，瑶兰窝
炉桐村	624	2864	342	1724	20	决溪，石街山，张家，炉桐，山心壕涝、东坑一、二组，大山排，洋畔田，下坪，稠溪一、二、三组，梅树下，青溪，苟洞石，老寮，新寮，东边排，管家寮
樟坑村	285	1281	117	653	9	祠堂排、潘东坑、坑头、汉头、门一、门二、坤元、湘坑、汤坑
车头村	336	1230	130	514	9	彩坪，黎都，车头，东排，坪上，上尖元，下尖元，新天一、二组

续表 1-2-17

名称	户数	人口	耕地面积（公顷）	山林面积（公顷）	村（居）小组数	村（居）小组名称
大里村	386	1571	187	527	11	在下一、二组，来元，里坑，库下一、二组，新居，上屋，下屋，老居，扎岭
太平村	552	1862	191	523	10	下排一、二、三组，太平一、二、三组，瑶下一、二组，汗上，前江
西坑村	325	1170	144	517	9	西坑一、二、三组，西江，江上，良珠，瑶江，曹坪，南俄
望下村	462	1471	203	296	10	望下一、二组，黄家，代家，丢坑，上力，下力，梅田，堆上，潭元
南村社区	1983	3032	0	0	1	
合计	7546	21613	2410	8588	139	

说明：表中数据来源于南村乡政府

自然条件　南村乡地处雩山山脉，地势东南高、西北低。地形主要以山地、丘陵为主，山地占 75%，丘陵占 25%。境内主要山脉为大树岭，最高点为鸭公嶂，海拔 1346 米，最低点在茅岗村来田村小组，海拔 140 米。

乡域属赣江水系，南村河发源于谷岗乡古堂和努坪余家的两条河港，流经南村乡中部，于望下村堆上汇入赣江支流牛田河的增田河，境内河流长 9.5 千米，流域面积为 22.4 平方千米；前团河发源鸭公嶂，流经炉桐村汇入望仙水系，境内河流长 10 千米，流域面积为 37 平方千米。主要支流有东元、太平、炉桐、前团和大里等河。

境内探明有钨、钼、花岗岩等矿产资源；拥有丰富的淡水、杉木、毛竹、油茶等自然资源。

基础设施　2011 年，境内有县道 1 条，总长 25 千米；13 个村委会全部通水泥路，总长 56.7 千米。2016 年，全乡 136 个村小组实现路面硬化。乡内有汽车站 1 个，日发送客车 9 班次，运输企

南村乡集镇全景图

业拥有货运汽车 39 辆。

2011 年，有邮政网点 2 个，投递路线单程总长度 92 千米，投递点 13 个，乡村通邮率 100%；电信服务网点 1 个，固定电话用户 680 户，普及率为 22%；移动电话用户 2890 户，移动电话普及率为 91%；宽带接入用户 200 户。

1978 年，在乡境东元村建成中型水库——东元水库，集灌溉、防洪、发电 3 项功能，东元水电站装机容量 1040 千瓦。2016 年，乡境有中型水库 1 座，小（2）型水库 8 座，塘坝 101 座，陂坝 89 座，在车头、炉桐和前团村建水电站各 1 座，装机容量分别为 720、640 和 300 千瓦。全乡 95% 以上农户用上电。

2015 年建成稠溪移民新村，坐落于鳌溪镇鳌溪村小南门村小组，新村占地 125 亩，累计投资 1900 万元。新村内水、电、路等设施完善，并配套建设小学、幼儿园、幸福院和便民服务点等公共服务设施，建有文化休闲广场。

经济发展　1986 年，全乡有耕地面积 1889.5 公顷。粮食总产量 10900 吨。经济作物有烤烟、花生、油菜、甘蔗和各类蔬菜。2016 年，耕地面积 2410.3 公顷，人均 1.65 亩，农业总产值 4608 万元。粮食产量 21217 吨，烟叶种植面积 291 公顷，产量 611 吨。

南村乡畜牧业以生猪、肉牛为主。2016 年生猪饲养量 5455 头，年末存栏 4715 头，牛饲养量 330 头，家禽饲养量 5.5 万羽，畜牧业总产值 1910 万元。

1993 年，乡村企业有 346 家，其中乡办 9 家、合作 43 家、户办 271 家。2011 年，有工业企业 8 家，工业总产值 2250 万元，工业增加值占国内生产总值的 15%。历年企业主要有南村板鸭厂、南村冶炼厂、南村仕女扇厂、南村华盖山茶叶厂。

2016 年，全乡财政总收入 2039 万元，其中国税收入 450.7 万元、地税收入 791.1 万元。

社会发展　2011 年，有文化艺术团体 3 个，会员 54 人；电影放映单位 1 个，农家书屋 8 个，老年活动中心 2 个，建筑面积 560 平方米。2016 年全乡有农家书屋 13 个，农村老年活动中心 5 个，建筑面积 620 平方米。

2016 年，全乡有幼儿园 8 所，在园幼儿 356 人，专任教师 12 人；小学 15 所，在校生 1106 人，专任教师 92 人，小学适龄儿童入学率 100%；南村中学有在校学生 393 人，专任教师 25 人。初中适龄人口入学率 93%，小升初升学率 100%。

乡内有农作物和畜牧水产两个科技服务组织，农作物生产科技服务组织负责境内烤烟、蔬菜、瓜果种植的科技指导和服务；畜牧水产科技服务组织负责境内牲畜水产养殖的科技指导和服务。乡设有农技、畜牧兽医等农村专业技术协会。2011 年拥有各类技术人才 140 人。其中，经营管理人才 8 人，农村实用能人才 132 人。

2016 年，全乡有卫生院 1 所，村级卫生室 13 个，病床 28 张，专业卫生人员 50 人，乡村医生 19 人。农村安全饮用水普及率 92%，新型农村合作医疗参保人数 1.66 万人，参保率 98%。

全乡有线电视用户 2150 户，电视综合覆盖率 74%。有线频道数 82 个。90% 的村委会安装健身器材。

2016 年，城镇最低生活保障 47 户 52 人，支出 19.9 万元，月人均 320 元；农村最低生活保障 696 户 841 人，支出 196.9 万元，月人均 195 元；农村五保户集中供养 23 人，分散供养 94 人；农村医疗救助 76 人次，民政部门资助参加合作医疗 1045 人次，共支出 12.54 万元。

第十四节　谷岗乡

谷岗乡地处乐安县东部，东毗宜黄县，南靠金竹畲族乡、招携镇，西与南村乡、鳌溪镇相连，北与崇仁县相邻。辖区呈带状，东西最大距离 13 千米，南北最大距离 26.5 千米，总面积 161.09 平方千米。其中，耕地面积 1392.2 公顷，山林面积 14254 公顷。人口密度每平方千米 100 人。

谷岗东边村是乡政府所在地，距县城26千米。中学、中心小学、卫生院、信用社、邮政所、电信营业部、森林派出所、敬老院等均集中于乡政府驻地。农贸市场逢农历二、五、八日为集市日，是谷岗乡、南村乡、鳌溪镇以及崇仁县、宜黄县邻近群众农副产品物资交易中心。

南宋中期，大司马兵部尚书袁鳌抗金失败南奔，其长子袁谷岗迁徙至此定居，遂名谷岗。谷岗等地原属崇仁县辖地。清同治十二年（1873），太平市、谷岗、登仙桥分别属崇仁县崇仁乡修祈里52都、53都、56都。1931年6月，谷岗、太平、登仙桥属崇仁第五区。1933年2月，中共乐安中心县委在谷岗成立中共谷岗区委，下辖2个党支部。同时成立中共崇仁县工作委员会。6月，正式成立崇仁县苏维埃政府。

谷岗乡是第四次反“围剿”的主战场之一。1933年2月27日至3月1日，红一方面军在登仙桥围歼国民党军第52、59师，取得了击毙52师师长李明、活捉59师师长陈时骥的战绩，著名的第四次反“围剿”战役“登仙桥大捷”便发生于此。4月27日，红一方面军总部驻谷岗村，总政治部在谷岗村袁氏花祠堂召开全军青年政治工作会议，总司令朱德、总政委周恩来、总政治部主任王稼祥以及总政治部秘书长萧向荣、总政治部青年部部长萧华、总部直属队政治处主任莫文骅等几十人参加会议。上午9时许，国民党军飞机对会场滥施轰炸，王稼祥负重伤。

1933年10月，国民党政府鉴于谷岗、登仙桥、太平市等地成为与乐安南部和宜黄东部地区相连苏区，在崇仁凤岗设立特别区政治局，协助国民党正规部队“围剿”苏区。红军长征以后，1935年撤销凤岗特别区政治局。1946年撤销区建制，谷岗乡、登仙乡、太平乡直属崇仁县政府。

1950年5月，崇仁县第四区的登仙桥、谷岗、太平3个乡划归乐安县管辖，属乐安县第六区。1956年，境内建有谷岗、欧坊、路南3乡。1958年，撤区并乡时，境内有谷岗、欧坊、路南3个农业社和谷岗垦殖场。1958年11月，成立谷岗人民公社，辖谷岗、罗坊、四青、汤山、圭峰、欧坊、板岭、先丰、朱丰、坪丰、水口、下堡12个大队。1959年3月，撤销谷岗公社，其辖区划入南村公社管辖。1960年，从南村公社析出，成立谷岗综合垦殖场，南村公社隶属谷岗综合垦殖场。1961年春，分为谷岗、水口两个公社和谷岗林管所。1964年，撤销水口公社，其辖区划入谷岗公社管辖。1984年6月，撤社设乡，辖谷岗、汤山、圭峰、四青、强元、板岭、登仙桥、坪坑、水口、下堡、火嵊、小港、小金竹、王坊14个村委会，105个村民小组。1986年，全乡有2868户、14078人。2016年，辖谷岗社区居委会和谷岗、王坊、四青、汤山、圭峰、板岭、登仙桥、凹下、水口、火嵊10个村委会、95个村民小组，有4546户、16260人，其中男性8869人、女性7391人。

谷岗乡政府办公大楼

1986—2016年，历任党委书记：李仉才、周位加、张梅生、裘三龙、曾四祥、周仉生、王贵香、许良贵、陈卫、曾子稳；历任乡长：杨霭兴、张梅生、刘道芳、曾四祥、艾梅春、陈党保、许良贵、刘龙飞、易建文、曾子稳、饶财华。

2016 年谷岗乡各村（社区）基本情况表

表 1-2-18　　单位：户、人、公顷、个

名称	户数	人口	耕地面积	山林面积	村（居）小组数	村（居）小组名称
谷岗村	669	2068	159.1	1701	9	西边、东边、罗坊、里坑、马仔、红旗、上官、阳坊、肖家边
凹下村	481	1261	98.2	1340	9	朱坑、西龙山、向阳、洪门、先峰、凹下、摇上、路南西边 、路南东边
板岭村	533	1455	140.4	1864	7	板岭、谷坑、坑口、南田洲、轩阳、丛仔嵊、邹家
王坊村	484	1418	156.3	748	11	里田、田下、樟树、前进、下保、力水、坪汉、塘家、八字门、游家、古塘
登仙桥村	494	1466	162.6	1064	10	峡山、新建、何家、新塘、小龙坪、烟家斜、黄连坑、梨树下、早禾嵊、鱼子坑
圭峰村	289	884	31.2	743	4	圭峰、速水坑、鹅形、厂下
火嵊村	579	2187	203.6	2200	15	尹家四、五组，胡竹坪，拿坑，辽背，郭前，管家一、二组，跃龙坪上、下组，火嵊，小港下，黄泥塘，汉上，下村
水口村	584	3089	302.7	2207	16	何坑、坪坑、东元、大禾汉、细背石、双嵊、水口、中保、上保、中元、横排、蛇形、街上、来坪元、安全、坪格
四青村	240	1492	80.3	1331	9	高坪、方木坑、洋加寨、山下、车田、横斗、沙坪、王土岭、革新
汤山村	192	940	57.8	1056	5	东边，郭上，汤山一、二、三组
谷岗社区	—	—	0	0	1	
合计	4546	16260	1392.2	14254	96	

说明：表中数据来源于谷岗乡政府

自然条件　谷岗乡地处山区，地势南高北低，四面环山。平均海拔 620 多米，最高点位于鸭公嶂海拔 1346 米，最低点位于四青村沙坪村小组，海拔 150 米。

境内河道属抚河流域崇仁水系。谷岗水自南向北纵贯全境，注入崇仁河，为境内主要河流，总长度 32.7 千米，流域面积 160 平方千米，年径流量 19 立方米 / 秒，河网密度 0.22 千米 / 平方千米。2016 年，有水电站 11 座，总装机容量 6750 千瓦，年发电量 1800 万千瓦时。

境内矿藏资源有钨、铜、花岗岩等，其中钨矿、锡矿蕴藏量 60 万吨，可采量 30 万吨；浅水层地下水资源总量 160 万立方米，年利用 20 万立方米。

基础设施　国道 G322 乐安至宜黄黄陂段，谷岗境内 11.7 千米，2016 年 9 月开始兴建；县道 X065 谷岗至招携公路贯穿南北，境内长 38 千米；10 个村委会 81 个自然村通水泥路。乡至县城客运班次每天 11 趟，6 个行政村通客车。有邮政网点 1 个，投递路线单程总长度 56 千米，乡村

通邮100%；固话电话用户530户，移动电话用户6800户。

经济发展　谷岗山多田少，农业耕作条件差，大部分耕地是山坑小丘高坎排田，农作物产量不高。农业以种植水稻为主。1986年，有耕地面积991.1公顷，粮食产量3967.6吨，生猪出栏2643头，家禽存笼12544只，放养水面93.3公顷，水产品产量58吨，耕牛存栏1130头，农业总产值395万元。2016年，有耕地面积1392.2公顷，水稻播种面积1100公顷，稻谷产量7425吨；有农民专业合作社22个；各类农业机械1675台。

乡域森林资源丰富，主要有杉、松、竹、油茶等，林副产品有香菇、木耳、竹荪等，山涧水溪生长特有水生物棘胸蛙（石鸡）。2016年，山林面积14254公顷，有林面积12395.6公顷。森林覆盖率77.47%，活立木蓄积量36万立方米。2004年，江西省政府批准建立省级华南虎老虎脑自然保护区，谷岗部分村组在列。境内有珍稀树种红豆杉220棵、银杏树83棵；野生动物20种，其中有国家一类保护动物云豹和二类保护动物苏门羚、水鹿及白颈长尾雉。2011年，被评为江西省省级生态乡镇。

1986—1993年主要企业有拼花地板厂、木柄厂、筷子厂、焦油厂、铸造厂、砖瓦厂、香菇厂、枕芯厂、农机配件厂等。这些企业在20世纪90年代末有的倒闭，有的改制为民营企业。

2006年10月，乡政府投资120万元，新建谷岗农贸市场，建筑面积890平方米，摆放摊位45个，可容纳赶集村民1000多人。2016年，境内有商业网点86个，从业人员342人。

1986年，农民人均纯收入205元，人均储蓄101元。2016年，全乡财政总收入583.8万元，完成固定资产投资1.7亿元；年末各类存款余额15890万元，各类贷款余额2500万元。

社会发展　2008年，成立谷岗民间艺术舞蹈团，活跃于谷岗及周边乡村，每年出演20余场次。2016年，有文化站1个，农家书屋10家，共有藏书1.7万册。境内可接收中央卫视、北京卫视、上海卫视、江西卫视等38个电视频道，有线电视用户4455户，电视综合覆盖率98%。境内旅游资源丰富，名胜古迹较多，有江西道教名山大华山、登仙桥大捷战斗遗址、黄陂战役指挥所旧址管家祠堂（乐宜崇中心县委驻所）；始建于元朝的天仙古寺、2000多年历史的珠坑村、850多年历史的汤山村以及天然氧吧华南虎老虎

谷岗乡集镇全景图

续表 1-2-19

名称	户数	人口	耕地面积	山林面积	村（居）小组数	村（居）小组名称
严杭村	307	1594	61.3	2600	14	上组、中组、下组、百咀坑、湖竹坪、南斗岭、安里上、鲁安社、南济、塘下、双坑、毛坪、山坑上组、山坑下组
徐庄村	226	885	55.1	1933.3	9	上年坑、寨家园、下年坑、瑶前、街上、排仔上、下元内、上元内、洪水山
引水村	241	1031	52.1	1933.3	8	坑头、街上、排上、林场、下元、席元、洪头、羊古岭
大通村	208	1098	50.7	1866.7	10	大通、王家汗、竹山下、坪上、高排、小通、沙林坪、徐家寨、杨梅坑、高无嶂
坪溪村	308	1952	88.0	2733.3	16	桐树下、街上、上东坑、马安坪、茶垅、炉元、王沙、住场湾、温坑、大湾、合溪、下东坑、付竹、大树山、青水迳、沙鸡窝
坪溪社区	—	—	0	0	1	—
合计	2560	12112	630.7	22666.6	109	—

说明：表中数据来源于金竹畲族乡政府

自然条件　金竹畲族乡地处高山丘陵区，属于雩山余脉，平均海拔620米。全县最高点在严杭村十八排海拔1370.5米，最低点位于联村畲族村海拔160米。

境内河道属乌江水系，水资源总量1.1亿立方米。最大的河流为坪溪河，长12.5千米，流域面积41.3平方千米；河网密度为0.17千米/平方千米。主要支流有芦远港、流舍港、联村港。河道落差大，水力资源非常丰富，建成水电站13座，装机31台，装机容量9940千瓦，年发电量3025万千瓦时。

主要矿产资源有石英石、萤石、钨等，其中石英矿储量10万吨，萤石矿储量2万吨。

基础设施　省道S227线境内长20千米。乡级公路1条，全长20千米，村村通水泥路，每日开往县城客运班线2趟，流舍、金竹、徐庄村开通农村客运班线；全乡通车总里程75千米。供电设备全覆盖，全乡邮政投递路线单程总长度25千米，乡村通邮100%；固定电话用户350户，移动电话用户1900户。全乡安全饮水覆盖100%。

经济发展　经济以水稻种植、挖竹笋为主。1986年，有耕地415公顷，粮食产量1587吨，生猪出栏842头，耕牛存栏644头。2016年，有耕地630.7公顷，粮食种植450公顷，粮食产量2700吨；各类农业机械900台。

1993年，有山林面积22667公顷，有林地面积2万公顷，森林覆盖80%。至2016年，累计造林2467公顷；生态公益林12333公顷；阔叶林4000多公顷，针叶林1万多公顷，毛竹林2000多公顷，油茶林1000多公顷，高山茶种植23.3公顷。国家一级名贵树种银杏古树8棵、红豆杉古树28棵。

1993年，有乡办企业4家，产值173.1万元；村办企业5家，户办企业4家。2016年，有民营企业5家，工业增加值2900万元。

1993年，全乡财政总收入28.8万元，至2016年，财政总收入增至1406.6万元，其中地方财政收入806.2万元，税收620万元，商业网点86个，从业人员210人。

金竹特产有红米、稻花鱼、笋、木耳、香菇等。

社会发展　2016年，金竹畲族乡有幼儿园1所，在园幼儿40人，教师2人；有小学12所，在校学生1405人，适龄儿童入学率100%，专任教师81人；初中2所，在校学生501人，专任教师39人，初中适龄人口入学率、小升初升学率、九年义务教育覆盖率均达100%；体育健身场地4处，体育社团1个，80%的村备置健身器材。全乡各类科技人才170人，其中专业技术人才30人，经营管理人才26人，技能人才35人，农村实用人才79人。

全乡有综合文化站1个，农家书屋10个，藏书10万余册；采茶戏艺苑剧团1个，年均演出80多场；中央卫视、北京卫视、上海卫视、江西卫视等37个电视频道在本地落户，有线电视用户2048户，电视综合覆盖率80%。有卫生院2所，村卫生室10个，床位20张，专业卫生人员28人，其中乡村医生10人。

金竹飞瀑位于吓通村附近，距金竹畲族乡政府所在地15千米。这里山势雄峻，古木参天，山泉甘冽，自然总落差近400米，形态各异的大小飞瀑26处。2009年引进江苏永达户外传媒有限公司投资建设，规划总面积约60平方千米，包括丰坪入口区、畲乡风情游览区、山溪漂流体验区、吓通接待区、飞瀑生态旅游区、红色旅游体验区等六大功能区，打造集民俗风情、山溪漂流和红色旅游为一体的生态休闲度假旅游景区。2014年成功创评AAA级旅游景区。

2016年，城镇最低生活保障40户60人，支出14万元，月人均194元；农村最低生活保障360户687人，支出70.1万元，月人均85元。新农合参保人数12092人，参合率100%。敬老院有床位72张，集中供养农村五保60人，分散供养农村五保户40人。

附：坪溪乡

坪溪乡位于县境南部，东邻宁都、宜黄县，南界金竹乡，西与招携镇接壤，北与谷岗乡相连。地形南北较长，东西略短，总面积为151平方千米。其中耕地面积484.2公顷，山林面积11067公顷。乡政府驻坪溪村，距县城45千米。

明代后期，严杭席元村邓氏到坪溪建村，因内有小溪纵贯，故名坪溪。乐安建县前属永丰县云盖乡，建县后随云盖乡划入乐安县。清同治年间（1862—1874），属云盖乡长兴里50都。1926年，属南一区。1931年，属第二区严杭乡。1933—1935年，属“藤田特别区”。1945年属望仙区稠溪乡。第二次国内革命战争时期，这里创建了红色革命根据地。

中华人民共和国成立初期属第二区。1952—1958年，辖区内有引水、坪溪、严杭3个乡。1958年11月，成立坪溪人民公社，辖徐庄、引水、坪

金竹畲族乡集镇全景图

溪、大通、炉元、上东坑6个大队。1959年，调整社队规模，撤销坪溪公社建置，其辖区划入金竹公社。1961年10月恢复坪溪公社，1966年又撤销坪溪公社，其辖区划入金竹公社。1972年再次恢复坪溪公社，1984年撤社设乡，辖坪溪、严杭、芦元、引水、大通、徐庄6个村委会。2001年8月，撤销坪溪乡建置并入金竹乡，乡政府驻坪溪村。

坪溪乡农业主要种植一季晚稻和杂优稻，粮食亩产徘徊250～300千克之间；旱粮作物以红薯、大豆、红豆、玉米、豌豆居多。20世纪90年代以后，大力发展油菜、稻田养鱼及蔬菜产业，建立稻田养鱼基地1000多亩。林业盛产木材、毛竹、油茶，有油茶林面积11996亩，竹林面积8595亩。大通村盛产油茶，1980年3月受到江西省人民政府的嘉奖。畜牧业主要有生猪、耕牛、鸡、鸭、鹅等。已探明的矿产资源有大理石、萤石矿、水晶石等。

水利资源极其丰富，山坑电站坐落在严杭村境内。旅游资源有坐落在乐安、宜黄、宁都三县交界的大龙山，山势雄伟、古木参天，景色迷人，吸引不少游客前来登山旅行，1984年重修庙宇后，成为佛教信徒朝圣场所。

2001年8月，坪溪乡辖坪溪、严杭、芦元、引水、大通、徐庄6个村委会，下设56个村民小组，有1614户、6656人。

1986—2001年，历任党委书记：王冬生、游解生、汤乐、刘少营；历任乡长：余晚辉、叶圆面、陈友生、汪伟群、刘少营、王乐福。

2001年坪溪乡各村基本情况表

表1-2-20　　单位：户、人、公顷、个

名称	户数	人口	耕地面积	山林面积	村小组数	村民小组名称
坪溪村	214	1047	75	1530.3	8	桐树下、街上、上东坑、马安坪、茶垅、住场湾、温坑、大湾
严杭村	361	1610	91.3	2600	14	上组、中组、下组、百咀坑、湖竹坪、南斗岭、安里上、鲁安社、南济、塘下、双坑、毛坪、山坑上组、山坑下组
芦元村	202	937	70	1203	8	炉元、王沙、合溪、下东坑、付竹、大树山、青水迳、沙鸡窝
引水村	295	1047	82.1	1933.3	7	坑头、街上、林场、下元、席元、洪头、羊古岭
大通村	262	1114	80.7	1866.7	10	大通、王家汗、竹山下、坪上、高排、小通、沙林坪、徐家寨、杨梅坑、高无嶂
徐庄村	280	901	85.1	1933.3	9	上年坑、寨家园、下年坑、瑶前、街上、排仔上、下元内、上元内、洪水山
合计	1614	6656	484.2	11066.6	56	—

说明：表中数据来源于金竹畲族乡政府

第十六节　大马头乡

大马头乡位于乐安县西南部，东与鳌溪镇、增田镇毗邻，南与牛田镇相连，西与吉安市永丰县相邻，北与戴坊镇交界。境内有抚吉高速流坑出入口，高速、国道、省道穿境而过。乡政府距县城14千米，位于国道G238旁，距离流坑互通仅1千米，交通极为方便。乡境总面积50.8平方千米，耕地面积474.93公顷，林地面积3826.6公顷（其中国有林845.4公顷），水域面积144公顷。

清代中叶，永丰县谢家村谢氏至此开基。清

大马头乡政府办公大楼

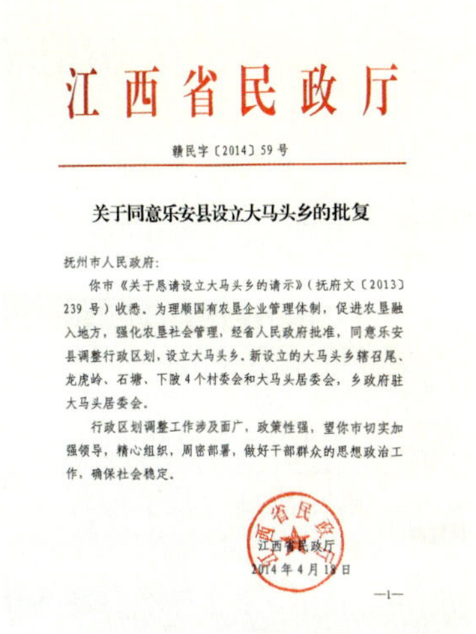

江西省民政厅

赣民字〔2014〕59号

关于同意乐安县设立大马头乡的批复

抚州市人民政府：

你市《关于恳请设立大马头乡的请示》（抚府文〔2013〕239号）收悉。为理顺国有农垦企业管理体制，促进农垦融入地方，强化农垦社会管理，经省人民政府批准，同意乐安县调整行政区划，设立大马头乡。新设立的大马头乡辖召尾、龙虎岭、石塘、下陂4个村委会和大马头居委会，乡政府驻大马头居委会。

行政区划调整工作涉及面广，政策性强，望你市切实加强领导，精心组织，周密部署，做好干部群众的思想政治工作，确保社会稳定。

江西省民政厅

2014年4月18日

—1—

关于同意乐安县设立大马头乡的批复

同治年间属乐安乡兴平里15都。民国至中华人民共和国成立初期属鳌溪一区。1957年12月，为干部“上山下乡”设立大马头垦殖场，是乐安县唯一农垦事业单位。1984—1992年，大马头垦殖场隶属县林业局管理，为副科级单位。1992年12月，列入乡镇系列管理，升格为正科级事业单位，设立大马头垦殖场党委，下辖召尾村委会。2011年11月，国有农垦企业改革，全场135名职工全部办理社会养老保险和医疗保险，发放职工经济补偿金、失业补助金，全部置换职工身份，签订解除职工劳动协议书，农工变农民，企业改革工作全面完成。根据省政府、省民政厅文件精神，为理顺国有农垦企业管理体制，促进农垦融入地方，强化农垦社会管理，在保留大马头垦殖场的基础上，2014年4月获批设立大马头乡，除将原属鳌溪镇管辖的石塘、下陂村委会划入外，新增设龙虎岭村委会，下辖召尾村、石塘村、下陂村、龙虎岭移民村和大马头社区，共5个村委会30个村小组，有1473户、6077人。

1992—2016年，历任党委书记：董崇芳、邹金生、何元民、杨世辉、刘晓东、刘红艳（女）、王敏、杨拾祥、邹炳忠、杨辉、邹健彪；历任乡（场）长：龚可平、陈国忠、周仉生、黄财明、徐友洪、周菊生、龚冬根、黄赵平、陈木根。

2016年大马头乡各村（社区）基本情况表

表1-2-21　　　　单位：户、人、公顷、个

名称	户数	人口	耕地面积	林地面积	村（居）小组数	村（居）小组名称
召尾村	370	1496	64.8	530.33	7	新陂、大陂上、桃坑、昌下、上坊、稍坪、南塘
石塘村	627	2729	213.86	1674.8	14	石塘、坑口、巴塘、瑶家、城下、朱山脑、大幺汗、东元、西元、长山、白竹、乌石、大石门、韶移
下陂村	261	986	137.13	763.27	6	舟上、区山、古寺、田西、港背、桥头

续表 1-2-21

名称	户数	人口	耕地面积	林地面积	村（居）小组数	村（居）小组名称
龙虎岭村	120	536	40.2	260	3	龙虎岭、果林队、石桥
大马头社区	95	330	0	0	1	—
合计	1473	6077	474.93	2981.17	31	—

说明：表中数据来源于大马头乡政府，龙虎岭村耕地、林地属国有

自然条件　大马头乡地处丘陵地带，全境呈弯曲的长条形，海拔约 300 米。境内有丰富的松、杉、毛竹和油茶等林木资源，以及铁、煤和花岗岩等矿产资源。

基础设施　抚吉高速、G238 国道、G322 国道、省道 S313 巴文线穿境而过，村村通水泥路。通往牛田、湖坪、万崇、罗陂的客车都经过大马头乡，交通便捷。邮政投递路线总长度 46 千米，乡村通邮 100%；固定电话用户 26 户，移动电话用户 1163 户，用户普及率 79%。

2010 年，域内建有 110 千伏变电站，实现村村通电。全乡各村均采用挖井取水，2015 年建成集中采水井，水管送水龙虎岭村委会和乡政府，全乡自来水管安装 884 户，安装率 60%。

经济发展　全乡主要产业是水稻、烤烟、平菇和生猪。1986 年，垦殖场有耕地 119.13 公顷，人均耕地 0.7 亩，水稻总产量 354.8 吨。至 2016 年，全乡有耕地 474.93 公顷，人均 1.2 亩，水稻总产量 855.9 吨。2012 年，种植烤烟 62.6 公顷，为历年来最多，总产值 289 万余元；平菇是大马头传统产业，1996 年开始走出省门，遍布浙江、福建、广东，参与农户近 400 户，每年带回收入 2000 多万元。2016 年，有 4 个养猪场，年出栏生猪 4000 头以上。

大马头乡政府驻地全景图

2016年，有工业企业13家，工业总产值6552万元，从业人员192人。年创税收636万元。

2016年，全乡财政总收入1280万元，其中，财政收入92万元，国税627万元，地税561万元；农民人均可支配收入7140元。

社会发展 2016年，全乡有中心小学1所、村小5所，在校学生283人，专任教师33人，小学适龄儿童入学率100%。有村级卫生室5个，病床15张，执业医师5人。有乡文化站1个，村级文化活动中心4个，农家书屋4个，藏书1.5万册。有安装健身器材体育场所3处，经常参加体育活动人数占常住人口约35%。

境内有县级文物保护单位石桥古寺，理学家朱熹曾在此讲学，民族英雄文天祥在该寺读过书，并在步入仕途后捐资修寺。还有其他景观：天生石桥、牛鼻岩、官帽岩、老虎岩、石鼓、石磨和石钟等。大码头生态旅游度假区于2013年被定为省AAAA级乡村旅游点，2014年被定为省休闲农业示范点、国家AAA级旅游风景区。

2016年拥有各类科技人才320人，其中专业技术人才52人，技能人才108人，经营管理人才36人，农村实用人才124人。中央卫视、北京卫视、上海卫视、江西卫视等70个电视频道在本地落户，有线电视用户1355户，电视综合覆盖率92%。

2016年，城镇最低生活保障户数21户28人，支出10.75万元；医疗救助46人次，支出7865元；民政资助参加合作医疗143人次，支出14.07万元。农村最低生活保障户数142户158人，支出42.66万元。分散供养五保户14户15人，支出5.22万元。参加新型农村养老保险4290人，金额64.35万元。

第三章 自然环境

乐安县位于江西省中部腹地，地处雩山余脉与赣抚平原的过渡地带。东、南、西北部边缘属高山；北、西南、中部山间盆地属丘陵地带。地势南高北低，由西南向东北倾斜。境内最高峰为十八排，位于东南部金竹畲族乡，海拔1370.5米；最低点公溪河桥头，位于北部公溪镇，海拔70米。属亚热带湿润季风气候区，气候温和，光照充足，自然资源比较丰富，是江西省农林业大县之一。

第一节 地质 地貌

一、地质

受多次地壳运动影响，乐安的地层裂隙发育复杂，形成北东、北北东、北西和南北向构造。出露的地层主要有第四系、白垩系、侏罗系、三叠系、泥盆系、震旦系、石灰系等。岩性分布以花岗岩最广，出露面积1085平方千米，约占全县土地总面积的45%。分布于北部的芙蓉山、湖溪石洞、公溪白云、山砀镇边缘，中部的县城附近及南部的罗陂、招携、金竹等地。其次为变质岩（千枚岩、云母片岩、板岩），出露面积588平方千米，占全县土地总面积24.4%，分布于戴坊、潭港、增田的寨头、谷岗、万崇边缘。再次为紫红色砂砾岩，出露面积315平方千米，占全县土地总面积13.1%，分布于北部丘陵地区和潭港一带。尚有少量混合岩，出露面积116平方千米，占全县土地总面积4.8%，分布于南村、金竹和谷岗等乡边缘。其他岩类分布零散，出露面积309平方千米，占全县土地总面积12.7%。

二、地貌

乐安县地形呈南北长、东西狭不规则形状。境内群山环抱，丘陵起伏，大小山岭星罗棋布。整个地势南高北低，由西南向东北倾斜，成坐南朝北斜坡，地形垂直高差变幅较大。局部地势南北有差异，南部为山区地带，占全县土地总面积62.6%，地势由东南向西倾斜，山地海拔高度500～1370.5米，相对高度100～500米，坡度约30～70度（个别坡度大于70度）。丘陵海拔高度200～500米，相对高度50～300米，坡度在20～50度之间。北部为丘陵地带，占全县土地总面积37.4%，地势由西南向东北倾斜，山地海拔高度250～800米（主峰芙蓉山1070米），丘陵地区海拔高80～250米，相对高度20～100米，坡度平稳约在15～30度之间。全县地貌根据海拔高度，分为中低山区、高中丘陵、中低丘陵和溪谷平原4种类型。

乐安县地形图

第二节　山　脉

县内山脉属雩山余脉，由宁都的边塘和永丰的沙溪等地的山岭延伸而入。分东西两大支走向，东支沿宁都、宜黄边界北上，其分支绵延于县境东、东南、东北各部；西支沿西部边境北上，其分支向东绵延于县境西、西北、西南各部。主要山岭有3条。

一、大树岭山系

分南北二大支，南支通过小树岭折而西延，经万家斜、淘金石、仰面岭至和尚岭又分二小支：一支经大岭、小岭至永丰边界折向盐丰、池头之间，一支从和尚岭经倒长江、仓脑上、固岭延伸到银口、洞口间。北支伸入宜黄的下堡以北又折向西伸入乐安县境后再分为二小支：一小支经下岭、鹿角峰达南村、太平之间的大华山；一小支经茶龙、复船形至招携地带。

二、相山山系

是乐安县分支最多的山系。分布于县中部与东北部广大地区，以芙蓉山为主峰，向南延伸至咸溪、鳌溪、林头湾而至牛田镇的傍安村，枫元亦为其支系延伸苦竹、鹏洲；向北延伸至杏树下、桐山、白竹哨折西而达小陂、甘泉圩一带。

三、麻岭山系

此山系以大盘山为主峰，位于县西北边缘与永丰县、新干县交界处，分南北两大主支和一小支：南支经江堆山、大口门、水口、茶陂入旁安州至小元；北支经仕元、李山坳、里溪、北元、刘华山而至麻岭接杯山而达山门脑。另一小支经大白垄伸入蔡岭村、任元达鲤鱼排。

第三节　水　系

乐安县地处抚河与赣江流域上游，境内溪流网布。县境东、北各水汇集成公溪（也称宝塘）、谷岗二水系，均注入抚河；县南各水汇集成牛田、万崇（也称湖坪）二水系，均注入赣江。

一、公溪水系

又称宝塘水系，主流发源于大盘山及其附近的大池、水东一带，经仲溪、鹏洲、戴坊、马迹潭、梅溪、芜头、公溪出县境汇入崇仁水流入抚河。此水有北四、南三7条较大支流网布县西北各地分别汇入主流：

北一支戴坊水　发源于沙堆以上鲤鱼排，经沙堆、东坑、村前、戴坊至狮子石汇入主流。

北二支龚坊水　上游分南北二溪，南溪发源于石里元水库，北溪发源于殷坊、濂坑等地，二流向东南汇合于门前园再通过上陂注入主流。

北三支杏坊水　发源于友谊水库附近，南流至杏坊过田下汇入主流。

北四支公溪水　发源于东陂湾水库附近，经桐江、荷陂至渡头汇入主流。

南一支东堆水　发源于康村、大岭北流经下元、东堆、郭家而入主流。

南二支　发源于邹家经莲塘至渡头汇合主流。

南三支　发源于尤家山北流到芜头汇合主流。

公溪河　是乐安县北部较大河流，位崇仁水上游，属抚河水系。县境主流河长40千米，流域面积852平方千米，多年平均径流量近7.2亿立方米，流向由西南向东北，河道弯曲一般。麻田以上河宽15 ~ 25.3米，河床系卵石与岩石，稳定性大。麻田以下河宽50 ~ 300米，河床多卵石与粗砂，少有冲淤，至马迹潭以下全是细砂，冲淤大，沙洲多，有串沟分流现象。河床纵坡约0.45‰ ~ 1.3‰，枯水期水深0.3米，河谷断石一般为梯形，最大宽度1500米，河岸高1.5 ~ 3.0米。各条支流较小，流域面积在100平方千米以上的仅龚坊水和杏坊水。

二、谷岗水系

又称西宁水，从乐安县东部边缘山区由南向北注入崇仁县的相水。主流发源于谷岗乡南端金竹村老虎山，支流分布于谷岗乡全境及鳌溪镇的下罗、店元、咸溪、咸口等村，县内流域面积195.7平方千米，有10平方千米流域面积的各级支流3条。多年平均径流近1.9亿立方米。

三、牛田水系

又称乌江水系，古名西河，支流最多，遍布县境中南与东南各地。主流上游称招携水，发源于永丰县的云山，北流至招携汇集发源于金竹畲族乡南端小水的青里水和发源于徐庄的坪溪水，北流至银口，汇合发源于南村乡炉桐折西南贯穿招携镇的望仙水，再偏向西北而至乌江，又汇合发源东源水库、太平、罗山、青山等各条溪流横越增田镇的南村水，经茶园至牛田，继续西流至员陂，复汇合发源于芙蓉山麓经县城越过鳌溪镇南部的东坑、下陂而来的鳌溪水西流至边境上高坪，最后汇合发源于潭港的力元、巴塘、江下等水库3股合流水，一同进入永丰县境的恩江经吉水注入赣江。

此水属赣江流域水系，乐安县境内河长约50.4千米，流域面积1207平方千米，流向自东南向西北，乌江以上干流又名远溪水，河道受地形影响曲折多弯。流坑以上的河面较窄，一般小于50米，河床多卵石、岩石和细砂，沿河多急滩、浅滩和礁石，坡降大，一般在1‰以上。流坑以下的河面较宽，约70 ~ 150米。牛田以下河面更宽，有150 ~ 250米，河床平稳，冲淤大，细砂多。枯水期水深约0.5 ~ 0.7米，河底平均坡度约0.68‰，细砂密布，常有串波分流现象，河岸高度3 ~ 4米，易塌坡。

四、万崇水系

又称湖坪水系，该水系在万崇镇以上有两大支流：一支由湖坪乡境的溪流组合西流至万崇，另一支是汇合罗陂乡境的溪水北流至万崇。两支汇合后折向西北达边境坪下岭入永丰县境的罗公圩。县境内河长22千米，流域面积266平方千米，流向自东南向西北。沿河地区都是深山峡谷，河道弯曲，河宽一般在15 ~ 20米之间，最宽不足30米。河床多细砂，冲淤大，沙滩多，平均坡度约8.67‰。

第四节 气 候

乐安地处华南气候区与华中气候区的过渡地带，气候温暖，日照充足，雨量丰沛，无霜期长，农林业气候条件优越。属亚热带湿润季风气候区。

一、季节划分

气候上的季节是根据实际气候变化情况划分的。气象上采用日平均气温稳定通过10.0℃和22.0℃，初、终日期分别作为统计春夏秋冬四季起止日期的标准。按照这个标准，乐安县四季的划分为春季68天、夏季113天、秋季60天、冬季124天。

乐安县各季气候，春、秋季短，冬、夏季长，四季较为分明。其主要特点是：春季多阴雨，夏季高温多暴雨，秋季燥热少雨，冬季冷空气活动频繁，常有冰雪和冻雨。

二、日照

1986—2016年，全县年平均日照1571.1小时，最多为1986年1983.0小时，最少为2015年1244.1小时。年最大蒸发量1828.4毫米，最少蒸发量为1112.7毫米。

11月至次年2月越冬作物生长缓慢时，各月平均日照时数少于130小时；7—8月日照时数平均在240小时以上，平均每天在8小时以上，有利于夏收作物成熟和秋收作物高产。日照时数长和日照强度大与辐射量成正比。生理辐射，约为太阳总辐射50%。

1986—2016年乐安县各月日照时数情况表

表1-3-1 单位：小时

年份	1月	2月	3月	4月	5月	6月	7月	8月	9月	10月	11月	12月	年日照
1986	112.9	76.7	119.9	78.3	221.4	156.2	272.7	276.2	252.7	157.1	85.8	173.1	1983.0
1987	126.9	106.1	63.0	145.9	143.4	159.7	248.5	263.0	140.8	81.0	65.2	217.5	1761.0
1988	40.6	29.9	48.6	142.8	93.6	216.7	300.6	202.0	124.2	132.7	199.2	194.9	1725.8
1989	37.7	66.8	104.7	73.4	122.5	180.6	241.0	216.7	98.8	129.7	146.7	151.6	1570.2
1990	57.4	35.9	87.7	95.8	147.8	182.9	295.3	204.2	111.3	156.7	121.0	124.2	1620.2
1991	27.9	82.8	41.0	88.2	154.6	195.1	268.8	227.8	152.7	171.8	139.8	96.5	1647.0
1992	108.0	80.6	32.5	115.3	108.4	134.4	242.1	202.0	139.7	181.8	196.9	117.9	1659.6
1993	101.5	117.5	96.9	111.5	84.0	131.3	175.9	193.7	144.1	169.7	111.1	164.3	1601.5
1994	96.8	42.4	59.9	100.6	148.2	148.3	222.3	202.2	126.8	154.2	111.4	36.7	1449.8
1995	79.4	79.5	78.7	64.2	180.2	129.9	265.0	236.2	197.2	133.3	137.6	174.5	1755.7
1996	63.2	115.8	81.8	100.0	111.6	157.9	226.1	163.5	175.0	180.9	103.6	179.0	1658.4
1997	119.6	64.7	76.6	66.8	160.6	129.3	136.6	135.7	110.9	128.6	120.9	26.0	1276.3
1998	33.9	72.3	55.6	154.0	129.4	54.7	227.8	270.2	188.4	168.5	133.5	109.1	1597.4
1999	88.1	107.9	66.6	100.7	123.8	124.2	183.5	143.5	190.5	106.6	122.0	185.4	1542.8
2000	72.3	21.3	66.4	61.4	171.3	175.3	241.3	121.2	152.2	67.5	95.7	101.9	1347.8
2001	79.4	66.5	115.7	62.6	137.8	126.5	250.0	138.6	178.3	164.3	146.0	91.6	1557.3
2002	107.2	70.3	74.9	114.7	107.6	156.4	173.9	158.4	114.8	163.7	112.7	57.5	1412.1
2003	110.2	75.9	83.6	105.4	93.8	122.4	288.1	189.2	173.7	161.3	131.9	186.8	1722.3
2004	48.6	123.1	100.0	124.5	176.9	130.1	245.3	186.9	146.7	208.5	141.4	140.2	1772.2
2005	40.7	31.3	48.9	166.0	61.7	152.7	251.3	160.4	158.6	141.0	82.8	118.6	1414

续表 1-3-1

年份	1月	2月	3月	4月	5月	6月	7月	8月	9月	10月	11月	12月	年日照
2006	73.3	27.4	70.8	97.6	96.9	150.6	207.0	239.5	166.1	105.3	105.2	130.1	1469.8
2007	84.6	102.5	77.2	106.7	177.4	113.1	271.2	167.4	88.7	159.4	176.8	63.3	1588.3
2008	74.5	93.1	127.3	102.8	148.8	109.2	219.6	192.7	160.6	135.2	143.8	146.3	1653.9
2009	113.2	80.9	74.9	99.4	132.0	126.0	169.5	169.5	136.5	176.4	118.4	90.7	1487.4
2010	56.6	85.1	100.5	77.4	99.4	63.4	241.9	234.9	134.7	82.8	167.5	157.5	1501.7
2011	40.8	95.2	72.1	136.9	141.8	95.5	223.3	195.9	102.5	115.1	156.9	114.0	1490.0
2012	14.4	29.2	73.4	78.8	68.7	121.3	268.1	190.3	150.0	190.0	106.2	89.8	1380.2
2013	90.0	37.5	111.5	101.5	136.8	138.9	277.5	229.1	156.4	152.4	161.7	172.7	1766.0
2014	157.9	66.1	83.4	95.5	112.2	110.5	226.7	143.3	163.5	213.8	75.9	154.9	1603.7
2015	113.5	82.5	59.5	119.0	71.7	151.5	140.3	156.0	94.3	162.7	45.5	47.6	1244.1
2016	42.2	131.3	110.0	52.9	108.8	173.2	216.4	216.7	139.9	43.3	68.1	144.3	1447.1

三、气温

乐安县年平均气温为17.5℃左右。境内东南与西北气温相差不到1℃。山区气温随海拔升高而降低，一般海拔每升高100米，年平均气温降低0.6℃。谷地气温较高，比同高度的平地、丘陵要高1℃左右。最冷月（1月）的平均气温各地一般均在3℃以上。1986—2016年，年最高平均温度18.9℃(2013年)，年最低平均温度16.9℃(1988年、1993年)；年极端最高气温为40.7℃（2003年），年极端最低气温为-11.1℃（1991年）。

1986—2016年乐安县年平均气温情况表

表 1-3-2　　单位：℃

年份	1月	2月	3月	4月	5月	6月	7月	8月	9月	10月	11月	12月	年平均
1986	5.2	6.0	10.5	17.5	23.3	26.0	28.4	27.6	23.8	17.5	11.7	8.0	17.1
1987	7.4	9.4	11.3	17.0	22.2	24.9	28.4	28.2	22.9	19.3	12.9	6.2	17.5
1988	5.5	4.7	8.5	16.3	22.3	26.4	29.9	27.1	23.0	19.2	11.6	8.2	16.9
1989	5.2	6.2	11.2	16.9	21.1	25.5	28.0	27.4	24.4	19.2	12.5	7.6	17.1
1990	5.7	6.9	12.8	16.8	21.2	26.5	29.6	27.4	23.9	17.6	14.1	7.0	17.5
1991	5.3	8.7	11.0	16.9	22.5	26.6	30.4	27.6	23.7	17.2	11.6	7.5	17.4
1992	5.5	7.4	9.2	18.7	21.8	24.8	27.5	27.7	24.6	16.9	11.8	9.1	17.1
1993	3.5	8.8	12.1	17.1	21.3	25.3	27.3	27.5	23.9	17.3	12.4	6.1	16.9
1994	6.0	6.6	9.3	18.8	23.6	25.8	28.2	27.8	22.9	17.3	14.4	9.0	17.5
1995	4.9	6.7	12.0	17.1	22.3	25.0	28.5	27.3	24.1	19.1	12.0	6.2	17.1
1996	5.1	6.0	9.3	15.3	21.2	26.6	28.5	27.1	24.9	19.3	13.0	7.1	17.0
1997	5.6	8.1	13.8	17.3	23.3	24.8	26.7	26.5	21.7	19.0	12.5	8.0	17.3
1998	4.3	8.9	10.8	21.4	23.1	25.1	29.1	28.8	24.0	20.4	14.7	9.0	18.3
1999	7.0	9.7	11.1	18.0	21.2	26.6	27.1	26.4	25.1	19.6	12.9	6.8	17.6
2000	5.5	5.8	12.1	17.2	23.3	25.6	29.1	27.0	23.7	18.9	11.2	8.7	17.3

续表 1-3-4

年份	1月	2月	3月	4月	5月	6月	7月	8月	9月	10月	11月	12月	年降水量
2005	76.9	199.1	142.6	131.1	357.6	245.0	152.7	60.3	120.2	32.3	95.7	39.2	1652.7
2006	67.6	137.4	204.4	227.5	205.9	344.2	207.2	74.3	42.7	30.1	114.4	27.3	1683.0
2007	64.5	166.8	157.3	258.6	45.4	160.9	49.7	307.8	72.8	3.6	0.6	88.4	1376.4
2008	54.7	83.6	303.1	119.5	167.2	318.8	222.2	79.8	93.1	67.5	127.7	12.8	1650.0
2009	34.6	33.6	204.2	160.4	241.1	116.6	221.6	190.7	37.3	3.5	136.1	46.1	1425.8
2010	110.2	157.6	154.4	402.8	278.4	473.3	105.1	91.4	94.5	32.5	32.0	161.4	2093.6
2011	41.7	67.4	99.4	105.3	121.3	244.8	139.4	196.1	11.1	120.0	46.9	22.1	1215.5
2012	116.4	122.8	214.6	269.6	239.2	253.4	182.1	173.1	134.5	37.8	309.7	132.3	2185.5
2013	25.9	79.7	179.3	163.0	291.3	209.1	88.2	58.2	14.8	34.3	128.1	95.6	1367.5
2014	13.4	103.1	298.0	147.7	346.7	394.0	288.9	149.8	32.4	8.3	83.6	19.4	1885.3
2015	35.1	104.5	202.6	183.0	438.7	319.5	221.4	150.3	251.6	121.6	271.2	257.4	2556.9
2016	137.5	97.7	124.5	342.3	501.9	276.3	105.3	104.6	179.5	49.8	169.1	27.6	2116.1

第五节　自然资源

一、土地资源

1978 年冬至 1979 年，全国进行第二次土壤普查鉴定，乐安县成土母质有花岗岩类、石英岩类、泥质岩类、红砂岩类，河积物和紫色泥页岩 6 种岩类风化。主要土壤类型有水稻土、潮土、红壤、黄壤、紫色土 5 个土类：

水稻土，可分淹育型水稻土（称浅脚田）、潴育型水稻土（称双季稻田）、潜育型水稻土（称陷田）、侧渗型水稻土（称漏水田）4 个亚类，18 个土属，45 个土种。

潮土，只分 1 个亚类，2 个土属，4 个土种。

红壤，分红壤、红壤性土、黄红壤 3 个亚类，含 10 个土属，29 个土种。

黄壤，土层为黄色，质地为中壤，呈强酸反应。

紫色土，质地多为中壤或重壤。

农业用地　1986 年耕地面积 2.59 万公顷，其中水田 2.41 万公顷、旱地 0.18 万公顷，占土地总面积 10.7%，农业人口平均占地 1.65 亩。2016 年耕地面积 2.26 万公顷，31 年共减少耕地面积 0.33 万公顷，农业人口平均占地 1.35 亩。其中一等地占耕地总面积 10.16%，二等地占耕地总面积 11.78%，三等地占耕地总面积 17.67%，四等地占耕地总面积 22.54%，五等地占耕地总面积 17.11%，六等地占耕地总面积 11.08%，七等地占耕地总面积 9.66%。

林业用地　据 2016 年乐安县森林资源数据更新调查，全县共有山地面积 18.39 万公顷，占全县土地总面积的 76.3%。现有林地面积 15.53 万公顷，占林业用地 84.4%，农业人口平均 9.6 亩。活立木蓄积量为 657.12 万立方米，毛竹蓄积 5212.54 万根，森林覆盖率 70.23%。疏林地 4903.9 公顷，灌丛林地 12184.8 公顷，未成林造林地 4640.9 公顷，苗圃地 31.9 公顷，无立木林地 4549.9 公顷，宜林地 2281.1 公顷，待开发利用。

牧业用地　县域有草地 2 万余公顷，其中可利用的宜牧草山草坡1.67万公顷，草场在333公顷以上的有公溪、龚坊、戴坊、牛田、增田、南村、湖坪等地；集中连片面积在33.3公顷以上的有25片，0.24万公顷，占草山草坡总面积的14.4%；集中连片面积13.3公顷以下的有1.4万公顷，占草山草坡总面积的84%。草场植被主要有禾本科的类芦、金丝金茅、小山竹和豆科的葛藤、美丽胡枝子等。畜牧业的发展潜力很大，亟待开发利用。

二、水能资源

县内有宝塘、谷岗、牛田、湖坪4条水系，集雨面积为2214平方千米，占全县土地总面积的91.9%。水能理论蕴藏量8.4万千瓦，实际可开发量约为3.36万千瓦。2016年县域建有各类水利工程1628座（处），其中，蓄水工程1066座，引水工程291处，提水工程110处，供水及防洪工程161处，有效灌溉面积为1.58万公顷；建成水电站54座，装机116台，总装机容量为44360千瓦。水产养殖业大有发展前景。

三、植物资源

境内植物资源有300多种，其中，国家一级3种（南方红豆杉、银杏、钟萼木），国家二级18种（含三尖杉、香樟、毛红椿、花榈木、娥棠楸、闽楠等），省级重点有罗汉松、华南桂、红花油茶、猴论喜、黄檀等；珍贵药用植物有七叶一枝花、角莲、草珊瑚等。

野生中草药　主要有川芎、五加皮、黄连、夏枯草、威灵仙、满山香、石老鼠、苏叶梗、金银花、荆芥、勾藤、前胡、骨碎朴、何首乌、栀子、山楂、扁豆、海桐皮、香薷、菊花、土茯苓、干葛、独活、牛膝、木瓜、伸筋藤、大活血、茜草、青木香、紫荆皮、车前子、益母草、苍耳草、谷精草、茱萸、皂刺、青葙子、升麻、木通、石苇、槐角、小蓟、南藤、刘寄奴、贯仲、石葛浦、双寄、香附子、天南星、生地黄、甘遂、牛蒡子、瞿麦、扁蓄、牵牛、茺蔚子、紫苏、金樱子、木笔等。

木竹类　主要有杉、水杉、马尾松、湿地松、火炬松、金银松、罗汉松、雪松、油橄榄、茶树、周岁桐、女贞、大叶黄杨、桂花、龙柏、小叶黄杨、广玉兰、紫玉兰、樟、栎、枫、柳、铁树、棕榈、木荷、苦楮、小叶栗、三角枫、泡桐、木槿、杜鹃、枥木、空竹、麻竹、观音竹、四方竹等。

果类　主要有杨梅、毛栗、板栗、菱角、猕猴桃等。

草类　主要有凤尾草、鸾尾草、龙须草、萱草、虎耳草、菁茆、马鞭草、鸭草、鬼针草、白花蛇舌草、鱼腥草、半边莲、剪刀草、马蹄针、小金钱草、大金钱草等。

四、动物资源

境内动物资源约269种。其中珍稀品种有国家一级保护野生动物华南虎、云豹、黄腹角雉、白颈尾雉、金雕等；国家二级保护野生动物金猫、水鹿、豺等。

兽类　主要有虎、豹、兔、獐、野猪、豪猪、狼、狐狸、土连（穿山甲）、山羊、山鹿、山牛、黄鼠狼、貂鼠等。

禽类　主要有莺、鸦、燕、鹊、鹰、夜鹰、鸠、鹞、子规、布谷、鸥、瓦雀、鹭、鹧鸪、翡翠、百舌、画眉、黄鹂、山鸡、啄木鸟、野鸡等。

蛇类　主要有金环蛇、银环蛇、蕲蛇、五步蛇，青竹蛇、泥蛇、鸡婆蛇、两头蛇、七节蛇、蝮蛇、菜花蛇等。

虫类　主要有蝴蝶、蟋蟀、螳螂、蜗牛、蚯蚓、蚱蜢、蜘蛛、野蜂、地老鼠等。

五、矿藏资源

据地质勘查和矿产普查，乐安县境内有20多种矿产。主要有石英、瓷土、花岗岩、铜及亚洲储量最大的铀矿等，其中以石英储量多、品位高、质量好，工业价值高。已发现的矿藏资源主要有如下几类。

钨矿　储量241吨，多分布在金竹、招携、南村、谷岗等乡镇。

铁矿　在牛田、罗陂、油麻田、沙堆、河排等地都有分布，具有开采价值。

锡矿 多分布在南村乡的古司、小都、管坊及戴坊、谷岗等乡镇。

稀有金属矿 分布在公溪、湖溪、龚坊、山砀等乡镇的边界。储藏丰富，质量较好，属全国重点矿区之一。

石英 储量在140万吨以上，分布在戴坊、招携、金竹、山砀等乡镇。

瓷土 储量1500万吨以上，可供生产地砖和普通陶瓷用，主要分布在增田、罗陂、鳌溪等乡镇。

花岗岩 据估算储量在1500万立方米以上，岩石致密坚硬，裂缝不发育，成材率高，可作石雕和板材用。主要分布在招携、南村等乡镇，正在开采矿点主要在招携镇。

铜 谷岗乡马岱坑铜矿，1992年经省地矿局912大队勘探，铜金属量128吨，20世纪50年代开采过并冶炼出铜锭。

煤炭 主要分布在石塘、鹏洲、都咀坳等地，其中都咀坳，经省地矿局912大队勘探查明，无烟煤储量268.5万吨，发热量一般为5000大卡/千克。石塘、鹏洲两地原有2个小煤矿已关闭。

离子吸附型稀土 据省地矿局912大队普查表明，在尧坊、东湖、南村、带陂等地花岗岩风化壳中，稀土矿呈点异常显示，仅在东湖岩体南面端增元一带，初步查明稀土储量110吨。

贵金属 主要分布在小曹、龙潭、高望、销坪、银坑等地，其中银坑银铅锌矿区1988年经省地矿局912大队验证，地质储量（金属量）为铅2.62万吨，锌1.88万吨，银76.93吨。

第六节 自然灾害

一、水灾

1988年6月15日受中层切变、地面冷锋共同影响，乐安县出现一次大暴雨过程，日降水量138.4毫米，主要受灾乡镇有牛田、万崇、湖坪、招携、增田、罗陂，受灾面积600公顷，倒塌房屋61间，死亡牲口52头，冲坏堤防92处2610米，其中决口52处1585米。冲坏小电站9座、桥梁33座。作物受害面积，早稻1600公顷、一晚1100公顷、二晚秧田327公顷，其他经济作物2100公顷。死、伤各1人。水灾造成全县直接经济损失1364.5万元。

1989年6月29日受中层切变、地面静止锋共同影响，乐安县出现一次大暴雨降水过程，6月29日至7月2日过程降水量237.1毫米，日最大降水量6月30日117.4毫米，1小时最大降水量25.6毫米。持续性强降水造成山洪暴发，河水泛滥。全县水稻受灾面积4700公顷，其中一晚843公顷，二晚秧田150公顷，早稻3690公顷；经济作物受灾面积114公顷，在水稻受灾面积中成灾面积696公顷。洪涝中全县倒塌房屋7栋19间，冲坏堤坝4820米，冲毁水陂52座，冲垮渠道3450米，冲倒水泵站1座，冲毁桥梁57座，冲倒电话线杆32支，中断线路950米。全县总计直接经济损失368万元。

1990年6月8日受中层切变影响出现暴雨过程，12小时降水量74毫米，损坏建筑物8间，水稻受淹853公顷，冲垮水陂17座，冲毁渠道3千米、渡槽2座，冲坏小水电站4座，直接经济损失106.6万元。8月10日，日降雨量147.9毫米，直接经济损失234.4万元。

1992年6月16日，县境内连降8小时暴雨，县域西南的招携等7个乡镇降水量270毫米。招携、牛田河水暴涨，洪水超过1982年的水位，伤41人，死1人。

1993年6月22日，日降雨量115.0毫米，直接经济损失850万元。6月22日，受低层切变和冷锋共同影响，全县出现大范围降水过程，日降水量136.9毫米，1小时最大降水量35毫米，20个乡镇受灾，涉及174个村委会960个村小组，3.3万农户13万人，受灾农作物7100公顷，其中早稻受淹3800公顷，冲毁564公顷，死亡牲畜213头；冲毁堤坝402座，毁坏小水电站5座，冲毁桥梁119座、公路20.6千米。谷岗中心小学2名女学生被洪水冲走，房屋倒塌死亡1人，塌方压死 2 人，直接经济损失 3164 万元。谷岗乡受灾最严重，损失 2000 万元。

1996 年 5 月 31 日至 6 月 1 日出现连续大暴雨过程，降水总量 251 毫米，1 小时最大降水量 59 毫米，全县有 450 个村 12 万人口受灾，8 个村镇进水，2138 人被洪水围困；损坏房屋 529 间，倒塌房屋 150 间，电力、通信设施受损。

1998 年 6 月 13—24 日受中层切变影响，全县出现连续暴雨、大暴雨降水过程，过程总降水量 544 毫米，209 个村委会 1662 个自然村，24.5 万人受灾。其中 9 个自然村 1080 农户 5200 人遭洪水围困，有的多次被围，遭困长达 10 小时以上。农作物受灾面积 1.7 万公顷，有 15 个乡镇 2850 余户受灾，倒塌房屋 950 间，损坏房屋 1.96 万间，经济损失 1.52 亿元。

2002 年 6 月 13—16 日，乐安县持续出现暴雨天气过程，降水量集中，加之永丰县返步桥水库大量泄洪，致使出现严重灾害，全县有 13 个乡镇 165 个行政村 1360 多个村小组，16 万人口受灾，倒塌房屋 1250 间，损坏房屋 2500 多间，损坏农田近 2000 公顷，农作物受灾面积 1.27 万公顷，养殖水面 333 公顷几乎无收。

2013 年 5 月 28 日 8 时至 29 日 20 时，受高空低槽东移和中低层切变线、西南暖湿气流共同影响，全县普降暴雨，部分乡镇出现大暴雨，以湖溪乡 111.1 毫米为最大，县城 104.1 毫米次之。共造成 44322 人受灾，因灾死亡 1 人；农作物受灾面积 5800 公顷；倒塌损坏房屋 95 间。直接经济损失达 6920 万元，其中农业损失 5930 万元。6 月 28 日 8 时至 29 日 20 时，受高空低槽、中低层切变、西南急流共同影响，全县出现暴雨天气过程，局部大暴雨（主要在县域北部），过程降雨量以公溪镇 154.3 毫米为最大，山砀镇 153.5 毫米次之。此次暴雨过程，共造成 2.42 万人受灾，紧急转移安置人口 65 人。农作物受灾面积 591 公顷，其中成灾面积 563 公顷，绝收面积 28 公顷；倒塌房屋 26 间，直接经济损失 810 万元，其中农业损失 550 万元。

二、旱灾

1986 年 7 月 10—31 日连旱，9 月 8—31 日又再次受旱，全县受旱面积 0.76 万公顷，严重影响二晚栽插和抽穗扬花灌浆，导致二晚减产。

1987 年 6 月 24 日至 7 月 20 日，持续 27 天无降水，产生伏旱，各地发生不同程度的旱情，总计受旱面积 1.25 万公顷。

1991 年 6 月 20 日至 7 月 25 日，持续高温晴热 37 天，全县农作物干旱面积 2.06 万公顷，占总播种面积的 85%，其中断水 0.72 万公顷，占 35%，枯死 0.29 万公顷，占 14%，早稻、一晚受旱特别严重。

1994 年 10 月 21 日至 11 月 20 日，连续干旱 31 天，对油菜生产影响较大。

2000年6月24日至8月1日，持续干旱40天，为全县最严重伏旱天气，且伴有高温，对二晚生产影响严重，二晚缺水未栽面积近 0.33 万公顷。

2003 年 7 月 19 日至 8 月 1 日，连续干旱 13 天，对全县农作物产生影响。

三、风灾

1986 年 4 月 9 日，出现 20 米 / 秒大风。

1987 年 3 月 18 日，出现 22 米 / 秒大风。

1989 年 5 月 11 日，山砀乡流坊、杏坊、田下等 6 个村遭龙卷风袭击 10 分钟左右，最大风速 33 米 / 秒，同时伴有大暴雨，雨量达 50 毫米，造成重大损失。共损坏房屋 500 余栋，其中倒塌 40 栋；受伤 40 人，其中重伤 20 人；百年大树连根拔起，水泥电杆折断，交通受阻，造成直接经济损失 80 万元以上。

1991 年 8 月 7 日，龙卷风袭击公溪镇的江边、坎上等 5 个村，同时伴有持续半小时的暴雨。

1997 年 5 月 1 日 16 时县中南部 7 个乡镇遭受冰雹、大风袭击，最大风力 8 级以上，冰雹最大直径 4 厘米，持续时间近 20 分钟。7 个乡镇 52 个村 280 个村小组，1.2 万农户 5.4 万人受灾，成灾面积水稻 2500 公顷、棉花 73.3 公顷、烤烟 160 公顷、其他经济作物 867 公顷，损坏房屋 1050 间，倒塌 55 间，直接经济损失 1800 万元。15 日，县城再现31米/秒大风，县城街心花园广告牌被狂风吹倒，部分房屋受损。

2013年5月25日15时，鳌溪、湖溪、龚坊、戴坊等乡镇先后出现龙卷风，造成4432公顷水稻、烟叶等农作物受损，绝收面积1047公顷，直接经济损失6330元。

四、雹灾

1986年4月9日，受强对流天气影响，牛田至万崇下冰雹，并受雷击死一名小孩。

1987年3月18日，出现冰雹，最大直径2.5厘米。

1992年4月29日，部分乡镇遭受罕见的冰雹、雷雨大风袭击，风力在9级以上，降水量达每小时35毫米，冰雹直径约1.5厘米，持续20分钟左右，特别是增田、罗陂、湖溪、鹏洲、谷岗、坪溪等6个乡镇灾情严重。

1994年4月5—8日，出现飑线、冰雹、雷暴，北部6个乡镇受损，直接经济损失1203万元。

五、冰灾

1991年12月9日，最低气温-11.1℃，雪深8厘米，全县柑橘受到毁灭性打击。

2008年1月12日至2月5日，强冷空气长期维持，出现历史上罕见的持续低温雨雪冰冻天气，全县供电线路、设备损失惨重，造成县城停电20天，金竹、招携等乡镇停电达一个月之久；26.5万人受灾，农作物受灾面积1.23万公顷，倒塌房屋160间，损坏房屋2172间，死亡牲畜510头，直接经济损失达3.08亿元。

第二卷　人口与居民生活

二、人口分布

乐安县人口分布在16个乡镇、176个行政村。丘陵地区人口较多，偏僻山区人口较少。1986年年末，全县有59787户、294010人，其中人口最多的公溪镇44314人（含721矿），占全县总人口的15.07%；人口最少的金竹乡4747人，占全县总人口的1.61%。2016年年末，全县137074户、390215人，其中人口最多的鳌溪镇81396人，占全县总人口的20.85%；人口最少的金竹畲族乡12537人，占全县总人口的3.21%。

农村人口较多，城镇人口较少。1986年城镇人口47687人，城镇化率16.22%。1996年城镇人口56277人，城镇化率17.35%。2006年城镇人口72825人，城镇化率20.75%。2011年城镇人口112670人，城镇化率30.55%。2016年城镇人口140710人，城镇化率36.06%。

1986—2016年部分年份乐安县人口分布情况表

表2-1-2　　单位：户、人

乡镇	1986年		1996年		2007年		2016年	
	户数	人口	户数	人口	户数	人口	户数	人口
鳌溪镇	6992	30046	8981	39955	26528	72654	33797	81396
潭港乡	1759	8414	2483	9536				
公溪镇	8942	44314	11561	38104	13949	34983	10151	27389
湖溪乡	2299	11672	3239	12925	3647	12464	4222	13499
山砀镇	2181	11521	2806	12861	6081	21416	7581	25430
航桥乡	1353	6795	1798	7685				
龚坊镇	3584	17829	4635	20228	6043	21669	7925	24469
戴坊镇	3759	18283	5248	21776	10200	34207	13409	39355
鹏洲乡	1868	9348	2420	10683				
牛田镇	3591	17497	4353	20153	6410	21176	8446	23869
万崇镇	2314	11854	3047	13451	3816	14319	4776	16747
罗陂乡	2455	12628	3442	13955	4320	15522	6271	18515
湖坪乡	3338	15769	3922	17652	5714	19391	7764	21695
增田镇	3160	16743	4212	19095	5577	19273	7170	22067
招携镇	2156	10968	3089	13983	6522	23146	8662	25476
望仙乡	1611	8709	2122	8326				
金竹乡	1052	4747	1139	5212	3099	11481	4106	12537
坪溪乡	1273	5723	1248	6208				
南村乡	3232	17072	4697	18786	5284	19503	7546	21666
谷岗乡	2868	14078	2964	13716	4306	14430	5258	16105
合计	59787	294010	77406	324290	111496	355634	137074	390215

说明：表中数据为公安户籍数据。2001年航桥乡并入山砀镇，鹏洲乡并入戴坊镇，潭港乡并入鳌溪镇，望仙乡并入招携镇，坪溪乡并入金竹乡；大马头垦殖场（乡）人口纳入鳌溪镇统计

三、人口密度

乐安县1984年总面积为2412.59平方千米，2016年为2410.44平方千米。人口密度1986年为每平方千米121人，1996年为134人，2006年为145人，2016年为162人。

1986—2016年乐安县人口密度情况表

表2-1-3 单位：人

年份	人口数	密度	年份	人口数	密度	年份	人口数	密度
1986	294010	121	1997	327782	135	2008	356991	147
1987	299907	124	1998	331820	137	2009	358551	148
1988	304541	126	1999	335878	139	2010	361860	150
1989	307705	127	2000	327088	135	2011	368781	153
1990	311582	129	2001	327542	135	2012	371351	154
1991	315775	130	2002	332795	137	2013	377554	157
1992	315099	130	2003	338276	140	2014	389310	162
1993	316933	131	2004	341601	141	2015	387519	161
1994	318883	132	2005	344484	142	2016	390215	162
1995	321798	133	2006	350989	145	—	—	—
1996	324290	134	2007	355634	147	—	—	—

说明：表中数据为县公安户籍数据

第二节 人口结构

一、年龄结构

1982年全国第三次人口普查统计，乐安县0～14岁少年儿童人口117639人，占全县总人口的41.55%；15～64岁成年人口154233人，占54.48%；65岁以上老年人口11232人，占3.97%。1990年全国第四次人口普查资料显示，全县0～14岁少年儿童人口109670人，占全县总人口的34.21%；15～64岁成年人口196283人，占61.23%；65岁以上老年人口14618人，占4.56%。2000年全国第五次人口，全县0～14岁少年儿童人口91644人，占全县总人口的27.85%；15～64岁成年人口219140人，占66.60%；65岁以上老年人口18261人，占5.55%。2010年全国第六次人口，全县0～14岁少年儿童人口81460人，占全县总人口的23.56%；15～64岁成年人口239239人，占69.19%；65岁以上老年人口25067人，占7.25%。

4次人口普查对比，乐安人口年龄变化特点是：少年儿童人口比重明显下降，全县0～14岁少年儿童人口占比由1982年的41.55%下降为1990年的34.21%，下降7.34个百分点，少年儿童的绝对数减少7969人；2000年占比27.85%，比1982年下降13.7个百分点，少年儿童的绝对数减少25995人；2010年占比23.56%，比1982年下降18个百分点，少年儿童的绝对数减少36179人。劳动适龄人口不断增加，1990年全县15～64岁成年人口比1982年增加42050人，占全县总人口的比重由1982年的54.48%上升到61.23%，上升6.75个百分点；2000年全县15～64岁成年人口比1990年增加22857人，占全县总人口比重的66.60%，比1990年上升5.37个百分点；2010全县15～64岁成年人口比2000年增加20099人，人口占比上升到69.19%，比2000年上升2.59个百分点。老年人口逐年上升，1990年全县65岁以上老年人口14618人，占全县总人口的4.56%，比1982年的3.97%上升0.59个百分点；2000年65岁以上老年人口18261人，占全县总人口的5.55%，比1990年上升0.99个百分点；2010年65岁以上老年人口25067人，占全县总人口的7.25%，比2000年上升1.7个百分点，人口老龄化进一步加大。

第三次至第六次人口普查乐安县年龄结构情况表

表2-1-4　　单位：岁、人

年龄	1982年	1990年	2000年	2010年	年龄	1982年	1990年	2000年	2010年
0 ~ 4	32694	40312	20881	31285	55 ~ 59	8366	8556	11465	14989
5 ~ 9	43915	30646	27425	28110	60 ~ 64	7583	7444	12672	11148
10 ~ 14	41030	38712	43338	22065	65 ~ 69	5463	6548	7532	8636
15 ~ 19	35527	40827	24819	23886	70 ~ 74	3276	4543	5197	8404
20 ~ 24	16957	36937	29078	33923	75 ~ 79	1717	2365	3424	4477
25 ~ 29	19565	25389	33184	24376	80 ~ 84	612	910	1584	2324
30 ~ 34	16215	18378	32991	28005	85 ~ 89	141	222	436	933
35 ~ 39	14019	17511	26133	33017	90 ~ 94	23	29	78	247
40 ~ 44	15393	14257	17782	31252	95 ~ 99	0	1	9	45
45 ~ 49	12102	12633	17277	22820	100以上	0	0	1	1
50 ~ 54	8546	14351	13739	15823	—	—	—	—	—

二、性别结构

乐安县人口性别结构历年来都是男性多于女性。1986年全县总人口294010人，其中男性152611人、女性141399人，分别占全县总人口的51.9%和48.1%，性别比为107.9∶100。1996年全县总人口324290人，其中男性172167人、女性152123人，分别占全县总人口的53.1%和46.9%，性别比为113.2∶100。2006年全县总人口350989人，其中男性186511人、女性164478人，分别占全县总人口的53.1%和46.9%，性别比为113.2∶100。2016年全县总人口390215人，其中男性208400人、女性181815人，分别占全县总人口的53.4%和46.6%，性别比为114.6∶100。

第三次至第六次人口普查乐安县各年龄段性别情况表（一）

表2-1-5　　单位：岁、人

年龄	1982年				1990年			
	合计	男	女	性别比	合计	男	女	性别比
总计	283104	146963	136141	107.95	320571	165665	154906	106.94
0 ~ 4	32694	16759	15935	105.17	40312	20740	19572	105.96
5 ~ 9	43915	22364	21551	103.77	30646	15917	14729	108.6
10 ~ 14	41030	21324	19706	108.21	38712	19744	18968	104.9
15 ~ 19	35527	18091	17436	103.76	40827	20847	19980	104.33
20 ~ 24	16957	8430	8527	98.86	36937	18942	17995	105.26
25 ~ 29	19525	10189	9336	109.14	25389	12981	12408	104.61
30 ~ 34	16215	8693	7522	115.57	18378	9410	8968	104.82
35 ~ 39	14019	7394	6625	111.61	17511	9121	8390	108.71
40 ~ 44	15393	8993	6400	140.51	14257	7388	6869	107.55

续表 2-1-5

年龄	1982 年				1990 年			
	合计	男	女	性别比	合计	男	女	性别比
45 ~ 49	12102	6842	5260	130.07	12633	6663	5970	109.85
50 ~ 54	8546	4789	3757	127.47	14351	8286	6065	136.61
55 ~ 59	8366	4603	3762	122.36	8556	4800	3756	127.79
60 ~ 64	7583	3808	3775	100.87	7444	4043	3401	118.56
65 ~ 69	5463	2504	2959	84.62	6548	3359	3189	105.33
70 ~ 74	3276	1369	1907	71.79	4543	2079	2464	84.37
75 ~ 79	1717	619	1098	56.38	2365	971	1394	69.65
80 ~ 84	612	154	458	33.62	910	302	608	49.67
85 ~ 89	141	34	107	31.78	222	62	160	38.75
90 ~ 94	20	3	20	15.00	29	9	20	45.00
95 ~ 99	0	0	0	0	1	1	0	0

第三次至第六次人口普查乐安县各年龄段性别情况表（二）

表 2-1-6　　单位：岁、人

年龄	2000 年				2010 年			
	合计	男	女	性别比	合计	男	女	性别比
总计	329045	172670	156375	110.57	345766	182893	162873	122.29
0 ~ 4	20881	12139	8742	138.85	31285	18283	13002	140.61
5 ~ 9	27425	15152	12273	123.45	28110	16370	11740	139.43
10 ~ 14	43338	22687	20651	109.85	22065	12714	9351	135.96
15 ~ 19	24819	13571	11248	120.65	23886	13358	10528	126.88
20 ~ 24	29078	14650	14428	101.53	33923	16425	17498	93.86
25 ~ 29	33184	17092	16092	106.21	24376	12213	12163	100.41
30 ~ 34	32991	17117	15874	107.83	28005	14634	13371	109.44
35 ~ 39	26133	13284	12849	103.38	33017	17287	15730	109.89
40 ~ 44	17782	9057	8725	103.80	31252	16289	14963	108.86
45 ~ 49	17277	8790	8487	103.57	22820	11578	11242	102.98
50 ~ 54	13739	6971	6768	102.99	15823	7957	7866	101.15
55 ~ 59	11465	5881	5584	105.31	14989	7680	7309	105.07
60 ~ 64	12672	7007	5665	123.68	11148	5607	5541	101.19
65 ~ 69	7532	4075	3457	117.87	8636	4474	4162	107.49
70 ~ 74	5197	2686	2511	106.96	8404	4242	4162	101.92
75 ~ 79	3424	1651	1773	93.11	4477	2198	2279	96.44
80 ~ 84	1584	666	918	72.54	2324	1075	1249	86.60
85 ~ 89	436	164	272	60.29	933	397	536	74.60
90 ~ 94	78	27	51	52.94	247	99	148	66.89
95 ~ 99	9	3	6	50.00	45	13	32	40.62
100 以上	1	0	1	0	1	0	1	0

说明：表中男女性别比女为 100

1986—2016年乐安县性别结构情况表

表 2-1-7 单位：人、%

年份	年末总人口	其中		性别构成（男比女）	男性占总人口比重	女性占总人口比重
		男	女			
1986	294010	152611	141399	107.9 ：100	51.9	48.1
1987	299907	155558	144349	107.8 ：100	51.8	48.2
1988	304541	158161	146380	108.0 ：100	51.9	48.1
1989	307705	160021	147684	108.4 ：100	52.1	47.9
1990	311582	161758	149824	108.0 ：100	51.9	48.1
1991	315775	163612	152163	107.5 ：100	51.8	48.2
1992	315099	163347	151752	107.6 ：100	51.8	48.2
1993	316933	164456	152477	107.9 ：100	51.8	48.2
1994	318883	165105	153778	107.4 ：100	51.8	48.2
1995	321798	165815	155983	106.3 ：100	51.5	48.5
1996	324290	172167	152123	113.2 ：100	53.1	46.9
1997	327782	174246	153536	113.5 ：100	53.0	47.0
1998	331820	174412	157408	110.8 ：100	52.5	47.5
1999	335878	176212	159666	110.4 ：100	52.5	47.5
2000	327088	171989	155099	110.8 ：100	52.6	47.4
2001	327542	172472	155070	111.2 ：100	52.7	47.3
2002	332795	175641	157154	111.8 ：100	52.8	47.2
2003	338276	177479	160797	110.4 ：100	52.5	47.5
2004	341601	178980	162621	110.1 ：100	52.4	47.6
2005	344484	181646	162838	111.6 ：100	52.7	47.3
2006	350989	186511	164478	113.2 ：100	53.1	46.9
2007	355634	188757	166877	113.1 ：100	53.1	46.9
2008	356991	190302	166689	114.2 ：100	53.3	46.7
2009	358551	195195	163356	119.5 ：100	54.4	45.6
2010	361860	193326	168534	114.7 ：100	53.4	46.6
2011	368781	196259	172522	113.8 ：100	53.2	46.8
2012	371351	197402	173949	113.5 ：100	53.2	46.8
2013	377554	200679	176875	113.5 ：100	53.2	46.8
2014	389310	207077	182233	113.6 ：100	53.2	46.8
2015	387519	206956	180563	114.6 ：100	53.4	46.6
2016	390215	208400	181815	114.6 ：100	53.4	46.6

说明：表中数据为县公安户籍数据

三、受教育程度结构

随着国民经济和教育事业的发展，乐安县人口的受教育程度逐年提高。1982年全国第三次人口普查，6岁及以上人口241412人，大学毕业的805人，大学肄业的58人，受高中教育14976人，受初中教育32918人，受小学教育101398人。1990年全国第四次人口普查，全县6岁及以上人口272885人，其中受小学教育的123825人，受初中教育的49458人，受高中教育的18680人，受中专教育的3277人，受大专教育的1516人，受大学本科教育的468人。15岁及以上文盲或半文盲人口为75661人。2000年全国第五次人口普查，全县6岁及以上人口304213人，其中受小学教育的155279人，受初中教育的84174人，受高中教育的19936人，受中专教育的6148人，受大专教育的4216人，受大学本科教育的725人，受硕士教育的8人。15岁及以上的文盲或半文盲人口为33727人。2010年全国第六次人口普查，全县6岁及以上人口308019人，其中受小学教育的125623人，受初中教育的121194人，受高中（含中专）教育的31094人，受大专教育的9017人，受大学本科教育的2796人，受硕士教育的76人。15岁及以上的文盲或半文盲人口为18219人。

4次全国人口普查数据比较：一是各种文化程度人口明显增多。1990年比1982年受大学教育（含大专）人口增长130%，受高中（中专）教育人口增长46.61%、受初中教育人口增长50.25%，受小学教育人口增长22.12%；2000年比1990年受大学本科教育人口增长54.91%、受大学专科教育人口增长178.10%、受中专教育人口增长87.61%、受高中教育人口增长6.72%、受初中教育人口增长70.19%、受小学教育人口增长25.40%；2010年比2000年研究生人口增长850%、受大学本科教育人口增长285.65%、受大学专科教育人口增长184.36%、受高中教育人口增长28.21%，受初中教育人口增长43.98%，受小学教育人口减少19.10%。二是在各种受教育人口中，男性多于女性；文盲、半文盲女性多于男性。三是未上过学的人口逐年减少。全县15岁及以上人口中，1990年未上过学人口75661人，2000年为33727人，未上过学率由1990年的23.60%下降为2000年的10.25%，下降13.35个百分点；2010年未上过学人口18219人，未上过学率5.27%，比2000年下降4.98个百分点。

第四次至第六次人口普查乐安县人口受教育结构情况表

表2-1-8　　单位：人、%

文化结构	1990年				2000年				2010年			
	合计	男	女	占总人口比重	合计	男	女	占总人口比重	合计	男	女	占总人口比重
6周岁以上人口	272885	141094	131791	85.12	304213	158336	145877	92.45	308019	160887	147132	89.08
研究生	0	0	0	0	8	7	1	0.002	76	47	29	0.02
大学本科	468	414	54	0.15	725	592	133	0.22	2796	1943	853	0.81
大学专科	1516	1244	272	0.47	4216	3171	1045	1.28	9017	5892	3125	2.61
中专	3277	2269	1008	1.02	6148	3788	2360	1.87				
高中	18680	12711	5969	5.83	19936	13972	5964	6.06	31094	20604	10490	8.99
初中	49458	34665	14793	15.43	84174	54124	30050	25.58	121194	71084	50110	35.05
小学	123825	66384	57441	38.63	155279	73187	82092	47.19	125623	56062	69561	36.33
文盲半文盲	75661	23407	52254	23.60	33727	9495	24232	10.25	18219	5255	12964	5.27

说明：表中2010年高中数据含中专数据

四、职业结构

乐安县从事农业人口占绝大多数。1982年全国第三次人口普查，在业人口职业状况显示，全县在业人口117463人，占15岁以上人口的71%。按性别分，女性在业人口41784人，占女性15岁以上人口的52.93%；男性在业人口75679人，占男性15岁以上人口的87.47%。按从业类别分，农林牧渔劳动者83086人，占在业人数的70.73%，其中男50583人、女32503人；生产工人、运输工人和有关人员19494人，占在业人数的16.6%，其中男15387人、女4107人；各类专业技术人员7010人，占在业人数的5.96%，其中男4568人、女2442人；国家机关、党群组织、企事业单位负责人1767人，占在业人数的1.5%，其中男1672人、女95人；办事人员和有关人员1639人，占在业人数的1.4%，其中男1321人、女318人；商业工作人员1597人，占在业人数的1.36%，其中男780人、女817人；服务性工作人员2816人，占在业人数的2.4%，其中男1321人、女1495人；不便分类的其他劳动者54人，占在业人数的0.05%，其中男47人、女7人。1986年农业人口仍占总人口的83.78%。

1990年全国第四次人口普查资料显示，全县在业人口165988人，占15岁以上人口的78.70%。按性别分，女性在业人口72825人，占女性15岁以上人口的71.65%；男性在业人口93163人，占男性15岁以上人口的85.26%。按从业类别分，农林牧渔水利业生产人员占在业人口的79.19%，商业服务业人员占在业人口的3.43%，专业技术人员占在业人口的5.14%，生产运输设备操作人员占在业人口的10.07%，国家机关党群组织、企事业单位负责人占在业人口的1.00%，办事人员和有关人员占在业人口的1.17%。

2000年全国第五次人口普查，全县各行业人口136020人（男77870人，女58150人），其中农、林、牧、渔业108300人（男59610人，女48690人），采掘业2240人（男1860人，女380人），制造业4260人（男2770人，女1490人），电力、煤气及水的生产和供应业660人（男450人，女210人），建筑业1360人（男1220人，女140人），地质勘查业、水利管理业130人（男100人，女30人），交通运输、仓储及邮电通信业2230人（男1860人，女370人），批发和零售贸易、餐饮业5950人（男2760人，女3190人），金融、保险业580人（男270人，女310人），房地产业20人（男20人），社会服务业710人（男330人，女380人），卫生、体育和社会福利业1700人（男1010人，女690人），教育、文化艺术及广播电影电视业3910人（男2570人，女1340人），科学研究和综合技术服务业50人（男10人，女40人），国家机关、政党机关和社会团体3750人（男2900人，女850人），其他行业170人（男130人，女40人）。

2010年全国第六次人口普查，全县16岁及以上人口327120人（男171890人，女155230人），经济活动就业人口181370人（男102590人，女78780人），其中城镇49790人（男29900人，女19890人）、乡村131580人（男72690人，女58890人）；非经济活动就业人口65090人（男22990人，女42100人），其中城镇28450人（男9190人，女19260人）、乡村36640人（男13800人，女22840人）。

1986—2016 年部分年份乐安县行业人口结构情况表

表 2-1-9　　　　　　　　　　　　　　　　　　　　　单位：人

职业类别	1986 年			1996 年			2006 年			2016 年		
	合计	男	女	合计	男	女	合计	男	女	合计	男	女
合计	126804	73191	53613	145774	71676	74098	148368	79563	68805	193822	106758	87064
农、林、牧、渔业	116457	65938	50519	129207	61014	68193	135584	71358	64226	180183	97865	82318
工业	2993	2013	980	2951	921	2030	1630	636	994	1085	989	96
建筑业	469	370	99	374	282	92	77	62	15	8	6	2
批发和零售贸、餐饮业	1472	826	646	3571	2025	1546	2140	1355	785	336	251	85
交通运输、仓储和邮电业	661	560	101	1040	839	201	821	637	184	178	130	48
房地产业	148	83	65	67	38	29	144	100	44	55	42	13
社会服务业	62	27	35	299	125	174	97	64	33	40	39	1
水利、环境和公共设施管理业	45	38	7	100	78	22	121	56	65	10	10	0
教育	1522	1038	484	3985	3357	628	3390	2351	1039	5593	3160	2433
卫生和社会工作	653	446	207	796	414	382	1049	520	529	1876	853	1023
文化、体育和娱乐业	159	106	53	195	132	63	76	47	29	98	60	38
金融、保险业	302	202	100	643	388	255	678	263	415	—	—	—
公共管理、社会保障和社会组织	1861	1544	317	2546	2063	483	2561	2114	447	4360	3353	1007

说明：表中数据来源于县统计年鉴

第三节　民族　姓氏

一、民族

乐安县人口以汉族居多；少数民族人口以畲族居多，聚居于域内南部山区，金竹畲族乡流舍畲族村、招携镇东炉畲族村徐田村小组是畲族最大的聚居点。1985 年，全县有畲族、回族、壮族、满族、苗族、蒙古族、土家族、布依族、高山族、侗族 10 个少数民族，人口 1023 人，占全县总人口的 0.35%。随着改革开放和市场经济的建立，人口流动性加大，畲族村落人口不断增加，加之经商、婚姻等因素，居住在乐安境内少数民族数量、人口逐年增多。

1990 年全国第四次人口普查，全县总人口 320571 人。其中，汉族 319402 人、畲族 967 人、壮族 27 人、土家族 15 人、苗族 21 人、蒙古族 36 人、布依族 5 人、回族 50 人、高山族 10 人、满族 34 人、锡伯族 4 人。10 个少数民族总人口 1169 人，占全县总人口的 0.36%。

2000 年全国第五次人口普查，全县总人口

329045人，其中汉族327858人、畲族824人、壮族31人、土家族59人、苗族37人、侗族9人、蒙古族88人、布依族8人、藏族24人、瑶族2人、回族31人、彝族6人、满族36人、维吾尔族11人、仡佬族3人、朝鲜族12人、佤族1人、水族2人、锡伯族3人。18个少数民族总人口1187人，占全县总人口的0.36%。2002年10月，为充分落实民族政策，加快发展民族经济，经江西省人民政府批准成立金竹畲族乡。

金竹畲族乡畲族青年

2010年全国第六次人口普查：全县总人口345766人，其中：汉族340921人、畲族4656人、壮族28人、土家族20人、苗族49人、侗族6人、蒙古族30人、布依族8人、瑶族4人、回族10人、彝族5人、满族9人、哈尼族2人、黎族3人、傈僳族1人、高山族5人、纳西族2人、维吾尔族2人、土族3人、仡佬族2人。19个少数民族总人口4845人，占全县总人口的1.40%。

2016年年末，全县总人口390215人，其中：汉族383655人、畲族5579人、壮族191人、土家族174人、苗族173人、侗族94人、蒙古族76人、布依族67人、瑶族56人、回族46人、彝族39人、满族29人、白族13人、哈尼族5人、水族5人、藏族4人、维吾尔族3人、朝鲜族3人、土族3人。18个少数民族总人口6560人，占全县总人口的1.68%，分布在各乡镇定居。

二、姓氏

1986年年初，乐安县境内共有姓氏218个。至2016年年末，姓氏增至242个，其中单姓240个，复姓2个（欧阳、夏侯）。242个姓氏中，1万人以上的姓氏12个；1000人以上的姓氏41个；100～1000人的姓氏74个；10～100人的姓氏62个；2～10人的姓氏42个；一人一姓的姓氏11个。242个姓氏总人口390215人，按人口数量排在前20位的姓氏依次为：陈、黄、曾、王、杨、刘、邹、张、李、董、袁、邓、游、罗、胡、邱、周、吴、龚、谢，共计人口275264人，占姓氏人口总数的70.54%，其中陈姓人口最多，共37062人，占全县姓氏人口的9.50%。

2016 年乐安县姓氏人口情况表

表 2-1-10　　　　　　　　　　　　　　　　　　　　　　　　单位：人

序号	姓氏	人口	序号	姓氏	人口	序号	姓氏	人口	序号	姓氏	人口
1	陈	37062	38	肖	2151	75	宁	495	112	魏	168
2	黄	30140	39	余	2093	76	文	492	113	揭	163
3	曾	20564	40	江	2024	77	毛	458	114	凌	159
4	王	19312	41	欧阳	1920	78	蓝	453	115	童	153
5	杨	17836	42	元	1798	79	冯	449	116	成	144
6	刘	17493	43	乐	1610	80	尤	447	117	裘	141
7	邹	14558	44	范	1603	81	孙	440	118	供	141
8	张	14248	45	郝	1590	82	代	438	119	毕	134
9	李	13483	46	阙	1547	83	习	437	120	方	134
10	董	10935	47	卢	1534	84	黎	416	121	祝	130
11	袁	10796	48	谭	1392	85	颜	405	122	鞠	128
12	邓	10508	49	占	1342	86	高	391	123	韩	125
13	游	8275	50	许	1322	87	付	388	124	芦	117
14	罗	8251	51	叶	1317	88	沈	381	125	任	114
15	胡	8013	52	唐	1299	89	甘	352	126	包	113
16	邱	7665	53	杜	1204	90	温	346	127	邝	104
17	周	7620	54	姜	916	91	涂	345	128	龙	98
18	吴	6816	55	郑	903	92	兰	338	129	尧	90
19	龚	6286	56	林	892	93	缪	338	130	汤	82
20	谢	5403	57	钟	869	94	左	321	131	帅	82
21	戴	4909	58	饶	856	95	裴	310	132	古	77
22	彭	4691	59	田	791	96	符	310	133	金	76
23	易	4499	60	夏	759	97	阮	291	134	舒	76
24	丁	4493	61	潘	754	98	汪	259	135	傅	75
25	康	3847	62	雷	753	99	谌	253	136	郏	72
26	熊	3803	63	赖	732	100	吕	245	137	胥	69
27	廖	3677	64	宋	713	101	马	242	138	侯	60
28	詹	3612	65	姚	701	102	平	233	139	晏	60
29	武	3269	66	曹	681	103	苏	224	140	喻	57
30	郭	2974	67	程	674	104	蒋	214	141	鄢	56
31	徐	2746	68	严	663	105	章	206	142	顾	52
32	万	2669	69	梁	659	106	赵	197	143	钱	50
33	聂	2645	70	欧	602	107	桂	196	144	于	49
34	管	2574	71	殷	577	108	辛	176	145	邵	47
35	蔡	2398	72	尹	551	109	洪	175	146	邬	46
36	何	2380	73	艾	538	110	敖	174	147	葛	46
37	朱	2153	74	伍	537	111	巫	170	148	柳	45

续表 2-1-10

序号	姓氏	人口	序号	姓氏	人口	序号	姓氏	人口	序号	姓氏	人口
149	孔	42	173	贾	18	197	关	8	221	惠	4
150	贺	40	174	陶	18	198	申	8	222	计	3
151	石	39	175	项	18	199	农	7	223	景	3
152	崔	36	176	庄	18	200	安	6	224	耿	3
153	史	35	177	翁	18	201	岳	6	225	冷	3
154	陆	35	178	白	17	202	苟	5	226	栗	3
155	屈	33	179	盛	17	203	司	5	227	辜	3
156	梅	32	180	常	16	204	查	5	228	鹿	2
157	莫	32	181	楼	15	205	乔	5	229	戚	2
158	皮	32	182	仇	15	206	简	5	230	巩	2
159	骆	32	183	薛	15	207	明	5	231	尚	2
160	施	30	184	刁	15	208	匡	5	232	汉	1
161	秦	29	185	萧	14	209	夏侯	5	233	佘	1
162	韦	29	186	倪	13	210	危	5	234	仲	1
163	嵇	28	187	鲁	13	211	柴	5	235	朴	1
164	娄	27	187	季	12	212	纪	4	236	粟	1
165	全	26	189	庞	11	213	连	4	237	沙	1
166	樊	26	190	焦	10	214	稽	4	238	扈	1
167	俞	24	191	鲍	10	215	房	4	239	保	1
168	郝	23	192	时	10	216	卿	4	240	阎	1
169	储	23	193	蒙	10	217	封	4	241	祁	1
170	华	22	194	柏	9	218	宫	4	242	穆	1
171	车	22	195	单	9	219	席	4			
172	牛	19	196	褚	8	220	瞿	4			

说明：表中数据来源于县公安户籍数据

第四节 人口变动

1986—2016年，全县人口发生较大变化。人口数量从294010人增长到390215人，净增96205人。人口出生率由15.78‰下降到12.82‰，最低为1994年的7.96‰，最高为1991年的16.31‰；人口死亡率由3.91‰下降到2.45‰，最低为2016年的2.45‰，最高为2015年的10.88‰；人口增长率由12.09‰下降到10.37‰，最低为1994年的4.65‰，最高为1991年的12.71‰。

1986—2016 年乐安县人口变动情况表

表 2-1-11　　单位：人、‰

年份	自然变动					机械变动	
	出生	出生率	死亡	死亡率	增长率	迁入	迁出
1986	4605	15.78	1150	3.91	12.09	5099	4122
1987	4327	14.60	1287	4.30	10.14	2058	3581
1988	4621	12.35	1216	3.99	11.18	5424	4734
1989	4121	12.56	1301	4.23	7.80	4322	3978
1990	4840	15.63	1511	4.85	10.68	4417	4100
1991	5116	16.31	1095	3.47	12.71	—	—
1992	3759	11.92	1740	5.52	6.40	—	—
1993	3457	10.94	1025	3.23	7.67	—	—
1994	2529	7.96	1047	3.28	4.65	—	—
1995	3151	9.85	1424	4.43	5.37	—	—
1996	5090	13.47	1745	5.38	10.31	—	—
1997	3641	11.11	1495	4.56	6.55	—	—
1998	4933	14.86	2131	6.42	8.44	—	—
1999	4934	14.69	1951	5.81	8.88	—	—
2000	4896	14.97	2028	6.20	8.77	—	—
2001	5031	15.36	2190	6.69	8.67	—	—
2002	4641	13.77	1919	5.77	8.18	6942	5246
2003	4775	14.06	2092	6.18	7.93	—	—
2004	4487	13.21	2067	6.05	7.08	—	—
2005	3477	10.22	1439	4.18	5.91	—	—
2006	3768	11.06	1544	4.40	6.34	—	—
2007	4067	11.86	1567	4.41	7.03	3799	4137
2008	4251	11.91	1664	4.66	7.25	5310	9535
2009	4489	12.89	1927	5.37	7.15	3335	4675
2010	4891	13.40	2258	6.24	7.28	3456	2974
2011	4820	13.20	2073	5.62	7.45	2763	3017
2012	5816	15.66	1401	3.77	11.89	2909	4753
2013	4880	12.93	2133	5.65	7.28	3491	4508
2014	5387	13.84	2066	5.31	8.53	2125	3715
2015	5531	14.27	4218	10.88	3.39	1888	4992
2016	5004	12.82	957	2.45	10.37	1536	2863

说明：表中数据来源于县公安户籍数据

第五节　家庭　婚姻

一、家庭

1986年，乐安县户籍家庭59787户。1990年全国第四次人口普查，全县家庭68139户，户均人数4.70人。按规模划分，1人户2933户，占总户数的4.30%；2人户5541户，占总户数的8.13%；3人户10495户，占总户数的15.40%；4人户14121户，占总户数的20.72%；5人户15636户，占总户数的22.94%；6人户9594户，占总户数的14.08%；7人户5281户，占总户数的7.75%；8人户2576户，占总户数的3.78%；9人户1121户，占总户数的1.64%；10人以上户841户，占总户数的1.23%。按类别划分，一代户6871户，占总户数的10.08%；二代户48290户，占总户数的70.87%；三代户12463户，占总户数的18.29%；四代户515户，占总户数的0.76%。

2000年全国第五次人口普查，全县家庭82927户，户均人数3.97人。按规模划分，1人户4177户，占总户数的5.04%；2人户10576户，占总户数的12.75%；3人户19572户，占总户数的23.60%；4人户19929户，占总户数的24.03%；5人户19098户，占总户数的23.03%；6人户5112户，占总户数的6.16%；7人户2366户，占总户数的2.85%；8人户999户，占总户数的1.20%；9人户514户，占总户数的0.62%；10人以上户584户，占总户数的0.70%。按类别划分，一代户12415户，占总户数的14.97%；二代户52885户，占总户数的63.77%；三代户16969户，占总户数的20.46%；四代户656户，占总户数的0.97%；五代及以上户2户。

2010年全国第六次人口普查，全县家庭户95813户，户均人数3.63人。按规模划分，1人户10677户，占总户数的11.14%；2人户16108户，占总户数的16.81%；3人户19098户，占总户数的19.93%；4人户26643户，占总户数的27.81%；5人户13751户，占总户数的14.35%；6人户5466户，占总户数的5.70%；7人户2283户，占总户数的2.33%；8人户925户，占总户数的0.97%；9人户449户，占总户数的0.47%；10人以上户413户，占总户数的0.43%。按类别划分，一代户23444户，占总户数的24.46%；二代户55065户，占总户数的57.47%；三代户16806户，占总户数的17.54%；四代户498户，占总户数的0.60%；五代户2户。

3次全国人口普查数据比较：一是家庭人口趋小化，2010年平均每个家庭人数3.63人，比1990年减少1.07人。二是代系更紧密，2010年一代户占总户数的24.46%，比1990年增长14.38个百分点；二代户占总户数的57.47%，比1990年下降13.40个百分点。

二、婚姻

1982年全国第三次人口普查，全县20岁以上的人口为129938人，男68425人，女61513人。其中未婚10191人，男7762人，女2429人；有配偶106726人，男55735人，女50991人；丧偶11657人，男3681人，女7976人；离婚独身1364人，男1247人，女117人。

1990年全国第四次人口普查，全县15岁及以上人口为210901人，男109264人，女101637人。其中未婚57507人，男33202人，女24305人；有配偶139697人，男70628人，女69069人；丧偶12363人，男4273人，女8090人；离婚1334人，男1161人，女173人。女性20岁以下初婚人口1532人，男性20岁以下初婚人口381人。

2000年全国第五次人口普查按10%抽样调查，全县15岁及以上人口为18331人，男9430人，女8901人。其中未婚2882人，男1959人，女923人；初婚有配偶13840人，男6790人，女7050人；再婚有配偶458人，男218人，女240人；离婚110人，男82人，女28人；丧偶1041人，男381人，女660人。按城乡分类，城镇15岁及以上人口13719人，男7086人，女6633人。其中未婚2168人，男1490人，女678人；初婚有配偶10289人，男5056人，女5233人；再婚有配偶341人，男155人，女186人；离婚74人，男62人，女12人；丧偶847人，男323人，女524人；乡村15岁及以上人口4612人，男2344人，女2268人。其中未婚714人，男469人，女245人；初婚有配偶3551人，男1734人，女1817人；再婚有配偶117人，男63人，女54人；离婚36人，男20人，女16人；丧偶194人，男58人，女136人。

2010年全国第六次人口普查按10%抽样调查，全县15岁以上人口为24960人，男12723人，女12237人。其中未婚5416人，男3189人，女2227人；有配偶17970人，男8969人，女9001人；离婚206人，男129人，女77人；丧偶1368人，男436人，女932人。按城乡分类，城镇15岁及以上人口7931人，男3962人，女3969人。其中未婚1581人，男875人，女706人；有配偶5889人，男2940人，女2949人；离婚88人，男43人，女45人；丧偶373人，男104人，女629人；乡村15岁及以上人口17029人，男8761人，女8268人。其中未婚3835人，男2314人，女1521人；有配偶12081人，男6029人，女6052人；离婚118人，男86人，女32人；丧偶995人，男332人，女663人。

纵观4次人口普查统计，随着经济社会的不断发展，人们的婚姻观念也在发生不断变化，晚婚人口逐渐增多，离婚率呈逐渐上升趋势。

第二章　人口控制

1986年后，乐安县继续贯彻中共十二大确定的“实行计划生育是我国的一项基本国策”，实行“控制人口数量，提高人口素质”的政策，坚持以人为本，健全完善工作机制和服务体系，强化保障措施，倡导优生优育，使全县人口增长速度得到有效控制，与经济社会日趋协调发展。2016年，全县人口规模、降幅控制在目标范围内：比2010年仅净增3.8万人，年均人口出生率为12.6‰，比规划目标低1.28‰；年均人口自然增长率为7.41‰，比规划目标低0.57‰；出生人口性别比降至110∶100；居民健康水平显著提高，全县人均期望寿命为75.3岁，比2010年提高1.3岁；孕产妇死亡率为23.93/10万，较2010年下降23.64%；婴儿和5岁以下儿童死亡率分别为1.44‰和4.55‰，较2010年分别下降55.4%和24.39%。

第一节　机构队伍

一、行政机构

1964年，成立乐安县计划生育办公室，编制1个。1975年，更名乐安县计划生育委员会，下设办公室，在县卫生局内办公。1980年，县计生委迁至街心花园原县体委办公楼。1985年，县计生委内设人秘股、统计股、财会股，下辖计划生育宣传技术指导站，编制15个。1987年，增设宣传股，撤销计划生育宣传技术指导站，改为计划生育服务站。1997年5月，成立乐安县计划生育稽查队，为股级事业单位，定自收自支事业编制6个。2001年8月设党组。2003年，县计生委内设人事秘书、政策法规、规划统计、宣传教育、科学技术5个职能股，下辖计划生育服务站和计划生育稽查队2个直属事业单位。2004年，县计划生育协会办公室为股级全额拨款事业单位，定编制2个，挂靠县计生委。2005年4月，乐安县计划生育委员会更名为乐安县人口和计划生育委员会，编制33个。2012年10月，从县城街心花园计生服务大楼搬迁至北外环新建计生综合大楼办公。2015年9月30日，与乐安县卫生局合并，改称乐安县卫生和计划生育委员会，党组改设党委，内设办公室、人事股、规划统计股、财务内审股、政策法规与综合监督股、医政医管股、疾病预防控制股、基层卫生与妇幼保健股、宣传教育股、计划生育基层指导股10个职能股室，行政编制15个，工勤编制2个。同时，将县人口和计划生育服务中心职能并入县妇幼保健院，不再保留县人口和计划生育服务中心，核定编制39个；将乡镇人口和计划生育服务站职能并入乡镇卫生院，不再保留乡镇人口和计划生育服务站。

1986—2016年，历任主任：曾星顺、易华全、黄乐平、吴福才、吕小汉、江小梅（女）、杨卫、杨世辉；历任党委（党组）书记：赵明、乐九春、杨国平、杨世辉。

二、事业单位

乐安县人口和计划生育服务中心　1984年1月4日，成立乐安县计划生育宣传技术指导站，主要任务是：组织避孕药具的发放、宣传计划生育的方针政策、宣传优生优育知识和避孕知识。为县计生委下属事业单位，业务上受同级卫生部门指导，经济管理上实行独立核算。1987年，改称计划生育服务站。1989年，主体4层、建筑面积约1300平方米的县计生服务大楼竣工投入使用。2005年7月，更名为乐安县人口和计划生育服务站，配备车式B超、线阵B超、波姆红光仪、乳透仪、半自动生化分析仪、血凝仪、双目显微镜、十二孔无影灯、五孔无影灯各1台，有万能手术床1张、综合手术床4张、妇检床2张、简易手术床1张，能进行输卵管复通等难度较大的手术。2010年6月，更名为乐安县人口和计划生育服务中心。2015年4月1日，县人口和计划生育服务中心职能并入县妇幼保健院。同年12月25日，乐安县妇幼保健院更名为乐安县妇幼保健计划生育服务中心，增挂乐安县妇幼保健院（儿童医院）牌子，编制39个。

乐安县人口和计生协会　1991年成立乐安县计划生育协会，由政府分管计划生育工作副县长担任会长。至1992年12月，全县20个乡镇、207个村委会全部建立协会组织，协会会员23145人，占全县总人口7.33%。2004年，县计划生育协会办公室配备专职人员2名，办公地点设在县计划生育委员会内。2005年7月，更名为乐安县人口和计划生育协会。2015年9月，县计划生育协会办公室挂靠卫生和计划生育委员会。

乐安县人口和计划生育稽查队　1997年5月成立乐安县计划生育稽查队，为股级事业单位，定自收自支事业编制6个。2005年7月，更名为乐安县人口和计划生育稽查队。2016年12月，与乐安县卫生监督所合并，成立乐安县卫生计生综合监督执法局。

乐安县流动人口管理办公室　2009年9月，在乐安县人口和计划生育委员会稽查队内，增设乐安县人口和计划生育委员会流动人口管理办公室，实行两块牌子，一套人马体制。

三、乡镇计生服务站

1980年，乐安县21个乡镇（场）成立计划生育办公室。1991—1992年，各乡镇场先后成立计划生育服务所，均配备计生专干和专业技术人员从事计划生育工作。2005年，乡镇机构改革后，全县乡镇计划生育办公室行政编制29个，计生服务所事业编制68个。除鳌溪、招携、金竹3个乡镇，其他12个乡镇按照统一设计、统一标准新建使用面积650平方米的生殖保健服务大楼，普遍配备计算机2台、B超2台、妇检床、4孔灯等设备。全县175个行政村均设有计划生育服务室，配备1名年龄在40周岁以下，学历初中毕业以上的女性为计划生育专干，各村民小组选配中心户长负责计划生育工作，形成纵到底、横到边的计划生育管理与服务网络。2006年6月，乡镇计生服务所更名为乡镇人口和计划生

谷岗乡计划生育服务所

育服务所，编制、级别不变。2010年6月，又统一更名为《××乡镇人口和计划生育服务站》。2005—2011年，全县乡镇人口计生服务站编制74个。2015年4月1日，其职能并入乡镇卫生院，不再保留乡镇人口和计划生育服务站。12月25日，乡镇卫生院增挂“妇幼保健计划生育服务站”牌子，接受县卫生计生行政部门和乡镇政府双重管理。

第二节　政策法规

一、晚婚晚育政策

20世纪80年代初期，国家提倡和鼓励晚婚晚育，少生优生。规定按法定婚龄推迟3年以上初婚的为晚婚；女性24岁以上生育第一胎的为晚育。对晚婚晚育者实行增加婚、产假期等奖励优惠政策。规定干部、职工实行晚婚晚育的，除享受国家规定假期外，晚婚增加婚假15天，晚育增加产假30天，并给予男方护理假7天，假期工资奖金照发；农民实行晚婚晚育免除夫妇双方1年集体义务工。对领取独生子女父母光荣证的夫妇和小孩，给予精神和物质奖励：发给儿童保健费，职工每月3～5元，农村给予相当的工分，从申请领证之日发至子女满14周岁止；在就医、入托、入学、招工、农村住宅地分配等方面，同等条件下优先照顾独生子女家庭。

二、生育政策

1986年，全县执行国家提倡的一对夫妇生育一个孩子政策。1990年9月始，按《江西省计划生育条例》有关规定执行。2002年9月至2015年，实施《中华人民共和国人口与计划生育法》和《江西省人口与计划生育条例》等政策法规。2016年始，按抚州市委、市政府下发《关于认真贯彻中央和省委文件精神实施全面两孩政策改革完善计划生育服务管理的通知》有关规定执行。

三、奖励政策

2004年5月13日，国家人口计生委、财政部颁发《关于农村部分计划生育家庭奖励扶助制度试点方案（试行）》，针对农村只有一个子女或二个女孩的计划生育家庭，夫妇年满60周岁以后，由中央或地方财政安排专项资金给予奖励扶助。2005年9月，乐安县制定《关于对农村部分计划生育家庭实行奖励扶助的实施意见》，对符合政策，农村年满60周岁夫妻双方，由国家和省级财政分别负担50%，每年各给予600元奖励扶助金，直至其亡故；按每例1500元的标准，市、县区、乡镇三级按2∶4∶4的比例落实两女户（含已领取“独生子女父母光荣证”的独女户）养老保险经费，确保农村不再生育的二女户100%及时投保到位；市、县、乡按1元、4元、27元的标准，对农村0～6周岁独生子女（含不再生育的二女家庭第二个女孩）落实健康平安保险；对农村符合再生育条件而自愿放弃再生育的家庭，每例给予一次性奖励2000元；对农村不再生育的一女家庭和二女家庭，其女儿考取统招高等院校一本、二本、三本和大专的，当年应分别给予一次性1000元、800元、600元、400元奖励；卫生医疗机构对农村二女不再生育（含领取《独生子女父母光荣证》的独女户）家庭的父母及其未成年女孩，在县乡两级医院就诊时，凭《奖励扶助优惠卡》，免交挂号费，检查费、治疗费、手术费及住院床位费按国家规定收费标准减免15%。

2011年11月，乐安县实行领取“独生子女证”或“独生子女父母光荣证”的退休人员（男年满60周岁、女年满55周岁），及符合奖励条件的其他城镇居民，一次性奖励每人1000元的制度。2012年7月，江西省人口和计划生育委员会、江西省财政厅下发《关于进一步完善计划生育利益导向机制的规定的实施意见》，对符合国家农村部分计划生育家庭奖励扶助制度规定并经确定的对象，给予每人每月100元的奖励扶助；对符合国家独生子女伤残家庭扶助制度规定并经确定的夫妻双方，给予每人每月130元的奖励扶助；对符合国家独生子女死亡家庭扶助制度规定并经确定的夫妻双方，给予每人每月170元的奖励扶助；对主动放弃生育二胎且已施行绝育手术的农村一女家庭、已施行绝育手术的农村二女家庭，给予家庭父母受术一方不低于3000元的一次性现金奖励。对夫妇一方为农村居民、一方为城镇居民的“半边户”，奖励夫妇中符合条件的农村居民一方。

2013年3月8日，江西省人口和计划生育委员会、江西省财政厅《关于进一步完善计划生育家庭特别扶助制度的实施方案》。特别扶助标准：一是独生子女死亡家庭特别扶助，独生子女（含收养子女）死亡、女方年满40周岁且未再生育也未再收养子女的家庭，夫妻以女方年龄段发放特别扶助金。40~48周岁的，每人每月150元；49~59周岁的，每人每月300元；60周岁以上的，每人每月500元。二是独生子女伤残家庭扶助，独生子女（含收养子女）伤、病残、女方年满49周岁且未再生育也未再收养子女的家庭，夫妻按每人每月130元的标准发放特别扶助金。

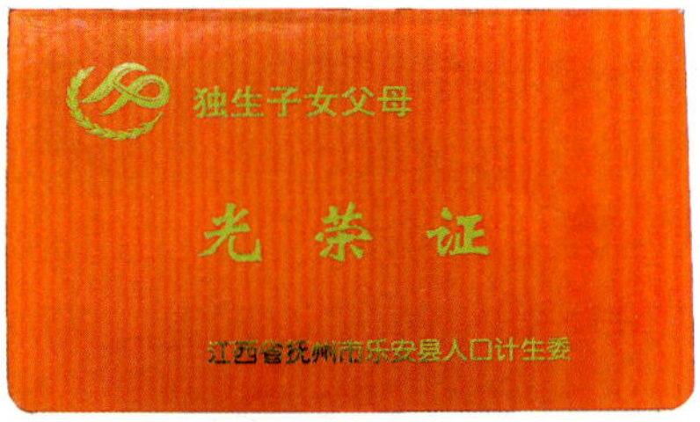

独生子女父母光荣证

第三节　宣传教育

1987年，乐安县计划生育委员会增设宣传股。1992年，各乡镇场配有兼职计生宣传员，各村配有计生宣传信息专干，形成县、乡、村三级计划生育宣传教育网络。1993年创办县、乡、村三级人口学校，其中乡级21所、村级214所，配兼职教师268人。1996年全县各村小组设中心户长，计生宣传教育网络延伸到最基层。1997年，县、乡人口学校逐步配备电教设备，开展电化教学。1999年开展“婚育新风进万家”活动，以“大宣传、创特色、出精品”的宣传新思路，大力开展人口与计划生育环境宣传，制作宣传品进村入户。

2001年创办《乐安人口》电视专栏，被中宣部、国家计生委授予1999—2001年度全国婚育新风进万家活动先进县。2002年11月，乐安县计生委参与创作的《古村悠悠》电视专题片，获文化部、国家电视总局等七部委颁发的“第十届中国人口文化奖”，赢得江西省第二届计生电视汇映比赛三等奖，获得抚州市人口计生宣教工作先进集体、新闻报道先进集体等10项（次）奖。2003年开展“婚育新风进农贸集市”的创新试点工作，创新模式在抚州市推广，并被吉安市、湖北随州市学习借鉴。2004年8月，抚州市计划生育宣传教育创新工作现场会在乐安召开。2005年开展“生育文化视频宣传中心”试点工作，编撰“婚育新风五字箴言”35则，制作成大幅宣传广告画，挂在全县各农贸市场及各主要道路旁，广泛开展人口国情教育，宣传人口与计划生育政策法规，传播生殖保健知识，宣传晚婚晚育、少生优生、生男生女一样好、女儿也是传后人等科学、文明、进步的婚育观念等，引导群众树立科学的生育观，被省委宣传部、省人口计生委评为2001—2005年度全省婚育新风进万家活动先进县。2006年年底，乐安县“婚育新风进农贸集市”宣传创新模式被抚州市推广。1986—2016年，乐安县计生宣教工作在有关报刊、杂志发表计生新闻报道稿件、图片180多篇（幅），人口学术论文《试论生育文化宣传创新》收入《人口科学优秀研究成果集》。

第四节　管理服务

1986年6月底，举办全县首届独生子女家庭运动会。12月，在深入宣传全国计生“双先”会精神同时，召开全县计划生育“双先”会，表彰先进单位50个、先进个人40人。1991年开始计划生育服务网络建设，全县8个乡镇成立计生服务所并配备专业技术人员。

1992年开始，县委、县政府与各乡镇签订计划生育网络建设目标责任书，列入年终工作目标考核内容。各乡镇计生办对账卡进行核实和更新，大部分村委会建立新账卡。县、乡、村三级计生协会建成率100%，协会会员23145人。1993年，建立健全计生服务网络，改建计生服务所18个、建成率90%，村室148个、建成率72%，设备和专业人员得到充实。1995年，县政府下发《关于在全县农村全面开展计划生育“三结合”工作的通知》，县主要领导、分管领导及六套班子成员都落实帮扶对象，在农村全面开展计划生育“三结合”（人口与计划生育工作同农村发展商品经济相结合、同农民发展致富奔小康相结合、同建设文明幸福家庭相结合）工作，鼓励、引导、扶持实行计划生育家庭率先致富。1996年4月，乐安县下发《贯彻江西省计划生育条例实施细则》；5月，举办全县村级计生专干及村主任计划生育岗位培训，对考试合格者发给计划生育上岗证。同时，加大服务网络建设力度，对公溪、山砀、龚坊、戴坊、鹏洲、潭港、湖坪、牛田8个乡镇计生服务所进行改（扩）建。1999年开始启动信息化建设，制定《城镇计划生育工作管理办法》，县、乡先后购置电脑50余台，县计生服务站扩建800平方米用房面积。

2000年，对县计生服务站进行重新整修，引进先进监测诊疗设备，设立生殖保健专家门诊，筹资30多万元为20个乡镇配备电脑，各乡镇计划生育统计资料纳入微机管理。2001年，县配置计划生育流动服务车，拓宽服务项目，开展出生缺陷干预和生殖道感染干预工程，共开展优生检测1294例。2002年，成立县流动人口计划生育管理领导小组，在县计生委设立流动人口计划生育管理办公室，建立完善流动人口计划生育管理资料和管理制度。2003年，县委、县政府下发《关于进一步加强综合治理出生婴儿性别比失调现象的意见》，成立专项治理领导小组和专案调查组，建立并完善B超管理、孕情跟踪服务、终止妊娠报批、婴儿出生死亡报告及责任追究5项制度24项规定。2005年，县委、县政府出台《关于对农村部分计划生育家庭实行奖励扶助的实施意见》，全县首批172名年满60周岁的计划生育奖扶对象获得每人每年600元的奖扶金。2007年，全县共开展15个新农村建设点生育文明示范村创建工作，规范、更新人口计生宣传标语口号，营造良好的舆论宣传氛围，促进新型生育文化形成。完善并落实计划生育奖励优惠政策，全县19名年满60周岁的计划生育奖扶对象获得每人每年600元的奖励金，23名独生子女或二女户孩子中考加分，3716个农村计生家庭办理0～6周岁独生子女健康平安保险，586个计生家庭办理《奖励扶助优惠卡》。开展“关爱妇女生殖健康项目”，为20536名育龄妇女进行生殖保健普查。

2009年，在全县集中开展“出生人口性别比”专项整治行动，成立由县政府牵头，纪检监察、公安、卫生、人口计生等部门参与的专项整治领导小组，掀起新一轮关爱女孩、整治出生人口性别比升高活动高潮，查处“两非”案件4例。按照“创新机制、健全网络、优化结构、提高素质”的总体要求和“省优质服务县”的创建标准，县计生服务大楼和附属工程建设主体框架竣工，12个乡镇的生殖保健服务大楼按照统一规划、统一设计、统一施工的要求进行新建，176个村级计生服务室进行装修改建；开通“三网一库一平台”，实现计划生育管理服务信息化、网络化，形成“县服务站为龙头、乡镇服务所为依托、村（居委会）服务室为基础、生殖健康服务为纽带”的三级服务网络；开展“送宣传教育上门、送技术服务上门、送利益导向上门、送行政办事上门”为主要内容的“四上门、四到位”优质服务活动，不断完善利益导向体系，办理寿险、保障养老、奖励少生、救助特困、关心上学、帮助就医等，为计生家庭解除后顾之忧。

2010年，完成全县人口信息采集、审核、录入等工作，提高人口计生数据库质量，增强计划生育综合治理和管理水平。广泛深入开展法制宣传教育，着力营造“关爱女孩、打击两非”的舆论声势和高压态势；全面实施奖励扶助惠民工程，对参加新农保1000余户一女、二女家庭代交保费，落实国家奖励扶助25人、特别扶助10人，为180名14～22周岁独生子女办理定期寿险，为5796名0～13周岁独生子女办理爱心保险，为121名村计生专干办理健康保险，对63名高中女孩开展“一对一”阳光助学，绿色养老877人。2012年，全县落实国家奖励扶助对象293人、国家特别扶助对象62人、阳光助学对象50人、新农合对象2715人、绿色养老新增33户、0～14周岁爱心保险投保6628人、理赔率65.53%，15～22周岁定期寿险投保516人、落实中考加分76人。2013年，乐安免费孕前优生健康检查项目列入国家试点县，县财政拨款146万元用于添置全自动生化分析仪、化学发光免疫分析仪等设备，当年完成免费孕前优生健康检查对象1250对。落实国家、省、市、县出台的计生利益导向政策，国家奖励扶助对象329人，国家特别扶助对象69人，阳光助学对象60人，0～14周岁爱心保险投保6568人，15～22周岁定期寿险投保982人，落实城市独生子女退休奖励费104人。

2015年，全县共落实国家奖励扶助对象394人、国家特别扶助对象73人、阳光助学对象76人、绝育奖励6人、中考加分77人、农村一女和二女家庭女孩考取大学奖励9人、城镇独生子女父母退休奖励对象125人；免费孕前优生健康检查2526人，占任务的125.4%。

2016年，全面落实孕前优生健康检查、避孕药具发放、婚检、生殖健康检查、基本公共技术“五项免费服务”。5月，推进乡村卫生计生服务能力建设，全县176个村卫生计生服务室统一按照“八室一间”的要求，即：诊疗室、治疗室、计划生育技术服务室、观察室、药房（计生药具室）、人口学校、值班室、档案信息室、公共卫生间进行标准化建设，按人口数量分为80平方米、120平方米、160平方米、200平方米、240平方米5个规格设置，年底竣工验收。乡村医生采取竞聘择优的形式，统一聘用注册，通过乡镇卫生院统一安排到村卫生计生服务室执业，提高乡村卫生计生服务能力，做到“小病不出村”，切实解决农村居民“看病难、看病贵”的问题，更好地为农村居民提供基本医疗卫生计生服务。

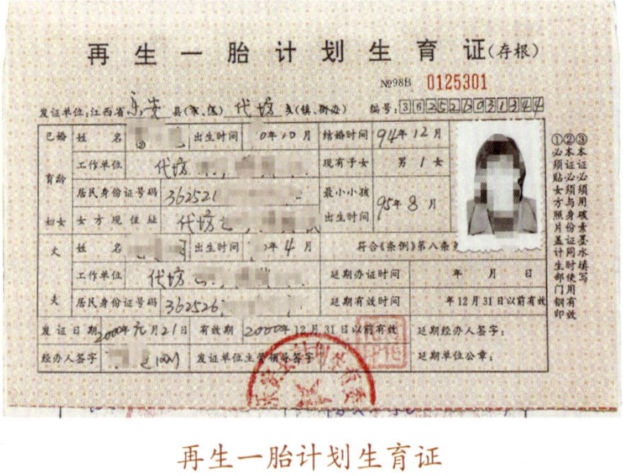
再生一胎计划生育证（存根）
№98B 0125301

再生一胎计划生育证

1993—2016 年乐安县女性晚婚及独生子女父母光荣证领证情况表

表 2-2-1　　　　单位：人、%

年份	新婚	晚婚	晚婚率	领证	领证率	年份	新婚	晚婚	晚婚率	领证	领证率
1993	1621	709	42.18	226	5.67	2005	2785	1390	49.91	923	13.95
1994	1834	634	34.57	302	5.59	2006	1656	638	38.53	1867	16.78
1995	1958	574	29.62	130	4.34	2007	2631	977	37.13	1073	17.22
1996	1943	540	27.79	33	3.97	2009	2845	1083	38.07	1507	19.83
1997	2268	785	34.61	243	4.98	2010	2853	1105	38.73	729	16.14
1998	1648	418	25.35	105	2.16	2011	2971	1232	41.47	630	15.37
1999	3002	1135	37.81	118	3.69	2012	3018	1300	43.07	194	13.76
2000	3315	1138	34.33	200	4.28	2013	3085	1519	49.24	69	10.51
2001	3138	1511	48.15	76	4.30	2014	3413	1868	54.73	40	12.10
2002	3352	1853	55.25	91	4.26	2015	2629	1518	57.74	27	11.22
2003	3448	1462	42.40	160	4.50	2016	2195	1334	60.77	9	10.09
2004	3260	1746	53.56	961	13.06						

说明：表中缺 2008 年数据

第三章　居民生活

居民生活通过居民的经济收入和物质与精神生活消费体现。1986—2016 年，随着经济体制改革的深入，农业、加工业、服务性产业的不断发展，以及两轮家庭联产承包责任制的落实和农业生产水平的提高，城乡居民收入大幅增加。特别是 2002 年 2 月，乐安县被列为新阶段国家扶贫开发工作重点县后，经济社会实现较快发展，城乡居民收入水平的提高带动了生活水平的改变，无论物质生活或文化生活，无论在消费数量或消费质量上，均有显著的改善和提高。人们的观念也不再停留在温饱问题上，而是日趋现代化，人们的生活满足感和幸福感得到较大提升。

第一节　城镇居民生活

一、城镇居民收入

收入水平　城镇居民工资性收入，即职工从单位得到的劳动报酬（工资、奖金、补贴等），是城镇居民收入的主要来源。1986 年，全县城镇在岗职工年人均工资收入 933 元，城镇居民储蓄存款余额为 2977.4 万元。随着企事业单位职工工资调整，城镇职工的工资收入迅速提高。1989 年，全县城镇在岗职工人均年工资收入达到 1345 元，比 1986 年增长 44.16%。1995 年，全县城镇在岗职工年人均工资收入达 3322 元，比 1989 年增长147%；城镇居民储蓄存款余额为32322万元，分别是1986年的10.9倍、1990年的4.8倍。2000年，由于提高离退休人员、下岗职工、失业人员和城镇贫困人口保障水平，增加机关事业单位干部职工工资和补贴，城镇居民收入水平明显提高，全县城镇在岗职工年人均工资5612元，比1995年增长68.93%，年均增加458元；城镇居民储蓄存款余额为80307万元，分别是1995年的2.5倍、1990年的11.8倍、1986年的27倍。

随着市场经济的不断发展，居民自主就业意识不断增强，加之政府着力实施再就业工程，大力提倡个体经济，为其营造良好的经营环境，使个私经济得到迅速发展和壮大，经济效益明显提高，从事个体经营者逐年增加，成为推动居民可支配收入增长的亮点，来自经营性净收入明显增加。

进入21世纪，乐安经济社会快速发展，城镇居民收入增速明显加快。随着江西省委、省政府提出“实现江西在中部地区崛起”，县委、县政府根据乐安实际情况，制定“一招三化”（实施招商引资和推进工业化、农业产业化、城镇化）发展目标。在经济效益快速增长和经济实力明显增强的同时，始终坚持强县富民的治县方略，采取各项得力措施，促使城镇居民收入水平不断提高。受经济高速增长的带动，居民收入增长的内生动力效应不断增强；出台扩大就业和再就业政策及“应保尽保”的社会保障政策的效应不断显现，一方面为广大居民特别是下岗人员提供新的就业机会，拓宽收入来源渠道；另一方面，随着社会保障面扩大和低保线不断上移，也为低收入群体的收入起到较强支撑作用和托底效应。2003年，全年为6166户12241名城镇居民发放低保金586万元。2005年，全县城镇在岗职工年人均工资收入10347元，比2000年的5612元增加4735元，增长84.37%，平均每年增加947元；城镇居民储蓄存款余额为178390万元，分别是2000年的2倍、1995年的6倍、1990年的26倍、1986年的60倍；发放城镇居民低保金562万元、失业保险金578万元。

2011年后，全县城镇居民的收入明显加快。城镇职工年人平均工资收入23973元，比2005年的10347元增加13626元，增长131.69%，平均每年增加2271元；城镇居民储蓄存款余额为423219万元，分别是2005年的2倍、2000年的5倍、1995年的13倍、1990年的62倍、1986年的142倍；城镇居民最低生活保障8106人。2016年，城镇在岗职工年人均工资收入51386元，比2011年的23973元增加27413元，增长114.35%，平均每年增加5483.6元，人均可支配收入为20672元；城镇居民储蓄存款余额为926121万元，分别是2011年的2倍、2005年的5倍、2000年的12倍、1995年的29倍、1990年的137倍、1986年的311倍；城镇居民最低生活保障6767人。

1986—2016年乐安县城镇在岗职工年人均工资收入情况表

表2-3-1　　单位：元

年份	工资金额	年份	工资金额	年份	工资金额	年份	工资金额	年份	工资金额
1986	933	1993	2110	2000	5612	2007	12315	2014	39107
1987	958	1994	3113	2001	6422	2008	13205	2015	46060
1988	994	1995	3322	2002	6757	2009	16392	2016	51386
1989	1345	1996	3905	2003	7736	2010	19233	—	—
1990	1621	1997	3596	2004	8752	2011	23973	—	—
1991	1511	1998	4240	2005	10347	2012	27771	—	—
1992	1793	1999	5347	2006	11269	2013	33776	—	—

1986—2016 年乐安县城镇居民储蓄存款情况表

表 2-3-2　　单位：万元

年份	活期	定期	年份	活期	定期	年份	活期	定期
1986	715.2	2262.2	1997	8816	60260	2008	97233	161527
1987	1004.5	2906.1	1998	13865	53478	2009	120917	178142
1988	1126.6	3331.5	1999	15501	57222	2010	143841	209081
1989	1123.3	4361.2	2000	16995	63312	2011	—	423219
1990	1204.1	5581	2001	23409	70516	2012	—	513188
1991	2236	6113	2002	27457	77845	2013	—	606639
1992	1614	8059	2003	38742	85208	2014	—	711538
1993	1971.8	10560.7	2004	45040	98545	2015	258781	549314
1994	3439	25372	2005	57656	120734	2016	309035	617086
1995	3750	28572	2006	71301	131386	—	—	—
1996	6591	34789	2007	82310	130824	—	—	—

说明：表中 2011—2014 年数据为定、活期总额

收入结构　城镇居民家庭的收入结构，包括工资性收入和非工资性收入两大项。工资性收入包括标准工资、奖金、岗位津贴；非工资性收入包括从单位得到的其他收入如洗理费、上下班交通补贴、独生子女补贴、降温费、烤火费、误餐补助、价格补贴等以及第二职业收入、财产性收入、证券收入等。1986 年城镇住户非工资性收入为 15.25%，1990 年为 37.36%，1997 年为 40.7%，比 1986 年上升 25.45 个百分点。1986—1997 年，全民（国有）经济单位职工非工资性收入绝对额年均增长 174.9%，比工资性收入 37.07% 的年平均增长速度快 3.7 倍。在工资性收入中，奖金和津贴年均增长为 64.53%，比标准工资收入 3.3% 增长速度快将近 1 倍，在工资性收入中的比重也由 1986 年的 13.59% 上升至 1997 年的 23.76%，增加 10.17 个百分点。在非工资性收入中，首先是“从工作单位得到的其他收入”增长较快，年均增长速度达到 309%，占非工资性收入的比重由 1986 年的 29.49%，上升至 1997 年的 51.1%，增加 21.61 个百分点；其次是“价格补贴”也有增长；再次是其他劳动收入（含家庭成员的兼职、兼业收入及其他零星劳动收入）亦增长较快，财产性收入（含利息、股息、红利、租金等收入）1990 年以后呈逐渐增长趋势。2001—2005 年，收入结构发生显著变化，2005 年，在城市居民人均可支配收入中，工薪收入仍为城镇居民收入的主要来源，但其所占比重呈逐年下降之势。与此同时，以经营净收入、财产性收入和转移性收入组成的非工薪收入所占比重呈逐年上升之势，居民收入来源多元化趋势十分明显。2011—2016 年，城镇居民收入增加较快。机关事业单位人员的津补贴标准提高、发放绩效奖励以及最低工资标准和职工退休费的提高等是城镇居民工资性收入增加的主要原因。

二、城镇居民消费

消费水平　1986 年后，工农业生产的迅速发展给城镇市场注入活力，物资供应日渐丰富，消费市场由卖方市场逐渐转为买方市场，人们告别“票证经济”，粮票、肉票、油票、布票、烟票等 24 种限制市民生活的票证先后被废除，随着城镇居民收入的不断增加，消费水平在逐年提高，消费的自主权也不断增大，人们开始自由持币购买物品。1986 年全县社会消费品零售总额为 2579 万元，人均消费 541 元；1996 年全县社会消费品

零售总额14826万元，人均消费2634元，是1986年的4.9倍；2006年全县社会消费品零售总额为42787万元，人均消费5875元，比1996年增长123%，是1986年的11倍；2016年全县社会消费品零售总额为154242万元，人均消费10574元，比2006年增长79.52%，是1996年的4倍、1986年的19.5倍。

1986—2016年乐安县城镇居民消费品购买力情况表

表2-3-3　　单位：万元、元

年份	消费总额	人均数	年份	消费总额	人均数	年份	消费总额	人均数
1986	2579	541	1997	18103	3181	2008	59517	8356
1987	3162	567	1998	19163	3329	2009	70980	8576
1988	4282	773	1999	20438	3361	2010	85176	10634
1989	4438	807	2000	20887	3434	2011	100678	13916
1990	3867	703	2001	22486	3582	2012	113718	14429
1991	3881	738	2002	23100	3476	2013	102819	12981
1992	4887	892	2003	27446	4001	2014	119072	17534
1993	7493	1385	2004	33716	4778	2015	134551	20009
1994	11098	1967	2005	37389	5256	2016	154242	10574
1995	11385	2032	2006	42787	5875	—	—	—
1996	14826	2634	2007	49153	6587	—	—	—

消费结构　1986年以后，随着改革开放的深入，市场商品供应日益丰富，各类商品逐步敞开供应，城镇居民消费水平的提高不再表现为消费量的增大，而转变为消费质量的改善与提高，高、中档耐用消费品如电冰箱、彩色电视机成为消费热点。居民在吃的方面讲究营养，粮食消费比重逐渐下降，肉、禽、蛋等营养丰富的食品比重增加。穿着由“一衣多季”变为“一季多衣”，式样单一、色彩单调的服装被款式多样、绚丽多彩的时装代替。居民日用消费品的需求变化更为突出，风行一时的自行车、缝纫机、手表、收音机已基本趋于饱和，洗衣机、录像机、彩色电视机、电冰箱等高档耐用消费品，以及固定电话、移动电话已进入普通居民家庭。1991年始，居民消费趋于活跃，消费品市场供应日益充足，城镇居民生活费支出逐年增长。1993年，在各类消费品销售中，吃的商品如植物油、水产品、酒、猪肉等有较大增长，粮食、食糖有所下降；穿的商品中，各种时装消费量增长；耐用消费品中，彩色电视机、录像机、照相机、电冰箱等有所增长。2001—2005年，随着国民经济快速发展，城市居民收入水平大幅提高，使居民消费选择面大增，进一步促成城市居民消费水平和消费质量全面提升。2006—2016年，国家对商品购销政策、流通渠道、管理体制等方面进行一系列的调整，消费支出大增，汽车走进寻常百姓家，人民生活水平上了一个新台阶。

1986—2016年，域内城镇居民住房建设发生本质性的变化，不仅在样式上由传统平房转向现代楼房，结构上由砖木转向砖混，而且在户型上由单房转向套房，由多户一厅转向一户多厅，甚至建起单门独户的别墅。住房装修从1986年后悄然入室，并迅速成为时尚，墙面涂上涂料，地面铺起瓷砖，顶面吊起天花板，照明用上吸顶灯，旧时如厕的尿桶也被新式的卫生间取而代之。1990年开始实施的住房制度改革拉开集资建房的序幕，人均住房面积逐年增长。2000年全国第五次人口普查，全县城镇总家庭户数22326户，人均住房建筑面积8平方米以下的占16.11%、9～12平方米的占16.07%、13～16平方米的占16.69%、17～19平方米的占7.29%、20～29平方米的占22.68%、30～39平方米的占9.87%、40～49平方米的占5.07%、50平方米以上的占6.22%。2010年全国第六次人口普查，全县城镇总家庭户数31149户，无住房的占0.49%、人均住房建筑面积8平方米以下的仅占4.22%、9～12平方米的占6.53%、13～16平方米的占9.57%、17～19平方米的占5.35%、20～29平方米的占25.40%、30～39平方米的占17.71%、40～49平方米的占11.12%、50～59平方米的占5.31%、60～69平方米的占5.83%、70平方米以上的占8.46%。

第二节　农村居民生活

一、农村居民收入

收入水平　1986年，乐安县农村居民年人均纯收入为374.61元。1990年，随着外出务工、经商人员的逐渐增多，全县农村居民年人均纯收入达到711.07元，平均每年增加84.12元。1992年邓小平南方谈话发表之后，开始确立市场经济地位，农民的生产积极性高涨，农村经济发展迅速，农村居民收入也进入一个快速增长期。1994年，乐安农村居民年人均纯收入突破千元大关，达到1132.65元。

进入21世纪，中共中央、国务院进一步加大对“三农”的投入，特别是2002年乐安县列入国家扶贫开发重点县后，对农村的经济发展给予更多的政策和资金倾斜，有力地促进农民发展生产，增加收入。其间，全县以增加农民收入为重点，大力调整农业产业结构，引导和发展农村劳务经济，实现农民收入的平稳增长。2005年全县农村居民人均纯收入1666.42元，比1994年增加533.77元，增长47.12%。2006—2010年，加大农业和农村基础设施建设投入，优化农村经济结构，改善农村的生态环境和社会环境，不断提高农民收入水平和生活质量，缩小城乡差距。“十一五”时期，全县农村居民人均纯收入从1736.18元增加到2981.39元，增长71.72%。

2011年，全县农村居民人均纯收入3578.77元。2016年，全县农村居民人均纯收入7898.31元，比2011年增加4319.54元，增长120.70%，年均增长24.14%。

收入结构　1978年以前，乐安县农村经济结构单一，农业总产值中种植业产值占70%以上，林牧副渔业收入占30%以下，农民收入结构单一。

中共十一届三中全会以后，全县农村实行家庭联产承包责任制，以统一经营与分散经营相结合的方式，极大地调动农民的生产积极性，农村居民的收入结构有很大变化。1986年，乐安农民从集体统一经营中得到的收入为10.9元，到1996年，农民从集体组织中得到的报酬为56.36元，10年仅增加45.46元。而这10年，农民从家庭经营中得到的收入从459.36元增加到2227.76元，增加1768.4元。2016年，乐安农民家庭经营收入达到8092.46元。

2006—2016年，乐安农村居民工资性收入从463.29元增加到1538.49元，工资性收入占纯收入比重从26.68%下降为19.48%；家庭经营收入从1835.52元增加到8092.46元；财产性收入从9.72元增加到24.63元，占纯收入比重从0.31%上升到0.56%；转移性收入从66.21元增加到1131.57元，占纯收入比重从3.81%上升到14.33%。

1986—1993 年乐安县农民年人均收入情况表

表 2-3-4　　单位：元 / 人

项目	1986	1987	1988	1989	1990	1991	1992	1993
一、总收入	490.63	526.24	600.97	680.22	785.90	890.25	984.36	1124.56
1. 从集体统一经营中得到	10.90	25.63	12.43	23.48	28.07	30.29	50.23	76.74
从统一核算单位分配的	0.72	4.30	0.69	3.13	—	5.90	6.84	40.07
从乡村企业得到	8.67	8.85	8.29	17.97	24.95	20.33	33.46	36.67
从公益金中得到	—	2.29	1.34	1.61	2.48	—	2.33	—
从集体得到的奖励	0.23	0.01	0.22	—	—	1.23	—	—
从集体得到的其他收入	1.28	10.18	1.89	0.77	0.64	2.83	7.60	—
2. 家庭经营收入	459.36	480.36	566.84	640.13	731.72	836.29	900.79	920.51
农业收入	267.51	273.76	301.43	353.87	462.14	493.27	431.17	455.43
林业收入	20.69	26.90	42.84	9.51	8.07	11.90	10.94	3.52
牧业收入	77.48	85.60	118.30	148.00	123.25	159.21	209.87	304.98
渔业收入	4.29	4.90	10.41	11.91	10.43	14.74	22.68	25.69
手工业收入	5.37	1.13	0.85	5.54	5.77	15.70	14.02	5.12
采集捕猎收入	22.37	22.80	21.76	22.36	38.20	42.02	70.59	50.10
工业收入	1.04	6.33	9.36	0.81	0.93	1.56	1.72	—
建筑业收入	1.81	0.34	—	—	0.47	0.93	2.22	—
运输业收入	9.39	7.56	6.21	6.08	—	14.40	3.90	13.46
生产性劳务收入	27.21	27.76	37.40	59.67	57.45	36.84	85.95	—
商业收入	18.85	21.06	14.85	13.98	14.68	19.73	24.00	27.32
饮食业收入	—	—	—	3.15	3.25	4.70	2.73	2.91
服务业收入	0.36	1.36	1.26	1.58	1.77	6.90	11.57	13.61
其他家庭经营收入	2.99	0.86	2.17	3.67	5.31	14.39	9.43	18.37
3. 其他非生产性收入	20.37	20.25	21.70	16.61	26.11	23.03	29.45	28.58
二、全年纯收入	374.61	403.41	462.10	518.20	625.82	681.84	732.38	801.64

1994—2000 年乐安县农民年人均收入情况表

表 2-3-5　　单位：元 / 人

项目	1994	1995	1996	1997	1998	1999	2000
一、全年总收入	1632.63	2004.44	2596.07	2898.62	2708.40	2672.41	1695.28
（一）基本收入	1614.13	1965.70	2520.83	2824.89	2628.83	2640.27	1602.73
1. 劳动者的报酬收入	304.54	328.48	293.07	400.34	483.08	343.43	343.17
在集体组织中劳动报酬	54.17	71.48	56.36	72.24	110.69	80.05	44.97
在企业劳动得到的报酬	88.57	56.47	25.63	38.07	141.83	121.53	27.83
其他单位劳动得的报酬	161.80	200.53	211.08	290.03	230.56	141.85	270.37
2. 家庭经营收入	1309.59	1637.23	2227.76	2424.55	2145.75	2296.84	1259.56
种植业收入	769.56	918.13	1453.19	1539.90	1465.39	1449.62	851.69

续表 2-3-5

项目	1994	1995	1996	1997	1998	1999	2000
其中：粮食收入	601.37	736.22	1205.08	1236.92	1277.07	1254.10	828.85
林业收入	5.04	12.54	8.38	4.19	1.34	7.74	4.25
牧业收入	358.52	456.59	603.64	654.45	508.83	607.72	320.54
渔业收入	33.24	48.38	16.63	13.32	13.82	42.67	9.10
手工业收入	1.14	54.29	1.65	1.18	18.25	4.74	—
采集捕猎收入	41.83	48.27	57.86	71.49	55.77	60.53	—
工业收入	—	—	15.46	19.34	5.45	4.73	6.74
建筑业收入	—	—	—	—	12.27	4.06	0.76
运输业收入	7.07	26.85	1.77	42.44	—	—	4.56
商业收入	29.47	30.88	4.77	18.31	11.24	22.93	16.91
服务业收入	28.76	23.94	46.77	51.18	35.26	35.87	0.86
其他家庭经营收入	34.96	—	32.65	8.76	18.13	45.52	33.60
（二）财产性收入	5.63	18.20	36.64	30.11	28.10	12.52	17.06
（三）转移性收入	12.87	20.53	38.60	43.61	51.47	19.62	75.49
二、全年纯收入	1132.65	1400.71	1615.09	1899.69	1841.86	1929.85	1131.85

说明：1995—1998 年全县农民人均收入，经乐安县人大 2001 年 2 月 15 日会议研究批准，分别调整为 1138 元、1146 元、1165 元和 1129 元

2001—2010 年乐安县农民年人均收入情况表

表 2-3-6　　　　单位：元 / 人

项目	2001	2002	2003	2004	2005	2006	2007	2008	2009	2010
一、全年总收入	1695.67	1703.65	1817.66	2196.83	2354.30	2374.74	2527.93	3034.96	3337.78	3858.67
1. 工资性收入	345.39	344.08	434.21	387.449	409.58	463.29	491.85	585.40	646.11	703.70
在非企业组织中	95.84	110.21	66.41	9.32	11.03	30.72	34.06	56.49	56.95	49.22
在本地企业中	70.35	47.58	71.24	189.83	197.59	113.91	152.70	207.90	273.39	315.14
常住人口外出就业	151.60	147.18	296.56	188.33	200.95	318.66	305.08	321.01	315.77	339.33
2. 家庭经营收入	1265.67	1285.38	1316.14	1740.67	1861.37	1835.52	1973.78	2381.02	2562.95	2939.73
农业收入	833.79	834.56	814.37	1288.46	1412.35	1448.79	1577.20	1960.43	2139.20	2447.97
其中：种植业	811.87	817.18	—	1285.96	14.7.64	1447.46	1570.35	1944.74	2124.19	2419.55
林业收入	20.38	14.31	38.15	32.79	40.98	47.45	60.03	50.99	57.91	70.56
牧业收入	323.16	353.95	345.78	365.36	371.73	307.43	307.64	301.99	287.52	296.55
渔业收入	8.05	10.13	53.82	16.77	17.39	18.20	14.81	10.90	4.10	29.74
工业收入	5.89	2.66	19.60	5.57	0.49	—	—	—	0.12	—
建筑业收入	—	5.27	—	22.59	13.12	2.66	3.48	25.30	46.86	38.95
第三产业收入	—	0	38.02	9.13	5.32	11.00	10.63	31.40	27.63	55.97
3. 财产性收入	3.33	1.43	3.33	11.88	6.43	9.72	4.78	—10.28	9.77	6.04
4. 转移性收入	81.28	72.76	63.98	56.8	74.91	66.21	57.52	78.81	118.96	209.20
二、全年纯收入	1198.43	1203.57	1222.32	1542.94	1666.42	1736.18	1885.15	2299.67	2534.40	2981.39

2011—2016 年乐安县农民年人均收入情况表

表 2-3-7　　单位：元 / 人

项目	2011	2012	2013	2014	2015	2016
一、全年总收入	4705.16	5594.3	6627.22	8687.29	9930.91	10787.14
1. 工资性收入	878.86	983.15	1269.39	1114.75	1217.91	1538.49
2. 家庭经营收入	3511.24	4266.93	4937.52	6542.96	7519.61	8092.46
农业收入	2902.19	3514.47	4264.47	5851.00	6519.01	7033.88
其中：种植业	2876.64	3447.54	4243.75	—	—	—
林业收入	76.10	119.46	182.08	163.52	213.14	235.41
牧业收入	287.56	360.23	244.77	252.40	375.70	133.11
渔业收入	37.67	40.08	15.47	0.59	12.76	14.22
工业收入	—	—	2.14	—	—	—
建筑业收入	26.45	33.12	59.57	106.89	32.82	128.64
第三产业收入	181.27	199.57	169.02	168.56	366.17	547.19
3. 财产性收入	54.48	58.93	40	13.38	—	24.63
4. 转移性收入	260.58	285.30	380.32	1016.21	1193.39	1131.57
5. 非收入所得	—	—	—	67.73	74.57	85.44
二、全年纯收入	3578.77	4090.57	4649.46	4969.73	6397.49	7898.31

二、农村居民消费

消费水平　1986 年，乐安县农村居民人均生活支出仅 179 元。随着经济体制改革的不断深化，全县农村居民收入逐年增加，生活水平明显提高，消费能力逐年增强，由过去的“生存性”消费逐步转为“温饱型”消费。进入 20 世纪 90 年代，逐步转入“小康型”消费。吃：粮食消费量下降，肉食禽蛋类消费上升；穿：衣服从以保暖御寒为主转为以美观大方为主；住：住房由土木结构转为砖木结构、钢筋混凝土结构；用：家庭设备用品消费，由低档易耗的“将就型”向中高档“耐用型”发展。1990 年以后，农村居民家庭购买彩色电视机、电冰箱、摩托车、沙发、大衣柜等贵重耐用品的越来越多，自行车、缝纫机、手表、收音机这“四大件”已被彩色电视机、电冰箱、洗衣机、电话这“新四件”所代替，农村文化生活极大改善，精神面貌焕然一新。1995 年，每百户居民拥有黑白电视机 70 台、彩色电视机 8.6 台、电冰箱 1.4 台、摩托车 4.3 辆、大型家具 324 件。进入 21 世纪，农民生活从“温饱型”向“小康型”迈进，2001 年人均生活支出突破 1000 元，每百户居民拥有黑白电视机 67 台、彩色电视机 36 台、电冰箱 4.5 台、洗衣机 4.5 台、电话 13.4 部、摩托车 18 辆、大型家具 191 件。2010 年人均生活支出突破 2000 元，每百户居民拥有黑白电视机 16 台、彩色电视机 87 台、电冰箱 25 台、固定（移动）电话 90 部、摩托车 43 辆、计算机 2 台，农村彩电普及率 87%。2016 年人均生活支出突破 3000 元，每百户居民拥有彩色电视机 104 台、摩托车 89 辆、电冰箱 54 台、洗衣机 26 台、移动电话 180 部。

20 世纪 80 年代农村房屋

1986—2016年乐安县农村居民年人均消费品购买力情况表

表2-3-8

年份	消费总额（万元）	人均（元）	年份	消费总额（万元）	人均（元）	年份	消费总额（万元）	人均（元）
1986	4410	179	1997	21360	789	2008	47792	1672
1987	4468	185	1998	22674	807	2009	55785	2022
1988	6440	261	1999	23651	860	2010	65494	2324
1989	6893	275	2000	23215	872	2011	77637	2619
1990	6034	237	2001	26519	1002	2012	85787	2933
1991	6612	253	2002	27424	1029	2013	65910	2209
1992	6997	268	2003	27605	1024	2014	70486	2193
1993	9326	355	2004	25995	959	2015	79723	2489
1994	10455	398	2005	27903	1021	2016	86687	3548
1995	15711	591	2006	32665	1174	—	—	—
1996	18503	690	2007	38030	1353	—	—	—

1986—1993年乐安县农民年人均支出情况表

表2-3-9　　单位：元/人

项目	1986	1987	1988	1989	1990	1991	1992	1993
全年总支出	451.08	545.91	579.07	597.76	673.51	835.93	844.13	1030.36
一、家庭经营费用支出	86.58	90.72	107.58	127.64	123.14	168.21	205.95	269.86
农业生产支出	48.80	56.67	63.71	71.46	79.81	99.64	93.35	98.12
林业生产支出	0.83	0.49	0.43	0.69	0.27	1.98	1.64	0.71
牧业生产支出	27.89	24.35	30.24	38.80	38.12	43.41	83.29	151.93
渔业生产支出	1.16	0.88	1.74	2.59	1.85	3.58	4.60	6.33
手工业生产支出	2.28	1.83	0	1.92	1.63	8.13	8.96	0
工业生产支出	0	1.63	4.53	0	0.21	0	0.05	0
建筑业生产支出	0	0	0	0	0	0	0.35	0
运输业生产支出	3.74	2.48	2.88	3.83	0	6.28	0	6.28
商业生产支出	1.56	2.38	2.13	1.45	0.80	1.50	10.48	3.51
饮食业生产支出	0	0	0	0.60	0.27	0.48	0.49	0.76
服务业生产支出	0	0	0.14	0	0	1.15	0.12	2.22
其他经营支出	0.32	0.01	1.78	6.30	0.18	2.06	2.62	0
二、购置生产性固定资产支出	12.49	4.84	6.21	3.11	10.41	10.30	6.53	3.40
三、纳税	15.28	14.75	14.44	17.39	17.54	22.59	24.03	17.33
四、上交集体承包任务	4.20	5.87	4.86	4.95	7.21	4.42	4.46	3.59

续表 2-3-9

项目		1986	1987	1988	1989	1990	1991	1992	1993
五、生活消费支出		321.62	422.26	432.33	421.61	507.63	598.77	595.51	693.39
1. 生活消费品支出		314.60	405.70	411.72	395.59	475.14	550.13	545.13	617.07
其中	食品	197.10	210.79	242.86	254.73	342.42	367.91	372.40	460.85
	衣着	25.26	20.33	22.18	25.95	26.55	33.89	35.00	34.04
	住房	42.60	121.15	78.47	48.25	19.98	53.32	19.48	19.30
	燃料	19.87	18.11	22.52	23.32	38.99	51.60	52.82	45.23
	用品及其他	29.77	35.32	45.69	43.34	47.20	43.41	65.43	57.65
2. 非商品支出		7.02	16.56	20.61	26.02	32.49	48.64	50.38	76.32
其中	文化服务支出	4.28	6.81	9.20	9.96	15.22	19.62	22.67	43.48
	生活服务支出	2.26	9.75	11.41	16.06	17.27	29.02	27.71	32.84
	其他	0.48	0	0	0	0	0	0	0
六、其他非生产性支出		10.91	7.47	13.65	23.06	7.58	31.64	7.65	28.14
附记：生产性固定资产折旧		8.46	8.68	9.19	9.24	9.23	11.92	12.09	11.91

1994—2000 年乐安县农民年人均支出情况表

表 2-3-10　　单位：元 / 人

项目	1994	1995	1996	1997	1998	1999	2000
全年总支出	1419.84	1846.25	2568.81	2544.84	2304.16	2270.91	1736.57
一、家庭经营费用支出	401.89	499.67	793.36	795.12	648.80	598.24	371.48
种植业生产支出	150.21	215.09	416.47	392.61	331.03	311.02	241.73
林业生产支出	2.72	0	0	0	0	0.51	1.74
牧业生产支出	214.13	248.75	361.62	367.67	298.14	283.33	119.60
渔业生产支出	6.60	14.36	2.79	0.40	1.28	0.07	0.70
手工业生产支出	0.33	0	1.31	0.27	1.24	0.33	0
工业生产支出	0	0	3.12	8.61	2.83	0	0.40
建筑业生产支出	0	0	0	0	0	0	0.08
运输业生产支出	20.65	14.41	0	11.17	0	0	0.06
商业生产支出	3.91	4.44	1.05	3.05	0	1.15	0
饮食业生产支出	0	0	0	0	0	0.03	0
服务业生产支出	0.68	2.28	4.00	3.56	1.24	0.34	0.24
文教卫生业	0	0	0	0	0	0	1.84
其他经营支出	2.66	0.34	3.00	7.79	13.04	1.45	5.08
二、购置生产性固定资产支出	27.40	24.95	51.56	17.01	28.13	29.72	24.26
三、缴纳税金	35.52	39.84	63.40	65.22	49.11	25.59	40.34

续表 2-3-10

项目	1994	1995	1996	1997	1998	1999	2000
四、集体提留和摊派	33.21	38.06	80.20	91.34	118.28	70.63	4.83
五、生活消费支出	887.57	1232.77	1559.53	1524.90	1404.36	1543.87	1196.59
食品	621.68	759.00	800.83	810.59	803.99	868.36	666.57
衣着	39.76	51.15	70.93	70.23	69.12	62.86	63.56
居住	66.57	126.83	391.67	207.60	143.89	146.22	85.97
家庭设备、用品及服务	28.52	83.85	64.13	99.39	64.75	55.97	40.15
医疗保健	27.73	36.95	43.14	69.07	64.12	70.19	46.61
交通和通信	6.76	23.06	9.62	49.95	22.54	65.02	57.13
文教娱乐用品及服务	78.33	138.03	164.53	204.19	214.33	214.81	211.02
其他商品和服务	18.22	13.90	14.68	13.87	21.62	60.43	25.59
六、其他非借贷性支出	34.25	10.96	20.76	51.26	55.48	2.86	99.07
附记：生产性固定资产折旧	13.22	15.97	40.46	36.14	37.68	38.52	34.19

2001—2010 年乐安县农民年人均支出情况表

表 2-3-11　　单位：元／人

项目	2001	2002	2003	2004	2005	2006	2007	2008	2009	2010
全年总支出	1678.15	1642.06	1804.67	2173.42	2309.79	2304.33	2372.91	2803.20	2920.54	3225.22
一、家庭经营费用支出	338.43	345.69	448.12	548.98	605.06	577.24	588.18	676.16	729.91	788.73
农业生产	224.20	229.67	249.98	356.77	409.49	392.99	438.19	519.22	590.32	655.69
林业生产	3.38	3.45	2.13	0.69	1.52	1.47	0.52	7.70	12.86	12.15
牧业生产	108.52	111.51	155.26	179.69	178.17	176.50	136.51	134.51	121.32	108.4
渔业生产	0.82	0.74	29.86	1.57	1.18	1.49	7.81	0.43	0.90	0.63
工业生产	0.35	0.33	4.18	0.2	0.036	0	0	0	0	0
建筑业生产	1.16	0	4.06	6.15	11.83	1.82	0.59	3.12	1.49	10.66
第三产业经营支出	0	0	2.64	3.91	2.84	2.99	4.55	11.18	3.03	0.76
二、购置生产性固定资产支出	6.69	4.12	40.45	40.1	48.43	41.71	71.95	77.10	58.38	79.79
三、税费支出	53.24	55.16	61.24	40.91	24.12	0	0	0	0	0
四、生活消费支出	1220.05	1176.32	1178.94	1477.14	1566.30	1626.93	1645.91	1922.93	1992.48	2170.01
食品	633.71	643.42	639.01	846.79	925.54	886.35	920.00	1059.27	1024.18	1141.15
衣着	45.97	49.27	71.03	44.12	52.39	64.78	58.74	65.02	62.03	80.06
居住	68.60	62.70	69.50	113.29	110.96	99.09	83.58	117.07	128.40	177.56
家庭设备、用品及服务	48.49	44.74	45.10	45.73	45.82	58.28	61.26	80.72	111.01	115.24

续表 2-3-11

项目	2001	2002	2003	2004	2005	2006	2007	2008	2009	2010
医疗保健	52.99	48.90	57.02	57.24	67.38	84.08	90.95	77.92	132.26	140.53
交通和通信	44.04	49.72	58.05	70.05	72.93	88.09	92.32	174.70	122.51	126.48
文教娱乐用品及服务	299.17	253.20	218.35	278.59	265.66	324.86	301.06	320.09	371.46	347.23
其他商品和服务	27.08	24.38	20.88	21.34	25.61	21.40	38.00	28.14	40.63	41.75
五、财产性支出	1.25	1.29	0.23	7.07	0	0	0	0	4.64	9.69
六、转移性支出	58.49	59.47	75.69	59.22	65.89	57.79	66.13	127.01	135.13	175.67
附记：生产性固定资产折旧	35.68	4.12	33.23	0	0	0	0	0	0	0

2011—2016 年乐安县农民年人均支出情况表

表 2-3-12　　　　单位：元 / 人

项目	2011	2012	2013	2014	2015	2016
全年总支出	3995.47	4579.47	5673.2	8541.11	9555.95	9783.21
一、家庭经营费用支出	996.07	1364.77	1748.77	2216.09	2541.83	2564.12
农业生产	836.24	1158.24	1424.37	1984.32	2200.06	2368.03
林业生产	11.99	5.66	12.38	14.11	33.68	19.58
牧业生产	138.04	188.86	174.66	54	135.84	39.29
渔业生产	0.77	0	4.24	0.62	1.94	1.26
工业生产	0.26	0.11	0.24	0	0	0
建筑业生产	6.74	11.77	1.61	44.24	18.50	23.16
第三产业经营支出	2.03	0.13	19.85	118.51	151.81	112.80
二、购置生产性固定资产支出	97.53	50.15	4.62	310.67	374.10	371.33
三、生活消费支出	2596.56	2884.76	3689.6	5851.43	6456.65	6651.98
食品	1535.05	1832.05	2245.35	2803.30	2981.11	3189.10
衣着	114.18	154.24	213.78	336.93	346.42	357.13
居住	228.23	213.70	343.31	1284.60	1488.25	1335.48
家庭设备、用品及服务	114.39	85.31	158.78	271.33	301.89	424.52
医疗保健	193.13	185.51	184.12	150.77	321.81	310.95
交通和通信	225.73	228.17	253.75	375.42	418.74	466.92
文教娱乐用品及服务	107.02	101..70	225.5	545.25	478.60	439.73
其他商品和服务	78.82	84.07	65	83.85	119.81	128.16
四、借贷性支出	0	0	0	26.88	1.63	0
五、转移性支出	305.32	279.80	230.22	136.04	181.74	195.78

消费结构 中共十一届三中全会以后，乐安农村居民不仅消费水平有很大提高，消费结构也有很大变化。食品消费由求温饱向讲营养的多样化发展。1986年全县农村居民人均食品消费197.1元，1996年为800.83元，是1986年的4.06倍；2006年则为886.35元，分别是1986年的4.49倍、1996年的1.10倍。2016年全县农村居民人均食品消费3189.10元，是2006年886.35元的3.60倍。

21世纪初期农村房屋

受城镇居民住房建设及消费影响，全县农村住房亦向现代型、实用型发展，农民建房从单纯要求宽敞过渡到既求大更求好，土木结构的房屋越来越多地被砖木结构、砖混结构的房屋所代替。地面砖、装饰板、天花板等高档装修材料亦从城镇渗入农村。1986年，农民人均用于居住方面的支出为42.60元，1996年为391.67元，2016年则达到1335.48元，是1986年的31.35倍、1996年的3.41倍。2000年全国第五次人口普查，乐安县农村无住房的占2%、人均住房建筑面积8平方米以下的占15.82%、9～12平方米的占15.67%、13～16平方米的占16.89%、17～19平方米的占4.46%、20～29平方米的占27.12%、30～39平方米的占10.67%、40～49平方米的占4.52%、50平方米以上的占4.83%。2010年全国第六次人口普查，全县农村无住房的占0.30%、人均住房建筑面积8平方米以下的占2.77%、9～12平方米的占5.43%、13～16平方米的占10%、17～19平方米的占5.66%、20～29平方米的占33.26%、30～39平方米的占17.92%、40～49平方米的占9.33%、50～59平方米的占4.89%、60～69平方米的占4.85%、70平方米以上的占5.59%。2011年农村居民人均住房面积33平方米，比2010年年末增加7.2平方米。2016年调查年报显示，调查样本住户80户，30～60平方米1户，占1.25%；60～90平方米15户，占18.75%；90～120平方米35户，占43.75%；120～200平方米的15户，占18.75%；200平方米以上的14户，占17.5%。

衣着消费逐年增多，并向成衣时尚化发展。1986年，农民人均用于衣着的开支仅25.26元，1996年为70.93元，2016年则达到357.13元，是1986年的14.14倍、1996年的5.03倍。

1995—2005年乐安县平均每百户农民主要耐用消费品拥有情况表

表 2-3-13

项目	1995	1996	1997	1998	1999	2000	2001	2002	2003	2004	2005
大型家具（件）	324	140	141	130	152	13	191	130	—	—	—
电风扇（台）	70	—	91	86	18	17	67	74	—	52	48
电冰箱（台）	1	1	1	1	1	1	4	4	—	1	2
自行车（辆）	96	117	126	127	28	24	111	110	85	60	56
摩托车（辆）	4	11	19	17	—	4	18	19	22	14	14
电话机（部）	—	—	—	—	—	2	13	23	—	19	2
移动电话（部）	—	—	—	—	—	—	—	9	40	17	16
彩色电视（台）	9	6	14	16	6	6	36	36	40	28	27
黑白电视（台）	70	91	83	83	16	15	67	67	58	46	46
录放像机（台）	—	—	—	—	—	1	9	6	—	4	4
影碟机（台）	—	—	—	—	—	1	4	3	—	7	8
收录机（台）	10	19	14	14	3	1	4	16	—	4	4

2006—2016年乐安县每百户农民主要耐用消费品拥有情况表

表 2-3-14

项目	2006	2007	2008	2009	2010	2011	2012	2013	2014	2015	2016
洗衣机（台）	—	1	—	—	—	—	26	14	14	23	26
电冰箱（台）	12	12	14	24	25	66	49	50	50	51	54
抽油烟机（台）	—	—	—	—	—	—	12	6	6	6	6
自行车（辆）	62	53	80	77	73	38	—	—	—	—	—
摩托车（辆）	15	26	35	42	43	63	68	78	83	85	89
助力车（辆）	—	—	—	—	—	—	17	25	29	31	34
电话机（部）	21	23	20	20	10	10	13	19		3	3
移动电话（部）	23	35	50	68	80	148	148	154	166	170	180
彩色电视（台）	29	43	64	86	87	108	108	99	104	104	104
黑白电视（台）	46	28	37	18	16	4	0	0	0	0	0
照相机（台）	—	—	—	—	—	—	1	5	5	5	5
热水器（台）	3	5	—	—	—	—	31	41	43	44	48
计算机（台）	—	—	—	—	—	—	1	5	5	5	6
空调（台）	—	—	—	—	—	—	2	6	6	6	6

说明：乐安县为争取列入国家扶贫开发工作重点县，自2000年开始，表中数据作了调整

第三卷　中国共产党地方组织

本卷目录

第一章　领导机构

改革开放后，中国共产党乐安县委员会（简称“县委”）按照中共十一届三中全会以来中央确定的关于党的建设方针，根据经济社会发展不同阶段实际，制定并实施一系列县域发展战略决策，不断加强党的思想建设、组织建设、作风建设、制度建设与反腐倡廉建设。1986—2016年，中国共产党乐安县委员会历经第七届到第十四届，第七届、第八届任期为3年；从第九届起任期为5年。其间，县委带领全县人民解放思想、锐意改革、与时俱进、开拓创新，强力开创乐安改革开放、小康社会建设和党的自身建设新局面。

经过31年的团结奋斗，乐安经济持续快速发展，城乡面貌日新月异，人民生活显著改善，社会保持和谐稳定，各项事业蒸蒸日上，改革成果普惠共享，党的建设全面加强，执政能力不断提高，成为乐安历史上发展最好、最快的时期。

第一节　党代表大会

一、中国共产党乐安县第七次代表大会

中国共产党乐安县第七次代表大会于1987年9月15—17日在县城召开，出席大会的代表共380人。

大会的主要议题是：听取和审议中国共产党乐安县第六届委员会的工作报告；听取和审议县纪委的工作报告；选举产生中国共产党乐安县第七届委员会委员、候补委员以及乐安县纪律检查委员会委员；通过大会的有关决议和决定。

大会选举产生中国共产党乐安县第七届委员会委员24人：李耀南、钱家琪、张山东、陈干才、杨明华、邱欣森、文圣耀、牛才智、胡汉陶、毛明瑞、徐发根、梅泰和、陈桃芳、卢向云、李亚东、董华春、杨明才、陈福保、胡荣徽、易小云（女）、董克旺、刘一中、唐幼端、黄鹄鸣。县委候补委员5人（按得票多少排序）：甘金莲（女）、郝水保、李远锦、徐力平、汤儒萍。选举县纪律检查委员会委员。

七届一次全体委员会议，选举李耀南、钱家琪、张山东、陈干才、杨明华、邱欣森、陈桃芳、文圣耀、牛才智为常务委员会委员，李耀南为中共乐安县委书记，钱家琪、张山东、陈干才为中共乐安县委副书记。县纪委第一次全体委员会议选举产生县纪委常委、书记、副书记。

二、中国共产党乐安县第八次代表大会

中国共产党乐安县第八次代表大会于1990年3

中国共产党乐安县第十四次代表大会

月22—23日在县城召开，出席大会的代表共386人。

大会的主要议题是：听取和审议通过中国共产党乐安县第七届委员会的工作报告；听取和审议通过县纪委的工作报告；选举产生中国共产党乐安县第八届委员会；选举产生中国共产党乐安县纪律检查委员会；通过《关于在治理整顿、深化改革中不断加强和改善党的领导的决定》。

大会选举中国共产党乐安县第八届委员会委员25人：许国光、邱欣森、张山东、黄德宪、牛才智、文圣耀、陈桃芳、银光灿、孙玉英（女）、游解放、毛明瑞、董瑞珍、苏泉生、徐发根、卢向云、杨明才、董华春、胡荣徽、陈福保、曾火生、易小云（女）、甘金莲（女）、董克旺、董传发、唐幼端。县委候补委员2人（以得票多少为序）：刘一中、徐力平。选举县纪律检查委员会委员。

八届一次全体委员会议，选举许国光、邱欣森、张山东、黄德宪、牛才智、文圣耀、陈桃芳、银光灿、孙玉英（女）为常务委员会委员，许国光为中共乐安县委书记，邱欣森、张山东、黄德宪为中共乐安县委副书记。县纪委第一次全体委员会议选举县纪委常委、书记、副书记。

三、中国共产党乐安县第九次代表大会

中国共产党乐安县第九次代表大会于1992年12月27—29日在县城召开，出席大会的代表共380人。

大会的主要议题是：听取和审议通过中国共产党乐安县第八届委员会的工作报告；听取和审议通过县纪委的工作报告；选举产生中国共产党乐安县第九届委员会；选举产生中国共产党乐安县纪律检查委员会；通过《关于认真贯彻党的十四大精神，大力发展社会主义市场经济的决定》。

大会选举中国共产党乐安县第九届委员会委员25人：许国光、邱欣森、牛才智、银光灿、黄金堂、黄晓波、王仁华、符节约、杨月兰（女）、谭风翔、董瑞珍、张信昌、林志建、张梅生、甘金莲（女）、董华春、卢向云、杨水生、刁东森、胡荣徽、曾火生、葛志英（女）、唐幼端、陈全保、许祖联。县委候补委员2人（以得票多少为序）：刘一中、黄九龙。选举县纪律检查委员会委员。

九届一次全体委员会议，选举许国光、邱欣森、牛才智、银光灿、黄金堂、黄晓波、王仁华、符节约、杨月兰（女）为常务委员会委员，许国光为中共乐安县委书记，邱欣森、牛才智、银光灿为中共乐安县委副书记。县纪委第一次全体委员会议选举县纪委常委、书记、副书记。

四、中国共产党乐安县代表会议

1995年7月25日，召开中国共产党乐安县代表会议，会议议题：选举出席江西省第十次党代会代表。大会选举李秋生、赖大益为乐安县出席江西省第十次党代表大会代表。

五、中国共产党乐安县第十次代表大会

中国共产党乐安县第十次代表大会于1997年12月26—28日在县城召开，出席大会的代表共398人。

大会的主要议题是：听取和审议通过中国共产党乐安县第九届委员会的工作报告；听取和审议通过县纪委的工作报告；选举产生中国共产党乐安县第十届委员会；选举产生中国共产党乐安县纪律检查委员会；通过《关于进一步加强领导班子思想作风建设的决定》。

大会选举中国共产党乐安县第十届委员会委员27人：李秋生、胡松柏、符节约、杨水生、赖大益、张梅生、张信昌、周乾昌、刁东森、牛才智、银光灿、郑济平、黄凤珍（女）、吴福才、董华春、陈绍平、甘金莲（女）、陶英华（女）、张乐明、陈友生、李旭、江小梅（女）、管同文、董传发、涂继旗、李乐辉、邱秀兰（女）。县委候补委员4人（以得票多少为序）：宋乐丰、陈银保、饶国卿、黄清华。选举县纪律检查委员会委员。

十届一次全体委员会议，选举李秋生、胡松柏、符节约、杨水生、赖大益、张梅生、张信昌、周乾昌、刁东森为常务委员会委员，李秋生为中共乐安县委书记，胡松柏、符节约、杨水生为中共乐安县委副书记。县纪委第一次全体委员会议选举县纪委常委、书记、副书记。

六、中国共产党乐安县第十一次代表大会

中国共产党乐安县第十一次代表大会于2002年12月26—28日在县城召开，出席大会的代表共347人。

大会的主要议题是：听取和审议通过中国共产党乐安县第十届委员会的工作报告；听取和审议通过县纪委的工作报告；选举产生中国共产党乐安县第十一届委员会；选举产生中国共产党乐安县纪律检查委员会。

大会选举中国共产党乐安县第十一届委员会委员27人（按姓氏笔画排序）：王云生、刘红艳（女）、江小梅（女）、杨水生、李以庚、李来木、吴平、吴自胜、吴信根、吴瑞云、吴福才、邱秀兰（女）、张乐明、张梅生、陈绍平、陈跃敏、易光华、聂福仙（女）、陶英华（女）、黄建华、黄查英（女）、黄赛荣、彭光华、曾亦农、赖大益、管同文、廖金平。县委候补委员5人（以得票多少为序）：李乐辉、王庆华、帅辉德、宋乐丰、袁国平。同时，选举县纪律检查委员会委员。

十一届一次全体委员会议，选举黄赛荣、李来木、陈绍平、吴信根、吴福才、张梅生、廖金平、李以庚、陈跃敏、吴平、聂福仙（女）为常务委员会委员，黄赛荣为中共乐安县委书记，李来木、陈绍平、吴信根、吴福才为中共乐安县委副书记。县纪委第一次全体委员会议选举县纪委常委、书记、副书记。

七、中国共产党乐安县第十二次代表大会

中国共产党乐安县第十二次党代会于2006年7月1—3日在县城召开。出席大会的代表共347人。

大会的主要议题是：听取和审议通过中国共产党乐安县第十一届委员会的工作报告；听取和审议通过县纪委的工作报告；选举产生中国共产党乐安县第十二届委员会；选举产生中国共产党乐安县纪律检查委员会；通过大会的有关决议和决定。

大会选举中国共产党乐安县第十二届委员会委员38人（以姓氏笔画为序）：万高峰、王乐临、邓荣祥、帅辉德、艾玮（女）、伍珊（女）、江小梅（女）、何新华、吴平、吴自胜、宋乐丰、李旭、李以庚、李来木、杨水生、杨绍鹏、陈峰、陈绍平、周冰、宗理辉、易光华、徐建辉、聂小乐、袁国平、袁国梁、黄协怀、黄国福、黄查英（女）、黄赛荣、龚勇、揭秉华、曾月兴、曾亦农、谢小云、詹敏、赖大益、鲍峰庭、管同文。县委候补委员7人（以得票多少为序）：王庆华、杨世辉、帅蓉晖（女）、黄建华、陈少林、孙海玲（女）、廖梁成。选举县纪律检查委员会委员。

十二届一次全体委员会议，选举黄赛荣、李来木、徐建辉、陈绍平、李以庚、聂小乐、吴平、鲍峰庭、吴自胜、曾月兴、万高峰为中共乐安县委常务委员会委员，黄赛荣为中共乐安县委书记，李来木、徐建辉为中共乐安县委副书记。县纪委第一次全体委员会议选举县纪委常委、书记、副书记。

八、中国共产党乐安县第十三次代表大会

中国共产党乐安县第十三次代表大会于2011年7月26—29日在县城召开，出席大会代表共328人。

大会的主要议题是：听取和审议通过中国共产党乐安县第十二届委员会的工作报告；听取和审议通过县纪委的工作报告；选举产生中国共产党乐安县第十三届委员会；选举产生中国共产党乐安县纪律检查委员会；通过大会的有关决议和决定。

大会选举中国共产党乐安县第十三届委员会委员39人（按姓氏笔画排序）：王敏、邓荣祥、邓新荣、乐龙进、杜国辉、李以庚、杨卫、杨新（女）、杨军辉、杨建军、杨建忠、杨拾祥、杨党华、吴瑞云、张文贵、张乐明、张志华、陈卫、陈小龙、陈绍平、范为真、罗鸣、罗禄高、周冰、姚飞翔、袁国平、徐建辉、黄协怀、黄志勇、黄泽清、黄查英（女）、龚勇、章燕萍（女）、梁茂华、曾凤辉、曾文辉、谢国辉、廖梁成、戴慧龙。县委候补委员8人（按得票多少排序）：杨欣平、胡文军、陈晖、孙海玲（女）、易建文、吴平安、杨栋辉、黄建华。选举县纪律

续表 3-1-1

届次	职务	姓名	任期	籍贯
第十届 1997.12—2000.12	书　记	李秋生	1997.12—1999.07	江西永新
		黄德宪	2000.02—2001.02	江西临川
		何建辉	2001.02—2002.08	江西崇仁
		黄赛荣	2002.08—2002.12	江西东乡
	副书记	胡松柏	1997.12—2000.05	江西南城
		符节约	1997.12—2002.12	江西宜黄
		杨水生	1997.12—2001.05	江西乐安
		何建辉	2000.05—2001.02	江西崇仁
		赖大益	2000.09—2000.12	江西石城
		黄耀波	2001.02—2002.08	江西进贤
		陈才生	2001.05—2002.12	江西临川
		王力平（挂职）	2002.03—2002.12	山东文登
		李来木	2002.09—2002.12	江西东乡
		陈绍平	2002.09—2002.12	江西崇仁
	常　委	赖大益	1997.12—2000.06	江西石城
		张信昌	1997.12—2001.02	江西临川
		张梅生	1997.12—2002.12	江西乐安
		习东森	1997.12—2000.06	江西乐安
		周乾昌	1997.12—2001.05	江西南城
		张国英	1998.04—2002.12	江西金溪
		陈绍平	2000.04—2002.08	江西崇仁
		胡香兰（女）	2000.06—2001.05	江西金溪
		吴信根	2001.05—2002.12	江西宜黄
		廖金平	2001.05—2002.12	江西临川
		李以庚	2001.05—2002.12	江西广昌
		陈跃敏	2002.06—2002.12	福建福州
		吴　平	2002.09—2002.12	江西东乡
第十一届 2002.12—2006.07	书　记	黄赛荣	2002.12—2006.07	江西东乡
	副书记	李来木	2002.12—2006.07	江西东乡
		陈绍平	2002.12—2006.06	江西崇仁
		王力平（挂职）	2002.12—2004.03	山东文登
		吴信根	2002.12—2004.04	江西宜黄
		吴福才	2002.12—2004.10	江西乐安
		徐建辉	2004.04—2006.07	江西临川
		章树和	2005.04—2006.06	江西崇仁

续表 3-1-1

届次	职务	姓名	任期	籍贯
第十一届 2002.12—2006.07	常　委	陈绍平	2006.06—2006.07	江西崇仁
		张梅生	2002.12—2006.06	江西乐安
		廖金平	2002.12—2006.06	江西临川
		李以庚	2002.12—2006.07	江西广昌
		吴　平	2002.12—2006.07	江西东乡
		聂福仙（女）	2002.12—2006.06	江西临川
		陈跃敏	2002.12—2003.03	福建建瓯
		杨国富	2003.03—2005.07	江西丰城
		陈文涛	2005.07—2006.06	江西泰和
		聂小乐	2006.06—2006.07	江西乐安
		鲍峰庭	2006.06—2006.07	江西万载
		吴自胜	2006.06—2006.07	江西进贤
		曾月兴	2006.06—2006.07	江西临川
		万高峰	2006.06—2006.07	江西南城
第十二届 2006.08-2011.07	书　记	黄赛荣	2006.07—2007.10	江西东乡
		李来木	2007.10—2011.06	江西东乡
	副书记	李来木	2006.07—2007.10	江西东乡
		徐建辉	2006.07—2011.07	江西临川
		陈绍平	2007.10—2011.03	江西崇仁
		黄泽清	2011.03—2011.07	江西临川
	常　委	李以庚	2006.07—2011.03	江西广昌
		聂小乐	2006.07—2011.07	江西乐安
		吴　平	2006.07—2009.12	江西东乡
		鲍峰庭	2006.07—2008.07	江西万载
		吴自胜	2006.07—2007.12	江西进贤
		曾月兴	2006.07—2010.07	江西临川
		万高峰	2006.07—2007.07	江西南城
		范万根	2007.07—2010.07	江西丰城
		梅　勇	2008.04—2010.11	江西东乡
		梁茂华	2008.07—2011.07	江西临川
		章燕萍（女）	2008.07—2011.07	江西南城
		钟建平	2009.12—2010.09	江西崇仁
		龚邦南	2010.09—2011.07	江西奉新
		黄国平	2010.09—2011.05	江西黎川
		范为真	2010.11—2011.07	江西临川
		伍珊（女）	2010.11—2011.07	江西临川
		张文贵	2011.03—2011.07	江西南丰

续表 3-1-1

届次	职务	姓名	任期	籍贯
第十三届 2011.07—2016.08	书　记	徐建辉	2011.07—2015.01	江西临川
		彭银贵	2015.07—2016.08	江西南丰
	副书记	姚飞翔	2011.07—2013.06	浙江淳安
		吴宜文	2013.06—2016.08	江西临川
		黄泽清	2011.07—2016.08	江西临川
		陈献光（挂职）	2015.06—2016.02	浙江温州
	常　委	梁茂华	2011.07—2016.08	江西临川
		张文贵	2011.07—2016.08	江西南丰
		张乐明	2011.07—2016.08	江西进贤
		章燕萍（女）	2011.07—2016.08	江西南城
		范为真	2011.07—2016.08	江西临川
		罗禄高	2011.07—2016.08	江西崇仁
		杨党华	2011.07—2013.08	江西临川
		杨军辉	2011.07—2012.09	江西永新
		吴瑞云	2013.08—2016.08	江西临川
		黄　忠	2012.09—2015.04	江西南丰
		吴龙泉（挂职）	2012.09—2014.09	江西永丰
		艾虎林	2015.04—2016.08	江西南丰
		陈献光（挂职）	2013.12—2016.02	浙江温州
		孙箫韵（女）	2016.03—2018.03	辽宁抚顺
第十四届 2016.08—	书　记	彭银贵	2016.08—	江西南丰
	副书记	吴宜文	2016.08—	江西临川
		江少辉（正处）	2016.08—	江西余干
		覃鹏（正处、挂职）	2018.04—	广西柳江
	常　委	陈小青（正处）	2016.08—	江西临川
		吴淑琴（女、正处）	2016.08—	江西临川
		罗禄高	2016.08—	江西崇仁
		吴瑞云	2016.08—	江西临川
		陈伙明	2016.08—	江西广昌
		肖国辉	2016.08—	江西崇仁
		陈　勇	2016.08—2018.02	江西临川
		黄庆安	2016.08—	江西井冈山
		黄旭（挂职）	2017.03—	四川眉山

第三节　基层党组织

一、乡镇党委

1984年6月，农村体制改革，撤销人民公社，全县21个公社党委改为21个乡镇党委；同时撤销大马头垦殖场党委。1985年3月，将牛田、招携、戴坊3个乡改为镇；5月，设立中共乐安县排下实验农场委员会，列为乡镇级党委；12月，撤销石陂乡并入鳌溪镇。到1986年，全县下辖：鳌溪镇、公溪镇、戴坊镇、牛田镇、招携镇5个镇党委；航桥乡、山砀乡、龚坊乡、鹏洲乡、万坊乡、湖坪乡、罗陂乡、增田乡、望仙乡、坪溪乡、金竹乡、谷岗乡、南村乡、湖溪乡、潭港乡15个乡党委、排下实验农场1个场党委。1988年撤销排下实验农场党委。1992年12月恢复大马头垦殖场党委。

1999年7月1日，龚坊乡撤乡设镇。2001年4月，山砀乡、增田乡、万崇乡改设镇建制；8月，撤销潭港乡并入鳌溪镇，撤销鹏洲乡并入戴坊镇，撤销航桥乡并入山砀镇，撤销坪溪乡并入金竹乡（驻坪溪），撤销望仙乡并入招携镇。2014年9月，成立大马头乡。到2016年年底，全县有9个镇党委、7个乡党委。

二、县直机关党组织

乐安县党和国家机关基层党组织由中共乐安县直属机关工委和成立党委的县直机关党组织两大块构成。1990年，成立教育局党委、城建局党委、公安局党委；1991年，成立林业局党委、商业局党委；1992年，成立粮食局党委、经委党委、工商局党委。1992年，全县党政机关共设9个基层党委，即县直属机关党委、教育局党委、经委党委、城建局党委、商业局党委、林业局党委、公安局党委、粮食局党委、县工商局党委。县直属机关党委领导县委各部委办和县直机关各单位（除单独成立党委的）党的工作，其他基层党委领导本系统机关和下属企事业单位党的工作。县直属机关党委下辖11个总支部，90个支部；教育局党委下辖8个支部；经委党委下辖1个总支部，16个支部；城建局党委下辖6个支部；商业局党委下辖16个支部；林业局党委下辖3个总支部，27个支部；公安局党委下辖10个支部。1995年5月成立交通局党委；1996年2月成立卫生局党委、供销社党委；1996年6月成立农业局党委、水利电力局党委、文广局党委，撤销县工商局党委改为党组，2002年2月，撤销供销社党委。2006年，成立工业园区党工委。

到2016年，乐安县共有14个机关党委，即县直属机关党工委、工业园区党工委、县教育局党委、县文广局党委、县卫计委党委、县住建局党委、县交通运输局党委、县公安局党委、县农业局党委、县林业局党委、县水利局党委、县工信委党委、县商务局党委、县粮食局党委。

根据党章规定，在县人大、县政府、县政协、县法院、县检察院等机关设立中共党组。

三、企业党组织

乐安县国有（集体）企业管理体制改革前，企业党组织隶属于县经贸委、二轻局、粮食局、供销社、商业局等原主管部门党组织管理，在乡镇的粮管所、供销社等站所党支部隶属于当地乡镇党委管辖。企业改制后，企业党组织进行撤并。有的党员成为流动党员划入所属村、社区管理，保存下来的党组织隶属关系不变。2002年，建立乐安县非公有制经济组织党建工作联系会议制度。2003年3月，首次向非公有制企业选派联络指导员，选派企业65个，人员55人；单独建立中共支部的非公有制企业8个，有中共党员165人。2004年，指导非公有制企业建立中共支部17个。2006年，中共乐安县工业园区工作委员会成立。原县经贸委党委管理的企业、原县林业局党委管理的7家企业党组织关系划归县工业园区党工委管理。2008年，全县私营企业中单独建立党组织的有11个，建立联合支部的有8个。2011年11月，乐安县非公有制企业工作委员会成立。按照党组织设置“全覆盖”的要求，到2016年年底，全县共有非公有制企业党组织13

招携镇山湾村党支部办公楼

个，其中联合支部8个，国有企业党委1个（县供电公司党委），国有（集体）企业基层党组织69个，其中国有经济45个，集体经济24个。

四、村级党组织

1984年，农村体制改革，撤销人民公社、大队建制，改设乡镇、村。在行政村设立党支部。1986年，全县有村党支部211个；1990年为205个；2003年9月，进行村级组织撤并，共有村委会175个；到2006年，全县有175个村党支部。2014年，大马头乡增设龙虎岭村党支部。至此，全县共有村党支部176个。

第四节　领导方式

县委全委会　在县党代会闭会期间为县委的领导机构，负责执行上级党委的指示和同级党代表大会的决议，领导全县的工作。其职责：贯彻执行党的路线、方针、政策，保证中央和上级党委、政府的指示在本县全面正确地贯彻落实；选举常委会和书记、副书记；讨论决定以县委名义发布的涉及全局工作的文件；听取和审议常委会的工作报告，对常委会及其委员的工作进行监督和评议；决定召开党员代表大会或党员代表会议。对常委会提请决定的问题或必须由全委会决定的其他重要问题作出决策。根据党章规定，全委会议一般每年召开一次。由县委委员、候补委员参加，会议议题由常委会确定。全委会必须有2/3以上委员到会方能召开，表决时，以赞成票超过应到会委员人数的半数为通过，表决可根据讨论事项不同内容，分别采取举手、无记名投票、记名投票或其他方式，会议议定多个事项时应逐项表决。1986—2016年，中共乐安县委召开第七届至第十四届党员代表大会，选举产生8届中共乐安县委员会。

县委常委会　在县委全委会闭会期间，履行县委职责，领导全县工作。县委工作实行常委分工负责制。常委会的主要职责：审议县纪律检查委员会、县人大常委会党组、县人民政府党组、县政协党组、县法院党组、县检察院党组、县人武部党委提出的重大事项并作出决策，协调县级各种组织的活动；向县委全体会议负责并报告工作，对应由全委会决定的事项事先进行审议和提出意见，并接受县委全体会议的监督；向上级党委报告工作。常委会会议一般每月召开1～2次，如遇重要情况可随时召开。常委会会议由书记召集并主持，书记不能参会时，可委托副书记召集并主持；常委会会议议题由书记确定或由书记委托副书记确定，除紧急情况下，一般不临时提出事先没有安排的议题；常委会会议必须有半数以上常务委员到会方能举行；县人大常委会主任和县政协主席列席县委常委会议。常委会议进行表决时，按照少数服从多数的原则，书记、常委一人一票，赞成票超过应到会常委人数的半数为通过。常委会会议决定的事项，有关部门和单位必须坚决执行。

专题会议　涉及中央、上级党委的重大方针、政策，重要会议的贯彻，重大工作的部署；涉及全县性、全局性、前瞻性的重大决策；全年工作部署、专项工作推进；重要干部的民主推选；行风政风的民主测评；目标管理考评，表彰先进；警示教育等，分别召开县委、县政府联席会议；县委、县人大、县政府、县政协四套班子联席会议（20世纪80年代至20世纪90年代包括县纪委、县人武部，称“六套班子联席会议”）；乡镇党委、政府，县直单位主要领导参加的全县领导干部会议；县、乡镇、村主要领导参加的全县三级干部大会等。

第二章　党务工作

1986—2016年，县委各部门紧紧围绕县委的工作部署和重大决策，认真履行职责，积极当好参谋，主动开展工作，确保党的路线、方针、政策和县委的重大决策贯彻落实，确保县委的各项工作正常运行，促进全县经济社会各项事业健康发展。

第一节　办公室工作

一、县委办公室机构人员

1986年，县委办公室含县委对台工作办公室、党史资料征集办公室、信访办公室、机要科。1989年，成立县委政策研究室（副科级），与县委办公室合署办公。1990年5月，成立县保密局、机要局（科），与县委办公室合署办公；11月，县委党史征集办公室更名为县委党史工作办公室，县委政策研究室升格为正科级机构。1991年8月，县委对台工作办公室更名为县委台湾工作办公室，同时挂县政府台湾事务办公室牌子。

1996年机构改革，政策研究室、信访办公室归口县委办公室，机要局、台湾工作办公室并入县委办公室。1999年5月，成立县委督促检查室，与县委办公室督查科合署办公；成立县接待科，归口县委办、县政府办管理；12月成立县委信息室，与县委办公室信息科合署办公。

2003年机构改革，政策研究室与县委办公室合署办公；台湾工作办公室与统战部合署办公；信访办公室更名为县委信访局（增挂县政府信访局牌子），归口县委办公室管理；机要局、保密局并入县委办公室。2005年2月，县委台湾工作办公室改为归口县委办公室管理；县委办公室增设党委系统办公自动化办公室（与机要局合署办公）、书记热线办公室（开通民情直通车）；成立机关后勤事务管理中心。2016年4月，成立乐安县电子政务内网管理中心。

县委机关办公地址：1986—2006年在广场路（现乐安一中办公大楼），2007年1月迁入人和路新建的县行政中心县委大楼。

1986—2016年，历任主任：胡荣徽、缪凤

县委办公大楼大厅

翔、宋乐丰、张乐明、曾亦农、袁国梁、陈峰、廖梁成、龚勇、王金华。

办文办会　负责起草县委主要会议文件、领导讲话和上报下发的重要文件。对重大问题的决定、决议和领导讲话稿的起草，在领会上级精神的基础上，组织人员进行广泛的调研，收集资料，征求各方面的意见，力求精准，既符合上级精神，又切合实际。校核文稿，力求严谨精炼，避免差错。对上传下达的文件，及时呈送书记、副书记、常委和分管领导阅示；对领导批示的文件，及时办理并反馈结果。负责县委常委会议、县委全委会、县委工作会议和其他全县性会议的会务工作以及县委领导参加重要活动的安排。围绕县委的决策和各项中心工作，积极参与政务、管理事务、搞好服务。

信息工作　信息工作是县委办公室为领导服务的重要内容，也是发挥参谋助手作用的重要途径。县委办公室主要抓队伍建设、健全信息网络，广选深挖，提高信息质量。编辑《乐安信息》，及时向上级和有关单位传播信息动态，供领导和有关单位参考。1994 年下半年，省委办公厅把乐安县委办公室列入信息直报点。永丰县与乐安县万崇乡交界地发生一起山林纠纷事件，县委办公室利用直报点的优势，在第一时间将信息直报省委办公厅并省委书记毛致用，得到毛致用的及时批示，妥善处理两县山林纠纷案，避免群体性事件的发生。1995 年上半年，向塘至江边村火车停运，造成大量物资压库运不出去，人员出行也带来不便。县委办公室将信息及时上报中央办公厅，中央办公厅责成铁道部调查处理，铁道部及时派员了解情况，予以妥善解决。是年，地委办公室在乐安召开全区党委办公室系统信息工作会议。县委办公室先后多次获得省、市党委系统信息工作先进单位。

2015 年，县委办公室编印《每周要闻》，收集汇总县四套班子领导一周行程信息，在县主要领导外出培训、招商期间，增加县委各部门、县直各单位、各乡镇领导行程信息，为领导掌握县内工作进展提供参考，使之为领导服务更加规范化、制度化。完善应急报备制度，对紧急突发事件第一时间将最新详细信息报送主要领导和上级报备，按时收集报备全县领导干部外出情况。

督查工作　是县委办公室协助领导抓好政策、工作部署贯彻落实的一项重要措施，也是发挥参谋助手作用的重要体现。县委办公室把贯彻中央、省、市有关会议精神和县委出台的重大决策、重要工作部署，作为督查工作的重点，确保各项工作落到实处。要求各乡镇、各单位对全县性会议的贯彻情况及时反馈上报；对辖区内发生的重大事件，及时上报；强化督查手段，对各单位上报情况、工作落实措施，及时予以通报。对领导批示件，随批随办，并明确承办单位和领导责任，做到批必查、查必清、清必办、办必果、果必报。同时，编印《乐安督查》，予以通报，促进各项工作落实。县委办公室先后多次获得省、市党委系统督查工作先进单位。

后勤服务　坚持“健全制度、严格管理、热情服务、保障有力”的原则，扎实有效地开展各项后勤管理工作。指导接待办做好对外接待工作，制定接待方案，规范接待、热情服务。指导机关事务管理局加强对行政中心大院环境卫生、绿化亮化、安全保卫、机关食堂、会议中心、公车出租等管理，严格执行制度，确保行政中心日常工作高效有序运行。

二、政策研究室机构人员

1989 年 5 月，成立县委政策研究室（副科级）；1990 年 11 月，县委政策研究室升格为正科级机构，与县委办公室合署办公。

1990—2016 年，历任主任：肖平、张乐明、曾亦农、袁友发、周志文、尹续平、邱建辉。

调查研究是县委办公室的一项基本任务，也是为县委决策提供依据，发挥参谋助手作用的一个重要环节。县委政策研究室自成立后，通过深入调查研究，先后撰写《关于乡镇机构设置的调查报告》《关于牛田镇傍安村发展蘑菇产业的调查》《乐安县林业发展的现状及几点建议》

《乐安县新农村建设的调查与思考》《乐安县做大做强毛竹产业的调查与思考》《乐安县谷岗乡四清村盘活山林经营权的调查》《罗陂乡发展黄栀子生产的调查》《乐安县劳务输出现状的调查报告》《举办2005流坑文化产业开发暨经贸洽谈会的实践与启示》《对发展乐安县农村小城镇建设的调查与思考》等调研文章，分别在省级刊物《调查与研究》《江西农业》等，在市级刊物《政策研究》《谋略》及县委《乐安工作》《乐安调研》等刊发。2002年3月参与县委、县政府组织的乐安县党政代表团，赴浙江温州等地学习考察，完成《赴浙江温州、永嘉、临海等地学习考察报告》；2005年参与县委、县政府主要领导带队的乐安县党政代表团，赴赣州兴国等地学习考察社会主义新农村建设，完成《赴赣州兴国等地学习考察报告》，以县委文件印发全县各地、各单位。

三、机要局（科）机构人员

1985年3月，成立县委机要科，为县委办公室内设机构。1990年5月成立县委机要局（科），对外称机要局，对内称机要科，两块牌子，一套人马。

1986—2016年，历任局（科）长：杨三龙、黄建华、张建荣、曾婷。

县委机要局主要负责中央、省、市各级党政机关密码电报、明传电报的接收、分发、传办和管理工作，保证密码通信网络的正常运转、安全和畅通。

1985年7月，机要科配备ESX（F）小型程控交换机；1986年8月，乐安县与地委机要科开通话路专线通报，使用机要专用通信网，购置传真加密机，充实县与地区三类传真机的加密通信，从而由单一的数码电报加密转变为数码电报和传真加密电报两个系列的密码通信，使乐安县委机要局从以手工和机械作业为主转到电子化、自动化为主的作业方式。1991年8月，成立由县委副书记任组长的县委密码工作领导小组，建立健全各项密码工作规章制度，使密码管理走向规范化、制度化轨道。1993年6月，配备HJD-80型程控用户交换机，机要工作实现全自动化作业。1996年11月，组建全县乡镇党政传真通信网，改变县、乡通信单靠电话联络或人力传递的局面，提高基层党政领导机关的工作效率，增强党政机关对突发事件的应变能力，为加快县域经济发展和维护农村社会稳定起到积极作用。1997年配备一台联想计算机。2000年6月，完成计算机密码通信网络建设，密码通信方式基本达到以数据密码通信为主，传真通信为辅的通信作业方式；12月，完成2兆的机要宽带通信网络建设。2016年7月，完成县乡商用密码公文通信系统，实现县乡党政机关无纸化传输和办公自动化；12月，完成电子政务内网建设，改建完成保密视频会议室，实现省、市、县纵向接通。

机要局（科）成立后，制定值班、机要保密、电报收发密码、密码机交换班、机房管理和请假等制度。机要局（科）是政治性、业务性统一的单位，对机要人员的政治和业务素质都有较高的要求。机要人员经过严格的政治审查和进行严格的培训，以确保机要信息的安全。

四、保密局机构人员

1990年5月，在县委原保密委员会办公室的基础上，成立县保密局。县委办公室主任兼任县委保密委员会办公室主任或保密局局长。

县保密局的主要职责是依照保密法律、法规和规章管理乐安县域内的保密工作。县保密局成立后，在县直单位和乡镇（场）分别成立保密领导小组，由单位主要负责人兼任组长，并配备专（兼）职保密干部。

1991年，重点开展保密宣传教育活动，举办保密知识专题讲座，印发《中华人民共和国保密法》及《中华人民共和国保密法实施办法》3600本，在全县范围内进行保密法及其实施办法的考试。1994年，对县委各部门、县直各单位1993年的文件管理工作进行全面保密检查，建立和健全文件销毁制度，为全县副科级以上领导干部印

方式，加大对台经贸力度，扩大合作成果。主动参与到县招商引资团队，赴长三角、珠三角、闽南三角洲等地开展招商引资项目推介。2011 年，有 3 批台商到乐安考察。2012 年，接待赴乐安考察台胞 4 批次，共 60 余人次。协助江西台大农业科技园扩大投资 120 万美元，新上台湾黑猪养殖、名贵树种种植等项目。乐安县政府因此连续多年参加省政府举办的赣台经贸合作研讨会；2012 年 7 月，参加抚州市举办的“2012 首届赣台（抚州）精致农业研讨会”。

乐安县台办经常深入台资企业，帮助协调解决实际困难。2012 年，省政协、省台联领导先后深入江西台大农业科技园，开展台资企业发展情况专题调研，了解企业面临的实际困难和问题，研究解决办法和措施。2013 年，县台办为江西台大农业科技园在企业招工、化解矛盾上给予全力帮助，全年有效化解各类矛盾纠纷 2 起，为台资企业办实事、难事 6 件。

2014 年 8 月，县委、县政府在江苏昆山举办台资企业合作项目招商对接会，推介机械电子、生物医学、旅游开发等重点产业。在昆山投资的 40 多位台商应邀出席。11 月，由上海市模具技术协会副会长、昆山未来工业精密模塑科技有限公司总经理陈玉坤率领的昆山台商考察团一行 10 人，到乐安县考察。是月，县台办开展“为台资企业服务月”活动，帮助江西台大农业科技园解决困扰多年的林权证办理问题，消除台商的后顾之忧。江西台大农业科技园经过几年的投资已建成苗木区、果树区、茶花区、蔬菜区、畜牧区等，园内基础设施不断完善。2014 年被评为江西省 AAA 级乡村旅游点。

2015 年，乐安县在厚发工业园区建立台商科技产业园，面积约 600 亩。7 月，乐安县与昆山台商成功签约，正式注册江西德春塑料纤维有限公司。该项目落户厚发工业园区台商科技产业园，为台商独资企业，注册资金 152 万美元，占地 30 亩，总投资 5000 万元人民币，开发、生产和销售注塑用色母粒和有色粒子。

扶贫帮困　县台办把帮助台籍同胞、台属发展生产，提高生活水平，作为对台工作的一个重要组成部分。到 1993 年，先后给予台籍同胞、台属各种补助 2.18 万元，提供无息贷款 3.2 万元，平价柴油 500 余千克，平价木材 120 立方米，平价化肥 16 吨；举办各类科技培训班 6 期，培训人员 200 余人次，编印数百份农村实用科技资料供学习参考；扶助台籍同胞、台属兴办经济实体 11 人，就业人员 60 余人，引导台籍同胞、台属以富带贫，结为联系户，共同发展生产。

2012—2013 年，县台办积极协调有关部门，为台胞解决实际困难。及时将 23 名困难台胞台属分别纳入农村和城市居民最低生活保障，帮助 60 名失业台属实现就业。向乡镇政府申请困难台胞建房补助款 1.2 万元，为生活困难的台胞台属送去慰问金、物资折合人民币 2.04 万元。

2014—2016 年，向全国台联申请特困定居台胞家庭帮扶 10 户，其中一类家庭 7 户，每户 5000 元；三类家庭 3 户，每户 3000 元。向省台联申请全省老年台湾省籍同胞生活困难补贴 25 人，每人 1200 元。申请全省台湾籍同胞生活困难补贴 10 户，每户 600 元；走访慰问台属 4 户，每户 800 元。

政治关怀　县台办在政治上重视关怀台胞的成长进步。到 1993 年，先后有 6 人加入中国共产党，18 人当选为省、县、乡（镇）人大代表、党代表和政协委员。4 人多次上北京出席全国台联召开的经验交流会，受到邓小平、李先念、李鹏等党和国家领导人的接见。在思想上教育引导，每年举行 1 ~ 2 次座谈会，组织台籍同胞学习党的政策，介绍国际、国内时事和对台形势，激发台籍同胞热爱党、热爱祖国、热爱社会主义、热爱乐安第二故乡的热情。对有领导才能的重点培养，为他们走上领导岗位创造条件。1989 年 10 月，乐安县台胞台属联谊会成立。县台办充分发挥联谊会与台湾进行民间交流的作用；一方面，加强与台胞台属的联络，接待台胞，走访台籍同胞、台属，向台湾乐安同乡会和台胞邮寄贺年卡、信件和照片等，增进海峡两岸的乡情、亲情和与台胞、台属的感情；另一方面引进台资、外资，做好牵线搭桥工作。

2013 年 9 月，江西省第八次台湾同胞代表大会在南昌召开，乐安县有台胞 9 人参会。2016 年 12 月，江西省台湾省籍党员大会在南昌召开。乐安县有台湾省籍党员 5 名，其中 1 名因年龄偏大缺席，4 名党员出席大会。

第三节　组织工作

1980 年 3 月，恢复“文化大革命”中被撤销的中共乐安县委组织部。1996 年 3 月，成立中共乐安县委组织部参照国家公务员制度管理工作办公室。1997 年 7 月机构改革，内设秘书科、干部科（含知工办）、组织科。县委组织员办公室、知识分子工作办公室并入县委组织部；县委老干部局归口县委组织部；县直属机关工作委员会与县委组织部合署办公，一个机构，两块牌子。2003 年 4 月机构改革，县委组织部内设秘书科、组织科、干部科；县直属工委与县委组织部合署办公；县委农村基层组织建设办公室归口县委组织部，县委组织员办公室、县知识分子工作办公室挂靠县委组织部。2007 年 12 月增设农村基层组织建设科；2008 年 6 月增设公务员管理科；2013 年 12 月，内设办公室、干部科、组织科、公务员科、农村基层组织建设科（与县委农村基层组织建设办公室一套人马，两块牌子）。县委组织部核定行政编制 16 个，工勤事业编 2 个；农村基层组织建设办公室核定事业编 4 个。2016 年年底有行政干部 12 人，工勤人员 2 人；村建办事业干部 3 人。

1986—2016 年，历任部长：卢向云、邱欣森、银光灿、符节约、周乾昌、廖金平、李以庚、鲍峰庭、梁茂华、陈小青。

一、党员发展

1986 年，全县各级党组织在做好发展知识分子入党工作的同时，注意在各行各业生产第一线骨干和力量薄弱、多年没有发展党员的单位和部门，以及在有文化的青年农民、工人和妇女中发展党员。是年，全县共发展新党员 331 人。

1987 年 9 月，地委组织部与团地委联合印发《关于切实做好在团员和先进青年中发展党员工作的意见》，乐安县各级党团组织高度重视和认真做好吸收优秀团员和先进青年入党工作，结合整党把党的基本知识教育作为党团一项经常性工作列入计划，提高广大团员、青年对党的认识和理解，广泛开展交心谈心活动，启发其向党组织靠拢，认真做好青年入党对象的推荐、培养和考核工作。要求 28 周岁以下青年入党，一般从共青团员中发展，全县推荐 148 名团员作为建党对象。全县各级党组织加强对建党对象的培养教育，采取举办学习班给建党对象上党课、请积极分子参加“党的基本知识竞赛”“先进党支部、优秀共产党员事迹报告会”“入党宣誓大会”等活动。全县发展新党员 294 人，党员总人数达到 7977 人。

中共十三大后，党员发展的方针：坚持标准，保证质量，改善结构，慎重发展。要求发展党员必须把保证质量放在第一位，严把“入口”关。严格履行入党、转正手续，不断改善党员队伍的年龄、文化和分布结构。注意在生产和工作第一线的工人、农民和知识分子中发展党员，注意在青年中发展党员，注意在党的力量比较薄弱的部门和单位发展党员。县委组织部为贯彻“控制总量、优化结构、提高质量、发挥作用”十六字方针，保证发展党员质量，相继建立《积极分子登记制度》《培养考察工作制度》《发展党员审批制度》《预备党员转正制度》等，制定《发展党员工作程序》，将程序制成图，印发到农村基层党组织，增强党员发展工作的可操作性。把发展党员工作着力点放在对积极分子培养、教育和考察上，功夫用在积极分子入党之前，确保党组织对建党对象培养、教育和考察做到有计划、有安排、有要求。

1989 年春夏之交，北京发生政治风波。县委组织部按照“严格党员标准，确保发展党员质量”的要求，新党员数量控制在党员总数2%以内，注重入党对象考察、培训，按照党章规定严格考察入党对象的政治觉悟、思想品质和在制止风波、平息风波中的表现，把政治素质放在首位，防止和纠正只看业务能力和社会声望的偏向。全县党员总数8200多人。

1990—1992年，县委组织部根据先整顿好支部、再做好发展党员工作的原则，继续整顿村级后进党支部，对不齐、不强、不力及不和的后进村党支部进行整顿和调整，促使后进村党支部逐步跨入中间和先进行列。1990年10月，《关于全县村级党支部状况的调查报告》显示：“近三年内发展过党员的支部有107个，占村级支部总数的52.5%；三年来未发展党员的支部52个，占25.4%；五年来未发展党员的支部23个，占11.2%；十年来未发展党员的支部10个，占4.9%；十年以上未发展党员的支部13个，占6.3%。全县205个行政村有向党组织提出过入党申请的积极分子542人。”

根据中央组织部1990年8月1日印发的《中国共产党发展党员工作细则（试行）》要求，为保证建党对象在县乡党校培训不得少于5天或40个学时的要求落到实处，在《建党对象考察登记表》中增设“集中培训时间及情况”，以反映建党对象受教育的时间、程度、成绩及表现，便于组织考察。县委组织部重点抓好党务工作者的培训。

1994年，县委组织部要求各级党委党组认真制定发展党员工作计划，进一步改善党员队伍结构。重点发展农村非中共党员的村委会干部和有一技之长、有致富能力、政治素质较高的个体户、专业户、复员退伍军人、回乡知识青年、中小学教师，企业车间主任、班组长以及生产技术骨干、优秀团员青年入党，逐步消灭企业党员“空白”班组和农村无党员村小组。1991—1996年，全县发展党员数量和质量稳步增长和明显提高。

进入21世纪后，农村党员队伍表现出一些新情况、新问题，突出表现在：农村党员年龄老化，整体素质偏低；党员外出多，活动性大，管理松散；留守在村里的党员相当一部分是老弱病残者，增加平常教育管理的难度；一些村开支部大会到会人数通常一半都不到，有的村一年一次党员大会到会人数不齐，一些重要的事情很难形成决议；有些村党组织不开展经常性的活动，放松对党员的教育和管理，党内生活制度流于形式；有的党员党性观念淡薄，不愿过组织生活，甚至参加组织活动还讲价钱；党员的先锋模范作用发挥少。

为逐步解决以上这些问题，2003年，县委组织部加强在青年农民中发展党员对象，全年共有青年农民1246人主动向党组织递交入党申请书，确定入党积极分子400多人，消除两年以上未发展党员的村。2004年，市委制定《抚州市入党积极分子建设年活动实施方案》，在全市开展“入党积极分子队伍建设年”活动。乐安县以此活动为契机，前移关口，下移重心，全县党员队伍不断壮大，结构不断优化，质量进一步提高。是年，全县有入党积极分子1070人，新发展党员239人，入党积极分子数量与新发展党员的比例为4.4 ：1，35岁以下的占70.84%，高中以上文化的占70.93%，农村致富能手、机关企事业单位业务骨干，关键、重要岗位及科研、教育骨干占72.33%。公溪镇在镇组建外出务工青年入党积极分子管理中心，在村组建入党积极分子管理站，在外出青年较多的地方组建入党积极分子联系点，形成发展外出优秀青年农民入党“三级培养”网络，并采取外出青年流入地和所在党支部双向鉴定，在流入地设立委托培养人进行委托培养，破解入党积极分子政审和培养难题。

发展党员实行“三优先”和“四倾斜”。“三优先”即：优先发展具有一技之长的致富能手、技术标兵、业务骨干入党；优先发展现任优秀人才后备干部入党；优先发展优秀创业人才入党。“四倾斜”即：向各类优秀中青年人才倾斜；向工作生产一线优秀人才倾斜；向贫困落后、党员队伍老化地区倾斜；向高知群体、新型经济社会组织中的优秀人才倾斜。在农村，吸纳实用人才入党。在企业，吸纳企业职工技术能手入党。在街道社区，吸纳社区贤能入党。在学校、医院等事业单位，吸纳高知人才入党。注重发展优秀创业人才入党。至2005年，农村实用人才递交入党申请书有800多人，被列为入党积极分子636人，发展党员316人，农村党员队伍结构得到改善。

2006年为破解农村党员发展难，党员队伍中存在的文化程度偏低、致富能力偏低、科技素质偏低和年龄偏高的“三低一高”难题，县委组织部全面推行发展党员全程联名推荐制（党支部组织党员、村民代表、村组干部在群众中推荐先进分子，在先进分子中推荐入党积极分子，在入党积极分子中推荐发展对象入党）、“双推双培双审”制（村党支部与流入地党组织进行双向推荐、双向培养、双向审查发展党员）发展外出务工青年入党，重点发展政治素质高、文化程度高的优秀青年入党，全年共有入党积极分子1634人，发展党员179人。

2008年，县委组织部和各级党组织分别制订教育规划和培养计划，加强对私营企业主入党积极分子的培养教育，2005—2008年，共举办各类专题讲座13场，参加培训300余人次。

中共十八大以后，在全县共产党员及入党积极分子中开展学习党章、做合格党员竞赛活动，竞赛中国共产党党史、邓小平理论、“三个代表”重要思想、科学发展观理论和中共十八大精神等知识。

“双推双培双审”发展党员投票（2007年）

到2016年年底，全县共有基层党组织610个，其中党（工）委33个，党总支11个，党支部566个；全县共有党员12798人，正式党员12579人，预备党员219人。其中，女党员1537人，占党员总数的12%；少数民族党员135人，占党员总数的1.05%；35岁及以下的2411人，占18.8%；本科及以上学历的1381人，占10.79%，中专、大专学历的3744人，占29.25%；高中、中专学历的2193人，占17.14%。

二、党员教育

“文化大革命”结束后，党员教育工作重新走上正轨，大多数党支部恢复“三会一课”（支部党员大会、党支部委员会、党小组会和党课）制度。

20世纪80年代初，以中国特色社会主义理论体系教育、党章、党的基本理论、基本知识、党的历史、党的路线方针政策和形势任务教育，国情、省情、县情教育，法律法规和党风党纪教育，井冈山精神等革命传统和优良作风教育；市场经济知识、科学文化知识、业务知识和实用技术技能培训等为主要内容。以《关于党内政治生活的若干准则》《中国社会主义经济问题》《关于建国以来党的若干历史问题的决议》《陈云文选》《周恩来选集》《邓小平建设有中国特色的社会主义》《论共产党员的修养》等为主要理论学习材料，并组织学习中共十一届三中全会至十二大及十二届历次全会精神和“五讲、四美、三热爱”建设社会主义精神文明、农业体制改革等精神。

20世纪80年代中后期，对广大党员普遍进行党的基本知识、法律知识、科学文化知识以及党的基本路线和社会主义初级阶段理论教育，仅1987—1989年，举办各种培训班160期，培训党员8.57万人次。

20世纪90年代，围绕提高党员的党性观念、法制观念和市场经济理念，对党员进行“三基”（基本路线、基本理论、基本知识）教育、法律常识教育、商品经济等实用技术教育，经常性的党风党纪党性教育和廉政、勤政教育，以开设培训班、广播电视宣传和开展相关主题活动、分散自学等方式进行。1990年6月，在县委党校举办一期1985年后入党的乡局（科）级干部党员培训班，培训人数77人，培训内容为入党教材。1991年，组织党员收看10集电视系列片《中流砥柱》。1992年11月至1993年3月，分期分批轮训农村生产一线的担任村小组长（含乡镇企业班、组长）以下的党员，培训内容为党的基本路线和党的基本知识、社会主义思想教育、时事形势（中共十四大文件精神、邓小平南方谈话、江泽民1991年“七一”讲话及有关重要报刊文章）、法律知识、实用技术和商品经济知识，其中重点学习中共十四大文件和中央领导重要讲话，以《农村党员培训教材》为基本教材。1994年，在县委党校分别举办3期为期1周的社会主义市场经济理论、政治理论和基本知识培训班，参训人员544人。是年，拍摄以公溪辛家村小组党员带领群众发展蔬菜生产奔小康的先进事迹为题材的党员电教片《菜魂》。“七一”期间在乐安电视台及各乡镇巡回播放，还举办党建、党史、党的知识竞赛。1997年7月，组织收看“纪念中国共产党成立七十六周年专题展播”，展播《工城局长》《热心村的热心人》《力量源泉》《德浩叔》《永远的怀念》《崇仁麻鸡潮》和《深山找矿人》等8部（集）电教片。9月，组织党员学习《人民日报》长篇通讯《根，永远扎在人民之中——记勤政为民、无私奉献的好专员吴成生》和评论员文章《责任、义务、奉献》。1998年，对1996年以后入党的党员进行集中培训，学习中共十五大文件、邓小平理论、党章及《中国共产党党员权利保障条例》《中国共产党党员纪律处分条例》《中国共产党发展党员工作细则》。1999年9月，组织收看中央组织部大型电视系列片《时代楷模》和省委组织部“纪念中华人民共和国成立50周年党教片展播”。

进入21世纪后，党员教育内容以党性教育、政策理论教育为主，同时增加实用技术教育。党员教育的形式多种多样，有集中授课、送学上门、现场体验、主题教育等形式。2002年11月，举办全县下岗职工（党员）电脑、厨师、美容美发、针织4个再就业培训班。2003年，分期分批对各居委会干部、党员，企业、非公有制有制经济组织党员，县直各单位离退休干部、职工党员进行培训学习中共十六大文件精神和新党章。2006年，结合第三批党员先进性教育活动，对农村党员干部重点加强种养技术、营销技术、农副产品、加工技术等科普实用技术的培训，并开展“八荣八耻”教育。2007年，开展“相聚在党旗下——明确新目标、落实新举措、展示新形象”等主题教育活动。2009年“七一”期间，开展纪念中国共产党成立88周年电视新闻展播活动。2012年，组织广大党员重点抓好以党章、十八大精神、革命传统教育等为主要内容的教育培训，组织约200名党员干部赴井冈山进行革命传统教育。2015年，共举办各类培训班10期，培训各级干部1625名。选派40名领导干部赴四川成都

村党支部党员集中收看江西党员干部远程教育电视（2009年）

参加现代农业及生态文明乡村建设专题培训；选派 39 名党务干部赴河南大学参加党性教育素质提升专题培训；同时配合省市的调训，选派 2 名优秀年轻科级干部到南昌挂职锻炼，选派 3 名规模以上企业高管赴上海复旦大学参加高级研修班培训；23 名科级以上干部到市委党校、省委党校、江西行政学院、上海交大、苏州研究院等院校培训；组织 4 次共 12 人参加中国扶贫开发协会贫困村大学生村官培训班、全市首期电子商务培训班。

三、干部管理

县委组织部管理干部的工作范围是：考察乡镇和县直单位领导班子、科级后备干部及其他领导干部，对乡镇领导班子的调整、县管干部及组织部部管干部的职务任免交流、工资、待遇、退（离）休，科级优秀年轻干部的配备和后备干部队伍建设，老干部工作、妇女干部工作、党外干部工作的协调。协助做好条管驻县单位领导班子建设和干部管理工作。指导协调企业干部管理和企业人事制度改革。军队转业干部的安置工作。指导县科级单位党委和乡镇党委领导班子民主生活会和思想作风建设。乡镇换届人事安排。办理县党代会、人大会、政协会等换届人事安排的呈报工作。指导党群、人大、政协、乡镇等机关按《中华人民共和国公务员法》开展工作。负责县直党群、县人大、县政协、县法院、县检察院、乡镇等机关人员的考试录用、调动事宜。

（一）换届管理

1987—1992 年，中共乐安县委在加强干部宏观管理的基础上，积极推进干部制度的改革，坚持干部“四化”方针和“德才兼备”标准，调整充实配备各级领导班子。先后于 1987 年 7—8 月、1990 年 4—5 月、1993 年 1—2 月顺利进行 3 次乡镇党政班子换届选举。1987 年换届时，有 1 名县委提名的乡镇长候选人落选；1992 年换届时，有 1 名县委提名的乡镇长候选人中落选，有 2 名副乡镇长候选人落选。

1995 年年底至 1996 年 2 月，各乡镇班子换届。各乡镇党委委员 7 ~ 9 人，设书记 1 人，副书记 2 人；纪律检查委员 3 ~ 5 人，设书记 1 人，委员 5 人以上设副书记 1 人（大多数属兼职）。人大设主席 1 人（一般由党委书记兼任），副主席 1 人；政府设乡镇长 1 人，副乡镇长 3 人，科技、综治副乡镇长不占职数，党政交叉任职 1 ~ 2 人。换届中，注重将一些 30 岁左右的干部充实进党政班子，每个乡镇党政班子成员中，至少有女干部 1 人。

中共十五大以后出台的《1998—2003 年全国党政领导班子建设规划纲要》，对领导班子干部配备及形成梯次年龄结构作出硬性规定。1998 年 11 月至 1999 年 2 月，乡镇领导班子换届，各乡镇党委委员 7 ~ 10 人，设书记 1 人，副书记 2 ~ 4 人；纪律检查委员 3 ~ 5 人，设书记 1 人，委员 5 人以上设副书记 1 人（大多数为专职）。人大设主席 1 人（一般由党委书记兼任），副主席 1 人；政府设乡（镇）长 1 人，副乡镇长 2 ~ 4 人，科技副乡镇长不占职数，不再配备综治副乡镇长，党政交叉任职除鳌溪、公溪为 2 人外，其他各乡镇均为 1 人。乡镇派出所所长除鳌溪、公溪、山砀、牛田、万崇、招携、坪溪继续留任的以外，均不再进入乡镇领导班子。

2001 年 11 月至 2002 年 2 月乡镇领导班子换届，适逢乐安撤乡并镇，将原管辖的 20 个乡镇撤并为 15 个，乡镇领导班子也随之减少，领导职数减少 55 个，干部消化面临较大压力。该届乡镇领导班子职数设置与上届基本一致，只是党政交叉任职 2 人的乡镇由 2 个增加到 3 个（鳌溪、公溪、戴坊）。换届调整后，全县共有乡镇党政领导干部 185 人，其中党委书记 15 人、乡镇长 15 人，班子成员中，原地留任换岗 84 人，乡镇间交流 77 人，新提拔进班子 24 人，其中由乡镇提拔 20 人，由县直提拔 4 人，党政领导班子调整面为 54.6%（不含原地换岗的）。在党政正职中，原地留任 21 人，乡镇长异地改任书记 2 人，其中：乡镇间交流 6 人，由乡镇新提拔 1 人，调整面为 30%。全县乡镇党政领导干部绝大多数 30 岁左右和40岁以下，平均年龄为33.8岁；在党委书记中，年龄最大的44岁，最小的32岁，平均年龄为37.3岁；在乡镇长中，年龄最大的39岁，最小的31岁，平均年龄为34.9岁。全县提拔有一定的农村工作经验、懂科技会管理干部进党政领导班子共24人。调整后的乡镇领导班子中，大专以上文化程度的有164人，占88.6%；89%以上乡镇领导干部具有大专以上文化，中专文化的有21人。特别是在党政正职中，乡镇党委书记、乡镇长100%具有大专以上文化，其中大学以上10人，占30%。新的乡镇领导班子平均年龄由上届的34.9岁下降到33.8岁，30岁左右的58人，占31.9%，其中25岁以下的有6人，新提拔进班子的年龄均在30岁左右。提拔进乡镇党政班子干部24人中30岁以下的有18人，占75%。在党政正职中，35岁以下的有10人，占33.3%。调整后，乡镇党政领导班子妇女干部22人，比上届增加1人，其中新选拔进班子的女干部有6人，达到每个乡镇党政班子中至少有1名女干部的要求，换届后的乡镇班子有女书记1人，女乡镇长2人。此外，还选拔党外干部9人担任副乡镇长和其他领导职务，比届前增加7人。

2006年1—4月，乡镇领导班子换届，按照中共十六届四中全会决定对地方领导班子组织建设提出的“规范党政机构设置，完善党委常委会的组织结构，适当扩大党政领导成员交叉任职，减少领导职数，切实解决分工重叠问题”和“减少地方党委副书记职数，实行常委分工负责，充分发挥集体领导作用”等新要求，将党委副书记职数由2～4个调减为2个，党政交叉任职范围由1～2个增加到2～3个，专职党委委员由2～3个减少到1～2个。同时，选择山砀镇进行党政正职“一肩挑”试点。职数设置具体为：党委委员7～10人，设书记1人，副书记2人（政府正职1人）；纪律检查委员5～7人，设书记1人，副书记1人（兼职）。人大设主席1人（由党委书记兼任），副主席1人，山砀镇设专职主席，不设副主席；政府设乡镇长1人，副乡镇长3～4人（科技副乡镇长不占职数）。党政交叉任职2～3人。此外，更加注重领导班子年轻化，班子成员一般以35～40周岁的干部为主，提名年龄界限一般不超过45周岁，新提拔进班子的一般应在35周岁以下。此次换届，属于换届期限3年到5年的过渡，因而党委与政府人事同步安排但不同步选举。2006年3—4月，选举产生乡镇新一届党委领导班子成员111人和新提名的乡镇人大主席、乡镇长及常务副乡镇长共24人，乡镇人大、政府其他班子成员均推至2007年3月进行选举。换届时同步提名乡镇党政领导干部169人，其中党政正职30人；新提拔进班子的52人，其中由乡镇提拔的48人（原地提拔的21人，异地提拔的27人），由县直提拔的4人（提拔为副职的3人，提拔为正职的1人），从县直交流到乡镇的2人，原地原职留任的34人，原地换岗留任的46人，党政领导班子的调整面为45%（不含原地换岗的）。在乡镇党政正职中原地留任的16人，乡镇间交流的1人，新提拔的8人，其中由乡镇提拔的7人，由县直提拔的1人，由乡镇长改任书记的4人，其中原地改任的2人，异地改任的2人，调整面为33.33%；换届后乡镇党政正职35岁以下的有8人，占正职的26.6%。这次乡镇领导班子换届重公认，重实绩，乡镇领导班子中，30岁以下的66人，其中新提任进乡镇领导班子的43人，较换届前成倍增加。换届前乡镇党政班子的平均年龄为36.01岁，换届后平均年龄为32.96岁，下降3.05岁。换届后，全县乡镇共配有女班子成员26人，较换届前增加11人，每个乡镇领导班子都配备女班子成员1人以上，最多的乡镇3人。调整后的乡镇领导班子，大学以上文化的有35人（其中研究生3人），大专文化的有111人，比换届前增长7.53%。

2010年7月，乐安县被省委、省政府列为干部人事制度改革试点县。县委把选优配强乡镇党政正职作为乡镇换届领导班子配备的重中之重，采取“三票三选”方式，即“民意测评票圈选”“民主推荐票筛选”“提名表决优选”，推选产生出乡镇党委书记5人和乡镇长人选8人。这一做法被省委市县乡领导班子换届工作办公室编入《2011年江西省领导班子换届工作百县百例经验选编》一书中。

2011年3月，乐安县乡镇换届坚持精干高效、结构优化原则，进一步扩大交叉兼职范围，领导班子职数比上届略有减少，但未实行党政正职“一肩挑”。领导职数设置具体为：党委委员7～9人，设书记1人，副书记2人（政府正职1人）；纪律检查委员5～7人，设书记1人，副书记1人（兼职）。人大设主席1人（由党委书记兼任），副主席1人（鳌溪、戴坊由党委委员兼任）；政府设乡镇长1人，副乡镇长3～4人（公溪2名由党委委员兼任，其他乡镇1名由党委委员兼任，科技副乡镇长不占职数）。该次换届工作中，为严肃换届纪律保证换届风清气正要求，编印并发放5000余册《严肃换届纪律保证换届风清气正资料汇编》，发送严肃换届纪律短信10352条，组织签订承诺书1024份，派出8个严肃换届纪律工作督查组，16个基层党委换届工作指导组，挑选县、乡两级党代表和人大代表30人组成特约监督员队伍，严把提名推荐关、资格审查关、组织考察关、酝酿报批关、讨论决定关，坚持“三个必谈”，即县委书记与乡镇党委书记、乡镇长必谈；县委副书记和县委常委、组织部部长与不再继续提名、换岗和异地交流干部必谈；乡镇党委书记与班子成员、后备干部必谈。在选配班子中严格执行换届工作方案确定的职数设置、提名年龄、性别、党派、专业知识、工作经历等要求，选优配强新一届乡镇领导班子。在换届风气测评中，好评票1625张，占98.1%。乡镇新一届领导班子成员平均年龄为35.36岁，最大年龄44岁，最小年龄24岁，其中30岁以下21人，31～35岁74人，36～40岁48人，41～45岁28人。乡镇新一届领导班子成员大专学历90人，占52.63%；大学本科学历59人，占34.50%；研究生以上学历4人，占2.34%。全县配备30岁以下的乡镇领导班子成员21人，占班子成员总数的12.28%；配备30岁左右的乡镇党政正职2人；配备女班子成员27人和非中共党员干部22人；金竹畲族乡领导班子按规定配备畲族干部2人。此外，还配合抚州市委组织部开展从乡镇事业编制干部、村党组织书记、大学生村官中公开选拔乡镇领导班子成员工作，公开选拔乡镇副职领导干部5人。换届期间，完善电话、信访、网络三位一体举报体系，共接到举报电话4个，经核实调查后，免职待安排1人，暂缓提名1人，取消选拔资格2人。

2014年年初修订的《党政干部选拔任用工作条例》和年底中共中央办公厅印发的《2014—2018年全国党政领导班子建设规划纲要》，明确提出“保持领导班子合理年龄结构，优化领导班子知识专业经历结构，合理配备女干部、少数民族干部和非中共党员干部。不简单以年龄画线，不搞领导班子成员任职年岭层层递减和‘一刀切’，不把换届提名作为平时调整的年龄界限。不简单对每个领导班子搞硬性配备。”从制度上解决改革开放以后在干部选拔任用工作中存在的“唯票、唯分、唯年龄、唯GDP”的“四唯”问题。

2016年，乡镇领导班子换届，县委组织部对全县16个乡镇领导班子进行综合分析研判。严把政治关、程序关、廉洁关。严肃换届纪律，认真落实中央“九严禁”和省委“十严禁”及市委相关纪律规定，坚持教育在先、警示在先、预防在先，把正面教育与反面警示结合起来，组织党员干部学习党中央关于湖南衡阳破坏选举案和四川南充拉票贿选案的通报。坚决贯彻“零容忍”的纪律要求，对9起反映有关人员的信访举报进行调查核实，取消2名“三类人员”的拟任乡镇领导班子成员资格，对1名现任乡镇领导干部进行诫勉并作出书面检查，取消其拟提拔重用资格。

到2016年年底，全县共有科级领导干部1048人。其中：正科347人，副科701人；乡镇科级干部241人；县直科级干部807人；担任领导职务567人，担任非领导职务481人。

（二）日常和年度考核

干部考核主要是对干部的政治思想、工作业绩和操作进行考核。1993年《国家公务员暂行条例》颁布后，干部考核工作制度化、规范化。1994年，人事部制定《国家公务员考核暂行规定》，国家公务员考核分日常和年度考核两种，考核内容分德、能、勤、绩，考核结果分优秀、称职、不称职3等。抚州地区在称职和不称职间增设基本称职。公务员必须参加考核并确定等级，连续2年考核为称职以上者可在本职务工资标准内晋升一个工资档次，连续3年考核为优秀等次或者连续5年考核为称职以上等次的，在本职务对应级别工资内晋升一级。县委组织部认真贯彻执行干部考核制度，不断探索和完善干部实绩考核办法，不断探索和完善考核的内容和程序。年度考核于每年年末或次年年初进行，结合年度工作总结、民主生活会、民主评议党员等，开展干部个人述职述廉，组织民主评议，考评党政班子整体素质，评议干部德能勤绩廉等情况，并填写干部年度工作考核表，存入干部本人档案，将考核结果作为组织对干部实行奖惩、升降、调整、培训的重要依据。

1997年，将国家公务员考核内容按德、能、勤、绩量化，得分59分以下为不称职，60 ~ 69分为基本称职，70分以上为称职，优秀人数为各单位参加考核的公务员总人数10%，从高分到低分确定。

1998年颁发的《党政领导干部考核工作暂行规定》，在总结各地考核工作经验的基础上，建立届中、届末考核制度，在考核程序中规定述职、经济责任审计等环节，并将工作实绩规定为在经济建设、社会发展、精神文明建设、党的建设、推进改革、维护稳定等方面取得的成绩和效果。

1999年开始，乐安县对干部考核增加“廉”（党风廉政）的内容。考核的形式分平时考核和定期考核两种。考核结束后，根据干部的特点和考核的内容对干部作出公正的评价，作为干部升降、奖惩的依据。

2000年4月，江西省委组织部下发《关于执行〈条例〉建立党政领导干部考察工作责任制的暂行规定》，进一步规范和完善干部考察工作。是年，中共中央颁发《深化干部人事制度改革纲要》，提出要普遍实行届中和届末考核，建立健全定期考核制度。对不称职、不胜任现职或相形见绌的干部，除按规定免职、降职外，还可实行待岗制，或采取改任非领导职务、下岗学习、离职分流等多种办法予以调整和安置；建立考核举报、考核申诉、考核结果反馈等制度；研究制定防止干部考察失真失实的对策；根据实际情况试行考察预告制。

2001年，乐安县的公务员考核工作重点抓几个环节：一是抓个人述职报告的撰写及述职工作。二是抓测评工作。三是抓考核结果的公示。为增强考核的透明度，年度考核确定等次采取不同形式，在不同范围和时间内公示，公示期限内如对“优秀”等次人员有异议，可以向考核委员会反映。考核委员会认真调查核实反映的情况，根据公示结果，审核“优秀”等次人员。

2002—2003年，乐安县进一步改进干部考核方法。一是审计式考核。在派出考核组的同时，派出审计组，由审计、财政部门对各乡镇和县直单

龚坊镇干部绩效考核测评会

位进行经济责任审计。干部的德才表现，主要由考核组通过考察谈话了解。经济指标完成情况，主要由审计组通过经济审计掌握。二是量化式考核。根据各单位工作基础和综合实力将被考核单位分成6类，把招商引资完成情况、争资金、争项目情况、业务工作开展情况作为被考核对象的主要业绩加以量化，并细化考核标准。同类单位被考核对象用同一标准考核，增强考核工作的科学性、公平性和准确性。正确运用考核结果，加大干部能上能下力度。在2003年的干部调整中，经考核定为优秀等次的科级干部中有20人得到提拔重用，有4名乡镇科级领导干部因考核反映较差，不能胜任工作而被改任非领导职务。

2004年，乐安县年度考核工作既考核“八小时内”的工作表现，又考核“八小时外”的现实表现，每个考核对象都无一例外地征求所驻社区的意见。经过考核和推荐，提出优秀等次和正、副科级后备干部初步人选报县委审批。

2005年，乐安县委严格干部考核管理，下发《乐安县科级领导干部末位淘汰制实施细则》，全面实行干部末位淘汰制，各乡镇和县直各单位也根据县委文件精神制订科级以下干部末位淘汰实施办法。

2006年1月1日，《中华人民共和国公务员法》正式施行，对国家公务员的考核作出更明确的规定，主要有：按照管理权限，全面考核德、能、勤、绩、廉，重点考核工作实绩。考核分平时考核和定期考核，定期考核以平时考核为基础。对非领导职务公务员的考核采取定期考核的方式，先由个人按照职位职责和有关要求进行总结，主管领导在听取群众意见后，提出考核等次建议，由该机关负责人或者考核委员会确定考核等次。定期考核结果分为优秀、称职、基本称职、不称职4个等次。定期考核的结果作为调整公务员职务、级别、工资以及公务员奖励、培训和辞退的依据。对领导成员的考核，由主管机关按照有关规定办理。

2010年2月22日至3月3日，县委组织部对全县乡科级领导班子和乡科级干部2009年度工作进行首次量化考核。经考核，全县83个乡科级领导班子，“好”的51个，占61.4%；“较好”的31个，占37.4%；差的1个，占1.2%。领导干部“优秀”的166人，占17.6%；“称职”的777人，占82.3%；“基本称职”的1人，占0.1%。

2011年，县委组织部派出考核组对全县乡科级干部2010年度工作进行全面考核。对领导班子考核主要包括思想政治建设、领导能力、工作实绩、党风廉政建设等方面情况。按照民主测评和民主评议、个别谈话、实地考核、查阅资料、重点考核、综合分析形成考核材料、汇报考核情况、反馈考核结果的方法步骤实施，确定154人为优秀等次。

2012年度对乡科级领导班子考核结果，包括工作目标完成、社会满意度测评和县委考核组综合评价三方面，按6∶3∶1的比例构成考核总得分，标准分为100分。其中，工作目标完成情况按县域经济发展考核（目标管理综合考评）得分的60%计算；社会满意度测评情况按在职县级领导干部测评占30%，该单位干部职工等测评占50%，“两代表一委员”等测评占20%的比例合成得分的30%计算；县委考核综合评价最高分为10分。县直正科级领导班子和在职县级领导干部测评和“两代表一委员”等测评情况，已列入目标管理综合考评测评对象的，直接使用目标管理综合考评测评结果，未列入目标管理综合考评测评对象的，按目标管理综合考评测评对象测评结果的平均值计算。具体测评时，设满意、较满意、基本满意和不满意4个评价等次，计分系数分别为1、0.8、0.4、0，测评得分=（满意个数×1＋较满意个数×0.8＋基本满意个数×0.4＋不满意个数×0）×100÷有效票数，弃权票和无效票既不计分也不计入有效票数。乡科级领导干部考核结果包括岗位职责履行、社会满意度测评和县委考核组综合评价三方面，按6∶3∶1的比例构成考核总得分、标准分为100分。

健全每周五接待日制度，及时化解矛盾，消除农村不稳定隐患，把问题解决在基层和萌芽状态；继续狠刹吃喝玩乐风、走读风和浮夸风，在农村树立良好的干部形象。加大干部培训力度，建立以县、乡党校为主要阵地的培训基地，开展形式多样的培训活动，提高“为民”本领；用足用活国家扶贫开发政策，选准发展项目，加快基础设施建设，加快经济发展步伐，增强经济发展后劲，等等。

2004年，乐安县以“三级联创”和“三项创建”活动为载体，加强基层党建工作。制定《关于开展第二轮农村基层组织建设“三级联创”活动的实施方案》《乐安县2004—2010年小康示范村建设规划》《关于安排部分县直单位和省市驻县单位挂点小康示范村的通知》等文件，以指导和促进农村基层组织建设。同时下派干部66人到重点村开展工作，每半年召开一次基层组织建设工作调度会，并实行重点督查。县委把农村基层组织建设的任务落实到每个县级领导干部身上，按照“蹲好一个村、管好一条线、指导一个片”的原则，把农村基层组织建设与经济建设有机结合起来。各乡镇都有一个党政班子成员驻一个村抓村建工作，全县175个村，村村都有一个副科级以上干部抓村建。选择33个有一定经济实力的县直部门分别包扶小康示范村，每个包扶单位每年帮助资金在2万元以上，至少为包扶村办2～3件实事。同时，对党员队伍情况进行综合分析，对软弱涣散基层党组织进行整顿，落实副科级以上领导28人对31个软弱涣散的基层党组织进行分类指导和整改，重新选配支部书记11人、支部委员29人。县委对争创活动中涌现出来的26个基层党组织授予“红旗单位”称号，并创评出2个市级表彰的“红旗单位”（中共公溪镇党委和鳌溪镇象山社区党支部）。

2005年，继续深入推进“三项创建”活动，完善联系群众机制，县四套班子领导实行“七挂三联”（县级领导挂乡镇、挂“三项创建”活动、挂扶贫开发重点村、挂小康示范村、挂重点工程、挂企业转制、挂农业产业化，联系客商企业、联系社区居委会、联系党外干部），乡镇领导干部向群众发放“连心卡”，帮扶和联系群众，关注弱势群体，并于每个星期安排一名县领导接待群众。市委组织部通过组织考试选派3名年轻乡镇公务员挂点小康村示范村党支部副书记或村主任助理两年，挂点的村分别为鳌溪镇下罗小康示范村、牛田镇傍安小康示范村、谷岗乡四青小康示范村。是年，共发放再就业优惠证1309个，为下岗失业人员自主创业减免税费28.5万元，为下岗失业人员提供小额贷款182万元，举办各类技术培训班36期，帮助1423名下岗职工实现再就业；成立社会捐赠中心，共接受捐赠4.6万余元，救助困难群众132人；成立法律援助中心，为56人提供法律服务；在全县机关党员中开展“捐赠一日工资，救助困难党员、困难学生”活动，共募集到各种捐款63万多元，救助困难群体2000多人。

2005年6月，中央决定采取由地方财政投入为主、中央财政适当补助和党费予以支持的办法，抓紧解决村级组织无活动场所的问题。2006年1月，中共中央组织部、国家发改委、财政部决定从2006年开始，用两年时间在全国集中建设一批村级组织活动场所。是年，乐安县确定新建村级活动场所26个，2007年确定新建10个。在资金筹措上，采取“财政补助、包扶单位资助、党组织自筹”的方法。新建后的村级活动场所达到“三室二配”的要求，“三室”：即在新建活动场所内，有村办公室、会议室和活动室；“二配”：即配合办公用品和规章制度。到2016年，全县村级活动场所全面进行了升级改造。

2007年开展“支部在前沿聚力、党员在阵地发光”主题实践活动，进一步兴起学习贯彻“三个代表”重要思想的高潮。县委认真总结前段时期工作经验，开展创建“123”先进县党政领导班子和创建乡镇“亲民为民富民”活动，实行党政班子成员联系挂点制度，进村入户征求群众意见，结对帮扶，召开民主生活会，查找问题，制定整改方案，理清经济发展思路，解决实际问题。对全县28个党建综合示范点进行分片，重点抓10个示范点的创建工作。活动期间，通过在全县农村党支部开展“四看四比”“发展党员全程联名推荐制”“双推双培双审”发展外出务工农民入党、“三联三帮”等活动。社区居委会办公面积由原来的750平方米增加到3000多平方米，落实办公经费36万余元，涌现出创业先锋184人、党员致富能手895人、新农村建设点99个。全县蘑菇种植面积达40万平方米，年产量2000吨，位居全省第一。全县涌现出烤烟千担村20余个，烤烟面积位居全省第四。此外，还建立中共企业党支部6个，63名中共党员在非公有制有制企业中担任高层管理人员和技术骨干。

2008年11月，中共乐安县委办公室、乐安县人民政府办公室印发《全县村党组织和第七届村（居）民委员会选举工作实施方案》，从11月初开始到2009年2月结束，全县175个村委会、15个居委会全部开展换届选举工作。村党组织班子换届，首次在全县全面推行“两推一选”，即党员推荐、群众推荐、党员选举产生村党组织班子的办法。在乡镇党委的领导和指导下，由村党组织分别召开党员大会和村民会议（或村民代表会议），组织对下一届村党组织班子进行全额推荐，并根据推荐情况按照下一届村党组织班子成员名额两倍确定初步候选人，候选人初步人选报乡镇党委批准，尔后进行考察，确定预备人选，由村党组织按照有关规定和程序召开党员大会，差额选举产生新一届委员，并选举产生村党支部书记、副书记。本次村党支部换届选举参选党员5056人，选举产生村党支部书记169名，其中书记主任一肩挑18人。在本次选举中，村民参与热情高涨，村委会选举参选率达94.7%，村党支部换届村民代表参选率达100%，党员参选率达85.4%，村民和党员的参政议政意识明显提高，基层民主政治建设有力推进。

2010—2012年，农村党组织以“强支部，建新村，兴产业，富农民”为重点，开展“强班子争团结星、强队伍争先锋星、强发展争创业星、强本领争服务星、强素质争和谐星”的“五强五争”活动；社区党组织以“强支部，活社区，勤服务，惠居民”为重点，开展“党旗辉映社区红、科普创建惠万家”“三联三争”、创“AAA”社区等活动；机关党组织以“抓党建，树形象，比贡献，促发展”为重点，开展“讲党性、重品行、作表率”活动、“创业服务年”建设、机关效能项目建设年活动；学校党组织以“抓党建，树新风，重教研，育人才”为重点，开展“树师风、扬师德、铸师魂”主题师德教育活动；非公有制经济组织党组织以“抓党建，树文化，促管理，强企业”为重点，开展科技攻关、技术协作、技能比武、文明创造等争创活动；新社会组织党组织以“抓党建，健组织，重服务，促成长”为重点，开展“比党性、比奉献”、党员“星级评议”等活动；文化、卫生等其他单位党组织围绕做好职工思想政治工作促进事业发展，开展争当人民满意艺术家、白衣天使、拔尖人才等活动，活动按照公开承诺、领导点评、群众评议、评选表彰4个步骤进行。全县579个党组织的11026名党员承诺7842件事，办结6369件，

村党支部开展“强支部、建新村、兴产业、富农民”的党建工作（2012年）

接受136名领导干部点评，召开群众评议会532场次，参与评议的群众代表超过2万余人次，查找问题580余个，梳理需要解决的问题367个，制定整改措施33条，测评结果最高满意率为100%，平均满意率为96%，活动中还表彰了一批优秀人员。

2012年，以开展基层组织建设年活动为契机，对全县所有党支部进行调查摸底，分类定级，并按照巩固先进、推动一般、整顿后进的要求，在3月深入开展“基层党组织晋位升级月”活动，分类落实整改措施，按照有什么问题解决什么问题，什么问题突出首先解决什么问题的原则，集中整改，着重对全县11个“较差”后进党组织建立电子档案，整改销号，确保先进更先进、一般争先进、后进赶先进。同时，在中共建党91周年之际，开展基层组织建设年流动现场会、党建项目展播、演讲比赛等“九个一”活动，推动基层组织建设年活动深入开展。活动中，通过分类定级，评为“好”的党支部174个，占34.46%；“较好”的252个，占49.9%；“一般”的66个，占13.07%；“较差”的13个，占2.57%。13个后进党组织100%得到转化，60%以上的一般党组织进入先进行列。

是年9月，开展“五民一建”活动，采取县四套班子领导及乡镇（场）主要领导每人挂1个基层联系点、县直单位在同一个乡镇确定包扶一定数量的行政村（社区）、选派干部、每人帮扶3户以上困难家庭的方式，深入群众摸清实情，讲解政策，发现问题，反映意见，化解矛盾，兴办实事，为民解忧。安排111个县直单位结对帮扶175个行政村和5个社区，印制和发放《民情日记》1200本，走访群众600户以上，收集整理群众意见建议300条。

为更好地服务群众，2005年，在8个乡镇建立为民办事大厅。2006年，进一步加大村级“为民服务站”的建设，完善为民服务体系。2008年在乡镇建立365便民服务中心，2012年形成365便民服务网络体系，全面推行民事代办制度。至2012年全县15个乡镇，175个村委会，1387个村民小组分别建立便民服务中心、村级服务室和村组级便民服务点，配备服务代理员1562人。中心每天由一名乡镇领导干部坐班，每月1日和15日定为乡镇党委书记、乡镇长接访日。全县进服务中心办理的服务项目比例93.9%，日均办理事项1800余件、接待群众4000余人、代理服务5000余次。全县各中心累计受理各类事项300余万件，惠及群众30余万人。

2013年，为深化365便民服务网络体系，推进基层服务型党组织建设，乐安县按照“整合资源，规范服务，方便群众”的原则，着眼于便民、利民、惠民，创新乡镇行政机制，在公溪镇、南村乡先行试点后全面铺开。对各乡镇的机构、人员进行整合优化，建立“一办三中心”运行模式，集中力量服务群众，让乡镇干部工作重心下移，提高做好新形势下群众工作的能力，确保乡镇党委、政府成为推动发展、服务群众、凝聚人心、促进和谐的坚强战斗堡垒。年底，对乡镇“一办三中心”建设进行总结，形成创建基层服务型党组织“134”模式（一个平台：便民服务平台；三个向下：工作重心下移、服务事项下放、管理权限下沉；四级网络：县行政服务中心、乡镇便民服务大厅、村便民服务站、村小组便民服务点）。全县建立便民服务大厅16个，村便民服务站175个，村小组便民服务点260个。此项工作得到抚州市委的充分肯定，被作为党的群众路线教育实践活动的一个有效载体，于2014年7月在全市推广。2015年，全县215个便民服务点共为民办事56280余件，其中“民事帮办”5200余件。

2015—2016年，以推进“连心、强基、模范”三大工程为统领，扎实开展“四进四联四帮”活动，全县抽调504名党员干部，组建180支“连心小分队”，选派156名第一书记，实现176个行政村和19个社区全覆盖，深入推进“五星创评”活动。2016年金竹畲族乡联村村党支书记雷冬至被评为“龚全珍式好干部”“全省优秀村党组织书记”，受到省委表彰。

为深入贯彻落实中央关于在全体党员中开展学习党章党规、学习系列讲话、做合格党员（简称“两学一做”）学习教育活动的文件精神，县委决定，2016年在全县党员中开展“两学一做”学习教育活动，以党支部为基本单位组织开展，以“三会一课”等党的组织生活为基本形式，以落实党员教育管理制度为基本依托，融入党的建设经常性工作：一是落实“三会一课”制度；二是开展专题学习讨论；三是深化“先锋创绩”制度；四是开展“六个一”系列活动（重温一次入党誓词；建立一批微信学习群；组建一支宣讲团；撰写一篇学习心得；组织一次党务知识考试；举办一次知识竞赛）；五是召开专题组织生活会；六是开展民主评议党员。为进一步增强“两学一做”学习教育实际成效，结合乐安实际，从2016年5月至12月底，在全县党员干部中开展“三乐三安”专题实践活动，对不同层次党员提出不同要求，并细化目标任务和实施步骤，要求党员领导干部以勤政爱民为乐，以廉洁奉公为安；公职党员以勤勉敬业为乐，以百姓满意为安；无职党员以勤奋创业为乐，以律己助人为安。让每一个党员干部在“两学一做”学习教育中争先锋、做表率、立功业。

五、人才工作

1986年，成立中共乐安县委知识分子领导小组，实行归口包干制，继续做好落实知识分子政策的扫尾工作。至1987年，为2人补发“文化大革命”中被查抄的金钱和折价差额，补发9人在“文化大革命”中被错停或减发的工资，从知识分子中提拔担任科级以上领导干部35人；加入中国共产党81人；为3人解决夫妻长期分居问题，为51人解决“农转非”问题，为36户解决住房困难问题；引进3名专业技术人才，为458名知识分子提供学习深造机会。

1991年，县委组织部配备专职知识分子办公室主任，着力选拔知识分子，为知识分子解决实际问题。全县提拔党外知识分子3人担任科级领导，59人加入党的组织；有98人分别受到县以上表彰和奖励，解决68名知识分子家属、子女“农转非”问题；安排53名知识分子的子女就业；解决住房困难户103户；解决夫妻长期分居16对。春节期间，走访慰问全县高级知识分子59人，并向他们发放慰问品。

进入21世纪后，知识分子工作上升为党管人才工作。主要抓好党政人才、企业经营人才、专业技术人才、高技能人才、农村实用人才、社会工作人才等6支人才队伍的建设。至2014年，全县人才总数为7730人，其中党政人才1424人，管理人才714人，专业技术人才4702人，技能型人才890人。人才中女性占28%，年龄35岁以下的占29%。

党政人才队伍建设　主要是按照科学发展要求和干部成长规律，开展大规模干部教育培训，促进干部自学；实施党政人才素质能力提升工程，构建理论教育、知识教育、党性教育和实践锻炼“四位一体”的干部培养教育体系；坚持德才兼备、以德为先的用人标准，强化坚定信念、注重品行、科学发展、崇尚实干、重视基层、鼓励创新、群众公认的用人导向，扩大干部工作民主范围，拓宽选人用人渠道，提高干部工作科学化水平。

企业经营人才队伍建设　主要是建立完善定期派出培训、请进来传帮带等培养措施，加强企业家的培养和开发工作，提高企业家的科学决策能力、市场应变能力、组织协调能力和经营管理能力；大力引进省内外、国内外优秀经营管理人才，健全企业高级经营管理人才信息库；加强中小企业经营管理者能力建设，大力扶持非公有制企业家成长，重点探索建立“政府调控、行业指导、单位自主、个人自觉”的企业经营管理人才培养机制。2011年5月，县委组织部根据抚州市委组织部要求，积极做好江西省“领军人才培养计划”申报工作。

专业技术人才队伍建设　重点围绕高层次人才和紧缺人才，培养一批高水平学科带头人，造就一批中青年高级专家，打造一支规模宏大、素质优良、结构合理的专业技术人才队伍。主要是做好省、市有突出贡献青年专家选拔工作，大力培养学术、技术带头人，开展青年专业技术人才培育，选派优秀青年人才到高校、科研院所学习深造，重视新特产业和科研平台对专业技术人才的培养，加大专业技术职称和职业资格评审力度。1994 年，乐安县进一步完善和充实专业技术人员人才库，建立专业技术人才业绩档案，对专业技术人才实行一人一档，组织对拔尖人才的年度考察，将他们的工作业绩、科研成果收集存入个人业绩档案。进入 21 世纪后，对专业技术人员采取以提高专业技术能力为重点的岗位培训。着重强化人才的梯队建设，对人才实行业务上传帮带，即一名学科带头人培养帮助两名青年业务骨干，一名业务骨干又要培养帮助两名青年专业人才，以此形成人才梯队。

加大走出去的力度，采取多种形式抓好专业技术人才的继续教育。不断派出专业技术人员到上海、广东等发达地区跟班学习培训。县教育局、县卫生局等单位多次组织本系统的业务骨干到外地参观学习。至 2012 年，全县共有 4000 余人参加各类专业技术培训。2009 年全县 50 余名学科带头人培养帮助青年骨干 100 多人、青年专业人才 200 多人。

2004 年起，建立县委领导与拔尖人才联系制度，每位县委常委联系一名拔尖人才。保持经常性联系、节假日走访慰问，听取对发展县域经济等意见和建议，充分调动他们的工作积极性。至 2013 年，选拔“专业拔尖人才”6 批共 75 人，涵盖教育、卫生、经济、环境等 18 个专业。

2013 年，重点抓好专业技术人才知识更新、名师名医培养等工程，实施优秀专业技术人才帮带提升工程，全面提高专业技术人才队伍的专业水平和综合素质。加强教育、卫生系统业务骨干、学科带头人的培养，择优资助，动态管理，充分发挥示范辐射作用。坚持培养人才与引进人才相结合，重点引进一批城建园林规划、经济管理、水利林业工程、环境保护和教育卫生等方面的优秀人才。并开展在外英才调查摸底工作，全县登记备案的英才有 152 人，从中择优选送企业经营管理、专业技术、高技能、农村实用四方面的人才 4 人参加第一届抚州市突出贡献人才评选。

高技能人才队伍建设 坚持以促进就业和服务经济发展为宗旨，以提升职业素质和职业技能为核心，重点培养技师和高级技师，建设一支门类齐全、数量充足、梯次合理、技艺精湛的高技能人才队伍，逐步形成与新型工业化和产业结构优化升级相匹配的技能人才大军。实施以县工业园区重点企业为主体，以职校为基础的技能人才培养模式，大力开展校企合作培训、订单式培训和定向培训。

农村实用人才队伍建设 坚持从农业产业结构调整的实际出发，以提高科技素质、职业技能和经营能力为核心，充分整合各类培训资源，重点培养农村实用人才带头人和农村生产经营型人才，大力加强农村实用人才队伍建设。主要措施是每年培训农民 1500 人，培养农村实用人才 200 人；鼓励农业技术人员开展科技开发、技术承包和提供有偿服务；在项目审批、信贷发放、土地使用上制订优惠政策，鼓励和支持农村实用人才牵头创办专业合作组织和农业企业，培养、挖掘一大批农村“种养”大户、农民经纪人等优秀乡土人才。2000 年，对县管乡土人才进行调查摸底，对 88 名县管乡土人才、600 余名专业大户进行分户统计，建立台账。开展“传技术、带民富、比贡献”暨评选“十佳优秀乡土人才风采奖”活动。2005 年，县委、县政府发布《实施百名优秀实用人才帮带创业工程的意见》，开展“我为全民创业献计策”活动，建立实用人才帮带创业台账，对每个“孵化器”实行跟踪管理，着力引导实用人才发挥自身优势，带领群众创业。据统计，全县有乡土人才 1506 人，“孵化器”135 人，帮带对象近 600 人。2008 年，开展农村实用人才“创千星、扬百星、评十星”活动，县委人才工作领导小组评选优秀农村实用人才明星10人。全县共有农民专业合作社25家、农村产业协会6家、优质农产品生产基地40多个。2009年，大力实施品牌战略，积极鼓励农产品加工企业注册商标。全县有17项农产品通过农业部“无公害农产品”认证，14项农产品注册了商标。

社会工作人才队伍建设　重点培养中高级社会工作人才，着力建设一支综合运用社会工作理念、专业知识、方法技巧，具有一定社会管理与社会服务能力的专业化、职业化社会工作人才队伍。2007年1月，乐安二中高级教师符爱起，因突发心脏病倒在教学岗位上，在社会上引起强烈反响。县委、县政府以典型示范在全县开展“树立一个符爱起先进典型，培养造就一批社会工作人才”主题实践活动，县委人才工作领导小组组织有关部门对推荐对象的资格进行审查并对其业绩进行考核，在此基础上每年确定表彰10人，由县委、县政府表彰并颁发优秀社会工作人才职业证书、荣誉证书和奖金。建立社会工作人才信息库200多人，在县电视台、县广播电台开设“建设社会工作人才队伍”专栏，宣传一批先进的社会工作人才事迹，营造有利于社会工作人才成长和发挥作用的良好环境。举办全县社会工作人才培训班，开展“献爱心、比奉献、倡和谐”等系列活动，进一步提升社会工作人才在困难救助、权益维护、矛盾调处等方面的工作能力，充分激发社会工作人才在构建和谐社会中的工作热情和潜能。

2016年，县委加大实施人才强县力度，制定《乐安县2016年人才工作重点》《乐安县人才引进及管理办法（草案）》《关于建立引进乐安籍优秀中小学教师绿色通道的实施办法》等文件，收集乐安县在外各类英才信息1256份，印制成《2016年乐安籍在外人才名录》，进一步密切与在外人才的联系；全力打造市级高级技能人才示范点——邹兆庆蛋雕工作室；评选表彰50名“全县优秀中高级知识分子”和26名全县“农村实用人才”。

截至2016年，乐安县拥有傩舞、乡射遗乐、装故事、游神、蛋雕等国家和省、市级非物质文化遗产11个。国家、省、市非遗代表性传承人24人。

乐安县业余文化人才队伍规模达2000余人，建立健全了作家、书法家、音乐家、摄影、诗词楹联协会等7个文艺协会，组建中老年、青少年、青年干部艺术团等5个群众性文艺团体，其中，中老年艺术团成员近1000人，诗词楹联学会会员120人，成员遍及全县各部门单位和乡镇村组。这些文艺团体和文化人才长期活跃在城乡基层，组织开展丰富多彩的群众文化活动，对活跃基层文化生活发挥引领作用。

六、县直属机关工委工作

1980年3月，恢复中共乐安县直属机关委员会。1997年机构改革，县直属机关工作委员会与县委组织部合署办公，一个机构两块牌子。至2016年底，县直机关工委下辖党总支9个，党支部88个，有党员1307人。

1986—2016年，历任书记：郝水保、董传发、王庆华、吴小明、詹敏、詹平相。

县直机关工委负责制定县直机关党的建设规划，具体负责抓好县直机关党的工作，指导县直机关党组织和广大党员加强政治理论学习，指导县直机关各级党组织加强党的思想建设、组织建设、制度建设、党风和廉政建设；抓好党员教育管理和党费收缴工作，负责审批未设党委的党总支、党支部的支委成员及书记、副书记的职务任免，宏观指导整个县直机关党员发展工作。

第四节　宣传工作

1980年3月恢复“文化大革命”中被撤销的中共乐安县委宣传部。1990年内设4名副科级宣传员。2002年设副科级县委中心报道组。2003年机构改革，核定内设7个职能室：办公室、干部室、理论室、宣传室、教育室、新闻出版室、文明办（副科级）。有行政编制10个，事业编制1

道，反映全县项目建设和招商引资工作的成效。2011年，全县围绕打好工业强攻战、县域经济大会战、跑项争资攻坚战“三大战役”等一系列新闻报道活动，先后在省市主流媒体刊发《乐安打造优质服务环境实现“双赢”》《轻纺鞋服成乐安工业“龙头老大”》《乐安让一河清水流入赣江》《乐安以竞赛主抓手实现招商不减速》《乐安多轮齐驱助力旅游开发提速》等报道。2012—2013年，对全县擦亮生态名片引领绿色发展、麻坑人的美好生活、浓墨重彩描绘“三宜”（宜居、宜业、宜游）城市等进行深入报道。

2015年，突出文化产业和生态建设主题，协助江西广播电视台社会传真摄制组，到流坑村采访拍摄春节特别节目《家乡情　家乡味》；配合中央电视台七套到乐安拍摄“乐安花猪”专题片；配合中央大型电视纪录片《长江》摄制组到水南古樟林、流坑古村进行取景拍摄。

三、典型宣传

2003年，县内开展“百城万店无假货”创评活动，整顿和规范市场经济秩序，加强商贸企业诚信建设，努力创造良好的市场经营和服务环境，进一步提高文明程度，树立良好的社会风尚。

2010年，在遭遇五十年一遇的洪涝灾害中，全方位报道县水利局民兵抢险应急分队等一批先进集体和先进人物的感人事迹，其中6人入围“抚州市抗洪救灾百佳人物”。是年，组织参加第六届深圳（国际）文化产业博览会、上海世博会、中国首届非物质文化遗产博览会和首届鄱阳湖国际生态文化节等活动，选送邹兆庆的蛋壳雕刻艺术、流坑村和罗山村的傩面具、华盖山茶叶等文化产品参展。

2014年，大力宣传好人文化，身边典型，重点宣传身患癌症仍坚守在工作岗位的金竹畲族乡联村村党支部书记雷冬至，9月，雷冬至当选“中国好人”榜“敬业奉献”好人。

四、对外宣传

1996年，县委宣传部组织拍摄“乡情”“厂情”片，主要介绍各乡镇、各企业的经济发展、投资环境、优惠措施、名优特产及当地资源等情况。扩大各乡镇（各企业）对外影响，吸引更多的县外有志人士到乐安洽谈项目、推销产品及投资办厂。

2005年，为了进一步宣传流坑，县委宣传部举办“江西流坑文化产业洽谈会”，邀请省歌舞团的演员进行文艺演出，中央电视台第七套“搜寻天下”栏目在乐安拍摄制作专题片。2009年，加大招商引资和应对金融危机的报道，请专家设计制作《神奇乐安》《招商指南》《乐安名片》《千古流坑》等外宣作品。

2010年，县委宣传部大力培育创业文化，营造创业氛围，集中推出26名诚办企业，22名勤创家业的创业典型，并组织10名创业先锋开展电视访谈活动。为了扩大宣传效应，发挥网络媒体作用，开通乐安宣传网，共转载和自采稿件3600多条，图片800多幅，月浏览量超过2万人次。还精心选送20多幅集中反映乐安改革发展成果、风土人情等图片参加“抚州撤地设市十周年改革发展成果展”，进一步向外推介乐安。制作以流坑、古樟林为题材的挂历和明信片；配合招商引资工作，设计制作《美丽的家乡——乐安》画册，对提升乐安在外的知名度起到积极的影响。

是年，县委宣传部积极参与全省、全市的对外宣传活动。组织蛋雕艺人邹兆庆先后在上海世博会和全国首届非物质文化遗产博览会上现场向中外宾客演示蛋雕绝活。精心挑选乐安傩面具、真空小竹笋、铁观音茶等独具乐安文化特色的文化产品参加第六届中国国际文化产业博览会。

2011年10月，县委宣传部赞助5万元经费，由北京真英雄影视文化有限公司投资拍摄的28集电视连续剧《穷孩子富孩子》在牛田镇古樟林拍摄，进一步向外推介乐安、宣传乐安，不断扩大乐安对外的影响力和知名度。2014年6月，在江西卫视《天气预报》栏目中播报乐安天气，播出流坑画面，并配合中央电视台纪录片《记住乡愁》的拍摄工作。

五、新闻宣传

为加强新闻宣传力量，县委宣传部十分重视新闻宣传激励机制、基层新闻宣传队伍建设和宣传阵地建设。1990 年，下发《关于加强农村圩镇宣传工作的通知》，圩镇高音喇叭 100% 覆盖；出台《中共乐安县委宣传部关于加强新闻报道工作的意见》，在每个乡镇建立新闻报道小组。县委中心报道组有通讯员 52 人，举办通讯员培训班 4 期，培训 250 多人次。向各级党报党刊发稿 2400 余篇，采用 380 篇，其中，《江西日报》60 篇，《赣东报》278 篇，江西人民广播电台 42 篇。1991 年，县委成立对外宣传领导小组，下设办公室，办公室设在县委宣传部。是年，各乡镇广播站开办 15 分钟的自办节目《街日广播》。鹏洲、戴坊、鳌溪 3 个广播电视建设试点乡镇广播进村率达 100%，入户率达到 95%。1995 年，加大新闻报道的考核和奖励，举办全县新闻报道员和宣传信息员培训班，并建立“新闻报道奖励基金”。2011 年，开办中国乐安宣传网，组建 80 多人的网站信息报送员队伍。2013 年，在新浪、腾讯开通“抚州乐安发布”政务微博。2014 年，创办乐安手机报，开通乐安旅游官方微博。2016 年，为适应移动媒体快速发展的趋势，开通并运营“乐安发布”微信公众号，乐安手机报改为江西手机报乐安版，停办“中国乐安宣传网”。

县委宣传部加强与中央和省市媒体记者的沟通，全面开展内宣、外宣和网络宣传，为全县改革发展营造好氛围，凝聚正能量。

1989 年 8 月，县委宣传部与省电视台合作拍摄反映乐安县 1949 年后林业建设成果，展现林业潜力与前景的电视片《红土地上的绿宝石》。1990 年加强外宣，制作 500 多幅富有地方特色的宣传品，提供到省文化厅，部分作品在省展出。

1992 年，围绕“以经济建设为中心”这一主题，在全县组织开展经济新闻竞赛活动，在乐安电视台、《赣东报》《江西日报》推出的《人勤春意浓》《乐安县积极发展三高农业》《乐安依靠科技发展农业》等报道，《乐安县举全县之力建公路促流通》展现乐安修筑招携至宁都芒种坑公路和县城环城公路的历史画面。1993 年组织开展“全方位推进我县经济发展”系列专题活动，宣传致富事迹，拍摄《山区里飘出的改革奏鸣曲》专题片。

1994 年，先后在上海、南昌召开新闻发布会，打开绞股蓝、矿泉水的销路；金竹瀑布群的发现及时在中央电视台《新闻联播》中播出；加强对“流坑文化”的宣传，拍摄《访古揽胜话流坑》专题片，《古村流坑》在《人民日报》海外版发表；挖掘 30 多个先进典型编印成《希望之星》一书。

1995 年，全县学习孔繁森活动的情况在 6 月 4 日《人民日报》进行报道，同时宣传全国劳模邹菊花、省劳模金耀梅、致富能手甘克强等人的典型事迹。1996 年，广泛开展“抚州精神”宣传和全县“十佳”新人新事的宣传”《光明日报》的头版头条以及国内外 100 余家报刊宣传报道流坑古村，引来大批的国内外学者、专家到流坑寻古访今。1997 年，重点宣传全县特色农业、工业小区、乐安大道、山坑电站等重点工程建设和“十佳”先进个人及“流坑文化”，人民日报华东版以一个版面的篇幅介绍流坑的古代文化和人文景观。

便民服务点党员干部学习十八届六中全会精神（2016 年）

2000 年，唱响祖国颂、社会主义

1986—2016 年历届乐安县政协委员中党外人士情况表

表 3-2-2　　　　单位：人

届别	委员		常委		副主席	
	总数	其中党外	总数	其中党外	总数	其中党外
第六届	120	104	16	10	5	3
第七届	128	110	16	11	3	2
第八届	129	111	17	13	4	2
第九届	132	115	18	15	5	2
第十届	158	138	23	17	5	1
第十一届	173	162	31	16	8	3
第十二届	190	178	29	19	7	3
第十三届	194	180	28	20	7	4

三、政治协商

县委、县政府每年召开民主协商会、情况通报会各 2 次；建立县委、县政府领导与党外人士对口交友联谊制度；聘请无党派人士分别担任县法院等 11 个部门的特约人员，有力推动民主监督工作的深入开展；组织引导党外人士围绕全县的中心工作任务开展调查研究、咨询服务；有关全县重大事项，与知名党外人士事先通气、事中协商、事后通报，认真听取党外人士的意见和建议，充分发挥参政议政、民主监督作用。

四、落实统战政策

至 1987 年年底，平反落实在“文化大革命”中错误处理的党外人士的统战政策工作基本结束。全县落实统战对象 431 人，案件 906 件，其中属平反冤假错案的 114 人，撤销判决的 9 人，平反昭雪的 4 人，恢复工作的 46 人，恢复城镇户口、商品粮供应的 240 人，补发因“文化大革命”中下放被扣发的工资 15074 元，补发抚恤费 1650 元，补发被抄财物以及金银补差款 13914 元，收回原工商业者 36 人，“三小区”84 人，补发定息 94 户、计 16607 元，恢复附加工资 78 人，恢复原工商业者干部待遇的 6 人，退回被挤占的私房 8 户，计 787 平方米，落实投诚起义人员 5 人，补发抚恤金 800 元，落实宗教房屋面积 375 平方米，落实宗教寺庙山林权属 15 亩，开放宗教寺观 9 所。

五、经济统战

1988 年前后，全县共有 6 名党外人士承包国有企业经营权，41 名党外人士承包乡镇集体企业，私营企业 2 个；全县拥有 1 万元以上流动资金的个体工商户 23 人。1994 年，开展“促进个体私营经济发展”的系列宣传活动和“双十”“双百”活动，提出《关于进一步促进我县个体私营经济更快发展的建议》。1995 年成立乐安县光彩事业推动委员会，2004 年 4 月，将乐安县光彩事业推动委员会更名为乐安县光彩事业促进会。2005 年，中央统战部副部长、全国工商联党组书记、第一副主席、中华海外联谊会副会长、中国光彩会副会长兼秘书长胡德平，全国工商联扶贫与社会服务部副部长、中国光彩会副秘书长谷彦芬，中国光彩会项目部部长符中士一行，在省政协副主席、省委统战部部长、江西海外联谊会会长、省光彩会会长王林森陪同下，到乐安县考察光彩事业，并参加龚坊镇浯塘村光彩小学的捐赠仪式。

县委发挥统战优势，采取“走出去、请进来”“以商招商”大力开展招商引资工作。2006 年，组织开展“一企带一村”活动，引导非公有制企业采取结对帮扶、资金助村、项目援村等多种形式参与社会主义新农村建设，安排26名非公有制经济人士与新农村建设试点村对接，捐款捐物100多万元，其中乐安财茂实业有限公司总经理龚财章捐款30多万元，出席省工商联在九江组织召开的经验交流会，并作典型发言。2007年，组织举办“温暖工程李兆基基金百万农民培训”项目，50多名新招收农民工接受一个月的免费培训。2012年，安排10家企业与21个贫困村确定“联姻”关系，共投入帮扶资金100多万元，免费培训农民技能人才600余人次，安置农民就业563人。

六、党外知识分子联谊会

2004年组织成立无党派知识分子联谊会，每年组织开展1～3次社会服务活动。2010年、2015年县委统战部分别指导县知联会完成第二届、第三届知联会换届工作。

七、海外联谊活动

2004年，成立县海外联谊会，开展“情系桑梓，根在乐安”活动，加强与海外“三胞”人士的联络和友谊，向海外系统推介乐安，为县域经济引进资金、技术、项目。1988年10月，侨胞游锦文捐赠3000元，为公溪镇荷陂村江边小学兴建校舍。1990年，侨属郭卓如的岳父刘滴仙捐资2万美元，为杏坊小学兴建一幢600平方米的教学大楼。侨胞沈炳麟捐资10万元兴建县中医院住院部大楼，并命名为“德恩楼”。1993年，美籍华人袁家辑女士为亡夫乐必信的桑梓情，捐赠1万美金为乐安一中兴建图书馆；2002年，在乐安一中设立“乐必信”奖学金，每年捐赠2万元扶助品学兼优的贫困学生。2005年6月，美国欣欣教育基金会捐资1万美金新建牛田镇傍安小学。2007年，应善良福利基金会捐资15.5万元援建湖坪乡善和小学。是年，邀请南美洲华侨联谊会一行20余人到乐安参观考察。

八、少数民族工作

1985年4月，随着民族宗教工作不断发展，宗教信徒逐步增多，县委统战部设置宗教工作专职秘书。1991年12月，县委成立民族事务办公室，归口统战部管理。1993年3月成立民族宗教事务局（二级局），划归县政府管理，2003年3月归口县委统战部管理。

乐安县是抚州市少数民族主要聚居地之一。1985年10月，县人民政府批准成立湖坪乡元楼畲族村小组。1987年5月，批准成立增田乡长江村委会增坊畲族村小组、坪溪乡徐庄村委会街上畲族村小组。1988年，全县有10个少数民族、1045人。1994年5月，县人民政府批准成立金竹乡流舍畲族村委会。2002年10月，省民政厅批复同意将乐安县金竹乡改设金竹畲族乡。2002年11月，批准成立招携镇东炉畲族村委会。2003年1月，批准成立招携镇青里村委会竹山畲族村小组。2004年4月，批准成立金竹乡联村畲族村委会、徐庄畲族村委会。至2016年年底，全县有以畲族为主的少数民族18个（主要包括畲族、黎族、苗族、蒙古族、土家族、壮族、满族、回族、高山族、瑶族等），少数民族总人口6560人，其中以畲族人口居多，有5579余人，占少数民族总人口的92%，设有1个少数民族乡、4个畲族村委会和10个畲族村小组。

乐安县党外知识分子联谊会第三届理事会第一次会议（2015年）

金竹畲族乡是江西省8个少数民族乡之一，也是抚州市唯一的少数民族乡。2016年年底，全乡总人

事宜作出具体规定。2009 年 12 月，建立全县社会稳定情况和信访突出问题通报制度。2010 年 10 月，县委办、县政府办下发《乐安县重大事项社会稳定风险评估实施办法》《乐安县维护稳定工作处置应急预案》。12 月，在县水电局、县总工会开展建立全县重大事项社会稳定风险评估机制试点。

2011 年 7 月，成立县维稳信息中心，设在县公安局指挥中心，印发《乐安县处置群体性事件应急预案等》。同时，设立县医患纠纷调处中心、交通事故纠纷调处中心等若干个专项矛盾纠纷调处中心，建立快速反应的网络舆情监控引导机制。县财政安排 70 万元设立县司法救助专项基金，由县委政法委统一管理，主要用于解决因涉法涉诉案的发生造成部分当事人家庭出现严重的生活困难。

乐安县政法综治工作，连续多年被评为全省、全市社会治安综合治理先进县。1992 年，被评为全区社会治安综合治理工作第三名；1997 年、1998 年、2000 年，被评为全市社会治安综合治理目标达标单位；2002 年、2003 年，被评为全市社会治安综合治理目标管理先进县；2006 年，被评为全市维护社会稳定工作先进集体；2006 年、2008 年，被评为全市综治目标管理先进县；2008 年，被评为和谐平安县。

全县政法综治维稳工作会议

四、正风肃纪褒扬先进

为了提高政法队伍的整体素质，1992 年 7 月县委政法委成立县清调工作领导小组，制定清调工作方案，在全县政法系统开展清理调整工作。到 1995 年 8 月，有 8 名不适合在政法部门工作的干警被清理、调整出政法机关。

1993 年 3 月，为褒扬先进、倡导见义勇为新风尚，经县人大常委会批准，设立乐安县见义勇为基金，首批基金共筹集 8 万元。1994 年 9 月，授予公溪镇裴国平等人“全县见义勇为先进分子”称号；裴国平还先后被授予全区、全省、全国“见义勇为先进分子”称号；1996 年 5 月被县政府特批安排在县公安局巡警大队工作。

第七节　农村工作

1984 年 6 月恢复县委农村工作部（简称“县农工部”）。1988 年 12 月，撤销县委农工部改为乐安县农业经济委员会（简称“县农经委”），为县政府工作部门。1992 年 4 月，设立中共乐安县委农村工作委员会，与县农经委两块牌子，一套人马。是年 11 月，乐安县赣中南农业开发领导小组下设副科级办事机构——赣东南农业开发办公室，挂靠县农经委。1995 年 12 月，撤销县农经委改为乐安县人民政府农村工作办公室（简称“县农办”）；2002 年 10 月，恢复县委农村工作部，为县委工作部门，增挂乐安县人民政府农村工作办公室牌子；2003 年机构改革，县委农村工作部内设办公室、综合协调科和农村经济发展科 3 个职能科室，核定行政编制 5 个，工勤事业编 1 个。领导职数为：部长 1 名，副部长 2 名，股级职数 3 名；2006 年 1 月，在县委农工部设立乐安县社会主义新农村建设办公室；2009 年 4 月，县编委核定县新农村建设办公室为农工部下属全额拨款股级事业单位，事业编制 7 个。6

月，增设乐安县农村清洁工程领导小组办公室。至2016年12月，农工部在编干部职工8人，新农村建设办公室在编干部职工3人。

1986年至1988年12月、2002年12月至2016年，历任县委农工部部长：刘一中、李以庚、吴瑞云、胡宜兆、曾文辉、郭凌宇；1989年1月至1996年2月，历任县农经委主任：周百顺、邱捍东；1996年2月至2008年12月，历任县农办主任：罗崇高、熊高文、邓中华。

一、农村政策落实

完善农村家庭联产承包责任制。1986—1993年，主要加强承包合同的管理。在山林承包方面，着重解决山林权属问题，处理好农户的责任山和自留山“分而不造”和集体山林“统而不管”的问题；在水面承包方面，改变轮流承包、平均承包、一年一包“人放天养”和荒芜水面的状况，大力提高水面经营水平；在果园茶园承包方面，坚持所有权和经营权分开，实行多种形式责任制。

减轻农民负担。从1990年起，每年进行一次全县农民负担大检查，对检查中发现的突出问题，认真研究，并结合乐安实际，对全县农民负担执行和管理，作出具体明确规定。一是认真做好农民负担的预决算编制工作，坚决把农民负担控制在上年农民人均纯收入的5%以内。二是认真查处农民负担案件。万崇乡将蚕桑发展基金和生猪发展风险金作为公粮附加，由农民负担的错误做法，及时责令取消。先后查处鹏洲、戴坊、山砀等乡镇农民反映负担过重的上访事件，退回向农民多收的公粮，切实维护农民的切身利益。

助力流通领域撤卡。改革开放之初，流通领域关卡林立。1987年11月，乐安县万崇乡丰林村养猪专业户万发龙、邓小勇、曾传兴等人请3部卡车，装运178头生猪运销广东。11月18日下午行至会昌县�门岭联合检查站时，以“生猪不仅不能出省，而且还要按当地价格就地收购”为由被强行扣押。他们据理力争，但无济于事，被强行运至周田食品站，全部以每斤1.10元的低价收购，与广东签订的收购价1.94元相比，损失27271.86元，与乐安的收购价1.40元相比，也损失12986.60元，加上各种检疫、管理费用，途中开支共4940.70元。生猪被卡，使3户专业户顷刻陷入经济破产的深渊之中，县委农工部出面多方联系无果。时任县委农工部部长刘一中找到《半月谈》特约记者武政反映情况。随后，由武政、江西日报记者熊文清、江西人民广播电台记者邓季芳实地调查采访。他们写出的稿件以相同的内容，不同的标题在相关报刊上连续重磅刊出，1988年《半月谈》第10期以《栏杆搬去换杠杆》为题刊出，1988年5月23日《江西日报》头版头条以《养猪专业户万发龙的遭遇发人深思》为题刊出，并配发短评《究竟在卡谁》，江西人民广播电台也作重稿播出。媒体曝光后，5月28日，江西省政府副省长黄璜委派省农业厅副厅长由玉明率队专程赴乐安、会昌两地处理此事，协商赔偿专业户损失事宜。6月5日，黄璜在南昌会见3名记者；之后黄璜专程到万发龙所在的乐安县万崇乡调查、慰问。6月17日，会昌县副县长及赣州市有关部门派员到乐安，达成给万发龙等养猪专业户的赔偿协议，并赔款道歉。抚州地区由此在是年5月

全县和谐秀美乡村建设现场推进会（2013年）

之内，率先将私自设在农村的各类关卡全部撤销，得到省委、省政府的赞许并在全省推广。

二、开展“三农”工作调研

1990年5月，县农经委会同县委组织部对全县207个村的组织建设和经济建设进行全面调查。根据调查结果，按照县农经委的总体规划，以村集体年均经济纯收入计算全县一类村6个，二类村26个，三类村97个，四类村（即空壳村）有78个。县农经委针对上述情况专门进行研究，找出村级集体经济薄弱的原因。1993年从县直单位抽调80名机关干部分赴20个村，开展为期2—3年的改变经济薄弱村面貌和奔小康示范村工作。

从1995年开始，根据中央、省、地有关文件精神，结合乐安实际制定农业和农村工作的重点，下发农业和农村工作意见，指导全县农村改革和农村经济工作。1997年县委、县政府下发《一九九七年特色农业发展意见》，1998年县委下发《关于加快发展农业产业化经营的实施意见》等。2006年5月，开展全县农村土地流转情况调研；2007年5月下旬，配合省新村办新农村建设调研组，就乐安县项目建设、资金筹措管理、产业发展、民主管理、乡风文明管理等方面进行调研；7月开展发展现代农业调研，撰写《乐安县发展现代农业的调查与思考》。2009年2月22—23日，配合中央农村工作办公室“三农”调研组在乐安县调研“三农”工作。2012年上半年，为掌握全县农村推进土地流转，促进农业产业化经营情况，县委农工部深入山砀、龚坊、牛田、南村等乡镇，通过走村入户、召开座谈会等形式，积极开展土地流转调研，撰写调研报告上报县委、县政府，为县领导决策提供依据。

2014年10月，开展全县“财政惠农信贷通”试点工作，主要模式是省、市、县三级财政按2∶1∶2的比例筹集资金，存入合作银行，作为贷款风险补偿金。合作银行按照不低于财政风险补偿金8倍的贷款额度，向新型农业经营主体发放一年期以内无抵押、无担保贷款的新型融资模式。2014—2016年，乐安县“财政惠农信贷通”累计贷款13406万元、611笔，惠及经营主体133个。2016年在深入开展“三农”调研的基础上，综合协调农口单位和乡镇，发挥综合协调和参谋作用。积极推进农村土地制度改革，农村土地承包经营权确权颁证工作实现全覆盖；积极培育发展新型经营主体，全县新增家庭农场16家、农民专业合作社229家、市级以上龙头企业15家。推进农村金融制度创新，财政惠农信贷通共发放惠农贷款13409万元，增强“三农”发展活力。

三、新农村建设

从2006年始，编制全县新农村建设规划。至2016年，全县完成834个25户以上自然村（村小组）新村建设规划编制。

2009年6月，县委、县政府决定启动农村清洁工程，成立乐安县农村清洁工程领导小组，下设办公室，办公室设在县委农工部，工作人员从成员单位抽调。（新农村建设成效见城乡建设环境保护卷第一章第四节乡村建设）。

四、实施“一村一名大学生工程”

根据省委办公厅、省政府办公厅《关于在全省实施“一村一名大学生工程”的通知》精神，加强农村人才队伍建设，进一步提高农民素质，加快推进农业农村现代化，采取远程教育学习和成人高等教育函授学习相结合的形式。远程教育主要依托江西广播电视大学现代远程教育系统，由市、县负责组织实施；成人高等教育函授主要依托江西农业大学，毕业时颁发国家承认学历的成人高等教育专科毕业证书。乐安县从2011年12月至2016年12月招收江西广播电视大学专科生230名，江西农业大学专科生31名，江西农业大学本科生32名。为农村输送293名合格的“一村一名大学生”。

第八节　老干部工作

1985年4月，成立中共乐安县委老干部局（简称“老干局”），为县委老干部工作专职部门，负责对全县离退休干部的管理、服务工作，归口县委组织部。内设综合办公室、县老年大学、县老干部活动中心。县关心下一代工作委员会办公室挂靠县委老干部局。2016 年，县委老干部局工作人员 6 人，领导职数：局长 1 人、副局长 1 人。

1986—2016 年，历任局长：邱兴福、王秋生、詹晨光、曾丽萍、周菊生。

一、离休干部服务与管理

县委老干部局服务管理的对象主要是全县离休干部、享受副县级以上待遇退休干部、全县离退休干部党支部书记。至 2016 年年底，县委老干部局管理服务对象共计 102 人，其中离休干部 16 人，副县级以上（含享受待遇）退休干部 45 人，离退休干部党支部书记 41 人。离休干部是县委老干部局服务与管理的重点，自 1982 年以后，全县管理服务离休干部最多时为 1992 年和 1993 年，共 88 人，随后逐年减少。至 2016 年，全县离休干部 16 人中，行政单位离休干部 6 人，事业单位离休干部 4 人，企业离休干部 6 人，其中易地安居离休干部 2 人。县委老干部局对离休干部的管理与服务内容，主要是督促和协调离休干部所在单位，落实离休干部的各项政治生活待遇，代表县委、县政府看望生病住院的离休干部。每逢重大节日，县委老干部局对离休干部进行走访慰问，定期走访易地安居离休干部，组织离休干部参加由县委、县政府召开和举办的重大会议和重大活动，向离休干部通报有关情况，组织离休干部阅读相应范围内的文件等；组织开展学习和文体活动，自 1986 年 1 月开始，每月组织离休干部进行一次集中学习，传达上级有关会议精神，宣传县委、县政府的重大决策，通报全县重大工作；协调解决离休干部生活中的困难，对特困离休干部进行救助；协助所在单位处理去世离休干部的丧事；老干部活动中心对全县离休干部和副县级以上（含享受待遇）退休干部免费开放，并定期组织开展适宜离休干部、副县级以上（含享受待遇）退休干部参加的文体活动。

二、退休干部服务与管理

退休干部服务与管理主要是坚持“统一指导、分级负责、以单位管理为主”原则。1993 年 2 月，县委组织部、老干部局、劳动人事局、财政局、编委联合下发《乐安县退休干部管理意见》，对退休干部的政治生活待遇、发挥作用、管理经费、管理机构等作出具体规定。县委老干部局负责全县退休干部管理宏观指导工作，主要是贯彻执行上级有关退休干部的方针、政策，从事调查研究，综合协调、检查督促各单位落实退休干部政策；及时反映问题，总结交流经验，表彰先进和支持退休干部发挥作用等各项工作。各单位负责贯彻执行上级有关退休干部政策和规定，认真落实退休干部有关经费和待遇，协助县委老干部局从事调查研究，总结交流经验，积极反映本部门有关情况，做好退休干部的思想政治工作；组织退休干部参加党的组织生活，阅读文件及参加活动；组织退休干部发挥作用。

1986 年 12 月开始，县委老干部局参照离休干部的服务与管理，将享受副县级以上待遇的退休干部纳入管理与服务范围，服务管理的内容主

县老干部活动中心

要有：春节前统一进行走访慰问，每月组织参加集中学习活动，生病住院探望，协调解决生活中的困难，督促协调政治生活待遇落实，协助单位处理去世退休干部丧事等。1998年开始，组织离退休干部党支部书记与离休干部、副县级以上（含享受待遇）退休干部一起参加集中学习活动。

三、离退休干部党支部建设

1991年8月，戴坊镇党委成立全县第一个离退休干部党支部，由于此时离退休干部人数不多，符合成立支部条件的单位少，一直到1997年12月，全县仅成立戴坊镇镇机关、县粮食局、县交通局3个离退休干部党支部。1997年，中组部下发《关于加强离退休干部党支部建设的意见》后，县委老干部局高度重视离退休干部党支部建设工作。1998年3月，县委组织部、老干部局联合下发《关于加强离退休干部党支部建设的意见》，要求符合条件的单位成立离退休干部党支部，先后有教育局、卫生局、水利局、林业局、人民医院、鳌溪镇、万崇镇等成立离退休干部党支部。至2016年年底，全县共有离退休干部党支部41个、党员817人。

县委组织部、老干部局具体负责指导全县离退休干部党支部建设。2002年5月，在全县离退休干部党支部中开展"五好党支部""争先创优"等活动，有力地推动离退休干部党支部的规范化、制度化建设。各离退休干部党支部根据要求，普遍建立健全政治学习、"三会一课"、参观考察等制度，每月至少组织党员集中进行一次政治理论学习。建立健全通报情况、沟通谈心、请假、联系帮扶困难党员等制度，对离退休干部党员做到政治上尊重，思想上关心，生活上帮助，以增强支部的凝聚力。年初、年中和年底分别组织召开全县离退休干部党支部书记会议，部署年度支部工作、了解各支部工作情况、交流总结支部工作经验，每年12月底由县委组织部、老干部局组织人员深入各离退休干部党支部进行实地检查，评选出年度先进党支部和优秀党员。没有按规定及时缴纳党费的支部被取消评先进资格。通过十多年的努力，推动各支部的平衡发展，提升全县离退休干部党支部建设的整体水平。乐安县离退休干部党支部建设工作在全市、全省名列前茅。

2006年4月，县委组织部、老干部局出台《关于贯彻落实中组部、省委组织部〈关于进一步加强和改进离退休干部党支部建设工作的意见〉的实施意见》，对加强领导、建立制度、经费保障、活动场地、学习资料等方面提出要求，并规定：由县委组织部负责核实各离退休干部党支部的党费收缴，及时按50%的比例返还给支部，作为支部活动经费，对离退休干部党支部书记开展支部活动时产生的交通、通讯等费用开支，按每月40元的标准给予补助（2014年提高到每月60元），由离退休干部党支部所在单位按月随离退休干部活动经费发放。

四、落实政治待遇

县委老干部局成立后，坚持老干部阅读文件、听报告、参加重要会议和重大活动、向老干部通报情况、组织老干部就近就地参观学习、走访慰问老干部等制度。建立离、退休干部学习小组。至2016年，全县共建立老干部学习小组41个，其中乡镇16个，保证老干部与在职干部同等待遇。组织老干部阅读文件，听报告，视察工农业生产，参加各类大型活动；党员老干部还要参加所在支部的组织生活和党员会议，县委专门增发一份中央、省委文件供全县离休干部和享受副县级以上待遇的退休干部阅读；规定每月15日上午为老干部活动日，县委老干部局组织全县离休干部、享受副县级以上待遇退休干部和全县离退休干部党支部书记集中学习，传达有关会议精神；组织邀请老干部代表参加（或列席）全县召开的人大会、政协会等全县性的重大会议和活动。春节前，县委、县政府主要领导或分管领导向老干部通报全县社会经济形势。2003年始，每年春节前，由县委书记或县长亲自向老干部通报全县社会经济形势，县委、县人大、县政府、县政协四套班子主要领导和分管老干部工作的县领导出席报告会，报告会结束后，县老年大学学员为参会人员表演文艺节目。县老干部活动中心设有阅览室，让老干部及时阅读到规定范围内的文件。县委每年组织老干部代表参观城市建设、工业园区建设和工农业生产等。每次县级领导调整时，新任县委、县政府主要领导和分管领导均上门走访县级老干部。春节前，县委、县人大、县政府、县政协四套班子全体成员分组走访慰问居住在县城的县级离退休老干部，县委老干部局代表县委、县政府走访其他离休干部、享受副县级以上待遇退休干部和离退休干部党支部书记。此外，老干部生病住院，县委老干部局派人探望，老干部去世，根据治丧细则规定，县委老干部局负责指导和协助老干部所在单位为老干部举行遗体告别仪式，所在单位主要领导参加遗体告别仪式。

五、落实生活待遇

1985年，县委老干部局会同县人民医院在住院部设立老干部保健室和老干部病床，建立老干部医疗档案，固定一名医技较高的医生和一名服务周到的护士专门管理。2002年，建立一年一次的离休干部体检制度。

在离退休干部子女就业方面：2002年以前，在政策规定的范围内，对离退休干部子女就业给予优先考虑。在全民所有制合同工招工总指标中，拿出10%招工指标专门照顾老干部子女就业。在物资供应方面：对粮食、副食品、烟草、煤炭等有关物资，各部门共同研究供应计划，使老干部生活、物资供应得到保证。在老干部用车方面：专门为老干部配置一辆小车，规定县直单位对老干部用车尽量给予保证。在离休干部的离休费、医药费方面：部分乡镇和乡属单位因乡镇、单位经济困难，存在一定程度拖欠。为此，县委、县政府采取转移安置和“县乡共同负担，专项资金解决，系统内部转移”的办法，解决经济条件较差的乡镇老干部“两费”问题。这一做法得到省、市委老干部局充分肯定。

2002年8月，乐安县在全市率先出台离休干部离休费、医药费保障机制和财政支持机制实施细则，建立离休干部“三个机制”，较为彻底地解决离休干部“两费”问题：行政事业单位离休干部离休费、护理费由县财政局按月足额发放，企业单位离休干部离休费、护理费由县社保局按月足额发放，医药费按规定实报实销，由县财政统一按标准交纳医保统筹金。按时落实抗日战争时期入伍离休干部增发两个月的基本离休费，解放战争时期入伍离休干部增发1个月基本离休费作为生活补贴的政策。离休干部享受同级在职干部同等的非生产（工作）性福利（含降温费、烤火费）。离休干部的特需经费、公用经费以及离休干部去世后无固定收入遗属补助和抚恤金、丧葬费均根据要求落实到位。2006年起，县委、县政府根据上级要求规范机关工作人员津贴补贴，离休干部津补贴按同级在职干部的95%发放。县委老干部局每年协助县医保局负责组织离休干部进行一次健康检查。建立特困离退休干部帮扶机制。从2007年起，财政预算每年安排5万元作为特困离退休干部的专项解困资金，用于每年特困离休干部帮扶，其他离休干部普访和离休干部遗属走访慰问金。

在落实离休干部生活待遇上，乐安县出台更为有力的举措落实各项政策规定：2002年开始，行政事业单位离休干部医药费全部由县医保局按规定实报实销，政策规定由离休干部所在单位负担的10%部分，也全部由县医保局报销。2004年，实行企业离休干部与行政事业单位的离休干部同等对待政策，医药费统筹金由县财政全额负担，医药费全部由县医保局按规定实报实销。2006年，将企业离休干部不论企业改制与否，全部由主管部门接收管理，企业离休干部每人每年1000元的安置管理费则从改制经费中提足10年，企业经费不足的由财政列入预算，划拨给企业离休干部主管部门管理，实行专款专用。离休干部去世后，行政事业单位已故离休干部无固定收入的遗属生活补助由县财政按月按标准发放，企业已故离休干部无固定收入的遗属生活补助从当年6

月起由县财政按月按标准发放。自2005年起，县委老干部局每年对离休干部遗属进行走访慰问。

退休干部退休费按照财政和社保两个渠道进行落实，退休干部医药费按有关规定报销，退休干部所在单位负责为退休干部办理医疗保险。退休干部与在职人员一样提取福利费（含降温费、烤火费等），享受非生产性福利待遇。2006年，规范津补贴后，退休干部津补贴按同级在职干部的75%发放。县级离退休干部每月享受40元电话费补助。是年开始，县财政每两年拨款为副县级以上（含享受待遇）退休干部进行一次健康检查。2009年后，享受副县级以上待遇的退休干部一年一次健康体检形成制度。

六、发挥作用

乐安县委、县政府在全面落实老干部政治生活待遇的基础上，注重搭建平台，创造条件，积极引导老干部在自愿量力的前提下发挥作用。至1993年，全县有80名离休干部和676名退休干部，根据各自的特点、专长，为乐安的精神文明和物质文明建设发挥积极作用。19名老干部开展各种形式的帮教工作，关心下一代青少年的成长，18名离退休干部撰写回忆录和编写专业史。8名离退休干部长年从事党史、县志、革命斗争史的编写工作，有147名离退休干部（其中离休干部16名）创办经济实体。

广大离退休老干部以老干部活动中心、老年大学为平台，以离退休干部党支部、关工委、老年体协、老科协等涉老组织为依托，为建设“开明乐安、创业乐安、生态乐安、富裕乐安、和谐乐安”作出贡献。

离退休干部参政议政主要途径有两个方面：一是向县委、县政府建言献策。县委、县人大、县政府、县政协四套班子召开重大会议、举行重大活动、作出重大决策之前，均邀请老干部代表参加，与会老干部代表都能积极建言献策。一些老干部离退休后，主动深入基层开展调查研究，为县委、县政府决策提供参考。县老科协组织成立以后，县组织老科技工作者围绕党委、政府的中心工作以及改革发展中的热点难点和重大战略问题，围绕“三农”问题，广泛深入调研，积极建言献策，撰写各类调研文章100余篇，其中《建立专业技术分会，促进农业产业发展的调研报告》《关于当前晚稻病虫害情况调查》《乐安县农村留守生现状调查报告》《古建筑文化遗产考察报告》等均引起县乡两级党委、政府的高度重视，并采取得力措施予以落实。二是积极参与有关社会团体、协会工作。县关工委、老年大学、老年体协、老科协、钓鱼协会、花卉协会、企业联合会、企业家协会等涉老组织的成员基本上是老干部，他们在各自的岗位上，主动作为，发挥余热，为促进乐安经济发展和社会进步作出积极贡献。

七、参与经济建设

1989年5月，为发挥老干部在经济建设中的作用，经县政府批准，成立江西省乐安县扶贫开发服务公司，由几名离休干部开办，不久即根据中央关于清理整顿公司的文件精神停办。1992年8月，县委老干部局在离退休干部中积极开展庭院经济活动，充分发挥他们在经济建设中的作用。

2003年11月，乐安县老科技工作者协会（简称县老科协）成立，成为推动乐安农业发展的一支重要力量。至2014年，县老科协下辖10个专业分会、16个乡镇分会、1个科普讲师团，全县有老科协会员448人。县老科协组织会员围绕县委、县政府的中心工作及改革发展中的热点、难点问题，发挥自身优势，深入开展调查研究，积极向县委、县政府和有关部门建言献策，当好参谋和助手。县老科协立足服务“三农”（农业、农村、农民），认真开展科普宣传、科技咨询、科技服务和建言献策活动，为振兴乐安农村经济，促进社会发展做了大量有益的工作，取得较好的成效。先后建立起优质稻、蘑菇、烤烟、竹业、果业、蔬菜、蚕桑、油茶、茶叶、乐安花（香）猪饲养、水产养殖、花卉苗木等20个农业科技示范基地，辐射带动周边农户发展特色高效农业；大力实施科普致富示范村建设，推广

“猪、沼、果”生态果园模式；创办“协会+农户”农业科技示范园；卫生、教育、文化、财贸工交等专业分会立足各自职责，建立各种帮扶联系点，共建立各类科技服务示范基地88个，服务内容涉及农、林、水、文、卫、教、企等诸多方面，受益群众遍布全县，真正为“农业增效、农民增收、农村变样”做出示范，促进县域经济持续发展。

县农业局退休干部党支部发挥党员中具有技术专长的优势，在支部开展“对内联系科室，带出一批素质精良的干部，对外联系服务对象，带出一批创业典型”为主要内容的“双联双带”活动，按照党员的特长组建果树、菌菇、粮食、养殖、能源5个专业科技服务组，服务群众，带动农户发展产业、发家致富。

以老同志为主体的县企业联合会、企业家协会成立于2008年12月。至2016年，会员企业发展到189家。县企业联合会、企业家协会围绕服务全县经济建设这个中心，通过信息网站，编发工作简报，加强企业与政府，企业与企业，企业与社会的相互沟通和信息传递工作；每年召开乐安籍在外发展成功人士及企业家春节茶话会，外地客商在乐安的企业家元旦、春节、国庆、中秋茶话会等，开展对乐安籍在外发展的成功人士及企业家和会员企业走访活动，联络政府与企业之间感情，推动本地企业与外地企业之间的交流与合作；组织会员企业领导外出参观考察，举办企业管理和知识培训班，学习先进的企业管理经验；开展关爱企业员工活动，融洽劳动关系，每年为企业员工免费进行健康检查工作，累计人数达1.8万人次；竭诚为企业服务，帮企业排忧解难，共为100余家企业协调解决困难和问题180余件。组织企业家开展慈善捐献活动，引导企业回报社会。充分发挥桥梁纽带作用，积极搭建服务平台，为服务企业，促进经济发展做出贡献。

离退休干部自愿发挥威望高、人脉广、知识面宽、经验丰富的优势，积极参与社会管理事务。一些离退休干部主动担任义务纠纷调解员，化解基层矛盾，帮助当地党委、政府做好群众工作，在山林权纠纷、征地拆迁等方面发挥独特作用，维护社会稳定。一些居住在农村的离退休干部则积极参与到社会主义新农村建设中，为所在村新农村建设出谋划策，争取资金，化解矛盾。

八、推动全民健身

1985年4月，乐安县老年人体育协会成立。历任县老年体协主席、副主席分别由离退休老干部担任，县体委（后改文体广电局）、县委老干部局分管领导兼任老年体协副主席。县委书记或县长担任县老年体协名誉主席和顾问。

从1985年起，县直（含省、市属）各单位和各乡镇（场）、村先后建立起老年体协组织。至2013年年底，全县16个乡镇（场）和18个社区都建立老年体协；建立村老年体协126个，占行政村总数的72%；县直（含省、市属）单位建立老年体协42个，占应建单位总数的91%。基层老年体协基本做到有活动场所、有活动设施、有活动经费。县城已建老干部活动中心1个，风雨人工草坪门球场4个，老年排球场2个，建有健身公园、森林公园、文化广场、四九广场及若干居民小区广场、太极拳（剑）场、羽毛球场等活动场所供老年和全体居民健身强体。全县老年人总数4万多人，经常参加体育活动的老年体育人口1.94万人。

至2016年，全县建有一定规模的活动队伍：门球队20支，柔力球队7支，气排球队6支，太极拳（剑）队8支，健身球队11支，健身舞操队26支，健身腰鼓（秧歌）队25支，健身气功队2支，木兰拳（剑）队2支，垂钓队28支，文艺队（艺术团）4支，拐杖操队2支，棋牌队20支，女子舞龙队1支。

每年的“五一”、国庆、重阳、元旦等节日期间举办乒乓球、棋类、麻将、门球等比赛活动，各乡镇和县直各单位均组队参加。

九、老年大学工作

1991年9月，成立乐安县老同志大学，2002年更名老年大学。老年大学全面贯彻“老有所教，老有所学，老有所乐，老有所为”的教育方针，建立“党政主导，部门参与，社会关注，面向全体老人”的办学体制。由县委副书记兼任名誉校长，校长由退出领导岗位的县级领导担任，副校长由退出领导岗位的科级领导和县老干部局领导担任，或聘请专业人员担任；校务委员由县委、县政府有关职能部门领导担任。

县老年大学刚成立时，设在县影剧院后厅2楼，一个教室。之后先后迁至县总工会、县博物馆、县档案局等。2006年1月迁入新建的乐安县老干部活动中心4楼，现有校舍面积900多平方米。至2016年底，有管理人员9名（其中在编人员2名），教师20名。开设音乐、书法、文学诗词、美术、电脑、葫芦丝、合唱、舞蹈、戏剧、器乐、时装模特、电子琴、健身交谊舞、瑜伽、柔力球、太极、养生保健、远程教育等18个专业20个班，在校学员近1000人次。

县老年大学本着“增长知识，陶冶情操，促进健康，服务社会”的办学宗旨，追求“求知、求健、求乐、求新”的办学理念，建立“讲究公德、树立风范、增强友谊，促进和谐”的校风，“教其所需，助之乐学、悔而不倦、善诱笃行”的教风和“尊师爱校、勤学敏思、虚心自立、进取有为”的学风。积极拓展校外课堂，搭建活动平台”。一是社区文艺表演。每逢重要节日和纪念日，组织学员进行社区文艺表演。2012年6月，学校艺术团举办“2012我参与，我快乐红歌赛”，30多名学员参加。2015年9月，为纪念江西老年教育事业30周年暨乐安老年大学25周年，学校举行“最美夕阳红，共筑中国梦”文艺晚会。二是送戏下乡巡演。2010年11月，开展“廉政文化下乡”活动，艺术团以喜闻乐见的形式，在谷岗、增田、湖坪、罗陂、万崇、牛田等乡镇演出14场，观众达2万多人。三是上街义写春联。龙年春节前，学校组织书画班教师、学员上街写春联200多幅。四是举办书画摄影展。学校多次举办书画摄影展，2011年为庆祝建党90周年，举办书画摄影展，展出作品90多幅，参观者达5000余人。五是组织文艺节目参赛。省、市组织的文艺调演，学校均组织学员参赛，并获得较好成绩。2015年9月，在西安举办的全国中老年舞蹈大赛，学校组织15名学员参赛，作为唯一以县级队参赛的舞蹈《又唱请茶歌》，荣获第一名。赢得专家好评：很有特色，表演很到位。六是选送书法作品参展。2009年6月，选送的15幅书画作品到抚州市参展，均获得优秀奖。2016年2月，书画班教师易林生的书法作品参加在印尼万隆“印尼情、巴厘行”到国际交流展上荣获金奖。

2009年，乐安县老年大学荣获“省级示范学校”称号，2015年获“全省老年教育先进集体”荣誉。

老年大学活动“夕阳红中国梦”文艺晚会

十、关心下一代工作

1990年6月，乐安县关心下一代协会成立，1991年6月更名为乐安县关心下一代工作委员会（简称“县关工委”）。关工委是一个以离退休人员为主体、党政有关部门和群团组织负责人参与，以关心、教育、培养青少年健康成长为目的的群众性工作组织。由县委副书记任名誉主任，正县级退休干部任主任，县委组织部副部长、老干部局局长和两位老干部任副主任，县委办、政府办、组织部、政法委、老干部局、总工会、共青团、妇联以及文化、教育、卫生、公安、司法等部门主要负责人为成员。县关工委下设办公室，挂靠县委老干部局，乡镇关工委由乡镇党委副书记任主任，老干部任副主任。至2016年，建立健全全县关工委组织网络。关工委组织已纵向发展到社区、行政村，有140多支队伍，参加关心下一代工作的离退休人员2000多人。各级关工委积极发挥“五老”（老干部、老战士、老专家、老教师、老模范）优势，开展革命传统教育、法制教育、德育教育、家庭教育，帮教和帮困助学等家校同创和感恩年主题教育活动，工作有声有色。已建立起关心下一代报告团20多个，帮教小组20多个，爱国主义教育基地5个，涌现出一批长期致力关心下一代工作者。在关心下一代工作中不断充实工作内容，拓宽工作领域，创新工作方法，在提高青少年思想道德素质，为青少年排忧解难，净化青少年成长环境等方面，做了大量卓有成效的工作。

县关工委切实加强青少年德育工作，每年结合当前形势，联合教育部门，在中小学生中开展感恩、学雷锋等主题教育活动，先后举办“爱我乐安兴我家乡”“北京奥运在我心中”“赞身边的雷锋”等演讲比赛以及“看身边事，学身边人，话荣辱”“感恩在行动”“中华魂”“我的中国梦”等征文比赛，联合老年体协、老年大学等涉老组织和县直有关单位，通过举办演唱会、文艺晚会等形式，帮助青少年提高思想道德水平。从2006年开始，关工委联合县教育局每年评选出60名“品学优秀”学生进行表彰。

县关工委注重抓好学校、家庭、社会“三结合”教育，共同营造青少年健康成长环境。2005年和2011年，县关工委先后两次与县教育局联合举办全县中小学生科技小制作展览，联合成立家长学校建设领导小组，负责组织和指导全县家长学校建设工作。全县共有家长学校（函授培训点）43个，2010—2011学年家长学校招生4860人，超过招生计划880人。县关工委为了提升家长学校培训档次和效果，会同县教育局邀请专家至家长学校上课，培训家长和学生，组织县“五老”报告团深入全县各中小学作专题报告，每年作报告10多场，既为学生作报告，还为广大老师如何教书育人作报告，深受广大师生欢迎。

县关工委积极开展扶贫助学、帮残助困、关爱留守儿童、帮教失足青少年活动，促进弱势青少年健康成长。2004年，县关工委通过县直单位结对帮扶的形式，对挑选出的100名贫困学生进行救助。2009年—2011年，县关工委带头从事业经费中拿出1万多元钱，对县一中6名高中贫困学生跟踪扶助3年，使他们顺利完成学业。

各级关工委加强与公安、文化、卫生、工商等部门协调，2006年以后，聘请9位离退休老干部为网吧监督员，进行校园周边环境整治、文化娱乐场所整顿，积极倡导健康社会风气，为青少年营造良好成长环境。

2005年12月、2013年9月，龚坊镇中心小学两次荣获省关工委颁发的全省创建“五好”关工委先进单位称号；2014年9月，县“五老”报告团团长王春元荣获省关工委颁发的全省优秀关爱报告员称号。2003年12月，县关工委荣获省关工委颁发的全省关心下一代宣传工作先进单位称号；2005年12月，县关工委荣获省关工委、省精神文明办颁发的全省关心下一代工作先进集体称号。

第九节　信访工作

1980年2月，乐安县信访工作办公室成立。2003年更名为中共乐安县委信访局（乐安县人民政府信访局），为一个机构、两块牌子。县信访局是县委、县政府主管信访工作的工作机构，归口县委办公室管理，业务上接受县委办公室、县政府办公室指导。2016年，县信访局编制9个，其中行政编3个，事业编6个（手机信箱工作室2名、人民群众来访接待中心4名）；内设办公室、督查室、手机信箱工作室、人民群众来访接待中心等股室，有工作人员11名。

1986—2016年，历任局长（主任）：郭林根

县、东乡县、资溪县和抚州市等地相继发生学生串联、请愿、罢课、拒考，300多名学生聚集资溪火车站，企图拦车上京等事件；一些老上访户趁机出来活动，群众集体上访剧增。根据地委、行署的统一部署，乐安县信访办积极做好疏导劝阻工作，对重点上访户实行“三包”（包劝阻、包解决、包稳住），领导现场办公，干部下访、回访，妥善做好工作，维护正常秩序。

1992—1994年，由于对来信来访做到事事有回音，件件有着落，大量信访问题解决在基层，减少越级上访和盲目上访，全县信访数量逐年下降，信访形势稳定。

1995年后，农民负担出现反弹、城市拆迁、中小学校乱收费等热点问题增多，全县信访总量开始回升，集体上访大幅度增加。

1997年，为贯彻《信访条例》，县信访办进一步健全工作制度，建立基层信访网络，集中力量解决一批反映突出的农民负担过重，乱摊派、乱罚款、中小学校乱收费，农资流通等老大难问题。

进入21世纪后，随着市场化改革力度加大，农民负担问题、企业改制、职工下岗失业、大中专毕业生就业、城市拆迁、干部作风等问题日益成为信访的重点、难点，越级上访、进京上访甚至缠访问题呈上升趋势，严重影响社会稳定大局。各级领导、信访系统干部积极走出去，变群众上访为干部下访，全力做好矛盾纠纷化解工作。

2004年，建立处理信访突出问题及群体性事件联席会议制度，提倡新任副科级领导到县信访局锻炼，开展民情恳谈等活动。各地各部门在重大节日、重要敏感时期对赴京、赴省缠访老户、集体访户重点人和事进行大排查，实行领导包案，落实责任制。2006年，开展重复上访和赴京非正常上访集中整治专项活动。积极探索公开听证、依法终结等依法解决疑难信访问题。2008年，开展县委书记和公检法司“四长”大接访、机关干部下访、县直单位领导轮流接访等活动，县每月一排查，乡镇每周一排查、村（居）委会每天一排查，做到矛盾查准不漏项，问题查清不漏点，人员查清不漏人。对重要信访问题做到及时分流，领导包案。

中共十八大后，认真贯彻习近平总书记“以人民为中心”的指导思想，各级领导和信访部门运用法治思维，积极探索依法化解信访问题的新路子，满腔热情地为群众解决切身利益问题，引导群众通过法律途径维护正当合法权益。信访部门积极运用新科技手段，如开通网上信访、网上视频办案，开通手机信箱等，高效、便捷、公开、透明为群众解决信访问题。

1986年以后，乐安县信访工作办公室连续6年被评全区信访工作先进单位，连续8年实现上级交办重大信访案件年终无积案。1987—1990年，乐安县信访工作办公室连续4年被评为全区信访工作“四比”竞赛第一名，领导重视第一名，信息、资料工作第一名。1991年被评为全省信访工作先进单位，在县直单位目标管理考评中获三等奖。1994年，乐安县信访工作办公室被评为全区信访工作先进单位。2005年获市信访局综合奖，2005年、2006年度被评为全省信访工作、全市先进单位。2009年被列为全省信访工作示范县之一。2013年和2016年两度被评为全省信访工作“三无”县。

第十节　档案工作

乐安县档案局（馆）是县委、县政府直属事业单位。主管全县行政区域内党政机关、团体、企事业单位及民营企业的档案工作，负责监督检查、宣传档案工作法律、法规并贯彻执行，指导乡镇、县直各单位档案管理工作。1986年5月，恢复档案局与县档案馆，实行两块牌子、一套人马，合署办公，归口县委办公室管理。2016年县档案局有工作人员5人。

1986—2016年，历任局长（馆长）：袁瞒生、戴水生、胡蔼蓉、李仉才、刘二花（女）、邹小红（女）、王绍辉。

一、馆舍建设

1964 年县人民委员会根据档案工作需要，在县人委旁（现金茂商城旁）建造一幢占地面积 400 平方米平房为档案馆馆藏用房。2001 年 5 月，县政府决定将档案馆搬迁到长征路 61 号原县财政局大楼，总建筑面积 520 平方米，库房面积 280 平方米（10 个库房）。2008 年 6 月，在县行政中心院内开工建设 4 层钢筋框架结构档案馆，占地面积420平方米，建筑面积1680平方米。2010 年 10 月，全面竣工并交付使用，同时从原馆搬迁到新馆。

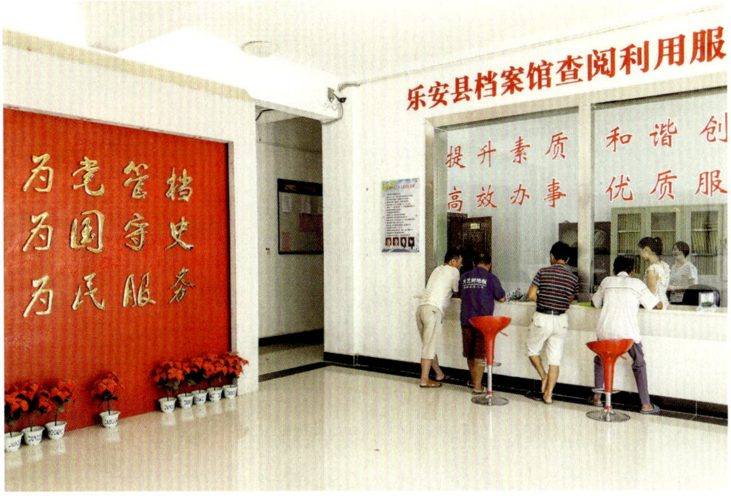

乐安县档案馆查阅窗口

二、档案保管和利用

县档案馆存有民国档案 14 个全宗，共 1164 卷，中华人民共和国成立后文书档案、科技档案、音像档案 6.7 万卷（册）。按照档案保管规定配备档案密集架、消毒柜、除湿机、空调等现代化设施，每年定期更换防虫防霉药品，确保档案安全。县档案馆于 2011 年 10 月达到国家二级档案馆标准。

随着时代的发展，人们逐渐认识档案的使用价值，档案为调解各类社会矛盾纠纷，落实各项政策，考证史实、研究历史、编写史志，提供真实的第一手资料，发挥重要作用。1986—2016 年，县档案局（馆）共接待查阅利用人员 2.77 万人次，调阅档案资料 30354 卷（册）。

1986—2016 年乐安档案利用情况表

表 3-2-4　　　　单位：册

年份	查阅人次	查阅卷	年份	查阅人次	查总卷
1986	639	896	2002	229	360
1987	702	977	2003	289	292
1988	624	1191	2004	262	320
1989	786	1267	2005	928	842
1990	920	1281	2006	1068	920
1991	823	1041	2007	1122	986
1992	792	938	2008	1233	1045
1993	1102	980	2009	1354	1278
1994	369	580	2010	1468	1393
1995	403	664	2011	1577	1484
1996	466	920	2012	1621	1537
1997	620	820	2013	1754	1619
1998	310	450	2014	1746	1694
1999	326	456	2015	1811	1709
2000	268	319	2016	1890	1783
2001	205	312	合计	27707	30354

三、上档升级

档案管理

1991年，县档案局成立档案管理达标升级考核评审小组。11月，对县审计局档案室进行考核，被晋升省三级先进档案管理单位。12月，对中国人民银行乐安县支行档案管理工作进行考核验收，被晋升省二级先进档案管理单位。是年，经县档案升级考评小组考核验收，被晋升为省二级先进档案管理单位的有：中国工商银行乐安县支行、中国人民建设银行乐安县支行。县人民法院于1992年6月至11月验收，中国人民建设银行江西第二专业支行（驻公溪）于1993年5月验收。是年11月，对中国工商银行乐安第七办事处（驻公溪）的档案工作进行考核验收，以100分的成绩，荣获乐安县第一个晋升为省特级档案管理先进单位。

县档案局每年以会代训的形式，召开县直单位办公室人员和乡镇办公室人员培训会。派出业务骨干下到各县直单位、乡镇进行档案业务指导，协助整理档案成册，全县档案工作质量得到显著提高，部分单位档案管理达到省级一、二、三级标准。至2016年，达到省一级标准单位：县公安消防大队、县国税局、中国人民银行乐安县支行、县检察院；省三级标准单位：县烟草专卖局、县交警大队、县地税局、县信用联社、中国银行乐安县支行；市级合格单位：增田乡政府、鳌溪镇政府、芜塘社区、桥背社区、上大街社区、象山社区、增田村委会、西边村委会、鳌溪村委会、桥陂村委会。

第十一节　史志工作

1981年4月，成立中共乐安县党史资料征集领导小组办公室和乐安县志编纂办公室，实行两块牌子，一套人马，合署办公。1985年机构改革，县党史征集领导小组办公室划归县委办公室管理，县志编纂办公室归口县政府办公室管理。1990年11月，县党史征集领导小组办公室改称县党史工作办公室；1991年7月，将乐安县志办公室更名为乐安县地方志办公室。2016年，县党史工作办公室与县地方志办公室合署办公。

1986—2016年，县委党史办历任主任：杨三龙（兼）、曾球民、王秋金、刘慧平、王金华；1986—2016年，县地方志办历任主任：易登明（兼）、王国庆。2016年县委党史办（地方志办）主任：王国庆。

一、党史编研

乐安县是中央苏区重要组成部分，党史资源丰富。1981年乐安县党史资料征集领导小组办公室成立后，每年均派出人员到北京、南京、南昌等地档案馆、博物馆、图书馆查阅复制党史资料，深入县内各乡镇采访土地革命时期的当事人、知情人。1986—1993年征集党史资料约269万字。在此基础上开展系统的党史专题研究，1986年编印《乐安党史资料选辑》（第一辑），14万字；是年开始，乐安县委组织部、县委党史办、县档案局联合开展《中共江西省乐安县组织史资料》编纂。该书收录乐安县自1928年建立党的组织至1987年10月，全县党、政、军、统战、群团599个组织，211个工作部门机构发展沿革和4663名领导人任职情况。在资料征集过程中，共发函调信件480多封，查阅档案4800多卷，抄录资料卡片1.32万多张，召开座谈会、审稿会120余次。历时五载，四易其稿。1990年12月由南海出版公司出版发行；1986—1993年，乐安县完成省、地、县有关党史专题8个，撰写党史人物传21篇，其中缪凤翔撰写的党史人物传《黄火星》，收入中共中央党史资料征集领导小组编辑的《中共党史人物传》第33卷，1987年由陕西人民出版社出版。1994年，乐安县委党史办编印《乐安英烈》，发行2.8万册，在全县中小学中广泛开展革命传统教育。该书分英烈传略、英烈简介、英烈名录三部分，收录革命英烈2305人，江西省政协原副主席吴允中为该书题写书名，曾经在乐安战斗过的老革命家康克清、萧克、杨成武为该书题词。

1932年9月，根据中共苏区中央局“向北发展”的决定，在乐安招携建立乐安中心县委，管辖乐安、宜黄、崇仁三县苏区和新干、丰城、临川、南城的游击区。20世纪80年代中期，乐安、宜黄、崇仁三县开展协作，共同编写《乐安中心县委斗争史》，成立协作领导小组，组建编写班子，于1991年8月完成编写任务，该书共分综述、文献、报刊资料、回忆录、参考资料、组织序列表、人物简介、大事记等8个部分，26万字，1992年10月由亚洲出版社出版。

2010—2012年，乐安县委党史办着手开展原中央苏区县的申报工作，通过广泛征集第一手资料，撰写申报材料，证实乐安县在土地革命战争时期“县级苏维埃政权维持半年以上、管辖范围占现行政区域50%以上”，通过中央党史研究室的审查批准。2012年6月28日，国务院出台《关于支持赣南等原中央苏区振兴发展的若干意见》，7月6日，江西省委、省政府印发《关于贯彻〈国务院关于支持赣南等原中央苏区振兴发展的若干意见〉的实施意见》，将乐安县列入原中央苏区县振兴发展国家战略范围。

2011年，乐安县地方志办编印《乐安红色经典》，从苏区党政组织、苏区建设、重大事件、重要战事、革命遗址等方面，详细记述乐安苏区革命斗争的厚重历史，展示乐安苏区革命斗争及乐安人民为革命事业作出的重要贡献，该书在全省党史系统2010—2011年度优秀成果奖评选中获三等奖。

2012—2013年，县委党史办、文广局、档案局等部门抽调专人对全县境内民居等建筑物上保存的苏区时期的标语与漫画进行普查，在金竹、招携、增田、湖坪、罗陂、牛田、万崇等13个乡镇，共发现1800余条（幅）标语和漫画。2013年，县委党史办充分深入挖掘史料，编纂了第一卷《中国共产党乐安历史（1921—1949）》，全面记述新民主主义革命时期党在乐安的历史。2016年12月由中共党史出版社出版。

二、地方志编纂

乐安县志办于1981年成立后，着手开展中华人民共和国成立后的首轮《乐安县志》编纂工作，经五易其稿，于1987年8月完成送审稿。9月，经抚州地区方志评审领导小组评审，乐安县政府验收，1989年9月由江西省人民出版社出版发行。《乐安县志》分8编40章100万字，全面记述了乐安县有史以来至1985年自然、政治、经济、军事、文化、社会等方面的历史和现状。先后获得全国、全省新编地方志优秀成果三等奖。1994年7月，着手年鉴编纂工作，并于1998年4月出版乐安县首部综合年鉴——《乐安年鉴（1986—1993）》。

在做好本身工作的同时，县地方志办积极完成上级业务部门布置的工作任务，先后为《江西厂矿志》《江西风俗志》《江西百镇》《江西

乐安志书

四十年——抚州卷》《中国县情大全》《江西省人民政府志》《江西年鉴》《江西地方文化丛书》《抚州地区概况》《抚州旅游景点》《抚州市志》《抚河古韵》搜集撰写乐安县的地情资料。进入21世纪，《江西年鉴》《抚州年鉴》创刊以后，每年为这两级年鉴撰写上报大量资料，多次受到省、市地方志部门的表彰，1987年、1991—1995年被评为全省修志工作先进单位；2004年被评为全市读志用志工作先进单位；2009年和2010年被评为全市地方志工作先进单位。

第十二节　党校工作

1958年，县委成立干部学校；1959年10月，更名为中共乐安县委党校；1969年，改为毛泽东思想学习班；1973年初，恢复中共乐安县委党校。20世纪70年代末，迁入鳌溪镇尧家路1号（原县文工团团址）。2008年4月，搬入新建成的县委党校教学大楼。

中共乐安县委党校是中共乐安县委领导下培养基层党员领导干部、后备干部、理论骨干的学校，是县委培训轮训基层党员干部的主渠道主阵地，是党的哲学社会科学研究机构。为适应国家公务员制度和人事制度改革的需要，加强全县公务员的教育培训，2012年7月，成立乐安县行政学校，在县委党校增挂县行政学校牌子并合署办公，实行两块牌子，一套人马的管理体制。

从1984年起，县委党校由县委副书记兼任校长。1989—1993年改由县委宣传部主管。1994年起恢复由县委副书记兼任校长，县行政学校校长由县政府常务副县长兼任，常务副校长按正科干部配备，主持日常工作。2016年有在职人员15人。领导职数：校长（县委副书记兼任）1人，常务副校长1人，副校长2人，股级职数4人。

1986—2016年，县委党校历任校长：汪桂仙、黄壬祥、帅春隆、乐云飞、银光灿、符节约、赖大益、吴福才、徐建辉、陈绍平、黄泽清、江少辉；2012—2016年，县行政学校历任校长：张文贵、吴淑琴（女）。1994—2016年，历任常务副校长：乐云飞、陈庚、黄卫民、黄国清。

一、教研队伍建设

2007年，乐安县委党校有教研人员11人，其中高级讲师2名，讲师5名，助讲4人。至2013年，有教研人员9人，其中高级讲师1名、讲师6名，助讲2名，教研人员均为大学本科以上学历。党校重视教师的培养、教育和管理，先后出台《关于进一步加强教师队伍建设的实施意见》《教师业绩考核办法》《科研工作奖惩办法》，每年有计划地选送教师参加中央党校、国家行政学院、清华大学、省委党校、市委党校举办的师资培训班，定期组织教师参加社会实践活动，搞好传帮带，主动为青年教师的快速成长搭建平台，一批青年教师脱颖而出，成为党校教学科研的骨干。

二、教学培训

乐安县委党校按照中央提出的“大规模培训干部、大幅度提高干部素质”的要求，紧紧围绕县委、县政府中心工作，不断加大对党员干部培训的力度，充分发挥党校干部教育培训主渠道主阵地作用。1985—1987年开办首届党政干部全日制中专班，培养学员54名。党校函授教育自1997年开办至2008年停办，共培养函授学

中共乐安县委党校大楼

员568名。2008年，党校新综合教学楼建成后，立足县情干情，大胆创新，不断拓宽办学渠道，实现培训规模的新突破。特别是在2011年县委、县政府提出“整合全县教育培训资源，把党校办成全县干部教育培训中心，全县各级各类干部培训班必须集中到党校来举办”的要求后，党校办学规模不断扩大，2008—2013年共举办各级各类主体班次64期，培训学员1.2万余人。2014—2016年共举办各类主体班次10期，培训学员2017人。党校教育事业的快速发展，为提高全县广大党员干部的素质、构建学习型政党发挥积极作用。

乐安县委党校突出围绕马克思主义中国化最新成果、县委县政府重大部署和中心工作、干部履职能力和党性教育、公仆意识教育开展教育培训，科学设置班次及教学内容。

班次设置　充分结合本地工作实际和干部培训需求，按照干部教育管理权限，实行分类别、分层次培训，形成形式多样、内容丰富、长短结合的班次类型，设置全日制两年中专班、专题研讨班、主体培训班等。主体班教学课程包括：马克思主义中国化最新成果占30%以上，同时开设“三农”问题、工业经济、旅游发展、招商引资等服务于当地经济社会发展战略的相关课程。

教学方法　根据参训学员的需求和特点以及班次设置的情况，与时俱进，不断探索、完善和创新教学方式方法，实现由满堂灌、封闭式、单向传授的传统教学模式向启发式、开放式、双向交流式现代教学模式的转变。

2006年，学校首次开展研讨式教学，而且把社会实践和调研引入教学中，注重理论与实践的紧密结合。2007年以后，加大“走出去”的力度，实行开门办学，组织学员到爱国主义教育基地、周边发达地区、工业园区和先进典型单位实地考察，如新提任科级干部培训班到红都瑞金接受革命传统教育、加强党性锻炼。从2008年起，全校开始推行多媒体教学，要求教师上课必须使用课件，这既增加教学容量，丰富教学内容，又给学员耳目一新的感觉。2009年开始，更多地采用启发式教学、案例式教学、情景模拟式教学和现场体验式教学等方法，进一步提高教学质量、提升培训效果。

为丰富课堂内容，党校从2006年开始采取“请进来”的办法，外请省、市专家学者，县委、县政府领导，乡镇及县直有关部门的领导到党校讲课，作报告，与学员座谈等。

学员管理　乐安县委党校在提倡学员自主管理的同时，积极探索创新学员管理的方式方法，建立健全学员管理体制和机制，确保干部教育培训质量。

制定和完善班级管理制度、学员考勤制度、请销假制度、生活管理制度、考试考核制度等规章制度，并严格执行，从严管理参训学员；实行跟班督查学员学习的办法，在每个主体班次开班期间除党校安排2名班主任外，县委组织部或有关部门还派出1名同志跟班督查，促进学风建设，做好学员的考核、鉴定工作。2008年县委组织部、县委党校联合出台《全县科级干部教育培训学分制考核办法》，每期培训班结束后，将学员考核得分情况在乐安党建网予以通报。同时建立学员个人培训档案，记载学员在校培训期间的学习、党性修养、遵守校规校纪等方面的考核与鉴定；县委党校和县委组织部等各部门密切配合，形成“调、训、用”有机结合的机制，把学员的培训考核情况作为干部任职、晋升的重要依据之一。

三、科研工作

乐安县委党校自创办以后就设有图书资料室和阅览室，有专职人员负责图书资料的保管与借阅。有馆藏图书8200余册，以马克思主义经典著作、政治类、历史类书籍为主，经济、文化、科技、法律类的书籍为辅。进入21世纪，每年新添的图书资料以党报党刊和行业、专业杂志为主，2012年装备教学微机室1间，配有微机28台，基本满足教学与科研需要。

乐安县委党校把理论研究的重点放在对乐安

经济社会发展的重点、难点问题上。创新科研机制，教研人员理论研究的潜能得到充分发挥，理论研究取得丰硕的成果，充分发挥党校在县委、政府决策中的思想库作用。2006—2016年，科研人员在全省报纸杂志上发表理论文章58篇、调研报告8篇，其中在《求实》《南昌大学学报》《江西日报》《理论导报》《光华时报》等省级报刊杂志上发表理论文章26篇。获得江西省党校系统理论研讨会三等奖3篇；获得抚州市社科院课题2项、县社联课题3项；获得抚州市党校系统理论研讨会各等次奖32篇，其中一等奖6篇、二等奖14篇、三等奖12篇；获市委宣传部、政策研究室对策性研究成果一、二、三等奖各1项。2010—2012年连续3年被评为全市党校系统综合先进单位；在2013年全省办学质量评估中评为优秀县级党校行政学校。

四、硬件建设

2006年6月，县委、县政府正式启动党校新校建设。11月26日综合教学大楼破土动工，2007年11月主体工程完工，2008年4月全面竣工并交付使用。该大楼总投资为300余万元。集教学、办公为一体，共4层，建筑面积2469平方米，内设办公室11个、会议室1个、标准教室5个、多媒体阶梯教室（报告厅）1个、多媒体教室2个、微机室1个，图书资料室1个，阅览室1个、活动室1个。2011年6月，开工兴建一幢3层、建筑面积1381平方米的学员公寓楼，2012年底竣工并投入使用。学员公寓楼一楼为餐饮部，可同时容纳300人就餐，二、三楼为住宿，内设套间1个、标准间27个，可容纳55人住宿。至2012年年底，乐安县委党校教学、办公、食宿、文体等基础设施建设基本完备，所有主体班次全部采用多媒体教学，教学人员人均一台电脑，教学微机、复印打印一体机、录音机、扩音机、照相机等现代化办公设备一应俱全；学员宿舍全都配有彩电、空调、热水器；食堂宽敞明亮、干净卫生；田径运动场、篮球场、羽毛球场、乒乓球室等文体设施齐全；校园环境优美、绿树成荫，为学员提供良好的学习生活条件，硬件建设为全市一流。

第十三节　重大学习教育活动

一、社会主义基本路线教育活动

1991年9月至1993年4月，乐安县分3期在全县20个乡镇、70个村委会和58个县直机关中开展社会主义基本路线教育活动，地、县、乡三级社教人员485人，全县绝大多数党员干部、近10万名群众参与。乐安县社教活动以思想教育为主线，重点开展“六课”教育（即社会主义优越性教育、改革开放政策的社会主义性质教育、发展社会主义商品经济教育、社会主义利益观教育、社会主义民主法制和道德风尚的教育、全心全意为人民服务和中共党内条规教育）。活动中，以经济建设为中心，大力发展农村商品经济；以班子建设为重点，增强村级组织的凝聚力、战斗力，开展党员宗旨观教育、党员民主评议、组织整顿、后备干部选拔等工作；以解决热点难点问题为突破口，扫除改革和发展经济的障碍，如清理财务、纠正行风、整顿治安等工作。全县“六课”宣讲3276场次计4679课时，10.2万人次受到系

全县村（社区）党组织书记和村（居）委会主任培训

统的“六课”教育，20个农民巡回报告团作巡回报告331场，社教文艺演出队演出22场2.3万人次观看演出，观看图片展览近1.5万人次，社教队员上门宣讲1752次，对老弱病残者2523人进行个别教育，召开座谈会935次，请“三老”施教613次，宣讲邓小平南方谈话精神5130次，受教育干部群众16万人次，全县党员、干部受教育面达99.5%，一般群众受教育面达97%；全县共解决遗留问题367件，清理旧欠59万元，归还旧欠31万元；在纠正行业不正之风方面，共评出信任单位127个，基本信任单位228个，不信任单位3个；在整顿社会秩序方面，查处治安案件132件，查处违纪违法人员507人，评出“治安模范村”104个、文明村组82个、文明单位60个；在村级集体经济方面，仅1991年全县70个社教村新办集体林场65个，面积53657亩；新办果园79个，面积7187亩，新栽药材1020亩，新办集体企业37个，“空壳村”的比例由1990年的22.5%下降为7.7%；在村级整顿方面，调整支部书记15人、支部委员31人，先进党支部由21个上升到36个，发展党员92人，考核确定村级后备干部155人，充实村团支部书记13人、妇代会主任14人，组建村级经济合作社70个。此外，还对社教工作的先进集体和个人进行表彰。

二、“三讲”教育活动

根据党中央、省委、地委的部署，2000年全县开展“三讲”（讲学习、讲政治、讲正气）教育活动。县委、县人大、县政府、县政协及县纪检、县法院、县检察院、县公安局领导班子和班子成员列入教育范围。讲学习要求做到“四个掌握”：掌握邓小平建设有中国特色社会主义理论的科学体系和精神实质；掌握与本职工作相关的法律知识、邓小平理论以及中共路线、方针、政策；掌握中共党章对党员领导干部的基本要求；掌握孔繁森、李润五、马恩华先进典型的精神实质。讲政治要求做到“五个坚持”：坚持正确的政治方向，即建设有中国特色社会主义的方向；坚持正确的政治立场，即坚定地站在党性和党的政治立场上；坚持正确的政治观点，即马克思主义、毛泽东思想、邓小平建设有中国特色社会主义理论的观点，在原则问题上做到旗帜鲜明；坚持严格的政治纪律，维护中共中央权威，自觉与江泽民为核心的党中央保持高度一致；坚持高度的政治敏锐性，提高政治鉴别力，同形形色色的错误思想作坚决斗争。讲正气要求做到“五要”：要清廉，严于律己，克己奉公，不滥用职权，不以权谋私；要勤政，对党的事业、本职工作诚心实意，兢兢业业，不推诿，不搞“上有政策，下有对策”；要爱民，关心群众疾苦，为群众办实事，不高高在上，不脱离群众；要求实，说实话，办实事，求实效，不搞形式主义；要奉献，淡泊名利，鞠躬尽瘁，全心全意为人民服务。

乐安县“三讲”教育活动，从2000年3月11日动员部署起，至5月17日结束，历时68天，分思想发动、学习提高；自我剖析、听取意见；交流思想、开展批评；认真整改、巩固成果等4个阶段进行集中教育。2001年1月7日至2月6日，开展“三讲”教育“回头看”，历时30天，分3个阶段进行，即组织学习、宣传发动、提高认识阶段；自查自看，进一步完善整改措施阶段；通报整改情况，听取群众意见阶段。

“三讲”教育活动参加人数1341人，收集意见1165条。全体“三讲”教育对象集中7天时间采取集中人员、集中地点、集中精力的全封闭形式进行5个专题的学习。封闭学习期间，每个“三讲”教育对象撰写3000字以上的心得体会1～4篇，人均记读书笔记2万字以上。同时采取“集中与分散、通读与精读、个人思考与专题学习讨论”相结合的方法，对45万字的必读篇目进行通读，重要篇目进行反复研读，并撰写心得体会。

三、“三个代表”重要思想学习教育活动

2001年1月5日开始，乐安县在全县开展农村“三个代表”重要思想学习教育活动，整个活动分两批进行。其中，县直部门、乡镇“三个代表”重要思想集中学习教育活动从2001年1月

5日至5月5日结束，村级和乡镇站所从2001年12月至2002年4月底基本结束。为确保活动顺利开展，县委从县直各单位抽调干部90人组成驻乡镇（场）宣讲督查团21个，各乡镇（场）抽调干部728人组成驻村、站所宣讲督查组314个，负责宣讲和督查工作。全县95个县直部门、21个乡镇（场）、354个乡镇站所、209个村，共计6446名学习教育对象参加学教活动。活动以“干部受教育、群众得实惠”为切入点，以改变干部工作作风为立足点，以提高基层组织战斗力、凝聚力为着力点，以发展农村经济为出发点，以改善群众生活水平为归宿点，分学习培训、对照检查、整改提高3个阶段。2002年9月开始，按市委要求开展“回头看”活动，并表彰全县农村“三个代表”重要思想学习教育活动先进乡镇党委3个、先进县直部门5个、先进村党支部15个、先进乡镇站所8个、先进工作者9人、基层干部标兵20人。

学教活动共梳理整改意见18100条，其中活动期间已采取措施整改17195条，后续整改905条，共发出征求群众意见函4000多份，与外出务工5000余人取得联系，在各单位和村征求意见面90%以上，设立意见箱409个，共征求到群众意见20多万条，其中对班子的意见10万多条，对个人的意见9万多条，上下联动落实整改措施109条，为群众做好事、办实事5000余件，扶助贫困资金60余万元，共修、铺公路204千米，打井12眼，架设桥梁34座，帮助电村通2个，改造危房34间，资助特困学生287人，协调解决生产资金151.7万元，获得各种捐款3.1万元，捐物4.2万件，提供致富信息367条，调处矛盾纠纷78起，全县农民平均减负33.21%，人均减负33.84元，整顿软弱涣散村级班子13个，调整村党支部书记13人、村支部委员28人。

四、保持共产党员先进性教育活动

2005年，乐安县在全县分3批开展保持共产党员先进性教育活动，全县党员11160人中，11080人参与。活动分学习动员、分析评议、整改提高3个阶段。在学习动员阶段，采取党组织集中学，对未参加学习的集中补，对短期外出的采取寄送资料学，对年老体弱等党员采取送教上门及结对帮扶学等方式，开展先进性教育。分析评议阶段，按照广泛征求意见，开展谈心活动，撰写党性分析材料，召开专题民主生活会、组织生活会，提出评议意见，反馈评议意见，通报评议情况等步骤进行。整改提高阶段围绕制定整改措施和整改方案、落实整改等方面开展。这次活动，共征求意见近7万条，开展谈心活动4.2万多次，走访农户2.3万多户，为民办实事2204件以上。活动中，县保持共产党员先进性教育活动领导小组还派出督导组督导各单位的学教活动，县级党员领导干部以身作则，带头学习、带头建立联系点、带头上党课、带头作动员报告、带头征求群众意见。

五、学习实践科学发展观活动

2009年3月中旬至2010年2月底，组织开展全县学习实践科学发展观活动，历时近1年。全县各级党组织和广大党员参加学习教育活动，以实现“党员干部受教育、科学发展上水平、人民群众得实惠”为目标，把学习实践活动打造成锤炼党员干部的素质工程、服务基层群众的民心工程、推进科学发展和跨越发展的动力工程。参学党员干部按照各批次安排积极开展学习培训，深入基层调研，领导干部带头讲党课，带头撰写心得体会。全县形成高质量调研报告140多篇，为流动党员寄送学习资料1200余本，评选出科学发展良策10条、优秀整改项目10个、优秀调研课题10个、优秀读书笔记10本和群众满意单位10个。按照“四对照、四查摆”要求，认真查找不符合、不适应科学发展的突出问题。全县各参学单位通过多种形式广泛征求群众意见，共发放征求意见表5800余份，召开各类座谈会160余场，收集反馈意见4200余条。还召开专题民主生活会，形成领导班子和个人分析检查报告，制定整改落实方案，建立整改落实台账，分门别类提出整改落实项目，并公开承诺，接受各层面监督。为将活动引向深入，开展“落实科学发展观，办好群众满意事”主题实践活动，完成民生工作指标81项，为群众解决困难、办实事3000余件。在群众满意度测评中，满意率达99%。

六、“鼓士气、顺民心、树新风”主题教育活动

2011年10月，结合创先争优活动，在全县各级党组织中开展“鼓士气、顺民心、树新风”主题教育活动，集中学习全市领导干部会议、中共抚州市第三次代表大会等会议精神。按照“三包为民”工作安排，县级领导带头成立工作组，深入到全县16个乡镇（场），175个村委会，62个企业及重点项目进行矛盾排查，排查出矛盾纠纷385起，解决268起。为将活动引向深入，开展以“送政策、送科技、送服务、送温暖”为主要内容的“四送活动”，每个工作组联系帮扶5户以上困难户，共为帮扶村争取水利、交通、新农村建设等项目资金200多万元，落实帮扶资金50余万元，送去科技图书2000余册、致富信息640余条、就业岗位506个。

七、党的群众路线教育实践活动

2013年4月19日，中共中央政治局召开会议，决定从2013年下半年开始，用1年左右时间，围绕保持党的先进性和纯洁性，以“为民、务实、清廉”为主要内容，着力解决人民群众反映强烈的突出问题，提高做好新形势下群众工作的能力，在全党自上而下分批开展党的群众路线教育实践活动。根据中央、省委和市委的统一部署，乐安县党的群众路线教育实践活动自2014年2月26日正式开始，至10月24日召开全县党的群众路线教育实践活动总结大会而告一段落。全县参加教育实践活动的单位共419个，其中，县级单位4个，科级单位97个，村（社区）194个，非公有制企业、社会组织、学校、医院等其他基层单位124个。参加教育实践活动的党员干部12532人，覆盖全县518个基层党组织，其中县级党员干部37人，正科级党员干部328人，副科级党员干部637人，其他党员干部11530人。活动分为学习教育、听取意见，查摆问题、开展批评，整改落实、建章立制等环节，以“为民、务实、清廉”为主题，以“照镜子、正衣冠、洗洗澡、治治病”为总要求，着重整治官僚主义之风、享乐主义之风、形式主义之风、奢靡之风等“四风”问题。县委成立由县委书记任组长的乐安县党的群众路线教育实践活动领导小组，组建领导小组办公室和9个督导组，负责教育实践活动的具体指导和日常工作。期间，先后组织召开领导小组会议6次，督导组工作会议9次，活动办全体工作人员会议15次，对全县教育实践活动进行总体调度。同时成立5个指导组，分类指导机关、农村、事业单位、非公有制企业、执法监管部门、窗口单位和服务行业的教育实践活动。县委督导组在各个环节，精选16个学教单位作为示范点，组织各单位现场观摩，带动全县学教活动有序开展。县委常委会成员带头学习、带头听取意见、带头查摆问题、带头开展批评和自我批评、带头整改落实，集中学习6天，下基层70余人次，召开座谈会40余次。全县各级党员领导干部都撰写个人对照检查材料，乡镇（场）党政“一把手”的个人对照检查材料经过市委第六督导组、市委“活动办”审核把关，并从各乡镇（场）抽选3份副职领导干部的对照检查材料报送市委“活动办”审核，县委书记的对照检查材料被抽送到中共中央党的群众路线教育实践活动领导小组办公室审阅。全县16个乡镇（场）、85个县直单位领导班子、518个基层党组织召开专题民主生活会（专题组织生活会）。

为深入推进党的群众路线教育实践活动，深化“五民一建”（交民友、畅民意、办民事、帮民富、聚民心，建幸福家园）工作，扎实开展连心、强基、模范“三大工程”，全面推进服务型基层党组织建设，乐安县委在全县范围开展“民情家访·干群连心”活动。

根据活动安排，各级党组织认真开展民主生活会、专题组织生活会以及民主评议党员工作。班子成员之间开展批评不回避矛盾、不掩盖问

题，开诚布公、坦诚相见、真心实意，普遍提出2～3条以上批评意见。在民主评议方面，实际参加评议的党员11584人，评定为“优秀”的党员1321人，评定为“合格”的党员10176人，评定为“基本合格”的党员76人，评定为“不合格”的党员11人。

在“自选动作”上，乐安县大力推行创建基层服务型党组织“134”模式（一个平台：便民服务平台；三个向下：工作中心下移、服务事项下放、管理权限下沉；四级网络：县行政服务中心、乡镇便民服务大厅、村便民服务站、村小组便民服务点），进一步完善县、乡、村、组四级立体服务网络体系。各乡镇共为群众办事2.16万余件，村（组）便民服务点为民办事8300余件，其中便民服务站（点）为民全程帮办3700余件，群众满意度测评评“优”率达98%以上。2014年7月29日，全市深入开展“三大工程”（强基、连心、模范）加强基层服务型党组织建设现场推进会在乐安县召开。同时，开展县直机关（部门）帮扶农村贫困户发展油茶产业活动。对贫困户油茶发展所需资金，采取“项目资金补一点、帮扶单位给一点”的办法，多渠道解决贫困户油茶种植的苗木及整地、抚育、施肥等所需费用。全县落实帮扶对象842户，落实帮扶面积6761亩，首批到位帮扶资金101.4万元。

为确保活动落到实处，市委派出第六督导组负责督导乐安县学教工作，乐安县也先后组建明察暗访组8个，开展暗访20余次，通报批评党员干部12人、单位9个，诫勉谈话5人次，查处各级干部72人。全县各级党组织确定整改项目1385项，完成整改项目1168项，整改率为84.3%。

活动中，全县共征集到意见建议1420条，经梳理共172条，其中“四风”方面意见40条，工作方面意见建议132条。确定的125个整改项目，进行逐个“销号整改”，完成109个整改项目。

总结大会后，根据省、市安排，党的群众路线教育实践活动逐步被整改落实办公室代替，继续整改落实活动中尚未整改到位的项目。

八、“三严三实”专题教育

2015年5月，根据中央关于在县处级以上领导干部中开展“三严三实的专题教育”精神，县委决定在全县县处级以上领导干部中开展“三严三实”专题教育。

专题教育以“三严三实”为主题。“三严”即严以修身、严以用权、严以律己；“三实”即谋事要实、创业要实、做人要实。专题教育分3个专题进行研讨：5—7月，重点是严以修身，加强党性修养，坚定理想信念，把牢思想和行动的“总开关”；8—9月，重点是严于律己，严守党的政治纪律和政治规矩，自觉做政治上的“明白人”；10—11月，重点是严以用权，真抓实干，实实在在谋事创业做人，树立忠诚、干净、担当的新形象。

县四套班子主要负责人结合专题教育内容，带头讲专题党课，把自己摆进去，联系党员、干部、思想、工作、生活和作风实际，讲清楚重大意义和丰富内涵，讲清楚“三严三实”的实践要求，发挥带头促学作用。年底前，每名县处级以上党员领导干部都参加年度领导班子民主生活会、所在机关党支部组织生活会，在触及灵魂上下功夫，严肃认真开展批评和自我批评，达到“坚持真理、修正错误、统一意志、增进团结”的目的。

通过专题教育，抓好整改落实，从严立规执纪。坚持把开展专题教育同改革发展稳定、各项工作紧密结合起来；同完成全县中心任务紧密结合起来；同干部管理和廉政教育结合起来，以工作实际成效检验专题教育成果。

第三章　重大决策

1986—2016 年，中共乐安县委在改革开放和经济社会发展的不同阶段分别做出战略性、指导性重要决策，为推动全县物质文明、政治文明、精神文明建设提供重要保障。本章记述县委作出的打基础、管长远、见成效、惠民生重大决策的背景、过程、成效。

第一节　培育主导产业

一、烤烟生产

乐安是农业县，传统农作物种植以水稻为主，农业产业结构相对单一，农村经济发展缓慢。县委、县政府为调整农业产业结构，培育主导产业，经过广泛深入的调研，认为烤烟是一种周期短、见效快、投入少、税利高的经济作物。乐安具有发展烤烟生产的自然条件和社会条件，决定把发展烤烟生产作为一项富民、富村、富乡、富县的主导产业来培育。在 1989 年、1990 年两年试种的基础上，从 1991 年起，在全县大面积发展烤烟生产。1991 年 8 月，县委、县政府专门请示将乐安县列入全省烤烟生产重点县，得到省、地大力支持后，县委、县政府把烤烟生产确定为富民兴县的重要产业，强化举措，经过十多年的培育，烤烟生产真正成为乐安的主导产业。

1992 年全县种植烤烟面积 1.2 万亩，产量 1.9 万担。涉及 16 个乡镇、120 个村、4300 户。主产区为南村、潭港、鹏洲、增田、湖溪、戴坊等乡镇。1994 年粮价大幅上升，烤烟生产比较效益下降，全县实际种植面积仅 260 亩，收购烟叶 403 担。进入 21 世纪，烤烟价格上升，农民种植的积极性提高。县委、县政府抓住“北烟南移”机遇，加大资金扶持力度，狠抓烟叶生产基础设施建设，落实科技兴烟措施，烟叶质量逐年提高，烟叶生产规模稳步上升。种植区域稳定在戴坊、山砀、龚坊、鳌溪、增田、南村、招携 7 个主产乡镇。

2005 年，乐安被列入省优质烟生产基地县。2006 年，全县烤烟种植面积再次突破万亩，烟叶总产量 30734 担，总产值 1537 万元，实现烟叶特产税 581 万元。2009 年，国家对烟叶生产实行“控制规模、控制产量”的政策。乐安县在种植面积、产量保持稳定的前提下，下大力气抓科技兴烟措施的应用，提高烟叶质量，全县平均斤价、上等烟比例、亩产量、亩产值和烟叶等级质量均居全市第一，全省前列。特别是山砀镇山砀村、南村乡前团村现代烟草农业示范点工作取得突出成绩。

2014 年，全县烤烟生产质量和效益进一步提高，上等烟比例 53.9%，中等烟比例 43.3%，低次等烟比例 2.81%，上中等烟比例达 97.2%。全县平均亩产量 141 千克，平均亩产值 3510 元；总产量、总产值、总创税在全市排名第一、在全省排名第二。全县烤烟均价、平均亩产值在全省 20 个种烟县中排名第一。烟叶质量和效益连续实现 5 年增长。

2016 年，全县种植面积 4.5 万亩，收购烟叶 11.7 万担，总产值突破 1.48 亿元，创税 0.56 亿元，户均收入 10 万元，烟叶规模、总产量、总产值 3 项指标位居全市、全省第一。

二、蚕桑生产

1991 年，县委、县政府把蚕桑产业列为乐安县“蚕桑工程”，作为农业产业化的系统工程来培育。在牛田、招携、龚坊、万崇、罗陂、湖坪、望仙、湖溪等9个乡镇发展桑园面积1100亩，养蚕11批，养蚕种1250张，产鲜茧900担，产值43.2万元。1992年，全县投资150万元，发展桑园1500亩，全年养蚕11批，养蚕种2993张，产鲜茧2155担，产值90.5万元，亩产茧最高的达125千克。1993年，全县桑园面积发展到2918亩，全年养蚕9批，养蚕种5323张，产鲜茧3833担，产值183.98万元。涌现一批高产高效典型：湖坪乡贺立村种桑231亩，最高张种产茧量53千克。龚坊镇殷坊村高家村小组28户村民有24户种桑养蚕，户均养蚕收入2245元，亩产收入1122元。

为把蚕桑生产培育成主导产业，1994年，县委、县政府建成2400绪缫丝厂，建立“公司+农户”、产供销一条龙的服务体系。在管理上，将县蚕桑办公室升格，更名为县蚕桑局，为县政府的职能机构。制定优惠措施发展蚕桑生产，县政府与各蚕桑生产乡镇签订蚕桑生产责任状，列入年终目标管理考评。1996年国内外茧丝绸市场极度疲软，茧丝价格大幅下跌，蚕农亏损，出现大量挖桑毁园现象，蚕桑生产跌入低谷。

进入21世纪后，县委、县政府抓住“东桑西移”机遇，决定重新恢复和发展蚕桑生产。确定“因地制宜、合理布局、突出重点、以市场为导向、以效益为目标”的新发展思路，采用“项目服务产业、产业引导项目的运作方式，做大做强蚕桑产业。县委、县政府精心组织，稳步实施，通过几年的努力，在湖坪、招携、罗陂、万崇、牛田、谷岗、金竹7个乡镇建设优质高产桑园10470亩，兴建小蚕共育基地3个，年共育种能力1万张，全县共育率98%。新建标准专用大棚9355平方米，推广使用优质塑料折簇30万片。2007年，乐安县被商务部批准为第二批“东桑西移”蚕桑基地建设工程项目县。2010年后，蚕桑生产再创新高。到2016年，全县蚕桑生产实现产业化发展模式，种桑10716亩，养蚕种5864张，产鲜茧5160担，创产值877万元。

第二节　推进城镇化

一、山砀茂花岗开发

为了推进小城镇建设，1995年，县委、县政府决定把小城镇建设的重点放在山砀乡茂花岗的开发上。

山砀乡位于县境北部，与县内湖溪乡、龚坊镇、公溪镇，丰城市焦坑镇，崇仁县马鞍镇毗邻。抚（州）八（吉安八都）公路、焦（丰城焦坑）乐（安）公路交汇于该乡的茂花岗。山砀乡历史上设在山砀村，1980年恢复山砀公社后，驻地设在流坊村，对加快发展小城镇建设不利。而茂花岗属开阔的低缓丘陵山地，又是两条干道的交汇点，有利开发。为此，经县委研究，将山砀乡政府驻地由流坊村迁入茂花岗，把茂花岗打造成乐安县北部重镇、山砀乡政治、经济、文化中心。以抚八公路、焦乐公路为骨架，兴建十字街转盘，开辟30米宽的商业大道，修建15米和12米宽的次干道；集镇用地规模为0.9平方千米。

为了加快建设步伐，县委、县政府成立茂花岗开发区领导小组，由县领导担任组长，山砀乡党委书记任副组长；制定土地出让、减免税费、解决小城镇户口等特殊优惠政策，以解决资金等开发中的突出问题。经过一年多的全力开发，新区建设初具规模，新建的农贸市场开张营业，乡政府及下属机构均搬迁于此。2001年山砀撤乡设镇，航桥乡并入山砀镇，山砀镇已成为乐安北部的重镇。

在此带动下，1999年，湖溪乡政府驻地由湖溪村搬迁至焦乐公路旁的凿树桥新址。随着县城至山砀一级公路和昌韶高速公路的修通，厚发工业园区的建设，因铀矿开采而兴，也因铀矿停产封存而边缘化的湖溪乡，抓住历史机遇，成为距县城和昌韶高速公路出口最近的乡镇。

二、修建乐安大道

乐安县城坐落于县境中部的群山环抱之中，

旧时县城是“到了县城不见城”。20世纪90年代，县城建成区面积2.4平方千米，常住人口不足2万人，严重制约城镇化建设。

1994年年底，县委常委会议研究县城改造议题，两个方案：一个是旧城改造，即打通广场路（新华书店）与鳌河对面的鳌溪路（现图书馆）的断头路；另一个是向西发展，即从气象局打通一条大道至东家岭，拉大县城框架。第一个方案易见成效，但旧城拆迁难度大，且仍局限于旧城范围内。第二个方案是县城西部都是高山，工程量大，难点是资金缺口大，优点是拉大县城框架，为今后县城发展打好基础。会议最后决定采纳第二个方案：拉大县城框架，修建乐安大道（时称农民街），把县城建设的重点放在城西片区。会后，县委、县政府下发《关于我县城镇建设的实施意见》。

为实施这一重大决策，成立以县长为组长的“乐安县农民街建设领导小组”。新区规划坚持“五统一”，即统一规划设计、统一建设、统一征地拆迁、统一出让、统一管理。制定优惠政策，鼓励客商投资，鼓励居民个人，包括公务员购地建房，以解决资金问题。

从1995年起开工建设，分步实施，先后建成连接老城区长征路的乐安大道主干道，全长约1000米，宽40米；商贸南大道，首次引进民营资金兴建商贸城。

进入21世纪后，城市建设进入快速发展期，城区内交通网络建成东西南北4条环城路；2007年1月，县行政中心迁至西区人和路；新二中的搬迁、四九广场等工程的建设，标志着西区已成为新的政治、经济、文化、交通等中心。到2016年，县城总面积1026公顷，城镇人口11.8万余人。

乐安大道是县城第一条直线最长、最宽、设施最完善的现代化街道。乐安大道的建成，突破县城发展的瓶颈，拉大县城框架，为向西发展打开通道，为县城长远建设奠定了基础。

三、修建县城供水工程——龙潭水库

乐安县城是一座缺水的城市，仅有牛田水系上游的一条支流——鳌溪水流经县城。随着经济社会的发展，城镇化步伐加快，县城人口剧增，加之经济发展中的过度开发、植被破坏、污染严重，县城原有的供水系统仅日供2.5万立方米，保障现有县城居民的供水显得难以为继，更难于满足县城快速扩容的需要，

乐安又是一个水旱灾害频发的地区。2003年，发生严重旱灾，久旱未雨，鳌河干枯。7月以后，县城自来水断供20多天。为解燃眉之急，县政府实施居民自打压水井给予奖励的无奈举措。

老百姓生活的痛点，就是县委、县政府施政的重点。县委、县政府决定在鳌河上流修建一座供水工程——龙潭水库。城市供水工程立项在城建部门，防洪灌溉的水利工程立项在水利部门。为了协调这一体制上的掣肘问题，县委、县政府决定争取水利立项，兴建以供水为主，兼有防洪、灌溉、发电等综合效益的水利工程。为确保长期供水管理问题，打破供水公司隶属城建部门管理的惯例，将县供水公司划归县水利部门管理。

2004年7月，该项目获得省发改委批复立项，总投资为4500万元。当年开工建设，2007年建成，日供水能力达4.5万立方米，为县城居民提供洁净水源，也解决长期困扰县城生存和发展的瓶颈问题。

第三节　打通交通瓶颈

乐安县地处江西省腹地，与四市六县（吉安市的新干、永丰县，赣州市的宁都县，宜春市的丰城市，抚州市的崇仁、宜黄县）毗邻，交通落后。20世纪80年代，仅有一条通往抚州的砂石公路联通外界，被人形容为“盲肠”。交通落后成为制约县域经济发展的瓶颈。

1986—2016年，历届县委、县政府把改变乐安的交通面貌放在突出位置，主要围绕贯穿南北、打通东西两条主干道而展开。

20世纪90年代起，加大向上争取立项支持，向下组织民兵、群众、机关干部开展交通大会

战。县委、县政府下发《关于加强公路建设的决定》，加快公路建设步伐，把交通建设摆在改善环境的首要任务来抓，决心从根本上改变交通状况。1991年，对石塘至县城公路进行全面路基升级改造，1993年，铺设乐安县第一条进城的沥青公路；2005年，升级改造为二级公路。

1986年，利用世界银行贷款资金，修建丰城焦坑至乐安县城三级公路，1988年10月竣工。1998年对该路改建为二级公路；2011年再次改建，修建宽8.5米的水泥混凝土路面。山砀至县城段自初建至2004年，一直为砂石路面。2004年利用国债资金修建水泥混凝土路面。2014年，为构建县城与昌韶高速乐安北互通出入口之间快速通道的需要，利用车购资金和县财政资金进行改建，建设路基宽20米、沥青混凝土路面18.5米的一级公路，新建马迹潭大桥、高峰高架桥和觉峰双线隧道，于2016年12月竣工。

通宁都的公路是贯穿南北的一个重点、难点。1987年，县政府采取以工代赈形式，修建坪溪至徐庄公路；1990年，以国家发改委安排的代赈项目，实施招携经坪溪、徐庄至大树岭公路，组织全县16个乡镇的5000多名民兵完成路基土石方137万立方米，完成26千米的路基工程，1993年建成通车。2005年招携至坪溪段进行路面改造；2009年进行坪溪至大树岭段路面改造。

乐安县西部的牛田、万崇、湖坪、罗陂4个乡镇通往永丰县，也是一条出县的重要通道。1993年，以民工建勤方式按三级公路标准改建；1997—2000年铺设沥青路面；2012—2014年，分期对该路进行升级改造，建设为二级公路。在2015年的全国公路网调整中，此线列入G238国道。

2010年后，乐安县公路建设进入快速发展期。2011年6月开工建设的抚吉高速公路（编号S46），是省政府规划的地方高速公路，也是乐安县第一条高速公路。2012年12月底建成通车，在乐安县境内经过鳌溪镇、大马头乡2个乡镇，分别在县城南部和大马头乡设“乐安”和“流坑”两个互通进出口。

2013年7月，开工建设的昌韶高速公路（编号G6011），是国家高速公路网的一部分，是乐安县贯穿南北的第二条高速公路。在乐安县境内经过山砀、龚坊、戴坊、牛田、万崇、湖坪、罗陂7个乡镇，分别在山砀镇和万崇镇境内设立“乐安北”和“流坑南”两个互通出入口，2016年1月通车。

G322国道乐安县城至谷岗段，全长26千米。1964年作为林区公路修通，2003年以前，乐安县城至谷岗为5米宽砂石路；2003年，县政府对该路段进行升级改造，铺设水泥路面。2016年，采用PPP建设模式开工建设宜黄西源至乐安县城刘家湾段，按二级公路标准建设，路基宽10.5米，沥青混凝土路面宽8.5米，新建宜乐隧道和横家岭隧道。这是一条贯穿乐安东西的高等级公路。

2012年前，乐安县无高速公路通过，2015年前无国道过境。在2015年全国公路网调整中，G238国道、G322国道和S46抚吉高速公路，分别从北到南和从东到西贯穿乐安全境，形成在县城交叉的结构形态，彻底结束乐安县无国道、无高速公路过境的状况，彻底结束乐安县交通“盲肠”“瓶颈”的历史，彻底改变乐安县在全省的区位态势。

第四节　主攻工业

工业一直是乐安县域经济的短腿。改革开放以后，历届县委、县政府把主攻工业作为强县的战略来抓。

20世纪80年代，主攻工业的重点是国有、集体工业和乡镇企业。由于体制、机制等原因，国有、集体工业在激烈的市场竞争中，活力不足，效率低下，举步维艰，乡镇企业却异军突起。1987年，县委、县政府作出《关于加速发展乡镇企业的决定》，贯彻“积极扶持、合理规划、正确引导、加强管理”的方针，坚持乡办、村办、户办、联户办“四个轮子”一起转，千方百计加快乡镇企业发展步伐。到20世纪90年代中期，国有、集体工业处于停产、半停产状态，面临改制、破产；乡镇企业由于小而全，零星分散，资源环境等问题，难以做大做强，不可持续。

1995年2月，县委、县政府作出《关于促进我县乡镇企业持续、快速、健康发展的决定》，确定以市场为导向，以资源为依托，以深化改革为动力，以综合开发利用农副产品和地下资源为重点的发展思路。是年12月，县委、县政府决定在县城南门建立乐安县乡镇工业开发区。发展工业由分散向园区集中，采取统一规划，分步实施，优惠吸引；基础先行，定点建厂，连厂成片；骨干引路，扩区成带，滚动发展，辐射全县的发展战略。在建立工业开发区上，有两种不同意见：是“筑巢引凤”，还是“引凤筑巢”。县委、县政府决定“筑巢引凤”，即由各单位、各乡镇在开发区统一兴建厂房，以完善的基础设施招商引资。1996年，14个县直单位和乡镇在开发区兴建厂房，并把招商引资作为各单位压倒一切的政治任务，举全县之力，成立招商小分队，走出去，请进来，大力发展民营经济。21世纪初，招商引资的力度，逐年加大。但在招商引资的方式上，改变过去那种“饥不择食”的盲目招商，淘汰落后产能，关停一些环境治污不达标、假冒伪劣产品的企业，注重引进和培育名、优、特，对县域经济起到带动作用的龙头企业；注重引进乐安在外办企业人才回乡创办企业；注重引进产品具有自主竞争力，市场潜力大，科技创新能力强的企业。

2006年，乐安县乡镇工业开发区正式更名为“乐安工业园区”，并成立工业园区党工委和管委会。在工业开发区的基础上，开发前坪工业区、中小企业创业园。2008年，为盘活原261大队搬迁后闲置土地，规划建设公溪工业区。2012年，县委、县政府决定开发利用龚坊镇和山砀镇之间的平缓坡地，建设厚发工业区，2016年正式成为省级工业园。

通过主攻工业战略的实施，到2016年，工业园区总体规划面积9.66平方千米，实际开发3.5平方千米，形成前坪工业区、厚发工业区、公溪工业区构成的“一园三区”的格局。园区内共落户企业83家，其中前坪工业区67家，厚发工业区11家，公溪工业区5家。企业主营业务收入173831万元；实现利润4865万元，实现税收5888万元，规模以上企业共19家，就业人数4417人。

第五节　做大做强旅游产业

20世纪90年代中期，乐安县有两篇报道引起轰动：一篇是1994年8月13日，中央电视台新闻联播播出“江西省乐安县金竹乡发现吓通瀑布群”；另一篇是1996年11月19日，《光明日报》头版登载《江西千年古村流坑——中国古代文明缩影》的文章。时任中央政治局委员、国务委员兼国家经济体制改革委员会主任李铁映阅后，在报头上批示“文彬同志：此事如实，应责成江西省文物局尽快制定条例保护起来，并搞好规划，给予支持保护好。”1997年8月，时任国家文物局局长张文彬专程考察流坑，并为流坑题词“千古第一村”。

报道后，各级领导、专家、学者、游客纷至沓来，给乐安的旅游业带来前所未有的机遇。县委、县政府抓住机遇，把旅游产业做大做强。一是搞好规划，摸清家底，扎实搞好基础设施建设。县委、县政府先后聘请专家、学者，编制《乐安县旅游发展总体规划》《乐安县红色旅游建设方案》《乐安县流坑——金竹风景名胜区总体规划》等。通过调查摸底，原来藏在深山人不识、分散、零碎的红色、绿色、古色旅游资源，经过整合成为旅游精品。二是扩大融资渠道，加大旅游基础设施投入和景区开发力度。积极向上争取资金，市场化融资，保护开发流坑古村建筑、龙湖治理，进行公路、新村建设等基础建设。金竹瀑布旅游景区，引进江苏永达广告有限公司投资进行开发，兴建进景区公路、亲水栈道、开发漂流项目，打造畲乡风情民俗村。三是坚持开发保护并重，形成品牌效应。1997年8月，流坑村被列为省级历史文化保护区，2001年6月，被列为全国重点文物保护单位。2003年，县委、县政府把“旅游旺县”作为六大发展战略之一实施，成立县旅游局和流坑管理局，理顺旅游管理体制，出台《乐安县关于进一步加快旅游产业发展的实施意见》。2009年，乐安县被评为“中华民族文化生态名县”；2012年，金竹畲族乡被命名为“国家级生态乡镇”称号；2013年，流坑村被评为“省级风景名胜区”，入选中国最具潜力十大古镇（村）、首批中国传统村落；2015年8月，流坑村、金竹流舍村荣获国家级乡村旅游荣誉称号；2016年5月，牛田古樟林入选上海大世界基尼斯记录；2016年，流坑村被评为国家AAAA级旅游景区。

2015年以后，县委、县政府加大对乐安红色旅游资源的普查、挖掘、整合、开发。开展红军遗存标语普查，全县保存2056条，为全省、全国红军遗存最多，全力打造红军标语第一县。重点开发大湖坪整编、第四次反“围剿”登仙桥大捷、邓小平下放南村、大金竹红色资源等。

经过多年锲而不舍的努力，随着两条高速公路贯通县境，旅游景区的软硬件建设得到长足发展。为此，县委、县政府提出实施“全域旅游”战略，重点打造“五千”旅游精品。即千古第一村（流坑古村）、千年古樟林（水南古樟林）、千尺飞瀑群（金竹飞瀑群）、千仞道仙山（大华山）、千条红军标语县。全面提升乐安旅游的整体形象，做大做强旅游产业，使之成为兴县富民的支柱产业，可持续发展的朝阳产业。

第六节　脱贫攻坚

乐安是革命老区。在第二次国内革命战争时期，乐安人民为中央苏区的建立和巩固，为中国革命的胜利，作出了重大贡献和牺牲。由于生产、生活条件的制约，改革开放后，老区人民仍未摆脱贫困，还比较贫困落后。带领老区人民脱贫，全面建成小康社会，是新时期历届县委、县政府牢记在心的政治责任和使命担当。

1985年，省人民政府确定乐安县金竹、坪溪、招携、谷岗、湖坪、牛田、万崇、罗陂、潭港、航桥10个乡镇为特困乡镇。县委、县政府专门成立老区建设办公室，制定扶贫优惠政策：从1986年起，免征特困乡镇农户的农业税；国家统一招生时，适当降低录取分数线，定向招收老区特困乡学生；在特困乡新办扶贫企业，免征所得税、增值税、农业税3年；选派科技干部到特困乡镇担任科技副乡镇长，开展科技扶贫；县直各部门与特困乡镇村组挂钩，包干扶贫，帮助老区人民脱贫致富。通过一系列扶贫政策措施的落实，到1990年年末，特困户的温饱问题基本解决，基础设施建设明显改善，有计划、有重点地修建一批急需的交通、能源、水利、教育、卫生等基础设施，基本解决公路、用电、就医、入学、饮水等困难；特困乡建成初具规模的蚕桑、烤烟、食用菌、林果等主导产业；通过科技培训，特困户劳动者素质有较大提高，掌握1～2门实用技术。

进入21世纪，扶贫工作进入新阶段。县委、县政府把争取列入国贫县作为头等大事，县委主要领导亲自跑省进京，争取政策扶持。2002年，经国务院批准，乐安县被终于列为新阶段扶贫开发工作重点县；2011年，乐安县被批准为罗霄山脉集中连片贫困地区，成为扶贫开发主战场，项目资金安排优先带，是抚州市唯一享受此优惠政策的县；2012年，乐安县又被列为原中央苏区县，享受振兴原中央苏区战略的优惠政策，成为三大政策全覆盖县。

县委、县政府紧紧抓住机遇，以新的思路、新的理念，全力打好新一轮扶贫开发攻坚战。2012年，乐安县加大扶贫移民资金的争取和投入力度，争取上级扶贫资金4138万元，其中整村推进资金2496万元，是有史以来投入贫困村最大的年份，列入江西省2012年中央彩票公益金支持整村推进试点项目资金1500万元，产业化专项扶贫资金1000万元。2013年，乐安县被评为全省扶贫移民工作先进县。南村乡炉桐村稠溪村小组是省级重大地质灾害危险点，通过整村搬迁移民，累计投入1900万元，搬迁202户1088人。2015年整村搬迁至县城城郊新址，实现脱贫致富。

2013年11月，习近平总书记在视察湖南省十八洞村时提出“精准扶贫”的思想，全国扶贫工作进入精准扶贫阶段。乐安县通过仔细摸排，精准识别出农村贫困户15016户43746人。县委、县政府把脱贫攻坚作为压倒一切的政治任务，全面落实扶贫政策，确保贫困户“两不愁三保障”：不愁吃，不愁穿；基本医疗、义务教育、住房安全有保障。实施十大扶贫工程：产业发展、就业、易地搬迁、危旧房改造、村庄整治、基础设施建设、生态保护、社会保障、健康、教育扶贫工程。抽调千名机关干部驻村与贫困户结对帮扶，选派机关干部担任村第一书记，积极向上争取资金，实施扶贫开发项目，在厚发工业区新建移民安置房720套，全力以赴确保实现如期脱贫摘帽，使贫困群众一个也不能少，同步与全国人民迈入全面小康社会。

第四章 纪律检查与监察工作

1986—2016年，县纪律检查委员会认真贯彻中央从严治党的要求，积极探索纪检监察体制改革，建立党风廉政责任制，加强对党员和领导干部理想宗旨、反腐倡廉的教育，认真查处违纪违法的大案要案，坚决惩治腐败，纠风治乱，坚决查处侵犯群众利益的“害群之马”，加强行政监察的全覆盖，巩固党的执政基础。中共十八大后，县纪委以贯彻中央关于改进干部作风为抓手，驰而不息反对形式主义、官僚主义、享乐主义、奢侈之风，坚持强力反腐，“老虎”“苍蝇”一起打，坚持从严治党，把权力关进制度的笼子里。

第一节 机构人员

1979年6月，恢复乐安县委纪律检查委员会。1984年2月，乐安县委纪律检查委员会升格为中共乐安县纪律检查委员会，为副县级单位。1987年9月，县纪委内设案件检查室、案件审理室、信访室、调研室和办公室，有干部职工16人。1988年9月，恢复成立乐安县监察局，内设人秘股、信访股（举报中心）、监察股、审理股，有专职干部11人。1993年5月，乐安县纪委与乐安县监察局合署办公，内设办公室、监察综合室、信访室、纪检监察一室、纪检监察二室、案件审理室、执法监察室、宣传教育室、党风廉政建设室、干部室，在编干部职工27人。乐安县党风廉政领导小组办公室挂靠县纪委和监察局，与党风廉政建设室合署办公。

2002年5月，成立乐安县整治经济发展环境领导小组，下设办公室，挂靠县纪委。2008年6月，撤销县整治经济发展环境领导小组办公室，成立效能监察室（县政府行政投诉中心）和纠风室，在编干部职工32人。

2009年12月，县乡纪检监察管理体制改革。县纪委监察机关内设机构调整为党风廉政建设室、纠风室、执法监察室、案件审理室、信访室（举报中心）、干部室、办公室（综合、宣教）、案件检查室、县政府行政投诉中心（挂靠县纪

省委第七巡视组专项巡视乐安脱贫攻坚工作动员会（2016 年）

虎”“苍蝇”一起打，着力在公务消费一体化监督、阳光政务电子化监督、工程领域专业化监督、党风廉政社会化倡廉等方面抓好落实，形成齐抓共管的工作格局，把权力关进制度的笼子里。

结算制度，到 2011 年，全县有 164 个预算单位实行公务卡结算。针对国有资产流失的风险点，制定《乐安县国有资产招投标拍卖活动管理办法》，成立乐安县招投标交易中心，将全县国有资产拍卖活动一并纳入中心监管。

2009 年 12 月，县乡纪律检查监察管理体制改革。县直部门（单位）纪检监察机构统一组建 6 个派出纪工委（监察分局）；2010 年 9 月再增设 1 个纪工委（监察分局），其中 4 个面向县直单位，3 个面向乡镇。

从 2009 年起，开展农村集体资金、资产、资源监督管理试点工作，制定《关于加强农村集体资金、资产、资源监督管理的意见》，全面推进农村“三资”监管工作，清理行政审批事项，推进行政审批制度改革。到 2011 年，县本级共衔接省、市政府取消和调整的行政审批项目 51 项。

中共十八大后，以习近平同志为核心的党中央，及时作出关于改进干部作风的八项规定，在全党开展以反对形式主义、官僚主义、享乐主义、奢侈之风为主要内容的群众路线教育活动。乐安县委先后制定《关于县委权利公开透明运行的意见（试行）》《县委用权风险预警办法（试行）》等加强党风廉政建设的制度规定。县纪委监察机关在中共十八大后，驰而不息纠“四风”，明察暗访，始终保持高压态势，坚持“老

第四节　党风廉政建设

一、党风廉政建设责任制

1986—1999 年，先后在全县党政部门对严禁用公款吃喝送礼、纠正行业不正之风、党政干部违法违纪建私房、用公款超标准装修住房、滥用公款外出旅游、安装私宅电话等作出规定。

2000 年，针对在“三讲”教育中查找出有关党性党风的突出问题，出台狠刹公款送礼和领导干部接收“红包”歪风，防止领导干部及其亲属插手基建，加大清房力度，规范干部人事调配，选拔任用干部推行公示制等整改措施。

2001—2005 年，在全县范围内全面推行会计委派制和核算中心制度；对各单位新购和更换小汽车，实行购车申报审批制度。县政府制定《乐安县国有资产招投标拍卖活动管理办法》，成立乐安县招投标廉政交易中心，将全县国有资产拍卖活动一并纳入中心监管。

2006—2011 年，根据党中央、国务院统一部署，将治理商业贿赂列入纪检监察工作重要内容，建立查办商业贿赂案件联席会议制度。县委办、县政府办出台《乐安县落实党风廉政建设责任制工作定期汇报制度》。

2012 年，县委下发《中共乐安县委落实“三重一大”事项集体决策制定实施办法》《关于开展“六大专项行动”转变干部作风、创优发展环境的实施意见》《乐安县廉政责任透明化考核实施办法》，充分发挥党风廉政建设的龙头作用，形成齐抓共管的工作格局。

2013 年，为贯彻党中央关于改进干部作风的

八项规定，县委办、县政府办下发《关于改进工作作风、密切联系群众的若干规定》。

二、领导干部廉洁自律

1986—1990 年，先后在全县党政部门对严禁用公款吃喝送礼等有关规定执行情况和纠正行业不正之风、党政干部违法违纪建私房、用公款超标准装修住房等问题，进行检查。为制止滥用公款外出旅游和安装私宅电话，制定有关规定。在全县开展清理干部、职工违纪购买公房和集资建房工作，纠正以权谋私、以房谋私“新的不正之风”。采取举办典型案件报告会等形式，在全县深入开展“反腐倡廉”思想教育活动。

1993 年 10 月，中共中央、国务院《关于反腐败斗争近期抓好几项工作的规定》，重申和提出党政机关县（处）以上领导干部廉洁自律的规定，根据上述规定，地区纪委和地委组织部出台《县级领导干部重大事项报告制度》《县级领导班子、领导干部廉洁自律考核办法》，开展对县级领导干部党风廉政情况的监督，开好廉洁自律专题民主生活会。

1995 年，县纪委按照上级纪委的部署，积极协助同级党委（党组），认真抓好领导干部廉洁自律各项规定的落实，主要抓 4 件事：督促各级党委（党组）开好廉洁自律专题民主生活会，监督检查各级领导干部纠正存在的问题，进一步完善廉洁自律的规定制度，认真组织开展领导干部廉洁自律工作的监督检查。

1998 年 11 月，中共中央、国务院印发《关于实行党风廉政建设责任制的规定》，省委、省政府制定实施办法，要求各级党委、纪委围绕党风廉政建设责任制，建立责任追究制度。2000 年，为贯彻地区纪委《关于进一步加大领导干部廉洁自律监督检查工作力度的意见》，稳步推行领导干部任期经济责任审计、选拔任用领导干部公示制度和会计委派制度等工作。

2002 年，县委先后下发《关于领导干部个人重大事项报告制度的实施意见》《关于在招商引资工作中严格遵守领导干部廉洁自律有关规定的通知》，县纪委重点抓好领导干部廉洁从政情况定期报告制度、干部任用考察预告、公开述职、民主测评和推荐，对拟任领导干部公示及事先征求纪委意见等制度的贯彻落实，防止用人上的腐败。

2003 年，县纪委办下发《关于实行县纪委负责人同下级党政主要负责人谈话制度的暂行办法》《乐安县纪委干部廉政档案管理办法（试行）》，对全县副科级以上领导干部建私房问题进行全面清理。2004 年，对“红包”问题进行专项治理，全县共有 36 名县级干部、698 名科级干部进行自查登记，主动上交“红包”16.9 万元，在全县颁布“九条禁令”。建立领导班子专题民主生活会制度、领导干部任前廉政谈话制度。

2005 年，县纪委制定《关于实行重大案件“一案双查”制度的暂行办法》和《关于“一案双查”责任追究案件的办法（试行）》。对党员干部参与赌博进行集中整治，开展规范党员干部婚丧嫁娶等事宜工作试点。

2009 年，认真执行领导干部个人有关事项报告制度，积极开展新任领导干部跟踪考廉和领导干部个人收入申报两项工作的试点，组织开展领导干部配偶、子女及其配偶从业情况和领导干部住房情况的申报登记工作，并在一定范围内进行公示，接受群众监督。2010 年，全县科级以上领导干部就住房、投资、婚丧喜庆等事宜向县纪委报告。

2012 年，县委制定《关于县委权利公开透明运行的意见》（试行）、《关于进一步规范县委全委会、常委会及其成员职责的意见》，进一步明晰县委书记及其他成员的职责和权限。县委印发《乐安县委权利公开透明运行工作领导小组职责范围、议事规则成员单位分工》和《乐安县委权力公开透明运行工作领导小组办公室组成人员名单及工作职责的通知》，县委制定《县委用权风险预警办法（试行）》和权力流程图，深入推进惩防体系基本框架构建。县委办、县政府办下发《关于新任科级领导干部实行财产申报的通知》，推行新任科级领导干部财产公示制度；下发《全县构建公务消费一体化监管体系建设实施方案》，规范管理的预算单位，公务消费定点商家，形成比较完整、齐全的公务消费电子化监控管理体系。

2013年，为贯彻中央关于改进干部作风建设的八项规定，县委办、县政府办下发《关于改进工作作风、密切联系群众的若干规定》《关于迅速贯彻落实习近平同志重要批示精神厉行勤俭节约反对铺张浪费的通知》和《关于进一步加强公务用车使用管理的意见》等文件，从改进调查研究、密切联系群众、精简会议活动、精简文件简报、公车管理使用等方面作出详细规定，在全县范围内推行并严格执行“同城不准吃请、下乡不准喝酒、接待不准超标、公车不准私用、调研不准扰民”等“五不准”措施。实行节假日公车封存机制，压减会议次数、会议规模，规范公务接待标准等。全县会议费、公务接待费等支出较2012年同期明显下降。县委、县政府下发《关于开展廉洁公务建设年活动实施六大保廉项目的意见》《开展党员领导干部违反规定接受和赠送现金、有价证券、支付凭证问题专项治理》后，全县共有1040余名副科以上干部严格按照要求开展自查自纠，并签订廉政承诺书。“整体推进公务消费一体监督”，按照“县直巩固完善，乡镇全面铺开，全县联网监督”的要求，全面推进全县公务消费一体化监管工作。

2014年，贯彻中央纪委十八届三次全会关于各级党委要切实担负党风廉政建设主体责任，各级纪委要承担监督责任的要求。县纪委把党风廉政建设的重点放在抓党员领导干部这个关键少数，落实“两个责任”。县委、县政府下发《关于大力推进清廉乐安建设开展六大清廉行动的意见》《乐安县党政机关厉行节约反对浪费的实施细则》和《乐安县党政机关国内公务接待管理办法》，进一步明确公务消费一体化监管内容，规范报账程序，加强对备案商户管理，加强监督检查等方面作出详细规定。县委、县政府下发《关于实行领导班子及领导干部落实党风廉政建设责任制工作纪实制度的通知》、县纪委、县监察局下发《乐安县开展国家工作人员防止利益冲突专项治理的实施方案》，6700名公职人员签订承诺书。

2015年，县委、县政府下发《关于进一步加强全县机关作风建设的实施意见》《关于领导干部操办婚丧喜庆事宜“两报告一承诺”的暂行规定》，执行领导干部操办婚丧喜庆事宜“两报告一承诺”制度。县纪委、县监察局下发《国家公职人员参与“以钱为注”娱乐活动专项整治实施方案》，开展公职人员参与“以钱为注”娱乐活动专项整治，全县6700名公职人员签订承诺书。县委办下发《关于全县开展领导干部违规插手干预工程项目问题专项治理实施方案》，全县1009名副科以上干部填写自查自纠登记表、签订《个人承诺报告书》，全县各级干部主动上缴“违插”专项账户21笔、16.68万元。

2016年，全县驰而不息纠正“四风”，常态化开展各类监督检查，明察暗访24批次，对存在问题的3个单位负责人进行诫勉谈话；对73名因私出国（境）、112名操办婚丧喜庆事宜的干部实行廉情预警监督；持续深化“红包”和领导干

乐安县四套班子领导落实党风廉政建设主体责任汇报会（2016年）

乐安县优化经济发展环境测评大会（2016 年）

部违规插手干预工程建设专项治理，全县各级干部主动上缴“红包”款 9 笔、26460 元，“违插”专项账户入账 4.1 万元；组织两次优化经济发展环境测评，对排名后 3 位的联通公司乐安分公司、县供水公司、县森林公安局进行通报批评，并对其单位负责人进行批评教育谈话；同时，着力开展乱发津补贴、公车私用、超标准公务接待、民生资金使用不规范等方面的再监督再检查，重点监督检查县直单位和乡镇落实中央八项规定精神情况，对发现存在突出问题的单位，督促其单位负责人带头整改、逐项销号。全年共查处违反中央八项规定精神案件 9 件，通报曝光 2 件 6 人。

三、农村基层党风廉政建设

2006 年，在全县开展农村基层党风廉政建设试点工作，乡镇配设 1 名专职纪委副书记，村党支部配设 1 名纪检委员，村民小组聘请 1 名以上党风廉政建设监督员。强化政务公开，完善政务公开网站建设。

2007 年，县委、县政府出台《关于加强农村基层党风廉政建设的实施意见》《农村基层党风廉政建设工作目标及考核办法》，建立农村基层党风廉政建设工作联席会议制度和县纪委常委挂点基层单位制度，推动建立乡镇便民服务中心建设。推行行政审批电子监察和网上审批；推行机打发票。

2009—2011 年，开展农村集体“三资”管理试点工作。建立公共资源交易中心，各乡镇建立公共资源交易站，构建乡镇公共资源交易平台。县纪委、县监察局制定《关于加强农村集体资金、资产、资源监督管理的意见》，按照“一清三建”的工作思路（清理核查农村集体“三资”，建立三级监管组织、建立三个监管平台、建立四项监管制度），全面推进农村集体“三资”监管工作。推进行政审批制度改革，开展行政审批事项清理工作，县本级共衔接省、市政府取消和调整的行政审批项目 51 项。建立农村“三资”监管、党务公开、便民服务 3 个网络平台，不断提升农村党风廉政建设科学化、规范化、信息化水平。

2014 年，县委办、县政府办下发《关于做好我县国家公职人员和村居“两委”成员亲属享受城乡低保待遇清理整顿工作的通知》。对 10718 户城乡低保对象进行评议，清退 354 户，新增 480 户。

第五节　宣传教育

纪检监察工作始终注重加强对广大党员、干部，尤其是领导干部党风廉政建设的宣传教育工作。1986 年以后，结合贯彻中共中央《关于打击经济领域严重犯罪活动》的指示精神，在整党中，组织党员干部认真学习中央整党决定、《党员必读》《关于党内政治生活的若干准则》等党内学习材料，加深广大党员对整党重要性和纪检干部在整党中的责任的认识。1989 年北京政治风波发生后，在全县开展以学习社会主义初级阶段理论和党纪党规为主要内容的教育活动，教育广大党员干部在思想、政治、行动上和党中央保持高度一致，坚决抵制资产阶级自由化思潮的侵蚀和影响。

1993 年，县纪委、监察局开展党纪政纪条规教育，提高全县各级领导干部拒腐防变、勤政廉政意识。1995年10月，组织全县党员、干部参加“学理论、学党章”答题竞赛活动。1996年9月，组织全县党员、干部参加“党纪政纪条规知识竞赛”活动。在全县聘任党风廉政报道员25人，在中央、省、地新闻媒体发表宣传勤政廉洁典型和披露违法违纪案件的通讯报道上百篇。1997年，全县开展党纪政纪法律法规宣传教育月活动，下发学习材料8000余份，播放有关党风廉政教育录像30场次，使广大党员、干部受到教育。举办各种知识竞赛23场次，参赛人数6000人次。组织文艺演出20场，6000多人观看演出。举办反腐倡廉图片展览，观众5000多人。1998年，在全县组织监察法知识竞赛，巡回播放反腐倡廉案例录像片40余场次，观众6万余人次。县纪委领导作党风廉政专题报告4次。通过发通报、召开典型案件剖析会等形式，剖析反面典型6个，以案示教，帮助广大党员、干部提高拒腐防变能力。2000年，配合“三讲”教育，巡回播放《警钟》《枕边风》等反腐倡廉案例录像片。2001年，结合“三讲”教育“回头看”，利用胡长清、成克杰等重大典型案例，对党员干部加大警示教育力度。

2002—2006年，全县共播放党风廉政电教片100多场次。组织党员干部收看廉政教育专题片6万人次，树立正面典型9个，公开曝光反面典型案例5起，宣传报道先进典型6人次。全县各级纪检监察干部和党风廉政宣传报道员共在各级各类新闻媒体上稿180篇。

2007—2010年，开通乐安廉政网，并在县城主要街道设立《党风廉政建设宣传栏》。举行“深化反腐倡廉建设、促进抚州赶超发展”党的十七大知识竞赛。建设纪检监察图书资料室。开展“卫士风采——全县纪检监察干部先进事迹电视展播”活动。在全县开展《中国共产党党员领导干部廉洁从政若干准则》学习宣传活动。订购廉政准则、学习问答等辅导读本1000多本供党员领导干部学习。开展“廉勤之星”先进典型评选活动。征集廉政书画和廉政公益广告作品50余件。

2011—2013年，将廉洁修身教育列入全县各中小学校教学课程内容，开设廉洁修身教育课堂、举办主题班会和演讲比赛活动，培育学生勤、俭、孝、志、励、立良好习惯养成。建设森林公园绿色廉政文化教育基地，设立县城上大街社区廉政文化示范点，自编自演廉政小品小戏，开展送戏下乡活动，每月撰写反腐倡廉网络评论。组织全县党员干部参加“抚州市首届廉政文化节”10项活动，创作歌曲《抚州——我的青春梦想》获市纪委首届“青春倡廉建功抚州”原创歌曲大赛评比一等奖。建立乐安县廉政教育中心，规定所有党员干部培训必须纳入廉政教育课程。193名中青年后备干部、426名农村（社区）党支部书记、主任及124名新近提拔的科级干部分4期在该中心接受廉政教育。

2014—2015年，县委书记在县廉政教育中心为县直各部门主要负责人、乡镇党政领导上廉政党课。举办“清风苑杯”廉政诗歌、散文征文活动，拍摄微电影《不能走那条路》，在县城水上乐园打造“国学廉政金石园”。启动全县“纪律讲堂”工作，组织全县党员领导干部在县廉政教育中心开展把纪律和规矩挺在前面、《中国共产党廉洁自律准则》和《中国共产党纪律处分条例》等内容的教育培训活动。拍摄流坑家规家训廉政文化教育专题片《清风廉气盈流坑》。

2016年，创建微信公众号“清廉乐安”，坚持每周编辑微信3期，全年共编辑169期；组织全县各地各部门观看中央纪委警示教育片《永远在路上》，省、市纪委警示教育片《蝇贪之害》；在巩固完善原有的廉政文化教育点的基础上，打造稠溪移民新村、县第四小学、国网江西电力有限公司乐安供电分公司新的廉政文化教育点。

第六节 案件查处

一、信访受理

1986—1987年，全县纪检监察机关共受理群众来信来访 1527 件（次）。

1988—1992 年，全县各级纪检监察机关贯彻国家有关信访政策和规定，认真抓好群众来信来访落实工作。尤其是 1989 年 8 月 19 日监察部发布《关于有贪污贿赂行为的国家机关工作人员必须在期限内主动交代问题的通知》后，加大受理信访举报工作力度。5 年间，全县纪检监察机关共受理群众来信来访 929 件（次），属监察业务范围的有 612 件（次）。

1993—1997 年，全县纪检监察机关共受理群众来信来访 952 件（次）。1998 年后，对反映领导干部违法违纪问题加强查处。至 2000 年，全县共受理群众信访举报 529 件（次），其中，来信 411 件，来访 72 次，电话举报 46 次。

2000 年后，县纪委监察机关不断拓宽信访渠道，在畅通 12388 全国统一举报电话等信访渠道的基础上，完善互联网举报功能，增设纪委书记信箱。2001—2010 年，县纪委信访室共受理信访举报 1894 件（次），为查办案件提供案件线索 541 条，为群众解决信访问题 236 件（次）。

2011 年始，在全县开展“举报方式公开，畅通信访渠道；政策法规公开，引导依法信访；受理情况公开，保障合法权益；办理过程公开，强化社会监督；处理结果公开，力求息诉罢访”为主要内容的“阳光信访”工作引导下，特别是中共十八大后反腐败力度加大，群众信访举报积极性提高。至 2015 年，县纪委信访室共受理信访举报 878 件（次），为查办案件提供线索 375 条，转立案 70 件。

2016 年，县纪委信访室共接受群众信访举报 286 件，受理信访件全部录入信访信息系统，实行信息化管理，为查办案件提供线索 185 条，转立案 9 件。

二、案件审理与处理

1986—1990 年，全县纪检监察机关查处各类违纪违法案件 83 件，结案 75 件，给予党纪政纪处分 75 人。其中：1986 年立案 20 件，结案 14 件，处分 12 人（开除党籍 3 人，撤销党内职务 5 人，党内严重警告 3 人，党内警告 1 人）；1987 年立案 18 件，结案 15 件，处分 14 人；1988 年查处各类违纪案件 8 起，其中贪污公款 2 起，腐化堕落 3 起，其他 3 起；1989 年立案 18 件（科级以上党员干部 3 件），处分 18 人（开除党籍 1 人，留党察看 4 人，党内严重警告 6 人，党内警告 7 人）；1990 年立案 20 件，结案 20 件，处分违纪党员 23 人。

1991—1995 年，全县纪检监察机关查处各类违纪违法案件 129 件，给予党纪政纪处分 126 人（党纪处分 101 人，政纪处分 34 人）。其中：1991 年查处党员违纪案件 32 起，处分 33 名党员（科级干部 6 人，党员干部 5 人，一般党员 22 人）；1992 年查处违纪案件 24 件，处分党员 24 人（开除党籍 5 人）；1993 年立案查处违纪案件 21 起，处分党员 22 名（开除党籍 5 人，行政处分 11 人，收缴各类违纪款 6.7 万元）；1994 年查处违纪案件 21 起，处分党员 20 人（开除党籍 4 人，党内严重警告 6 人，警告 6 人；行政开除留用 1 人，撤职 1 人，降级 7 人，记大过 2 人，记过 2 人），收缴违纪款 7.5 万元；1995 年查处各类违纪案件 31 起，给予违纪党员处分 17 人，行政处分 10 人。

1996—1999 年，全县纪检监察机关查处各类违纪违法案件 281 件，结案 266 件，其中涉及科级以上干部要案 19 件，给予党纪政纪处分 292 人。党纪处分中，党内警告 78 人，党内严重警告 36 人，撤销党内职务 2 人，留党察看 12 人，开除党籍 12 人；政纪处分中，行政警告 40 人，行政记过 30 人，记大过 24 人，行政撤职 16 人，留用察看 10 人，行政降级 4 人，开除公职 12 人。收缴违纪款 44 万元。

2000—2003 年，全县纪检监察机关查处各类违纪违法案件 382 件，结案 397 件，其中涉及科级以上干部要案 35 件。给予党纪政纪处分 396 人。党纪处分中，党内警告 151 人，党内严重警告 77 人，撤销党内职务 2 人，留党察看 20 人，开除党籍 35 人，组织处理 5 人；政纪处分中，行政警告 54 人，行政记过 15 人，记大过 19 人，行政撤职 19 人，留党察看 2 人，行政降级 9 人，开除公职 1 人。

2004—2007 年，全县纪检监察机关查处各类违纪违法案件 330 件，结案 324 件，其中涉及科级以上干部要案 51 件，给予党纪政纪处分 371 人。党纪处分中，党内警告 198 人，党内严重警告 70 人，撤销党内职务 1 人，留党察看 15 人，开除党籍 36 人，组织处理 3 人；政纪处分中，行政警告 33 人，行政记过 5 人，记大过 5 人，行政撤职 1 人，留用察看 1 人，行政降级 1 人。

2008—2012 年，全县纪检监察机关查处各类违纪违法案件 365 件，结案 365 件，其中涉及科级以上干部要案 47 件，给予党纪政纪处分 417 人。党纪处分中，党内警告 265 人，党内严重警告 45 人，留党察看 5 人，开除党籍 45 人；政纪处分中，行政警告 36 人，行政记过 12 人，记大过 8 人，行政撤职 3 人，行政降级 2 人，开除公职 4 人。移送司法机关 6 人。

2013—2015 年，全县纪检监察机关查处各类违纪违法案件 262 件，结案 262 件，其中涉及科级以上干部要案 46 件，给予党纪政纪处分 273 人。党纪处分中，党内警告 159 人，党内严重警告 46 人，撤销党内职务 3 人，留党察看 11 人，开除党籍 23 人；政纪处分中，行政警告 24 人，行政记过 3 人，记大过 1 人，行政撤职 3 人，行政降级 3 人，开除公职 7 人。移送司法机关 14 人。

2016 年，全县纪检监察机关查处各类违纪违法案件 80 件，涉案 88 人，其中科级干部 21 人；给予党纪政纪处分 88 人，其中开除党籍 8 人，留党察看 1 人，党内严重警告 11 人，党内警告 53 人；受政纪处分的 9 人，移送司法机关 3 人。

三、案件复查

1986—1987 年，县纪委复查申诉案件 3 起，其中维持原处分不变 1 人，撤销处分 2 人。1988 年复查申诉案件 1 起，作出维持原纪律处分不变，改变经济处理的决定。县纪委、监察局自 1993 年至 2016 年共复查申诉案件 4 起，其中维持原处分不变 2 人，减轻处分 2 人。

第七节　行政监察

一、执法监察

1986—1992 年，全县监察机关围绕经济建设这个中心，按照中共中央关于“治理经济环境，整顿经济秩序”指示精神，针对影响改革、发展、稳定和现代化建设中的问题以及行业和部门存在的不正之风，重点对县直 12 个部门经费支出、46 个农资部门农资公开分配供应、17 个单位扶贫救灾物资和资金管理使用、11 个计生部门资金管理使用以及全县乡镇、村委会农民负担等方面问题，进行 200 多次检查，对被检查单位提出监察建议 51 条，其中 46 条被政府及有关部门采纳，帮助 102 个被检查单位建立和完善各项规章制度。

2001—2006 年，乐安县监察机关组织“四项社保资金”（城镇职工养老、城乡居民养老、失业、医疗保险）管理使用、国债资金管理使用、建设工程招投标等开展执法监察工作。同时，开展对粮食直补资金发放、中央、省下拨的重大建设项目资金、乡村公路改造、企业违法排污、安全生产、土地征用、国家机关工作人员投资入股煤矿等问题开展执法监察。

2007—2009 年，对违法用地、违法建设、推进经济适用住房建设和完善廉租住房制度情况等开展专项执法监察；对市场价格调控、节能减排、房地产调控、固定资产投资等执行情况开展执法监察；对中央扩大内需促进经济增长政策措施执行情况、节能减排和环境保护政策措施落实情况开展监督检查；启动工程建设领域突出问题专项治理工作，实行房地产开发成本信息公示制度。

2010—2011 年，开展工程建设、土地领域突出问题专项治理；依托电子网络信息技术，启动工程建设项目信息公开和诚信体系建设；启动公共资源交易网络平台建设，完成视屏监控系统接入工作，实现全县统一联网、统一监控；深入开展闲置建设用地清理工作，对抗洪救灾物资进行监督检查。2012—2015年，认真开展加快转变经济发展方式监督检查，开展提升行政效能整治活动，规范一批行政审批事项，全面开展行政审批改革。全县共开展执法监察300多项，提出监察建议482条。

二、效能监察

2002年5月，乐安县成立整治经济发展环境领导小组，下设办公室（挂靠县纪委），加大整治经济环境力度，建立执法执收单位服务承诺和形象测评制度，实行公务备案审核制度，明确规定到企业执行公务应制定计划并报备。建立健全对企业收费制度，开展集中整治投资软环境活动。

2008—2011年，县纪委先后开展“提升行政效能、建设服务型政府”效能建设主题活动，首次开展电视公开承诺和在乐安廉政网上进行公开承诺活动；开展在岗人员测评活动；全面推行政务公开，建立即时监测梳理、月汇总、直查快办、市县联动、监测结果通报等制度。开展“机关效能——项目建设年”活动，对县直38个部门的81个内设机构进行测评；健全环境监测全县机制，共设立100个环境监测点、选聘100名监督员。开展“创业服务年”活动，开展“十大创业明星”和“十大服务创业明星”评选活动；实行“两集中两到位”改革，有关职能部门成建制进驻行政服务中心集中办公；推进电子政务和电子监察网络建设，网上审批和电子监察系统全面上线运行；参与建设“抚州市发展环境监测网络系统”，环境监测点通过该平台报送对企业服务、执纪等相关情况。开展发展提升年活动，建立健全效能监察工作机制，围绕招商引资、项目建设和优化发展环境等，进一步提高办事效率和服务水平。

中共十八大后，党中央及时作出关于改进干部作风建设的八项规定，县纪委开展“效能作风整治”专项行动，加大干部队伍作风建设力度，县委出台《中共乐安县委关于加强干部队伍作风建设的决定》。围绕干部作风建设，加大明察暗访力度，干部作风违纪通报成为常态。全县共开展内设机构测评活动27次，受理效能投诉156件，查处损害发展环境案件28件。

三、纠风治乱

2002—2003年，开展民主评议行风工作，抓好减轻农民负担和企业负担工作，开展整顿和规范市场秩序和医药市场专项整治、药品回扣专项检查，加大治理公路“三乱”（乱设卡、乱收费、乱罚款）和中小学校乱收费工作，查处一批典型案件。先后对县政府46个部门和单位开展政务环境评议评价。

2004—2006年，开展土地清理整顿、农民工工资清欠、城镇房屋拆迁、企业重组改制破产“新四项”工作的纠风治理。探索建立“接报—出勤—处置—反馈”的治理公路“三乱”监督网络和查处快速反应机制。

2007—2008年，开通政风行风热线，实现提问方、解答方、监督方三方互动，电视、报纸、网络齐动的政风行风建设多方联动机制。开展规范出租汽车行业管理专项治理，打击处理各类非法营运出租车28辆，罚款11万余元。开展强农惠农政策落实情况监督检查，开办开播24期“政

乐安县扶贫领域专项巡察动员暨业务培训会议（2016年）

风行风热线”。

2009—2010年，建立县、乡、村三级纠风网络，实现“小问题不出村，一般问题不出乡镇，大问题不出县”。开展民生领域3个突出问题专项治理，查处涉及城乡最低生活保障的违纪违法问题8个，取消不符合低保对象58人。开展清理规范评比达标表彰活动，清理11项，撤销5项。

2011—2012年，开展医药医务“阳光”行动，处理医疗服务、医药购销、涉医行政行为等方面问题75个。开展商业、物流、金融、电信、涉农5个领域乱收费问题专项治理，构建“阳光医药”“阳光财政”两个电子监察系统。

2013—2015年，开展治理教育乱收费。对全县46所中小学教育收费情况进行检查，退回违规向学生重复收取的医疗保险费21.78万元。开展民生资金管理使用情况监督检查。对7个部门的主要领导进行集中约谈，发现挤占、挪用、骗取、套取、截留等问题35个，处理违规使用民生资金1363万余元，对6名党员干部给予党纪政纪处分，移送司法机关3人，对3个单位的主要负责人进行诫勉谈话。

2001—2014年，全县共组织教育乱收费检查42批次，查处学校乱收费问题38件，涉及金额474.3万元，给予党纪政纪处分和组织处理19人；全县共开展治理公路“三乱”检查82批次，查处公路“三乱”案件11件，给予各种处理5人；开展强农惠农政策落实情况的监督检查，减轻农民负担2538万元。

第四卷　地方人民代表大会

本卷目录

第一章　县人民代表大会

乐安县人民代表大会（简称“县人大”）是全县最高权力机关，主要职责是保证宪法、法律、行政法规和上级人民代表大会及其常委会的决议在县内遵守执行，保证县计划和预算的执行；审查和批准县国民经济和社会发展计划、预算及其执行情况的报告；讨论、决定县内政治、经济、教育、科学、文化、卫生、环境和资源保护、民政、民族等工作的重大事项；选举县人大常委会组成人员，县人民政府县长、副县长，县人民法院院长和县人民检察院检察长，上一级人民代表大会代表；听取和审查县人民代表大会常务委员会、县人民政府、县人民法院、县人民检察院的工作报告等。在人民代表大会闭会期间，县人大常委会行使人民代表大会的职权。

1986—2016 年，县内共经历 9 届县人民代表大会，第九、十、十一届每届任期 3 年，第十二、十三、十四、十五、十六、十七届每届任期 5 年，县人民代表大会每年至少召开 1 次。

第一节　代表选举

一、代表名额的确定

《中华人民共和国全国人民代表大会和地方各级人民代表大会选举法》（以下简称“选举法”）第 11 条第 1 款第 3 项规定：“不设区的市、市辖区、县、自治县的代表名额为 120 名，每 5000 人可以增加 1 名代表；人口超过 165 万的，代表名额不得超过 450 名，人口不足 5 万的，代表总名额可以少于 120 名。”第 12 条规定：“设区的市、自治州和县级的人民代表大会代表的具体名额，由省、自治区、直辖市的人民代表大会常务委员会依照本法确定，报全国人民代表大会常务委员会备案。”1997 年省人民代表大会常务委员会确定乐安县第十三届人民代表大代表名额 194 名。一般管辖区域没有调整时，代表名额不变，故乐安县人民代表大会代表名额一直保持 194 名。

二、县人大代表构成

根据选举法和《江西省各级人民代表大会代表选举实施细则》规定，县人大代表的产生主要分 4 步进行：成立选举委员会，制定选举方案，分配代表名额，提出和公布候选人名单，召开选民大会选出县人民代表大会代表。县人大代表实行差额选举，由选民直接选举产生。选区按居住地和工作单位划分，每个选区按分配名额选举产生 1 ~ 3 名代表。代表候选人由政党、人民团体和选区选民 10 人以上联名提出，按照差额选举原

村选区集中投票点投票选举县人大代表

则，每个选区的正式候选人名额应多于应选代表名额的1/3至1倍，选区选民过半数参加投票选举的选举有效，候选人获得参加投票选民的过半数同意者当选。选举结果由县选举委员会依法审查确认，并予以宣布。县人大常委会代表资格审查委员会对当选代表资格进行审查。提出审查报告，由县人大常委会进行审议并表决，确定代表资格后，县选举委员会发给代表证。

乐安县第九届至十七届人民代表大会代表构成情况表

表4-1-1　　单位：人

届别	代表人数	性别		中共党员	少数民族	界别						年龄结构			文化结构		
		男	女			工人	农民	干部	知识分子	解放军	其他	35岁以下	36岁至55岁	56岁以上	大专以上	中专职高高中	初中及以下
九	245	210	35	189	4	18	123	46	47	2	9	95	135	15	31	130	84
十	155	136	19	132	1	10	68	35	40	1	1	46	104	5	24	98	33
十一	240	216	24	210	1	20	149	43	17	1	10	52	170	18	40	92	108
十二	244	217	27	206	2	15	97	108	18	1	5	46	194	4	59	123	62
十三	194	167	27	147	1	3	76	99	11	1	4	51	138	5	93	52	49
十四	192	165	27	157	4	6	76	76	15	2	17	36	152	4	112	32	48
十五	191	150	41	140	4	1	76	89	5	1	19	19	167	5	101	39	51
十六	193	146	47	142	6	4	73	89	5	1	21	23	155	15	106	55	32
十七	192	143	49	131	5	4	71	87	10	1	19	13	164	15	118	44	30

说明：县第十届人大代表名额为161人，县第十四至第十七届人大代表名额均为194人，表中数字为换届选举时实际选出数

三、省、市人大代表

根据《中华人民共和国地方各级人民代表大会和地方各级人民政府组织法》的规定，县级以上人民代表大会选举上一级人民代表大会代表。2000年抚州设市前，县人民代表大会选举乐安县出席江西省人民代表大会代表（一届至九届）。2000年9月，乐安县第十三届人民代表大会第四次会议选举乐安县出席抚州市第一届人民代表大会代表。抚州市人民代表大会成立后，乐安县出席江西省人民代表大会的代表由市人民代表大会选举。

省人民代表大会代表

省第一届人民代表大会代表　刘辉汉、武响金（女）、梅晓春

省第二届人民代表大会代表　刘辉汉、武人骙、梅晓春、黄桃金（女）

省第三届人民代表大会代表　王成功、李元馨、程平、韩礼和、焦凤翔

省第四届人民代表大会代表　1977年10月，中共中央召开各省、自治区、直辖市组织部部长、统战部部长会议，出台“关于省、自治区、直辖市人民代表大会意见”，确定各省、自治区、直辖市于1967年、1968年成立的革命委员会作为一届人民代表大会计算。

省第五届人民代表大会代表　曾华金（女）、张波、孙永久、韩礼和

省第六届人民代表大会代表　王诗贤（女）、刘连枝、李岐山、杨希真、陈人泗、陆中光、敖国华、曾成荣

省第七届人民代表大会代表　胡汉陶、陆中光、邓文忠、李振华、戴台和

省第八届人民代表大会代表　毛振荣

（女）、邱欣森、谭凤翔、蓝元芳

省第九届人民代表大会代表　卢联灿、胡松柏、牛才智、徐英（女）

省第十届人民代表大会代表　李来木、赖大益、徐英（女）

省第十一届人民代表大会代表　徐建辉、赖大益、兰玉芬（女）

省第十二届人民代表大会代表　姚飞翔、陈绍平、徐英（女）、吴宜文、彭银贵

市人民代表大会代表

市第一届人民代表大会代表　刘光萍（女）、吴凤雏、黄仁祥、黄伟燕（女）、雷冬水、潘晓华、王乐临、王江明、王丽芳（女）、牛才智、刘晓东、杨水生、何建辉、邹菊花（女）、陈建华、陈国忠、陈夏林、陈瞒秀（女）、欧阳雪娇（女）、易泉、胡群英（女）、洪文耀、袁小明、徐世年、涂继旗、黄谷明、黄德宪、曾冬红（女）、曾青云、雷昌仁、谭菊花（女）、熊高文、戴乐梅（女）、黄耀波、吴三伍、赖大益、李来木、黄赛荣、陈绍平、杨水生、聂福仙、吴自胜

市第二届人民代表大会代表　谢发明、刘菊娇（女）、陈茂龙、范亚平、郭淑萍（女）、张信昌、李小庆、黄赛荣、李来木、赖大益、李以庚、陈党保、张志华、许良贵、邹炳忠、戴慧龙、袁国平、何元民、袁小明、董俊（女）、吴三伍、戴乐梅（女）、黄小萍（女）、张英（女）、曾寿生、洪文耀、蔡亚琼（女）、陈春庚、张荣仔、缪连英（女）、蓝桂萍（女）、易泉、李火金（女）、徐建辉、张梅生

市第三届人民代表大会代表　丁仉英（女）、王晓琴（女）、许四星（女）、李吉、杨国平、张英（女）、张文贵、张发平、张梅生、陈卫、陈小龙、陈冬梅（女）、陈绍平、林琪文、姚飞翔、袁义生、袁小明、徐英（女）、徐建辉、黄帅民、龚勇、崔满生、董俊（女）、傅晓林、游咏梅（女）、曾文辉、曾寿生、蓝桂萍（女）、熊云鹏、缪连英（女）、戴慧龙、王振军、吴宜文、喻大荣

市第四届人民代表大会代表　丁仉英（女）、王志英（女）、韦萍（女）、邓荣祥、兰玉芬（女）、许梅花（女）、杨乐红（女）、杨国其、吴宜文、吴淑琴（女）、邹俊、宋有志、张乐明、张发平、陈小浪、陈佳明、陈晓平、范正庚、林永煊、罗小飞、周琦、周连生、胡志方、柳娟子（女）、徐有财、徐志华、黄帅民、黄传星、黄泽清、黄建明、彭银贵、董俊（女）、曾子稳、蔡立群（女）

第二节　代表大会

县人民代表大会会议每年至少举行1次。召开会议时，除县人大代表外，还邀请不是县人大代表的县委、县政府领导，不是县人大代表的县委各部门、县直各单位、中央、省、市驻县单位主要负责人和出席县政协会议的委员，在县的省、市人大代表和担任过副县级实职的离退休干部等列席会议。会议主要议程有：听取和审查县人民政府、县人大常委会、县人民法院、县人民检察院工作报告；审查和批准上年度县国民经济和社会发展计划执行情况的报告和本年度国民经济和社会发展计划；审查上年度县级总预算和县级预算执行情况的报告和本年度县级总预算和县级预算草案（以下简称6个报告）；批准上年度县级预算执行情况的报告和本年度县级预算；选举县人大常委会主任、副主任、委员，县人民政府县长、副县长，县人民法院院长、县人民检察院检察长；选举本县出席上一级人民代表大会代表；决定县人民代表大会各专门委员会主任委员、副主任委员、委员人选；主席团提请审议的其他事项。

一、县第九届人民代表大会会议

第一次会议　1984年7月4—6日在县城影剧院召开，出席会议代表245人。会议听取和审议并通过6个工作报告。胡汉陶当选为县人大常委会主任，吴忠诚、赵广成、杨希真当选为县人

大常委会副主任，何福荣、邓嗣厚、李启春、吴汉清、袁震群、徐柏福、罗香莲（女）、吴刚健、戴水生、詹忠才、甘金莲（女）当选为县人大常委会委员；钱家琪当选为县人民政府县长，陈干才、付坚、徐发根当选为县人民政府副县长；董华春当选为县人民法院院长；袁承宗当选为县人民检察院检察长。

第二次会议　1985年4月2—3日在县城影剧院召开。会议听取和审议并通过6个工作报告。会议补选谢芷萍（女）为县人大常委会副主任。

第三次会议　1986年2月27—28日在县城影剧院召开。会议听取和审议并通过6个工作报告。

二、县第十届人民代表大会会议

第一次会议　1987年7月21—23日在县城影剧院召开，出席会议代表155人。会议听取和审议并通过6个工作报告。胡汉陶当选为县人大常委会主任，吴忠诚、谢芷萍（女）、杨希真当选为县人大常委会副主任，邓仕平、邓嗣厚、甘金莲（女）、何福荣、陈明亮、罗春莲（女）、袁震群、曾龙香、曾星顺当选为县人大常委会委员；钱家琪当选为县人民政府县长，杨明华、徐发根、梅泰和、陈桃芳当选为县人民政府副县长；董华春当选为县人民法院院长；杨明才当选为县人民检察院检察长。

第二次会议　1988年1月14—16日在县城影剧院召开。会议听取和审议并通过6个工作报告。会议选举县出席省第七届人民代表大会代表，胡汉陶、陆中光、邓文忠、李振华、戴台和当选。

第三次会议　1989年4月11—14日在县城影剧院召开。会议听取和审议并通过6个工作报告。会议补选袁年生、易小云（女）为县人大常委会委员。

三、县第十一届人民代表大会会议

第一次会议　1990年4月10—13日在县城影剧院召开，出席会议代表240人。会议听取和审议并通过6个工作报告。许国光当选为县人大常委会主任，谭凤翔、杨明华、谢芷萍（女）、杨希真当选为县人大常委会副主任，汤儒萍、曾星顺、杨宗贤、周洪员、成桂英（女）、袁年生、曾火生、甘金莲（女）、李平英（女）、詹楚强、陈中平、元头生当选为县人大常委会委员；邱欣森当选为县人民政府县长，陈桃芳、龚华云、董瑞珍、苏泉生当选为县人民政府副县长；董华春当选为县人民法院院长；杨明才当选为县人民检察院检察长。

第二次会议　1991年4月7—9日在县城影剧院召开。会议听取和审议并通过6个工作报告。

第三次会议　1992年3月23—25日在县城影剧院召开。会议听取和审议并通过6个工作报告。

四、县第十二届人民代表大会会议

第一次会议　1993年1月10—13日在县城影剧院召开，出席会议代表244人，列席人员91人。会议听取和审议并通过6个工作报告。谭凤翔当选为县人大常委会主任，杨明华、谢芷萍（女）、游解放、凌云当选为县人大常委会副主任，汤儒萍、曾星顺、成桂英（女）、杨绍荣、胡蔼蓉（女）、辛光荣、曾火生、刁东森、葛志英（女）、李平英（女）、傅雪英（女）当选为县人大常委会委员；邱欣森当选为县人民政府县长，黄晓波、龚华云、董瑞珍、张信昌、张梅生当选为县人民政府副县长；甘金莲（女）当选为县人民法院院长；董华春当选为县人民检察院检察长。毛振荣、邱欣森、谭凤翔、兰元芳当选为省第八届人大代表。

第二次会议　1994年3月13—15日在县城影剧院召开。会议听取和审议并通过6个工作报告。会议补选黄更昌为县第十二届人民代表大会常务委员会委员；大会决定接受胡霭蓉（女）辞去县第十二届人大常委会委员职务的请求。

第三次会议　1995年3月13—16日在县城影剧院召开。会议听取和审议并通过6个工作报告。

第四次会议　1996年3月5—7日在县城影剧院召开。会议听取和审议并通过6个工作报告。会议通过《乐安县国民经济和社会发展“九五”计划和2010年远景目标纲要》。会议决定接受汤儒萍、曾星顺、曾火生、习东森、葛志英（女）辞去县人大常委会委员职务的请求，大会补选谭小凡、龙小凤、陈发生、朱彩联（女）为县人大常委会委员。

第五次会议　1997年3月11—14日在县城影剧院召开。会议听取和审议并通过6个工作报告。会议补选牛才智为县人大常委会主任，补选胡松柏为县人民政府县长；会议决定接受谭凤翔辞去县人大常委会主任职务的请求，接受谢芷萍（女）辞去县人大常委会副主任职务的请求。

五、县第十三届人民代表大会会议

第一次会议　1998年1月2—5日在县城影剧院召开，出席会议代表194人。会议听取和审议并通过6个工作报告。牛才智当选为县人大常委会主任，卢向云、董瑞珍、游解放、凌云当选为县人大常委会副主任，谭小凡、成桂英（女）、杨绍荣、董南昌、游永和、辛光荣、陈友生、李旭、江小梅（女）、王乐临、李平英（女）、陈林保、张华平当选为县人大常委会委员；胡松柏当选为县人民政府县长，张信昌、龚华云、郑济平、黄凤珍（女）、吴福才当选为县人民政府副县长；甘金莲（女）当选为县人民法院院长；陶英华（女）当选为县人民检察院检察长。卢联灿、胡松柏、牛才智、徐英（女）当选为省第九届人民代表大会代表。

第二次会议　1999年3月5—7日在县城影剧院召开。会议听取和审议并通过6个工作报告。

第三次会议　2000年2月14—16日在县城影剧院召开。会议听取和审议并通过6个工作报告。

第四次会议　2000年9月28—30日在县城影剧院召开。会议补选何建辉为县人民政府县长；选举刘光萍、吴凤雏、黄仁祥、黄伟燕（女）、雷冬水、潘晓华、王乐临、王江明、王丽芳（女）、牛才智、刘晓东、杨水生、何建辉、邹菊花（女）、陈建华、陈国忠、陈夏林、陈瞒秀（女）、欧阳雪娇（女）、易泉、胡群英（女）、洪文耀、袁小明、徐世年、涂继旗、黄谷明、黄德宪、曾冬红、曾青云、雷昌仁、谭菊花（女）、熊高文、戴乐梅（女）33人为县出席抚州市第一届人民代表大会代表。

第五次会议　2001年2月24—26日在县城影剧院召开。会议听取和审议并通过6个工作报告，通过《乐安县国民经济和社会发展第十个五年计划纲要》的决议。补选黄耀波为县人民政府县长，补选黄建华为县人民法院院长，补选袁小明为县人大常委会委员，增选黄耀波为县出席市第一届人民代表大会代表。

第六次会议　2002年2月23—25日在县城影剧院召开。会议听取和审议并通过6个工作报告。会议决定接受卢向云辞去县人大常委会副主任及兼任的财政预算审查委员会主任委员职务、董瑞珍辞去县人大常委会副主任及兼任的议案审查委员会主任委员职务的请求；补选黄庭福、欧阳可明为县人大常委会委员。

六、县第十四届人民代表大会会议

第一次会议　2002年12月31—2003年1月3日在县城影剧院召开。会议听取和审议并通过6个工作报告。赖大益当选为县人大常委会主任，游解放、董克旺、黄更昌、欧阳可明、聂小乐当选为县人大常委会副主任，谭小凡、杨绍荣、黄庭福、王庆华、邓许金（女）、熊贵生、杨国平、杨冬秀（女）、袁小明、彭光华、刘红艳（女）、江小梅（女）、陈中平、曾华明、戴乐梅（女）、黄小萍（女）当选为县人大常委会委员；李来木当选为县人民政府县长，吴信根、易光华、邱秀兰（女）、陈显明、吴自胜当选为县人民政府副县长；黄建华当选为县人民法院院长，陶英华（女）当选为县人民检察院检察长；增选赖大益、李来木为县出席市第一届人民代表大会代表。

第二次会议　2004年3月9—12日在县城影剧院召开。会议听取和审议并通过6个工作报告。会议选举陈道源为县人大常委会副主任；补选黄清华、王来龙、洪胜平为县人大常委会委员。

第三次会议　2005年3月14—16日在县城影剧院召开。会议听取和审议并通过6个工作报告。

第四次会议　2006年4月16—18日在县城影剧院召开。会议听取和审议并通过6个工作报告。会议通过《乐安县国民经济和社会发展第十一个五年规划纲要》。补选陈庚为县第十四届人民代表大会常务委员会委员。

第五次会议　2006年11月22—24日在县城影剧院召开。会议选举张梅生、王云生为县人大常委会副主任；选举李以庚、揭秉华、伍珊（女）为县人民政府副县长；选举黄国福为县人民法院院长；选举何新华为县人民检察院检察长。选举谢发明、刘菊娇（女）、陈茂龙、范亚平、郭淑萍（女）、张信昌、李小庆、黄赛荣、李来木、赖大益、李以庚、陈党保、张志华、许良贵、邹炳忠、戴慧龙、袁国平、何元民、袁小明、董俊（女）、吴三伍、戴乐梅（女）、黄小萍（女）、张英（女）、曾寿生、洪文耀、蔡亚琼（女）、陈春庚、张荣仔、缪连英（女）、蓝桂萍（女）、易泉、李火金33人为县出席市第二届人民代表大会代表。

七、县第十五届人民代表大会会议

第一次会议　2007年4月1—4日在县城影剧院召开，出席会议代表191人，列席人员328人。会议听取和审议并通过6个工作报告。赖大益当选为县人大常委会主任，张梅生、游解放、黄更昌、欧阳可明、王云生、黄协怀当选为县人大常委会副主任，王来龙、黄庭福、熊贵生、陈庚、洪胜平、詹敏、江小梅（女）、彭光华、袁小明、戴乐梅（女）、黄小萍（女）、李淑珍（女）、洪小平、邹满强、杨国平、游咏当选为县人大常委会委员；李来木当选为县人民政府县长，李以庚、吴自胜、易光华、陈显明、揭秉华、伍珊（女）当选为县人民政府副县长；黄国福当选为县人民法院院长；何新华当选为县人民检察院检察长。

第二次会议　2007年10月18—20日在县城影剧院召开。会议补选徐建辉为县人民政府县长。

第三次会议　2008年2月23—26日在县城影剧院召开。会议听取和审议并通过6个工作报告。会议补选王秀英（女）、黄敏为县人大常委会委员。

第四次会议　2009年2月5—8日在县城影剧院召开。会议听取和审议并通过6个工作报告。会议选举徐建辉为县出席市第二届人民代表大会代表；选举黄财明、董瑞良为县人大常委会委员。

第五次会议　2010年1月7—10日在县城影剧院召开。会议听取和审议并通过6个工作报告。会议补选张梅生为县人大常委会主任，补选杨绍鹏为县人大常委会副主任。

第六次会议　2011年2月28日—3月3日在县城影剧院召开。会议听取和审议并通过6个工作报告，批准《乐安县国民经济和社会发展第十二个五年规划纲要》。

八、县第十六届人民代表大会会议

第一次会议　2011年9月13—15日在县城影剧院召开。会议听取和审议并通过6个工作报告。陈绍平当选为县人大常委会主任，黄国福、黄更昌、王云生、黄协怀、杨绍鹏、江小梅（女）当选为县人大常委会副主任，王来龙、王晓琴（女）、刘斌、李淑珍（女）、邹满强、张发平、陈庚、陈冬莲（女）、饶卫华、袁小明、郭玉棠（女）、黄敏、黄财明、董瑞良、曾耀华、熊贵生、戴景明当选为县人大常委会委员；姚飞翔当选为县人民政府县长，张文贵、章燕萍（女）、陈显明、吴瑞云、杨建忠、罗鸣当选为县人民政府副县长；杨新（女）当选为县人民法院院长；杨建军当选为县人民检察院检察长。丁仉英（女）、王晓琴（女）、许四星（女）、李吉、杨国平、张英（女）、张文贵、张发平、张梅生、陈卫、陈小龙、陈冬梅（女）、陈绍平、林琪文、姚飞翔、袁义生、袁小明、徐英

（女）、徐建辉、黄帅民、龚勇、崔满生、董俊（女）、傅晓林、游咏梅（女）、曾文辉、曾寿生、蓝桂萍（女）、熊云鹏、缪连英（女）、戴慧龙31人当选为县出席市三届人民代表大会代表。

第二次会议　2012年2月24—27日在县城影剧院召开。会议听取和审议并通过6个工作报告。

第三次会议　2013年3月7—8日在县城影剧院召开。会议听取和审议并通过6个工作报告。

第四次会议　于2013年7月29—31日在县城影剧院召开。会议补选吴宜文为县人民政府县长，选举喻大荣、吴宜文为县出席市第三届人民代表大会代表。

第五次会议　2014年2月26—28日在县行政中心综合楼二楼大会议室召开。会议听取和审议并通过6个工作报告。

第六次会议　2015年2月28日—3月1日在县行政中心综合楼二楼大会议室召开。会议听取和审议并通过6个工作报告。

第七次会议　2016年2月26—2月28日在县行政中心综合楼二楼大会议室召开。会议听取和审议并通过6个工作报告，通过《乐安县国民经济和社会发展计划第十三个五年规划纲要》。

九、县第十七届人民代表大会会议

第一次会议　2016年10月17—20日在县行政中心综合楼二楼大会室议召开，出席会议代表192人，列席人员329人。会议听取和审议并通过6个工作报告。张乐明当选为县人大常委会主任，陈国忠、吕小汉、黄协怀、杨绍鹏、江小梅（女）、许良贵当选为县人大常委会副主任，邓先友、苏芸（女）、李桃花（女）、邹满强、张发平、陈娟（女）、陈冬莲（女）、饶卫华、袁小明、郭玉棠（女）、黄敏、黄帅民、黄传星、黄慈昌、董瑞良、董福明、曾华明、曾耀华、熊贵生、戴景明当选为县人大常委会委员；吴宜文当选为县人民政府县长，吴淑琴（女）、陈兵、龚勇、叶芝云（女）、曾凤辉、杜国辉当选为县人民政府副县长；张诚当选为县人民法院院长；杨建军当选为县人民检察院检察长；丁仉英（女）、王志英（女）、韦萍（女）、邓荣祥、兰玉芬（女）、许梅花（女）、杨乐红（女）、杨国其、吴宜文、吴淑琴（女）、邹俊、宋有志、张乐明、张发平、陈小浪、陈佳明、陈晓平、范正庚、林永煊、罗小飞、周琦、周连生、胡志方、柳娟子（女）、徐有财、徐志华、黄帅民、黄传星、黄泽清、黄建明、彭银贵、董俊（女）、曾子稳、蔡立群（女）34人当选为县出席市第四届人民代表大会代表。

乐安县第十七届人民代表大会第一次会议

第二章　县人大常委会

县人民代表大会常务委员会（以下简称“县人大常委会”）通过听取和审议工作报告、组织视察及执法检查，开展对“一府两院”的法律监督和工作监督，对县人民代表大会负责并报告工作，依法履行职责。县人大常委会每届任期与县人民代表大会任期相同。根据地方组织法和有关规定，县人大常委会会议由主任召集，每两个月至少召开1次。人大常委会的决议、决定，由人大常委会全体组成人员过半数通过。1986—2016年，县第九届至第十七届人大常委会共召开常委会会议200次，其中第九届18次，第十届16次，第十一次17次，第十二届34次，第十三届31次，第十四届25次，第十五届26次，第十六届32次，第十七届1次。

第一节　人大常委会及工作机构

一、县人大常委会

县人大常委会是县人民代表大会的常设机关，并设立工作机构，县人大常委会由县人民代表大会在代表中选举主任、副主任若干人、委员若干人组成。

县人大常委会的主要职权：保证宪法、法律、行政法规和上级人民代表大会及其常委会的决议在本县的遵守和执行；讨论、决定本县政治、经济、教育、科学、文化、卫生、环境和资源保护、民政、民族等工作的重大事项；监督县人民政府、县人民法院和县人民检察院的工作；撤销县人民政府不适当的决定和命令，撤销乡镇人民代表大会不适当的决议、决定；决定本县国家机关工作人员的任免和授予县级荣誉称号等。

二、工作机构

1980年12月设县人大常委会时，工作机构只设办公室。1985年1月，增设政法科、财政经济科、教科文卫科。1988年2月，政法科更名为政法办公室，财政经济科更名为财政经济办公室，教科文卫科更名为教科文卫办公室。1990年3月，增设选举任免联络办公室。2005年10月，政法办公室更名为内务司法工作委员会，财政经济办公室更名为财政经济工作委员会，教科文卫办公室更名为教科文卫工作委员会，选举任免联络办公室更名为选举任免联络工作委员会，增设农业和环保工作委员会。2016年7月，财政经济工作委员会更名为预算审查工作委员会，增设备案审查工作委员会。

乐安县人大常委会和政协乐安委员会办公大楼

县人大常委会办公室主要职责是负责同县委、县政府、县政协、县纪委、县人武部办公室等部门的联系；负责县人大常委会会议、主任会议、党组会议及其他重要会议的筹备和会务工作；起草县人大常委会文件、工作计划、总结、报告等文件材料，编印《乐安人大工作》简报；做好来宾接待和群众来信来访工作等。

1986—2016年，县人大常委会办公室历任主任：何福荣、汤儒萍、谭小凡、黄清华、王来龙、饶卫华。

县第九届至第十七届人大常委会主任、副主任更迭情况表

表4-2-1

届次	职务	姓名	党派	籍贯	任职时间
第九届（1984.07—1987.07）	主　任	胡汉陶	中共	江西乐安	1984.07—1987.07
	副主任	吴忠诚	中共	江西进贤	1984.07—1987.07
		赵广成	中共	山东博兴	1984.07—1987.07
		谢芷萍（女）	中共	浙江余姚	1985.04—1987.07
		杨希真	党外	江西乐安	1984.07—1987.07
第十届（1987.07—1990.4）	主　任	胡汉陶	中共	江西乐安	1987.07—1990.04
	副主任	吴忠诚	中共	江西进贤	1987.07—1990.04
		谢芷萍（女）	中共	浙江余姚	1987.07—1990.04
		杨希真	党外	江西乐安	1987.07—1990.04
第十一届（1990.4—1993.1）	主　任	许国光	中共	江西金溪	1990.04—1993.01
	副主任	谭凤翔	中共	江西乐安	1990.04—1993.01
		杨明华	中共	江西乐安	1990.04—1993.01
		谢芷萍（女）	中共	浙江余姚	1990.04—1993.01
		杨希真	党外	江西乐安	1990.04—1993.01
第十二届（1993.1—1998.1）	主　任	谭凤翔	中共	江西乐安	1993.01—1997.03
		牛才智	中共	江西井冈山	1997.03—1998.01
	副主任	杨明华	中共	江西乐安	1993.01—1998.01
		谢芷萍（女）	中共	浙江余姚	1993.01—1997.03
		游解放	中共	江西乐安	1993.01—1998.01
		凌　云	党外	江西赣州市	1993.01—1998.01
第十三届（1998.1—2003.1）	主　任	牛才智	中共	江西井冈山	1998.01—2003.01
	副主任	卢向云	中共	江西乐安	1998.01—2002.02
		董瑞珍	中共	江西乐安	1998.01—2002.02
		游解放	中共	江西乐安	1998.01—2003.01
		凌　云	党外	江西赣州市	1998.01—2003.01
第十四届（2003.1—2007.4）	主　任	赖大益	中共	江西石城	2003.01—2007.04
	副主任	张梅生	中共	江西乐安	2006.11—2007.04
		游解放	中共	江西乐安	2003.01—2007.04
		董克旺	中共	江西乐安	2003.01—2007.04

续表 4-2-1

届次	职务	姓名	党派	籍贯	任职时间
第十四届（2003.1—2007.4）	副主任	黄更昌	党外	江西乐安	2003.01—2007.04
		欧阳可明	中共	江西乐安	2003.01—2007.04
		聂小乐	中共	江西高安	2003.01—2006.07
		陈道源	中共	江西乐安	2004.03—2007.04
		王云生	中共	江西乐安	2006.11—2007.04
第十五届（2007.4—2011.09）	主　任	赖大益	中共	江西石城	2007.04—2009.12
	代理主任	张梅生	中共	江西乐安	2009.12—2010.01
	主　任	张梅生	中共	江西乐安	2010.01—2011.09
	副主任	张梅生	中共	江西乐安	2007.04—2009.12
		游解放	中共	江西乐安	2007.04—2011.09
		黄更昌	党外	江西乐安	2007.04—2011.09
		欧阳可明	中共	江西乐安	2007.04—2011.09
		王云生	中共	江西乐安	2007.04—2011.09
		黄协怀	中共	江西乐安	2007.04—2011.09
		杨绍鹏	中共	江西乐安	2010.01—2011.09
第十六届（2011.09—2016.10）	主　任	陈绍平	中共	江西崇仁	2011.09—2016.10
	副主任	黄国福	中共	江西南城	2011.09—2016.10
		黄更昌	中共	江西乐安	2011.09—2016.10
		王云生	中共	江西乐安	2011.09—2016.10
		黄协怀	中共	江西乐安	2011.09—2016.10
		杨绍鹏	中共	江西乐安	2011.09—2016.10
		江小梅（女）	中共	江西南丰	2011.09—2016.10
第十七届（2016.10—）	主　任	张乐明	中共	江西进贤	2016.10—
	副主任	陈国忠	中共	江西乐安	2016.10—2017.08
		吕小汉	党外	江西崇仁	2016.10—
		黄协怀	中共	江西乐安	2016.10—
		杨绍鹏	中共	江西乐安	2016.10—2018.12
		江小梅（女）	中共	江西南丰	2016.10—
		许良贵	中共	江西乐安	2016.10—
		曾亦农	中共	江西乐安	2019.03—

县第九届至第十七届人大常委会委员名录

表 4-2-2

届次	姓名
九届	何福荣　邓嗣厚　李启春　吴汉清　袁震群　徐柏福　吴刚健　罗香莲（女）　戴水生　詹忠才　甘金莲（女）
十届	邓嗣厚　甘金莲（女）　何福荣　陈明亮　罗春莲（女）　袁震群　曾龙香　曾星顺　袁年生　易小云（女）
十一届	汤儒萍　曾星顺　杨宗贤　周洪员　成桂英（女）　袁年生　曾火生　甘金莲（女）　李平英（女）　詹楚强　陈中平　元头生
十二届	汤儒萍　曾星顺　成桂英（女）　杨绍荣　胡蔼蓉（女）　辛光荣　曾火生　习东森　葛志英（女）　李平英（女）　傅雪英（女）　黄更昌　谭小凡　龙小凤　陈友生　朱彩联（女）
十三届	谭小凡　成桂英（女）　杨绍荣　董南昌　游永和　辛光荣　陈友生　李　旭　江小梅（女）　王乐临　李平英（女）　陈林保　张华平　袁小明　欧阳可明　黄庭福
十四届	谭小凡　杨绍荣　黄庭福　王庆华　邓许金（女）　熊贵生　杨国平　杨冬秀（女）　袁小明　彭光华　刘红艳（女）　江小梅（女）　陈中平　曾华明　戴乐梅（女）　黄小萍（女）　黄清华　王来龙　洪胜平　陈　庚
十五届	王来龙　黄庭福　熊贵生　陈　庚　洪胜平　詹　敏　江小梅（女）　彭光华　袁小明　戴乐梅（女）　黄小萍（女）　李淑珍（女）　洪小平　邹满强　杨国平　游　咏　王秀英（女）　黄　敏　董瑞良　黄财明
十六届	王来龙　王晓琴（女）　刘　斌　李淑珍（女）　邹满强　张发平　陈　庚　陈冬莲（女）　饶卫华　袁小明　郭玉棠（女）　黄　敏　黄财明　董瑞良　曾耀华　熊贵生　戴景明
十七届	邓先友　苏　芸（女）　李桃花（女）　邹满强　张发平　陈　娟（女）　陈冬莲（女）　饶卫华　袁小明　郭玉棠（女）　黄　敏　黄帅民　黄传星　黄慈昌　董瑞良　董福明　曾华明　曾耀华　熊贵生　戴景明

第二节　监督工作

根据《中华人民共和国各级人民代表大会常务委员会监督法》的规定，县人大常委会对“一府两院”实施工作监督和法律监督。听取和审议县人民政府、县人民法院、县人民检察院的专项工作报告；审查和批准决算，听取和审议县国民经济和社会发展计划、预算的执行情况报告，听取和审议审计工作报告；法律法规实施情况的检查等。

一、听取和审议专项工作报告

1984 年 7 月至 1987 年 7 月，县第九届人大常委会任内共举行 18 次会议。听取和审议县人民政府及有关单位的工作报告、国民经济和社会发展计划及财政预决算报告，对各项报告作出相应的决定或决议。听取县人民政府及有关单位、县人民法院、县人民检察院的专项工作报告 20 余次。其中，关于县人大代表议案和建议办理情况报告 1 次，全县财政预算安排和预算执行情况的报告 3 次，城镇建设规划的报告 2 次，各单位工作报告 10 余次。通过重大事项决定决议 10 项，如《关于加强法制宣传教育的决定》《乐安县在全体公民中进行普及法律常识教育规划要点》《乐安县城镇建设管理条例》《乐安县县城总体规划》《乐安县关于实行九年制义务教育的决定》等。

1987年7月至1990年4月，县第十届人大常委会任内共举行16次会议。听取和审议县人民政府及有关单位的工作报告、国民经济和社会发展计划及财政预决算报告，对各项报告作出相应的决定或决议。听取县人民政府及有关单位、县人民法院、县人民检察院的工作报告20余次。其中，关于县人大代表议案和建议办理情况报告1次，全县财政预算安排和预算执行情况的报告3次，听取县人民政府及其工作部门、县人民法院、县人民检察院关于农业、林业、社会治安、清理整顿公司、打击贪污受贿等方面的报告，关于治理经济环境整顿经济秩序、发展乡镇企业、贯彻执行森林法和土地管理法等报告10余次。通过重大事项决定决议23项，如《关于加强市场管理，稳定猪肉价格的暂行规定》《关于对生猪副食产品实行最高限价的规定》《关于加快解决中小学危房改造的决议》等。

1990年4月至1993年1月，县第十一届人大常委会任内共举行15次会议。听取和审议县人民政府及有关单位的工作报告、国民经济和社会发展计划及财政预决算报告，对各项报告作出相应的决定或决议。听取县人民政府及有关单位、县人民法院、县人民检察院的工作报告20余次。其中，全县财政预算安排和预算执行情况的报告4次，粮食收购入库的报告2次，农业水利建设发展情况报告3次，各单位工作报告10余次。通过重大事项决议决定11项。

1993年1月至1998年1月，县第十二届人大常委会任内共举行34次会议。听取和审议县人民政府及有关单位的工作报告、国民经济和社会发展计划及财政预决算报告，对各项报告作出相应的决定或决议。听取县人民政府及有关单位、县人民法院、县人民检察院的工作报告50余次。其中，关于县人大代表议案和建议办理情况报告5次，全县财政预算安排和预算执行情况等报告3次，城镇建设情况报告2次，粮食库存和收购情况报告2次，反腐败工作情况报告2次等。通过重大事项决议决定17项。

1998年1月至2003年1月，县第十三届人大常委会任内共举行31次会议。听取和审议县人民政府及有关单位的工作报告、国民经济和社会发展计划及财政预决算报告，对各项报告作出相应的决定或决议。听取县人民政府有关单位、县人民法院、县人民检察院的工作报告40余次。其中，关于县人大代表议案和建议办理情况报告3次，全县财政预算安排和预算执行情况等报告10余次，国民经济和社会发展计划与执行情况报告1次，社会治安与社会保险等工作情况报告4次等。通过重大事项决议决定25项。

2003年1月至2007年4月，县第十四届人大常委会任内共举行25次会议。听取和审议县人民政府及有关单位的工作报告、国民经济和社会发展计划及财政预决算报告，对各项报告作出相应的决定或决议。听取县人民政府及有关单位、县人民法院、县人民检察院的工作报告20余次。其中，关于县人大代表议案和建议办理情况报告3次，全县财政预算安排和预算执行情况等报告8次，国民经济和社会发展计划与执行情况报告2次，市容市貌治理工作情况报告2次等。通过重大事项决议决定22项。

乐安县评议工作动员大会

2007年4月至2011年9月，县第十五届人大常委会任内共举行26次会议。听取和审议县人民政府及有关单位的工作报告、国民经济和社会发展计划及财政预决算报告，对各项报告作出相应的决定或决议。听取县人民政府及有关单位、县人民法院、县人民检察院的工作报告20余次。其中，关于县人民代表议案和建议办理情况报告1次，全县财政预算安排和预算执行情况等报告7次，国民经济和社会发展计划与执行情况报告1次，推行新型农村合作医疗工作情况报告2次等。通过重大事项决议决定11项。

2011年9月至2016年10月，县第十六届人大常委会任内共举行32次会议。听取和审议县人民政府及有关单位的工作报告、国民经济和社会发展计划及财政预决算报告，对各项报告作出相应的决定或决议。听取县人民政府及有关单位、县人民法院、县人民检察院的工作报告70余次。其中，关于县人民代表议案和建议办理情况报告4次，全县财政预算安排和预算执行情况等报告15次，国民经济和社会发展计划与执行情况报告4次，农村土地、扶贫开发与农田水利、道路建设等工作情况报告7次，城乡规划法、文物保护法、江西省文物保护条例、电力法贯彻实施情况报告各1次等。通过重大事项决定和决议14项，如《关于我县养老服务体系建设情况的审议报告》等。

2016年10月至2016年12月，县十七届人大常委会任内共举行1次会议。听取和审议县人民政府及有关单位的工作报告、国民经济和社会发展计划及财政预决算报告，对报告作出相应的决定或决议。听取县人民政府及有关单位、县人民法院、县人民检察院的工作报告10余次。其中，关于全县财政预算安排和预算执行情况等报告3次，全县精准扶贫工作情况的报告1次，人大代表视察组关于视察情况的报告1次。

县人大常委会把履职评议作为工作监督的主要形式。1988至2007年，县人大常委会对县政府工作部门和由人大及其常委会任命的国家机关工作人员进行工作评议和述职评议。评议工作坚持依法和民主原则，围绕依法履行职责这一主线，开展评议调查、召开评议大会、民主测评，确定评定格次，客观分析问题，提出改进意见。

二、执法检查

人大常委会对“一府两院”贯彻执行宪法和其他法律法规情况进行检查，是实行法律监督的一种重要形式。县人大常委会自1985年开始，组织开展对人民群众生产、生活密切相关的法律法规的实施情况进行专项检查，配合省、市人大进行执法检查或执法调研；听取和审议执法检查相关报告，形成审议意见，交“一府两院”办理。

县第九届人大常委会　遵照省人大常委会《关于在全体公民中普及法律常识》的决议，组织有关部门负责人对万崇、罗陂、湖坪、公溪、山砀、戴坊、鹏洲、金竹、坪溪等乡镇的普法情况进行检查。在招携镇杭村村和县实验小学进行普法试点。重点抓教育、经委、农行、供销系统普法教育联系点。对县公安局、县人民检察院、县人民法院执法情况进行检查，纠正执法中存在的问题。

县第十届人大常委会　根据省人大常委会《关于在全省范围内进行执法大检查的决定》，县人大常委会对县公安局、县人民法院、县人民检察院进行执法大检查，听取县公、检、法三家关于执法工作的情况报告。检查期间，追捕嫌犯4人。县人民法院执法检查领导小组抽查刑事案件5件，复查案件10件，民事案件53件，经济案件5件。对森林法、食品卫生法、治安管理处罚条例、地方组织法和选举法的实施情况进行检查。

县第十一届人大常委会　对《中华人民共和国土地管理法》《江西省实施〈中华人民共和国土地管理法〉的办法》颁布后的实施情况进行检查。县人大常委会印发《关于对全县内务司法系统执法检查的意见》，通过执法检查，公、检、法部门案件办理工作取得明显成效。

县第十二届人大常委会　对减轻农民负担、工业企业转换经营机制、社会治安综合治理等情况进行专项检查。组织开展教师法实施情况的检查取得实效，如龚坊镇同富村解决了拖欠4年的民办教师工资2200元；谷岗乡拨款35000元，新建了一栋教师宿舍楼；牛田镇解决重病教师医疗补助5280元；1991—1994年，县教育局采取学习培训、岗位培训，继续教育3种措施，培训教师703人。对土地管理法、教育法、妇女权益保障法、未成年人保护法、环境保护法、矿产资源法的实施情况进行检查，关闭小煤井7个，限期整改11个，查封县水电局下属的鳌溪电镀厂，取缔山砀康乐造纸厂。

县第十三届人大常委会　1998年制定印发《关于在我县国家机关推行执法责任制工作的实施意见》，县公安局、县农业局和县审计局被列为首批执法责任制试点单位。对森林法、水土保持法、体育法、建筑法的实施情况进行检查。为使执法责任制落到实处，对全面推行执法责任制工作开展情况进行执法检查“回头看”。为有效制止各种乱收费行为，对全县行政事业单位收费情况进行执法检查。

县第十四届人大常委会　对人口与计划生育法、义务教育法、城市房地产管理法、传染病防治法、突发公共卫生事件应急条例、气象法、农村土地承包法、农业法、招标投标法等法律法规进行执法检查。配合省、市人大开展水污染防治法、台湾同胞投资保护法、森林法、《江西省集体合同保护条例》和预防未成年人犯罪法的执法检查。

县第十五届人大常委会　对种子法、《江西省农作物种子管理条例》《江西省林木种子管理条例》、治安管理处罚法、水污染防治法的实施情况进行检查。配合省、市人大开展《江西省劳动保障监察条例》、安全生产法、食品卫生法、药品管理法、妇女权益保障法、工会法、城乡规划法、农产品质量安全法、《江西省实施〈台湾同胞投资保护法〉办法》、预算法和《江西省预算审查监督条例》的实施情况进行检查。开展环保乐安行活动。

县第十六届人大常委会　印发《关于开展2012年“秀美乐安行”活动的方案》，印发《关于开展2013年环保乐安行活动的工作方案》。以“保护蓝天碧水，建设生态乐安”为主题，以龙潭水库水资源保护为重点，加强城乡水源保护；检查城市机动车尾气污染防治；跟踪监督农业水源污染中水库养殖及农村清洁工程等方面的情况；以“关注群众健康，保障药品安全”为主题，开展食品药品安全赣乐行活动。

三、代表视察

代表视察是人大代表在人民代表大会闭会期间的一项重要活动，是法律赋予人大代表的一项重要权利，是人大代表发挥代表作用的重要形式，是执行代表职务的重要内容。人大代表到一个单位去视察，听取被视察单位负责人的工作报告，是对被视察单位的工作进行监督，发现问题可以向被视察单位提出建议、批评和意见，被视察单位要认真研究代表的意见，并在工作中加以改进。

县第九届人大常委会　视察县城8所中、小学校及增田、望仙、南村、招携、金竹、坪溪、鹏洲、龚坊、公溪、牛田、湖坪等12个乡镇的中学、中心小学。组织在县的省人大代表、县人大常委会委员、县人民政府有关部门，对正在施工的途径县政府大院、乐安饭店、农贸市场一条1170米的下水道修建情况进行视察，发现施工中存在的5处质量问题，提出返工、补救、扣减工程款等处理意见。

县第十一届人大常委会　为进一步推进干部管理科学化，加强工作监督，检验干部任期目标，由县人大常委会主任、副主任带队，组织4个小组对任命的县人民政府组成部门负责人进行年度政绩视察。由县人大常委会副主任带队，组织3个视察组到坪溪、招携、龚坊、谷岗、鹏洲、潭港、鳌溪、增田等乡镇视察林业生产、烤烟生产情况和人大代表发挥作用情况。

县第十二届人大常委会　组织在县的省人大代表和部分县人大代表对《江西省社会治安综合治理条例》、农业法贯彻执行情况进行视察。组织在县的省人大代表和县人大常委会全体成员，并邀请财政、计委、农行、建行、水电等部门负责人，对县国民经济和社会发展计划执行情况进行视察。对山坑水电站和长征西路规划及建设情况进行视察。

县第十三届人大常委会　组织在县的省人大代表和部分县人大代表，对航桥乡老厚坊村灾后（山体滑坡）重建工作及县重点工程山坑水电站建设情况进行视察。组织县人大常委会组成人员及部分县人大代表对县城所有的中小学危房排查和全县豌豆生产、蘑菇生产情况及自来水公司扩建工程进行视察，针对自来水公司扩建工程建设中存在的问题，建议县政府协调各方，尽快决策上马龙潭水库工程。组织部分县人大代表对交通运输管理和农村电网改造及农村电价情况进行视察。

县第十四届人大常委会　组织在县的省人大代表和部分市、县人大代表对县内的珍稀红豆杉保护工作进行视察，督促林业部门制定野生红豆杉保护措施。对全县扶贫开发工作进行视察。组织部分县人大代表对县检察院、县看守所和公溪、古城公安分局工作进行视察。组织部分县人大代表对县重大工程建设项目龙潭水库、下岭移民新村、工业园区和县城西片新区建设情况进行视察。

县第十五届人大常委会　组织部分县人大代表对民办乐安现代高级中学办学情况、防汛工作、县第一中学扩建、县城城区道路建设、保障性住房建设、污水处理厂运行情况进行视察。

县第十六届人大常委会　组织部分县人大代表对部分重点城建项目厚发工业园区建设、县城城区道路建设、保障性住房建设等情况进行视察。对象山南路工程建设质量和资金来源及使用、保障性住房工程质量和资金来源及使用、抚吉高速公路互通线绿化亮化及景观工程、四九广场改建工程、棚户区改造工程规划和建设，三高制药生产经营、广信茧丝生产经营，新农村建设、鳌河两岸景观工程建设、湿地公园工程建设、水上乐园工程建设等进行视察。

四、督办代表议案建议

县人大代表在县人民代表大会会议期间向大会书面提出的建议、县人民代表大会主席团决定改作建议的议案、闭会期间向县人大常委会书面提出的建议，由县人大交承办单位办理。县人大常委会将县人民政府、县人民法院、县人民检察院及其有关单位的办理情况列入工作监督的重要内容。

县第九届至第十七届人民代表大会代表建议、批评和意见督办情况表

表 4-2-3　　　　单位：件

届次		财贸	工交城建	文教卫生	农林水	政法	其他	合计	已经解决或基本解决的	正在解决或已列入规划逐步解决	因条件政策所限一时难以解决的
九届	一次会议	68	24	30	49	11	27	209	—	—	—
	二次会议	26	37	17	38	10	19	147	39	103	5
	三次会议	24	39	21	52	16	0	152	34	102	16
	合计	118	100	68	139	37	46	508	—	—	—
十届	一次会议	15	41	34	79	8	3	180	—	—	—
	二次会议	5	17	17	21	6	2	68	—	—	—
	三次会议	5	17	19	21	6	2	70	—	—	—
	合计	25	75	70	121	20	7	318	—	—	—
十一届	一次会议	25	48	23	54	13	26	189	107	80	2
	二次会议	18	27	5	26	3	18	97	10	61	26
	三次会议	9	28	5	19	—	19	80	21	36	23
	合计	52	103	33	99	16	63	366	—	—	—

续表 4-2-3

届次		财贸	工交城建	文教卫生	农林水	政法	其他	合计	已经解决或基本解决的	正在解决或已列入规划逐步解决	因条件政策所限一时难以解决的
十二届	一次会议	13	17	10	24	5	24	93	21	51	21
	二次会议	30	24	4	24	7	6	95	—	—	—
	三次会议（议案）	5	5	1	2	2	2	17	—	—	—
	四次会议	16	19	9	18	2	8	72	—	—	—
	五次会议	15	15	4	6	3	2	45	—	—	—
	合计	79	80	28	74	19	42	322	—	—	—
十三届	一次会议	9	14	6	9	3	11	52	—	—	—
	二次会议（议案）	1	5	1	2	3	—	12	—	—	—
	三次议会（议案）	—	7	1	1	—	1	10	—	—	—
	五次会议（议案）	1	6	1	2	2	3	15	—	—	—
	六次会议（议案）	4	2	9	—	—	5	20	—	—	—
	合计	15	34	18	14	8	20	108			
十四届	一次会议	14	25	10	4	4	9	66	18	32	16
	二次会议	14	27	10	8	4	9	72	26	39	7
	三次会议	6	19	10	3	—	13	51	22	24	5
	四次会议	6	20	6	6	—	10	48	20	22	6
	合计	40	91	36	21	8	41	237	86	117	34
十五届	一次会议	2	18	3	7	—	13	43	11	48	14
	三次会议	2	20	4	7	1	—	34	13	14	10
	四次会议	4	23	13	6	1	—	47	10	24	13
	五次会议	7	28	9	4	—	5	53	16	38	0
	六次会议	5	19	9	4	3	—	40	8	29	3
	合计	20	108	38	28	5	18	217	58	153	40
十六届	一次会议	12	18	5	8	5	5	53	—	—	—
	二次会议	1	10	7	7	—	8	33	12	34	8
	三次会议	—	30	4	12	—	8	54	12	34	8
	五次会议	—	21	4	3	2	7	37	10	20	7
	六次会议	—	20	8	4	—	13	45	8	30	7
	合计	13	99	28	34	7	41	222	42	118	30
十七届	一次会议	5	22	16	14	1	2	60	—	—	—

说明：十三届四次会议，十四届五次会议，十五届二次会议，十六届四次会议议程只有选举事项

第三节　重大决定

一、重大事项讨论决定

根据《江西省各级人民代表大会常务委员会讨论、决定重大事项的规定》，县第九届至第十六届人大常委会讨论、决定重大事项148项。其中：第九届10项，第十届23项，第十一届18项，第十二届17项，第十三届25项，第十四届22项，第十五届19项，第十六届14项。以下选录部分：

县第九届人大常委会　县人大常委会通过《关于加强法制教育的决定》；通过《乐安县城镇建设管理条例》《关于公溪、戴坊、牛田、招携四个镇建设规划的决定》；批准撤销石陂乡建制，其辖区并入鳌溪镇；决定编纂中华人民共和国成立后第一轮《乐安县志》。

县第十届人大常委会　批准县人民法院设立南村人民法庭、鳌溪人民法庭，县人民检察院设立湖坪检察办事处，县人民检察院设立驻县税务局检察室，县人民法院设立行政审判庭、告诉申诉审判庭，县人民法院设立万崇人民法庭，撤销湖坪人民法庭。通过《关于加快步伐解决我县中小学危房的决议》；通过县人民政府《关于保护自来水水源地的公告》；通过乐安县人大常委会《关于组织特定问题调查委员会对县烟草公司进行调查的决定》。特定问题调查委员会对县烟草公司执行有关法律和经营管理等问题进行调查。

县第十一届人大常委会　通过《关于城管监察队归口管理的报告》、县人民政府《关于开展集资办学的实施方案》、县人大常委会《关于在全县公民中继续开展法制宣传教育的决定》，批准撤销县人民检察院监所检察科，成立县人民检察院监所、控告申诉检察科；批准县人民检察院设立驻中国农业银行乐安支行检察室。

县第十二届人大常委会　通过《乐安县关于贯彻〈中华人民共和国环境保护法〉的实施办法》《乐安县征收排污费实施细则》。

批准县人民检察院设立驻县烟草专卖局检察室，县人民法院在交通局设立交通法庭，在县水利电力局设立水事法庭；批准县人民检察院设立举报中心；决定撤销乐安县人民检察院驻县烟草专卖局检察室；批准县人民检察院设立法律政策研究室和技术侦查科、撤销经济检察科。

批准1995年财政收入由年初预算安排3640万元调整为3584万元，调减56万元，同时调减财政支出56万元。

通过县人大常委会《关于依法任免干部程序的规定》《关于在全县开展执法责任制工作的决定》《关于对司法机关和行政执法部门落实“两化一制”进行监督的暂行办法》。

县第十三届人大常委会　通过县人大常委会《关于开展依法治县的决议》；批准县人民政府《乐安县普法依法治县工作若干规定》《乐安县农村合作医疗保健制度章程》《乐安县城市总体规划（1997—2015）》。通过县人大常委会《关于深入开展法制宣传教育工作的决议》；县人民政府《关于在全县范围实施以资代劳和社会筹资解决乐安交通“瓶颈”问题的议案》。

批准1998年县财政收入由年初预算安排4750万元调整为4325万元，调减425万元。批准县人民政府《关于调减1999年乡镇财政收入计划的议案》，乡镇财政收入任务调减600万元，其中地税口450万元，财政口调减150万元；《关于乐安县1999年农民人均收入情况的报告》，农民人均纯收入为1161.5元；《关于调整我县2000年国民经济主要指标的议案》，国内生产总值计划由原来的92000万元调整为88000万元，财政收入由原来的4565万元调整为4162万元（其中地方收入由原来的3887万元调整为3484万元），农民人均纯收入由原来的2000元调整为1190元；《关于乐安县1995年、1996年、1997年、1998年农民人均纯收入情况的议案》，乐安县1995年、1996年、1997年和1998年农民人均纯收入分别为1138元、1146元、1165元和1129元；批准县人民政府《关于更正我县乡镇1997年、1998年和1999年农民人均纯收入数据的报告》；

《关于调整2002年财政预算的议案》，财政收入由年初安排4980万元调整为4750万元，调减230万元，全部调减乡镇收入预算，县本级收入预算不作调整。

县第十四届人大常委会　批准县人民政府《关于调整2004年财政收入预算的议案》，县财政总收入预算由原来5670万元调整为4749万元，地方收入由4259万元调整为3338万元，调减的921万元为全部调减乡镇收入预算，县本级预算收入总量不作调整，只作收入项目调整。乡镇因调减收入而减少的财力由降低农业税的转移支付补助和乡镇预算外收入弥补，财政支出预算不作调整。批准县人民政府《关于调整2006年县本级财政收入预算的议案》，县财政总收入由年初预算安排7370万元，调增到8000万元，增加630万元。由此将县本级财政收入由年初预算5069万元，调整为5699万元；县本级一般预算收入由年初安排3352万元，调整为3500万元，增加148万元；批准县人民政府《关于2006年县本级财政新增财力使用情况的报告》，县本级可用财力比年初预算财力增加1551万元，用于改善基础设施、消化部分旧欠工资等9个方面。

通过县人民政府《乐安县县城第三轮总体规划（2004—2020）》，县人大常委会《关于加强法制宣传教育的决议》。

县第十五届人大常委会　通过县人大常委会《关于废止〈乐安县人大常委会述职工作实施办法〉的决定》；批准县人民政府《关于调整2008年财政收入预算的议案》，由年初预算安排17600万元调整为15455万元，调减2145万元；全县一般预算收入由年初安排12231万元调整为11231万元，调减1000万元；县级一般预算收入由年初安排7827万元调整为7207万元，调减620万元，县级一般预算收入调减部分由新增620万元上级转移支付补助收入弥补，所以县级一般预算支出不作调整。

县第十六届人大常委会　通过县人大常委会《关于编纂〈乐安县人民代表大会志〉的决定》。决定聘任陈冬阳、杨忠东、邓先友、龚贵生为县十六届人大常委会法律顾问，聘任郭凌宇、张英、孙平、蔡国新、周四勤为县十六届人大常委会经济顾问；批准县人民政府《关于2012年财政收入计划调整的议案》，全县总收入预算由5.03亿元调整为4.61亿元，县本级财政收入预算由3.035亿元调整为2.27亿元。收入计划调整后导致可用财力减少，通过积极争取上级资金，多方筹措调度，确保年初预算完成，2012年全县支出预算不作调整。

二、人事任免

坚持党管干部和依法任免相结合的原则，坚持对拟任干部任前了解、法律知识考试、任前表态、颁发任命书等制度。

县第九届至第十七届人大常委会任免国家机关人员情况表

表4-2-4　　单位：人次

届次	县人大常委会	县人民政府	县人民法院	县人民检察院	合计
九届	9	46	18	15	88
十届	17	57	24	8	106
十一届	12	67	28	14	121
十二届	22	163	30	19	234
十三届	3	85	70	29	187
十四届	33	47	47	9	136
十五届	13	57	58	19	147
十六届	14	67	95	13	189
十七届	10	25	–	1	36
合计	133	614	370	127	1244

说明：含接受经县人民代表大会选举产生的人员因故向县人大常委会提请的辞呈

第四节　指导乡镇人大工作

县人大常委会把加强对乡镇人大的联系、指导作为一项重要工作来抓，促进乡镇人大工作顺利开展。

建立健全乡镇人大规章制度　县人大常委会制定《乐安县人大常委会关于乡镇人大兼职主席与专职副主席职责范围的意见》《乡镇人大主席团年度工作目标管理》《乡镇人大工作新闻报道目标管理》《乡镇人大及其主席团各项工作制度》《关于加强和改进人大工作的意见》等；为乡镇人大及其主席团拟订《乡镇人民代表大会例会制度》《乡镇人民代表大会主席团例会制度》《乡镇人大主席、副主席分工负责制度》《主席团成员联系代表制度》《办理人大代表议案建议制度》《接待群众来信来访制度》《人大代表学习制度》《代表小组及议政室活动制度》《代表联系选民制度》《代表视察制度》《评议乡镇直属部门工作制度》《代表"争先创优"活动制度》。

培训乡镇人大干部　县人大常委会每年都对乡镇人大干部进行培训，主要采取举办培训班、以会代训、组织外出考察学习等形式。

指导乡镇人大的业务工作　指导乡镇人大换届选举，乡镇人民代表大会会议，代表活动室、代表议政室规范化建设；邀请乡镇人大主席或副主席参加县人大常委会组织的代表视察、执法检查、专题调研、工作评议；安排乡镇人大主席或副主席列席县人大常委会会议。

对乡镇人大工作实行年度目标管理考评　1993—2006年县人大常委会每年年初制定乡镇人大年度目标管理考评方案，年中督导，年末组织考评，评选表彰先进单位和先进工作者。2007年起此项检查评比活动停止。

第三章　乡镇人民代表大会

乡镇人民代表大会是基层地方国家权力机关，是人民代表大会制度的重要组成部分。乡镇人民代表大会代表由选民直接选举产生。中华人民共和国成立后，区、乡召开各界人民代表会议，由于基层政权组织的设置变更和调整频繁，有的乡镇届次延续原来的，有的重新设立届次，做法不一，使各乡镇人民代表大会届次存在差异。1984年5月起，统称人民代表大会。1984—2004年，乡镇人民代表大会每届任期3年；2004年以后，每届任期改为5年。从1984—2016年，乡镇人大经历了1984年、1987年、1990年、1993年、1996年、1999年、2002年、2007年、2011年、2016年共10次换届。

第一节　代表大会

一、人民代表大会进程

区、乡各界人民代表会议　1949年9月至1954年4月，全县基层政权（区、乡）召开了区、乡各界人民代表会议。

乡镇人民代表大会　1954年4月至1958年10月，每年召开乡镇人民代表大会，行使人民代表大会职权。

人民公社社员代表大会　1958年10月至1984年5月，乡镇人民代表大会被人民公社社员代表大会取代。其间1966年5月至1976年10月，人民公社社员代表大会停止活动。

续表 4-3-1

乡镇	主席任职顺序
南村	周位佳　陈秉贵　张池元　张志坚　刁振华　何元民　李　旭　谢国辉　陈建国
湖坪	董南昌　许林福　饶牙生　陈友生　聂小乐　陈国忠　周　冰　邹炳忠　欧阳志华　曾文辉　邹　俊　董志华
罗陂	刘桂生　黄兴福　乐云飞　罗崇高　陈继发　陈党保　龚　勇　曾凤辉　陈　晖　王浪平　王建峰
湖溪	游解放　邹金生　易鸣辉　邹和生　熊高文　杨世辉　易建文　陈小平　鞠辉春
谷岗	张梅生　裘三龙　艾梅春　曾四祥　周仉生　王贵香　许良贵　陈　卫　张敏辉
金竹	马　灵　刘树香　宋乐丰　徐志华　程宝光　帅辉德　王乐富　邓荣祥　杨拾祥　雷龙华
坪溪	王冬生　叶园面　游解生　汤　乐　刘少营
大马头	邓良才

第五卷　地方人民政府

本卷目录

第一章　政府机构

乐安县人民政府（简称“县政府”）是由县人民代表大会选举产生的全县最高行政机关，在同级中共党组织的领导下，执行同级人民代表大会及其常务委员会的决议，执行上级国家行政机关的决议和命令，领导所属各工作部门和下级人民政府依法行政。县人民政府由县长、副县长、县政府各工作部门主要负责人等组成。县长、副县长由县人民代表大会会议选举和罢免，在县人民代表大会会议闭会期间，由县人民代表大会常务委员会决定个别副县长任免和决定撤销个别副县长职务。其他县人民政府组成人员由县长提名，县人民代表大会常务委员会任免。县人民政府组成人员与县人民代表大会任期相同。

第一节　县政府领导

1984—2016 年，乐安县经历 9 届人民政府，共有 9 任县长主政。第 9 至第 11 届县人民政府，每届任期 3 年；第 12 届县人民政府起，每届任期 5 年。

第九至第十七届乐安县人民政府历任正、副县长更迭情况表

表 5-1-1

届次	职务	姓名	籍贯	任职时间
第九届（1984.07—1987.07）	县　长	钱家琪	福建闽侯	1984.07—1987.07
	副县长	陈干才	江西乐安	1984.07—1987.07
		傅　坚	江西临川	1984.07—?
		徐发根	江西进贤	1984.07—1987.07
		毛明瑞	江西进贤	1984.10—1987.07
		杨明华	江西乐安	1985.04—1987.07
第十届（1987.07—1990.04）	县　长	钱家琪	福建闽侯	1987.07—1989.12
	代县长	邱欣森	江西金溪	1989.12—1990.04
	副县长	杨明华	江西乐安	1987.07—1990.04
		徐发根	江西进贤	1987.07—1990.04
		梅泰和	江西临川	1987.07—1989.12
		陈桃芳	江西乐安	1987.07—1990.04
		程兆盛（挂职）	江西婺源	1989.07—1990.04
第十一届（1990.04—1993.01）	县　长	邱欣森	江西金溪	1990.04—1993.01
	副县长	陈桃芳	江西乐安	1990.04—1993.01
		龚华云	江西南昌	1990.04—1993.01

续表 5-1-1

届次	职务	姓名	籍贯	任职时间
第十一届（1990.04—1993.01）	副县长	董瑞珍	江西乐安	1990.04—1993.01
		苏泉生	江西乐安	1990.04—1993.01
		程兆盛（挂职）	江西婺源	1991.04—1991.10
		张信昌	江西临川	1991.10—1993.01
		欧阳小胜（挂职）	江西景德镇	1991.10—1993.01
		林志建	江西临川	1992.04—1993.01
第十二届（1993.01—1998.01）	县　长	邱欣森	江西金溪	1993.01—1996.11
	代县长	胡松柏	江西南城	1996.11—1997.03
	县　长	胡松柏	江西南城	1997.03—1998.01
	副县长	黄晓波	江西东乡	1993.01—1998.01
		龚华云	江西南昌	1993.01—1998.01
		董瑞珍	江西乐安	1993.01—1998.01
		张信昌	江西临川	1993.01—1998.01
		张梅生	江西乐安	1993.01—1996.08
		杨学荣	江西崇仁	1993.12—1996.12
		欧阳小胜（挂职）	江西景德镇	1993.01—1994.09
		陈荣秀（女，挂职）	江西波阳	1994.09—1996.08
		郑济平	江西临川	1996.08—1998.01
		黄凤珍（女）	江西乐安	1997.06—1998.01
		姜喜山（挂职）	黑龙江龙江	1997.06—1998.01
第十三届（1998.01—2003.01）	县　长	胡松柏	江西南城	1999.01—2000.06
	代县长	何建辉	江西崇仁	2000.06—2000.09
	县　长	何建辉	江西崇仁	2000.09—2001.02
	代县长	黄耀波	江西进贤	2001.02—2001.02
	县　长	黄耀波	江西进贤	2001.02—2002.09
	代县长	李来木	江西东乡	2002.09—2003.01
	副县长	张信昌	江西临川	1998.01—2001.02
		龚华云	江西南昌	1998.01—2001.05
		郑济平	江西临川	1998.01—2003.01
		黄凤珍（女）	江西乐安	1998.01—2001.05
		吴福才	江西乐安	1998.01—2003.01
		姜喜山（挂职）	黑龙江龙江	1998.01—1999.05
		金永平（挂职）	江西南康	1999.08—2001.02
		华新运（挂职）	江西临川	1999.08—2001.02

续表 5-1-1

届次	职务	姓名	籍贯	任职时间
第十三届（1998.01—2003.01）	副县长	易光华（挂职）	江西吉水	2000.12—2003.01
		吴信根	江西宜黄	2001.05—2003.01
		温永新（挂职）	江西石城	2001.10—2003.01
		邱秀兰（女）	江西乐安	2002.05—2003.01
		俞振东（挂职）	浙江	2002.11—2003.01
第十四届（2003.01—2007.04）	县　长	李来木	江西东乡	2003.01—2007.04
	副县长	吴信根	江西宜黄	2003.01—2004.06
		廖金平	江西临川	2004.06—2006.07
		易光华	江西吉水	2003.01—2007.04
		邱秀兰（女）	江西乐安	2003.01—2006.07
		陈显明	江西崇仁	2003.01—2007.04
		吴自胜	江西进贤	2003.01—2007.04
		温永新（挂职）	江西石城	2004.08—2004.12
		王增辉（挂职）	河北	2004.02—2005.04
		吴　萍（女，挂职）	江西东乡	2004.02—2006.12
		石建新（挂职）	湖南南县	2005.04—2007.04
		李以庚	江西广昌	2006.11—2007.04
		揭秉华（挂职）	江西广昌	2006.11—2007.04
		伍　珊（女）	江西金溪	2006.11—2007.04
		徐卫国（挂职）	江西瑞昌	2006.12—2007.04
第十五届（2007.04—2011.09）	县　长	李来木	江西东乡	2007.04—2007.10
		徐建辉	江西临川	2007.10—2011.07
	代县长	姚飞翔	浙江淳安	2011.07—2011.09
	副县长	李以庚	江西广昌	2007.04—2011.03
		吴自胜	江西进贤	2007.04—2008.07
		易光华	江西吉水	2007.04—2008.07
		陈显明	江西崇仁	2007.04—2011.09
		揭秉华（挂职）	江西广昌	2007.04—2007.07
		伍　珊（女）	江西金溪	2007.04—2010.12
		章燕萍（女）	江西广昌	2007.07—2011.09
		徐卫国（挂职）	江西瑞昌	2007.04—2010.10
		于　力（挂职）	河北定县	2007.07—2011.09
		吴瑞云	江西临川	2008.07—2011.09
		李新生	江西宁都	2008.07—2011.09

县政府正科级直属机构；2008年，外事办公室和侨务办公室合并为外事侨务办公室，为县政府正科级机构，与政府办公室合署办公。

2010年6月，政府机构改革。经过改革与调整，县政府设置工作部门23个，即：县政府办公室、发展和改革委员会、工业和信息化委员会、教育局、公安局、司法局、监察局（与纪律检查委员会机关合署办公，不计入政府机构个数）、人力资源和社会保障局、民政局、财政局、审计局、统计局、国土资源局、住房和城乡建设局、环境保护局、交通运输局、农业局、林业局、水利局、卫生局、人口和计划生育委员会、安全生产监督管理局、扶贫和移民局、食品药品监督管理局。

2014年12月，政府机构改革。经过改革与调整，县政府设置工作部门24个，即县政府办公室、发展和改革委员会、工业和信息化委员会、公安局、司法局、监察局（与纪律检查委员会机关合署办公，不计入政府机构个数）、人力资源和社会保障局、民政局、财政局、审计局、统计局、国土资源局、住房和城乡建设局、环境保护局、交通运输局、农业局、林业局、水利局、卫生和计划生育委员会、教育体育局、科学技术局、文化广电新闻出版局、扶贫和移民局、安全生产监督管理局、市场和质量监督管理局。

2015年，县森林公安局升格为正科级机构。

2016年12月，县政府工作部门仍为2014年机构改革时的24个单位。县政府直属单位有：县粮食局、商务局、供销合作联社、二轻工业局、物资局、农机局、对外贸易局、中小企业局、档案局、机构编制委员会办公室、公安交警大队、森林公安局、招商局、工业园区管委会、接待办公室、农业综合开发办公室、蚕桑局、烟叶生产领导小组办公室、机关事务管理局、行政服务中心、公共资源交易中心、房地产管理局、城市管理局、旅游局、流坑管理局、人民防空办公室、重点项目管理办公室。

附：中央、省、市驻县单位

1986年，中央、省、市驻县单位有：721矿、261大队、中国人民银行乐安县支行、中国工商银行乐安支行、中国农业银行乐安县支行、中国人民建设银行乐安县支行、烟草公司（烟草专卖局）、保险公司、石油公司、盐业公司、邮电局、公路段、农机公司、医药公司、新华书店、水文站、504车队、汽车站、制药厂。

2002年，中央、省、市驻县单位有：中核抚州金安铀业有限公司、261大队乐安基地管理处、国家税局、地方税局、中国人民银行乐安县支行、中国工商银行乐安支行、中国农业银行乐安县支行、中国建设银行乐安县支行、中国银行乐安支行、中国农业发展银行乐安县支行、农村信用合作联合社、烟草专卖局、中国人民财产保险有限公司乐安支公司、中国人寿保险股份有限公司乐安县支公司、石油公司、盐务局、交通稽查征费所、公路段、504车队、汽车站、工商行政管理局、质量技术监督局、食品药品监督管理局、邮政局、中国电信集团公司乐安分公司、江西移动通信有限责任公司乐安分公司、中国联合通信有限公司乐安县分公司、江西广播电视网络传输有限公司乐安县分公司、气象局、供电公司、医药公司、制药厂、新华书店、水文站、农机公司。

2016年，中央、省、市驻县单位有：中核抚州金安铀业有限公司、261大队乐安基地管理处、国家税局、地方税局、中储粮抚州直属库乐安分库、中国人民银行乐安县支行、抚州银监分局乐安办事处、中国工商银行股份有限公司乐安支行、中国农业银行股份有限公司乐安支行、中国建设银行股份有限公司乐安支行、中国银行股份有限公司乐安支行、中国农业发展银行乐安县支行、乐安农商银行、九江银行乐安支行、中国邮政储蓄银行股份有限公司乐安支行、中国人民财产保险有限公司乐安支公司、中国人寿保险股份有限公司乐安县支公司、抚州市烟草公司乐安分公司、中国石油化工销售有限公司江西抚州乐安分公司、江西省抚州江盐华康盐业有限公司乐安分公司、抚州市公路局乐安分局、江西抚州长运有限公司乐安分公司、抚州市住房公积金管理中心乐安办事处、中国邮政集团公司江西省乐安分公司、中国电信股份有限公司乐安县分公司、中国移动通信集团江西有限公司乐安县分公司、中国联合通信有限公司乐安县分公司、江西广播电视网络传输有限公司乐安县分公司、铁塔公司、气象局、国网江西省电力公司乐安县供电分公司、新华书店、水文站。

第三节　乡镇人民政府

一、乡镇撤设

1986—1993年，全县有5个镇，15个乡，1个垦殖场。分别为：鳌溪镇、公溪镇、戴坊镇、牛田镇、招携镇、龚坊乡、增田乡、南村乡、湖坪乡、罗陂乡、谷岗乡、万崇乡、湖溪乡、山砀乡、鹏洲乡、潭港乡、望仙乡、航桥乡、坪溪乡、金竹乡、大马头垦殖场。

1999年6月，撤销龚坊乡改设龚坊镇。2001年3月，撤销山砀乡改设山砀镇，撤销增田乡改设增田镇，撤销万崇乡改设万崇镇。至此全县有9个镇11个乡1个垦殖场。

2001年11月，经省人民政府批准：撤销潭港乡，成建制划归鳌溪镇管辖；撤销鹏洲乡，成建制划归戴坊镇管辖；撤销坪溪乡，成建制划归金竹乡管辖；撤销航桥乡，成建制划归山砀镇管辖；撤销望仙乡，成建制划归招携镇管辖。撤乡并镇后，全县有9个镇，6个乡，1个垦殖场。分别为：鳌溪镇、公溪镇、山砀镇、龚坊镇、戴坊镇、牛田镇、万崇镇、招携镇、增田镇、南村乡、湖坪乡、罗陂乡、湖溪乡、谷岗乡、金竹乡、大马头垦殖场。

2002年10月，金竹乡更名为金竹畲族乡。

2014年4月，省政府批准同意撤销大马头垦殖场设立大马头乡。9月28日，正式挂牌成立大马头乡政府。至此全县有9个镇，7个乡。分别为：鳌溪镇、公溪镇、山砀镇、龚坊镇、戴坊镇、牛田镇、万崇镇、招携镇、增田镇、南村乡、湖坪乡、罗陂乡、湖溪乡、谷岗乡、金竹畲族乡、大马头乡。

二、乡镇机关人员编制

2006年2月23日，根据《乐安县各乡镇职能配置内设机构和人员编制方案》，规定各乡镇机关人员编制和领导职数。

乡镇机关人员编制　鳌溪镇42名、公溪镇31名、湖溪乡26名、山砀镇31名、龚坊镇30名、戴坊镇35名、牛田镇30名、万崇镇26名、湖坪乡27名、罗陂乡26名、增田镇30名、招携镇32名、金竹畲族乡29名、南村乡30名、谷岗乡27名。

领导职数　鳌溪镇设党委委员10名，公溪镇、戴坊镇各设党委委员9名，正副书记3名，政府正副职5名。湖溪乡、山砀镇、龚坊镇、牛田镇、万崇镇、罗陂乡、湖坪乡、金竹乡、招携镇、增田镇、南村乡、谷岗乡各设党委委员7名，正副书记3名，政府正副职4名。山砀镇人大主席设专职1名，不设专职副主席；其他乡镇人大主席由党委书记兼任，各设专职副主席1名。各乡镇内设机构的办公室主任一律由党政班子分管领导兼，各设副主任1～2名。

三、乡镇党政机关及事业单位机构设置

2002年10月18日，根据《乐安县县乡党政机构改革实施方案》，鳌溪、公溪、戴坊、牛田、招携、龚坊、山砀7个镇设置党政、经济工作、社会事务（挂计生办牌子）、财经、政法（综治）5个办公室；增田、万崇、湖溪、罗陂、湖坪、金竹、南村、谷岗8个乡镇设置党政（挂综治办公室牌子）、经济工作、社会事务（挂计生办牌子）、财政4个办公室。办公室负责人由乡镇党政领导兼任。是月，根据《乐安县乡镇事业单位机构改革实施方案》，全县15个乡镇各设置事业单位4个。即：组建农业综合服务站，组建社会事务综合报务中心，保留财政所（挂农业税征收管理所牌子），保留计划生育服务所；大马头垦殖场组建农业综合服务站。

2011年4月22日，根据《乐安县深化乡镇机构改革的实施方案》，全县15个乡镇党政机构统一设5个综合性办公室，即党政综合办公室（含纪律检查委员会办公室）、经济工作办公室、社会事务管理办公室（增挂人口与计划生育办公室牌子）、村镇规划建设办公室、社会治安综合治理办公室（为副科级，增挂安全生产监督管理办公室牌子）。全县15个乡镇均设事业站所7个，即财政所、人口和计划生育服务所、社会事务综合服务中心（内含民政、文化广播、统计、建设规划、环境卫生管理等工作）、农业综合服务站（内含农技、农机、经管、乡企管理、水管、水保、农产品质量监管等工作）、人力资源和社会保障事务所（增挂农村合作医疗管理所牌子）、林业工作站、畜牧兽医站。社会事务综合服务中心、农业综合服务站、人力资源和社会保障事务所以块管为主。财政所、人口和计划生育服务所、林业工作站、畜牧兽医站以条管为主。同年11月，根据《乐安县基层农业技术推广体系改革与建设实施方案》，全县15个乡镇设立农业技术推广综合站，为全额拨款股级事业单位，归属县农业局。同年11月，根据《乐安县各乡镇事业单位站所主要职责内设机构和人员编制规定》，全县各乡镇均设社会事务综合服务中心、农业技术推广综合站、水务站、人力资源和社会保障事务所（增挂农村合作医疗管理所牌子）、财政所、人口和计划生育服务站、林业工作站7个站所，为全额拨款股级事业单位。

四、乡镇事业站所人员编制

2011年11月28日，县委办公室、县政府办公室印发《乐安县各乡镇事业站所主要职责内设机构人员编制规定》，各乡镇事业站所人员编制情况见第十卷综合政务第四章机构编制管理第三节编制管理。

第二章　施政概要

1986—2016年，乐安县历经9届人民政府，历届政府均围绕中心工作，贯彻落实党的方针政策，在实现乐安的经济发展、城区建设、体制改革、惠民实事等方面取得了巨大的进展。

第一节　施政方式

一、县人民政府职权

县人民政府行使下列职权：执行县人民代表大会及其常务委员会的决议，以及上级国家行政机关的决定和命令，规定行政措施，发布决定和命令；领导所属各工作部门和下级人民政府的工作；改变或撤销所属各工作部门的不适当的命令、指示和下级人民政府的不适当的决定、命令；依照法律的规定任免、培训、考核和奖惩国家行政机关工作人员；执行本县国民经济和社会发展计划、预算，管理全县的经济、教育、科学、文化、卫生、体育事业、城乡建设事业和财政、民政、公安、民族事务、司法行政、监察、计划生育等行政工作；保护社会主义全民所有的财产和劳动群众集体所有的财产，保护公民私人所有的合法财产，维护社会秩序，保障公民的人身权利、民主权利和其他权利；保障农村集体经济组织应有的自主权；保障少数民族的权利和尊重少数民族的风俗习惯，帮助本县少数民族聚居的地方发展政治、经济和文化建设事业；保障宪法和法律赋予妇女的男女平等、同工同酬和婚姻自由等各项权利；负责办理上级人民政府交办的其他事项。

二、组成人员及其职责

县人民政府由下列人员组成：县长、副县长、县长助理、县政府党组成员、县政府各工作部门主要负责人。

县政府实行县长负责制，县长领导县人民政府的工作，副县长协助县长工作，其中负责常务工作的副县长协助县长处理政府日常工作。县长外出期间，由负责常务工作的副县长主持政府日常工作。如县长和负责常务工作的副县长同时外出，则由指定的副县长主持日常工作。县长召集和主持县政府全体会议、县政府常务会议和县长办公会议。县政府工作中的重大事项，必须经县政府全体会议或县政府常务会议讨论决定。副县长按分工负责处理分管工作；对于重要情况，要及时向县长报告；对于重大事项，要在认真调查研究和充分论证的基础上，向县长提出解决问题的建议。涉及其他副县长分管的工作，要同有关副县长商量决定。需要协调的重要事项，由负责常务工作的副县长牵头协调。县政府党组成员协助县长或分管副县长工作，受县长委托，负责其他方面的工作或专项任务。

县政府办公室主任在县长的领导下，协助负责常务工作的副县长处理县政府日常工作。县政府工作部门实行主任、局长负责制，由其领导本部门的工作。县审计局、监察局在县长领导下，依照法律规定独立行使监督职能，不受其他行政机关、社会团体和个人的干涉。县政府各部门要各司其职，各尽其责，顾全大局，精诚团结，维护政令统一，切实贯彻落实县政府各项工作部署。

三、会议制度

县政府实行县政府全体会议、县政府常务会议、县长办公会议和县政府专题会议制度。

县政府全体会议　由县长、副县长、县长助理、县政府党组成员和各工作部门的主要负责人组成。会议由县长召集和主持，议题一般由县长提出。会议的主要任务是：讨论决定县政府工作中的重大事项；部署县政府的重要工作。

县政府全体会议一般每半年召开一次。根据需要可安排各乡镇政府、有关部门和单位负责人列席会议。

县政府常务会议　由县长、副县长、县长助理、县政府党组成员组成，县政府办公室副主任、县财政局、县政府法制办主要负责人列席会议。会议由县长或县长委托主持工作的副县长召集和主持。议题由副县长、县政府办公室主任协调或审核后报县长确定。一般每20天召开一次，如有需要可提请临时召开。会议的主要任务是：传达和研究贯彻上级党委、政府和县委的重要指示、决定；组织开展会前学法，学习和贯彻落实法律法规规章；研究需提请县委常委会、县人大及其常委会审议的重要事项；审议重要行政规范性文件；讨论决定县政府工作中的重要事项；通报和讨论其他重要事项。

县政府常务会议邀请县政协、县人武部有关领导参加，根据需要可安排有关部门、单位负责人列席会议。

县长办公会议　由县长召集和主持，副县长、县长助理、县政府党组成员、县政府办公室主任和副主任、县政府法制办主要负责人参加，根据需要可安排有关部门、单位负责人列席会议，一般每月召开1—2次。县长办公会议的主要任务是总结交流当月县政府各项主要工作，研究部署下一月工作，以及其他需要交流或研究处理的事项。

县政府专题会议　根据需要不定期召开，由县长、副县长或委托县政府办公室主任、副主任召集和主持。会议的主要任务是：研究协调县政府工作中的专门问题，处理具体业务工作。

县政府全体会议、常务会议和县长办公会议的组织工作由县政府办公室负责，文件和议题于会前送达与会人员。提请县政府全体会议、常务会议和县长办公会议讨论的议题，由县政府分管领导会前协调或审核后提出，由县政府办公室主任负责初审、汇总，报会议召集人确定；会议文件由会议召集人审批。县政府领导不能出席县政府全体会议、县政府常务会议、县长办公会议的，要向县长请假；其他人员请假，由县政府办公室汇总后报县长批准。

县政府全体会议一般不形成会议纪要，如有需要，可将会议决定的重要事项或领导讲话，以文件或通报的形式印发有关部门和各乡镇。县政府常务会议和县长办公会议必须形成会议纪要，由县政府办公室主任审核，经负责常务工作的副县长审签后，报县长签发。县政府专题会议必须作会议记录，需要印发会议纪要的，由县政府办公室主任审核，经相关副县长会签后，报县长签发。

县政府及各部门召开的工作会议，要讲求实效，减少数量，控制规模，严格审批。以县政府名义召开的全县性会议，统一由县政府办公室按有关规定办理；县政府各部门召开的属本系统范围的会议，不得要求以县政府的名义召开，一般不邀请县政府领导出席。

四、请示报告制度

县人民政府应向市政府请示报告的事项　贯彻执行党和国家方针、政策、法规的重大工作部署和措施；县政府组成部门的设立和乡镇行政区的设立、调整、合并、撤销、区划的变动及其名称更改；年度工作计划和工作总结；重大建设项目的确定、调整和撤销；经济体制改革的重大部署和成果；重大灾情和事故；市政府规定需要报告的事项。

县人民政府应向县委请示报告的事项　贯彻执行党和国家方针、政策、法规所需制定的重要具体规定和行政措施；县政府组成部门的设立和乡镇行政区的设立、调整、合并、撤销、区划的变动及其名称更改；全县国民经济和社会发展年度计划，长远规划和财政预、决算及其重要项目的调整；重大建设项目的确定、调整和撤销；全县范围内改革发展的重大行政措施；政府系列属县委管理干部的奖惩；涉及全县范围广大人民切身利益的其他重大行政措施和工作部署。

县人民政府应向县人民代表大会及其常务委员会提请审议的事项　县政府工作报告以及全县国民经济和社会发展年度计划、长远规划和财政预、决算的制定以及重大调整；涉及县政府全局性的重大问题；县政府组成人员的任免；按地方组织法有关规定需要报告工作和报请审议的其他事项。

乡镇政府和县政府各部门应向县政府请示报告的事项　有关执行党和国家方针、政策、法规和工作中的新情况、新问题，以及自己职权范围内不能决定，部门之间经协调得不到解决的问题；年度工作计划和工作总结；重大突发性事件；上级交办事情的办理结果；按规定需要报批的事项。

向市政府和县委的请示报告，由分管副县长审核后，送县长核批。各乡镇政府和县政府各部门向县政府的请示报告，由分管副县长审批；属重大的问题由分管副县长审核后，提交县政府常务会议核批。

五、公文审批制度

各乡镇、各部门报送县政府的公文，应当符合《党政机关公文处理工作条例》等有关规定。除县政府领导交办事项和必须直接报送的密级事项外，一般不得直接向县政府领导个人报送公文。各部门报送县政府的请示性公文，部门间如有分歧意见，主办部门的主要负责人要主动协商，达成一致；不能取得一致意见的，应列出各方理据，提出办理建议。

拟提请县委有关会议审议或提请以县委、县政府名义联合发文的文件稿，内容主要涉及政府职责且牵头起草部门为县政府部门的，应依照有关规定，先按程序报县政府履行相关审议或审批程序。

各乡镇、各部门报送县政府审批的公文，由县政府办公室按照县政府领导分工呈批，并根据需要由县政府领导转请其他县政府领导核批，重大事项报县长审批。

县政府发布的决定、命令和报送上级政府的公文，向县人大及其常委会提出的议案，由县长签署。以县政府名义发文，涉及全局工作的，由县长签发。属于副县长职责范围内的事项，县政府分管副县长提出意见，由负责常务工作的副县长签发，如内容涉及其他副县长分管工作的，经有关副县长会签后再签发；如有必要，报县长签发。属于县政府工作范畴，以县政府办公室名义的发文，经分管副县长提出意见后，由负责常务工作的副县长签发；如有必要，报县长签发。

属部门职权范围内事务、应由部门自行发文或联合发文的，不得由县政府批转或县政府办公室转发。

县政府及各部门要提高公文办理质量和效率。对县政府批办或县政府办公室转办的公文，属职权范围内的事项，有关部门应在3个工作日内办结；需要县政府审批的事项，应在3个工作日内提出本部门意见；需要主办部门会同相关部门办理的事项，主办部门要抓紧会商，在7个工作日内提出意见；需要调查论证的事项，应先说明办理情况，报告结果不得超过10个工作日。特急、紧急公文，以公文处理规定明确的办理时限为准。

对交办的县人大代表建议和县政协委员提案，各乡镇政府和县政府各部门要认真负责地办理，在规定期限内办结并答复。

县政府及各部门要精简文件简报。加强发文统筹，从严控制发文数量、发文规格和文件篇幅。属部门职权范围内事务、应由部门自行发文或联合发文的，不以县政府或县政府办公室名义发文。凡法律、法规、规章已作出明确规定、现行文件已有部署且仍然适用的，一律不再制发文件。分工方案原则上应与文件合并印发，不单独发文，每个部门原则上只向县政府报送1种简报。没有实质内容、可发可不发的文件简报，一律不发。

第二节　施政纪略

第九届县人民政府（1984.07—1987.07）

1984年，继续完善土地、山林、水面和果园承包责任制，考取大学110人，升入中专70人。1985年，县城至湖溪公路建成，兴建县人民医院住院部大楼。1986年，农村人均年纯收入374元，比1985年增加37元，职工人均年工资980元；广场花园建成。届中，银口至湖坪、前团至望仙公路修通；全县有小学809所，学生5.03万人，入学率96%；农民扫盲教育被地区行署验收确认为基本无盲县；中学27所，其中职业中学3所，在校中学生1.83万人；公办教师2300多人，民办教师1500多人；高中升大学468人、升中专254人，初中升中专231人。

第十届县人民政府（1987.07—1990.04）

1987年，全县财政收入首次突破1000万元，完成1083万元；农民人均纯收入403元，招携坝上400千瓦水电站建成发电，721矿至县城35千伏输电线路向县城供电，县城象山大桥竣工，县城1000门自动电话开通。1988年，财政收入完成1357万元，全县收购粮食49405吨，油脂收购43.5吨，外贸出口总额245万元；县城游泳池、灯光球场建成。届中，编制1989—1991年赣中南乐安农业开发规划，县城至丰城蕉坑公路建成通车，招携至坪溪公路改线工程动工；全县建成9座差转台、1座卫星地面接收站，县城可收看3套电视节目；县城日产3000吨自来水厂扩建工程完工；县中医院、县妇幼保健所、县计划生育服务中心、县防疫大楼，县人民医院门诊大楼建成。

第十一届县人民政府（1990.04—1993.01）

1990年，粮食单产314千克创纪录，粮食总产18.02万吨超历史；全县新增果园103.03公顷，东元水库小都港引水工程竣工，水产场开始搬迁；乐安县被授予全国速生丰产林基地先进县，县实验林场荣获全国国营营林先进单位；铺设象山路水泥路面，修复街心花园，建成长征西路下水道，全县新打饮水井160口，县城和公溪镇实行生猪属宰“三统一分”。1991年，烟草公司至红卫桥路基拓宽，县图书馆和县幼儿园第二期工程竣工，县电影院安装空调设备，电视差转台安装发射塔；组织动员16个乡镇5000多名民兵修建乐宁公路，完成招携至青里、坪溪至徐庄地段路基平整任务；动员组织2个乡镇的民兵和县直机关干部职工4000多人，修建县城外环路和鳌溪路；拓宽县城象山路、站前路、长征路、沿河路；全县有电视差转台9座，地面卫星接收站5座，全县电视覆盖率85%，16个乡镇可收看中央、省3个台的节目。1992年，全县财政收入完成1935.8万元，农民人均纯收入732.04元。3年共争取赣中南开发、以工（粮）代赈和贫困县扶助等项资金6050万元，实行乡镇财政包干，扩建改造临八线乐安路段64千米，象山农贸市场交付使用，投资32万元改造尧坊水电站，投资49万元兴建东元水库引水工程，农话直拨和长话直拨开通；绞股蓝开发技术项目获得江西省专利技术和专利商品展览交易会金奖，获抚州地区科学进步奖，绞股蓝袋泡茶在1992年香港国际食品博览会上获银奖；校园六配套建设基本完成，教育电视台顺利开播。

第十二届县人民政府（1993.01—1998.01）

1993年，全县财政收入首次突破2000万元，完成2178万元；铺设临八线沥青路面17.04千米，结束乐安县无油路的历史；公溪镇程控电话开通，县内无线传呼开通，政府系统无线电通信公用网投入运行，县有线电视开播，县石油液化气供应站建成，县实验小学教学大楼交付使用，县缫丝厂实现当年建厂当年投产。1994年，县针织内衣厂和县一化纸箱分厂，分别进行租赁承包责任制和股份制改革试点；招芒公路和县城外环路全面竣工，县城5400门程控电话和18个乡镇的程控电话开通，乐安至抚州的光缆架通，实现电话交换程控化，长途电话数字化；有7个乡镇8000余户村民安装有线电视，新增县级文物保护单位4处，县城安装高架太阳灯3盏，县邮电大楼竣工。1995年，粮食总产达20.02万吨，棉花总产173吨，油菜籽产量5623吨，油菜生产名列全区第一；产鲜茧315吨，蚕桑生产名列全区第二。临八线油路建设县境全线贯通，移动电话开通，BP机纳入全省网络，县城至公溪实现光缆传输，全县输送大中专学生557名，县第一中学一名学生夺取全区理科高考状元，一学生在中国科学技术大学少年班招生考试中获第三名，谷岗希望小学交付使用，县人民医院升级为二等甲级医院。1996年，全县财政收入首次突破4000万元，完成4098万元；蚕桑种植面积400公顷，产鲜茧325吨；棉花种植面积340公顷，产棉255吨；烤烟种植面积40公顷，总产量20.04吨；全县投资500多万元，完成南门路工业小区的“四通一平”，有14个县直单位和乡镇在小区兴建厂房；县城外环油路全线贯通，电话号码升至7位，山坑电站大坝建设超过发电调高程5米，初级卫生保健达标。1997年，全县财政收入完成4508万元，全县银行年末存款余额71459万元，贷款余额63252万元；有15家国有和城镇集体工业企业完成转机改制任务，经地区验收合格；对升泉化工厂、缫丝厂、胶合板厂、赣东制药厂等企业采取一厂多策的办法转换经营机制；全县引进境外资金99.04万美金，潭港至牛田12千米的油路铺设完工，坪溪乡和金竹乡开通程控电话，公溪移动电话直拨站建成。

第十三届县人民政府（1998.01—2003.01）

1998年6月，乐安县遭受历史罕见特大洪涝灾害，给乐安县农业经济造成重大的损失；种植烤烟93.03公顷，总产138吨；种植蚕桑106.7公顷，产鲜茧14吨；种植豌豆“中豌4号和中豌6号”共1533.03公顷，鲜荚产量1888吨；望仙乡示范种植雷竹33.03公顷，牛田傍安试种蘑菇成功，完成日产2.5万立方米自来水扩建工程中的主输水管和5条分支管的铺设，象山路联体式垃圾中转站和冲水公厕完工，公溪镇、南村乡建立寻呼同播网，县城30部磁卡电话交付使用；县光荣院、湖溪乡敬老院投入使用。1999年，全县财政收入完成4151万元，全县银行年末存款余额85431万元，贷款余额66025万元；县中医院至象山桥水泥路面铺设完成，组建乐安移动通信公司，开通城乡交换机来电显示业务；农电体制改革，组建县供电局，成立县供电有限责任公司，由省代管；县工商行政管理局由省垂直管理，建立城镇居民低保制度，6个灾民新村全面竣工，新建敬老院4所。2000年，成立县投资服务中心，先后组团参加省、市在温州、福州、厦门、泉州、南昌、抚州等地举办的招商引资活动；全县广播电视覆盖率95%；开展“视觉第一，中国行动”白内障复明工作。2001年，深化教育系统人事制度改革，推行教师录用公开选拔制度；流坑村列入国家重点文物保护单位，开展撤乡设镇和撤并乡镇工作，全县撤乡设镇3个，撤乡并镇4个。2002年，金竹乡批准为金竹畲族乡，全县低保对象11584人。届中，实现乡乡通电话，移动、联通网络在全县乡村的覆盖率50%以上；县城日供水2.5万立方米自来水扩建工程竣工交付使用；牛田至流坑、流舍至吓通瀑布公路建成，全县旅游总体规划和流坑村开发详规及全县28个重点村扶贫开发规划（2002—2005年）编制完成；县城规模由2.04平方千米扩大至4.5平方千米；农村税费改革工作全面开展，农民负担明显减轻。

第十四届县人民政府（2003.01—2007.04）

2003年，种植烤烟476.04公顷，种植蘑菇13.02公顷，栽种蚕桑288.6公顷，移栽黄栀子266.7公顷，完成退耕还林造林3333.03公顷、长防林800公顷、毛竹低改5333.03公顷，加工企业建立毛竹林基地3333.03公顷；县人武部大楼、森林公安指挥大楼、农业发展银行办公楼、信用联社大楼、县医院医技大楼、卉佳幼儿园、县福利院等项目主体工程完工，有的交付使用；兴建小型水电站9座，农网改造第一期工程通过省级竣工验收，第二期和第三期（城网改造）共完成投资5490万元；龙潭水库经省计委批准立项，完成初设报告；中晚稻退出保护价，试点粮食风险基金直接补贴给农民，完成山坑电站库区37户152人搬迁安置；全县高考600分以上的人数、重点大学上线率、本科上线率均列全市第四名；流坑村被列为首批中国历史文化名村。

2004年，全县客商企业纳税突破1000万元，达到1030万元；烤烟种植面积641.6公顷，实现产值1026万元，特产税205万元，跃居全省第四；蘑菇种植面积21.9公顷，蚕桑种植面积478.02公顷，蔬菜种植面积5706.7公顷；完成退耕还林666.7公顷、毛竹低改2666.7公顷，老虎脑自然保护区获省级批复，县信用联社大楼和邮政大楼交付使用，国税大楼和疾病控制中心完成主体工程，完成丰洛线县城—湖溪—山砀三级水泥路建设，龙潭水库建设工程获省发改委批准立项，完成小（2）型以上病险水库除险加固等水利工程8座，新建小型水电站16座，装机容量5170千瓦；农网改造全面完成，城乡“同网同价”实施到位；乡镇卫生院上划县管，新增国家专利4项，建成数字遥测地震台，烤烟工厂化漂浮育苗获市科技进步三等奖，高考本科上线率和重点大学上线率分别列全市第三和第四名，县城主要街道和公共场所安装电子监控设施21个。

2005年，乡镇干部工资实行县统发，全面取消农业税，种植烤烟886.9公顷，收购烟叶1465吨，完成烟叶特产税近300万元，综合排名全省第三；种植蚕桑64公顷，种植蘑菇36.5公顷；南门工业小区新上项目6个，兴建标准厂房9栋；山高制药厂和义佳皮革公司纳税均超100万元，是乐安工业发展的历史性突破；县行政中心、劳动就业培训中心、青少年活动中心、老年人活动中心、司法和质监大楼主体工程完工，兴建老年人健身娱乐公园，完成县城长征路和象山路油路铺设，金茂商城、建丰商住楼、城中花园、时代家园、万家福超市投入使用；抚八线公路二级砼路面改造竣工通车，完成乡村公路硬化175千米，新增通硬化路的行政村20个，累计98个，通达率56%，被省政府授予“‘十五’农村公路建设先进县”称号；完成小（2）型以上水库除险加固8座，新建小型水电站16座，全县小水电装机总容量2.02万千瓦；启动流坑移民新村建设。

2006年，成立乐安工业园区管理委员会；全县规模以上工业增加值完成1.08亿元、完成销售收入3.014亿元，实现税收1902万元，实现三年翻番目标，被省政府评为2002—2004年度工业崛起三年翻番先进单位；安全生产工作被省政府评为全省安全生产工作先进县。届中，完成退耕还林4000公顷，人工造林10666.7公顷，毛竹低改19000公顷，被省政府评为2005—2006年造林绿化先进县；县城建成区面积由2002年的4.02平方千米扩大至7.6平方千米，硬化农村公路435千米，通硬化路行政村达68.5%，完成小（2）型以上水库除险加固等水利工程290个，战胜2003年特大干旱灾害；林改工作被省委、省政府评为全省林业产权制度改革先进县，乡镇中小学教师和乡镇干部工资实行县级统发，完成县疾病控制中心和县卫生监督所的分设组建，城镇享受最低生活保障的1万余人，老龄工作被评为全省老龄工作先进县，对90岁以上的老人每月发放保健费30元，对百岁以上寿星每月发放生活保健费100元，共有520名“五保”老人在敬老院集中供养，完成县老年人大学建设，完成县老年公寓建设。

第十五届县人民政府（2007.04—2011.09）

2007年，种植烟叶1163公顷，收购烟叶2015吨，位居全省第四；工业园区开发面积0.67平方千米，修订完善县城第三轮总体规划，完成县城北环新区、东南新区、西片新区和体育中心4个规划编制工作，按三星级标准建造的芙蓉山庄投入使用，县行政中心全面启用，龙潭水库竣工，县城三期电网改造全部完成，新建县第二中学高中部投入使用，县第三小学完成整体搬迁，数字遥测地震台正式运行，乐安为全省城镇居民医疗保险工作唯一试点县，食品安全工作被省食品药品监督管理局确定为省级食品安全示范县，乐安被商务部批准为第二批“东桑西移”蚕桑基地建设工程项目县，10月17日电视连续剧《春草》在乐安正式开机拍摄；10月31日，县财政总收入首次突破亿元，完成1.09亿元；全年完成财政收入1.32亿元，增长46.04%，比2005年增长123.56%，被省人民政府授予财政收入三年翻番奖和财政收入过亿元奖；县就业局失业保险基金征缴完成比例居全省第一位，并被省政府评为全省劳动就业先进单位；县森林公安局被国家公安部授予全国绿盾二号行动先进集体。

2008年，乐安工业园区新增工业用地33.03公顷，完成基础设施投入1.02亿元；粮食生产实现面积、单产、总产三增，粮食种植43533.03公顷，总产量24.02万吨；种植烤烟1400公顷，总产量3370吨，实现烟叶税1008万元，烟叶亩产量、亩产值及质量等级均居全省第一；蚕桑面积1133.03公顷，净增133.03公顷，产鲜茧800吨，蚕桑综合效益居全省第5位；蘑菇种植43.5万平方米，总产量3260吨，居全省第三位；第一批100套经济适用房交付使用，完成移民扶贫搬迁1924人，戴坊至新干公路三级沥青砼路面改造竣工，低保工作被列为全省基层低保规范化建设县，扶贫工作被省扶贫办、省财政厅评为绩效考评先进单位，县水利局被省政府评为全省防汛抗旱先进集体。南村乡妇联被全国妇联评为三八红旗集体。

2009年，全县地方生产总值完成24.7亿元，财政总收入2.22亿元；烟叶种植1166.7公顷，总产量3030吨，总产值4399万元，创烟叶税968万元，烟叶亩产量、亩产值及等级质量均居全省第一；铺设军田汉至吓通7.8千米水泥路面竣工，金竹飞瀑群2千米游步道建设完工，启动公溪工业区建设；编制《乐安县生态建设规划》，实施“光明·微笑”工程，是全省唯一由卫生部组织实施的“健康快车”工程县，免费开展白内障手术1238例、唇腭裂手术46例；戴坊中心卫生院被省卫生厅评为江西省医药卫生系统先进集体，被卫生部、国家食品药品监督管理局、国家中医药管理局评为全国医药卫生系统先进集体，是江西省唯一获此殊荣的乡镇卫生院；返乡农民工创业工作，被省委、省政府评为全省返乡农民工就业创业先进县，人口和计划生育工作被省政府评为全省人口和计划生育工作先进单位和省级计划生育优质服务先进单位。

2010年，全县地方生产总值完成28.95亿元，财政总收入3.05亿元，完成县城污水处理厂建设，工业园区开发面积扩大至2.03平方千米，县城建成区面积扩大至8.6平方千米，县城绿化率39.5%；油茶产业完成林地流转4000公顷，种植油茶1333.03公顷，在全省20个重点县综合考评中排位第二；财政收入首次突破3亿元，县商务局被商务部评为全国市场监管公共服务体系项目重点推进单位，老龄工作被中国老龄委评为全国老龄工作先进县。

届中，全县粮食种植面积稳定在4.03万公顷以上，粮食总产稳定在25万吨左右，烟叶、油茶、蚕桑、蘑菇等特色农业成为全县农业主导产业，烟叶累计实现税收4080.02万元，油茶林面积发展到8333.03公顷，蚕桑总产值1883万元，蘑菇总产量300吨，完成东元水库和12座小（1）型水库除险加固，新建小水电站28座，全面完成农村电网改造，实现改渡建桥7座，行政村公路硬化率达100%，完成新农村建设示范点33个，金竹畲族乡和牛田镇麻坑村分别被评为省级生态乡和生态村；建成保障性住房1050套，其中经济适用房220套，廉租房830套，受益群众1180人；改造农村危房1924户，全面实施城乡义务教育"两免一补"。

第十六届县人民政府（2011.9—2016.10）

2011年，全县地方生产总值完成34.5亿元，财政总收入完成4.27亿元；工业园区税收实现2039.89万元，其中，全年纳税超50万元以上企业13家、100万元以上企业6家、200万元以上企业3家；种植烟叶2200公顷，收购烟叶5030吨，总产值8043万元，纳税3045万元；新增高效油茶林1333.03公顷，高氏油茶产业科技园开工建设，成功纳入罗霄山脉连片特困地区扶贫开发重点县；开展违法建设、违法用地、违法交易整治行动，查处违法案件14起，追缴土地出让金1.02亿元、建设规费2126万元、税费1861万元；启动城镇居民养老保险试点。

2012年，全县地方生产总值完成40.01亿元，财政总收入完成4.61亿元，种植烟叶2106.7公顷，收购烟叶4350吨，实现税收3500万元，烟叶亩产量、亩产值、纳税和烟叶等级质量几项硬性指标再次走在全省的前列；新增高产油茶林面积1133.03公顷，油茶林总面积达9000公顷；新增蚕桑面积106.7公顷，继国家扶贫开发重点县、罗霄山脉连片特困地区县后，又成功争取到原中央苏区振兴发展县，成为全省11个"三项政策"叠加县之一；收回水南古樟林和石桥寺旅游资源开发权，县城建成区面积拓展至8.78平方千米，抚吉高速公路于12月31日竣工通车，省道宋水线乐安山砀至丰城蕉坑乐安境内由沥青路面改建为二级混凝土路面工程竣工，行政村卫生所全部实行国家基本药物制度，流坑村和湖坪村被住房城乡建设部、文化部、财政部列入第一批中国传统村落名录，鳌溪镇芜塘社区被国家减灾委、民政部评为全国综合减灾示范社区，鳌溪法庭被最高人民法院、共青团中央命名为法院系统2011—2012年度全国青年文明号，县商务局被商务部评为全国商务综合行政执法县级先进单位，就业和再就业工作再次被省政府评为全省劳动就业先进县；乐安县被省委、省政府评为扶贫和移民工作先进县；被列入江西省2012年中央专项彩票公益金支持革命老区整村推进两个试点县之一。

2013年，财政总收入首次跨越5亿元大关，达5.26亿元；"乐安花猪"被列为国家地理标志保护产品，流坑·古樟林景区被列为省级风景名胜区，并被评为国家AAA级景区；抚吉高速连接线绿化亮化工程、四九广场改建工程、行政中心综合楼、芙蓉山庄景观工程全面完工并交付使用，社会救助工作被省民政厅评为全省社会救助工作先进县。

2014年，全县地方生产总值完成47.01亿元，财政总收入突破6亿元，规模以上工业增加值4.04亿元，厚发工业区工业用地增加到446.7公顷，其35千伏变电站竣工投产；种植烟叶2266.7公顷，总产量4800吨，产值1.02亿元，纳税4510万元；新增高产油茶面积1100公顷，油茶林总面积11133.03公顷，规模列全省第三；新增桑园面积166.7公顷，总面积533.03公顷，规模列全省第三；流坑景区入选江西十大文化古镇（村）；金竹飞瀑景区、大马头生态度假区成功创评国家AAA级景区，乐屿生态农业休闲观光园、华盖山茶文化休闲园被评为省级AAA级乡村旅游示范点；县城建成区面积扩展至10.6平方千米，人口11万，城镇化率37.56%；省道蕉坑至县城至都溪坳段调整为国道G238(南昌至惠来)、省道厚连线县城至谷岗段调整为国道G322（瑞安至友谊关），实现县域国道零的突破；完成保障性安居房420套，城市棚户区改造442户，农村危房改造1900户；乐安县被国家卫生和计划生育委员会授予全国计划生育优质服务先进县，鳌溪镇入选住房和城乡建设部、国家发展和改革委员会等七部委联合公布3675个全国重点建设镇名单，鳌溪镇上大街社区获中国科协、财政部授予全国科普示范社区，乐安工业园区被省政府纳入省级工业园区序列管理。

2015年，全县地方生产总值完成50.02亿元，财政总收入完成6.85亿元，规模以上工业增加值4.9亿元，农村居民人均可支配收入7083元；“广雅”商标获中国驰名商标，实现乐安驰名商标零突破；小微企业创业园被省中小企业局认定为省级小微企业创业园创建单位，烟叶生产被列为湖北中烟和江西中烟基地单元县，新建桑园106.7公顷，总面积626.7公顷；新增高产油茶800公顷，总面积1.018万公顷；流坑景区创评为国家AAAA级景区，牛田古樟林被列入上海大世界基尼斯之最，洪都村镇银行开业，重新开通县城公交，昌宁高速公路建成通车，省道宋水线增田至招携段混凝土路面拓宽改造竣工，县道银口至参陂公路混凝土路面升级改造竣工，成立不动产登记中心，稠溪移民新村全面建成，乐安县荣获全国法治县（市、区）创建活动先进单位称号，牛田镇麻坑村委会被民政部、司法部授予全国民主法治示范村，山砀镇山砀村、鳌溪镇下罗村、谷岗乡板岭村、鳌溪镇芜塘社区、鳌溪镇上大街社区均被省司法厅、省民政厅授予江西省民主法治示范村、示范社区，乐安县被评为全省节水型社会建设示范区、全省森林防火先进县，县疾病控制中心被评为全省食品安全工作先进单位。

第十七届县人民政府（2016.10— ）

2016年，全县地方生产总值完成56.72亿元，财政总收入7.03亿元，规模以上工业增加值4.74亿元，农村居民人均可支配收入7899元，完成176个行政村扶贫工作室规范化建设，全省首创“扶贫统计监测中心”；种植烟叶3000公顷，收购烟叶5850吨，总产值1.048亿元，纳税6080万元，产量、产值和纳税均居全省第一；新增高产油茶林294.9公顷，总面积10475公顷；新增桑园83.8公顷，总面积733.03公顷；乐安竹笋被农业部列入中欧互认地理标志产品谈判目录，完成农村土地承包经营确权登记颁证和全域永久基本农田划定工作，乐安农村商业银行开业，上饶银行、江西银行在乐安县城设立分支机构，县第五小学竣工，启动县城老城区棚户区改造，完成首批432个自然村和4个集镇规划，实施十年封山育林行动，推行“河长制”“山长制”，县城—湖溪—山砀一级公路升级改造完工，完成城镇保障性安居房474套，改造农村危房1420户；残疾人工作被国务院残疾人工作委员会授予全国残疾人工作先进单位，县国税局被国家税务总局表彰为先进集体，县人防办被省国防动员委员会、省人防办评为全省“十二五”期间人民防空先进单位，成功创建全省双拥模范县，获评全省安全生产先进县、全省法治宣传教育先进县、省级生态文明示范县。

第三章　县政府日常政务

1986—2016 年，为适应改革开放的需要，县政府积极推进职能转变，变“行政指挥”为“经济服务”，推进简政放权、放管结合，政务公开，推动经济社会事业快速发展。

第一节　县政府办公室工作

一、机构人员

1996 年 10 月，党政机构改革，县民族宗教事务、侨务、外事、法制归口县政府办公室管理，县经济体制改革委员会与之合署办公。2002 年 10 月，党政机构改革，县经济体制改革委员会更名为县经济体制改革办公室，为县政府办公室内设机构；县法制局更名为县法制办公室，为政府办公室内设机构；县外事办公室为县政府办公室内设机构；县侨务办公室、民族宗教事务局与县统一战线部合署办公。2004 年，县法制办公室为正科级工作机构，归口县政府办公室管理，同时撤销县政府办公室内设机构法制科。同年，成立县人民政府应急管理委员会办公室，归口县政府办公室管理。2008 年，县外事办公室和县侨务办公室合并为县外事侨务办公室，为县政府正科级机构，与县政府办公室合署办公。2009 年 12 月，成立县人民防空办公室，归口县政府办公室管理。2010 年 6 月，政府机构改革，县外事侨务办公室的职责划入县政府办公室，对外保留其牌子；县政府法制办公室调整为县政府办公室内设机构，副科级，县政府办公室增挂县政府法制办公室牌子。2011 年 11 月，成立县人民政府金融工作办公室，为县政府办公室下属全额拨款副科级事业单位。2014 年 12 月，政府机构改革，县政府办公室增挂县外事侨务办公室和县政府法制办公室牌子。2016 年 12 月，县政府办公室内设 5 个职能科：秘书科（行政审批股与之合署办公）、信息调研科、督查科、综合科、法制办公室；归口管理的单位有：外事侨务办公室、应急管理办公室、人民防空办公室、金融工作办公室。行政编制 20 个（含县政府领导编制），工勤编制 12 个；领导职数：主任 1 名（兼任应急办公室主任）、副主任 3 名（其中 1 名兼任外事侨务办公室主任），股级职数 5 名。

主要职责为：负责办理上级文件、电报的呈阅及公文的处理工作；审核全县各单位报送县政府的公文，提出处理意见，送县领导审批；负责

县政府办公大楼大厅

县政府和县政府办公室公文的起草、审核和制发工作；负责会议的组织工作，协助县政府领导实施会议的决定、检查执行情况；负责督查县政府决策、决议和县政府领导重要批示和重要文件的落实情况，并及时反馈；负责与县人大常委会办公室、县政协办公室的联系，组织督促有关部门和单位及时处理人大代表议案和政协委员提案；处理人民来信，接待群众来访；组织审查重要的政府规范性文件，行政执法监督检查，负责县政府行政复议、应诉、行政赔偿的具体工作，参与资源权属纠纷调处；做好外事侨务、无线电管理、金融、应急管理等工作。

1986—2016 年，历任主任：胡世汉、袁招祥、游解放、陈方针、董东明、王庆华、陈峰、龚勇、尹续平、曾志军。

二、秘书工作

各类公文由县政府办公室秘书科统一收发、呈送、分办、打印、立卷、归档和销毁。发给县政府和县政府办公室的公文一律经秘书科工作人员拆封、登记、呈送、传递。一般的汇报材料或不需要办理的抄送件，由秘书科请示办公室主任或分管副主任后传递有关科室处理；需要办理的文件由秘书科按公文处理卡意见呈送办公室主任阅示，然后按办公室主任意见传递给有关单位承办。县里的大事要事，需下发文件的，由科室负责人、文秘人员草拟文稿，先由分管副主任初审，再送办公室主任审核（签）或县政府领导审签，最后由秘书科负责打印发出。

1986 年至 2000 年 9 月 30 日，行文使用普通 16 开公文纸。县政府文件、县政府办公室文件种类分为“乐府发”“乐府字”“乐府办发”“乐府办字”“乐府办抄字”5 种。2000 年 10 月 1 日起，按照《国家行政机关公文处理方法》规定，使用新的文件编发制作标准，文件纸张为 A4 型 70 克并使用新的文件字号。县政府文件、县政府办公室文件种类仍为“乐府发”“乐府字”“乐府办发”“乐府办字”“乐府办抄字”5 种。县人民政府、县政府办公室向上级人民政府请示汇报工作或向上级有关部门通报情况，则使用“乐府文”“乐府办文”。2012 年 7 月 1 日起，按照《党政机关公文处理工作条例》执行，文件种类仍为“乐府发”“乐府字”“乐府办发”“乐府办字”“乐府办抄字”5 种。历年公文按年度、文件种类、字号顺序装订成册，由办公室存档 1 份（副本），档案局存档 1 份（正本），省、市文件全部存放于档案局，剩余文件按规定予以销毁。

三、信息调研

1985 年 3 月，县政府办公室开始编印《政务通讯》，每月 1 期。1985—1990 年，主要开展厂矿企业经济承包、乡镇扶贫、筹措农村办学经费、粮油定购计划落实等方面的调研。1991 年，县政府办公室设兼职信息员，每月不定期向《抚州政讯》《江西政务》报送信息。1995 年，县政府办公室聘请乡镇政府、县直单位文秘人员为特约信息员，确定信息报告重点单位 18 个；5 月，县政府办公室开始编印《乐安政讯》。2001 年，县政府办公室开始编印《政务调研》（2005 年改为《政务通讯》）。2005 年，县政府办公室开始编印《每周汇要》，刊载县政府领导每周重要活动。2008—2009 年，县政府办公室制定《政府信息公开指南和目录编制工作方案》。2010 年 4 月，政府信息公开列入机关效能建设日常绩效考核。1993—2010 年，县政府办公室共编印《政务通讯》148 期，《政务调研》44 期，《乐安政讯》396 期，《每周汇要》250 期；向省、地（市）报送调研文章、信息 4271 条，采用调研文章 130 余篇、信息 1354 条；在县政府门户网站公开政府信息 2.56 万条。2016 年 3 月，县政府办公室向所属科室印发《2016 年度信息工作考评办法的通知》《关于在全县开展优秀调研文章评选活动的通知》，要求县政府办公室全体文秘人员每人至少撰写一篇调研信息文章，同时激励各地各部门各行业参与信息工作，形成信息工作合力。2016 年，县政府办公室编报信息近 500 条（含调研信息），其中被市级要情采用 50 余条，完成上级约稿 60 余条，多条约稿被省政府办公厅和国务院办公厅采用并得到上级领导批示，信息工作在全市11个县区中排名第二，在全省100个县区中排名第七，县政府办公室被评为全省、全市信息工作优秀单位。

四、政务督查

1983年起，县政府政务督查工作由县政府办公室承担，督查落实县政府重要文件和会议精神、重大活动部署等，逐步建立登记、交办、督查、落实情况反馈等制度，保证政令畅通。2007年5月，成立县政府督查室，为副科级机构；7月，县政府督查室开始编印《领导批示督办汇报》《政务督查》；8月，县政府制定《县人民政府督查工作暂行规则》。2009年，县政府督查室开始承担县人大代表议案（建议）、县政协委员提案的交办、督办。2013年5月，县政府督查室改为县政府办公室内设股级机构。至2016年，县政府督查室共编印《领导批示督办汇报》71期，《政务督查》29期，下发《督办函》206份，办理上级转办件和领导批示件66件；与县委督查室联合编印《乐安督查》11期，《重点工作情况专报》18期。

五、电子政务

乐安县人民政府网　2004年，创建政务信息门户网站（www.jxlean.gov.cn），2009年改版，功能定位为“对外宣传、政务公开、在线办事、公众参与”，是外界了解乐安的窗口、政府服务民众的平台；当年，获全省政府网站工作先进单位。

政务信息网　2004年4月，省政务信息网向市县联网，乐安正式建立政务信息网，分为政务外网（核心网）和政务内网（内部办公专用）。2008年，在行政中心办公楼建设时，建成政务网中心机房，机房使用面积60平方米，配有配电系统、温控系统、消防系统、监控系统等设施，网络以千兆到客户端标准，连通县委、县人大、县政府、县政协及所属工作部门，通过光纤传输，为行政中心外的县直和驻县单位及省、市部门通讯提供联网服务。在政务网平台上建构了全省视频会议系统，第一视频会议室可容纳200人，第二视频会议室（超清）可容纳60余人。至2016年，政务网视频会议室共接听收看国内各级视频会议1674次。建有全省党委政府办公厅（室）OA系统、国防动员指挥系统、大组工网、财政专网、工商信息系统、网上审批与电子监察系统、国土资源信息系统、林业信息系统、交通（运管）信息系统、计生信息系统等。2011年，获全省电子政务网络建设与运维先进单位。2013年，获全省应用系统技术支撑先进单位。

政府信息公开　按照打造“亲民、透明、高效、诚信”政府的要求，县政府相继出台《政府信息公开目录》《政府信息公开指南》，建立政府信息公开联席会议制度。2008年，构建全方位信息公开平台。至2016年，举办5期共100余人参加的电子政务与信息公开工作培训班，完成网上审批和电子监察系统建设工作，建立安全保障体系，网站信息公开平台累计发布信息126684条。

六、外事侨务

机构　1984年7月，成立乐安县政府外事侨务办公室，对外分别称外事办公室和侨务办公室，归口县政府办公室管理。1987年10月确定为副科级，定编1人。2002年机构改革，侨务办公室与统战部合署办公；外事办公室为政府办公室内设机构。2008年，外事办公室和侨务办公室合并为外事侨务办公室，为县政府正科级机构，与政府办公室合署办公。2010年政府机构改革，外事侨务办公室的职责划入县政府办公室，对外保留其牌子。2011年定编2人，配主任、副主任各一名。2014年政府机构改革，政府办公室增挂县外事侨务办公室牌子。

主要工作　2002年赣港经贸合作后，乐安县先后派出20余人次参加赣港经贸洽谈会。2008年11月8—14日，日本农业专家柿本阳一到乐安县向菇农传授蘑菇种植和管理技术，培训和指导菇农530余人次。2015年6月16日，韩国全罗南道顺天市乐安邑城代表团到乐安县进行友好访问交流。2016年10月4日，汤显祖逝世400周年纪念活动期间，大批来自阿根廷、哥伦比亚、

第六卷　地方政治协商会议

本卷目录

第一章　政协乐安县委员会

中国人民政治协商会议江西省乐安县委员会（简称“县政协”），是中国共产党领导的多党合作和政治协商的重要机构，遵循“长期共存、互相监督、肝胆相照、荣辱与共”的方针，高举爱国主义和社会主义旗帜，广泛团结全县各界人士，围绕实现党和国家的总任务，履行“政治协商、民主监督、参政议政”的职能，为乐安政治稳定、经济建设作出贡献。

第一节　政协委员

一、委员的产生

1984—2016年，县政协共历经9届。其中第五至第七届每届任期3年，第八届始每届任期5年。根据政协章程，政协委员由社会各界推荐提名，按协商的办法产生。中共党员委员人选由县委组织部负责考察，非中共委员人选由县委统战部负责考察，建议委员人选名单由县委统战部汇总，在征得县政协党组同意后，报县委审定，然后由上届县政协常务委员会协商决定。在每届委员任期内，有必要增加或变更参加单位、委员名额和人选时，由该届常务委员会协商决定。

二、界别设置

根据县内的民族、党派分布情况和委员的代表性予以确定。一般设中共、工青妇、农业、经济、工商联、科学技术、教育、医疗卫生、文化体育、少数民族、特邀等界别。其中党外人士委员的比例不少于60%，女委员的比例不少于18%。

县政协办公楼大厅

政协乐安县委员会第五至第十三届委员界别构成表

表6-1-1　　单位：人

界别	五届	六届	七届	八届	九届	十届	十一届	十二届	十三届
委员总数	111	121	128	129	132	158	173	190	194
中共	10	16	18	18	17	20	11	12	14
无党派	1	1	—	—	—	—	16	17	22
工会	3	7	8	—	—	—	6	7	7
共青团	1	3	4	5	5	7	9	7	7

续表 6-1-1

界别	五届	六届	七届	八届	九届	十届	十一届	十二届	十三届
妇联	3	8	12	13	13	15	10	8	8
农业	5	4	5	9	11	8	10	9	12
经济	—	—	—	15	15	24	20	21	20
工商联	10	10	12	13	19	28	25	22	23
科学技术	28	24	18	18	15	15	7	7	7
教育	15	13	15	15	14	16	15	11	10
医疗卫生	17	12	14	7	7	10	8	9	10
文化体育	7	6	5	5	6	6	6	4	5
台联侨联	—	—	—	—	—	—	—	6	4
少数民族宗教	3	6	7	4	4	4	5	4	4
社科	—	—	—	—	—	—	5	5	4
新闻出版	—	—	—	—	—	—	—	4	3
社会保障	—	—	—	—	—	—	5	9	8
法律	—	—	—	—	—	—	8	8	8
三胞	6	8	8	7	5	4	5	—	—
特邀	2	3	2	—	1	1	2	20	18

说明：第十届五次会议增加的 14 名委员未划入界别

三、乐安县出任省、市政协委员名录

省政协第六至第十一届委员会委员

政协江西省第六至七届委员会委员：龚华云

政协江西省第八届委员会委员：龚华云、丁少意

政协江西省第九至十一届委员会委员：徐友洪

市政协第一至第四届委员会委员

政协抚州市第一届委员会委员：黄更昌、张乐明、吕小汉、徐友洪、李旭、黄小萍（女）、邹振球、乐思洪、银光灿、董华春。

政协抚州市第二届委员会委员：杨水生、鲍峰庭、陈显明、吕小汉、徐友洪、曾亦农、艾玮（女）、董雪梅（女）、游娟娟（女）、汤小平、罗俊红（女）、蓝智平。

政协抚州市第三届委员会委员：陈显明、徐友洪、叶芝云（女）、游娟娟（女）、袁静（女）、饶南文、董雪梅（女）、汤小平、蓝智平。特邀：李以庚、杨水生、杨党华、吴瑞云。

政协抚州市第四届委员会委员：李以庚、吴瑞云、龚冬根、胡文军、蓝卫、叶芝云（女）、庄彬春、龚小茂、邹吉和。

第二节　政协全体委员会议

政协全体委员会议每年至少举行 1 次，由政协常务委员会召集并主持。

每届第一次全体会议由会议选举主席团主持。会议主要议程有：听取和审议政协常务委员会工作报告；听取和审议提案工作报告；列席县人民代表大会会议，听取和协商讨论政府工作报告和其他报告；选举主席、副主席、秘书长、常务委员；通过有关决议；其他事项。

一、第五届全体委员会

第一次会议　1984 年 7 月 3—6 日在县委一

楼会议室召开。会议选举李宏为政协主席，李彰显、陈绍生、胡德群、黄春德为政协副主席，李宏、李彰显、陈绍生、胡德群、吴刚健、黄春德、袁承宗、黄文祥、杨震声、曾昭华、谭海珠（女）、傅集贤、刘纪旋、林博、龚华云、游文礼、舒宽安、龚茂祥、吴用广、黄荣清（女）、陈新、孔庆同、董文学、梅绍裘、陈智良、傅茂臣、何克华为常务委员会委员。

第二次会议　1985 年 3 月 31 日至 4 月 4 日在县城召开。会议增选吴刚健为政协副主席。

第三次会议　1986 年 2 月 26 日至 3 月 1 日在县城召开。会议增选袁承宗为政协副主席，李远锦、黄福义为常务委员会委员。

二、第六届全体委员会

第一次会议　1987 年 7 月 20—24 日在县委二楼会议室召开。会议选举毛明瑞为政协主席，卢向云、胡德群、黄春德、龚华云为政协副主席，谢芦生为秘书长，王思忠、孔庆同、刘洪祖、李远锦、杨思昌、杨洪昌、周风阳、洪翰墨、郭慧倪（女）、梅绍裘、黄正生、黄福义、龚茂祥、傅茂臣、戴接兴 15 人为常务委员会委员。

第二次会议　1988 年 1 月 14—16 日在县委二楼会议室召开。会议增选袁承宗为政协副主席。

第三次会议　1989 年 4 月 11—14 日在县委二楼会议室召开。会议增选蔡安隽为常务委员会委员。

三、第七届全体委员会

第一次会议　1990 年 4 月 9—14 日在县委二楼会议室召开。会议除常规议程外还学习了《中共中央关于坚持和完善中国共产党领导的多党合作和政治协商制度的意见》。会议选举毛明瑞为政协主席，卢向云、胡德群、傅茂臣为政协副主席，缪凤翔为秘书长，元新太、刘洪祖、李木珍、李远锦、邹华恩、肖辉光、严福有、杨洪涛、杨斯昌、徐谷裕、龚茂祥、游南利、蔡安隽、裴茶香（女）、戴金和、戴接兴 15 人为常务委员会委员。

第二次会议　1991 年 3 月 27—29 日在县委二楼会议室召开。会议除常规议程外还传达学习全国政协七届四次会议精神。

第三次会议　1992 年 3 月 17—19 日在县委二楼会议室召开。

四、第八届全体委员会

第一次会议　1993 年 1 月 9—12 日在县委二楼会议室召开。会议选举许国光为政协主席，卢向云、傅茂臣、杨水生、戴接兴为政协副主席，缪凤翔为秘书长，丁国贤、刁东森、刘洪祖、朱彩莲（女）、李木珍、陈秀英（女）、徐谷裕、顾忠怀、高海林、黄凤珍（女）、黄茂文、谌润芝（女）、詹世雄、裴茶香（女）、蔡安隽 15 人为常务委员会委员。

第二次会议　1994 年 3 月 13—15 日在县委二楼会议室召开。会议选举李秋生为政协主席。

第三次会议　1995 年 3 月 12—14 日在县委二楼会议室召开。会议增选邱秀兰（女）、洪炳华为常务委员会委员。

第四次会议　1996 年 3 月 5—7 日在县委二楼会议室召开。会议补选董贵明为秘书长。

第五次会议　1997 年 3 月 11—13 日在县委二楼会议室召开。

五、第九届全体委员会

第一次会议　1998 年 1 月 2—4 日在县国防宾馆五楼会议室召开。会议选举银光灿为政协主席，董华春、陈道源、黄更昌、陈显明为政协副主席，董贵明为秘书长，帅春隆、吕小汉、陈友生、陈中平、李旭、邹兰琴（女）、邹振球、胡招辉、洪炳华、徐友洪、徐谷裕、涂继旗、黄茂文、黄治伟、谌润芝（女）、傅雪英（女）、詹晨光、裴茶香（女）18 人为常务委员会委员。

第二次会议　1999年3月5—6日在县城召开。

第三次会议　2000 年 2 月 13—15 日在县政府招待所二楼会议室召开。

第四次会议　2001 年 2 月 23—25 日在县城召开。

第五次会议　2001 年 5 月 30 日在县政府招待所

二楼会议室召开。会议增选张乐明为政协副主席。

第六次会议　2002年2月23—25日在县财政局六楼会议室召开。

六、第十届全体委员会

第一次会议　2003年1月1—3日在县财政局六楼会议室召开。会议选举杨水生为政协主席，董华春、陈道源、张乐明、陈国忠、吕小汉为政协副主席，董贵明为秘书长，丁龙庄、王晓琴（女）、朱接辉、汤小平、张志坚、杨世刚、陈林保、吴燕辉（女）、易鸣辉、罗春生、宗元、袁国平、徐友洪、龚幼光、黄茂文、曾青云、曾招生、彭国康、董凤生20人为常务委员会委员。

第二次会议　2004年3月9—11日在县财政局六楼会议室召开。会议增选徐友洪、管同文、吴瑞云为政协副主席；补选曾贵才为秘书长。

第三次会议　2005年3月13—15日在县财政局六楼会议室召开。

第四次会议　2006年4月15—17日在县财政局六楼会议室召开。

第五次会议　2006年11月22—23日在县财政局六楼会议室召开。会议接受董华春、张乐明辞去县政协副主席的请求。会议补选易鸣辉为政协副主席；增补何元民、艾玮（女）、黄建华、吴根成为常务委员会委员。

七、第十一届全体委员会

第一次会议　2007年3月31日至4月3日在县财政局六楼会议室召开。会议选举杨水生为政协主席；陈国忠、吕小汉、徐友洪、管同文、吴瑞云、易鸣辉、叶芝云（女）为政协副主席，曾贵才为秘书长，丁龙庄、王晓琴（女）、艾玮（女）、朱接辉、汤小平、杨世刚、陈苏华、何元民、吴根成、吴燕辉（女）、罗春生、罗俊红（女）、袁国平、游娟娟（女）、黄建华、黄茂文、曾亦农、曾华明、曾青云、谢小青、董俊（女）、鲍峰庭22人为常务委员会委员。

第二次会议　2008年2月22—25日在县财政局六楼会议室召开。会议补选乐月耀为秘书长；增选詹平相为常务委员会委员。

第三次会议　2009年2月4—7日在县财政局六楼会议室召开。会议增选梁茂华、王志华为常务委员会委员。

第四次会议　2010年1月6—9日在县财政局六楼会议室召开。会议补选袁国平为政协副主席；增选王树民、龙小凤、陈兆芳、赵钰、赵晶（女）、郭玉棠（女）为常务委员会委员。

第五次会议　2011年2月27日至3月2日在县财政局六楼会议室召开。

八、第十二届全体委员会

第一次会议　2011年9月12—15日在县财政局六楼会议室召开。会议选举李以庚为政协主席，陈国忠、吕小汉、徐友洪、管同文、易鸣辉、叶芝云（女）为政协副主席，乐月耀为秘书长，王志华、龙小凤、汤小平、刘永、杨世刚、杨国平、杨党华、邹吉和、陈中平、陈兆芳、赵钰、罗俊红（女）、袁国平、袁静（女）、黄小萍（女）、黄茂文、黄建华、黄淑英（女）、龚小茂、曾城、曾华明、游娟娟（女）、董坤金、董俊（女）、董雪梅（女）、戴乐梅（女）26人为常务委员会委员。

第二次会议　2012年2月23—26日在县财政局六楼会议室召开。会议补选袁国平为政协副主席；补选王农为秘书长；补选乐月耀、杨国平（统战部）、郑礼萍（女）为常务委员会委员。

第三次会议　2013年3月6—8日在县财政局六楼会议室召开。

第四次会议　2014年2月26—28日在县行政中心综合楼一楼会议室召开。

第五次会议　2015年2月27至3月1日在县行政中心综合楼一楼会议室召开。

第六次会议　2016年2月26—28日在县行政中心综合楼一楼会议室召开。

九、第十三届全体委员会

第一次会议　2016年10月16—19日在县行政中心综合楼一楼会议室召开。会议选举李以庚为政协主席，袁国平、陈显明、陈中平、袁小明、杨欣平、陈晖、黄茂文为政协副主席，王农为秘书长，丁南昌、万丽梅（女）、王志华、王莹（女）、邓晓瑛（女）、刘永、刘接绍、汤小平、杨国平、邹吉和、陈羽后、陈晓英（女）、林永煊、周小兵、周美根、郑礼萍（女）、胡启元、赵钰、袁静（女）、黄小萍（女）、黄丽君、黄建梅（女）、龚小茂、董俊（女）、董雪梅（女）、蔡立群（女）、戴乐梅（女）、戴培德28人为常务委员会委员。

中国人民政治协商会议乐安县第十三届委员会第一次会议

第二章　组织机构

政协乐安县委员会常务委员会是县政协常设机构，主持政协日常工作，召集并主持政协全体会议，履行政治协商、民主监督、参政议政职能，围绕县委、县政府中心工作，充分发挥协调关系、汇聚力量、建言献策、服务大局的作用，为加快建设乐安贡献智慧和力量。

第一节　政协常委会及工作机构

一、常务委员会

县政协设立常务委员会，由主席、副主席、秘书长、常务委员会委员组成，按照《中国人民政治协商会议章程》行使职权，由政协主席主持常务委员会工作，副主席、秘书长协助主席工作。主席、副主席、秘书长组成主席会议，处理常务委员会日常工作。

二、工作机构

1985年，设立政协办公室、工作组办公室、文史办公室、学习委员会办公室。1986年5月，设立提案审查工作委员会、文史资料工作委员会。1987年6月，设立联络咨询科、宣传文史科。1989年设立乡镇政协工作委员会。1990年4月，设立工业交通工作委员会、农林科技工作委员会、教育文体工作委员会、医药卫生工作委员会、财贸工商工作委员会、祖国统一工作委员会。1993年1月，设立工商工作委员会、法制社团工作委员会、农村工作委员会，撤销乡镇政协工作委员会。1997年7月，设立提案学习委员会、教文卫体委员会、经济科技委员会、法制社团和“三胞”联谊委员会，宣传文史科和联络咨询科的职能划入4个专门委员会。2003年机构改革，政协机关设办公室、提案学习委员会、经济科技委员会、教文卫体委员会、法制社团和“三胞”联谊委员会。2007 年 8 月，经济科技委员会更名为经济委员会，法制社团和“三胞”联谊委员会更名为社会和法制委员会，提案学习委员会更名为提案委员会，教文卫体委员会和办公室名称不变。2012 年 7 月，教文卫体委员会更名为教文卫体和文史委员会，社会和法制委员会更名为社会法制和港澳台侨外事委员会。工作机构在各届中的变化如下：

政协第五届委员会设 1 个委员会和 10 个工作组，分别为：学习委员会以及农业、工商、经济、科技、教育、文体、祖国统一、医药卫生、文史资料、妇女工作组。

政协第六届委员会设 3 个专门委员会和 9 个工作组，分别为：学习、提案、文史资料工作委员会；工业交通、农林水电、文体、三胞、民族宗教、教育、财贸、医药卫生、乡镇工作组。

政协第七届委员会设 3 个委员会和 6 个工作委员会，分别为：学习、提案审查、文史资料委员会，工业交通、农林科技、教育文体、医药卫生、财贸工商、祖国统一工作委员会。

政协第八届委员会在七届委员会的基础上增设 3 个工作委员会，分别为：工商、法制社团、农村工作委员会。

政协第九届委员会设 4 个专门委员会和 9 个工作组，分别为：学习提案、教文卫体、经济科技、法制社团三胞联谊委员会；提案学习、财贸、工业工商、农林科技、教育、文体、卫生、三胞联谊、法制社团工作组。

政协第十届委员会在九届委员会的基础上，增设文史委员会后并入政协办公室，提案学习委员会更名为提案委员会，经济科技委员会更名为经济委员会，法制社团三胞联谊委员会更名为社会和法制委员会，教文卫体委员会名称不变。

政协第十一届委员会设 4 个专门委员会和 8 个活动小组，分别为：提案、经济、教文卫体、社会和法制委员会；提案组、财贸组、工交组、农林水组、教体组、文卫组、社会组和法制组。文史委员会由办公室划出并入教文卫体委员会。

政协第十二届委员会设 4 个专门委员会和 9 个活动小组，分别为：提案、经济、教文卫体、社会和法制委员会；提案一组、提案二组、财贸组、工交组、农林组、教育组、文体组、社会组和法制组。

政协第十三届委员会设 4 个专门委员会，分别为：提案、经济、教文卫体和文史、社会法制和港澳台侨外事委员会。每个专委会分别设 2 个活动小组，以便委员分界别开展工作。

至 2016 年，县政协办公室、提案委员会、经济委员会、教文卫体和文史委员会、社会法制和港澳台侨外事委员会，有编制 15 人，在岗 24 人。

政协办公室的主要职责是：负责政协的会务和文稿的起草工作以及机关文件、材料的处理、归档、保管和保密工作；组织实施县政协的决议、决定；负责机关的日常事务、后勤保障工作及来信来访处理，来人接待等工作；负责宣传报道和信息工作，收集反映政协委员和各界人士的意见和建议；征集出版《乐安文史资料》等。

1986—2016 年，历任主任：胡德群、谢芦生、缪凤翔、董贵明、曾贵才、詹平相、乐月耀、王农。

政协乐安县第五至第十三届主席、副主席、秘书长更迭情况表

表 6-2-1

届次	职务	姓名	政治面貌	籍贯	任职时间
第五届（1984.07—1987.07）	主　席	李　宏	中共党员	辽宁兴城	1984.07—1987.07
	副主席	李彰显	中共党员	江西乐安	1984.07—1987.07
		陈绍生	中共党员	江西乐安	1984.07—1987.07
		胡德群	无党派	江西乐安	1984.07—1987.07
		黄春德	无党派	江西丰城	1984.07—1987.07
		吴刚健	中共党员	江西临川	1985.04—1987.07
		袁承宗	中共党员	江西乐安	1986.03—1987.07
	秘书长	吴刚健	中共党员	江西临川	1984.07—1985.07
		胡德群	无党派	江西乐安	1985.07—1987.07
第六届（1987.07—1990.04）	主　席	毛明瑞	中共党员	江西进贤	1987.07—1990.04
	副主席	卢向云	中共党员	江西乐安	1987.07—1990.04
		胡德群	无党派	江西乐安	1987.07—1990.04
		黄春德	无党派	江西丰城	1987.07—1990.04
		龚华云	无党派	江西南昌	1987.07—1990.04
		袁承宗	中共党员	江西乐安	1988.01—1990.04
	秘书长	谢芦生	中共党员	江西乐安	1987.07—1990.04
第七届（1990.04—1993.01）	主　席	毛明瑞	中共党员	江西进贤	1990.04—1993.01
	副主席	卢向云	中共党员	江西乐安	1990.04—1993.01
		胡德群	无党派	江西乐安	1990.04—1993.01
		傅茂臣	无党派	江西临川	1990.04—1993.01
	秘书长	缪凤翔	中共党员	江西乐安	1990.04—1993.01
第八届（1993.01—1998.01）	主　席	许国光	中共党员	江西金溪	1993.01—1993.11
		李秋生	中共党员	江西永新	1994.03—1998.01
	副主席	卢向云	中共党员	江西乐安	1993.01—1998.01
		傅茂臣	无党派	江西临川	1993.01—1998.01
		戴接兴	无党派	江西乐安	1993.01—1998.01
		杨水生	中共党员	江西乐安	1993.01—1998.01
	秘书长	缪凤翔	中共党员	江西乐安	1993.01—1994.06
		董贵明	中共党员	江西乐安	1996.03—1998.01
第九届（1998.01—2003.01）	主　席	银光灿	中共党员	湖南武冈	1998.01—2003.01
	副主席	董华春	中共党员	江西乐安	1998.01—2003.01
		陈道源	中共党员	江西乐安	1998.01—2003.01
		黄更昌	无党派	江西乐安	1998.01—2003.01
		陈显明	无党派	江西崇仁	1998.01—2003.01
		张乐明	中共党员	江西进贤	2001.05—2003.01
	秘书长	董贵明	中共党员	江西乐安	1998.01—2003.01

续表 6-2-1

届次	职务	姓名	政治面貌	籍贯	任职时间
第十届（2003.01—2007.03）	主　席	杨水生	中共党员	江西乐安	2003.01—2007.03
	副主席	董华春	中共党员	江西乐安	2003.01—2006.11
		陈道源	中共党员	江西乐安	2003.01—2004.03
		张乐明	中共党员	江西进贤	2003.01—2006.11
		陈国忠	中共党员	江西乐安	2003.01—2007.03
		吕小汉	无党派	江西崇仁	2003.01—2007.03
		徐友红	无党派	江西乐安	2004.03—2007.03
		管同文	中共党员	江西乐安	2004.03—2007.03
		吴瑞文	中共党员	江西临川	2004.03—2007.03
	秘书长	董贵明	中共党员	江西乐安	2003.01—2003.04
		曾贵才	中共党员	江西乐安	2004.03—2007.03
第十一届（2007.03—2011.09）	主　席	杨水生	中共党员	江西乐安	2007.03—2011.09
	副主席	陈国忠	中共党员	江西乐安	2007.03—2011.09
		吕小汉	无党派	江西崇仁	2007.03—2011.09
		徐友洪	无党派	江西乐安	2007.03—2011.09
		管同文	中共党员	江西乐安	2007.03—2011.09
		吴瑞云	中共党员	江西临川	2007.03—2011.09
		易鸣辉	中共党员	江西乐安	2007.03—2011.09
		叶芝云（女）	无党派	浙江绍兴	2007.03—2011.09
		袁国平	中共党员	江西乐安	2010.01—2011.09
	秘书长	曾贵才	中共党员	江西乐安	2007.03—2008.02
		乐月耀	中共党员	江西乐安	2008.02—2011.09
第十二届（2011.09—2016.10）	主　席	李以庚	中共党员	江西广昌	2011.09—2016.10
	副主席	陈国忠	中共党员	江西乐安	2011.09—2016.10
		吕小汉	无党派	江西崇仁	2011.09—2016.10
		徐友洪	无党派	江西乐安	2011.09—2016.10
		管同文	中共党员	江西乐安	2011.09—2013.04
		易鸣辉	中共党员	江西乐安	2011.09—2013.12
		叶芝云（女）	无党派	浙江绍兴	2011.09—2016.10
		袁国平	中共党员	江西乐安	2012.02—2016.10
	秘书长	乐月耀	中共党员	江西乐安	2011.09—2012.02
		王　农	中共党员	江西乐安	2012.02—2016.10

续表 6-2-1

届次	职务	姓名	政治面貌	籍贯	任职时间
第十三届（2016.10— ）	主　席	李以庚	中共党员	江西广昌	2016.10—
	副主席	袁国平	中共党员	江西乐安	2016.10—
		陈显明	无党派	江西崇仁	2016.10—
		陈中平	无党派	江西乐安	2016.10—
		袁小明	无党派	江西乐安	2016.10—
		杨欣平	中共党员	江西乐安	2016.10—
		陈　晖	中共党员	江西乐安	2016.10—
		黄茂文	无党派	江西乐安	2016.10—
	秘书长	王　农	中共党员	江西乐安	2016.10—

政协乐安县第五至第十三届常务委员会委员名录

表 6-2-2

届次	姓名
五　届	李　宏　李彰显　陈绍生　胡德群　吴刚健　黄春德　袁承宗　黄文祥　杨震声　曾昭华　谭海珠（女）　傅集贤　刘纪旋　林　博　龚华云　游文礼　舒宽安　龚茂祥　吴用广　黄荣清（女）　陈　新　孔庆同　董文学　梅绍裘　陈智良　傅茂臣　何克华　李远锦　黄福义
六　届	王思忠　孔庆同　刘洪祖　李远锦　杨思昌　杨洪昌　周凤阳　洪翰墨　郭慧倪（女）　梅绍裘　黄正生　黄福义　龚茂祥　傅茂臣　戴接兴　蔡安隽
七　届	元新太　刘洪祖　李木珍　李远锦　邹华恩　肖辉光　严福有　杨洪涛　杨斯昌　徐谷裕　龚茂祥　游南利　蔡安隽　裴茶香（女）　戴金和　戴接兴
八　届	丁国贤　刁东森　刘洪祖　朱彩莲（女）　李木珍　陈秀英（女）　徐谷裕　顾忠怀　高海林　黄凤珍（女）　黄茂文　谌润芝（女）　詹世雄　裴茶香（女）　蔡安隽　邱秀兰（女）　洪炳华
九　届	帅春隆　吕小汉　陈友生　陈中平　李　旭　邹兰琴（女）　邹振球　胡招辉　洪炳华　徐友洪　徐谷裕　涂继旗　黄茂文　黄治伟　谌润芝（女）　傅雪英（女）　詹晨光　裴茶香（女）
十　届	丁龙庄　王晓琴（女）　朱接辉　汤小平　张志坚　杨世刚　陈林保　吴燕辉（女）　易鸣辉　罗春生　宗　元　袁国平　徐友洪　龚幼光　黄茂文　曾青云　曾招生　彭国康　董凤生　何元民　艾　玮（女）　黄建华　吴根成
十一届	丁龙庄　王晓琴（女）　艾　玮（女）　朱接辉　汤小平　杨世刚　陈苏华　何元民　吴根成　吴燕辉（女）　罗春生　罗俊红（女）　袁国平　游娟娟（女）　黄建华　黄茂文　曾亦农　曾华明　曾青云　谢小青　董　俊（女）　鲍峰庭　詹平相　梁茂华　王志华　王树民　龙小凤　陈兆芳　赵　钰　赵　晶（女）　郭玉棠（女）
十二届	王志华　龙小凤　汤小平　刘　永　杨世刚　杨国平　杨党华　邹吉和　陈中平　陈兆芳　赵　钰　罗俊红（女）　袁国平　袁　静（女）　黄小萍（女）　黄茂文　黄建华　黄淑英（女）　龚小茂　曾　城　曾华明　游娟娟（女）　董坤金　董　俊（女）　董雪梅（女）　戴乐梅（女）　乐月耀　杨国平（统战部）　郑礼萍（女）
十三届	丁南昌　万丽梅（女）　王志华　王　莹（女）　邓晓瑛（女）　刘　永　刘接绍　汤小平　杨国平　邹吉和　陈羽后　陈晓英（女）　林永煊　周小兵　周美根　郑礼萍（女）　胡启元　赵　钰　袁　静（女）　黄小萍（女）　黄丽君　黄建梅（女）　龚小茂　董　俊（女）　董雪梅（女）　蔡立群（女）　戴乐梅（女）　戴培德

三、政协老委员联谊会

1988年12月10日，成立县政协老委员联谊会，召开县政协第一届老委员联谊会第一次会议，通过联谊会章程，选举理事会会长1名、副会长2名、秘书长1名、副秘书长1名、会员76名。1989年增设理事9名，修改联谊会章程。1990年补选副会长1名。1992年召开第二届会议，选举会长1名、增选副会长1名、补选理事4名。在县政协第十届至十一届委员会期间，通过招商引资在县城乐安大道西端南侧创办小蓬莱景区，建立县政协联谊基地。2006年，抚州市市、县政协联谊会在小蓬莱召开。2010年1月29日，县政协第十一届十三次党组及主席（扩大）会议研究决定：成立老委员联谊协会，办公地址、活动中心设在小蓬莱，与政协联谊基地合署办公；4月13日，县政协第十一届十四次党组及主席联席（扩大）会确定：老委员联谊协会成员50人。是年冬，省政协副主席刘晓庄组织省政协人环资委、省文联、省作家协会、省诗词学会、省杂文学会在乐安进行以“在青山绿水中崛起”为主题的调研采风活动，其间在小蓬莱进行“写生·采风·联谊基地”挂牌仪式。2011年2月18日，县政协第十一届十八次党组及主席联席会确定：基地对外“一个载体，两块牌子”，即联谊载体，政协联谊基地和政协老委员协会联谊基地。2016年老委员联谊会有会员50人。

第二节　乡镇政协

1989年4月29日，县委转发县政协党组《关于建立乡镇政协工作委员会有关问题的请示》。乡镇政协工作委员会是乡一级的统一战线组织，是人民政协经常联系委员和各界人士履行政治协商、民主监督职能的延伸。乡镇政协工作委员会成员由所在乡镇的“三胞一属”、教育界、卫生界、民族宗教、农村专业户和工商、财贸部门的各界知名人士组成，委员会成员除县政协委员外为9～11人，设主任1名，副主任1～2名，其级格同乡镇人大主席团一样，由相应职务的干部担任，委员中，中共党员不超过40%。

乡镇政协工作委员会受同级党委领导，并在县政协具体指导下进行工作，其主要任务是：组织政协工作委员会成员和各界人士宣传贯彻党的路线、方针政策，为实现新时期三大任务服务；经常学习政治理论、统战知识和科技知识，搞好宣传教育；履行政治协商、民主监督的职能，参与乡镇有关大事的协商，发表意见和建议；围绕党的中心工作，做好专题调查和考察，开展咨询服务活动，为乡镇经济建设出谋献策；会同有关部门做好对外宣传和联谊工作，广交朋友，为推动“一国两制”的实施出力；广泛联系群众，及时反映群众意见和要求，为群众办实事；做好政协工作委员会自身建设，发扬自尊、自强、自爱的精神，主动开展工作，带头遵纪守法，维护安定团结，努力发展生产，勤劳致富。

乡镇政协委员会正、副主任可列席同级党委会、乡镇长办公会和县政协全委会，委员会成员列席乡镇人民代表大会。

1989年5月，成立戴坊镇政协工作委员会；6月，成立牛田镇政协工作委员会；7月，成立招携镇、鳌溪镇、公溪镇和龚坊乡4个政协工作委员会。

1993年1月，根据“小机关、大服务”的机构改革精神，乡镇政协工作委员会不再保留，全部撤销。

1989—1992年，乡镇政协工作委员会主任分别为：鳌溪镇严福有，戴坊镇康保佳、王来香，牛田镇陈瞒生，招携镇游科达、陈畬生，公溪镇饶伢生、黄义生，龚坊乡王九芳、康保佳。

第三章　主要工作

历届县政协充分运用会议、提案、专题调查、视察、对口联系和反映社情民意等多种形式，履行政治协商、民主监督和参政议政职能，推进政协工作制度化、规范化，为经济社会发展服务。

第一节　协商监督

政治协商、民主监督是人民政协的主要职能。根据“长期共存，互相监督，肝胆相照，荣辱与共”的方针，县政协就乐安县的重要事务以及群众生活等重大问题进行政治协商；通过批评和建议，发挥民主监督作用。

县政协第五届委员会　召开3次全委会会议，15次常委会会议。主要是在“活、广、深”上下功夫，在有理有据上花力气，开展协商监督活动，就全县体制改革、经济建设、两个文明建设、县级机关整党、城建规划、计划生育以及人民生活等全局性的重大问题进行协商监督，为党政各部门改进工作取得一定的效果。

县政协第六届委员会　召开全委会会议3次，常委会会议26次，主席会37次。建立和完善协商监督有关制度，如主席会议议事规则，常委会议议事规则，完善各工作委员会职责、机关工作责任制，制定乡镇政协工作委员会委员守则。1988年，县委批转县政协党组《关于加强政治协商民主监督的意见》。为发展教育事业，打好农业总体开发前哨战，先后组织教育委员会和农林水委员会的委员与县党政领导及有关部门负责人协商讨论，有些建议得到县党政领导的重视与采纳。

县政协第七届委员会　1990年，县委、县政府提出振兴乐安经济的“四篇文章”，县政协组织政协委员开展调查研究，就调整农村产业结构，发展烟叶、蚕桑等高税农业，利用本地资源发展地方产业，改善投资环境，招商引资等重大问题进行调查论证，协商监督；10月4日，县委召开各界人士出谋献策座谈会，政协委员和各界人士提交论文32篇，其中25篇在会上作发言。1991年3月，县委批转县政协党组《关于坚持和完善政治协商制度的报告》；是年，就社会治安综合治理、个体私营经济、房改方案、职业技术教育、农村社会化服务体系以及乡镇企业财务管理等专题进行议政，收到较好效果。1992年，建立各专委会与政府职能部门对口联系制度，就经济社会发展中的一些重要问题开展对口协商。

县政协第八届委员会　把握全县大局，开展协商监督。1994年，县政协组织委员就县城自来水供水资源及引水工程进行专题考察，在论证会上协商讨论，提出多个方案，为县政府决策扩建自来水引水工程提供依据。1995年，组织委员对县欣荣丝厂等6家企业进行调研，在八届十三次常委会上与县委、县政府及有关单位负责人进行协商，形成《建议案》，县政府常务会议对《建议案》进行研究，有些建议得以采纳。1996年，政协常务委员会协商讨论《县国民经济和社会发展“九五”计划和2010年远景目标纲要草案》，有的建议得到县委、县政府领导重视。

县政协第九届委员会　坚持大局观念，促进协商监督工作。1998年，就乡镇企业集资款和山坑电站筹资偿还问题进行协商讨论，形成《建议案》，县委、县政府采纳政协的建议，成立“两资”偿还领导小组并下发文件，开展“两资”清查工作，次年“两资”偿还全部兑现。1999年，组织部分委员并邀请投资商、鳌溪镇政府、县工商局、建设局、地税局、土管局等部门的主要领导，对商贸城发展前景进行调查和协商讨论，形成《关于促进商贸城繁荣发展的建议案》，报县委、县政府。2001年9月，邀请县政府分管领导和县委组织部负责人列席县政协常委会，就投资环境和党的作风建设等问题，开展协商讨论，形成《关于整治和优化我县投资环境的建议案》，报县委、县政府。

县政协第十届委员会　注重协商形式，创新协商思路。2003年，县政协召开2次常委会会议分别就加快全县企业转制和取消粮食收购保护价给农业产业结构调整带来的机遇和挑战进行民主协商，提出意见和建议。2004年，就林业资源培育、开发、利用及可持续发展和优化招商引资环境2个议题，召开常委会会议专题协商，就破解“三农”难题、山上再造“绿色银行”、优化招商引资环境提出意见和建议。

县政协第十一届委员会　围绕中心，服务大局，多层次开展政治协商。2008年，县政协抓住实施主攻两区、促进经济赶超发展这一关键点，开展协商议政，为全县经济社会实现又好又快发展献计出力。2009年，政协常委会、主席会、专门委员会分别就全县重大项目推进工作、新农村建设、土地集中整治、社会治安综合治理、农村低保、居民住房消费、完善新型农村合作医疗、打造特色品牌、园区企业经营瓶颈等议题进行协商议政，所提建议得到县委、县政府领导肯定。2010年，县住建局主动将县城规划情况向政协委员通报并征求委员意见和建议。县政协常委会围绕“十二五”规划进行协商议政，县委主要领导与常委们面对面协商讨论。

县政协第十二届委员会　着重就县委、县政府提出的重大课题进行协商议政。开展对口协商30次，召开专题协商会议24次。2011年，政协常委会就提升烟叶质量、增强乐安烟叶发展后劲，夯实基础、创建产业化园区，治安防控工作等进行协商议政。2012年，政协常委会根据县委提出打好“五大战役”、建设“五个乐安”的总目标，组织委员积极参与，号召政协委员在各条战线上做到人尽其才，才尽其用，为乐安经济发展牵线搭桥。2013年，组织5个视察组，由分管政协的副主席带队，先后对生态林建设、油茶产业发展、生活垃圾填埋场、基层法庭建设、城市重点项目建设情况开展专题视察，与相关部门开展协商；组织委员参与法院庭审、提升检察工作水平委员评议会、流坑景区门票价格听证等协商会议。2014年，县政协与县委、县政府就重大工作决策开展协商4次，委员参加相关部门协商会议12次，专题听取全县经济运行和社会发展情况通报，县政府相关部门就专项民生工作向政协常委会作专题汇报，进行协商建言，咨政问效。2015年，就县城公交线路停运状况，开展“加快发展县城公交，打造便利出行通道”专题调研；为提高城市建设品位，打造宜居之城，开展“兴建人工湖，建设美丽县城”专题调研；专门委员会和活动小组，先后围绕农村垃圾处理、普法教育、烟叶生产、蚕桑产业、社会保障、教育资源均衡配置、残疾人就业、社会法制建设等开展协商，发挥委员界别协商平台作用。

县政协第十三届委员会　2016年，就乡村养老服务机构建设与管理、乡村便民服务窗口建设、整治河道污染等6个方面开展专题协商，邀请县委农工部、县农业局、水利局、环保局、交通运输局、民政局等部门和部分乡村干部座谈，广泛征求意见，形成《关于我县新农村建设情况的视察报告》《关于我县乡村养老服务机构建设和管理的调研报告》，助推全县生态文明建设和民生工程的实施。

第二节　提案工作

提案工作是人民政协行使政治协商、民主监

督职能的一项重要工作，是政协委员行使民主权利，参政议政、献计出力的重要方式。

县政协第五届委员会　收到委员提案42件，接待来信来访16件次，有关部门对提案都作了答复。经政协第8次常委会会议研究，政协提案委员会为政协机关的常设机构，提案委员会下设提案办理办公室，负责经常性的提案办理工作。

县政协第六届委员会　收到委员提案225件，提案内容主要牵涉工交、财贸、农林水电、文教卫生、城镇建设等方面。这些提案对帮助党政机关和有关部门了解下情，搞好服务，改善人民群众生活、维护社会稳定，促进经济发展起到积极作用。如《县电视差转台宜实行全天转播，以丰富群众精神文化生活的提案》《请采取有效措施，坚决制止滥占耕地建房的问题的提案》《关于加强渡口管理，保障渡口经费的问题的提案》《关于县粮车队至家具厂水泥路问题的提案》。

县政协第七届委员会　收到委员提案305件，其中23件重要提案报送有关领导参阅，有36件提案被评为优秀提案，12个单位被评为提案承办先进单位。提案质量较高的有：《采取措施打击木材走私及偷漏税费行为的提案》《建设乡镇农贸市场不能阻塞交通、侵占农田的提案》《治理自来水引水渠道污染问题的提案》《加强农贸市场和汽车站内公共厕所管理的提案》《加强市场游戏机管理，保障中小学生正常学习的提案》《整顿基层站所，制止“三乱”行为的提案》《改善水利设施，提高抗御水旱灾害能力的提案》《加强非公有经济领导，创造宽松发展环境的提案》等。

县政协第八届委员会　收到委员提案540件，立案507件。1993年，《关于加强村委会财务管理的提案》，县政府有关部门十分重视，举办第一期村、组会计培训班；《关于修通戴坊至新干公路的提案》，被列入县“八五”公路建设计划；《关于开展科技进步奖评奖工作的提案》，县政府成立科技进步奖评奖委员会，召开表彰大会。1994年，《关于加强领导，加大力度，发展我县饲料工业的提案》，引起县委、县政府领导重视，县粮食局与鳌溪镇政府联营兴办乐安县饲料厂；《关于举全县之力筹集油路资金，尽快修通县城至抚州油路的提案》，县政府召开有关单位负责人会议协调资金。1995年《关于举全县之力，建好山坑电站的提案》，县委、县政府调整并充实电站领导力量，出台山坑电站筹资方案；《关于电费保证金不应收取的提案》，县政府专题研究退回用电保证金。

县政协第九届委员会　收到委员提案419件，办复率100%。2000年，关于《新建住宅区要做到水、电、路等各种设施配套建设的提案》《加大对自来水资源的保护力度的提案》《加强社会治安，加大打击流氓团伙力度的提案》，均与承办单位座谈研讨，提出解决问题的办法。2001年《解决流坑村消防器材的提案》，县政府指定县文广局牵头，召集县流坑办、公安局、计委、财政局等部门进行研究，制定解决办法；《为了下一代，请尽快解决拖欠教师工资的提案》，县政府将全县中小学校经费全部纳入核算中心“教育收费专户”管理，建立人民教育基金；《改进个人公费医疗账户年终结算办法，方便群众看病就医的提案》，提案委员会与卫生局面对面进行协商，使公费医疗结算办法得以改进。

县政协第十届委员会　收到委员提案519件，立案511件，其中33件确定为重点提案，26件被评为优秀提案。提案主要关注经济发展、科教兴县、“三化”建设、“三农”问题、环境问题等。2003年10月，分别在县工业小区就《关于尽快启动和激活南门工业小区第二期开发的提案》，在县建设局就《关于在鳌溪路商品房区建立绿化、美化、安全文明示范小区的提案》，举行现场督办会；《关于县城大街小巷路灯问题的提案》，县政府专门下发文件，改造老化路线，对街灯、景观灯、喷泉的开放时间作出规定；《关于设立县长热线电话，密切同群众联系提案》，县政府专门设立一部电话（0794-6592219）作为县长热线电话。2004年，《关于建设龙潭水库期间全力保障居民饮用水水源的提案》，县委、县政府领导召集有关部门负责人现场办公，共商解决良方；《关于社会治安混乱，敲诈勒索比较严重的提案》《关于整顿娱乐业，取缔赌博店，净化乐安社会风气的提案》等，县公安局采取上门走访等形式，直接听取政协委员的意见和建议，促使相关问题得到解决。2005年，《关于尽快推行我县新型农村合作医药制度，防止农民因病致贫的提案》，县委、县政府就此出台《关于加强农村合作医疗建设的意见》。

县政协第十一届委员会　收到委员提案552件，立案543件。政协委员围绕县委、县政府“跟进沿海、接轨昌抚、开放带动、提速赶超”及“主攻一园两区”的发展战略，运用提案形式参政议政，建言献策。2007年《关于加强保护文化遗产，尽快拆除流坑违章建筑的提案》《关于用工业化思维谋划农业的提案》《关于优化投资环境，加快赶超步伐的提案》《关于改善县城道路状况，方便人民群众生活的提案》，2008年《关于尽早硬化前坪路段，改善居民人居环境的提案》《关于尽快将农村中小学工资列入县本级财政预算的提案》《关于尽快出台乐安县城市管理暂行规定的提案》，2009年《关于做好我县生态移民工程的提案》《关于坚持不懈加大力度抓好鳌河治理的提案》《关于稳定低生育水平，加大社会抚养费征收力度的提案》，2010年《关于科学规划分步实施，加快旧城改造步伐的提案》《关于加强森林公园管理的提案》《关于加大县城小街小巷道路硬化、亮化进程的提案》《关于尽快建设第二水厂，解决城区用水问题的提案》《关于在县城设置规范公共交通站台的提案》等，均得到县委、县政府重视，被采纳实施。

县政协第十二届委员会　收到委员提案360件，立案357件。其中，个人提案148件，联名提案212件。办复率达100%。有26件提案确定为重点提案，31件提案被评为优秀提案。立案的提案中，工交财贸方面73件，占20.045%；科教文卫体方面60件，占16.81%；农林水利方面23件，占6.044%；城乡建设及环保方面149件，占41.74%；社会法制方面36件，占10.08%；民政劳动社会保障方面13件，占3.64%；党群方面3件，占0.84%。这些提案在协助县委、县政府实现决策民主化、科学化，推进全县深化改革、经济发展、社会和谐、民生改善起到一定作用。如2011年《关于着力推进农业产业化，壮大农业龙头企业的提案》《关于将毛竹产业提升为我县农业主导产业的提案》，2012年《关于努力创建乐安稻米品牌的提案》，2013年《关于努力构建乐安在外各界人士回乡创业平台，促进乐安经济更快更好地全面发展的提案》《关于加强我县“菜篮子”工程建设的提案》《关于加强校园周边环境综合整治力度的提案》，2014年《关于加快农村垃圾处理，建设美丽乡村的提案》《关于加强新农村建设完成后续管护工作的提案》《关于确保及时支付我县“新农合”报销金额，方便群众取药看病的提案》等。这些提案，重点是经济建设，焦点是城市管理，亮点是社会事业，热点是民生问题。提案围绕转变经济发展方式，加快产业结构调整，促进县域经济提质增效，多层面、广角度开展调研，就“十三五”规划、精准扶贫、返乡创业、统筹城乡发展、新农村建设、旅游发展等方面提出不少真知灼见。

县政协第十三届委员会　2016年十三届一次会议期间收到委员提案40件，平时提案3件，立案43件。选择群众关注度高、社会反映较大、政府及有关部门有能力办成的8件提案作为重点提案，分别由政协副主席领衔督办，促进提案办理落实，促成提案人与承办人双满意的效果。

1986—2016 年乐安县政协委员会提案及办复情况表

表 6-3-1　　　　单位：件

届别	立案件数	办复件数	办复率（%）	其中	
				正在解决或已列入计划准备解决	因条件所限待以后解决
第五届	42	40	95	32	8
第六届	225	225	100	185	40
第七届	305	296	97	225	71
第八届	507	505	99.6	293	212
第九届	419	419	100	301	118
第十届	511	511	100	460	51
第十一届	543	543	100	515	28
第十二届	357	357	100	314	43
第十三届（一次会议）	43	43	100	43	—

第三节　调查和视察

县政协第五届委员会　设立工作组办公室，先后组成 3 个调查组，对一至五届政协委员和统战对象的有关问题进行调查核实登记，对在“反右派”和“文化大革命”等时期造成的冤、假、错案，按有关政策给予纠正。至 1986 年年底，纠正各种案件 32 起，给 5 名投诚起义人员颁发投诚起义证书，对“文化大革命”期间迫害致死的县政协原副主席姜隆兴的遗孀，按政策补发生活费用。

县政协第六届委员会　一是抓住重点，专项视察。1989 年，对财政、税务、工商、粮食、金融、食品等单位及部分乡镇的财贸工作情况进行视察，向县政府提交专题视察报告。二是选准课题，专题调查。如医药卫生委员会，对农村卫生事业的现状进行调查；老委员联谊会中的行家，对县耕整机厂生产情况进行 3 次调查；工交委员会对县阀门厂的出路问题，会同政府有关部门进行调查；农林水委员会对开发水电资源，发展电力工业问题进行调查；财贸委员会对木材经营问题，对重点林区进行调查。三是突出中心，专题考察。县政协组织有关委员对县城农贸市场布点、农田水利建设、县消防队出口通道等问题进行专题考察。组织委员专程赴湖南等地考察木竹深度加工项目。

县政协第七届委员会　各专委会组织调查、视察、考察 186 次，撰写调查、视察报告 190 余篇，提出建议 380 余条。其中 1990 年组织委员调查、考察、视察活动 52 次，撰写报告及论文 35 篇。1991 年，工交工作委员会组织委员视察县陶瓷厂后，专程赴黎川县考察陶瓷生产，提出《关于充分利用陶瓷资源，发展我县陶瓷工业的建议》。教育文体工作委员会组织委员到招携、牛田、龚坊等乡镇考察职业教育，提出《关于发展我县职业教育的新思路的建议》。医药卫生工作委员会组织委员和医疗人员 50 人次，对全县 20 个乡镇 60 个村委会 19 个乡级卫生院的医疗卫生保健状况进行调查，撰写《乐安县乡镇卫生院的现状及其对策》的调查报告。农林科技工作委员会就农业生产、林业生产、农业产业结构调整、农业开发、科技兴农等方面工作开展调查，撰写论文 6 篇。财贸工商工作委员会姜文吕委员，提出发展县域经济税源，必须搞好农业开发，走农业工业化的路子，发展高税率的“三叶”（烟叶、桑叶、茶叶）生产，改变增加税源靠上新的工业项目的传统观念，得到县党政领导的重视。政协龚坊乡工作委员会组织委员视察石里元水库左右干渠，提出6条渠道配套维修建议，被乡政府采纳实施。

县政协第八届委员会　组织专题调查和视察75次。1994年组织部分委员赴吉水、萍乡等地考察国营商业企业转换经营机制情况，提出的建议得到县政府采纳。1995年组织委员对全县妇幼保健工作、全县生猪生产、乐安均盈制品厂、全县农村金融等工作进行调查视察，不少建议得到县委、县政府采纳。1996年组织委员对流坑村古文化古建筑进行调研，为县委、县政府决策提供依据。

县政协第九届委员会　选择党政重视、群众关心的问题，开展调研和视察，形成《建议案》4件，《参阅件》4期，调研报告22篇。1998年，《关于保护和开发利用流坑古村文化，发展旅游业》《关于促进商贸城繁荣发展的建议》；2001年，《解放思想，加快我县民办学校建设》《学习张家界开发旅游的经验，发展乐安旅游业》等调查报告，得到县委、县政府领导重视，有的在《乐安工作》中刊登。

县政协第十届委员会　突出重点难点热点，开展调查调研活动。2003年，组织委员到供销、商业、经贸、二轻、粮食、林业系统的国有、集体企业进行调研，形成《企业举步维艰，改革焕发生机》调查报告。对取消粮食收购保护价，改革粮食风险基金补贴的问题，组织委员专题调研，形成《粮食购销市场放开的利益及对策》调研报告。对全县招商引资、农业产业结构调整、以工代赈、国债项目、工业和城镇建设等工作，组织委员到牛田镇蘑菇生产基地、万崇镇以工代赈公路建设和水利建设项目、湖坪乡公路建设项目、戴坊镇烟叶生产基地、龚坊国储粮库、鳌溪、增田镇蔬菜生产基地、自来水公司国债项目、中圆笔业有限公司等招商引资企业视察。经济科技委员会组织委员到县粮食局、农业局、增田镇、山砀镇等单位调研，形成《关于我县粮食生产情况的调查报告》。教文卫体委员会组织委员赴丰城市、上高县、奉新县、新余市、玉山县及东乡县、金溪县等地学习考察形成《赴宜春、上饶等地学习考察招商引资报告》。法制委员会同“三胞”联谊委员会组织委员到县法院、乡镇法律服务所和乡镇村组开展专题调研，形成《关于我县农村伤害案件的调研报告》。2004年，围绕水电资源开发、农村基层公共卫生网络建设、农村义务教育、龙潭水库建设、蔬菜生产等课题开展调研，并形成调研报告。2005年，围绕省、市、县有关全民创业会议精神，就影响全民创业因素开展调研，形成调研文章20余篇，其中《呼唤“旅游旺县”的金秋》《优化创业机制，吸引回乡创业》《激活民间资本，推进全民创业》等专题报告质量较高。2006年，配合省政协“社会主义新农村建设百村调研”活动，组织委员对鳌溪镇石塘村和湖溪乡小陂村开展专题调研，形成《高楼万丈平地起，规划设计头等功》调研报告。这些调研报告提出的建议，有的被县委、县政府采纳。

县政协第十一届委员会　本着“小型、专题、高效”的原则，开展调查视察50多项，撰写调研报告40多篇。2007年3月，组织部分委员对全县乡村旅游发展情况进行调研，形成《乡村旅游大有作为》调研报告；是年12月，组织委员对鳌河治理情况进行调研，形成《关于开展鳌河治理，改善两岸人居环境》的调研报告。2008年2月，为促进乐安赶超发展，吸引能人志士回乡创业，组织委员开展相关调研，形成《迅速掀起回乡创业热潮，促进我县赶超发展》调研报告。2009年，部分委员围绕返乡农民工创业就业难，民营企业经营困境等问题撰写《加强领导，广开门路，切实抓好返乡农民工创业就业》的调研报告。2010年，组织部分委员到南村、龚坊、牛田、湖坪等乡镇调研视察，形成《推进我县茶叶产业新发展的思考》《旅游资源优势转化为旅游品牌优势的探索》调研视察报告。

县政协第十二届委员会　开展视察调研52次，形成视察报告20篇，调研报告12篇。2011

年，由一名政协副主席带队，组织委员会同县烟办对6个重点产烟乡镇开展“提高烟叶质量，增强发展后劲”的专题调研。针对乐安工业园区发展滞后问题，由一政协副主席带队，组织经济委员会委员到工业园区和园区重点客商企业开展调研活动，提出建议。2012年，组织委员会同县烟办有关人员到广昌、石城、安福等产烟大县和质量强县学习调研；对工业园区建设、扶贫移民、保障性住房建设和管理、污水处理和运行、第二自来水厂建设、农业综合开发、行政服务中心等方面工作开展专题视察。2013年，由一政协副主席带队，组织委员就烤烟可持续发展开展专题调研，形成《对乐安烤烟可持续发展的建议》，县委书记徐建辉作重要批示，县委办以《乐办通报》发至各乡镇（场）党委、政府贯彻落实，市政协以《抚州政协信息》专刊发至各县（市）有关领导，同年被评为全市政协系统优秀调研报告。2014年，就教育民生工程、加快特色养殖业发展、促进蚕桑产业升级增效、促进港澳台资企业发展、社区矫正工作、镇村联动建设等课题开展专题调研视察，撰写调研报告供县委、县政府决策参考。2015年，就农村垃圾处理、秀美乡村建设、农村安全饮水、社会保障、群众公共文化设施建设、重点民生工程实施情况进行专题视察。《积极发展油茶产业，拓宽农民致富渠道》《关于发展我县烤烟生产，提升烤烟品质》《发展蚕桑产业，增加农民收入》《抢抓机遇、发展乐安花猪产业》《加快城区公交建设，方便市民出行》5篇优秀调研报告得到县委、县政府主要领导的重视和批示。

县政协第十三届委员会　2016年，组织部分委员到罗陂、南村乡就农村公路管养现状进行视察调研，形成《关于农村公路管养情况的调研报告》；为促进农村养老机构建设与管理，深入山砀、牛田、龚坊等乡镇及中华情老年公寓中心视察调研，形成《关于抓好我县乡村养老服务机构建设与管理的调研报告》。围绕秀美乡村建设、农村河道水环境整治、便民服务中心建设、禁毒工作、增田镇蔬菜示范园、垃圾填埋场、县城至昌韶高速乐安北一级挂线公路、山砀镇杏坊村新农村建设等工作进行专题视察。常委会和专委会及委员活动小组共组织委员开展视察调研活动10次，撰写视察和调研报告8篇。

第四节　民主评议

民主评议工作始于县政协第八届委员会。

县政协第八届委员会　在政协委员中建立特邀陪审员、监察员、审计员、教育督导员监督制度。

县政协第九届委员会　完善“五员”（特邀陪审员、监察员、审计员、教育督导员、检察员）民主监督制度。

县政协第十届委员会　本着“监督是帮助，评议是促进”的理念，县政协向执法执纪部门、窗口服务单位推荐委员担任特邀监督员、审计员、教育督导员，组织委员参加民主评议行风，城市规划、价格调整听证会等。

县政协第十一届委员会　注重民主评议实效。2007年，社会和法制专门委员会组织委员旁听县人民法院重大案件庭审，对庭审工作进行评议；政协“特邀监督员”参与经济适用房现场摇号监督活动。2008年，社会和法制专门委员会继续组织委员旁听人民法院案件庭审，参加县检察院检风检纪座谈会，听取检察院工作通报。参加县纪委组织的对全县54个执法监督、综合治理、社会服务部门的政风行风民主评议活动；选派委员参与县政府对流坑村集中整治现场监督。2010年，政协常务委员会分别听取县政府关于政协提案办理情况和县纪委关于全县党风廉政建设和反腐败工作情况通报；听取县住建局、国土资源局、农业局、环保局、教育局、卫生局等单位工作情况通报；组织40多名委员对县直部门进行行风评议。

县政协第十二届委员会　2012年，县政协常委会专题听取县民政局对城乡低保工作运行情况的报告和水利局对大中型水库除险加固工作情况的报告，并予评议。2013年，县政协常委会邀请县扶贫移民局、县农村合作医疗中心负责人分别就扶贫开发工作、新型农村合作医疗工作开展情况作专题报告，并给予评议。2015年，县政协常委会对残疾人事业发展进行咨政问效，对县残疾人工作进行民主评议。

县政协第十三届委员会　2016年，县国土资源局负责人就土地征收费及使用情况向县政协常委会作专题报告，并接受委员咨询；组织委员就污水管网建设、学生营养餐工作开展资政问效；组织委员参与县检察院公开日监督活动及县法院公审旁听，促进司法公正；选派委员参与干部作风执行力考核、公众安全感测评、党风廉政建设责任制落实情况、优化经济发展环境等评议活动，彰显民主评议与监督的作用。

第五节　反映社情民意

县政协第八届委员会　收集社情民意150多条。1996年，委员反映县城液化气经营市场比较混乱，经营企业没有消防设施，很不安全。县政府对此很重视，清理整顿液化气经营市场。

县政协第九届委员会　收集社情民意240余条，被省、市采纳30余条。1999年，关于《当前农村集体资产流失问题应引起重视》《行政事业单位财务应公开》《农村建筑市场存在三个不容忽视的问题》《农民盼望多些科技明白墙》《建议成立县级综合行政执法大队》《建议山林权属争议调处办公室并入土管局》等信息和社情民意，有些问题得到很好解决。《房改要改得群众顺心》这条社情民意，得到地区领导批示，使县房改工作中的一些问题得到纠正。

县政协第十届委员会　收集社情民意420余条，整理编辑《乐安政协信息》16期，《社情民意》32期，《人民政协报》《光华时报》《江西政协信息》和《抚州政协》均有采用。2003年《城镇居民低保金应及时发放》；2004年《尽快制定乐安县城镇市民公约》；2005年《妥善处理农村税费尾欠》《切实做好流坑古村的保护工作》等社情民意，得到县委、县政府领导重视，并作出批示。

政协第十一届委员　收集社情民意信息200多条，编写《社情民意》50多期，在《人民政协报》《光华时报》《抚州日报》等报刊刊发稿件110多篇。2008年、2010年被省政协办公厅评为《光华时报》订阅先进单位。2007年通过《社情民意》《乐安政协信息》等刊物，向县委、县政府及有关部门报送《县城北门老路改造存在的问题亟待解决》《亮化森林公园》《完善基础设施，倡导全面健身》等社情民意引起党政领导和有关部门重视。2008年，县政协把社情民意列为“主席工程”，聘请9名信息员。

县政协第十二届委员会　征集社情民意180余条。2013年征集社情民意31条。2014年政协班子成员、各专门委员会负责人共走访企业、农户200余人次，收集社情民意100余条，帮助挂点村、困难户解决实际问题20余件。2015年县政协向全国政协网站、《人民政协报》《光华时报》、省政协《今日信息》等宣传媒体投送新闻稿件和社情民意信息，上稿26篇，反映社情民意信息18件，被省、市政协评为先进单位。

县政协第十三届委员会　2016年，政协委员向省、市政协报刊投稿，被《光华时报》《政协信息》等报刊采用30余件。

第六节　联络联谊

县政协第五届委员会　初步开展联络联谊。主要是对台湾同胞、港澳同胞、海外侨胞的联系，做好“三胞”接待工作。组织委员到安徽省固镇县和江西省的南昌、宜丰、抚州、南丰、黎川等县（市）联络联谊。

县政协第六届委员会　六届一次会后，组织委员到省内的弋阳、玉山、新建、奉新、安义、靖安、进贤、南昌、南丰等县（市）及上海市松江县、海南省海口市、三亚市以及湖南等地参观、学习、考察。教育委员会邀请省、市政协委员到乐安讲学。进贤、新建、资溪、东乡、南丰、南城、崇仁、宜黄、黎川、临川等县政协委员到乐安交流联络联谊工作经验。在离任委员中，成立老委员联谊会。撰写宣传稿件181件。“三胞”为乡梓办学、建桥、修路捐资11万元。

县政协第七届委员会　通过对外联络联谊，乐安县创办全区第一个以台资为基金的台属经济实体——红壤开发农场，台胞郭华山捐资8万多元兴建小学，台胞杨新金女士捐资3万美元为家乡建桥，浙江籍香港同胞沈炳麟捐资9.6万元兴建中医院“德恩楼”。内联方面，先后组织委员到宜丰、黎川、永丰、吉水、井冈山、萍乡、韶山等地参观考察学习，县政协主席参加地区政协联络处组织的赴冀辽京等地的联谊参观考察活动，政协鳌溪镇工作委员会组织委员到宜黄县参观考察水稻垄畦半干式栽培法。

县政协第八届委员会　接待各级政协领导、委员、专家学者、台湾同胞等32批，400多人次。通过政协委员牵线搭桥，引进项目5个、资金4000多万元，台胞捐赠65万元，兴办公益事业，促进全县经济社会发展。

县政协第九届委员会　接待各级政协领导、委员、专家学者、港、澳、台同胞等32批、600余人次，组织委员外出考察150余人次。2001年，在省政协八届五次会议期间，举行港、澳省政协委员为建设流坑小学资助50万元的捐款仪式。2002年，政协委员共引进项目28个，签约资金10505万元，实际进资1359万元。

县政协第十届委员会　接待省、市政协及兄弟县（区）政协调研考察组（团）30余批次，组织委员赴外地学习考察20多批次。由委员独资或牵头引进的项目226个，引进外资189万美元，内资2.04亿元。2005年，在县城王家排小蓬莱风景旅游区创办全市首个政协联谊基地。

县政协第十一届委员会　接待兄弟县（区）政协参访团21批次，组织委员外出考察学习22批次。2007年，县政协联谊基地小蓬莱被省旅游局评为江西省首批乡村旅游示范点。2009年，通过与省政协教文卫体委员会联系，争取到世界华人文化院和深圳汽车商会的支持，促成院长、一级作家、书法家刘战英一行到县第二中学进行爱心赠书活动，共捐赠价值27万元人民币的学生用书。2010年12月，省政协人口资源环境委员会到乐安开展“在青山绿水中崛起”为主题的生态采风活动，“省政协人口资源环境委员会联谊采风基地”“省作家协会创作基地”“省诗词学会联谊创意基地”“省杂文学会联谊创意基地”在县政协联谊基地小蓬莱挂牌。

县政协第十二届委员会　接待外地政协学习考察组30余批次，组织委员21批次到省、市政协学习交流。加强与《光华时报》《江西政协信息》《抚州政协》等媒体的联系，宣传政协委员履职风采，扩大乐安对外影响力。

第七节　咨询服务

县政协第五届委员会　1985年3月召开的县政协五届二次会议，首次提出“加强咨询服务工作”。之后，组织部分委员和有关专业行家、学者举行6次咨询座谈会，以“如何发挥山区优势，振兴乐安经济”为课题，广泛征求意见，围绕发展地方工业、改革农业结构、改善水利电力条件、加快林业建设、培养与使用科技人才等5个方面提出16条书面建议报县委。农业工作组的委员选择万崇乡为农业技术咨询基地，协同该乡农技站开办防病灭虫培训班3期。在牛田、戴坊、山砀、航桥等乡镇开展咨询，指导群众试种良种花生，取得良好效果。

县政协第七届委员会　1991年，开展咨询服务活动260人次，为企业、农民解决生产技术难题65项，举办知识讲座和培训班45期，参加培训人员1350余人次。政协乡镇工作委员会、农林科技工作委员会建立18个咨询服务示范点，为农民传递信息，推广先进技术。卫生工作委员会坚持每年一次下乡巡回医疗，与县总工会联合建立街头义务就诊服务点，深受群众的欢迎。

县政协第八届委员会　医药卫生专委会组织委员到乡镇开展巡回医疗，为群众义诊，诊治病人900多人次，抢救危重病人8例，为敬老院老人进行健康检查。农林科技专委会组织委员送科技下乡，举办各类技术培训班60多期，培训7000多人次。1993年，政协机关挂点航桥乡，帮助该乡创办年加工能力300吨的花生食品加工厂。

县政协第九届委员会　共开展科技咨询9400余人次，举办培训班50多期，组织委员和医务人员到农村巡回医疗、义诊200余次，为群众送医送药折款1600余元，赠送科普资料4200余份，为边远学校捐资5.03万余元，在全县结成扶贫助学对子52对，为品学兼优、家庭困难、无法上学的中小学生资助4.9万余元。

县政协第十届委员会　开展科技、文化、卫生三下乡活动。法制社团“三胞”联谊专委会就预防职务犯罪、反对邪教崇尚文明、做好“法轮功”练习者教育转化和解脱工作，向广大群众作现场咨询和解答。经济科技专委会服务于农村、农业、农民，举办优质稻生产的有关问题和森林病虫害防治等科普知识讲座，400多人次参加。教文卫体专委会组织医务工作者为群众义诊520余人次，散发宣传材料600余份。提案专委开展计划生育宣传等咨询60余次。

第八节　文史编辑

县政协第五届委员会　1984年编辑出版《乐安文史资料》第1辑，成立第2辑编研组，聘请兼职文史员4人，落实稿件23篇。1985年编辑出版《乐安文史资料》第2辑。1986年编辑出版《乐安文史资料》第3辑。

县政协第六届委员会　征集文史资料稿件114篇，24万余字，采用67篇，15万多字，编辑出版《乐安文史资料》第4、5辑，成立《乐安县政协志》编纂小组。

县政协第七届委员会　1991年文史资料工作委员会3次派人赴南昌市和金竹、增田等乡镇搜集资料，征集文史资料稿件24篇。七届政协共征集文史资料稿件50余篇，20余万字。1992年《乐安县政协志》出版。

县政协第八届委员会　1993年编辑出版《乐安文史资料》第6辑。1994年编辑出版《乐安英烈》10万余字。1995年编辑出版《乐安文史资料》第7辑。1995年文史工作委员会征集出版《乐安县情三百问》10万字。

县政协第九届委员会　挖掘“千古第一村”流坑文化资料，编辑出版流坑历史人物专辑，即《乐安文史资料》第8辑。

县政协第十一届委员会　成立乐安县政协文史征编委员会（后并入教文卫体委员会），聘请7名老同志担任顾问，制定下发《关于征编〈乐安文史资料〉期刊的工作意见》《乐安县聘请县政协文史顾问的决定》。2007年，编辑《建言献策选萃》《人大代表、政协委员风采录》中的政协委员资料。2009年编辑出版《乐安文史资料》第9辑。2010年，为纪念辛亥革命100周年，省政协决定编辑《江西畲族百年实录》一书，乐安县政协组织人员就金竹畲族乡的历史沿革、经济发展、民俗风情等进行组稿，该书于2011年出版发行。

县政协第十二届委员会　2013年编辑出版《乐安文史资料》第10辑。2014年县政协供稿《亲历抗美援朝之细菌战》一文入选省政协《文史大观》第2期。2015年县政协供稿《闲来说说公社事》入选市政协文史丛书《回忆人民公社》。

县政协第十三届委员会　2016年编辑出版《乐安政协委员风采（十二届政协委员）》。

乐安文史资料

第七卷　群众团体

本卷目录

第一章　工会组织

1986年后，县各级工会维护职工合法权益，做好困难职工帮扶工作，指导基层工会开展健康的文化体育活动，做好劳模管理和推荐工作，组织指导企业开展劳动技能竞赛活动。2016年，全县有基层工会组织466个，会员23521人。

第一节　机构人员

1951年4月正式成立乐安县总工会。1986年，县总工会内设办公室、劳动生产安全部、女工部，下辖职工学校。县总工会成立职工摄影、书画2个协会，办起退休职工活动室。1987年增设生活女工部。1989年6月，县委批准县职工学校为副科级单位。1990年增设组宣部，成立工人文化宫。1992年6月，成立乐安县总工会党组。2004年6月成立困难职工帮扶中心（股级），2012年更名为职工服务中心。

2003年机构改革，县总工会设2个职能部室，即：办公室、基层工作部，一直延续至2016年。下辖3个事业单位：职工学校、工人文化宫、职工服务中心。机关行政编制4个、下属事业单位编制10个。县总工会（含职工学校、职工服务中心、工人文化宫）有干部职工29人。其中，在职干部职工18人，退休人员11人。领导职数：主席1人（2007年后，县总工会主席由县人大常委会副主任兼任）、常务副主席1人、副主席2人。

1991年以来，全县确立“抓大带小促组建，抓点带面促规范”“党建带工建，工建促党建”的工会组织建设工作思路，形成“党委领导、政府支持、各方配合、职工参与、工会运作”的工作格局，以非公有制企业和外资企业工会组建、改制企业工会重建、农民工入会为重点，采取目标管理、现场推进、会员优惠等一系列措施，有力地推进工会组建工作。先后在城建、农业、粮食、水利等部门成立工委（工会）和乡镇成立工会联合会。1993年，全县成立16个县直单位工委（工会）、16个乡镇工会联合会。全县有基层工会246个，工会小组229个，会员12322人，专职正副主席26人，工会专职干部41人。到2016年，全县基层工会组织有466个。其中，县行政事业单位183个、村级116个、非公有制企业167个。全县共有工会会员23521名，其中农民工12943名。全县有各级工会干部1193人，其中专职工会干部66人。

2010年，县总工会办事、活动、办公“三大

县总工会办公大楼

场所”建设被列入乐安县城市重点建设项目，主体工程于是年12月正式开工，2014年竣工。县总工会于2015年6月由长征路8号搬迁到迎宾北大道新楼办公。

县总工会坚持做好基层工会组建、职工权益维护、困难职工帮扶、劳模管理等工作，多次受到全国总工会、省总工会、市总工会、县委、县政府表彰。2013年中华全国总工会授予乐安县总工会经审会全国经审工作先进单位称号。

1986—2016年，历任主席：曾火生、李远锦、陈友生、彭光华、黄协怀（兼）。

第二节　代表大会

1986—2016年，乐安县工会召开4次代表大会。

1992年12月9—11日，乐安县工会第十一次代表大会在县影剧院召开。出席会议代表225名，特邀代表10名。大会学习中共十四大报告及工会法；审议通过乐安县工会第十届委员会的工作报告和经费审查工作报告，通过更正工会代表大会届次说明的决议，选举产生由23名委员、9名常委组成的乐安县总工会第十一届委员会，主席1人，副主席3人；7人组成的第十一届经费审查委员会，主任1人（兼）。

2003年9月28—29日，乐安县工会第十二次代表大会在县财政局会议室召开。出席会议代表198名。彭光华代表乐安县工会第十一届委员会向大会作《围绕中心，服务大局，团结动员全县职工为摆脱贫困，全面建设小康乐安而奋斗》的工作报告。大会审议通过乐安县工会第十一届委员会的工作报告和经费审查工作报告，大会选举县总工会委员13人、常委7人、主席1人、副主席2人；经费审委员会委员5人、主任1人（兼）。

2008年12月30—31日，乐安县工会第十三次代表大会在县财政局会议室召开。出席会议代表153名。黄协怀代表乐安县工会第十二届委员会向大会作《立足本职，开拓创新，团结和动员全县职工努力开创工会工作新局面》的工作报告。大会审议通过乐安县工会第十二届委员会的工作报告和经费审查工作报告，选举县总工会委员19人、常委9人、主席1人、常务副主席1人、副主席2人；经审会委员5人、主任1人（兼）。

2014年3月25—26日，乐安县工会第十四次代表大会在县行政中心召开。出席会议代表152名。黄协怀代表乐安县工会第十三届委员会向大会作《当好主力军，共筑中国梦，团结动员全县广大职工为建设“五个乐安”而奋斗》的工作报告。大会审议通过乐安县工会第十三届委员会的工作报告和经费审查工作报告，选举县总工会委员19人、常委11人、主席1人、常务副主席1人、副主席1人；经审会委员5人、主任1人（兼）。

乐安县工会第十四次代表大会

第三节　劳动竞赛

1985年成立县职工技术协作委员会。1986年成立机电、农牧渔业、林业、医药卫生4个专业技术协作队，全县基层技协组织28个，技协会员640多人。农牧渔业队开展优质大米大面积高产栽培技术、海花一号花生秋播丰产栽培试验、低芥酸油菜良种对比及丰产栽培试验、蔬菜地膜覆盖栽培实验示范和农作物病虫害综合防治示范；林业队举办设计施工和速生丰产林基地学习班3期，每期5天，培训人员150人；医药卫生队通过举办蛇伤和急救等内容的学习班，提高医务人员业务素质。1987年，县医院女职工在全区28项护理技术操作比赛中有5人获奖，成绩名列全区前茅。县人民医院邓育贤的脊椎离断术处理嵌顿性横位死胎合理化重大建议，获科技成果奖。1990年，在全区“学先进、比先进、超先进”的社会主义劳动竞赛活动中，县公安局熊军、公溪镇江边机械厂周冬生和湖坪乡街上村王日新3人荣获全省劳动模范称号。到1993年，举办各种技术培训班76期，培训职工2278人；举办岗位练兵技术比武268次，参加活动的职工8968人；进行技术革新150项，推广新技术47项，创经济效益100余万元。2005年，乐安县广信茧丝有限公司的“养蚕专用弹簧蔟及其应用技术研究”填补国内省力化养蚕技术的空白，12月该厂被评为抚州市科技示范企业。到2016年，在建功立业活动中，全县企业职工参加职工群众技术创新活动，提出各种合理化建议，各企业共收到合理化建议5366条，被采纳2205条，促进企业科学发展和技术进步。

按照《乐安县工业企业创建“蓝领军团”五年计划实施意见》要求，县总工会每年与县工业园区管委会工会，在非公有制企业中举办车工技能大比赛。对待岗失业职工、返乡农民工等群体，县总工会与县就业局开展职工技能培训、就业培训和转岗培训工作。2010—2016年，全县开展就业和转岗培训6次，培训职工720人次，组织岗位大练兵1.98万余人。

第四节　维护职工合法权益

1986年始，全县各级工会按照主动维权、依法维权、科学维权的要求，以劳动关系三方协调机制为龙头，以执法检查为手段，以推进劳动合同、职代会等民主管理制度为重点，组织各级工会干部深入企业检查指导劳动合同、女职工特殊权益保护专项工作。积极完善政府、工会、企业三方协调维权机制，广泛开展“模范职工之家”“双爱双评”和“劳动关系和谐企业”等活动，协同相关部门实施推进劳动合同制度，认真做好劳动关系协调工作。

设立物价监督站　1988年设立乐安县职工物价监督站，正、副站长由县总工会和县物价局分管领导兼任，行政由县总工会负责，业务由县物价局指导，监督站聘请4名退休干部为专职监督检查员，负责监督全县企事业单位、农贸市场、个体户的商品价格和非商品收费，纠正违反物价政策、物价法规的行为。至1993年，他们出动检查31次，缴收不合格的秤63把，配合县物价局办理定价许可证和收费许可证470户。明码标价大检查每年2次，稳定市场价格，维护消费者利益。

建立职代会　县总工会以建立健全企业职代

农民工加入工会（2015年）

会制度、推进厂务公开制度为重点，推进企业民主管理。2003年开始，在非公有制企业建立工会职代会制度，推进厂务公开制度，依法推进工资集体协商和落实集体合同制度，重点在职工反映强烈、条件相对成熟、示范效应较强的行业和企业中开展工资集体协商工作。至2016年年底，全县已建立工会组织的企业签订工资集体协议的有186家，涵盖职工1.1万人；签订集体合同171家，涵盖职工1.01万人。

开展维权工作　县总工会积极做好职工维权工作。1986年，开展女职工妇科病普查，791名受检人员中，发现265人患有不同程度的妇科病，其中2名较严重的送上级医院检查治疗。经过妇科病的防治宣传教育，在1988年的妇科病普查中432名受检人员未发现较重患者，发病率比以前有所下降。1989年，县家具厂一女工患职业病多年，要求调换工种和报销医药费引起纠纷，县总工会得知后，经过与主管部门联系沟通，该女工的合理要求得到解决。2002年7月，乐安县一竹木加工厂拖欠员工工资6万多元，老板想逃逸。接到举报后，县总工会、县劳动监察大队等单位对该厂进行调查，下达限期整改指令书，要求在规定的期限内进行整改。当得知该厂资产准备转移时，工作人员赶到现场，扣押车上和剩下没运走的竹木地板条并向社会公开拍卖，把拍卖所得款兑现给拖欠的员工工资，维护了职工合法权益。至2016年，全县建立健全工会劳动保护、劳动争议调解组织65个，还设立工会法律服务律师服务站，聘请5名服务律师、2名集体协商专职指导员，为职工提供法律援助服务，为职工维权80余起。

第五节　帮扶困难职工

全县各级工会按照当好困难职工的“第一知情人、第一报告人、第一帮扶人、第一监督人”的要求，以职工服务中心为平台，大力开展春送岗位、夏送清凉、金秋助学、冬送温暖的“四送”活动，叫响“职工有困难找工会”的口号，千方百计协助党委和政府解决困难职工的生产生活问题。县总工会通过从上级工会帮扶资金、县财政、本级工会经费等资金渠道解决困难帮扶资金。2007年县政府安排5万元用于送温暖和对劳模的慰问补助，2011年增加到22万元，2013年增加到52万元，2016年增加到62万元。1986—2016年，全县各级工会累计筹集资金1260万元走访慰问困难企业和困难职工，帮扶困难职工12万人次，其中，金秋助学困难职工子女上大学660人次，发放补助金75万元；发放劳模生活困难补助金70多万元。

第六节　职工文化生活

县职工学校始终坚持为企业服务，为职工群众服务，采取多种形式办学，既有脱产的，也有不脱产的；有长期的，也有短期的职工文化补习班、专业技术学习班、岗位培训和工会干部培训班。1986年，职工学校有专兼职教师41人，开办初中文化班3个，学员167人；专业技术班6个，学员238人；岗位培训班3个，学员129人；文化补习班5个，学员374个。1992年有专兼职

庆“五一”职工拔河比赛

教师36人，开办初中文化班1个，学员30人；高中文化班3个，学员280人；专业技术班4个，学员220人；岗位培训班3个，学员460人；文化补习班5个，学员410个。随着教育的快速发展，社会各层的文化程度有很大的提高，职工学校的职能转向工会干部的培训。

工人文化宫是职工活动的重要场所，设有活动室、阅览室、娱乐室，并有专人管理。文化宫除开展放录像、打桌球活动之外，还不定期举办职工书法、美术、摄影展览。每逢"三八""五一""十一"、春节等重大节日，县总工会及基层工会均组织大型活动。1986年，县总工会组织中秋赏月吟诗晚会，邀请台胞（台属）代表、离退休干部代表以及各界知名人士代表和部分文艺爱好者近100人参加，有16人以"月"为题，即席赋诗；有25人表演歌舞、电子琴、讲故事、说笑话等节目。1987年，县总工会与县人武部举办《建国38周年社会主义建设伟大成就》图片展览和省总工会成立60周年职工书画展。与县妇联、县文化广播电视局等单位联合举办"国庆文艺大奖赛"，县直各单位的干部职工89人参加，演出歌舞、曲艺、戏剧小品、器乐演奏等40个文艺节目。1988年元旦期间，举办4次活动：会同县体委举办副局级以上领导干部篮球赛，有120人参赛；举办"迎春职工百题知识竞赛"，以工会知识和中共十三大精神为主要内容，进行笔答、简答、抢答3种形式答题，县邮政局代表队夺冠；举办职工业余摄影大奖赛，20多人的100幅作品参赛；举办职工书画展览，16幅优秀作品参展。1991年3月，县总工会、县妇联联合举办以"四自"内容为主题的演讲比赛。1995年5月，县总工会、县妇联、团县委、县体委等单位联合举办象棋大赛、青春卡拉OK大赛和女子健美操比赛。10月，县总工会、县妇联、县文化局、团县委、县体委等单位联合开展迎"九五"女子长跑赛。2013年5月，县总工会与人力资源和社会保障局、县摄影家协会联合举办"中国梦·劳动美"职工摄影比赛活动，并在县博物馆展出。2015年"五一"期间，县总工会举办庆"五一"职工拔河比赛。2016年"国庆"期间，县总工会举办"迎国庆"职工羽毛球比赛，比赛分团体比赛和男子单打比赛两个项目，有16支职工代表队100多人参加团体比赛，30多人参加男子单打比赛。

第二章 青少年组织

乐安县共青团组织开展各种积极向上、有益于青少年健康成长的活动，通过正确的引导，让年轻一代成为有理想、有抱负，积极向上、无私无畏的人。

第一节 机构人员

1950年，中国新民主主义青年团乐安县工作委员会成立。1957年，更名为中国共产主义青年团乐安县委员会（简称"团县委"）。1986年，团县委内设办公室、工农青年部、宣传部、学少部4个部室。1993年年底，全县有基层团委26个，团总支33个，团支部412个，有团员7483人，其中女团员1986人。

2016年，团县委内设办公室（组宣部）、工农青年部（学少部）。有行政编制4个，设书记1人、副书记2人，一般干部1人。全县基层团委24个，团总支40个，团支部499个，团员

5780 人。

1986—2016 年，历任书记：易小云（女）、习东森、邱秀兰（女）、李旭、刘红艳（女）、艾伟（女）、赵晶（女）、袁静（女）。

第二节 代表大会

1989—2016 年，共青团乐安县共召开 4 次代表大会。

共青团乐安县第十三次代表大会 1989 年 5 月在县城召开，出席代表 262 人。会议听取中共乐安县委副书记张山东的讲话，听取共青团乐安县委书记易小云所作的《坚定改革信念，立志奋斗成才，在培育“四有”新人的伟大实践中继往开来》的工作报告。大会选举产生共青团乐安县第十三届委员会委员 35 人，选举书记、副书记。

共青团乐安县委第十四次代表大会 1992 年 12 月在县城召开，出席代表 212 人。会议听取中共乐安县委副书记银光灿的讲话，听取共青团乐安县委书记习东森所作的《听从党的召唤，再创新的业绩，团结和带领全县青年为实现小康目标而奋斗》的工作报告。选举产生共青团乐安县第十四届委员会委员 33 人，选举书记、副书记。

共青团乐安县委第十五次代表大会 1999 年 5 月在县城召开，出席代表 170 人。会议听取中共乐安县委副书记符节约的讲话，听取共青团乐安县委书记李旭所作的《高举邓小平理论伟大旗帜，团结带领全县青年为实现党的跨世纪宏伟目标而奋斗》的工作报告。选举产生共青团乐安县第十五届委员会委员 31 人，选举书记、副书记。

共青团乐安县委第十六次代表大会 2006 年 12 月在县城召开，出席代表 147 人。会议听取中共乐安县委副书记徐建辉的讲话，听取共青团乐安县委书记艾伟所作的《立足新起点，肩负新使命，为实现乐安经济社会赶超发展谱写壮丽的篇章》的工作报告。选举产生共青团乐安县第十六届委员会委员 29 人，选举书记、副书记。

第三节 团组织活动

1989—1996 年，团县委加强青年的思想政治教育，举办“党在我心中”“学习红军长征精神，为建设山区振兴乐安建功立业”演讲比赛，以及“爱党之歌人人唱”歌咏比赛等主题活动；举办首届县乡青年篮球大赛；开展植树造林、青年绿化工程、技术比武、冬修水利大会战等活动，县城青年在鳌溪镇的西坑、王家排、桥陂、罗山等地营造“青年林”100 公顷，全县青年造林 128 块、1335 公顷。团县委被省、地团委评为青少年争创优秀绿化工程竞赛组织奖；开展十佳青年、见义勇为、青年致富带头人评选等活动，全县各级团组织举办各种培训班 345 期，培训 36180 人次，有 240 人成为农村星火带头人和科技示范户。

1997 年 4 月，开展“树文明新风、做文明新人”平安保险活动。6 月，组织 15 名基层团干赴广东、福建进行为期 7 天的学习考察，开阔视野。1998 年“五四”期间，团县委举办“信合杯”青年歌手大奖赛；6 月，在全县开展“告别不文明言行，做新时期好公民”的讲文明、树新风活动。2000 年，招携林业公安派出所被评为“全国青年文明号单位”。

2002 年 4 月，团县委联合县委宣传部、县招商局、县教育局举办“招商杯”青年歌手大奖赛；5 月，开展“塑造江西新形象——乐安青年在行动”系列活动之“倡导文明我先行，体验教育我能行”教育活动。2003 年“五四”期间，联合县委宣传部、县文化局、县妇联举办全县“联通杯”明日之星形象小姐大奖赛，展现当代乐安女青年精神风貌，提升当代乐安女青年思想文化涵养。

2004 年 1 月，团县委组织青年在元旦、春节期间集中开展“1+1”献爱心、送温暖活动；4 月 27 日，举办首届青少年才艺大赛；10 月，按照团省委《关于在全省开展“万名青年技术培训和转移就业”的通知》精神，向省技术培训基地输送农村青年90余人，并全部就业。

2005年4月，在全县各级团组织开展党的先进性教育和税法知识宣传系列活动；“五四”期间，联合县教育局举办全县少儿现场书画大赛，在县影剧院举办乐安“十大纳税大户”颁奖晚会；5月，响应县委开展创建文明县城工作的号召，开展“创建文明县城——青年志愿者在行动”活动，组织青年志愿者在县城主要街道进行义务清扫，清理道路及各种垃圾广告；6月，组织全县优秀中、小学生开展“我到北京上大学——青少年特色夏令营”活动，感受名牌大学的风采，丰富学生暑期生活；9月，开展对全县13名刑释解教人员进行思想引导，为其就业创造条件；12月，联合县委组织部、县委党校举办全县优秀青年干部培训班，提高青年干部业务水平和思想认识，为更好开展青年工作奠定基础。

“传递青春正能量 助力乐安新发展”青年干部演讲比赛（2016年）

2009年3月，团县委举办全县农村青年技能培训班，培训内容主要为电焊、缝纫技术。6月，联合县国土局开展“保障科学发展，保护耕地红线”知识竞赛活动。2010年4月，举办乐安县“快乐集结号”青年联谊活动。2011年5月，与县委组织部、宣传部、文化局举办庆祝建党90周年“唱红歌·颂党恩”歌咏比赛活动；11月，举办全县中小学团委（团支部）书记、少先队辅导员培训班。

2013年7月，南昌大学第二临床学院大学生暑期“三下乡”实践团到乐安开展实践活动，为南村乡及流坑村村民提供免费医疗服务；8月，组织乡镇团委书记、大学生村干部到井冈山培训，进一步加强大学生村干部和基层团委书记的党性修养；12月，鳌溪人民法庭荣获全国青年文明号称号，省高级人民法院政治部主任王建新、市中级人民法院院长柯军、县长吴宜文、县委副书记黄泽清出席授牌仪式。2014年7月，组织部分青年志愿者带着水果、大米、食用油等慰问品到县光荣院看望老军人，为老军人表演节目，同时开展义诊活动，发放爱心小册子，为老军人量血压和提供医疗咨询。

2015年3月，开展“学雷锋送温暖，关爱孤寡老人”志愿服务活动，为鳌溪镇敬老院的孤寡老人送去米、面、油等慰问品，同老人们促膝谈心，了解关心其日常起居情况；4月，组织近万名师生举行“缅怀革命先辈，感悟幸福生活”清明节扫墓体验教育活动；12月，全县各村团组织顺利完成换届工作，选举产生新一届团支部班子。组织志愿者到县福利院开展重阳节敬老爱老活动。

2016年1月，开展乐安青年志愿者服务春运“暖冬行动”；“五四”期间，举办“传递青春正能量，助力乐安新发展”青年干部演讲比赛；组织50余名青年志愿者、红领巾讲解员、青少年书法和写生爱好者参与“乐游·乐安”——第八届全国网络媒体江西游活动，展示全县青少年的风采。

第四节 少先队活动

1988年1月12—14日，中国少年先锋队乐安县第一次代表大会在县城召开。出席大会正式代表70人，特邀代表5人。会议听取中共乐安县委副书记张山东的讲话；听取共青团乐安县委副书记曾龙香代表乐安县第十一届少先队工作委员会所作的《深化教育活动，加强基础建设，培养共产主义一代新人》的工作报告。大会选出乐安县第一届少先队工作委员会15名委员。

1986—1993年，团县委根据少先队工作纲要精神，着重抓辅导员队伍建设和少先队组织建设。1988年，县少工委配备1名专职辅导员，加强少先队工作的领导。同时，在县城举办两期共160名辅导员或大队辅导员培训班，并颁发聘书。8年中，在全县少先队组织中广泛开展每人读一本英雄书籍、为集体做一件好事、克服一个困难和缺点、树立一个小目标“四个一”和“做振兴乐安小星星”活动。各中心小学配备一套队鼓、队号。1988年7月和1992年7月，分别在县城举办少先队辅导员技能培训班2期，受训46人。1989年，在全县少先队开展“创标准化阵地”和“开展学雷锋、学赖宁”主题活动。1993年，在中小学中开展全国少年儿童露一手选拔活动赛。

1997年，在全县开展评选重视支持少先队工作的先进单位和优秀少先队员表彰活动。1999年，举办隆重纪念中国少年先锋队建队50周年活动，在全县中小学中联合开展捐建“三辰影库”活动。

2001年，开展“创五星雏鹰行动，推进素质教育活动”和“江西邮政杯”学生书信有奖竞赛活动。从2003年开始，利用暑假举办“少年军校”与暑期特色夏令营，重在增强少年儿童爱国主义、集体主义和社会主义荣誉感。10月，与县交警大队联合开展全县少年儿童“平安行”雏鹰争章体验教育活动，进一步提高儿童交通安全意识，增强少年儿童的自我保护能力。2004年7月，在县第一中学举办乐安县第二期少年军校培训，全县各学校200余名优秀少先队参加；开展首届“乐安—北京青少年手拉手特色夏令营活动”，组织22名优秀中小学生赴北京参观学习。2005年7月，联合县武装部、县教育局、县武警中队举办乐安县第三期少年军校培训，由部队官兵对中小学生进行为期6天的全封闭式训练。

加大对少年儿童的德育教育，每年在“五四”“七一”、少先队建队日等重大节日期间，开展“学雷锋精神，树时代新风”“民族精神代代传”活动。2005年6月，在县城广场举办全县少儿书画现场大赛，共有100余位少年书画爱好者参与；12月，公溪镇中心小学在全市的少先队“弘扬民族精神，争做龙的传人”中获乡镇组三等奖。县实验小学被授予全市红领巾示范学校。2006年11月，举办乐安县“红领巾讲解员”选拔比赛，通过选拔竞赛，全县青少年了解革命历史，传承红色基因，激发对党和祖国的热爱。选拔出来的红领巾讲解员，在重大节庆日和双休日开展义务红色讲解。是年开展的“爸爸、妈妈，我想对你说”书信竞赛活动，100多位参赛选手获得省、市奖。还在各学校中开展“与文明同行，树立社会主义荣辱观”教育。

2014年8月，组织学生开展庆“八一”拥军活动，让学生了解军队生活，激发学生的爱国主义热情，提高学生的政治思想素质；11月，为践行“我运动，我健康”的体育精神，倡导学生走向操场、走进大自然、走到阳光下，积极参加体育锻炼，增强体质，各中小学都举办学校运动会。

2015年6月，团省委书记曾萍深入乐安县青少年科普示范基地牛田镇古樟林及乐安县红领巾讲解员实训基地，实地了解乐安县少先队活动及共青团生态文明示范村创建等情况；11月，市政协共青团和青联界别委员在乐安县开展“暖冬乐安行”活动，活动现场为乐安县10名品学兼优的贫困学生送上慰问金，为他们解决学习和生活上的困难。

2016年4月，在爱国主义教育基地——南村乡邓小平旧居开展“红色基因代代传——追寻英烈足迹，弘扬井冈山精神”主题队日活动，30名

“红领巾　心向党”新队员入队仪式（2016 年）

新入队的少先队员由老队员戴上红领巾，参加入队仪式，通过入队仪式活动，使少先队员们接受革命思想的洗礼。

第五节　希望工程

1992 年 2 月 25 日，成立乐安县青少年发展基金会，当年筹集资金 1.3 万元，结对帮扶 340 名贫困学生。1998 年 2 月，为进一步加强全县希望工程的社会监督工作，成立“希望工程乐安县监察委员会”，成员由团县委、县纪检监察、县教育局干部担任。

1992—2013 年，共有 800 余人获得“希望工程”捐资助学，完成学业，2 人获“全国希望之星奖学金”。争取外来资金援建的希望小学有：谷岗乡板岭村上海长和希望小学、招携申银希望小学、山砀希望小学、增田村山东共青希望小学、牛田峡圳村希望小学。2000 年，团县委在捐赠三辰影库中工作突出，被团省委、省青基会评为“向希望小学捐建三辰影库”活动先进集体。2006 年，通过省青基会争取到上海圣象集团捐建戴坊沙堆圣象希望小学。2008 年 4 月，由中国人寿保险公司捐建龚坊镇大坻希望小学、招携镇望仙希望小学；5 月，由中国人保财险公司捐建南村乡西坑希望小学。2009 年 5 月，由台湾台塑集团捐资 45 万和 40 万分别筹建龚坊明德小学和湖溪乡明德小学。2013 年 5 月，大金竹学校老师邹茂洪荣获全国“2013TCL 希望工程烛光奖”，获得 1.2 万元奖金以及 TCL 集团奥鹏教育提供的为期 3 个月的线上教学技能培训；8 月，县第二中学刘禹获得贵州茅台集团资助的助学金 5000 元。

2014 年 8 月，乐安县开展“关爱孤儿助学，资助重病儿童”慈善活动，现场有 11 名重病儿童及 21 名孤儿领到资助金共 7.26 万元；10 月，广东佛山江西商会为湖坪乡村里希望小学捐赠 60 万元建校款。2015 年 5 月，誉倍源（南昌）生物科技有限公司在乐安县开展捐资助学活动，为 30 名品学兼优的贫困学生每人捐助 1000 元及书包和服装等物品。2016 年 3 月，开展“团青心连心，点亮微心愿”爱心捐助活动。捐助仪式上，全县各学校 20 名品学兼优的贫困学子从爱心代表手中领到新书包、文具、字典、书籍、自行车等爱心礼物；10 月，争取到省青基会“江西省雷锋基金”，为 3 名贫困青少年每人发放助学金 1000 元。

“新世纪教育基金”资助乐安县贫困女大学生发放仪式（2015 年）

2010—2016年，乐安县连续7年申请获得“新世纪”女大学生资助，为录取的贫困女大学生捐资助学，助学金额每人8000元，累计资助学生100余名，资助金额近100万元。

第三章 妇女组织

1986—2016年，乐安县各级妇联组织充分发挥党和政府联系妇女群众的桥梁纽带作用，发动妇女积极投身社会主义现代化建设事业，提高妇女政治地位，帮助妇女创业、就业，开展生产劳动竞赛，维护妇女合法权益，关心少年儿童健康成长。

第一节 机构人员

乐安县妇女联合会（简称“县妇联“）内设2个职能部（室）：办公室（组织宣传部）、妇女发展部（权益部）。乡镇设置妇联，村、社区设立妇代会。2014年10月，县妇联成立妇女信访代理室。2016年，村、社区妇代会改为妇联；机关、企事业单位均设立妇委会。

县委、县政府非常设机构有：1986年5月，成立乐安县儿童工作协调小组，由妇联、文教、卫生、团委等15个单位组成，县政府分管副县长任组长。12月10日，县妇联成立家庭教育研究会。1989年6月，成立乐安县农村妇女“双学双比”协调小组。1991年8月，成立“巾帼建功”指导小组，县委副书记任组长。1993年10月，成立乐安县妇女儿童工作委员会。这些机构的办公室均设在县妇联。

1986—2016年，历任主席：甘金莲（女）、葛志英（女）、朱彩联（女）、江小梅（女）、王秀英（女）、陈冬莲（女）。

第二节 代表大会

1985年12月，召开乐安县第九届妇女代表大会。1986—2016年，乐安县妇女代表大会共召开两次。

1992年12月15—16日，乐安县第十届妇女代表大会在县城召开，出席会议正式代表240名，列席人员7名。会议听取县委副书记银光灿的讲话，总结上届妇女委员会的工作，讨论确定今后妇女工作的任务与要求，选举产生乐安县第十届妇女联合会委员33人，选举主任、副主任。

1999年4月1—2日，乐安县第十一届妇女代表大会在县城召开，出席会议正式代表197名。大会审议通过关于《团结一心，锐意进取，以崭新的精神风貌迎接新世纪到来》的工作报告，回顾6年中全县妇女工作所取得的成绩，讨论确定后5年全县妇女工作的任务与要求。大会选举乐安县第十一届妇女联合会委员33人，选举主席、副主席。

第三节 主要活动

一、提高妇女整体素质

1986年4月，县妇联会同县委宣传部、总工会、社联联合举办“四有、四自”（“四有”：有理想、有道德、有文化、有纪律；“四自”：自尊、自信、自立、自强）“我爱妇女工作”演讲比赛；11月，由县妇联命题进行“九法一条例”考试，从124名参考者中选拔出14名优胜者颁发奖状奖品。1990年2月，开展“百名新女性”评选活动，挑选出“十大新女性标兵”做成宣传版面送抚州地区参展。1991年，万崇镇上罗村妇女夜校坚持“脱盲致富”办学，把办学与农事需要、农村需要、农户需要相结合，通过学习，全村386名妇女掌握实用技术，当年人均收入810元，该村成为全县一类村。1992年5月，举办乐安县首届家庭教育知识竞赛，有40位家长参赛。1995年10月，县妇联、文化局、总工会、团县委、体委等单位联合开展迎“九五”女子长跑赛。1999年5月9日，组织全县乡镇妇联主席参加全区妇女工作业务知识竞赛，获集体第一名。2003年3月7日，与县委组织部联合举办县级领导和乡镇（场）党政主要领导及部分客商“贤内助”联谊会，有70余人参加座谈。2004年3月8日，组织开展“国税杯”首届妇女运动会，16个乡镇（场）和30个县直单位共46支代表队、1000多名运动员参加拔河、环城长跑、乒乓球、跳绳、定点投篮、仰卧起坐共6个运动项目的角逐。2005年3月8日，县妇联举行“财政·地税”杯综合知识竞赛活动，31支代表队经过预赛、复赛、决赛角逐，财政代表队获一等奖。2008年，举办庆“三八”、迎奥运“御景城”杯现代女性形象表演晚会，近100名妇女分别参加舞蹈及职业装、流行装、旗袍、晚礼服表演。2009年，在县城灯光球场举办快乐“三八”趣味运动会，各乡镇、县直机关32支代表队近500名妇女参加袋鼠跳接力、背夹球、拔河等5个项目比赛。2016年3月，举办健身操大赛活动，21支代表队600多人参赛。

县妇联还与其他单位联合举办各种培训班。1987年5月，配合地区妇联在潭港乡举办2期食用菌学习班，使该乡9户特困户成为种植示范户。1988年12月，举办快速养猪学习班，并组织13名妇女干部赴北京学习种养技术。1997年10月，会同县农业局举办2期养猪、养鸡、早稻育秧、袋装香菇、绿茶生产等实用技术培训班。2001年11月9—23日，与县委组织部联合组织80余名科级女干部、优秀女干部，举办微机培训班，学习电脑知识。2008年5月19日至7月12日，结合“双学双比”20周年纪念活动，联合县扶贫办在县职业中学免费为300名农村女青年举办计算机、电动缝纫职业技能培训。2009年5月18日，与县纪委联合举办全县领导干部配偶廉政建设培训班，各乡镇（场）党政“一把手“配偶、县直单位主要领导配偶80余人参加学习，并组织学员赴上饶集中营接受革命传统教育。2010年9月，与县现代高中举办乐安县首期“红杜鹃”家政培训班，培训100人次，其典型事例刊登在《江西日报》上。2011年，举办宠物（花卉）养护、丝织衣物护理、婴幼儿及老弱病残护理等12类培训，提高学员的就业技能。至2016年，妇联以214所妇女活动阵地为依托，累计为1万多名农村妇女举办文化学习班，有1000多人脱盲；累计举办实用技术培训班346期，参训妇女3万多人次，有近2万名妇女学会1～2门实用技术。

二、帮助妇女再就业

1986年7月，首次组织劳务输出，与浙江省绍兴县柯桥针织三厂、解放针织厂、橡胶厂签订劳务输出合同，输送68名女青年外出务工。此

乐安县纪念“三八”妇女节“针尖上的艺术”手工作品展活动

乐安县"红杜鹃"家政服务培训

后数年连续不断向上海、浙江、江苏等发达地区输送劳力。1993年1月，县妇联被评为全区劳务输出先进单位，在全区劳务输出经验交流会上作典型发言。2010年以后，县妇联引导投资者开办家政服务公司，为其提供技术与信息服务，还将每个妇女的求职信息发布在相关家政服务网站上，为实现用户与家政服务人员双向选择搭建沟通桥梁；在每期技能培训班开班仪式上都邀请县工业园区管委会领导介绍工业园区发展状况和各企业招工用工情况，以及县政府对在工业园区务工的优惠措施，激发她们到工业园区务工的意愿，为县工业园区招聘大批女工，解决妇女就业问题。

三、维护妇女合法权益

县妇联从宣传教育入手，提高妇女的法律意识，自觉维护合法权益。1991年，县妇联协同有关部门调查县城一起遗弃女婴案，依法提起诉讼，使罪犯受到应有的惩处。1996年12月，下发《乐安县妇女发展规划（1996—2000年）》，对维护妇女儿童合法权益作出明确规定。1997年11月，县妇联召开女法律工作者联谊会暨案例分析会，公、检、法、司等单位10余名律事针对损害妇女权益问题展开研讨。1999年3月，大力宣传《中华人民共和国妇女权益保障法》《中华人民共和国母婴保护法》，散发宣传手册85本，张贴宣传标语150余幅，出动宣传车在县城及近郊乡镇巡回宣传。2001年6月9日，组织乡镇妇联主席、村妇代会主任200余人，举办《中华人民共和国婚姻法（2001年修正）》培训班。

建立健全妇女儿童法律保护体系，使遭受家庭暴力侵害的妇女、儿童及时得到司法援助。2004年6月，县妇联、公安局联合下发《关于加强维护妇女合法权益工作的通知》，开通"110"家庭暴力报警电话，成立妇女维权投诉站、乐安县妇女儿童家庭暴力伤情鉴定委托受理中心。2007年10月8日，县妇联联合县司法局在华东律师事务所和鳌溪律师事务所成立妇女儿童法律援助中心。14个基层派出所均设立妇女维权投诉站，并开通"110"家庭暴力报警电话。县城设立妇女维权合议庭，在增田镇、戴坊镇设立"留守儿童"保护站。2009年3月8日，县妇联会同县政法委、计生委、卫生局在县城名都商业广场举行美丽女性、和谐家庭、维权健康咨询活动，分别设立妇女维权、妇女健康咨询台，发放《中华人民共和国妇女权益保障法》宣传资料4000余份。2010年3月，扎实推进"三八维权周"活动，共发放《中华人民共和国妇女权益保障法》《中华人民共和国未成年人保护法》等有关宣传资料6000余份。2012年3月7日，县妇联组织15个乡镇725名妇女到前坪工业园区参观应聘，并为农村妇女讲解《中华人民共和国妇女权益保障法》《中华人民共和国合同法》等法律法规，发放有关法律知识宣传单和小册子1000多份。

四、开展生产劳动竞赛

1989年6月，在全县农村妇女中开展"学文化、学技术、比成绩、比贡献"（简称"双学双比"）竞赛活动，各乡镇因地制宜，突出农村妇女特色和地方特色，加强活动阵地建设。1991年8月，成立"巾帼建功"指导小组，围绕提高妇女素质，开展学文化、学科技、学管理的比、学、帮活动；围绕国有企业改革和发展，开展技术创新、技能比武、提合理化建议活动；围绕窗口行业的行风建设和优质服务，致力实施“女性素质工程”和“再就业工程”，开展“巾帼文明岗”“巾帼示范村”创建活动。是年，县妇联被评为全区“三八”绿色工程先进单位和全省“双学双比”先进协调单位。1997 年 4 月，县妇联会同县商业局在商业系统女服务员中开展“十佳”服务人员评比活动；联合县人民银行在县金融系统女职工中开展“学、比、建”活动。1999 年 6 月，组织百名妇女干部到鳌溪镇王家排林果业基地参加植树、种草、爱绿护绿活动。乐安县“双学双比”连年持续开展，涌现出许多先进典型事迹。2004 年，县妇联被评为全市“双学双比”工作奖；万崇镇盐丰村邓春桂开荒造林 20 多公顷，于 2005 年被评为全国农村妇女“双学双比”先进女能手；鳌溪镇桥背村妇代会主任徐英创办十里香樟蘑菇专业合作社，带领妇女致富，于 2008 年被评为全国农村妇女“双学双比”先进女能手；增田镇杨二金发展育苗基地近 4 公顷，成为当地最大的规模化育苗基地，于 2010 年被评为省“双学双比”女能手。2010 年，组织县直单位女干部职工近 100 人参加“三八”植树造林。2014 年 3 月 5 日，在四九广场举办“针尖上的艺术”手工绣品展活动，县直和乡镇（场）等 20 个单位选送的 256 件手工绣品参加展销活动。到 2016 年，全县共有妇女活动阵地 214 个，表彰“双学双比”先进活动阵地 46 个，先进女能手 465 名，8 所妇女夜校被评为省“双学双比”先进活动阵地。

1986—2016 年，全县有 1 万多名城镇妇女参加巾帼建功活动，涌现出全国巾帼文明岗 1 个（乐安县人民医院外科），省级巾帼文明岗 11 个，省级巾帼示范村 2 个，市级巾帼文明岗 22 个，有 6 人获省巾帼建功标兵、精英奖等称号。表彰县巾帼建功先进集体 36 个，“三八”红旗手 3494 名，巾帼建功积极分子 558 名，五好文明家庭 4005 户。戴坊镇邹菊花开荒造林 14 公顷，1995 年获全国劳动模范称号；龚坊镇“销猪大王”姚冬菊，成为全县个体纳税大户，1999 年获全国“三八”红旗手称号；鳌溪镇徐英创办的乐安县十里香樟蘑菇专业合作社，2011 年被评为省级示范社，2014 年被评为国家级示范社，2016 年被评为全省“绿色家庭”创建示范户。

五、扶助妇女发展

1989 年 5 月，山砀乡中心小学遭受特大龙卷风，县妇联与教育局下发募捐倡议书，共收到捐款 5000 多元全部送往灾区。1997 年 1 月，县妇联在鳌溪、望仙、万崇等乡镇对 5 名贫困妇女进行“手拉手”扶贫结对扶助。2002 年 6 月乐安县普降大暴雨，造成洪涝灾害，县妇联组织干部捐款 1600 元及衣服 60 件送往灾区。

2008 年母亲节期间，举行规模盛大的“献爱心、比奉献、促和谐”活动，县委领导现场向龚坊、招携等乡镇 10 名贫困母亲送上慰问金 6000 元，并举行以“感恩社会、回报社会”为主题的万人签名仪式。2010 年 7 月，与人事劳动局等部门共同制定《乐安县农村妇女创业小额担保贷款管理暂行办法》，全县受理贷款申请 312 人次，其中经县妇联审批发放贷款总额 198 万元，并作为先进典型在全市妇联推广。到 2016 年年底，全县妇女小额担保贷款 2022 人次，发放贷款 1.34 亿元。

2012 年 6 月，县妇联走访慰问鳌溪镇下罗村困难女党员 2 名，给她们送去慰问金 1600 元。2013 年 3 月 1 日，为全县贫困母亲争取到母亲邮包 300 个，救助 2 名困难村妇代会主任、1 名贫困“三八红旗手”、11 名“两癌”贫困妇女，为她们送去慰问金及物资。2014 年“三八”节期间，县妇联筹措资金救助贫困妇女 11 名、贫困儿童 9 名，合计发放救助资金 1.06 万元；9 月，县妇联向省妇联争取儿童校外活动中心项目资金 300 万元，建成全市第一个校外儿童活动中心。争取 2 个省级妇女儿童示范之家项目、3 名“贫困单亲母亲安居工程”项目、2 名贫困省“三八”

红旗手项目、2名困难村妇代会主任项目，计8.7万元。到2016年年底，县妇联发放价值23.52万元的母亲邮包559个。

2015年5月30日和11月12日，县妇联分别慰问32名特困儿童，送去慰问品及慰问金2.52万元。为鳌溪镇芙蓉社区争取省妇联“儿童快乐家园”项目10万元。乐安县投资1000万元建设高标准的妇女儿童活动中心。

“妇女之家”是妇女工作的坚强阵地和深受妇女信赖的温暖之家，全县16个乡镇均建立起“妇女之家”。2013年3月，县妇联争取到省级6万元专项经费，在增田镇东湖村、金竹畲族乡流舍畲族村建立2个妇女儿童之家；2016年，县妇联获批民生项目资金60万元，用于建设省级“妇女之家”、家庭教育指导服务站、儿童快乐家园等，获批资金居全省各县（市、区）之首。

县妇联积极为农村妇女争取项目，2002年，为山砀镇群众争取“大地之爱，母爱之窖”项目资金18万元，解决近2000户农民饮水难的问题。2005年11月29日，中国妇女发展基金会副秘书长秦国英深入山砀镇检查验收“大地之爱，母亲水窖”项目实施情况，乐安县被中国妇女发展基金会评为“大地之爱，母亲水窖”项目县，获组织奖。2010年，县妇联争取林业部10万元“三八”绿色示范基地项目扶持资金，用于基地建设。2012年，争取省级扶持妇女创业项目资金10万元，帮助徐英创办的十里香樟蘑菇专业合作社破解生产规模化、产业化所遇难题。2015年，向省妇联争取2个（山砀镇、罗陂乡）省级乡镇妇女示范之家资金6万元，用于打造乡镇妇女示范之家硬件建设。

六、实施“春蕾计划”

1987年5月，召开儿童工作协调小组会，为儿童办好事1690件，捐助2000元购买木羊马100只赠送给特困乡幼儿园。1990年6月，挑选20名幼儿参加省“江中杯”大奖赛，参赛成绩名列全省第一，县妇联获组织奖，并被评为全省少儿工作先进单位。1992年6月，举办“金色童年”体育运动会，表彰20名健美儿童，20名好孩子。1995年“六一”儿童节，赠送县幼儿园脚踏风琴、儿童自行车、电子琴等价值3000余元的物品。1997年8月25日，召开“春蕾计划”结对认亲大会，号召爱心人士扶助贫困女童50名重返校园。1999年8月，由县妇联牵头组织6名春蕾女童与上海知青结对认亲。

2004年5月，县妇联开展“春蕾计划”10元捐活动，收到捐款24239元，资助贫困女大学生6名，贫困女中小学生32名。2006年，县妇女儿童工作委员会为牛田镇员陂村小学、万崇镇盐丰小学送去课桌80套；为鳌溪镇潭港中心小学50名贫困女孩送去书包、文具盒等学习用品。2008年春节期间，为120名贫困儿童送去奶粉和慰问金2万元；“六一”儿童节期间，协调浙江绍兴华夏控股集团董事长黄一鸣捐赠爱心书包4000个，发放到20所农村小学的儿童手中。联系中国人民保险公司投入20万元，在戴坊镇甘竹村新建全县第一所“春蕾小学”。2009年，县妇联为15名孤儿送去4500元慰问金，在7所农村小学设立“留守儿童之家”，为留守儿童统一配制电话、书架、课桌、凳子、电脑、电视机、DVD（数字多功能光盘）机。2011年“六一”期间，县妇联倡导返乡成功人士捐资近4万元，购买书包、书籍等文具用品送到戴坊镇甘竹春蕾希望小学留守儿童手中，让孩子们收获一份喜悦。

2014年“六一”期间，开展“情系育才情，心连春蕾心”春蕾助学帮扶活动，以高中生1000元/学年，初中生400元/学年，小学生300元/学年标准，确定帮扶43名品学兼优家庭贫困女生，共计帮扶1.81万元。2015年5月，县妇联争取省级春蕾助学资金1.64万元。2016年5月27日，县妇联争取省级春蕾助学资金6400元，县级春蕾助学金1.94万元，资助38名面临失学的女童，使她们继续完成学业。8月15日开始，在全县开展脑瘫儿童康复筛查，有64名患儿得到春蕾助学金捐助。1986—2016年，乐安县募集社会各界的春蕾助学捐款78.02万元。

七、关爱妇女儿童健康

2004年11月8—22日和2006年10月16—30日，两次在全县开展妇科病、乳腺病普查，800余人参加普查，其中农村妇女200人。2010年5月，深入开展“母亲健康快车为园区女工送健康”活动，组织县妇幼保健站医务人员20余人到县工业园区，为500余名女工进行春季多发病、慢性病义诊，免费提供测量血压、血糖服务，进行现场健康知识咨询，发放“女性生理健康”等宣传材料1000余份。

发放贫困妇女“两癌”救助金

2012年5月24日，县妇联配合北京光彩明天儿童眼科医院专家，为乐安弱视儿童进行义诊，并争取中国儿童基金会“光明安康计划”的免费治疗名额，帮助有希望痊愈的弱视贫困孩子前往北京接受康复治疗。“六一”前夕，县妇联协同教育局、计生委、卫生局等部门组织100多名医护人员到县城各小学、幼儿园为学龄儿童进行免费体检，并为他们建立健康档案；联合县计生委为农村留守儿童免费体检，让留守儿童切实体会到社会的关爱。

2014年母亲节期间，有10名患有乳腺癌、宫颈癌的贫困母亲分别获得救助金1万元。2015年8月26日，在中国人民抗日战争暨世界反法西斯战争胜利70周年之际，县妇联、县民政局和县老干局联合开展纪念抗日战争胜利70周年——“温暖母亲”抗战将士遗孀慰问特别行动，慰问6位抗战将士遗孀，给每人发放慰问金。2015年9月14日至11月6日，县妇联与县妇幼保健院联合，在全县开展为广大妇女妇科病检查活动，1006人参加电子阴道镜、乳腺彩色多普勒超声、女性生殖系统彩色多普勒超声、白带常规、妇检、宫颈脱落细胞等项目检查，并根据检查结果建立健康档案，对查出的患者进行及时治疗和保健指导，17名患者得到初步治疗。2016年5月17日，县妇联、县人民检察院联合实施未成年人健康心理咨询走进看守所活动，县妇联派出两名心理咨询师与5名未成年人犯罪嫌疑人及罪犯进行恳切交谈，有针对性地进行心理疏导，部分孩子逐渐打开心扉，表示愿意积极面对未来，主动回归社会。2016年，向省妇联争取41名贫困妇女“两癌”救助金41万元。到2016年年底，共救助“两癌”贫困妇女65名，救助金63万元。

第四章　科学技术协会

1986—2016年，乐安县科学技术协会向广大群众宣传科学知识，破除迷信，提高人们的科学意识；面向农村开展科技推广、科技示范、科技咨询；组织广大科技工作者开展学术交流、研讨。通过科技下乡，提高农民的科技素质。

第一节　机构人员

乐安县科学技术普及协会（简称“科普协会”）成立于1954年，无专职干部，科技普及的宣传工作由县委宣传部同抓共管。1956年8月28日，县委副书记王慕义兼任县科普协会主席，机构设在县委宣传部内，日常工作由宣传部兼管。是年12月13日，召开全县首届协会代表大会，成立科普支会。1959年2月，成立乐安县科学技术工作委员会（简称“科委”）、乐安县科学院，乐安县科学技术普及协会更名为乐安县科学技术协会（简称“县科协”），三块牌子，一套人马，合署办公。3年经济困难时期机构精简，乐安县科协、科委和科学院3个机构于1961年12月撤销，1962年年底，乐安县科协与县科委两个机构得以恢复。“文化大革命”中，科协活动全部停止，至1973年3月下旬，召开全县科技工作会议，传达贯彻全国、全省科技工作会议精神，成立乐安县革命委员会抓革命促生产指挥部科技组。该机构与县计划组合署办公。

1979年10月22日，召开全县第二届科学技术协会委员、学会会员大会，正式恢复乐安县科学技术协会。县科协与县科委两块牌子，一套人马，合署办公。至1984年5月，科协与科委正式分开办公，科协归县委直接领导。全县各乡、镇重新组建科协20个，2001年撤乡并镇后，20个乡镇（场）科协变更为16个乡镇（场）科协。

1986—2005年，乐安县先后成立农机学会、气象学会、林学会、水电学会、建筑工程学会、数理化学会、青少年科技辅导员协会（筹）、珠算学会、财政会计学会、区划学会、医药卫生学会、机械工程学会等学会13个，会员1550人，乡镇成立农业专业协会55个。2006—2016年，乐安县成立蘑菇产业协会、山蜂养蜂专业技术协会、山露菜种植协会、食用菌协会、秋丰油茶种植协会、竹笋加工协会、罗陂黄金果猕猴桃协会等7个农技协会。

1986年，县科协人员编制4个，为正科级机构。2003年，“三定”方案确定县科协机关专项事业编制4名，领导职数：主席1名，副主席2名，股级职数1名。2006年，全县取消机关专项事业编。县编办核定县科协行政编制2名。

1986—2016年，历任主席：邹怀浩（兼）、余厚仁、黄福义、周位加、丁友根、杨建平、游琪辉、林丽华（女）。

第二节　代表大会

第一届全县科学普及协会会员代表大会于1956年12月13日在县城召开，参加会议的代表36人，审查批准科普协会工作报告，布置全县科普工作，选举产生支会委员，正式成立各个支会。县委副书记张萱到会讲话，勉励全县科技工作者，积极做好科技普及和技术推广工作，促进工农业生产的大发展。由县委副书记王慕义兼任县科学技术普及协会主席。

第二届全县科学技术协会会员代表大会于1979年10月22日在县城召开。参加此次会议的代表52人，县革命委员会副主任邹怀浩主持会议并讲话，会议选举，产生县科学技术协会主席邹怀浩和副主席。

第三届全县科学技术协会会员代表大会于1992年7月23日在乐安县委招待所会议室召开。参加此次会议的代表120名，县六套班子领导出席会议，县委书记许国光和县委副书记黄德宪分别在大会上讲话。抚州地区科协副主席姜华耀到会指导并讲话。县科协主席黄福义总结1979年以来的科协工作，与会代表讨论研究科协的工作任务，选举产生县科协第三届委员会委员35名、常委11名、主席、副主席、秘书长（暂缺）；审议通过《乐安县科学技术协会章程》；作出《乐安县科学技术协会第三届代表决议》；发出致全县科技工作者倡议书。

第三节　科普宣传

一、农村科普

1986—1990年，全县共建立农村科技夜校15所，举办农村实用技术培训班356期，学员4.2万余人。1986年，湖坪乡坊塘村开办全县第一个农民科技夜校，开设缝纫、兽医、种植、养殖等课程，培训220人。1987年，在南村乡望下村增设一所科技夜校，开设早稻、二晚田间管理、快速养猪法、绿肥播种及管理等17门课程，参学人员456人。1988年，县科协会同有关部门举办杂交水稻制种、柑橘保花保果、柑橘贮藏保鲜、家禽防疫、稻田池塘养鱼、快速养猪、稻草栽培凤尾菇、稻草栽培黑木耳、荫木棚木屑袋装，造林香菇、采种育苗、天麻种植、茯苓种植等17项实用技术培训，开展175班次，7000余人次接受培训，有效地促进全县农、林、牧、副、渔的发展。推广“871”浓缩饲料养猪，1个月生猪增长11～26千克。1989年，县科协联合有关部门（含学会）先后举办早晚稻育秧技术培训班72期，1.12万人次接受培训；粮食作物田间技术管理、杂交水稻制种技术、早栽培训、畜禽饲养技术班260期，2.4万余人次接受培训。1990年，县科协指导各乡镇科协、农学会先后开办20个植物医院，举办植保技术学习班12期。设固定墙报1200块，印发《水稻病虫情报》13期，举办各种培训班21期，2000余人次接受培训。此外，全县15个村委会建立村级科普小组，从而健全三级科普网络建设。

1991—2000年，县科协的工作重点由单纯的科普讲座和实用技术培训发展为农民致富技术函授大学教学、农村科普挂图展览及送科技下乡等多种形式并存的科学技术服务。全县乡镇共有15个科普电影队，配备放映科教片520场，观众6.6万余人次；科教录像310场，观众3.6万余人次。县科协与有关单位、科普志愿者联合开展科技宣传月活动，平均每年活动2～3次，每次组织科技咨询、科技服务一条街，在各乡镇举办科学养猪、科学养禽及病虫害防治等挂图展览，印发各种科技资料1万份、赠送科普书籍1200本、销售晚杂种子4000千克，接待科技咨询500人次，参观展览的群众达3000余人，为群众解决疑难问题1000余个。

2001—2010年，县科协利用“科普之春”活动，邀请农技专家与科普志愿者联合开展送科技下乡活动，共开展科普宣传活动133场，发放科技资料7.4万余份，受益群众累计36.9万余人次。2004年，印发《乐安县公众科学素质教育（2004—2006）行动计划》《乐安县农村科普致富“十、百、千”示范工作实施意见》。2008年，乐安县经历百年罕见的冰冻灾害，给全县的毛竹和树木造成严重的危害，县科协组织农业科技工作者深入灾区了解灾情，组织老科协专家开展建言献策，研讨灾后救助方案为百姓减少损失。2010年，县委办、县政府办联合下发《关于“建设新农村、科技进万家”科普惠农宣传培训活动的通知》。

2011—2016 年，县科协继续实施农村科普致富“十、百、千”示范工程；继续开展 10 个科普示范村的创建工作；会同科技局、文化局、卫生局等单位深入开展科技、文化、卫生“三下乡”活动。2011 年，大力开展以“建设新农村、科技进万家”为主题的科普农用技术免费培训活动，为期 8 天，共组织 180 多人次的专家和老师分赴 16 个乡镇（场）的 175 个行政村，参训农民 1.2 万余人次。2013 年，县委组织部、县科协联合下发《关于开展百名农村党员科技致富带头人培训的通知》，围绕“发展升级、小康提速、绿色崛起、实干兴赣”十六字方针，推动农村经济发展。

“全国科普日”活动启动仪式（2013 年）

县科协咨询服务面向中、小型企业，面向基层，开展无偿科技咨询服务。1986—2016 年，开展咨询活动 260 余场，咨询人数达 12 万余人次。咨询内容主要以农业、家禽和病虫害为主，到后期发展为卫生、健康、种植和防震减灾居多，县里每年联合相关单位到街头巷尾、农贸市场人口密集地进行科技咨询服务，同时也到偏远山区义诊，方便群众就医。

二、城区科普

1986—2000 年，县科协为总结交流和推广先进的科学技术，普及科技知识，开展技术交流、学术推广活动，请有关专家在县城设立咨询台，为群众解决生产中遇到的疑难问题。编印《长知识》和翻印《科技资料》书刊 3000 份，发放农作物栽培等书籍 7000 册。

2001—2016 年，每年开展科普报告进社区活动。县科协在城区开展科普活动 24 场，发放科技资料 4000 余份，同县文化馆利用墙报、黑板报等宣传工具，大力开展科普知识宣传。与县电视台联合播放科普讲座 600 余场，编印各种科普宣传刊物 3.7 万余份，技术咨询 70 余场，受益人数达 10 万人次。2013 年 9 月，承办抚州市全国科普日活动启动仪式。市科协、市环保局、市教育局、乐安县政府和 19 个县直相关单位以及 5 个社区共 500 余人参加此次活动。该活动获得中国科协授予的全国科普日优秀组织奖。

第四节　科技培训

一、农村致富技术函授

农民致富技术函授大学（简称“农函大”）坚持“实用、实际、实效”的办学方针，是培养农村技术人才，实现科技扶贫，推动农村经济发展，使技术转化为生产力，直接为经济服务的一种有效形式。1987 年，县科协在特困乡镇招收农函大学员 566 名，以乡镇为单位开办 12 个科技班。1990 年，招收农函大学员 400 名，主要学烤烟和蚕桑两个专业。1991—2016 年，以乡镇为单位招收农函大学员 5.6 万余人，开设烤烟、蚕桑、柑橘、农作物栽培、兽医、果蔬、畜禽、乡镇企业管理 8 个专业，主要采取集中面授辅导和分散自学、田间试验的方法，传授科技知识，共举办实用培训班 130 期，90% 的农函大学员获得毕业证书。乐安县农函大获得 2006 年全省先进农函大、2008 年全国先进分校称号，并在全省农函大工作会议上作典型发言。

农函大学实用技术培训班（2013 年）

1989 年 6 月 27 日，成立乐安县农民技术人员职称评定领导小组，下设农业、林业、水利、农机 4 个评审委员会。由副县长任组长，县科协主席任副组长，其他成员由农、林、水等相关部门负责人组成。开展农民技术人员职称评定工作，对 246 名合格者分别授予：技师 72 人，助理技师 123 人，技术员 32 人，助理技术员 19 人。

二、青少年科技教育

1981 年 11 月，乐安县青少年科技辅导员协会筹备委员会在县科协指导下成立，1986 年 10 月，正式成立乐安县青少年科技辅导员协会。协会经常在县城各学校开展各种青少年科技活动，从 1986—2016 年，县青少年科技活辅导员协会共举办数理化竞赛 32 次，2000 人参加；开展小发明活动 16 次，3260 人参加，创作作品 1400 件；撰写小论文活动 120 次，收集小论文 1.2 万篇；举办计算机培训 150 期，培训 2 万余人次。1986 年，县第一中学微机小组参加全国青少年微机竞赛，2 人分别获地区二等奖和三等奖。1988 年，县第一中学选送的科技小论文获地区三等奖。1989 年，县第一中学参加小发明创造获地区三等奖。1990 年，全区微机竞赛，乐安县获一等奖 1 个、二等奖 1 个、三等奖 6 个。1991 年，学生发明的折叠式旅行箱、两用灯滚动式保险盒，上报地区申请专利。

2015 年 8 月，由中国科协、中国科技馆、江西省科协和江西省青少年科技活动中心共同组织实施的中国流动科技馆江西乐安巡展活动在县第二中学开展。此次巡展活动为期 2 个月，以“体验科学”为主题，共设有声光体验、电磁探秘、运动旋律、数学魅力、健康生活、安全生活和数字生活等 7 个展区，展出 50 余件小型化经典互动科普作品，全县 2 万多名中小学生、3000 多名群众参观科技馆。

第五节　科技推广

1986 年，望仙乡科协试种的广西 2 号西瓜，亩产 2500 千克；鳌溪镇科协推广的水田立体种植，每亩获纯利 980.33 元；招携镇科协种植的新型小米草，是一种很好的鱼饲料。1987 年，推广绥玉一号等 4 个水稻优良品种，在鳌溪、湖溪、湖坪、望仙 4 个乡镇引种获得成功。1993 年，县科协向招携镇推荐袋装香菇技术获得成功。县绞股蓝厂生产的绞股蓝茶送北京全国科技成果展览信息会展出后，在人民大会堂设立销售专柜。2005 年，创建县青少年气象知识科普教育基地。

2001—2016 年，全县创建农村科普致富示范村 10 个（含市级 3 个）。牛田镇麻坑村于 2012 年被评为省级党员科普致富示范创建村。

推广科普惠农兴村计划项目。乐安县蘑菇协会于 2009 年、乐安县山露菜种植协会于 2011 年、乐安县山蜂养蜂专业技术协会于 2013 年均获得全国“科普惠农兴村计划”项目奖，各获得奖补资金 20 万元。鳌溪镇上大街社区于 2014 年获得江西省社区科普益民计划项目奖，被中国科协、中国财政部评为全国优秀科普社区，获得奖补资金 20 万元。招携花猪科普示范基地于 2015 年获得江西省基层科普行动计划项目奖，获得奖补资金 16 万元。

2016 年 3 月 15 日，由江西省科协主办，抚州市科协和乐安县委、县政府共同承办的创新驱动助力地方经济发展大型科技服务活动在乐安举行。省科协副主席孙卫民、市科协主席雷东水、县委副书记黄泽清、县政府副县长罗鸣出席活动。这次活动得到中国科协的大力支持，来自中国电子学会、省农科院、省林科院和省作物学会、省园艺学会、省水产学会、省畜牧兽医等学会的20多名专家学者、行业权威人士参加此次活动。活动以“创新驱动助力地方经济发展”为主题，针对乐安县乡镇和工业园区重点企业提出的科技需求，组织全国有关学会和省级学会专家深入到乐安县乡镇和工业园区重点企业进行现场技术指导、技术培训、专题研讨、科技咨询等形式的技术服务。

第六节　学术活动

县科协下辖13个学会，由于对口单位行政领导重视程度不一，单位经费有限，学会活动开展不平衡。1982—1990年共写学术论文、专著翻译398篇（本），列为科技、科研成果186篇（项）；1991—2001年共写学术论文、专著翻译300篇（本），列为科技、科研成果120篇（项）；2002—2016年共写学术论文、专著翻译420篇（本），列为科技、科研成果190篇（项）。

2014年7月25日，由江西省科协主办，乐安县科协承办，乐安县畜牧局协办的以“推进乐安花猪产业发展”为主题的江西科协系列学术沙龙第85期在乐安举行。这是乐安县科协第一次举办省级学术沙龙活动，扩大了乐安花猪的品牌影响。省科协党组书记、常务副主席龚绍林到会指导并讲话，县委副书记黄泽清致辞，县农业局分管领导，各乡镇分管副乡镇长、畜牧站站长、土专家、养殖户等共计42人参加活动。

第七节　老科技工作者协会

一、组织机构

乐安县老科学技术工作者协会（简称县“老科协”）是以退休专业技术人员为主体的社会团体，由各乡镇、各自然科学行业、企业、事业单位退休人员自愿联合组成的非营利性的法人社团组织。

2003年6月11日，在县委会议室召开县老科协成立大会暨第一届会员代表大会。参会代表113人（正式代表85人，特邀代表28人），县四套班子领导出席会议，抚州市老科协会长杜润芝、副会长张波、白琳丽到会指导，杜润芝、县委书记黄赛荣、副书记吴福才讲话。会议由县人大常委会正县级督查员董瑞珍主持。会议通过《乐安县老科学技术工作者协会章程》；选举产生第一届理事会、常务理事会、会长、副会长、秘书长。全县有老干科协会员246名，分设7个专委会。

2007年3月，县老科协在乐安宾馆召开第二届会员代表大会。县委书记黄赛荣、副书记徐建辉到会讲话，选举产生第二届理事会。2014年3月13日，县委办下发文件，调整县老科协理事会组成人员。至2016年年底，全县有老科协组织16个，其中，县直有11个专业分会，乡镇有5个分会。

二、主要工作

水利、林业、教育、卫生、国土资源、交通、电信、城建8个专业分会，发挥会员的专业技术特点，宣传科学思想，普及科学知识，实现老有所为、老有所乐。开展科技服务，下乡指导示范，每年发放资料5000册。创办茶叶、油茶、果业、毛竹、水产、养殖、种植等科普示范基地。2012—2014年连续3年被市老科协评为先进单位。2012年5月28—29日承办全市“提高老科协工作能力论坛”。2016年10月13日承办崇宜乐老科协工作调研会。

第五章　文学艺术界联合会

1986—2016年，乐安县文学艺术界联合会加强各协会的自身建设和管理，培养、壮大文艺创作队伍，引导全县文艺工作者深入实际，深入生活，深入群众，创作出一批思想性、艺术性、群众喜闻乐见的精品力作。

第一节　机构人员及主要活动

乐安县文学艺术界联合会（以下简称“县文联”）成立于1964年6月，设立文学、美术、戏剧、文学评论、音乐舞蹈5个协会。“文化大革命”期间停止活动。1982年11月恢复，下辖文学、戏剧、音乐舞蹈、美术摄影和民间文学5个协会。1984年，县文联升格为正局科级单位，编制2个，财政全额拨款。2003—2005年连续3年被评为全省、全市文联先进单位。2016年，县文联下辖作家、诗词楹联、书法、美术、摄影、音乐、戏曲舞蹈等7个协会。

1986—2016年，历任主席：邱捍东、黄更昌、陈兆芳（兼）、董海花（女）。

1986—2004年，县文联主要是成立协会，发展会员，扶植作者，开展征集作品参赛、展览等活动。1986年9月，由县文联负责的《抚州地区民间文学集成（乐安县卷）》编辑工作完成并出版。

2005年6月14日，中国文联副主席、中国民间文艺家协会主席冯骥才在县委书记黄赛荣的陪同下到流坑古村、水南古樟林考察采风；8月15日，县委宣传部、县文联召开“乐安县纪念中国人民抗日战争胜利60周年暨林长生《南京大屠杀之铁证》出版发行座谈会”，邀请省文联主席刘华及新闻媒体记者参加。2006年10月8日，乐安、金溪、南丰3县书画联展在乐安展出，200多幅书画作品参展。2007年11月12日，中国文联名誉主席、文化部原部长周巍峙到乐安考察采风。

2009年9月25—30日，县文联举办乐安县庆祝中华人民共和国成立60周年书法、美术、摄影展，共有70幅书法作品、40幅美术作品、50幅摄影作品参展，参观者有县领导、机关干部、中小学师生及广大市民1万多人次。

2010年4月20—21日，“走进诗意乐安”抚州市谷雨诗会在乐安县举行。市内60余名诗歌爱好者和乐安50多名文学爱好者参加，创作一批质量较高的诗词作品。

2013年，编辑出版《中国民间故事全书·江西抚州·乐安卷》。2014年年初，出版《红色乐安·故事汇》，该书经过两年多时间深入挖掘资源，生动记述乐安的革命故事，歌颂革命先辈和老区人民崇高的革命品格和风范。

第二节　文艺团体

1986—1993年，县文联下辖的各协会发展了大批会员，有文学协会会员36人，书法协会会员36人，美术协会会员33人，摄影协会会员26人，戏剧协会会员22人，音乐舞蹈协会会员19人，民间文学协会会员28人。这些协会鼓励和扶植会员搞好创作，会员勤于笔耕，先后在各级报刊杂志发表大量的作品。其中，文学创作127

篇，书法31幅，图画34幅，摄影66幅。

1994—2016年，根据各协会开展活动多少不等、会员新老交替的情况，有作家协会、诗词楹联、书法、美术、摄影、音乐、戏曲舞蹈等7个协会进行改选。改选后的协会开展丰富多彩的各项文学艺术活动，取得较好的成绩（详见第二十二卷第三、四章和第二十五卷）。

县作家协会　文学协会成立于1982年，20世纪90年代中期，由于经费紧张，一度停止活动。2013年8月13日，更名为乐安县作家协会，并于9月20日在县城召开乐安县作家协会第一次会员代表大会，审议通过《乐安县作家协会章程》，选举产生第一届作协主席、副主席和秘书长。到2016年，有各级作家协会会员67人。其中，国家级会员1人（林长生），省级会员3人（董海花、董金声、邹振忠），市级会员13人，县级会员50人。

县诗词楹联协会　成立于2012年8月12日，第一次会员代表大会于11月29日在县城召开，审议通过《乐安县诗词楹联协会章程》。到2016年，县诗词楹联协会有会员120人。其中，省级会员4人（王春元、黄更昌、刘一中、邓中华），市级会员12人，县级会员108人。

县书法家协会　成立于1986年。2006年10月，在县城召开乐安县书法家协会会员代表大会，通过新的协会章程，并对协会理事会进行改选，产生新一届会长、副会长和秘书长。到2016年，县书法家协会有会员46人。其中，省级会员15人（游解放、罗育才、周才生、邹永信、艾文新、黄思敬、黄金英、姜灵军、董华春、聂沐文、黄更昌、詹德昌、银光灿、余重阳、涂来明），市级会员18人，县级会员13人。

县美术家协会　乐安县书画协会成立于1988年，有会员17人。2009年1月3日，更名为乐安县美术家协会，并在县城召开会员代表大会，改选产生新一届会长、副会长和秘书长。到2016年，县美术家协会有会员23人。其中，国家级会员1人（乐龙耀），省级会员3人（胡林木、杨乐桢、聂沐文），市级会员5人，县级会员14人。

县摄影家协会　20世纪80年代中期，县总工会成立职工摄影协会，由于该协会很少开展活动，2011年3月25日，召开摄影家代表大会，成立乐安县摄影家协会，通过新的协会章程，并改选产生新一届主席、副主席。到2016年，乐安县有各级摄影家协会会员68人。其中，国家级会员1人（黄清华），省级会员11人（游解放、李以庚、管同文、李华东、张荣生、张泽群、陈庚、王庆华、詹楚强、邹志刚、王国华），市级会员12人，县级会员44人。

县音乐家协会　2014年7月6日，乐安县音乐家协会在县城召开会员代表大会。会议通过新的协会章程，改选产生新一届主席、副主席。到2016年，县音乐家协会有会员89人。其中，省级会员3人（熊艳、詹莉梅、刘艳玲）、市级会员7人，县级会员79人。

县戏剧舞蹈协会　2016年，县戏剧协会有会员22人，舞蹈协会有会员19人。

第三节　文艺刊物

《鳌溪》（内刊）杂志创刊于1979年，由县文化馆主编。1983年改由县文联主编，属不定期16开刊，印数不等，每期80页左右，约20万字，至1991年共编印17期。1992年停刊，2003

《千古风》《新乐安》杂志

年8月复刊，更名《千古风》，不定期出刊，每期付印1000份，赠送到县内外作者、县有关部门及省、市文化单位，并与其他县的文学刊物进行交流。《千古风》主要刊载乐安县业余作者的文艺作品，包括小说、散文、报告文学、诗歌、民间文学，兼发少量美术、摄影、书法等作品。

2008年8月，综合性杂志《新乐安》问世，不定期出刊，每期付印1000份。

《千古风》文艺杂志和《新乐安》综合性杂志的问世，弘扬本土文化的优良传统，彰显地方人文特色，刊发的文艺作品展示乐安社会经济繁荣和发展的大好局面，深受广大干部群众好评。2013年11月举行《千古风》创刊十周年征文活动。

第六章　社会科学界联合会

1986—2016年，乐安县社会科学界联合会团结和组织全县各社会科学团体，开展社会科学研究，为经济建设服务。

第一节　机构人员

乐安县哲学社会科学学会联合会（简称“县社联”）于1984年12月成立。1985年，县社联建立哲学、经济、历史、文艺、法学、科社、教育、新闻、统战理论学会。1986年，成立县农业经济学会和县档案学会，分别发展会员93人和38人。1989年，成立县财政会计学会和县企业家协会，分别发展会员120人和44人。1990年，成立县粮食经济学会，有会员40人；成立县生态经济学会，由县委书记许国光担任名誉理事长，县政府县长邱欣森担任理事长；成立县金融学会，制定《乐安县金融学会章程》。

2003年3月，县哲学社会科学学会联合会更名为乐安县社会科学界联合会（简称“社科联”）。2012年，成立乐安“中华义门陈”文化研究会。2013年6月7日，成立乐安县康乐公庙会文化研究会，探讨康乐公庙会文化的起源、盛衰、复兴等理论性研究。2015年，成立以流坑文化为产业的董氏联谊会和江西省乐安振兴流坑文化研究会，加强对流坑文化的研究。

2009年、2011年，乐安县社科联被评为江西省社会科学工作先进单位；2013年，被评为全国先进社科组织；2013—2015年连续3年被评为全市社会科学工作先进单位。

县社科联有人员编制2个，其中主席1名，副主席1名；内设办公室，参照公务员管理法管理。

1986—2016年，历任县社科联主席：黄壬祥、黄宜提、邓志明、丁锦林（兼）、袁友发、谢星辉、徐志明、陈莉华（女）。

第二节　主要活动

1988年，县社联召开振兴江西经济战略理论研讨会和开展兴赣“隆中对”征文活动，开展生产力标准的学习和讨论，组织各学会、社会科学工作者和社科爱好者积极参与。刘一中撰写的《正当的农民运销不是“倒爷”》，获全省优秀广播节目二等奖、抚州地区第四次优秀社会科学研究成果项目；易登明的《试论商品经济条件下的党风建设》被编入《江西党风建设研讨会论文集》，获抚州地区第四次优秀社会科学研究论文奖；陈庚《为什么劳模中这么多带“长”的》的论文，刊登在《中国青年报》；习振华《给农村人才以公平的竞争机会》的论文，刊登在《农村未来》杂志。

1989年，习振华的《抓廉政建设非动“真格的”不可》，刊登在《中国人事》杂志；论文《建立推荐领导干部责任制初探》《政务员应具备的决定能力》，刊登在《江西劳动人事》；论文《给农村人才以公平的竞争机会》刊登在《农村未来》杂志；论文《应当建立推荐责任制度》刊登在《中国人事管理》。曾胜春的《试论对农村广播节目的主体意识》，参加全省广播电视学术论著活动，获得第三届全省广播电视学术论著三等奖、抚州地区第四次优秀社会科学研究成果项目。是年，乐安县社联创办《乐安论坛》，1990年出刊一期，发表两篇“纪念鸦片战争150周年”的文章。县教育学会抓好全县中小学的历史教育，在县第一中学、县第二中学、县职业中学举办历史知识的专栏、讲座、演讲会等。6月1日，在县教育局会议室举办县城中学生纪念鸦片战争150周年演讲会。

1991年，县社联开展纪念建党70周年理论研讨活动，收到学术论文39篇，其中有县委常委、组织部部长银光灿的论文《双向思维在同干部谈话中的运用》。是年，县社联开展乐安县烤烟生产理论研讨会，各乡镇开展调查研究，写出有质量的关于发展烤烟生产的论文23篇。是年，组织编写的《可爱的乐安》由江西人民出版社出版，获地区社科二等奖。

1993年10月，县金融学会召开金融系统工作课题研讨会。2005年，林长生的社科论文《铁证如山》公开发表。并选登在市社联《社科论坛》。2007年，县委书记李来木的《关于乐安县新农村建设的实践与思考》，刊登在《抚州社会科学》。县社联与县委党校联合撰写的《统筹城乡发展，用经营城市的理念建设社会主义新农村》被市社科院立项。

2011年7月，彭才福的《新农村建设是今后30年工作的重中之重》一文，荣获国家发展改革委员会“十二五”规划建言献策三等奖，并入选人民出版社出版的《共绘蓝图“十二五”规划建言献策选编》一书。

2012年，县社科联围绕县委、县政府中心工作，组织相关学会开展课题调研，撰写理论调研文章10余篇。部分社科工作者对流坑文化、红色乐安进行深入调研，先后撰写《中国历史文化名村流坑》《诗意中的流坑》《红色乐安》等具有一定影响的文章。

2013年，县委党校詹建荣申报的《乐安县域经济发展研究》被列入市社会科学规划课题。县社联和县统计局联合开展的课题《乐安农村距离全面小康还有多远》入选抚州社科联的《决策参考》；县委党校余瑞平的《人才开发，以用为本》入选《抚州社会科学》。

2014年，县社科联和县统计局联合开展的课题《乐安县贫困山区外出务工人员调查与对策研究》，获省社联资助项目，并入选抚州《决策参考》第四期。组织举办乐安县第五届社科普及宣传周活动。宣传周期间举办4场社会科学普及进农村文艺演出。

配合江西日报社和省社科联联合开展“古

乐安县第四届社科普宣传周活动（2013年）

色江西——江西十大文化古镇（古村）”评选活动，组织牛田镇流坑古村参评并入选江西十大文化古镇（村）。

2015年，配合市委宣传部、市社科联举办全市纪念抗战胜利暨世界反法西斯战争胜利70周年楹联创作大赛。分别在县楹联协会召开会议和在乐安手机报刊登作品，组织全县各界人士积极参与创作投稿，经过初选，上报9副楹联作品到市委宣传部。

2016年，开展社科普及宣传基地创建活动。8月初，乐安县流坑古村入选江西省社科普及宣传基地，成为乐安县第一个省级社科普及宣传平台。

第七章　工商业联合会

乐安县工商业联合会（简称“县工商联”）是中国共产党领导的面向工商界、以非公有制企业和非公有制经济人士为主体的人民团体和商会组织，是党和政府联系非公有制经济人士的桥梁和纽带，是政府管理和服务非公有制经济的助手。1986—2016年，县工商联促进行业协会商会改革发展；参与协调劳动关系；反映非公有制企业和非公有制经济人士利益诉求，维护其合法权益。建立乡镇商会6个，同业公会1个，行业协会8个，异地商会1个，共有会员309人。

第一节　机构人员

1986年10月，恢复乐安县工商业联合会。重新登记老会员144人，发展新会员67人。其中，企业会员51人，团体会员14人。创办《乐安工商》刊物。1989—1993年，发展新会员173名。其中，团体会员14人，企业会员70人，个体会员89人。1991年中共中央批转中央统战部《关于工商联若干问题的请示》，推动工商联转变工作职能，调整工作重点，乐安县抓好文件精神的贯彻落实。1996年始，部分国营、集体企业退出工商联组织，非公有制企业和人士成为工商联的主体，全县工商联会员人数有所下降，至2003年县工商联共有个人、企业和团体会员125人。同时，在经济较发达的乡镇发展会员，成立商会组织。1991年8月成立县工商联公溪分会，1992年8月成立鳌溪分会，1996年8—10月成立牛田、戴坊、招携分会，分会会长均由乡镇统战委员担任。

发展商会组织。2003年10月，成立乐安县商业贸易商会，在乐安宾馆召开第一届会员代表大会，有会员100多人。2004年5月，成立乐安县摩托车同业公会，有会员30人；6月，成立牛田蘑菇行业协会，有会员20人；9—11月，公溪分会、戴坊分会分别更名为公溪商会、戴坊商会，并召开第二次会员大会。2005年8月，成立谷岗商会，召开首届谷岗商会会员大会。2010年4月22日，成立乐安县副食品百货行业商会，在县财苑宾馆召开第一届会员代表大会，有会员58人。2014年6月18日，成立乐安县家具行业商会，召开第一届会员代表大会，有会员75人。

组建乐安异地商会。2011年11月12日，成立乐安县湖南商会，召开第一届会员代表大会，有会员60人。2013年12月8日，成立温州乐安商会，在温州市召开第一届会员代表大会，有会员77人。2015年12月20日，成立广东乐安商会，在广东深圳市召开第一届会员代表大会，有会员55人。

到2016年，全县建立同业公会1个，行业协会8个，异地商会3个，共有会员309人，其中团体会员20个，企业会员142人，个人会员133人，老会员14人。通过这些会员带动全县262个农民专业合作社、1139家私营企业、5114户个体工商户，为乐安经济发展起到促进作用。

加强工商联党的领导。1996年3月，成立中共乐安县工商联党组。2013年8月，县委决定成立乐安县非公经济党工委，党工委设在县工商联。

县工商联为全额拨款正科级单位，有行政编制2个，2016年有工作人员3人，其中：主席、副主席、办公室主任各1名。1993年、1997年，乐安县工商联分别获全省工商联系统目标管理先进单位。

1986—2016年，历任主席（会长）：刘洪祖、袁小明；历任党组书记：刘华龙、刘慧平、黄建华、杨国平。

第二节　代表大会

1986—2016年，县工商联共召开5次代表大会。

1987年11月27—28日，召开县工商联第六届会员代表大会，出席大会代表91人，特邀代表10人。江西省工商联、抚州地区工商联发贺电、贺信，县六套班子领导出席大会。县委副书记张山东代表县委讲话，县政协副主席、统战部部长卢向云作报告。会议审议通过刘洪祖所作的第五届执行委员会工作报告，选举产生工商联第六届执行委员会，主任委员暂缺，副主任委员3人，常委7人，执委25人。

1991年7月3—4日，召开县工商联第七届会员代表大会，出席大会代表112人，县委副书记黄德宪代表县委讲话，县政协副主席、统战部部长卢向云作报告。会议审议通过刘洪祖所作的第六届执行委员会工作报告，选举产生工商联第七届执行委员会，主任委员1人，副主任委员3人，秘书长1人，常委9人，执委27人。

1995年7月4—5日，召开县工商联第八届会员代表大会，出席大会代表114人。江西省工商联发来贺电，抚州地区工商联办事处主任李耕生到会讲话，县六套班子领导出席会议，县政协副主席、统战部长卢向云讲话，会议审议通过刘洪祖所作的第七届执行委员会工作报告。大会选举会长1人，副会长5人，常委11人，执委31人。

2003年9月26—27日，召开县工商联第九届会员代表大会，出席大会代表125人。县政协副主席、统战部长张乐明讲话，会议审议通过袁小明代表第八届执行委员会所作的工作报告。大会选举产生会长1人，副会长10人，常委17人，执委41人。

2015年12月11日，召开县工商联第十届会员代表大会，出席大会代表150人。市政协副主席、市工商联主席蔡青到会讲话，县四套班子领导出席大会，县委常委、统战部长吴瑞云讲话，

乐安县工商业联合会（总商会）第十次会员代表大会

会议审议通过袁小明代表第九届执行委员会所作的工作报告。会议选举工商联主席（会长）1人，常务副主席1人，副主席9人，副会长9人，秘书长（兼），常委27人，执委85人。

第三节　主要活动

一、政治活动

中共十一届三中全会后，乐安县落实党的工商业政策，平反冤假错案，“文化大革命”中下放的工商业者36户，家属子女158人，全部回城落户，恢复商品粮，补发工资，兑现被扣发的定息计1660.72元。归还被没收的私房3套330平方米，退回没收的金银折价款计11637元。为2名在“文化大革命”中被迫害致死的工商业者平反。复查和纠正“文化大革命”前劳教处理过重的错案3人，恢复工作，补发工资，安排子女顶替，还重新登记144名老会员。

2013年9月，市工商联举办迎国庆——市工商联第二届运动会，县工商联组织人员参加，并在跳远、袋鼠跳等项目上取得好成绩。

县工商联组织会员参政议政。2006—2016年，县工商联会员中有市人大代表4人，县人大代表5人，县政协常委7人，县政协委员56人。各个行业的会员撰写调研报告26篇，人大和政协提案156件，其中35件被列入重点提案。

二、经贸活动

1989—1991年，县工商联每年组织一次企业会员参加华东六省一市工商联商品交易会和其他系统的交易会，先后组织县绞股蓝茶厂、县针织内衣厂、赣中矿泉水厂、县百货公司、县杂品公司等20余家企业会员的30多位代表，参加杭州、福州、南昌等地商品交易会6次，成交额620余万元。1992年10月10日，县工商联组织赣东矿泉水厂、绞股蓝茶叶开发公司等7家企业，参加在南昌举办的华东六省一市工商联第七届商品交易会，成交127.4万元，名列抚州地区第一。

加强与外地工商联联系。2004年10月乐安县工商联与广东揭阳市东山区工商联、2015年10月16日与南昌市进贤县工商联、2016年3月14日与赣州市南康区工商联缔结为友好商会，并签订友好商会协议书。

三、公益活动

1997年7月，在县工商联第八届会员代表大会召开期间，成立乐安县光彩事业推动委员会，8月，更名为乐安县光彩事业促进会。县委统战部、县工商联推动光彩事业发展，引导全县非公有制经济代表人士参与光彩事业，干光彩事，做光彩人。在项目扶贫中，采用公司与农户、安置就业、股份组合、订单农业、科技带动、市场引导等多种方式，特别是在开发资源、兴办企业、培训人才和扶贫助学、扶危济困等方面做出成绩。至2003年，开办光彩项目4个，资助贫困人口1.2万余人，捐助公益事业120.6万元，安置下岗职工365人，扶危济困送温暖4.8万元，为社会培训各类人才1600余人，促成“1+1”结对扶贫助学15对，扶助资金1.44万元。

2014年12月12日，乐安县湖南商会到招携、南村等地慰问湘籍贫困户26户。2016年3月2日，县委统战部、县工商联下发《关于在非公企业中开展“十三五”精准扶贫工作的实施方案》，引导69户民营企业投身扶贫攻坚战，结对帮扶“十三五”期间的69个贫困村；10月14日，市政协副主席、工商联主席蔡青率领临川大酒店总经理郑学铨、抚州市海龙电器有限公司董事长何海荣、抚州市双菱磁性材料有限公司董事长吴世伟，深入万崇镇池头村和湖坪乡汉上村开展“百企帮百村”精准扶贫对接活动；12月，乐安湖南商会慰问全县湘籍贫困户140户，送去油、大米、面条、食品等物资。

第八章　残疾人联合会

1986—2016年，乐安县残疾人联合会维护残疾人利益，办好残疾人福利，帮助和引导残疾人就业、创业，鼓励和支持残疾人发扬自尊、自强、自信、自立进取精神，开展残疾人康复、就业、教育、扶贫解困、民生、职业培训、信访维权等重点工作，促进残疾人事业发展。

2016年年底，乐安县残疾人联合会设有正副理事长各1人，残联机关及下属事业单位共有编制3个，实有工作人员13人，其中聘用康复人员5人。

1991—2016年，历任县残联理事长：周先明、袁小明、董华招、杨宏荣、黄斐。

第一节　机构人员

1986年，乐安县残疾人工作由县民政局社会救济股负责，主要是对全县残疾人进行登记、管理和救助。1990年8月，县民政局增设残疾人联合会办公室，定为副科级。1997年，乐安县残疾人联合会与县民政局分开，升格为正科级。2003年3月，根据《乐安县残疾人联合会内设机构和人员编制规定》，内设机构有办公室，事业编2名，领导职数为正副理事长各1名。2005年4月，成立残疾人康复中心和残疾人劳动服务中心，"两块牌子一套人马"事业编制1名，隶属乐安县残疾人联合会。

县残联加强和完善残联（残协）组织建设工作，县、乡、村三级残联组织得到进一步加强和规范。县政府成立残疾人工作委员会。全县16个乡镇全部成立残疾人联合会，配备16名残联主席，16个残联理事长，176个行政村、20个社区由主任兼任残协主席，每个村、社区都配有残疾人专职委员，具体负责基层残疾人工作。

第二节　代表大会

1986—2016年，乐安县残疾人联合会共召开两次代表大会。

1991年3月14—15日，乐安县残疾人第一次代表大会在县城召开，大会审议主席团工作报告，确定今后工作任务：维护残疾人的合法权利，为残疾人服务，推进和发展全县残疾人事业。主要工作包括残疾人康复、教育、劳动就业、扶贫、社会保障、文化体育、环境建设、社

乐安县残疾人联合会第二次代表大会

区残疾人工作、组织建设、法制建设、残疾预防等。选举产生残联主席、副主席、理事会。

2007年9月26—27日，乐安县残疾人联合会第二次代表大会在县城召开，大会审议主席团工作报告，确定工作方针和任务，选举副县长易光华任主席，黄斐、黄财明、袁国平、袁国梁任副主席，聘请县委副书记徐建辉为名誉主席，黄斐当选残疾人联合会理事长。大会成立肢残人协会、聋人协会、盲人协会、智力残疾人亲友协会、精神残疾人亲友协会5个协会，分别选举产生协会主席。

嘉道理社区康复合作项目乐安县末期评估汇报会（2012年）

第三节　主要工作

一、康复服务工作

县残联始终将残疾人康复工作放在首要位置来抓，创造性开展工作。1991—1993年，实施白内障复明手术166例，小儿麻痹症矫治119例，聋儿培训15例，低视力康复73例。1993年12月，对12个重点缺碘地区新婚育龄妇女、孕妇、婴幼儿310人进行补碘。至2016年，建有县人民医院康复科联合办的康复中心、公溪镇721矿社区残疾人托养中心、鳌溪镇象山社区亮亮快乐家园以及部分乡镇康复站，有300余名康复协调员和康复指导员。每年为3000名残疾人提供有效的社区康复服务。残疾人康复中心建立详细的残疾人康复需求分类档案，先后为680名贫困残疾人免费做白内障复明手术，免费安装假肢350个、聋儿康复训练60名，每年帮助精神残疾病人免费服药、免费送轮椅、发放残疾人辅助用品用具共9220件次。

乐安县争取到中国残联——嘉道理第三期社区康复合作项目。从2012年开始实施，到2016年，残疾人就业率由64%提高到74%，有112位残疾人陆续从县财政领取就业创业帮扶资金60万元；残疾儿童入学率为98%。通过推进重点康复服务和社区康复工作，免费完成白内障患者复明手术1000多例，重点康复对象240例，肢体残疾人社区康复训练4500人，贫困精神病患者免费服药700余人次，接受免费住院治疗66人，为全县贫困家庭残疾人免费配发辅助器具3000余件，装配普通型假肢42条，培训社区康复协调员1000人次，为近1.2万人次残疾人提供康复训练与服务，康复需求满意率为98%。

二、就业工作

县残联加强残疾人职业技能培训，支持残疾人自谋职业。借助劳动部门建立残疾人就业培训服务平台和农村乡土人才平台，采用各种形式举办电商、家电维修、电脑、美容美发等残疾人就业技能和实用技术培训班。肢残青年艾伟刚从事家电维修，并带出一批徒弟，同时开了一家电器店，年收入在10万元以上；聋哑人刘国荣、姚涛涛分别在县城开办哑巴理发店和涛涛理发店，实现自食其力。

1991—2016年，县残联依托县就业局培训中心、县职业中专培训部，开办残疾人职业和实用技术培训班35期，培训残疾人2200余人。到2016年，全县按比例安置420名残疾人就业，其中购买公益性岗位安置62人，残疾人农家书屋管理员184人，县城学校周边道路交通指挥员15人。政策扶持残疾人集中就业，开展“助残就业、同奔小康”就业创业行动，全县有省级残疾人就业扶贫基地2个，市级残疾人就业扶贫基地6个，直接安置残疾人110人，辐射带动200名残疾人就业。省级阳光助创业就业示范基地——南村仕女扇厂和金竹乡众盛竹笋专业合作社，年产值1100万元，利润100万元，安置残疾人和贫困户就业140人。

三、教育工作

县残联将残疾少年儿童教育纳入义务教育体系，开展智力、盲人、听力等3类残疾少年儿童入学的情况调查。至2016年，全县161名残疾少年儿童，绝大部分接受义务教育或上特殊教育学校，近千名贫困残疾人子女及残疾少年儿童落实“二免一补”政策。实施“春蕾”“关爱女孩”等扶残助学项目，对残疾大学生和双残家庭大学生给予助学资助：专科生每人一次性资助3000元，本科生每人一次性资助4000元，研究生及以上层次每人一次性资助5000元。

四、换发二代残疾人证

1993年，全县共有残疾人口14238人，发放残疾人证1960个。2009年8月，全面启动第二代残疾人证换发工作，制定二代残疾人证换发和建立残疾人基础数据库工作实施方案，建立残疾人证纸质和电子档案，对办证表格资料登记造册，并进行编号建档。到2016年，全县共有残疾人口23398人，其中，视力残疾3856人，占残疾人总数的16.4%；听力言语残疾5669人，占24.23%；肢体残疾7041人，占30.09%；智力残疾2068人，占8.84%；精神残疾1619人，占6.92%；多重残疾3145人，占13.44%。全县累计接待办证群众1万多人次，累计受理残疾人证10507件次，免费办理残疾人证9474本。

五、维护残疾人合法权益

残疾工作机构紧紧围绕“残疾人利益无小事”的服务宗旨，积极稳妥地预防、化解处置各类矛盾纠纷和群体事件，消除信访隐患，保障残疾人利益，全力做好残疾人信访维稳工作。2011年，县委、县政府下发《关于发展残疾人事业的通知》《关于缴纳残疾人就业保障金的通知》《乐安县落实残疾人优惠政策暂行办法》，为残疾人需求提供保障。通过坚持领导包案制度，落实信访工作责任制，拓宽残疾人信访渠道，解决残疾人合理诉求，共接待残疾人及家属来信来访4300余人次，为残疾人解决各种问题5000多个。在全县“五车”整治中，配合县委、县政府妥善解决残疾人“拐的”载客现象。通过全县上下齐努力，无一残疾人去市、赴省、进京上访。乐安县残联于2014年11月荣获江西省人民政府残疾人工作委员会授予的先进集体；于2016年10月荣获国务院残疾人工作委员会先进单位。

乐安县残疾人权益保障工作会议

第八卷　法　治

本卷目录

第一章　公　安

公安机关行使国内安全保卫、刑事侦查、监所管理、户籍管理等职责，打击各类犯罪行为，维护国家治安秩序。随着社会主义法治的加强和完善，公安机关队伍逐步壮大，技术手段不断提升，忠实履行国家法律赋予的职权，在维护域内安全和社会稳定、巩固人民民主专政政权、保卫社会主义革命和建设事业中做出贡献。

第一节　机构队伍

一、公安局机构

1986年，乐安县公安局内设秘书科、政保科、经保科、治安科、预审科、刑侦队、消防科、政工科、看守所等机构。下辖公溪公安分局，鳌溪、湖坪、龚坊、牛田、戴坊、南村、古城、莲塘、261大队9个派出所，谷岗、招携2个林业派出所。9月，组建乐安县鳌溪治安办公室，下设治安巡逻队。

1987年6月，撤销乐安县交通监理站，成立乐安县公安局交通警察队（副科级）。9月，组建乐安县公安局林业分局（副科级），行政属县林业局管辖，业务归县公安局领导。1988年4月，县交通警察队改为县交警大队；11月成立治安拘留所。1989年6月增设通讯科、户政科。1990年设立中共乐安县公安局委员会；3月，县交警大队升格为正科级；12月，增设法制科。

1991年3月成立监察室；11月秘书科更名为办公室。1993年实行警衔制；8月成立刑事侦察大队（副科级）。1995年2月，增设坪溪、增田、潭港、航桥、罗陂5个派出所，并设立乐安县公安消防分局，与消防科合署办公；12月，成立巡逻警察大队（副科级）。1997年7月，内设指挥中心（副科级）、刑侦大队（副科级）、巡警大队（副科级）、办公室、政保科、经保科、治安科、法制科、预审科、机要通讯科、户政科、政工科、110报警服务台、处警队、看守所等15个科室大队。1998年10月，公安局林业分局更名为乐安县森林公安局。

2003年3月，乐安县公安局有政法专项编制169个，专项事业编制86个，内设办公室、指挥中心、政工科、户政科、信息通信科、法制科、装备财务科、警务督察大队、国内安全保卫大队、经济犯罪侦查大队、治安警察大队、刑事警察大队、消防大队、巡逻警察大队、禁毒大队、交通警察大队、看守所、治安拘留所等18个职能机构，下辖公溪、古城、鳌溪3个分局，湖溪、龚

乐安县公安局办公大楼

坊、戴坊、牛田、湖坪、罗陂、增田、南村、金竹、莲塘、山砀11个派出所。2008年6月，必设机构为指挥中心、国内安全保卫大队、刑事侦察大队、治安管理大队、交通管理大队、政工监督室、法制室、警务保障室。选设机构为经济犯罪侦查大队、公共信息网络安全监察大队、特巡警大队。保留鳌溪、公溪、古城、湖溪、龚坊、牛田、戴坊、湖坪、罗陂、增田、南村、金竹、莲塘、山砀14个派出所。

2011年4月，乐安县公安局内设政治处、办公室、指挥中心、警务保障室、法制大队、信访科、户政科、公共信息网络安全监察大队、刑事侦查大队、特巡警大队、国内安全保卫大队、经济犯罪侦查大队、治安管理大队、警务督察大队、交通警察大队、看守所、拘留所等17个机构，下辖派出所不变。2012年7月，增设情报信息研判大队；12月，增设直属大队、出入境管理大队；2014年9月，撤销古城派出所，设立流坑派出所。

2016年10月，乐安县公安局启动实施抚州市公安“大部制”警务改革工作，将22个警种部门实体合并为情报指挥、国内安全保卫、侦查实战、治安防控、行政服务、交通管理、执法规范、科技信息、综合管理等9个部；11月增设科技信息化大队。

2016年10月，乐安县公安局由县城广场路8号迁至北环路新址办公。2016年年末，在编280人。其中，民警263人、职工17人；男253人、女27人；大专以上学历275人，占98%。1986—2016年，有266名民警538次获全国、省、市、县先进荣誉和立功受奖，其中5名民警分获中宣部、人事部、公安部表彰。1999—2001年，连续3年获全省优秀公安局称号。2003年被评为全省执法考评优秀单位；2006年被评为全省公安派出所建设先进公安局。

2002年9月至2011年5月，县公安局局长由县委常委兼任；2011年7月始，县公安局局长由副县长兼任。1986—2016年，历任局长：杨明才、陈福保、周泽均、刘清水、陈建华、吴平、钟建平、黄国平、杨建忠、陈兵。历任政委：黄协群、杨衍银、陈建华、邹奇良、杨建忠、熊迎春、郑柯。

二、交通警察机构

1987年6月之前，交通安全管理由县交通监理站负责，除做好车辆及驾驶员的管理、交通事故处理、交通秩序管理外，还负责养路费征收和管理工作。1987年6月，撤销乐安县交通监理站，成立乐安县公安局交通警察队（副科级），编制6个。同年底，养路费征收管理工作中止。1988年4月，县交警队改称县公安局交通警察大队。1990年3月，交通警察大队升格为正科级，内设人秘科、车辆管理科、交通秩序科，增加编制5个。1991年7月，设立公溪交通警察分队。1997年7月，增设交通宣传科。2003年3月，增设山砀中队、牛田中队。

2011年4月，乐安县公安局交通警察大队内设办公室、车辆管理科、交通秩序科、宣传教育科、法制科，下辖交通事故处理、城区、牛田、山砀、招携等5个中队。

乐安县公安局交通警察大队坐落在县城乐安大道160号。2016年年末，有在编民警24人，聘干1人，职工2人，辅警75人。

乐安县公安局鳌溪镇派出所办公楼

2008年5月开始，由县公安局副政委兼任交警大队大队长。1988—2016年，历任大队长：胡兴宗、徐高、胡兴宗、陈福保、涂有成、李明泉、蔡乐明。历任教导员：黄钧铭、邹奇良、杨超、蔡乐明、游高华。

三、消防机构

1976年3月成立乐安县消防中队，属县公安局消防科代管，消防中队官兵为现役制。1983年2月，消防中队编入武警部队，更名为中国人民武装警察部队乐安县消防中队，公安局消防科干警同时转入现役。消防科主要担负全县防火监督执法工作，消防中队担负全县的灭火及抢险救灾工作。1996年8月，消防中队改称消防大队，升格为正营级单位，下辖一个消防中队。

1997—2016年，历任大队长：曾良军、蒋国民、余建平、林美忠、甘人民、王学庆、夏成华。历任教导员：曾良军、方国良、黄建华、王卫东、王学庆、窦军辉。

第二节 打击刑事犯罪

1980年1月，乐安县公安局组建刑事侦察队。1993年8月，刑侦队改为刑事侦察大队，编制20个，内设5个中队，配备多波段光源、大型502熏显柜、一体化尸体解剖室、智能物证室、指纹服务器等先进的专业设备和交通工具。1989年5—9月，在打击盗窃、抢劫、流窜犯罪的专项斗争中，破获刑事案件69起，摧毁犯罪团伙19个，抓捕犯罪嫌疑人90人，缴获自行车50辆及其他赃款赃物，并协助新余市分宜县等公安机关破案15起。

1992年8—11月，乐安县潭港、大马头二地连续发生5起强奸案。接到报案后，县公安局及时组织力量，开展侦破工作，最终锁定912地勘队驻牛田镇马安山施工的职工王某为嫌疑对象。在大量证据面前，王某不但交代5起强奸案的作案经过，还交待流窜宜黄、新干、金溪、南城等地，撬门扭锁入室盗窃作案13起，盗得财物价值4.5万余元的犯罪事实。王某因犯罪情节特别严重，被依法判处死刑，剥夺政治权利终身。

2000年4月，在为期3个月的全国打击拐卖妇女儿童专项斗争中，与外地公安机关联动协作，解救被拐卖妇女儿童22人，抓获犯罪嫌疑人66人，被江西省公安厅授予全省“打拐”专项斗争先进单位。2009年5月成功破获“5·2”抢劫杀人案。

2011年2—4月，开展打击“两抢一盗”专项斗争，办案民警经过两个半月的不懈努力，破获盗窃案146起，抢劫案2起，抢夺案1起。其中利用痕迹物证等科技手段，破获“两抢一盗”系列案6串18起，通过网上抓获在逃人员15人，为群众挽回损失数十万元。

2016年5月，乐安县公安局组织展开“飓风二号”打击违法犯罪的专项斗争，通过科技情报导侦，深挖线索，经过5个月的内查外调，破获盗窃案件61起，诈骗案13起，抢夺案1起，抓获犯罪嫌疑人33人。通过技术手段，成功破获丰城市荣塘镇村民熊某，流窜乐安、南昌、吉安和福建石狮等地多次盗窃车内财物的特大盗窃案。1986—2016年，全县公安机关共立刑事案件13279起，其中重特大案件1391起；破获各类刑事案件9407起，其中重特大案件1090起，破案率为80%。涌现出多名全市公安机关破案能手和刑事技术标兵，多次受到上级公安机关的表彰和奖励。

1986—2016年乐安县刑事案件发、破案情况表

表8-1-1　　　　单位：起、个、人

年份	发生案件数	其中重特大案件	侦破案件数	其中重特大案件	摧毁各类团伙	
					数量	成员
1986	66	25	58	22	8	42
1987	57	27	48	20	8	28
1988	89	46	81	38	4	19
1989	119	42	94	37	54	208
1990	208	69	146	61	25	97
1991	362	92	227	73	27	106
1992	201	59	176	56	23	96
1993	86	35	79	31	19	77
1994	113	46	102	42	10	42
1995	87	37	85	36	6	23
1996	120	41	118	38	11	46
1997	85	36	81	36	9	23
1998	85	24	74	23	6	26
1999	168	34	101	34	13	46
2000	652	40	227	38	7	25
2001	604	123	281	56	10	110
2002	687	111	323	49	5	48
2003	517	52	254	52	8	43
2004	466	46	323	41	5	21
2005	435	20	336	12	6	24
2006	603	64	424	33	4	21
2007	666	54	494	43	8	36
2008	560	19	508	48	4	17
2009	758	86	581	43	1	3
2010	974	14	583	13	7	27
2011	962	39	588	34	6	24
2012	774	17	590	9	2	11
2013	769	49	598	39	6	59
2014	765	17	603	16	8	32
2015	584	15	607	9	2	10
2016	657	12	617	8	1	3

2000—2016 年乐安县刑事案件分类情况

表 8-1-2　　　　　　　　　　　　　　　　　　　　　　单位：件

项目		放火	杀人	伤害	强奸	绑架	抢劫	盗窃	抢夺	诈骗	毒品	经济	其他
2000	立案	0	11	41	7	0	25	482	0	22	1	0	63
	破案	0	8	38	0	0	0	126	0	7	1	0	30
2001	立案	0	6	17	7	0	34	432	0	21	1	0	86
	破案	0	11	19	3	0	31	135	0	11	1	0	70
2002	立案	3	4	37	15	0	34	510	0	13	0	0	71
	破案	2	3	31	18	0	24	180	0	3	0	0	62
2003	立案	2	3	10	19	0	27	347	0	30	2	0	77
	破案	2	2	10	19	0	9	109	0	20	2	0	63
2004	立案	12	3	4	3	0	21	332	0	18	0	0	73
	破案	12	5	5	1	0	16	232	0	1	0	0	51
2005	立案	0	4	15	4	0	12	319	4	12	0	0	65
	破案	0	4	18	2	0	6	242	7	9	0	0	48
2006	立案	1	6	14	2	1	19	440	38	20	1	0	61
	破案	1	6	14	0	0	0	275	54	9	1	0	50
2007	立案	0	6	18	2	0	46	515	17	19	0	0	43
	破案	0	6	16	2	0	35	367	30	1	0	0	37
2008	立案	0	1	21	2	1	15	424	22	17	1	0	56
	破案	0	0	0	0	1	45	353	13	22	1	0	53
2009	立案	0	3	26	7	0	49	554	18	27	2	0	72
	破案	0	3	30	4	0	46	358	38	49	2	0	51
2010	立案	1	3	42	6	0	4	723	17	44	1	0	133
	破案	0	4	40	7	0	2	411	1	5	1	0	0
2011	立案	1	1	43	13	1	23	739	14	68	0	0	0
	破案	0	2	41	13	0	19	430	2	9	1	18	53
2012	立案	1	3	32	4	0	9	559	16	50	1	49	50
	破案	1	3	30	3	0	2	403	7	32	1	42	66
2013	立案	2	0	30	4	0	13	578	22	73	1	32	14
	破案	1	0	27	3	0	8	461	8	38	1	23	28
2014	立案	0	5	14	0	0	0	629	5	69	11	11	19
	破案	0	5	17	1	0	1	514	4	16	11	3	31
2015	立案	1	5	6	5	0	4	422	6	82	8	12	33
	破案	1	5	4	2	0	1	550	0	0	0	11	22
2016	立案	0	6	14	2	0	4	521	5	75	1	8	21
	破案	0	6	14	2	0	0	556	0	16	1	5	17

第三节 社会治安管理

1986—2016年，乐安县公安局治安管理部门根据“围绕大局、服务经济、确保稳定、创建和谐”的总体工作思路，以公共场所安全管理，枪支弹药管理，爆炸物品管理和特种行业管理为中心，认真开展打击黑帮派、恶势力和黄、赌的专项斗争，共查处治安案件14452起，处罚违法人员20198人，其中送劳（少）教431人，行政拘留4612人，行政罚款12239人；查处各类涉枪、涉铳案件120起，人员125名；涉爆案件26起，人员33名。收缴非法枪支（鸟铳）1628支，炸药232公斤，雷管542枚，导火索1647米，土炮1门，管制刀具225件。

1995年，集中优势警力，开展为期半年的打黑除恶专项行动，抓获违法人员72人，缴获长短枪（铳）39支，斧头8把，乒乓球炸弹7枚及其他作案工具，使具有黑恶势力性质的所谓“沙龙帮”“斧头帮”“街心帮”“站前帮”遭到毁灭性打击。

2003年3月，县公安局治安科更名为治安警察大队。2004年7月，升格为副科级，下设3个正股级中队，有治安警察13人。

2009—2010年，查获赌博案件29起，捣毁赌博窝点5个，查处涉赌人员132人。清理各类娱乐场所65家，收缴销毁苹果机、弹子机、顶球转盘机等赌博电子游戏机102台。收缴各类枪支6支，子弹21发。清查印刷业6家，音像制品店、书店、路边摊点12家，收缴盗版非法出版物200余件，淫秽光盘、淫秽图片、凶杀暴力、通信视频文件600余份，查封盗版非法出版物1000余件，光盘2000余张。

1986—2016年乐安县治安案件查处情况表

表8-1-3　　单位：起、人

年份	发案	查处	处罚	被处罚人员					
				逮捕	拘留	罚款	警告	劳、少教	其他处理
1986	318	265	623	0	70	346	193	7	16
1987	412	286	965	2	104	546	167	23	125
1988	286	203	570	0	102	301	167	7	0
1989	654	559	1428	0	289	909	236	15	0
1990	553	513	1390	0	288	854	248	26	0
1991	522	500	1616	0	220	1265	131	9	25
1992	297	255	802	0	143	570	22	8	23
1993	267	240	654	0	131	444	40	2	39
1994	186	170	327	0	86	200	13	8	0
1995	155	155	438	0	83	253	38	13	0
1996	226	197	457	0	92	282	41	33	0
1997	181	181	396	0	68	206	54	35	0
1998	235	180	417	0	121	268	29	34	0
1999	525	525	777	0	220	437	73	35	47
2000	869	796	1320	0	246	875	186	36	0
2001	628	628	1101	0	304	797	0	45	0

续表 8-1-3

年份	发案	查处	处罚	被处罚人员					
				逮捕	拘留	罚款	警告	劳、少教	其他处理
2002	824	691	923	0	127	592	121	28	83
2003	689	544	1120	0	281	723	82	28	0
2004	507	468	932	0	185	564	136	30	0
2005	310	307	315	0	98	187	20	10	0
2006	658	570	354	0	61	125	15	7	0
2007	726	722	309	0	79	179	8	0	0
2008	597	577	221	0	117	85	1	6	0
2009	801	801	380	0	107	245	4	0	0
2010	1001	1001	347	0	203	124	4	0	0
2011	891	634	279	0	123	142	5	0	9
2012	980	738	382	0	181	191	7	0	3
2013	1040	749	385	0	191	179	8	0	7
2014	850	390	337	0	219	109	1	0	8
2015	881	323	308	0	96	95	5	0	12
2016	803	302	316	0	162	146	3	0	5

第四节　打击经济犯罪

1986 年，打击经济犯罪与内部保卫工作，归乐安县公安局经济文化保卫科负责，重点是做好企业、金融系统和机关内部的治安保卫工作，确保单位做到无政治、刑事、治安案件，无治安灾害事故，无干部、职工违法犯罪。2003 年，经济文化保卫科更名为经济犯罪侦查大队。

1989 年夏秋，侦破国营 721 矿莲塘医院护士钟某某高息诈骗公、私款共 110.39 万元案，追回赃款 28.51 万元。犯罪嫌疑人钟某某被依法判处无期徒刑。

2007 年，乐安县公安局开展打击偷税、漏税和假发票专项行动，受理案件 4 起，立案 2 起，抓获处理违法人员 3 人，为国家挽回损失 230 多万元。2009 年在打击假币的“09 行动”中，缴获假币 1627 张，面值 39420 元，超出抚州市公安局下达任务的 50%，在全市 12 个县中排名第一。全面完成金融网点安装视频监控和声控报警装置，与 110 接警中心联网，设立保安员值班制度，并与各责任单位和责任人签订安全责任状。2010 年下半年，侦破办结非法转让、倒卖土地案 26 起，处理涉案人员 51 人，其中 9 名逃犯在网上抓获归案，有 18 人被依法逮捕移送起诉。查处阻碍“三违”（违法建房、违法用地、违法买卖）整治工作人员依法执行职务的案件 140 多起，配合“三违”工作组拆除违法建筑 160 多处。

在开展打击银行卡诈骗、电信诈骗、虚开增值税发票、非法传销、侵犯知识产权、商业贿赂和制假、售假等专项行动中，收缴盗版书籍 3800 多册，假冒名牌衣服 2200 多套，使用假发票 5 起 46 份，涉案金额 537.5 万元。2014 年侦破李某等人非法集资案，涉案金额 8533 万多元，虽牵涉人员多、调查取证难，只用 4 个月时间将案件全部查清，并移送起诉，追回赃款 600 多万元。2015

年侦破甘某某等人骗税案，甘某某与福建厦门、晋江二地朱某某、蔡某某等互相勾结，虚开增值税发票503份，涉案金额5474万多元，骗取国家出口退税款748万多元。

至2016年年末，乐安县共查处经济犯罪案件191起，抓获犯罪嫌疑人69人。

第五节　户政管理

1986年起，乐安县户政工作由县公安局治安科管理。1989年6月，县公安局设立户政科，主要职责是负责全县户政管理和人口信息管理，居民身份证制作、发放，暂住人口（流动人口）、重点人口管理，“农转非”（含小城镇人口落户），“非转农”、边境证签发等业务工作。

一、户籍、身份证管理

1985年9月，国务院颁发《中华人民共和国身份证试行条例》，规定除现役军人和正在服刑的犯人以及劳动教养的人以外，凡年满16周岁的中国公民都须申领居民身份证。1986年年初，乐安县成立居民身份证颁发办公室，有计划、有步骤地开展居民身份证制证发证工作。1988年年底，结束5个镇及721矿、261大队居民身份证的基础制证工作，为113266名公民填写《常住人口登记表》，完成照相58899人，编码73622人，打印底卡40233人。1989年年底，发放居民身份证16万多份。1990—2002年办理居民身份证126257份，临时身份证3480份。

1998年12月，全县人口信息网络管理系统建设工程全部竣工，各乡镇派出所户政业务网全部开通。常住人口、暂住人口、重点人口管理全面纳入计算机管理，各级公安机关能及时、准确地掌握人口信息。1999年10月1日，国务院颁布《关于实行公民身份证号码制度的决定》和公安部《关于认真做好公民身份证号码编制工作的通知》，规定每个公民从出生之日起编定唯一的、终生不变的身份证号码，居民身份证号码从15位升至18位。2000年年底，乐安县编码升位工作全部完成。

2003—2004年，深化户籍制度改革，全县办理小城镇“农转非”1331人，其中经商、购房人员469人，“三投靠”（子女投靠父母、父母投靠子女、夫妻双方互相投靠）人员713人，各类人才90人。2005年，重点开展户口核对纠错，以及流动人口身份证的查验和第二代居民身份证换发工作。全县共核对户口341489人，纠正重号5256个、错号2531个。采集人像231396张，常住人口照相率达到87.07%。2008年是集中换发“二代证”的最后一年，3年累计上传制证信息220485条，受到上级公安机关的表彰。

2013年7月，为认真贯彻落实新修订的《中华人民共和国居民身份证法》，有效防范冒用他人身份证及伪造、变造居民身份证等违法犯罪行为的发生，户政部门在乐安县开通身份证指纹信息采集工作，年底成功采集指纹办证15000余人次。2014年，对新生婴儿户口落户登记，实行先登记后向计划生育部门通报，不查验计划生育证明，当年登记新生儿落户16327人。2015年，户政部门按照国办发〔2015〕96号关于解决无户口人员登记户口问题的意见，会同有关部门解决无户口人员登记户口问题，登记无户口人员286人，其中留守儿童32人。2016年10月，迁入新办公大楼后，推出户口申报、登记、办理、迁移一站式服务，开通短信、电话通知服务，推出网上预约延时服务等8项便民措施。全年办理“二代证”20252份，临时居民身份证2045份，办理异地身份证25张。解决无户口人员65人，变更更正户籍信息326条，解决“非转农”2349人。

二、重点、暂住（流动）人口管理

1986年，乐安县有重点管理人口837人，重点掌握753人的各种违法行为。暂住人口的管理，进行确认造册登记，是年年底，乐安县有暂住人口2133人，发放暂住证1658人，等待发证475人，处理6名违法人员。

1997年，开始对重点人口、暂住人口进行录入电脑管理，重点人口改好率94.8%，暂住人口登记发证率94.1%。1998年，重点人口、暂住人口登记造册率97%。

2001—2005年，重点人口改好率95%，流动人口登记97%。2009年，乐安县登记列入管理的重点人口309人，登记暂住人口2861人，发证759人。管片民警对重点人口、暂住人口管理熟悉、控制、改好率均达100%。

2012年，按照“以证管人”“以房管人”的工作思路，加快流动人口管理信息化的建设，乐安县共登记流动人口709人，符合发证162人，列入管理的重点人口363人，改好率为95%。2016年，乐安县登记的流动人口256人，核发居住证132个。列入管理的重点人口156人，改好率为95%。

三、边境通行证管理

根据公安部《中华人民共和国边境管理区通行证管理办法》规定，凡居住在非边境管理区年满16周岁的中国公民，前往边境管理区，须办理边境管理区通行证。20世纪80年代后期至90年代，随着改革开放的不断深入，乐安县前往深圳、珠海经济特区经商、务工、探亲、旅游的人员逐年增多，窗口每年办理边境通行证的有4500多人次。2008年1月1日停止办理去深圳、珠海两个经济特区的边境通行证。2014年后，简化申领签发手续，更加规范地审批签发流程，所有申请前往边境管理区的人员全部录入办证系统，以备查验。

第六节 出入境管理

20世纪80年代，随着改革开放的不断深入，国家相继颁布《中华人民共和国国籍法》《中华人民共和国外国人入境出境管理法》《中华人民共和国出境入境管理法》等法律，出入境管理工作逐步走上法制化、科学化、规范化的轨道。2012年7月，根据江西省公安厅、抚州市公安局的要求，乐安县公安局成立出入境管理科，与国保科合署办公。

在走出国门的同时，外国人员、外国侨胞、港澳台同胞回乡人数逐年上升。2006年，台湾商人在龚坊镇浯塘村投资成立台大科技园，固定5名台湾籍人士管理事务。

2011年，根据国家政策要求，实行护照按需申领，简化办证手续，办理出国（境）证件的人员逐年增多，由之前年办证3000左右人次增加到年均办证1.2万多人次。

2012年后，嫁入乐安县的越南女子逐年增多，还有少量缅甸籍、柬埔寨籍等东南亚女子。

1986—2016年乐安县出入境人员情况表

表8-1-4 单位：人

年份	出境（国）				入境		
	港澳台探亲游	出国探亲游	定居	商务	港澳台胞	外国人（含婚嫁）	商务
1986	0	0	0	0	1	0	0
1987	0	0	0	0	1	0	0
1988	0	1	0	0	2	0	0
1989	0	1	0	0	2	0	0
1990	0	1	0	0	1	0	0
1991	0	1	0	0	2	0	0
1992	2	2	0	0	2	0	0
1993	4	2	0	0	2	0	0
1994	3	1	0	0	2	0	0
1995	3	2	0	0	1	0	0

续表 8-1-4

年份	出境（国）				入境		
	港澳台探亲游	出国探亲游	定居	商务	港澳台胞	外国人（含婚嫁）	商务
1996	4	3	0	0	2	0	0
1997	3	2	0	0	1	0	0
1998	17	6	10	0	14	44	0
1999	2	2	0	0	1	2	0
2000	3	1	0	0	1	2	0
2001	3	2	0	0	2	2	0
2002	2	1	1	0	2	2	0
2003	37	17	1	0	2	2	0
2004	85	26	1	2	3	1	0
2005	91	96	1	2	2	1	0
2006	122	183	1	2	3	1	5
2007	246	275	2	2	3	1	5
2008	199	320	1	2	3	1	5
2009	489	479	1	2	2	1	5
2010	685	1108	1	2	8	2	5
2011	833	1748	1	2	7	2	5
2012	1394	3014	1	2	11	45	5
2013	2075	4043	1	2	10	98	5
2014	2720	5565	2	2	11	34	5
2015	3941	6632	12	2	12	24	5
2016	7876	4687	2	2	12	32	5

第七节　监所管理

乐安县看守所拘留所

乐安县看守所坐落在县城关皇庙巷。1986年，将砖木结构单排平房，改建成四合院式的砖混结构监舍。2005年再次投入470万元，在原址重建。现监所占地面积17716平方米，建筑面积3022.6平方米，其中监区为二层四合院砖混结构，建筑面积1406平方米，设15个监室，设计关押150人；办公楼为砖混三层结构，建筑面积1406平方米；食堂建筑面积492.8平方米。监舍安装全程电脑监控及脉冲防护高压电网，既增加收押容量，提高安全等级，又改善在押人员的生活环境和看守办案人员的工作条件。2003年3月，增设治安拘留所，担负行政拘留人员的看押帮教工作，与看守所两块牌子，一套人员合署办公。2008年6月，看守所、拘留所分别由股级升格为副科级。

1986年以来，乐安县看守所、拘留所依照《中华人民共和国看守所条例》及《中华人民共和国看守所执法细则》等有关规定，狠抓管教民警作风建设，坚持每月召开一次由驻所检察室、武警中队领导与全体管教民警、职工参加的联席会议，认真分析监内的狱情特点和安全状况，主动邀请有关单位对监所安全工作进行监督。结合“找隐患、抓整改、强管控、保安全”的监管要点，先后建立健全值班巡视监控、提讯、押解、会见、通信送物、出入所、搜身、安全检查、应急预案演练、健康检查、凭证收押、物建耳目、狱情动态分析会等制度。建立在押人员风险评估机制，实行不同风险等级的人员分类管理，将暴力倾向严重的与弱小易受侵害的在押人员列为高风险等级，实行单人监室关押，逐渐杜绝牢头狱霸现象，确保监室内部安全。

管教民警坚持做到以情感人，以理服人，营造浓厚的文化氛围，引导在押人员树立积极向上的精神取向。在各监室开辟黑板报和报刊阅读竞赛活动，由在押人员自编自办学习园地，将时事新闻、心得体会、名言警句、文艺作品、高墙风采及管教民警“日讲评、周小结、月考核”的内容搬上学习园地，为在押人员互相交流、感悟人生提供一个良好的平台，鼓舞他们养成积极向上的思想情操。为保证在押人员身体状况良好，在开展安全与卫生大检查时，定期对监所进行消毒灭菌，并设置监所医疗室，在协作医院设立专门的监管病房，做到在押人员小病不出所，大病及时治。2015年6月，看守所增设心理咨询室，对可能有心理问题的在押人员进行心理测评，区别不同情况进行心理疏导、干预和治疗。每逢佳节来临，管教民警还要对在押人员进行感情交流和收心教育，使他们体会到党和政府的温暖。

乐安县看守所、拘留所在确保安全的前提下，充分发挥公安监管场所“犯罪信息库”的优势，对在押人员采取集中教育、个别谈话、现身说法的方式，促使其坦白、检举和揭发其他违法犯罪行为。1986—2016年，通过在押人员提供的各类违法犯罪线索1300多条，协助办案部门破获各类刑事案件350多起。1999年被公安部升格为“二级看守所”，多次受到公安部和省、市公安机关的表彰。至2016年，乐安县看守所连续16年安全无事故，各项工作名列抚州市监所管理前茅。

第八节 禁毒工作

2003年3月，乐安县公安局设立禁毒大队，专门开展禁毒宣传和查处非法涉毒案件。按照上级公安机关的工作部署，紧紧抓住“遏制毒品来源、遏制毒品危害、遏制新吸毒人员”三个关键问题，加强涉毒行为的管控机制，对非法涉毒人员区别不同情节，实行教育与惩处相结合。对吸食毒品有瘾的人员，一律实行强制戒毒；对走私、贩卖、运输、制造毒品的人员，无论数量多少，一律依法追究刑事责任。一是广泛开展禁毒宣传，使广大干部群众真正了解非法涉毒的危害性。每年在县城街道上开展多次大型的禁毒宣传活动，通过宣传画、专栏板和散发资料，广泛宣传和动员民众自觉抵制毒品，收到良好的社会效果。2009年开始，把禁毒宣传工作做到县城各中学，并逐步推广到农村中学，在学校建起禁毒宣传走廊，开辟禁毒教育基地，坚持把禁毒工作从青少年抓起。二是从源头上堵塞毒品流入的漏洞。办案民警坚持走村串户，深入社区、乡村、街道进行调查摸底，对容易涉毒的歌厅、舞厅、酒吧、发廊、宾馆等公共场所和易制毒化学品企业及经常储存、使用精神类药品的医疗卫生部门，进行登记造册，签订禁毒责任状。三是加大打击涉毒犯罪工作力度。办案民警始终坚持从严从快的方针，发现涉毒线索，立即出击，一查到底。做到对涉毒案件发现一起，及时查处一起，对非法涉毒人员实行零容忍。

1986—2016 年，乐安县公安局共查破涉毒案件 833 起，缴获毒品海洛因 6.7 克、冰毒 256.8 克、鸦片 2939 克，铲除罂粟苗 1.16 万多棵。查处涉毒人员 834 人，其中：判刑 19 人，强制戒毒 138 人，行政拘留 551 人。

第九节　交通秩序管理

乐安县公安局交通警察大队自 1987 年成立以后，按照江西省公安厅和交通警察总队的部署要求，结合乐安县道路交通的实际，大力推进交通警察队伍的正规化建设，以创建一支学习型、创新型、科技型的交通警察为目标，以建一流队伍、创一流业绩、树良好警风、让人民满意为出发点，以压降事故、狠抓安全、确保畅通为重点，严格贯彻执行公安部《公安机关窗口单位服务规定》，完善窗口岗位责任制，严格依照法律法规办理机动车登记、年检合格标志核发和机动车驾驶证申领、审验等工作；强化交通安全教育，提高人民群众文明交通意识，全力推行文明交通行为活动，走进中小学校、幼儿园、社区、街道开设交通安全知识讲座，以案说法，教育广大人民群众遵守交通法规，文明出行，充分发挥新闻媒体作用，不定期邀请新闻媒体记者，跟踪报道春运、“两会”“酒后驾驶”“文明交通行”等专项活动，及时宣传交通法律、法规，曝光交通违法行为，不断提高全民预防交通事故的能力；在对道路交通事故认定中，根据当事人的行为对发生道路交通事故所起的作用以及过错的严重程度，确定当事人的责任，做到程序合法、事实清楚、证据确实充分、适用法律正确、责任划分公正。并根据道路交通事故认定书认定的事实以及《中华人民共和国道路交通安全法》第七十六条的规定，确定当事人承担的损害赔偿责任。计算损害赔偿的数额，确定各方当事人承担的比例，对损害赔偿进行调解；为确保全县道路交通秩序良好，建立城区交通秩序和酒后驾驶违法行为整治长效机制，定期组织开展安全隐患大排查、酒后驾驶违法行为集中整治。不定期上路查巡管控，纠正违章，排查隐患和危险路段进行重点整治，以及城区交通秩序的整治、涉牌涉证整治等进行专项治理，严厉查处超速、超载、客运车辆超员、疲劳驾驶、无证驾驶、酒后驾驶等严重交通违法行为，严格按照法律规定予以处理。深化道路畅通建设，在县城各主要道路施划交通标线和停车泊位，规范车辆有序停放；在县城各中小学校、幼儿园及周边街道和路口，设置警示牌，有效地保障县城道路交通秩序畅通。

县公安局交通警察大队办公大楼

1987—2016年乐安县道路交通纠正违章情况表

表8-1-5　　　　单位：次、人次

年份	纠正违章次数	处罚人次						
		批评	警告	处罚	扣证	拘留	查扣无牌无证（辆）	查处酒驾
1987	165	29	31	105	122	0	21	0
1988	196	27	47	122	141	0	19	0
1989	220	45	32	143	152	0	22	0
1990	260	57	52	151	131	0	13	0
1991	370	74	86	210	160	0	25	0
1992 1993	8005	1508	2503	4277	439	17	862	0
1994	3040	750	708	1582	212	2	240	0
1995	2760	627	671	1462	181	1	260	0
1996	3410	699	1091	1620	175	2	310	0
1997	2840	735	763	1342	179	1	390	0
1998	3100	703	861	1536	158	3	370	0
1999	3400	812	963	1625	139	1	310	0
2000	2900	802	791	1307	127	2	360	0
2001	2300	497	627	1176	132	4	231	0
2002	4018	916	1020	2082	153	3	300	0
2003	3280	649	875	1756	147	2	290	0
2004	2650	658	727	1265	133	2	270	3
2005	2360	460	593	1307	129	3	210	12
2006	4630	1450	1609	1571	145	2	230	15
2007	5670	1330	1518	2822	162	4	310	13
2008	9860	2557	3271	4032	156	5	220	15
2009	10210	1132	2763	6315	173	5	180	24
2010	9820	1954	2430	5436	185	4	160	26
2011	7610	1601	1896	4113	162	6	190	15
2012	7850	1885	1709	4256	158	5	130	17
2013	10810	2354	2438	6018	172	3	110	25
2014	11219	2186	2716	6317	185	4	90	36
2015	14310	2617	3617	8076	197	5	110	42
2016	12556	2907	2736	6913	210	8	98	35

1987—2016 年乐安县交通事故情况表

表 8-1-6　　　　　　　　　　　　　　　　　　　　　　　　　单位：起、人、万元

年份	事故起数	受伤人数	死亡人数	直接经济损失	年份	事故起数	受伤人数	死亡人数	直接经济损失
1987	115	54	2	4.32	2002	90	91	11	7.40
1988	132	67	3	5.76	2003	78	79	15	7.80
1989	154	89	4	6.31	2004	57	67	10	7.50
1990	187	102	8	7.42	2005	47	61	7	6.10
1991	209	131	7	5.26	2006	39	49	6	5.10
1992	237	157	9	5.31	2007	36	43	4	4.20
1993	260	180	11	6.12	2008	23	25	5	2.70
1994	289	237	15	8.02	2009	19	26	5	3.39
1995	24	16	14	4.01	2010	16	21	14	6.34
1996	6	4	8	3.51	2011	12	9	3	0.38
1997	17	17	9	6.70	2012	12	14	2	3.33
1998	16	8	5	5.90	2013	9	10	5	2.21
1999	42	27	9	13.20	2014	4	23	4	10.10
2000	92	102	21	15.70	2015	10	7	5	10.80
2001	94	109	8	9.20	2016	9	6	4	10.40

第十节　消防管理

乐安县公安消防大队担负全县的消防灭火工作，为适应社会经济的发展和需要，消防装备不断更新和提高。1978 年，装备庐山牌泵浦吉普消防车 1 辆。1993 年，装备水罐消防车、指挥车各 1 辆。1998 年，装备东风牌水罐消防车 1 辆。2005 年，装备泡沫消防车 1 辆，配齐所有个人防护器材和灭火器材。至 2016 年年

乐安县公安消防大队大院

末，装备有水罐消防车 2 辆，城市主战车、抢险救援车、举高喷射消防车、32 米登高平台车各 1 辆。

1996 年以后，乐安县公安消防大队每年利用“119”宣传日，在全县广泛开展宣传活动，并举办 2 期消防培训班，累计受训人员超过 2000 人，增强全县火灾风险抵御能力。在组织火灾扑救工作中，消防大队执行公安部 1980 年制定的《公安消防灭火战斗条令》（2009 年修订为《公安消防部队执勤战斗条令》）。遂行灭火与应急救援任务，坚持“救人第一，科学施救”的指导思想，按照“第一时间调集足够警力和有效装备，第一时间到场展开，第一时间实施救人，第一时间进行排烟降毒，第一时间控制灾情发展，最大限度地减少损失和危害”的要求，组织实施灭火与应急救援行动。

消防大队官兵贯彻“预防为主、防消结合”的消防工作方针，坚持“建过硬的班子、带一流的队伍”的原则，一手抓业务，一手抓队伍，完成以防火、灭火为中心的各项消防保卫任务。多次被省消防总队评为先进大队、先进中队，2005 年被省公安厅记集体三等功一次；2009 年被省公安厅表彰为全省优秀公安基层单位，被市政府表彰为守护“60”专项整治先进单位；2011—2012 年被省消防部队评为安全工作先进大队；2015 年被公安部消防局评为全国消防品管理工作先进大队；2016 年被江西省人民政府评为十四届文明单位。先后有 19 人荣立个人三等功。

1986—2016 年乐安县火灾情况表

表 8-1-7　　　　单位：起、人、万元

年份	火灾数	死亡	受伤	经济损失	年份	火灾数	死亡	受伤	经济损失
1986	8	0	0	6.2	2003	27	1	2	18.9
1987	9	0	0	8.0	2004	38	1	3	21.2
1988	9	1	0	6.8	2005	30	0	2	25.2
1989	8	0	0	18.0	2006	15	0	0	16.9
1990	7	0	0	8.4	2007	13	0	0	13.3
1991	18	0	0	4.9	2008	9	1	0	21.3
1992	7	0	0	4.0	2009	17	0	0	14.5
1993	12	0	0	52.5	2010	22	0	0	18.9
1996	25	0	0	13.8	2011	25	0	0	28.0
1997	28	0	0	14.2	2012	8	1	0	19.4
1998	33	1	2	19.8	2013	8	6	0	53.3
1999	27	0	3	17.6	2014	8	1	0	43.6
2000	30	0	3	15.4	2015	7	0	0	15.5
2001	29	1	0	14.6	2016	20	2	0	40.8
2002	11	3	2	15.8	—	—	—	—	—

第二章　检　察

人民检察院依法独立行使刑事、经济、法纪、监督、民事行政和申诉、反贪污贿赂、反渎职侵权检察权和法律监督职能。随着社会主义法制的加强和完善，乐安县人民检察院在工作分工越来越细，法律赋予的检察权趋于越来越明确的情况下，忠实履行国家法律赋予的职权，在维护域内安全和社会稳定、巩固人民民主专政政权、保卫社会主义革命和建设事业中做出贡献，成为打击犯罪、维护公正不可或缺的重要机关。

第一节　机构人员

1986年，乐安县人民检察院内设刑事、法纪、经济、监所检察科和办公室5个科室。1987年12月，设立湖坪检察办事处。1988年10月，设立乐安县人民检察院驻税务局检察室。1989年4月，设置刑检科、经检科、法纪科、控申监所科、办公室、湖坪检察办事处，编制35个。

乐安县人民检察院办公大楼

1990年11月26日，撤销乐安县人民检察院监所检察科，成立监所、控告申诉检察科。1991年12月30日，成立驻中国农业银行乐安县支行检察室。1992年1月20日，设立政工科。1993年3月，设立驻公溪镇检察室；4月，分别设立驻鳌溪镇、招携镇、戴坊镇检察室；6月，设立民事行政检察科；8月，设立举报中心。1994年1月，设立驻看守所检察室；5月，成立纪检监察组。1996年5月，成立法律政策研究室和技术侦查科。1997年3月，成立反贪贿赂局；5月，经济检察科撤销。1998年3月，实行新的内设机构和人员编制，设办公室、政工科、反贪污贿赂局、审查批捕检察科、审查起诉检察科、法纪检察科、民事行政检察科、控告申诉检察科、监所检察科、技术检察科，编制45名，配检察长1名、副检察长3名。

2003年3月，乐安县人民检察院审查批捕检察科、审查起诉检察科、法纪检察科分别改称为侦查监督检察科、公诉科、渎职侵权检察科，并增设纪检组（监察室），为乐安县纪委派驻机构。机关政法专项编制41个，工勤事业编制4个，设检察长1名、副检察长2名。2005年5月，反贪污贿赂局升格为副科级机构。2006年10月，渎职侵权检察科更名为反渎职侵权局，级格不变。2007年10月，增设监察室和法警大队。2011年3月，增设未成年人刑事检察科。2012年12月，增设案件管理办公室。

2008年12月，搬迁至县城迎宾北

大道新建检察技术大楼办公，总建筑面积为4600平方米。2016年年末，乐安县人民检察院内设办公室、政工科、反贪污贿赂局、侦查监督检察科、公诉科、反渎职侵权局、民事行政检察科、控告申诉检察科、监所检察科、技术检察科、监察室、法警大队、未成年人刑事检察科、案件管理办公室、鳌溪检察室15个职能科（局、室、队），纪检组为乐安县纪委派驻机构。编制51个，其中政法专项编制为47个、工勤事业编制4个。实有人员总数49名，其中政法专项编制人员43名、工勤事业编制人员6名，设检察长1名、副检察长2名，有四级高级检察官12名，一级检察官10名，二级检察官2名，三级检察官7名，四级检察官6名。1986—2016年先后6次被评为全省先进检察院；2001、2002年连续2年荣立集体一等功。有1人荣立二等功、9人荣立三等功、7人被评为全省检察机关先进个人。

1986—2016年，历任检察长：袁承宗、杨明才、董华春、陶英华（女）、何新华、杨建军。

第二节 刑事检察

一、侦查监督

1986年，严厉打击刑事犯罪活动斗争第三战役期间，县人民检察院共受理公安机关报捕案犯102人，批准逮捕82人，不批准逮捕4人，追捕9人。受理反贪反渎报捕案件12人，决定逮捕8人。1987年7月，江西省高级人民法院制订下发《关于自侦案件审查批捕、审查起诉内部程序的试行规定》，共受理公安机关报捕案犯95人，批准逮捕88人，不批准逮捕4人，追捕5人。受理反贪反渎报捕案件6人，决定逮捕4人。1989年，根据最高人民检察院、公安部、省检察院、省公安厅有关规定，将重大刑事案件提前介入列为刑事检察工作重点。全年提前介入公安机关重大刑事案件现场勘查、预审活动10余次。共受理公安机关报捕案犯158人，批准逮捕152人，不批准逮捕1人，追捕5人。受理反贪反渎报捕案件8人，决定逮捕6人。

1990年，中共中央和江西省政法委指示在全国、全省开展一场集中打击严重刑事犯罪活动斗争，乐安县人民检察院及时召开刑检工作会议进行部署，重点打击杀人、抢劫、强奸、爆炸、惯犯和团伙作案犯罪分子。依法批准逮捕吴某某、曾某某、方某某雇凶杀人案。全年受理公安机关报捕案犯157人，批准逮捕144人，不批准逮捕11人，追捕5人。1998年，共受理公安提请批捕案件49件64人，受理自侦部门提请逮捕案件3件3人，批准逮捕44件55人，决定逮捕3件3人，不批准逮捕4件7人（待结1件1人），追捕3件8人。向公安机关发出不立案理由说明通知书4件，公安立案4件，其中彭某某盗窃一案，提起公诉后，法院作有罪判决；戴某某窝藏一案，公安局报捕后，迅速作出逮捕决定。1999年按照中央和县委部署，在破大案、抓逃犯、打团伙上下功夫，重点打击寻衅滋事、抢劫、故意伤害、强奸等严重危害社会稳定、侵害公民人身财产权利的暴力犯罪，当年受理提请的逮捕案件45件94人，经审查批准逮捕的案件84人，不捕8人。

2000年，县人民检察院共受理公安机关和检察院自侦部门提请的逮捕案件68人，经审查批准逮捕的案件65人，不捕3人。邱某某故意杀

"守护未成年人成长 关爱祖国未来"检察开放日活动

人案，批捕科干警在案发几个小时后就协同公安干警勘查现场，参与侦查与预审，当天作出逮捕决定。2003 年，共受理公安机关提请批准逮捕 55 件 107 人；批准逮捕 50 件 102 人，追捕 14 人，要求公安机关说明不立案理由通知书 10 份，公安机关立案 10 件。

2012 年，县人民检察院共受理公安机关提请批准逮捕案件 67 件 88 人，经审查，批准逮捕 60 件 79 人，不捕 7 件 9 人，追捕 13 人；无捕后撤案、绝对不诉和判无罪情况，批捕案件正确率达 100%。通过接待群众来访，加强与监所、公诉等部门的联系和在办案中寻找线索等多种方式摸排线索，全年共办理立案监督案件 11 件 12 人，通过立案监督公安机关已立案 11 件 12 人，其中：监督行政执法机关移送公安机关立案 7 件 8 人，监督撤案 11 件 11 人。进一步加强刑事案件撤案备案审查制度的落实，防止以罚代刑、不当撤案等不当行为发生，抚州市检察院在乐安县召开现场会进行推广。2013 年，陈某某故意毁坏财物案，在审查公安机关报送的刑事立案材料发现，其毁坏机器设备价值未达到 5000 元，故向乐安县公安局发出《要求说明立案理由通知书》，县公安局对该案予以撤案。

2016 年，为开展危害环境资源和危害食品药品刑事犯罪专项立案监督工作深化年，共监督森林公安机关立案 1 件 1 人；监督行政执法机关移送涉嫌刑事犯罪案件 1 件 2 人。3 月，下发《关于加强对公安派出所刑事执法监督的实施意见》。全年共监督公安机关撤案 1 件，向公安机关发出书面纠正违法通知书 2 份。

1986—2016 年乐安县人民检察院审查批捕情况表

表 8-2-1　　　　单位：人、件

年份	受理数	批准逮捕			不批捕	立案监督	
		合计	普通刑事案	自侦案件		要求说明理由	通知公安立案
1986	114	90	82	8	4	0	0
1987	101	92	88	4	4	0	0
1988	113	101	101	0	5	0	0
1989	166	158	152	6	1	0	0
1990	157	144	144	0	11	0	0
1991	114	108	100	8	4	0	0
1992	97	87	86	1	5	0	0
1993	72	63	55	8	3	0	0
1994	114	105	103	2	8	0	0
1995	121	113	108	5	6	0	0
1996	119	87	82	5	19	0	0
1997	55	50	49	1	5	0	0
1998	67	58	55	3	7	0	4
1999	94	84	81	3	8	5	0
2000	68	65	57	8	3	7	6
2001	98	90	88	2	8	4	3
2002	105	98	95	3	7	14	14

续表 8-2-1

年份	受理数	批准逮捕			不批捕	立案监督	
		合计	普通刑事案	自侦案件		要求说明理由	通知公安立案
2003	107	104	102	2	5	6	6
2004	90	81	80	1	9	4	4
2005	66	63	63	0	3	1	1
2006	90	75	75	0	15	2	0
2007	96	89	87	2	7	4	2
2008	94	86	84	2	8	0	0
2009	104	98	95	3	6	3	1
2010	107	102	102	0	5	13	5
2011	127	114	114	0	13	10	3
2012	88	79	79	0	9	22	11
2013	54	38	38	0	16	26	11
2014	80	60	60	0	20	1	0
2015	90	75	75	0	15	1	0
2016	66	56	56	0	10	3	2

二、提起公诉与审判监督

1986年开始，乐安县人民检察院审查公安机关及自侦部门侦查终结的案件，审查后作出起诉或不起诉的决定；派员出席法庭支持公诉，通过法庭审理，指控、揭露和证实犯罪，提请法院对被告人依法作出判决，维护诉讼参与人的合法权益；对同级人民法院的审判活动是否合法实行监督；对同级人民法院的判决、裁定，认为有错误或者量刑不当的案件，依法提出抗诉。

1986年以来，县人民检察院深化刑事审判法律监督专项检查活动成果，加强对法院确有错误裁判的监督力度，特别是针对简易程序公诉案件的审判监督这一薄弱环节加大工作力度，取得了一定成效。至2016年，共受理公安机关、检察机关自侦部门移送审查起诉案件3290人，其中向法院提起公诉共2751人；不起诉或免于起诉159人。

1986年，县人民检察院受理107件，提起公诉68件，免予起诉9件。1990年受理143件，追诉2件，提起公诉138件，免予起诉1件。2000年受理98件，追诉1件，提起公诉77件。

2008年，县人民检察院受理公安移送审查起诉案件56件84人，受理本院反贪局移送起诉案件4件6人，受理本院反渎局移送案件1件2人，已向人民法院提起公诉54件85人，公安撤案4件4人。2009年共受理移送审查起诉案件75件113人，向人民法院提起公诉71件105人，报抚州分院审查起诉1件3人。

2010年，县人民检察院共受理移送审查起诉案件93件135人，向人民法院提起公诉83件1119人，报抚州分院审查起诉3件4人，提出抗诉2件2人，法院均已依法作出改判。

2013年，县人民检察院公诉科共受理侦查部门刑事案件68件91人，其中县人民检察院反贪局移送起诉案件8件15人，市人民检察院反渎局移送起诉案件1件1人，县人民检察院反渎局移送案件4件10人。经审查，向人民法院提起公诉59件77人，不起诉3件6人，

开展“4·15”尊重和保障特殊人群体宣传日活动

其中附条件不诉2件4人，向法院提出一审抗诉1件，成功抗诉1件。9月19日，被告人唐某某猎杀到一头似“山牛”的野生动物，谢某某2000元收购，判处被告人犯非法收购珍贵野生动物罪。经抚州市中级人民法院开庭审理，于2014年3月21日判决：撤销乐安县人民法院判决。12月6日，县法院对被告人唐某某犯非法猎捕珍贵野生动物罪、谢某某犯非法收购（运输）珍贵野生动物罪一案作出判决：被告人唐某某犯非法猎捕珍贵野生动物罪，免予刑事处罚，并处罚金3000元；被告人谢某某犯非法收购珍贵野生动物罪，判处拘役三个月，并处罚金6000元。县人民检察院依法审查后认为该判决量刑畸轻，提请市人民检察院抗诉。经抚州市中级人民法院开庭审理，于2014年3月21日判决：撤销乐安县人民法院判决；原审被告人唐某某犯非法猎捕珍贵野生动物罪，判处有期徒刑1年，缓刑1年，并处罚金3000元；被告人谢某某犯非法收购、运输珍贵野生动物罪，判处拘役三个月，并处罚金6000元。

2016年，县人民检察院受理各类刑事案件125件150人，其中受理县人民检察院反贪、反渎等自侦部门移送起诉的案件4件8人，审查后依法向人民法院提起公诉102件113人，其中职务犯罪案件4件8人，公安机关撤回起诉案件共8件9人，不起诉案件共4件6人，移送市检察院3件3人。

1986—2005年乐安县人民检察院公诉案件情况表（一）

表8-2-2　　　　单位：人、件

年份	受理	追诉	提起公诉	其中									免于起诉	不予起诉
				反革命	杀人	伤害	抢劫	强奸	防火	爆炸	投毒	其他		
1986	107	0	68	0	0	0	0	0	0	0	0	0	9	0
1987	97	0	83	0	0	0	0	0	0	0	0	0	4	3
1988	99	4	89	0	0	0	0	0	0	0	0	0	2	0
1989	164	0	164	0	0	3	50	6	1	0	1	103	1	0
1990	143	2	138	0	0	7	48	7	0	0	0	76	6	0
1991	104	0	98	2	5	4	14	4	3	0	0	66	3	0
1992	99	0	86	0	0	3	11	4	1	0	0	67	6	0
1993	52	0	41	0	1	4	3	5	1	0	0	27	8	0
1994	96	0	85	0	0	4	6	1	0	0	0	74	5	0
1995	99	0	94	0	4	4	23	4	0	1	0	58	5	0
1996	90	0	84	0	12	5	17	2	0	0	0	48	5	0

续表 8-2-2

年份	受理	追诉	提起公诉	其中									免于起诉	不予起诉
				反革命	杀人	伤害	抢劫	强奸	防火	爆炸	投毒	其他		
1997	42	0	30	0	1	7	6	2	0	0	0	14	0	0
1998	58	0	45	0	2	8	17	0	1	0	0	17	0	0
1999	86	0	57	0	6	7	12	0	0	0	0	32	0	1
2000	98	1	77	0	4	24	26	0	0	0	3	20	0	0
2001	108	0	65	0	9	10	24	1	0	0	0	21	0	3
2002	98	4	82	0	1	12	21	4	0	0	0	44	0	3
2003	93	6	106	0	2	18	24	7	0	0	0	55	0	7
2004	108	0	90	0	—	36	9	0	2	0	0	43	0	3
2005	84	0	78	0	2	21	9	3	0	0	0	43	0	2

2006—2016 年乐安县人民检察院公诉案件情况表（二）

表 8-2-3　　　　单位：件、人

年份	受理		向法院起诉		报抚州市检察院审查起诉		公安撤销		不起诉	
2006	57	71	51	53	4	15	1	1	4	4
2007	50	83	39	62	4	4	3	3	0	0
2008	56	84	54	85	0	0	4	4	0	0
2009	75	113	71	105	1	3	0	0	0	0
2010	93	135	83	119	3	4	0	0	0	0
2011	74	118	68	107	1	1	0	0	0	0
2012	92	147	74	104	3	4	0	0	2	2
2013	68	91	59	77	0	0	0	0	3	6
2014	140	199	87	104	2	2	4	8	5	5
2015	114	176	98	144	2	3	4	4	4	5
2016	125	150	102	113	3	3	8	9	4	6

三、未成年人刑事检察

2003 年，乐安县人民检察院成立“青少年维权岗”领导小组，形成“五个一”（一次维权宣传活动、一堂法制课、一次模拟法庭、一次走访、一次帮教）活动内容和“五进”（进校园、进社区、进乡村、进工业园、进高墙）活动维权方案，获抚州市“杰出青少年维权岗”荣誉称号。

2005 年 4 月 25 日 21 时，曾某某放学途经县城南门花园刘某某修理店时，因事双方发生口角，将熊某某推倒，致其左侧前额撞在钢圈上，引起颅骨凹陷骨折，经法医鉴定为重伤甲级，公安机关以其涉嫌故意伤害罪提请批准逮捕。经县人民检察院审查认定，曾某某未满 16 周岁，不构成故意伤害罪，而是过失致人重伤行为，以及与受害人达成赔偿协议。根据《中华人民共和国未成年人保护法》和本着对未成年人实行教育、感化、挽救的方针，依照刑诉法第 68 条规定，作出不予批准逮捕的决定。

2011年3月，县人民检察院设立未成年人刑事检察科。其主要职责是贯彻落实“教育、感化、挽救”方针和“教育为主，惩罚为辅”的原则，全面加强涉罪未成年人的特殊保护，促进未成年人健康成长。对已满14周岁未满18周岁的未成年人刑事案件审查逮捕、审查起诉以及依法进行刑事诉讼法律监督，立足检察职能开展未成年人犯罪预防。2014年，受理县公安机关提请批准逮捕未成年人案件2件2人，其中：批准逮捕1人，不批准逮捕1人；受理公安机关移送审查起诉的未成年人案件4件6人，其中：移送乐安县法院起诉2件4人，附条件不起诉2件2人。2015年，受理县公安机关提请批准逮捕未成年人案件4件7人，其中：批准逮捕6人，不批准逮捕1人；受理公安机关移送审查起诉的未成年人案件3件6人，其中移送抚州市人民检察院1件3人，移送乐安县法院起诉1件2人，附条件不起诉1件1人。

2016年，县人民检察院未成年人刑事检察科为更好地帮助和引导未成年人，设立未成年人工作室，开展未成年人心理辅导、法制教育、关爱帮教等工作，并联合县妇联，邀请两名专业心理咨询师走进看守所，引导未成年犯罪嫌疑人树立起开辟新生活信心。全年受理县公安机关提请批准逮捕未成年人案件7件9人，其中：批准逮捕4件4人，不批准逮捕3件5人；受理公安机关移送审查起诉的未成年人案件5件6人，其中：移送抚州市人民检察院1件1人，移送乐安县法院起诉3件3人，附条件不起诉1件2人。

第三节　反贪污贿赂

1990年1月，乐安县人民检察院经济检察科更名为贪污贿赂检察科。1998年，改称反贪污贿赂局。

一、对国家公务人员经济犯罪案件检察

贪污、挪用公款案　1986年，按照全国检察长会议上提出的“要把严重经济犯罪的嚣张气焰压下去”的要求，县人民检察院全年共受理贪污经济犯罪案件12件，经审查立案侦查4件5人，决定逮捕贪污人犯5人。

1987年，根据最高人民检察院《人民检察院直接受理的经济检察案件立案标准的规定》《人民检察院直接受理侦查的刑事案件管理制度》和《人民检察院直接受理侦查的刑事案件办案程序》规定，自1月1日起，凡个人贪污0.5万元以上，共同贪污1.5万元以上；个人贪污粮食0.75万公斤或粮票1.25万公斤以上，共同贪污粮食1.25万公斤或粮票1.75万公斤以上应予追诉；以及县级以上干部犯贪污罪需作免予起诉处理的，须报省检察院审查批准。

1988年，最高人民检察院、最高人民法院、公安部《关于执行全国人大常委会〈关于惩治贪污罪贿赂罪的补充规定〉中有关几类案件管辖问题的通知》规定：挪用公款案、巨额财产来源不明案、隐瞒不报境外存款案由检察机关直接受理。

1991—1994年，县人民检察院认真贯彻上级检察机关关于反贪污、反贿赂斗争要在“深入”上下功夫指示，狠抓案件查处工作，使贪污贿赂犯罪案件在立案侦查的经济犯罪案件中比例，由前3年不足40%上升到57.1%。在乐安县生资公司和机电设备公司侦破万元以上的贪污大案各1件。同时，通过查处大案，使39名有贪污贿赂等违法违纪人员，向检察机关投案自首。4年中，共受理贪污贿赂等经济案件73件83人，立案侦查20件22人，其中：贪污13件15人，万元以上大案2件2人，依法决定逮捕贪污犯罪分子2人，为国家挽回经济损失71万余元。

1995年，县人民检察院贯彻党中央关于反腐败斗争指示，按照上级检察机关的统一部署，依法从重从严查处一批贪污贿赂等经济案件，共受案40件，是1994年的2.2倍；立案侦查10件10人，是1994年的2.5倍。其中：贪污3件3人，贿赂7件7人，万元以上大案5件5人，“三机

关一部门”（党政机关、司法机关、行政执法机关和经济管理部门）的重大案件6件6人，县粮食局原局长陈某某等4名科级领导干部受贿被查处。1998年，共受理各类经济案件24件，立案侦查6件6人，其中：贪污1件1人，受贿2件2人，行贿1件1人，挪用公款2件2人。突出查办贪污贿赂大案，尤其是领导干部职务犯罪大案，共立案侦查大案4件4人，其中科级领导干部2人，分别占立案数的66%和33%。县土地管理局原局长刘某某贪污案等大案的查处，在乐安县引起震动。

2000年，县人民检察院共受案26件，立案侦查9件10人，其中贪污4件4人，受贿2件3人，挪用公款3件3人，立案数为1999年的1.4倍。重点查办职务犯罪大案要案，共立案侦查10万元以上的贪污贿赂大案3件3人，查办正科级领导干部1人。在“三讲”（讲学习、讲政治、讲正气）期间，对乐安县农资公司内部的经济犯罪问题进行侦查，侦破县农资公司原经理董某某贪污、副经理周某某挪用公款等6人贪污贿赂窝案串案。查处县外贸局原局长董某某贪污16万元、抚州师专教师周某某挪用公款30万元、县农资公司副经理杨某某受贿2万元、业务股长涂某某受贿1.85万元、县房管局局长易某某受贿1.5万元，县农行车站储蓄所会计张某某挪用公款8.28万元等大案。

2007年，县人民检察院共受理贪污、挪用公款等职务犯罪案件线索14件，立案侦查贪污贿赂犯罪案件3件3人（含大案1件1人）；侦查终结案件3件3人，移送公安机关处理1件1人；移送起诉5件5人；起诉5件5人，法院作有罪判决5件5人。10月，立案查处乐安县建设局原局长谢某某受贿30万余元、挪用公款20万元、贪污5000余元，原出纳邹某某挪用公款20万元大案。2008年3月，县法院判决谢某某犯受贿罪、挪用公款罪、贪污罪，三罪并罚决定执行有期徒刑10年，并处没收财产9万元，判决邹某某犯罪挪用公款罪，判处有期徒刑3年缓刑4年。该案件被评为2008年度江西省检察机关反贪污贿赂部门“优质案件”。

2010年，县人民检察院查办贪污贿赂等职务犯罪，共初查案件线索9件，立案5件11人，均为大案。所办案件全部侦查终结移送起诉，法院有罪判决6件11人，其中5年以上有期徒刑3人，为国家和集体挽回经济损失百万余元。2014年4月，协助抚州市人民检察院立案查处抚州市农业局原纪委书记许某某（正处级）受贿36万元、贪污37.5万元案件，法院判决其受贿罪、贪污罪，两罪并罚决定执行有期徒刑7年零10个月。

2016年，最高人民法院、最高人民检察院《关于办理贪污贿赂刑事案件适用法律若干问题的解释》施行，贪污或者受贿数额较大标准改为“三万元以上不满二十万”，数额巨大标准改为“二十万元以上不满三百万元”，数额特别巨大标准改为“三百万元以上”。乐安县人民检察院共立案侦查贪污贿赂犯罪案件6件8人，其中贪污5件5人，挪用公款1件3人。案件均侦查终结，移送审查起诉，法院均作出有罪判决。

部分人大代表、政协委员和社会人士参加检察开放日活动

1986—2016年乐安县检察经济犯罪案件情况表

表 8-2-4

年份	总数（件）	立案侦查 件	立案侦查 人	批捕（人）	年份	总数	立案侦查（件）	立案侦查 人	批捕（人）	年份	总数（件）	立案侦查 件	立案侦查 人	批捕（人）
1986	12	4	5	5	1997	20	7	7	0	2008	12	6	6	5
1987	1	1	1	0	1998	24	6	6	0	2009	4	4	7	7
1988	4	4	6	0	1999	22	6	8	0	2010	9	5	11	11
1989	4	4	6	0	2000	27	10	11	0	2011	1	1	4	4
1990	4	4	6	0	2001	42	11	10	0	2012	2	2	9	9
1991	—	—	—	—	2002	67	15	15	0	2013	4	4	11	11
1992	—	—	—	—	2003	10	5	5	0	2014	6	6	11	11
1993	—	—	—	—	2004	71	5	5	0	2015	6	6	16	16
1994	73	20	22	2	2005	4	4	4	0	2016	6	6	8	8
1995	40	10	10	0	2006	5	5	5	0	—	—	—	—	—
1996	54	10	11	4	2007	14	8	8	5	—	—	—	—	—

说明：表中1994年数据为1991—1994年4年的合计数字

行贿受贿案　1993年乐安县农机局兴建职工宿舍，原局长杨某某利用职务之便，先后两次收受宿舍工程承包人陈某某贿赂共1万元，邹某某两次收受陈某某贿赂共4000元，杨某某由抚州检察分院以受贿罪向抚州地区中级人民法院提起公诉，判处其有期徒刑3年缓刑3年。陈某某牟取不正当利益，在承揽县农机局职工宿舍、县直属粮管所综合楼工程中，多次向多人行贿、腐蚀国家工作人员，行贿总金额为4.6万元，乐安县人民检察院以行贿罪将陈某某向县法院提起公诉，县法院判处其有期徒刑2年。1994年，陈某某、杨某某、张某在兴建直属粮管所综合楼、龚坊粮管所仓库、公溪粮管所宿舍等工程中，利用职务之便多次收受工程承包人的贿赂，其中陈某某受贿5次，共计金额2.3万元，以受贿罪判处其有期徒刑3年缓刑5年；杨某某受贿3次，共计金额6000元；张某受贿9次，共计1.35万元，判处有期徒3年。1986—2005年，乐安县人民检察院共受理行贿受贿案40件，经审查立案侦查35件。2007年，县烟办副主任王某某利用职务之便，先后收受烤烟用煤供应商的贿赂2万元，判处有期徒刑1年半，缓刑1年半。

2010年，县人民检察院立案侦查贿赂犯罪案件1件1人。被告人熊某某利用担任宜黄县教育局局长的职务之便，非法收受他人财物共计28.72万元，并为他人谋取利益，其行为构成受贿罪，被法院依法判处有期徒刑7年。2011年，立案侦查贿赂犯罪案件2件2人，其中行贿1件1人，受贿1件1人，法院已作出有罪判决。2012年，立案侦查贿赂犯罪案件1件1人，移送起诉1件1人，有罪判决1件1人。2013年，立案侦查贿赂犯罪案件2件2人，其中：行贿1件1人，受贿1件1人，法院已作出有罪判决。被告人徐某某以受贿罪被判处有期徒刑5年。2014年，立案侦查贿赂犯罪案件3件3人，其中协助市检察院反贪局立案侦查抚州市农业局原纪委书记许某某贪污、受贿案件。案件均侦查终结，其中移送审查起诉1件1人、移送审查不起诉1件1人、撤案处理1件1人。许某某因犯贪污罪、受贿罪，被法院判处有期徒刑7年10个月。

二、对偷税、抗税案件检察

1986年，县人民检察院受理偷税抗税案1件。1987年，根据最高检察院《关于积极查处偷税抗税案件的通知》，决定把查处偷税抗税案件的重点放在国营、集体单位和个体、工商户、农村承包经营户，密切配合税务部门贯彻执行。全年共受理偷税抗税案8件13人，经审查立案侦查8件13人。1990年，立案侦查偷税、抗税案11件，敦促21名偷税违法犯罪人员投案自首。

1991—1997年，县人民检察院共受理偷税、抗税案3件3人，立案侦查偷税、抗税案3件3人。

1997年，修订后的刑法、刑诉法开始实施，公、检、法三家的受案范围也作相应调整，偷税、抗税案件归公安机关管辖。原检察机关在税务机关设置的派出机构——税务检察室，在1998年整顿中全部撤销。

第四节　反渎职侵权

1986年，县人民检察院法纪检察部门共受理案件5件10人，其中非法拘禁1件2人，非法搜查1件2人，刑讯逼供3件6人；经审查决定立案非法拘禁1件2人，均已决定逮捕，并提起公诉。1987年立案4件5人，其中诬告陷害1件1人、重大责任事故1件1人，重婚2件3人。提起公诉3件4人。1988年根据上级检察机关的批示，在全县范围内开展查处玩忽职守的专项斗争，同时还开展其他法纪案件的调查处理，全年共受理6件法纪案件。

1991年，县人民检察院法纪部门贯彻全国、全省检察长会议关于法纪工作要加强的工作方针和刘复之检察长关于查处侵权渎职犯罪案件的批示。全年共受理法纪案件9件，立案侦查4件10人，其中刑讯逼供1件2人，非法拘禁3件8人。依法向法院提起公诉3件8人，决定免予起诉9人，切实保护公民的权利。1992年，共决定立案侦查2件4人，其中刑讯逼供1件2人，非法拘禁1件2人，侦查终结后，决定免予起诉1件2人。并深入有关单位宣传高检院颁布的《“侵权”渎职犯罪案件立案标准》，增强国家工作人员的工作责任心。1994年，根据高检院关于要把法纪检察工作提高到“拳头”地位、作为反腐败“尖刀”。乐安县人民检察院集中力量重点查处发生在县公安机关的两起渎职案件。1997年，为确保检察机关法律监督职能真正得以体现，维护司法公正，县人民检察院加强对国家工作人员侵权、渎职行为的监督。全年共立案3件，其中，徇私舞弊1件，玩忽职守1件，重大责任事故1件。

2000年，县人民检察院法纪检察部门立案查处非法发放林木采伐许可证案1件1人。2003年，共立案查处渎职侵权案件6件，其中玩忽职守2件，非法拘禁2件，滥用职权2件。2010年，立案查处渎职侵权案件2件，其中玩忽职守1件1人，徇私舞弊不移交刑事案件罪1件1人，经乐安县法院审理作出有罪判决。

2013年，县人民检察院集中查办乐安流坑管理局相关领导干部在流坑新区征地过程中严重不负责任，导致国家征地补偿资金损失300多万元的特大窝案串案。经过近1年的努力，全案告破。共立案侦查7人，其中科级干部5人（正科级3人），涉及滥用职权、玩忽职守、贪污、受贿等多项罪名。所有涉案人员全部被法院作出有罪判决。此案的成功查处在社会上引起强烈反响，同时也得到市检察院和县委的充分肯定，征地款也由于检察机关的介入而大部分追回，共计追缴近300万元，流坑新区土地平整工作得以顺利进行。

2016年，县人民检察院反渎职侵权局立案查处湖南核工业建设有限公司抚州分公司云际项目部管理人员、中核金安公司铀业有限公司安调科人员玩忽职守案。

1986—1997 年乐安县人民检察院法纪案件检察情况表

表 8-2-5　　　　　　　　　　　　　　　　　　　　　　单位：件、人

年份	立案数	徇私舞弊	非法拘禁	玩忽职守	诬告陷害	重大责任事故	其他	作案人员			处理情况		
								党员	干部	其他	起诉	免诉	撤案
1986	1	0	1	0	0	0	0	1	0	0	1	0	0
1987	4	0	0	0	1	1	2	0	2	2	4	0	0
1988	0	0	0	0	0	0	0	0	0	0	0	0	0
1989	2	0	0	1	0	0	1	0	0	2	2	0	0
1990	2	0	2	0	0	0	0	0	0	2	2	0	0
1991	4	0	3	0	0	0	1	0	0	0	0	0	0
1992	2	0	1	0	0	0	1	0	2	0	2	2	0
1993	4	0	1	1	0	1	1	0	1	3	4	0	0
1994	3	0	–	1	0	0	2	0	2	1	3	0	0
1995	4	0	1	0	0	3	0	0	3	1	3	0	0
1996	1	0	0	0	0	0	1	0	0	1	0	0	1
1997	3	1	0	1	0	1	0	2	0	1	0	0	3

1999—2005 年乐安县人民检察院渎职、侵权检察情况表

表 8-2-6　　　　　　　　　　　　　　　　　　　　　　单位：件、人

年份	立案数	其中				涉嫌犯罪成员						处理情况
		非法拘禁	非法低价出让国有土地使用权	违法发放林木丁腈橡胶划许可证	其他	科股级	一般干部	公安部门	林业部门	县乡政府	其他	撤案
1999	1	0	0	1	0	0	1	0	1	0	0	1
2000	1	0	0	1	0	0	1	0	1	0	0	1
2001	3	1	1	0	1	2	1	0	0	1	2	3
2002	2	0	0	0	2	1	1	1	0	0	1	2
2003	4	2	0	0	2	3	1	0	0	3	1	4
2004	2	0	0	0	2	1	1	0	1	1	0	2
2005	1	0	0	0	1	0	1	0	1	0	0	1

2006—2016 年乐安县人民检察院渎职、侵权案件检察情况表

表 8-2-7　　单位：件、人

年份	立案件数	立案人数	其中				涉嫌犯罪成员							处理情况		
							职级		工作部门性质							
			玩忽职守	滥用职权	徇私舞弊不移交刑事案件	其他	科股级	一般干部	卫生部门	土地部门	林业部门	国税部门	其他	起诉	不诉	检察建议
2006	1	2	0	2	0	0	0	0	0	0	0	0	0	0	2	0
2007	2	2	2	0	0	0	2	0	0	0	2	0	0	2	0	0
2008	1	2	2	0	0	0	0	2	0	0	2	0	0	2	0	0
2009	1	1	1	0	0	0	1	0	0	0	0	1	0	1	0	0
2010	2	2	1	0	1	0	1	1	1	0	1	0	0	2	0	0
2011	1	1	1	0	0	0	0	1	0	0	1	0	0	1	0	0
2012	2	3	3	0	0	0	1	2	0	0	3	0	0	3	0	1
2013	4	11	2	4	0	5	7	4	0	1	1	0	9	11	0	2
2014	1	1	1	0	0	0	1	0	0	0	0	0	1	1	0	0
2015	1	1	1	0	0	0	0	1	0	0	0	0	1	1	0	1
2016	1	3	3	0	0	0	0	3	0	0	0	0	3	3	0	2

第五节　监所检察

1986 年，为把看守所工作活动监督经常化，根据最高检察院指示，乐安县看守所设置驻守检察办公室，派出检察员，实行驻所检察。乐安监所检察把对判决、裁定执行监督纳入制度化、规范化。全年共对看守所检察 236 人次，会同县武警中队、看守所建立健全 8 项制度，杜绝重大事故发生。3 月，江西省检察院会同省公安厅、省人民法院、省司法厅下发《关于加强对被判处管制、缓刑、假释、监外执行和被剥夺政治权利五种人的监改工作联合通知》。7 月 18 日，关押在 5 号监房的裴某某、吴某某、曾某某、康某某、蔡某某 5 名人犯，在监号闹事企图夺枪杀害执勤武警战士，县人民检察院立即进行调查，并采取严厉措施，防止重大事件发生。全年监所部门找人犯谈话 66 次 124 人，并加强对 20 名“五种人”（被判处管制、缓刑、假释、监外执行和被剥夺政治权利）监督。

1987 年 1 月，江西省人民法院、省人民检察院、省司法厅联合发出《关于实行罪犯双百分考核奖惩试行办法》的通知，以适应劳改工作的新情况、新特点，改革管教工作，强化犯人自我改造意识，把每个犯人的奖惩同其刑期直接挂钩。4 月，江西省检察院监所检察处会同省公安厅预审处下发《关于对看守所实行驻所检察的通知》。全年共对看守所提出检察建议 18 条，被采纳 10 条。纠正无证关押 2 起 2 人，不符合法律规定 1 起 1 人。

1989—1990 年，乐安监所检察部门把监督判决、裁定执行放在首位，把查处申诉列入制度化、规范化，建立受理、自查、联查、协查、转办、处理、回复等制度。共对 20 名监外执行罪犯进行检察，其中表现较好的 3 人；找人犯谈话 154 人次，上法制课 11 次，书面纠正意见 15 条，

均被采纳。

1991—1994年，检察院监所部门先后对看守所进行安全防范检察76次，发现和制止事故苗头14件，防止人犯自杀3件3人，防止逃跑2件2人。对看守所的执法活动依法实行监督，纠正各类违法26起，制止不该保外就医的人犯2人，纠正超期羁押21人，余刑一年以上而留所服刑的5人（纠正4人），纠正2名留所服刑提前释放。有效防止人犯自杀、逃跑等事故的发生；给在押人犯和留所服刑人员上法制教育课21次，找人犯个别谈话401人次，并根据上级检察机关监所检察工作规范化管理要求，认真落实达标。

2000—2006年，监所检察部门在刑罚执行和监管改造活动的监督中，重点对减刑、假释等实施监督。共提出纠正违法通知书59份，发出《检察建议书》189份，纠正超期羁押31起，受理已决人犯申诉2件，找人犯谈话589人次，获得有价值的线索3条，发现并预防6起事故发生。

2010—2012年，对刑罚执行和监管活动提出书面纠正违法意见12件，加强监所检察规范化建设，实现与看守所电脑信息联网，不断提升监所检察能力和水平。在"4·16"维护在押人员权益活动中，邀请人大代表、政协委员和特约检察员20余人对监管场所进行视察。广泛开展检察官进社区、进企业、进学校、进农村活动，积极配合做好刑释解教人员的帮教安置工作，促进社会治安防控体系建设。落实在押人员羁押表现评鉴工作，向人民法院提出酌定从轻判决建议22条，均被采纳。构建并完善以监所检察为中心的诉讼监督协作机制，监督纠正不当问题43件；强化对看守所监管活动的监督检查，对看守所安全防范、留所服刑中存在的不当问题监督纠正16件，加强对刑罚变更执行的监督，纠正减刑、假释、暂予监外执行不当5件，纠正脱管漏管18人；联合县公安局、县司法局在县看守所设立法律援助受理中心，对在押人员进行法律宣传，提供法律咨询和帮教服务，切实维护在押人员合法权益和监管秩序稳定。乐安县人民检察院驻所检察室被评为国家二级规范化检察室。

2016年，加强监管场所安全防范和巡视检察，确保监管场所安全。建立监所检察台账，及时监督纠正减刑、假释、暂予监外执行、留所服刑中存在的不当问题，促进监管效果。将羁押必要性审查、指定居所监视居住检察监督纳入监所检察日常工作，对看守所收押、释放犯罪嫌疑人，认真审查法律文书是否齐全，收押、释放、提讯、会见是否符合法律规定。开展看守所违法风险防控检察，纠正违法风险6件，对5例案件做了羁押必要性审查并建议办案单位改变强制措施。

1986—2016年乐安县人民检察院监所检察情况表

表8-2-8

年份	安全防范检查	提出纠正意见	发出检查建议	为劳改劳教人员上法制课	找劳改劳教人员谈话	发现制止事故		防止人犯		防止人犯逃跑		纠正超期羁押
	次	条	份	场次	人次	件	人	自杀	人	件	人	人
1986	47	0	0	6	124	1	5	0	0	0	0	0
1987	51	0	18	4	53	0	0	0	0	0	0	2
1988	43	14	0	10	60	0	0	0	0	0	0	0
1989	49	0	0	7	72	0	0	0	0	0	0	0
1990	46	15	9	4	82	0	0	0	0	0	0	0
1991	12	9	0	4	92	7	0	0	0	0	0	0
1992	40	0	0	6	95	0	0	3	3	2	2	21

续表 8-2-8

年份	安全防范检查	提出纠正意见	发出检查建议	为劳改劳教人员上法制课	找劳改劳教人员谈话	发现制止事故		防止人犯		防止人犯逃跑		纠正超期羁押
	次	条	份	场次	人次	件	人	自杀	人	件	人	人
1993	14	8	0	4	134	3	5	0	0	0	0	0
1994	10	9	0	7	80	4	4	0	0	0	0	0
1995	16	11	22	8	93	0	0	0	0	0	0	0
1996	20	0	10	4	95	0	0	9	9	2	0	15
1997	13	0	5	3	88	0	0	4	4	1	0	0
1998	22	3	9	4	354	7	0	0	0	0	0	0
1999	28	9	22	5	22	5	0	5	5	0	0	0
2000	23	7	14	3	19	6	0	0	0	0	0	17
2001	30	3	54	4	22	0	0	0	0	0	0	0
2002	32	25	16	6	150	0	0	0	0	0	0	0
2003	30	10	34	3	128	0	0	0	0	0	0	14
2004	33	5	49	4	98	0	0	0	0	0	0	0
2005	26	6	18	3	46	0	0	1	1	0	0	0
2006	31	3	4	3	126	0	0	0	0	0	0	0
2007	27	0	23	4	118	0	0	0	0	0	0	0
2008	22	0	9	5	123	0	0	0	0	0	0	0
2009	31	0	44	3	96	0	0	0	0	0	0	0
2010	26	0	12	4	107	0	0	0	0	0	0	0
2011	24	10	27	3	115	0	0	0	0	0	0	0
2012	35	16	51	5	109	0	0	0	0	0	0	0
2013	29	13	13	4	115	0	0	0	0	0	0	0
2014	26	0	10	6	112	0	0	0	0	0	0	0
2015	24	11	23	3	106	0	0	0	0	0	0	0
2016	24	6	11	4	98	0	0	0	0	0	0	0

第六节　控告申诉检察

1995—2005 年，乐安县人民检察院控申部门共受理举报线索 1245 件，其中：贪污 425 件、挪用公款 102 件、受贿 86 件、渎职侵权 71 件、其他 561 件。举报中心初查案件线索 599 件，移送检察院其他部门处理 501 件，转其他机关处理 145 件。

2010 年，共受理举报线索 42 件，初查（核）37 件，移送其他机关处理 5 件；初查（核）后移送立案 8 件 13 人；受理控告案件 13 件，分流检察院内设部门办理 1 件，移送其他机关处理 12 件；受理申诉案件 13 件，其中民事申诉案件 10 件、刑事申诉案件 3 件；立案复查刑事申诉案件 3 件，提出抗诉意见 3 件，法院改判 2 件；向检察院监察部门提出责任倒查、责任追究建议 3 件；开展刑事被害人救助 1 件；奖励举报有功人员 7 人。

2012 年，共受理首次举报职务犯罪线索 26 件，初核（查）24 件，存查 2 件；初核后移送立案 7 件 12 人；受理控告申诉案件 51 件，其中控告案件15件、民事申诉案件30件、刑事申诉案件6件。分流检察院内设部门处理43件，移送其他机关处理7件，存查1件；立案复查刑事申诉案件6件，提出抗诉意见1件，提出再审检察建议1件，不予提请抗诉1件，维持原决定3件；开展刑事被害人救助5件。2012年4月2日晚，牛田镇牛田村村民谢某某家中被人放火，谢被烧伤后医治无效死亡。第二天，乐安县公安局以涉嫌放火罪对犯罪嫌疑人董某某立案侦查，并于6日对其刑事拘留。乐安县人民检察院对该案进行审查后，认为事实不清、证据不足，于8月3日作出不予批准逮捕的决定。鉴于谢某某遭受犯罪行为侵害后，其子女花费大量的医疗费用和丧葬费用，家庭经济陷入困境，且现阶段无法通过诉讼途径获取经济赔偿，县人民检察院从关注民生、维护社会和谐稳定的角度出发，积极为谢某某等人申报刑事被害人救助资金。10月，经乐安县委政法委审批同意，向被害人谢某某的亲属等人发放刑事被害人救助金2万元。

2015年，共受理各类举报线索19件，发检察院反贪局办理11件，发反渎局办理1件，控申初核6件，移送县纪委处理1件；受理控告7件，其中：分检察院侦监处理3件，转公安机关2件，转纪检部门2件。办理国家司法救助案件2件，发放司法救助资金4.5万元。

2016年，接待群众来信、来访100余件次160余人次；受理举报线索13件，其中举报中心初核10件，初核后移送自侦部门立案侦查4件；受理控告6件；立案复查不服检察机关处理决定申诉案1件；办理国家赔偿案件7件，作出决定赔偿申请人共计7万元；办理司法救助案件1件；奖励举报有功人员1人；进行不立案审查2件。另外，协助市检察院控申处办理不服法院生效刑事判决申诉案1件。

1995—2005年乐安县人民检察院受理举报和控告申诉检察情况表

表8-2-9　　单位：件、人

年份	受理合计	其中			反映的问题						被举报人身份					职务	审查处理				控告申诉
		来信举报	来访举报	电话网络举报及其他	贪污	挪用	受贿	侵权	渎职	其他	党政机关工作人员	司法机关工作人员	国有企业工作人员	农村基层组织工作人员	其他	科级	合计	举报中心初查	送本院其他部门	转其他机关	不服民事判决决定
1995	139	94	45	0	35	14	9	0	2	79	0	0	0	0	0	0	139	66	55	18	5
1996	126	95	31	0	49	21	11	0	1	44	0	0	0	0	0	0	126	53	61	12	7
1997	108	69	39	0	47	16	8	0	6	31	0	0	0	0	0	0	108	40	65	3	8
1998	70	42	28	0	37	11	7	0	3	12	0	0	0	0	0	0	70	42	26	2	5
1999	135	69	66	0	41	1	6	0	3	84	0	0	0	0	0	0	135	88	32	15	4
2000	142	97	45	0	44	9	20	4	3	62	23	4	31	22	62	16	142	64	45	33	7
2001	187	136	51	0	45	12	5	10	10	105	9	8	11	15	144	14	187	92	69	26	6
2002	148	107	41	0	38	9	10	3	7	81	11	6	17	14	100	9	148	72	45	31	6
2003	66	54	12	0	31	4	6	3	6	16	13	1	8	12	32	6	66	29	37	0	4
2004	75	55	17	3	48	1	2	1	3	20	12	0	20	14	29	5	75	35	39	1	13
2005	49	35	10	4	10	4	2	1	5	27	13	4	4	2	26	4	49	18	27	4	3

2006—2016 年乐安县人民检察院受理举报和控告申诉检察情况表

表 8-2-10　　　　　　　　　　　　　　　　　　　　　　　单位：件、人

年份	受理合计	受理举报									受理控告申诉							检察长接访	
		受理方式				审查处理													
		合计	来信举报	来访举报	电话网络举报及其他	合计	举报中心初查	送本院其他部门	转其他机关	存查	合计	不服法院民事裁判	不服法院刑事裁判	不服检察院处理决定	国家赔偿案件	司法救助案件	其他控告	人次	批转
2006	54	51	38	7	6	51	8	22	18	3	1	0	1	0	0	0	0	48	27
2007	81	77	50	14	13	77	19	30	25	3	4	0	0	0	0	0	4	50	30
2008	64	53	30	6	17	53	23	19	8	3	11	0	2	0	0	0	9	48	29
2009	56	45	23	11	11	45	8	29	7	1	11	5	0	0	0	0	6	58	31
2010	69	42	21	17	4	42	5	32	5	0	27	10	3	0	0	1	13	52	28
2011	74	33	24	9	2	33	7	22	3	1	41	8	3	1	0	4	25	36	26
2012	82	26	19	3	4	26	5	16	3	2	56	30	3	3	0	5	15	50	30
2013	53	22	7	12	3	22	20	1	1	0	31	8	5	1	0	6	11	50	26
2014	10	7	6	0	1	7	6	1	0	0	3	0	0	0	0	0	3	60	28
2015	27	18	10	8	0	18	6	11	1	0	9	0	0	0	0	2	7	56	25
2016	28	13	5	8	0	13	10	2	1	0	15	0	0	1	7	1	6	62	30

第七节　民事行政诉讼检察

1993 年 6 月 9 日，成立乐安县人民检察院民事行政检察科。1994 年受理民事行政案件 8 件，立案 4 件，提请抗诉 1 件。

1996 年，县人民检察院民行检察部门受理当事人不服法院判决的民事行政案件 7 件，其中：立案审查 6 件，提请抗诉 2 件，地区人民检察院已提请抗诉 3 件。1997 年，立案审查 7 件，提请抗诉 6 件，建议提请抗诉 1 件。

2001 年，县人民检察院民行检察部门受理不服法院判决的民事行政申诉案件 6 件，立案审查 5 件，提请抗诉 5 件。2008 年，加强民事审判和行政诉讼监督，全面履行对立案、侦查、审判和刑罚执行活动的法律监督职责，共受理不服法院已生效民事行政判决、裁定申诉案件 5 件，提起抗诉 2 件，市人民检察院采纳 2 件，法院再审改判 4 件。

2010 年，县人民检察院民行检察部门加强民事审判和行政诉讼监督，立案审查民事申诉案件 4 件，向市人民检察院提起抗诉并被采纳 2 件。积极探索开展对破坏环境资源和国有资产流失等案件的公益诉讼活动，与县国土资源局联合制定《共同防止国有土地资产收益流失的若干意见》，向有关单位发出督促起诉检察建议 23 件。通过督促起诉挽回国有土地出让金损失 200 余万元。

2011—2012 年，县人民检察院民行检察部门加强民事审判和行政诉讼监督，共受理各类民事申诉案件 42 件，立案审查 9 件，向市人民检察院提请抗诉 2 件，抗诉案件法院审理后原判决得到改变 1 件，向法院发出再审检察建议并得到法院采纳启动再审程序 3 件；针对法院审判活动和执行违法发出纠正违法意见或检察建议 6 件，向有关单位发出督促起诉检察建议，起诉后法院作出判决 2 件。

2013年，县人民检察院民行检察部门受理各类民事行政案件23件，向县人民法院提出再审检察建议被法院采纳启动再审程序1件，再审后改变原判决2件（其中1件为2012年抗诉2013年判决的申诉案）；通过检察建议的方式监督法院纠正审判违法3件，纠正执行违法3件；向县国土资源局、城市管理局等单位发出检察建议督促履行职责并得到采纳17件；办理市检察院交办不服二审判决的申诉案4件，全部审查终结，其中1件向省检察院提请抗诉。

2016年，县人民检察院民行检察部门受理各类民事行政案件8件，受理对法院审判违法监督案件1件；纠正执行违法2件，其中1件系2015年向法院发出检察建议2016年得到法院有效回函并取得监督实效；向县环保局、林业局等单位发出督促履行职责检察建议并得到采纳3件；办理市检察院交办不服二审判决的申诉案1件。

1994—2005年乐安县民事行政检察情况表

表8-2-11　　单位：件

年份	受民案事	立民事案	民事提请抗诉	民事提请抗诉	检察建议
1994	8	4	1	0	0
1995	9	8	6	0	0
1996	7	6	4	3	0
1997	8	7	6	1	0
1998	5	4	3	0	0
1999	4	3	2	0	0
2000	7	4	2	0	0
2001	6	5	5	0	0
2002	6	5	5	0	2
2003	4	3	3	0	0
2004	13	7	7	0	1
2005	3	2	2	0	0

2006—2016年乐安县民事行政检察情况表

表8-2-12　　单位：件

年份	受案	立案审查	提请抗诉	市院采纳	再审改判（建议）	审判违法监督案件	执行活动监督案件	督促履职案件
2006	26	20	14	13	13	0	0	0
2007	6	4	3	3	3	0	0	0
2008	5	3	2	2	4	0	0	0
2009	8	5	1	1	1	0	0	0
2010	4	2	2	2	1	0	0	23
2011	11	4	1	1	1	3	0	2
2012	31	5	1	1	2	3	1	3
2013	23	1	1	1	2	3	3	17
2014	7	7	0	0	0	3	0	1
2015	5	2	0	0	0	0	2	0
2016	8	8	0	0	0	0	2	0

第三章　法　院

乐安县人民法院是国家审判机关，依照法律，独立行使刑事、民事、经济、行政审判权。1986年后，县人民法院紧紧围绕“让人民群众在每一个司法案件中感受到公平正义”的目标，牢牢把握司法为民、公正司法工作主线，忠实履行国家法律赋予的职权，努力抓好审判质效、服务大局、司法为民和队伍建设等重点工作，以维护宪法法律尊严为己任，秉持司法为民之理念，致力于构筑法治社会基础，构建公正高效权威的司法制度，把握时代脉动，体察社会需要，满足人民期望，弘扬法治精神，做宪法法律的忠诚守护者。

第一节　机构队伍

1986年年末，乐安县人民法院内设第一巡回法庭、第二巡回法庭、刑事审判庭、民事审判庭、办公室5个机构。下设龚坊、湖坪、公溪、招携人民法庭4个派出机构。1987年设立纪检组；10月，恢复设立鳌溪人民法庭。1989年7月，先后设置执行庭、行政审判庭、告诉申诉庭；9月撤销湖坪人民法庭，设立万崇人民法庭。

1990年10月，设立政工科。1991年12月成立少年法庭。1993年1月，成立法医室；5月设立水事法庭、卫生防疫执行室、土地管理执行室、公路路政执行室。1994年3月，设立农业局执行室；12月在林业局、矿产资源局设立执行室。1995年3月，立审分离，立案统一由告诉申诉庭办理。1996年，坐落县博物馆边的新审判办公大楼竣工投入使用。

2003年3月，内设办公室、政工科、立案庭、刑事审判庭、民事审判第一庭、民事审判第二庭、行政审判庭、审判监督庭、执行局、研究室、司法警察大队11个机构，纪检组（监察室）为县纪委派驻机构；5月，执行局内设执行一庭、执行二庭、综合室，保留公溪、戴坊、万崇、招携、鳌溪5个中心法庭。2005年5月，执行局和公溪、戴坊、万崇、招携、鳌溪5个中心法庭升格为副科级。2007年8月，增设司法行政装备管理科、司法技术室。

2010年10月，增设少年刑事审判庭，设立3名审判委员会专职委员。2012年7月，设立审判管理办公室。2014年11月，万崇人民法庭更名为牛田人民法庭。2015年1月，政工科更名为政治处，监察室更名为监察科。2016年年末，乐安县人民法院内设办公室、政治处、立案庭、刑

乐安县人民法院办公大楼（2010年）

事审判庭、民事审判第一庭、民事审判第二庭、行政审判庭、审判监督庭、执行局、研究室、司法警察大队、司法行政装备管理科、司法技术室、少年刑事审判庭、审判管理办公室、监察科16个机构。下设鳌溪、公溪、戴坊、招携、流坑人民法庭5个派出机构。全院在职干警68人，其中大专以上学历63人，研究生学历5人。有审判员47人，书记员10人，法警5人，工勤编制6人。1986—2016年，县人民法院先后7次被评为全省优秀法院；1999、2013年2次荣立全省法院集体二等功；2005年被授予全省人民满意的公务员集体；2012年，鳌溪法庭被评为全国法院先进集体、全省“三八”红旗集体、省级青年文明号，2013年被团中央命名为“全国青年文明号”单位。有1人被评为全国法院办案标兵、4人荣立二等功、28人次荣立三等功、14人次被评为全省先进工作者（全省优秀法官）、13人获得省高院荣誉天平奖章。

1986—2016年，乐安县人民法院历任院长：董华春、甘金莲（女）、黄建华、黄国福、杨新（女）、张诚。

第二节　刑事审判

1986—2016年，乐安县人民法院共受理刑事案件2470件，审结2470件，结案率为100%。在刑事审判中，对黑恶势力犯罪、暴力犯罪、毒品犯罪等严重破坏社会秩序和危害人民生命财产安全的犯罪依法处理，打击犯罪分子的嚣张气焰，维护社会团结和稳定，保护人民群众的合法权益。依法严惩危害社会主义市场经济秩序的犯罪，保障社会经济健康有序平稳运行。2011年11月至2014年6月，陈某某为获取利差，向25人募集资金699.8万元，案发前已支付本息300.1万元，尚有融资额399.7万元未归还，依法以非法吸收公众存款罪判处被告人陈某某有期徒刑4年零6个月，并处罚金5万元。2012年11月至2013年8月间，甘某某在没有真实货物购销及运输业务的情况下，为他人虚开增值税专用发票503份，价税合计5474.8万元，税款795.48万元，又多次让他人为自己虚开用于抵扣税款的其他发票（运输发票）24份，抵扣税款1.8万元，虚开的税款共计797.29万元，数额巨大，依法以虚开增值税专用发票、用于抵扣税款发票罪，判处被告人甘某某有期徒刑10年零6个月，并处罚金25万元。对过失犯罪、家庭矛盾等引发的刑事案件，注重法律效果和社会效果的统一；对附带民事案件优先调解附带民事部分，全力化解双方矛盾，尽力挽回被害人及其家属的损失，刑附民调解率均达80%以上；按照“教育、感化、挽救”的方针，在对未成年人犯罪的审判过程中加强教育；加强与县公安局、检察院等部门的沟通与协调，分工负责，相互配合，相互监督。延伸刑事审判职能，协助有关方面做好非监禁刑事犯罪人员的帮教工作，共同推进社区矫正工作，努力让人民群众在每一个司法案件中感受到公平正义。

1986—2016年乐安县法院刑事审判案件情况表

表8-3-1　　单位：件

年份	故意伤害	故意杀人	盗窃	非法拘禁	寻衅滋事、聚众斗殴	虐待	抢劫、教唆抢劫	抢夺	敲诈勒索	绑架	交通肇事	流氓	过失致重伤、死亡	投毒、非法吸收公众存款	其他	小计
1986	4	2	29	1	0	0	5	0	0	0	1	0	0	0	13	55
1987	6	0	29	0	0	0	9	0	0	0	1	1	0	0	24	70
1988	6	4	38	0	0	0	7	0	1	0	2	2	0	0	15	75
1989	19	1	41	0	0	3	19	0	0	0	1	0	0	0	23	107

续表 8-3-1

年份	故意伤害	故意杀人	盗窃	非法拘禁	寻衅滋事、聚众斗殴	虐待	抢劫、教唆抢劫	抢夺	敲诈勒索	绑架	交通肇事	流氓	过失致重伤、死亡	投毒、非法吸收公众存款	其他	小计
1990	21	0	28	0	0	0	19	0	2	0	0	2	0	0	40	112
1991	16	2	30	2	0	1	0	4	1	0	0	2	0	0	17	75
1992	25	0	17	0	0	0	5	0	1	0	0	3	0	0	23	74
1993	32	3	9	0	0	1	3	0	1	1	0	2	0	0	22	74
1994	43	2	24	0	0	2	6	0	2	1	0	2	0	0	14	96
1995	47	0	28	0	0	2	8	0	0	0	2	2	0	0	32	121
1996	45	2	24	1	0	0	6	0	0	1	0	1	0	0	20	100
1997	45	0	10	0	0	0	5	0	1	0	0	1	0	0	14	76
1998	31	0	5	0	0	0	6	0	2	0	0	0	0	0	3	47
1999	49	2	11	0	4	0	9	0	0	0	0	0	0	0	10	85
2000	33	2	5	1	8	0	11	1	1	0	2	0	1	1	20	86
2001	26	2	7	0	10	1	17	0	1	0	1	0	0	0	14	79
2002	31	0	13	1	7	1	13	0	0	0	5	0	1	0	16	88
2003	15	0	12	0	12	0	10	0	0	0	2	0	3	0	22	76
2004	29	0	8	0	5	0	7	0	0	0	5	0	1	0	19	74
2005	31	0	8	0	2	0	4	1	3	0	5	0	2	0	22	78
2006	26	1	2	0	3	0	0	0	3	1	10	0	0	0	17	63
2007	25	1	16	1	0	0	2	0	0	0	5	0	0	0	15	65
2008	15	2	10	3	2	0	2	1	0	0	4	0	0	0	22	61
2009	22	1	15	0	4	0	8	1	1	0	2	0	0	0	14	68
2010	23	1	16	0	4	0	11	0	1	0	7	0	0	0	19	82
2011	14	0	21	0	1	0	8	1	0	0	14	0	0	0	6	65
2012	21	2	17	0	1	0	7	1	2	0	9	0	0	0	16	76
2013	15	1	9	0	2	0	2	0	0	0	6	0	0	0	26	61
2014	16	1	13	0	2	0	4	0	2	0	17	0	1	0	37	93
2015	10	1	17	0	1	0	0	0	2	0	15	0	2	1	37	86
2016	14	1	14	1	4	0	0	0	0	0	23	0	0	0	45	102
合计	755	34	526	11	72	11	213	10	27	4	139	18	11	2	637	2470

第三节 民商事审判

1986—2016 年，乐安县人民法院共审理各类民商事案件 27757 件。其中，截至 2003 年，经济纠纷案件由经济审判庭审理，共审理经济纠纷案件 9460 件。2004 年经济审判庭撤销后，由原民庭、经济庭变成民一、民二庭，民事、经济等民商事案件由各民事审判庭审理。在审判中，认真贯彻执行新修订的婚姻法和相关法律法规，妥善处理离婚、抚养、赡养、继承与家庭财产分割案件，依法保护妇女、未成年人、老人、残疾人及婚姻关系中无过错方的合法权益，促进家庭、邻里和睦。对山林权属纠纷、农村承包合同纠纷、劳动争议纠纷等涉农案件依法做到快审快结。严格依照《合同法》

和有关政策、司法解释妥善处理涉及金融借贷、融资租赁、承包合同、运输合同等合同纠纷案件。着力审理好涉及全民创业、工业园区企业、客商纠纷的案件，不断调整司法对策。依法审理国有企业改制案件，积极稳妥地做好国有企业破产案件各个环节的审理工作，依法维护企业、职工的合法权益，促进改制企业转换经营机制。密切关注房地产市场变化，妥善处理城区御景城、香山豪庭等小区重点开发楼盘商品房买卖合同纠纷，坚持贯彻宏观调控政策和准确适用法律相结合，灵活运用诉讼调解、及时采取保全措施等方式办结此类案件，有效保障和服务全县经济平稳发展。2015年以后，审理委托理财合同纠纷新型案件6件，审结6件，为人民群众挽回经济损失400多万元。

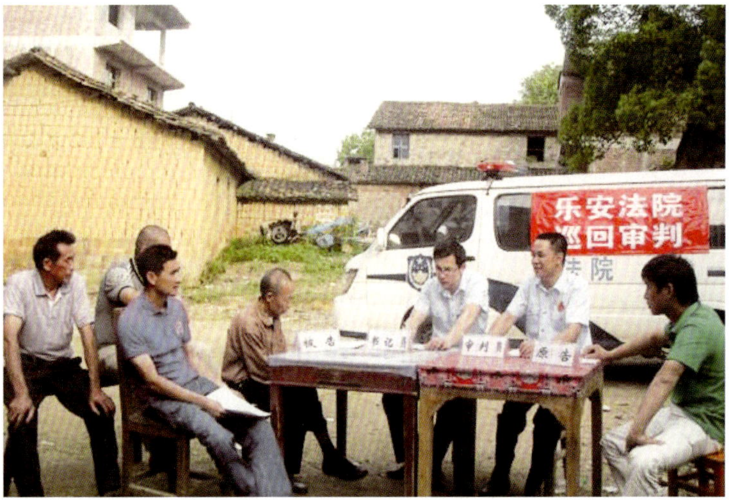

乐安法院巡回审判

1986—2016年乐安县法院民商事一审案件结案情况表

表8-3-2　　　　单位：件

年份	结案	年份	结案	年份	结案	年份	结案
1986	224	1994	1254	2002	1331	2010	467
1987	253	1995	1335	2003	892	2011	590
1988	375	1996	2061	2004	690	2012	655
1989	687	1997	1689	2005	659	2013	1090
1990	1090	1998	828	2006	1037	2014	951
1991	1442	1999	848	2007	838	2015	929
1992	555	2000	931	2008	592	2016	921
1993	957	2001	1035	2009	554	合计	27757

第四节　行政审判

《中华人民共和国行政诉讼法》由第七届全国人民代表大会第二次会议于1989年4月4日通过，自1990年10月1日实施。乐安县人民法院于1989年7月成立行政审判庭，依法审理辖区内第一审行政诉讼案件，审查辖区内行政机关非诉强制执行案件申请并负责执行，以及其他行政审判相关事宜。本着慎重审理、严格审查、加强协调的原则，对行政诉讼类案件加强协调工作，67%的政府与群众之间的矛盾得到化解；对非诉强制执行申请严格把关，对不符合条件的行政强制执行申请退回，对行政机关不退回的依法作出裁定并随案提出司法建议书。

原告乐安县鳌溪镇石塘村大么汗村小组认

为，乐安县人民政府2001年12月20日给乐安县大马头垦殖场登记颁发的乐府林证字〔2001〕第048号山林权证登记错误，向抚州市人民政府申请行政复议，抚州市人民政府2007年9月13日作出维持的复议决定。原告于2007年10月8日向乐安县人民法院提起行政诉讼。法院受理后，于同月12日向被告送达起诉状副本及应诉通知书，因乐安县大马头综合垦殖场为本案具有法律上的利害关系，法院依法通知其为第三人参加诉讼。在审理过程中，因该案涉及法律适用问题，需要送请有权机关作出解释，县人民法院于2008年3月27日依法裁定对本案中止审理。直至2012年，有权机关也未作出答复，本案一直未得到妥善解决，当事人积累了不少负面情绪，为疏导当事人负面情绪，力争案结事了，县人民法院转变思路，主审法官积极与原告和第三人沟通，还多次上门做被告乐安县人民政府职能部门乐安县林权办的工作，促其再次参与协商。最终双方在和解协议上签字，原告撤回起诉，案件得到圆满解决。

2012年10月17日，乐安人民法院公开开庭审理一起婚姻登记纠纷案件：被告乐安县牛田镇社会事务综合服务中心，在原告曾某某和第三人陈某均未到场的情况下向他们颁发结婚证，原告2012年9月以被告婚姻登记程序违法为由，提起行政诉讼要求撤销被告违法颁发的结婚证。被告机关负责人亲自出庭应诉。这是自2011年9月30日《乐安县行政机关负责人出庭应诉工作暂行办法》出台以后，乐安县人民法院审理的第一件机关负责人出庭应诉的案件。

2013年5月1日，抚州市行政案件集中管辖试点后，协助集中管辖法院协调案件64件，协助开展巡回审判10余次。至2016年年末，共审理行政案件256件，退回不符合条件的行政强制执行申请近200件。

1990—2016年乐安县法院行政审判案件结案情况

表8-3-3　　　　单位：件

年份	行政审判案件数	审查非诉执行案件数	非诉执行案件数	年份	行政审判案件数	审查非诉执行案件数	非诉执行案件数
1990	3	0	0	2004	3	167	167
1991	1	0	0	2005	7	152	152
1992	4	0	0	2006	8	136	136
1993	9	109	109	2007	5	167	167
1994	9	31	31	2008	3	91	91
1995	12	90	90	2009	5	128	128
1996	21	163	163	2010	10	128	128
1997	51	231	231	2011	22	50	50
1998	34	361	361	2012	17	15	16
1999	7	241	241	2013	2	82	55
2000	8	156	156	2014	0	59	19
2001	14	554	554	2015	0	82	75
2002	8	267	267	2016	0	50	49
2003	3	191	191	—	—	—	—

第五节　审判执行

1986年，乐安县人民法院采取“谁审理谁执行”的方式，开展民事案件的执行工作。随着审执不分的弊端和“执行难”问题日益突出，1989年7月根据中央关于“治理经济环境，整顿经济秩序”的方针和上级法院有关指示精神，乐安县人民法院正式设立执行庭。2003年改设执行局，下设执行一庭、执行二庭、综合室。其职责是依照法律规定的程序，运用国家强制力量，专门执行法院发生法律效力的民商事案件的判决、裁定、调解书、刑事案件裁判书中财产部分和法律规定由人民法院执行、外地人民法院委托执行案件的诉讼活动，执行工作开始走向规范化。

2016年，最高法院部署用2—3年时间“基本解决执行难”目标任务，乐安人民法院坚持司法为民、公正司法这条主线，紧紧围绕上级法院精神，扎实推进各项执行工作。当年执结案件397件，执结率85.93%。采取实施拘传21人，拘留8人，强制搜查15次，强制清场2件，强制审计1件，移送侦查3案5人，对1名隐匿财产、规避执行的被执行人以拒执罪判处有期徒刑6个月。1986—2016年年底，乐安县人民法院共执结案件11663件。

1986—2016年乐安县法院审判执行案件结案情况表

表8-3-4　　单位：件

年份	结案	年份	结案	年份	结案	年份	结案
1986	49	1994	459	2002	658	2010	174
1987	57	1995	657	2003	316	2011	146
1988	107	1996	932	2004	194	2012	115
1989	253	1997	929	2005	201	2013	120
1990	946	1998	939	2006	204	2014	207
1991	704	1999	283	2007	152	2015	355
1992	759	2000	371	2008	156	2016	397
1993	225	2001	457	2009	141	合计	11663

第六节　审判监督

乐安县法院审判监督工作归属告诉申诉庭，负责接待群众来信、来访、复查和再审案件。1999年，实行立审分离制度，凡是当事人到法院起诉的各类案件，均由告诉申诉庭审查受理后，交各业务庭办理。2002年，县人民法院把审判监督工作从告诉申诉庭分离出来，成立审判监督庭，负责审理再审、抗诉案件。对确有错误的生效判决和裁定，坚持有错必纠原则，通过再审程序予以纠正。

2005年，县人民法院将评查案件工作归入审判监督庭，负责评查本院已发生法律效力的刑事、民商、行政、执行的案件，对案件的实体、程序实行监督。至此，县人民法院全面实行立审分离、审执分离、审判监督分离的机制，对案件流程实行全程监控。乐安县人民法院先后推出《案件质量评查制度》《案件差错分类标准及评分办法》《案件质量监督管理办法》《上网裁判文书质量评查工作方案》等一系列规章制度，完善案件质量标准、案件评查监控等制度，使案件管理形成完整的体系。通过对案件的再审和评查，纠正错误案件，缓解当事人之间的矛盾，保护群众的合法权益，使审判工作迈上一个新台阶。县人民法院每年成立案件评查工作小组对全院案件进行评查，并每年举办优秀裁判文书评选活动，提升裁判文书质量和制作水平，提高法官司法能力，提升司法公信力。2002—2016年共审理再审案件26件。

第四章　司法行政

乐安县司法局是司法行政工作管理机关，研究起草司法行政方面的地方性法规、规章草案，编制全县司法行政工作的发展规划及年度计划，并监督实施；负责法制宣传教育、法律服务管理、法律保障、人民调解、社区矫正等工作。

第一节　机构人员

乐安县司法局成立于1982年2月，内设人秘、法制宣传、调解3个股，编制10个，下辖乐安县公证处、法律顾问处，办公场所设在县城广场路4号。1985年1月，为开展全县普法工作设立县普法办公室，与司法局合署办公，普法办与法制宣传股两块牌子一套人马，主任由司法局局长兼任。1989年10月，成立中共乐安县司法局党组，党组书记由局长兼任。1990年设立鳌溪司法所。1999年设立戴坊、牛田、招携3个司法所。

2002年8月，增设法律援助工作股。2003年3月，成立法律援助中心，后与法律援助工作股合署办公。2006年11月，由广场路4号迁至迎宾北大道（检察院对面）办公。2009年，全县其他的11个乡镇司法所建设完成。2010年全县15个乡镇司法所立户列编，升格为副科级单位，司法所人员编制归县司法局管理，司法所所长由县委组织部任命。2011年7月，先后成立友创、国赣2个律师事务所；11月，县司法局设专职党组书记。2014年7月国资律师事务所撤销。10月，专职党组书记职位撤销，党组书记仍由局长兼任。

2015年8月，县司法局由迎宾北大道搬迁至北外环新建大楼办公。2016年年末，乐安县司法局内设人秘、法制宣传、基层工作、社区矫正、法律援助工作5个股，下辖乐安县公证处、乐安县法律援助中心和鳌溪、公溪、山砀、龚坊、戴坊、牛田、万崇、增田、招携、金竹、湖坪、罗陂、南村、谷岗、湖溪15个乡镇司法所，编制52个，设局长1名、副局长2名。1986—2016年，先后8次被省、市评为普法工作先进单位。有12人被评为全省普法先进个人，3人被评为全省人民满意司法行政干警。

县司法局办公大楼

1986—2016年，历任局长：邓仕平、曾盐生、黄云耀、董崇芳、罗崇高、吴小明、杨姗秀（女）、乐九春；历任专职党组书记：杨姗秀（女）。

第二节　普法教育

1985年1月，乐安县委、县政府为贯彻执行中共中央、国务院转发的《关于向全体公民基本普及法律常识的五年规划》，决定用5年时间在全县基本普及法律常识，成立县普及法律常识工作领导小组，下设办公室，与县司法局合署办公，对全县30多万名普法对象普及以宪法为核心的法律常识。1996年12月，将县普法工作领导小组更名为县法制宣传教育工作领导小组，县普法工作领导小组办公室更名县法制宣传教育工作领导小组办公室，又于1999年更名为县普法依法治县工作领导小组，办事机构更名为县普法依法治县工作领导小组办公室。

一、“一五”普法

1986—1990年为“一五”普法阶段，宣传普及宪法、刑法、刑事诉讼法、民事诉讼法（试行）、民法通则、婚姻法、继承法、兵役法、经济合同法、土地管理法、森林法、治安管理处罚条例等“十一法一条例”。

普法教育对象为一切有接受教育能力的公民。重点对象：一是各级干部，尤其是各级领导干部；二是青少年。普法成果主要表现在为广大公民初步填补法律知识空白，广大干部逐步树立依法办事观念，促进各项事业的依法管理。1990年，县普法办被评为抚州地区普法工作先进单位。

二、“二五”普法

1991—1995年为“二五”普法阶段，深入学习宪法，有针对性地学习国家基本法律常识，有计划、有步骤、分层次、分部门学习专业法律知识，进一步推动依法治理工作。主要宣传普及宪法、国旗法、国徽法、行政诉讼法、集会游行示威法、义务教育法、未成年人保护法、经济合同法、劳动法、国家赔偿法、《江西省社会治安综合治理条例》等法律法规。

普法教育对象为一切有接受教育能力的公民。重点对象是各级领导干部、执法人员（包括司法人员和行政执法人员）和青少年。“二五”普法以普及宪法和专业法作为重点，突出学用结合、学建结合的特征，推动各层次、各行业的依法治理，普法工作开始逐渐向法治实践的方向延伸。

三、“三五”普法

1996—2000年为“三五”普法阶段，深入学习邓小平关于社会主义民主与法制建设的理论，主要宣传普及宪法及其修正案、行政处罚法、行政诉讼法、国家赔偿法、香港特别行政区基本法、澳门特别行政区基本法、村民委员会组织法、预防未成年人犯罪法、合同法等法律法规。

普法教育对象为一切有接受教育能力的公民。重点对象是各级领导干部、司法和行政执法人员、企业经营管理人员和青少年。其间，各级领导干部学法形成热潮，作为依法治国生动实践的依法治理工作取得突破性进展。各单位相继建立起领导干部学法制度，一个以基层依法治理为基础，行业依法治理为支柱，地方依法治理为主体的依法治理网络初步形成。2001年，全市“三五”普法总结表彰，乐安县普法办被评为抚州市普法工作先进单位。

四、“四五”普法

2001—2005年为“四五”普法阶段，继续深入学习宣传邓小平民主法制理论和党的依法治国、建设社会主义法治国家的基本方略，主要宣传普及宪法及其修正案、婚姻法、税收征管法、人口与计划生育法、安全生产法、行政许可法、道路交通安全法、土地管理法、突发公共卫生事件应急条例、信访条例等法律法规。

普法教育对象为一切有接受教育能力的公民。重点对象是各级领导干部、司法和行政执法人员、企业经营管理人员和青少年。“四五”普法提出“两个转变、两个提高”的工作目标，为构建和谐社会提供法治的基础支柱，标志着法制宣传教育工作开始进入一个新的发展时期。从2001年起，确定每年的12月4日为全国法制宣传日。2006年，全省“四五”普法总结表彰，乐安县普法办被评为江西省普法工作先进单位。

五、“五五”普法

2006—2010年为“五五”普法阶段，普法工作本着“服务、创新、实效”的工作理念，开展各类专项法律宣传教育活动，大力实施“法律六进”工作，各行各业围绕创造良好的发展和投资环境，构建和谐平安新乐安这一主线，有计划、有步骤、有措施地开展依法治理工作。期间围绕以“学法律、讲权利、讲义务、讲责任”为主要内容，以“法律六进”工作为载体，结合行业实际，突出重点对象，精心组织，开展形式多样、富有成效的主题教育活动，广泛宣传新颁布的法律法规和“五五”普法规划要求学习的法律法规。

普法教育对象为一切有接受教育能力的公民。重点对象是各级领导干部、司法和行政执法人员、企业经营管理人员、青少年和农民。通过20多年的普法教育，广大干部群众的法律素质和法治观念进一步增强，依法办事、依法维权的意识逐步树立。各级领导干部学法用法，依法行政、依法决策的自觉性明显提高，促进了领导方式、工作方法的转变。执法人员公证司法，严格执法的意识进一步增强，全县法治环境有明显改善，公众安全感明显提高。信访秩序逐步依法规范，信访案件逐年减少。农村民主法制建设进程进一步加快，全县各村（居）委会全部推行“四民主、两公开”，为农村的各项工作走上法治化轨道奠定基础。2008年被江西省委、省政府评为全省普法教育先进县。

六、“六五”普法

2011—2015年为“六五”普法阶段，围绕县委、县政府中心工作，坚持面向基层、服务群众、服务科学发展，不断创新工作思路，完善工作机制，落实工作措施，广泛深入地开展法制宣传教育工作，积极推进依法治理。“六五”普法期间，做到多形式、广覆盖，普法宣传常抓常新。一是统筹安排，发挥职能部门的主流作用，教育引导群众依法维权，通过合法正规途径反映利益诉求。二是依托新闻媒体开展法制宣传，县乡镇电视、广播台（站）开辟法制栏（节）目，同时利用移动通信向广大手机用户发送法律知识信息。三是搞好法治宣传阵地建设。利用电子显示屏、公交站台等资源打造法治一条街；利用四九广场等公共场所，融入法治元素，插入领导人关于法治的论述，开展法治文化宣传；在县行政中心建有100多米法制宣传长廊，在森林公园穿插法治元素，在农贸市场悬挂法制宣传格言，成为乐安县城一道靓丽的风景线，让群众在休闲、娱乐、生活之余，有一个接受法律教育熏陶的稳固平台；打造特色创建流坑法制景区，在服务区制作古代流坑法制文化精粹介绍牌；在旅游线路上利用刻石或木制仿古牌匾，刻印有名望的董氏先人头影像和其有关的依法依规语录或依法依规治村典故。四是积极创新其他宣传形式，因地制宜、因时制宜，通过普法图书角、法律诊所、法制宣传流动板块等，让法治宣传更加贴近群众，增强法治宣传的吸引力、感染力和说服力。

“六五”普法教育对象、重点对象不变。不断完善县委领导、人大监督、政府实施、全社会参与的普法领导机制。充分发挥普法办协调、指导、监督的职能，把普法工作推向制度化、规范化，着力推进“法治乐安”“法治乡镇”创建，全面提升“法治乐安”建设水平。2014年11月1日，第十二届全国人大常委会第十一次会议通过决议：将12月4日设立为国家宪法日，标志着2001年起每年的12月4日为全国法制宣传日的同时，也是国家宪法日。2015年乐安县被评为全国

县司法局“法律援助普法教育”六进知识讲座

依法治县创建先进县；2016年被江西省委、省政府评为全省普法教育先进县，被抚州市委、市政府评为全市普法教育先进县。

七、“七五”普法

2016—2020年为“七五”普法阶段，按照“法治乐安”建设新要求，深入开展法治宣传教育，扎实推进依法治理和法治创建，弘扬社会主义法治精神，建设社会主义法治文化，推进法治宣传教育与法治实践相结合，健全法治宣传教育机制，推动法治宣传教育工作创新，充分发挥法治宣传教育在法治乐安中的基础性作用，推动全社会树立法治意识。重点学习宣传习近平总书记关于全面依法治国的重要论述；学习宣传宪法，宣传中国特色社会主义法律体系；宣传党内法规，推进社会主义法治文化建设，推进多层次多领域依法治理；开展法治乐安建设宣传，推进法治教育与道德教育相结合。目前，“七五”普法工作仍在按计划实施中。

1986—2016年，乐安县举办副科（乡）级以上领导干部培训班30多期，法制宣传骨干培训530多期、3.68万人次；设置法制宣传栏326个，出刊3928期；出动法制宣传车1360次；每年组织1万多名干部职工参加普法考试，其中副科级以上领导干部1100多人。订购有关法律常识读本和宣传资料7万余册，编印各种普法资料6万余册，印发法制宣传单60万余份。举办法律知识竞赛70多次，组织观看法制文艺演出500多场次、观众达40多万人次。

第三节　基层司法工作

一、司法所建设

基层司法所承担协助乡镇人民政府开展依法治理工作和行政执法检查、监督工作；指导管理人民调解工作，参与民间重大疑难纠纷调解；指导管理基层法律服务工作；代表乡镇人民政府处理民间纠纷；组织开展普法宣传和法制教育工作；组织开展对刑满释放和解除戒毒人员的过渡性安置和帮教工作；参与社会治安综合治理工作；开展社区矫正工作；完成上级司法行政机关和乡镇人民政府的其他有关工作。

乐安县15个乡镇司法所，共有政法专项编制25个，其中1个编制的有7个司法所，2个编制的有6个司法所，3个编制的有2个司法所。司法所实行县司法局和乡镇党委、政府双重领导的管理体制。2009年年底，全县15个司法所每所由国家拨付国债资金5.5万元，县财政落实配套资金新建办公楼，配备电脑、办公桌椅、传真机等办公设备。

二、人民调解

乐安县司法局成立后，切实按照《中华人民共和国人民调解委员会组织条例》和《中华人民共和国人民调解法》的要求，负责指导全县的人民调解工作，不断加强和巩固人民调解组织网络建设，开展人民调解员的业务知识、调解技能培训，整体提高调解员调处纠纷的能力。至2016年年末，全县有191个调解委员会，其中1个行业性、专业性人民调解委员会（乐安县医患纠纷调解中心），15个乡镇人民调解委员会，175个村、社区人民调解委员会。有人民调解员1081人，专职人民调解员38人，基本形成各乡镇、村（居）委会有调解委员会，村（居）民小组有调解员的人民调解网络。仅2016年，全县共调处各类民间纠纷968起，疑难案件45件，调解成功率98%以上，调处率100%。2016年，湖坪乡贺立村党支部书记刘小平被司法部授予全国模范调解员荣誉称号。

三、基层法律服务

未取得律师资格但又从事法律服务工作的人员称为基层法律服务工作者，是国家根据现行律师严重不足的具体情况，所采取的一项具体的法律服务补救措施。1986年，全县各乡镇均设法律服务所，每个所有2～3人办公，法律服务所和法律服务人员发挥了公证、律师难以替代的作用。至1999年年末，基层法律服务所和法律服务工作者代写各类法律文书5047份，协办公证

2367件，诉讼及非诉讼调解4079件，解答法律咨询27166人次，担任法律顾问893人次。2000年国家施行基层法律服务“三证”（资格证、上岗证、执业证）执业制度。基层法律服务工作业务上由司法局管理，基层股负责全县法律服务工作者的执业证年检注册。至2016年年底，全县注册法律服务执业人数共7人，有正大、鳌溪2个法律服务所。

四、社区矫正

社区矫正对象主要是辖区有正式户口、长期固定居住在本辖区的被判处管制、被宣告缓刑、被裁定假释、被剥夺政治权利在社会上服刑、被决定暂予监外执行的罪犯等5类人员。2010年12月，社区矫正工作由公安机关转至司法行政部门，并成立乐安县社区矫正工作领导小组，领导小组办公室设在司法局，由司法局局长兼任办公室主任。领导小组研究制定《乐安县社区矫正工作实施意见》，组织相关人员进行业务知识培训。乡镇、村相继成立相应的社区矫正机构，形成县、乡、村三级工作网络。

工作中，严格按照社区矫正工作制度，加强监管力度，与相关部门密切配合，形成社会广泛参与工作机制。在接收、管理、变更、解除矫正等各个环节，做到统一执法标准、程序和法律文书格式。乡镇司法所开通社区矫正信息监管平台，所有社区矫正对象均列入移动定位监管范围，有效防止托管、漏管情况发生。司法所每月进行一次对社区服刑人员大排查，做到逐人见面、谈话，全面了解社区服刑人员的生产、生活情况和日常活动情况。每季度联合检察院，对全县司法所社区矫正工作执法情况进行督查，指出存在的问题，限期整改。对矫正对象，严格按照社区矫正工作程序，从入矫谈话做起，抓好教育学习，组织公益劳动，落实汇报和请销假制度，建立日常考核制度，做到月考核、季评比，对矫正期满对象公开宣告解除矫正，纳入安置帮教。2010年开展社区矫正工作以后，至2016年底共接收矫正对象529人，解除矫正362人，变更居住地23人，在册矫正对象144人。

五、刑释安教

1999年，设立刑释解教安置办公室，其具体工作由司法局基层股负责。2006年全县各乡镇都建立安置帮教中心，基本完善帮教制度，强化各部门在安置帮教工作中的职责，通过层层签订目标管理责任书，形成县、乡（镇）、村帮教工作网络，并实行包帮教安置、包法制教育、包思想转化制度。统一建立排查、登记、档案管理和回访制度。实行一人一卡和电脑管理，做到跟踪帮教，建立起“出来有人接、接回有人管、就业有人扶、困难有人帮”的工作机制，最大限度降低刑释解教人员重新犯罪率。2010年成立社区矫正股后改由社区矫正股负责，开通、使用平台，安置帮教工作信息化。

加强对刑释解矫人员的管理，防止其脱管、漏管。每一季度对全县5年内的刑满释放人员和3年内的解除社区矫正人员进行一次摸底，了解他们的去向，定期与他们联系，掌握情况；针对在家务工的对象，了解他们的生产、生活情况，有困难的积极帮助解决，做到底数清、情况明。乡镇司法所均成立安置帮教站，完善各项工作制度，建立统一安置帮教工作台账和规范化的刑释解矫人员档案，每季度召开一次安置帮教工作督查会议。为贯彻落实省司法厅的无缝对接工作，县安置帮教办接到监所预报通知后，安排乡镇司法所工作人员，及时协查刑满释放人员真实身份和联系其家属，陪同刑释人员的家属赴监所接回刑满人员。2015年，投入3万余元增添远程会见设备，便于在押服刑人员家属方便探试帮扶，减轻其家属经济负担。至2016年年末，受理远程会见900多次，安排2900余人次参加会见。

第四节　公　证

1982年成立乐安县公证处。1985年办理公证533件，其中：经济合同公证412件，民事权利公证121件。1996年开始办理涉台公证，办理43件。2000年办理公证841件，其中：经济合同公证593件，民事权利公证240件，涉台公证8件。至2016年，全县累计办理公证19106件，其中经济合同公证4841件、民事权利公证14083件、涉台公证182件。

乐安县公证处在公证过程中，坚持严审查、慎出证、跟踪服务原则，对办理过公证手续的，认真做好回访工作，督促合同当事人自觉履行合同义务。由开始的继承、确认产权、收养、遗嘱、房屋买卖、经济合同、工程项目招投标、听证、贷款、涉台等公证业务，逐步拓展到农村集体土地使用权出让、工程建设招投标、住房贷款、外出务工等行业。2011年乐安县公证处获江西省公证质量优胜奖。

1986—2016年乐安县办理公证情况表

表8-4-1　　单位：件

年份	经济合同公证	民事权利公证	涉台公证	年份	经济合同公证	民事权利公证	涉台公证	年份	经济合同公证	民事权利公证	涉台公证
1986	26	442	0	1997	62	1620	14	2008	173	219	4
1987	71	246	0	1998	973	45	10	2009	169	197	5
1988	715	1089	0	1999	25	432	12	2010	229	193	3
1989	80	501	0	2000	593	240	8	2011	126	65	7
1990	87	669	0	2001	51	430	8	2012	127	78	6
1991	45	620	0	2002	51	585	10	2013	125	243	3
1992	50	610	0	2003	53	518	8	2014	116	187	6
1993	35	560	0	2004	45	302	8	2015	112	154	5
1994	54	722	0	2005	65	350	8	2016	102	120	4
1995	91	1298	0	2006	132	249	4				
1996	45	952	43	2007	213	147	6				

第五节　律师事务所

1982年成立乐安县法律顾问处，属县司法局内设机构。1990年10月，法律顾问处更名为乐安县律师事务所。1992年，乐安县律师事务所更名为江西华乐律师事务所，成为中介组织，为县司法局下属事业单位。2011年7月，江西华乐律师事务所停办各项业务，成立友创律师事务所。2014年7月，江西华乐律师事务所正式撤销，其编制5人全部转编至法律援助中心。2016年年末，成立国赣律师事务所，为社会律师事务所。律师事务所和律师工作人员在县司法局的协调下，不断拓宽法律服务领域，广泛开展法律进机关单位、进社区、进企业活动，热情开展法律咨询服务，当好地方党委、政府、机关单位、企业和公民的法律顾问，为顾问单位排忧解难，为乐安县社会稳定和经济建设贡献力量。

1986—2016年乐安县律师事务所业务情况表

表 8-4-2　　　　单位：处、件、人次、份

年份	法律顾问	民事代理	刑事代理	行政代理	非诉讼代理	法律咨询	代写法律书
1986	12	20	5	0	2	206	45
1987	12	26	8	0	5	376	58
1988	108	63	10	0	38	1150	181
1989	123	61	8	0	18	805	170
1990	70	51	28	0	291	410	159
1991	26	36	17	1	28	530	77
1992	20	35	19	4	1	500	45
1993	13	26	10	1	1	515	16
1994	12	30	20	2	4	568	63
1995	28	61	30	1	1	539	59
1996	35	96	33	3	32	629	67
1997	38	110	36	1	36	598	57
1998	38	59	22	2	2	617	63
1999	38	58	23	3	17	785	59
2000	38	61	33	7	27	875	53
2001	32	76	29	6	35	786	49
2002	21	83	27	7	45	865	63
2003	20	94	16	5	36	863	52
2004	20	96	18	6	51	965	57
2005	19	89	16	7	49	925	48
2006	19	67	17	6	43	1653	43
2007	14	52	11	18	39	2000	38
2008	16	59	14	9	41	1965	32
2009	20	137	15	7	48	1532	29
2010	23	192	13	5	53	1000	32
2011	18	129	12	6	27	1000	22
2012	7	37	9	1	5	260	17
2013	11	42	12	4	6	510	26
2014	13	49	17	6	7	620	6
2015	16	51	21	8	9	631	21
2016	16	57	23	7	14	656	29

第六节　法律援助

乐安县法律援助工作起步于1997年，是年办理法律援助案件37件，无偿代写法律文书21件，解答各类法律咨询534人次。此后，办理法律援助案件逐年上升。2002年8月，设立法律援助工作股，属县司法局内设机构。2003年3月成立法律援助中心。2016年年末，有专职法律援助律师3人，实习律师2人。在全县15个乡镇、县人武部、法院、总工会、妇联、老龄委、看守所等单位设有法律援助工作站。

1997—2016年，法律援助中心为符合条件的受援人员共办理法律援助案件1893件，义务解答群众法律咨询近1.7万人次，各级法院、检察院指定的刑事辩护案件承办率达100%。2013年，县法律援助中心获得江西省法援为民服务示范窗口、江西省示范法律援助工作站等称号。

1997—2016年乐安县法律援助情况表

表8-4-3　　单位：件、份、人次

年份	办理刑事援助案件	办理民事、行政援助案件	办理非诉援助案件	无偿代写法律文书	解答各类法律咨询
1997	5	19	13	21	534
1998	5	25	12	26	386
1999	6	28	15	27	478
2000	8	24	16	32	579
2001	6	31	16	47	687
2002	8	26	15	45	795
2003	5	17	16	47	897
2004	6	36	15	52	985
2005	7	37	17	58	976
2006	8	61	36	57	987
2007	7	65	53	65	1204
2008	8	75	55	58	913
2009	7	79	75	52	867
2010	19	84	81	57	798
2011	5	53	31	53	603
2012	7	63	22	49	985
2013	12	97	74	58	978
2014	7	102	97	52	1065
2015	8	51	6	61	1086
2016	8	76	27	56	1168

第七节 司法鉴定

2003年9月，乐安县诚信法医学司法鉴定所成立，是乐安县唯一合法的面向社会服务，已取得司法鉴定许可证的法医学司法鉴定机构。2011年，更名为乐安诚信法医学司法鉴定所，地址由乐安县人民医院迁至乐安县康福医院五楼，其机构负责人及法人代表同时变更。2016年年末，有在编司法鉴定人员3名，仅作法医学司法鉴定，其他鉴定需到省市设立的鉴定所进行。

乐安县司法局主要办理司法鉴定执业人员的年检注册、执业纪律教育及业务学习，以及全面推进司法鉴定机构的规范化建设，通过提高机构的技术能力和管理水平，规范办案流程，严格收费标准，提高鉴定质量，做好做细档案证据保存工作，确保检验检测数据和检查结果的科学性和可靠性，尽量防范和化解风险，整体提升司法鉴定的社会公信力。2003年以后，乐安诚信法医学司法鉴定所鉴定的案件数逐年增多，至2016年年末，累计鉴定1123件，未出现投诉问题。

2003—2016年乐安县法医学司法鉴定情况表

表8-4-4　　单位：件

年份	鉴定	年份	鉴定	年份	鉴定	年份	鉴定	年份	鉴定
2003	6	2006	89	2009	105	2012	56	2015	58
2004	38	2007	98	2010	103	2013	69	2016	228
2005	69	2008	103	2011	52	2014	49	合计	1123

第九卷　军　事

本卷目录

第一章　军事组织

1986 年后，乐安县的军事组织得到进一步充实和完善，逐步形成国防教育与国防建设制度化、规范化和普及化的良好局面，广大民兵、预备役官兵，在不断整训中成长，成为经济建设中坚、中国人民解放军后备力量。驻县军事组织主要有县人民武装部和武警中队。

第一节　人民武装部

1986 年 6 月 17 日，中国人民解放军江西省乐安县人民武装部移交改归地方建制，改称江西省乐安县人民武装部，属副县级行政单位，其性质职能、工作任务、机关驻地不变。下设办公室、军事科、政工科和民兵训练基地，辖鳌溪镇、公溪镇、牛田镇、戴坊镇、招携镇、湖溪乡、航桥乡、山砀乡、龚坊乡、鹏洲乡、潭港乡、万崇乡、湖坪乡、罗陂乡、谷岗乡、南村乡、增田乡、望仙乡、坪溪乡、金竹乡、县直属、排下实验农场、721 矿、261 队 24 个基层人武部。

乐安县人民武装部既是中共乐安县委的军事部门，又是乐安县人民政府的兵役机关，接受上级军事机关和县委、县政府的双重领导，为全县的最高军事指挥部，负责民兵、预备役和其他军事工作，县委书记兼任县人武部党委第一书记。

1996 年 3 月 14 日，乐安县人武部收归军队编制，复称中国人民解放军江西省乐安县人民武装部，为正团级单位，下设军事、政工、后勤 3 个科和民兵训练基地。

2004 年 1 月 1 日，乐安县人武部搬迁到集办公、训练为一体的新营院。

2016 年 1 月 11 日，乐安县人武部隶属中央军委国防动员部领导，职能不变，内设军事科、政治工作科、保障科。

2016 年年末，乐安县人武部下设鳌溪镇、公溪镇、山砀镇、龚坊镇、戴坊镇、牛田镇、万崇镇、增田镇、招携镇、湖溪乡、湖坪乡、罗陂乡、谷岗乡、南村乡、金竹畲族乡、大马头乡、县工信委、县林业局、县粮食局、县住建局、县卫计委、县交通运输局、县水利局、县教体局、县电信局、工业园区、县城管局、县房管局、金安铀业公司等 29 个基层人武部。

1986—2016 年，历任部长：陈春林、李亚东、赖大益、陈跃敏、陈文涛、范万根、杨军辉、艾虎林。历任政委：阮时忠、文圣耀、王仁

乐安县人民武装部办公楼

华、陈绍平、王润平、魏征军、陈绍平、杨国富、万高峰、黄国强、龚邦南、黄忠、黄庆安。历任副部长：李亚东、邓春水、秦建明、杨荣峰、黄华根、杨军辉、雷泓凯、陈祥清、季呈祥、王登平、马学根。

第二节　武警中队

武警乐安县中队其前身为江西省乐安县公安局人民武装民警中队。

1983年1月1日，江西省乐安县公安局人民武装民警中队归编到中国人民武装警察部队，改称“中国人民武装警察内卫、消防中队”。隶属抚州地区武警支队和县公安局领导。

1987年1月1日，乐安县消防中队划归武警抚州地区消防支队管辖。

1995年3月3日，根据国务院、中央军委指示精神，在执行公安任务和机关业务建设方面，武警中队接受县公安局领导。武警中队平时执行正常勤务的兵力使用，按照现行规定执行。处置突发事件和抢险救灾需要使用武警中队时，县委和县政府可按照权限调动使用本行政区域内的武警中队。

武警乐安县中队自组建以后，始终保持人民军队性质，继承和发扬人民解放军的优良传统，依据《军队基层建设纲要》，坚持从严治警，狠抓工作落实，忠实履行武警部队神圣职责，圆满完成以执勤和处置突发事件为中心的各项任务，推动部队建设的全面发展。1987年7月被省政府、省军区评为“拥政爱民先进单位”；1990年被武警总队评为建设社会主义精神文明先进单位和落实《纲要》达标中队，副中队长谢明旭作为先进中队代表出席武警部队“双先”代表大会；1995年8月，被省文明委、省委宣传部、省军区评为江西省军民共建精神文明先进单位，同年被部队评为《纲要》达标中队、群众工作先进单位；1998年3月，被武警江西省总队评为学雷锋先进集体，12月又被评为“基层建设先进中队”；2008年3月，在“抗冰救灾”战斗中表现突出，荣记集体三等功；2010—2011年，连续两年被武警江西省总队评为“基层建设先进中队”。

人民武装警察乐安县中队营房

第二章　兵　役

1986—2016年，乐安县、乡两级人民政府和两级人武部，继承和发扬老区革命传统，认真加强对兵役工作的领导，广泛、深入、持久地向广大人民群众宣传兵役法的内容和贯彻兵役法的重大意义，不断提高人民群众的国防观念和适龄青年参军参战保卫祖国的积极性，“参军光荣”已成为当今社会的新风尚。在全县人民的共同努力下，通过对预征对象登记、体检、政审，择优为部队输送兵员，圆满地完成上级历年下达的征集兵员任务，先后10多次被省、市评为征兵工作先进单位。

第一节　兵役机构

乐安县征兵领导小组　每年征兵工作开始之前，均成立县征兵领导小组，组长由县委或县政府领导担任，副组长由县人武部部长、政委担任，领导小组成员通常由宣传、公安、卫生、教育、纪检监察、交通、财政、民政、劳动、人事、共青团、妇联等部门及县人武部各科的负责人组成。

乐安县征兵办公室　县征兵办公室在县征兵领导小组的领导下，具体组织实施征兵工作事宜。办公地点设在县人武部机关。县征兵办公室设主任1名，副主任1～2名。办公室由政府办、宣传部、监察局、民政局、公安局、交通局、财政局、卫生局、工会、团委、妇联和县人武部军、政、后3科等单位抽调人员组成。办公室下设秘书组、宣传组、政审组、体检组、后勤组、纪检监察组，各组设正、副组长1人。

第二节　兵役制度

六届全国人大二次会议审议通过的《中华人民共和国兵役法》，明确实行以“义务兵役制为主体的义务兵与志愿兵相结合、民兵与预备役相结合”的兵役制度。结合第二部《中华人民共和国兵役法》的颁布，按照上级的规定和布置，首次开展兵役登记工作。规定要求年满18岁的男性公民在当年9月30日前持户口到当地兵役机关进行兵役登记，经兵役登记和初审合格后为应征公民。符合服现役条件的，经县兵役机关批准，征集服现役。

1998年12月29日，第九届全国人大通过颁布修改的《中华人民共和国兵役法》，规定“中华人民共和国实行义务兵与志愿兵相结合、民兵与预备役相结合的兵役制度”，并将原兵役法规定的义务兵服役期限陆军3年，海、空军4年，改为陆、海、空军一律2年；取消义务兵超期服现役的规定，志愿兵实行分期服现役制度，调整志愿兵最低和最高服现役期限，建立制约和激励机制，规定志愿兵退出现役后，服役不满10年的按义务兵退伍政策安置，满10年的由国家负责安排工作，连续服役期满30年的可作退休安置。此制度一直沿用至今。

第三节　兵员征集

一、征集原则

乐安县每年征集任务均按照抚州市征兵命令赋予，参照全县人口的总数，根据人口分布特点及各乡镇的实际情况进行分配。每年农村籍征集兵员数量为总额的80%～85%，城镇籍青年征集兵员数量占当年征集总额的15%～20%。1990年3月城镇籍征集数量为全县征集总数的20%。2013年取消城镇与农村户籍征集指标。

征集时间　1986—2012年的征集时间均在冬季进行，基本实行一年征集1次兵员。1988年国家未征兵。2013年后改为夏秋季进行。

征集对象及范围　一般为农村青年，城镇企事业单位的职工、待业青年、中学应届初高中毕业生。历年征集条件范围是随着当时政治形势而相应变化的。1986年后，对应征青年的文化程度提出了更高的要求，在城镇只征应届和上届高中毕业生。女青年限于本届高中毕业生，注重个人表现，家庭出身亦属次要，对待少数民族、台湾籍青年及归侨、侨眷子女特别给予优先照顾入伍。农村青年限于初中以上文化程度。

1994年冬季征兵，为纠正征兵工作中出现的假文凭、假学历、假证明的现象，提高新兵文化质量，根据上级的指示精神，对当年参加征兵体检常规合格的所有应征青年均进行文化测试，其中普通高中毕业的应征青年参加普高类课题测试；职高、技校、中专毕业的应征青年参加职高类课题测试；农业户口应征青年参加初中类课题测试。

1997—2000 年冬季征兵，征集的农业户口青年，应具备初中以上文化程度，并尽量多征集高中毕业以上文化程度的青年；征集非农户口的青年，应具备高中（含职高、中专、技校）毕业以上文化程度。企业单位具有高中毕业以上文化程度的优秀青年职工（含工人、管理人员和技术人员）、事业单位具有高中毕业以上文化程度的工人、非学历教育民办大学的在校生、高等院校接收的无学籍学生及各类高考补习班学习的青年也可征集。征集年满 18 ~ 20 岁的男性公民，企事业单位职工可放宽到 21 周岁，大专以上文化程度的根据本人自愿，可放宽到 22 周岁。

2001—2003 年规定，在高等学校就读的学生本人自愿应征且符合条件的，可批准入伍，原就读学校应按照有关规定保留其学籍。另外，应征青年户口迁移到现住地不满 1 年的可以征集，即因国家重点工程建设需要，政府确定移民的，由于城市发展，政府统一规划调整户籍的；父母工作调动，政策允许户口随迁的；家庭住址变动，全家户口一起迁移的；用工单位按规定录用的应届大中专毕业生；在全日制高等学校就读的大学生自愿参军的。

2004—2005 年为适应部队的需要，根据本人自愿，可征集部分年满 17 岁应届高中（含职高、中专、技校）毕业男青年入伍。征集新兵的政治条件，按照公安部、总参谋部、总政治部 2004 年 10 月 9 日颁发的《征兵政治审查工作规定》和有关规定执行。体格条件，按照国防部 2003 年 9 月 1 日颁发的《应征公民体格检查标准》和有关规定执行。

2006—2010 年征集 18 岁的男性青年，高中毕业以上的青年和企业事业单位职工可放宽到 21 岁，大专以上可放宽到 22 岁。部分年满 17 岁未满 18 岁的应届高中（含职高、中专、技校）毕业生亦可征集。农业户口青年应具备初中毕业以上文化程度，非农户口青年应具备高中（含职高、中专、技校）毕业以上文化程度。企业单位具有高中毕业以上文化程度的优秀青年职工（含工人、管理人员和技术人员）、事业单位具有高中毕业以上文化程度的工人、非学历教育民办大学在校生、高等学校接收的无学籍学生及在各类高考补习班学习的青年也应当征集。依法应当缓征的正在全日制高等学校就学的学生，本人自愿应征并且符合条件的，可以批准入伍，原就读学校应按照有关规定保留其学籍，退伍后准其复学。

2011—2016 年征集对象以高中（含职高、中专、技校）毕业以上文化程度青年为主，优先征集学历高的青年和应届毕业生入伍。非农业户口青年应具备高中毕业以上文化程度；农业户口青年应具备初中毕业以上文化程度。高职（专科）和中等职业学校学生完成专业课程后，参加实习至次年毕业，以及正在全日制普通高等学校就学的学生，本人自愿应征并符合条件的，可以批准入伍。征集的女青年，为普通高中应届毕业生和全日制普通高等学校应届毕业生及在校生。征集的年龄、办法与往年相同，符合条件的由县人民政府征兵办公室批准入伍。

欢送 2016 年度乐安籍新兵光荣入伍

二、征集程序及方法

每年征集一次，通常按兵役登记、宣传发动、体检、政审、审定新兵、交接新兵、处理退兵等程序组织实施。

兵役登记 兵役登记是兵役法和《征兵工作条例》规定的一项兵役工作制度，主要目的是掌握适龄公民的数量、质量和分布情况，为组织公民服兵役做准备。经过兵役登记符合服兵役条件的公民称应征公民，在此基础上确定当年预征对象。

兵役登记工作的主要内容：一是对全体公民进行国防和兵役义务教育；二是摸清适龄男性公民的人数、政治、文化和身体状况，填写《兵役登记表》；三是依法确定应服兵役、免服兵役和不得服兵役的人员；四是对已登记的应征公民，进行体格目测、病史调查和政治、文化初审，选定预征对象；五是下发《预征对象通知书》，统计上报有关表册等。

1985年，第二部《中华人民共和国兵役法》颁布，根据新兵役法规定：当年12月31日以前出生的年满18岁的男性公民，都应在9月30日以前，按照县兵役机关的安排，到指定的登记站进行兵役登记。并给应征公民和预征对象颁发《兵役证》和《预征对象通知书》。此后，每年8月进行一次兵役登记工作。

宣传教育 20世纪80年代中期，在每年兵员征集之际，结合形势，针对兵员特点，因地制宜，运用广播、宣传车、专栏等多种形式，由县、乡宣传部门组织搞好征兵宣传，广泛宣传征兵的重要意义。90年代后，县征兵办公室会同县委宣传部加强宣传教育，以传统教育与形势教育为主，提高应征青年的思想觉悟；以兵没法及征兵政策宣传为重点，辅助宣传优抚安置政策的落实，调动适龄青年应征积极性。特别是在市场经济条件下，针对征兵工作出现的新情况、新问题，在征兵的全过程开展声势浩大的宣传动员活动，做到广播有声音、电视有图像、报纸有消息、大街有标语、机关单位有专栏、网络有信息，增强适龄青年报名应征的光荣感和自豪感。

2006年，乐安县组织3个征兵宣传工作小分队，深入到各街道、社区及学校等人员密集地，开展大型征兵政策咨询活动，并向广大群众发放《致乐安县应征青年朋友的一封信》26000多份，极大的激发广大适龄青年报名应征的热情。2007年积极协调地方有关部门建立健全维护军人军属合法权益组织机构，全县建立1个维护军人军属合法权益调处中心、12个服务站150个服务组，有13名法律工作者担任义务法律服务咨询员，形成县、乡、村三级维护军人军属合法权益组织网络。

2008年，乐安县积极适应征集主体、征集方式的调整改革给征兵工作带来的新情况、新特点，注重从基础性工作抓起，注重将高学历青年作为宣传发动的重点对象，用政策激励广大适龄青年。县征兵办、县教育局联合下发《关于退还各级各类院校应征入伍学生学杂费的通知》和《关于免交大专以上毕业生档案保管费的通知》。把解决思想问题与解决实际问题结合起来，克服适龄青年的思想顾虑，以增强征兵宣传动员的效果。2010年采取发表电视讲话、印发《征兵宣传册》、开辟宣传专栏、开展“征兵热线互动”、发送征兵信息等方式，多批次进行宣传发动，调动适龄青年参军及家长支持子女参军的积极性。2011年优抚金由原来的2000元/年提升为5000元/年。

2016年，乐安县将义务兵优待金从8000元提高到9500元，将义务兵立三、二、一等功的优待金分别增加20%、50%和100%，评为优秀士兵的奖励300元，将三级转业士官全部安置到全额拨款单位，极大地调动适龄青年应征参军的热情。

征兵准备 县级兵役机关拟制征兵命令和实施计划，召开会议，部署征兵工作，抽调有关人员，成立征兵办事机构，落实征兵经费和有关物资，确定体格检查时间，培训体检医务人员，熟悉体格检查的各种标准。

体格检查 每次征兵均由县征兵办公室组织实施，县人武部根据市征兵办公室的工作部署，有计划地安排应征公民的体格检查工作。选调思想端正、作风正派、责任心强、工作认真、具有初级以上专业技术职务的医务人员参加体检工作，要求有征兵体检经验的医务人员占2/3以上，严格执行国防部颁发的应征公民体格检查条件，严密组织实施。潜艇人员体格复查由市征兵办统一组织实施。普通兵由县组织复查，总额不少于征兵人数的1/3，必要时全部复查。

政治审查　由县兵役机关组织，县人武部政工科、乡镇人武部、街道办事处、公安派出所具体负责，对体检合格的应征公民的个人基本信息、政治面貌、宗教信仰、婚姻状况、毕业（就读）学校、文化程度、主要经历、出（国）境情况、现实表现、奖惩情况，以及家庭成员、主要社会关系成员的政治情况等，进行政治审查，及时淘汰政审不合格对象，确保新兵政治上纯洁可靠。

1986年以后，实行“三级五方联审”（三级为县、乡、村，五方为所在单位、公安、工商税务、学校、家庭）的政审工作制度，公安机关负责把关，群众监督，发挥各级征兵举报机构作用，

审定新兵　对体检、政审合格的应征公民进行全面衡量。基层单位提出初步意见，县兵役机关召集征兵办、接兵部队、公安、卫生、教育、宣传部门及主检医师进行集体审定。对应征公民的体检结果和政治条件进行共同研究，逐个审查，依据审查结果，采取“择优定兵”的原则，优先批准政治思想好、身体素质好、文化程度高的应征公民服现役，并办理入伍手续，发给《应征公民入伍通知书》及新兵被服装备。由县乡组织群众欢送，到指定地点集中。

交接新兵　1985年起对送兵方法改革，除征集的潜艇兵、空降兵仍由部队派人接兵，其余均由县征兵办统一组织，按30个新兵配1个送兵人员的比例，抽调县领导及有关人员参加，把新兵送到上级指定部队师团机关。1987年根据国务院、中央军委对新兵交接规定，采用部队接兵和地方送兵相结合的办法交接新兵。1989年，又改为由接兵部队到乐安接兵至2016年。

处理退兵　新兵到达部队后通常进行复查，身体、政审不符合征集条件的，由部队师以上机关批准作退兵处理。退兵的时限为自新兵到达部队之日起，身体原因为45天，政治原因为90天。乐安县连续30多年无身体、政治原因退兵，多次被省、市评为征兵工作先进单位。

第三章　民兵　预备役

乐安民兵工作坚持双重领导制度。在各级党委的重视和支持下，广大民兵在战备执勤、维护治安、抢险救灾和发展生产等方面作出突出贡献。1991年以后，民兵组织处于调整改革发展阶段，在积极防御的战略思想指导下，按照打赢高技术条件下局部战争和应付突发性事件的要求，注重优化兵员结构，提高兵员素质，积极调整和优化民兵组织。至2016年，乐安民兵由过去单一兵种发展成拥有八二迫击炮、六〇炮、高机、重机、四〇火箭筒、侦察兵、通讯兵等11个专业技术分队的人民武装，成为强大的国防后备力量。

第一节　领导机构

一、乐安县人民武装部

乐安县人武部是乐安县最高军事指挥机关，为县委的军事部门和政府的兵役机构，接受县委、县政府和上级军事机关的双重领导。

二、乐安县人民武装委员会

乐安县人民武装委员会是中共乐安县委、县人民政府和县人武部领导下的组织、协调、领导人民群众武装力量的专门机构，由地方党委、政府有关部门和军事机关组成，是党管武装的一种组织形式。

1979 年 11 月 1 日，根据中共中央《关于恢复中央军委和各级地方党委人民武装委员会的通知》和江西省委《关于恢复省委和各级地方党委人民武装委员会的通知》精神，重新恢复乐安县人民武装委员会。县委书记任主任，县委副书记、县人武部领导任副主任。

1990 年以后，县人民武装委员会由县长任主任，县委副书记、县政府常务副县长、县人武部领导任副主任。武委会成员由县委办、政府办、组织、宣传、计委、经委、民政、公安、财政、粮食、卫生、劳动人事、商业、交通、教育、邮电、工会、团委、妇联等部门领导及县人武部各科室领导参加，并随人事变动及时调整。

三、基层人武部

1984 年 6 月撤社建乡后，全县恢复乡镇体制，所设置的 2 个镇、19 个乡及 1 个垦殖场均建立人武部，称乡镇人武部。

1985 年 3 月牛田、招携、戴坊三乡改为镇，12 月将石陂乡并入鳌溪镇。7 月 23 日，撤销大马头垦殖场人武部，成立排下实验农场人武部。

1986 年年初，乐安县设鳌溪镇、公溪镇、牛田镇、戴坊镇、招携镇、湖溪乡、航桥乡、山砀乡、龚坊乡、鹏洲乡、潭港乡、万崇乡、湖坪乡、罗陂乡、谷岗乡、南村乡、增田乡、望仙乡、坪溪乡、金竹乡、县直属、排下实验农场、721 矿、261 队等 24 个基层人武部。1989 年 2 月 23 日，撤销县直人武部，成立县经委、县林业局人武部。

1994 年 5 月 19 日，恢复设立大马头垦殖场人武部，撤销排下实验农场人武部；1996 年 6 月 21 日，成立县粮食局人武部；1998 年 8 月 261 大队搬迁鹰潭市，大队人武部随之撤销。

2000 年 8 月，增设县城建局、县卫生局、县交通局、县水利局、县教委等 5 个基层人武部。2001 年 10 月，乐安县完成撤乡并镇，潭港乡成建制划归鳌溪镇管辖；鹏洲乡成建制划归戴坊镇管辖；坪溪乡成建制划归金竹乡管辖；航桥乡成建制划归山砀镇管辖；望仙乡成建制划归招携镇管辖，其所在乡人武部随之撤销。2003 年 8 月，增设县电信局人武部。

2010 年 6 月，增设工业园区人武部。7 月，县经委人武部随单位更名，改称县工信委人武部。2013 年 8 月，增设县城管局人武部。2014 年 10 月大马头垦殖场改为建制乡，大马头垦殖场人武部随之也变更为乡人武部。2015 年 4 月，增设县房管局人武部。2016 年底，全县有 16 个乡镇 13 个部门共 29 个基层人武部。

第二节 组织建设

1986 年，乐安县人武部按照民兵工作要“减少数量、提高质量、抓好重点、打好基础”的十六字方针，对民兵组织进行调整，着重抓好组织布局、兵员结构、改进编组形式、扩大专业技

乐安县党管武装暨宣布任职命令大会

术兵比例等工作。

1990年，乐安县人武部从新时期民兵工作的客观要求出发，制定《乐安县民兵基层建设标准》。规定在有4名定补干部的村，要配专职民兵营（连）长，不足4名的村可配兼职；没有基干民兵组织的村，必须建立民兵组织，并按规定配备民兵干部。民兵营（连）长的任免，由基层党组织推荐，乡镇人武部与党委共同考察，乡镇人武部任免，并报县人武部备案。

1992年，根据抚州地区行署、抚州军分区《关于调整“八五”期间全区基干民兵组训任务的通知》，对达到或超过规划数的单位，采取少出多进原则，保持相对稳定；不足规划数的单位，实行只进不出原则，逐步达到标准。凡经过训练合格尚符合民兵条件人员，往年提前转队的重新编入基干民兵组织；在应建而未建民兵组织的单位把民兵组织建立起来，把符合民兵条件的人员都编入民兵组织之中；符合条件的退伍军人全部编入基干民兵之中，训练合格人员，不能提前安排转队。通过上述做法，基本上做到规划落实、组织健全、制度完善。

1997年，后备力量建设按照应付可能发生的高技术条件下局部战争和突发事件的需求，从数量上进行调整，基本达到组训协调发展的目的。在民兵组织布局上，打破均衡分摊布局模式，按照突出“重点地区、重点方向、重点目标和沿国道、沿铁路、沿入闽通道”的原则调整和优化民兵组织布局，做到县城多编，边远乡村少编；重点目标附近多编，非重点目标区少编；技术密集型企业多编，个体、私营企业少编；专业技术兵多编，普通基干民兵少编；辅助性岗位多编，生产一线岗位少编。长期在外务工人员原则上不编。较好地解决大量农村基干民兵外出打工不在位的问题。

1998年5月26日，依据总参谋部、总政治部《关于深化民兵工作调整改革的意见》，针对乐安的实际，成立县民兵调整改革领导小组，专门制定下发《乐安县民兵组织调整改革方案》。按照“稳定一块、压缩一块、扩展一块”的工作思路，根据组建单位经济效益的好坏和适龄人数的多少等情况，实行“条”“块”结合，以块为主的组建模式，721矿、261队、经委、林业等下岗人员达到30%以上的企业，减少民兵数量，保留民兵骨干；在邮电、交通、卫生、水电、工商、税务、金融等经济效益好，人员相对稳定的单位建立民兵组织，力争在“九五”期间，使全县基干民兵由原来的普通兵型向技术兵型过渡，由数量型向质量型转化。

2000年，乐安县民兵组织建设在严格落实上级规定编制的情况下，适当加大对口专业分队比重，提高高科技含量。由鳌溪镇在公路城建部门、医疗卫生部门、交通运输部门和水文气象部门组建道路桥梁抢修、医疗救护、汽车运输、水文气象保障4支对口专业分队；县经委在邮电通信部门组建邮电通信分队；721矿组建汽车运输、道路桥梁抢修、医疗救护3支对口专业分队；戴坊镇组建汽车运输分队。

2001年，按照平战结合、突出重点、质量强兵、依法治兵、因地制宜的原则，根据赋予和可能担负的任务，实行“三重三沿”的总体格局，遵照“六多六少”的原则，进一步调整民兵组织布局。城镇民兵编组凡国有大中型企业，党组健全，单独设有武装部的，基干民兵实行单独编组；凡本行业系统所属的企业，基干民兵按系统编组；凡企业适龄青年有限不能单独建立1个基干民兵连以上建制的，就近跨编编组；凡分散经营的集体企业、私营企业和小型企业，能建立基干民兵班以上组织的按块编组，编入所属街道基干民兵组织，实行“建”“用”分离。农村基干民兵实行灵活编组，在以行政村为主建立民兵组织的基础上，有条件的乡镇把基干民兵集中编组在乡镇企业；人口稀少、居住分散的边远山区乡镇，以乡镇为单位集中编组基干民兵；人口稀少、地处偏僻的行政村少编或不编基干民兵组织，只编普通民兵。

2007年，为合理调整入闽通道沿线民兵组织布局，并确定入闽通道沿线各乡镇在坚持基干民兵编组“编为用，建为战”原则的基础上，重点对基干民兵编组方法进行有益的改进。根据战时“需要什么就编什么”“怎么管用就怎么编”和“有什么编什么”的原则，尽量编组“保畅通”分队。

2013年，紧紧围绕构建“紧贴任务、优化组合”的应急作战力量体系，依据《后备力量建设“十一五”规划》，按照“平时能应急、战时能应战”要求，采取“分类建设、突出重点”的方法，调整作战力量结构。深入调查研究，准确掌握整组实情，增强整组工作的针对性和实效性。围绕构建“紧贴任务、优化组合”应急作战力量体系，采取“分类建设、突出重点”的方法，合理调整作战力量结构，重点整合作战队伍、勤务保障队伍、应急队伍和其他队伍等分队建设。

2016年，针对民兵流动大，召集难、训练难、管理难，乐安县人武部按照“双位一体、规模适度、布局合理、可靠管用”的要求，重点配备民兵应急排、民兵信息情报分队、卫生救护分队、支援保障分队，编配应急、支援、储备3类基干民兵队伍。

第三节 政治教育

乐安县民兵政治教育，主要围绕党在各个时期的中心工作开展。在实际工作中把民兵政治教育和全民教育结合起来，提高民兵政治思想觉悟，发挥民兵在生产建设中的突击队作用，保证军事训练和战备执勤等各项任务的完成。

1986年开始，乐安县基干民兵政治教育由每月一课改为每季一课，每课不少于4小时，普通民兵一年2课，结合民兵整组、征兵进行教育。当年全县培训民兵政治教育教员800多人次，使民兵政治教育经常化、制度化。各单位根据民兵年青活泼、爱好娱乐、求知欲强等特点，因地制宜开办文化夜校215所、“青年民兵之家”67个、业余剧团38个，还采取广播、幻灯、读报、展览、文体、板报、参观革命旧居（旧址）等多种形式，对民兵进行党的路线、方针、政策和爱国主义、社会主义法制、形势任务、民兵基本知识及共产主义思想的教育，提高民兵坚持四项基本原则，同党中央在政治上、思想上保持高度一致的自觉性，增强当民兵尽义务的光荣感和义务感、责任感。

1987年1月，乐安县人武部向全县民兵发出《组织发动民兵积极参加移风易俗活动，为树立社会主义新风尚争做贡献》的通知，在全县民兵中开展“四无”（无包办买卖婚姻和婚丧事大操大办、无赌博和变相赌博、无封建迷信和宗教活动、无早婚早育和计划外生育）活动。1988年，认真贯彻省委、省军区《关于深入持久地开展全民国防教育的意见》，在全县民兵中开展以兵役法为中心的国防教育，在县广播站开设全民国防教育专题讲座节目，由县武委会成员轮流讲课。县人武部针对民兵外出打工人数增多、分散难以集中的情况，开始试行寄送以《中国民兵》杂志为教材的刊授教育形式，被总政群工部、解放军报社评为读刊用刊先进单位。1989年开始，全县推行刊（函）授教育，同时充分发挥青年民兵之家的作用，进行全民国防教育。1990年，民兵政

组织民兵预备役人员进行政治理论学习

治工作贯彻执行中共十三届四中、五中全会精神及军委扩大会议确定的方针，着力抓好两级人武部自身的政治建设和基层民兵政治工作，巩固三年规划成果和民兵基层建设成果，积极组织民兵参加两个文明建设，努力为科技兴县作贡献，广泛开展“我为军旗添辉”活动。是年，县人武部印发《关于在全县民兵中开展学理论学雷锋活动的意见》，要求全县民兵加强马克思主义理论学习，掌握马克思主义基本原理，发扬雷锋精神，坚定共产主义信仰。

1991年后的民兵政治教育以基干民兵（含民兵应急分队）为重点，规定每年不少于16课时，教育形式以基层人武部为单位集中组织，授课人员由乡镇、街道、企事业单位的领导和专武干部担任。全县建立和坚持备课、考勤、签到和考试制度，对外出务工基干民兵则实行函授、信授教育形式进行。全县基干民兵季课教育和普通民兵1～2课教育正常进行，开课面100%，到课率90%。1992年，民兵政治工作以中共十三届八中全会和军委扩大会议精神为指导，以《民兵工作条例》为依据，认真贯彻执行中央〔1991〕22号文件精神，围绕抓好基层人武部建设、民兵基层建设和“兴赣强兵”活动工作重点，大力加强民兵政治建设，提高广大干部和民兵的政治素质，促进民兵战斗力的提高，确保民兵基层建设越打越牢，确保全县民兵预备役各项任务的圆满完成。

1993年，民兵政治工作的主要内容为：深入进行以学习贯彻中共十四大精神为重点的政治教育，发动和组织民兵开展以劳养武和“兴赣强兵”活动，抓好干部队伍建设，扎实地开展民兵基层建设创先达标活动，开展国防教育和“双拥”活动。1994年，围绕抚州军分区提出的“一手抓军事，一手抓创收”的工作思路和“创一等工作，建一流人武部”的工作目标，突出抓好以《邓小平文选》第三卷为主要内容的学习，保证武装系统干部、职工、民兵预备役人员在政治上与党中央保持高度一致。全县基干民兵以《东海民兵》《中国民兵》为基本教材，参照总政治部下发的民兵政治教育教材，进行4课常识性内容的教育。抓好以宣传贯彻《江西省国防教育条例》为主要内容的全民国防教育。

1996年，全县民兵认真贯彻江泽民主席关于讲政治的重要指示，把加强思想政治建设摆在一切工作的首位，自觉用讲政治的要求规范言论和行动。在全县民兵中开展“坚信党的领导，确保政治合格”专题教育，同时开展争创“专武干部标兵”和“十佳民兵干部”活动。

1998年，依据总政治部规定的民兵政治教育内容和新编发的补充教材，重点围绕“高举旗帜、维护核心”这个主题，组织民兵认真学习中共十五大报告，深刻领会精神实质，统一思想认识，增强投身改革事业的自觉性，确保政治合格。结合《中华人民共和国国防法》颁布一周年的纪念活动，运用多种形式宣传国防法规和兵役法规。1999年，着重对民兵应急分队和专业对口分队进行政治教育，突出民兵性质、任务，应急常识、科技知识、法纪政策和崇尚科学、反对迷信等方面内容，以适应国际、国内形势和民兵的思想变化，以及民兵遂行应急任务的要求。

2000年，抓住春节外出打工民兵返乡团聚和基干民兵参加集训等时机，重点进行民兵预备役职能任务、形势战备、人民战争思想和国防观念等教育，以及艰苦奋斗和以爱党、爱国、爱军为主要内容的爱国奉献教育，使民兵预备役人员克服和平麻痹思想，牢固树立职能意识和战备观念，确保政治上的坚定性和思想道德上的纯洁性。全年完成4个季课的政治教育任务，集中授课面达100%，到课率达90%以上，刊授教育被《中国国防报》《中国民兵》评为先进单位。

2001年开始，民兵政治教育以《中国民兵》《东海民兵》作为主要教材，进行经常性的思想教育和党的路线方针政策教育。同时采取各种形式，组织民兵预备役人员深入学习江泽民主席“七一”讲话和“5·31”讲话精神，开展“赞颂新成就、迎接十六大”和形势战备教育活动，打牢广大民兵高举旗帜、维护核心、听党指挥的思想基础。

2002年，开展以“坚定理想信念、培养高尚道德”为主要内容的思想政治教育和革命传统教育，帮助民兵、预备役人员树立正确的世界观、人生观和价值观。2004年，主要进行新颁布的《民兵守则》《民兵入队誓词》的学习教育。2005年，依据总政治部《参训民兵政治教育纲目》和军区编发的教材，深入开展军魂和中国人民解放军传统教育，强化党对军队的绝对领导。

2006年4月初，针对新形势下民兵季课“教育难落实、效果难保证”的实际，在湖溪乡召开基干民兵点验教育观摩会，对点验程序、方法和组织民兵季课教育进行规范。在民兵整组点验中，充分利用乐安县红色资源，采取以兵员动员的形式点验民兵应急分队，把点验大会与革命传统教育、参观乐安县博物馆和谷岗登仙桥爱国主义教育基地结合起来，有效激发广大民兵的爱国热情和报国之志。2007年，重点在民兵、预备役人员中，组织开展“以反对拜金主义、享乐主义和极端个人主义”为重点的社会主义核心价值体系教育活动。2008年以深入学习贯彻中共十七大精神为主线，印发制作《党的十七大精神知识问答》小册子，供民兵、预备役人员学习教育使用，增强大家高举旗帜、听党指挥、履行使命的自觉性和坚定性。

2011年下半年，组织民兵预备役人员深入学习胡锦涛总书记在庆祝建党90周年大会上的讲话，运用军分区编印的《“七一”讲话要义60问》和总政治部《21个重大理论观点》口袋书，向民兵预备役人员作宣讲，进一步加深对“讲话”的理解，有效促进民兵预备役队伍建设。2012年对民兵预备役人员进行深入学习实践科学发展教育，加深理解和掌握其基本精神。2013年着重开展中共十八大精神学习教育，引导民兵预备役人员深刻领会精神实质和基本内涵，指导工作实践、推动工作取得新的成效。同时，还结合工作实际进一步深入学习兵役法、国防法等。

2014—2016年，民兵政治教育仍以《中国民兵》《东海民兵》为主要教材，进行经常性的思想教育、党的路线方针政策教育和爱国主义、革命英雄主义、国防观念、形势战备等教育。

第四节 预备役

一、预备役制度

1981年1月1日恢复预备役制度。乐安县按照国务院、中央军委批转总参谋部《退伍军人预备役登记统计暂行规定》，明确在部队服现役期满和服现役1年以上退伍的义务兵都要进行预备役登记的规定。实施民兵与预备役相结合的兵役制度，将18～28岁经过预备役登记的退出现役的士兵、地方对口专业技术人员及经过训练人员编入基干民兵服一类预备役；将29～35岁经过预备役登记的退出现役的士兵，以及符合服士兵预备役条件的18～35岁男性公民编入普通民兵服二类预备役。退出现役的士兵由部队确定是否服预备役，规定服预备役人员应在回到本人居住地30天内到当地县人民武装部办理预备役登记手续，经过考核，适合担任军官职务的确定服军官预备役。乐安县建立健全预备役人员的登记制

二〇一四年度乐安县民兵应急连及支援保障队伍集中点验大会

度、训练制度及档案管理制度，规定以每年 6 月 30 日为准，核准退伍军人预备役的变动情况，使预备役登记制度趋向正规化、制度化。

1984 年，国家颁布新的兵役法规定："确定服预备役军官、士兵及高等院校毕业生，在到达工作单位或者居住地以后的 30 天内，到当地县、自治县、市、市辖区的兵役机关办理预备役登记。"县人武部每年在老兵退伍期间，指定专人办理登记预备役的手续。为掌握预备役人员的变动情况，各地还结合每年的民兵整组工作，对退伍军人预备役登记进行核对，针对各种变动情况，分别办理转卡、注销登记工作。

1998 年 12 月 29 日新修正的兵役法对服预备役的人员又作了适当的调整：经过登记服士兵预备役的 35 岁以下的退出现役的士兵、经过登记服士兵预备役的 35 岁以下的地方与军事专业对口技术人员 、其他编入预备役部队和预编到现役部队的 28 岁以下的预备役士兵服一类士兵预备役；二类士兵预备役则包括：除服第一类士兵预备役的人员外，编入民兵组织的人员、其他经过登记服士兵预备役的 35 岁以下的男性公民、编入预备役部队和预编到现役部队的 29 岁以上、35 岁以下的预备役士兵。预备役士兵年满 35 岁，退出预备役。

二、预备役士兵登记

1980 年 8 月 25 日，国务院、中央军委批转总参谋部《退伍军人预备役登记统计暂行规定》，明确在部队服现役的退伍军人必须进行预备役登记，预备役分一、二类，即 18 ~ 28 岁的人员服一类，29 ~ 35 岁的人员服二类。1981 年 1 月，乐安县恢复退伍军人预备役登记工作，人武部结合退伍军人接收安置，查阅退伍军人档案，对部队确定服预备役的人员填写《退伍军人预备役登记卡片》一式两份，按规定的专业名称和专业号码进行登记，并在《退伍军人证明书》上加盖服预备役专用章。对部队确定免服预备役的退伍军人，在《退伍军人证明书》上加盖免服预备役专用章。每年由县人武部会同基层人武部，对经过登记的预备役人员变动情况进行一次核对。凡因工作变更需调出本县的，身体病残的，超过 35 岁或因逮捕判刑均给予注销登记。对本年度接收的退伍军人确定服预备役者，从外县（市）调进者及漏登者及时给予登记。并建立预备役资料档案室，把一类退伍军人预备役编入基干民兵组织之中，每年组织参加一定的军事训练活动。通过对预备役人员登记，建立档案及训练，使预备役人员管理逐步走向制度化。

1986 年，预备役登记按照"两化"（规范化、制度化）和"两性"（准确性、科学性）的要求，对全县预备役人员进行全面核对，进行登记。

1989 年，根据上级的指示，对全县退伍军人的年龄、文化、身体、专业技术状况和分布情况进行全面准确的登记。

1992 年，乐安县成立退伍军人预备役登记统计和转业军官预备役登记领导小组，县人武部与组织、人事安置部门一道，对全县地方专业对口人员和军队转业干部的预备役情况进行调查、登记和核对。

2003 年，按照上级的有关规定，预备役士兵登记不分类别。

2004 年以后，取消技术兵、普通兵的分类登记，符合服预备役的退伍士兵仅进行总量登记，作为后备力量储备。

2016 年，按照应急队伍、支援队伍、储备队伍的类别进行登记。

三、预备役军官登记

1992 年 5 月，为贯彻落实中央有关部委文件精神，按时保质保量完成转业干部预备役登记、统计工作任务，专门成立乐安县转业干部预备役登记工作领导小组，由县委组织部、县人事局、县人武部抽调专人负责此项工作，对全县符合条件军队转业干部进行登记。此后，每年的转业干部预备役登记、统计、管理和退出、注销工作均由县人武部政工科负责。

至 2016 年，凡有部队干部转业至乐安县安置的，都要进行转服军官预备役登记。

第四章　拥政爱民

乐安民兵有着光荣的革命斗争历史，在历次国内革命战争中，曾做出重大的贡献。在改革开放新时期，始终牢记全心全意为人民服务宗旨，继承和发扬人民解放军优良传统，积极参加地方经济建设，为保卫乐安的安宁和人民群众生命财产的安全，促进乐安的“三个文明”建设作出积极贡献。

第一节　参加经济建设

1991 年冬，乐安县组织招芒（招携至芒种坑）公路建设大会战，这是加快交通事业发展，加强老区建设，振兴乐安经济的一项重点工程。时值寒冬，气温最低时至 -11℃，在工程期限短、任务紧的情况下，县人武部主动向县委请战，组织民兵成建制上阵，打着旗号，日夜奋战在气候恶劣的工地上，经过 60 多天的艰苦奋战，修通公路主干部位 14.6 千米，完成土石方 147 万立方米，修建总长 476 米的涵洞 61 座，为地方节省投资 200 多万元。

1994 年 1 月上旬，乐安县人武部组织民兵应急队员，携带被装、工具，完成县五福亭水产场农业开发总体战任务，突击两天挖果树坑 4000 多个。10 月，县委布置打响以高效毛竹林基地为主体的农业总体开发第三战役，县人武部又主动受领 1058 亩荒山砍杂打穴任务，采取扩编演练的形式，组织动员民兵投入战斗，提前完成营造 1085 亩毛竹林的砍杂整地打穴任务。是年，民兵在发展商品经济、调整产业结构、脱贫致富和完成急难险重任务等方面，发挥重要作用，取得明显成效。据不完全统计，全县民兵扶贫帮困小组重点扶助的贫困户均已摆脱贫困。鳌溪镇王家排基干民兵陈小平，先后筹资 41 万元，创办特种养殖场，年收入达 60 万元。他致富不忘众乡亲，全年义务举办 2 期培训班，培训 120 多人，印发资料 500 多份，使全镇涌现出特种水产养殖专业户 20 多户，每户年收入都在 4 万元以上。

1995 年 4 月 12 日，乐安县人武部组织参训民兵完成县城至潭港的公路绿化任务，义务植树 5000 余株。12 月 15 日，县人武部又成建制组织民兵，参加龚坊乡陀上河综合治理工程，修筑河堤 3000 多米，完成土石方 10 万多立方米，确保当地万亩良田免受水灾。

1996 年 10 月初，为改变乐安县交通落后状况，实现乐安县委、县政府确定的“九五”期间县乡公路全部铺设柏油路面的交通建设目标，促进县域经济的发展，在时间紧、任务重、资金缺乏的情况下，县人武部主动请战，动员组织民兵开赴 3 个公路拓宽改造主战场，完成 39.64 千米，近 80 万立方土石方的公路拓宽改造任务。

1997 年 5 月 12 日，乐安县委、县政府决定在临八线山砀段开发 500 亩果业基地，振兴乐安经济。县人武部主动请战，开挖果园撩壕 6.35 万米，完成土方量 54000 多立方米，为地方节省大量的经费。全年全县组织民兵开展形式多样的精神文明创建活动，成立防汛抢险应急分队、助耕队，为烈军属、孤寡老人和缺劳力户助耕。

1998 年 3 月 2 日，在纪念毛泽东发表“向雷锋同志学习”题词 35 周年前夕，全县民兵率先掀起“学雷锋”活动高潮，组织民兵成立助耕、修理、技术咨询等各类便民服务小组，植树造林1.86万株、清除垃圾240多吨、疏通清理污水沟1.48万米，免费为群众修理各种电器67台、自行车425部、理发700余人，为烈军属、孤寡老人做好事783件（次）。5月15日，县人武部再次组织民兵开赴山砀果业基地，完成400亩果园撩壕的开挖任务，土方量3.9万立方米。

1999年6月11日，乐安县人武部以兵员动员演练的形式，组织民兵参加县王家排果业开发，完成500亩果园开发砍杂、打穴任务。

2000年以后，乐安县人武部以“全省双拥办主任会议”精神为指导，坚持把扶贫攻坚视为己任，组织人武、专武干部，深入乡村、农户，运用各种形式广泛宣传党的富民政策，帮助农民脱贫致富，在当地农业产业结构调整中，广大民兵发挥先锋和示范作用，有烟叶种植户、食用菌栽培户，为振兴地方经济贡献力量。

2016年，按照抚州市委、市政府的“四进四联四帮”要求，乐安县人武部挂点万崇镇池头村，资助2万余元用于改善村委办公条件、慰问贫困家庭等，并广泛发动民兵投身农村扶贫参建中，努力当好扶贫攻坚的生力军。组织乡镇武装部长、民兵营连长分别与贫困家庭结对子，实施一对一精准帮扶，上门谈心进行思想扶贫，到种养点送种养技术，为帮扶对象力所能及解决实际问题。组织民兵帮助帮扶对象种植油茶、烟叶和桑苗。在创建“文明卫生村镇”中，为乡镇清理街道、水沟和道路。

第二节　维护社会治安

1994年6月15日，721矿发生持刀抢劫案，公溪镇铺前村青年民兵裴国平，在追击制服歹徒中，不顾个人安危，不畏强暴，不为金钱所惑，表现出了大无畏的英雄气概，担起了中流砥柱的重任，使国家9万余元巨款免遭损失，受到地、县表彰。

1996年，全县动用民兵多人次配合公安部门开展“严打”斗争，重点参与全县范围内的清缴枪械行动，并参加3起追捕逃犯行动，共协助公安部门抓获犯罪嫌疑人13人，追捕在逃人员3人，清缴各类枪支1438支。

第三节　抢险救灾

1993年6月21日，乐安县遭受百年不遇的特大水灾，山洪暴发，山体滑坡，造成偏远的谷岗乡道路、通信、电力中断，不少群众被围困。县人武部接到情况通报后，立即率领基干民兵组成抗洪抢险队，携带粮食、蔬菜和各种救灾工具，跋山涉水徒步行军15千米，奔赴救灾现场。在抢险救灾中，冒着倾盆大雨，连续战斗数昼夜，80%的参战人员被雨水淋病，仍坚持战斗，完成清理塌方35处，挖运土石方2万多立方米，提前修通谷岗公路，并修复大量水毁工程，帮助受灾群众重建家园，恢复生产，事后县政府专门向地区行署报告，为县人武部报请二等功。

1998年6月中旬，乐安县普降大到暴雨，水灾十分严重，民兵投入抗洪抢险，开展生产自救互救。鳌溪镇丁源水库溢洪道被滑坡的泥石堵塞，大坝危在旦夕，镇人武部迅速组织30名民兵赶往排险，及时清除堵塞溢洪道的泥石近100立方米，确保了水库安全，使近1000户群众和

冲锋舟编队进行抗洪抢险演习

3000 亩良田免遭损失，部长张志华分别被省、地评为抗洪救灾先进个人。

2003 年，乐安县组织民兵参加防“非典”行动，投入抗旱工作，减少因干旱造成的损失。同时，在山火频发的情况下，组织民兵预备役人员扑灭山火 20 余起。2004 年，全县出动民兵扑救山火 26 起，挽回经济损失近 1000 万元。

2008 年 2 月 3—26 日，乐安县遭受百年一遇的冰冻灾害，全县供电、供水、交通一度全部中断，直接经济损失达 3.08 亿元。县人武部共动员组织民兵开展“保交通、保供电、保民生”抢险救灾行动，圆满完成抗冰救灾任务，被省委、省政府、省军区评为抗冰救灾先进单位。

2012 年 6 月中下旬，连降暴雨，24 日 9 时 16 分，河水溢过永丰县返步水库堤坝，对下游的乐安县招携镇港田村和新街村的人民生命财产造成严重威胁。10 时 06 分，县人武部部长艾虎林率前指人员和抗洪抢险分队，携带冲锋舟两艘，调用挖掘机 1 台，装载机 1 台，重型运输车 2 辆，迅即赶到现场，排除重大险情 4 处，加固堤坝 160 米，运送砂石 3000 余袋，解救被困学生 276 人，群众 560 人；做到无一受灾群众死亡，无一堤坝决口，无一村庄被淹。

2016 年 6 月，招携镇连降暴雨，村镇被淹，县人武部出动民兵应急分队抢险救灾，解救被困群众 15 人，转移村民 40 余人。全年全县出动民兵应急分队圆满完成森林灭火、抢险救灾和警戒安保等任务 10 余次。

第五章 国防动员

乐安县国防动员委员会成立于 1996 年 3 月，其办事机构由成立之初的“一组四办”拓展成“八办”，国防动员委员会及其办事机构由相关单位人员组成。国防动员委员会成立后，主要负责对学生、群众进行国防教育、组织调查、演习，提高全民的国防意识。

第一节 组织机构

1994 年 11 月 29 日，国务院、中央军委发出《关于成立国家国防动员委员会的通知》，明确国家国防动员委员会的组成、任务、职责及其机构。1995 年 8 月 27 日，江西省委、省政府、省军区发出《关于成立江西省国防动员委员会的通知》，要求“各行署和市（县、区）人民政府参照省国防动员委员会做法，成立相应国防动员委员会及其办事机构，于年底前成立完毕。”

1996 年 3 月 30 日，正式成立乐安县国防动员委员会。乐安县国防动员委员会在抚州地区国防动员委员会和乐安县委、县政府、县人武部的领导下，主管全县国防动员工作。主要任务是：贯彻积极防御军事战略方针，组织实施全县国防动员工作；协调国防动员工作中经济与军事、军队与政府、人力与物力之间的关系，以增强国防实力，提高平战转换能力；根据上级国防动员委员会的指示，结合乐安实际，解决国防动员工作中的重大问题。委员会第一主任由县委书记兼任，主任由县长兼任，常务副主任由县人武部部长兼任，副主任分别由县委副书记、县人武部政委、副县长兼任，县委办、县政府办、县委组织部、县委宣传部、县计委、县经委、县劳动人事局、县公安局、县财政局、县城建局、县交通局、县邮电局、县商业局、县粮食局、县教育局、县卫生局、县农业局、县体委、县总工会、县妇联、团县委、县人武部各科等部门主要领导为成员。下设秘书组和人民武装动员、经济动员、人民防空、交通战备4个办公室。秘书组设在县人武部军事科，为县国防动员委员会的综合协调机构，负责县国防动员委员会的日常工作，组长由县人武部军事科科长兼任；人民武装动员办公室设在县人武部军事科，主任由县人武部军事科动员参谋兼任；经济动员办公室设在县计委，主任由县计委主任兼任；人民防空办公室设在县城建局，主任由县城建局局长兼任；交通战备办公室设在县交通局，主任由县交通局局长兼任。遇有人事变动及时进行调整和充实。

2001年，根据上级关于在“市（县、区）国防动员委员会中建立政治动员办公室”的指示精神，为健全组织，县国防动员委员会进行调整，同时县国防动员委员会下设6个办公室。综合办公室主任由县政府办主任兼任，人民武装动员办公室主任由县人武部军事科长兼任，政治动员办公室主任由县人武部政工科长兼任，经济动员办公室主任由县计委主任兼任，人民防空办公室主任由县城建局局长兼任，交通战备办公室主任由县交通局局长兼任。

2003年，根据上级指示精神，县国防动员委员会增设科技动员、信息动员2个办公室，县国防动员委员会下设办公室增至8个。

第二节　动员演练

2004年，投资10万余元，建成县国防动员委员会指挥中心，配备电脑、投影仪和办公桌椅，制作县地形电子沙盘以及县兵要地志图、东南沿海军事交通地势图、台湾主要兵力部署图、省交通图、县军事地形图等图板，悬挂国防动员委员会有关制度和职责牌。2005年，投资6万元，建立视讯指挥系统；6月20日，在市国防动员委员会导调下，组织国防动员委员会领导、“八办”主任及联络员，以对台作战为背景，着眼未来战争需要和战时可能遂行的作战任务，进行“赣东二号”县国防动员委员会演习。采取上导下演、异地同步、室内推演、网上作业的形式，利用指挥自动化、作业屏幕化、交流网络化以及多媒体等手段，重点演练国防动员委员会战时编成与职责，平战转换的程序、内容和方法，国防动员委员会战时组织指挥等内容，有效地提高了县国防动员委员会平战转换及应急作战条件下的组织指挥能力。

2006年4月25日，组织县国防动员委员会成员及各专业办人员通过视讯系统，参加由市国防动员委员会组织的国防动员理论集训，听取南京指挥学院黄培义少将和曾仲秋教授的授课辅导，有效地提高做好国防动员工作的能力。

2009年9月20—24日，随市国防动员委员会参加省军区“红土地—2009”防卫作战演习。完成演习3个阶段作业和组织协同、总结反思两个汇报。2011年县国防动员委员会集中骨干力量，对信息化条件下联合防空作战抢修问题进行研究，为参加省军区年度防空战役演习打下坚实的理论基础。

县国防动员委员会组织民兵进行负重行军演练

2015年10月19—21日，组织县国防动员委员会“八办”开展“红土地—2015”国防动员演练。着重从决策指挥和末端落实两个层级检验评估区分指挥能力和动员能力2大类41项评估要点128个评估指标。按照战备转换、作战筹划、作战实施、阶段转换、演练总结5个阶段进行，按预定目标圆满完成演练任务，达到预期目的。

第六章　国防教育

乐安县国防教育领导小组于1990年成立。全民的国防教育，主要抓住征兵、重大节日等时机，运用电视、广播、报告会、宣传栏、标语和文艺演出等多种形式进行，从而有效增强了公民的国防观念、国防知识、爱国主义精神，更好地自觉履行国防义务。

第一节　组织机构

1990年，按照上级的有关规定和要求，乐安县国防教育领导小组正式成立，负责全县的全民国防教育工作。通过宣传、教育、文化机构和人民武装组织，对全县人民群众进行形势战备教育、服兵役教育、民兵的政治教育，国防教育结合其他教育进行。组长由县委副书记兼任，副组长由县委常委、人武部政委，县委常委、宣传部长兼任，成员主要由县教育局、县人武部、团县委、县总工会、县妇联、县民政局、县公安局、县经委领导组成。国防教育领导小组自成立至2016年，根据人事变动和工作需要，先后进行多次调整和充实，始终保持领导机构健全，保证全县国防教育顺利进行。2002年，县国防教育办公室与县国防动员委员会政治动员办公室合署办公。

第二节　教育内容

1986年年初，县人武部会同县委宣传部等有关部门，将赴老山前线对越自卫反击战中立功的部分退伍军人，组成英模事迹报告团，分赴各乡镇（场）作巡回报告，使全县人民和民兵、预备役人员受到一次生动的爱国主义和革命英雄主义教育。

1997年3月21日，全国人民代表大会第五次会议通过的《中华人民共和国国防法》颁布后，县六套班子领导进行学习，县武委会和县国防教育领导小组成员再次专题学习，并就今后深入持久学习贯彻“国防法”研究制定具体措施：

县人武部在乐安一中开展国防教育

坚持“三个必须”，即县、乡党委书记每月必须主持一次议军会议；县武委会成员每年必须过“一日军营生活”；乡镇主要领导每季必须给群众上一堂国防教育课。采取“四个为主”，即党政干部的国防教育以“灌输为主”，青年民兵的国防教育以“刊授”为主，学生的国防教育以“熏陶”为主，村民群众的国防教育以“渗透”为主。做好“四个方面工作”。一是发挥群体优势。县人武部主动当好参谋，在县委、县政府的领导下，积极协调宣传、教育、文化部门和工、青、妇组织共同搞好国防法的宣传教育，形成齐抓共管局面。二是采取多种形式抓好落实。以乡镇党校、农民夜校、青年民兵之家为依托，抓住党员轮训、普法教育、岗前培训、扫盲补习、青年节、征兵、退伍、民兵整组等时机，广泛开展教育；请老红军、老八路讲传统，开展国防法咨询、演讲、征文比赛；在县广播站和电视台开设专题节目等多种形式进行宣传，使之家喻户晓。三是尽快建立国防教育基地。在县革命历史博物馆开放的基础上，抓紧修复开放“登仙桥大捷纪念亭”“大湖坪改编纪念碑”“县烈士陵园”等国防教育设施，使之形成网络，并有计划地组织干部群众和广大青少年到基地接受爱国主义和革命英雄主义教育，在全社会形成一个爱国拥军的良好氛围。

1998年9月，开展纪念国防法颁布一周年活动，采取广播、电视、板报、标语和赠送《中国国防报》，组织1600多名县、乡、村党政领导干部和群众，参加国防法知识竞赛等多种形式，进一步宣传贯彻落实国防建设的基本法律，有效地提高人民群众的国防法制意识，增强地方各级领导和全县人民依法履行国防义务的自觉性。《中国国防报》《江西日报》《抚州日报》分别作了报道。

2004年，由县武委会牵头，各成员单位负责，将县城商贸北大道开辟为“国防教育宣传一条街”，制作设置32个国防知识宣传灯箱，既浓厚宣传氛围，又在潜移默化中教育人民群众。

2005年8月4日晚，在县影剧院举办全县“移动杯”国防知识竞赛暨纪念抗战胜利60周年文艺晚会。9月6日，县人武部根据国防法、兵役法、国防教育法及《县委人民武装委员会全体会议纪要》精神，为普及全县在校中、小学生国防知识，增强国防观念，规范国防教育内容和时间，专门下发《关于加强在校学生国防教育的通知》。

第三节　学生军训

1998年，为切实加强中学生国防教育，强化国防观念，在县一中、二中组织高中学生开展军训工作。此后每年新学年开学之后，均要组织上述两所中学的高中生进行军事训练。每次开训前成立集训队，由县人武部军事干部任队长，政工干部任指导员，抽调武警县中队战士或优秀退伍军人担任军训教员。训练内容以队列、射击等基础课目为主，同时进行内务整理、国防教育等训练内容，训练时间通常为7天。训练地点通常在受训学生所在学校，射击训练安排在民兵训练基地进行。军训中注重管理工作，把军训成果的巩固与爱国主义、国防观念的培养教育结合起来，

乐安二中组织高一新生开展军事训练

通过“行为规范达标”“主题班会”“军训征文”“军训图片展”等形式不断巩固军训成果，让学生把军训中所学的好思想、好作风、好传统带到学习、生活中，并持之以恒，不断提高。

2000年后，根据《中华人民共和国兵役法》《中华人民共和国国防教育法》和《中共中央、国务院关于深化教育改革全面推进素质教育的决定》精神部署学生军训工作，教育部门和军事部门把学生军训当作加强国防后备力量建设和高素质人才培养的重要工作来抓。学生通过军训不仅掌握一定的军事知识和军事技能，而且提高思想觉悟，激发学生的爱国热情和集体主义精神，国防观念与国防意识和组织纪律观念得到增强，促进了学校的校风校纪和学风建设，有效地推动学校素质教育的开展。

第七章　人民防空

乐安县人民防空委员会于1982年年初成立。实行长期准备、重点建设、平战结合的方针，贯彻与经济建设协调发展、与城市建设相结合的原则，动员和组织人民群众采取防护措施，防范和减轻空袭危害，保护人民的生命和财产安全，保障社会主义现代化建设顺利进行。

第一节　机构人员

1982年年初，中央军委《关于贯彻落实国家有关人防工作政策法规的若干规定》明确，将省、市人民防空领导小组改为省、市人民防空委员会，正、副主任分别由同级党委、政府和军事部门领导兼任，委员由各有关厅、局领导担任。按照文件要求，乐安县对人民防空领导小组和人员进行调整，更名为乐安县人民防空委员会。此后，乐安县人民防空委员会成员根据人事变动情况及时作出调整。

2009年5月，乐安县被列为江西省人民防空重点城市；12月，设立乐安县人民防空办公室。县人防办成立之初，属县政府办公室内设副科级事业单位。2011年12月升格为正科级事业单位，核定领导职数2名：1名主任，1名副主任，编制5人，受县政府和县人武部双重领导，归口县政府办公室管理，主任可由县政府办主任或副主任兼任。2015年经县编委会同意，增加1名领导职数，并设专职主任。

2016年年底，县人防办内设综合股、工程与指挥通信股2个股和1个人防审批窗口，共有工作人员9人。

2011—2016年，历任主任（负责人）：龚勇（兼）、曾志军、黄爱英（女）。

第二节　指挥通信建设

2010年，为适应未来城市防空作战需要，提高科技参战、科技支前和科技保障能力，进一步提升人防指挥信息化建设水平，乐安县人防办安排资金20余万元，购置4台电声防空警报器，分别安装在县委党校、国税局、工业园区和文广局4个位置。9月18日开展防空警报试鸣活动，乐安县第一次响起防空警报。

2012年，县人防办安装三级视频网络系统，建立集视频、语音、数据、空情报知、警报控制于一体的人防综合指挥信息系统三级网，实现省、市、县三级互联互通。

2016 年，随着县城城区框架拉大，又在县城新增 2 台电声防空警报器和一台多媒体警报器。截至 2016 年，县城区防空警报覆盖率达 100%。

第三节　工程审批建设

2009 年，按照《中华人民共和国人民防空法》和《江西省实施〈中华人民共和国人民防空法〉办法》的规定，乐安县开始征收人防易地建设费，2012 年县人防办纳入县城市规划委员会成员单位，参与城市规划项目建设审批。是年，在县城市规划项目建设前置审批联审联批意见栏中增设人防办意见栏。2013 年在县行政服务中心设立人防服务窗口，参与国土、规划、城建等部门的联审联批，依法对全县城市规划区域内的民用建筑进行人防工程结建审批和收取人防易地建设费。2012 年 9 月，乐安县开始建设人防工程。

第四节　宣传教育

结合“3·1 国际民防日”“5·12 防灾减灾日”“9·18”等纪念日，通过广播、电视、网站、短信等多种形式广泛宣传人防法规政策，并按照人防“进机关、进学校、进社区、进媒体、进企业”的总体要求，在县一中、二中开设人防知识教育课程，向学生免费发放《人民防空知识》等教材。2015 年，在县城 5 个社区成立人防工作站。2016 年，在县委党校优秀年轻干部培训课程中加入人防知识课程，以提高人防宣传教育效果。

第十卷　综合政务

本卷目录

第一章　民　政

1986—2016年，全县民政工作坚持以人为本，关注民生，认真贯彻落实党和国家的各项优抚政策，建立城乡最低生活保障、城乡医疗救助、救灾救济等社会保障和救助制度；加强拥军优属、优抚安置工作；加强基层政权和社区建设，保障基层群众的民主权利；做好社会事务工作，完善老龄工作，改革婚姻登记制度，移风易俗，改革殡葬管理；加强社会组织管理，做好区域、地名管理等工作。

第一节　机构人员

一、局机关

1986年至1990年7月，乐安县民政局内设老区建设办公室（副科级机构）、复退军人安置办公室。1990年8月至1992年12月，先后增设县残疾人联合会办公室（副科级机构）、募捐委办公室、社团办公室、地名办公室，农村社会养老保险办公室，有干部职工13人。

1997年机构改革，县残联从民政局划出。县民政局（含老建办）内设人事秘书股、优抚安置股（对外挂县“双拥”工作领导小组办公室、县复员退伍军人安置办公室牌子）、社会救济股（对外挂救灾服务中心、社会福利有奖募捐委员会办公室牌子）、社会事务股（对外挂区划地名办公室、社团管理办公室牌子）、计财股、老区建设办公室。核定行政编制14个（其中老建办3个），事业编制3个。

2003年机构改革，县老建办从民政局划出，县老龄工作委员会办公室并入民政局；社会救济股更名为救灾救济福利股，社会事务股更名为基层政权和社会事务股；设立纪检组（监察室），为县纪委（监察局）派驻机构。核定行政编制12个，工勤事业编制1个，专项事业编制1个；领导职数：局长1名，副局长2名，纪检组长1名，股级职数5名。全局实有干部职工19人。是年4月，增设城市居民最低生活保障工作办公室；2004年2月，增设移民工作办公室；2010年7月，县移民办公室并入县扶贫和移民局。

2011年，县民政局内设人事秘书股（行政审批股合署办公）、优抚安置股（对外挂县复员退伍军人安置办公室牌子）、救灾救济福利股（对外挂救灾捐赠接收中心、社会福利有奖募捐委员会办公室牌子）、基层政权和社会事务股（对外挂地名办公室、民间组织管理办公室牌子）、老龄工作委员会办公室。核定行政编制11个，工勤编制1个。领导职数：局长1名，副局长3名；

县民政局办公大楼

股级职数5名。2012年在救灾救济福利股增挂防灾减灾办公室牌子。2015年12月，在低保办增挂县居民家庭经济状况核对中心牌子。2016年年底，全局共有干部34名，职工2名。县民政局办公地址，2000年5月由县政府大院（广场路）迁入乐安大道92号。

1986—2016年，历任局长：黄正生、黄林荣、黄春贤、易鸣辉、曾亦农、乐龙进、黄财明；历任党组书记：李华东、黄乐平、邓许金、黄财明。

二、局下属事业单位

1997年6月，成立乐安县农保所，2008年12月并入县人事劳动和社会保障局。2001年12月，成立乐安县城镇居民最低生活保障办公室。2002年9月，成立乐安县殡葬管理所。2004年2月，成立乐安县救助站、乐安县移民办公室；2005年2月，成立乐安县社会福利院。2008年10月，成立乐安县婚姻登记处。2010年6月，县移民办公室并入县扶贫和移民局。

三、乡镇民政所

1987—1989年，全县20个乡镇均配备民政助理员1人，由乡镇行政干部担任。1990年各乡镇相继成立民政所，所长由分管的副乡镇长兼任。1996年全县20个民政所共定编制45个，其中乡民政所定编制2个，建制镇民政所定编制3个。各所配备专职民政干部1人，从城镇退伍军人分配中配备专职民政员1人。2001年实施撤乡并镇，全县设9镇6乡1个垦殖场，设16个民政所。2003年机构改革，民政所职能并入社会事务综合服务中心，对外增挂民政所牌子，各乡镇民政所配备民政助理员2～5人。2012年7月，在全县16个乡镇（场）成立敬老院，为事业单位，每院定编制2个，共32人。2016年，全县各乡镇共有16个民政所，民政工作人员44人，其中行政编制1人，事业编制38人，公益性岗位5人。

第二节　基层政权和社区建设

一、村民委员会

1984年农村人民公社体制改为乡镇人民政府后，农村生产大队统一改称村民委员会。1988年，县委、县政府贯彻《中华人民共和国村民委员会组织法（试行）》，下发《关于加强农村基层组织建设的意见》，确定牛田镇、招携镇为综合改革试点，牛田镇12个、招携镇8个所辖村委会改称村公所。为镇人民政府派出机构。1994年，按照《中华人民共和国村民委员会组织法》关于民主自治的要求，县农村基层组织建设领导小组下发《撤销村公所重建村民委员会实施方案》，全县撤销村公所，恢复209个村民委员会，下设村民小组1718个。

2002年，谷岗乡在全县率先开展村民委员会撤并工作，小金竹村等4个村就近并入其他村。2003年，全县开展村民委员会撤并工作，共撤并村委会31个，新设村委会1个，村民委员会总数减至175个。2014年大马头垦殖场改乡，该乡增设龙虎岭村民委员会。至此全县村民委员会总数为176个。

（一）换届选举

村民委员会每届任期3年。1996年之前，村民委员会主任、副主任、委员由村民代表采取

增田镇带坡村民委员会办公楼

无记名投票直接或差额选举方式产生，或由乡镇（场）党委通过考察，民主测评后任命产生。

1996年后，根据村民委员会组织法规定，每3年举行一次村委会换届选举，当选者由县民政局和乡镇人民政府联合颁发当选证书。1996年6月，全县第三届村委会换届，首次采用“海选”方式进行选举，即先以村小组为单位，由选民直接酝酿推荐候选人；再由村民代表会确定正式候选人，张榜公布；最后在规定的选举日，选民无记名投票选举村干部。21个乡镇（场）选民146607人，参加投票141076人，参选率92%。209个村委会设中心会场209个，流动站624个，投票站121个。选出村委会委员735人，主任209人，副主任4人。其中，女委员206人，初中以上文化程度732人，党团员647人。

1999年11月，第四届村委会换届选举。先公布任职条件，同样以海选方式产生初步候选人，再由乡镇党委、政府考察，张榜公布正式候选人名单；然后采用中心会场为主，投票站、流动票箱为补充的投票方式投票选举。21个乡镇（场）选民171210人，参选的164201人，参选率95%。209个村委会选出委员786人，其中女委员118人。村主任平均年龄43岁。乐安县被评为1999年度全区第四届村委会换届选举工作先进单位。

2002年9月，第五届村委会换届选举。按照《中华人民共和国村民委员会组织法》、江西省实施办法和选举工作手册，由村民代表会议制定既符合法律，又切合本村实际的村委会成员任职条件；再以村小组为单位，由选民无记名投票产生初步候选人；广泛征求群众意见后，按所得票数确定正式候选人并张榜公布；最后在事先确定的中心会场和日期，集中选民正式选举。15个乡镇选民173230人，参选164249人，参选率94.8%。205个村委会共选出委员762人，平均年龄较上届小1.3岁；主任195人，副主任2人，女委员66人，初中以上文化程度734人，高中以上文化程度310人。

2005年10月，全县第六届村委会选举。全县175个村开展换届选举。登记选民总数184576人，参加选举177143人，参选率96%。选举方式为流动票箱加中心会场。选举产生村委会主任175人，副主任3人，委员487人，其中村书记、主任“一肩挑”有18人。

2008年10月，县委办、县政府办联合下发《全县村党组织和第七届村（居）民委员会选举工作实施方案》。开展全县村支部委员会和村民委员会同步选举。全县175个行政村，登记选民201471人，参加选举的村民数190849人，参选率94.7%。选举产生村委会主任174人（鳌溪镇潭港村未完成选举工作）、委员429人。其中女村主任1名，村书记、村主任“一肩挑”13人。

2011年7月，出台《江西省村民委员会选举办法》。10月，县委办、县政府办下发《关于开展全县第八届村（居）民委员会选举工作实施方案》。全县175个行政村登记参加选举的村民总数190703人，参加投票选举的村民180494人，参选率94.6%。选举产生村委会主任173人（增田、谷岗各有1个村未完成选举工作），委员403人，其中女委员117人，女委员首次突破100人。

2014年11月，全县开展第九届村（居）委会选举工作。全县176个行政村登记参加选举的村民总数190703人，参加投票选举的村民数180494人，参选率94.6%。其中有23个村进行自荐直选。选举产生村委会主任173人，委员439人，其中女委员131人。

（二）组织建设及村民自治

中共十一届三中全会以后，农村实行家庭联产承包责任制，农村基层干部的工作由指令性计划，转向服务千家万户。为适应新形势，各级党委、政府注重农村基层组织建设。1987年《中华人民共和国村民委员会组织法（试行）》颁布后，村民自治工作开始走上法制化轨道，治理整顿瘫痪、半瘫痪村委会，建立村民代表民主议事、民主决策制度，制定村委会成员职责，建立示范乡（镇）、村等。

1997年，县委组织部、县委村建办、县民政局在县委党校举办全县村委会主任培训班，培训内容为中共十四届六中全会决议、《中华人民共和国村民委员会组织法》和《江西省实施村委会组织法办法》等内容。是年，全省开展村民自治示范单位创建工作，乐安县有40个行政村被评为“村民自治示范村”，万崇镇被评为“村民自治示范乡镇”。

2004年，县委办公室印发《乐安县推进农村村落社区建设实施意见》，在山砀镇杏坊村开展以“一会五站”（农村社区志愿者协会，协会下设互助救助、卫生环境监督、民间纠纷调解、文体活动联络、公益事业服务5个工作站）为模式的村落社区创建试点工作，之后在全县展开，全县共建立78个“农村村落社区”。2005年5月又在山砀镇杏坊村开展“村务公开、民主管理”试点工作。9月，县委、县政府召开全县“村务公开、民主管理”表彰动员大会。是年，全县175个行政村均建立“村务公开民主管理”公开栏和村民理财小组。

2009年，县委制定《关于进一步加强村级干部管理的办法》，对村干部选拔任用、教育管理、经济待遇，业绩考核等方面进行详细规定。村干部重点从致富能手、专业户、企业骨干、复退军人、务工经商人员、返乡农民工、大中专毕业生和大学生村干部中选拔。

在村干部福利待遇方面，1989年，对全县村干部实行定额补贴，解决村干部报酬偏低问题。1996年7月，县委按照“积极稳妥、因地制宜、统筹兼顾、区别对待”的原则，对全县农村离任老干部、老党员、老模范（统称农村“三老”）生活困难人员发放生活补贴。2005年，随着农业税的取消，村干部的工资待遇得到较为有效的解决。据统计，全县村干部年平均补贴3803元，正职平均补贴4260元，年补贴最高额6380元，最低额2250元。2013年，县委上调村干部工资标准，村定工补贴干部实行结构报酬制，由基本报酬和业绩考核奖励报酬组成。基本报酬：村党支部书记、村委会主任每人每月700元，全年8400元；其他村干部每人每月500元，全年6000元。业绩考核奖励报酬村干部每人每月200元，全年2400元。

2016年7月，根据江西省委办公厅、省政府办公厅《关于加强全省城乡社区协商的实施意见》精神，构建协商主体广泛、内容丰富、形式多样、程序科学、制度健全、成效显著的城乡社区协商新格局，全县各行政村开展城乡社区协商工作。2015年，戴坊镇丰秋村东源村小组被评为全市和谐秀美农村社区；2016年，山砀镇杏坊村被评为全省精品农村社区。

二、社区（居民委员会）

中共十一届三中全会后，居民委员会群众自治组织得以恢复。1986年，全县共有居民委员会8个，其中县城鳌溪镇4个，公溪镇、戴坊镇、牛田镇和招携镇各1个。1997年，鳌溪镇增设象山居委会。

1998年9月，抚州地区行政公署下发《关于加强城镇居民委员会建设的通知》，明确居委会干部的生活补贴和退养保障问题。此后，居委会

鳌溪镇芜塘街社区居民委员会办公楼

正副主任和专职委员可享受固定的生活补贴。

1999—2000年，中央组织部先后在上海、北京召开全国街道、社区党建工作座谈会，将“社区”概念引入城镇基层组织建设中。根据中央办公厅、国务院办公厅转发的《民政部关于在全国推进城市社区建设的意见》，县委、县政府进一步加大对社区工作的力度。2003年，县委、县政府下发《乐安县社区建设工作实施方案》，原居委会整体改为社区居委会；开展社区党员工作公示活动、开展社区与驻社区单位共建活动。是年7月，鳌溪镇5个社区面向全县公开招考聘用社区工作人员，通过笔试、面试、考核，从下岗职工党员、退伍军人、大中专毕业生中公开选拔社区工作人员20人，下派乡镇干部5人担任社区党支部书记。

2005年9月，全县统一部署开展居委会换届选举工作。2008年2月，县委、县政府下发《关于进一步加强全县社区建设的意见》，4月，鳌溪镇5个社区居民委员会再次公开招聘社区工作人员，通过笔试、面试、考核，共招聘12人。全县15个乡镇开始陆续设立社区居民委员会，到2010年配齐工作人员。

社区工作人员充实后，县、乡镇政府着力落实社区干部的经济待遇，解决其后顾之忧。2008年，社区工作人员工资待遇：党支部书记、居委会主任600元／月，副职560元／月，委员480元／月。2009年4月，县政府办公室批转县民政局、县财政局《关于对全县社区居委会工作人员进行补贴的意见》，补贴标准为：书记、主任100元／月，副职90元／月，委员和社区专干80元／月。2011年，社区工作人员补贴每人每月增加40元。2012年，县城社区工作人员工资待遇：书记、主任1000元／月，副职900元／月，委员和专职工作人员800元／月。书记、主任参照事业单位聘用标准纳入社会养老保险。

2011年10月，全县社区居委会与村委会同步开展第八届换届选举，全县19个社区居委会选举产生居委会主任15人、副主任5人、委员31人。

2014年11月，全县社区居委会与村委会同步开展第九届换届选举，采取由选民直接选举方式产生新一届居委会成员。全县19个社区登记参加选举的居民15623人，参加投票14222人，参选率91%；选举产生居委会主任19人、副主任6人、委员36人。到2016年年底，全县共有社区居委会21个（包括鳌溪镇5个、721社区1个）。

社区工作主要围绕“社区是我家，建设靠大家”的宗旨，把社区打造成党员俱乐部、物业管理中心和办事中心。组织社区党员开展“三联三争”活动（党员联系困难居民、联系下岗职工、联系流动党员，争当模范共产党员，争当五好家庭，争当文明居民），为弱势群体建立社区保障体系，开设包括家电维修、医疗服务在内的社区便民服务点100余个。

2008年以后，全县社区开展创建“AAA社区”活动。“A”代表“爱”，“AAA”即：爱心储蓄、爱心超市、“爱心1+1”。“爱心储蓄”即社区建立爱心“时间银行”，给每名志愿者发放“时间储蓄卡”，记载为他人提供免费服务的时间，待储户需要帮助时则可通过接受他人的免费服务来支取相应的时间及时间利息。“爱心超市”即爱心人士捐钱捐物，由社区统一管理，定期为困难群众发放，或为困难群众发送“爱心购物卡”，到“爱心超市”购买物资。“爱心1+1”即驻社区单位或个人与孤寡老人、“空巢”老人、低保对象、特困居民及留守儿童等结成“1+1”帮扶对子，签订“爱心结对帮扶卡”，开展爱心帮扶活动。在县城象山社区居委会的体育健身公园、金茂商城小区、万联商城、龙腾小区等社区居民集中区，在新开发的小区，与开发商协商建立群众健身晨练点、夜晚娱乐活动点，丰富群众体育健身娱乐活动。

2014年，鳌溪镇桥背社区、象山社区被评为全省综合示范社区；2015年，鳌溪镇芙蓉社区被评为全省综合示范社区；2016年鳌溪镇象山社区被民政部评为全国综合示范社区。

第三节　优抚安置

一、拥护军队

县域内驻军有武警中队、消防中队，有军事指挥机关县人民武装部。乐安是革命老根据地，具有拥军优属的光荣传统。20 世纪 80 年代，县委、县政府成立拥军优属、拥政爱民（简称双拥）领导小组，办公室设在民政局。每逢元旦、春节、“八一”建军节，县四套班子领导和有关单位领导都要走访慰问驻军官兵，到医院慰问伤病员，赠送慰问品，组织文艺节目，开展联欢联谊活动。

1998 年，县政府在鳌溪镇桥背村前坪村小组无偿划拨 25 亩土地给县人武部建农场；2001 年，县政府拨款 40 万元，划拨土地 30015 平方米给县人武部修建营房；2005 年 6 月，县政府划拨土地 10000 平方米，拨款 282 万元给消防大队修建营房，拨款 100 万元购买消防车。2014—2016 年，每年拨款 30 万元购买消防器材；帮助武警中队翻建营房，购买训练器材。保障驻军粮、油、水、煤、电、副食品和日常生活必需品的供应，解决驻军生产、生活、训练中的实际困难。

2002 年、2006 年、2011 年和 2016 年，乐安县先后 4 次被省委、省政府、省军区命名为省双拥模范县。

二、复退军人安置

1988 年以后，依照国务院《退伍义务兵安置条例》《江西省实施退伍义务兵安置条例细则》，退伍义务兵安置工作贯彻从哪里来、回哪里去的原则和妥善安置、各得其所的方针，入伍前属城镇户口、无工作单位的，政府统一安排工作，按系统分配安置任务，由系统包干安排；原属农业户口的由原属乡镇政府安排其生产和生活。

2004 年，县政府出台《乐安县鼓励城镇退役士兵自谋职业试行办法》，规定 2004 年以后（含 2004 年）入伍的城镇士兵退役后，原则上全部实行自谋职业，政府不予安排工作，给予一次性经济补助金。补助标准为：义务兵期限内每年 5000 元，复员士官每超期服役 1 年补助 500 元。2007 年义务兵期限内每年一次性经济补助金标准提高到 7000 元，复员士官每超期服役 1 年补助 500 元。2009 年义务兵期限内每年一次性经济补助金标准提高到 9000 元，复员士官每超期服役 1 年补助 500 元。服役期间立功的，除执行上述规定外，增发立功受奖一次性经济补助。其中，荣立个人一等功以上（含一等功），奖 2000 元；荣立个人二等功，奖 1000 元；荣立个人三等功，奖 500 元，多次立功的，按最高奖项发给，不累积计算。二等甲级（五级）残疾军人，补助 3000 元；二等乙级（六级）残疾军人，补助 2000 元；三等甲级（七级）残疾军人，补助 1000 元；三等乙级（八级）残疾军人，补助 500 元。从 2010 年冬季开始，城镇非农户口退役士兵全部按货币化安置，给予一次性经济补助金。

2011 年开始，组织自主就业退役士兵参加政府免费的职业教育和技能培训，参训人员在培训期间政府发给每人每月 300 元的生活补助。2011 年 11 月 1 日以后，退役士兵符合下列条件之一的，由县政府安排工作：服现役满 12 年的转业士官；服现役期间平时荣获二等功以上奖励或者战时荣获三等功以上奖励的；因战致残被评定为 5 级至 8 级残疾等级的；是烈士子女的。2011 年 11 月 1 日以后退役的自主就业退役士兵由地方政府给予一次性经济补助，按照每服役 1 年 4500 元的标准给予一次性经济补助。

2014 年以前，安置城镇户口退役士兵 2791 人。2011 年后城镇退伍士兵不作统一安置，均为自谋职业、回农村安置。对回乡军地两用人才，多渠道、多层次开发使用，有的推荐到乡村企业工作，有的吸收为村（居）组干部，有的引导其自主创业，成为乡村致富带头人。

三、优待军烈属

改革开放以后，随着经济的发展，人民政府更加重视优待军烈属。从 1985—2007 年，农村义务兵家庭优待金实行由乡镇政府统一筹集、统一兑现，各乡镇统一标准。2007年后列入县财政和乡财镇预算，优待金根据服役年限和在部队表现区别对待，对立功受奖和超期服役的均按等级和年限增发优待金，年初评定，发证到户，当年兑现，通知部队。1996年，优待金由乡镇统筹改为以县为单位社会统筹。是年，县政府下发《乐安县军人抚恤优待办法》，维护和保障优抚对象的合法权益，安定军心，稳定社会。组织党员、干部、青年志愿者组成学雷锋、送温暖、帮战友、拥军优属等基层服务小组，与优抚对象结成“一助一”（或“多助一”）对子，建立长期帮扶关系，帮助他们掌握生产技术，提供产前、产中、产后服务，解决生产和生活中的实际困难，全县各村都建立优抚服务小组。1999年在“爱心献功臣活动”中，全县各单位及社会有识之士纷纷捐款捐物，为全县200多户优抚对象解决生活困难。

2000年起，对农村义务兵家属每户每年发优待金600元。2002年农村义务兵按2011年农民人均收入70%发放优待金，标准为农村600元，城镇每户300元。同时按上级政策要求：进疆义务兵优待金标准增加30%，进藏义务兵的优待金标准为其义务兵的3倍。2004年，中央决定取消农业税，优待金全部由县、乡财政纳入预算安排，乐安县通过上级转移支付加以解决。2008年全县农村义务兵优待金每户2000元；城镇义务兵家属优待金每户不低于1000元。2010年、2011年农村义务兵家庭优待金按照当地上年度农民人均纯收入的70%确定；城镇义务兵家庭优待金按照当地上年度城镇职工平均工资的30%确定。2009年以后征集的应届大专学历毕业生义务兵优待金提高20%，应届本科学历毕业生义务兵优待金提高30%。服役期间立功受奖的义务兵，可另外享受奖励优待金，按县政府有关规定，荣立一、二、三等功和被评为优秀士兵的义务兵，分别给予1000元、500元、100元、50元的奖励。2011年开始，城乡义务兵家庭优待金实行一体化统一标准发放，到2016年优待金标准由每人每年逐年提高到9500元。

2011年7月1日起，对居住在农村（农村籍的）和城镇无工作单位、18周岁之前没有享受过定期抚恤金待遇且年满60周岁的烈士子女（含中华人民共和国成立前错杀后被平反人员的子女）。具体包括下列人员：年满60周岁的《烈士证明书》持证人及其年满60周岁的兄弟姐妹；烈士过继子（女），只限《烈士证明书》持证人本人；中华人民共和国建立前错杀后被平反人员年满60周岁的子女。每人每月发放定期生活补助130元。到2016年补助标准提高到每人每月发给340元。

四、抚恤褒扬

（一）抚恤

1997年，县政府出资80万元在大马头垦殖场新建一座占地37966平方米的光荣院，解决孤老优抚对象的后顾之忧。2012年投入30万元改建医务室，2015—2016年投入160万元，对光荣院住房等进行全面维修，绿化美化庭院，室内全部添置新家具。从建院到2016年12月，共收养优抚对象48人、五保对象16人，其他社会托养对象12人。入住光荣院优抚对象生活费提高到每人每月600元。

2001年，开展优抚对象普查，全县有烈属453人，因公牺牲军人家属11人，伤残军人106人，在乡退伍红军老战士1人，红军失散人员58人，在乡老复员军人321人，带病回乡退伍军人408人。重点优抚对象按国家规定的标准继续发给定期抚恤金和定量补助金。

2003年是抗美援朝胜利50周年，全县各乡镇、各单位召开座谈会，开展纪念活动，并按每人300元的标准慰问志愿军老战士。2015年9月，在中国人民抗日战争暨世界反法西斯战争胜利70周年纪念活动期间，对全县健在的2名抗战老战士进行走访慰问，并按每人5000元的标准发放慰问金。

1999年，县政府下发《解决部分优抚对象医疗费问题实施意见》，切实解决在乡革命烈士家属、红军失散人员、在乡老复员军人、带病回乡退伍军人的医疗难问题。2009年县政府办公室印发《乐安县抚恤定补优抚对象医疗保障实施细则》。是年，县民政局、财政局、劳动和社会保障局、卫生局、建设局、国土资源局、林业局转发江西省民政厅、财政厅、劳动和社会保障厅、卫生厅、建设厅、国土资源厅、林业厅《关于加强重点优抚对象“解三难”（生活、医疗、住房困难）工作的实施意见》，落实有关政策，解决优抚对象实际困难。2010年，县民政局、财政局、卫生局印发《乐安县城乡重点优抚对象医疗保障“一站式”结算实施办法》，进一步解决重点优抚对象生活、医疗、住房等困难。

2005年2月，对全县105名被军队卫生部门或地方民政部门评定为革命伤残军人并持有《革命伤残军人证》的人员新旧残疾等级套改。套改原则：残情基本相当、套改后待遇基本不变。对少数套改后残情不符合新《军人残疾等级评定标准》的，进行个案调整。新旧残疾等级对应关系：特等套改一级，一等套改三级，二等甲级套改五级，二等乙级套改六级，三等甲级套改七级，三等乙级套改八级。被地方民政部门评定为伤残人民警察、伤残国家机关工作人员、伤残民兵民工并持有相应伤残证件的人员参照本套改办法执行。

从2005年11月1日起，对享受残疾军人抚恤或带病回乡退伍军人予以生活补助。2006年6月，对202名原8023部队退役军人残情鉴定和残疾等级评定工作。到2016年年底，带病回乡退伍军人613人，发放资金380.4万元；伤残军人247人，发放资金416万元。

2006年9月，向在乡红军老战士发放慰问金。乐安县共对3位红军失散人员按每人4000元的标准，发放一次性慰问金。

从2007年1月1日起，对在企业已退休的退役士兵，在个人现有养老金基础上，上浮10%，然后每人每月再增加60元生活补助；对与企业解除劳动关系未实现再就业，且年满45岁的城镇失业退役士兵，给予每人每月200元生活补助；对回乡且年满45岁的农村退役士兵，给予每人每月100元生活补助。2007年4月，开展对部分军队退役人员调查摸底和身份认定工作，共核定身份认定1440人。

2007年5月，根据民政部、人事部、财政部《关于国家机关工作人员及离退休人员死亡一次性抚恤发放办法的通知》，调整一次性抚恤金标准。自2004年10月1日起，国家机关工作人员及离退休人员死亡，一次性抚恤金按照以下标准执行：烈士为本人生前80个月基本工资或基本离退休费，因公牺牲为本人生前40个月基本工资或基本离退休费，病故为本人生前20个月基本工资或基本离退休费。自2011年8月1日起，国家机关工作人员及离退休人员死亡，一次性抚恤金发放标准调整为：烈士和因公牺牲的，为上一年度全国城镇居民人均可支配收入的20倍加本人生前40个月基本工资或基本离退休费；病故的，为上一年度全国城镇居民人均可支配收入的2倍加本人生前40个月基本工资或基本离退休费。

2011年8月1日起，对1954年11月1日试行义务兵役制后至《退役士兵安置条例》实施前入伍，年龄在60周岁以上（含60周岁）、未享受到国家定期抚恤补助的农村籍退役士兵，按每服1年义务兵役每人每月发给10元老年生活补助，到2016年补助标准提高到每人每月发给25元。

2013年5月，全县257名残疾退役人员换发新“残疾军人证”，保障残疾军人的切身利益。6月全县享受国家抚恤和定期定量生活的优抚对象，换（补）发优抚对象抚恤和生活定期定量补助证。8月启用《烈士通知书》和《烈士证明书》，全县共换（补）发《烈士证明书》198份、换发《烈士通知书》3份。2014年5月，全县7名残疾人民警察换发新《伤疾人民警察证》，保障残疾军人的切身利益。

2005—2016年，按照江西省民政厅、江西省财政厅《关于调整部分优抚对象等人员抚恤和生活补助标准的通知》，连续12年调整和提高抚恤和生活补助标准。并从2007年开始优抚对象等人员抚恤和生活补助由县财政通过“一卡通”进行社会化发放。

（二）褒扬

1989年编纂出版的《乐安县志》，对所有烈士进行列表记载，对乐安县著名烈士立传记述。1994年6月，县委党史办编纂出版《乐安英烈》，弘扬烈士事迹，立传47人，简介78人，收录烈士名录2305人，向全县中小学校发放2.8万册。在县城仕山建立烈士纪念碑，通往烈士纪念碑的道路命名为烈士路。

2011年8月，对县域内持有《烈士证明书》的201户烈士家庭统一挂"光荣烈属"牌匾，持有《入伍通知书》的现役军人家庭统一挂"光荣军属"牌匾。

2011年、2013年，分别组织开展零散烈士墓普查统计和漏查补助工作，统计全县有零散烈士墓451座。2014年通过乡镇与烈士亲属签订零散烈士墓维修协议，就地维修182座，对200座无人管理的和无名烈士墓集中迁移到市烈士陵园安葬。

2014年3月31日，民政部颁布《烈士公祭办法》，规定每年的9月30日定为烈士公祭日。是年开始，每年9月30日组织县四套班子领导，法院、检察院领导，驻县部队官兵，烈士家属，复退军人、老干部和劳动模范代表，学生代表，乡镇主要领导，县直和省市驻县企事业单位干部代表参加，缅怀革命先烈。

2016年，县政府投入540余万元，对县烈士纪念碑进行全面维修改造，新建烈士英名墙，扩建瞻仰广场，安装汉白玉护栏，新增绿化亮化设施。

第四节　救灾救济

乐安县是一个自然灾害多发县。20世纪80年代，县政府在县气象部门设置防灾减灾办公室，从2012年起移交至县民政局。2016年县民政局、县政府先后出台《乐安县民政局救灾应急工作规程》和《乐安县自然灾害救助灾情会商制度》，使救灾应急工作走上规范化、程序化、法治化轨道。

1986—1993年，全县发生较大的自然灾害有17起。其中，水灾9起，风雹灾4起，旱灾1起，虫灾2起，火灾1起。

1986—1993年乐安县救灾情况表

表10-1-1　　　　单位：万元、户、人

年份	发放救灾金额	救济灾民		年份	发放救灾金额	救济灾民	
		户数	人数			户数	人数
1986	26.73	1195	8000	1990	24.97	1500	8835
1987	22.15	1130	5753	1991	37.2	2410	8650
1988	38.89	1467	7385	1992	45.9	1510	6500
1989	18.57	1574	8634	1993	65	4130	3000

从1996—2016年发生过7种自然灾害，即风雹灾、洪涝灾、旱灾、山体滑坡、低温冷冻、雪灾、农作物病虫害。其中风雹、洪涝、旱灾、山体滑坡比较普遍，特别是风雹、洪涝灾害在全县发生率最高，每年都会发生，造成农房倒塌、人员伤亡、农作物被毁的损失。平均每年因灾造成的经济损失约在1.2亿元以上。

1996年，遭洪水灾害和台风影响比较严重，全县农作物成灾面积12万余亩，洪水毁坏公路、渠道和河堤缺口灾情损失多，因灾死亡1人。县财政拨出4.3万元救灾经费和2.65万千克大米解决重灾区和贫困山区缺口粮的困难。接收上级救灾资金48.2万元，救济8100人次。

1997年，飑线冰雹灾害严重，湖坪、万崇、招携等乡镇，出现校舍、粮库倒塌损坏，因灾致伤5人。县委、县政府组织救灾捐赠活动，接收救灾捐

赠资金44061元，捐赠衣物882件，全部下拨灾区。县政府发放救灾粮6万千克，发放救灾款80万元，接收上级救灾资金84.6万元，救济9385人次。

1998年，洪涝灾害最为严重，全县20个乡镇多次遭灾，有206个行政村，1662个自然村，6.8万名农户、24.5万人口受灾，全县有9个自然村1080户农户连遭洪水围困；农作物成灾面积24.8万亩，粮食减产5.5万吨；民房受灾2580户，倒塌房屋950间、1.52万平方米，损坏房屋1.96万间，综合各种经济损失为2.2亿元。县委、县政府确定在全县新建6个灾民新村：公溪镇莲塘村陂下村小组24户、航桥乡厚坊村30户、南村乡山心村瑶兰窝村小组32户、湖坪乡贺立村下山村小组17户、山砀镇田下村彭步村小组21户、增田乡增田村聂家村小组41户。纳入灾民新村建房共165户，新村建房2万余平方米。县财政拨出新村建房资金79.2万元，分散倒房重建补助16.87万元，县下拨捐赠款36258.3元，单位直接捐赠到各乡镇83372.9元，下拨救灾和捐赠大米10.6万千克。全年共接收上级救灾资金270.6万元，救济16490人次。

1998年乐安县六个灾民新村建设基本情况表

表10-1-2　　单位：户、人、平方米、万元

新村名称	新建户数	受灾人数	新建房情况		国家扶助资金
			间数	面积	
公溪镇莲塘村陂下村小组	24	85	101	2880	11.50
航桥乡厚坊村	30	126	174	5700	14.40
南村乡山心村瑶兰窝村小组	32	192	168	2100	15.36
湖坪乡贺立村下山村小组	17	65	70	1216	8.160
山砀镇田下村彭步村小组	21	87	84	2520	10.08
增田乡增田村聂家村小组	41	158	246	5904	19.68
合计	165	713	867	20320	79.20

说明：1.按上级救灾文件规定：灾民新村建房户每户国家补助4000元，发放到建房户；2.公共公益事业设施补助费每户800元，由村委会办理；3.由县检查验收，救助资金分期分批直接补助到村和户

1999年，全县洪涝和金竹、坪溪乡发生4级地震，灾害损失严重，致使10个村100多农户住房遭灾，共有7栋校舍和34栋民房计8000余平方米，受到严重破坏，县财政拨出7万元救灾资金专项救助地震灾害，县政府下拨救灾资金共96万元用于洪涝及地震灾害救济。

2000年，共接收上级救灾资金158万元，发放救灾大米4.75万千克，共救济灾民和困难户14530人次。

2001年，发生台风影响风雹灾和农作物病虫灾害，县财政拨出救灾经费4万元，用于抗击病虫害，发放救灾大米14.1万千克，接收上级救灾资金215.3万元，共救助灾民和困难户16052人。

2002年，遭洪涝灾害损失严重，牛田、万崇等乡镇部分靠近沿河的村遭洪水围困12小时，全县被洪水围困2.5万人，农作物、交通、水利等设施毁坏严重，因灾死亡6人，重伤1人，轻伤5人。县财政拨出救灾经费6万元，接收上级救灾资金140万元，下拨大米4万千克，共救济灾民15230人次。

2003年，从7月开始出现严重旱情，县城自来水断供20余天，群众生活用水出现极大的困难，全县开挖大小水井百余口，粮食减产5500万千克，群众歉收严重，县政府下拨救灾资金126万元，救济大米4万千克，救济人口13658人次。

2004年，相继发生冷冻低温和雷雨大风等自然灾害，共下拨自然灾害救济经费72万元，救济

大米5万千克，救济灾民和困难户9273人次。

2005年，先后发生风雹、洪涝等自然灾害，下拨救灾经费76万元，共救济9040人次。2006年先后出现强降雨风雹、干旱、台风、洪涝、农作物病虫害等多种自然灾害，共下拨自然灾害救助资金188万元，救济0.98万人次；救助倒房重建75户，发放倒房重建资金16万元。

2007年，先后出现低温冷冻、风雹、干旱、台风、洪涝等多种自然灾害，特别是6—7月持续40多天的旱灾；8月份9号台风“圣帕”灾害更为严重。民政部救灾专员深入乐安视察灾情，指导抗灾自救工作。共下拨自然灾害救助资金358万元。

2008年，从1月12日开始，受北方强冷空气不断扩散南下影响，全县持续低温阴雨，25日开始出现严重低温冰冻灾害性天气，日平均气温为-2.4℃～-1℃，为抚州市最低。1月29日上午，全县供电全部中断，供水随即中止，绝大部分乡镇交通、通信也相继中断。这次雨雪冰冻灾害持续时间之长、范围之广、损失之大，极为罕见，是1977年有气象记录资料以来所未见，给全县人民群众的生产生活造成严重影响。全县电线杆倒塌3503根（断杆1606根），线路中断3537处，变压器损坏12台，树木伏倒线路115千米，线路覆冰短路133条，供电系统全部瘫痪；供水管道损坏1000米，浇灌渠道损毁1.5万米；农作物受灾面积17879.82公顷，林木折断26906.40公顷；道路通讯，47个通讯站点全部停电，16处线路中断，部分乡村公路垮塌；全县受灾人口28.8万人，倒塌房屋202间，损坏2692间，因灾转移人员3200人。这次特大冻灾给全县造成直接经济损失9.72亿元。

2009年，相继发生干旱、风雹、洪涝、山体滑坡、泥沙流等多种自然灾害。全县44万人次受灾，紧急转移63人，雷击死亡2人，农作物受灾面积9230公顷，经济损失达8000多万元。共下拨自然灾害救助资金390万元，救济0.98万人次。救助倒房重建78户，发放倒房重建资金85万元。

2010年，相继发生干旱、风雹、洪涝、台风等多种自然灾害。尤其是6月16—20日的特大暴雨达301.7毫米，日最大降雨量达178毫米，形成50年一遇的洪涝灾害。全县64万人次受灾，紧急转移3663人；农作物受灾面积15230公顷，其中成灾面积10610公顷，绝收面积5220公顷，冲毁农田1960公顷；倒房827间，损房3620间；毁坏公路160多千米；冲毁桥梁涵洞87座；经济损失达13.73亿元。共下拨自然灾害救助资金397万元，救济36252户。发放棉被400床、棉大衣330件。救助倒房重建257户，发放倒房重建资金441.61万元。

2011年，相继发生风雹、洪涝、台风、山体滑坡、泥沙流等多种自然灾害。尤其是6月5—12日的特大暴雨，日最大降雨量120毫米。全县16.6万人次受灾，紧急转移2322人，雷击死亡1人；农作物受灾面积9100公顷，其中成灾面积6500公顷，绝收面积1400公顷，冲毁农田630公顷；倒房259间，损房6316间；水产受灾面积550公顷；经济损失1.04亿元。共下拨自然灾害救助资金240万元，救济1970户、9850人；救助倒房重建75户，发放倒房重建资金127.1万元。

2012年，主要遭受年初持续低温、阴雨灾害性天气以及罕见的3月旱汛、洪涝、风雹等多种自然灾害。特别是4月30日和6月24日两次特大暴雨达545.3毫米，持续时间长，加上上游永丰县返步桥水库泄洪，造成招携、牛田、南村等多个乡镇多次受灾。全县12万多人次受灾，紧急转移6899人；农作物受灾面积5739公顷，其中成灾面积5157公顷，绝收面积582公顷，冲毁农田18公顷；倒房362间，损房1168间；毁坏公路130多千米；冲毁桥梁涵洞87座；水产受灾面积590公顷；经济损失6113万元。共下拨自然灾害救助资金749万元，救济52600人；发放棉被600床。救助倒房重建222户，发放倒房重建资金277.5万元。

2013年，相继发生冰雹、暴雨洪涝、旱灾等多种自然灾害，造成全县22万多人次受灾，紧急转移1723人；农作物受灾面积24530公顷，其中成灾面积21969公顷，绝收面积1787公顷，烟叶受灾面积213公顷；毁坏公路130多千米，冲毁桥梁涵洞22座；通信、供电线路等损坏140千米；农户住房倒塌60户159间，损房99户180间；水产受灾面积750公顷；经济损失1.64亿元。共下拨自然灾害救助资金707.4万元，救济11790人；救助倒房重建159户。

2014年，相继发生低温冷冻、风雹、洪涝、台风等多种自然灾害。造成全县18万多人次受灾，紧急转移1640人，雷击死亡1人；农作物受灾面积6780公顷，其中成灾面积4980公顷，绝收面积1800公顷，冲毁农田30公顷；农户住房倒塌102户206间，损房132户266间；水产受灾面积620公顷；经济损失1.64亿元。共下拨自然灾害救助资金499万元，救济8316人；救助倒房重建67户，发放倒房重建资金114.5万元。

2015年，相继发生冰雹、连续暴雨洪涝、龙卷风、山体滑坡、泥沙流等多种自然灾害。特别是5月26—27日的特大暴雨，造成全县62942人次受灾，紧急转移640人，雷击死亡2人；农作物受灾面积6214公顷，其中成灾面积4897公顷，绝收面积1047公顷，其中烟叶受灾面积2067公顷；倒房95间，损房162间；水产受灾为面积为550公顷；经济损失8110万元。共下拨自然灾害救助资金361万元。救助倒房重建69户，发放倒房重建资金106.55万元。

2016年，相继发生低温冷冻、风雹、洪涝、台风等多种自然灾害。特别是1月21—25日出现1992年后最寒冷的天气，极端最低气温零下7℃－零下5℃并出现冰冻。造成全县86717人次受灾，紧急转移5306人，雷击死亡1人；农作物受灾面积8108.2公顷，其中成灾面积4993公顷，绝收面积1741.3公顷，其中烟叶受灾面积147公顷；水产受灾面积620公顷；倒房26户95间，损房35户78间；经济损失1.86亿元。共下拨自然灾害救助资金458万元，救济7633人；发放棉被1000床、棉大衣300件；救助倒房重建37户，发放倒房重建资金54.2万元。

第五节　社会福利

一、县社会福利院

乐安县社会福利院属全额拨款的社会福利事业单位，事业编制5个。2002年开始筹建，2005年初步建成，占地面积1.3万平方米，2005年下半年投入运营；2007年和2010年先后两次扩建，2016年有老年人收养楼4栋，膳食楼1栋，建筑面积6300平方米。有事业编工作人员5名，服务人员11名，有养老床位100张，公共区域设有健身中心、棋牌室等服务设施。福利院老年公寓以收养生活基本能自理、无传染性疾病的老人为主，已收养社会空巢老人98名，入住率95%。

2011年开始，孤儿纳入保障，将父亲死亡、母亲改嫁的困境儿童也纳入保障，保障标准为分散供养的每人每月400元，机构供养为每人每月700元，当年共保障112人，其中机构供养6人。2013年开始提高保障标准，分散供养的每人每月700元，机构供养为每人每月1100元，当年共保障212人。至2016年年底，共保障247人，其中

县社会福利院

机构供养3人，分散供养244人。

重度残疾人护理补贴自2015年开始启动，由县残联负责发放，是年年底低保对象重度残疾人护理补贴发放841人，每人每月50元。2016年重度残疾人护理补贴和生活困难残疾人补贴由县残联移交县民政局发放，标准均为每人每月50元。年底共有4299名生活困难残疾人获得生活补贴，629名重度残疾人获得护理补贴。

二、福利企业

1985年以后，乐安县十分关心和重视发展福利生产，各乡镇以敬老院为依托，大力发展“一种、二养、三加工”的福利生产，以解决社会残疾人和五保老人基本生活保障的困难。乐安县福利生产以此为开端，创办民政福利厂，厂长聂锦和曾在1986年出席民政部召开的“先进福利企业”表彰会议，乡镇以敬老院为依托的福利生产逐步发展。随着市场经济的发展，竞争加剧，福利企业规模小、技术条件差等多种原因，无法参与社会竞争，福利企业严重萎缩，2002年福利企业停办。

1985—2001年乐安县福利企业兴办情况表

表10-1-3　　单位：人、万元

企业名称	经营项目	经营时间	企业人数	安置残疾人数	扶持资金	每年免税额
乐安县民政局福利厂	木制加工、农机制作维修、汽车维修等	1985—2002	42	17	20	1.5
二六一队福利厂	汽车、电机维修	1986—2000	146	57	—	2.0
望仙福利厂	竹木加工	1990—2000	32	13	5	0.8
增田福利厂	酱油加工	1995—2000	10	4	1	0.2
公溪镇福利厂	葡萄加工	1987—2000	15	6	2	0.3
招携镇福利厂	竹木加工	1988—2001	17	7	3	0.3

三、福利彩票发行

乐安县福利彩票从1987年开始发行。1987年6月—2000年12月，发行即开型福利彩票，主要是开展户外发行和销售，票面面值有：1元、2元、5元、10元、20元 共5种。2001—2016年，主要开展电脑票发行和销售。2016年全县有福利彩票投注点22个。投注形式有：双色球、3D、七乐彩、15选5、东方6+1、快3共6种。全县福利彩票电脑票销售金共6674.27万元。2008年7月乐安县一彩民在36080710投注站中得福彩“双色球”一等奖一注500万元大奖，2012年3月一彩民在36080705投注站中得福彩“双色球”一等奖一注570多万元；2014年1月一彩民在36080705投注站中得福彩“双色球”二等奖5注85万元；是年3月一彩民在36080702投注站中得福彩“双色球”二等奖15注299万元；2014年10月一彩民在36080710投注站中得福彩“双色球”二等奖40注352万元大奖。这些大奖出现后，引起乐安县社会各界强烈反响，福彩销量每年大幅攀升。从2009年开始，得到上级分配给乐安县的福彩公益金478.23万元，用于社会福利和公益事业。

第六节　老龄工作

1987年，成立乐安县老龄问题委员会，下设办公室为县老龄工作机构。成立之初，办事机构挂靠县委组织部，1988年挂靠县劳动人事局，无专职干部。1990年3月，县老龄问题委员会更名为乐安县老龄工作委员会，主任由分管劳动人事的副县长担任，办公室主任按正科级配备，定行政编制2个。1991年年底，全县各乡镇（场）成立老年人协会，县直各主管局成立离退休职工协会。1992年，全县21个乡镇（场）全部建立老年工作委员会，85%的村建立老年人协会；到1993年，全县219个村委会均成立老年人协会。2003年7月，县老龄工作委员会办公室并入民政局，分管民政的副县长任老龄工作委员会主任，民政局局长兼任老龄工作委员会办公室主任。

老龄工作坚持“党政主导，社会参与，全民关怀”的方针，围绕“老有所养，老有所为，老有所医，老有所学，老有所教，老有所乐”的目标，发挥政府主导作用，推动老龄事业的发展。

开展敬老宣传教育。建立县乡两级老年人宣传报道组，利用重大节日进行《中华人民共和国老年人权益保障法》及老年人政策法规宣传。1999年重阳节，县老龄工作委员会在全县开展评选10位老寿星，10位尊老敬老养老模范儿媳，10位保荣誉献余热创佳绩老干部、老同志、老劳模和10个先进基层老年组织活动。

抓好服务设施建设。2003年，在鳌溪镇兴建6000平方米老年人健身公园；2005年，社会集资200万元兴建1600平方米县老年活动中心，向全县老年人免费开放。县直各单位和村委会、居委会均设立老年人活动室。至2005年年底，全县有老年人活动室196个。2011年在鳌溪镇下大街社区开展居家养老服务工作试点，2012年开始在全县铺开。2015年，一所功能齐全的中华情龙源老年公寓建成。到2016年年底，全县有16所敬老院和1所光荣院，总建筑面积达到2.56万平方米，拥有老人住房600间，总床位数950张。

开展文化体育活动。每年重阳节开展敬老活动，举办大型文艺晚会和老年人体育比赛。1996年，牛田镇成立老年文艺宣传队，自编自演的《劝赌歌》和《牛田是个好地方》等系列节目，乡土气味浓厚，有教育意义，深受群众欢迎。县城老年腰鼓队经常参与社会各项活动。2002年，乐安县获得全市老年文艺调演组织奖。至2005年年底，全县有老年腰鼓队、“夕阳红”老年艺术团、老年体育协会、太极拳协会、钓鱼协会等老年人文艺体育团体15个。至2016年年底，鳌溪、山砀、龚坊、牛田等多个乡镇都成立老年广场舞蹈队。

保障老年合法权益。1997年和2003年，根据《中华人民共和国老年人权益保障法》开展执法检查2次，查处8起侵犯老年人合法权益的案件。2003年下半年开始办理《江西省老年人优待证》，至2005年底共办优待证3085个。2004年建立90周岁以上高龄补贴制度；6月，县老龄办设立老年人法律援助工作站，为老年人免费提供法律服务；在全县农村开展《家庭赡养协议书》签订工作，依法保障农村老年人生活。2012年开始为70周岁以上老年人办理乘坐公交车意外伤害保险。2013年建立80周岁以上高龄补贴制度。2015年县城公交车70周岁以上老年人免费乘坐，方便老年人出行。

2004年8月，乐安县被评为全省老龄工作先进县。2011年12月，在全省第三次老龄工作会议上作书面经验交流。2016年被省民政厅评为“十二五”期间江西省支持社会资本兴办养老机构优秀单位。

1992—2015年乐安县部分年份老年人口情况表

表10-1-4　　单位：人、%

年份	60岁以上老年人	占全县总人口	年份	60岁以上老年人	占全县总人口
1992	23054	7.2	2003	37190	10.18
1993	25176	8.0	2015	51931	13.30

2005—2016 年乐安县百岁老人情况表

表 10-1-5

姓名	性别	家庭住址	生卒年月	年龄
陈千金	女	公溪镇公溪村去坑组	1903.03—2008.06	105 岁
曾仉桂	女	湖坪乡东山村七组	1905.09—2006.10	101 岁
熊新英	女	山砀镇樟坊村社边组	1911.05—2011.11	100 岁
肖引连	女	湖坪乡中村中村组	1913.04—2016.09	103 岁
张老林	男	牛田镇员陂村车里组	1911.12—2016.09	105 岁
李保祥	男	金竹畲族乡敬老院	1914.08—	
邱发连	女	湖坪乡汉上村四组	1916.12—	
戴顺英	女	龚坊镇炉下村炉下组	1916.06—	
郭竹金	女	山砀镇炉下村新塘组	1915.01—	

第七节 慈善工作

乐安县慈善总会是由热心慈善事业的社会各界人士、企事业单位、慈善机构和有关团体自愿参加组成的，并经依法登记注册，具有独立法人资格的非营利性、公益性社会团体。2012 年 3 月 26 日，县慈善总会经县政府批准，于 2013 年 12 月 20 日正式成立并召开第一届理事会，接受业务主管部门和社团登记机关乐安县民政局的业务指导和监督管理，主要开展社会募捐和接受社会捐赠，利用所募集的资金和物资，向社会或者他人提供志愿无偿服务以及其他非营利服务，开展扶贫救困活动。办公地点在乐安大道 92 号县民政局三楼，设荣誉会长4名、名誉会长1名、会长1名、常务副会长 1 名、副会长 13 名、秘书长 1 名，共有理事 90 人。2016 年 3 月 16 日，《中华人民共和国慈善法》颁布后，县慈善总会的各项事业得到更大发展，为扶贫攻坚工作做出积极的贡献。

2013 年度募捐资金 197500 元。

2014 年度募集资金 1947313.63 元，其中公职人员慈善一日捐款 278614.73 元、定向捐款 1285166.2 元、社会捐款 383532.70 元。定向捐助受灾烟农 392 户 631698.20 元，资助困难群体 62 人 143500 元。

2015 年度募集资金 1507558.38 元，其中公职人员慈善一日捐款 89056 元、定向捐款 1407388.67 元、董氏助学捐款 46888.67 元、金竹畲族乡帮困助学 150500 元、社会捐款 11000 元。定向捐助受灾烟农 1426 户 1710468 元、资助困难群体 665 人 262300 元。

2016 年度募集资金 465851.94 元，其中公职人员慈善一日捐款 368502.97 元、董氏捐款助学 46925.88 元、金竹畲族乡帮困助学 5 万元。资助困难群体 92 人 228550 元。

2013 年 2 月—2016 年 12 月共捐赠物资折价 67.6 万元，全部捐赠敬老院、福利院、光荣院的老人和孤儿学生。

第八节　社会事务

一、婚姻登记

1988年至2000年年初，婚姻登记由各乡镇政府办理。从2000年5月1日起，由县民政局婚姻登记处集中办理，婚姻登记工作逐步实现法制化、规范化，杜绝乱收费和搭车收费现象。同时为方便山区交通不便的群众，谷岗、金竹两乡仍由当地乡政府办理婚姻登记手续，县民政局定期派员检查，其他乡镇群众直接到县民政局婚姻登记处办理结婚登记。2010年婚姻登记全省联网，实行网上婚姻登记。同时增加公溪、罗陂二乡镇婚姻登记办公点。2012年1月起，实施免费婚姻登记制度。2015年县民政局按照国家AAA级婚姻登记机关标准，投入30万元，在县惠民小区新建420多平方米婚姻登记办事大厅，内设办证大厅、照相、复印室、宣誓大厅、离婚室、婚姻家庭辅导室、档案室等，为办事群众提供良好的办公环境。

结婚　2003年9月30日前，办理结婚登记时男女双方须出具本人户口簿、身份证、村委会或单位开出的婚姻状况证明书、婚前健康检查证明。再婚还须持离婚证或配偶死亡证明。2003年10月1日后，按国务院新婚姻登记条例，男女双方须出具本人户口簿、身份证、本人无配偶及与对方当事人无直系血亲和三代以内旁系血亲关系的签字声明。再婚的还须持本人离婚证或配偶死亡证明。

复婚　离婚的男女双方自愿恢复夫妻关系，须到婚姻登记机关办理复婚登记。复婚登记手续与结婚登记规定相同。

离婚　内地居民自愿协议离婚应当共同到婚姻登记机关办理离婚登记。离婚协议书须载明自愿离婚缘由、对子女抚养、财产及债务处理等协商一致的意见。若不能达到一致意见形成协议的，则向法院诉讼离婚。1988—2016年离婚呈逐年上升趋势。

1988—2016年乐安县婚姻登记情况表

表10-1-6　　　　单位：对

年份	结婚	协议离婚	年份	结婚	协议离婚
1988	1924	28	2003	2215	13
1989	825	62	2004	2397	53
1990	905	21	2005	2405	82
1991	1502	52	2006	2656	137
1992	2350	34	2007	2867	165
1993	1510	18	2008	2615	180
1994	2047	31	2009	3394	196
1995	1991	23	2010	3919	219
1996	1896	14	2011	3623	274
1997	2217	11	2012	3568	311
1998	2010	18	2013	3571	335
1999	1980	5	2014	3923	371
2000	1224	6	2015	2799	431
2001	2029	9	2016	2719	420
2002	2155	13	—	—	—

二、殡葬改革

2002年1月，县民政局与鳌溪镇桥背村签署关于征用土地兴建灵山公墓的协议。2002年7月，殡仪馆、火化场和公墓区动工，年底完成基建任务和火化设备的安装调试工作。整个馆场区利用社会资金260余万元，占地161亩，设有悼念大厅、停尸房、火化场、综合办公楼、休息亭等基础设施和火化设备。县殡葬管理所成立，负责全县殡葬管理和推行火化工作。2002年10月，县政府颁布《殡葬改革工作实施方案》和《乐安县殡葬管理实施办法》，从2003年1月8日零点起，对鳌溪、增田范围内所有死亡人员火化，并逐步向全县推开。2008年起，实施低保、五保等困难群众免费火化补助政策。

第九节　地名和区域管理

一、地名管理

1980年年初，成立乐安县地名领导小组，下设办公室。1985年4月，更名为乐安县地名委员会，下设办公室，归口县政府办公室。1992年地名办公室划归县民政局。1996年，成立乐安县勘界工作领导小组，下设办公室（设在民政局）。

（一）命名更名

随城区总体规划建设的扩展，新城区内街、巷增多，县地名办公室会同有关人员对新区的街、巷命名多次研究讨论，并按地名申报审批程序上报。

1996年12月16日，经县政府批准，从县城街心花园至石油公司（县财政局），全长1500米、宽60米的水泥大道命名为“乐安大道”。2010年，民政局向县政府提出《关于县城区主要街道（广场、公园、桥梁）命名的请示》，对县城新建的19条主要街道、3座新建桥梁、2个广场和1个公园进行命名。

2016年年底，根据全国第二次地名普查工作要求，经县委、县政府研究，对县城部分地理实体进行命名更名。道路命名20条，更名和撤销4条，延伸路段3条，对现使用路名进行确认50条，桥梁命名和确认8条，广场命名2条，公园命名1条，居民点21条。

（二）地名标志设置

地名普查后，鳌溪镇、公安、民政、城建等部门在县城范围内对主要街巷和门牌进行整顿和重新设立工作。巷牌用铁质、单面搪瓷为牌、蓝底黑字，横钉于巷口墙壁；街道地名标志用双面油漆、浅绿色黑字铁牌焊于钢管，埋设街道首尾人行道上。到2016年，开始对乡镇、行政村的地名标志进行设置。

（三）地名资料整理

1981年4月至1983年，以中国人民解放军总参谋部测绘局1971年出版的1∶10000地形图为依据，开始历时3年的地名普查工作。普查人员踏遍全县各乡镇自然村，考察地形地貌，查阅明朝万历、清朝同治以及民国以后的乐安县志、族谱，按国务院文件规定进行标准化、规范化处理，地名资料卡分行政区划、居民点，行政、企、事业单位、人工建筑、自然实体、纪念地、古迹，按地形图上名称从北到南，自西向东排列。1983年9月～1985年6月经再次考证、修改、充实、核对，于1985年编辑出版《乐安县地名志》。全书约35万字，收集彩色照片17张，还有大量黑白图片，地名图21幅，收录地名2121条，成为乐安县有史以来第一部法定性地名工具书。

二、区域管理

1997—2000年，乐安县与周边邻县共勘定6条行政区域界线，其中地区（市）界线（与赣州地区宁都县，吉安地区永丰县、新干县，宜春地区丰城市）4条，本地区崇仁、宜黄县界线2条。

1997年11月26日，勘定与宜黄县全长41.45千米行政区域界线；12月21日勘定与崇仁县全长79.05千米行政区域界线；1998年10月8日，勘定与丰城市全长16.59千米行政区域界线。1999年4月21日，勘定与新干县全长34.10千米行政区域界线；1999年7月21日，勘定与宁都县全长27.1千米行政区域界线；2000年8月13日，勘定与永丰县全长129.60千米行政区域界线。是年，乐安县人民政府分别与各邻县（市）人民政府签署《联合勘定的行政区域界线协议书》（详见附录）。

1999年6月，经省人民政府批准，撤销龚坊乡改设龚坊镇建制。

2001年3月，经省人民政府批准，撤销山砀乡、增田乡、万崇乡，设立山砀镇、增田镇、万崇镇。11月，开展撤乡并镇工作，经省人民政府批准，撤销潭港乡，成建制划归鳌溪镇管辖；撤销鹏洲乡，成建制划归戴坊镇管辖；撤销坪溪乡成建制划归金竹乡管辖，乡政府驻地坪溪；撤销航桥乡，成建制划归山砀镇管辖；撤销望仙乡成建制划归招携镇管辖。

2002年，谷岗乡率先撤并小金竹等4个行政村。是年年底，全县有205个村民委员会。2003年县委、县政府统一部署，开展村民委员会撤并工作，至2003年9月，全县共撤并村委会30个。村民委员会总数减至175个。

2014年4月，经省人民政府批准，在保留乐安县大马头垦殖场的基础上，设立大马头乡，同时设立龙虎岭村委会。新设立的大马头乡辖召尾、龙虎岭、石塘、下陂4个村委会和大马头居委会，乡政府驻地召尾。至此，全县村民委员会总数176个。

第十节　社会组织管理

1989年10月，国务院颁布《社会团体登记管理条例》。1991年乐安县正式开始社团管理工作，成立乐安县社会团体管理办公室，由县民政局社会事务股兼管。是年3月，对全县以社会团体名义开展活动的民间组织进行全面清理整顿。经审查，为43个社会团体登记发证，1993年10月完成注册登记工作。

1998年10月，国务院颁布《社会团体登记管理条例》（1989年10月国务院发布的《社会团体登记管理条例》同时废止），规定社会团体必须具备法人条件。1998年11—12月，对注册登记的社会团体重新审定、换发证书，社团数减至7个。2000年3—5月，对气功类社团进行专项清理整顿，依法取缔气功类社团1个（公溪地区香功协会）。至2003年12月，注册登记的社团共11个。

2007—2008年，为配合水利设施维修工程，全县大规模登记用水户协会29个。2009年，县纪委牵头，开展行业协会与业务主管单位脱钩。全县9个行业协会办公场所、财务、人员与业务主管单位实现分离。2015年，江西省民间组织管理局对全省民政系统登记管理人员进行执法培训。推进简政放权、放管结合、职能转变，实行“两随机一公开”。

2016年9月，县委组织部下发《关于实施非公经济组织和社会组织“两个覆盖”攻坚计划》，全县社会组织设立5个综合党支部。县财政局、县民政局转发《江西省民政厅、江西省财政厅关于进一步规范社会团体收费行为的通知》，全面规范社团收费行为。12月，结合2016年度全县社会组织工作年检，开展换发统一信用代码法人登记证书。对经常开展活动，管理规范的社会团体进行代码转换。会同业务主管部门，对不接受年检、长期不开展活动的社会团体进行整改或注销。

1993—2016年乐安县社团登记分类情况表

表10-1-7　　　　单位：个

年份	实有社团总数	专业性社团	行业性社团	学术性社团	联合性社团
1993	43	2	5	20	16
1994	45	2	7	20	16
1995	47	2	7	20	18
1996	42	2	6	18	16
1997	40	2	6	16	16
1998	7	0	2	3	2
1999	6	0	2	2	2
2000	8	0	3	3	2
2001	9	0	3	3	3
2002	10	0	4	3	3
2003	11	0	5	3	3
2004	11	0	5	3	3
2005	12	0	6	3	3
2006	14	0	8	3	3
2007	29	0	8	3	18
2008	43	0	9	3	31
2009	43	0	9	3	31
2010	45	0	11	3	31
2011	48	0	14	3	31
2012	53	1	16	3	33
2013	56	3	17	3	33
2014	56	3	17	3	33
2015	61	3	19	3	36
2016	61	3	19	3	36

二、民办非营利组织登记管理

1998年《民办非企业单位登记管理暂行条例》颁布实施。2003年，县内登记第一家民办非企业单位，2011年增至5家。

2016年12月，结合2016年度全县民办非企业单位年检，开展换发统一信用代码法人登记证书。对经常开展活动，管理规范的民办非企业单位进行代码转换。会同业务主管部门，对不接受年检、长期不开展活动的民办非企业单位进行整改或注销。全县有民办非企业单位12家。

2003—2016 年乐安县民办非企业单位登记情况表

表 10-1-8　　单位：个

年份	实有民办非企业单位总数	教育类	科技类	年份	实有民办非企业单位总数	教育类	科技类	民政类
2003	1	1	0	2010	2	1	1	0
2004	1	1	0	2011	5	3	1	1
2005	1	1	0	2012	5	3	1	1
2006	1	1	0	2013	11	9	1	1
2007	1	1	0	2014	11	9	1	1
2008	1	1	0	2015	12	10	1	1
2009	2	1	1	2016	12	10	1	1

第十一节　社会救助

一、最低生活保障

1999 年 1 月，县政府下发《乐安县城镇居民最低生活保障制度暂行办法》，乐安县城市最低生活保障在鳌溪镇和中央、省属企业困难职工中开始实施。10 月 1 日，国务院《城市居民最低生活保障条例》实施。2000 年 7 月，保障范围扩展到公溪镇、龚坊镇、戴坊镇、牛田镇、招携镇。2001 年扩大到全县 21 个乡镇（场）。低保工作严格规范申请方式和审批程序，由居委会、乡镇政府、民政局层层审查报批，“三榜”定案确认后发给领取证，每月到居委会领取低保金。

2002 年年初，最低生活保障工作按要求做到“应保尽保”，全县保障人数超过万人。10 月，开始按动态管理要求，每半年对低保对象进行核查，视家庭经济变化情况随时调整。

2004 年 8 月，按照上级民政部门的要求，对全县最低生活保障对象进行清理整顿。

2005 年乐安县被市民政局评为城市居民最低生活保障工作先进单位。2006 年、2007 年、2008 年、2010 年、2013 年先后 5 次被省民政厅评为全省社会救助先进县。

2006—2016 年乐安县城镇最低生活保障金发放情况表

表 10-1-9　　单位：元、户、人、万元

年份	保障标准	低保户数	保障人数	实发金额	年份	保障标准	低保户数	保障人数	实发金额
2006	70	4905	8175	57.27	2012	220	4696	7767	17.10
2007	80	4753	8002	64.90	2013	240	4669	7639	18.32
2008	110	4503	7662	83.54	2014	270	4259	6972	18.78
2009	125	4780	7927	99.17	2015	290	4329	7026	20.37
2010	180	4757	7870	14.14	2016	320	4265	6855	21.89
2011	200	4898	8106	16.20	—	—	—	—	—

2006年9月25日，县政府下发《乐安县农村居民最低生活保障制度实施办法》，实施农村最低生活保障。按农村低保工作严格规范申请方和审批程序，由村委会、乡镇政府、民政局层层审查报批，“三榜”公示确认后发给农村低保证。农村低保对象分为常补对象和非常补对象两大类，实行动态管理。落实农村低保评议制度，组建农村评议人员库。村评议人员库由本村村“两委”人员、党员代表、村民代表、人大代表、政协委员组成，一般由40～50人组成。乡镇评议人员库由乡镇分管领导、民政所长、人大代表、政协委员、乡镇干部、居委会主任、居民党员代表、村委会主任、农村党员代表组成，一般由20～30人组成，人员经乡镇（场）党委、政府研究后报县民政局低保办备案。评议人员库人选原则上每两年更换1次。2014年1月，落实国家公职人员和村（居）“两委”成员亲属享受城乡低保待遇备案制度。

2015年开始，农村低保与精准扶贫相衔接，对低保户中的贫困户自主提高5%。2016年9月，开始实施居民家庭经济状况核对制度，所有新增人员和已享受人员进行线上经济状况核对。

2006—2016年乐安县农村最低生活保障金发放情况表

表10-1-10　　单位：元、户、人、万元

年份	保障标准	低保户数	低保人数	实发低保金	年份	保障标准	低保户数	低保人数	实发低保金
2006	70	2675	7303	116.10	2012	170	7863	11912	1717.44
2007	70	3019	8019	280.60	2013	200	8281	11741	1933.48
2008	90	5032	11753	753.10	2014	220	8851	11349	1847.42
2009	110	5874	11563	990.86	2015	240	9635	11485	2327.69
2010	110	6333	11634	1062.50	2016	270	9611	11305	2738.70
2011	130	7020	11813	1394.81	—	—	—	—	—

二、城乡医疗救助

2006年，县政府下发《关于印发乐安县城乡医疗救助实施办法的通知》，全县开始实行医疗救助。

救助对象　城市低保对象中患指定病种未参加城镇居民医疗保险的人员；城市低保对象中患指定病种已参加城镇医疗保险，但个人负担较重的人员；农村低保对象和五保供养对象，患指定病种未参加当地新型农村合作医疗的人员；农村低保对象和五保供养对象，患指定病种已参加当地新型农村合作医疗，但个人负担医疗费过高的人员。

医后救助　救助对象一般按其个人（家庭）支出医药费总额的20%救助。农村低保对象、五保供养对象和城市低保的非常补对象一年累计救助不超过4000元；城市低保常补对象一年累计救助金额不超过6000元。对确属特别困难的人员，经县级以上人民政府批准，可酌情提高救助标准，但城市低保对象一年累计救助金额不超过2万元，农村低保对象、五保供养户一年累计救助金额不超过1.2万元。

2008年始，资助城乡低保对象、农村五保供养对象参加城镇居民基本医疗保险和新型农村合作医疗保险。

医前救助　2010年开通医前救助。医前救助对象：城乡低保户、农村五保户、县政府审定的其他特殊困难人员。

医前救助病种　恶性肿瘤；尿毒症（肾衰竭）；重症肝病（肝硬化或急性肝坏死）；脑中风；急性心肌梗塞；急性坏死性胰腺炎；外伤

性重要脏器破裂；颅脑损伤；急性上消化道大出血；重症精神病（精神分裂症、双相情感障碍、器质性精神障碍）；红斑狼疮；脑性瘫痪；单次医疗费用在2万元以上的其他病种。

医前救助方式　城乡低保户、农村五保户和其他特殊困难人员身患规定病种又确无钱医治的，经审查批准后，可在县民政局指定的医前救助定点医院享受一次性限额为600～1500元的医前救助。医前救助年内原则上只能享受1次。

救助申请、审核、审批程序　申请程序。申请受助人须提供居民身份证、户口本、低保证、五保证等有关身份证件，各定点医院负责审查受助申请人的相关身份证件，出具疾病证明并由院长或分管院长签字负责；审核、审批程序。县民政局低保办工作人员审核申请受助人提供的相关材料，凡符合条件的对象进行登记并录入乐安县社会救助网数字库，提出医前救助意见，由民政局领导审批，并下发《医前救助通知单》，各定点医院凭《医前救助通知单》办理医前救助。

2013年，县民政局印发《关于进一步规范和完善城乡医疗救助制度的通知》，进一步明确医疗救助对象：城乡低保对象；农村五保供养对象；城镇“三无”（无劳动能力、无生活能源、无法定赡养人或无赡养能力）对象；残疾军人、“三属”（烈士家属、病故军人家属、失踪军人家属）人员、“两红”人员（退休红军老战士、失散红军人员）、在乡老复员军人、带病回乡退伍军人、农村和城镇无工作单位且生活困难的参战参试退役人员；尚未纳入城镇职工基本医疗保险的企业在岗和退休军转干部及1953年底前参军后在企业退休的军队退役士兵；因已支付高额医疗费用或需长期依靠治疗维持，而造成家庭支出贫困的低收入家庭患者。

救助比例　医疗救助对象在农医、医保等报销后所剩余的个人负担部分给予医疗救助。救助比例为：农村五保户100%；城乡低保户患12种大病30%～40%，患其他病种20%～30%；城乡低保边缘户患病10%～20%；但救助对象个人年内累计救助资金总额低保户、五保户不超过5万元，其他对象不超过4万元。

2015年，对农村建档立卡低保户自主提高5%。

2016年，对各种对象救助比例调整为：特困供养人员按100%给予救助。全年累计救助不超过4万元。最低生活保障对象按不低于70%的比例给予救助，全年累计救助不超过3万元。“六类对象”和“两类人员”按不低于50%的比例给予救助，全年累计救助不超过2万元。

重大疾病住院救助　城乡救助对象因患重大疾病住院，经基本医疗保险及城乡居民大病保险、各类补充医疗保险、商业保险报销后，医疗救助政策范围内个人自负部分按以下标准予以救助：特困供养人员按100%给予救助，全年累计救助不超过5万元；最低生活保障对象、“六类对象”和“两类人员”按不低于70%的比例给予救助，全年累计救助不超过3万元。建档立卡贫困户范围内的农村低保对象，在重大疾病医疗救助时，按省里要求再相应提高救助比例；14周岁以下贫困家庭儿童重大疾病患者按不低于80%的比例给予救助，全年累计救助不超过5万元；建档立卡贫困户患重大疾病超过1万元以上的，按50%的比例救助，全年累计救助封顶线为3万元；支出型贫困低收入家庭患重大疾病超过2万元以上的对象，按50%的比例救助，全年累计救助封顶线为3万元；对于发病率极低，治疗费用巨大的罕见病（患病人数占总人口0.65‰～1‰的疾病），在救助比例上再提高5个百分点。

三、“五保”供养

农村五保（保吃、保穿、保住、保医、保葬）供养工作，国家和各级政府极为重视。中华人民共和国成立后，五保供养资金由乡、村自筹解决，逐步过渡到国家财政直接负担。2004年10月，省民政厅、省财政厅、省发改委联合发文规定五保对象认定、审核、审批和发证等办法，确定五保供养标准：集中供养对象年供养标准1200

元，分散供养对象年供养标准 800 元。2005 年全县确定五保供养对象 1580 人，发放五保供养金 123.8 万元。2006 年 7 月至 2008 年 3 月集中供养对象 1800 元 / 年，分散供养对象 1000 元 / 年。

2006—2016 年乐安县五保对象供养标准表

表 10-1-11　　　　单位：元 / 月 / 人

年份	分散供养	集中供养	年份	分散供养	集中供养
2006	83.33	150	2012	180	260
2007	83.33	150	2013	220	285
2008	100	150	2014	260	330
2009	105	180	2015	260	350
2010	110	200	2016	290	380
2011	130	220	—	—	—

四、临时救助

城乡困难群众临时救助制度，是指对在日常生活中由于临时性、突发性原因造成基本生活出现暂时困难的低收入家庭，给予非定期、非定量生活救助的制度。2009 年乐安县相继发生干旱、风雹、洪涝、山体滑坡、泥沙流等多种自然灾害，临时救助城乡困难群众 72 人，救助资金 11.52 万元。

根据 2014 年《国务院关于全面建立临时救助制度的通知》《江西省人民政府关于健全临时救助制度的通知》和 2015 年《抚州市人民政府关于进一步健全完善临时救助制度的通知》要求，2016 年，县政府下发《乐安县城乡困难群众临时救助实施细则》，城乡困难群众临时救助有规可循。2016 年临时救助城乡困难群众 388 人，救助资金 140.76 万元。其中特别救助 6 人，救助资金 7.56 万元。

2009—2016 年临时救助情况表

表 10-1-12　　　　单位：人、万元

年份	救助对象		小计	救助资金		救助资金合计
	城镇	农村		城镇	农村	
2009	10	62	72	1.85	9.67	11.52
2010	11	67	78	2.11	11.9	14.01
2011	31	52	83	6.22	10.96	17.18
2012	34	99	133	8.85	19.71	28.56
2013	55	115	170	15.25	27.74	42.99
2014	71	173	244	20.09	48.08	68.17
2015	68	209	277	21.75	58.05	79.8
2016	107	275	388	37.41	95.79	140.76

第二章　老区建设与扶贫移民

乐安是革命老区，从第二次国内革命战争起，乐安便处于革命根据地前哨，是中央苏区的北大门。中华人民共和国成立后，特别是改革开放以后，乐安经济社会得到较大发展，但由于种种原因，发展明显滞后，与全国全省的差距仍然较大，党和政府十分关心革命老区的经济社会发展和人民生活改善，自 20 世纪 80 年代开始大力扶持革命老区县、特困乡村的生产，加大基础设施建设投入，通过扶持开发，改善老区贫困群众的生产条件，提高生活水平。

第一节　机构人员

1980 年成立乐安县革命老根据地建设委员会（简称“县老建委”），领导管理全县革命老区建设工作，县委主要领导兼主任，县政府分管领导兼副主任，县计划委员会、财政局、农业局、林业局、水电局、交通局、民政局、文教局、卫生局、科学技术委员会、中国人民银行乐安支行、中国农业银行乐安支行、中国人民建设银行乐安支行等单位领导为委员。县老建委下设办公室（简称“县老建办”）为副科级机构，办公室设在县民政局。1987 年 2 月县老建办升格为正科级机构。1992 年 1 月，县老建办与县民政局分开，经费编制单列，定编 4 人。1996 年 10 月，根据乐安县委《关于实施乐安县党政机构改革方案的通知》，县革命老根据地建设委员会办公室牌子挂入县民政局。

2002 年 10 月，根据《乐安县县乡党政机构改革实施方案》，设立县扶贫开发领导小组办公室（简称“县扶贫办”），为县扶贫开发领导小组常设办事机构，增挂县革命老根据地建设委员会办公室牌子，实行一套人马，两块牌子，设行政事业编制 9 个。

2010 年 6 月，根据《乐安县人民政府机构改革实施方案》，组建县扶贫和移民局，为县政府正科级工作部门。原县扶贫办、县民政局移民办公室（20 世纪 80 年代以前，县内移民安置管理工作由县计划委员会负责，1993 年，设立移民工作办公室，归口县民政局管理。1997 年更名为县民政局移民工作办公室。）的职责整合划入县扶贫和移民局，不再保留县扶贫办。县扶贫和移民局挂县革命老根据地建设委员会办公室牌子，实行“一套人马、两块牌子”。2016 年有行政编制 8 个，在岗 12 人；事业编制 11 个，在岗 7 人。内设办公室、社会扶贫与科技培训、搬迁移民、产业指导 4 个职能股室。2016 年 4 月成立乐安县扶贫统计监测中心，为其下属正股级全额拨款事业单位。

1987—2016年，历任局长（主任）：黄林荣、陈年生、王冬生、何元民、胡宜兆、曾文辉。

第二节　老区建设与扶贫工作

一、老区与贫困乡村

1980 年，国家将农民人均年纯收入不足 50 元、人均年口粮不足 225 千克的老区乡镇列为特困乡镇，进行重点扶持。抚州地区有特困乡镇 16 个，乐安县的金竹、谷岗和坪溪 3 个乡列入其中。1985 年，将农民人均年纯收入标准调整为不足150元列为特困乡镇。抚州地区有特困乡镇34个，乐安县的金竹、谷岗、坪溪、招携、湖坪、罗陂、万崇、牛田、潭港和航桥10个乡镇列入其中。1994年，将农民人均年纯收入调整为不足530元列为特困乡镇。抚州地区有特困乡镇41个，乐安县的金竹、谷岗、坪溪、湖坪、罗陂、万崇、牛田、航桥和龚坊9个乡镇列入其中。

1990年8月24日，江西省政府下发《关于核定全省革命老根据地乡、镇、场的通知》，确定乐安县的湖溪、龚坊、航桥、山砀、鹏洲、万崇、罗陂、湖坪、潭港、增田、望仙、南村、坪溪、谷岗、金竹、鳌溪、戴坊、牛田、招携、大马头垦殖场20个乡镇（场）为革命根据地老苏区；公溪镇为游击区。老区人口29.4万人，占全县总人口94.36%。

2000年8月31日，县人民政府向省老区建设委员会提交《关于请求将我县列入二十一世纪国家扶贫县的报告》，报告称：1997年乐安县农民人均年纯收入1172.56元，1998年农民人均年纯收入1015.5元，1999年农民人均年纯收入1054.33元。3年的农民人均年纯收入平均为1080.79元。全县农民人均年纯收入在1000元以下的乡镇15个，占75%；贫困村133个，占63.3%；农民人均年纯收入在700元以下的贫困人口85561人，占农业人口30%，800元以下的有124150人，占农业人口的43.5%。全县90%以上的农民收入来源主要依赖于农业，尤其是粮食生产。据此申报国家新阶段扶贫开发工作重点县。

2002年2月，国务院扶贫开发领导小组将乐安县列为国家新阶段扶贫开发工作重点县。2011年12月，国务院发布《中国农村扶贫开发纲要（2011—2020年）》，将乐安县列为罗霄山脉集中连片特殊困难地区县。2012年6月国务院印发《关于支持赣南等原中央苏区振兴发展的若干意见》，将乐安县列为原中央苏区振兴县。至此，乐安是江西省11个“三项政策全覆盖县”之一，成为扶贫开发主战场。

扶贫开发实行动态管理。“十五”期间确定谷岗乡水口村等28个村为全县扶贫开发工作重点村。“十一五”期间确定金竹乡引水村等87个村为全县扶贫开发工作重点村。“十二五”期间确定金竹乡深坵村等87个村为全县扶贫开发工作重点村。“十三五”期间确定谷岗乡圭峰村等69个村为全县扶贫开发工作重点村。

2001—2016年乐安县贫困开发重点村一览表

表10-2-1

乡镇	“十五”贫困村 2001—2005	“十一五”贫困村		“十二五”贫困村 2011—2015	“十三五”贫困村 2016—2020
		原定名单 2006—2010	增补名单 2008—2010		
谷岗乡	水口、汤山、火嵊	谷岗、王坊、登仙桥	板岭、四青、坳下	圭峰、水口（坪坑、下堡）、火嵊（金竹、小港）、板岭、四青、凹下	王坊、四青、圭峰、水口、登仙桥
南村乡	前团、炉同	大里、樟坑、南村	望下、太平、茅岗、车头	努坪、管坊、山心、望下、太平、茅岗、车头	炉桐、西坑、前团、努坪、大里
金竹乡	联村、深坵、严杭、大通	金竹、坪溪、引水、半坪	流舍、徐庄	深坵（芳草）、金竹（竹员）、坪溪（炉元）、联村、流舍、徐庄	金竹、半坪、引水、严杭、大通

续表 10-2-1

乡镇	"十五"贫困村 2001—2005	"十一五"贫困村		"十二五"贫困村 2011—2015	"十三五"贫困村 2016—2020
		原定名单 2006—2010	增补名单 2008—2010		
招携镇	茶园、南槽、东炉、肖坊、尧坊、望仙	午田、瓦子场、高望、港田、山湾、杭村	坪头、坝上、青里	汗上、坪上、南槽（曲港）、望仙（白荷）、夻田、坪头、坝上、青里	瓦子场、午田、杭村、山湾、高望、尧坊
罗陂乡	力下、棠溪	右源、罗陂、云下	罗田、杏园	水溪、棠溪（上洋）、力下、罗田、杏园	罗陂、云下、右源、水溪
湖坪乡	参陂、西头	汉上、贺立、坊塘	长富、中村、街上	善和、东山、西头、长富、中村、街上	坊塘、贺立、汉上、东山
万崇镇	桐山、安里	坪背、盐丰、池头	上罗、丰林	陂汗、桐山、安里、上罗、丰林	坪背、池头、上罗、盐丰
牛田镇	高坪、南安、谢家	流坑、员陂、峡圳、水南	牛田、傍安、麻坑	南羊（羊家岭）、峡圳、流坑、牛田、傍安、麻坑	员陂、峡圳、水南、南羊、流坑
龚坊镇	同富、般坊	浯塘、南边、大垅	长罗、濂坑	炉下、黄乐、陀上、长罗、濂坑	同富、浯塘、大垅、南边
湖溪乡	甘田、小陂	尧门、湖溪、沙港	康村、梅溪	东堆、社背、小陂（石同）、康村、梅溪	甘泉、湖溪、尧门、沙港
鳌溪镇	—	东坑	店元、咸溪、下陂、大元	青山、桥陂、店元、咸溪、下陂、大元	罗山、赖村、案山、潭港、桥陂
戴坊镇	—	沙堆	丰秋、横江、古竹、树下、村前	甘竹、龙兴、横江、古竹、树下、村前	麦坑、朱元、上林、中心、白石
山砀镇	—	口前	流坊、航桥、田下、荷塘、厚坊	黄家、流坊、航桥、田下、荷塘、厚坊	航桥、草坑、荷塘、太坊
公溪镇	—	芜头	莲塘、杨家、陈家	武家、公溪、莲塘、杨家、陈家	荷陂、乐家、新居、芜头
增田镇	—	小池	王沙、温田、瑶前	带陂、东湖、增田、王沙、瑶前	东湖、瑶前、温田、长江
大马头	—	召尾	—	—	召尾
合计	28	41	46	87	69

二、定点挂钩扶贫开发

20世纪80年代开始，党和政府高度重视老区建设和扶贫工作，关注革命老区以及偏远贫困地区人民群众的生产生活，各级党政机关和企事业单位派出专职干部到老区、偏远贫困区定点挂钩，支援当地建设，改善贫困地区生产生活条件，帮助群众尽快脱贫致富。1986年以后，先后有中国人民财产保险股份有限公司、国家民族事务委员会2个中央国家机关，江西省审计厅、烟草公司等21个省直机关、省属企事业单位，抚州市人民政府办公室、抚州医学分院等49个市直机关、市属企事业单位先后到乐安县，定点挂钩县、乡、村、户，驻村包片，一对一结对帮扶，面对面解困排难。这些挂点单位以扶贫攻坚为己任，主动为贫困村贫困户办实事、做好事、解难题，充分发挥各自人才、技术、信息、资金等资源优势，与贫困村贫困群众携手共建，帮助扶持贫困人口脱贫致富，取得良好效果。

2001—2016年中央、省、市单位乐安扶贫定点情况表

表10-2-2

挂点单位	帮扶对象	挂点单位	帮扶对象
中国人民财产保险股份有限公司	乐安县	国家民族事务委员会	乐安县
江西省审计厅	罗陂乡棠溪村	江西省国家安全厅	坪溪乡
江西财经大学	戴坊镇沙堆村	江西省电力公司	山砀镇口前村
江西中烟南昌卷烟厂	湖溪乡沙港村	江西省民族宗教事务局	金竹畲族乡联村
江西省科学院	招携镇南槽村	江西省机械行业管理办公室	谷岗乡水口村
江西省烟草公司	南村乡努坪村	江西省建工集团	招携镇望仙村
东华理工大学	罗陂乡棠坵村	江西省工商联	增田镇瑶前村
江西省公路桥梁工程局	金竹畲族乡深坵村	江西省医药公司	金竹畲族乡坪溪村
江西省农业发展银行	金竹畲族乡半坪村	江西省国税局	南村乡炉桐村
中国新闻社江西分社	谷岗乡圭峰村	江西建设职业技术学院	谷岗乡圭峰村
江西省建工集团	牛田镇流坑村	江西中烟南昌卷烟厂	罗陂乡右源村
江西省农垦事业管理办公室	万崇镇盐丰村	抚州市畜牧兽医局	龚坊镇炉下村
抚州市政府办公室	龚坊镇般坊村 山砀镇田下村	抚州市水利局	湖溪乡小陂村、 山砀镇航桥村
建设银行抚州分行	龚坊镇同富村	抚州市体制改革委员会	谷岗乡汤山村
抚州医学分院	湖溪乡甘泉村	抚州市国家税务局	牛田镇谢家村
抚州联通公司	谷岗乡水口村	抚州市旅游局	牛田镇南安村
抚州日报社	南村乡炉桐村	抚州市招商引资中心	牛田镇高坪村
抚州市人事局	南村乡前团村	抚州市农村工作办公室	招携镇茶园村 湖坪乡贺立村
抚州市审计局	罗陂乡棠溪村 公溪镇荷陂村	抚州市教育局	戴坊镇白石村 戴坊镇麦坑村
抚州移动公司	罗陂乡力下村 公溪镇荷陂村	抚州广播电视大学	招携镇望仙村 湖溪乡湖溪村
抚州市供销社	湖坪乡参陂村 牛田镇员陂村	抚州市委党校	招携镇东炉村 招携镇山湾村

续表 10-2-2

挂点单位	帮扶对象	挂点单位	帮扶对象
抚州市体育局	招携镇尧坊村	抚州新闻出版局	湖坪乡西头村
抚州市机电局	万崇镇桐山村	中国银行抚州市分行	招携镇肖坊村
抚州医药公司	金竹畲族乡深坵村 招携镇南槽村	抚州市委农工部	龚坊镇炉下村 湖坪乡贺立村
抚州人民保险公司	金竹畲族乡严杭村	抚州石油公司	金竹畲族乡大通村
抚州市商务局	谷岗乡火嵊村	抚州市供电局	万崇镇安里村
抚州市民族宗教事务局	金竹畲族乡联村村	抚州市粮食局	南村乡管坊村
抚州市接待办	山砀镇田下村	抚州市气象局	万崇镇陂汗村
抚州市烟草专卖局、 抚州市农业开发办	湖坪乡贺立村	抚州市交警队 抚州市种子管理局	牛田镇旁安村
抚州市民政局、 抚州市无线电管理局	谷岗乡水口村	抚州市农业开发办 抚州市医药公司	招携镇南槽村
抚州市商务局	公溪镇公溪村	抚州市安监局	龚坊镇大垅村
抚州市司法局	公溪镇荷陂村	抚州市水利局	山砀镇航桥村
中石化抚州分公司	牛田镇员陂村	抚州市地税局	增田镇东湖村
抚州市投资发展有限公司	牛田镇流坑村	抚州市银监分局	南村乡管坊村
抚州市高速公路支队	公溪镇公溪村	抚州市盐业公司	万崇镇陂汗村

2016年乐安县直单位扶贫定点情况表

表 10-2-3

挂点单位	帮扶对象	挂点单位	帮扶对象
发改委	鳌溪镇店元村	残联	龚坊镇南边村
县委办、党史办、接待办	鳌溪镇桥背村	信访局	龚坊镇大泷村
		二轻局	招携镇午田村
住建局	鳌溪镇下罗村、下岭村	统战部、工商联	龚坊镇同富村
纪委	山砀镇流坊村、厚坊村、 桐江村、黄家村	财政局	戴坊镇小曹村、鹏洲村、 仲溪村、古竹村
城管局	鳌溪镇咸溪村	建设银行乐安支行	戴坊镇龙兴村
供销社	鳌溪镇案山村	移动乐安分公司	万崇镇池头村
商务局	鳌溪镇大元村	畜牧兽医局	戴坊镇红光村
团县委、妇联	鳌溪镇罗山村	党校	戴坊镇上林村
科协	鳌溪镇桥陂村	公安局	牛田镇流坑村
医保局	鳌溪镇鳌溪村	环保局	南村乡车头村
编办	鳌溪镇咸口村	人民银行乐安支行	戴坊镇沙堆村
政法委	公溪镇公溪村	工商银行乐安支行	戴坊镇丰秋村
总工会	公溪镇丁垅村	县第一中学	戴坊镇甘竹村
文广局	公溪镇陈家村	县第二中学	戴坊镇竹山村

续表 10-2-3

挂点单位	帮扶对象	挂点单位	帮扶对象
物价局	公溪镇乐家村	人大机关	牛田镇麻坑村
重点办	公溪镇新居村	卫计委	牛田镇牛田村
中国银行	公溪镇莲塘村	民政局	牛田镇傍安村
人武部	万崇镇池头村	流坑管理局	牛田镇流坑村
就业局	山砀镇口前村	林业局	戴坊镇村前村树下村、横江村
网络公司	大马头乡召尾村	人社局	万崇镇丰林村
农业局	山砀镇山砀村、田下村	气象局	万崇镇上罗村
国税局	龚坊镇般坊村、濂坑村	进修学校职业中学	万崇镇桐山村
工业园区	龚坊镇黄乐村、长罗村	粮食局	万崇镇安里村
农工部	龚坊镇南边村	政府办	招携镇港田村汙上村
农业开发办	招携镇肖坊村	新华书店	招携镇高望村
水利局	招携镇望仙村、坪上村	邮政局	招携镇杭村村
蚕桑局	招携镇坝上村	国土局	招携镇南槽村青里村
中国人寿保险乐安支公司	招携镇茶园村	组织部	南村乡太平村、南村村
交通局	增田镇王沙村、小池村	供水公司	南村乡南村村
检察院	大马头乡下陂村、龙虎岭村	农业银行	南村乡望下村
宣传部、社联、机关事务管理局	增田镇增田村、西边村	交警大队、招商局、外贸局	湖溪乡梅溪村、东堆村、小陂村
老干局	增田镇长江村	抚州长运乐安分公司	南村乡樟坑村
统计局	湖坪乡坊塘村	工信委	南村乡山心村
行政服务中心、文联	增田镇瑶前村 湖坪乡贺立村	旅游局、物资局	罗陂乡水溪村
科技局	南村乡管坊村	森林公安局	罗陂乡棠溪村
邮政银行乐安支行	南村乡炉桐村	烟草专卖局	南村乡大里村
教育局	湖坪乡善和村、中村村	安监局、电信公司	罗陂乡右源村
人防办	湖坪乡参陂村	供电公司	谷岗乡登仙桥村
审计局	湖坪乡长富村、街上村	政协机关	湖溪乡康村村、社背村
中小企业局	湖坪乡东山村	社保局	湖溪乡湖溪村
中国财保乐安支公司	增田镇石陂村	地税局	金竹畲族乡联村村
扶贫和移民局	罗陂乡力下村	公安局	谷岗乡谷岗村、汤山村、板岭村
公共资源交易中心	大马头乡召尾村	农机局	谷岗乡登仙桥村
房管局	谷岗乡凹下村	法院	金竹畲族乡坪溪村
信用联社、中国联通乐安分公司	湖坪乡西头村	市场和质量监督管理局	金竹畲族乡徐庄村
公路分局	谷岗乡圭峰村	司法局	金竹畲族乡流舍村
农保局	金竹畲族乡严杭村	档案局	戴坊镇中心村

2015年7月，县委根据市委要求从县直单位和部门抽调248名干部，组成80个“连心”小分队下到所联系村开展党员干部进农村、进社区、进基层、进网络，联系基层群众、联系基层干部、联系服务对象、联系广大网民，帮助化解矛盾、帮助精准扶贫、帮助产业发展、帮助村（镇）社区建设的“四进四联四帮”活动，分年度下派“连心”小分队，坚持吃住在“连心”村，工作在“连心”村。小分队到“连心”村工作后，紧扣信访维稳、精准扶贫、基层组织建设等三大重点任务，认真履行工作职责，取得较好的工作成效，得到基层组织和群众的广泛好评。

2016年乐安县直单位“连心”小分队挂点情况表

表10-2-4

挂点单位	挂点村	挂点单位	挂点村	挂点单位	挂点村
发改委	鳌溪镇桥陂村	党校	戴坊镇良元村	教育局	湖坪乡汉上村
县委办、接待办、党史办	鳌溪镇潭港村	人大机关	牛田镇南羊村	审计局	湖坪乡坊塘村
住建局	鳌溪镇罗山村	卫计委	牛田镇水南村	中小企业局	湖坪乡东山村
中国移动乐安分公司	鳌溪镇赖村村	民政局	牛田镇峡圳村	统计局	湖坪乡中村村
城管局	鳌溪镇青山村	人武部	万崇镇池头村	扶贫和移民局	罗陂乡云下村
供销社	鳌溪镇案山村	人社局	万崇镇盐丰村	森林公安局	罗陂乡罗陂村
商务局	鳌溪镇东坑村	气象局	万崇镇上罗村	旅游局、物资局	罗陂乡水溪村
团县委、妇联	鳌溪镇林头村	进修学校	万崇镇坪背村	安监局	罗陂乡杏园村
科协、文联	鳌溪镇咸溪村	粮食局	万崇镇陂汗村	电信公司	罗陂乡罗田村
政法委	公溪镇新居村	政府办	招携镇瓦子场村	政协机关	湖溪乡尧门村
总工会	公溪镇乐家村	水利局	招携镇高望村	社保局	湖溪乡沙港村
文广局	公溪镇芜头村	邮政局	招携镇杭村村	交警大队	湖溪乡甘泉村
物价局	公溪镇武家村	国土局	招携镇午田村	招商局、外贸局	湖溪乡梅溪村
重点办	公溪镇杨家村	农业开发办	招携镇尧坊村	公安局	谷岗乡四青村
市场和质量监督管理局	金竹畲族乡严杭村	蚕桑局城投公司	招携镇东炉村	公共资源交易中心	谷岗乡王坊村
就业局	山砀镇草坑村	检察院	大马头乡召尾村	房管局	谷岗乡水口村
网络公司	山砀镇荷塘村	二轻局	招携镇夻田村	供电公司	谷岗乡登仙桥村
农业局	山砀镇龙义村	交通局	增田镇温田村	公路分局	谷岗乡火嵊村
国税局	龚坊镇同富村	宣传部	增田镇瑶前村	农机局	谷岗乡凹下村

续表 10-2-4

挂点单位	挂点村	挂点单位	挂点村	挂点单位	挂点村
工业园区	龚坊镇浯塘村	老干局	增田镇长江村	地税局	金竹畲族乡金竹村
农工部	龚坊镇南边村	行政服务中心	增田镇带陂村	法院	金竹畲族乡引水村
残联	龚坊镇炉下村	机关事务管理局	增田镇社区	纪委	山砀镇太坊村
信访局	龚坊镇陀上村	组织部	南村乡西坑村	司法局	金竹畲族乡大通村
统战部、工商联	戴坊镇朱元村	环保局	南村乡前团村	农保局	金竹畲族乡深坵村
财政局	戴坊镇中心村	工信委	南村乡努坪村	档案局	大马头乡石塘村
林业局	戴坊镇上林村	烟草专卖局	南村乡大里村	新华书店	招携镇坪头村
畜牧兽医局	戴坊镇戴坊村	科技局	南村乡茅岗村		

三、扶贫开发

20世纪80年代以来，乐安县老区建设和扶贫开发工作大致经历4个阶段。

第一阶段（1986—1993年）：大规模开发式扶贫，以加强贫困地区基础设施建设，改善基本生产条件为重点。这一阶段县域重点抓解决金竹、坪溪、谷岗3个乡的深度贫困村村民温饱问题，围绕“两个稳定，三个转变”开展扶贫，即稳定解决贫困人口基本温饱，稳定解决贫困村民收入来源；在扶贫资金上由分散使用转变为联合统筹集中攻坚，在扶贫效益上由短期治标转变为长期治本，在扶贫功能上由行政指导转变为综合服务。

第二阶段（1994—2000年）：“八七扶贫攻坚”，这阶段按照《国家八七扶贫攻坚计划》要求，集中人力、物力、财力，动员社会力量，利用7年时间全力打好扶贫攻坚战，到20世纪末基本解决农村贫困人口的温饱问题；重点加强贫困乡村基础设施建设，解决交通、灌溉、用水、用电问题，确保贫困地区群众人畜饮水卫生安全，改变教育、文化、卫生的落后状况，基本普及初等教育，积极扫除青壮年文盲，开展成人职业技术教育和技术培训，使多数青壮年劳力掌握一到两门实用技术，改善医疗卫生条件，防治和减少地方病，预防残疾。1997年核定减免贫困村民1235户、4456人的农业税18.99万元，农业特产税6.36万元。1998年利用扶贫资金，帮助罗陂乡开发黄栀子，龚坊镇、湖坪乡发展蚕桑业，谷岗乡实施毛竹林改造，航桥乡发展油桐，牛田镇生产泽泻等。

第三阶段（2001—2010年）：扶贫开发以提高贫困群众收入、强化贫困群众自我发展、可持续发展的能力为目标，以扶贫开发工作重点村为主战场，以开发式、参与式扶贫为切入点。此阶段县域注重因地制宜地发展种植业、养殖业和加工业；发展横向经济联合，引进信息、资金、技术、人才和管理经验；开展对口支援；组织能工巧匠和技术力量帮助贫困地区培训科技人才。主要措施：一是产业发展脱贫，根据各乡村自然条件发展烤烟、蚕桑、黄栀子、蘑菇、大棚蔬菜、毛竹林、油茶林为主的扶贫产业；二是转移就业脱贫，开展技能、职业培训使贫困村民有一技之长，促进贫困地区劳动力转移就业，增强收入，2006年，举办电焊、电脑、缝纫、农机、驾驶等技能培训班12期，参加培训1196人次；三是易地整体搬迁脱贫，对“一方水土养不起一方人”的环境恶劣地区实施易地搬迁扶贫，2010年，兴建移民集中安置点13个，完成搬迁安置移民355户、1823人，其中集中安置341户、1759人，分散安置14户、64人。2009年8月，乐安县被批准为江西省以“县为单位、整合资金、整村推进、连片开发”试点县，获得试点项目资金1000万元，主要用于油茶、蚕桑、茶叶等扶贫产业发展。是年，实施农村困难户（优先安排五保户、农村低保户等）D级危房改造工程，对新建房屋的农户，给予每户1万元至1.5万元的补助；对维修房屋的给予1500元的补助；是年改造危房604户，其中新建483户、维修121户。至2016年全县共3809户困难农户进行房屋兴建和维修改造。

金竹畲族乡扶贫产业——茶叶基地

第四阶段（2011—2016年）：扶贫开发工作进入“啃硬骨头、攻坚拔寨”阶段。这一阶段针对不同贫困区域环境、不同贫困农户状况开展扶贫，方式仍然是延续以前的做法。2012年乐安县列为全国100个全省4个“雨露计划”实施方式改革试点县。是年全县有693名对象得到扶持，每人2000元，发放补助资金138.6万元。2013年有879名对象得到扶持，每人1500元，发放补助资金129.89万元。2014年确认县内贫困人口22483户、67437人，其中重点扶贫开发对象15775户、51615人，扶贫低保对象2455户、7027人，纯低保对象3646户、8076人，农村“五保”对象607户、719人。对确认的贫困人口，建档立卡，录入全国扶贫信息网络系统，做到户有卡、村有簿、县乡有电子档案。

2015年6月，习近平总书记在贵州考察时提出的精准扶贫，强调6个精准：对象要精准、项目安排要精准、资金使用要精准、措施到位要精准、因村派人要精准、脱贫成效要精准。精确帮扶，做到6个“到村到户”：基础设施到村到户、产业扶持到村到户、教育培训到村到户、农村危房改造到村到户、扶贫生态移民到村到户、结对帮扶到村到户。真正把资源优势挖掘出来，把扶贫政策含量释放出来。精准施策，通过进村入户，分析掌握致贫原因，逐户落实帮扶责任人、帮扶项目和帮扶资金。按照缺啥补啥的原则，宜农则农、宜工则工、宜商则商、宜游则游，实施水、电、路、气、房和环境改善“六到农家”工程，切实改善贫困群众生产生活条件；帮助发展生产，增加收入。精确管理，建立起贫困户的信息网络系统，将扶贫对象的基本资料、动态情况录入到系统，实施动态管理，做到户有卡、村有册、乡有薄、县有档。对贫困农户实行一户一本台账、一个脱贫计划、一套帮扶措施，确保扶到最需要扶持的群众、扶到群众最需要扶持的地方。

2016年，全县完成14856名贫困人口脱贫和15个贫困村“摘帽”，分别占全县贫困人口的49.9%和贫困村的21.7%。

1986—2016 年上级下达到县财政扶贫资金情况表

表 10-2-5　　单位：万元

年份	金额	年份	金额	年份	金额	年份	金额
1986	59.1	1994	44.0	2002	631.9	2010	1928.6
1987	61.9	1995	47.8	2003	642.4	2011	2610.07
1988	59.5	1996	36.0	2004	1005.2	2012	4965.29
1989	40.2	1997	75.7	2005	1094.1	2013	3501.45
1990	43.8	1998	99.2	2006	1668.1	2014	3636.25
1991	50.8	1999	166.4	2007	1569.7	2015	5555.94
1992	32.6	2000	195.9	2008	1437.2	2016	7296.05
1993	40.7	2001	218.9	2009	2282.22	合计	41096.97

2001—2005 年乐安县扶贫开发工作重点村扶贫成果表

表 10-2-6

村名	实施项目
金竹畲族乡大通村	1. 修建小通至锅坑、大通至王家汉、徐家庄至杨梅岭 3 条砂石公路 13 千米； 2. 兴建徐家庄桥 1 座； 3. 实施大通村饮水工程 1 个； 4. 新建王家汉村小教学楼 1 栋； 5. 实施移民扶贫斑竹岭 5 户 25 人、高无嶂 2 户 8 人、高排 2 户 11 人
金竹畲族乡联村畲族村	1. 修建联村至锅坑、联村至山吊石、锅坑至徐家寨 3 条砂石公路 10 千米； 2. 新建半坪村小教学楼 1 栋； 3. 实施联村组饮水工程 1 个； 4. 架设联村高压电 2 千米； 5. 实施移民扶贫樟树下 3 户 8 人
金竹畲族乡严杭村	1. 修建坪溪至严杭至炉元、严杭至胡竹坪、严杭至东汉等 3 条砂石路 9.8 千米； 2. 实施移民扶贫山坑库区 46 户 186 人
金竹畲族乡深坵村	1. 修建芳草至金竹、深坵至芳草 2 条砂石公路 13 千米； 2. 新建竹员村小教学楼 1 栋、深坵村小教学楼 1 栋； 3. 实施移民扶贫走马丘 8 户 32 人、小水 11 户 43 人、王泥坑 4 户 21 人
招携镇南槽村	1. 铺设铜锣形至曲港至午田水泥公路 7.5 千米； 2. 兴建港背桥、吓通桥各 1 座
招携镇东炉村	1. 铺设坪上至东炉水泥公路 2.8 千米； 2. 创建波尔山羊基地
招携镇茶员村	1. 新建沙垅至下保、下保至六头岭、沙垅至桃朱社、下保至山茶坳 4 条砂石公路 12.6 千米； 2. 兴建坝上桥 1 座； 3. 实施移民扶贫金半形 17 户 71 人
招携镇肖坊村	1. 铺设肖坊至毛家咀水泥公路 1.1 千米；新建毛家咀至东西龙茶富砂石公路 3 千米； 2. 实施山塘水库渠系配套工程

续表 10-2-6

村名	实施项目
招携镇望仙村	1. 改造望仙至白荷和云峰、白荷至白竹坳 3 条砂石公路 19 千米； 2. 实施望仙村饮水工程； 3. 群来龙、香火坑两座病险水库除险加固； 4. 实施移民扶贫龙脑上 16 户 71 人
招携镇尧坊村	1. 修建尧坊至小带砂石公路 4 千米； 2. 实施马加汗移民扶贫 21 户 97 人 3. 兴建尧坊村小教学楼 1 栋； 4. 兴建水陂 6 座；5. 创建银杏基地
南村乡炉桐村	1. 铺设车头至炉桐至稠溪水泥公路 8 千米； 2. 兴建炉桐村小教学楼 1 栋； 3. 架设稠溪高压电 3 千米； 4. 实施移民扶贫山星 15 户 77 人
南村乡前团村	1. 铺设前团至车头水泥公路 3 千米； 2. 兴建前团村小教学楼 1 栋； 3. 兴建水陂 1 座
谷岗乡水口村	1. 新建路南至坪坑、水口至下堡至不来坪元 3 条砂石公路 12 千米，铺设谷岗至水口水泥公路 8 千米； 2. 兴建水口河堤 146 米； 3. 实施“三清三改”工程； 4. 实施移民扶贫坪坑 4 户 26 人
谷岗乡火嵊村	1. 新建火嵊至小港、火嵊至拿坑至王泥坑 3 条砂石公路 10 千米； 2. 兴建金竹村小教学楼 1 栋、小港村小教学楼 1 栋； 3. 兴建水陂 4 座； 4. 实施移民扶贫火嵊村 22 户 79 人
谷岗乡汤山村	1. 改造方木坑至汤山至圭峰厂下砂石公路 16 千米； 2. 兴建郭上桥 1 座； 3. 兴建圭峰村小教学楼 1 栋，汤山村小教学楼 1 栋； 4. 兴建汤山河堤 140 米； 5. 实施“三清三改”工程； 6. 实施移民扶贫速水坑 25 户 122 人
罗陂乡棠溪村	1. 铺设罗陂至棠溪至上洋水泥公路 6 千米，改造尺江至田西砂石公路 3 千米； 2. 兴建水陂 2 座；3. 创建黄栀子基地； 4. 创建波尔山羊基地； 5. 实施移民扶贫大岭 9 户 38 人、大坑 10 户 37 人
罗陂乡力下村	1. 铺设力下至安乐水泥路 2 千米，改造罗田砂石公路 3 千米； 2. 兴建长坑水库
湖坪乡参陂村	1. 铺设参陂至湖坪水泥公路 6.2 千米，改造参陂至丁元砂石公路 4 千米； 2. 兴建将军桥长 20 米； 3. 兴建水陂 7 座； 4. 实施参陂村饮水工程； 5. 实施“三清三改”工程； 6. 实施冷水坑移民扶贫 17 户 79 人

续表 10-2-6

村名	实施项目
湖坪乡西头村	1. 铺设竹园至高屋下水泥公路 2.4 千米，改造圳上至上洋砂石公路 5 千米； 2. 兴建东沟桥、桐湖桥各 1 座； 3. 兴建水渠长 2000 米
万崇镇桐山村	1. 铺设桐山至万崇水泥路 3.5 千米； 2. 兴建桐山村小教学楼 1 栋； 3. 实施“三清三改”工程
万崇镇安里村	1. 铺设万崇至安里水泥公路 5 千米； 2. 兴建安里村小教学楼 1 栋
牛田镇南安村	1. 兴建南安大桥 30 米； 2. 铺设流坑至南安水泥公路 5 千米； 3. 兴建燕子岩水渠长 800 米
牛田镇谢家村	1. 铺设麻坑至谢家水泥公路 3.8 千米； 2. 开发桔园 1000 亩； 3. 开发蔬菜基地 20 亩
牛田镇高坪村	1. 实施乌泥坑灌溉工程； 2. 铺设水南至高坪水泥公路 7.2 千米； 3. 兴建官庄排灌站； 4. 创办蘑菇基地； 5. 实施“三清三改”工程
湖溪乡甘泉村	1. 铺设乐家庙至牛湾岭水泥公路 2.5 千米； 2. 兴建甘泉村小教学楼 1 栋
湖溪乡小陂村	1. 改造水西至下店至牛湾岭、水西至江家、康村砂石公路 3 条 24 千米； 2. 兴建小陂村小教学楼及石洞教学点 480 平方米； 3. 兴建水陂 4 座水渠长 800 米； 4. 兴建卫生院 1 栋； 5. 创建仙人掌基地； 6. 实施“三清三改”工程
龚坊镇般坊村	1. 兴建般坊村小教学楼 1 栋； 2. 实施般坊组饮水工程； 3. 兴建水陂 5 座； 4. 铺设濂坑至般坊水泥公路 4.2 千米； 5. 创建烟叶基地
龚坊镇同富村	1. 铺设坪下至同富水泥公路 4.5 千米； 2. 实施上边组饮水工程

第三节　移民安置与扶持

一、安置移民

2011年有关部门调查统计，中华人民共和国成立后，乐安县域有过3次较大规模的移民安置工作。第一次是1966—1971年，根据上级安排县内接收浙江省新安江水库转迁移民109户、324人，主要采取分散插队安置方式，分别安置在湖溪、公溪、山砀、戴坊、万崇、湖坪6个公社的17个生产队。第二次是1968年下半年至1970年，接收安置湖南省湘潭地区韶山灌区、水府庙库区的湘乡县、双丰县、华容县移民1080户、4750人，采取建队（移民单独新建生产队）和插队（移民分散安排到当地生产队）两种安置方式，分别安置在城关、石陂、增田、招携、南村、谷岗、龚坊、戴坊、公溪、牛田、万坊、湖坪、鳌溪13个公社。第三次是县内先后于1975年兴建东源水库，1992年兴建山坑水库，2004年兴建龙潭水库，3座中型水库兴建涉及南村、金竹和鳌溪3个乡镇的4个行政村14个村小组的移民搬迁，动迁村民605户、1809人。由县政府统一组织，相关乡镇具体实施移民搬迁工作，主要采取县内整体搬迁，建移民新村的安置方式，个别投亲靠友迁往异地。

二、扶贫搬迁移民

乐安县有1万多人居住在偏远深山区、库区（含水淹区）、地质灾害频发区，生存条件十分恶劣，面临“一方水土无法养育一方人”困境，单靠就地常规扶贫，不仅成本高、时间长、难度大，而且很难取得实效，需要采取异地移民搬迁，才能从根本上解决脱贫致富问题。2004年县委、县政府决定，对重点扶贫的偏远深山区、库区（含水淹区）和地质灾害频发区实施移民扶贫搬迁工程，围绕“整体搬得出、长期稳得住、逐步能致富”的目标，遵循“群众自愿、政府引导、分类安置、部门配套”的原则，将居住在生存环境恶劣地区的贫困人口分期分批迁出。经过十几年的努力，到2016年全县16个乡镇实施扶贫移民搬迁工程，共计兴建移民搬迁安置点132个，安置移民4269户，计19810人。

三、移民扶持和补助

外地移民迁至乐安后，鉴于安置地条件相对较差，移民背井离乡到陌生地重建家园遇到的困难和问题较多，国家对移民安置地的基础设施建设项目、产业开发项目给予资金扶持，以尽快改善移民的生活、生产条件。2006—2011年，国家对新安江水库移民乐安县安置地项目扶持资金83万元。其中用于建设基础设施63万元，建设公路5千米，修建桥梁1座，修建人畜饮水工程1个，输电线路1千米；用于扶持种植业10万元，用于扶持养殖业10万元。

2006年，贯彻落实《国务院关于完善大中型水库移民后期扶持意见》及《江西省大中型水库移民后期扶持政策实施方案》，对水库移民开展调查，将2006年6月30日前，户籍在乐安县内的原迁农村移民（不含已转为非农业户口的农村移民）及繁衍人口（含合法收养的人口）、娶入和入赘到移民户的非移民人口、嫁出和入赘到非移民户的原迁移民本人，以及上述人口中现役义务兵、接受国民教育的大中专院校在校学生列

谷岗乡板岭移民新村

入扶持范围，造册登记，核定全县享受国家后期扶持政策对象16249人。其中，新安江水库移民252人、湖南移民13434人、县内中型水库移民2438人、市外其他水库零散移民125人，每人每年由国家补助600元，从2006年7月1日起再扶持20年。

在移民扶贫搬迁工程中，2004—2010年，给予每人3500元的建房补助款。2011年提高到4000元，其中3500元直补到搬迁户，500元用于集中安置点的基础设施建设。搬迁户建房补助款实行“一卡通”管理，直接发放到户；基础设施建设经费实行报账制。2012年，乐安县荣获省委、省政府表彰的扶贫移民工作先进县，荣获省扶贫开发领导小组授予的扶贫开发工作先进县；荣获省扶贫和移民办、财政厅授予财政扶贫资金绩效考评先进单位A类奖，获得项目奖励资金150万元。2015年，上级批复水库移民项目118个，安排资金984.32万元。其中：后扶项目41个，资金346.32万元；经济发展项目66个，资金589万元；应急资金项目4个，资金20万元；小型水库移民解困项目7个，资金29万元。通过上述项目的实施，铺设移民安置区水泥公路主干道31千米；修建水利设施31处，新增灌溉面积2860亩；实施饮水工程8处，解决1214人饮水困难和饮水安全问题，打造移民安置区示范村建设11处，改善1540名移民生存环境。是年，实施“整体移民搬迁，工业园区安置”工程，在厚发工业区，安排土地100亩，建成移民安置房480套。

“十五”期间乐安县扶贫移民情况表

表10-2-7　　单位：户、人

乡镇	村委会	村小组	户数	人数
金竹畲族乡	大通村	斑竹岭	5	25
		高无嶂	2	8
		高　排	2	11
	联村畲族村	樟树下	3	8
	严杭村	山坑库区	46	186
	深坵村	走马丘	8	321
		小　水	11	43
		王泥坑	4	21
招携镇	茶员村	金半形	17	71
	望仙村	龙脑上	16	71
	尧坊村	马家汗	21	97
南村乡	炉桐村	山　星	15	77
谷岗乡	火嵊村	火　嵊	22	79
	水口村	坪　坑	4	26
	汤山村	速水坑	25	122
罗陂乡	棠溪村	大　岭	9	38
		大　坑	10	37
湖坪乡	参陂村	冷水坑	17	79
合计			237	1320

2004—2016年乐安县扶贫移民情况表

表10-2-8　　单位：个、户、人

年份	集中安置新村	安置移民	安置移民	年份	集中安置新村	安置移民	安置移民
2004	9	246	1108	2011	11	251	1260
2005	10	276	1287	2012	17	443	2096
2006	13	281	1314	2013	11	271	1272
2007	9	510	2210	2014	5	259	1281
2008	12	311	1549	2015	4	551	2546
2009	8	187	936	2016	10	362	1295
2010	13	321	1656	合计	132	4269	19810

2004—2016年乐安县搬迁移民搬迁安置点情况表

表10-2-9　　单位：户、人

搬迁安置时间	集中安置点名称	所在地点	户数	人数
2004	罗仔形移民新村	谷岗乡谷岗村	22	111
	上观移民新村	谷岗乡谷岗村	10	52
	古城邹家移民新村	公溪镇集镇附近	34	181
	贺立移民新村	湖坪乡贺立村	30	118
	冷水坑移民新村	湖坪乡参陂村	14	79
	龙潭移民新村	鳌溪镇集镇附近	75	325
	流舍移民新村	金竹乡流舍村	18	69
	北门山坑移民新村	鳌溪镇鳌溪村	34	131
	大马头山坑移民新村	大马头召尾村	9	42
2005	南田洲移民新村	谷岗乡板岭村	11	48
	谷坑移民新村	谷岗乡板岭村	15	78
	坑口移民新村	谷岗乡板岭村	22	117
	外火嵊移民新村	谷岗乡火嵊村	21	77
	周公前移民新村	金竹畲族乡引水村	14	55
	蛤蟆脑移民新村	牛田镇流坑村	124	580
	龙岗圩移民新村	牛田镇流坑村		
	水南移民新村	牛田镇水南村	23	107
	武蓺移民新村	万崇镇盐丰村	21	113
	杏坊移民新村	山砀镇杏坊村	25	112
2006	炉桐移民新村	南村乡炉桐村	16	82
	太平移民新村	南村乡太平村	19	94
	登仙桥移民新村	谷岗乡登仙桥村	18	92
	轩阳移民新村	谷岗乡登仙桥村	22	94
	板岭移民新村	谷岗乡板岭村	11	53

续表 10-2-9

搬迁安置时间	集中安置点名称	所在地点	户数	人数
2006	排上移民新村	罗陂乡棠溪村	13	74
	罗田移民新村	罗陂乡罗田村	59	233
	善和移民新村	湖坪乡善和村	8	42
	村前移民新村	湖坪乡参陂村	26	130
	街上鲁安社移民新村	增田镇增田村	32	164
	池头南斗岭移民新村	鳌溪镇池头村	13	59
	北门南斗岭移民新村	鳌溪镇鳌溪村	10	54
	水仔坑移民新村	鳌溪镇桥背村	20	84
2007	梅岭移民新村	湖坪乡长富村	27	131
	炉桐移民新村	南村乡炉桐村	10	70
	朝晖移民新村	南村乡前团村	25	125
	李家移民新村	公溪镇莲塘村	15	67
	白露移民新村	罗陂乡白露村	37	180
	潭岗移民新村	罗陂乡右源村	33	179
	斜元移民新村	鳌溪镇斜元村	204	737
	裴家移民新村	谷岗乡板岭村	15	73
	下堡移民新村	谷岗乡水口村	39	255
2008	曾家移民新村	罗陂乡棠溪村	25	123
	金坪移民新村	金竹畲族乡大通村	20	91
	元内移民新村	湖坪乡参陂村	17	83
	黄木堂移民新村	万崇镇坪背村	13	63
	上罗移民新村	万崇镇上罗村	62	298
	板岭移民新村	谷岗乡板岭村	25	122
	坪坑移民新村	谷岗乡水口村	10	61
	潭陂移民新村	南村乡管坊村	22	130
	和谐移民新村	南村乡南村村	33	160
	龙江移民新村	罗陂乡云下村	37	199
	港田移民新村	招携镇港田村	22	111
	流坑移民新村	牛田镇流坑村	25	108
2009	半坪移民新村	金竹畲族乡半坪村	33	147
	上坊移民新村	万崇镇坪背村	37	183
	山背移民新村	万崇镇盐丰村	11	51
	马家汗移民新村	招携镇尧坊村	17	76
	塔坪移民新村	招携镇下严村	32	156
	排下移民新村	戴坊镇排下村	23	103
	坪头移民新村	谷岗乡水口村	16	128
	来坪元移民新村	谷岗乡水口村	18	92

续表 10-2-9

搬迁安置时间	集中安置点名称	所在地点	户数	人数
2010	汤山移民新村	谷岗乡汤山村	20	84
	小港移民新村	谷岗乡火嵊村	24	166
	新建移民新村	谷岗乡登仙桥村	18	99
	红旗移民新村	谷岗乡谷岗村	40	199
	坪坑移民新村	谷岗乡水口村	9	57
	坪溪移民新村	金竹畲族乡坪溪村	31	150
	芦元移民新村	金竹畲族乡坪溪村	9	40
	豪军石移民新村	金竹畲族乡半坪村	33	147
	长烟移民新村	增田镇王沙村	13	91
	大元移民新村	万崇镇丰林村	27	150
	罕坑移民新村	公溪镇杨家村	28	134
	上坊移民新村	万崇镇坪背村	37	183
	下严移民新村	招携镇杭村村	32	156
2011	西龙山移民新村	谷岗乡凹下村	19	86
	跃龙坪移民新村	谷岗乡火嵊村	12	69
	细背石移民新村	谷岗乡水口村	14	82
	车田移民新村	谷岗乡四青村	29	138
	洪头移民新村	金竹畲族乡引水村	13	45
	金竹街上移民新村	金竹畲族乡金竹村	32	145
	塘下移民新村	招携镇南槽村	27	134
	排上移民新村	万崇镇池头村	26	166
	新居上移民新村	山砀镇桐江村	9	55
	麻塘移民新村	湖坪乡西头村	21	105
	羊家岭移民新村	牛田镇南安村	49	235
2012	豪军石移民新村	金竹畲族乡半坪村	16	70
	街上圭峰移民新村	谷岗乡圭峰村	24	128
	上堡移民新村	谷岗乡水口村	24	112
	小龙坪移民新村	谷岗乡登仙桥村	28	147
	街上茶园移民新村	招携镇茶园村	21	101
	南坪移民新村	招携镇午田村	15	94
	和谐努坪移民新村	南村乡努坪村	53	232
	仲溪移民新村	戴坊镇仲溪村	52	212
	大理村汗上新村	南村乡大理村	25	117
	登仙桥村新唐新村	谷岗乡登仙桥村	27	138
	火嵊村新村	谷岗乡火嵊村	11	57
	南槽村塘下新村	招携镇南槽村	18	94

续表 10-2-9

搬迁安置时间	集中安置点名称	所在地点	户数	人数
2012	马仔新村	谷岗乡谷岗村	17	94
	石陂新村	增田镇石陂村	21	105
	汗上新村	谷岗乡火嵊村	12	62
	罕坑新村	公溪镇杨家村	15	78
	龙岗西新村	牛田镇流坑村	64	255
2013	汗上移民新村	金竹畲族乡徐庄村	17	85
	龙麒移民新村	金竹畲族乡坪溪村	55	234
	尹家移民新村	谷岗乡火嵊村	30	138
	堆上移民新村	南村乡望下村	28	104
	陀上移民新村	龚坊镇陀上村	30	150
	排上移民新村	万崇镇池头村	20	99
	坪背新村	万崇镇坪背村	26	123
	大港上新村	谷岗乡圭峰村	17	97
	拿坑新村	谷岗乡火嵊村	24	125
	仙山新村	公溪镇杨家村	15	71
	马仔新村	谷岗乡谷岗村	9	46
2014	旅游移民新村	牛田镇流坑村	160	841
	庄背新村	增田镇东湖村	31	119
	小坑山新村	招携镇高望村	35	172
	老金竹新村	金竹畲族乡金竹村	21	96
	沙土新村	南村乡努坪村	12	53
2015	努坪移民新村	南村乡努坪村	30	116
	上村移民新村	万崇镇池头村	35	150
	桐山移民新村	万崇镇桐山村	66	280
	厚发梦想小区	厚发工业区	420	2000
2016	努坪新村	南村乡努坪村	33	60
	前团移民新村	南村乡前团村	10	19
	金盛圆新村	金竹畲族乡	24	129
	坪溪龙麒新村	金竹畲族乡	24	110
	方木坑新村	谷岗乡四青村	29	115
	板岭新村	谷岗乡板岭村	17	58
	上罗新村	万崇镇上罗村	58	243
	瞰塘新村	万崇镇池头村	21	84
	古乐新村	公溪镇公溪村	19	56
	厚发安置区	厚发工业区	127	421

第三章　人力资源管理

1986—2016年，是干部人事制度改革不断深化的重要时期。20世纪80年代中期，首先打破领导干部终身制，在乡镇和事业单位试行干部聘用制；1993年10月《国家公务员暂行条例》实施后，逐步建立“凡进必考”的公务员录用机制；对专业技术人才实行职称评聘制度；进入21世纪后，围绕贯彻《中华人民共和国公务员法》，全面深化干部队伍制度改革，建立国家公务员制度。2010年，乐安县被省委、省政府列入全省干部人事制度改革试点县，积极探索出台了一系列干部人事制度改革的措施。

第一节　机构人员

1986年，乐安县劳动人事局内设人秘股、干部调配股、工人调配股，1987年增设工资福利股、劳动安全监察股，1989年增设人才交流服务中心、劳动争议仲裁办公室，1991年增设职业培训股、劳动关系与监察股、专业技术职称管理股（县科委专业技术职称管理职能划入）。

1996年机构改革，更名为人事劳动局，与县编制委员会办公室合署办公，县老龄工作办公室并入县人事劳动局。1997年，县编办下设事业单位登记管理中心，为正股级事业单位。

2002年机构改革，更名为县人事劳动和社会保障局。2003年，事业单位登记管理中心更名为事业单位登记管理局，2005年核定事业编制2个；2003年，县人事劳动和社会保障局的劳动安全监察职能划入县经贸委。2007年10月，县人事劳动和社会保障局由县政府大院（广场路）迁入迎宾北大道新址办公。

2011年1月机构改革，县人事劳动和社会保障局更名为县人力资源和社会保障局，定行政编制14个、工勤编制2个。内设机构：办公室（行政审批股与之合署办公）、公务员和事业单位人事管理股、专业技术人员管理股、工资福利股、规划财务和基金监督股、就业（创业）促进与职业能力建设股、劳动关系与调解仲裁管理股、劳动人事争议仲裁院。下属机构：乐安县社会保险事业管理局、乐安县劳动就业服务管理局、乐安县医疗保险管理局、乐安县农村社会养老保险管理局、乐安县劳动监察局（正股级）。所属事业单位：创业指导服务中心、国家职业技能鉴定所、人才交流服务中心、考试中心、劳动保障服务中心。2011年3月，全县各乡镇成立人力资源

县人力资源和社会保障局办公大楼

和社会保障事务所，并增挂农村合作医疗管理所牌子。2013年6月，县编办单独设置。至2016年年底，县人力资源和社会保障局有机关干部25人，职工1人。

1986—2016年，历任局长：黄春贤、詹忠才、缪凤翔、王庆华、乐龙进。

第二节　人事劳动制度改革

乐安县人力资源和社会保障局为全县主管人力资源和社会保障工作，推进人事、劳动和社会保障制度改革的县政府工作部门。

中共十一届三中全会以后，党和国家实行改革开放由点到面，不断深化发展。20世纪80年代中期，改革干部人事制度，打破领导职务终身制，乐安县在乡镇和事业单位试行干部聘用制，解决当时乡镇和一些部门干部人员单一，文化程度低等问题，激活干部队伍活力。至2003年，全县先后聘用干部1083人。对一部分尚未达到退休年龄的老干部退居“二线”，改任非领导职务；20世纪90年代以后，尤其是1993年10月《国家公务员暂行条例》实施后，围绕建立国家公务员制度，全面探索深化干部人事制度改革，乐安县加强公务员过渡培训，建立“凡进必考”的公务员录用机制，到2016年公开考试录用公务员515人，“三支一扶”（支农、支教、支医，扶贫）招录242人。加强公务员的考核管理机制，每年对公务员进行严格的绩效考核并与工资福利挂钩；开展职称评聘工作，到2016年年底全县共评聘职称15799人，其中高级817人、中级4270人、初级10712人。建立灵活高效的人才评价、流动、使用机制。

20世纪90年代初，实行劳动用工制度改革，乐安县主要围绕打破企业职工的“铁饭碗”，改固定工为合同工，增强企业生产经营和用工的自主权。但也有过“捐资办厂”的做法，即招收一名合同制工人需缴纳数千元人民币，以解决企业资金短缺问题。随着社会主义市场经济的发展，农村大量人员外出务工，出现“打工潮”；全县国有企业机制不活、效率低下的问题日益显露，大量国有企业职工下岗失业。到21世纪初，全县共有118个国有和集体企业改制、破产，8354名职工与企业买断工龄。2009年乐安县成为全国首批新型农村社会养老保险试点县。

2010年，乐安县被省委、省政府列为全省干部人事制度改革试点县。积极探索出台了一系列干部人事制度改革的措施。

2011年招聘接待服务中心、旅游资源开发办公室事业编制人员，被媒体曝光为把喝酒、跳舞列入面试内容，被中组部列为典型案例予以通报；抚州市纪委对该事件作出处理，并取消此次招聘。

2012年，县农村社会养老保险管理局被国务院评为全国新型农村和城镇居民社会养老保险工作先进单位。2012年10月，县劳动就业服务管理局被省政府评全省就业服务先进单位。

第三节　干部来源

县内新增国家干部，主要来源于大中专毕业生分配、干部招录、干部选调、民办教师转公办、“三支一扶”招录、特岗教师招聘。

大中专毕业生分配　1986—1999年，大中专毕业生实行计划分配，由县计委、县人事劳动局、县教育局制定，与县编制部门协调，报经县大中专毕业生分配领导小组同意后实施。按照统筹兼顾、面向基层、专业对口的原则，大部分分配在教育、医疗工作第一线，见习期满1年，能胜任工作的转为国家干部。其间，大中专毕业生共分配3418人。其中，行政单位518人，事业单位2445人，企业单位455人。2000年以后，取消大中专毕业生统一分配，实行双向选择、供需见面、凡进必考、择优录用。同时，根据省相关文件精神，经县政府批准，农、林、水、教育等部门共定向培养630名大中专毕业生，分配到专业对口单位工作。

聘用制　1984年，乐安县在乡镇机关和事业单位实行干部聘用制。1984—2003年，大中专毕业生较少，乡镇及农、林、水等部门干部严重缺编。根据上级文件精神，从村干部、乡镇企业领导干部及各种不脱产的专业技术人员、退伍军人、县内企事业单位"五大"（电大、函大、夜大、职大、自考）毕业生中招聘干部。凡年龄在35岁以下，身体健康，具有高中以上文化或取得专业技术职称的方可聘用。经单位推荐、公开考试、考核，择优招聘，签订聘用合同和聘书，享受在职同等干部工资福利待遇，表现突出的录用为国家干部。其间，聘用干部1083人，录用干部239人。

吸收录用　1984—2016年，在省、地（市）人事部门的统一组织下，按照公开、平等、竞争、择优的原则，先后从城镇待业的"五大"毕业生、大中专应（历）届毕业生、优秀聘用制干部、民办教师中，经省、地（市）统一组织的考试、考核，共吸收录用国家干部7642人，其中，以工代干人员考录249人，"三支一扶"招录242人，特岗教师招聘594人，民办教师转公办664人，公务员招考515人，大中专毕业生招录5378人。

军转干部安置　按照中共中央、国务院、中央军委《军队转业干部安置暂行办法》的规定，依据转业干部在部队的职务，对应地方的职务安排，能安排实职的安排实职，暂无实职安置享受同职政治生活待遇。1986—2016年，全县共安置军转干部51人。其中，行政单位44人，事业单位5人，企业单位2人。

1986—2016年乐安县军转干部安置情况表

表10-3-1　　　　单位：人

年份	安置人数				安置去向		
	合计	营级	连排级	技术干部	行政单位	事业单位	企业单位
1986	11	1	5	5	7	2	2
1987	1	1	0	0	1	0	0
1988	4	1	2	1	3	1	—
1989	3	3	0	0	3	0	0
1990	2	0	2	0	2	0	0
1991	2	1	1	0	2	0	0
1993	2	1	1	0	2	0	0
1994	2	2	0	0	2	0	0
1995	5	1	4	0	5	0	0
1996	4	1	3	0	2	2	0
1999	1	0	1	0	1	0	0
2000	5	3	2	0	5	0	0
2001	2	1	1	0	2	0	0
2002	1	0	0	0	1	0	0
2004	3	0	3	0	3	0	0
2010	1	0	0	0	0	（自主择业）	0
2011	1	0	0	0	1	0	0
2015	1	0	1	0	1	0	0

说明：空缺年份未安排军转干部

第四节　干部结构

1986—2016 年，乐安县高度重视人力资源的合理配置，不断优化干部结构，干部队伍逐步年轻化、知识化、专业化。

1986 年，全县有国家干部 3584 人。其中，女干部 952 人，占干部总数的 26.6%；中专以上文化程度 2095 人，占干部总数的 58.5%；中共党员 982 人，占干部总数的 27.4%；45 岁以下中青年干部 2574 人，占干部总数的 71.8%。1996 年，有国家干部 5132 人。其中，女干部 1398 人，占干部总数的 27.2%；中专以上文化程度 4084 人，占干部总数的 79.6%；中共党员 1572 人，占干部总数的 30.6%；45 岁以下中青年干部 4074 人，占干部总数的 79.4%。2006 年，有国家干部 5729 人。其中，女干部 1608 人，占干部总人数的 28.1%；中专以上文化程度 5159 人，占干部总数的 90.1%；中共党员 2130 人，占干部总数的 37.2%；45 岁以下中青年干部 4273 人，占干部总数的 74.6%。

2016 年，全县有国家干部 6218 人，比 1986 年增加 2634 人，年均增长 2.45%。其中，行政机关 1071 人，占干部总数的 17.2%；事业单位 5147 人，占干部总数的 82.8%。全县机关事业单位工勤人员 743 人，占机关事业单位总数的 11.9%。其中，技师 32 人，占工勤人员总数的 4.3%，高级工 504 人，占工勤人员总数的 67.8%；中级工 140 人，占工勤人员总数的 18.8%；初级工 56 人，占工勤人员总数的 7.5%；普工 11 人，占工勤人员总数的 1.5%。

1986—2016 年乐安县干部人事变化情况表

表 10-3-2　　单位：人

年份	大中专生分配　招录			县内调动	县外调入	调出县外	民师转公办	干部录用	干部离休退休辞退	县乡机关以工代干
	行政	事业	企业							
1986	17	38	32	41	57	21	23	16	89	347
1987	16	35	18	27	63	49	25	29	109	—
1988	45	100	46	58	42	75	29	23	204	—
1989	70	122	82	84	3	81	33	29	252	—
1990	40	91	43	69	68	53	34	9	105	21
1991	70	143	65	91	40	38	37	13	106	249
1992	52	119	64	74	12	62	36	6	178	—
1993	45	90	52	76	86	67	32	79	158	466
1994	50	101	53	72	11	21	38	34	213	—
1995	25	194	—	68	9	27	33	—	208	—

续表 10-3-2

年份	大中专生分配 招录			县内调动	县外调入	调出县外	民师转公办	干部录用	干部离休退休辞退	县乡机关以工代干
	行政	事业	企业							
1996	21	219	—	52	18	10	42	1	157	—
1997	23	367	—	73	22	19	85	—	229	—
1998	20	379	—	49	27	128	53	—	296	—
1999	24	447	—	80	20	113	28	26	341	—
2000	22	124	12	72	16	25	22	54	126	—
2001	15	50	2	86	22	8	5	59	220	—
2002	34	—	0	47	—	30	—	80	425	—
2003	21	365	0	107	12	74	109	30	366	—
2004	58	287	0	124	6	32	—	—	428	—
2005	23	871	0	135	13	20	—	—	263	—
2006	29	184	0	96	36	38	—	—	304	—
2007	16	327	0	46	71	60	—	—	154	—
2008	17	395	0	23	80	54	—	—	188	—
2009	14	393	0	21	35	70	—	—	196	—
2010	43	172	0	133	3	36	—	—	245	—
2011	63	202	0	142	6	38	—	—	235	—
2012	54	265	0	40	28	29	—	—	273	—
2013	37	194	0	116	36	70	—	—	331	—
2014	17	393	0	39	19	57	—	—	357	—
2015	17	312	0	111	9	45	—	—	267	—
2016	54	387	0	108	29	60	—	—	434	—

1986—2016 年乐安县（政府系列）干部队伍结构情况表

表 10-3-3　　　　单位：人

年份	总人数			文化结构					政治面貌		年龄结构				级别结构				
	合计	男	女	本科	大专	中专	高中	初中	党员	团员	35岁以下	36—45岁	46—55岁	56—60岁	县级	科级	科员	办事员	其他
1986	3584	2632	952	73	682	1340	822	667	982	987	1552	1022	686	324	7	486	362	107	2622
1987	3612	2672	940	76	690	1362	871	613	997	1001	1721	1197	572	122	7	492	373	112	2628
1988	3618	2693	925	79	697	1402	932	508	1023	992	1703	1187	589	139	7	497	387	116	2611
1989	3624	2703	921	81	708	1597	1008	230	1093	1034	1807	1201	512	104	7	502	389	126	2600
1990	3772	2829	943	93	860	1728	801	290	1108	1036	1812	1216	508	236	7	512	388	142	2723
1991	4245	3183	1062	112	934	1855	1004	340	1410	1147	2107	1392	603	143	7	532	421	166	3119
1992	4294	3220	1074	127	1099	1871	906	291	1423	1139	2123	1338	612	221	7	536	425	202	3124
1993	4919	3689	1230	139	1640	1957	902	281	1536	1204	2438	1509	722	250	7	552	478	151	3731
1994	4972	3685	1287	146	1689	1892	870	375	1547	1213	2473	1528	723	248	7	557	467	142	3799
1995	4998	3692	1306	157	1746	1897	851	347	1550	1222	2497	1510	738	253	7	558	462	138	3833
1996	5132	3734	1398	182	1982	1920	722	326	1572	1231	2582	1492	799	259	7	556	453	133	3983
1997	5381	3820	1561	230	2093	2070	647	341	1620	1246	2672	1497	827	385	7	559	451	131	4233
1998	5436	3907	1529	277	2152	2079	593	335	1617	1251	2720	1458	839	419	7	557	452	129	4291
1999	5527	3993	1534	297	2312	2101	479	338	1622	1264	2893	1447	853	334	7	556	447	117	4400
2000	5626	4175	1451	306	2359	2305	324	332	1493	1318	3065	1428	877	256	9	558	433	91	4535
2001	5551	4064	1487	351	2366	2252	307	275	1553	1339	3043	1391	858	259	7	553	423	97	4471
2002	5210	3785	1425	437	2320	2173	187	93	1572	1367	2905	1464	693	148	12	518	431	71	4178
2003	5307	3909	1398	518	2591	1934	194	70	1767	1301	2618	1658	929	102	10	341	213	6	4737
2004	5198	3766	1432	477	2376	1833	449	63	1623	1311	2683	1570	793	152	8	474	450	73	4193
2005	5822	4184	1638	625	2583	1958	574	82	1703	1360	2575	1829	1013	405	7	524	500	177	4614
2006	5729	4121	1608	1043	2524	1592	510	60	2130	1004	2152	2121	1247	209	8	785	278	25	4633
2007	5929	4221	1708	973	2682	1701	573	—	2008	1012	2230	2140	1357	202	7	501	262	26	5133
2008	6179	4281	1898	1291	3056	1573	259	—	2051	998	2055	2446	1415	263	7	613	397	33	5129
2009	6355	4338	2017	1380	3150	1580	245	—	2334	991	2067	2410	1548	330	8	623	400	23	5301

续表 10-3-3

年份	总人数			文化结构					政治面貌		年龄结构				级别结构				
	合计	男	女	本科	大专	中专	高中	初中	党员	团员	35岁以下	36—45岁	46—55岁	56—60岁	县级	科级	科员	办事员	其他
2010	6292	4255	2037	1514	3069	1473	236	—	2308	845	1791	2349	1607	545	7	604	375	56	5250
2011	6290	4393	1897	1665	3053	1362	210	—	2211	896	2040	2191	1567	492	7	593	295	109	5286
2012	6335	4445	1890	1809	3117	1266	143	—	2298	904	2026	2218	1536	555	7	682	284	120	5242
2013	6201	4374	1827	1839	3116	1106	140	—	2246	706	1918	2165	1464	654	7	672	266	136	5120
2014	6216	4391	1825	1997	3114	1059	46	—	2260	846	2029	1889	1443	855	7	641	283	107	5178
2015	6242	4402	1840	2064	3185	961	32	—	2314	931	1976	1856	1735	675	7	646	353	98	5138
2016	6218	4378	1840	2025	3179	984	30	—	2259	935	1997	1921	1690	610	7	687	291	86	5147

第五节　干部管理

干部管理总的原则是实行党管干部，分级、分口管理。县人力资源和社会保障局对县内政府部门的行政机关、事业单位工作人员从录用、考核到退休实施综合管理。其中：乡镇行政机关、县内党群系统（工、青、妇等群众团体）、法院、检察院的工作人员及全县副科级以上干部的选任、考核、奖惩、调配等归县委组织部直接管理。1998 年 3 月，县政府下发《关于人事劳动调配工作有关问题的暂行规定》，要求认真执行人事劳动政策，严格控制行政机关和事业单位编制，规范人事调配程序和管理，凡超编或满编的单位，其工作人员只减不增。2000 年 5 月 25 日，县委、县政府下发《关于加强干部人事和机构编制管理的暂行规定》，针对在“三讲”（讲政治、讲学习、讲正气）教育活动中反映的问题，有针对性地提出整改措施。1986—2016 年，县内干部调配 2360 人次，县外调入 899 人次，调出县外 1510 人次，人事代理服务 1438 人次。

一、公务员培训

1993 年 10 月 1 日《国家公务员暂行条例》实施后，全县开始推行国家公务员管理制度。1996 年，组织全县行政机关及参照公务员管理机关的全部干部进行公务员过渡培训，先后举办培训班 4 期，参加培训 1193 人（其中参照公务员管理机关 95 人），通过考试和考评，并经组织审核确定，参训人员全都合格，过渡为国家公务员资格。1997 年 8 月 31 日，县政府下发《乐安县国家公务员制度实施方案》，全县于 1997 年第三季度完成职位分类和人员过渡。年底，全县各级国家行政机关基本纳入国家公务员制度管理轨道。

进入 21 世纪后，每年对通过考录进入公务员队伍的人员，会同县委组织部进行培训。

二、公务员年度考核

1994 年，根据人事部颁布的《国家公务员考核暂行规定》，每年对公务员按德、能、勤、绩 4 个方面进行考核，达到奖优罚劣的效果。2006 年 1 月 1 日正式实施《中华人民共和国公务员法》，增加考廉要求。考核程序为个人总结、主管领导评价、考核小组审核、部门负责人确定考核等级，将考核结果送交人事部门备案。考核结果分为优秀、称职、基本称职、不称职 4 个等次（后取消“基本称职”等次），其中优秀比例控制在 15% 以内。凡连续2年考核称职的，晋升职务工资1档；连续5年考核称职的，晋升级别工资1档。连续3年考核优秀的，提前晋升级别工资一档；对考核不称职人员，当年不予晋升职务工资。1996—2016年，全县公务员有326人次被考核为优秀，有17人次被考核为不称职，有97人提前晋升级别工资1档。

三、公务员非领导职务晋升

1991—1994年，全县按照抚州地区人事局《关于我区国家机关工作人员确定非领导行政职务问题的通知》精神，在行政机关开展非领导职务晋升的工作。其间，晋升主任科员122人，晋升副主任科员62人，晋升科员137人，晋为办事员8人。1995年，全县非领导职务职数已超过公务员领导职务的50%而暂停办理。2015年11月开始，根据中共中央办公厅、国务院办公厅《关于县级以下机关公务员职务与职级并行制度的意见》规定，坚持以人为本，立足拓展公务员职务发展空间，开辟晋升职级通道，调动基层公务员工作积极性，按照中央深化干部人事制度改革的要求，在《中华人民共和国公务员法》规定的制度框架内实行职务与职级并行。截至2016年年底，全县晋升正处级6人，晋升副处级124人，晋升主任科员191人，晋升副主任科员262人。

四、干部离休、退休、退职

离休　符合1978年国务院《关于安置老弱病残干部的暂行办法》规定的退休条件，且在1949年9月30日之前参加革命工作，享受供给制待遇的干部，可以离休。

退休　1993年10月施行的《国家公务员暂行条例》规定，男年满60周岁、女年满55周岁，参加革命工作年限满10年的；男年满50周岁，女年满45周岁，参加革命工作年限满10年，经医院证明完全丧失工作能力的；因公（工）致残，经医院证明完全丧失工作能力的，可以退休。2006年1月《中华人民共和国公务员法》规定，工作年限满30年或距法定的退休年龄不足5年，且工作年限满20年的国家公务员，本人自愿提出申请，经任免机关批准，可以提前退休。中共中央组织部组通字〔2015〕14号文件规定，党政机关、人民团体中的正、副县处级及相应职务层次的女干部，事业单位中担任党务、行政管理工作的正、副处级女干部和具有高级职称的女性专业技术人员，推迟到年满60周岁退休。干部离、退休后，每月按规定发给离退休费或养老金至去世时为止。离、退休干部去世时，其丧葬费、抚恤金、遗属生活困难补助按政策规定标准发给。

退职　不具备退休条件，由医院证明，并经劳动鉴定委员会确认完全丧失工作能力的，可以退职。

2006—2016年乐安县行政事业单位干部离退休人数表

表10-3-4　　　　单位：人

年份	人数	离休	退休	年份	人数	离休	退休
2006	2134	40	2094	2012	2370	17	2353
2007	2087	27	2060	2013	2490	16	2474
2008	2136	27	2109	2014	2611	14	2597
2009	2176	24	2152	2015	2768	12	2756
2010	2288	24	2264	2016	2655	11	2644
2011	2224	19	2205	—	—	—	—

第六节　专业技术人才管理

一、职称评聘

1986 年 7 月，恢复职称评定工作，成立乐安县职称改革领导小组，下设办公室（简称“职改办”），职改办设在县科委，并分别成立农业、工程、教育、卫生、经济、会计、党校、播音、新闻等系列评审小组。事业单位首次专业技术职务聘任于 1988 年 9 月底完成，共评聘 2200 人，其中以工代技 243 人，被聘职务 1971 人，离、退休人员补评和评审确定职务后办理离退休的人员共 50 人。上述人员中获高级技术职称 42 人、中级 397 人、助理级 1048 人、技术员级 534 人。企业单位职称改革从 1988 年 5 月开始至 12 月中旬结束，参加职改 525 人，评审通过初级专业技术职务任职资格人员 426 人，中级 32 人。1989 年成立县农民技术人员职称评定领导小组。全县评定农民技术员 227 人，其中技师 72 人、助理技师 123 人、技术员 32 人。

1991 年 5 月，专业技术职称评审工作划归县劳动人事局管理。是年，经济、统计、会计、审计 4 个系列专业技术职称实行以考代评，其他系列实行限职数评审。职称评审通过后，由县职称改革领导小组下文认定，用人单位根据工作需要的岗位职数聘任，从聘任下月享受相应职称工资。从 2000 年起，全省取消对事业单位下达评审职数，实行专业技术职务结构比例管理，全面推行评聘分开，改变过去统一的评聘模式，把单一的评审方式改为评审、考试、考评结合、职务认定等多种评价方式。2016 年起实施中小学教师职称制度改革和资格过渡，由过去的评聘分开改为评聘结合，中小学教师系列开始评审正高教师资格。同时，落实“评而未聘”人员 213 人（其中高级职称 119 人，中级职称 94 人）的工资待遇，解决长期以来积压的聘任矛盾。

至 2016 年年底，全县在编在岗专业技术人员 4661 人，其中高级 515 人、中级 1984 人、初级 2162 人。

2016 年乐安县专业技术人员分布情况表

表 10-3-5　　单位：人

部门	正高	副高	中级	初级	小计
教育	0	428	1501	1286	3215
卫生	12	61	303	400	776
林业	0	5	58	29	92
水利	0	2	6	15	23
农业	0	4	28	43	75
交通	0	2	7	5	14
文化	0	0	7	32	39
民政	0	0	1	4	5
财政	0	1	28	30	59
其他	0	0	45	318	363
合计	12	503	1984	2162	4661

1986—2016年乐安县各类专业技术职务评审情况表

表 10-3-6　　单位：人

年份	高级	中级	初级	年份	高级	中级	初级
1986	—	72	—	2002	41	426	254
1987	—	74	—	2003	39	213	208
1988	39	377	2454	2004	42	485	197
1989	16	120	792	2005	58	185	138
1991	—	—	372	2007	124	137	123
1992	5	83	592	2008	69	134	63
1993	3	53	523	2009	98	159	92
1994	5	26	347	2010	90	105	71
1995	15	116	833	2011	54	72	82
1996	15	153	651	2012	17	41	104
1997	17	114	494	2013	30	54	97
1998	19	185	442	2014	7	4	19
1999	2	128	427	2015	35	67	215
2000	18	202	473	2016	32	61	234
2001	31	259	283	—	—	—	—

说明：1990年未评聘。

建立职工技术培训与技能鉴定，推行职业资格证书制度。对新录用人员，设立试用期，需通过专业培训，经考核合格，发给相应等级的职业资格证书、岗位合格证书或特种作业人员操作证书后，方能上生产工作岗位独立操作，按照国家有关规定确定工资等级。3～5年后，经班组推荐和工人考核组织批准，可参加升级考试，考试合格后，发给相应等级职业资格证书，作为使用和调整工资的依据。2006年起，从事国家规定实行就业准入职业的从业人员，没有取得职业资格证书的，不得从事相应岗位工作。2000—2016年，劳动部门与工业园区非公有制企业合作，组织开展专业培训137期，有14660名职工经考核合格，取得初级职业资格证书。

1986—2016年乐安县属全民和集体企业职工技术等级情况表

表 10-3-7　　单位：人

年份	技术工人总数	初级工	中级工	高级工	技师	高级技师
1986	445	386	37	22	0	0
1987	651	554	66	31	0	0
1988	804	661	89	48	6	0
1989	929	744	101	71	13	0
1990	1155	921	125	92	17	0

续表 10-3-7

年份	技术工人总数	初级工	中级工	高级工	技师	高级技师
1991	1392	1026	191	154	21	0
1992	1843	1361	253	199	30	0
1993	2208	1526	384	261	37	0
1994	2712	1802	501	355	54	0
1995	2997	1964	543	412	78	0
1996	3506	2287	655	463	101	0
1997	3623	2319	678	490	134	2
1998	3660	2196	691	514	257	2
1999	3842	2238	702	536	363	3
2000	3852	2208	714	532	396	2
2001	3837	2202	699	527	408	1
2002	2104	1267	388	291	157	1
2003	2093	1267	388	289	149	0
2004	651	566	64	17	4	0
2005	624	545	61	15	3	0
2006	621	545	61	13	2	0
2007	185	67	18	0	0	0
2008	184	167	17	0	0	0
2009	184	167	17	0	0	0
2010	184	167	17	0	0	0
2011	159	144	15	0	0	0
2012	159	144	15	0	0	0
2013	121	115	6	0	0	0
2014	121	115	6	0	0	0
2015	121	115	6	0	0	0
2016	120	115	5	0	0	0

二、人才管理

人力资源管理部门对技术人才的管理内容有3项：一是引导专业技术人员树立终身学习的意识，督促聘任单位每年对专业技术人员进行继续教育培训和年度综合考核，并把继续教育培训学时和年度综合考核结果作为专业技术晋升的必备条件。二是配合县委组织部做好拔尖人才的选拔工作。从1989—2003年共选拔6批80名乐安县拔尖人才。对这些拔尖人才，工作上积极扶持，生活上热心照顾，管理上严格要求。三是“六大人才队伍”建设。进入21世纪后，为贯彻党管干部原则，在实施人才强国战略中积极协助县委组织部着力抓好党政人才、企业经营人才、专业技术人才、高技能人才、农村实用人才、社会工作人才等“六大人才队伍”建设，为全面建设小康社会提供人才智力支撑。

第七节　遗属补助

遗属生活困难补助费　符合享受遗属补助条件的遗属，根据不同情况，享受不同补助标准。1986年1月起，城镇户口遗属每人每月补助28元，农村户口遗属每人每月补助21元。已故的第一、第二次国内革命战争时期参加革命工作的老红军、老干部的配偶无固定工资或劳动收入的，每人每月补助50元。2000年补助标准：1937年7月6日以前参加革命工作的，其供养的配偶每人每月220元；抗日战争时期参加革命工作的，其供养的配偶每人每月175元；解放战争时期参加革命工作的，其供养的父母、配偶每人每月160元。城镇户口因公死亡的遗属，每人每月135元；因病死亡的遗属每人每月115元。农村户口因公死亡的遗属每人每月110元；因病死亡的遗属每人每月100元。2016年标准调整为：因病或非因工死亡的工作人员遗属，每人每月528元；因工死亡的工作人员遗属，每人每月576元。抗日战争、解放战争时期参加革命工作的老干部去世后其配偶每人每月768元；1937年7月6日以前参加革命工作的老红军、老干部去世后其遗属，每人每月864元。

第四章　机构编制管理

1986—2016年，县机构编制委员会办公室（简称“县编办”）紧紧围绕深化机构和行政体制改革，建立与社会主义市场经济体系相适应的机构编制管理体系和制度，大力实施党政机构改革和乡镇机构改革，科学设置机构、配置职能和核定人员编制，稳步推进全县事业单位分类改革和建立统一社会信用代码等工作，全力推进行政审批制度改革。

第一节　机构人员

乐安县机构编制委员会办公室为县机构编制委员会常设办事机构，负责全县行政管理和机构改革以及机构编制管理。1986—2012年，县编办与县人事劳动局合署办公，为县委、县政府议事协调机构。县机构编制委员会主任由县长兼任，县人事劳动局局长兼任县编办主任。2013年6月，县编办单独设置，列县委序列，为正科级工作机构，内设综合股、行政事业股，核定行政编制3名，设主任1名、副主任1名，下设县事业单位登记管理局（正股级），核定事业编制4名。

县编办主要负责审核、管理全县党政机关、人大政协机关、群众团体的机构设置、人员编制和领导职数；研究拟定本县行政管理体制和机构改革的总体方案，以及实施县党政机构改革方案和乡（镇）机构改革方案，指导协调全县各级行政管理体制改革以及机构编制管理工作；负责推进全县事业单位分类改革；负责全县党政群机关和事业单位的统一社会信用代码和中文域名注册工作。

2015年9月，县行政审批制度改革工作领导小组办公室设在县编办，负责按照“三定”（定职能配置、定内设机构机构、定人员编制）规定对行政审批事项管理部门和权限进行全面审核，负责各部门行政审批职责归并工作的指导和督查。

1986—2016年，历任主任：黄春贤、詹忠才、缪凤翔、王庆华、张清霞（女）。

第二节　机构改革

一、1996年机构改革

合署办公的机构共8个，即纪委与监察局合署；司法局与政法委、社会治安综合治理委员会合署；直属机关工作委员会与组织部合署；经济体制改革委员会与政府办合署；编办与人事劳动局合署；体育委员会与教育委员会合署；技术监督局与经贸委合署；招商引资中心与对外经济技术合作办公室、利用外资项目办公室合署。

一个机构两块牌子的机构共3个，即国有资产管理局与财政局、党史办与地方志办、环境保护局与建设局一个机构两块牌子。

撤销和新组建的机构共5个，即撤销经济委员会，组建经济贸易委员会；撤销农业经济委员会，组建农村工作办公室；撤销招商局，成立招商引资中心（为事业单位）；组建地方税务局，地质矿产局。

更名的机构共8个，即直属机关党委更名为直属机关工委；农牧渔业局更名为农业局；劳动人事局更名为人事劳动局；教育局更名为教育委员会；老龄委员会办公室更名为老龄工作办公室；标准计量局更名为技术监督局；文化广播电视局更名为文化局；城乡建设环境保护局更名为建设局。

归口的机构共4个，即老干局归口组织部（原机构规格不变）；政策研究室、信访办归口县委办；物价局归口计划委员会（原机构规格不变）。

并入的机构共10个，即机要局、保密局、台湾工作办公室并入县委办（原级别不变）；组织员办、知识分子工作办公室并入组织部；老龄工作办公室并入人事劳动局；食品工业办并入经贸委；赣中南开发办并入农村工作办；农业利用外资办并入农业局；精神文明建设活动委员会办公室并入宣传部。

由行政单位转为事业单位的和经济实体的机构共8个，即党史办、档案局、蚕桑局、农机局、对外经济技术合作办公室转为事业单位；二轻局转为经济实体；物资局转为物资集团公司；供销社转为经济合作组织。

经过以上改革与调整，县直党政机关设置工作部门33个，即县委办、组织部、宣传部、统战部、政法委、纪委（与监察局合署办公）、政府办、计委、经贸委、教委、科委、计生委、农村工作办、人事劳动局、监察局、公安局、民政局、财政局、地税局、工商局、统计局、审计局、土管局、建设局、农业局、林业局、水电局、乡企局、交通局、商业局、粮食局、文化局、卫生局、地质矿产局。从改革前65个机构，减少到33个，精减率49.2%。

1999年，县工商局由县政府工作部门上划为省垂直管理机构。

2000年，县地税局、技术监督局由县政府工作部门上划为省垂直管理机构。

二、2002年机构改革

保留机构共17个，即纪委（与监察局合署办公）、县委办、组织部、宣传部、统战部、政法委（与社会治安综合治理委员会办公室合署办公）、政府办、公安局、财政局、审计局、农业局、林业局、计生委、经贸委、民政局、卫生局、交通局。

合署办公的机构共7个，即纪委与监察局合署；政法委与社会治安综合治理委员会办公室合署；人事劳动和社会保障局与编办合署；县委办与政策研究室合署；组织部与直属机关工作委员会合署；统战部与台湾工作办公室、侨务办公室、民族宗教事务局合署；教育局与科技局合署。

新成立的机构共2个。即县委农村工作部、旅游局（县政府直属事业单位）。

组建的机构1个，即在人事劳动局的基础上，组建人事劳动和社会保障局。

合署办公改为政府工作部门1个。即司法局。

更名的机构共5个，即县委信访办公室（县政府信访办公室）更名为县委信访局，增挂县政府信访局牌子；计划委员会更名为发展计划委员会；水利电力局更名为水利局；教育委员会更名为教育局；建设局更名为建设环保局。

撤销、并入转为内设机构的共10个，即县委机要局、县保密委员会办公室（县国家保密局）并入县委办；精神文明指导委员会办公室并入宣传部；地质矿产局并入国土资源局；物价局并入发展计划委员会；经济体制改革委员会办公室、法制办公室、外事办公室并入政府办；撤销国有资产管理局、预算外资金管理局，其职能并入财政局。

议事协调机构共2个，即机构编制委员会办公室、扶贫开发领导小组办公室。

归口管理机构共3个，即县委信访局（县政府信访局）归口县委办公室；老干部局归口组织部；统计局归口发展计划委员会。

合并机构共2个，即文化广播电视局与体育运动委员会合并，组建文化体育广播电视局；地质矿产局与土地管理局合并，组建国土资源局。

撤销和设立的机构1个，即撤销商业局，设立商业企业转制管理办公室（事业单位）。

转为事业单位共3个，即粮食局、中小企业局、农业综合开发办公室。

经过以上改革与调整，县委共设置工作机构7个，即县委办、组织部、宣传部、统战部、政法委、农村工作部、纪委（与监察局合署办公）。县政府共设置工作机构19个：政府办、发展计划委员会、经贸委、教育局、人事劳动和社会保障局、公安局、司法局、监察局（与纪委合署办公，不计政府机构个数）、民政局、财政局、审计局、农业局、林业局、水利局、国土资源局、建设环保局、交通局、卫生局、文化体育广播电视局、计划生育委员会。县直党政机关机构共设26个，比改革前减少7个，精减21%。

2003年，县发展计划委员会更名为县发展和改革委员会。

2004年，组建县安全生产监督管理局，为县政府工作部门；县法制办公室为正科级工作机构，归口县政府办，同时撤销县政府办内设机构法制科；撤销知识分子工作领导小组办公室，成立中共乐安县人才工作领导小组办公室，设在县委组织部。

2005年，中共乐安县委台湾工作办公室为县委正科级工作机构，由与县委统战部合署办公改为归口县委办公室；县计划生育委员会更名为县人口和计划生育委员会。

2006年，单独设置县建设局和县环境保护局，县建设局为县政府工作部门，县环境保护局为县政府正科级直属机构。

2007年，设立县国家密码管理局，与县机要局合署办公，一个机构，两块牌子。在县政法委增挂县维稳办牌子，与县政法委合署办公。

2008年，县外事办公室和县侨务办公室合并为县外事侨务办公室，为县政府正科级机构，与县政府办公室合署办公。

三、2010年机构改革

保留机构共14个，即政府办公室、发展和改革委员会、财政局、审计局、监察局（与纪委合署办公，不计入政府机构个数）、农业局、林业局、水利局、国土资源局、公安局、司法局、民政局、人口和计划生育委员会、安全生产监督管理局（挂县安全生产委员会办公室、县煤矿安全监督管理局牌子）、卫生局。

更名的机构共3个，即经济贸易委员会更名为工业和信息化委员会；人事劳动和社会保障局更名为人力资源和社会保障局；建设局更名为住房与城乡建设局。

组建调整的机构共5个，即交通运输局、扶贫和移民局、环境保护局、统计局、食品药品监督管理局。

合并的机构1个，即教育局与文化体育广播电视局合并，教育局为政府工作部门。

经过以上改革与调整，县委共设置工作机构7个，即县委办、组织部、宣传部、统战部、政法委、农村工作部、纪委（与监察局合署办公）。县政府共设置工作部门23个，即政府办公室、发改委、工信委、教育局、公安局、司法局、监察局（与纪委合署办公，不计入政府机构个数）、人社局、民政局、财政局、审计局、统计局、国土资源局、住建局、环境保护局、交通运输局、农业局、林业局、水利局、卫生局、人口和计划生育委员会、安全生产监督管理局、扶贫和移民局、食品药品监督管理局。

四、2014年机构改革

保留机构共19个，即政府办（挂外事侨务办公室牌子）、发改委、扶贫和移民局（挂革命老根据地建设委员会办公室牌子）、安全生产监督管理局（挂安全生产委员会办公室、煤矿安全监督管理局牌子）、农业局、国土资源局、财政局、审计局、监察局、林业局、水利局、公安局、司法局、人力资源和社会保障局、民政局、住房和城乡建设局、交通运输局、工业和信息化委员会、环境保护局、统计局。

撤销和组建的机构共5个，即卫生局与人口和计划生育委员会合并，组建卫生和计划生育委员会，不再保留卫生局、人口和计划生育委员会；食品药品监督管理局、工商行政管理局、质量技术监督局合并，组建市场和质量监督管理局；将县教育局和县文化体育广播电影电视局的体育管理职责整合，组建县教育体育局；将与县教育局合并的县文化体育广播电影电视局单列，并更名为县文化广电新闻出版局；将与县发展和改革委员会合并的县科学技术局（挂县知识产权局、县防震减灾局牌子）单列。

归口管理机构3个，即信访局、老干部局、台湾工作办公室。

不再保留县政府办公室内设机构县政府法制办公室的副科级级格，在县政府办公室挂县政府法制办公室牌子。

不再保留县发展和改革委员会内设机构县物价局的副科级级格，在县发展和改革委员会挂县物价局牌子。

不再保留县财政局内设机构县国有资产监督管理办公室、县财政监督局的副科级级格。

经过以上改革与调整，县委设置工作机构8个，即县委办、组织部、宣传部、统战部、政法委、农村工作部、纪委（与监察局合署办公）、编办。县政府共设置工作部门24个：政府办（挂外事侨务办公室、法制办公室牌子）、发改委（挂物价局牌子）、扶贫和移民局（挂革命老根据地建设委员会办公室牌子）、安全生产监督管理局（挂安全生产委员会办公室、煤矿安全监督管理局牌子）、农业局、国土资源局、财政局、审计局、监察局（与纪委合署办公，不计入政府机构个数）、林业局、水利局、公安局、司法局、人社局、民政局、住建局、交通运输局、工信委、环境保护局、统计局、卫计委、市场和质量监督管理局（挂食品药品监督管理局、食品安全委员会办公室牌子）、教育体育局、文化广电新闻出版局、科技局（挂知识产权局、防震减灾局牌子）。

2015年县森林公安局升格为正科级机构。

2016年，成立县人大常委会备案审查工作委员会，为正科级行政机构。

五、2002年乡镇机构改革

20个乡镇精简到15个，设9个镇、6个乡，其中鳌溪、公溪、戴坊、牛田、招携、龚坊、山砀7个镇设置党政、经济工作、社会事务（挂计生办牌子）、财经、政法（综治）5个办公室；增田、万崇、湖溪、罗陂、湖坪、金竹、南村、谷岗8个乡（镇）设置党政（挂综治办公室牌子）、经济工作、社会事务（挂计生办牌子）、财经4个办公室。

六、2005年乡镇机构改革

全县15个乡镇统一设4个综合性办公室，即党政综合办公室（含纪律检查委员会办公室）、经济工作办公室、社会事务管理办公室（挂人口与计划生育办公室牌子）、社会治安综合治理办公室（含维护稳定信息工作和安全生产监督管理工作）。每个乡（镇）均各设5个事业站所。即：财政所、计划生育服务所、农业综合服务站（内含农技、农机、经管、乡企管理、水管、水保、动物防检等工作）、社会事务综合服务中心（内含民政、文化广播、统计、建设规划等工作）、林业工作站。全县乡镇事业站所人员共686人，上岗人员494人，分流人员192人，分流率27.98%。

七、2011年乡镇机构改革

全县15个乡镇党政机构统一设5个综合性办公室，即党政综合办公室（含纪律检查委员会办公室）、经济工作办公室、社会事务管理办公室（增挂人口与计划生育办公室牌子）、社会治安综合治理办公室（增挂安全生产监督管理办公室牌子）、村镇规划建设办公室。每个乡镇各设事业站所7个，即财政所、人口和计划生育服务站、社会事务综合服务中心（内含民政、文化广播、统计、建设规划、环境卫生管理等工作）、农业技术推广综合站（内含农技、农机、经管、乡企管理、农产品质量监管等工作）、人力资源和社会保障事务所（增挂农村合作医疗管理所牌子）、林业工作站、水务站。

2013年，撤销万崇法庭，成立牛田法庭。县互联网宣传管理办公室升格为副科级事业单位。

2014年，撤销古城派出所，成立流坑派出所。

2014年成立大马头乡。全县设9镇7乡，共16个乡镇。将乡镇人口和计划生育服务站的职能并入乡镇卫生院，在乡镇卫生院增挂“妇幼保健计划生育服务站”牌子，撤销乡镇人口和计划生育服务站。16个乡镇各设事业站所6个，即财政所、社会事务综合服务中心（增挂民政所牌子，内含民政、文化广播、统计、建设规划、环境卫生管理等工作）、农业技术推广综合站（内含农技、农机、经管、乡企管理、农产品质量监管等工作）、人力资源和社会保障事务所（增挂医疗保险事业管理所牌子）、林业工作站、水务站。

第三节　编制管理

1986—1995年，正、副局（科）级机构由县委、县政府审批，股级机构由县编委审批；1985年以后，强调机关职工不能“以工代干”。1995年机构改革的同时，对机关在职干部进行培训，向公务员制度过渡，由于分流不畅，机关工作人员过多。2000—2001年，行政、事业单位编制落实到人，对编内人员核发《编制证》；2002年机构改革，中央要求行政编制精简20%，致使人员超编；加之领导职数普遍存在超职数配备，退居二线改任非领导职务的年龄较轻，乡镇领导因换届进城安置等原因，导致县直机关编制压力大。2000—2012年，对编制管理严把“三关”：严格控制行政事业单位设置、人员编制增长关；实行核编制度，坚持“凡进必考”原则，严格控制单位进人关；控制业务人员与非业务人员、领导职务与非领导职务职数的比例，严格把好单位结构关。行政、事业单位编制落实到人，核发《编制证》。2007年，原省、县自定的事业编一律核销，不再继续使用。

2013年起，全县各级机构和编制以2012年底年报统计数为基数，实行机构编制总量管理，严格控制新设立行政事业机构，按照“撤一建一”的原则，确保机关事业单位机构数“只减不增”。

2013年7月起，全县行政事业单位实行机构编制实名制管理，建成与省、市联网的机构编制实名制信息系统。每个单位建立《机构编制管理册》和《个人编制卡》，实行一人一卡，定编到人，编制卡随人员调动及时调整，并规范进人核编和人员进出上下编程序。

2013年，开展全县机关事业单位超编整治专项工作，主要整治县直行政单位超编问题。

2014年6月，组织实施机构和人员编制核查工作，并对全县218家单位进行实地核查，进一步完善各单位机构和人员编制管理台账。

2015年，开展控编减编工作，精简事业编制10个。

2016年年底，基本完成县直行政单位超编消化任务。

2012年乐安县乡镇机关核定行政编制情况表

表 10-4-1　　单位：个

单位	定编	单位	定编	单位	定编
鳌溪镇	42	戴坊镇	35	湖坪乡	27
公溪镇	31	牛田镇	30	罗陂乡	25
湖溪乡	26	万崇镇	26	金竹畲族乡	29
山砀镇	31	增田镇	30	南村乡	29
龚坊镇	30	招携镇	32	谷岗乡	27

2016年乐安县行政机构编制情况表

表 10-4-2　　单位：个

机构类型	类别	机构数	编制数
县直党政群系统	党委	11	127
	人大、政协	2	33
	政府	22	338
	群团	8	22
政法系统	公安（含森林公安）	2	328
	法院	1	66
	检察院	1	47
	司法	1	44
乡镇	政府	16	457
合计		65	1462

2003年、2012年乐安县中小学校核定编制情况表

表 10-4-3　　单位：个

2003年全县中小学编制	2834
2012年全县中小学编制	3120

2012年乐安县乡镇事业站所核定编制情况表

表 10-4-4　　单位：个

乡镇	财政所	人口和计划生育服务站	林业工作站	农业技术推广综合站	社会事务综合服务中心	水务站	人力资源和社会保障所	合计
鳌溪镇	5	6	7	18	15	4	2	57
公溪镇	4	6	2	10	8	3	2	35
湖溪乡	4	5	2	7	6	3	2	29
山砀镇	4	6	2	13	6	3	2	36
龚坊镇	4	5	2	11	5	4	2	33

表 10-4-4

乡镇	财政所	人口和计划生育服务站	林业工作站	农业技术推广综合站	社会事务综合服务中心	水务站	人力资源和社会保障所	合计
戴坊镇	4	7	4	17	3	4	2	41
牛田镇	4	4	4	8	4	3	2	29
万崇镇	4	4	2	6	7	3	2	28
湖坪乡	4	4	2	10	2	3	2	27
罗陂乡	4	4	2	9	1	3	2	25
增田镇	4	4	3	14	2	3	2	32
招携镇	5	6	6	12	6	2	2	39
金竹畲族乡	4	5	5	8	2	2	2	28
南村乡	4	4	3	8	5	3	2	29
谷岗乡	4	4	4	8	3	2	2	27
合计	62	74	50	159	75	45	30	495

2016 年乐安县事业机构编制情况表

表 10-4-5　　单位：个

层级	机构数	编制数
县级（不含基础教育、乡镇卫生院）	211	2272
基础教育（县一中、二中、一小、二小、三小、四小、乡镇中小学校）	41	3120
乡镇卫生院	20	356
乡镇事业站所	96	495
合计	368	6243

第四节　事业单位改革

1997 年全省开展事业单位法人登记，2000 年全国统一开展事业单位法人登记。至 2012 年县编办开展事业单位法人登记并对法人代表进行培训，全县共登记事业法人单位 282 个。

2014 年，对全县 356 家事业单位进行分类，划为行政类事业单位 3 个，公益一类事业单位 329 个，公益二类事业单位 19 个，生产经营类事业单位 5 个，另有红十字会等 5 家单位不列入分类范围，工业园区等 7 家单位暂不分类。

2014 年，正式取消事业单位法人年检制度，实行事业单位法人年度报告公示制度，《事业单位法人证书》有效期由 1 年调整为 5 年。

2015 年，县编办承担党政机关、事业单位中文域名注册及网站标识管理工作，已注册中文域名单位 387 个，党政机关网站标识申请通过数量 12 个，事业单位网站标识申请通过数量 5 个，已实现域名注册和网站挂标“两个全覆盖”。

2016 年，改革事业单位登记工作，实现登记事项办理全过程信息化，做到年报公示、信用代码、二维码应用“三合一”。取消事业单位法人证书和组织机构代码证书，正式启动事业单位统一社会信用代码换发工作和党政机关、群团统一社会信用代码赋码工作，统一由县编办（登记局）办理。

第五节　行政审批制度改革

2015年，县编办牵头梳理县级政府部门行政权力清单、责任清单编制工作，并全面取消非行政许可事项。县政府46个部门和单位共有行政权力5031项，其中行政许可192项，行政处罚3175项，行政强制229项，行政征收80项，行政给付74项，行政裁决11项，行政确认131项，行政奖励120项，其他行政权力1019项，并在县政府门户网站予以公布，接受社会监督。

2016年5月，对照省、市调整事项，对全县权责清单（含行政审批事项）进行4次动态调整，精简2项，承接4项，调整1项。截至年底，保留县本级42个部门行政权力清单4980项，责任清单4980项。牵头清理规范县级行政审批中介服务事项。行政审批中介服务事项共39项，其中保留12项，取消和调整27项，并在县政府门户网站予以公布，接受社会监督。

第五章　劳动和社会保障

1986—2016年，乐安县劳动和社会保障制度改革，主要是围绕打破企业职工的“铁饭碗”，改固定工为合同工，增强企业生产经营和用工的自主权。到21世纪初，全县国有集体企业改制、破产，职工与企业买断工龄，企业职工由企业人变为社会人，县劳动和社会保障部门逐步建立和完善劳动力市场，全县推行劳动合同制，切实做好就业再就业工作，建立健全社会保障（社会保险、失业保险、医疗保险、农村养老保险）体系。2009年乐安县成为全国首批新型农村社会养老保险试点县。

第一节　用工形式

1986—2010年，全县全民和集体所有制企业用工来源主要有招收录用、顶替补员、技校生分配、农林水内部招工、退役士兵安置和捐资办厂招工等。2000年后，逐步取消招工计划，每年只安置政策性规定的城镇退役士兵和在部队服役10年以上的士官。2011年后，每年对城镇退役士兵采取一次性经济补偿的安置办法。

1986年起，全县贯彻执行国务院颁发的国营企业实行劳动合同制、招用工人、辞退违纪职工和待业保险4个方面的暂行规定，废除企业内部招工，不再实行退休职工子女顶替。企业招工面向社会、公开招收、全面考核、择优录用。推行劳动合同制，凡新招用的工人，都必须签订劳动合同。对统一分配的技工学校毕业生及政策性安置的城镇退伍兵和原有的固定工人，实行“新人新办法、老人老办法”，无需签订劳动合同。1986—1992年，全县全民和集体所有制企业招工3979人。其中招工录用2678人、顶替补员168人、捐资办厂招工1133人，均与企业签订劳动合同。

1992年起，劳动人事部门只下达招工计划，企业在核定劳动编制定员内可自主面向社会招收工人，报劳动部门备案。是年，按照县政府决策，先后两次在全县实行捐资办厂招工，共招收1133人全民合同制工人，每人捐资5000元；1995年共招收801全民合同制工人，每人捐资4000元。1995年1月1日《中华人民共和国劳动法》正式实施后，国有和集体所有制企业实行全员劳动合同制管理，用人单位必须与职工依法签订劳动合同，使用工形式更加规范。1997年以后，企业下岗职工逐年增多，劳动用工采取“政府引导、部门带动、劳动力市场调节、个人自谋职业”的形式。

1986—2010年乐安县全民和集体所有制企业用工来源情况表

表10-5-1　　单位：人

年份	考核招用		顶替补员		技校生分配	退伍安置	农林水内部招收	捐资办厂	合计
	全民	集体	全民	集体					
1986	100	482	33	13	42	153	0	0	823
1987	334	4	52	19	51	86	29	0	575
1988	89	319	9	5	58	87	0	0	567
1989	42	194	2	0	63	2	0	0	303
1990	58	49	12	2	76	88	0	0	285
1991	153	626	2	12	81	217	0	0	1091
1992	63	165	2	5	73	110	0	1133	1551
1993	48	32	3	1	66	45	0	0	195
1994	7	3	0	0	58	66	0	0	134
1995	96	79	0	0	46	46	2	801	1070
1996	123	33	0	0	34	43	0	0	233
1997	15	9	0	0	25	7	0	0	56
1998	55	21	0	0	16	2	0	0	94
1999	33	21	0	0	6	73	0	0	133
2000	24	1	6	0	0	69	0	0	100
2001	23	4	0	0	0	77	0	0	104
2002	6	6	0	0	0	58	0	0	70
2003	1	5	1	0	0	62	0	0	69
2004	1	1	0	0	0	48	0	0	50
2005	0	0	0	0	0	33	0	0	33
2006	0	0	0	0	0	23	0	0	23
2007	0	0	0	0	0	16	0	0	16
2008	0	0	0	0	0	16	0	0	16
2009	0	0	0	0	0	21	0	0	21
2010	0	0	0	0	0	18	0	0	18
总计	3325		179		695	1466	31	1934	7630

2002年，随着市场经济的发展，国有和集体企业难以为继，全县国有和集体所有制企业开始陆续进行改制，共有118家县属企业，计8354名职工参加国有和集体所有制企业改制，职工与企业买断工龄，实现身份置换，与原企业不存在任何关系。截至2016年年底，仍有9家县属企业，计605名职工未参加企业改制。企业改制期间，为下岗职工发放再就业优惠证5896本，利用公益性岗位安置下岗职工970名，帮助其实现再就业。

乐安县国有和集体所有制企业改制情况表

表10-5-2　　单位：个、人

主管单位	改制时间	改制企业	改制职工	未参加改制企业	未参加改制职工数
农业局	2007.10	1	168	种子公司	42
林业局	2004.09	18	1566	人造板厂	62
水利局	2005.08	1	85	水利预制厂	34
				尧坊水电站	64
				供水公司	176
交通局	2007.07	1	85	江边运输公司	103
城建局	2007.11	2	377	—	—
工信委	2002.12	11	1768	—	—
粮食局	2004.12	32	1554	—	—
供销社	2002.08	24	851	—	—
商业局	2004.12	10	1108	—	—
二轻局	1998.04	13	650	汽车修配厂	36
物资局	2013.12	4	74	—	—
大马头乡	2011.12	1	68	—	—
国土局	—	—	—	地产公司	49
房管局	—	—	—	顺达建筑公司	39
合计	—	118	8354	9	605

第二节　劳动管理

1986年开始改革劳动用工制度，对新录用职工实行劳动合同制管理。对有严重违反单位规章制度、劳动纪律、操作规程、社会公德等违纪行为的新录用职工，可以辞退、除名或作开除处理。对原有的固定工，除违法乱纪受到刑事处理外，企业不得随意辞退。1992年7月，根据国务院《全民所有制工业企业转换经营机制条例》规定，企业享有劳动用工权。1995年《中华人民共和国劳动法》正式实施，用人单位与劳动者建立劳动关系必须依法签订劳动合同，劳动管理工作步入正规化、法制化轨道，打破过去的固定用工模式，劳动用工实现市场机制调节格局，为企业发展环境奠定良好基础。2000年后，全县深化国有和集体所有制企业产权制度改革，使国有和集体所有制企业陆续退出，改制企业的大部分下岗职工自愿到工业园区非公有制企业实现再就业。

1986—2016年,共办理职工调配1376人次。调配权限为，企业主管部门对所属企业职工的余缺负责调配，报劳动部门备案。对职工跨行业调动、逆向流动（企业调入行政事业单位或事业调入行政单位）、外县调入、中高级专业技术人员调出县外、行政事业单位人员调动等其他特殊情况，从严控制。需调动本人提出申请，调出和调入单位主管部门同意，经劳动部门研究，报县政府审批。

第三节　劳动工资

1986年，根据国务院《关于国营企业工资制度改革问题的通知》精神，企业与国家机关、事业单位的工资模式脱钩，贯彻执行按劳分配原则。企业干部分17个等级24档次，企业工人分8个等级15档次。全县列入二、三产业的国营企业34家，职工3874人，月增资总额4.49万元，人均月增资11.6元；集体企业13家，职工1379人，月增资总额1.41万元，人均月增资10.2元。1988年，县内推行企业工资总额同经济效益挂钩的分配制度，上缴税利作为工资总额挂钩指标，实行职工工资总额同企业经济效益按比例的浮动办法。全县有经济效益的企业48家，职工4237人，为其办理效益工资升级，人均月增资21.8元。1989年起，劳动部门只下达企业单位增资指标，企业可根据本单位职工工作的好坏，贡献的大小，自主决定调资人数。1992年，继续对企业工资标准进行浮动。全县41家企业4463名职工工资升级，月增工资总额9.37万元。在实行工资标准浮动的基础上，实行效益奖励升级，效益工资升级、调整工资偏低升级。1994年，县内企业按新标准工资普遍进行套改，人均增资73.6元。对未实行工效挂钩的37家企业1257名职工进行偏低工资调整，月增资总额5.13万元。1995年起，改革企业劳动制度，打破企业干部和工人的身份界限，企业不单独设干部、工人工资标准，通用一个工资标准，共设45个等级。1998年，继续实施工效挂钩办法，完善企业工资总额调控机制，全面实行“工资基金管理手册”制度，规范企业工资发放行为。2000年后，全县企业经济效益普遍回落，职工工资由所在企业根据经济效益情况决定工资分配方案。2002年起，全县国有、集体所有制企业陆续进行产权制度改革，职工实行身份置换，企业工资调整终止。

自1995年始，各类企业单位及经济组织与建立劳动关系的劳动者，在国家规定工作日，从事正常的生产劳动获得最低报酬，省政府明确规定最低月工资标准，1995—1996年为150元；1997—1999年为180元；2000—2003年为210元；2004—2005年为270元；2006年为420元；2007—2009年为450元；2010年为500元；2011—2012年为610元；2013年为900元；2014年为1060元；2015年后为1180元。

第四节　劳动就业

1986年,乐安县劳动服务公司更名为乐安县劳动就业管理局，隶属乐安县劳动人事局下属副科级财政全额拨款事业单位，核定人员编制8个；1990年5月更名为乐安县劳动就业服务管理局。1991年,成立乐安县劳动力人才市场，2002年,增设乐安县创业贷款担保中心。2015年12月,县劳动就业服务管理局更名为乐安县公共就业人才服务局（县人社局人才交流服务中心职能划入），核定人员编制15个。

就业培训　1986年以后，做好培训需求与培训资源的有效对接，以就业引导培训，培训促进就业，免费培训实现就业。不断完善免费培训机制，2002年9月成立就业培训中心，并结合免费职业介绍、职业指导等多项工作内容，逐步形成以市场为导向，以提高劳动者素质为核心的定向培训、就业技能培训、创业培训。1996—2005年，组织开设缝纫、计算机、蘑菇栽培、架子工、烹饪、美容美发等下岗职工再就业培训，共培训学

乐安县 2016 年电子商务第二期创业培训班

员 1.2 万多人次。2012—2016 年，组织工业园区企业定向培训 158 期，培训 12351 人次，提升企业员工的职业素质和技术能力；开展地方特色优势的就业技能培训，烤烟生产、大棚蔬菜、珍禽养殖、稻花鱼养殖、黑山羊养殖、桑蚕种养、牛养殖、鸡养殖、光伏发电等项目，共计培训 14659 人次，带动就业 13046 人次；开展创业培训 92 期，共计培训 3196 人次，实现 2817 人创业。开展其他培训 26 期，共计培训 2342 人次，带动就业 2183 人次。

创业担保贷款　2003 年开始，县内逐步建立创业担保贷款与创业培训联动机制。对创业者进行免费创业培训，简化手续，优先发放小额担保贷款。是年，落实贷款担保基金 1513.07 万元。截至 2016 年年底，累计发放创业贷款 9010 笔，计 64908 万元，其中发放小企业贴息贷款 62 笔、15855 万元；为个人创业者发放贷款 8948 笔，49053 万元，带动就业 52000 余人，到期还款率为 99.9%。其中，扶持女性创业 3064 笔、18140.4 万元，扶持大学生创业 211 笔、1160 万元；扶持烟叶种植项目 8432.6 万元，扶持家禽养殖类项目 1855 万元，扶持林果业、水产养殖业 1693 万元，充分发挥创业担保贷款带动创业促进就业的作用。

免费职业介绍　1986—1993 年，与广东、福建、浙江等沿海经济发达地区企业建立劳务合作关系，有组织地免费输送剩余劳动力外出务工人数 12560 人次，1994 年上升到 56500 人次，呈井喷式增长。2016 年全县在外务工经商人员近 9 万人次，人员遍布全国各省（市、自治区），每年的劳务收入近 8.3 亿元，有效缓解全县农村剩余劳动力、城镇新增劳动力、下岗失业职工、大学毕业生的就业压力。同时，全县外出务工经商中许多能人带回资金、项目、技术，返乡创办各类经济实体 600 多个，增加就业岗位 1 万多个，极大地促进了县域经济发展。

2015 年 12 月，县人才交流服务中心职能由县人力资源和社会保障局正式划入到县公共就业人才服务局管理，接收由县人社局移交的乐安县人才服务中心公章及人事档案 947 份。是年，提供高校毕业生及流动人员档案托管和人事代理服务 417 人次，人事关系和档案转递服务 48 人次；进行高校毕业生实名登记 260 余人次。

1986 年以后，县劳动就业（服务）管理局多次被省、地（市）评为劳动就业先进单位、创业服务先进单位、就业新闻宣传先进单位。2012 年 10 月被江西省人民政府评为全省就业服务先进单位。

1986—2016 年乐安县再就业情况表

表 10-5-3　　　　单位：人

年份	下岗人数	再就业人数	年份	下岗人数	再就业人数	年份	下岗人数	再就业人数
1986	—	1100	1997	1586	1410	2008	—	1372
1987	—	964	1998	2073	1572	2009	—	983
1988	—	858	1999	1570	1100	2010	—	925
1989	—	1064	2000	1655	1102	2011	—	951
1990	—	931	2001	1510	1183	2012	—	905
1991	—	1164	2002	2432	1806	2013	—	907
1992	—	1220	2003	2150	1962	2014	—	924
1993	—	1080	2004	2898	2371	2015	—	1020
1994	—	1192	2005	3012	2856	2016	—	1236
1995	—	1265	2006	1681	1048	—	—	—
1996	—	1347	2007	1215	890	—	—	—

1987—2016 年乐安县组织劳务输出情况表

表 10-5-4　　　　单位：人

年份	输出人数	年份	输出人数	年份	输出人数	年份	输出人数
1987	418	1995	30473	2003	35796	2011	47076
1988	539	1996	20163	2004	53600	2012	48096
1989	917	1997	20485	2005	56321	2013	80414
1990	1206	1998	20223	2006	54615	2014	83660
1991	1650	1999	21355	2007	52120	2015	93921
1992	2280	2000	21693	2008	47528	2016	88756
1993	5550	2001	32872	2009	47109	—	—
1994	56500	2002	31554	2010	44714	—	—

2003—2016 年乐安县发放创业担保小额贷款情况表

表 10-5-5　　　　单位：户、万元

年份	户数	贷款金额	年份	户数	贷款金额
2003	22	44	2010	866	3659
2004	76	152	2011	1123	6090
2005	56	498	2012	1167	7808
2006	208	902	2013	732	5681
2007	436	2206	2014	1157	8107
2008	396	2894	2015	1143	8121
2009	596	3457	2016	591	7949

第五节　劳动监察与仲裁

一、劳动监察

1998 年 4 月，设立乐安县劳动监察大队，系乐安县人事劳动局下属股级事业单位。2010 年 6 月更名为乐安县劳动监察局，级格未变。

劳动监察大队刚成立时，配有两名专职劳动监察员，办公室设在县就业管理局，办公条件简陋，未配备执法交通工具，无经费保障，劳动监察员基本工资和办公必要经费全靠罚没款保障，劳动监察工作处在摸索阶段。2003 年 9 月，全省加大劳动监察工作力度，颁发《江西省劳动保障监察条例》，使劳动监察工作有法可依、有章可循。是年，在全县范围内开展劳动用工专项执法大检查，检查企业 61 家，涉及职工 3617 人。检查中，督促 382 名职工补签劳动合同。对问题较多的 11 家企业下达劳动监察限期整改指令书，责令限期补办用工手续，按规定补缴养老、失业保险金 26.4 万元。对未能整改的，实施行政处罚。从 2004 年起，坚持每年在全县开展 1 ~ 2 次专项执法检查。对每个用人单位施行劳动监察每年不少于 1 次；对职工投诉、举报案件，及时重点查处。从 2007 年起，劳动监察大队每年会同公安、工商、总工会等单位开展联合执法，对全县小砖窑、小矿山、小作坊开展打击非法用工违法犯罪专项整治行动，发现问题，严肃处理。从 2012 年起，建立农民工工资保障金制度，在全县建筑工程等企业，按照工程造价标的的一定比例收缴农民工工资保障金，待工程竣工时，未发现拖欠工资，保障金连本带息退回；对拖欠农民工工资的在保障金中予以抵扣。2015 年，县劳动监察局配置执法专用车，为劳动监察工作提供方便。据统计，每年劳动监察查处投诉、举报案件不少于 50 起，清理拖欠员工工资不少于 20 万元。通过劳动监察，劳动者合法权益得到保障，促进劳动关系和谐。

二、劳动仲裁

1989 年 3 月，成立县劳动争议仲裁委员会，下设仲裁办公室，为日常办事机构，配备兼职仲裁员。随即，各企业主管部门成立劳动争议调解组织。2004 年 5 月，成立县人事争议仲裁委员会。2010 年 6 月，将县劳动争议仲裁委员会、县人事争议仲裁委员会撤销，成立乐安县劳动人事争议仲裁委员会，下设劳动人事争议仲裁院，为县人力资源和社会保障局下属全额拨款事业单位，定编 3 人（专职仲裁员）。

在企业劳动用工过程中，推行劳动合同制管理后，劳动争议时有发生。发生争议的当事人，可以向基层调解组织申请调解；不愿意调解、调解不成或者调解协议后不履行的，可以向县劳动争议仲裁委员会申请仲裁；对仲裁裁决不服的，可以向县人民法院提起诉讼。通过正当合法渠道，当事人的合理、合法权利得到支持。1989—2007 年，全县仲裁受理案件 568 件，仲裁裁决 46 件，大部分劳动争议案件通过调解得到妥善解决。

2008 年 5 月，劳动争议调解仲裁法正式实施，因该法明确规定，增加劳动仲裁的受理范围、放宽仲裁时效、仲裁不得收费、追诉拖欠工资不受仲裁时效限制等，申请劳动争议仲裁案件明显上升。仲裁机构本着“预防为主、调解为主、基层为主”的原则，积极开展劳动争议仲裁处理和预防工作，大力宣传劳动政策法规，帮助和指导企业完善厂规厂纪，督促劳动用工管理，减少劳动争议情况发生。及时受理、妥善解决、正确处理劳动争议，实现劳动争议案件快立、快调、快审、快结。2008—2016 年，受理劳动争议案件 414 件，仲裁裁决 134 件，调解处理 280 件，结案率 100%。切实维护用人单位和劳动者的合法权利，有力促进了劳动关系的和谐稳定，2008 年县劳动争议仲裁委员会被省劳动和社会保障厅、省劳动争议仲裁委员会评为劳动仲裁工作先进单位。

1989—2016年乐安县处理劳动争议案件情况表

表10-5-6　　单位：件

年份	处理案件数	年份	处理案件数	年份	处理案件数	年份	处理案件数
1989	11	1996	37	2003	29	2010	43
1990	24	1997	35	2004	32	2011	46
1991	29	1998	31	2005	30	2012	50
1992	31	1999	27	2006	31	2013	49
1993	29	2000	33	2007	34	2014	`52
1994	30	2001	29	2008	35	2015	49
1995	32	2002	34	2009	41	2016	49

第六节　职工退休退职

1986—2016年，职工退休退职一直执行国务院1978年颁发的《关于工人退休、退职的暂行办法》规定，其退休条件：男年满60周岁、女年满50周岁，连续工龄满10年的；从事井下、高空、高温，特别繁重体力劳动或者其他有害身体健康的工作，男年满55周岁、女年满45周岁，连续工龄满10年的；男年满50周岁、女年满45周岁，连续工龄满10年，由医院证明，并经劳动鉴定委员会确认，完全丧失劳动能力的；因工致残，由医院证明，并经劳动鉴定委员会确认，完全丧失劳动能力的。职工退休后，每月按规定发给退休费至去世时为止。退休职工去世时其丧葬抚恤金按政策规定发给。不具备退休条件，由医院证明，并经劳动鉴定委员会确认，完全丧失劳动能力的职工，应该退职。退职后，按月发给相当于本人标准工资40%的生活费。

第七节　社会保障

一、养老保险

（一）城镇企业职工基本养老保险和机关事业单位养老保险

1987年2月，成立乐安县社会保险事业管理所。1990年3月，更名为乐安县社会保险事业管理局，系县劳动人事局下属副科级财政全额拨款事业单位，工作职能主要负责全县城镇企业职工基本养老保险和机关事业单位养老保险的参保单位登记、基金征缴管理、基金的保值增值、养老保险关系转移接续、养老保险的扩面征缴及离退休人员养老金发放、社会化管理服务等工作。

城镇企业职工基本养老保险

1987年2月，全县启动养老保险工作，从劳动合同制工人招用之月起参保缴费。缴费标准：企业按月缴纳的数额为合同制工人月工资总额的18%，个人缴纳数额为本人月工资的3%，由企业按月在工资中扣除。1988年1月起，实行退休费用社会统筹。其统筹范围和对象为，全民所有制企业（含中央、省、地属企业）的固定职工、1971年11月30日前参加工作的国家计划内长期临时工（含离休、退休、退职职工），统筹资金按照全县所需要退休费总额除以在职职工工资总额加退休费总额之和测算，统筹比例确定为16.9%。1989年1月起，统筹比例变动为18.746%。1988年8月起，开展县以上大集体单位退休费用统筹。其统筹范围和对象为，条件成熟的县以上大集体单位（含省、市属集体企业）的职工、1971年11月30日前参加工作的国家计划内长期临时工（包括退休、退职职工），统筹资金测算办法类同，统筹比例确定为8.1%。1989年1月起，统筹比例变动为7.004%。实行退休费用社会统筹期间，离退休人员的社会养老保险金，由社会保险经办机构拨回原单位发放，对退休、退职职工的管理服务工作仍由原单位负责。

1993年7月20日，县政府下发《乐安县企业职工基本养老金计发办法》和《乐安县县级以上大集体单位退休金统筹实施办法》，企业职工基本养老金实行国家、企业、个人三方共同负担的原则；县以上大集体企业退休费（包括离休费和退职生活费等）实行全县统筹管理。

1995年10月1日起，养老保险实行统账结合，建立养老保险个人账户制度，实行全省统筹。统筹的范围和对象，凡本省境内的国有企业、集体企业、股份制企业、外商投资企业、联营企业、私营企业、国家部委所属企业及驻赣部队企业的在职职工、离退休人员均纳入基本养老保险范围。城镇个体工商户及其帮工，也应参加养老保险。保险费由国家、企业和个人三方共同负担，按全省统一比例缴纳。企业按本单位上年度在职职工月平均工资总额的23%缴纳，在职职工按本人上年度月平均工资的3%缴纳。1999年1月起，实行养老保险制度统一并轨，统一全省保费缴纳标准。企业缴费比例逐年调整为20%，个人缴费比例逐年调整为8%。个体工商户按不低于所在市、县上年度职工月平均工资的20%缴费。根据中共中央、国务院《关于进一步做好国有企业下岗职工基本生活保障和企业离退休人员养老金发放工作有关问题的通知》精神，从1999年10月起，退休职工养老金必须确保按时足额发放，不得发生拖欠。

养老金的计发办法：1995年年底以前参加工作，达到法定正常退休年龄的人员，按工作年限的一定百分比计发养老金；1995年之后退休的，按基础养老金、个人账户养老金和过渡性养老金发放。1995年以后参加工作，达到法定正常退休年龄的人员，按缴纳社保费的个人账户储存额除以120计发。

养老金由两部分组成，第一部分养老金以1994年年底，本人标准工资为基数，按工作年限的一定百分比计发；第二部分养老金按缴纳社保费的个人账户储存额乘以系数除以120计发；1995年以后参加工作，达到法定正常退休年龄的人员，按缴纳社保费的个人账户储存额除以120计发。

从2003年1月1日起，对全省私营企业和城镇个体工商户执行新的缴费政策规定，明确私营企业、外商投资企业参保的政策规定。参保单位按本企业上年度在职职工月平均工资总额的16%缴纳，职工个人按本人上年度月平均工资的8%缴纳。缴费基数最低不低于所在设区市上年度在岗职工月平均工资的60%，最高不高于所在设区市上年度在岗职工月平均工资的300%。从2006年7月1日起凡缴费基数低于所在设区市上年度在岗职工月平均工资的城镇个体工商户、灵活就业人员，缴费基数占所在设区市上年度在岗职工月平均工资的比例每年提高10个百分点，最终达到所在设区市上年度在岗职工月平均工资；凡按赣府厅发〔2003〕3号文规定缴费比例16%缴费的私营企业、城镇个体工商户、灵活就业人员，缴费比例每年提高1个百分点，至2010年7月1日起缴费比例统一为20%，其中8%记入个人账户。

居民领到养老保险卡

自1992年以来，城镇企业职工养老

保险基金收支失衡，支出缺口逐年增大，社保管理部门努力做好扩面征缴工作的同时，积极争取中央、省的社保基金转移支付，确保离退休人员养老金按时足额发放，维护社会稳定。从2005年起，党和政府高度重视参保退休人员的生活待遇，加大力度建立基本养老金的正常调整机制。2005—2016年期间，连续12次对参保退休人员养老金进行调整，提高养老金标准，使退休人员生活有很大改善。

1988—2016年乐安县城镇企业职工养老保险金统筹发放情况表

表10-5-7　　单位：人、万元

年份	参保人数	统筹数额	退休人数	发放金额	年份	参保人数	统筹数额	退休人数	发放金额
1988	10124	256	2023	246	2003	11500	1753	5900	3392
1989	10826	370	2404	350	2004	11726	1479	6239	3490
1990	10531	425	2500	403	2005	13799	2157	6372	3904
1991	10531	439	2700	432	2006	14299	2320	6793	5226
1992	9873	442	3020	561	2007	16112	2911	7101	6193
1993	9600	588	3100	660	2008	19253	3935	7725	8150
1994	8217	663	3584	705	2009	20330	4286	8190	9608
1995	7980	717	4467	1123	2010	22921	4763	8329	11263
1996	11926	960	4696	1440	2011	22921	5121	11995	13033
1997	12000	936	4700	1680	2012	22921	9565	13120	18062
1998	10600	977	4605	1882	2013	22921	7566	13792	21199
1999	11415	1068	4902	2206	2014	22921	11051	14112	25754
2000	11915	1039	4997	2450	2015	22921	13193	14592	31085
2001	12030	1080	5374	2626	2016	22871	14241	15102	34099
2002	11902	1316	5642	3273	—	—	—	—	—

机关事业单位养老保险

依据江西省人民政府贯彻落实《国务院关于机关事业单位工作人员养老保险制度改革的决定》的实施办法，从2014年10月1日起，启动全省机关事业单位工作人员养老保险制度改革。改革的范围对象：全省按照公务员法管理的单位、参照公务员法管理的机关、分类改革后公益一、二类事业单位及其编内的工作人员。缴费比例和基数，单位按本单位工资总额的20%缴纳，个人按本人缴费工资的8%缴纳。个人缴费工资高于全省上年度在岗职工平均工资300%的，按300%确定；低于60%的，以60%为基数缴费。单位工资总额按本单位参加机关事业单位养老保险工作人员的缴费工资基数确定。建立职业年金制度，单位按照本单位工资总额的8%缴纳，个人按本人缴费工资的4%缴纳。2014年10月1日开始，由社保局从养老保险基金中支付。2016年，全县机关事业单位工作人员参保5657人，缴纳保费714万元，为参保退休2341人发放养老金838万元。

（二）城乡居民基本养老保险

全县城乡居民社会养老保险工作，由乐安县农村社会养老保险管理局负责管理。该局前身为乐安县民政局农保所，其职责是开展农村社会养老保险工作（简称“老农保”）。1993年4月30日，县政府下发《乐安县农村社会养老保险暂行办法》规定，凡属本县非城镇户口，不由国家供应商品粮的农村人口，不分性别、职业（包括农民、渔民、乡镇企业职工、民办教师、乡镇招聘干部、职工及其他各类人员），均为保险对象。

“老农保”于1993年上半年进行试点，下半年全面铺开。至1998年年底，全县21个乡镇（场），207个村委会都不同程度地开展农村社会养老保险工作。2002年1月，根据国务院批转保险业整顿与改革方案的通知精神，全县各乡镇（场）全部停止接受新业务，农保工作进行整顿，确保资金的安全运营和档案的规范管理。截至2002年年底，全县有8942位农民参保，积累保险基金477.97万元，有355人领取养老保险金。全县农村养老保险的覆盖面约占3.1%，参保时间集中段为1995—1999年，参保人员主要有4类，分别是农村新婚夫妇、农村入伍青年、村委会干部、部分农村纯女户和少量的富裕农民。

“老农保”在管理上采取县、乡两级按人立户记账、建档，保费按3%比例扣除管理费后，基金由县财政统一管理，实行专款储存、专账管理、专款专用。基金主要采取购买国家财政发行的债券或存入银行保值增值，另外基金还按一定比例上缴省农保办保值增值。1999年以后，基金全部存入国有商业银行进行增值。

2009年年初，国家启动新型农村居民基本养老保险试点工作（简称“新农保”）。乐安县为全国首批“新农保”试点县。2009年4月乐安县在抚州市率先成立农村社会养老保险管理局，隶属乐安县人力资源和社会保障局副科级财政全额拨款事业单位，定编16人（原民政局农保所2人转入，另增加14人），其主要职能是负责全县城乡居民社会养老保险基金的征缴、发放、管理等工作。

2009年12月和2011年7月分别进行“新农保”和“城居保”（城镇居民养老保险）的试点工作，并于2014年将“新农保”和“城居保”合并为“城乡居民社会养老保险”。参保对象为“年满16周岁（不含在校学生）、非国家机关事业单位工作人员及不属于职工基本养老保险制度覆盖范围的，具有乐安县户籍的城乡居民”。缴费档次设为每人每年100元、200元、300元、400元、500元、600元、700元、800元、900元、1000元、1500元、2000元12个档次。

在试点工作中，县财政为重度残疾人、低保常补对象、五保户、农村纯一女户和纯二女户、重点优抚对象等5类特殊人群实行保费代缴。实施新农保制度后，享受养老保险待遇的条件，凡参加城乡居民养老保险的个人，年满60周岁，累计缴费年限满15年，且未领取国家规定的养老保险待遇的，方可按月领取城乡居民养老保险金。原参加“老农保”、年满60周岁已开始领取养老金的参保人，继续领取原个人账户养老金，且享受“新农保”基础养老金；原参加、未满60周岁的参保人，将“老农保”个人账户资金并入“新农保”账户，按“新农保”缴费标准继续缴费。养老金计发由个人账户养老金和基础养老金两部分组成。个人账户养老金月领取标准按个人账户全部储存款除以139。现行基础养老金标准为每月80元（2009年度开始实施时每月55元，后经两次提标）；缴费年限超过15年的，在规定基础养老金基础上，每超过1年，每月增加2%的基础养老金。

截至2016年，全县共有14.76万人参保，收缴保费1225.26万元，为全县符合享受条件的城乡居民3.72万人发放养老金3660.5万元，发放率100%。2014年，乐安县创新工作举措，率先实现社会保险便民服务“村村通”工程，打通服务广大群众“最后一公里”的乐安模式在全省推广。通过多方努力，乐安县城乡居民社会养老保险试点工作取得圆满成功，受到国家、省、市的一致好评。2011年，乐安县农村社会养老保险管理局被江西省人社厅评为2008—2010年度优秀服务窗口；2012年9月，被国务院评为全国新型农村和城镇居民社会养老保险工作先进单位。

2009—2016 年全县城乡居民社会养老保险金统筹情况表

表 10-5-8　　　　　单位：万人、万元

年份	参保人数	统筹数额	发放人数	发放数额
2009	16.30	1325.71	2.77	1983.82
2011	14.40	1273.19	3.04	2072.02
2012	14.19	1478.67	3.17	2208.99
2013	14.33	1288.65	3.23	2016.57
2014	14.84	1266.99	3.56	2583.83
2015	14.68	1222.81	3.65	3838.60
2016	14.76	1225.26	3.72	3660.50

说明：2010 年无参保数

二、医疗、工伤、生育保险

20 世纪 80 年代，全县国家机关、事业单位员工实行公费医疗，企业职工实行劳动保险医疗。由于公费和劳保医疗制度，缺乏合理的医疗费用筹措机制和费用控制机制，导致医疗费增长过快，浪费严重，财政和企业不堪重负；以单位自我保障为主，职工医疗费缺乏统筹互济，在效益差的企业职工基本医疗待遇得不到保障，难以为继。

1990 年以后，开始探索实行职工医疗保险制度。1995 年成立乐安县公费医疗管理办公室，归口县卫生局管理，1997 年 11 月划入县人事劳动局管理。

2008 年全县新型农村合作医疗制度启动，成立乐安县新型农村合作医疗管理中心，归口县卫生局管理，负责全县农村居民的合作医疗经办工作。2009 年更名为乐安县医疗保险管理局，为股级事业单位，内设医疗监督科，基金征缴科，财务科，工伤生育科，办公室 5 个科室。

2016 年 11 月，乐安县医疗保险管理局和乐安县新型农村合作医疗管理中心的职责整合，组建乐安县医疗保险事业管理局，为乐安县人力资源和社会保障局下属副科级全额拨款事业单位。负责全县各级党政机关、人民团体、企事业单位工作人员及城乡居民的基本医疗保险、工伤保险、生育保险以及相关补充医疗保险的社会医疗保障工作。

2016 年底，内设 1 室 8 股：办公室、稽查股、基金征缴股、财务股、工伤生育股、城镇居民股、农村居民股、转诊慢性病审批股、信息档案管理股。

企业职工医保　1991 年由县社会保险事业管理局负责。实行全民企业职工按每人每月 5 元标准筹集公费医疗基金，对因病、因工伤住院的在职职工医疗费，按县社保局、企业单位、个人三方合理的比例分担。县社保局出大头，单位、个人出小头。住院费用愈大，社保局负责愈多，而

城镇居民医保进社区宣传活动

个人负担则相应减少。

1993 年 7 月 20 日，县政府《乐安县职工大病医疗费用统筹实施办法》规定，全民所有制企业、非财政拨款的事业单位和中央、省、地驻县企业（不含国务院批准，按系统统筹的中央部署企业）一律参加本县大病医疗保费统筹。

城镇职工医疗保险　1987 年 5 月 1 日，全县公费医疗改革，由县卫生局实施。1995 年开始启动职工医疗保险工作，根据中央和省、地有关文件精神，1996 年 3 月，县政府正式出台《乐安县职工医疗保险试行办法》，职工医疗保险工作正式实施。1997 年 5 月 1 日，县政府《乐安县职工医疗保障制度暂行办法》规定，职工医疗实行社会统筹，医疗基金与个人医疗账户相结合，由财政、用人单位和职工个人共同缴纳。全县行政、企事业单位职工开始纳入基本医疗保险，试行个人账户和统筹基金相结合，筹资标准按职工上年度工资总额的 9.5% 缴费，根据单位经费不同来源按不同比例分别由个人、单位和财政承担。离休人员、二等乙级以上革命伤残军人每年定额为 5000 元 / 人。除个人账户门诊外，还可享受最高限额为 6 万元 / 年的大病医疗保险。对无力参加基本医疗保险的困难企业和自收自支事业单位职工可享受最高限额为 2 万元 / 年的住院医疗保险，不设个人账户。筹资标准按在职人员上年度社会平均工资总额的 3% 征缴，退休人员按每人每年 240 元标准征缴。2006 年，根据县政府文件规定，凡属本县行政区域内城镇所有居民（含学生）都应纳入医疗保险范围。筹资标准，每人每年 240 元，在校学生每人每年 50 元。不设个人账户，门诊医疗费自负。统筹基金支付最高限额为 2 万元 / 年，学生最高限额为 6 万元 / 年，因疾病或意外伤害死亡一次性支付补偿金 1 万元。

2010 年，根据抚州市政府文件规定，基本医疗保险分为 3 个档次，分别实行不同的筹资标准。一档为城镇职工基本医疗保险，筹资标准：用人单位按本单位上年度在职职工工资总额的 6% 缴纳，职工个人按本人上年度工资总额的 2% 缴费。设立个人账户，年度内统筹基金及大病医疗保险基金最高支付限额为 16 万元 / 年（2012 年调整到 26 万元）。二档为城镇职工住院医疗保险，筹资标准：职工（含退休人员）按用人单位上年度在职职工工资总额的 3% 缴纳，个人不缴费；不设个人账户，年度内统筹资金最高支付限额为 6 万元。三档为城镇居民医疗保险。筹资标准：按成年人每人每年 220 元，未成年人每人每年 150 元的标准缴费。不设个人账户，年度内统筹基金支付最高限额为成年人 5 万元，未成年人 6 万元。

因患慢性病需长期服药的，在其个人账户用完后，治疗慢性病的门诊医疗费用，可由统筹资金适当支付。慢性病分两类 10 种。一类为恶性肿瘤、系统性红斑狼疮、再生障碍性贫血、帕金森氏综合症、慢性肾功能衰竭（尿毒症期）及肾移植后抗排斥治疗、精神病；二类为Ⅲ期高血压、糖尿病、肺结核、慢性肝炎。

新型农村合作医疗制度（简称“新农合”）　新农合是在政府组织、引导、支持下，农民自愿参加，个人、集体和政府多方筹资，以大病住院统筹为主的互助合作、共同抵御风险的一种农民健康保障制度。为做好全县新型农村合作医疗工作，2007 年 12 月，成立乐安县新型农村合作医疗管理中心，属县卫生局管理。2008 年 1 月 1 日，全县开始实施新型农村医疗制度，参保对象主要是持有乐安县农业户口公民，其中，农村低保对象、五保供养对象、重点优抚对象参加新农合，个人免缴参保费用，由财政统一代缴。2008 年筹资标准为每人每年 95 元，其中各级财政补助 80 元，农民个人缴费 15 元，参保人数为 251086 人，参保率 90.85%，年补助封顶线为 1.5 万元，至 2016 年，筹资标准提高到每人每年 540 元，其中各级财政补助 420 元，农民个人缴费 120 元，参保人数提高到 310285 人，参保率提高到 99.41%，年补助款顶线提高到 10 万元。建立“新农合”，有效缓解农民“看病难、看病贵”和“因病致贫、因病返贫”问题，提高农民健康保障水平。

1995—2016 年乐安县城镇职工医疗保险情况表

表 10-5-9　　单位：人、万元

年份	参保人数	统筹数额	支付数额	年份	参保人数	统筹数额	支付数额
1995	3522	88	73	2006	17820	658	604
1996	3783	95	65	2007	18900	987	870
1997	3836	135	113	2008	22083	1337	1054
1998	3886	186	153	2009	27426	2128	1869
1999	5018	238	260	2010	28012	2930	1754
2000	5114	248	256	2011	28012	3064	1100
2001	5145	269	302	2012	28032	4991	1211
2002	11979	399	283	2013	28039	3959	2964
2003	13062	400	342	2014	28067	5709	3109
2004	15056	514	413	2015	23026	3996	3356
2005	16232	589	504	2016	23026	5850	4519

2008 年—2016 年乐安县城乡居民医疗保险情况表

表 10-5-10　　单位：人、万元

年份	参保人数	统筹数额	支付数额	年份	参保人数	统筹数额	支付数额
2008	251086	495	1680	2013	282073	1957	10063
2009	254617	914	2554	2014	297766	2282	11541
2010	263066	928	3965	2015	307710	3231	14133
2011	272073	995	5930	2016	310285	3812	17002
2012	277666	1844	7596	—	—	—	—

说明：此表中统筹数额不含财政补贴

工伤保险　工伤保险自 1991 年始由乐安县社会保险事业管理局负责实施。全县全民企业职工每年按工资总额的 5% 收缴统筹金，凡因工伤残的职工均可获得一定的伤残补助金及护理费。该项工作于 2001 年 12 月划归乐安县城镇职工医疗保险管理中心，主要负责工伤保险基金的征缴、支付及管理工作。工伤保险实施范围，全县境内的企业、事业单位、社会团体、民办非企业单位及个体工商户的全部职工或者雇工。基金统筹标准按工种危险程度高低确定征缴比例，为参保职工工资总额的 0.5% ~ 2%，由用人单位缴纳。当职工因工作遭受事故伤害或者患职业病时，相关的医疗费、住院伙食补助费、外诊食宿交通费、工伤康复费、辅助器具费、伤残生活护理费、一次性伤残补助金、一次性伤残医疗补助金、一次性工亡补助金、丧葬费、供养亲属抚恤金等费用从工伤基金中支付；停工留薪期工资、住院期间护理费、一次性伤残就业补助金由用人单位支付，使受害职工获得医疗救治和经济补偿，促进工伤预防和职业康复，分散用人单位的工伤风险。

生育保险　1991 年始，生育保险由县社会保险事业管理局负责实施。全县全民企业的女职工实行生育保险，每年收缴生育保险金 2.4 万余元，凡符合生育条件的女职工可获得产期工资及部分生育医疗费。该项工作在 2001 年 12 月划归乐安县城镇职工医疗保险管理中心，主要负责生育保险基金的征缴、支付及管理工作。生育保险基金的征缴范围，全县境内的各类企业、行政机关、事业单位、社会团体和民办非企业单位都必须为全部在职女职工缴纳生育保险费。缴费基数为用人单位上年度人均工资乘以该单位全部职工数的总额，缴费费率为0.6%，个人不缴费。生育保险基金主要用于支付女职工生育期间医药费，有效保障女职工在生育期间的基本生活不受影响。

2002—2016年乐安县工伤、生育保险情况表

表10-5-11　　单位：人、万元

年份	生育			工伤		
	参保人数	统筹数额	支付数额	参保人数	统筹数额	支付数额
2002	1620	6	5.5	2075	7	6.5
2003	2260	9	8.7	2605	9	8.7
2004	2465	10	9.6	3811	10	6
2005	3842	15	8	7953	19	3
2006	3986	18	7.3	8521	22	5
2007	4567	52	10.5	9872	32	20
2008	4968	68	12	14868	81	17
2009	9282	95	14	15029	83	29
2010	9503	154	16	16007	147	16
2011	10506	293	17	18003	196	4.8
2012	11015	296	7	20006	189	11
2013	11024	296	22	20011	266	23.5
2014	13016	299	33	22017	292	23.6
2015	14011	323	62	25007	361	115.3
2016	14507	357	123	26256	434	86.7

三、失业保险

全县失业保险的征缴、发放、管理等工作，由县公共就业人才服务局负责。失业保险是国家通过立法强制实行的，由社会集中建立基金，对因失业而暂时中断生活来源的劳动者提供物质帮助的制度。

1986年10月，根据国务院《国营企业职工待业保险暂行规定》，开始建立失业保险制度。参保对象：国营企业固定职工、合同制工。缴费标准：企业职工按标准工资总额的1%征缴。享受待业保险待遇范围：宣告破产的企业的职工；濒临破产企业在法定整顿期间被裁减的职工；企业终止、解除劳动合同的工人；企业辞退的职工。

1993年4月，国务院发布《国有企业职工待业保险规定》，享受待业保险待遇的待业职工由原来的4种情况扩大到7种：依法宣告破产企业的职工；濒临破产企业在法定整顿期间被裁减的职工；依法被撤销、解散企业的职工；按国家有关规定，停产整顿企业被裁减的职工；终止、解除劳动合同的职工；被企业辞退、除名、开除的职工；依照法律法规规定或经人民政府批准，享受待业保险的其他职工。

1999年1月，国务院发布《失业保险条例》，规定参保对象扩大到城镇、企业、事业单位及其职工。缴费标准由原来单位标准工资总额的1%提高到单位工资总额的3%，其中，参保单位按职工工资总额的2%缴纳，参保职工个人按照本人工资的1%缴纳，由单位在工资中代扣。失业人员享受失业保险条件：按照规定参加失业保险，所在单位和本人已按照规定履行缴费义务满1年的；非因本人意愿中断就业的；已办理失业登记，并有求职要求的。享受期限最长为24个月。2015年，失业保险费征收费率由原来的3%降至2%，其中：单位缴纳1.5%，职工个人缴纳0.5%。2016年5月，根据人力资源和社会保障部、财政部有关文件规定，失业保险征缴费率由原来的2%阶段性（两年）降至1%，其中：单位按职工工资总额的0.5%缴纳，职工个人按工资总额的0.5%缴纳。

失业保险金征缴发放工作，根据参保单位性质采取上门征缴、电话催缴、委托银行收缴和财政代扣代缴等征缴办法，对年初财政纳入预算的事业单位，其失业保险费实行财政代扣代缴，对国有企业、集体企业上门宣传签订委托收款协议书委托银行收缴，对工业园区企业根据职工流动性大的特点，实行分步骤分阶段参保，由点到面扩大参保人员，同时加大失业保险稽核力度，使失业保险“应保尽保，应收尽收”。经过多年努力，全县失业保险参保单位稳定在170余个，参保人数稳定在1.7万余人。自1995年起，为全县符合享受失业保险待遇的下岗失业人员8913人，及时发放基本生活费2903万余元。自2014年起，坚持实施使用失业保险金援企稳岗政策，对全县推进化解过剩产能、淘汰落后产能、治理大气污染工作涉及企业以及脱困升级中对当地经济、就业有重大影响的企业工作起到积极作用。

1987—2016年乐安县失业保险情况表

表10-5-12　　单位：个、人、元

年份	参保单位	参保人数	收缴失业保险金	发放基本生活费	年份	参保单位	参保人数	收缴失业保险金	发放基本生活费
1987	77	12670	129029	—	2002	103	10773	680814	12076
1988	78	12670	101157	—	2003	153	9149	1734040	332325
1989	88	12538	117647	—	2004	153	14010	3247969	1637811
1990	93	12557	134652	—	2005	155	14502	5059274	5249430
1991	98	12804	208574	—	2006	155	15060	4577199	4977675
1992	97	13040	212396	—	2007	158	16162	3705255	3783600
1993	101	13040	237600	—	2008	156	16100	3772087	3339833
1994	92	13523	250461	—	2009	168	16907	3200671	1650420
1995	99	12268	363642	26800	2010	163	16500	3199439	1030935
1996	99	12696	358619	213760	2011	160	16439	3156088	1189278
1997	99	12696	553359	139120	2012	156	16000	3284000	1868982
1998	99	11141	624065	89604	2013	182	17700	3246055	1072610
1999	100	11141	703792	66390	2014	178	17000	5727517	941028
2000	101	10383	648896	508590	2015	178	17000	3006562	559430
2001	101	10383	633625	7524	2016	178	17000	2454166	333200

第六章　安全生产监督

乐安县认真贯彻落实“安全第一、预防为主、综合治理”的安全生产工作方针，切实做好全县安全生产监管工作，加大安全生产执法力度，规范企业安全生产行为，依法落实安全生产责任，为全县经济社会安全发展提供有力保证。

第一节　机构人员

20 世纪 80 年代后，乐安县政府成立安全生产委员会，下设办公室（设在县人事劳动局），分管副县长兼任县安委会主任，县人事劳动局局长兼任县安委会副主任及办公室主任，承担全县安全生产综合管理、职业和矿山安全监察职能。2002 年 10 月，该职能划入县经济贸易委员会，增挂乐安县安全生产监督管理局的牌子（副科级）。

2004 年 2 月，乐安县安全生产监督管理局从县经济贸易委员会划出单独设立，为县人民政府正科级工作部门，同时设立县安全生产委员会办公室、县煤矿安全监督管理局，与县安全生产监督管理局合署办公，实行三块牌子，一套人马，人员在从事安全生产监管人员和经济贸易委员会及中小企业局中选调，核定行政编 4 个，专项事业编 2 个，领导职数为一正两副。根据安全生产工作需要，各乡镇在事业编制内配备一名专职安全生产监督管理员。2009 年，安全生产委员会成员单位由 42 个增加至 49 个。

2011 年，局机关设 4 个股室，即办公室、监管一股（加挂职业健康监督股牌子）、监管二股、监管三股；下属股级事业单位 3 个，即 2005 年 11 月成立的安全生产培训中心（2012 年更名为安全生产教育培训中心），2007 年 11 月成立的安全生产执法大队，2009 年 4 月成立的安全生产应急救援指挥中心。工业园区管委会和 16 个乡镇设立安全生产监督管理站。2016 年在编 20 人，退休 1 人，其中，行政编制 10 人，事业编制 9 人，工勤编制 1 人。

2004—2016 年，历任局长：汤乐、詹敏、邓荣祥、谭小凡。

第二节　监督管理

一、监管对象

2004 年，全县有非煤矿山企业 28 家，煤矿企业 2 家。2009 年，全县共有非煤矿山企业 83 家（其中地下矿山企业 9 家、露天采石场 26 家、采砂和砖企业 48 家），烟花爆竹批发企业 1 家及经营网点 125 个，危险化学品生产经营企业 175 家（其中生产企业 1 家、使用企业 2 家、加油站 20 家、液化气站 12 家、农药经营网点 120 个、油漆经营网点 20 个），商场、超市、宾馆等公共聚集场所 31 家。2016 年，有各类非煤矿山企业 21 家（其中小型露天采石场 12 家、花岗岩板材生产企业 3 家、露天矿山 2 家、地下矿山 1 家、勘探项目 3 家），烟花爆竹批发企业 1 家及经营网点 142 个，危险化学品生产经营企业 167 家（其中加油站 21 家、液化气站 12 家、农药经营网点 134 个）。

二、劳动保护与安全

加强劳动保护，督促企业认真执行女职工

禁忌劳动范围规定，做好女职工“三期”的劳动保护，禁止使用童工。督促用人单位遵守工时制度。1986—1990年，实行每天8小时，每周48小时工作制。1991—1995年4月，实行每天8小时，每周44小时工作制。1995年5月1日起，实行新的工时制度，每周实行5天40小时工作制。

1986年，全县有36家全民和集体所有制企业建立安全生产小组，由企业方负责人、车间主任、作业班组长和生产技术人员组成。煤矿开采、农机加工、建材生产和建筑施工等企业配备安全员，负责检查有无事故隐患、设备是否带病运行、安全生产劳动保护措施是否到位、易爆易燃物品是否妥善保管，督促上岗人员认真执行交接班制度和安全操作规程。开展安全教育和专业培训，各企业每年举办1～2期培训班，进行安全生产培训和劳动保护教育。新职工上岗前必须通过安全培训，并经考核合格；特殊工种上岗人员必须经过专业培训获得专业操作许可证，方可上岗工作。每年在全县范围内组织开展1～2次安全生产大检查，及时发现问题，堵塞漏洞，消除事故隐患。

加强锅炉压力容器的管理。1991—1996年，共检测锅炉67台次，消除事故隐患12起。全县锅炉司炉人员全部经过专门培训，并持有锅炉操作许可证，杜绝无证上岗，全县锅炉未发生安全事故。

三、宣传教育

1991年，国家确定每年5月的第2周为安全生产周。2002年，国家取消安全生产周，确定每年的6月为安全生产月。县安监局根据当年活动主题，开展集中宣传咨询日活动。2016年，制作各类宣传资料1万余份，大型宣传广告背景墙1个，宣传横幅标语200条，展板40余块，发送安全生产短信2万余条，购置安全生产警示教育片8套，租用大型LED显示屏汽车宣传安全生产知识，在乐安之窗及乐安移动公众微信上传播安全生产知识，县领导在县电视台发表电视讲话，印发安全生产法律法规汇编或小册子8.5万册。

第三节　专项整治

一、煤矿及非煤矿山安全整治

1997—2002年，多次开展安全生产大检查，2000年取缔罗陂乡非法开采的煤窑，关闭潭港乡、鹏洲乡乱采乱挖小煤窑13个。2008年3月，关闭戴坊零线煤矿和潭港裕炭凹煤矿，至此乐安无煤矿企业。2009年，实施安全标准化建设，淘汰落后生产工艺，更新技术和设备，共有8家非煤露天矿山企业购置中深孔爆破技术设备，改善企业生产条件，提高企业安全生产水平。2011年，非法开采煤矸石的行为比较严重。乐安县以安全生产“三项行动”（执法行动、治理行动、宣传教育行动）、“三项建设”（法制体制机制建设、保障能力建设、监管队伍建设）为契机，先后组织安监、国土、公安、工商及有关乡镇开展6次专项打击行动，出动人员30余人次，关闭3家非法开采煤矸石的企业。2016年，有2家矿山开展事故应急救援方案示范建设，对4家矿山延期换证，限期整改。

二、危险化学品安全整治

1997—2002年，对戴坊、西坑的液化气站进行查封、拆除，对长途带瓶运气销售和瓶库合一等突出问题进行清理；关闭取缔路边不合格加油站、爆竹作坊和销售点67户，确保全县安全生产良好秩序。2004年，全县危险化学品生产、经营、储存企业共142家（含农药经营户108户）。2010年，县安监局配合有关单位对辖区内的危险化学品企业进行两次拉网式检查，下发安全整改通知书70余份；查处8家无证农药经营户，3家无证油漆经营户，1家私自储油点，共处罚金5万余元。2016年，全县有23家成品油经营企业和134家农药经营户；2家危险化学品生产企业、15家油漆经营网点；查处非法储存柴油1处，无牌无照流动加油车2辆；有11家农网加油站（除中石化、中石油外，其他均为农网加油站）与中介机构签订标准化创建协议，有2家加油站进行升级改造。

三、烟花爆竹安全整治

2004年，全县有烟花爆竹零售网点112个，批发企业1家；是年10月，县安监局组织112户烟花爆竹经营户主进行安全生产知识培训；是年，县安监局联合有关部门到各乡镇检查，对16户未达安全标准的烟花爆竹储存业主，下发限期整改通知书，取缔不符合安全规定的储存点6个。2010年县公安局、县安监局、县供销社对各集贸市场和零售点进行全面检查，收缴走私爆竹48万余响，查获禁止销售的刮爆200余盒，8名违规经营业主受到治安处罚，并在乐安电视台曝光。2016年，县安监局、县工商局、县公安局组织3次联合行动，查处走私经营户9户，立案调查5人，其中拘留2人，收缴烟花爆竹折合金额2.84万元，处违规经营罚金1万余元，销毁大小鱼雷3000多个，收缴烟花800发，爆竹600余万响，清除两起重大安全隐患。

第四节　安全责任事故处理

1992年11月1日上午11时，坪溪乡徐庄村下严坑的姨婆桥（单跨40米，平坦式石拱桥）在合拢施工时，桥拱突然倒塌，造成2人死亡、19人重伤的安全生产事故。县安委会及时组织调查组，查清事故原因、严肃处理责任人、强化措施，后该桥改为钢筋混凝土结构。

2007年10月28日3：30，戴坊零线煤矿发生透水事故，事故发生时，有10名矿工在透水事故现场作业。事故发生后，省政府立即成立乐安县戴坊零线煤矿“10·28”透水救灾指挥部，省煤炭矿业管理办公室主任朱毅任总指挥，省市县及煤炭专业救护队等领导为成员，下设5个行动组，全力抢险救援，通过科学施救，成功将1名矿工救出。“10·28”戴坊零线煤矿透水事故，造成9名矿工遇难，直接经济损失近300万元。3名企业相关责任人移交司法机关处理，戴坊镇和县安监局7名相关人员受到党纪政纪处分。2008年3月，戴坊零线煤矿关闭。

2011年7月24日，潭港采石场一员工因操作不当造成挖掘机侧翻，致当场死亡。县政府迅速组织相关部门进行善后处理，一次性赔偿其家属死亡赔偿金57万元。

第七章　国土资源管理

1986年《中华人民共和国土地管理法》颁布后，县土地管理机构正式成立，土地管理走上依法管理轨道，由松散粗放向高度集中转变；由无偿划拨向有偿使用、征收审批向市场招、拍、挂，形成一级市场垄断转变，由县城规划区向全县国土资源管理转变。为强化土地资源规划管理，优化配置土地资源，建立适应社会主义市场经济体系的土地管理制度进行有益的探索，发挥积极的作用。

第一节　机构人员

一、县国土资源局

1985年6月，乐安县农牧渔业管理局设立土地利用管理办公室，负责全县土地管理及地政事宜。1986年6月25日，《中华人民共和国土地管理法》颁布。1987年2月，从县农牧渔业管理局土地利用管理办公室调出8名工作人员，组建乐安县土地利用管理局，为县人民政府职能部门。设局长1名，副局长2名，内设综合股。1996年2月，县土地利用管理局更名为县土地管理局。2003年3月，更名为县国土资源局。2006年5月，县地矿局并入县国土资源局。

2011年1月机构改革，核定县国土资源局内设6个职能股室：办公室（党组办公室、行政审批股与之合署办公）、法规监察股、用地管理股、地籍管理股、矿产资源管理股、地质环境股，设立纪检组（监察室），为乐安县纪委（监察局）的派驻机构。核定行政编制12个，工勤编1个。

2016年，县国土资源局增设信息中心，行政审批股单独设立。有编制113个，其中行政编12个，工勤编1人，全额拨款事业编100名。全局实有人员127人，其中在编干部职工112人，借用人员15人。

1987—2016年，历任局长：龚成龙、刘桂生、郑和元、彭光辉、王乐临、曾旌；历任党组书记：沈亚武、邹金生、王乐临（兼）、曾旌（兼）。

二、下属事业单位

2015年1月，县编委核定县国土资源局下属事业单位6个：国土资源执法监察大队、土地储备中心、土地交易中心、土地开发整理中心、地质灾害应急中心、规划测绘队，级格为股级，编制32个。是年11月，增设县不动产登记中心，为国土资源局下属副科级事业单位，编制15个。

乐安县国土资源局办公大楼

三、基层国土资源机构

2015年1月，县编委核定县国土资源局基层国土资源直属分局9个：工业园区直属分局、鳌溪直属分局、公溪直属分局、山砀直属分局、戴坊直属分局、牛田直属分局、万崇直属分局、招携直属分局、增田直属分局，基层国土资源所8个：龚坊国土资源所、湖溪国土资源所、罗陂国土资源所、湖坪国土资源所、金竹国土资源所、南村国土资源所、谷岗国土资源所、流坑国土资源所，均为股级，编制共53个。

四、县地产公司

1993年11月，经县政府批复，同意设立乐安县地产公司，为全民所有制企业，隶属县土地利用管理局管理，1994年3月正式成立。县地产公司主营业务：按县政府和土地利用管理局制定的规划进行土地开发和勘测规划、土地平整、工程测量、不动产测绘、开发投资技术咨询服务；兼营土地使用权转让、租赁、抵押等。1996年8月，成立大地机械工程有限公司，与地产公司合署办公，两块牌子，一套人员。

第二节　地籍管理

一、土地调查

（一）第一次全县土地调查

1981—1984年，乐安县分别进行土壤普查和土地调查，对全县土地资源现状，特别是土地的质量分析取得丰富的数据。因各种条件限制和工作要求不同，对全县土地分类、分布面积和利用状况没有作很精确的划分和计算。

根据江西省土地资源调查办公室的部署，乐安县第一次土地利用现状调查工作从1990年6月开始至1993年10月结束，历时3年零4个月。参加这次调查共703人，其中外业航片调绘25人，内业工作30人，确权划界涉及595人，其他工作人员53人。完成野外调绘航片1208张，图斑59959个及图幅内的线状地物。同时，对全县村委会以上1665条土地权属界线进行实验调绘，共签订土地权属界址协议书1608份，土地权属界址争议缘由书57份，协调解决土地权属纠纷215起。编绘1∶50000乐安县土地利用现状图，乡镇（场）1∶10000分幅土地利用现状图和权属界线图，县、乡镇（场）村各类土地统计表，县、乡土地边界接合图表，耕地、荒草地坡度分级表等，编写《乐安县土地资源》一书。

通过这次土地调查，勘定乐安县与外县市接壤境界长度为457千米，其中与宜春地区的丰城市相接21.35千米，与吉安地区新干县相接51.25千米，与永丰县相接187.93千米，与赣州地区宁都县相接42.72千米，与抚州地区宜黄县相接59.79千米、崇仁县相接93.96千米。全县土地总面积为242448.75公顷，其中：耕地面积43968.47公顷，园地面积388.64公顷，林地面积158499.85公顷，居民点及工矿用地4292.57公顷，交通用地1377.66公顷，水域面积6128.09公顷，牧草1.01公顷，未利用土地面积27792.51公顷。全县土地总面积中，国有土地23204.08公顷，占全县土地总面积的9.6%，集体土地219244.72公顷，占全县土地总面积的90.4%。2000年，乐安县人民政府分别与各邻县（市）人民政府签署《联合勘定的行政区域界线协议书》，与各县接壤境界长度有变化（见附录）。

（二）第二次全县土地调查

根据国务院、省、市关于开展第二次土地调查工作的部署，乐安县第二次土地调查工作于2007年7月启动，成立乐安县第二次土地调查工作领导小组，下发第二次土地调查实施方案，组织调查人员参加业务培训。按照《江西省第二次土地调查项目招标暂行办法》的规定，第二次全县土地调查采取邀请招标进行，2008年6月16日同具有国家甲级测绘资质的江西核工业测绘院签定《乐安县第二次土地调查项目合同书》，作业单位人员于是年6月24日正式进入乐安县。在技术协作单位的紧密配合下，乐安县第二次土地调查分农村和城镇两项同时展开。

农村土地调查。对县城建成区以外的土地进行调查，是第二次土地调查的重点。农村土地利用现状调查，按照国家统一的土地调查技术规范，以正射影像图为基础，实地调查城镇以外的每块土地的地类、位置、面积、范围、分布、利用状况等，查清全县耕地、园地、草地、林地、农村居民点用地和未利用地等各类土地的分布和利用状况。农村土地权属调查，主要是查清农村集体土地所有权和公路、铁路、河流以及农、牧、渔场（含部队）、水利设施等国有土地的使用权状况。通过一年多的工作，完成各项调查任务，全面掌握全县农村土地利用现状及变化。此次数据汇总一律采用西安80坐标系，按椭球计算方法核算得出农村土地构成情况：全县土地总面积241044.35公顷，其中：耕地面积35886.66公顷，园地面积1317.92公顷，林地面积177119.80公顷，草地面积8351.68公顷，城镇及工矿用地6204.82公顷，交通运输用地2015.21公顷，水域及水利设施用地7012.11公顷，其他土地3136.15公顷。

城镇土地调查。对城镇范围内的土地开展大比例尺1∶500调查。依据城镇地籍调查技术规程，充分利用已有地籍调查成果，查清县域建制镇内部建设用地的使用状况，查实城镇内部每宗土地的位置、面积、界址、权属、用途等。通过汇总分析，掌握工业用地、基础设施用地、金融商业服务用地、房地产用地等土地利用状况。2008—2010年，县城规划区土地调查面积为32平方千米，一、二级控制网布控159个，通过江西省测绘质量监督检查站检查验收。作业单位分5个小组进行地籍、地形测量，并聘请县地产公司人员进行权属调查。调查人员根据测绘组提供的地形图逐户进行权属调查、核实、填写地籍调查表，收集有关权属证明材料，经核实后反馈到测量人员，由测量人员进行补测，完善有关测量数据，确认无误后，形成地籍图，最后进行成果汇总。主要成果有：全县土地专项用地统计调查汇总、城镇土地利用分类面积汇总表、城镇土地调查数据库、以街道或街坊为单位宗地面积汇总表、地籍图分幅接合表、解析界址点成果表等。

二、土地登记发证

1950—1953年土地改革，县政府土地登记发证为土地房产所有证。1982—1986年，县农牧渔业局下设土地利用管理办公室，负责土地登记，发放宅基地使用证。1987—2015年，县土地利用管理局（国土资源局）负责土地登记，发放《中华人民共和国国有土地使用证》和《中华人民共和国集体土地使用证》。2016年，县不动产登记局和不动产登记中心成立，土地登记发证为《中华人民共和国不动产权证书》。

（一）农村集体土地所有权确权登记发证

根据国土资源部、财政部、农业部《关于加快推进农村集体土地确权登记发证工作的通知》和乐安县政府办公室《关于印发乐安县农村集体土地确权登记发证工作实施意见的通知》，开展全县农村集体土地确权登记发证工作，从2012年9月18日开始至10月14日止，对全县16个乡镇（场）、184个村委会、1864个村小组，12327宗土地（面积211456.31公顷）进行实地外业调查。经技术作业单位工作人员外业调查、内业资料整理和数据建库等工作，至2014年9月，农村集体土地所有权确权登记发证14490本，10月将证书全部发放到村委会。

2014年乐安县农村集体土地所有权确权登记发证情况表

表10-7-1　　　　单位：本

乡镇	登发证数	乡镇	登记发证数	乡镇	登记发证数
鳌溪镇	1288	万崇镇	652	南村乡	873
公溪镇	785	招携镇	1627	谷岗乡	1529
山砀镇	799	增田镇	491	湖溪乡	573
龚坊镇	421	罗陂乡	567	大马头召尾村	68
戴坊镇	2139	湖坪乡	869	合计	14490
牛田镇	624	金竹乡	1185		

（二）国有（非农）建设用地使用权申报登记发证

1987年2月，县土地利用管理局成立后，针对土地管理工作多头管理、登记发证较为混乱的现象进行规范。到2016年，县不动产登记局（中心）成立时，全县国有建设用地使用权申报登记发放《国有土地使用证》共计14015本。

1987—2016年乐安县国有建设用地使用权登记发证情况表

表10-7-2　　　　单位：本

年份	发证数量	年份	发证数量	年份	发证数量
1987—1999	2957	2005	1088	2011	987
2000	374	2006	814	2012	1118
2001	395	2007	625	2013	498
2002	241	2008	678	2014	564
2003	484	2009	493	2015	1399
2004	447	2010	777	2016	76

说明：含乡镇国有建设用地使用权登记发证数量在内

2016 年县不动产登记局（中心）成立后，登记发放不动产权证书共计 962 本。

（三）农村集体建设用地使用权申报登记发证

1999 年 7 月以前，乡镇土地管理所主要由乡镇人民政府管理，土地登记发证工作不规范，登记发证资料、档案保管不完善，登记发证数量难以统计完整。1999 年 7 月后，乡镇土地管理所收归县土地管理局垂直管理，土地管理工作得以规范和完善。2000—2016 年，全县农村集体建设用地（宅基地、公益性公共设施用地、经营性用地）使用权申报登记发放"集体土地使用证"共计 15472 本。

2000—2016 年乐安县农村集体建设用地（宅基地）使用权登记发证情况表

表 10-7-3　　单位：本

乡镇	2000—2005	2006—2010	2011—2015	2016.5	乡镇	2000—2005	2006—2010	2011—2015	2016.5
鳌溪镇	547	497	325	18	增田镇	379	652	119	0
公溪镇	485	469	244	0	罗陂乡	354	270	111	4
山砀镇	424	267	253	0	湖坪乡	429	306	243	0
龚坊镇	417	247	276	0	金竹乡	257	305	141	0
戴坊镇	532	444	297	0	南村乡	348	469	419	0
牛田镇	406	282	195	0	谷岗乡	312	529	163	52
万崇镇	395	260	209	18	湖溪乡	283	100	92	0
招携镇	382	684	562	—	合计	15472			

三、土地定级与基准地价

（一）县城区国有土地定级与基准地价

1994 年 7 月 8 日，县政府遵循《城镇土地分等定级规程》《城镇土地估价规程》的规定，结合乐安县城区实际情况，下发《乐安县土地管理"五统一"实施办法》，开展土地定级与基准地价更新工作，全面掌握城区土地质量和利用状况，合理调控土地市场交易，为征收土地税费，制订土地利用计划、规划、发挥级差地租的经济杠杆作用提供依据；同时为土地招标、拍卖、挂牌、整理、储备等奠定基础。对县城区土地划定为 4 类，每类地分 3 级共 12 级和基准地价，并对翻建、改建、扩建也制定级别和地价。

1994 年乐安县城区国有土地基准价格表

表 10-7-4　　单位：元 / 平方米

类别	一类地	二类地	三类地	四类地
新建	140—200	80—140	40—80	10—40
翻建、改建	30	20	10	5

此后，随着经济社会发展，乐安县政府多次对县城区基准地价进行调整。2000 年 11 月 20 日，县政府对县城区国有土地定级与基准地价进行更新。2005 年，报经市政府审核同意，由县政府公告，自 2005 年 12 月 22 日执行更新后的基准地价。2011 年，报经市政府审核批复，由县人民政府公告，自 2011 年 11 月 1 日执行新的基准地价。2016 年，再次更新县城区国有土地定级与基准地价。

2000—2016年乐安县城区国有土地基准地价表

表10-7-5　　单位：元/平方米

级别	2000年			2005年			2011年			2016年		
	商业	住宅	工业	商业	住宅	工业	商业	住宅	工业	商业	住宅	工业
一级地	1270	635	465	1176	357	219	1878	886	228	2045	976	240
二级地	700	430	355	599	276	169	1611	774	186	1782	863	190
三级地	380	285	240	351	212	130	1365	657	136	1564	759	140
四级地	250	210	160	220	156	95	1119	549	98	1192	640	98
五级地	—	—	—	122	86	52	892	451	62	902	461	65

（二）乡镇规划区土地定级与基准地价

为规范乡镇土地市场管理，推进土地有偿使用制度深入健康有序发展，2006年，对公溪、山砀、牛田、增田、招携5个镇规划区内土地进行土地定级与基准地价确定，并规定其他10个乡镇参照片区镇基准地价执行。

2006年乐安县部分镇规划区土地定级与基准地价表

表10-7-6　　单位：元/平方米

镇名	级别	商业	住宅	镇名	级别	商业	住宅
公溪镇	一级地	745	468	增田镇	二级地	485	280
	二级地	586	296		三级地	345	196
	三级地	459	185	招携镇	一级地	453	348
	四级地	354	106		二级地	319	252
山砀镇	一级地	723	386		三级地	225	182
	二级地	510	275	牛田镇	一级地	428	352
	三级地	362	195		二级地	301	249
增田镇	一级地	678	398		三级地	213	175

2006年乐安县参照镇规划区土地定级与基准地价表

表10-7-7　　单位：元/平方米

乡镇	参照建制镇	商业	住宅	乡镇	参照镇	商业	住宅
南村乡	增田镇三级地	345	196	大马头乡	牛田镇三级地	213	175
谷岗乡	增田镇三级地	345	196	戴坊镇	山砀镇二级地	510	275
罗陂乡	牛田镇三级地	213	175	龚坊镇	山砀镇二级地	510	275
万崇镇	牛田镇三级地	213	175	湖溪乡	公溪镇三级地	459	185
湖坪乡	牛田镇三级地	213	175	金竹畲族乡	招携镇三级地	225	182

四、土地权属纠纷调处

1986—1993年，县土地利用管理局及各乡镇土管所共调处各类土地纠纷287起，其中，1990—1993年，土地详查调处土地权属争议215起。

1994—1999年，调处较大土地权属纠纷6起，调处土地权属争议43起。

2000年开始，随着县城经济社会发展，新一轮城市化、工业化的加速，土地价值不断攀升，人们的土地权利意识不断增强，土地利益诉求和矛盾纠纷越来越多，有些地方甚至因争地争山发生群体性事件。是年，调处土地权属纠纷25起。

2001—2010年，调处较大土地权属纠纷15起，调处土地权属争议234起，其中第二次全县土地资源调查期间调处土地权属争议187起。

2011—2016年，在处理权属纠纷中，利用地籍档案资料，调处土地权属纠纷5起；土地权属争议73起。调处成功率、满意率为99.6%。

第三节　建设用地管理

一、用地市场管理

1987—1989年，县土地管理部门用3年时间对全县的用地进行梳理。在建设用地方面，重点查处多头供地、乱占乱建、未批先建、非法交易等违法违规无序用地现象。县委、县政府组织抽调县纪委、土管局等部门人员进行清查，重点清查党员、干部、职工在县城建私房的问题，查处率94.5%，结案率92%。通过清理整顿，合法用地的给予确认发证，非法用地的查处后进行补办合法用地手续，初步遏制无序用地的势头。

1990—1993年，在建设用地清理整顿的基础上，国土工作人员全力对城镇规划区内的国有土地深入调查、研究、分析、分等定级，详细评估出商业、住宅、工业用地基准地价，将国有土地使用权圈进土地市场的笼子。

1994年7月，县政府下发《乐安县土地管理"五统一"办法》《清理整顿土地隐形市场，加强划拨土地使用权管理的通知》，规范建设用地市场管理，从而保证政府对土地一级市场的垄断。

1995年5月18日，乐安县首次举行国有土地使用权公开拍卖，出让县城原水产场一宗住宅用地，出让面积1431.8平方米，均价332元/平方米，使用年限70年，敲响乐安县国有土地使用权拍卖第一槌。

1996年，县政府下发《关于加强乡镇农贸市场建设用地管理的通知》，率先在山砀镇农民一条街拍卖出让一宗商业用地，出让面积2200平方米，均价750元/平方米，使用期限40年。此后，龚坊、山砀、戴坊、增田等乡镇陆续公开拍卖农贸市场商业用地。县城规划区内、各乡镇所在地建设用地一律实行招、拍、挂，公开竞标取得建设用地使用权。

1995—2016年，全县共公开出让土地798宗，出让面积4828325.58平方米，出让金369464.49万元，为乐安县经济社会发展建立有序的建设用地交易市场，成为财政收入的增长点。

二、用地全程管理

县国土资源局在建设用地全程管理中，建立建设用地管理网络，加强管理队伍培训，制订建设用地管理的制度和措施。2000年，县政府下发《乐安县县城规划区内建设用地管理若干规定》《乐安县乡（镇）村建设用地管理若干规定》，县国土资源局就申请和报批建设用地和规范农村村民建房问题，做到"三到场"的跟踪服务制度和"三公开"的监督措施。"三到场"，即在建设用地选址踏看时，派员到实地勘看选址，看是否符合土地利用总体规划，是否影响交通、水利、电力、通讯等设施，是否符合城镇或村庄建设规划，审查用地单位或个人是否符合申请用地条件等；在依法批准开工时，工作人员到场按批准地点和面积实地放样，防止批东建西、批少占多；在竣工验收时，到场审核是否按开工放样实施，为核发土地使用证提供可靠依据。"三公开"，即公开用地指标、公开用地标准、公开审批结果。规范征（占）用地程序和制作农村村民申请建房操作流程图；对建设用地征（占）用地进行规范化管理，实行“五统一”，即统一规划、统一征用、统一开发、统一管理、统一按项目供地，并由土地储备中心负责征地勘测、征地协议签订、征地批准后的征地补偿登记和复核工作；建立办事承诺制和踏看签字责任制，热情为用地单位和个人提供优质服务，受理用地申请后，10个工作日内，必须会同有关部门到选址点核查，对不符合要求的，做好解释工作，并退回用地申请。对符合要求的，原则上每月召开一次局务会，联合审查所报批的各类建设用地，对特殊用地，经有关股室核查符合要求的，报主要领导审核同意后，随报随批，做到特事特办，及时为用地单位或个人依法办理用地手续；通过对建设用地的前期选址、组织报批和报后实施的有效管理，增强建设用地管理的透明度，遏止腐败行为，加强用途管制，提高办事效率。

三、用地计划与审批

建设用地计划管理重点，是抓住非农建设用地中的指标管理和审批。2013年县国土资源局印发《建设用地批后监管及竣工验收工作细则》。在审批中，做到“四坚持”，即坚持按法定权限批报，坚持集体批地，坚持实地踏看批地、坚持按计划指标批地。

1987—1999年，上级分配乐安县国家建设用地474.87亩，共受理124宗国家、集体单位用地审批，面积193.5亩，个人占耕地建房3056户，面积214.6亩。农村居民建房实行“三到场”“三公开”“五不批”“五不批”即村庄未作规划的不批，旧房未改造和宅基地未退回集体统一安排的不批，人均现有住房面积超过20平方米的不批，不建砖混砖木结构的不批，阻碍交通水利通讯设施的不批。

2000—2001年，上级分配乐安县国家建设用地指标308亩。受理审批商贸北大道（迎宾大道）基础设施用地108亩，受理审批龚坊国家粮食储备建设用地200亩。2002—2003年，上级分配乐安县国家建设用地指标465.1亩。受理审批征用土家岭、前坪路尧坑小区、公墓山、抚州工业区乐安园、南门工业用地、第二中学、行政中心、山高制药、北外环建设用地465亩。2004—2006年，上级分配乐安县国家建设用地指标794亩。受理审批征用前坪工业园、龙腾花城、代陂岭、花园岭、万鸡山、东家岭建设用地794亩。

2007—2008年，上级分配乐安县国家建设用地指标1034.8亩。受理审批征用北外环周边住宅用地、经济适用房建设用地340亩；受理审批征用乐安大道北侧住宅用地694.8亩。2009年，上级分配乐安县国家建设用地指标266亩。受理审批29宗国家、集体单位办公、公共服务设施用地431.28亩。其中，廉租房建设用地24亩，16个乡镇卫生院建设用地56.5亩，核工业地质局261大队建设用地324.5亩。

2010年，上级分配乐安县国家建设用地指标680亩。受理审批21宗国家单位、市政建设用地，面积680亩。其中，坑口、招携、洞口、古城、湖坪5个供变电站所用地9.4亩，县城北环、西环、南环、市政建设用地430亩，县人民医院建设用地3.29亩，工业园区管委会用地87.75亩。

2011年，上级分配乐安县国家建设用地指标5240.70亩，受理审批4宗公共设施、保障性住房建设用地119.4亩。其中，保障性住房建设用地55.4亩，公共设施用地64亩。2012年，上级分配国家建设用地指标1212亩。受理审批26宗公路、公共设施、棚户区改造建房用地4476.38亩。其中，抚吉高速（乐安段）用地3054.9亩，棚户区改造建房用地28.8亩，公共租赁房建设用地26.3亩，电力大楼、总工会、公安业务用房、四九广场、垃圾处理站及公共绿化用地1366.38亩。

2013年，上级分配乐安县国家建设用地指标9650.72亩，受理审批21宗公共基础设施用地面积1090亩。其中，案山移民新村用地28亩，厚发工业区保障性住房用地20亩，前坪汽车检测站用地40亩，北环路旁广场用地155.4亩。2014年，上级分配国家建设用地指标2585.6亩，受理审批4宗公路、公共设施用地6463.9亩。其中，昌宁高速（乐安段）用地6439.8亩，龙泉寺宗教用地12.9亩。

2015年，上级分配乐安县国家建设用地指标1815.7亩。受理审批6宗公路、科教、公共设施用地665.7亩。其中，省道S222山砀至鳌溪段公路改建用地519亩，第五小学用地34.2亩，县城粮食储备库用地99亩。2016年，上级分配国家建设用地指标1422亩。受理审批6宗公益、公共设施用地面积704亩。其中，中华情龙源老年公寓用地100亩，林业局棚户区改造B区用地42.4亩。

因上年度上级分配国家建设用地指标要向被征地单位征地，通过“三通一平”规划，下年度才能受理项目用地审批，所以少数年份内用地指标有超有盈。历年累计实际批地与上级下达的用地计划仍可实现平衡。

四、工业用地管理

乐安工业园区始建于1996年6月，始称乐安县乡镇工业开发区。2006年4月，改称乐安工业园区。为加强对工业用地的监督管理，及时掌握各企业用地情况，县国土资源局派驻园区土地管理分局负责管理“一园三区”，即前坪工业区、厚发工业区、公溪工业区。负责做好工业园区的土地征用、勘界、企业用地服务工作。1996—2006年，企业用地按照工业用地评估价协议出让，企业取得土地使用权，存在不完善的环节。2007年，国土资源部、监察部联合下发《关于落实工业用地招标、拍卖、挂牌出让制度有关问题的通知》作出具体规定，县政府对已经签订工业项目投资协议、确定供地范围和价格，所涉及的土地已办理完农转用和土地征收审批手续的可以继续采用协议方式出让或租赁，但必须按照国土资源部2003年6月11日发布的《协议出让国有土地使用权规范》的有关规定，将出让、租赁土地的信息向社会公示后，抓紧签订土地出让或租赁合同，并在2007年年底前签订完毕。从2008年始，企业用地一律通过县国土资源局土地交易中心招标、拍卖、挂牌方式取得土地使用权，并由园区土地管理分局实地勘测、划界，确认地块面积，监督企业依法用地，从源头上防止土地出让领域的腐败行为。

2008—2016年乐安工业园区工业用地招拍挂情况表

表10-7-8　　单位：亩

年份	宗数	面积	办证宗数	年份	宗数	面积	办证宗数
2008	9	298.8	9	2013	8	727.1	8
2009	4	320.2	4	2014	10	725.2	10
2010	15	446.2	15	2015	10	279.6	10
2011	10	287.5	10	2016	6	163.2	6
2012	5	155.2	5	合计	77	3403	77

到2016年，“一园三区”开发面积3737.9亩，其中工业用地总面积3403亩，道路及服务设施用地334.9亩。入驻企业80家，其中，用地企业70家，租赁企业10家，投产企业50家，在建企业14家。

前坪工业区位于县城西南面，规划面积2671.5亩，已开发面积1388.4亩。入驻企业66家，其中，用地企业58家，租赁企业8家，投产企业45家，在建企业12家。

厚发工业区位于龚坊、山砀、湖溪3个乡

镇交界处，规划面积1666.5亩。已开发面积781亩，其中，工业用地658亩，道路及服务设施用地123亩。入驻企业8家，其中，用地企业7家，租赁企业1家，投产企业3家，在建企业2家。

公溪工业区位于公溪镇S313巴文线旁，规划面积780亩，已开发面积575亩。入驻企业6家，其中，用地企业5家，租赁企业1家，投产企业2家，在建企业1家。

第四节 土地开发与土地保护

一、土地开发整理

开发整理土地是扭转耕地面积减少趋势，确保耕地动态平衡的有效途径。1987年乐安县土地管理局成立后，加快土地开发整理工作步伐，积极争取上级资金支持，落实并完成一批土地开发整理项目。据统计，1987—1993年，全县直接投资开发土地费用总额96万元，开垦荒地1.2万亩，开辟果园560亩。2007年，县政府成立“造地增粮富民工程”工作领导小组，制定工程实施方案和分年度实施计划。2015年县政府办下发《关于加快土地开发复垦补充耕地工作的通知》，进一步加大奖励力度。规定：由非耕地开发成水田的，按验收新增水田面积每亩奖励1200元；由非耕地开发成旱地的按验收新增旱地每亩奖励800元；由旱地改造为水田的按验收新增水田每亩奖励800元；耕作后前3年每年支付耕作人土壤培肥费水田每亩200元、旱地每亩100元。2008—2016年，全县开发土地面积11951.28亩，整理土地35021.9亩，复垦土地1444.02亩，旱地改水田305.95亩，完成总投资9925.25万元。

2008—2016年乐安县土地开发、整理、复垦面积表

表10-7-9 单位：亩

年份	土地开发	土地整理	土地复垦	年份	土地开发	土地整理	土地复垦	旱地改水田
2008	824.72	0	0	2013	396.25	0	0	0
2009	216.83	0	0	2014	165.85	0	0	0
2010	809.72	0	0	2015	1283.00	4087.05	0	305.90
2011	805.89	0	1444.02	2016	1068.76	16040.00	0	0
2012	2947.26	1494.85	0	合计	11951.28	35021.90	1444.02	305.90

二、土地保护

制定保护规划 为了防止乱占滥用土地，合理利用土地资源，先后编制《乐安县土地利用总体规划（1997—2010年）》和《乐安县土地利用总体规划（2006—2020）》，把保护耕地作为重中之重。第一期规划规定，2010年，全县耕地减少量不得超过15645亩，其中建设用地占用耕地不得超过5640亩，退耕还林10005亩，土地整理、复垦和开发补充耕地不少于16204.95亩，确保全县耕地保有量不低于523295.55亩，其中基本农田保护面积达到450580.05亩，占基期年耕地面积的86.2%。第二期规划规定，到2020年，新增建设用地占用耕地控制在4920亩以内，土地整理、复垦、开发补充耕地义务量不少于5749.95亩，耕地保有量不少于486499.95亩，基本农田保护面积不少于438000亩。第二期规划比第一期规划耕地保有量指标略有降低。

控制用地指标 为了确保土地利用总体规划有效实施，将基本农田保护控制指标分解到乡镇，再由乡镇分解到村组；建立保护基本农田的领导责任制，层层签订责任书，落实责任人，并列入年终目标考评；强化约束机制，规定“八不准”：即不准在保护区内挖沙取土、不准建住房、不准埋坟、不准随意改变耕地用途、不准破坏地力、不准破坏保护标志、不准挖塘养鱼、不准建砖瓦窑。实行占用耕地补偿制度，凡占用耕地从事非农业建设的，实行“占一补一”，并按规定交纳耕地造地费。土地利用总体规划实施以后，全县土地保护各项指标均控制在要求范围内。到2016年，全县耕地面积保有量为52.36万亩，基本农田面积为44.12万亩，超过规划及抚州市政府下达的保有量指标。

2016年乐安县各乡镇耕地保护面积表

表10-7-10　　单位：亩、%

乡镇	2015年耕地面积	新增耕地	报批减少面积	2016年耕地面积	基本农田	保护率
公溪镇	34389	—	6.45	34377.55	29901.45	86.98
戴坊镇	76519	—	9.31	76504.69	67634.40	88.41
鳌溪镇	48091	—	148.62	47937.38	333046.95	68.94
招携镇	37416	46.45	2.63	37454.82	32358.30	86.39
牛田镇	25034	251.91	1.27	25279.65	17665.35	69.88
山砀镇	46163	107.82	5.96	46259.86	35461.95	76.66
龚坊镇	51039	121.89	26.69	51129.20	45041.10	88.09
万崇镇	27550	113.46	6.69	27651.77	22737.60	82.23
增田镇	42190	—	52.79	42132.21	34019.25	80.74
金竹乡	16812	—	—	16807.00	12553.80	74.69
南村乡	42191	95.59	—	42281.59	33616.35	79.51
谷岗乡	14168	33.27	15.31	14180.96	10302.90	72.65
湖坪乡	28740	225.70	4.82	28955.88	23273.55	80.38
罗陂乡	24583	51.28	0.50	24628.77	20287.95	82.37
湖溪乡	25521	21.39	5.17	25532.22	21684.45	84.93
大马头乡	2540	—	—	2535.00	1626.30	64.15
合计	522944	1068.76	286.21	523646.55	441208.05	84.26

防止水土流失　据乐安县1984年第二次土壤普查，全县水土流失面积达到148.09万亩，占全县土地面积的41%，其中轻度流失81.73万亩，中度流失47.45万亩，强度流失18.91万亩。通过封山育林、植树造林、兴修水利、大搞农田基本建设等措施，水土流失面积逐年有所下降。1996年，全县水土流失面积为107.55万亩，占全县土地面积的29.65%，其中，轻度流失61.65万亩，中度流失35.55万亩，强度流失10.35万亩。强化土壤环境管理，确保土地不退化和永续利用。加大环境保护法宣传教育力度，严控工业“三废”排放量，禁止建筑垃圾和生活垃圾随地

倒放。鼓励使用农家肥和生物防治，减少农药、化肥、塑料薄膜使用量。据监测，2016 年，全县水土流失面积为 18.53 万亩，占全县土地面积的 5.12%。其中，轻度流失 8.34 万亩，中度流失 6.73 万亩，强度流失 3.47 万亩。

第五节　土地利用总体规划

一、土地利用总体规划编制

根据《中华人民共和国土地管理法》以及国务院、江西省政府的部署，1997 年 3 月开始编制《乐安县土地利用总体规划（1997—2010 年）》。这是乐安县第一次编制土地利用总体规划。为此，专门成立乐安县土地利用总体规划编制领导小组，下设办公室和技术专业组。对各部门有关人员进行业务培训，落实规划编制经费。广泛收集有关资料，并对各项数据反复核实。在资料分析、专题研究、部门规划的基础上，以国民经济与社会发展动态变化为背景，确定全县土地利用具体目标和方针，编写土地利用总体规划方案。在规划方案论证、修改的基础上，1998 年 7 月，基本完成土地利用总体规划文本（送审稿）、总体规划图，9 月 18 日通过省、地土管部门和专家评审，2000 年 6 月获省人民政府批准。

《乐安县土地利用总体规划（1997—2010 年）》以 1996 年为基期年，2000 年为实施规划的五年计划目标年，2010 年为土地利用总体规划目标年。规划包含土地利用目标方针、土地利用结构调整、土地利用规划分区、重点建设项目用地布局、土地保护整理开发复垦、乡镇土地利用规划等方面。该规划是乐安县合理开发利用、整治和保护土地资源，强化宏观调控和计划管理，优化区域土地配置的指导性文件。规划批准实施以后，在增强规划用地意识、实行耕地占补平衡、实施土地用途管制、促进土地节约集约利用等方面发挥了重要作用。

为了确保土地利用总体规划更好地为乐安社会经济可持续发展战略的实施，根据国务院办公厅转发国土资源部关于做好土地利用总体规划修编前期工作意见，依据《抚州市土地利用总体规划（2006—2020 年）》和《乐安县国民经济和社会发展“十一五”规划纲要》，2008 年 8 月开始对《乐安县土地利用总体规划（2006—2020 年）》进行修编，成立规划修编工作领导小组和工作班子，制定规划修编技术流程，采用定性分析与定量分析相结合、多方案比较、调查与评价、用地指标控制与用地定位相结合、近期规划与远期规划相结合、计算机辅助、公众参与等多种方法，体现修编工作的科学性、开放性、民主性，确保《乐安县土地利用总体规划（2006—2020 年）》编制工作顺利进行。

《乐安县土地利用总体规划（2006—2020 年）基期年为 2005 年，目标年为 2020 年，期限为 2006—2020 年，其中，近期 2006—2010 年，远期 2011—2020 年。规划范围为乐安县行政辖区所有土地，包括鳌溪镇、招携镇、山砀镇、增田镇、公溪镇、戴坊镇、牛田镇、万崇镇、龚坊镇 9 镇，罗陂乡、金竹畲族乡、湖溪乡、南村乡、谷岗乡、湖坪乡 6 乡及大马头垦殖场，土地面积为 241846.75 公顷。

国土部门为新造旱地耕作情况进行回访

由于规划修编期间，乐安县第二次土地调查正在进行，调查成果2010年8月1日启用，土地利用各项数据变更幅度较大，2005年基期年各项基础数据，根据分类释义和转换对应关系，必须进行转换。因此，对规划进行相应的修改调整。加之《乐安县城总体规划》第三轮调整和抚吉高速公路、山坑电站、龙潭水库等交通水利重点项目建设，还有抚州市下达给乐安县指标多次有所变动，县政府依据政策方向有关调整等各种原因，《乐安县土地利用总体规划（2006—2020年）》进行多次修改调整，2014年编制方案作全面修改。

二、《乐安县土地利用总体规划（1997—2010年）》实施

（一）规划指标执行

新增建设用地指标　规划安排新增建设用地指标1067.33公顷，其中占用耕地376公顷；平均每年新增建设用地指标76.24公顷，平均每年占用耕地26.86公顷。规划近期（1997—2000年），全县新增建设用地指标282公顷，其中占用耕地指标148公顷；平均每年新增建设用地指标70.5公顷，平均每年占用耕地37公顷。规划实施期间，全县实际新增建设用地290.13公顷，占规划新增建设用地指标的27.18%，其中，占用耕地148公顷，占规划指标的39.36%。在总量上，全县非农建设用地及占用耕地指标均未突破规划目标年控制指标；在年均增量上，规划实施期间新增建设用地年均32.24公顷，比规划控制指标少44公顷；年均占用耕地16.44公顷，比规划控制指标少10.42公顷。

乐安县新增建设用地指标规划与实际使用对照表

表10-7-11　　单位：公顷

项目	规划指标（1997—2010年）		实际使用指标（1997—2005年）		指标节余	
	小计	占用耕地	小计	占用耕地	小计	占用耕地
总量	1067.33	376.00	290.13	148.00	772.20	228.00
年均增量	76.24	26.86	32.24	16.44	—	—

耕地和基本农田保护　1996年全县耕地面积34849.03公顷，规划确定2010年全县耕地保有量为34886.36公顷。2005年，全县耕地面积33013.95公顷，与规划期末耕地保有量相比，减少1872.41公顷，未实现耕地保有量目标；与1996年相比，减少1835.08公顷，各乡镇耕地均有不同程度的减少。造成全县2005年耕地核查面积小于规划期末耕地保有量的原因，主要是生态退耕面积远大于规划确定的生态退耕面积，同时规划实施期间土地整理复垦开发力度较小，实际补充耕地面积远小于规划安排的指标。因此，实际查清全县耕地面积未达到规划要求的保有量。

规划下达2010年全县基本农田保护面积为30038.67公顷，基本农田保护率为87.32%。到2005年，乐安县基本农田保护面积30044公顷，与规划指标30038.67公顷相比，增加5.33公顷。

土地整理复垦开发补充耕地指标　规划安排土地整理复垦开发新增耕地1080.33公顷，其中土地整理新增耕地194.09公顷，土地复垦新增耕地85.91公顷，土地开发新增耕地800.33公顷；规划实施期间，通过土地整理复垦开发实际新增耕地500.48公顷，全部来自土地开发。

（二）规划实施效益

土地开发利用程度变化　2005年年末，乐安县土地总面积241846.75公顷，已利用土地包括农用地及建设用地总面积213389.58公顷。土地利用率从1996年的85.03%提高到2005年的88.24%，建设用地率从1996年的2.96%提高到

2005年的3.09%。2005年年末，全县有耕地面积33013.95公顷，人均耕地0.10公顷，土地垦殖率13.65%，低于全省平均水平；林地面积从1996年的159321.81公顷增长到2005年的162879.36公顷，森林覆盖率从1996年的65.88%提高到2005年的67.35%。

规划实施期间，乐安县土地利用率提高，并呈逐年上升趋势，但年均增幅不大；土地垦殖率和土地农业利用率大体均呈下降趋势，土地利用强度有所稳定。

土地利用经济效益　规划实施以后，土地利用的经济效益得到较为明显的提高。全县国内生产总值快速增长，2005年GDP是1996年的2.03倍；全县固定资产投资由1996年的0.66亿元增至2005年的2.62亿元，2005年是1996年的3.96倍；全县土地利用率从1996年的85.03%提高到2005年的86.19%，增长1.16个百分点；从全县土地整体效益看，地均GDP由1996年的9万元/公顷提高到2005年的17.63万元/公顷，增长1.96倍；建设用地利用效益明显得到提高，地均建设用地第二、三产业产值由1996年的3.42万元/公顷增至2005年的11.72万元/公顷；农用地利用效益有一定提高，单位耕地面积的农业产值从1.15万元/公顷增加到1.33万元/公顷。

土地利用社会效益　规划实施期间，通过土地利用分区和用途管制，基本遏制全县乱占耕地现象，为未来发展留下空间，保障经济社会可持续发展；通过耕地总量动态平衡政策的实施，确保土地资源和粮食安全；通过基本农田保护区的划定，保护高产农田数量上的稳定，为全县农业可持续发展奠定良好的基础；同时，全县土地开发复垦整理项目的实施，使人民群众了解到土地资源的宝贵性，增强节约用地的意识，也缓解日益尖锐的人地矛盾。

规划的有效实施，充分保障城镇发展的用地需求，全县城镇化水平稳中有增，上升到2005年的26.25%，城镇居住条件有所改善，农村人均生活水平有所提高。

土地利用生态环境效益　规划实施期间，林地面积增加，森林覆盖率提高。1996年年末，全县林地面积159321.81公顷，森林覆盖率65.88%，根据乐安县社会经济发展对改善生态环境的要求，规划在当时森林面积的基础上，除各项建设占用少量林地以外，通过积极开发宜林土地和退耕还林，到2005年年末，林地面积为162879.36公顷，森林覆盖率达到67.35%，有效地保障乐安山清水秀的优美生态环境。

三、《乐安县土地利用总体规划（2006—2020年）》摘要

（一）土地利用目标

耕地与基本农田保护目标　2006—2020年，全县通过土地整治补充耕地504公顷，其中土地开发新增耕地383.33公顷，土地整理及复垦新增耕地120.67公顷。2020年，全县耕地保有量不少于32433.33公顷，基本农田保护面积不低于29200公顷。

建设用地规模调控目标　2006—2020年，全县新增建设用地618公顷，新增建设用地占用农用地521.01公顷，新增建设用地占用耕地328公顷。2020年，建设用地总规模控制在8343.65公顷。城乡用地规模控制在6397.67公顷，城镇工矿用地规模控制在2489.97公顷，交通水利用地规模控制在2867.97公顷。

土地生态保护目标　规划期末，森林覆盖率提高到75.38%，水土流失治理率达到60%以上，城镇垃圾处理率达到80%以上，中心城镇生活污水处理率达到80%以上，空气质量达到国家二级标准，主要河流水质达到国家Ⅱ类标准。

（二）土地利用结构调整

农用地结构调整　至2020年，全县耕地由2005年的35873.37公顷调整为42720.3公顷；因地制宜利用园地，提高园地利用率，园地面积由2005年的1318.45公顷调整到1265.17公顷；重视对现有林地的保护，利用宜林荒坡荒滩造林，林地面积由2005年的177074.31公顷调整为

175274.51 公顷；稳定其他农用地面积，提高其他农用地综合利用效率，其他农用地面积从 2005 年的 7838.7 公顷调整到 7407.82 公顷。

建设用地结构调整　全县城镇建设用地由 2005 年的 1145.15 公顷增加到 2020 年 2417.81 公顷；农村居民点用地由 2005 年 4601.6 公顷调整到 2020 年 3907.7 公顷；交通水利等基础设施建设用地由 2005 年 1930.23 公顷调整到 2020 年 1902.58 公顷；其他建设用地略有减少，由 2005 年 44.52 公顷调整到 2020 年 43.4 公顷。

其他用地结构调整　在不影响生态环境的前提下，加大土地开发力度，优先安排农用地，并保障建设用地正常需求，提高土地利用率。规划期间，其他用地面积逐渐减少，由 2005 年 10833.29 公顷减少到 2020 年 6032.9 公顷。

第六节　执法监察

一、执法机构

1987 年 2 月，乐安县土地利用管理局确定一名副局长负责土地监察工作。1992 年，设立土地监察股，配有土地监察员 4 人。1994 年 10 月，增设土地监察队，统一着装，持土地监察证上岗，重点对县城范围内的违法用地进行清查。是年，县人民法院在县土管局挂牌成立乐安县土地巡回法庭。1998 年，县土地监察队更名为县土地执法监察大队。2000 年 7 月，经县编委批准为股级事业单位，调配 10 名国家正式干部、职工为监察员，专事全县土地执法监察。此后，16 个乡镇国土分局（所）全部成立土地执法监察中队。全县配备正式和兼职土地监察员 65 人，175 个行政村都配有土地监察信息员。

二、监察方法

日常动态巡查　县国土资源局制定《乐安县国土资源执法监察动态巡查责任制》《乐安县国土资源执法监察快速反应制度》《乐安县国土资源执法监察报告制度》《乐安县国土资源信息员管理制度》等 8 项制度，明确规定县土地执法监察大队负责全县动态巡查工作的督促、检查，适时组织专项巡查、重点巡查和交叉巡查，定期或不定期组织检查、互查和抽查。每季度至少进行一次巡查、检查，每年进行一至两次统一巡查或专项检查。乡镇土地执法监察中队每月至少集中巡查一次，监察员经常巡查，情况特殊时，不分双休日、节假日，日夜巡查。监察信息员每月须将日常巡查工作向监察中队汇报，发现问题及时报告，从源头上堵截违法苗头。监察工作实行分级分片包干，责任到人，年终进行考评，考核情况与奖惩、任用挂钩。据统计，2007—2011 年，每年集中巡查和专项巡查 200 余次，共发现各类违法用地行为 419 起，立案查处 20 件，刑事拘留 8 人，行政处分 2 人，罚款 47.08 万元。其中，2011 年，开展巡查 180 余次，制止农民违法占用耕地建房 110 余起，拆除占用耕地建房 12 幢，面积 1752 平方米，联合县城管局拆除城区非法占地建筑 11 起，面积 2100 平方米。

专项行动　1997 年，根据中共中央、国务院《关于进一步加强土地管理，切实保护耕地的通知》和省、地部署，乐安县将非农建设用地清查作为土地管理的重点，在全县范围内对 1991 年 1 月 1 日以后的国家建设用地、农村集体建设用地、城镇居民和农村村民建房用地进行清查。制定《乐安县非农建设用地清查工作方案》，成立非农建设用地清查工作领导小组，对 21 个乡镇进行检查，发现部分乡镇未批先建、以罚代批、非法征地、非法出让土地、批荒占耕的现象比较严重，县委、县政府立即下发《关于部分乡镇非法乱占、乱批非农业建设用地情况的通报》。这次专项非农建设用地清查，共查处违法用地 1148 宗，面积 232.6 亩。其中：少批多建 567 宗，面积 57.8 亩；未批先建 501 宗，面积 150.3 亩；非法买卖土地 80 宗，面积 23 亩，收缴费用 30 万元；申请法院强行拆除违法用地建房 2 起。

2007 年，按照国土资源部《关于开展全国土地执法百日行动》的统一部署和要求，9 月 15 日至 12 月 25 日，开展土地执法百日行动。集中清理整治2005年1月1日以后“以租代征”、违反土地利用总体规划扩大工业用地规模、未批先用等土地违法违规行为。据统计，共出动宣传流动车10余次，印发宣传单2万余份，张贴宣传标语500余幅，挂横幅50条，设立土地执法咨询台5个、举报箱20个，布设宣传栏20块。通过大造声势，使社会各界了解百日行动，支持百日行动。许多群众纷纷提供土地违法线索，积极举报土地违法行为，共收到举报信8件、举报电话29个，发现“以租代征”案件2起，面积40.2亩，治安拘留2人。

2014年，乐安县委、县政府针对“三违”（违法建设、违法用地、违法交易）现象比较严重的实际情况，决定从7月开始对“三违”顽症进行集中整治。制定具体实施方案，成立领导小组，下设办公室、清理整治组、建筑材料卡控组和案件查办组。集中整治县城规划控制区和城乡结合部。2015年，县委、县政府下发《关于开展集中整治“三违”攻坚战行动实施方案》，要求对“三违”行为达到“五到位”，即调查摸底掌握到位、典型违法案件打击到位、严重违法建筑拆除到位、违法建筑查处到位、依法管控落实到位。2016年又印发《关于妥善处置县城规划区以外“三违”问题的补充意见》，进一步规范“三违”处置标准。

卫片执法检查　2004年以后，利用土地卫片执法检查，即利用卫星遥感技术，对某一区域某一时段的土地利用情况进行监测，通过对比监测前后的用地情况，确定变化图斑，再对变化图斑进行核实，确定土地利用合法性。土地卫片执法检查可以全面、客观、准确地反映出被监测区域的土地利用情况，特别是土地违法违规状态。开展卫片执法检查，是执法监管模式和手段的创新，核查违法违规用地由原来的“自下而上”发现、报告，转变为“自上而下”发现、监督，形成全国一张图管理国土资源，建立土地审批、供应、使用、执法监察等业务融为一体的网络监督平台，真正实现对违法违规用地“天上看、地上查、网上管”的立体监管。乐安县委、县政府对此十分重视，专门成立卫片执法检查领导小组，并下发具体实施方案，落实专项经费。县国土资源局将卫片执法检查工作步骤、时间安排、人员分工、任务和职责进行具体量化和细化。各有关部门密切配合，定期报告，上下联动，精准执法。通过收集和整理监测图斑的批、供、用、补、查等有关资料，对监测图斑采取内业判定和外业核查等方法，确定问题性质，落实整改措施。对卫片执法检查工作中发现的土地违法违规案件，该立案的立案查处，该处置的从严处置，该曝光的督办曝光，该问责的严肃问责。乐安县2010年度土地卫片监测时段为2009年9月14日至2010年11月7日。共涉及辖区土地图斑21个，监测总面积264.3亩（其中耕地60.3亩），共分为22宗地。在实际占用的新增建设用地中，有14宗地，面积为164.4亩（其中耕地27.1亩），合法用地10宗，面积114.5亩（其中耕地27.1亩），违法用地4宗，面积49.9亩（无耕地）。实地伪变化8宗，监测面积99.9亩（其中耕地33.2亩）。违法用地面积占新增建设用地总面积的比例为30.35%，均属边报边用。对这4宗边报边用违法用地，通过与省市沟通，积极完善土地报批手续，于2011年6月30日前全部办理农用地转用审批手续。通过运用高科技手段执法，提高土地监察效能。据统计，2010—2016年，卫片检查，共发现违法用地99宗，面积755.54亩，全部及时进行处置。

三、清理土地隐形市场

随着商品经济的不断发展，土地作为一种特殊商品逐步进入流通领域。随之出现了形形色色的城镇土地隐形市场：有的不经批准，擅自转让、出租土地使用权从中获利；有的买卖房产连同转让土地，以合法的房产买卖掩盖非法的土地交易；有的以地换房，以地联建，从中牟利等等，全县大量的行政性划拨土地使用权通过隐形交易自发地进入市场，致使国有土地资产严重流失。据1993年7月县土管局对土地隐形市场的初步调查显示，全县每年流失土地收益100万元以上。为理顺土地产权和经济的关系，推动土地使用制度改革的健康发展，培育和有序地发展符合法律法规的土地市场，根据上级指示精神，1994年7月8日，乐安县政府下发《关于清理整顿土地隐形市场，加强划拨土地使用权管理的通知》，对擅自转让、出租、抵押土地使用权，开发公司出售商品房，以及企业兼并分立而转让、出租土地使用权等现象进行清理。成立以县长为组长，分管副县长为副组长，县土管局、政府办、财政局、监察局、审计局、城建局、税务局、工商局、物价局、公安局、法院等部门领导为成员的“乐安县清理整顿土地隐形市场，加强划拨土地使用管理领导小组”，并从土管、城建、监察、法院等单位抽调人员，组成工作组开展具体工作。通过清理土地隐形市场，查处1987年1月1日至1994年7月期间发生的土地隐形交易共484宗，土地面积16187.32平方米，其中空地282.2平方米，房产15905.12平方米，违法出租月租共70161.9元，年租共841942.8元。责令补办手续，补交出让金，并进行罚款处理。为加强划拨土地使用权的管理，推动以有偿、有期限、有流动为核心内容的土地使用制度改革，制定《乐安县划拨土地使用权转让、出租、抵押管理办法》，规范今后凡通过行政划拨的土地进行经营投资开发后出售商品房和出卖、出租、抵押建筑物、构筑物以及直接由行政划拨的土地转让给他人使用引起的土地使用权移转的行为，都必须到土地管理部门申请办理土地使用权的出让、转让、出租和抵押手续，交纳土地出让金。土地使用权依法进入流通领域，必须采取土地管理“五统一”（统一规划、统一征地、统一开发、统一出让、统一管理）的措施，确保政府垄断土地一级市场，规范开发二级市场，放开搞活三级市场，促进土地资源优化配置，充分发挥土地资产的最佳效益。

四、土地违法案件查处

根据《乐安县办理国土资源违法违规案件程序规定》，查处土地违法案件的执法程序是：立案、调查、处理、结案。

通过日常巡查和年度卫片执法检查，以及群众举报等各种渠道发现的乱占滥用、未批先建、越权审批、批东占西、批少占多、批荒占耕、以租代征、非法征地以及非法买卖、转让、出租、抵押等各类土地违法行为，迅速及时进行查处。发现一起，查处一起，不徇私情，敢于碰硬。该处罚的从重处罚，该强拆的坚决强拆，该问责的严肃问责，有效遏制土地违法行为的发生，实现“零约谈、零问责”目标。据统计，1993年至2016年，全县共查处违法用地1632宗，面积2242.72亩。其中：制止违法用地807宗，面积565.53亩；补办手续694宗，面积213.82亩；立案查处131宗，面积1463.37亩。

第七节　地质矿产管理

一、机构人员

1987年，成立乐安县矿产资源管理领导小组，下设矿产资源管理办公室，办公室设在乐安县经济委员会主管的乐安县矿产品公司，公司经理兼任矿产资源管理办公室主任。1993年，经县政府批准成立乐安县矿产资源管理局（二级局），挂靠县经委，定编4个，列自收自支事业单位。

1997年，成立乐安县地质矿产局，为县政府直属机构，定行政编6个。下设乐安县矿产资源开发服务所，定编4个，列自收自支事业单位。2003年机构改革，县地质矿产局与土地管理局组建县国土资源局。2006年5月，县地质矿产局正式并入县国土资源局，县国土资源局增设地质环境股，撤销矿产资源开发服务所。

1997—2006年，历任局长：周洪圆、习振华。

二、矿产资源规划

为加强矿产资源勘查开发及矿山生态环境保护的宏观调控和规范管理，充分发挥矿产资源在国民经济建设中的重要作用，1997 年制定《乐安县矿产资源勘查开发规划》，2000 年，县地矿局编制《2000—2010 年乐安县矿产资源勘查开发规划（草案）》。2008 年，根据《中华人民共和国矿产资源法》以及国土资源部、省国土资源厅和市国土资源局的部署和要求，县政府组织人员编制《乐安县矿产资源总体规划（2008—2015 年）》。总体规划以 2007 年为基期，期限为 2008 年至 2015 年，展望到 2020 年。矿产资源总体规划是指导矿产资源管理工作的政策性文件。为保证总体规划的全面实施，乐安县建立目标责任考核、检查评估、社会监督等制度。截至 2015 年年底，全县勘查区总面积为 105.82 平方千米，占全县面积的 4.38%，共发现各类矿产 22 种，查明资源储量的矿种有 16 种，开发利用的矿产 11 种，矿种利用率 50%。矿产地 41 处，已开发利用的矿产地 19 处，矿产地利用率 46.34%。全县矿山总数 51 个，采矿权证总面积 8.67 平方千米，占全县面积的 0.36%，年产总矿石量 168.47 万吨。全县矿业及其延伸产业的产值，从 2007 年的 2.63 亿元，增长到 2015 年的 5.16 亿元，年均增长率为 9.03%。《乐安县矿产资源总体规划（2008 — 2015 年）》顺利实施完成后，从 2015 年开始编制《乐安县矿产资源总体规划（2016 — 2020 年）》，经过一年多的细致工作，文本送审稿已经完成，已报上级审批。

2008—2015 年乐安县矿产资源规划期内主要矿种开采量完成情况表

表 10-7-12　　　　单位：万吨、个

矿种		2015 年矿山数	大中型矿山数	2007 年产量	2015 年规划目标	2015 年实际产量	2008—2015 年均产量
开采总量		51	4	294.22	210.00	168.47	174.06
钨	三氧化钨	1	1	10		0	5
	矿石			0.77		0.00	0.38
萤石	三氟化钙	1	1	0.21		1.05	0.63
	矿石			0.50		2.50	1.50
玻璃用脉碳（硅石）		3	0	0	10.00	6.3	1.26
长石		1	0	0		0.00	0.12
高岭土（陶瓷土）		4	1	0		3.50	1.20
饰面用花岗岩	荒料	5	1	0		3.35	0.67
	矿石			0		41.93	8.39
建筑用石料		21	1	215.00	200.00	91.40	150.00
砖瓦用黏土（页岩）		15	0	78.72		22.84	19.60

三、勘查开发和监督管理

《中华人民共和国矿产资源法》颁布实施以后，乐安县加强对矿产资源勘查开发的监督管理，探矿和采矿实现从无序到有序的根本转变。

实行矿产资源勘查开发许可证制度，禁止无证探矿、无证采矿和越界越层开采行为。严把换发证关口，依照权限分级审批。截至 2016 年，全县有效勘查许可证 29 个，其中部发证 7 个、省发证 22 个。按探矿权项目分为：铜多金属矿普查 12 宗，铀矿普查 6 宗，铀矿详查 1 宗，萤石矿普查 3 宗，金多金属矿普查 2 宗，高纯硅矿普查 1 宗，铌钽普查 1 宗，钼多金属矿普查 1 宗，陶瓷用砂

岩矿普查1宗，铅锌多金属矿普查1宗。有效采矿许可证28个，其中部发证1个、省发证1个、市发证14个、县发证12个。开采的主要矿种有：铀、钨、萤石、石英、钾长石、饰面用花岗岩、建筑用石料、砖瓦用页岩、砖瓦用黏土等矿种。其中：能源矿山（铀矿）1家，有色金属矿山（钨矿）1家，非金属矿山（石英、萤石、钾长石、高岭土、饰面用花岗岩）9家，普通建材类矿山（建筑用石料、砖瓦用页岩、砖瓦用黏土）43家。

加强日常监管、清理整顿和年度检查。坚持动态巡查和年度卫片执法检查。明确监察人员巡查区域、巡查次数，严格巡查登记，落实巡查责任。通过监护到边、巡查到位，努力把执法关口前移，有效提高监管水平。1988年，发现戴坊镇萤石矿无证开采、无证经营的情况后，经县政府协调，依法解除戴坊镇与永丰县个体开采者的开采合同，生产经营权移交国有矿山企业县钨矿（后改名县矿产品公司）。县矿产品公司针对该矿乱采滥挖无序开采的状况，1990年投入143.48万元，对矿山进行技术改造，不仅提高日产量，还保证萤石资源合理开采，避免资源浪费和国有资产流失。2011年，通过巡查，制止非法开采6件，查扣非法运输矿产品车辆7辆。2011—2015年，全县通过卫片检查共发现违法开采9件，罚款7.52万元，移送公安部门处理2件。

强化政府管理职能，规范矿产有序发展。矿产资源法颁布后，为扭转乐安县矿产资源开发经营的混乱局面，县委、县政府组织力量对辖区范围内的矿山企业开展多次集中治理整顿。2005年成立“乐安县全面整顿和规范矿产资源开发秩序工作领导小组”，下发《乐安县整顿和规范矿产资源开发秩序工作方案》，通过几年的整治，关闭不符合安全整合规划、资源合理开发及预期未延续的矿山企业28家（采石场17家、砖厂8家、砂场1家、石灰岩1家、煤矿1家），整合矿区3个，采矿权数量从15个减少为4个。查处非法采矿点64个，依法没收非法矿产品8500吨，依法扣押挖掘机9台、装载车16台、运输车辆23辆。立案查处2起，遏制非法开采行为，确保全县矿山健康有序发展。

搞好探矿权、采矿权年检，全面提升矿产资源勘查开发监管水平。凡探矿权人不履行相应义务、圈而不探、以采代探、探采矿种与规定勘查矿种不符，不予以年检直至吊（注）销勘查许可证。对采矿企业，严格按照程序审查矿山提交年检资料的真实性、完整性、合法性。对年检合格的，办理许可证延续手续，对年检不合格的，暂停办理许可证延期手续。通过年检，先后查处两起违规勘查开采行为，作出吊销许可证和罚款处理。

落实矿产资源勘探开采有偿制度。勘探开采矿产资源必须依法缴纳规费，2007—2016年，全县征收矿产资源补偿费779.46万元，探矿权、采矿权价款1863.6万元。对新设立矿权，采取市场竞争方式，先报县政府批准同意后，再依法依规挂牌出让。至2016年年底，全县共有偿出让采矿权19个，成交金额467.27万元。

2007—2016年乐安县矿产资源规费征收情况表

表10-7-13　　单位：万元

年份	矿产资源补偿费	探矿权、采矿权价款	年份	矿产资源补偿费	探矿权、采矿权价款
2007	67.77	18.60	2013	96.58	316.73
2008	4.68	211.40	2014	91.10	345.90
2009	104.06	33.97	2015	97.20	301.94
2010	73.38	240.8	2016	5.70	—
2011	114.65	123.40	合计	779.42	1863.60
2012	124.29	270.86			

四、矿产资源储量管理

（一）储量调查

乐安县是全省25个矿资源大县之一。中华人民共和国成立后，经过地质矿产勘查，发现有铀、钨、锡、铜、锌、银、铁、金、萤石、煤、石英、建筑石材等矿种20多种，其中铀矿资源储量和品位名列全国首位、亚洲之最、世界第二。

根据中央、省、市部署，2010年，乐安县对矿产资源储量利用现状进行调查，采取先难后易、先大中型矿区后小型矿区、先开采矿区后未利用矿区的方法进行，年底完成矿区资源储量野外核查和报告编制。2011年6月底，完成矿产汇总和核查矿区数据建库工作。全县矿产资源的基本特点：一是铀矿为优势矿产，其他金属矿产资源有较大的勘查开发潜能；二是饰面用花岗岩等非金属资源较丰富，品质较优良，资源前景较大；三是砂石黏土等矿种小矿多、分布散；四是地热、矿泉水勘查开发前景广阔。

分布　铀矿分布在公溪镇和湖溪乡；煤矿分布在戴坊镇、鳌溪镇和罗陂乡；钨矿分布在南村乡；萤石矿分布在戴坊镇、招携镇和金竹乡；石英矿分布在戴坊镇、招携镇和金竹乡；水泥用灰岩分布在招携镇；饰面用花岗岩矿分布在鳌溪镇、招携镇和金竹乡；高岭土（陶瓷土）矿分布在鳌溪镇、增田镇、罗陂乡、南村乡、戴坊镇和万崇镇；钾长石矿分布在金竹乡；建筑用花岗石矿、砖瓦用页岩和砖瓦用黏土矿主要分布在以鳌溪镇为中心的周边乡镇，其他乡镇也有零星分布。

储量　查明主要资源储量的矿种有12种，矿山数28个，矿区数79处。

乐安县主要矿产资源储量情况表

表10-7-14

矿产	矿山数（个）	矿区数（处）	资源储量单位	保有资源储量	累计查明资源储量
铀	1	—	万吨	—	保密
煤	0	4	万吨	298	337.4
钨	1	1	吨	23.3	31.6
萤石	1	3	万吨	28.965	33.9
石英	3	5	万吨	167.179	200
水泥用灰岩	0	1	万吨	168.28	188.3
饰面用花岗岩	5	10	万立方米	382.718	400.4
高岭土（陶瓷土）	4	6	万吨	158.18	162.3
钾长石	1	1	万吨	2.36	3.32
建筑用花岗岩	11	21	万立方米	683.3	803.8
砖瓦用页岩	1	15	万吨	1335	1907
砖瓦用黏土	0	12	万立方米	3360	4800

动态检测　矿山企业在履行矿产资源储量登记后，每年按划定矿区范围统计矿产储量变动情况，填报年度矿产资源开发利用基础报表。凡不依照规定提交勘查储量报告、矿产资源储量年报的处1万元以上3万元以下的罚款，弄虚作假的，处3万元以上5万元以下的罚款。通过年检进一步明确矿山真实完整的储量资料和地质储量评审报告，有效落实矿山企业资源储量动态监管。

五、地质环境保护与灾害防治

矿山环境治理与保护　乐安县在长期的矿产资源开发过程中，造成一定的矿山地质环境问题，主要表现为：露天采矿破坏植被、地貌量观及占用土地、水土流失等，地下采矿造成地下含水层破坏、采空塌陷及地裂缝等。截至2015年年底，全县矿山累计占用及损毁土地面积244公顷，破坏土地面积79公顷。为此，全县从两方面入手，加强矿山地质环境保护与治理恢复。一是建立健全矿山地质环境恢复治理保证金制度。坚持"谁开发，谁保护""谁污染，谁治理""谁破坏，谁恢复"的原则，矿山企业按规定编制矿山地质环境保护和治理恢复方案，签订矿山环境保护与综合治理责任书，缴存矿山地质环境治理和生态恢复保证金。2008—2015年，全县累计储存矿山地质环境恢复治理保证金45万元。二是着力解决历史遗留问题，制定矿山闭坑地区环境保护与治理恢复方案，实施重点矿区环境治理工程。2008—2015年，实际完成矿山地质环境综合治理面积104公顷，其中历史遗留矿山35公顷。累计完成矿山土地复垦面积29公顷，其中历史遗留矿山10公顷。

地质灾害防治　乐安县是一个地质灾害多发易发地区，已发现各类地质灾害点288处（滑坡253处，崩塌33处，地面坍陷1处，泥石流1处）。其中：省级重点7处，市级重点16处，县级有265处。威胁户数957户，威胁人数3731人，威胁财产1.35亿元。省级7处重要地质灾害隐患点分布在南村2处、湖坪1处、鳌溪3处、戴坊1处。市级重要地质灾害隐患点16处，分布在谷岗3处、南村1处、戴坊1处、鳌溪4处、龚坊1处、湖溪4处、牛田1处、湖坪1处、山砀1处。县级地质灾害隐患点265处，分布在鳌溪13处、大码头2处、公溪10处、山砀3处、龚坊5处、戴坊21处、牛田2处、万崇5处、招携65处、增田35处、南村11处、湖坪11处、罗陂4处、湖溪8处、谷岗29处、金竹31处。县政府成立县地质灾害防治领导小组和应急指挥部，编制《江西省乐安县地质灾害防治规划（2009—2020）》。建立健全地质灾害群测群防体系和分级管理责任制，县、乡签订地质灾害防治责任状，落实地质灾害隐患点责任主体和监测责任人。编制地质灾害防治方案，每年根据不同情况，科学编制《地质灾害防治方案》和《突发性地质应急预案》。县国土资源局联合县气象局加强汛期地质灾害气象预警预报工作，预警预报信息在乐安县电视台滚动播出，并通过手机短信发送到防灾责任人和监测责任人手中，使广大群众及时了解地质灾害信息，提前做好防范工作。汛期实行地质灾害分片挂点和24小时值班制度，全县10处重要地质灾害点乡镇都安排一名副科级以上领导为第一责任人，暴雨期间坚持24小时点上巡查值守，及时排查安全隐患。每年都向地质灾害隐患点发放防灾明白卡和避险明白卡。在戴坊仲溪地面塌陷点安装10台裂缝报警器，在各乡镇安装30多台雨量报警器，并在重要地质灾害隐患点设置警示牌。与此同时，加强地质灾害隐患点治理和搬迁工作。为确保人民群众生命财产安全，使受地质灾害危险威胁的村民能安居乐业，免遭地质灾害危害，进行灾害治理与重点灾害危险点群众搬迁。南村乡炉桐村稠溪滑坡危险点为乐安县危害程度最大的地质灾害危险点，属省级重要地质灾害危险点，2009年，整村搬迁项目经国土资源部、省国土资源厅批准实施，项目经费为500万元。至2016年，移民新村已建成，搬迁工作顺利完成。

第十一卷　综合经济管理

本卷目录

第一章　计划管理

乐安县发展和改革委员会是县人民政府的综合经济管理部门。主要是对全县国民经济和社会发展进行总体规划、指导实施和宏观调控。随着经济体制改革的不断深入，计划经济向社会主义市场经济过渡，计划部门的职能发生重大的调整，逐步由微观经济管理向宏观经济调控转变，计划管理中的指令性计划逐渐缩小，指导性计划和市场调节范围逐步扩大。

第一节　机构人员

一、县发展和改革委员会

1955年4月，县政府设立计划经济委员会。1963年1月，更名为县计划委员会。1968年，撤销县计划委员会。1976年1月，恢复县计划委员会。2002年10月，县计划委员会更名为县发展计划委员会。2005年7月，县发展计划委员会更名为县发展和改革委员会（简称“发改委”）。县经济体制改革办公室撤销，其职能并入发改委。

1986年，县计划委员会内设办公室、计划、农业区划3个职能股室，有行政编制11个，工勤事业编制1个，实有工作人员12人，设主任1名，副主任1名。1997年1月，内设办公室（以工代赈办公室与之合署）、计划综合股、国土与农业区划股、基建投资管理股4个职能股室。2003年3月，县物价局并入。内设人事秘书、综合计划、农村经济（以工代赈办公室）、投资管理（招投标办公室）、价格管理、收费管理6个职能股室。有行政编制17个（含物价局编制6个），工勤事业编制2个（含物价局编制1个）。2005年7月，县经济体制改革委员会职责并入县发改委，增设经济体制改革股。2015年4月，县发改委内设人事秘书（行政审批股）、综合规划、农村经济发展、投资管理、产业与环资、经贸与体改、价格调控、收费管理、原中央苏区振兴发展股9个职能股室。至2016年，县发改委有行政编25个（含原中央苏区振兴发展办公室和价格监督局），工勤编制2个，事业编10个。实际在职人员43人。

1986—2016年，历任主任：徐力平、唐幼端、袁招祥、管同文、曾亦农、邓荣祥。2010—2016专职党组书记：周冰、徐小平。

二、县经济体制改革办公室

1986年，成立县经济体制改革委员会，为县政府主管经济体制改革的综合协调职能部门。其主要

县发展和改革委员会办公大楼

职责是制定全县的经济改革总体规划及实施方案，指导、督促和检查改革实施进展和成效。内设办公室，有工作人员5人。1996年10月，县经济体制改革委员会与县政府办公室合署办公。2002年10月，更名为县经济体制改革办公室，并入县政府办公室，为县政府办公室内设机构，对外保留经济体制改革办公室牌子，其承担的国有企业改革职能划入县经济贸易委员会。2005年7月，撤销县经济体制改革办公室，其职责并入县发改委。

1986—2005年，历任主任：张信昌、黄乐平、邹金生、曾志军。

三、县原中央苏区振兴发展办公室

2012年6月28日，国务院出台《关于支持赣南等原中央苏区振兴发展的若干意见》，为对接项目建设，7月成立乐安县原中央苏区振兴发展办公室，为县政府正科级行政机构，设主任1名（发改委主任兼），专职副主任1名，核定行政编2个。县发改委内增设乐安县原中央苏区振兴发展股。

编制《乐安县原中央苏区振兴发展规划》，争取苏区振兴发展资金。2013—2016年，共争得国家和省级资金1亿余元。做好国家民委与乐安对口支援工作，国家民委在乐安开展民族团结进步创建活动和“中华民族一家亲文化下基层”活动；加大对乐安少数民族帮扶力度，共下拨民族发展资金及各类产业发展、扶贫开发资金1000多万元；加强对县域干部培训力度，将乐安县人才培训纳入国家民委培训计划，分年度、分批次进行；组织清华大学附属医院专家到乐安义诊。同时，国家民委利用委员制特点，积极推介乐安，协调其他部委在重大项目方面加大对乐安的支持。省级层面对口支援工作也积极推进，成功与省服装学院取得对接，双方签订全面合作框架协议。

争取政策项目支持。做好项目规划方案，争取省级生态文明建设示范县、国家重点生态功能区等支持政策。抓好项目储备。对照苏区振兴发展的各项政策，结合县情和产业特点、经济社会发展实际，有目的地谋划和筛选一批对全县经济社会发展有明显带动作用的项目。

抓好重大基础设施项目实施。昌宁高速（后改为“昌韶高速”）是《国务院关于支持赣南等原中央苏区振兴发展的若干意见》的规划建设项目，路线经过的乐安县、永丰县、宁都县均为原中央苏区重要组成部分，高速公路建成通车，有助于当地将资源优势转化为经济优势，促进原中央苏区经济发展。吉抚武铁路已列入国家“十三五”铁路网建设规划。省道宋水线、厚莲线成功升级为国道。

四、县政务信息化工作办公室

2003年，县政府成立乐安县信息中心，为县发改委下属财政全额拨款股级事业单位，定编5个。2012年7月，信息中心更名为乐安县政务信息化工作办公室，升格为副科级事业单位，仍隶属于县发改委。

2004年10月，组建政务网视频会议室，先后开通两个政务视频会议室。2008年1月，开通县人民政府网站，发布大量乐安政务信息。2010年1月，建立省、市、县、乡四级网上审批和电子监察系统；12月，开通全县政务网，实现乐安县政务网省、市、县、乡四级纵向联网和绝大部分县直单位的横向联网。先后扩展多部门应用系统，如江西信访网上服务中心系统、江西省企业信用监管警示系统等。

五、县能源办公室

2012年7月，成立乐安县能源办公室，为发改委下属全额拨款股级事业单位，核定编制3个。2013年2月，增加事业编制1个。

至2016年，会同有关部门做好风能、太阳能等项目的备案管理工作。着力抓好全县光伏扶贫项目实施，完成9850户光伏扶贫安装，实现“十三五”期间所有贫困户光伏扶贫全覆盖。制定全县140个贫困村“十三五”光伏扶贫扩面工程建设规划。

第二节　计划编制与实施

县级计划主要有年度计划、中长期规划和行

业发展规划3种。

编制年度计划，一般根据省、市发改委计划编制要求，由县直相关部门、行业编制计划建议报县发改委，县发改委经综合平衡后形成县计划主要指标草案报抚州市发改委；市发改委经过综合平衡后，编制抚州市年度计划建议指标，报市政府研究同意后上报省发改委；市发改委根据省计划，修改原计划草案，经市计划会议讨论，并报市委、市政府审查批准后，下达各县实施。县发改委再根据市下达的计划指标调整县计划草案，经县政府常务会研究确定后，县发改委受县人民政府委托，向县人民代表大会作计划报告，提请审议通过后下达执行。

编制中长期规划，是根据乐安实际，参照抚州市规划要求和县委、县政府意见，提出规划期发展计划建议稿，经反复征求各方意见，报请县委、县政府研究同意，提交县人民代表大会审议通过后，下达各乡镇各部门执行。

中长期规划和年度计划下达后，县发改委负责监测县域经济和社会发展态势，协调解决经济运行中出现的问题，及时了解计划完成情况。对五年计划根据运行情况组织中期评估；对年度计划执行情况每季度进行一次经济形势分析，年中受县政府委托向县人大常委会报告计划执行情况。

1986—2016年，县发改委组织编制完成乐安县国民经济和社会发展“七五”至“十三五”共7个五年计划和每年的年度计划。

一、“七五”计划（1986—1990）

1985年5月，编制完成《乐安县国民经济和社会发展第七个五年计划》和20年规划。1986年2月，“七五”计划经县九届人大第三次会议审议通过。

“七五”计划依据“两个更大胆”“一个略高于”的指导方针，按照充分发挥本地优势，合理调整经济结构，加快伸长“两条短腿”，依靠科技进步，抓好两个文明建设，全面振兴乐安经济的指导思想，提出到1990年实现工农业总产值比1980年翻一番，到2000年翻2.6番的总目标。

计划目标　到1990年工农业总产值达到19290万元，比1985年增长57.9%，年均递增9.6%。其中，工业总产值5130万元，比1985年增长81.1%，年均递增12.6%。在工业总产值中乡镇工业产值达到1300万元，比1985年增长132.1%，年均递增18.2%。农业总产值13150万元，比1985年增长46.5%，年均递增7.94%。在农业总产值中多种经营产值达到7240万元，比1985年增长65.1%，年均递增10.54%。财政收入1000万元，比1985年增长24.61%，年均递增4.5%。社会商品零售总额12900万元，比1985年增长55.2%，年均递增9.19%。全县总人口控制在303979人，比1980年增长8.55%，比1985年增长4.6%，人口自然增长率控制在9‰以内。

计划实施　“七五”计划期间，全县上下坚持以经济建设为中心，圆满完成“七五”计划的各项目标任务。到1990年，工农业总产值19511万元，年均递增10.6%。其中，农业总产值11999万元，年均递增6%；多种经营产值占农业总产值的比重为56.2%；粮食总产18.16万吨，年均递增2.7%。工业总产值7512万元，年均递增21.5%；工业总产值占工农业总产值的比重，提高到38.5%；乡村工业产值占工业总产值的比重提高到61.5%。全县财政收入1839.9万元，年均递增18.05%。其中工商税收1076.2万元。社会商品零售总额达到13035万元，年均递增9.4%。农民人均纯收入，扣除粮价变动因素为539.31元，年均递增9%。

主要措施　一是把改革放在首位，进一步完善农村联产承包责任制，抓好农村改革，同时加快城市改革步伐，不断深化企业内部改革。二是加强能源、交通建设和智力开发，为经济发展创造更好条件。着力解决能源紧张、交通闭塞、科技落后3个制约乐安县经济发展的瓶颈问题。基础设施得到进一步加强和改善，重点项目建设进展顺利，东源水库右干渠维修配套、小都港引水工程、尧坊电站等一批重点水利工程相继竣工。

县一中教学楼二期工程和县人民医院门诊大楼竣工交付使用，城市下水道得到修复。多方筹措资金用于中小学配套建设，教学条件进一步改善。县城象山农贸市场，县萤石矿、陶瓷厂的改造、县纤维板厂、以工代赈项目乐宁公路和世行贷款项目，速生丰产林基地、赣中南农业综合开发项目等一批重点工程正在加紧实施。三是扩大对外经济技术协作，为经济发展开拓广阔前景。外贸出口供货总值（按计划价）251万元。横向经济和技术协作取得新的进展，全县签订经济技术合同24个，引进资金231万元，协进协出物资3136万元。四是科教文卫体等各项社会事业都取得新的进展，计划生育工作有新突破，人口过快增长得到控制，人口自然增长率为10.75‰。

乐安县“七五”计划主要指标及分年完成情况表

表11-1-1

指标名称		1985年实际	“七五”计划		“七五”完成情况					
			规划数	年均递增	1986	1987	1988	1989	1990	
									完成数	年均递增
一、工农业总值（万元，1980年不变价）		11808.4	19290	9.6	13083.4	14536.35	16285.00	18264.00	19511.00	10.6
其中	农业总产值（万元）	8975	13150	7.94	9165	10095.00	10616.00	11433.00	11999.00	6.0
	工业总产值（万元）	2833.4	5130	12.6	3918.4	4441.35	5669.00	6831.00	7512.00	21.5
二、粮食总产（吨）		158735	18000	2.54	151299	160042.00	163111.00	168052.00	181600.00	2.7
三、固定资产投资（万元）		211.9	—	—	582.00	493.00	992.30	312.00	49.00	-25.4
四、社会商品零售总额（万元）		8311	12900	9.19	8690.00	9822.00	13514.00	14391.00	13035.00	9.4
五、财政收入（万元）		802.52	1000	4.5	978.20	1128.50	1357.00	1586.80	1839.90	18.05
六、出口创汇（万美元）		—	—	—	—	—	—	—	251.00	—
七、农民人均纯收入（元）		350.27	500	7.38	374.61	403.41	462.10	518.20	539.31	9.0
八、人口自然增长率（‰）		10.83	9	—	11.94	9.72	8.31	8.53	10.75	—

二、“八五”计划（1991—1995）

1985年5月，编制“七五”计划时，同时提出20年（到2000年）发展目标，1990—1991年，没编制“八五”计划，1992年编制“八五”后3年（1993—1995）经济和社会发展主要指标。

计划目标　到1995年，全县生产总值达到5.6亿元，年均增长14.82%，人均生产总值1644元；工农业总产值达到9.6亿元，年均递增21.9%；其中，农业总产值4.3亿元，年均递增8.2%；工业总产值4.3亿元，年均递增44.7%；乡镇企业总产值4.28亿元，年均递增62.2%；农民人均年纯收入1030元，年均递增17.3%；财政总收入3580万元，年均递增14.6%；全社会固定资产投资达到2000万元，年均增长35.7%。到1995年三产结构比为51.3∶27.7∶21。出口创汇达30万美元；全县总人口控制在32.84万人以内，人口自然增长率控制在10.56‰以内。

计划实施　“八五”期间，全县上下认真贯

彻党中央“抓住机遇、深化改革、扩大开放、促进发展、保持稳定”20字战略方针，围绕“改善环境、调整结构、加大投入、搞活流通”的发展思路。到1995年，全县生产总值6.38亿元，年均递增17.86%；三产结构比为55.9∶21.1∶23；工农业总产值56509万元，年均递增6.85%；财政收入实现3640万元，年均递增14.62%。全社会固定资产投资2008万元，年均增长110%；社会消费品零售总额2.7亿元，年均增长15.68%。出口总额33.58万美元；实际引进境外资金42.62万美元；全县总人口控制在32.84万人以内，人口自然增长率控制在10.56‰以内。

主要措施　一是全面发展农村经济，增强整体实力。通过调整农村产业结构，发展“三高”农业，加强农业基础设施建设，主攻乡镇企业，实现农业增产、农民增收、乡镇企业增值。二是调整产业结构，提高经济效益。通过增加投入，调整结构，培植支柱产业，工业实力明显增强，新上和技改县丝厂、赣东制药厂、县纤维板厂等一批支柱产业和拳头产品。三是加强基础设施建设，改善投资环境。外环路建成通车、拓宽改造南门路、改造抚八线，基本修通乐宁公路、开通5400门程控电话。四是社会事业蓬勃发展，人民生活日益改善。

乐安县“八五”计划主要指标及分年完成情况表

表11-1-2

指标名称		1990年实际	“八五”计划		“八五”期间完成情况					
			规划数	年均递增	1991	1992	1993	1994	1995	
									完成	年均递增
一、全县生产总值（万元）		28063.00	56000.00	14.82	30502.00	35700.00	43070.00	50308.00	63818.00	17.86
三产结构比（%）		66.53∶16.18∶17.29	51.3∶27.7∶21	—	62.89∶17.41∶19.7	63.1∶16.4∶20.5	57.4∶17.8∶24.8	53.6∶22.1∶24.3	55.9∶21.1∶23	—
二、工农业总产值（万元1990年不变价）		40567.00	96000.00	21.90	43425.00	50464.00	60582.00	83181.00	56509	6.85
其中	农业总产值（万元）	30401.00	43000.00	8.20	31864.00	35351.00	38400.00	41687.00	45327.00	8.32
	工业总产值（万元）	10166.00	43000.00	44.70	11561.00	15113.00	22182.00	41494.00	11182	1.92
三、粮食总产（吨）		181600	—	—	182762.00	182988.00	177798.00	194317.00	202000.00	2.15
四、固定资产投资（万元）		49.00	2000.00	35.70	689.00	1260.00	3012.00	4512.00	2008.00	110.00
五、社会商品零售总额（万元）		13035.00	27000.00	19.70	11484.00	13189.00	16819.00	21553.00	27096.00	15.68
六、财政收入（万元）		1839.90	3580.00	14.60	2053.60	1935.80	2178.10	2338.00	3640.00	14.62
七、出口创汇（万美元）		250.76	30.00	—	—	—	—	—	33.58	−33.11
八、实际引进境外资金（万美元）		158.60	—	—	118.00	—	—	—	42.62	−23.85
九、农民人均纯收入（元）		539.31	1030.00	17.3	681.84	732.38	801.60	1132.65	1400.00	21.02
十、人口自然增长率（‰）		10.75	10.56	—	12.27	10.34	7.70	4.66	10.56	—

说明：1995年工农业总产值、工业总产值指标与1994年和“八五”计划目标值相差较大，主要是因工业普查及统计口径的变化，对有关数据进行了较大调整所致

三、“九五”计划（1996—2000）

1996年3月，“九五”计划经县十二届人大第五次会议审议通过。

计划目标　到2000年，全县生产总值达到10亿元，年均增长10.8%；工农业总产值达到22亿元，年均递增15%。其中，农业总产值6亿元，年均递增5.9%；工业总产值16亿元，年均递增20%；乡镇企业总产值21亿元，年均递增20.4%；农民人均年纯收入2000元；财政总收入达9000万元，年均增长19.8%；全社会固定资产投资5年累计达到2亿元。社会消费品零售总额5亿元，年均增长13.1%。到2000年，三产结构比为36∶38∶26。出口总额达到100万美元，年均递增14.9%；全县总人口控制在33.5万人以内，人口自然增长率控制在7.5‰以内。

计划实施　“九五”期间，按照建立社会主义市场经济新体制的要求，以资源为依托，以市场为导向，以科技为动力，以农民增收、财政增长、后劲增强为目标，立足农业、主攻工业、大力发展第三产业，经济建设和社会发展取得显著成就，人民生活水平得到明显提高，各项社会事业取得明显进步。主要经济指标平稳增长。全县生产总值9.54亿元，年均递增8.37%；全县财政总收入4166万元，年均递增1.87%；三产结构比由1995年的55.9∶21.1∶23调整为2000年的41.2∶26.7∶32.1；工农业总产值10.26亿元，年均递增12.7%；其中农业总产值7.18亿元，年均递增9.6%；工业总产值3.08亿元，年均递增22.4%。农业结构调整初见成效，烤烟、食用菌、毛竹、生猪等四大主导产业已见雏形；工业改革稳步实施，企业效益和产品科技含量均有较大提高；个体私营经济发展迅速，上缴税收有较大增长；基础设施建设取得较好成绩，“九五”期间，累计完成固定资产投资6.8亿元。乐安大道、商贸大道、商贸城等一系列重点工程完工，城镇面貌发生明显变化。在交通通信、能源、水利等方面均取得新进展；山坑电站主体工程基本完工，实现并网发电，经济发展的“瓶颈”制约有所打破，投资环境得到改善；对外开放继续扩大，利用外资和出口创汇取得显著成绩；人民生活水平继续提高，“三条保障线”相继建立并提高保障水平，5年间共减少贫困人口6.4万人；人口自然增长率下降到14.82‰；教育、文化、卫生、体育、广播、电视等各项社会事业取得新的成绩。

乐安县“九五”计划主要指标及分年完成情况表

表11-1-3

指标名称		1995年实际	“九五”计划		“九五”期间完成情况					
			规划数	年均递增	1996	1997	1998	1999	2000	
									完成数	年均递增
一、全县生产总值（亿元）		6.38	10.00	10.80	6.63	7.82	8.56	9.01	9.54	8.37
三产结构比（%）		55.9∶21.1∶23	36∶38∶26	—	60.3∶17.1∶22.6	56.8∶19.2∶24	44.4∶27∶28.6	42.8∶27.3∶29.9	41.2∶26.7∶32.1	—
二、工农业总值（万元1990年不变价）		56509.00	220000.00	15.00	63295.00	70134.60	109453.00	103047.00	102580.00	12.70
其中	农业总产值（万元）	45327.00	60000.00	5.90	48122.00	50127.00	70505.00	71046.00	71800.00	9.60
	工业总产值（万元）	11182.00	160000.00	20.00	15170.00	20007.60	38948.00	32001.00	30780.00	22.40

续表 11-1-3

指标名称	1995 年实际	“九五”计划		“九五”期间完成情况					
		规划数	年均递增	1996	1997	1998	1999	2000	
								完成数	年均递增
三、粮食总产（万吨）	20.21	22.50	2.40	21.34	21.84	20.76	21.34	18.38	-1.90
四、固定资产投资（万元）	2008.00	4000.00	23.20	19627.00	20000.00	22794.00	7734.00	10313.00	38.7
五、社会商品零售总额（万元）	27096.00	50000.00	13.10	33300.00	39463.00	41837.00	44132.00	44100.00	5.78
六、财政总收入（万元）	3640.00	9000.00	19.80	3798.00	4158.00	4329.00	4151.00	4166.00	1.87
七、出口供货总额（万美元）	33.58	100.00	14.90	59.10	126.10	163.90	86.90	100	—
八、实际引进境外资金（万美元）	42.62	—	—	64.10	99.40	24.20	36.20	48.00	2.40
九、引进市外境内资金（万元）	3559.00	—	—	3559.00	7100.00	6632.00	8570.00	8200	32.5
十、农民人均纯收入（元）	1401.00	2000.00	7.60	1616.00	1900.00	1842.00	1183.00	1193.00	-5.89
十一、人口自然增长率（‰）	11.09	7.50	—	13.47	13.84	14.07	14.76	14.82	—

四、“十五”计划（2001—2005）

2001 年 2 月，“十五”计划经县十三届人大第五次会议审议通过。

计划目标　“十五”计划是新世纪第一个五年计划，确定头 2 年打基础，通过调整经济结构，培植主导产业，推进基础设施建设，保持年均增速 8% 左右，后三年为发展阶段，力争达到年均递增 10% ~ 12%，略高于全市平均水平，到 2005 年，全县生产总值达到 14 亿元，年均递增 9.4%；财政收入达到 6700 万元，年均递增 10%，其中，地方财政收入 5600 万元，年均递增 10%；社会消费品零售总额达到 8.6 亿元，年均增长 12%；农民人均纯收入 1500 元，年均递增 4.7%；人口自然增长率控制在 8.8‰以内；“十五”期间累计引进境外资金 800 万美元，引进县外资金 4 亿元，累计出口创汇 100 万美元；全社会固定资产投资累计达到 10 亿元，年均递增 20.3%。

计划实施　按照“调整结构、夯实基础、扩大开放、主攻民营”的发展思路，围绕“一招三化”，着力实施“优化农业、强攻工业、引农进城、交通兴县、走出去和打流坑牌”六大战略，较好地完成“十五”计划提出的主要目标任务。全县生产总值 13.14 亿元，年均增长 6.71%；财政总收入 5886 万元，年均增长 7.16%；三产结构比由 2000 年的 41.2 : 26.7 : 32.1 调整为 33.5 : 30 : 36.5；5 年累计引进市外资金 16.8 亿元，直接利用外资 409 万美元，出口创汇 470 万美元。全社会消费品零售总额由 44100 万元增加到 65292 万元，年均递增 8.16%。烤烟、蚕桑、蘑菇、毛竹已成为全县农业主导产业。工业生产稳步发展，规模以上工业增加值 6032 万元，工业税收 1230 万元，实现 3 年翻番的目标。县城建成区面积由 3.8 平方千米拓展到 6.6 平方千米，商品房开发面积累计 28 万平方米。争项目争资金工作成效显著，5 年累计争取上级各种无偿资金 7.8 亿元。基础设施明显改善，抚八公路和县城至山砀公路改造完成，“十五”期间，全县公路建设总投资 3 亿元，完成路面硬化 426 千米；新建小水电 31 座，装机总容量 2.2 万千瓦。全社会固定资产投资由 2000 年的 1.03 亿元上升到 4.29 亿元，累计 12.78 亿元，年均增长 32.9%。社会事业全面协调发展，流坑村古建筑群被批准为国家重点文物保护单位，流坑村被评为首批中国历史文化名村。农民人均纯收入由1193元上升到1666.42元，年均递增6.91%；绝对贫困人口减少1.1万人，下降到2.12万人；人口自然增长率控制在8.13‰以内。

乐安县“十五”计划主要指标及分年完成情况表

表11-1-4

指标名称	2000年实际	“十五”计划		“十五”期间完成情况					
		规划数	年均递增	2001	2002	2003	2004	2005	
								完成数	年均递增
一、全县生产总值（亿元）	9.54	14.00	9.40	9.62	9.81	10.74	11.71	13.14	6.71
三产结构比（%）	41.2：26.7：32.1	34.1：32.7：33.2	—	40：26.5：33.5	40.2：26.2：33.6	37.8：28.3：33.9	35.4：29：35.6	33.5：30.0：36.5	—
人均生产总值（元）	2660	4000	14.78	2613	2609	2830	3044	3707	13.05
二、规模以上工业增加值（万元）	—	—	—	—	—	2899.40	4133.80	6032	—
三、财政收入（万元）	4166	6700	10.00	4586	4606	5248	4816	5886	7.16
其中：地方财政收入（万元）	—	5600	10.00	3972	3879	4021	3359	3972	—
四、全社会固定资产投资（亿元）	1.03	五年累计10.00	20.3	1.11	1.37	1.94	4.23	4.29	32.90
五、引进市外境内资金（亿元）	0.82	4.00	37.29	0.73	1.63	4.23	5.90	6.30	50.35
六、实际引进境外资金（万美元）	48.00	五年累计800.00	—	79.00	92.00	139.62	40.00	409.00	53.5
七、出口创汇（万美元）	100	100.00	—	—	—	55.00	66.00	470	36.28
八、社会消费品零售总额（亿元）	4.41	8.60	12.00	4.80	5.05	5.51	5.97	6.53	8.16
九、农民人均纯收入（元）	1193	1500	4.70	1198	1203	1222	1543	1666	6.91
十、人口自然增长率（‰）	9.15	8.80		8.30	9.15	8.72	8.13	8.13	

五、“十一五”规划（2006—2010）

2006年4月，“十一五”规划（从“十一五”开始，计划改为规划），经乐安县第十四届人民代表大会第一次会议审议通过。

规划目标　到2010年人均生产总值达到抚州市平均水平。生产总值达到26.2亿元，年均增长14.8%，三产结构比调整为25∶38∶37；财政总收入达到1.5亿元，年均增长20.6%，力争实现3年翻一番；全社会固定资产投资累计达到36亿元，年均增长20%；引进市外资金累计达到45亿元，年均增长14.6%；实际利用境外资金累计达到3000万美元，年均增长14.4%；出口创汇累计达到1800万美元，年均增长24.9%。城镇登记失业率控制在3.8%以内，城镇职工社会保险覆盖率达100%。2010年全社会消费品零售总额达到11.5亿元，年均增长12%；农民人均纯收入达到2230元，年均增长6%；人口自然增长率控制在6.3‰以内。

着力实施“六大战略”　一是“治贫兴县”战略。围绕全面建设小康社会目标，努力加快扶贫开发进程。二是“优农稳县”战略。围绕建设社会主义新农村和农业发展、农民增收、农村稳定的目标，在稳定粮食生产的基础上，着力抓好优质稻、烤烟、蚕桑、蘑菇、毛竹、商品蔬菜、药材等特色农业产业的发展。三是“重工富县”战略。通过搭建平台、政策优惠、招商引资、激活民资，加快工业和加工业发展步伐，形成食品、木竹加工、化建、制药、轻纺、水电等主导产业。抓好南门工业小区前坪新区建设，为工业发展打造坚实平台。四是“交通活县”战略。围绕“二纵二横二圈”交通网络和“县县通”“村村通”要求，加快改造硬化与周边县（市）的出县公路，抓好县乡和乡村公路建设，进一步完善县域交通网络，提高公路等级。五是“旅游旺县”战略。加大游客开发力度，主动对接井冈山和龙虎山旅游景区，融入省级旅游网络。着力抓好流坑古村、金竹瀑布群、牛田古樟林、大华山、石桥寺、登仙桥等景区建设，“流（坑）—金（竹）”风景区跻身国家级风景名胜区，流坑古建筑群申报为世界文化遗产。六是“城建塑县”战略。加快县城建设，抓好西片新区开发，建设环城道路，完善城镇基础设施，提升城镇品位。进一步增强城镇辐射功能；同时，坚持以人为本，统筹发展各项社会事业，积极推进民主法制政治建设，促进经济社会的和谐发展。

规划实施　通过实施“六大战略”，坚持项目带动和赶超发展，较好地完成“十一五”规划提出主要目标。一是综合实力显著增强。2010年，全县生产总值完成28.9亿元，年均增长17.08%；财政总收入3.05亿元，年均增长38.95%，地方财政收入2.6亿元，年均增长45.49%；社会固定资产投资完成15.88亿元，年均增长29.99%；规模以上工业增加值3.36亿元，年均增长41.01%；社会消费品零售总额15.07亿元，年均增长18.2%。二是经济结构不断优化。三大产业比例由2005年的33.5∶30∶36.5调整为22.01∶37.99∶40。工业结构调整呈现积极变化，工业增加值占GDP的比重由2005年的26%调整为36%，财政收入占GDP的比例由2005年的4.48%调整为10.54%。三是工业经济快速发展。加大力度主攻工业，决战园区，培育壮大安踏三连、宏富旺精密工业、广雅食品、三和包装等一批重点企业，逐步形成轻纺鞋服、机械电子、医药化工、矿产加工、食品加工、印刷包装等主导产业。2010年，园区投产企业57家（规模以上工业企业24家），完成主营业务收入15.2亿元，年均增长21%；上缴税金年均增长21.1%。四是招商引资成效明显。对外开放水平稳步提高，5年累计引进项目349个，总投资120亿元，其中投资5000万元以上的项目73个；引进市外资金62亿元，是“十五”期间的3倍；直接利用外资5100万美元，是“十五”期间的3.5倍；出口总额8290万美元，是“十五”期间的7.5倍。五是农业基础更加巩固。烟叶、蚕桑、蘑菇、油茶、毛竹已成为全县农业主导产业。新农村建设完成333个示范点，新建农村饮水安全工程260处，解决5.76万人的饮水安全问题。六是基础设施逐步完善。“十一五”期间，城区基础设施建设累计完成投入15亿元，县城建成区面积由4.5平方千米拓展到8.6平方千米，城镇化率由26%上升到42.99%；公路建设总投资1.94亿元，完成路面硬化576千米，行政村通硬化路达100%；新建县城水源供水工程——龙潭水库，完成东源水库和12座小（1）型水库除险加固，新增和改善有效灌溉面积12万亩，改造中低产田8万亩，新建小水电站28座，达到49座，装机24555千瓦。七是人民生活明显改善。城乡居民收入年均增长10%左右。2010年，城镇居民人均可支配收入4800元，年均增长10%；农民人均纯收入2981.39元，年均增长12.34%。八是社会事业全面进步。治贫兴县成效显著，各项改革深入推进，社会保障制度建设步伐加快，人口增长得到有效控制，自然增长率控制在7.68‰以内。

乐安县“十一五”规划主要指标及分年完成情况表

表11-1-5

指标名称	2005年实际	“十一五”规划		“十一五”期间完成情况					
		规划数	年均递增	2006	2007	2008	2009	2010	
								完成数	年均递增
一、全县生产总值（亿元）	13.14	26.20	14.80	14.80	17.00	20.82	24.79	28.90	17.08
三产结构比（%）	33.5：30：36.5	25：38：37	—	31.7：31.3：37	30.55：33.13：36.32	26.69：36.55：36.76	24.61：38.08：37.31	22.01：37.99：40	—
人均生产总值（元）	3707	7080	14.00	4149	4752	5791	6847	7934	16.44
二、规模以上工业增加值（万元）	6032	30000	37.80	13171	20555	26541	28254	33625	41.01
三、财政收入（万元）	5886	15000	20.60	8988	13159	16366	22167	30488	38.95
其中：地方财政收入（万元）	3972	8000	15.00	6211	9336	12050	18207	25890	45.49
四、全社会固定资产投资（亿元）	4.29	10.66	20.00	4.72	6.20	9.50	11.17	15.88	29.99
五、引进市外境内资金（亿元）	6.30	12.44	14.60	6.12	8.49	12.68	16.05	16.05	20.57
六、实际利用境外资金（万美元）	409	800	14.40	600	807	1078	1190	1190	23.81
七、出口创汇（万美元）	470	610	24.90	350	1364	1036	1986	1986	33.4
八、社会消费品零售总额（亿元）	6.53	11.50	12.00	7.55	8.72	10.73	12.68	15.07	18.20
九、农民人均纯收入（元）	1666	2230	6.00	1736	1885	2118	2534	2981	12.34
十、年末人口（人）	354876	370000	0.70	357127	358346	360812	363443	345975	−0.51
人口自然增长率（‰）	8.13	6.30	年	7.79	7.83	7.82	7.82	7.68	—

六、“十二五”规划（2011—2015）

2011年3月，“十二五”规划经县十五届人大第六次会议审议通过。

规划目标　“十二五”以科学发展统领经济社会发展全局，坚持“三个发展”，即赶超发展、绿色发展、惠民发展，“四个注重”，即注重发展质量、注重统筹城乡、注重和谐稳定和注重环境保护。到2015年，全县生产总值达到60亿元，年均增长15.7%，人均生产总值达到2306美元；财政总收入达到10亿元，年均增长26.8%；园区主营业务收入达到50亿元，年均增长26.9%；全社会固定资产投资达到100亿元，年均增长35.7%；社会消费品零售总额36亿元，年均增长19%。三产结构比为13.3∶50∶36.7。引进市外境内资金达到60亿元，年均增长24%；实际利用境外资金达到5000万美元，年均增长28.1%；出口总额达到7800万美元，年均增长26.4%。全县生态环境得到有效改善，单位GDP能源消耗累计下降15%，主要污染物排放总量累计下降8%，单位GDP二氧化碳排放累计下降10%。全县总人口控制在38.33万人以内，人口自然增长率控制在8‰以内；5年新增城镇就业人数1.2万人，转移农村劳动力3.2万人，城镇登记失业率控制在4.2%以内；城乡居民最低生活保障水平大幅提高，城镇基本养老保险覆盖率达100%，农村基本养老保险覆盖率达100%，新型农村合作医疗参合率达到95%，农民人均纯收入3900元，年均递增8.3%。

规划实施　“十二五”时期，全县上下大力实施项目带动战略和生态立县战略，全力主攻“景区、园区、城区”，着力打好工业强攻战、跑项争资攻坚战、城镇建设优化战、农业产业化升级战、旅游开发提速战“五大战役”，经济社会发展取得新的显著成就，“十二五”规划确定的主要目标和任务总体实现。一是综合实力稳步增强。2015年全县生产总值完成50.15亿元，年均递增11.65%；人均生产总值14229元，按现汇核算为2200美元左右；财政总收入实现6.85亿元，年均增长17.56%，实现5年翻一番；地方财政收入5.23亿元，年均增长15.08%；财政总收入占GDP的比重13.67%；全社会固定资产投资40.52亿元，年均增长20.61%；社会消费品零售总额26.60亿元，年均增长12.04%。二是产业结构日趋优化。三产结构比为18.4∶39∶42.6。工业经济快速发展，工业园区成功列入省政府批准筹建的省级工业园区，机械电子产业基地上升为省级特色产业基地。2015年规模以上工业增加值4.9亿元，年均增长7.8%，规模以上工业企业24家。农业产业化步伐加快，培育形成烟叶、蚕桑、油茶、大棚蔬菜等一批特色产业。旅游开发进一步提速，打造以千古第一村（流坑古村）、千年古樟林（牛田古樟林）、千尺飞瀑群（金竹飞瀑群）、千仞道仙山（大华山）为中心的“四千”旅游。2015年，全县接待游客205万人次，实现旅游总收入20.8亿元。三是城乡面貌显著改善。加快完善城市交通、电力、通信、供水、供气、环卫等基础设施和科教、文体等公共服务设施，“一河两岸两园”的城市框架基本建成。2015年，全县城镇化率38.03%，城区人口11.5万人。和谐秀美乡村建设扎实推进，完成70个以上新农村示范点建设，乡村面貌发生深刻变化。四是生态环境优势进一步巩固。五是改革开放全面推进。积极承接省、市下放的31项行政审批事项，合并2项审批事项，将22项原来由县直部门审批的事项下放到乡镇直接审批。全力优化招商引资环境并注重招商选资，大力发展“草根经济”和“雁归经济”，引进厚德电子信息科技园等一批亿元以上工业大项目，2015年实际利用外资2496万美元，年均增长15.97%，出口总额8856万美元，年均递增34.85%。六是社会事业全面进步。城镇新增就业不断扩大，5年累计新增就业1.5万人，城镇登记失业率控制在3%以内。人口自然增长率控制在7.8‰以内。七是人民生活明显改善。2015年，全县城镇居民人均可支配收入19123元，农民人均收入7083元，年均递增18.89%。

乐安县“十二五”规划主要指标及分年度完成情况表

表 11-1-6

指标名称		2010 年实际	“十二五”规划		“十二五”期间完成情况					
			规划数	年均	2011	2012	2013	2014	2015	
									递增%	年均递增%
一、经济发展指标	1. 全县生产总值（亿元）	28.90	60.00	15.70	34.55	40.13	44.16	47.10	50.15	11.65
	人均生产总值（元）	7934	2306（美元）	14.90	9972	11512	12628	13419	14229	12.39
	2. 规模以上工业增加值（亿元）	3.36	22.00	24.00	3.61	4.17	4.58	4.43	4.90	7.84
	3. 主营业务收入（亿元）	11.52	50.00	26.90	14.86	14.36	17.96	16.46	16.16	7.00
	4. 财政总收入（亿元）	3.05	10.00	26.80	4.27	4.61	5.26	6.06	6.85	17.57
	其中：地方财政收入（亿元）	2.59	7.00	22.00	12.59	3.85	4.22	4.82	5.23	15.08
	5. 全社会固定资产投资（亿元）	15.88	100.00	35.70	20.33	26.77	29.28	34.65	40.52	20.61
	6. 引进市外境内资金（亿元）	16.05	60.00	24.00	13.28	14.29	24.6	25.6	—	—
	7. 实际利用境外资金（万美元）	1190	5000	28.10	1440	1621	1813	2044	2496	15.97
	8. 出口总额（万美元）	1986	7800	26.40	3386	6532	5894	73904	8857	34.85
	9. 社会消费品零售总额（亿元）	15.07	36.00	19.00	17.83	19.95	21.97	24.31	26.60	12.04
二、经济结构指标	1. 三产结构比（%）	22.01 ∶ 37.99 ∶ 40.00	13.3 ∶ 50 ∶ 36.7	—	20.84 ∶ 39.81 ∶ 39.35	20.1 ∶ 40.4 ∶ 39.5	18.6 ∶ 40.9 ∶ 40.5	18.5 ∶ 41.3 ∶ 40.2	18.4 ∶ 39 ∶ 42.6	—
	2. 城镇化率（%）	—	52.00	—	—	34.20	35.18	36.57	38.03	—
三、社会民生指标	1. 全县总人口（万人）	34.60	38.33	0.70	34.81	34.91	37.76	38.93	38.75	2.29
	2. 城镇人均可支配收入（元）	—	8000	10.80	—	3869	—	17723	19123	—
	3. 农民人均纯收入（元）	2981	3900	8.30	3579	4091	4649	6219	7083	18.89

七、“十三五”规划（2016—2020）

2016年3月，“十三五”规划经县十五届人大第六次会议审议通过。

规划目标　主要经济指标增速高于省、市平均水平，全县生产总值、财政总收入、城乡居民可支配收入在2010年的基础上实现翻两番，如期实现脱贫摘帽和同步小康目标。一是综合实力上新台阶。全县生产总值年均可比增长12.4%，到2020年力争突破90亿元，预期人均生产总值将超过4000美元；财政总收入突破12亿元，年均增长12%，公共财政预算收入突破9亿元，年均增长11.5%；全社会固定资产投资85亿元，年均增长16%；社会消费品零售总额50亿元，年均增长13.5%；实际利用外资4000万美元，年均增长9.9%；出口总额17800万美元，年均增长15%。二是转型升级取得新成效。旅游业在经济发展中的地位不断提高，2020年接待游客450万人次，实现旅游总收入50亿元；工业主营业务收入力争80亿元以上，规模以上工业增加值力争达到20亿元以上；粮食生产稳中有增，全面建成现代农业科技示范园，主要农产品中无公害农产品、绿色食品、有机食品产值占农产品比重达到80%以上；城镇化率达到49.87%左右；成功创建园林城市、森林城市、文明城市、卫生城市；高新技术产业增加值占GDP比重达到15%，科技进步贡献率提高到50%。三是生态文明建设迈出新步伐。森林覆盖率稳定在70%左右，森林蓄积量提高到600万立方米。四是人民生活质量达到新水平。城镇居民人均可支配收入达到36000元，年均增长13.5%左右，农民人均可支配收入超过12000元，年均增长11.1%，现行标准下的农村贫困人口全面脱贫。人口自然增长率控制在8.14‰以内，城镇调查失业率控制在4%以内，5年新增城镇就业人数2万人。城乡居民养老保险参保人数达到18万人，基本医疗保险参保率稳定在95%以上。

发展重点　以“提前翻番、同步小康”为总目标，以扶贫攻坚为主线，实施绿色崛起、进位赶超战略，着力打造“古村生态旅游知名县、绿色工业活力县、现代农业精品县、生态文明建设样板县、公共服务民间投资示范县”，全面建成信用乐安、法治乐安、开放乐安、美丽乐安、幸福乐安。一是精准扶贫脱贫。二是提升基础设施水平。完善交通网，积极争取打造至海西“3小时交通经济圈”、至南昌“90分钟交通经济圈”、至周边市县“半小时交通网”，主动推进吉抚武铁路工程建设；继续实施国省干线公路和县道的升级改造。提升能源网，完善全县骨干电网，新建220千伏输变电工程和招携、万崇、山砀等一批110千伏输变电工程，新建或改造牛田、潭港、戴坊、南村、洞望线、乐龚线、洞万线等一批35千伏变电站；启动吉安—永丰—乐安长输管道天然气工程建设。筑牢水利网，重点推进县城防洪排涝工程以及山砀镇、戴坊镇、南村乡、谷岗乡等乡镇防洪工程建设，实施鳌溪水、龚坊水等重点山洪沟防洪治理和坡耕地水土流失综合治理项目，加快完成增田河、牛田河、公溪河等中小河综合治理项目建设。三是建设精品旅游景区。依托“四千奇观”，做响流坑古村、牛田古樟林、金竹飞瀑群、大华山、芙蓉山等精品旅游景区，打造一批精品旅游路线。四是构建绿色工业精品县。着力构建以机械电子、轻纺鞋服、农产品精深加工等传统产业为基础，积极拓展生物医药、新能源等新兴产业的绿色工业体系。围绕旅游产品开发，打造特色旅游产业园。五是创建农产品精品基地。坚持以发展特色耕作小区，特色养殖模式、特色地域品种为重点，打造绿色、有机品牌，扩大高端市场影响力；以“建基地”“强龙头”为途径，建设现代农业示范园和农产品精深加工名优品牌；以“公司＋基地＋合作社＋农户”为经营模式，培养壮大农业龙头企业；以“互联网＋农业”和冷链物流为新常态，创新农业社会化服务经营体系，努力打造现代农业精品县，争创优质农产品出口基地。六是推动服务业大提升。抢抓交通区位改善、地理中心辐射的机遇，构建涵盖园区物流、专业市场和城乡配送物流的现代物流体系，努力打造赣中现代物流中心。到2020年，全县物流业增加值达到10亿元，货运量突破2000万吨。七是城乡一体，促进美丽乐安建设。坚持“东扩、南进、西优、北拓”的发展方略，以中心城区为核心，以交通要道为轴带，串联中心城镇，构建“一核、两轴、四片”城镇空间结构。

2016年规划实施情况：按照县委、县政府确定的经济和社会发展总体要求，落实“五位一体”总体布局和“四个全面”战略布局和“五大发展”理念，围绕精准脱贫、项目带动、美丽城乡建设三大攻坚战，全力推进工业、农业、服务业做优做强，较好地完成预期目标。2016年，实现生产总值56.72亿元，比上年增长13.1%；财政总收入完成7.03亿元，比上年增长2.63%，其中公共财政预算收入5.29亿元，比上年增长1.3%；规模以上工业增加值完成4.74亿元；固定资产投资完成46.02亿元，比上年增长13.6%；社会消费品零售总额完成29.8亿元，比上年增长12%；农村居民人均可支配收入7898元，比上年增长11.5%。

主要措施　一是脱贫攻坚持续发力，精准施策成效显著。按照《乐安县脱贫攻坚行动计划2016—2020年》全力推进脱贫攻坚十大工程和七大专项行动，进一步夯实2018年如期全面脱贫基础。二是绿色崛起发展转型，产业升级优化加速。编制《乐安县“十三五”旅游发展纲要》，承办“乐游乐安第八届全国网络媒体江西游”启动仪式，举办“中国第一古樟林”乐安首届户外帐篷音乐节，大力推介“千年乡愁梦圆乐安”独特品牌等旅游宣传促销取得突破。促进实体经济健康发展。继续抓好前坪工业园区南部组团二期平台建设。着手三期建设，进一步拓展厚发工业区，切实夯实工业发展平台。工业园区完成主营业务收入19亿元。三是生态文明全力推进，体制机制规范有序。以生态发展为首选之路，积极推动生态文明示范创建工作，乐安县获江西省第二批生态文明示范县称号。四是城乡统筹发展，美丽乐安建设加快。围绕“美丽城乡”推进城区提升、秀美乡村建设。完成县城11平方千米的控规和城市设计，加快推进棚户区改造建设，基本完成污水管理网建设，进一步完善城市功能。加快推进农村建设，全县6个中心村24个点，16个省级点，130个自建点，全面完成整治建设。五是跑项争资主动作为，发展后劲不断加强。抢抓“三项政策”叠加优势，积极争取上级资金支持，2016年，全县争取上级各类无偿资金22亿元。全年共引进工业项目22个普，其中亿元以上项目6个，主要有：总投资10亿元的香港豪德商贸物流城，投资3亿元的唯康电商产业园，投资2亿元的琅程幼儿园项目，投资1.95亿元的新时代家居项目，投资1亿元的江西政毅汽摩配件生产项目等，与深圳金睿财富集团合作建设金睿（乐安）高新技术产业园，招商引资平台也在积极的洽谈中推进。2016年，新老项目累计进资32.16亿元。

乐安县“十三五”规划主要指标及完成情况表

表 11-1-7

指标名称		2015 年实际	“十三五”规划		2016 年完成
			规划数	年均递增	
一、经济发展指标	1. 全县生产总值（亿元）	50.15	90.00	12.4	56.72
	2. 规模以上工业增加值（亿元）	4.90	20.00	32.5	4.74
	3. 园区主营业务收入（亿元）	16.7	80.00	36.8	19
	4. 财政总收入（亿元）	6.85	12.00	12.00	7.03
	其中：地方财政收入（亿元）	5.23	9.00	11.5	5.29
	5. 全社会固定资产投资（亿元）	40.52	85.00	16.00	46.02
	6. 实际利用境外资金（万美元）	2496	4000	9.90	1378
	7. 出口总额（万美元）	8857	178007	15.00	90617
	8. 社会消费品零售总额（亿元）	26.60	50.00	13.50	29.81
二、经济结构指标	1. 三产结构比（%）	18.4∶39∶42.6	—	—	18.4∶36.5∶45.1
	2. 城镇化率（%）	38.03	49.87	—	39.68
三、社会民生指标	1. 全县总人口（人）	387519	—	—	390215
	2. 城镇人均可支配收入（元）	19123	36000	13.50	20672
	3. 农民人均纯收入（元）	7083	12000	11.10	7898
	4. 城镇调查失业率（%）	5	4.00	—	2.52

说明：1. 五年计划（规划）指标数据（含年均递增）摘自各个五年计划（规划）；
2. 完成数据主要根据《乐安统计年鉴》，个别年度因统计数据不全，采用后一年数据推算得出，年鉴没有数据的来自计划报告，五年递增数根据完成数计算得出

第三节　项目资金管理

一、基本建设投资管理

1985 年以前，国家基建投资渠道主要有国家预算拨款、利用外资、银行贷款、自筹投资及其他各种专项资金。地方自筹资金安排基建，由县计委按照地区计委分配下达指标，自行确定建设项目。投资 50 万元以上项目须报地区计委审批，投资 100 万元以上项目须上报省计委审批。对集体基建投资，在地区下达的指导性指标内，由县计委自行安排。

1985 年起，凡由国家预算内和省财政投资安排的建设项目，均改为银行贷款。对能源、交通以及少数非生产性建设项目确无偿还能力的，需报省计委审查，可豁免本息。大中型项目由国家审批，小型项目设计任务 200 万元以下项目由地区计委审批。

1993 年，进一步放宽基建审批权限，加强投资领域全过程管理，全民基建（房地产）非生产性项目 50 万元以下、生产性项目 500 万元以下、集体投资 100 万元以下和利用外资 300 万美元以下的，由县自主审批。1995 年起，凡投资在 50 万元以下的各类固定资产投资项目计委不再审批，由企业自主决定，但须向投资计划管理部门办理登记备案手续。凡未经投资计划管理部门列入年度投资计划批准开工建设、领取投资许可证的项目，或未办理登记手续的项目，土管、城建、环保部门不得办理有关手续，建设单位不得任意开展施工招标投标工作。

2001 年，为转变政府管理职能，确立企业投资主体地位，简化基建审批程序，对于企业不使用政府投资的建设项目，一律不再实行审批制，只区别不同情况实行核准和备案制；对重大项目和限制类项目，进行核准，其他项目无论规模大小均改为备案制。企业投资实行核准制的项目，仅需提交项目申请报告，无需经过批准项目建议书、可行性研究报告等程序。

2002 年始，国家实施积极财政政策，增加投入，拉动内需，加大项目推进的力度，特别是对国债项目的实施，严格执行项目“四制”，即项目法人制、招标投标制、工程监理制和合同制。

2014 年，江西省政府《关于全面深化投资体制改革的意见》规定，落实企业投资主体地位，实行负面清单管理模式；改革企业投资项目核准制，除省内跨地区、跨重点流域（主要河流）或需要省统筹平衡资源等建设条件，以及国家明确规定由省级核准的项目外，核准权限一律下放到市县；改进企业投资项目备案制，项目备案实行属地管理原则，由项目所在地县级政府投资主管部门备案，企业基建投资由发改委备案。严格规范政府投资管理，实行政府投资项目公示制度，及时向社会发布政府投资主要方向、重点领域、重点项目等内容。改进投资审批手续，简化项目报批手续，推行网上报批和审批公示。

2016 年，县发改委承接下放至县级层面核准的事项。及时衔接落实上级部门取消和下放的行政审批事项，共取消权力事项 10 项，承接上级政府下放事项 20 项，由行政许可调整备案 4 项，取消非行政许可审批类别 1 项。做好清理规范投资项目报建审批事项工作。出台《乐安县清理规范投资项目报建审批事项工作方案》，乐安县 44 项报建审批事项保留 17 项，整合 20 项为 7 项；改为部门间征求意见的 2 项，涉及安全的强制性评估 5 项，不列入行政审批事项。清理规范后报建审批事项减少至 24 项。全面运行在线审批监管平台，严格按照项目审批和投资管理事项，全部纳入审批系统和监管平台，实行网上在线审批项目 196 个。充分利用江西政务服务网平台，不断拓宽在线申报和在线办理范围。

二、跑项目争资金管理

2002 年，国家实行积极的财政政策，为争得更多的国家资金扶持，乐安县成立跑项目争资金领导小组，办公室设在县发展计划委员会。主要负责全县重大项目的开发，建立县级项目库，指导和协调全县跑项争资工作，负责全县跑项争资工作考评。2003 年，为加强全县跑项争资工作，县委、县政府制定《乐安县跑项目、争资金工作意见》，充分调动全县上下跑项争资工作积极性。此后，全县上下抓住乐安是国家扶贫开发工作重点县、罗霄山脉集中连片贫困地区和原中央苏区县的契机，积极开发项目，主动向上跑项争资，1990—2016 年，共争得国家各种无偿资金 127.31 亿元。对于争得的项目，特别是国家（含国债）资金项目，县发改委督促项目单位严格执行项目“四制”，对项目从开工、资金拨付、竣工验收实行全过程监管，确保项目早开工、早投产、早日发挥投资效益。国家投资项目的实施，较大地改善乐安基础设施条件，夯实乐安经济发展基础。县发改委曾先后多次获得全市跑项争资和项目管理工作先进单位称号。

1990—2016 年乐安县跑项目争资金情况表

表 11-1-8　　　　单位：亿元

年份	跑项争资	年份	跑项争资	年份	跑项争资	年份	跑项争资	年份	跑项争资	年份	跑项争资	年份	跑项争资
1990	0.02	1994	0.22	1998	0.27	2002	0.48	2006	0.32	2010	7.70	2014	17.00
1991	0.11	1995	0.22	1999	0.31	2003	1.19	2007	3.80	2011	8.90	2015	20.00
1992	0.11	1996	0.27	2000	0.32	2004	1.49	2008	5.30	2012	12.68	2016	22.00
1993	0.18	1997	0.28	2001	0.34	2005	1.60	2009	7.60	2013	15.00	合计	127.31

1986—2016 年乐安县主要建设项目表

表 11-1-9

期间	项目
“七五”期间（1986—1990）	第一期赣中南农业开发项目完工，飞播造林 28.8 万亩、人工造林 13.9 万亩、东元三级电站、坝上电站、小都港引水工程、尧坊电站、新扩建小（2）型水库 15 座、乐湖公路通车、乐安—焦坑公路、县萤石矿、陶瓷厂、纤维板厂技改项目完工，卫星接收站、县城游泳池、乐安至公溪 35 千伏高压线路、象山桥建成通车、象山农贸市场、县中医院住院部大楼、二中教学楼、县城自动电话、县一中教学楼二期工程、县医院门诊大楼、改造中小学危房 9.29 万平方米、县计生服务站、县招待所完工
“八五”期间（1991—1995）	新增桑园 1850 亩、新建果园 1.7 万亩、改造中低产田 2.3 万亩、飞播造林 6.4 万亩、封山育林 53.93 万亩、人工造林 67.5 万亩、临八线油路完工，站前南路改造完工，县城外环路油路贯通，乐安大道扩建改造项目完工，鳌溪至望仙、潭港至牛田、山砀至焦坑 3 条公路改造项目完工，自来水扩建项目完工，新建公溪、招携、航桥、增田、谷岗、山砀、龚坊、罗陂 8 个农贸市场、鳌溪一小教学楼完工，移动电话开通，全县投资 2000 万元新建教室、校舍 16.3 万平方米。全县乡镇所在地有线电视基本普及，县城加密电视和全县调频广播开通、县城光缆和 5400 门程控电话开通，18 个乡镇电话实现程控化、新建和技改县丝厂、赣东制药厂、县纤维板厂、赣东矿泉水厂、戴坊萤石矿、县兽药厂、江边铸造厂、江边机械厂
“九五”期间（1996—2000）	开发运用薄露灌溉、再生稻种植、巴西旱稻试种、花生系列产品开发等科技成果推广项目 12 项，人工造林 15.6 万亩，封山育林 49.5 万亩，乐安大道、商贸大道、商贸北大道、石都路油路改造一期工程项目竣工，水南至都咀坳、山砀至焦坑路基改造项目完工，县城至增田油路铺设、水南至流坑旅游公路完工，县城工业小区建成标准厂房 10 栋，山坑电站完工并实现并网发电，全县农网改造项目完工，35 千伏、10 千伏输变电工程和 110 千伏变电站建设项目完工，公溪数字通讯直放站项目完工，坪溪、金竹、山砀三个乡镇程控电话项目完工。全县新建教学楼 12 栋 11580 平方米，移动公司建成基站 20 个，联通建成基站 7 个

续表 11-1-9

期间	项目
“十五”期间（2001—2005）	总投资1360万元的龚坊国家粮食储备库完工，全县62个新农村建设项目完工，退耕还林项目、长江防护林项目、新栽毛竹林2万亩、人工造林5.7万亩、封山育林50万亩、龙潭水库建设项目完工，小（2）型病险水库加固13座，兴建小（2）型水库7座、新建小水电站31座、装机2.2万千瓦，县城至山砀公路改造项目投资1170万元完工，抚八公路、湖坪至招携公路改造项目完工，增田至金竹水泥路硬化完工，兴建标准厂房9栋，金贸商城、万联现代城、城中花园、时代家园、县人民医院医技大楼、县疾控中心、县人民医院传染病区、劳动就业培训和青少年活动中心、老干部活动中心等项目完工，投资7000多万元修建的工业大道南环路项目完工，县行政中心、国税大楼、司法质监大楼、二中优质高中项目完工，现代高级中学建设项目完工
“十一五”期间（2006—2010）	全县333个自然村的新农村建设完工，新建农村安全饮水工程260处，人工造林20.5万亩，种植油茶2万亩，造林绿化工程完成6.8万亩，3万平米的中小企业创业园标准厂房项目完工，引进山高制药、宏富旺精密工业、民康实业项目、工业大道、育才广场、人民广场和西片新区重点工程项目全面建成，芙蓉山庄投入使用，名都广场、怡家丽景、金坪花园、幸福家园四个商住小区建成。商贸南大道改造、森林公园建设项目完工，站前路改造，御景城、名都广场小区项目开发建成，县城主电网改造完工，县污水处理厂完工，262套廉租房完工、县人民医院改造、一中改扩建、新二中整体建设重点项目完工，县人民医院外科大楼、县中医院和14个卫生院的基础设施改造项目完工，公溪、牛田中学校舍重点改造工程完工
“十二五”期间（2011—2015）	抚吉高速、昌宁高速建成通车，474个新农村建设点项目完工，投资5800万元，完成5.1万亩高标准农田建设项目、引资建设排下1000亩高标准蔬菜园基地项目、新造油茶林8.11万亩，造林绿化项目完成13.81万亩，发展苗木花卉8000亩，完成投资1675万元、完成64座小（2）型水库除险加固，增田镇防洪工程项目完工，水上乐园、湿地公园、“一河两岸”景观工程完工，新长途汽车站建设项目完工，乡村公路改造440千米，建设山砀至乐安一级公路、县城第二水厂、厚发工业区日供3万立方米水厂，35千伏变电站建成，引进丰林薄荷醇、唯康电缆厂项目。引进蛹肽蛋白、南方食品生态农业示范园、丰林林业科技产业园等项目。乐安大道延伸段、南环路、西环路、东环路、象山南路工程完工，完成2800套保障性住房项目，行政服务中心综合大楼360套，建筑面积1.8万平方米的“两房”（廉租房、公租房）项目、四九广场改造工程，抚吉高速连接线绿化亮化景观工程完工、人民医院综合大楼完工，完成水南古樟林景观桥和吓通瀑布亲水桥游步道项目建设、乐安四小建设完工、完成农村危房改造7700户、深山库区和地质灾害移民6945户
2016年	乐安五小、垃圾填埋场等项目竣工，城区污水管网建设基本完工，社会综合福利中心、农产品综合交易市场、象山农贸市场等完成主体工程，全县170个新农村建设点完工验收，新造油茶林4424亩，油茶林低改1300亩，毛竹低改1.4万亩，完成造林绿化2.83万亩，16座小（1）型水库除险加固工程完工、实施农村饮水安全提升工程64处、银口—参陂—湖坪公路、乐安至南村公路全面建成通车、国道G322乐安谷岗至鳌溪段，省道S312戴坊至新干潭丘公路正在抓紧建设，完成119.6千米农村公路和8座危桥改造建设，引进香港豪德贸物流城、唯康电商产业园、江西政毅汽摩配件生产项目

三、项目招投标管理

2003年12月，根据江西省实施《中华人民共和国招标投标法》办法，及抚州市发展计划委员会关于加强项目招投标管理要求，县发展计划委员会负责指导和协调全县招投标工作，对政府投资项目招投标工作进行监管，并组织对国债项目的招标。2007年12月，成立乐安县招标投标市场管理委员会，办公室设县纪委，负责审批建设项目是否公开招标或邀请招标、直接发包。县发改委不再直接组织项目招标，只派员会同有关部门对招标投标工作监管。2014年5月，县纪委根据“三转”（转职能、转方式、转作风）要求，不直接参与招标投标管理，县政府下发《关于印发乐安县政府投资项目招标投标监督管理办法的通知》，确定县发改委为负责政府投资项目招投标工作的指导和监管部门。是年11月，县政府《关于进一步加强政府投资项目招标投标监督管理工作的补充通知》规定，50万元以上工程建设项目应当公开招标；50万元以下至20万元及以上项目，经县发改委批准可以邀请招标或直接发包；20万元以下至10万元以上项目，经县发改委批准可以直接发包；设计、监理等服务的采购，30万元以上应当公开招标，30万元以下至10万元以上，经县发改委批准可以邀标或直接发包。县发改委作为招标投标法执法主体，严格按照招标投标法及有关文件规定审批和监管建设工程招标投标，保证建设工程招标投标过程的公平、公正、公开。

四、物资计划分配管理

20世纪70年代前，国家实行集中统一的物资管理分配机制，由于统得过多，管得过死，不利于发挥各方面的积极性。80年代开始，物资管理机制逐步由计划经济向市场经济转变。按照大的方面管住管好，小的方面放开放活原则，逐步减少计划管理指标，缩小计划管理范围。计划部门由分配物资指标转到加强市场调查研究、掌握物资市场信息、为生产建设服务。上级计划部门分配乐安县的计划物资只有钢材、生铁、汽车、汽油、柴油、煤油、润滑油、化肥等十几种，由县计委下达分配计划，物资部门、石油部门、农资部门负责供应。对木材、毛竹下达采伐限额，依据抚州地区下达的出县计划指标调拨放行。1993年起，对部分生产资料实行国家、省订货制度，其价格除国家和省另有规定外，均由供需双方自行协商定价（即实行双轨制）。1997年后，实行计划管理和计划分配的主要物资只有11种。

2000—2016年，国家基本没有计划物资分配，生产、生活物资全部由市场供应调节，政府只从宏观上调控。

五、以工代赈项目管理

1984年始，国家实行以工代赈政策，主要用于贫困地区交通、水利、人畜饮水、小型农田水利、水土保持和农田基本建设等项目建设，重点改善农村生产、生活条件。1985年起，县域实施以工代赈项目。1991年10月，成立县以工代赈领导小组，下设办公室，办公室设在县计委。为加强以工代赈资金管理，1993年，制定《乐安县以工代赈（粮）项目管理和财务管理办法》。1996年，国家以工代赈资金改为财政渠道拨付。1986—2016年，乐安县共争得国家以工代赈资金1.1亿元。以工代赈项目的实施，较大地改善乐安县农村基础设施，为乐安脱贫攻坚打下基础。

六、农业项目管理

1985年始，农业生产计划改为指导性计划。县计委对农业经济的计划管理转为以争取农业项目、组织项目实施为主。1987—1990年，实施第一期赣中南农业综合开发项目，全县共争得国家项目资金2807万元。1996年，乐安列入国家大型商品粮基地项目县，乐安县成立基地建设领导小组，基地建设办公室设在县计委。共争得项目资金390万元。为加强项目管理，制定《乐安县国家大型商品粮基地建设计划管理办法》。2008—2015年，争得巩固退耕还林项目资金1280万元；2010—2016年，争得千亿斤粮食增产工程项目资金4430万元。

七、“农转非”计划管理

1990年以前，“农转非”（农业户口转非农业户口）由公安、粮食部门根据“农转非”有关政策直接办理户口和粮油关系。1990年起，“农转非”实行计划管理。1991年始，县计委负责“农转非”年度计划的编制、上报，并与公安、粮食及各归口管理部门一起把握政策，在计划指标数内，对拟转人员进行认真审查，对符合条件的颁发计划指标证，实行一人一证，对计划指标与政策规定双重控制，公安、粮食部门凭计划指标证办理户口及粮油关系，使农业人口转非农人口与国民经济和社会发展相适应。2002年始，取消“农转非”计划管理。

八、经济体制改革

企业承包经营责任制　1987年11月，县政府下发《乐安县地方国营工业企业承包经营责任制实施办法》。全县75家国营、集体工业企业中的71家企业，179个乡镇工业企业中的137家企业，先后实行承包或租赁经营。其中19个国营工业企业（预算内9个，预算外10个）全部进行所有权和经营权分离改革，实行承包经营。企业“两权分离”后，经济效益明显提高。1989年1至7月，全县工业总产值增长19.03%。其中，预算内企业增长16.88%，集体企业增长42.4%，乡镇企业增长42.42%。利税增长幅度在20%以上。预算内国营企业税金增长24.84%，利润增长15.38%。商业系统利润增长20.13%，县供销社利润增长38.54%，县物资局由1988年亏损1.3万元扭转为盈利46万元，县建筑公司利润从1988年持平转为增盈3万元。1992年1月，县政府召开全县国营企业第一轮（1988—1991年）承包合同兑现大会。会议表彰8个先进企业、8名优秀厂长（经理），8家企业被授予先进承包企业称号，并颁发特别奖金。

国营商业企业“四放开”试点　1992年7月，成立县国营商业企业“四放开”（经营、价格、分配、用工放开）试点工作领导小组。选定公溪供销社和县副食品公司为试点单位。经过3个多月的试点，两个试点单位都取得明显的经济效益，亏损局面基本得到遏制。其措施是在内部管理上进行改革。打破“铁饭碗”，减少行政人员；经营机制灵活，职工的主人翁意识增强，在改变经营作风和参与市场竞争等方面发挥主动性积极性，使销售额不断上升。县副食品公司当年10月的销售额为48万元，较同年1至9月月平均售额25万元增长92%，毛利增加1.67倍；公溪供销社9月份的销售额比7月增长77.51%，10月又比9月上升26.6%，缴纳税金比9月增长2.6倍。由此，推动全县国营商业企业“四放开”工作的全面铺开。

完善企业内部经营机制　1987年，推行企业承包经营责任制后，进行企业内部的配套改革。按照责、权、利相结合的原则，对企业内部的机构设置、干部管理和劳动工资也相应地进行改革。推行干部聘任制，减少行政管理人员，打破干部、职工界限，实行择优任用，优化组合，实行岗位、技能、计时、计件工资制，拉开分配档次。在经济管理和劳动工资分配上，采取自主经营、自负盈亏的办法。成本、费用、工资、福利由车间承包。销售权归企业，实行销售包干，以销计酬，以利计奖，指标考核，百分计奖，确定基数，超收分成，工资与经济效益挂钩。实行内部租赁，目标管理，岗位责任等多种形式的责任制。通过企业内部的深化改革，完善企业经营管理机制，增强企业活力，经济效益明显提高。公溪建材厂改革后，1988年，产值100万元，比1987年增长15%，实现利润和上缴利润分别增长12%和11%。县五交化公司通过内部改革，注入新的活力，超额完成第一轮承包经营责任制的各项经济指标，荣获地区行署授予的全区改革先进企业称号。

清理整顿政企不分公司　1988年10月，由县体制改革委员会牵头抽调有关单位人员组成县政企不分清理小组。对30家公司按有关规定作出整改处理。符合政策范围的3家，限期整改的12家，整改后予以保留的6家，不具备条件应撤销的9家。

1991年，县委、县政府转发国家体改委《关于搞活企业，特别是国营企业的实施条例》。1992年6月，召开贯彻落实《全民所有制工业企业转换经营机制条例》工作会议，县属有关部门领导、企业厂长经理160多人参加会议。县体改部门先后在经委、粮食、林业、商业、劳动人事等部门召开座谈会，听取干部、职工的反映，征求落实条例赋予企业的14项自主权意见。清理、修改或废除与条例精神相抵触的文件及规章制度，制定一系列简政放权的规定。

第二章　重点项目管理

乐安县重点项目是指县域内国家、省、市重点项目及城建、交通、水利、电力和工业等1000万元以上重要基础设施项目或者对全县各项事业、县域经济具有重要影响的项目。县重点项目管理办公室为县重点项目建设领导小组办事机构，为全县重点项目建设提供综合服务保障。

第一节　机构人员

2011年11月，成立乐安县重点项目管理办公室，为正科级全额拨款事业单位，设领导职数一正两副，定编10个。主要负责全县重点项目的调研和初拟重点项目年度计划安排工作，审核工程变更调整，项目资金的审核和调度，工程招标文件、相关合同的复核备案，参与项目指挥部（业主单位）组织的工程竣工验收和结算备案，承担县重点建设项目领导小组的日常工作。

2012年8月22日正式挂牌。2016年，在编在岗9人，下设人秘财务股、综合督查股、技术股、预决算审核股。

2012—2016年，县重点项目管理办公室主任为戴培德。

第二节　项目管理

制度建设　2012年起，先后制定《乐安县重点工程建设管理暂行办法》《乐安县重点工程建设实施细则》《进一步规范政府投资的重点项目预（决）算、变更或增减量审批程序意见》《乐安县重点项目建设领导小组重大事项议事决策制度》等相关管理制度；2014—2016年，印发《乐安县重点项目建设基本流程操作手册》《重点项目建设常见问题66答》《重点项目取费实用手册》等项目建设资料，规范项目建设管理程序。

工程变更、增减量调整审核　2013年4月，成立县重点项目工程增（减）量（变更）签证组，对工程变更、增减量调整进行现场核查、签证。成员分别由县发改委、审计局、财政局、住建局等相关专业人员组成。2014—2016年，现场签证、复核大小项目达160余个。

工程竣工验收　县重点项目办公室技术股协助业主单位完成重点项目的竣工验收工作，负责竣工资料的收集、整理、归档和移交工作。自2012—2016年，共组织验收大小项目104个。

工程督查　县重点项目办公室督查股制定重点项目联系卡，实行重点项目挂点制，重点项目办人员挂点服务重点项目，坚持日常督查与重点督查相结合，采取定期不定期交替对重点项目进展、资料手续办理情况、存在的问题、施工及监理人员在岗等情况进行督查，每半月印发1期重点项目建设工作简报，同时根据项目建设需要不定期印发工程督查专报，及时通报工程进度，跟踪重点问题的解决落实。

工程款拨付　根据合同依法依规、统筹安排并及时向县政府（县财政局）报告，拨付项目工程款。

第三节　项目建设

2012—2016年，全县完成项目投资约49亿元。2012年，全县共安排重点项目36个，其中新建项目18个，拟建项目18个，完成项目投资约4.86亿元。2013年，全县共安排重点项目39个，其中续建项目6个，新建项目19个，拟建项目14个，完成项目投资约5.16亿元。2014年，全县共安排重点项目37个，其中续建项目4个，新建项目22个，拟建项目11个，完成项目投资约8.54亿元。2015年，全县共安排重点项目53个，其中续建项目7个，新建项目32个，拟建项目14个，完成项目投资约12.67亿元。2016年，全县共安排重点项目69个，其中续建项目14个，新建项目22个，拟建项目23个，完成项目投资约18.15亿元。

2012—2016年，先后兴建四九广场、湿地公园、县第四小学、县第五小学、保障性住房、鳌河两岸景观工程、旧城区改造、儿童活动中心、综合性社会福利中心等工程，这些民生项目的实施，极大地完善城市功能。投资约11.2亿元，兴建乐安大道延伸段（向西）、迎宾大道、象山路（南段）、外环路绿化亮化等道路工程，为畅通城区脉络提供保障。投资约1亿元，兴建县污水厂一期、二期工程，鳌河两岸污水管网工程；2016年起，投资约1.2亿元，建设县城区排水、排污系统，管网工程的建设，为保障城市用水安全、改善城市水环境起到重要作用。

第三章　统计管理

县统计局是县人民政府主管全县统计和国民经济核算的职能部门，从20世纪50年代中期开始执行国家统一制发的定期统计报表制度，相继开展人口、工业、农业、第三产业、基本单位等一系列重要社会经济调查统计。建立相关统计资料和信息。通过统计数据、统计信息、统计分析反映县域社会经济发展趋势、特点和存在的问题，并提出相关对策和建议。

第一节　机构人员

一、县统计局

1951年5月，设立县人民政府统计科。1955年4月，改为计划统计科。1956年6月撤销，并入计划经济委员会，1963年1月设立县统计局。“文化大革命”时撤销。1981年2月恢复县统计局。2003年3月，根据乐安县党政机构改革实施方案，县统计局归口发展计划委员会管理。2011年1月，根据乐安县人民政府机构改革实施方案，乐安县统计局由归口县发展和改革委员会管理调整为县人民政府工作部门，为主管全县统计和国民经济核算的职能部门。

2016年，县统计局机关行政编制为6名，工勤事业编制1名；内设人事秘书股、法制股、业务股、农业股4个职能股；股级职数4名，局长1名，副局长2名。

1986—2016年，历任局长：饶书荣、杨厚文、黄志辉、黄乐平、杨卫、洪胜平、赵晶（女）。

二、局属机构

（一）乐安县农村抽样调查队

1985年9月，成立乐安县农村抽样调查队，为县统计局正股级全额拨款事业单位，编制3人。

1992年，变更为乐安县农村社会经济调查队。其职能为抓好全县农村抽样调查系统的组织建设和业务建设；组织实施全县农产量调查、农村住户调查、贫困监测调查、农业经济核算、畜牧业抽样调查等，收集、整理提供有关统计数据；对有关数据质量进行检查评估，并负责查处统计调查中发生的统计违法行为；组织指导有关专业的基础工作；开展农村社会经济统计分析、统计预测。

（二）乐安县统计局普查中心

2008年6月，成立乐安县统计局普查中心，为县统计局下属正股级全额拨款事业单位，编制2名。主要职责：负责全县人口普查、经济普查、农业普查及投入产出调查的具体组织实施工作；负责研究和提出全县普查方案，研究解决普查专业技术方面的各类问题；负责组织各种普查和专项统计调查的数据汇总、资料分析和管理，提供咨询服务；负责指导与各种普查和专项调查相关的统计基础工作和人员培训；承办县统计局及有关部门交办的其他事项。

三、统计队伍

全县统计队伍，除县统计局外，各乡镇（场）、县直行政事业单位（含中央、省、市驻县单位）、各企业也相应的配有统计员。2016年，全县有专、兼职统计员183人。

第二节 人口普查

中华人民共和国成立后，县域先后于1953年、1964年、1982年、1990年、2000年、2010年进行过6次人口普查。本章仅记述1986—2016年开展的第四、第五、第六次人口普查。

一、第四次普查

1989年7月，中共中央、国务院发布《关于进行第四次全国人口普查工作的指示》，决定于1990年7月，进行第四次人口普查。1989年9月，成立乐安县人民政府第四次人口普查领导小组和办公室（简称“人普办”），抽调有关单位20多人到县人口普查办公室集中办公；11月，各乡（镇）、村（居）民委员会相继成立相应机构并开展工作。普查项目在1982年“三普”基础上，扩大到21项。其中反映人口基本情况的有姓名、与户主关系、性别、年龄、户口状况和性质等；反映5年中人口变化情况的有1985年7月1日常住地状况、迁来本地原因等；反映人口文化素质结构的有文化程度；反映人口经济状况的有在业人口行业、在业人口职业、不在业人口状况等；反映人口的婚姻状况、妇女生育、存活子女数等。为计算人口预期寿命，还设计普查附表，即死亡人口普查表。经过建立机构、户口整顿、调查摸底、普查宣传、普查登记（标准时点为1990年7月1日0时）、手工汇总、资料编码、计算机数据录入汇总处理等阶段，历时两年零4个月（1989年9月至1991年12月），全县完成这次人口普查工作任务。经抚州地区两次验收，质量高于国家的要求标准。

1990年，县域第四次全国人口普查结果：全县总户数68673户，其中家庭户68139户、集体户534户。全县总人口320571人，其中家庭户人口314522人，集体户人口6049人，家庭平均每户人数4.62人。在总人口中，男性165665人、占总人口51.67%，女性154906人，占总人口48.33%。男女性别比为106.95。在总人口中，农业人口261584人，占总人口的81.60%，非农业人口53072人，占总人口16.56%。

二、第五次普查

根据1998年《国务院关于进行第五次全国人口普查的通知》，1999年7月，县人民政府成立第五次人口普查领导小组办公室。2000年年初，各乡（镇）、村（居）相继成立普查机构，以2000年11月1日0时为普查标准时点，进行第五次人口普查。与第四次人口普查相比，普查项目70项，比“四普”增加49项。普查设置长表、短表、死亡人数调查表、暂住人口调查表、外出人口普查表5种调查表。普查项目有：人口基本情况、迁移流动状况、文化素质、经济活动状况、婚姻生育状况、住房状况、家庭生活质量等。这次普查采用3项新技术，即采用长表和短表相结合的普查表，采用光电录入，建立人口地理信息系统。

全县第五次人口普查结果：全县总人口329185人（不包括中国人民解放军现役军人），同1990年7月1日第四次普查的320571人相比，10年共增加8614人，增长2.69%，平均每年增加861人，年平均增长率为0.27%；家庭户85491户，家庭户人口325004人，占总人口98.73%，平均每个家庭户人口3.8人，比1990年第四次普查的4.62人减少0.82人；男性172851人，占总人口52.51%；女性156334人，占总人口47.49%。人口性别比为110.57；0～14岁人口92109人，占总人口27.98%；15～64岁人口219475人，占总人口66.67%；65岁及以上人口17601人，占总人口5.35%。同1990年第四次普查相比，0～14岁人口比重下降6.23个百分点，15～64岁人口比重上升5.44个百分点，65岁及以上人口的比重上升0.79个百分点；汉族人口328078人，占总人口99.66%；各少数民族人口1107人，占总人口0.34%。同1990年第四次普查相比，汉族人口增加8676人，增长2.7%，占总人口比重增加0.03个百分点；各少数民族人口减少62人，降低5.6%，占总人口比重减少0.36个百分点；具有大学（指大专以上）教育程度的4939人，占6岁以上人口比重1.62%；具有高中（含中专）教育程度的26044人，占6岁以上人口比重8.56%；具有初中教育程度的83274人，占6岁以上人口比重27.37%；具有小学教育程度的156388人（以上各种受教育程度的人包括各类学校的毕业生、肄业生和在校生），占6岁以上人口比重的51.4%。全县总人口中，未上过学人口29724人，占6岁以上人口比重的9.77%，占总人口的9.03%；居住在城镇人口79339人，占总人口24.1%；居住在乡村人口249846人，占总人口75.9%。

三、第六次普查

国务院决定于2010年11月1日进行第六次全国人口普查，根据《第六次全国人口普查方案》和《2010年第六次全国人口普查工作进度》，县人民政府于2009年10月成立乐安县第六次人口普查领导小组及办公室，并制定实施规划和编制普查工作流程。整个工作分普查准备、普查登记和复查、数据整理3个阶段。各乡镇（场）、村（居）民委员会成立相应机构和制定工作实施规划。2010年4—6月，进行县人口普查综合试点工作，为组织开展全县第六次人口普查提供经验。2010年11月1日0时为普查标准时点。这次普查较“五普”新增30余项内容，如核定乡级及以上区划名称和地址代码、划分乡级区域边界及绘制地图，编制乡级地址代码本、核定村级区划名称、地址码和城乡属性，录入编制普查小区地址代码、人口普查短表编码和长表编码、人口普查编码验收、普查短表和长表录入等。全县整个第六次人口普查历时3年零3个月。

全县第六次人口普查结果：全县常住人口总数345769人（不包括中国人民解放军现役军人和居住在县内的港澳台居民以及外籍人员），同2000年第五次普查的329045人相比，10年共增加16724人，增长5.08%，平均每年增加1672人，年平均增长率为0.50%；家庭户95813户，

全县第六次人口普查动员大会（2010年）

家庭户人口340216人，占总人口98.39%，平均每个家庭户人口为3.55人，比2000年第五次普查的3.92人减少0.37人；男性182893人，占总人口52.9%；女性162876人，占总人口47.1%，人口性别比112.29；0～14岁人口为81460人，占总人口23.56%；15～64岁人口为239242人，占总人口69.19%；65岁及以上人口为25067人，占总人口7.25%。同2000年第五次普查相比，0～14岁人口比重下降4.22个百分点，15～64岁人口比重上升2.63个百分点，65岁及以上人口比重上升1.59个百分点；汉族人口340922人，占总人口98.6%；各少数民族人口4847人，占总人口1.4%。同2000年第五次普查相比，汉族人口增加13064人，增长3.98%，占总人口比重减少1.04个百分点；各少数民族人口增加3660人，增长308.3%，占总人口比重增加1.04个百分点；具有大学（指大专以上）教育程度的11889人；具有高中（含中专）教育程度的31094人；具有初中教育程度的121194人；具有小学教育程度的125623人（以上各种受教育程度的人包括各类学校的毕业生、肄业生和在校生）。同2000年第五次全国人口普查相比，每10万人中具有大学教育程度的由1504人上升为3438人；具有高中教育程度的由6058人上升为8993人；具有初中教育程度的由25581人上升为35051人；具有小学教育程度的由47191人下降为36331人。全县常住人口中，文盲人口（15岁及以上不识字的人）15589人，占总人口4.50%；居住在城镇人口106220人，占总人口30.72%；居住在乡村人口239549人，占总人口69.38%。同2000年第五次全国人口普查相比，城镇人口占总人口的比重上升了6.66个百分点。

2010年乐安县各乡镇（场）常住人口情况表

表11-3-1　　单位：人、%

乡镇	人口数	2000—2010年平均增长率	乡镇	人口数	2000—2010年平均增长率
鳌溪镇	82720	3.77	招携镇	22219	0.47
公溪镇	27554	−2.92	湖溪乡	10635	−0.47
山砀镇	21630	0.39	罗陂乡	14820	0.66
龚坊镇	18868	−0.82	湖坪乡	17516	−0.36
戴坊镇	32796	−0.14	南村乡	20408	0.95
牛田镇	19725	−0.15	谷岗乡	11937	−0.64
万崇镇	13939	0.86	金竹畲族乡	11357	−0.02
增田镇	18073	−0.65	大马头垦殖场	1572	0.5

四、人口变化

1986—2016年，全县人口发生较大变化。户籍人口数量从294010人增长到390215人，净增96205人；人口密度由每平方千米122人增长到每平方千米162人；人口出生率从15.78‰下降到14.05‰，死亡率由3.94‰增长到6.39‰。人口增长率由11.94‰下降到7.66‰。

第三节　其他普查

1994年7月20日，国务院批准国家统计局《关于建立国家普查制度改革统计调查体系的请示》，确定以周期性普查为基础，以经常性抽样调查为主体的统计调查体系。1986—2016年，县域进行多次全县性的重大国情国力统计调查。

2003年以前，全县性普查的项目主要有：人口普查每10年进行1次，逢0的年份进行。工业普查每10年进行1次，逢5的年份进行。农业普查每10年进行1次，逢7的年份进行。第三产业普查每10年进行1次，逢3的年份进行。基本单位普查每5年进行1次，逢1、6的年份进行。为适应经济和社会发展需要，并与国家编制五年计划更好地衔接，推进国民经济核算与统计调查体系的综合配套改革，2003年12月，国务院决定改革统计普查制度，将原定于2003年进行的第二次全国第三产业普查推迟，与计划在2005年开展的第四次全国工业普查和2006年开展的第三次全国基本单位普查合并进行，同时将建筑业纳入普查范围。2004年开展第一次全国经济普查。此后周期性普查项目包括经济普查、人口普查、农业普查。经济普查每10年进行2次，分别在逢3、8年份实施。人口普查、农业普查每10年进行1次，分别在逢0、6年份实施。全县普查均由县政府统一组织，县统计局具体组织实施，各相关单位、各乡镇共同参与。

一、工业普查

1995年5月，开始准备第三次全国工业普查（第二次全国工业普查为1985年）。按照第三次全国普查方案实施工作细则要求，于1996年1月1日正式实施工业普查登记。这次普查范围为全部工业企业和附属工业单位。普查内容为工业企业基本情况、财务状况、劳动情况、主要工业产品销存情况、科技活动情况、技术经济指标、产品生产能力、原材料、能源消费与库存、能源加工转换、主要工业生产设备拥有量、新旧程度及技术状况、主要工业产业质量和销售、收入情况等几十个方面。普查结果为：县境乡及乡以上工业企业及生产单位数178个，工业总产值18766万元，工业销售产值17862万元。

二、农业普查

1995年开展第一次全国农业普查工作，经过两年精心准备，于1997年1月正式开展第一次全国农业普查入户登记工作，普查时点指标为1996年12月31日，时期指标为1996年1月至12月31日。这次普查对象是全县范围内各种类型的农业生产经营单位、农村住户、乡镇企业、行政村和乡镇等。普查内容共38个项目、678个指标。普查设置农村住户调查表、非农村住户农业生产经营单位调查表、行政村调查表、乡镇调查表、非农乡镇企业基本情况卡共5种调查表。历时3年，经过县统计局和全县260余名农业普查工作人员的努力，对全县21个乡镇（场）、210个行政村逐个进行调查登记，取得数据。普查首次采用光电录入技术，实行三级处理，超级汇总工作模式进行数据处理。

2006年开展第二次全国农业普查工作。此次普查从2006年年底开始筹备，于2008年8月结束。在组织领导、建立机构、组织普查队伍、普查实施办法、工作流程等方面均与第一次农业普查工作相同。普查项目和指标比第一次普查新增100多项内容。普查时点指标为2007年12月31日，时期指标为2007年1月1日至12月31日。

第六次人口普查宣传

2016年开展第三次全国农业普查工作。此次普查从2016年5月开始准备。本次普查对查清县内农业、农村、农民基本情况，掌握农村土地流转、农业生产、新型农业经营主体、农业规模化和产业化等新情况，反映农村发展新面貌和农民生活新变化，为政府科学制定“三农”政策、促进农业现代化、全面建成小康社会，具有十分重要的意义。这次农业普查要求高、任务重、难度大，农业普查复杂程度和工作难度之大，是其他普查所未有的。一是普查范围广。不仅包括农村住户，而且包括城镇农业生产经营户、农业生产经营单位、村民委员会和乡镇人民政府。二是普查内容多。不仅包括农业生产情况，而且包括农村经济社会发展情况和农民生活情况，是一次关于农业、农村、农民的“三农”大普查。三是普查手段新。全面运用现代信息技术手段，如：手持数字移动电话机（PDA）采集上传数据、联网直报、遥感测量等。这次普查时点指标为2016年12月31日，时期指标为2016年1月1日至12月31日。普查结果为：全县农业总户数65825户。其中，规模农户数1068户，普通农户数64757户。经营农业的普通户数57476户，住户成员总人数276864人，农业经营单位个数1021个，农业从业人员数117151人。确权（承包）耕地面积480437亩，实际耕种的耕地面积504395亩（含自留地、开荒等）。确权（承包）林地面积2457962亩，实际经营的林地面积2397676亩。实际经营的淡水养殖面积30701亩。

乐安县第三次全国农业普查分乡镇主要指标情况表（一）

表11-3-2　　　　单位：户、人、个

名称	总户数	普通农户数	经营农业的普通户数	规模农户数	住户成员总人数	农业经营单位个数	农业从业人员数
乐安县	65825	64757	57476	1068	276864	1021	117151
鳌溪镇	4879	4848	3942	31	17575	7	7063
公溪镇	4112	4065	3937	47	18299	70	8218
山砀镇	5681	5565	4608	116	23830	142	12070
龚坊镇	4955	4882	4304	73	21379	108	8974
戴坊镇	7377	7202	5626	175	30097	182	12872
牛田镇	4732	4661	4358	71	21111	30	8310
万崇镇	3441	3342	3318	99	15285	86	7509
增田镇	4302	4291	3697	11	18021	17	5934
招携镇	4959	4883	4765	76	20226	3	7447
湖溪乡	3000	2925	2925	75	12414	141	7281
罗陂乡	3357	3221	2731	136	16315	30	6049
湖坪乡	3701	3613	3492	88	15315	13	6175
南村乡	4404	4348	2950	56	18174	141	5815
谷岗乡	3210	3205	3125	5	13984	23	5987
金竹畲族乡	2643	2640	2638	3	10825	3	5251
大马头乡	1072	1066	1060	6	4014	25	2196

乐安县第三次全国农业普查分乡镇主要指标情况表（二）

表 11-3-3　　　　单位：亩

名称	确权（承包）耕地面积	实际耕种的耕地面积	确权（承包）林地面积	实际经营林地面积	实际经营的淡水养殖面积
乐安县	480436.88	504395.44	2457961.68	2397675.74	30700.52
鳌溪镇	39280.75	41769.85	100509.84	100547.44	853.09
公溪镇	30172.95	30057.77	124926.77	123624.41	1283.11
山砀镇	38216.47	40116.01	137067.48	136945.49	3816.00
龚坊镇	40201.98	41710.79	154885.71	147851.61	2393.29
戴坊镇	66120.08	72422.73	249276.03	247391.92	4590.80
牛田镇	19267.73	22389.93	140888.82	133411.82	2829.70
万崇镇	21953.64	22799.72	82815.00	79905.00	1768.50
增田镇	33722.74	34730.58	112964.63	112918.63	2703.67
招携镇	34226.94	36693.65	304162.14	306268.72	1353.22
湖溪乡	27407.14	27418.59	290389.49	290389.49	667.23
罗陂乡	20114.00	18012.37	54368.00	56926.00	2208.90
湖坪乡	29375.57	28335.22	96407.40	57623.87	2587.27
南村乡	36189.27	36986.02	135451.27	130420.21	2777.44
谷岗乡	20869.31	24521.41	205425.11	205415.11	260.10
金竹畲族乡	15829.37	18849.20	220749.99	220562.02	364.70
大马头乡	7488.94	7581.60	47674.00	47474.00	243.50

三、第三产业普查

从1993年开始，开展第三产业普查，普查年度为1991年和1992年。本次普查的范围是乐安县行政区域内各种从事第三产业独立核算的企业、事业和行政单位、社会团体和个体户（不包括军队、武警部门本身以及附属的第三产业单位）。普查历时20个月，完成调查摸底、普查登记、手工汇总、电脑处理、开发应用等各项普查任务，取得全面翔实的普查数据。普查结果为：1991年全县第三产业增加值为5770万元，占国内生产总值19.07%；1992年全县第三产业增加值为6347.7万元，占国内生产总值18.28%。

四、基本单位普查

第一次全国基本单位普查于1996年组织实施。普查的标准时点为1996年12月31日。普查的对象和范围为国内除农户和个体户以外的所有从事社会经济活动的法人单位和产业活动单位。

2001年进行第二次全国基本单位普查。这次普查的标准时点为2001年12月31日，普查对象为国内除城乡住户和个体工商户以外的所有法人单位及其所属的产业活动单位。乐安县普查结果为：全县法人单位数1650个，从业人员数22866人。其中：企业法人单位数657个，从业人员数11484人；事业法人单位数588个，从业人员数7415人；机关法人单位数130个，从业人员数2427人；社团法人单位数11个，从业人员数77人；其他法人单位数264个，从业人员数1463人。

五、经济普查

第一次全国经济普查。整个普查从2003年开始至2006年结束，普查标准时点为2004年12

月31日，时期资料为2004年度。乐安县此次经济普查，摸清县域二、三产业“家底”，初步建立全县二、三产业基本单位名录库及其数据库系统，为建立健全基本单位名录库、完善统计调查系统打下厚实的基础。普查结果为：法人单位数951个，就业人数22214人；其他法人单位数212个，就业人数1031人。产业活动单位数1340个。

第二次全国经济普查。整个普查从2007年6月开始至2009年6月结束，历时两年，普查标准时点为2008年12月31日，时期资料为2008年度。乐安县此次普查结果为：法人单位数1260个，就业人数25828人；产业活动单位数1670个，就业人数25999人。年末在用计算机575台，年末拥有网站数5个，全年电子商务采购金额167万元。全部工业企业250个，总产值（当年价格）185706万元，实收资本61952万元，主营业务收入174787万元，主营业务税金及附加3276万元，营业利润26425万元，全部从业人员年平均人数10918人；其中规模以上工业企业26个，总产值（当年价格）104285万元。交通运输、仓储和邮政业：营业收入3819万元，全部从业人员年平均人数301人。批发零售业法人单位77个，从业人数954人，销售额28870万元。住宿餐饮业法人单位16个，从业人数260人，营业额1638万元。房地产开发企业15个。

第三次全国经济普查。整个普查从2013年开始至2015年结束，全面调查了解中国第二产业和第三产业的发展规模及布局，了解产业组织、产业结构、产业技术的现状以及各生产要素的构成，进一步查实服务业、战略性新兴产业和小微企业的发展状况，摸清各类单位的基本情况，全面更新覆盖国民经济各行业的基本单位名录库、基础信息数据库和统计电子地理信息系统。乐安县普查主要反映2008年以后，全县经济社会发展成就，为更好地贯彻落实国家宏观调控政策，科学制定中、长期发展规划提供全面、系统、真实、可靠的统计信息支持。普查标准时点为2014年1月1日0时，时期资料为2013年度。这次普查登记的方式、方法和流程进行重大改革。电子化普查，是这次普查的最大特点。传统普查是填表登记，这次普查是由普查员手持数字移动电话机到所有普查对象现场，进行GPS空间定位、核对底册信息和拍照相关证件（组织机构代码证、税务登记证、工商登记证），核对无误后，输入普查数据，通过数字移动电话机直报国家统计局普查数据平台。这次普查行业多、内容多。由于产业，尤其是第三产业行业类别繁多，行业不同，普查表也不同。这次普查表共分12类32张。普查内容包括单位的基本情况、生产经营、财务状况、能源和水消费情况、科技情况和信息化情况等。

乐安县普查结果为：全县法人单位数1552个，从业人数33644人；产业活动单位数2127个，从业人数37440人。能源消费总量16.59万吨标准煤，单位GDP能耗425千克标准煤/万元。全社会建筑企业11个，从业人数1104人，资产总计5600万元。批发业法人单位68个，从业人数899人，营业收入33052万元。零售业法人单位51个，从业人数756人，营业收入18209万元。住宿业法人单位4个，从业人数79人，营业收入702万元。餐饮业法人单位0个。房地产开发企业13个。

乐安县第四次全国经济普查动员大会

乐安县三次经济普查法人单位和产业活动单位数对比情况表

表 11-3-4

名称		单位	第一次	第二次	第三次
法人单位	单位数	个	951	1260	1552
	就业人数	人	22214	25828	33644
产业活动单位	单位数	个	1340	1670	2127
	就业人数	人	—	25999	37440

六、其他大型调查

1986—2016 年，乐安县统计局除做好以上重大国情普查调查以外，按照国家和省、市的统一部署，还认真做好以下较大型调查：1987 年开始，每 10 年进行两次，分别在逢 2、7 的年份实施投入产出调查；1995 年开始，在逢 5 的年份实施全国 1% 人口抽样调查；2009 年开展第二次全国科学研究与试验发展（R&D）资源清查。

第四节　统计服务与监督

一、统计服务

统计服务包括为上级统计部门和当地领导部门提供统计资料，以及为基层为社会公众提供统计服务。主要有 3 种服务方式：

（一）统计资料汇编。1984 年始，县统计局每年整理编印一本《乐安统计年鉴》，全面反映乐安县国民经济和社会发展情况，为各级领导和乡镇（场）、县直部门研究全县经济社会发展战略制订规划，进行科学决策提供参考，也为社会各界人士、企事业单位及外商了解乐安提供较全面和翔实的经济社会信息。县统计局在每年编印的《乐安统计年鉴》中，均要编发当年国民经济和社会发展统计公报，公报主要内容分综合、农业、工业和建筑业、固定资产投资、交通邮电、国内贸易和对外经济、财政金融保险、教育科技、文化旅游、体育和卫生、人口和人民生活及社会保障、环境保护等。

（二）统计分析。主要以统计信息、综合资料或专题分析报告形式向领导和有关部门反映国民经济运行情况，如乐安县统计月报、季报、年报等。同时，不定期编印专项调研材料，对县域经济动态、发展趋势进行分析，为党政领导决策提供依据。

（三）统计信息咨询服务。主要为各级领导和有关部门提供临时性或突击性统计资料。

二、统计监督

统计监督是统计工作的基本任务之一，是对政策、计划的执行情况进行检查和监管。通过统计资料说明国家计划是否完成，党的经济政策是否得到贯彻执行，财经纪律是否得到维护，国民经济内部各种比例关系是否协调等。其目的是为保证国家的整体利益，加强各部门、各地区执行政策和计划的责任心，强化财经纪律，保持正常的工作秩序，促进国民经济持续、稳定、协调发展。维护统计数字的真实性，是统计监督的基本手段。各机关、企业、事业单位均应按照国家有关规定，接受统计监督，提供统计资料，不得虚报、瞒报、拒报、迟报，不得伪造、窜改。

1983 年 12 月，《中华人民共和国统计法》颁布，为保证统计法贯彻实施，县统计局多次会同有关部门开展联合执法检查，对违反统计法的单位、企业进行查处。2016 年查处 5 例违反统计法的单位、企业。县统计局组织各单位统计人员参加全国统计从业资格培训、考试，考试合格即颁发全国统一的统计从业资格证。至 2016 年，全县共有统计从业资格证人员 396 人。

第四章　审计监督

1984年4月，县人民政府设立县审计局，标志县域审计监督工作走上正轨。1986—2016年，县审计局积极履行法律赋予的各项审计职责，突出重点领域、重点部门和重点资金的审计监督，在维护财经秩序、促进廉政建设、保障经济健康发展等方面发挥了积极作用。

第一节　机构人员

乐安县审计局为县政府职能部门，主要职责是对县政府各部门、各乡镇（场）、金融机构、国有企业、事业单位财务收支及固定资产投资等进行审计监督。1985年，县审计局内设政工、业务两个股室，有行政编制7个，工作人员7人。1990年，设人事秘书、行政事业审计、工交审计、商粮贸审计4个职能股室，有工作人员13人。1997年机构改革，县审计局内设人事秘书、财政金融审计、行政事业审计、企业审计4个职能股室，核定行政编制12个，事业编制2个，实有工作人员13人。2000年6月，增设经济责任审计股，增加事业编2个，实有工作人员15人。2009年4月，增设固定资产投资审计中心，编制6个。2016年年底，内设人事秘书、财政金融审计、固定资产审计、经济责任审计4个职能股室。有在职人员28人，退休人员13人。

1986—2016年，历任局长：付行忠、田予东、涂继旗、彭光辉、郑和元、陈党保、黄查英（女）；1997—2016年，历任专职党组（支部）书记：朱彩联（女）、董小华、张建荣。

第二节　财政金融审计

一、财政财务审计

财政财务审计是对地方政府及其部门财政收支真实性、合法性、效益性进行审计监督。1995年以前，县审计局对各乡镇财政实行每两年审计1次；其后实行每年一审计，并延伸到中小学、医院等乡镇直属单位。对县政府所属部门财政财务作不定期审计。1984—1993年，县审计局累计审计财务收支项目534个（次），查出违纪违规金额844万元，上缴财政336万元，提出审计意见550条。县审计工作得到上级审计部门充分肯

县审计局办公大楼

定，1989 年，审计局干部陈泉源被评为全省审计工作先进个人，1990—1992 年，陈泉源被江西省审计厅、人事厅、总工会评为全省审计机关先进工作者。

1984—1993 年乐安县审计情况表

表 11-4-1　　单位：个、万元

年份	审计内容及单位（项目）									查出违纪金额	上缴财政金额
	合计	财务收支审计	承包经营责任审计	经济效益审计	基建审计	专项资金审计	厂长（经理）离任审计	专项调查审计			
								项目	单位		
1984	1	1	—	—	—	—	—	—	—	15.7	15.7
1985	36	36	—	—	—	—	—	—	—	144.05	101.98
1986	49	44	—	—	—	—	—	5	5	192.1	61.5
1987	46	33	—	2	1	10	—	—	—	59.2	15.1
1988	149	72	—	—	72	—	1	4	8	159.5	27.7
1989	88	62	9	—	—	17	—	—	—	90.5	24.5
1990	85	62	1	—	17	5	—	—	—	71	25
1991	95	61	9	—	8	6	—	11	43	22	30
1992	120	74	—	—	19	15	—	12	37	23	19
1993	111	89	—	—	11	—	—	11	44	67	16
合计	780	534	19	2	128	53	1	43	137	844.05	336.48

1995 年《中华人民共和国审计法》颁布实施，财政审计由单一的财政收支决算审计，深化为本级预算执行情况审计（同级审）。1996 年开始，每年对各乡镇财政决算进行审计，对重点部门、重点资金延伸审计。2005 年对 71 个单位进行审计，查出违纪违规金额 396 万元，上缴财政 50 万元。在审计中发现存在财政收支反映不真实，预算约束软化，固定资产管理不严等问题。2006 年对水利建设资金、基础教育经费、扶贫资金审计，发现某乡冒领移民安置资金 3 万元、套取毛竹低改资金 15 万元违纪行为，并移交有关部门查处。

2007 年，完成审计项目 106 项。其中，财政预算执行和决算审计 16 项，财政财务收支审计 37 项，领导干部经济责任审计 32 项，专项资金审计调查 1 项，授权项目审计 2 项，固定资产投资审计 18 项。查处违规资金 1245 万元，上缴财政 50 万元，入库率 100%。提交综合审计报告 16 篇，提出意见和建议 180 余条。

2008 年，完成审计项目 80 个，查处违规资金 1267 万元，应上缴财政 55 万元，全部入国库。2009 年审计查处各类违规资金 1467 万元，管理不规范资金 765 万元，收缴违规收费和补缴税金 65 万元，审核工程报审值 1.79 亿元，核减工程造价 1970 万元。2013 年，重点对县直各单位（含下属单位）的公用经费，特别是“三公”经费使用情况进行审计调查，对县直各单位办公用品、会议费、业务招待费、小车经费等“三公”经费支出情况及控制目标执行情况开展审计。此外，由县纪委、监察局牵头，财政、审计配合组成联合检查组，对全县涉及民生资金的 53 个单位进行监督检查，查出问题单位 53 个，查处违纪违规资金 420.71 万元，收缴财政资金 154.17 万元。

2016 年，突出专项审计，强化“稳增长、调结构、促改革、惠民生”等政策落实的跟踪审计，开展2014年、2015年财政扶贫资金专项审计调查，医疗保险基金审计和县农村合作医疗基金移交审计，促进各项惠民政策落地生根。

二、县本级预算执行审计

根据《中华人民共和国审计法》和江西省政府《关于对我省地方同级预算执行情况进行审计监督意见的通知》，从1995年起，县审计局开展对本级财政预算执行情况审计，并向县人大常委会作审计工作报告。针对财政收支不够真实，存在虚收虚支，专项资金拨付不及时，预算科目混淆，财政性资金往来未及时清理，预算外资金不入专户管理等问题，就加强预算管理、防范财政风险、强化预算监督提出意见和建议，为县政府加强对财政收支的管理和县人大常委会对预算执行和其他财政资金的监督提供依据。

2014年，对县本级财政预算执行情况审计，重点关注县本级预算编制、执行是否规范，政府预算体系是否完整，县本级预算批复是否及时并细化、预算执行进度是否均衡、追加调减依据是否充分、预算执行情况结果反映是否完整准确等问题。对县本级重点部门、单位2013年度部门预算执行情况审计，重点揭示部门单位在预决算编报、预算执行、预算结余、资金管理等方面存在的突出问题；对16个乡镇（场）2013年度财政决算情况进行审计，重点关注地方财政管理是否完整、真实，支出结构是否向“三农”、民生等重点领域倾斜等问题。

三、行政事业审计

县审计局开展对行政事业单位实施审计监督。审计内容初期以财务收支真实、合法为主，其后根据一些单位经费出现上转下、内转外、明转暗等违纪特点，审计内容在审查财务收支真实性、合法性、效益性的同时，逐步转移到重点查处账外账和私设小金库非法行为等。

2000年6月，对1999年度普及小学义务教育经费筹集、拨付、管理和使用情况进行审计。查出的主要问题有：财政部门每年增加教育投资不能满足教育事业发展需要，虚列教育支出，未按政策规定安排教育经费，乡级财政克扣挤占普及小学义务教育经费严重，教育主管部门乱收费现象比较严重，挤占、挪用普及小学义务教育经费违纪违规行为时有发生，学校擅自设立收费项目、多收代收费用、收费不入账等问题。并提出审计整改意见和建议。

2004年，对2003—2004年全县最低生活保障资金的筹集、使用和管理情况进行审计，查出做假账、套取低保资金、挤占挪用低保资金、财政配套资金不到位等4个方面问题。2007年，进行社保基金、医保基金、失业基金的审计调查，发现部分改制企业至2006年年底欠缴基本养老金216万元，部分预收基本养老保险金未分年度缴入财政账户，借款占用失业保险金25.91万元等问题。2008年，开展全县农村义务教育债务情况审计核实和锁定，解决全县义务教育学校多年遗留历史负担。2010年，完成审计项目273个，其中，财务收支审计96个，经济责任审计13个，固定资产投资审计164项，查出违规违纪金额1311万元，管理不规范金额6028万元，核减工程造价3215万元，收缴财政资金80万元。

2011年，开展城乡义务教育经费保障情况审计，通过审计了解到政府义务教育经费保障机制改革运行情况、义务教育经费保障资金落实情况、学校经费保障方面存在的问题，未达到规范义务教育经费管理使用的目标，并对中、小学的教育乱收费行为进行检查治理。

2014年，抓住权力运行和责任落实两个重点，关注被审计单位领导落实中央“八项规定”、党政机关厉行节约反对浪费条例及“三公”经费使用情况开展审计。在完成县委组织部委托的领导干部经济责任审计的同时，新增对县发改委、公共资源交易中心、行政服务中心等单位主要负责人任中经济责任审计。

四、金融保险审计

金融保险审计是对国家金融保险机构财务收支、信贷计划执行情况及其结果进行的审计。从

1988年起，开展金融保险审计，至1994年，对人民银行乐安支行、工商银行乐安支行、农业银行乐安支行、建设银行乐安支行、人民保险公司乐安支公司的本身财务收支进行审计，审计中发现的主要问题有：擅自购买控购商品，挤占成本，提高开支标准、假理赔等。1998年7月，对全县房改资金进行审计，查出某金融单位挪用房改资金100余万元，引起地、县领导高度重视。而后根据审计报告，及时将房改资金纳入正常轨道运行。1995—2005年，主要是由省审计厅授权对金融保险机构开展资产负债损益审计。

五、国有企业审计

企业审计是通过审计，帮助企业会计人员规范会计行为，促进企业改进经营管理，提高经济效益。1991年，对县家具厂第一轮承包期亏损症结进行审计。1993年，对县胶合板厂资产负债损益进行审计。1995年，对部分国有商业企业资产负债损益进行审计。1998年，对县粮食局亏损挂账进行审计。2000年5月，对某企业进行审计，收缴违纪违法金额102万元，16名干部、职工被纪检、监察机关分别给予党纪、政纪处分。

第三节　固定资产投资项目审计

2003年，县审计局设立固定资产投资审计股，对全县固定资产投资项目开展审计。2005年，对县一中教学大楼、流坑龙湖治理项目进行审计，核减工程造价100余万元。2006年，对县疾病控制中心大楼、农田园田化、部分乡村公路等项目进行审计，其中对县疾病控制中心大楼核减工程造价11万余元，核减率10%。2007年，对县公安局看守所、县司法大楼及部分乡村公路等项目进行审计，核减工程造价150万元。对县人民医院外科大楼、东元水库加固除险等项目进行预算审计，核减造价230万元。2008年，固定资产投资审计变事后审计为事前、事中、事后相结合的全过程审计监督，从工程立项、设计、招投标、施工、监理、工程决算各个环节规范审计程序，加大审计监督力度，使投入资金发挥更大经济和社会效益。当年完成工程预算项目审计35个，审计金额3600万元，核减工程造价400万元；完成工程竣工决算项目审计12个，审计金额3500万元，核减工程造价250万元。2009年4月，成立固定资产投资审计中心，当年完成固定资产投资审计131项，核减工程造价1970万元。2014年开始，固定资产投资项目预算审计全部转由财政部门评审，结（决）算审计先由财政部门评审后再由审计部门审计，实行审计工作“两审三核一决策”机制。“两审”：所有送审计部门审计的固定投资项目先由财政部门进行评审，在财政部门出具评审报告基础上，再由审计部门进行项目结（决）算审计；“三核”：实行初审（核）、复核、局务会审核制度；一决策：对重大送审项目的审计结果由审计局班子会集体审查决定。当年共审计固定资产投资项目27个，审计总金额3277万元，在财政核减的基础上，再核减造价134万元，核减率4%；提出审计建议5条。

2015年，完成投资审计工程结算项目247个，审计投资结算项目总金额21937万元，核减投资额1046万元；2016年，完成投资审计工程结算项目219个，审计投资结算项目总金额35399万元，核减投资额1412万元。据不完全统计，2003—2016年，共完成投资审计工程结算项目2015个，审计投资结算项目总金额311178万元，核减投资额41361万元。

第四节　经济责任审计

乐安县经济责任审计始于1988年对国有企业厂长（经理）开展离任审计，其后对象逐渐扩大到党政机关和行政事业单位主要领导。1998年，县委要求对全县21个乡镇（场）主要领导任职期间的经济责任进行审计。1999年，经济责任审计力度进一步加大，成立由县委组织部部长任组长的乐安县经济责任审计领导小组。县审计局增设经济责任审计股，对各乡镇（场）党政领导干部和县直单位主要负责人任期经济责任进行审计。2005年，对教育局、粮食局等14个单位主要领导进行经济责任审计，查出违规收费71.4万元，超标准收费9.8万元。2006年，对15个乡镇进行换届前党政领导经济责任审计，对9个县直单位主要负责人和4个拟提拔重用的领导干部进行任期经济责任审计。2008年，对县建设局、水利局、卫生局等19个单位主要领导进行任期经济责任审计。2009年，对10个单位12名党政领导干部进行经济责任审计，查出任期内21万元非税收入未按规定及时足额入缴国库，固定资产购置未进行政府采购3.5万元，超标准列支招待费，专项资金拨付不及时等问题。2011年，对17个单位31名领导干部进行离任经济责任审计，查出违规资金413万元。至2016年，共开展经济责任审计239人次，为县委、县政府全面考核、正确评价和使用干部提供依据，对加强干部管理监督、促进党风廉政建设起到积极作用。

第五节 内部审计

1986年1月，县审计局向县政府呈报《关于建立单位内部审计机构的报告》；3月，县政府批转该报告。根据县政府批示，县粮食局、供销社、林业局、税务局、中国人民银行乐安支行等5个单位率先成立内审机构，其后县交通局、卫生局、商业局相继设立财务审计股，到1993年有20个县直单位设立内部审计机构，配备内审人员52名。

1990年，根据省、地审计机关和有关部门的布置，在鳌溪、公溪、招携3个乡镇试行设立审计室，开展对乡镇企业和村级财务进行审计试点。1991年10月，县政府批转县审计局、农经委、农业局、乡镇企业局关于《对全县农村经济实行监督审计制度的意见》，至年底，全县20个乡镇先后建立审计室，配审计人员62名。1992年，各乡镇审计室均实现办公室、人员、牌子、章子、审计规章制度“五有”要求。县审计局通过召开审计工作会、组织内审人员学习培训、下达内审工作指导性计划，开展内审工作检查考评、表彰先进等方式，对单位内部审计工作予以指导和监督。

内审机构依照国家审计法律法规开展工作，对本单位及下属单位的财务收支及经济效益实施内部审计监督，对本单位内部及其所属单位、乡镇企业、合作经济组织和乡镇行政事业单位的财务计划、经费预决算、财务收支、财经法纪及经济效益等项目进行审计。

1986—1995年，县直内审机构共审计单位536个次，查出损失浪费金额326.3万元，促进提高经济效益111.4万元，纠正违纪金额799.4万元，查处贪污贿赂案件6起，移送司法机关处理4人；获省级内审先进单位1个，地级内审先进单位7个次，县内审先进单位14个次，获地级内审先进工作者6人次，县内审先进工作者24人次。

1990—1995年，乡镇内部审计机构共审计单位178个次，查出违纪金额43万元，纠正违纪金额2万元；获县内部审计先进单位9个次，先进工作者11人次。

第六节 社会审计

改革开放后，各种所有制经济快速发展，按照审计法规定，集体经济不属国家审计机关审计对象，国家审计机关也无力承担这一任务。因此，迫切需要大力发展社会审计组织，对各类经济组织进行审计、公证、咨询服务。1988年2月，省审计厅批准成立乐安县审计师事务所，属事业单位。审计师事务所是在国家审计机关的管理和指导下，实行有偿服务、自收自支、独立核算的社会审计组织。1988年，县审计师事务所有工作人员5人，其中会计师1人、经济师2人。

1988年4月，县人民政府批转县审计局《关于开展社会审计工作的报告》，为县审计师事务所开展工作奠定良好的基础。县审计师事务所成立后，主要开展财务收支审计、审计查证、承包经营审计、企业注册资金验证、经济案件签证、工会经费查证、财务会计咨询服务、基建工程预决算公证等 8 项业务。工会经费的查证业务，在全省尚属首创，得到省审计厅的肯定和推广。湖南省审计事务所和江西省内兄弟单位先后派人或信函了解经验做法。1988—1999 年，县审计师事务所接受国家审计机关委托审计单位 49 个，查证资金总额 5749 万元，上缴违纪金额 18.4 万元，对 1112 家（次）企业的注册资金进行验证，验证资金总额 17596 万元，核减不实注册资金 1616 万元，为 70 家企事业单位进行财务会计咨询服务。

1988—1999 年，县审计师事务所法人代表由县审计局干部兼任。1999 年，根据有关政策法规，县审计师事务所与县审计局脱钩，走向市场。2000 年 1 月，经省注册会计师协会批准，县审计师事务所与县会计师事务所合并，归江西省注册会计师协会领导、管理，其业务接受审计机关指导监督。

第五章　物价管理

县物价局是县人民政府物价管理部门，负责货物价格审批、监督和检查。1986—2016 年，物价管理由传统计划经济体制下的非竞争价格向开放市场经济体制下的自由竞争价格转化，管理职能发生根本变化，从直接行政管理向间接指导管理，从微观商品价格管理向宏观经济调控，从单纯物价管理向管理、监督、服务转变。

第一节　机构人员

1963 年 5 月，县人民政府设立县物价委员会。1983 年 4 月，设立县物价局，为县政府职能部门，负责县域物价监督管理工作。确定行政编制 7 个，有干部 4 人。1984 年 8 月，成立县物价检查所和县农产品成本调查队，增加事业编制 5 个。1986 年，县物价局有干部 12 人，其中行政编制 7 人，事业编制 5 人。在商业、供销、粮食、物资、林业、经委、二轻、乡镇企业、卫生等业务主管部门设有专（兼）职物价干部，基层单位设有专（兼）职物价员。1985—1994 年，在县城设有职工物价监督检查站，聘请 4 名退休人员从事日常物价监督工作。1997 年 7 月，成立价格事务所，2001 年 2 月，更名为价格认证中心。

2003 年 3 月，按照县机构改革方案，县物价局并入县发展计划委员会，为县发展计划委员会的内设机构，对外保留物价局牌子，仍单独运行，“级格、公章、职能”不变。2006 年“人、财、物”并入县发展和改革委员会。

2008 年，县机构编制委员会根据抚州市编办文件精神，同意县物价检查所更名为县价格监督检查局，核定编制 5 个。2010 年 6 月，《乐安县人民政府机构改革实施方案》确定县物价局为县发展和改革委员会内设机构，副科级，在县发展和改革委员会增挂县物价局牌子。

2016 年，县物价局下设办公室、价格股、收费股、价格认证中心、价格监督检查局 5 个内设机构。有干部职工 19 人，其中，行政编制 11 人，工勤编制 1 人，退休干部 7 人。

1986—2016 年，历任局长：蔡友统、陈银保、彭志才、周洪员、杨贡南、刘斌。

第二节　价格管理与改革

价格管理经过由传统计划经济体制下的非竞争价格向市场经济体制下的竞争价格转化的过程。这一过程始于 1978 年年底，至 2016 年历经

38年，市场价格机制基本形成。在传统计划经济体制下，实行计划价格，商品定价权集中在中央政府，企业无定价自主权，地方政府只有少量定价权。市场机制受到排斥，价格失去其应有的活力，其作用仅限于进行经济核算，对经济调节和资源优化配置的作用被抹杀。1978年实行改革开放后，重树商品经济意识，计划价格开始松动，允许在计划价格之外有市场调节存在，开始漫长的价格改革历程。

改革起步（1979—1984年）　这一阶段集中解决当时面临的价格结构和比价关系不合理的矛盾，以调整价格结构为主要内容。

1979年3月，提高部分农产品收购价格，共有18种主要农副产品提高收购价，平均提高24.8%。农产品收购价格和煤炭等工业品出厂价格提高后，带来一系列问题，购销倒挂，经营部门赔钱，有的自行提价或变相涨价，向消费者转嫁亏损。为稳定市场，国务院于1979年7月召开全国物价工作会议，决定粮食、食油、棉布、食糖和生活用煤等人民生活的基本必需品销价不作变动。猪、牛、羊肉，禽、蛋、水产品、牛奶等8种主要副食品销售价格适当提高，同时给职工每月副食品价格补贴5元。

1980年，主要农副产品方面，提高棉花、黄麻、松脂、木材收购价格。主要工业产品方面，提高焦炭、生铁、水泥出厂价格。陶瓷制品、糖制品、电话月租费也作适当提高。1981年，调整涤棉布和烟酒价格。1982年，将小针棉织品、小百货、小五金、小交电、小日杂品等160种三类小商品价格放开。1983年，第二批放开350种三类小商品价格，共有510种三类小商品价格实行市场调节价。1983年12月1日起，全国免收布票、絮棉票。对棉布、絮棉等敞开供应。1984年，除各级政府规定管理的小商品外，其余小商品价格全部放开，由企业自主定价。

改革不断深化（1985—1988年）　这一阶段改革开始接触到价格机制的本质，即尊重价值规律，完善市场机制问题。价格改革以下放和放开价格管理权限为主。

1985年，放开工业生产资料超产自销产品价格。缝纫机、国产手表、自行车、收音机、电风扇等5种产品实行企业定价。1986年，调整部分有色金属产品出厂价，钨精矿每吨由8500元提为13520元，精锡每吨由18500元提为28500元。优质钢材加价幅度扩大到30%，煤炭增产加价50%，毛纺织品优质加价30%。1987年9月，国务院发布《中华人民共和国价格管理条例》，旨在加强价格管理，保证市场物价基本稳定，安定人民生活，保障经济体制改革顺利进行，促进经济发展。旅游、涉外饭店房费下放管理权限。对小商品价格进一步放开，允许同一商品在同一市场不同商店按不同价格销售。1988年，中华、云烟、玉溪、红塔山、红山茶、茶花、牡丹、阿诗玛、大重九、石林等13种高中档卷烟定价权放给企业。同时，茅台酒、五粮液、郎酒、泸州特曲、古井贡酒、洋河大曲、双沟大曲、全兴大曲、剑南春、董酒、汾酒、西凤酒、黄鹤楼酒等13种高中档酒定价权放给企业。其他粮食酿酒价格提价20%左右。白糖出厂价每吨由1120元调为1770元，对化肥、农药、农膜实行专营。

价格治理整顿（1989—1991年）　放开价格的结果是物价大幅度上涨，1988年和1989年商品零售价格总指数分别为118.5%和117.8%，超出习惯于传统价格机制的人们在经济上和心理上的承受能力，出现挤兑存款、抢购商品现象，被迫进行调整和治理整顿。经过治理整顿，对一些突出不合理价格进行调整，对价格总水平进行控制，物价总指数迅速回落。1990年和1991年分别为102.1%和102.9%，市场价格秩序趋于稳定。

1989年，有计划地调整粮、油收购价格，其中早籼稻每50千克定购价由17.80元调为22.10元，统购价由每50千克12.66元调为16.37元，议购价由每50千克31元调为40元，菜油由每50千克148.40元调为158.40元，标准面粉由每50千克30元调为32元。标准皮辊棉收购价每50千克上半年由176.42元调为211.42元，下半年又调为236.42元。汽车客运票价提高60%，中级车每人千米平均运价0.053元，食盐每500克由0.15元提高到0.26元。13种名酒等商品适当降低价格，电冰箱降价15%左右，纯羊毛毯降价10%左右。核定32支浅色男棉毛衫每件产地零售价7.27元，32支浅色小开口男棉毛裤每件产地零售价7.54元。1990年，平信资费每重20克本埠由4分调为1角，外埠由8分调为2角，函件挂号费每件由0.12元调为0.30元，邮政包裹资费和机要邮件资费提高150%。食糖价格每吨由1770元调为2470元。产地零售价32支浅色男棉毛衫每件由7.27元调为8.50元，32支浅色小开口男棉毛裤每件由7.54元调为8.70元。1991年，提高供应城镇居民粮、油销售价格，标二早籼米每50千克由13.8元调为25元，标二晚籼米由每50千克14.2元调为25.8元，精制面粉由每50千克24元调为38元，二级菜油由每50千克106元调为234元，同时给城镇职工每人每月增发副食品价格补贴6元。

价格向市场经济过度（1992—2005年）　这一阶段价格改革即价格机制市场化的步伐明显加快，商品价格和服务收费大部分放开，价格管理职能发生明显变化，市场机制成为经济调节的主要力量，新的价格形成机制在很多领域和很大程度上已经形成。

1992年，国家修订价格管理目录，放开大部分商品价格。在国家管理的商品价格中，农产品收购价格、轻工产品销售价格和重工产品的出厂价格，分别由1987年的17种、41种和737种减少为10种、9种和89种。另有4种农产品、3种轻纺织品和56种重工产品实行指导性价格。1993年，取消对农民的粮油定购任务，粮食收购实行指导性价格和最低保障收购价，保护农民利益，政府直接管理的范围进一步缩小。1995年，普通旅客列车硬座票价每人千米从0.03861元提为0.05861元。1996年，早晚籼米销售价格放开，重要农业生产资料价格也放开。食盐零售价格小型袋每千克调为1.20元。公路客运票价调整，中级车（中型）基本运价每人千米0.128元。1997年，实行国家定价的范围进一步缩小，在农产品方面由1988年占收购总额的40%下降为不到15%，在商品零售方面由1988年占社会商品零售总额的50%下降为10%左右，在生产资料方面由1988年占销售收入的60%下降为20%左右。

2001年，放开部分商品和服务项目价格，政府定价只剩下13种：重要的中央储备物资、国家专营的烟叶、食盐和民爆器材、部分化肥、部分重要药品、教材、汽（柴）油、天然气，中央直属及跨省水利工程供水、电力、军品、重要交通运输等。2002年，颁发《政府价格决策听证办法》和《重要商品和服务价格成本监审暂行办法》，规定对关系群众切身利益的重要商品和服务价格在制定和调整前，必须进行成本监审和价格听证。

深层次价格改革（2006—2016年）　围绕使市场在资源配置中起决定性作用这个核心，探索创新价格管理机制，加强依法行政和市场监管，规范价格行为，把该管的价格管住管好，能放开的尽量放开，注重发挥市场形成价格作用，让价格能够有效地反映市场供求关系。

2006年，为稳定液化气市场价格，保护消费者利益，对液化气销售价格实行差率管理。从出厂到零售综合差率控制在10%以内。流通环节发生的直接运杂费按照正常、合理的流向据实计算。

2007年，乐安县早籼稻最低收购价每50千克70元，中晚籼稻最低收购价每50千克72元。2008年，早籼稻最低收购价每50千克77元，中晚籼稻最低收购价每50千克79元。2009年，早籼稻最低收购价每50千克90元，中晚籼稻最低收购价每50千克92元。2009年起，对国产化肥出厂价格、除钾肥外的进口化肥港口交货价格由政府指导价改为市场调节价。化肥批发、零售价格继续实行市场调节价。取消对已放开的化肥出厂价实行提价申报、调价备案、最高限价以及对化肥流通环节价格实行差率控制等临时价格干预措施。2010年，早籼稻最低保护价每50千克93元，中晚籼稻每50千克97元。2011年，早籼稻最低保护价每50千克102元，中晚籼稻每50千克107元。2012年，早籼稻最低保护价每50千克120元，中晚籼稻每50千克125元。2013年，公立医院进行综合试点改革，医院所售药品实现零差率。2014年，放开601种（其中西药207种，中成药394种）非处方药价格，凡以上范围的药品此后由企业自主参与市场竞争，自主制定价格。2015年，放开烤烟、白肋烟、香料烟收购价格，实行市场调节，由烟草总公司自主确定烟叶收购价格。2015年，县级定价项目包括电力、燃气、供排水、交通运输、教育、医疗服务、公共设施、养老服务、文化、环保、重要专业服务共13项。

从1978年到2016年，经过38年价格管理改革，政府转变职能，简政放权，创新监管方式方法。资料显示，1978年，国家定价物资占97%，市场调节价只占3%。1990年，国家定价物资占30%，国家指导价占25%，市场调节价占45%。2016年，国家制定商品和服务价格的权限不到5%，95%以上商品和服务的价格由市场调价。

第三节　收费管理

一、经营性收费管理

20世纪80年代初，县物价局设有非商品价格管理机构，主要管理饮食业、修理业、旅馆业、文化旅游、科技服务收费等。随着价格改革的深入，越来越多的经营性项目推入市场，其收费标准由市场调节。到20世纪90年代，除少数垄断性收费，如公共交通、供水、旅游景点门票收费外，其余收费完全按市场规则运行。有些原属事业组织的部分收费也不断剥离出来，归入经营性收费范畴，如律师、评估、咨询等收费。经过30多年价格改革，传统经营性收费管理已发生根本性变化。大多数适应市场竞争形成价格的经营性服务项目已经放开，经营者在收费中的主体地位基本确立。

二、行政事业性收费管理

1982年，将行政事业单位为弥补财政拨款不足而收取费用称为“行政事业性收费”，并一直沿用。20世纪80年代之前，县域行政事业性收费项目较少，只有企业注册登记费、房地产登记费、婚姻证书工本费等，所收费用全部进入财政预算，收费比较规范。1990年以后，由于财政分灶吃饭，一些单位为适应事业发展和增加单位职工福利，想方设法开展创收。

1987年，将行政事业性收费纳入价格管理，并向收费单位颁发收费许可证。针对一些地方行政事业性收费越来越多，范围越来越广，标准越来越高，收费急剧膨胀的不正常现象，1987年1月，国务院颁发《关于加强物价管理保持市场物价基本稳定的通知》。通知规定：“重要的收费项目，要由物价部门颁发收费凭证，加强管理。”这是国家首次明确行政事业性收费的管理主体，也是颁发行政事业性收费许可证的开端。

1987年9月，国务院颁布《中华人民共和国价格管理条例》，将行政事业性收费依法纳入价格管理轨道，初步形成以价格管理部门为主，财政部门参与管理的格局。1987年，江西省物价局发布《江西省收费许可证暂行管理条例》。据此，乐安县首次对全县行政事业性收费和经营性收费单位核发收费许可证282个，包括：公安、交通、教育、卫生、工商、城建、林业、邮电、计生、劳动人事、水电等主管部门及其所属单位。1988年，县域医疗挂号费标准调整，西医初诊0.30元、中医初诊0.35元。1989年，江西省政府发布《江西省收费许可证管理办法》，规定每3年核（换）发一次《收费许可证》。1992年，发布《江西省行政事业性收费项目》共159项，包括：司法、商业、税务、档案、旅游、环保、建设、水利、文化、交通、林业、公安、民政、地矿、人事、劳动、卫生、教育、工商等23个部门。调整医疗挂号费标准，西医初诊0.5元、中医初诊0.7元、急诊1.0元。

1993年，江西省财政厅、物价局下发《江西省行政事业性收费年审办法》，放开21项行政事业性收费项目，包括专业气象服务费、测绘费等。

乐安县拟调整县城区供水价格听证会（2005 年）

取消 37 个农民负担收费项目，取消未经中央及省级物价、财政部门批准的收费项目 61 项，其中公安 12 项、教育 10 项、卫生 6 项、计生 3 项、建设 5 项、劳动人事 9 项、法院 4 项、交通 2 项、工商 1 项、民政 1 项、旅游 1 项、烟草 2 项、妇联 1 项、体改 1 项。乐安县政府批准县城住宅小区 7 栋 121 户商品房销售价格，按建设面积计算标准房售价 322.74 元 / 平方米。1994 年，落实国家计委《关于商品和服务实行明码标价的规定》，销售商品实行明码标价，收费要公示。第二批取消收费项目 25 项，包括公安 10 项、城建 5 项、土管 2 项、粮食 2 项、劳动人事 2 项、卫生 3 项、物资 1 项。1995 年，乐安县政府批准长征路住宅商品房 1120 平方米的销售价格，按建设面积计算标准房售价 464.10 元 / 平方米。

1997 年，制定自来水安装收费标准。住宅安装一楼 1800 元 / 套，二至六楼 1934 元 / 套；办公楼安装一楼 1893.4 元 / 套，二至六楼 1916.3 元 / 套。水表安装（20 毫米）15.72 元 / 个。1998 年，取消行政事业性收费项目 69 项，降低收费标准 3 项。2000 年，取消行政事业性收费项目 20 项。

2001 年，乐安县调整自来水收费标准，生活用水由 0.73 元 / 立方米调为 0.90 元 / 立方米，工业用水由 0.80 元 / 立方米调为 0.90 元 / 立方米，基建（经营）用水由 0.90 元 / 立方米调为 1 元 / 立方米。2002 年，根据省委、省政府致全省农民朋友的第二封公开信规定，对涉农收费的教育、民政、农业、农机、水电、计生、林业、土管、供电 9 个部门进行清理整顿，清理超标准收取的土管费、测管费、资料费等 143493.7 元，超标准收取乡镇居民照明用电电费 122146 元。农村义务教育阶段学生收费标准执行贫困县“一费制”标准，小学每学期 95 元 / 人，初中每学期 155 元 / 人。2005 年，经县政府批准并召开价格听证会，调整自来水收费标准，居民生活用水（含行政事业、工业用水）由 0.90 元 / 立方米调整为 1.10 元 / 立方米，基建用水由 1 元 / 立方米调整为 1.20 元 / 立方米，特别行业用水由 2 元 / 立方米调整为 3 元 / 立方米。县城义务教育阶段学生收费执行全省“一费制”标准，只收取杂费、课本费、作业本费和其他教材费。2005 年秋季开始，小学收费标准为：一年级 174 元 / 人、二年级 165.50 元 / 人、三年级 223 元 / 人、四年级 220 元 / 人、五年级 222.50 元 / 人、六年级 224 元 / 人、初一 304 元 / 人、初二 306 元 / 人、初三 277.50 元 / 人。

2002 年，江西省发展计划委员会发布《江西省收费单位收费员培训、发证管理暂行办法》。据此，县域规定收费单位的收费员必须经过上岗培训，取得“收费员证”后，才能从事行政事业性收费的征收工作，并明确各收费单位实施收费时必须在出示收费许可证的同时，出示“收费员证”。

2005 年，规定对非营利性医疗机构提供的医疗服务实行政府指导价，对营利性医疗机构提供的医疗服务实行市场调节价。调整医疗挂号费标准：西（中）医初诊 1.00 元，急诊 2.00 元。2006 年，江西省财政厅、发改委发布 2006 年江西省行政事业性收费项目，共有 65 个部门 378 项。2008 年，停止征收个体工商户管理费和集贸市场管理费。2009 年，乐安县城区供水价格再次进行调整，居民生活用水由 1.1 元 / 立方米调整为 1.30 元 /

立方米，行政事业、工业用水由 1.1 元 / 立方米调整为 1.45 元 / 立方米，经营及基建用水 1.2 元 / 立方米调整为 1.80 元 / 立方米，特种行业用水 3 元 / 立方米调整为 4.5 元 / 立方米。

2010 年，乐安县开始征收城市污水处理费，征收标准为：居民 0.8 元 / 吨，行政事业单位 0.9 元 / 吨，经营基建单位 1 元 / 吨，工业企业 0.8 元 / 吨，特种行业 1.5 元 / 吨。2011 年，县政府批复县城经济适用房销售价格（均价）为 1260 元 / 平方米。核定城区内廉租房月租每平方米 0.75 元 / 月。2012 年，核定流坑景区门票价格 50 元 / 张，导游费 50 元 / 次。2013 年，确定县公租房收费标准每平方米 2.2 元 / 月。调整社会福利院老年公寓收费标准：床位费单人间由 110 元 / 月，调为 150 元 / 月，双人间由 150 元 / 月调为 220/ 月；生活护理费一级护理由 260 元 / 月调为 560 元 / 月，二级护理由 200 元 / 月调为 300 元 / 月，三级护理由 150 元 / 月调为 260 元 / 月；水电费、数字电视费据实收取。2013 年，县内取消或免收户口簿工本费、企业注册登记费、企业年度检验费等 63 项行政事业性收费。

2014 年，乐安县放开非公立医疗机构医疗服务价格、民办教育收费、部分中介和专业服务收费。2015 年，经县政府批复同意，核定流坑旅游景区观光车（往返）票价 10 元 / 人次。

2015 年 1 月起，国家发改委、财政部《关于取消收费许可证制度加强事中事后监管的通知》规定，取消收费许可证制度，停止核发、使用收费许可证，取消收费许可证年审制度。强化收费公示制度，各部门建立收费清单，将收费项目标准信息通过政务网站向社会公示。2016 年，核定金竹“飞瀑漂流”景区门票价格，飞瀑观光门票价格 80 元 / 人次，峡谷漂流门票价格 160 元 / 人次。

县域行政事业性收费管理的手段和制度主要有：收费目录管理制度、收费公示制度、专用票据制度、收支两条线制度等。收费管理改革紧跟国家经济改革的需要，取消、停征、免征一系列收费项目。至 2016 年，列入江西省管理的行政事业性收费项目 103 个，经营服务性收费项目 31 个。

第四节　价格监督检查

1986—2016 年，县域价格监督检查工作与国家改革开放和经济发展相适应，认真履行职责，依法对市场物价和各种收费例行检查。1985—1993 年，县物价局连续 9 年参加县政府组织的财政、税收、物价三大检查，1994—2005 年，自行组织价格监督检查，重点对卫生、医疗、教育、林业、农业生产资料、水、电、粮、油、肉等与群众生产生活关系密切的重要收费和价格中乱收费、乱涨价行为进行依法查处。每逢国家价格调整措施出台、市场物价波动较大及重大节日期间，组织力量突击检查市场物价。2006—2016 年，价格监督检查重点是教育收费、医疗卫生收费、涉及企业收费、药品价格、电力价格等。

1986—2016 年，共检查单位 4576 个，查处价格违法金额 495.6 万元。其中：退还用户 45.2 万元，没收非法所得 454.5 万元，罚款 3.15 万元，经济制裁总额 502.9 万元。

1986—2016年乐安县物价检查情况表

表 11-5-1　　　　单位：个、元

年份	检查单位	查出违纪金额	经济制裁			
			退还用户	没收	罚款	小计
1986	72	49665	470	49195	1285	50950
1987	127	136695	5797	130898	3027	139722
1988	137	148213	2209	146004	4336	152549
1989	145	247657	34086	213571	2530	250187
1990	136	200499	—	200499	412	200911
1991	132	115000	52921	62079	8420	123420
1992	160	92788	600	92188	—	92788
1993	156	204968	118466	86502	—	204968
1994	243	68930	22500	46430	—	68930
1995	256	245000	180000	65000	3500	248500
1996	285	257310	35424	221886	8000	265310
1997	186	53820	—	53820	—	53820
1998	186	54600	—	54600	—	54600
1999	189	66800	—	66800	—	66800
2000	189	68000	—	68000	—	68000
2001	189	69200	—	69200	—	69200
2002	186	272466	—	272466	—	272466
2003	185	64400	—	64400	—	64400
2004	163	66400	—	66400	—	66400
2005	165	62800	—	62800	—	62800
2006	122	82700	—	82700	—	82700
2007	105	110500	—	110500	—	110500
2008	97	96750	—	96750	—	96750
2009	92	120300	—	120300	—	120300
2010	95	83580	—	83580	—	83580
2011	120	29225	—	292250	—	292250
2012	118	312100	—	312100	—	312100
2013	113	246200	—	24620	—	24620
2014	105	285120	—	285120	—	285120
2015	96	1042248	—	1042248	—	1042248
2016	26	2100	—	2100	—	2100
合计	4576	4956034	452473	4545006	31510	5028989

第五节　市场价格

改革开放以后，市场价格呈现出不断变动的趋势。乐安县虽然不是商品零售价格指数统计监测点，但全国居民消费价格总水平的变动同样能反映县域市场价格变动情况。

1978—2016 年全国商品零售价格指数变动情况表

表 11-5-2

年份	价格总指数（以上年为 100）	累加指数	年份	价格总指数（以上年为 100）	累加指数
1978	100.0	100.0	1998	99.2	429.8
1979	102.0	102.0	1999	98.6	423.8
1980	106.0	108.1	2000	100.4	425.5
1981	102.4	110.7	2001	100.7	428.5
1982	101.9	112.8	2002	99.2	425.1
1983	101.5	114.5	2003	101.2	430.2
1984	102.8	117.7	2004	103.9	447.0
1985	109.3	128.6	2005	101.8	455.0
1986	106.5	137.0	2006	101.5	461.8
1987	107.3	147.0	2007	104.8	484.0
1988	118.8	174.6	2008	105.9	512.5
1989	118.0	206.0	2009	99.3	508.9
1990	103.1	212.4	2010	103.3	525.7
1991	103.4	219.6	2011	105.4	544.1
1992	106.4	233.6	2012	102.6	568.5
1993	114.7	267.9	2013	102.6	583.3
1994	124.1	332.4	2014	102.0	595.0
1995	117.1	389.2	2015	101.4	603.3
1996	108.3	421.5	2016	102.0	615.4
1997	102.8	433.3			

从上表看出，改革开放初期（1979—1984 年），商品价格总水平上升幅度较低。1985 年始商品价格总水平涨幅急速攀升，由一位数升到两位数，1988 年、1989 年分别达到 18.8% 和 18%。经过国家宏观经济调整整顿，通货膨胀被有效抑制，1990—1992 年商品价格总水平上升幅度回落到一位数。1993 年又出现大幅度上升，1993 年达到 14.7%，1994 年猛升到 24.1%，创历史最高纪录。政府从 1994 年开始采取抑制通货膨胀的一系列政策措施，使商品价格总水平涨势得到遏制，1995 年回落到 17.1%，1996 年进一步回落到 8.3%。此后一直保持相对稳定，有利于国民经济持续、健康发展，有利于扩大内需，有利于人民生活稳定。

1985—2016 年乐安县主要农产品价格情况表

表 11-5-3　　　　　　　　　　　　　　　　　　　　　　　　　　　　单位：元 /50 千克

年份	早籼稻		晚籼稻		标一早米		标一晚米		菜籽油		生猪
	统购价	定（收）购价	统购价	定（收）购价	统购价	定（收）购价	统购价	定（收）购价	统购价	定（收）购价	
1985	11.55	15.59	11.70	16.07	16.70	22.55	17.20	23.20	—	—	80.00
1986	11.55	15.59	11.07	16.07	16.70	22.55	17.20	23.20	114.20	148.40	102.00
1987	12.66	17.09	13.02	17.60	18.29	24.69	18.83	25.42	121.85	158.40	116.00
1988	12.66	17.09	13.02	17.60	18.29	24.69	18.83	25.42	—	—	190.00
1989	16.37	22.10	16.80	22.80	23.56	31.80	24.30	32.80	121.85	158.40	195.00
1990	—	22.10	—	22.80	—	56.80	—	57.60	—	286.00	185.00
1991	—	22.10	—	22.80	—	68.00	—	71.00	—	260.00	—
1992	—	24.50	—	27.50	—	78.00	—	81.00	—	233.00	—
1993	—	—	—	—	—	66.00	—	70.00	—	262.00	—
1994	—	48.40	—	51.00	—	68.00	—	75.00	—	430.00	260.00
1995	—	—	—	—	—	72.00	—	75.00	—	410.00	—
1996	—	65.00	—	73.00	—	76.00	—	80.00	—	415.00	—
1997	—	—	—	—	—	88.00	—	90.00	—	400.00	—
1998	—	50.00	—	64.00	—	89.00	—	91.00	—	402.00	—
1999	—	—	—	58.00	—	86.00	—	90.00	—	410.00	—
2000	—	50.00	—	56.00	—	69.00	—	75.00	—	362.00	—
2001	—	45.00	—	54.00	—	70.00	—	78.00	—	300.00	310.00
2002	—	54.00	—	60.00	—	72.00	—	72.00	—	300.00	260.00
2003	—	55.00	—	62.00	—	74.00	—	80.00	—	310.00	300.00
2004	—	74.00	—	82.00	—	120.00	—	130.00	—	390.00	470.00
2005	—	70.00	—	72.00	—	116.00	—	116.00	—	380.00	500.00
2006	—	70.00	—	72.00	—	120.00	—	130.00	—	420.00	610.00
2007	—	70.00	—	72.00	—	130.00	—	140.00	—	460.00	760.00
2008	—	77.00	—	79.00	—	140.00	—	160.00	—	500.00	680.00
2009	—	90.00	—	92.00	—	150.00	—	160.00	—	450.00	650.00
2010	—	93.00	—	97.00	—	170.00	—	182.00	—	650.00	770.00
2011	—	102.00	—	107.00	—	220.00	—	250.00	—	650.00	1030.00
2012	—	120.00	—	125.00	—	210.00	—	230.00	—	750.00	770.00
2013	—	132.00	—	135.00	—	230.00	—	250.00	—	750.00	820.00
2014	—	135.00	—	138.00	—	220.00	—	250.00	—	750.00	740.00
2015	—	135.00	—	138.00	—	220.00	—	250.00	—	750.00	860.00
2016	—	133.00	—	138.00	—	220.00	—	250.00	—	750.00	950.00

1985—2016 年乐安县水、电、气及主要农资价格情况表

表 11-5-4　　单位：元 / 立方米、元 / 千瓦时、元 / 瓶、元 /50 千克

年份	自来水		电价		液化气	农业生产资料	
	居民	工业	居民	工业		国产尿素	碳酸氢铵 17%
1985	0.20	0.20	0.30	0.20	—	26.00	11.25
1986	0.20	0.20	0.27	0.18	—	—	20.40
1987	0.20	0.20	0.27	0.18	—	38.00	23.40
1988	0.20	0.20	0.27	0.18	—	57.00	23.70
1989	0.20	0.20	0.27	0.18	—	65.00	21.00
1990	0.24	0.27	0.27	—	—	60.00	—
1991	0.24	0.27	0.27	0.27	—	66.00	21.00
1992	0.27	0.30	—	0.28	—	64.00	21.00
1993	0.34	0.38	0.35	0.30	—	59.00	22.50
1994	0.34	0.38	0.38	0.40	—	72.50	27.80
1995	0.43	0.43	0.38	0.44	62.00	118.00	36.00
1996	0.43	0.50	0.54	0.508	—	118.00	36.00
1997	0.53	0.60	0.686	0.566	—	95.50	33.00
1998	0.73	0.80	0.485	0.429	—	85.00	32.00
1999	0.73	0.80	0.59	—	—	79.00	46.00
2000	0.73	0.80	0.62	0.60	—	—	—
2001	0.90	0.90	0.62	—	—	—	—
2002	0.90	0.90	—	—	60.00	—	—
2003	0.90	0.90	—	—	60.00	69.00	23.00
2004	0.90	0.90	0.56	—	—	78.00	22.50
2005	0.90	0.90	0.59	0.535	—	95.00	30.00
2006	1.10	1.10	0.59	—	—	98.00	—
2007	1.10	1.10	0.59	—	89.00	—	—
2008	1.10	1.10	—	—	80.00	—	—
2009	1.10	1.10	—	—	98.00	—	—
2010	1.30	1.45	—	—	109.00	100.00	—
2011	1.30	1.45	0.60	—	103.00	100.00	35.00
2012	1.30	1.45	0.60	—	113.00	110.00	35.50
2013	1.30	1.45	0.60	—	120.00	110.00	36.00
2014	1.30	1.45	0.60	0.6637	104.00	90.00	35.00
2015	1.30	1.45	0.60	0.6587	90.00	95.00	36.00
2016	1.30	1.45	0.60	0.66	90.00	94.00	36.00

1985—2016年乐安县主要农副产品价格情况表

表 11-5-5　　　　单位：元／500克

年份	猪肉	牛肉	活鸡	草鱼	鸡蛋	青椒	黄瓜	青菜	白萝卜	豆角	苹果
1985	1.45	1.60	2.40	2.00	2.50	0.30	0.03	0.08	0.10	0.10	—
1986	1.50	1.80	2.60	2.20	2.70	0.35	0.03	0.15	0.12	—	—
1987	1.90	2.20	2.80	2.50	2.80	0.40	0.04	0.30	0.15	—	—
1988	3.00	3.40	3.50	3.20	3.50	0.60	0.06	0.25	0.20	0.30	—
1989	3.30	3.60	3.40	3.40	3.10	0.65	0.09	0.19	0.20	0.44	—
1990	3.00	4.20	3.76	3.70	2.90	1.02	0.17	0.20	0.40	0.36	—
1991	2.60	3.80	3.66	3.70	3.00	0.80	0.18	0.19	0.37	—	—
1992	2.90	3.90	4.30	3.70	2.80	0.80	0.17	0.20	0.17	0.30	—
1993	3.10	4.20	4.60	3.70	2.50	0.90	0.16	0.22	0.19	—	—
1994	4.60	5.00	6.50	4.00	3.90	0.80	0.18	0.22	0.30	—	—
1995	5.10	7.00	7.00	4.00	4.30	1.00	0.18	0.25	0.35	0.40	—
1996	5.80	8.00	8.50	4.00	4.70	1.10	0.19	0.30	0.35	0.40	—
1997	6.30	8.00	7.50	3.80	4.50	1.00	0.20	0.35	—	0.40	—
1998	5.60	7.50	7.00	3.80	4.20	1.00	0.18	0.30	—	0.35	—
1999	5.30	7.50	6.50	3.50	4.00	1.10	0.18	0.35	—	0.40	—
2000	5.30	7.00	6.00	3.50	4.00	1.10	0.18	0.40	—	0.35	—
2001	5.00	6.00	5.00	4.50	3.00	1.00	0.20	0.40	0.20	0.30	—
2002	4.00	7.00	5.20	4.00	3.30	1.00	0.20	0.40	0.50	0.30	—
2003	5.00	9.00	4.60	3.50	2.80	1.00	0.25	0.50	0.50	0.40	—
2004	7.50	10.00	4.50	5.00	2.70	1.20	0.30	0.70	0.50	0.40	—
2005	7.00	10.00	5.50	5.00	3.75	1.00	0.60	0.80	0.80	0.80	—
2006	6.50	11.00	5.20	5.00	3.80	1.00	—	0.60	0.70	—	—
2007	13.00	14.00	6.50	5.50	5.00	2.00	1.00	0.60	0.90	2.00	2.50
2008	12.00	22.00	5.50	6.00	4.40	3.00	2.00	1.00	0.70	—	1.80
2009	11.00	20.00	5.50	5.50	4.40	2.00	2.00	1.00	0.90	2.00	2.20
2010	12.00	20.00	6.50	6.30	4.68	2.00	1.20	0.50	0.50	2.00	4.10
2011	15.00	26.00	7.00	6.60	6.00	3.50	2.50	1.50	0.80	4.50	5.50
2012	13.00	38.00	7.00	6.50	5.20	2.00	2.00	2.00	0.80	4.00	2.50
2013	14.00	40.00	7.50	7.00	5.20	3.00	2.50	2.00	0.70	4.50	2.50
2014	12.00	40.00	12.00	6.50	6.40	2.50	3.00	2.50	2.00	4.00	5.50
2015	13.00	40.00	11.00	6.50	5.20	2.50	3.50	3.00	1.50	4.00	5.50
2016	14.00	40.00	11.00	7.00	4.80	3.50	2.50	3.00	1.50	5.00	5.00

第六章　市场和质量监督管理

1986—2016年，县市场和质量监督管理职能几经改革调整，由县直单位调整为省直管，再由省直管下放到县政府管理。至2015年1月，将县工商行政管理局、质量技术监督局和食品药品监督管理局整合为市场和质量监督管理局，作为县政府主管市场和质量监督管理部门，履行市场和质量监督管理职责。

第一节　机构人员

一、县工商行政管理局

1972年3月，成立乐安县市场管理委员会。1973年1月，更名为县工商行政管理局（简称“县工商局”），为县人民政府职能部门。1984年，成立乐安县个体劳动者协会，挂靠县工商局。1986年，县工商局内设人秘股、市场管理股、经济合同股、工商企业管理登记股、个体股5个职能股。1989年，成立经济监督检查管理股、经济检查中队、财务股。1990年，县个体劳动者协会更名为县个体私营经济协会。1991年，成立乐安县消费者协会，挂靠县工商局。1992年，县工商局增设行政监察股和商标广告股。是年，撤销中共乐安县工商行政管理局党组，成立中共乐安县工商行政管理局委员会，1996年撤销党委，恢复党组。1997年，县政府印发《关于乐安县工商行政管理局职能配置、内设机构和人员编制的方案的通知》，局机关设人秘股、企业注册登记管理股、市场监督管理股、经济合同管理股、经济检查股、个体私营经济管理股、商标广告监督管理股、财务股8个职能股。

1999年1月，工商行政管理部门实行管理体制改革，改变以往“以块为主、条块结合”的管理体制，县工商行政管理局由县政府主管改由省工商行政管理局垂直管理。2001年10月，县政府成立市场开发管理中心，从事农贸市场建设、市场摊位、服务设施管理工作。2002年，县工商局内设办公室、人事教育股、市场规范监督管理股、商标广告监督管理股、个体私营经济监督管理股、监察室6个职能股室；原企业注册登记管理股更名为企业注册监督管理局并升格为副科级，原经济检查股更名为公平交易局并升格为副科级；设立后勤服务中心、个体私营经济协会办公室、消费者协会办公室、信息中心，均为正股级事业单位。2005年9月，增设政研法规股。2006年，增设消费者权益保护局。至2014年年底，县工商局内设：办公室、人事教育股、市场规范监督管理股、商标广告监督管理股、个体私营经济监督管理股、政研法规股、监察室7个职能股室；有企业注册监督管理局、公平交易局、消费者权益保护局3个直属机构；有后勤服务中心、个体私营经济协会办公室、消费者协会办公室、信息中心4个下属事业机构。

2015年1月，县工商局由省工商行政管理局垂直管理下放至县人民政府管理，为县政府工作部门；同月，县人民政府办公室印发《乐安县市场监督管理局主要职责内设机构和人员编制规定》。9月，县人民政府撤销县工商行政管理局、县质量技术监督局、县食品药品监督管理局，组建乐安县市场监督管理局，11月，更名为市场和质量监督管理局，为县政府工作部门。

1986 年，县工商局在职人员 91 人，其中，局机关 27 人（干部 20 人、职工 7 人），基层工商所 64 人（干部 29 人、职工 35 人）；全局行政编制 12 个，事业编制 78 个。1992 年，事业编制增至 102 个，在职 129 人；其中，局机关 47 人，基层工商所 82 人。1998 年，在职 158 人。其中，局机关 42 人、基层工商所 116 人；行政编制 19 个，事业编制 131 个，超编 8 人。1999 年 1 月，实行省垂直管理，县工商局人、财、物全部划省工商局管理。2015 年 1 月，县工商局下划县政府管理，其编制下划：公务员 85 人，事业人员 27 人，实有公务员 91 人；其中，局机关 36 人，基层分局 55 人。实有事业人员 23 人；其中，后勤服务中心 16 人，个协办 4 人，消协办 1 人，信息中心 2 人。

县工商局主要职责是确认市场主体资格，规范市场主体行为，维护市场经济秩序，保护商品生产者和消费者合法权益，参与市场体系规划、培育，负责商标的监督管理，实施对广告业宏观指导，监督管理个体私营经济并指导其健康发展。

1986—2015 年，历任局长：王文辉、许光明、袁年生、陈仁昌、陈海宾。

二、县质量技术监督局

1978 年，成立乐安县计量管理所。1988 年 12 月，成立乐安县标准计量局，与县计量管理所合署办公。1996 年 10 月，县标准计量局更名为县技术监督局，内设办公室、综合股、标准计量股 3 个股室，下设县计量所，为独立法人事业单位。2000 年 1 月，县技术监督局更名为县质量技术监督局。2002 年 6 月，县质量技术监督管理局人员、编制、经费划归省质量技术监督局管理。其主要职能为组织协调全县标准化、计量、质量、认证认可工作和特种设备安全监察工作。2004 年 9 月，根据国务院《关于进一步加强食品安全工作的决定》，卫生部门承担的食品生产加工环节质量技术监管职责划归质量技术监督部门。2015 年，县质量技术监督局内设办公室、财务室、标准化股、特种设备安全监察股、食品安全监管股 5 个股室和县计量管理所 1 个直属事业单位；在职工作人员 13 人，其中干部 9 人，职工 4 人。2015 年 9 月，县质量技术监督局与县工商行政管理局、县食品药品监督管理局合并，组建乐安县市场监督管理局。

1988—2015 年，历任局长：李仉才、刘树香、陈龙保。

三、县食品药品监督管理局

2002 年 9 月，成立抚州市药品监督管理局乐安分局，下辖崇仁药品监督管理所，由省药品监督管理局垂直管理，为正科级单位。主要职责为对辖区药品、医疗器械的生产、经营和使用环节进行质量监督管理。

2004 年 4 月，组建乐安县食品药品监督管理局。其职责在原有基础上，增加食品、保健品、化妆品安全管理综合监督职责。县人民政府食品安全监管工作领导小组办公室设在县食品药品监督管理局。

2005 年 5 月，县食品药品监督管理局自筹资金 42 万元、省药监局拨款 10 万元，共 52 万元，在县城三贯路购买民宅 1 栋（三层半，面积 480 平方米）作为办公用房，办公地址由原县医药公司公司仓库搬迁至此。县食品药品监督管理局与县工商行政管理局合并后，该办公楼改为乐安县市场和质量监督管理局执法大队和老干部活动中心办公用房。

2006 年 1 月，县人民政府食品安全监督工作领导小组办公室更名为县食品安全委员会办公室。2006 年，县食品药品监督管理局核定行政编制 8 个，机关工勤编制 1 个。内设办公室（食品安全办）、药械流通监管股、药械稽查股等 3 个职能股室。

2008 年 11 月，食品药品监督管理机构由省垂直管理改为由市、县政府分级管理。2010 年 6 月，县食品药品监督管理局由省局垂直管理调整为县管理，为县政府工作部门。

2012 年 12 月，县食品药品监督管理局将食品安全综合协调、组织查处食品安全重大事故的职责划给县卫生局，同时承接县卫生局的餐饮服务安全、保健食品、化妆品卫生监督管理职责，组建县餐饮服务保健食品化妆品监督所，为股级全额拨款事业单位，增挂县食品药品检测中心牌子，核定事业编制14个，设所长1名，副所长2名，有工作人员9名。2015年，县局内设办公室、药械流通监管股、药械稽查股3个职能股室。有工作人员11人，其中行政编制10人，机关工勤编制1人。

2015年1月，县餐饮服务保健食品化妆品监督所更名为县市场监督管理执法大队；9月，县食品药品监督管理局与县工商行政管理局、县质量技术监督局合并，组建乐安县市场监督管理局。

2002—2015年，历任局长：游小青、刘玉（女）、饶南文。

四、县市场和质量监督管理局

2015年9月，县人民政府撤销县工商行政管理局、县质量技术监督局、县食品药品监督管理局，组建县市场监督管理局，为县政府工作部门。是年11月，县市场监督管理局更名为县市场和质量监督管理局。内设办公室、人事教育股、财务股、政策法规股、个体私营经济监督管理股（挂企业监管股牌子）、市场规范监管股、商标广告监管股、质量标准化计量管理股、特种设备安全监察股、食品保健化妆品监管股、餐饮服务监管股、药品医疗器械监管股12个职能股室；保留企业注册监督管理局、公平交易局、消费者权益保护局3个直属机构；保留执法大队、检验检测中心、后勤服务中心、个体私营经济协会办公室、消费者协会办公室、信息中心6个下属事业单位。

县市场监督管理局办公大楼

2015年，县人民政府办公室印发《乐安县市场和质量监督管理局主要职责内设机构和人员编制规定》，核定行政编制96个。其中，局机关49个，基层分局47个，工勤编制2个，事业编制50个。实有在职人员155人。2016年，县市场和质量监督管理局行政编制93个。其中，局机关46个，基层分局47个。工勤编制1个，事业编制50个。实有在职人员146人。

2015—2016年，县市场和质量监督管理局局长：王敏。

五、基层机构

1986年，县工商局行政管理局分别在鳌溪、公溪、龚坊、戴坊、牛田、湖坪、南村、招携、谷岗9个乡镇设立基层工商行政管理所，为局派出机构。在上述9个乡镇成立县个体劳动者协会分会。1988年，增设望仙工商行政管理所，并成立县个体劳动者协会望仙分会。1992年2月，在鳌溪、公溪、龚坊、戴坊、湖坪、牛田、航桥、谷岗、南村、望仙、招携11个乡镇成立消费者协会分会；5月，增设航桥工商行政管理所。1994年，成立县工商行政管理局车辆管理所。1995年，鳌溪工商所拆分为鳌溪工商行政管理所和鳌溪象山工商行政管理所。

2002年7月，整合10个乡镇工商行政管理所，成立鳌溪、公溪、龚坊、戴坊、万崇、招携、南村7个工商行政管理分局，为副科级派出机构，保留牛田工商行政管理所；鳌溪分局设立直属站、市场站、潭港站、谷岗站。2011年，牛田工商行政管理所更名为牛田工商行政管理分局，为副科级派出机构。至2014年，共有8个基层分局、8个基层个体私营经济协会分会和消费者协会分会，在村级设有消费者投诉点。2015 年 9 月机构改革，8 个基层分局仍保留。

第二节　市场管理

一、市场交易

1986—2016 年，乐安县集市贸易商品交易活跃，在县城有象山农贸市场、商贸城集贸市场、牲畜交易市场、批发市场等，以农副产品、日用品交易为主。2016 年，除湖溪乡、大码头乡外，其他 14 个乡镇均有 1 个以上农副产品及日用品集贸市场，有固定的当圩日。在村级有流坑村农贸市场、湖坪村“朝朝街”、潭港农贸市场、太平农贸市场、金竹冬至街。商品交易品种繁多，有粮食、蔬菜、瓜果等农产品，有猪肉、牛肉、羊肉、鸡、鹅、鸭等家禽家畜，有活鱼、海鲜等水产品及各类农副产品及日用品等物资交易。1986 年，全县集贸市场商品交易成交额 1616 万元。其中，县城成交额 589 万元，乡村成交额 1027 万元。2001 年，全县集贸市场商品交易成交额 11356 万元。其中，县城成交额 7760 万元，乡村成交额 3596 万元。

1986—2001 年乐安县集市贸易市场商品交易情况表

表 11-6-1　　单位：万元、万千克

年份	成交额			主要商品成交量								
	合计	县城	乡村	粮食	食用植物油	猪肉	牛肉	鲜蛋	鸡鹅鸭	水产	蔬菜	果品
1986	1616	589	1027	286	14	279	10	81	11	47	887	98
1987	1738	612	1126	304	20	293	12	87	10	52	963	86
1988	2418	1180	1238	360	26	290	13	87	13	58	1180	96
1989	3025	1480	1545	420	30	320	15	120	30	64	1360	118
1990	3163	1500	1663	460	38	358	18	136	35	68	148	126
1991	3320	1600	1720	490	410	360	21	158	38	71	1570	132
1992	3590	1730	1860	510	430	372	25	164	42	79	1680	138
1993	4693	1900	2793	560	480	410	30	172	46	83	1790	152
1994	6289	3200	3089	630	520	440	35	186	51	89	1960	178
1995	7935	4500	3435	691	570	482	41	210	58	93	2300	186
1996	9797	4680	5117	760	620	510	48	276	62	108	1560	210
1997	10987	5607	5380	830	790	640	51	320	70	124	1960	250
1998	11736	7200	4536	910	830	710	58	360	78	137	2160	276
1999	10596	7100	3496	900	750	680	53	350	76	125	2090	266
2000	10438	6800	3638	870	680	530	50	320	71	121	1890	248
2001	11356	7760	3596	920	820	670	51	370	78	136	2100	268

二、市场建设

1986 年，全县有农贸市场 28 个，其中永久性建筑 12 个，顶篷式市场 14 个、露天市场 2 个。1995 年起，逐年增加对市场建设的经费投入，加大露天市场、简易顶篷市场改造。1996 年，各乡镇先后将简易顶篷农贸市场拆除，建成永久性农贸市场。至 2000 年，全县共投入 3539.6 万元兴建农贸市场。

2001年，开展市场管办脱钩和移交工作，10月工商部门将公溪古城农贸市场、航桥农贸市场、象山农贸市场、县城批发市场、招携农贸市场等5个农贸市场移交给乐安县市场开发管理中心管理。

2008年，县市场开发管理中心拆除县城商贸城顶篷式市场，兴建多功能楼层式室内市场。至2016年年底，全县共有各类商品交易市场18个，其中综合性市场1个，农贸市场17个。

2016年乐安县主要商品交易市场情况表

表11-6-2　　单位：平方米、万元、个

名称	市场类型	地址	总面积	建设投资	市场竣工时间	摊位
象山农贸市场	农贸市场	县城象山路	2488.2	57	1991	200
商贸城农贸市场	综合市场	县城商贸南大道	8798	1600	2010	287
古城农贸市场	农贸市场	公溪街上	3768	24	1992	100
龚坊农贸市场	农贸市场	龚坊街上	2600	26	1995	176
山砀农贸市场	农贸市场	山砀街上	2260	22	1995	134
戴坊农贸市场	农贸市场	戴坊街上	1700	21	1992	92
牛田农贸市场	农贸市场	牛田街上	1560	19	1996	106
流坑农贸市场	农贸市场	流坑村	500	2.5	1987	36
万崇农贸市场	农贸市场	万崇街上	5100	25	1993	182
湖坪农贸市场	农贸市场	湖坪街上	2678	27	1996	194
罗陂农贸市场	农贸市场	罗陂街上	2100	22	1997	186
招携农贸市场	农贸市场	招携街上	1400	16	1995	192
望仙农贸市场	农贸市场	望仙村街上	2160	21	1995	182
南村农贸市场	农贸市场	南村乡街上	2378	25	1997	186
太平农贸市场	农贸市场	太平村	2048	22	1996	108
增田农贸市场	农贸市场	增田街上	4493	26	1996	194
谷岗农贸市场	农贸市场	谷岗街上	985	18	1996	169
潭港农贸市场	农贸市场	潭港街上	1067	16	1996	152

三、市场监督检查

1986年7—9月，县工商行政管理局对集贸市场经营的商品进行监督检查。查出变质罐头1350余盒，劣质饮料800余瓶，霉烂饼干、糕点500多千克，霉变、假冒香烟152条，冒牌劣质白酒540瓶、蜂王浆59盒、麦乳精29瓶、腐竹17包，没收不合格手杆秤40把，变质啤酒600余瓶，母猪肉冒充好猪肉120千克，注水猪肉680千克，注水牛肉320千克，并予全部销毁。

1995年3—10月，加强农资市场监督管理。检查农资经营单位60余家，查处非法经营化肥户41户，查出不合格复合化肥130余吨、进口尿素600余千克、农膜230千克。查处非法经营种子户2户，不合格稻种200余千克。封存、扣押无生产日期的“富士一号”农药1000多瓶，没收“三环唑”等过期失效农药800余瓶。查封不合格“施可丰”复合肥10吨。责令乐安县圣惠化肥厂停止生产不合格产品。

1998年，加强粮食市场监管，促进粮食流通体制改革。对全县国有粮食加工、批发企业的资格重新进行认定。对全县个体、私营粮食加工厂开展清理整顿。清理取缔个体、私营粮食加工厂43家，取缔无照经营户5户。成立粮食巡察队。查处非法收购粮食案件33件，收缴粮食89.29吨，

其中原粮 67.89 吨，大米 21.4 吨。督促 34 家国有、集体、个体粮食加工企业建立粮食经营台账，规范其经营行为。

2000 年，对全县文化市场进行整治，对 37 家文化经营单位进行全面清理。收缴不健康录像带 48 盒、录音带 130 盒，责令 13 家经营录像出租和放映单位停业整顿，维护文化市场正常健康秩序。

2003 年，应对非典型肺炎市场监管工作，县工商行政管理局共出动执法人员 205 人次，执法车辆 82 车次，对全县家禽家畜市场进行清理整治，布置落实集贸市场的清扫和消毒工作；关闭临八线省道两旁饮食店、旅店 77 家；关闭县城废旧物品收购点 8 家；关闭网吧 9 户、游戏机室 3 户、茶座 5 户。加强中药材市场药材质量的监管，重点对中药材市场违反规定发布虚假广告，欺骗消费者行为进行查处。配合物价部门加强价格监督检查，查处囤积居奇、欺行霸市、哄抬物价等违法行为。

2009 年，组织开展以“打假”为主要内容的专项整治活动 6 次，查获假、冒、伪、劣食品、烟、酒 10 多个品种，价值 1.5 万余元；注水猪肉 2000 余千克，不合格进口尿素 6000 千克，冒牌“桂达”100 型两轮摩托车 20 辆，虚假名贵动植物药材 40 千克，走私高级小轿车 1 辆。查处非法经营成品油案件 4 起，非法棉花交易案件 32 起。查处棉花小轧装机、土打包机 28 台，罚款 1.2 万元。

2012 年，加大流通领域产品质量和食品安全监督力度，开展食品安全专项整治行动 26 次，出动执法人员 3120 人次，检查经营户 19084 户次，立案 12 起，罚款 7.82 万元，销毁不符合食品安全标准的食品 3000 千克。加大食品监测力度，严密监控上市食品质量；投入食品检测经费 4.2 万元，进行食品快速检测 24 次，检测商品 96 批次，对散装大豆油、黑豆、糕点、饮料 4 个批次的食品委托专业检测机构进行抽检。加大对农资、建材、电动车、家具等商品及“家电下乡”商品质量监督，进一步净化市场消费环境。对化肥、农用抽水泵、钢筋、电动车、家具进行抽样送检，合格率为 85%。对不合格商品，立案查处，并责令经营者全部下架。

四、农村经纪人监管

1996 年，根据国家工商总局《经纪人管理办法》和省工商局《江西省经纪人管理条例》规定，县工商行政管理局对全县范围内经纪人从业人员数量、行业分布、开展经纪活动等情况进行调查摸底，掌握全县中介组织和经纪人活动的基本情况。1996 年，全县有经纪中介组织 27 个，从业人员 256 人。主要从事农副产品及林产品贩运买卖行业经纪中介活动。其中，蔬菜行业 5 个，从业人员 59 人；牲畜（生猪、耕牛）行业 6 个，从业人员 68 人；家禽（鸡、鸭、鹅）行业 4 个，从业人员 26 人；林产品（木材、毛竹）行业 9 个，从业人员 75 人；林副产品（冬笋、明笋、香菇）行业 3 个，从业人员 28 人。

1998 年，重点抓经纪人的培训、考核和资格认定工作，全县有 21 人参加培训、考核和资格认定。有 7 人经考试合格，取得经纪人资格证书。

2008 年，围绕促进农副产品市场流通，促进农村生产力发展和农民增收，服务新农村建设。大力发展农村经纪人，对从事农村经纪人活动的中介机构进行登记注册，颁发营业执照，规范经

销毁假冒伪劣商品（2014 年）

纪人经营行为，对经纪人签订的农副产品购销合同进行签证。全县有农村经纪人中介组织45家。签订农副产品购销合同12份。加大对经纪市场进行巡查力度，重点打击强买强卖、欺行霸市、压级压价、骗买骗卖、合同欺诈、商标侵权等违法违章经纪人行为，为农户挽回经济损失5万余元。培育发展农村经纪人，把经纪服务窗口延伸到田间地头，为农村经纪人开展业务提供咨询、服务和引导。鼓励农村经纪人申请办理商标，创建经纪活动信用体系，采取不定期讨论、交流、座谈等方式对经纪人进行针对性培训，共培训6次，切实提高县域农村经纪人综合素质。维护好经纪人合法权益。逐步实行农村经纪人职业备管制度。全县共发展农村经纪人380人。

2012年，在全县开展农村经纪人“三培三促”活动。即把年轻农村经纪人培养成党员，促进农村党员队伍壮大；把年轻党员培养成农村经纪人，促进经纪人队伍发展；把党员经纪人培养成基层组织带头人，促进县域经济发展。至2016年，全县新发展农村经纪组织190户，农村经纪人1680人，指导签订合同订单2400份。全县有农村党员经纪人296人，农村经纪人党支部2个，党员经纪人带动农民致富3426人。建立农村经纪人示范基地2个，大力实施合同助农工程，推行订单合同示范文本，加强订单农业管理，对涉农合同的签订进行事前、事中、事后全程跟踪和监管服务，督促合同全面履行。推动农村区域经济快速发展。

五、网络商品交易监管

2016年上半年，开展网络商品交易市场监管工作，依据省工商局网络交易监督系统对网络经营主体实施管理。接收到监管系统下发网络经营主体数据32条，经审核纳入建库数为23户。实地检查网络（网点）22家，对3家网站进行责令整改，删除违法商品信息2条，提请关闭网络1家，查处涉网违法违规案件1起。下半年，在乐美电商平台设立“12315”网络消费维权服务站，开展创造网络放心消费示范创业平台工作，发布网购消费警示3次，引导消费者理性消费。共受理消费者投诉5起。其中，调解3起，解决1起，立案1起，挽回消费者经济损失5.8万元。进一步净化网络市场环境。

六、创建文明集贸市场

1985年，公溪古城农贸市场被省工商局授予“文明市场”，获省政府嘉奖令。1988—1997年连续10年被授地区级“文明市场”。南村农贸市场1990—1991年被授地区级“文明市场”。鳌溪象山农贸市场1991—1997年连续7年被授地区级“文明市场”。乐安县批发市场1991—1995年连续5年被授地区级“文明市场”。万崇农贸市场1992—1995年连续4年被授地区级“文明市场”。招携农贸市场1994—1995年被授地区级“文明市场”。1998年起，创评文明集贸市场活动停止。

第三节　企业登记管理

一、登记注册

企业登记注册是市场主体准入关口，对市场主体的法人资格和经营资格具有规范、确认和监督作用。1986年，全县登记注册企业有641家，注册资金37.30亿元。1997年，采取登记放宽，收费从优，服务上门等措施，帮助全县国有企业改革、改组、改造。对各类市场主体的市场行为实行“经济户口”式的管理体制，建立分级管理与属地监督管理相结合的联动机制。

2001年开始，企业注册登记全面进入行政审批服务大厅，县工商局下放审批权给工商服务窗口，实行一个窗口办理、一套程序审批、一条龙服务。进一步深化完善企业“经济户口”管理机制，实施企业信用分类监管制度，推进企业诚信建设。

2015年，企业注册登记实行“三证合一”“一照一码”改革，将企业依次申请的工商营业执照、组织机构代码证、税务登记证三证合为一证，提高市场准入效率；在此基础上通过“一口受理、并联审批、信息共享、结果互认”，实现由一个部门核发加载统一社会信用代码的营业执照。至2016年，全县登记注册企业有1821家，注册资金287935.98万元。

1986—2016年乐安县工商企业注册登记情况表

表 11-6-3　　　　单位：家、万元

年份	合计		国有企业		集体企业		股份合作企业		民营企业（含联营企业）	
	企业数	注册资金	户数	资金	户数	资金	户数	资金	户数	资金
1986	641	372978	149	185434	448	161090	1	348	43	26106
1987	659	320061	151	98432	463	177620	1	348	44	43661
1988	648	372444	156	104047	445	212188	1	348	46	55861
1989	761	540007	203	340192	522	183062	1	348	35	16405.0
1990	980	688814.2	288	416825	646	248433	3	1648	43	21908.2
1991	1074	697558.2	345	400144	558	271424	3	1998	168	23992.2
1992	1124	252073	321	123643	632	98941	4	2168	167	27321
1993	1272	253050	345	124778	801	100621	2	1056	124	27651
1994	1294	245604	351	124923	826	101256	3	1782	114	17643
1995	1373	256254	321	123174	841	103178	4	2068	207	27834
1996	1423	262711	356	128746	821	100721	16	15380	230	17864
1997	1429	243191	342	125697	978	102680	3	1875	106	15939
1998	1499	248876	331	1131.78	1045	103176	24	16784	99	15738
1999	1536	234950	321	1121.51	1094	103275	3	1896	118	17628
2000	1577	276793	451	1278.64	891	102317	37	18976	198	27636
2001	1553	259008	421	126174	909	102458	6	2478	217	27898
2002	1557	257535	431	126238	907	102437	1	963	218	27897
2003	1568	256143	386	125041	962	101059	4	2165	216	27878
2004	1576	44214.17	296	1239.37	969	10125.8	5	2893	306	29956
2005	1584	42479.33	286	1238.40	1021	10321.9	1	1076	276	29843
2006	1596	40642.23	267	1249.53	1011	10326.7	2	1245	316	27821
2007	1612	44147.78	189	1357.58	1060	10572.2	7	6879	356	25339
2008	1627	43109.08	179	1347.68	1077	10767.4	6	5230	365	25764
2009	1658	46088.50	159	1278.9	1120	10879.6	8	7185	371	26745
2010	1643	38320.40	168	1368.9	1117	10786.5	2	1876	356	24289
2011	1688	40419.20	149	1243.5	1202	11208.7	4	2632	333	23647
2012	1696	40755.77	119	1243.57	1259	11273.2	8	7450	310	20789
2013	1727	104367.95	169	1789.34	1098	90816.4	9	11546	451	21621
2014	1758	142039.21	145	1589.21	1190	97216.8	10	12754	413	30479.2
2015	1795	268828.19	142	3014.19	673	18917.9	17	18302	963	228594.1
2016	1821	287935.98	118	1894.39	218	3241.39	2	2100	1483	280700.2

1986—2016年乐安县企业变更登记情况表

表 11-6-4　　　　单位：家、人、个

年份	注册登记企业			变更登记企业			注销登记企业		
	户数	企业法人	营业单位	户数	企业法人	营业单位	户数	企业法人	营业单位
1986	260	153	107	50	47	13	6	4	2
1987	77	66	11	26	10	16	43	32	11
1988	70	40	30	30	18	12	47	33	14
1989	43	20	23	24	11	13	13	6	7
1990	199	55	144	32	22	10	13	5	8
1991	34	20	82	20	11	9	22	5	17
1992	98	18	80	30	12	18	21	6	15
1993	112	63	49	98	69	29	45	21	24
1994	151	63	88	121	51	70	54	21	23
1995	189	45	144	189	98	91	63	36	27
1996	219	55	164	215	89	126	75	45	30
1997	228	65	163	231	96	135	89	65	24
1998	231	75	156	241	115	126	96	46	50
1999	246	86	163	258	121	137	115	86	29
2000	254	89	165	254	128	126	119	68	51
2001	314	96	218	274	136	138	123	78	45
2002	324	112	212	289	145	144	119	93	26
2003	319	116	203	319	121	198	121	78	43
2004	321	112	209	321	112	209	111	68	49
2005	328	107	221	325	112	213	109	73	36
2006	338	118	220	309	115	194	118	63	55
2007	349	126	223	318	116	202	115	40	75
2008	352	119	233	311	109	202	102	55	47
2009	358	109	249	312	119	193	99	52	47
2010	367	112	255	319	121	198	97	45	52
2011	376	116	260	321	128	193	106	28	78
2012	389	126	263	341	122	219	119	25	94
2013	425	21	404	331	109	222	121	26	95
2014	431	26	405	351	215	136	128	36	92
2015	526	49	477	321	219	102	122	142	86
2016	558	50	508	411	210	201	147	37	110

1986—2016 年全县登记企业行业分布情况表

表 11-6-5　　单位：个

年份	农林牧渔业	采矿业	制造业	电力燃气及水的生产和供应业	建筑业	交通运输仓储和邮政业	信息传输计算机服务和软件业	批发和零售业	住宿和餐饮业	金融业	房地产业	租赁和商务服务业	广告业	科学研究技术服务和地质勘查业	水利环境和公共设施管理业	居民服务和其他服务业	文化体育和娱乐业	其他
1986	14	16	210	15	4	31	—	290	35	26	—	—	—	—	—	21	2	44
1987	14	14	235	16	24	29	—	266	35	26	—	—	—	—	—	25	2	17
1988	14	12	224	16	22	28	—	271	35	26	—	—	—	—	—	18	2	1
1989	11	7	198	10	17	16	—	433	21	48	—	—	—	—	—	21	2	1
1990	12	8	272	15	24	23	—	520	39	67	—	—	—	—	—	40	2	1
1991	34	10	229	16	22	22	—	586	73	82	—	—	—	—	—	47	16	0
1992	10	15	294	15	35	24	—	634	18	79	—	—	—	—	—	32	15	0
1993	34	17	317	16	21	48	—	730	27	62	—	—	—	—	—	20	14	0
1994	56	21	324	20	43	57	—	600	29	102	17	14	1	10	—	21	21	0
1995	53	56	521	21	36	47	—	424	54	39	62	47	1	12	—	27	38	0
1996	49	78	527	19	78	64	—	402	31	57	60	46	1	11	—	28	51	0
1997	51	21	584	51	21	81	—	329	14	46	116	100	2	13	—	46	14	0
1998	328	51	243	49	21	18	30	269	39	21	189	213	2	26	20	—	39	0
1999	327	43	139	46	27	21	34	287	42	56	219	271	2	21	24	—	41	0
2000	264	19	148	56	32	26	38	294	51	78	226	314	2	28	21	—	32	0
2001	281	29	156	52	25	15	44	329	21	37	221	321	3	19	16	—	41	0
2002	297	20	161	54	17	18	40	331	19	49	284	227	3	27	15	—	38	0
2003	321	25	207	50	20	21	51	324	18	81	266	157	3	27	28	—	31	0
2004	247	20	216	49	34	24	29	356	52	121	218	164	3	42	32	—	28	0
2005	231	22	227	47	21	28	41	363	31	134	227	170	3	32	21	—	22	0
2006	251	31	236	43	23	29	38	279	29	186	251	172	4	23	19	—	26	0
2007	276	26	257	39	18	33	36	276	38	179	242	165	6	20	20	—	30	0
2008	321	21	278	38	24	34	25	298	32	211	182	141	9	15	24	—	28	0
2009	353	21	281	40	25	34	27	300	41	221	201	88	9	19	21	—	30	0
2010	342	22	279	42	29	39	30	312	38	225	158	97	9	21	18	—	19	0
2011	378	26	307	43	32	51	38	281	40	224	139	108	11	12	26	—	21	0
2012	362	26	289	50	31	42	31	261	43	215	189	136	12	11	27	—	31	0
2013	312	24	259	59	32	28	42	273	59	216	271	131	13	9	25	—	24	0
2014	340	26	264	60	39	65	51	276	69	227	226	90	16	8	31	—	28	0
2015	372	28	273	64	40	71	59	314	70	157	176	138	20	12	28	—	29	0
2016	404	32	290	66	42	79	60	330	78	118	156	127	25	14	39	—	32	0

二、监督管理

清理整顿公司和党政机关办企业　1985年下半年至1986年上半年，根据国务院《关于进一步清理和整顿公司的通知》精神，对全县42家各类公司（中心）进行逐个清查、审核。保留40家，撤销2家。1988年10月至1990年12月，对全县公司（中心）、党政机关办企业和党政干部经商情况进行全面清理。对全县76家公司（中心）和党政机关办企业清理整顿，保留公司42家，撤并公司26家，不符合公司条件改变公司名称8家。在76家公司中，党政机关开办的公司企业34家，撤销23家，保留11家（生产、加工型企业），党政机关在职干部在企业兼任职务33人，离退休干部在企业兼任职务7人。通过清理，党政干部全部辞去企业兼任职务。1993年10月至1994年6月，对全县25家党政机关创办经济实体进行清理，确定保留1家，特批保留1家，转出1家，办理脱钩10家，撤销12家。

清理整顿“三无”企业和挂靠企业　1996年，开展对无资金、无场地、无机构的“三无”企业和挂靠企业清理整顿，共清理注销“三无”企业83家。1998年，清理注销名存实亡“三无”企业33家，清理注销军队、武警部队、司法机关办的企业5家。2000年结合企业年检，注销“三无”企业26家，对75家名存实亡的“三无”企业，在《抚州日报》上发布公告，依法吊销其营业执照。

支持企业转机建制　1996年，支持国有企业改制试点工作，支持乡镇发展股份合作企业，支持原有集体所有制企业实行股份合作制改造。为原有全民、集体企业改造为股份合作企业办理变更登记16家。1998年，围绕企业转机建制，建立现代企业制度，促进企业进行股份合作制改革，支持公有制实现形式多样化；全县为企业办理各项变更登记155家。

整治不合规企业　1998年，对金融机构、农资经营单位和粮食加工、批发企业进行清理整顿。对其经营资格重新予以确认；强化企业年检率，纠正和查处一批违反登记管理法规企业，取缔无照经营企业13家。2002年，依法规范登记行为，严格前置审批，对高危行业的企业涉及安全生产“五行业”（即加油站、娱乐场所、宾馆饭店、非煤矿山、烟花爆竹）33家企业实施重点整治。取缔无证无照加油站1家，责令4家证件不全的娱乐场所，2家证件不全的宾馆、饭店，1家许可证不齐全的非煤矿山（小煤窑）停业整顿。对烟花爆竹小作坊进行治理整顿，依法取缔非法作坊2家，从源头上消除安全隐患。2012年，推行企业网上年检，抓好对企业年检资料的书面审查与对企业实地检查的双落实，使年检工作进入科学化、规范化的良性运行轨道。

落实商事制度改革　2015年，落实注册资金“实缴”改“认缴”“先照后证”“三证合一”等深化改革措施。实行“放管服”改革。“放”即简政放权，降低准入门槛；“管”即公正监管，促进公平竞争；“服”即高效服务，营造便利环境。2016年，进一步深化商事制度改革，全面实施“五证合一”“一照一码”工作，逐步走向“多证合一”。全面推进“一证一码”和“工商注册登记全程电子化及电子营业执照”改革，着力做好部门间协调沟通，为企业营造更为宽松的营商环境。对重点项目建设，推行“一对一”服务方式，全程代理企业办理相关登记手续。针对重点项目企业实行提前介入，跟踪服务，提供事前引导、事中监督支持、事后服务的全程服务，保证为企业服好务，护好航，营造良好的发展环境。

第四节　经济合同管理

一、推行合同制度

1982年7月，《中华人民共和国经济合同法》施行，县工商行政管理局成立经济合同管理股，推行经济合同制度。1984年，成立县工商行政管理局经济合同仲裁委员会，在全县开展经济合同的调解仲裁工作。1986年，开展“重合同、守信用”企业评比活动，全县先后举办经济合同法规学习班12期，参加学习的主管部门、企业负责人和管理人员 346 人。

1987—1993 年，先后举办经济合同管理人员培训班 206 期，其中企业法人培训班 25 期，参加人员 2800 余人次。1986—1988 年，县工商局经济合同管理工作连续 3 年获省级经济合同管理先进单位。1990—1992 年，县工商局经济合同管理工作连续 3 年获地级经济合同管理先进单位。

1991 年，在建筑工程行业实行经济合同示范文本制，试行《建筑工程施工合同条件》和《建筑工程施工合同协议条款》。1993 年，在广告业推行广告发布业务合同示范文本制。2000 年，对粮食收购、买卖和粮食加工合同按《粮食合同示范文本》实施。

2005 年，推行《工程建设项目招标代理合同示范文本》《建设工程施工专业分包合同》《建筑工程施工劳务分包合同》等合同示范文本。至 2016 年，实施经济合同示范文本《建筑工程施工合同》《建筑装饰工程施工合同》《商品房购销合同》《粮食收购合同》《粮食加工定作合同》《工矿产品购销合同》《仓储保管合同》《承揽合同》《财产租赁合同》《加工定作合同》等。

2007 年，规范拍卖市场行为，严格审查拍卖企业主体资格，拍卖师资格、委托合同、拍卖公告、成交确认等拍卖合同文本；严格现场监拍，凡拍卖活动都及时公布举报电话，并保证有 2 名工作人员到场监拍，提升拍卖水平。至 2016 年，共监拍各类拍卖会 38 次，成交额 69479 万元。

2014 年，开展合同助农工程，推行农产品订单合同示范文本，加强订单农业管理，实行涉农合同备案制度。对涉农合同的签订进行事前、事中、事后全程跟踪和监管服务，督促合同全面履行。当年涉农合同备案 15 份。

二、签证检查

1985 年 8 月，国家工商总局《关于经济合同签证的暂行规定》明确工商行政管理机关是经济合同签证机关。1986 年，县域开展经济合同签证工作，当年经济合同签证 52 份，合同标的金额 230.95 万元。1998 年，签证经济合同 366 份，签证经济合同数创历年最多，合同标的金额 2079.73 万元。至 2016 年年底，共签证经济合同 3534 份，合同标的金额 20579.71 万元。

1986 年始，对县域经济合同进行监督检查，至 1993 年，累计检查经济合同 7237 份，确认无效经济合同 114 份，涉及合同金额 667.58 万元，查处违法经济合同 14 件，涉案金额 47.98 万元。

1995 年，对全县建筑合同实行强行签证。重点对鳌溪、公溪、戴坊、招携 4 个乡镇 15 家企业进行检查，检查各类经济合同 267 份，合同履行率 92%。

1996 年，查处违法违章经济合同 5 起，其中利用经济合同无证经营种子案 1 起，建筑施工合同未经审签和签证擅自施工案 3 起，欺诈合同案 1 起。

1998—2012 年，运用经济合同管理为企业提供服务。建立企业合同管理联系网络，利用合同查询开展咨询服务。累计接洽企业合同咨询 542 次，解决企业合同疑难问题 832 人次。帮助企业电话、电报、信函查询 305 件次，解决合同纠纷 149 起，为企业避免经济损失 1335 万元，挽回经济损失 68 万元。

三、经济合同仲裁、调解

1986—1993 年，累计调解仲裁经济合同案件 602 件，仲裁合同标的金额 734.36 万元。调解合同纠纷 263 件，合同标的金额 679.59 万元，查处经济合同违法违章案件 75 件。县工商局经济合同仲裁委员会从 1986—1988 年连续 3 年获评全省经济合同仲裁先进单位。1994 年 8 月，根据《中华人民共和国仲裁法》规定，设区市以上人民政府所在地方可设立仲裁机构，乐安县经济合同仲裁工作随之停止。

1986—2016年乐安县经济合同管理情况表

表 11-6-6　　　　单位：份、万元、件

年份	鉴证合同		仲裁合同		确认无效合同	查处违法案件
	鉴证份数	标的金额	仲裁合同	标的金额		
1986	52	230.95	25	37.25	8	2
1987	108	281.2	35	521	9	2
1988	214	388.8	18	38.5	11	3
1989	161	117.00	18	18.58	25	2
1990	205	305.51	251	68.64	23	2
1991	156	273.1	102	28.0	15	3
1992	203	381.55	115	15.7	15	0
1993	194	881.28	38	6.69	8	0
1994	289	1123.4	0	0	0	10
1995	304	1263.19	0	0	0	15
1996	351	156.28	0	0	0	2
1997	323	3598	0	0	0	2
1998	366	2079.73	0	0	0	6
1999	260	2168.82	0	0	0	3
2000	30	820.11	0	0	0	0
2001	32	910	0	0	0	0
2002	120	99.230	0	0	0	0
2003	23	643.65	0	0	0	1
2004	41	1012.43	0	0	0	2
2005	16	365.11	0	0	0	1
2006	35	896.86	0	0	0	2
2007	0	0	0	0	0	0
2008	11	423.7	0	0	0	1
2009	16	1213.17	0	0	0	2
2010	12	326.26	0	0	0	1
2011	0	165.15	0	0	0	2
2012	4	205.10	0	0	0	1
2013	2	114.86	0	0	0	2
2014	1	87.15	0	0	0	1
2015	5	48.12	0	0	0	1
2016	0	0	0	0	0	6
合计	3534	20579.71	602	734.36	114	75

四、重合同守信用活动

1986年，全县开展“重合同守信用”企业评选活动。“重合同守信用”企业分为县、地、省3级。连续4年获得县级“重合同守信用”的企业，第四年可申报评选地级“重合同守信用”企业，连续5年获得县级“重合同守信用”的企业，第五年可申报评选省级“重合同守信用”企业。1986—1990年，有乐安县家具总厂、乐安县印刷厂、中国人民保险公司乐安县支公司、乐安江边机械厂4家企业获评省级“重合同守信用”企业。有乐安县实验林场、乐安县畜药厂、乐安江边铸造厂、邹家山建筑工程公司、核工业华东工程勘察公司、乐安县建筑工程公司等18家企业获地级“重合同守信用”企业。有乐安县五金交电化工公司、721矿劳动服务公司维修工程队、中国工商银行乐安第七办事处、赣东塑料制品厂和乐安戴坊采育林场等24家企业获县级“重合同守信用”企业。

1995年，对全县“重合同守信用”企业进行年检。对35户地级“重合同守信用”企业进行审核，有30户企业达标，保留其荣誉，其中8家申报省级“重合同守信用”企业；5家审核不合格，取消其荣誉。

2010年，省工商局制定并颁布《江西省重合同守信用认定办法》；规定“重合同守信用”企业认定实行A制，即A、AA、AAA3个等级。当年，对县域企业重新评定。评出中国财产保险有限公司乐安县营业部等2家为“重合同守信用”AAA（省级）单位；县实验林场等3户为“重合同守信用”AA（市级）单位，县种子公司等4户为“重合同守信用”A（县级）单位。2016年，全县有AAA（省级）单位乐安县鹏鑫食品有限公司、江西广雅食品有限公司2户，有AA（市级）单位江西山蜂食品有限公司、江西喜来购商业有限公司、江西省加乐食品有限公司、江西信达茧丝绸有限公司4户。

1986—2016年乐安县重合同守信用企业数量表

表11-6-7　　单位：户

年份	省级	市级	县级	合计	年份	省级	市级	县级	合计
1986	0	3	4	7	2002	2	1	3	6
1987	0	4	4	8	2003	3	2	5	10
1988	0	4	6	10	2004	3	1	2	6
1989	4	5	5	14	2005	3	2	6	11
1990	4	2	5	11	2006	4	3	1	8
1991	7	4	6	17	2007	4	2	3	9
1992	8	4	3	15	2008	4	3	6	13
1993	8	2	6	16	2009	5	1	3	9
1994	2	4	5	11	2010	2	3	4	9
1995	3	2	4	9	2011	1	2	3	6
1996	4	6	5	15	2012	0	0	0	0
1997	4	2	3	9	2013	0	0	0	0
1998	4	1	6	11	2014	0	0	0	0
1999	3	2	2	7	2015	2	2	0	4
2000	2	4	4	10	2016	2	4	0	6
2001	1	1	2	4	—	—	—	—	—

五、抵押物登记

1996年，在全县开展动产、不动产抵押物登记工作，规范抵押物登记程序，保护合同双方当事人利益。加强同金融单位的协调，不断拓宽抵押物登记范围，促使登记管理工作逐步走向规范化、制度化。抵押物主要有不动产房产和动产机器、设备等。当年全县办理抵押合同10件，抵押物价值663万元，抵押贷款金额594万元。至2016年，共办理抵押合同239件，抵押物价值21212.08万元，抵押贷款金额15342.35万元。

1996—2016年乐安县不动产抵押登记情况表

表11-6-8　　单位：件、万元

年份	件数	抵押物价值	货款金额	年份	件数	抵押物价值	货款金额
1996	10	662.99	594.00	2007	2	183.00	102.60
1997	20	2438.89	1749.6	2008	8	586.00	423.70
1998	62	7468.89	5481.3	2009	13	1368.00	1102.80
1999	37	947.76	573.8	2010	8	789.75	623.40
2000	14	1336.00	777	2011	2	486.20	352.50
2001	12	276.00	192	2012	7	428.60	326.10
2002	3	201.00	160	2013	2	126.80	101.30
2003	4	289.00	186	2014	3	268.00	186.40
2004	10	1162.00	689	2015	5	542.70	410.60
2005	6	456.00	312	2016	6	876.50	712.25
2006	5	318.00	286	合计	239	21212.08	15342.35

第五节　商标管理

一、商标注册

1983年3月，《中华人民共和国商标法》实施，是年国务院发布《中华人民共和国商标法实施细则》。1986年，县工商局加强对商标管理法律法规的宣传和培训，利用举办企业管理人员商标学习班等形式，加大商标法律宣传力度，帮助企业选送2件产品申报并成功注册商标。

1998年，以纪念商标法颁布15周年为契机，利用开展“宣传月”活动，举办企业法定代表人学习班，张贴宣传标语，制作宣传条幅，印发宣传材料，向新闻媒体投稿等，进一步加强商标法律法规的宣传，帮助企业提高商标意识。加大商标侵权、违法案件的查处力度，动员企业积极申报注册商标，开展商标咨询服务、指导，鼓励企业运用商标策略实施名牌战略，搞活营销，开拓市场。当年查处商标违法案件3件（其中涉外商标侵权案1件，假冒他人厂名厂址案件2件），销毁侵权商标标识3.34万张。

2011年，积极推进商标品牌战略实施。结合乐安农业大县实际情况，把农产品商标注册服务工作作为商标服务重点工作，对特色农产品行业和重点行业实施“一帮一”扶助措施，并结合企业年检上门为企业发放《商标注册建议书》《商标策略提示书》《商标法律告知书》，动员企业积极注册商标，争创知名、著名商标。是年全县新增注册商标12件。其中全省著名商标3件，全市知名商标4件。

2015年，积极引导各类经济组织开展商标注册，实行“一社一标”“一企一标”工作，帮助有产品、有试产的企业做好商标注册工作。结合乐安打造旅游强县的特点，有针对性地申请注册

“华夏快乐之乡”“中华进士第一村”等旅游品牌商标，通过不断努力，实现企业均有自主商标。

2016年，抓好商标品牌战略工程建设，当年注册商标12件。竹笋是乐安特产，有资源优势。江西广雅食品有限公司申报的竹笋“广雅”商标被国家商标局认定为“中国驰名商标”，为乐安县首个国家驰名商标。截至2016年，全县注册商标数为99件。其中“驰名商标”1件，“著名商标”5件，“知名商标”7件。

1986—2016年乐安县商标注册数量表

表11-6-9　　单位：件

年份	件数	年份	件数	年份	件数	年份	件数	年份	件数	年份	件数
1986	2	1992	2	1998	0	2004	0	2010	10	2016	12
1987	1	1993	6	1999	1	2005	1	2011	12	合计	99
1988	1	1994	0	2000	0	2006	0	2012	9	—	—
1989	2	1995	6	2001	0	2007	0	2013	6	—	—
1990	1	1996	5	2002	0	2008	1	2014	5	—	—
1991	2	1997	0	2003	2	2009	4	2015	8	—	—

1986—2016年乐安县商标注册情况表

表11-6-10　　单位：件

商标申请人	商标名称	商标使用商品	注册时间	是否注销
乐安县耕整机厂	铁牛	耕正机	1986	是
乐安县罐头食品厂	登仙桥	汽水、清凉饮料	1986	是
乐安县溶剂厂	乌花春	酒	1987	是
乐安县水泥厂	鳌河	水泥	1988	是
乐安县罐头食品厂	登仙桥	罐头	1989	是
乐安县第一化工厂	顺风	松香	1989	是
乐安县长征酱油厂	金谷	酱油	1990	是
乐安县湖坪农机修造厂	博湖	碾米机	1991	是
赣东玻璃纤维制品厂	玉茗	窗纱	1991	是
江西赣东酒厂	赣东	酒	1992	是
乐安县胶合板厂	凌空	胶合板、三合板	1992	是
江西昌华化工冶金公司	科伦	离心泵、混砂机、萤石粉、水泥	1993	是
江西昌北化工冶金公司	科伦	仲钨酸铵、泡化碱、碳酸钙、碳酸钠	1993	是
乐安县古城酿造厂	码山	酱油	1993	是
乐安县木业工业公司	天岁	茶饮料	1993	是

续表 11-6-10

商标申请人	商标名称	商标使用商品	注册时间	是否注销
绞股蓝加工厂乐安县天乐鞋厂	天庆	鞋	1993	是
江西赣东矿泉水厂	天雅	无酒精饮料	1993	是
乐安县西坑粮油加工厂	仙岁	面条	1995	是
乐安县服装厂	克迪	服装、鞋帽	1995	是
乐安县西坑粮油加工厂	乐仙	米	1995	是
乐安县南村板鸭厂	南村	板鸭	1995	是
乐安县招携木竹加工厂	乐蓝	竹凉席、竹垫	1995	是
乐安县鹏洲食品加工厂	鹏洲	多味姜、甘果片、芥菜干、五香萝卜	1995	是
乐安县农机厂	路路通	减震器	1996	是
乐安县一中汽水厂	塔脚巷	豆奶、汽水	1996	是
乐安县蔬菜制品厂	华谱	腌制蔬菜、酸菜、蔬菜制品、笋干	1996	是
乐安县山砀造纸厂	茂花岗	纸垫、卫生纸、纸巾、纸手帕	1996	是
乐安县陶瓷厂	抚河	釉面砖	1996	是
乐安县富乐精制米制品加工厂	富乐	大米	1999	是
乐安县流坑茶花食品厂	流坑状元	腐乳等	2003	否
乐安县鹏鑫食品厂	爱杰鑫	蔬菜罐头、笋干等	2003	否
乐安县骏达食品有限公司	广雅	蔬菜罐头、笋干等	2005	否
刘贵升	乐情	床垫、家具、沙发、竹木工艺品等	2008	否
王禄明	凌仁	腐乳、鱼制食品等	2009	否
肖春才	鹿角峰	调味品、茶叶、蜂蜜等	2009	否
王禄明	满盘红	腐乳、加工过的花生、鱼制食品等	2009	否
乐安县十里香樟蘑菇专业合作社	十里香樟	干食用菌、木耳、冬菇等	2009	否
乐安县丰盛食品贸易有限公司	舒源	鱼、肉罐头、腌制蔬菜	2010	否
王农	村农	新鲜蔬菜、谷、活鱼等	2010	否
董仲糠	华盖山	茶叶代用品、蜂蜜等	2010	否
江西省百泉饮用水业有限公司	明林	纯净水、水、矿泉水等	2010	否
江西省百泉饮用水业有限公司	千古一村	纯净水、水、矿泉水等	2010	否
乐安县康达食品有限公司	汇雅	纯净水、矿泉水等	2010	否
乐安县碧胜食用油脂加工厂	碧胜	食用油、芝麻油等	2010	否

续表 11-6-10

商标申请人	商标名称	商标使用商品	注册时间	是否注销
汤俊	雅丝帝	纺织品壁挂、被子、织物等	2010	否
乐安县嘉兴鞋服有限公司	奇亿龙	服装、袜、帽、领带	2010	否
乐安县引水茶叶专业合作社	天门嶂	茶、茶饮料	2010	否
刘贵升	创缘	床垫、沙发等	2011	否
肖春才	山蜂	蜂糕	2011	否
江西广雅有限公司	登仙桥	水产罐头、笋干等	2011	否
乐安县鑫顺源米业有限公司	田安	糕点、八宝饭、茶等	2011	否
乐安县康达食品有限公司	华盖山泉	啤酒	2011	否
乐安县宇明邦电器有限公司	宇明邦	灯、车灯等	2011	否
乐安县金坪木竹制品厂	博明	竹子、竹工艺品	2011	否
乐安县百泉饮用水业有限公司	润竹	啤酒	2011	否
乐安县恒源食品有限公司	乐穗丝	面条、米粉、蜂蜜等	2011	否
乐安县流坑茶业有限公司	欣才华	茶叶等	2011	否
乐安县华林木业有限公司	乐杉	胶合板、三合板、木材、木地板	2011	否
江西山高制药有限公司	图形	人用药、中药成药等	2011	否
乐安县乐梅种植基地	蓬莱乐梅	杨梅鲜水果	2012	否
江西建安建材工业有限公司	赣联	水泥等	2012	否
刘贵升	霏亚皇	家具沙发等	2012	否
江西益源食品有限公司	洪乐	肉、鱼等	2012	否
姚乐明	祥程	服装、帽、鞋等	2012	否
乐安县奔源门业	奔源	非金属门板等	2012	否
江西省旺农农机制造有限公司	良发	打谷机、犁等	2012	否
乐安县乐平商贸有限公司	伟诚	沙发家具等	2012	否
胡四龙	浪达	活鱼家禽等	2012	否
海蜂食品有限公司	共鸣	鱼制食品、蛋、肉等	2013	否
成长孵化养殖专业合作社	成合	板鸭、肉等	2013	否
乐安县绿珍农林特产专业合作社	山涧绿	木耳、冬菇、笋干等	2013	否
王正英	流坑妹子	鱼制食品、豆腐制品等	2013	否
乐安县原土花猪养殖专业合作社	畲寨	猪肉等	2013	否

表 11-6-10

商标申请人	商标名称	商标使用商品	注册时间	是否注销
江西美美食品有限公司	帝一片	笋干	2013	否
江西山蜂食品有限公司	采蜂人	可可制品、蜂蜜等	2014	否
江西省加乐食品有限公司	帝一纯	调味品等	2014	否
江西省加乐食品有限公司	帝一纯及拼音	调味品	2014	否
王越	众飨	调味品	2014	否
乐安县莆乐机械有限公司	莆乐	凿岩机	2014	否
乐安县卡天鹰服饰有限公司	楠雀儿	服装等	2015	否
乐安县莆乐机械有限公司	图形	采矿钻机等	2015	否
江西鹏鑫食品有限公司	爱鑫	小竹笋等	2015	否
乐安县乐乐蛙服饰有限公司	乐乐蛙	围巾	2015	否
乐安县卡帝天鹰服饰有限公司	南雀儿 图形	服装等	2015	否
乐安县恒鑫床垫厂	南萍	床垫等	2015	否
江西旺家实业有限公司	欧绣美	纺织用弹性线和纱等	2015	否
乐安县兄弟实业有限公司	欧耐达	服装等	2015	否
乐安县流韵千古食品	流韵千古	腐乳等	2016	否
乐安县山里蔬菜种植专业合作社	溪水篱园	活动物等	2016	否
元菊红	沐元	化妆品等	2016	否
乐安县万城电器有限公司	圣理	抽油烟机等	2016	否
抚州市爱心贸易有限公司	残爱	服装等	2016	否
江西恒福电动车发展有限公司	乐庆	电动车等	2016	否
江西恒福电动车发展有限公司	舒源	电动车	2016	否
油茶专业合作社	百姓通	食用菜油等	2016	否
乐安县文旅发展投资有限公司	华夏快乐之都	运输、观光旅游等	2016	否
徐明林	徐福鼎	笋干类	2016	否
徐明林	徐福鼎	白酒类	2016	否

二、商标选介

“广雅”“登仙桥”商标　是江西广雅食品有限公司分别于2005年、2011年申请注册的商标。该公司创建于2002年，坐落在乐安工业园区。2015年“广雅”商标被国家工商总局认定为中国驰名商标，2015年“登仙桥”商标被认定为江西省著名商标。

“爱杰鑫”“爱鑫”商标　是江西鹏鑫食品有限公司分别于2003年、2015年申请注册的商标。该公司创建于2002年，坐落在乐安工业园区，2009年“爱杰鑫”商标、2016年“爱鑫”商标先后被江西省工商局认定为江西省著名商标。

“鹿角蜂”“采蜂人”商标　是江西山蜂食品有限公司分别于2009年、2014年申请注册的商标。该公司创建于2008年，坐落在乐安工业园区。2012年“鹿角蜂”“采蜂人”商标被抚州市工商局认定为抚州市知名商标。2016年“鹿角蜂”“采蜂人”商标被江西省工商局认定为江西省著名商标。

“帝一纯”商标　是江西加乐食品有限公司于2014年申请注册的商标。该公司创建于2012年，坐落在乐安工业园区。公司研发的“浓汤煲”“开胃料”等产品被省科技厅评为省重点新产品。2015年“帝一纯”商标被抚州市工商局认定为抚州市知名商标。

“华盖山”商标　是江西华盖山茶叶专业合作社于2010年申请注册的商标。该合作社成立于2007年。2012年“华盖山”商标茶叶，在第二届中国农博会粮交会被评为“华东十大名茶”。“华盖山”商标被抚州市工商局认定为抚州市知名商标。

“博明”商标　是乐安县金坪木竹制品厂于2011年申请注册的商标。该厂成立于2002年，坐落于乐安县招携镇南坪村。2009年，被江西省林业厅评为省级示范企业。2012年，“博明”商标被抚州市工商局认定为抚州市知名商标。

“雅丝帝”商标　是江西信达茧丝绸有限公司于2010年申请注册的商标。该公司成立于2004年，2014年搬迁至乐安工业园区。2011年，“雅丝帝”商标被抚州市工商局认定为抚州市知名商标。

“乐杉”商标　是乐安县华林木业有限公司于2011年申请注册的商标。该公司成立于2002年，坐落在乐安县厚发工业园区。2016年“乐杉”商标被抚州市工商局认定为抚州市知名商标。

第六节　广告管理

一、广告经营

1987年10月，国务院发布《广告管理条例》。1988年1月，国家工商行政管理总局发布《广告管理条例施行细则》。县工商局从1987年起对全县户外广告进行管理，在县城区域设立10块户外广告栏，对较大的企业张贴广告实行使用户外广告牌，帮助5个企业在辖区内设立户外广告牌，扩大商品销售，同时核发临时广告经营单位5户。2016年县域有广告经营企业25家，其中有限责任公司8家，个体经营17家。年营业额约1862万元。

1994—2016年乐安县广告经营情况表

表11-6-11　　单位：户、万元

年份	经营户数	年营业额	年份	经营户数	年营业额	年份	经营户数	年营业额
1994	1	22	2002	3	141	2010	9	496
1995	1	27	2003	3	167	2011	11	564
1996	1	31	2004	3	185	2012	12	623
1997	2	53	2005	3	201	2013	13	701
1998	2	69	2006	4	235	2014	16	896
1999	2	82	2007	6	298	2015	20	1420
2000	2	103	2008	9	341	2016	25	1862
2001	3	124	2009	9	422			

1994—2016年乐安县广告业发展情况表

表11-6-12　　单位：人、万元

单位名称	类型	经营范围	从业人员	注册资本	注册时间	地址
乐安县三雄广告装潢有限公司	有限责任公司	广告制作、设计、发布等	5	50	1994.04	长征路27号
乐安县新风广告装潢部	个体	广告制作、设计、发布等	5	30	1997.07	乐安大道61号
乐安县阳光设计室	个体	广告制作、设计、发布等	6	10	2001.03	御景城
乐安县顺发喷绘店	个体	广告制作、设计、发布等	2	20	2006.05	乐安大道民乐巷1号
乐安县金昌广告经营部	个体	广告制作、设计、发布等	6	20	2007.04	乐安大道
乐安县小虫广告传媒制作部	个体	广告制作、设计、发布等	6	20	2007.08	乐安大道
乐安县博雅广告传媒有限公司	有限责任公司	广告制作、设计、发布等	4	30	2008.03	商贸大道万联城A栋9号
乐安县极点广告装潢部	个体	广告制作、设计、发布等	5	15	2008.11	乐安大道55号
乐安县佳人广告传媒有限公司	有限责任公司	广告制作、设计、发布等	2	20	2008.12	乐安大道29号
乐安县大唐广告店	个体	广告制作、设计、发布等	2	30	2011.08	商贸南大道
乐安县一鸣广告店	个体	广告制作、设计、发布等	3	50	2011.12	乐安大道气象局楼下

表 11-6-12

单位名称	类型	经营范围	从业人员	注册资本	注册时间	地址
乐安县鑫源广告制作部	个体	广告制作、设计、发布等	2	80	2012.11	商贸南大道（四君楼）
乐安县鸿云广告部	个体	广告制作、设计、发布等	3	20	2013.03	长征路中医院对面
乐安县兴业广告制作	个体	广告制作、设计、发布等	2	20	2014.01	迎宾大道 1 号
江西鑫点文化传媒有限公司	有限责任公司	广告制作、设计、发布等	25	200	2014.03	迎宾大道森豪苑 11 号
乐安县华海顶圣传媒有限公司	有限责任公司	广告制作、设计、发布等	5	50	2014.11	东英角路 5 号
乐安县全美广告制作部	个体	广告制作、设计、发布等	2	20	2015.03	乐安县乐安大道 152 号
乐安县鹏芸广告	个体	广告制作、设计、发布等	2	60	2015.07	乐安大道 17-3 号
乐安县创新广告店	个体	广告制作、设计、发布等	2	25	2015.07	乐安大道气象局楼下
乐安县现代图文快印广告制作部	个体	广告制作、设计、发布等	2	15	2015.11	宝塔路 1 号
乐安县创意广告传媒有限公司	有限责任公司	广告制作、设计、发布等	3	26	2016.03	商贸南大道万联城
乐安县宏达广告店	个体	广告制作、设计、发布等	2	10	2016.03	乐安大道
江西省火山传媒有限公司	有限责任公司	广告制作、设计、发布等	3	200	2016.08	商贸南大道
乐安凡客影视制作有限公司	有限责任公司	广告制作、设计、发布等	6	200	2016.09	迎宾大道森豪 12 号
乐安县诚信广告经营部	个体	广告制作、设计、发布等	2	40	2016.12	迎宾大道隆盛世纪花园 3-3-405

二、经营管理

1997 年，县精神文明建设指导委员会制定《人人从我做起、遵守“十不”规范》，作出禁止在县域乱张贴广告标语决定。整理市容市貌，严禁在县城市区内乱张贴，乱悬挂户外广告。对非法张贴、悬挂广告罚款 200 元。县工商局加强对广告的监督管理，坚持发展与规范相结合，既积极引导企业运用广告策略开拓市场，提高企业知名度，扩大产品市场占有率，又规范企业广告行为，打击非法广告。全年开展广告执法检查 5 次，没收销毁非法印刷广告 1000 余份，没收药品广告录像带 1 盒，拆除非法条幅广告 24 条，责令停播非法广告 5 条，取缔违法医疗广告 3 起。

2001 年，在全县范围内开展“反误导，打虚假”广告市场专项治理活动。规范广告市场行为，重点整治利用高空（房顶、凉台、高架灯等）设置户外广告牌17块，拆除烟草广告3块。清除违法违规广告209条。其中，医药广告5条，食品广告54条，保健品广告23条，药品广告25条，农资广告16条，招生广告24条，其他广告62条。责令停止发布广告5条，当场改正2条、限期改正21条，查处违法广告案件3起，有效净化全县广告市场。

2011年，县工商局严把广告登记审查关，加强对广告经营人员法规培训，完善广告监测制度，建立户外广告联合审查制度等，规范广告经营活动。全年共受理各类户外广告登记237起，对其中16起不符合条例广告不予办理登记；监测各类广告1161条（次），收缴违法印刷品广告3700余份，清除未经登记条幅广告117条、广告牌44块，查处广告违法行为17起。

第七节　个体私营经济管理

改革开放以后，个体私营经济迅速发展。1986年，全县有注册个体工商户2497户。其中，城镇1498户，乡村999户，从业人员2926人，注册资金295万元。1993年，县委、县政府作出《关于鼓励和支持发展个体私营经济的决定》，成立乐安县个体私营经济领导小组，由常务副县长任组长、工商局局长任副组长，公安、财政、税务、劳动人事、物价、标准计量、城建、交通、文教、监察、卫生、银行、个协、土管、烟草等部门负责人为成员，以强化对全县个体私营经济的领导。当年全县有个体工商户3652户，注册私营企业2家。

1994年，县政府下发《关于继续大力发展个体私营经济意见的通知》，将各乡镇个体私营经济的发展列入全县年终目标考评，有效地推动全县个体私营经济快速发展。至1998年，全县个体私营经济10794户，从业人员24267人，注册资金8087万元。

1999年，县政府积极引导，大力扶持、促进个私经济快速健康发展。按照“三个有利于”原则，鼓励、引导全县个体私营经济依据市场配置资源，积极参与全县经济结构调整，鼓励个体私营经济发展第二、三产业。县政府积极鼓励扶持下岗职工从事个体私营经济，引导下岗职工转变择业观念。为企业下岗职工从事个体、私营经济搞好服务，提供便利。支持有条件的部门和单位为下岗职工兴办夜市，优先安排经营场所，简化手续、放宽条件，使219名下岗职工在个私经济领域重新就业。对全县个体工商户档案进行全面清理，清出名存实亡个体户档案2345户，死亡档案813户。个体户转私营企业档案52户，吊销历年来办理证照、注销手续的个体户营业执照2401户。全县实有个体、私营企业5307家。其中，个体户5244户、私营企业63家、从业人员17327人，注册资金5654万元。2001年，在个体户中开展“光彩之星”评比活动。

2007年，县域首个农民专业合作——乐安县十里香樟蘑菇专业合作社在鳌溪镇成立。是年全县9家农民专业合作社成立。至2016年，全县有个体户、私营企业及农民专业合作社共8873家。其中，个体户7472户，私营企业1139家，农民专业合作社262家。从业人员33816人，注册资金271858万元。

1986—2016年乐安县个体私营经济登记情况表

表11-6-13　　单位：户、人、万元

年份	户数				从业人员				注册资金			
	合计	个体工商户	私营企业	农民专业合作社	合计	个体工商户	私营企业	农民专业合作社	合计	个体工商户	私营企业	农民专业合作社
1986	2497	2497	0	0	2926	2926	0	0	295	295	0	0
1987	2855	2855	0	0	3474	3474	0	0	416	416	0	0
1988	2838	2838	0	0	4155	4155	0	0	401	401	0	0
1989	2997	2997	0	0	5348	5348	0	0	425	425	0	0
1990	2715	2715	0	0	4318	4318	0	0	378	378	0	0
1991	3005	3005	0	0	4764	4764	0	0	524	524	0	0
1992	3311	3311	0	0	6196	6196	0	0	687	687	0	0
1993	3654	3652	2	0	7459	7438	21	0	734.5	712.2	22.3	0
1994	4571	4541	30	0	10883	10553	335	0	1395	1143	252	0
1995	6860	6830	30	0	16534	15708	826	0	2910	2384	526	0
1996	7774	7736	38	0	18255	17340	915	0	3260	2578	682	0
1997	9416	9326	90	0	21854	19945	1909	0	6870	5192	1678	0
1998	10791	10755	136	0	24267	23391	876	0	8087	7402	685	0
1999	5307	5244	63	0	17327	15851	1476	0	5654	4726	928	0
2000	3126	3115	11	0	5324	5098	226	0	6028	5606	422	0
2001	3269	3253	16	0	8717	8389	328	0	6364	5901	463	0
2002	3280	3247	33	0	9457	8785	672	0	13815	11688	2127	0
2003	4476	4390	86	0	13355	11181	2174	0	23156	16381	6775	0
2004	4421	4319	102	0	13514	11015	2499	0	28061	18153	9908	0
2005	4162	4000	162	0	14055	10282	3773	0	28232	13140	15092	0
2006	4776	4654	120	0	13232	11970	1262	0	35812	18992	16820	0
2007	4064	3906	149	9	11287	9765	1447	75	37243	15642	21512	89
2008	4134	3923	186	25	12672	9695	2768	209	48861	15076	32826	959
2009	5546	5251	252	43	17382	13143	3886	353	60994	17958	41026	2010
2010	6969	6511	391	67	22124	15981	5561	582	75901	21797	47872	6232
2011	7729	7201	452	76	23746	16832	6271	643	1014674	26927	705562	7185
2012	9725	9121	516	88	27472	19204	7482	786	127515	29801	129805	10126
2013	7571	6817	626	128	26277	17101	8235	941	167912	27981	129805	10126
2014	7988	7246	586	156	27467	18356	8043	1068	168783	31682	118670	18431
2015	8837	8038	545	254	29388	19356	7896	2136	199769	66599	107492	25678
2016	8873	7472	1139	262	33816	15342	15792	2682	271858	55166	187946	28746

1986—2016年乐安县个体工商户登记情况表

表 11-6-14　　　　单位：户、人、万元

年份	总户数	城镇	农村	从业人员			注册资金		
				总数	城镇	农村	总额	城镇	农村
1986	2497	1498	999	2926	1756	1170	295	177	118
1987	2855	1713	1142	3474	2084	1390	416	250	166
1988	2838	1702	1136	4155	2493	1662	401	241	160
1989	2997	1798	1199	5348	3209	2139	425	255	170
1990	2715	1629	1086	4318	2591	1727	378	227	151
1991	3005	1803	1202	4764	2858	1906	524	314	210
1992	3311	1987	1324	6196	3718	2478	687	412	275
1993	3652	2191	1461	7459	4475	2984	734.5	440.7	293.8
1994	4202	2521	1681	10888	6533	4355	1395	837	558
1995	6830	4116	2714	16534	9920	6614	2910	1746	876
1996	7774	4664	3110	18255	10953	7302	3260	1956	1304
1997	9416	5650	3766	21854	13112	8742	6870	4122	2748
1998	10791	6475	4316	24267	14560	9707	8087	4852	3235
1999	5244	3206	2038	15851	9511	6340	4726	2836	1890
2000	3115	1869	1246	5098	3059	2039	5606	3364	2242
2001	3253	1952	1401	8389	5033	3356	5901	3541	2360
2002	3247	1948	1299	8785	5271	3514	11688	7013	4675
2003	4390	2634	1756	11181	6709	4472	16381	9829	6552
2004	4319	2591	1728	11015	6609	4406	18153	1892	7261
2005	4000	2400	1600	10282	6169	113	13140	7884	5256
2006	4654	2792	1862	11970	7182	4788	18992	11395	7597
2007	3906	2344	1562	9765	5859	3906	15642	9385	6257
2008	3923	2354	1569	9695	5817	3878	15076.2	9045.7	6030.5
2009	5251	3151	2100	13143	7886	5277	17958	10775	7183
2010	6511	3907	2604	15981	9589	6392	21797	13078	9719
2011	7201	4321	2880	16832	10099	6733	26927	16156	10771
2012	9121	5473	3648	19204	11522	7682	29801	17881	11920
2013	6817	4090	2727	17101	10261	8560	27981	16789	11192
2014	7246	4348	2898	18356	11014	7342	31682	19009	12673
2015	8038	4823	3215	19356	11614	7742	66599	39959	26640
2016	5114	3068	2046	15342	9205	6137	55166	33099	22067

第八节　公平交易执法

一、重要物资专营管理

重要物资是指国家规定禁止非法倒买倒卖的生产资料和紧俏物资。依据1987年国务院《投机倒把行政处罚暂行条例》规定：倒卖国家禁止或者限制自由买卖的物资、物品的行为属于投机倒把行为。1988年，按国家工商局《关于调整禁止就地转手倒卖的重要生产资料和紧俏耐用消费品的品种范围的通知》规定，禁止就地转手倒卖的重要生产资料和紧俏耐用消费品共22种。包括石油（原油和商品油），汽车（包括各种改装车），钢材，拖拉机（包括大、中、小型），摩托车，铜（铜材、裸铜线、铜排扁线及电刷线），铝（铝材、裸铝线、铜芯铝绞线），铅、锌、锡、镍，生铁，木材，水泥，纯碱，固体烧碱，橡胶（天然、合成橡胶），塑材（高压聚工烯、低压聚乙烯、聚丙烯），化肥，棉花（棉短绒），绵羊毛、羊绒，农药，农用塑料薄膜，新闻纸、凸版纸，彩色电视机。

专营物资、物品主要是烟草及其制品、食盐、棉花等国家管控的物资物品。依据1988年国务院《关于化肥、农药、农膜实行专营决定》《关于加强钢材管理的决定》，对冷轧薄钢板、冷轧硅钢片、镀锡薄钢板、镀去锌薄钢板实行专营，1989年根据国发12号文件对彩电实行专营。

二、公平交易检查

公平交易执法是工商行政管理机关的一项重要和基本职能，承担市场监督任务。其主要职能是整顿和规范市场经济秩序，依法打击投机倒把行为、打击制售假冒伪劣商品行为和制止不正当竞争行为，维护统一、开放、竞争、有序的市场经济秩序。1986—1993年，经济检查以打击投机倒把违法行为为主线，开展打击制售假冒伪劣商品的违法违章行为，全县共立案查处88件，罚没金额45.36万元，其中，罚没金额1万元以上案件5起。即1986年，261大队劳动服务公司福利厂倒卖钢材案，罚没金额25723元；1988年，县二轻经销公司倒卖木材指标案，被处罚16350元；1989年，721矿物资经销公司倒卖重要生产资料案，被处罚款60937元；1991年，县外贸经销公司倒卖假冒“凤凰”“永久”自行车案，被处罚32760元；1992年，乐安县副食品公司倒卖冒牌茅台酒案，罚款18769元，没收冒牌茅台酒10箱，全部销毁。

1989年，以“公平交易执法年”活动为契机，开展5次专项整治。一是元旦、春节期间打击制售假冒伪劣商品行为，捣毁某食品饮料厂制售假冒“瑞曲”白酒窝点；二是春耕期间开展“红盾打假护农”行动，对农资市场整顿，查封不合格尿素30多吨，劣质农膜230千克，为农民挽回经济损失3万余元；三是加大对不正当竞争行为查处力度，重点对群众反映强烈的公用企业强制服务，滥收费等不正当竞争行为进行专项整治，立案查处供水公司滥收费案和移动公司强制服务搭车收费案各1起；四是对夏季食品、保健食品市场进行专项整治；没收销毁假冒伪劣烟、酒、食品、饮料、营养保健品等各类物品折合金额4万余元；五是对各大医院药品回扣商业贿赂行为进行专项整治。当年共立案查处12起，罚没金额70313元。有力地打击各类经济违法违章行为，净化市场秩序。

2010年，全县组织开展食品安全专项整治行动26次，出动执法人员3120人次，检查经营户19084户次，立案12起，罚款7.82万元，销毁不符合食品安全标准的食品3万千克。加大对农资、建材、电动车、家具等商品及“家电下乡”商品质量监管，分别对化肥、农用抽水泵、钢筋、电动车、家具进行抽样送检，合格率为85%，对于不合格商品进行立案查处，责令经营户全部下架处理，共立案24起，罚款18.72万元。是年开展打击“傍名牌”专项执法行动。立案查处“傍名牌”假冒他人注册商标，侵犯他人注册商标专用权案件4起，其他商标侵权案1起，利用广告对产品质量作虚假宣传案2起，责令改正4起，罚款11.34万元。加大打击传销活动，确保维护社会稳定。开展创建“无传销社区（村）”活动，签订“无传销社区（村）”责任书，将打击传销活动纳入全县综治目标考评。对2起网络传销活动进行全面排查，对渠道商分别进行调查，约谈和规劝，有效消除社会隐患。

2011年，公平交易执法开展企业不正当竞争、商标侵权、傍名牌等专项整治行动。针对群众反映强烈的供水、供电、供气、金融等企业强迫消费者接受不合理条件，侵害消费者权益等问题责令其立即改正，立案查处5件，罚款5.3万元。对全县房地产市场进行专项整治，立案查处房地产企业强迫消费者接受不合理条件案3件，罚没金额3.1万元。对全县建材、电线、电缆市场进行集中整治。抽检建材和电线电缆样品各10件，不合格样品各6件，合格率40%，立案查处3起，罚款2.7万元。开展保护知识产权和打击傍名牌专项整治行动。立案查处销售假冒他人厂名、厂址和侵犯他人注册商标专用权商品案3件。收缴傍名牌饮料300瓶，假冒侵权“舒肤佳”香皂360块，罚没金额3.3万元。

2016年，公平交易执法工作以公平公正为着力点，维护市场经济秩序，重点查处群众关心的热点问题。先后查处车行霸王合同条款7起，罚没金额4.9万元；涉及农资案8件，罚款2.46万元；假冒他人产品案2起，罚款1.2万元；生产不合格的未经认证产品案1件，罚款1.1万元。全年共查处违法违规案件233起，罚款金额205万元。

1986—2016年，共查处违法违规案件1785起，罚款金额1039.47万元。有力保护消费者合法权益，维护公平、公正的市场经济秩序，促进全县经济健康快速发展。

1986—2016年全县查处经济违法违章案件情况表

表11-6-15　　单位：件、元

年份	案件数	罚款金额	年份	案件数	罚款金额	年份	案件数	罚款金额
1986	16	52717	1997	0	0	2008	72	711775
1987	11	28197	1998	12	70313	2009	143	1193598
1988	15	68678	1999	15	69869	2010	260	1085445
1989	10	95436	2000	5	2613	2011	224	616156
1990	7	48109	2001	1	200	2012	138	767420
1991	12	96425	2002	35	157513	2013	152	845462
1992	9	38868	2003	74	204560	2014	44	280780
1993	8	25071	2004	78	327553	2015	0	0
1994	6	7189	2005	62	460878	2016	233	2053800
1995	4	1785	2006	69	463593	合计	1785	10394577
1996	9	29095	2007	61	591479	—	—	—

1986—2002年乐安县查处投机违法案件情况表

表11-6-16　　单位：起、元

年份	合计	投机倒把大案	一般违法案	罚没金额	年份	合计	投机倒把大案	一般违法案	罚没金额
1986	16	2	14	52817	1995	4	0	4	1785
1987	11	2	9	28197	1996	9	2	7	29095
1988	15	4	11	68678	1997	0	0	0	0
1989	10	3	7	95436	1998	12	1	11	70313
1990	7	2	5	48109	1999	15	1	14	69869
1991	12	3	9	96425	2000	5	0	5	2613
1992	9	2	7	38868	2001	1	0	1	200
1993	8	1	7	25071	2002	35	2	33	157513
1994	6	0	6	7189					

2003—2016年乐安县查处不正当竞争案件情况表

表11-6-17　　单位：起、万元

年份	假冒注册商标	仿冒名称包装	冒用企业名称	冒用名优标志	虚假宣传	其他非法行为	合计	案件总值	罚没金额
2003	3	1	1	0	0	1	6	11.40	1.86
2004	4	0	2	0	0	0	6	9.70	1.58
2005	2	0	2	1	0	0	5	8.90	1.60
2006	2	1	1	0	0	8	12	37.60	14.80
2007	5	1	1	0	0	0	7	10.40	3.60
2008	4	0	2	0	1	0	8	16.30	5.40
2009	5	1	1	0	0	0	7	11.20	3.80
2010	5	0	0	0	0	1	6	12.00	3.40
2011	6	2	1	1	1	2	13	15.70	6.50
2012	4	1	0	0	0	2	7	11.60	3.86
2013	6	1	1	0	1	1	10	13.40	4.56
2014	3	0	0	0	0	1	4	8.70	2.80
2015	0	0	—	—	—	—	0	—	—
2016	2	0	0	0	0	0	2	2.80	0.76

三、消费者权益保护工作

1991年，县消费者协会开展《中华人民共和国消费者权益保护法》宣传活动，增强消费者自我保护和维权意识，开展消费维权工作。县消费者协会充分发挥“12315”消费者权益保护电话快速处置功能，以“一会两站一点”（在工商所或分局建立消费者协会分会；在大型商场、市场、超市建立消费者投诉站；在社区建立12315申诉举报联络站；在农村村委会建立消费者投诉举报点）为依托，健全消费投诉举报网络，覆盖全县所有行政村；推进12315消费者权益保护电话进商场、进超市、进市场、进企业、进学校、进景区。1991—2016年，全县共设立消费者投诉网点1156个，累计接待解答群众咨询38452人次，受理消费者投诉举报1749件，解决率90%以上，挽回经济损失190.23万元。

1991—2016年乐安县受理消费者投诉举报情况表

表11-6-18　　单位：件、%、万元

年份	件数	解决率	挽回经济损失	年份	件数	解决率	挽回经济损失
1991	1	100	0.30	2004	47	98.20	6.25
1992	2	100	0.80	2005	89	93.40	9.70
1993	5	96.20	1.21	2006	104	92.00	11.20
1994	14	100	1.52	2007	91	97.60	8.60
1995	28	98.60	1.75	2008	83	95.20	8.20
1996	27	99.50	4.00	2009	75	92.10	7.42
1997	81	88.88	6.93	2010	114	94.80	30.00
1998	72	100	11.32	2011	92	91.30	7.98
1999	92	94.00	10.00	2012	62	90.30	4.20
2000	76	94.70	8.52	2013	79	93.40	5.60
2001	78	92.00	4.80	2014	48	99.20	6.30
2002	126	93.00	5.60	2015	65	95.10	13.00
2003	112	91.00	6.25	2016	86	96.00	9.84

第九节　计量监督

计量单位，传统的度量衡计量单位与现行的计量单位有很大的差别。传统度量衡计量单位和标准是：度制，分、寸、尺、丈、引五度，均为十进制；量制，龠、合、升、斗、斛五量，两龠为一合，后四量为十进制；衡制，铢、两、斤、钩、石五衡，24铢为一两，16两为1斤，30斤为一钧，4钧为一石。随着社会的发展和进步，计量制度逐步改革和完善，日益向国际接轨。1984年，国家统一法定计量单位。法定计量单位制度在县域全面推广，县计量所下达法定计量单位实施计划，对涉及度量衡运用的行业和部门提出改制具体时间要求。至1986年年底，计量部门和企、事业单位计量标准及有关仪器设备全部改制完成。统一使用法定计量单位。政府机关、人民团体、各企事业单位公文和统计报表均按规定使用法定计量单位。

1978年，乐安县计量管理所成立初期，计量检定项目仅限于长度的竹木直尺检定和玻璃容器的检定。到20世纪80年代初期，计量检定项目增加到力学方面的砝码、天平和血压计的检定。1992年，县计量管理所新增加油机的检定项目。

2004 年，增加衡器、压力表的检定。此后，县计量所检定检测能力不断完善，能基本满足全县范围内的计量标准检定检测需要，计量监督人员开展例行检查，不定期到相关行业部门进行计量检定检测，维护交易公平，服务于县域经济发展。

2016 年，乐安县计量所开展的检定项目为 5 项共 18 种计量器具的检定，包括砝码、模拟指示秤、非自行指示秤、数字指示秤、杆秤、血压计（表）、燃油加油机、压力表、氧气表、天平、电子天平、架盘天平等。

第十节　代码证颁发与标准化

一、机构代码证颁发

组织机构代码是由国家授权的权威管理机构向境内依法注册登记的企业、事业单位、机关、社会组织和个体工商户及其他组织颁发的在全国范围内唯一的、始终不变的代码标识。20 世纪 90 年代，县质监局开始对县域登记的企业、事业单位、机关、社会组织和个体工商户进行代码证申请、变更、换证工作。2013 年，组织机构代码已在金融系统、税务系统、公检法系统、住房公积金办以及其他监管部门得到广泛应用，在国家电子政务、电子商务、社会信用体系建设等方面发挥重要的基础作用。1994 年至 2015 年 10 月，全县共颁发组织机构代码 1148 个。其中，企业 672 个，事业单位 126 个，机关 78 个，社会组织 103 个，个体工商户 102 个，农民专业合作社 67 个。建立 5120 份代码电子档案。2015 年 10 月，“三证合一”“一照一码”登记制度改革在全县范围全面实施，不再发放企业的组织机构代码证。

2016 年 1 月，根据国家质监总局《关于贯彻落实法人和其他组织统一社会信用代码制度建设总体方案有关事项的通知》精神，市场监督管理部门不再向机关、事业单位、社会团体及其他依法成立的机构发放和更换组织机构代码证书。统一社会信用代码将取代组织机构代码作为今后法人和其他组织唯一身份标识，在建立政府诚信、规范市场监管秩序中发挥巨大作用。

二、标准化建设

县质监局指导企业参照执行国家标准，制定企业标准，建立省级农业标准化示范区。1994—2015 年，共指导县域企业制定企业标准 10 件，建立乐安县蘑菇生产省级农业标准化示范区。引导县域企业按照国际标准和国外先进标准组织生产和管理，逐步消灭无标准化生产。

2010 年，为规范商品条码管理，保证商品条码质量，加快商品条码在商品流通和电子商务等领域的应用，促进全县商品流通信息化发展，县质监局指导 20 家县域企业注册商品条码 20 条，并做好后续条码监督与管理工作。

2013 年，县质监局帮助乐安县十里香樟蘑菇专业合作社通过省级农业标准示范区验收。帮助乐安县金竹花猪养殖专业合作社申报地理标志产品。2015 年，帮助江西广雅食品有限公司、江西鹏鑫食品有限公司、江西山高制药有限公司等企业申报“江西名牌”“质量信用 AAA 企业”并获成功。打造县域优秀企业，树立良好品牌形象。2016 年，帮助江西广雅食品有限公司、江西鹏鑫食品有限公司获得“江西名牌”。

第十一节　安全监督管理

一、特种设备安全监管

1986—2001 年，县域特种设备质量安全监管工作由县劳动部门负责，2002 年转入县质量技术监督部门监管。2016 年 12 月，全县有特种设备使用单位 113 家，拥有各类特种设备共 359 台。其中在用 258 台，停用 101 台。在用 258 台中，锅炉 46 台，压力容器 91 台，电梯 72 台，起重机械 44 台，厂内机动车 4 辆，游乐设施 1 台。另有压力管道共计 6500 余米。有液化气充装站 13 家，分别设在鳌溪、公溪、山砀、龚坊、戴坊、牛田、万崇、招携、南村、增田 10 个乡镇。全县液化气钢瓶数量约为 3.6 万个。

2002 年，县质量技术监督局接管特种设备安全监督职责后，注重特种设备安全监督专业队伍建设，配备专职监督人员3名，派往参加省、市举办的各类特种设备安全监管人员培训班15人次。

为切实做好特种设备安全监管工作，全面落实企业主体责任，县质监局帮助特种设备使用企业和个人建立健全《工作例会制度》《岗位职责制定制度》《数据分析和定期上报制度》《数据库维护管理制度》《安全责任状签订制度》《现场安全监察工作制度》《隐患处理工作制度》等规章制度，并监督执行。同时加强企业负责人和特种设备操作、维护人员的业务培训工作，先后培训1568人次。

开展一年一度的“安全生产月”活动，制订“安全生产月”活动方案，组织特种设备安全讲座和咨询活动，宣传特种设备安全使用、维护知识和相关法律法规知识。推动安全知识进企业、进学校、进机关、进社区、进农村、进家庭、进公共场所“七进”活动。先后开展特种设备安全法律法规宣传20次，出动宣传车辆65车次，发放各类宣传资料5000余册（本）等。

严格开展监督执法检查。认真贯彻执行国务院《特种设备安全监察条例》和《中华人民共和国特种设备安全法》，加强特种设备安装、使用和维护的监督管理工作，严厉查处各类违规违法行为。2002—2016年，共查处违规违法案件236起，罚款120余万元。

二、食品生产安全监管

2015年9月，全县共有食品生产企业及小作坊93家，产品涉及大米、茶叶、炒货、糕点、米粉、果蔬罐头、纯净水等，其中取得食品生产许可证的企业14家，食品生产小作坊79家。

为确保县域食品生产企业安全监管，县食品药品监管机构加强监督检查，实施重点监控。加强日常巡查。以责任区为基础，组织对辖区企业进行检查，每个企业一年巡查不少于2次，重点企业增加巡查次数。定期监督检验。对企业产品定期抽样检验，一般企业和许可证管理的产品一年抽样检验不少于1次。专项抽查。除实施产品例行监督检验外，根据专项整治的要求和企业产品质量状况，不定期开展产品质量专项抽查。产品强制检验。对不具备产品出厂检验能力，或具备产品出厂检验能力但不按规定对产品出厂实施检验的企业，实行产品强制检验制度。对没有获得生产许可的食品加工小作坊，加大强制检验次数，严格限制区域销售。

开展重点产品专项检查和整治。突出对时令食品，量大面广的食品，有针对性地开展专项检查和区域整治。开展节日热销食品的专项整治。在端午、中秋、“十一”、春节等重要节日前，对热销食品和时令食品开展专项抽查和整治，打击假冒伪劣和计量欺诈行为。对容易出现质量安全问题的高风险的以及人民群众生活密切相关的食品，如：大米、食用油、肉制品、豆制品等食品开展专项检查。突出重点检查，重点检查非食用原料、食品添加剂、回收食品、重要卫生安全指标等，对检查中发现问题较多的产品实施专项整治工作。

强化不合格食品处理，严厉打击违法违规行为。在实际执法中采取教育、惩戒、服务的工作方法，对查明属于客观原因造成的一般性食品质量问题企业，督促企业彻底整改，并给予帮助和

执法人员深入企业监管食品生产安全

技术服务；对查明属于主观故意造成的质量问题，必须予以行政处罚，追究相关企业人员责任；对监督抽查和执法检查中发现的质量问题，及时地提出整改意见并监督整改，整改不彻底或不合格的，决不允许恢复生产；加大无证查处力度，对无食品生产许可证的企业一律从重从严处罚。对不能保持生产必备条件的、或者故意造假、使用非食品原料等违法行为的，建议发证部门吊销其生产许可证。查处企业生产食品案件10起。

第十二节　药品生产经营监管

一、药品生产监管

20世纪90年代，县域有药品生产企业2家，县药品监管局主要通过帮扶药品生产企业提高产品质量来实现监管职责，各个环节进行现场把关、指导。监督企业严格按照卫生部《药品生产质量管理规范》要求，对生产企业中的原料购进、检验、领料、投料等方面进行现场监管，确保企业不出现偷工减料、掺杂使假、以次充好的行为。监督企业严格按照国家批准的药品生产工艺和标准进行生产，对生产过程中发现的问题及时处置，切实避免药品质量事故发生。监督企业对每批出厂药品进行检验，坚决杜绝不合格产品流入市场。

2002年11月，江西赣东制药厂通过改制改造，组建江西山高制药有限公司。该公司是一家集科研、生产、营销为一体的制药企业，主要从事国药准字号药品生产和保健品及食品生产，以中成药为主，西药为辅，共有13个生产批文。该公司研发的红药胶囊、宫瘤清颗粒、肾康宁片、肾康宁胶囊4个品种被纳入国家医保目录。在县药品监管局支持帮助下，该公司于2004年6月、2009年6月分别通过药品生产质量管理规范初次认证和延续认证，2014年9月，获得药品生产质量管理规范认证。

二、药品经营监管

20世纪80年代以前，县域中西药品由乐安县医药公司经营，公司设有药品质量管理股、中药生产业务股等机构，其业务根据国务院关于加强医药管理规定，实行人、财、物、产、供、销由省医药公司统一管理。90年代后，药品经营逐步放开，至2015年年底，全县有药品零售企业55家，药品批发企业1家。县食药监管局加强对药品经营监管。

确保药品来源渠道合法。主要监督检查药品批发、零售企业的药品购销渠道、药师在岗、药品陈列、处方药销售等情况。企业购进药品必须从合法企业进货，购进药品应随货同行清单，并按规定建立购进记录，做到票、账、货相符。为促进药品经营企业提高管理水平，县食药监管局对药品经营从业人员开展药品法律法规和业务知识培训，2005—2016年，先后举办12培训班，先后培训从业人员770余人次，提高药品经营从业人员素质。

对药品流通环节进行监管。按照药品经营质量管理规范标准，对涉药企业开展药品贮存条件是否符合规定、有无过期失效、处方药及特殊管理药品复方制剂销售、购销票据和台账记录、药师在职在岗情况进行检查监督。对辖区内55家药品经营企业进行电子地图标注定位和信息维护工作，督促经营企业完善企业信息，药师、药品信息等资料。2012年，对乡镇药品经营市场的监管，采取以乡镇农村“药品监督网络和供应网络”（简称“两网”）建设工作站为依托，以农村药品协管员、信息员为补充的农村药品供应和药品监管网全覆盖监管模式。

对各种药品经营违法行为进行严厉打击。2016年，开展打击城乡药品销售流动摊贩、无证经营销售药品、非药品冒充药品、违法广告药品互联网等媒体发布虚假广告及通过寄递等渠道销售假药的专项整治行动，对药品经营市场进行全面清理和整治。广泛宣传“12331”投诉举报热线，充分发挥其在案件稽查办案中的积极作用，完善“诉转案”程序，对发现的假药案件及时移送至公安部门。2002—2016年，全县共查处违法经营药品案件420起，并依法进行行政处罚。

对药品质量进行快速检测。每年对全县所有药品经营企业销售药品进行随机抽验，对抽验不合格品种进行立案查处，并上报至省局药品稽查信息系统进行公示。2008 年，专门设立药品快检室，配备澄明度检测仪、崩解时限测定仪、酸度计、万分之一电子天平和三用紫外仪等，对部分简易药品检验项目进行快检。2008—2016 年，共检测药品 646 批次。其中合格药品 533 批次，不合格药品 113 批次。

1986—2000 年乐安县药品质量检验情况表

表 11-6-19　　单位：件、%

年份	检品总数	合格数	合格率	年份	检品总数	合格数	合格率
1986	264	254	96.2	1994	212	198	93.4
1987	276	236	85.5	1995	210	188	89.5
1988	301	250	83.1	1996	210	198	94.3
1989	260	222	85.4	1997	198	183	92.4
1990	298	263	88.3	1998	196	177	90.3
1991	210	183	87.1	1999	192	170	88.5
1992	219	198	90.4	2000	202	179	88.6
1993	210	191	91	—	—	—	—

2008—2016 年乐安县药品质量检测情况表

表 11-6-20　　单位：批次、起

年份	检测批次	合格批次	不合格批次	查处起数
2008	30	24	6	6
2009	62	50	12	12
2010	67	51	16	16
2011	70	60	10	10
2012	98	70	28	28
2013	100	80	20	20
2014	88	80	8	8
2015	70	63	7	7
2016	61	55	6	6
合计	646	533	113	113

三、药品使用监管

药品使用的监管工作主要体现在全县各级医疗卫生机构中，从确保医疗机构临床用药安全、全面实施基本药物制度、开展药品不良反应监测及查处违反药品管理法规行为等进行全方位监管。

医疗机构临床用药监管。主要是确保药物使用单位药品来源渠道合法，对各医疗机构药品购进渠道是否规范，是否索取、留存供货单位的合法票据，是否按贮存条件要求贮存药品，是否使用过期失效药品等。2016 年，全县 145 家医疗卫生单位药品配送覆盖率达 100%。创建乡镇“示范药房”12家、村卫生所“示范药房”119家，“创优示范药店”10家。全县共聘请“药品协管员和药品信息员”（简称“两员”）216名，并对其进行专业知识和法律法规知识培训，培训率100%。药品“两网”建设经省药监局验收达标。

实施基本药物制度监管。配合县相关部门围绕实施基本药物试点制度，加强对乡镇卫生院、村卫生室药品贮存条件的监管，药物按照避光、通风、防潮、防虫、防鼠要求储存，药品按批号堆码，内用药、外用药分开存放。确保药物储存安全。

开展药品不良反应监测。在全县医疗卫生单位设立监测点并实行网上申报。2010—2016年7年间，全县上报药品不良反应分别为186例、202例、224例、248例、290例、321例、330例。

四、医疗器械监管

医疗器械销售监管。主要是监管医疗器械经营企业所经营产品是否取得医疗器械注册证，是否从具有合法资质的企业购进，仓储管理是否符合要求，是否经营过期、失效、淘汰或未依法注册的医疗器械等。2010年，全县医疗器械批发企业1家、零售企业5家；至2016年，全县有医疗器械批发企业7家、零售企业48家。医疗器械批发企业销售第三类医疗器械，依法取得医疗器械经营许可证，零售企业如眼镜店销售隐形眼镜的3家，依法取得医疗器械经营许可证，其余45家零售企业为零售药店，销售第二类医疗器械，依法取得医疗器械销售备案凭证。2010—2016年，全县检查医疗器械2600个品种批次，合格产品2540个，不合格品60个，不合格品主要为过期产品，依法收缴销毁。

医疗器械使用监管。主要监管医疗卫生单位使用的医疗器械是否从具有合法资质的企业购进，是否查验留存供货单位的合法证照、医疗器械的合法票据，是否使用过期、失效、淘汰的医疗器械，对有特殊储运要求的医疗器械是否按规定管理等。重点监管的仪器设备有X光机、CT机、B超机、血透机等；植入性医疗器械如钢板、髓内针，人工晶体等；其他重点监管的医疗器械主要为一次性使用无菌器械，如一次性输液器、注射器、麻醉穿刺包、采血针等。体外诊断试剂亦列入重点监管产品。2010—2016年，全县共检查医疗器械1.1万余个品种批次，查出过期医疗器械340个品种批次、过期的体外诊断试剂240个品种批次。并依法进行没收销毁。

医疗器械使用不良反应监测。按照国家要求建立医疗器械使用不良反应监测点，对医疗器械使用过程中出现的不良反应按规定进行上报，2010—2016年，全县上报的医疗器械使用不良反应分别为21例、21例、32例、35例、37例、42例、92例。

第十三节　食品化妆品安全监管

一、食品经营监管

2004年4月至2012年12月，县食品药品监管局承担食品、保健品、化妆品安全管理综合监督，组织协调和依法开展对重大事故查处职责。期间，县食品药品监管局会同工商、质检、农业等相关食品监管部门，开展打击违法添加非食用物质和滥用食品添加剂、问题奶粉、地沟油、瘦肉精等专项整治工作，未发现有违法添加非食用物质和滥用食品添加剂、问题乳奶粉、地沟油、瘦肉精等案件。

2007年6月，县域启动创建省级食品安全示范县工作，县委、县政府把食品安全工作列入全县社会主义新农村建设规划和年度工作目标管理考评内容，同安全生产工作一并实行一票否决制。制定创建工作方案，构建“两级政府、三级监管”的责任网、监管网，建立从农田到餐桌的全方位监管流通体系。县、乡、村三级食品安全监管体系覆盖面达100%，鲜活农（畜、水）产品抽检合格率达100%，食品抽检合格率达96%以上，县域生猪定点屠宰率达100%。本地企业生产的食品抽检合格率达96%以上，流通环节特别是农村集市食品销售行为得到进一步规范，建立市场检测体系。全部乡镇及90%行政村建立“食品安全示范店”和万村千乡市场工程农家连锁店，食品统一配送率达84%。建立食品安全应急体系，应急网络覆盖面达100%。2008年1月，申报省级食品安全示范县并通过省级验收。

2012年，县食品药品监管局开展农村义务教育学生营养餐安全保障工作。乐安作为抚州市实行农村义务教育学生营养改善计划县，3月正式启动，全县35所中小学全部采取课间餐形式进行课间供餐，共有33860名农村义务教育学生享受营养供餐。为加强学生营养餐食品质量安全，县食品药品监管局协调相关部门从食品配送源头开始从严监管，实地查看食品原料库房、加工操作间、清洗消毒等场所，现场检查食品原料进货台账、食品加工操作、备餐留样、清洗消毒等环节，确保县域学生营养餐食品安全放心，没有出现食品质量事故或者食品不良事件。

二、餐饮服务监管

2012年12月，县食品药品监管局成立县餐饮服务保健食品化妆品监督所（简称“县餐监所”），主要负责县域餐饮服务、保健食品、化妆品行政许可和日常监管，监督从业人员健康检查和食品安全知识培训，依法对违法违规行为和责任人进行查处，受理相关举报和投诉。

县餐监所每年开展餐饮服务企业从业人员和学校相关负责人健康检查和培训。至2015年年底，健康检查3859人次，参加培训人员达4129余人次。

开展餐饮企业服务许可证核查，按照卫生部《餐饮服务许可管理办法》对许可基本条件逐项抓落实，当餐饮企业经营服务条件符合要求方才发给许可证。对已获证餐饮单位进行复核审批，对无证小餐饮进行处罚整顿。截至2015年年底，共对全县符合条件的323家餐饮服务企业下发许可证，对130家违法违规餐饮企业进行整顿清理。

加强学校食堂餐饮监管，从食堂选址、功能布局、卫生设施等方面提供专业帮助。同时加强学校食堂软件建设，制定相关制度，完善食品原料采购台账，协同培训从业人员卫生知识等。2013年开始逐步从课间餐向食堂供餐，至2016年，全县食堂供餐单位数35个，学生数16700人，课间供餐人数为12170人。

2013年，开展餐饮企业示范街和示范单位创建活动，将鳌溪镇迎宾北大道作为餐饮食品安全服务示范街建设，统一免费制作餐饮服务公示牌，对餐饮服务食品安全监管实行动态管理，以笑脸、平脸、哭脸标志确定餐饮食品安全服务等级，确定10家餐饮服务示范店和10家规范小餐饮店。

利用科技手段开展食品和餐饮具快速检测。2013年，建立食品快速检测室，先后开展食品和餐饮具的快检工作。除餐饮具洁净度检测外，还开展二氧化硫、亚硝酸盐、瘦肉精、陈化米、甲醛、农药残留等方面的快速检测。2015年10月，实施修订后的《中华人民共和国食品安全法》，将食品流通、餐饮服务、保健食品经营统称为食品经营。2015年全县抽检食品229批次。2013—2016年，全县食品经营发证619户，从业人员健康体检6512人次，从业人员培训6924人次，监督检查4685户次，食品抽检589批次，行政处罚161起，罚款金额53.4万元。

2013—2016 年乐安县餐饮服务监管情况表

表 11-6-21　　单位：户、人、批次、%、万元

年份	发证户数	从业人员健康体检人数	从业人员培训人数	监督检查户次数	抽检食品数	行政处罚数	罚款金额
2013	65	1093	1193	408	30	55	14.92
2014	117	1254	1334	825	30	39	9.9
2015	141	1512	1602	1606	169	36	10.48
2016	296	2653	2795	1846	360	31	18.1
合计	619	6512	6924	4685	589	161	53.4

三、保健食品监管

2013 年 3 月，县餐监所开展对全县保健食品经营单位进行摸底调查，全县共有保健食品经营者 63 户。6 月，按照国家开展打击保健食品非法生产、非法经营、非法添加、非法宣传（简称“四非”）专项行动工作要求，在全县范围内开展保健食品打“四非”专项行动，查处“四非”保健食品经营者 7 户，收缴“四非”产品 246 千克，净化县域保健食品经营市场。

开展保健食品经营单位备案工作，对全县保健食品经营单位对照经营要求，对符合条件的予以备案，对不符合条件的予以整改。

开展保健食品产品抽检工作，根据上级下达的抽检计划，从 2013 年始，每年对全县经营的保健食品进行抽样送检，合格率达 100%。

2013—2015 年乐安县保健食品监管情况表

表 11-6-22　　单位：户、批次、件、元、千克

年份	备案数	检查户次数	抽样件数	处罚起数	罚款金额	没收销毁产品数
2013	62	156	3	7	26406	246
2014	63	132	3	3	12240	82
2015	66	103	3	2	5500	31

四、化妆品监管

2013 年始，县餐监所开展全县化妆品经营单位摸底调查，县域有各类化妆品经营单位和个人 25 户。2013—2015 年，全县监督检查化妆品经营单位和个人 391 人次，抽样检验化妆品 9 件次，查处过期、标签违规等化妆品案件 12 起，罚款 4.42 万元。没收销毁不合格化妆品 359 件，规范净化县域化妆品经营市场。

第十二卷　财税金融

本卷目录

第一章　财　政

1986—2016年，中国财政管理体制不断改革、逐步深化。从20世纪80年代初“统得过多、管得过细”的财政管理体制，逐步改革为“分灶吃饭——划分收支、分级包干”的财政管理体制；从20世纪90年代后，实行“分税制”；进入21世纪，改革农村税费制度，2005年，全县取消延续几千年农民上交的“皇粮国税”——农业税。与此同时，为适应社会义市场经济体制的需要，不断改革和完善县、乡财政管理体制，建立健全会计集中核算与国库集中支付制度，把好全县国民经济的总开关。

改革开放以来，社会生产力得到极大释放，全县国民经济得到飞跃性发展，财政收入实现跨越式增长，全县财政收入由1986年的978万元，增长到2016年的70303万元，实现了经济转型发展、文化不断繁荣、民生持续改善、社会和谐稳定的良好局面，全县各项事业得到长足发展。

第一节　机构人员

一、县财政机构

1986年，乐安县财政局设人秘股、预算股、企业财务股、农业财务股、综合计划股。1988年5月，将企业财务股分设为工交企业财务股和商业企业财务股；9月，增设行政文教财务股。1990年，将原归口管理的县税收财务物价大检查办公室（简称“三大检查办公室”）更名为县财政局内设股室；12月，县编委批复同意县财政局成立农林特产税征收稽查站，为股级事业单位。1991年4月，设立国债服务部。1992年4月，成立乐安县国有资产管理局，为副科级机构，归口县财政局管理；8月，设立县公费医疗办公室，为股级机构。12月，成立县住房资金管理所，归口县财政局。

1997年7月机构改革，县财政局核定内设机构为：人秘、综合与改革（挂县控制社会集团购买力办公室和县国库券推销办公室牌子）、预算、工业交通、商业财贸、行政财务、社会保障、农业、农业税征收管理、会计、基本建设、财政监督股12个股。国有资产管理局与财政局一个机构两块牌子，核定国资局内设机构为资产综合统计、企业资产、行政事业资产股。县税收财务物价大检查办公室挂靠县财政局；县预算外资金管理局归口县财政局。

2001年4月，成立契税征收管理所，为股级事业单位；7月，成立乐安县人民政府采购中心办公室，设在县财政局；成立会计管理核算中心；

县财政局办公大楼

11月，撤销国债服务部。2003年3月机构改革，县财政局成立纪检组；撤销县国有资产管理局，其工作职能并入县财政局；增设企业统评股；成立县农业税征收管理局。2005年9月，增设局信息中心，为股级机构。2006年5月，县会计管理核算中心更名为县财政国库支付中心；县农业税征收管理局更名为县乡镇财政管理局。2008年6月，县财政监督股更名为县财政监督局（股级）。2009年3月，增设教科文股；12月，县纪委、监察体制改革，撤销局纪检组，在县直单位设立纪工委和监察分局，县财政局纪检、监察工作隶属于第二纪工委、第二监察分局管辖。2010年10月，成立县国有资产监督管理办公室，为县财政局内设机构。

2011年1月机构改革，县财政局内设15个职能股室：人事秘书（行政审批与之合署办公）、综合（非税收入）、预算（条法税政）、国库、行政政法、教科文、经济建设、农业、社会保障、企业、会计、绩效评估股、国有资产监督管理办公室、政府采购管理办公室、财政监督局。财政局党风廉政建设和反腐败工作由人秘股具体承办。核定县财政局机关行政编制25个，工勤编制2个。核定领导职数：局长1名，副局长3名，国有资产监督管理办公室主任1名（副科级）、总会计师1名，股级职数15名。

至2016年年底，县财政局机关共有干部职工65人，下属事业单位26人。县财政局办公地址于2000年12月由长征路61号（现鳌溪镇上大街社区办公楼）迁入乐安大道177号县财政局办公大楼。

1986—2016年，历任局长：周树宗、黄凤珍（女）、涂继旗、吴信根（兼）、袁国平、曾亦农；历任专职党组书记：王冬生。

二、乡镇财政机构

1985年7月，省政府颁发《江西省乡（镇）财政管理实施办法》，规定乡镇设立财政所，所长由乡镇长兼任，作为一级财政管理机构。1986年3月，全县20个乡镇正式建立财政所，由乡镇长兼任所长。

1987年3月，地区编制委员会核定全区乡镇党政机关和财政所人员编制，要求乡镇财政所长单独配备，乡镇长不再兼任。1992年5月，县人民政府批转县财政局、县税务局《关于加强农村税收聘用村级助征员意见的通知》，要求在各乡镇每个村委会聘用1名村级农村税收助征员，负责协助乡镇财税部门征收村级以内的农村税收。1995年12月，地区行署批转地区财政局、县地方税务局《关于全区乡镇财政所、地税所实行合署办公意见的通知》。从1996年1月起，全县乡镇财政所、地税所合署办公。

2001年11月，全县撤乡并镇。潭港乡并入鳌溪镇，鹏洲乡并入戴坊镇，航桥乡并入山砀镇，望仙乡并入招携镇，坪溪乡并入金竹乡。乡镇财政所亦由20个合并为15个，且乡镇财税所分设为财政所、税务所。2006年4月，设立乐安工业园区管委会财政所，为县财政局派出机构。2008年3月，撤销工业园区管委会财政所，成立工业园区管委会财政办，为工业园区管委会内设机构。

2009年12月，成立大马头垦殖场财政所。2014年成立大马头乡，大马头垦殖场财政所更名为大马头乡财政所。

至2016年，全县共有财政所16个，乡镇财政所人员共61人。

第二节　财政体制

一、县级财政体制

（一）划分税种、核定收支、分级包干体制

1985年，国务院为贯彻落实中共十二届三中全会《关于经济体制改革的决定》，是年始，实行“划分税种、核定收支、分级包干”的财政管理体制。江西省政府规定，县财政收入基本上按照利改税第二步改革后的税种设置，其固定收入有：县属国营企业所得税、调节税和承包费、未实行利改税的县属企业收入；县级事业收入，工商所得税，农牧业税，车船使用牌照税，城市房地产税，屠宰税，牲畜交易税，集市交易税，契税，城市维护建设税和其他收入等。同时列为县财政固定收入的还有营业税（不含石油部、电力部、石化总公司、有色金属总公司四部门所属企业及铁道部、各银行总行、保险公司缴纳的部分）、资源税、建筑税、个人所得税、国营企业奖金税、县合资企业的工商统一税、所得税和石油部、电力部、石化总公司、有色金属总公司四部门所属企业缴纳的产品税、营业税、增值税的30%。除上述四部门所属企业缴纳的产品税、增值税外，则作为省财政和县财政共享收入。县财政支出有：县办企业挖潜改造资金、县农口各部门事业费、支援农村生产支出、工交商部门事业费、城市维护费、知青业务费、文教科学卫生事业费、抚恤和社会救济费、行政管理费、其他部门事业费、环境保护补助资金和其他支出（包括兵役征集费、招收飞行员经费等），列入县财政支出包干范围。不宜实行包干的支出，仍由中央和省财政专案下拨。乐安县属常年补贴县，预算收入100%留成。地区财政对乐安县财政的定额补助为82万元（1986年起每年递减10%）。

（二）包干财政体制

实行“划分税种、核定收支、分级包干”体制后，受多种因素影响，财政运行出现一些新问题。1988年，地区在原财政管理体制的基础上，对县财政的收入范围和包干办法作出调整，把城乡个体工商户所得税、个体户营业税、个人收入调节税、个人所得税、国营企业工资调节税、契税、农林特产税、屠宰税、牲畜交易税、集市交易税、车船使用税、房产税、国营企事业单位奖金税等13种小税全部划归县财政，不列入收入基数，并以1986年为基数列收列支，增收部分全留地方。调整后改定额补助为定额上解。1988年，定额上解数为24万元，以后逐年增长。这种财政管理体制一直延续到1993年。

（三）分税制

1994年始，江西省政府根据国务院《关于实行“分税制”财政管理体制的决定》，从是年1月1日起改革现行包干财政体制，实行“分税制”财政管理体制，在划分事权的基础上，确定省与县的支出范围，按照财权与事权相结合的原则，划分税种，实行省对地、县的税收返还。

按照抚州地区拟定的对县（市）的分税制财政管理体制实施方案，划分给县（市）的固定收入有：增值税25%的部分、县属企业所得税（不含地方银行和外资银行非银行金融企业所得税）、固定资产投资方向调节税、城市维护建设税、车船使用税、屠宰税、农牧业税、农业特产税、耕地占用税、契税，县属企业（不含地方银行和外资银行及非银行金融企业所得税）和行政事业单位缴纳的其他收入。地、县（市）共享收入有：土地增值税、国有土地有偿使用税、其他资源税、印花税、个人收入所得税、房产税、遗产和赠予税8种，分别按省40%、地区20%、县（市）40%分享；证券交易税按中央50%、省20%、地区10%、县（市）20%分享。地区8种小税的分享部分，平时入县（市）国库，作为县（市）收入，年终结算上解。划分给乐安县的财政支出范围主要包括：县级企业挖潜改造资金、地方地质勘探费、支援农业生产支出、县级农口各部门的事业费、工交商部门的事业费、城市维护和建设经费、文教科学卫生事业费、其他部分的事业费、抚恤和社会救济费、县级行政管理费、公检法支出、价格补贴支出、环境保护补助资金和其他支出。

实行分税制后，地区对县（市）税收返还数额，按照全省统一的口径和依据计算，以1993年县（市）实际收入及税制改革和收入划分来核定县（市）净上划的收入数额，即上划中央消费税＋上划中央75%的增值税＋其他资源税、个人所得税、房产税上划省40%和上划地区20%－中央和省下划的收入。1993年净上划收入全部返还县（市），保证既得财力，并以此作为地区对县（市）税收返还基数，1994年以后税收返还额在1993年基数上逐年递增，递增率为1∶0.15，即省对抚州税收返还增长1%，地区对县（市）税收返还增长0.75%，地级集中0.25%。如果1994年以后上划中央收入达不到1993年基数或达不到上级下达的“两税”目标的，省扣减地区税收返还基数，地区也相应扣减县（市）收入返还基数。

实行分税制后，原体制分配办法比照省对地区的办法执行。对全区县的定额补助，1994年补助总额为101万元，1995年为70万元，1996年原则上取消补助。对实行总额分成上缴的县（市），按1993年实际计算的上解数作为体制上解基数，按确定的递增率，实行递增包干上解的办法。区别情况全区确定3个档次的递增比例：全区县递增比例为10%，金溪为10%，广昌、乐安县为11%，临川、南城、黎川、南丰、资溪、崇仁、宜黄、东乡8个县为13%。各县（市）每年按确定的上解基数和递增率递增上解，地区不再参与县（市）收入分成，增收全部留归各县（市）。这次核定上解基数时，地区考虑到乐安县财政比较困难，在分成比例上提高2个百分点计算，并对金溪、乐安、广昌3个县给予一块固定的补助基数，其中给予乐安县的固定补助基数为34万元。对地区在1988年核定各县财政体制时，给9个县304.1万元基数额，不抵减体制上解基数，列入固定补助，对各县（市）的增收分成，不抵减体制上解基数，新体制后相应取消增收分成。

2000年，为进一步加强县（市）活力，推动县（市）经济发展，中央、省、市对分税制财政体制进行调整。国务院决定，从是年起分3年将证券交易印花税分享比例逐步调整到中央97%，地方3%。2002年，所得税分享改革，中央保证各地区2001年地方实际所得税收入基数，实施增量分。2002年所得税中央与地方各分享50%。2003年以后，中央分享60%、地方分享40%。2003年，城镇土地使用税、土地增值税、房产税、其他资源税和印花税，省级得40%部分的增量全部下放给县级，增量部分省级不再参与分成，设区市本级原集中部分增量也相应下放；耕地占用税省级不再分成，全部留给县级。

2005年，省委、省政府根据国务院关于推进“省直管县”财政管理方式改革的精神，决定从是年起，在全省21个国家扶贫开发工作重点县（市）实行“省直管县”财政体制改革试点，乐安县为试点县之一。改革试点工作按照“保持现行既得利益的原则，共同支持县（市）发展的原则，坚持权责统一的原则，坚持积极稳妥、循序渐进的原则”，确定以“八个到县、两个不变”为主要内容的改革试点，即体制基数直接固定到县（以2003年体制性补助〔上解〕为基数）、收入计划直接下达到县、基金收入分成直接到县、转移支付及专项资金补助直接下达到县、财政结算直接办理到县、资金调度直接拨付到县、各项债务直接落实到县、财政工作直接部署到县，市对县支持不变、数据报送汇总程序不变。

1986—2016年乐安县财政总收入和体制分成收入及上缴补助情况表

表12-1-1　　单位：万元

年份	总收入	其中				上级补助收入	结算上解支出	上级补助—上交、上解后实得上级补助	其中
		划县收入	上缴上级收入	%					粮油加价、价差及国家储备粮补助
				划县	上缴				
1986	978	978	—	100.00	—	437	47	390	—
1987	1128	1128	—	100.00	—	459	151	308	24
1988	1357	1357	—	100.00	—	994	85	909	624
1989	1587	1587	—	100.00	—	973	100	873	514

续表 12-1-1

年份	总收入	其中				上级补助收入	结算上解支出	上级补助—上交、上解后实得上级补助	其中
		划县收入	上缴上级收入	%					粮油加价、价差及国家储备粮补助
				划县	上缴				
1990	1840	1840	—	100.00	—	1040	129	911	516
1991	2346	2346	—	100.00	—	1423	104	1319	719
1992	1936	1936	—	100.00	—	1401	42	1359	655
1993	2756	2178	578	79.03	20.97	1235	54	1181	503
1994	2955	2338	617	79.12	20.88	1754	220	1534	635
1995	3583	2875	708	80.24	19.76	1414	262	1152	—
1996	3797	3048	749	80.27	19.73	1826	279	1547	213
1997	4130	3657	473	88.55	11.45	2415	324	2091	—
1998	4329	3775	554	87.20	12.80	3326	372	2954	—
1999	4151	3582	569	86.29	13.71	3538	397	3141	—
2000	4166	3550	616	85.21	14.79	6755	543	6212	—
2001	4586	3972	614	86.61	13.39	7462	593	6869	—
2002	4606	3879	727	84.22	15.78	14080	530	13550	—
2003	5248	4021	1227	76.62	23.38	14602	582	14020	—
2004	4816	3359	1457	69.75	30.25	19871	728	19143	—
2005	5886	3972	1914	67.48	32.52	25750	882	24868	—
2006	8988	6211	2777	69.10	30.90	30294	942	29352	—
2007	13159	9336	3823	70.95	29.05	39722	1419	38303	—
2008	16366	12050	4316	73.63	26.37	51682	1194	50488	—
2009	22168	18207	3961	82.13	17.87	68733	1697	67036	—
2010	30488	25889	4599	84.92	15.08	75779	2078	73701	—
2011	42664	36009	6655	84.40	15.60	85994	1408	84586	—
2012	46130	38464	7666	83.38	16.62	108725	1484	107241	—
2013	52603	42241	10362	80.30	19.70	130780	2619	128161	—
2014	60605	48218	12387	79.57	20.43	127534	3011	124523	—
2015	68502	52263	16239	76.30	23.70	149694	5807	143887	—
2016	70303	52936	17367	75.30	24.70	163473	2453	161020	—

1986—1993 年乐安县财政体制分成情况表

表 12-1-2　　单位：万元

年份	财政总收入	县分成收入			上级补助收入
		小计	固定比例分成收入	专项收入	
1986	978	978	958	20	437
1987	1128	1128	1059	69	459
1988	1357	1357	—	40.2	994
1989	1587	1587	1551	36	973
1990	1840	1840	—	—	1040
1991	2346	2346	2291	55	1423
1992	1936	1936	1878	58	1401
1993	2178	2178	2110	68	1235

1987—1994 年乐安县执行地区“定额上缴、增收全留”体制情况表

表 12-1-3　　单位：万元

年份	按省体制上缴	地区下达定额上缴（结算上解）	年份	按省体制上缴	地区下达定额上缴（结算上解）
1987	21.0	55.9	1991	52.2	52.0
1988	24.0	61.5	1992	60.3	−18.7
1989	32.0	68.3	1993	72.7	−18.6
1990	45.3	95.1	1994	190.0	30.0

1994—2016 年乐安县分级收入及税收返还和定额上缴情况表

表 12-1-4　　单位：万元

年份	总收入	其中			上缴中央、省收入	税收返还补助	上缴中央、省税收多于税收返还补助	定额上解
		县乡收入	中央收入	省分享收入				
1994	2955	2338	580	37	617	523	94	190
1995	3583	2875	678	30	708	536	172	211
1996	3797	3048	712	37	749	540	209	234
1997	4130	3657	420	53	473	507	−34	260
1998	4329	3775	476	78	554	517	37	288
1999	4151	3582	479	90	569	517	52	304
2000	4166	3550	518	98	616	523	93	337
2001	4586	3972	504	110	614	521	93	354
2002	4606	3879	684	43	727	573	154	286
2003	5246	4021	1187	40	1227	630	597	354

续表 12-1-4

年份	总收入	其中			上缴中央、省收入	税收返还补助	上缴中央、省税收多于税收返还补助	定额上解
		县乡收入	中央收入	省分享收入				
2004	4816	3359	1411	46	1457	638	819	354
2005	5886	3972	1850	64	1914	660	1254	354
2006	8988	6211	2651	126	2777	715	2062	354
2007	13159	9336	3617	206	3823	764	3059	354
2008	16366	12050	4079	237	4316	765	3551	354
2009	22168	18207	3653	308	3961	943	3018	354
2010	30488	25889	4599	—	4599	962	3637	354
2011	42664	36009	6655	—	6655	1009	5646	354
2012	46130	38464	7666	—	7666	1080	6586	354
2013	52603	42241	10362	—	10362	1117	9245	354
2014	60605	48218	12387	—	12387	1184	11203	354
2015	68502	52263	15659	580	16239	1219	15020	354
2016	70303	52936	16783	584	17367	5442	11925	354

1994—2016 年乐安县分税制后定额上解情况表

表 12-1-5　　单位：万元

年份	定额体制上缴	农业配套资金（结算上解）	合计	年份	定额体制上缴	农业配套资金（结算上解）	合计
1994	190	31	221	2006	354	588	942
1995	211	38	249	2007	354	1065	1419
1996	234	51	285	2008	354	840	1194
1997	260	64	324	2009	354	1341	1695
1998	288	84	372	2010	354	1722	2076
1999	304	93	397	2011	354	1045	1399
2000	337	86	423	2012	354	1120	1474
2001	354	239	593	2013	354	1918	2272
2002	286	244	530	2014	354	2251	2605
2003	354	228	582	2015	354	4999	5353
2004	354	374	728	2016	354	1806	2160
2005	354	528	882	—	—	—	—

二、乡镇财政体制

1986年，根据国务院和省政府的要求，全县各乡镇建立乡镇级财政，并相继成立乡镇财政所，乡镇财政实行“统一领导、分级管理”，责、权、利结合，财权与事权相结合，受乡镇人民政府和县财政局双重领导，业务上以县财政局领导为主的管理体制。从是年1月1日起，县对乡镇实行“定收定支、收入上解、支出下拨、超收分成、短收抵支、超支不补、结余留用、收支挂钩、一年一变”的财政管理体制。乡镇财政超额完成预算内全年总收入任务，其超收部分，县与乡镇“五五”分成；短收部分抵减定支补助，年终由县财政照数与乡镇进行结算。

1988—1994年，乐安县实行“划分税种、核定收支、定额补助”的财政预算管理体制。1988年，县财政局与牛田镇、招携镇签订综合改革财政包干协议，进行综合改革试点。

1995年11月22日，国务院发布《中华人民共和国预算法实施条例》，规定县级以上地方各级政府应当根据中央和地方分税制的原则和上级政府的有关规定，确定本级政府对下级政府的财政管理体制。

（一）第一轮乡镇分税制

1996年，县政府为适应市场经济和“分税制”财政体制的需要，充分调动乡镇发展经济、当家理财的积极性，根据统一政策、分级管理的原则，按照抚州地区统一布置，结合乐安县的实际情况，决定从是年起对乡镇财政实行“划分收支、核定基数、比例上解或补助、增长分成、一定三年”的分税制财政体制，即第一轮乡镇分税制财政体制。指导思想是：在保证乡镇既得财力的前提下，适当增强乡镇财政活力，进一步促进乡镇财政与事权的统一，充分调动乡镇大力发展农村经济、组织财政收入的积极性，理顺县乡财政分配关系。乡镇分税制具体内容如下。

划分收支。乡镇财政收入范围包括：乡镇及驻乡镇的营业所、信用社、林业站、基层供销社、粮管所乡镇缴纳25%的增值税，以及营业税、城市维护建设税、车船税、屠宰税、固定资产投资方向调节税、集体企业所得税、个体私营企业所得税等8种小税的60%和税款滞纳金等地方工商税、农业税、耕地占用税、农业特产税、契税、教育附加收入和其他收入。乡镇财政支出范围包括：农林水等部门事业费、公费医疗经费、文教科学卫生事业费、抚恤和社会救济费、其他部门事业费、价格补贴支出，城市维护费、行政管理费、教育附加支出和乡镇所属单位的其他支出。

核定基数。乡镇财政收入基数，按照上述财政收入范围，以1995年乡镇收入总数除以乡镇1993年、1994年、1995年收入决算总数的平均数为收入系数，再以各乡镇收入平均数乘以收入系数作为乡镇收入基数（公溪镇不分县、镇级收入，实行统包〔国营预算内工业企业所实现的所得税和利润作为县级收入〕；鳌溪镇划分县级、镇级收入，县级基数不在鳌溪镇包干基数内）。乡镇财政支出基数以1995年决算数（剔除专项及追加数），另加2%的预备费计算确定。

比例上解或补助。以乡镇所确定的收、支基数为依据，计算乡镇上解或补助比例，乡镇财政支出除以财政收入，所得百分比为乡镇留成比例，减留成比例作为乡镇上解或补助比例。设立乡镇国库的，凭此比例进行资金划解，尚未设立国库的，收入全额上解县国库。县财政以收入进度乘于上解或留成比例，作为财政支出拨付依据。各乡镇所实现的“两税”收入务必全额及时上解县国库。

增长分成。对当年实际收入超过收入基数的，实行增长分成（见表12-1-6）。

一定三年。为与乡镇政府任期相适应，该轮乡镇分税制财政体制执行期为3年（1996—1998年）。在执行期限内，除遇国家调整较大税率或计价、开征新税种、增加新的财政收入项目和调整“分税制”财政体制需要对包干体制作较大变动外，财政收入基数和增长分成办法一般不做调整和变动。对于增加人员，按编委确定的编制数，缺编不减经费，超编不增加经费。

乐安县乡镇财政收入增长分成情况表

表 12-1-6 单位：万元

收入档次	增收 20% 以内		增收 20% ~ 30%		增收 30% ~ 40%		增收 41% 以上	
	上缴县	乡留	上缴县	乡留	上缴县	乡留	上缴县	乡留
201 万元以上	40	60	35	65	30	70	25	75
101 万元～ 200 万元	35	65	30	70	25	75	20	80
51 万元～ 100 万元	30	70	25	75	20	80	15	85
50 万元以下	25	75	20	80	15	85	10	90

（二）第二轮乡镇分税制

1999—2001 年为第二轮乡镇分税制财政管理体制实施期，实行“划分收支、核定基数、递增上解（或递减补助）、一定三年”的分税制财政体制。与第一轮相比，取消“增长分成”的内容，更加体现“进一步理顺县乡财政分配关系，在稳定县本级财政的基础上，充分调动乡镇发展经济、增收节支的积极性”的指导思想和“统一政策、分灶吃饭”“县乡共同发展”的原则。在体制内容上，乡镇财政收入范围增加“工业小区各厂创税收，按照谁投资、谁受益的原则来划分收入范围和确定税收归属管理”内容，乡镇级财政支出范围增加“支农支出”和“财政税务事业费”项目。在核定基数上，具体测算方法较上轮变动大，具体内容如下。

收入基数：通过 3 种因素综合核定，即用 3 年收入计划收入因素的 60%，人均财政收入基数因素的 20%，国税、地税、财政分口收入基数因素的 20% 进行综合核定。

3 年收入计划收入因素的收入基数 =1996 年地方收入计划 50%+1997 年地方收入计划 30%+1998 年地方收入计划 20%+1998 年农业税提价款。

人均财政收入基数因素的收入基数 =3 年收入系数收入基数 ÷1997 年末乡镇总人口数。

国税、地税、财政分口收入基数因素的收入基数 = 国税口地方收入基数（按县国税局测算数，以 1998 年国税地方收入计划递增 10% 左右确定）+ 地税口收入基数（按县地税局测算数，以 1996—1998 年 3 年各乡镇地税收入计划的平均数确定）+ 财政口收入基数（基数 =1996—1998 年 3 年财政口收入计划〔除农业税〕加权平均数 ÷ 各乡镇资源利用面积 60%+3 年财政口收入〔除农业税〕计划加权平均数 ÷ 各乡镇 1997 年末人口数 40%+1998 年农业税〔含正税和提价款〕）。

支出基数：乡镇财政支出基数按 1998 年支出标准重新核定，具体包括 5 个部分。

个人经费（含工会经费），按 1998 年 11 月底实际人数（超编限额数）和新标准重新核定，具体标准为全额单位在职职工年人均 0.4 万元；中小学在职教师年人均 0.45 万元；代培教师年人均 0.4 万元；卫生院在职职工年人均 0.25 万元（防、妇保人员按年均 0.5 万元）；乡企办在职职工人均 0.32 万元；全额和差额单位退休职工年人均 0.5 万元；民办教师农业粮年人均 0.08 万元、商品粮年人均 0.1 万元；遗补对象农业粮年人均 0.08 万元、商品粮年人均 0.1 万元。

公务费，按实际人员（乡镇财税人员除外）每人每年 300 元的标准定额核定。

公费医疗经费，按实际人员（超编限额数）工资总额的 5% 核定。

优抚和社救费，按县民政局确定的实有享受

人员和标准核定。

预备费，按核定的支出基数的5%设置，用于体制实施期间增人增资。

乡镇上解（补助）基数=地方收入基数-支出基数，上解（补助）递增（递减）比例是，收入基数在100万元以下，递增比例为15%，在100万元（含100万元）~200万元之间的递增比例为14%，在200万元（含200万元）~300万元之间的递增比例为13%，在300万元（含300万元）~300万元以上的递增比例为12%。资金上解比例=（上解基数+公费医疗上解全额）/收入基数100%，比例小于30%按30%，大于30%小于40%按40%，大于40%小于50%按50%，大于50%小于60%按60%，大于60%小于70%按70%，大于70%按70%。第三轮乡镇财政体制本应从2002年开始实施，但为了与乡镇政府的任期相适应，2002年乡镇上解仍按2001年上解额执行。

第二轮乡镇财政体制实施期，乡镇财政薄弱，造成全县乡镇普遍拖欠乡镇干部、教师等人员工资。

（三）第三轮乡镇分税制

2003—2004年为第三轮乡镇分税制财政管理体制实施期，实行“划分收支、核定基数、定额上解、一定两年”分税制财政体制。该轮体制在第二轮的基础上，进行大幅度的调整，在内容上改“递增上解（或递减补助）”为“定额上解”，改“一定三年”为“一定两年”。坚持“比例适当、集散有度、收支合理、统筹兼顾”的原则。在收支的划分上，按现行分税制要求划分税种，按税收属地原则划分县乡收入范围，不层层分税。各乡镇税收征管范围原则上参照第二轮乡镇财政体制执行，县域范围内的契税和乡镇发展中的大宗工商税源由县本级负责征收。基数核定内容如下。

收入基数：以2000—2001年各种项目的实际收入以及农村税费改革后乡镇财政收入增减变化因素为依据，结合国民经济和社会发展计划，按一定增长比例计算确定。乡镇工资补助收入、农村税费改革补助收入、一般性转移支付补助收入均纳入乡镇收入基数范畴，以县下达有关文件确定的补助数额为准。

增值税，按2000年、2001两年实际收入的平均数扣除上划中央75%部分后再增长10%。

营业税、企业所得税、个人所得税、资源税、房产税、印花税、土地使用税、土地增值税、城建税、车船使用税、耕地占用税、契税、教育附加收入，按2000年、2001年两年实际收入的平均数扣除上划中央和省级收入后再增长10%。

农业税，按税费改革后乡镇落实的农业税正税扣除10%的减免，乡镇落实的农业税超过县下达的指导性任务部分不计入收入基数，因水毁导致不可复耕的农田减少的农业税在农业税减免中给予相应的补助。

农业特产税，按2001年各乡镇木材、毛竹、烟叶、蚕桑的实际销量和税改后征收标准计算的农业特产税再增长10%，农业特产税附加不计入基数。为鼓励乡、镇培植税源和加强征管，按上述方法计算的农特税基数超过33万元的按33万元计算，超过部分不计入基数，不足3万元的按3万元计算。

罚没收入，按2000年、2001年两年实际收入的平均数下调30%核定。

补助收入，工资补助收入按县下达给乡镇的调资补助数额核定，包括1999年7月、2001年1月、2001年10月3次工资普调补助；农村税费改革转移支付补助按2002年县下达给乡镇的税改补助额核定；困难乡转移支付补助按乡镇2002年9月财政供养人数和人均650元的标准计算。

支出基数：项目包括乡镇所属各单位人员工资、工会经费、公费医疗经费、公务费、优抚和社会救济经费、预备费、农村税费改革专项支出等。为贯彻落实农村税费改革政策，乡镇计划生育经费、优抚经费、民兵训练经费、五保户补助费、村级管理费、危房改造经费等专项支出项目纳入乡镇财政支出范畴。

人员工资，按2002年9月财政供养人数和机构改革工资政策以及国家规定的工资项目和标准折算成全年工资。乡企办在岗人员按工资额的80%计算；乡镇卫生院的防保人员和全民退休人员按全额计算，其他全民职工工资按40%计算；土管所和卫生院的集体职工工资由所在单位自行解决；教育部门外出打工和脱产学习的人员工资55%列入支出基数，县城中小学借用的乡镇教师工资的20%计入支出基数，县城中小学支付借用乡镇教师的工资由乡镇、县直教育系统调控资金和借用单位按2∶3∶5的比例共同负担。

工会经费，按人员工资总额的0.8%计算。

公费医疗经费，按乡镇年工资总额的4%核定。

公务费，按行政编制1000元/人、年，事业编制500元/人、年核定，乡镇卫生院和中小学校的公务费在单位预算外资金中解决，不列入财政支出基数。

优抚和社会救济费，按2002年9月县民政局提供的人数和国家规定的标准核定。

预备费，按上述5项支出总额的1%核定。

农村税费改革专项支出，包括计划生育经费、优抚经费、民兵训练经费、五保户补助费、村级管理费、危房改造经费等，支出标准按县下达给乡镇的农村税费改革转移支付中的相关项目补助金额核定，危房改造经费按税费改革补助中的教育集资补助的60%核定。乡镇退耕还林视工程进展情况给予奖励。县财政按照核定的收入基数减去支出基数的余额全部作为上解基数。

该轮财政体制本应从2002年开始，但为了与乡镇政府的任期相适应致使第三轮乡镇财政体制推迟1年出台。因此，该轮财政体制期限为2003—2004年，在此期限内，乡镇财政收支范围和基数以及上解额均保持不变；除国家下达的补助外，增人、增支均由乡镇统筹安排，自求平衡。

（四）第四轮乡镇分税制

2005—2007年为第四轮乡镇分税制财政管理体制实施期。该轮财政管理体制形式，除“一定两年”改为“一定三年”外，其他均与上一轮内容相同。但在具体实施中更加体现“以人为本，条块结合”和“量入为出，适度从紧”的原则。2005年1月起，乡镇干部工资由县财政统发，确保干部职工工资按时足额发放；上划卫生和民政经费，确保困难群体的基本生活和必需的医疗卫生服务。收入基数的核定充分考虑乡镇的收入增长潜力和产业发展的要求。各乡镇税收征管范围和乡镇财政支出范围原则上参照第三轮乡镇财政体制执行。乡镇所属单位、企业和个人缴纳的增值税25%部分和其他工商税收地方留成部分，农业“四税”、行政事业性收费、罚没收入、专项收入和其他收入等划入乡镇地方收入范围。县城范围乡的契税和乡镇实施以国家投资为主的国债项目、以工代赈和扶贫项目税收以及发展中其他大宗工商税源划归县本级。收入基数、收入补助、支出基数核定内容如下。

收入基数：以2002年和2003年各种收入项目的实际收入以及乡镇财政收入增减变化为依据。

增值税、营业税、企业所得税、个人所得税、资源税、房产税、印花税、土地使用税、土地增值税、城建税和车船使用税等工商税收基数，按2002年和2003年实际收入的平均数扣除上划中央和省级收入后按7%～8%的增长比例计算确定，其中湖溪、罗陂、金竹、谷岗和南村5个乡的增长比例为7%，其余乡镇为8%。

农业税，按2004年农业税降低3个百分点后的农业税正税计算（不含10%减免）。

农业特产税，按2002—2004年3年烟叶特产税乡镇完成的平均数下调50%计算。

耕地占用税、契税和专项收入（教育附加），分别按2002年、2003年两年实际收入的平均数计算。

收费收入和罚没收入，按2002年、2003年两年实际收入的平均数下调35%计算。

补助收入。工资补助按2004年11月份乡镇财政供养人数和上级补助标准计算；一般性转移支付补助按2004年11月份乡镇财政供养人数和人均 850 元的标准计算；税收补助按 2002 年农村税费改革时下达的补助数额计算；农业税补助和村级附加补助按 2004 年下达的补助数额计算。

支出基数：人员工资，按 2004 年 11 月份财政供养人数、国家规定的工资项目和标准折算成全年工资，其中，乡镇政府机关、计生所、农业综合服务站和社会事务业服务中心编内在职人员按人均 800 元 / 月的标准计算，超编人员按在职人员标准的 50% 计算。乡镇广播站临时人员工资按 2004 年实际发放标准列入乡镇支出基数，并由乡镇负责发放。离退休人员和遗属补助人员按现行标准全额计算。乡镇卫生院的防保人员和全民退休人员工资按全额计算，卫生院的其他全民职工工资按 40% 计算，卫生院的集体职工工资由所在单位自行解决。乡镇中小学校在职人员工资按在岗人员和现行标准计算，外出打工和脱产学习人员工资按 50% 计入支出基数，乡镇教师借用到县城机关和学校的，按其工资的 50% 计入乡镇支出基数，其余 50% 由借用单位负担（但乡镇中心小学从 2006 年起全部纳入县本级管理，支出预算由县本级安排）。

医疗保险经费，在职人员按年工资总额的 2%、离退休人员按年工资总额的 4%，差额单位在职人员按年工资总额的 1% 计入支出基数。

优抚和社会救济经费，按 2004 年乡镇实际发放标准全额计算，2004 年县财政负担的部分经费也计入乡镇支出基数，2005 年开始，县财政预算不再安排。

工会经费，按在职人员工资总额的 0.8% 计算。

公务费，按《乐安县县乡党政机构改革实施方案》确定的行政和事业编制数和人均 1000 元 / 年的标准计算（不含乡镇卫生院和中小学校），超编人员公务费按人均 500 元 / 年的标准计算。

税改专项经费，按税收补助中制定的项目全额计算，实行专款专用。

公共卫生支出，按（2003）58 号文件规定的标准计算。

预备费，按乡镇人员经费和公用经费总额的 1% 核定。

在该轮乡镇分税制财政管理体制实施期内，从 2005 年起对全县 15 个乡镇实行“乡财县管乡用的财政管理新模式，在坚持“三个不变”（乡镇独立核算主体不变，乡镇资金的所有权、使用权和财务审批权不变，债权债务关系不变）的基础上，创新乡镇财政管理模式。主要内容有如下。

预算共编：县级财政部门按有关政策，结合财力实际，明确预算安排顺序和重点，乡镇政府根据县级财政部门的指导意见，编制本级综合财政预算草案并按程序报批。

账户统设：取消乡镇财政总预算会计，由财政局报账中心代理乡镇财政总预算会计核算和专项资金核算业务；乡镇财务核算中心仅办理行政事业单位财务收入和乡级财务收支业务。

集中收付：乡镇各项财政收入全部缴入县国库，由县报账中心进行核算。按照“保工资、保运转、保重点、促发展”的原则，优先保障人员工资。其他支出由乡镇行政事业单位编制用款计划，经乡镇领导签批后报县报账中心审批，单笔 1 万元以上的日常开支，还需报县政府分管财贸的领导批准。村级补助资金，由县级财政部门拨入村级资金专户。

采购统办：乡镇各项采购支出，由乡、镇提出申请和计划，经县报账中心按照预算审核后，交由县采购中心集中采购。

票据统管：乡镇使用的行政事业性收费票据全部上收到县财政局统一管理，实行票款同行、以票核收，严禁坐收坐支，严禁转移、隐匿各项收入。

与此同时，在全县实行“村账乡代理”的财政管理方式。2007 年，为确保涉农资金及时足额发放到农民手中，在全县范围内全面推行财政惠农补贴“一卡通”发放方式改革。

（五）第五轮乡镇分税制

2008—2011 年为第五轮乡镇分税制财政管理

体制实施期（2011年为续年）。其体制形式与三、四轮乡镇分税制财政管理体制完全相同。在指导思想上突出强调“建立公共财政”“深化乡财县管乡用管理方式改革”“规范乡镇财政收支行为”等原则，在“划分收支范围”“核定收入基数”方面，既充分考虑乡镇收入增长潜力，又切实保障乡镇基本支出，做到应保尽保，足额安排，为乡镇财政预留财力空间，确保乡镇财政平稳运行。将乡镇所属单位、企业和个人缴纳的增值税、营业税、所得税等税收收入和行政事业性收费、罚没收入及其他收入等非税收入，原则上全部列入乡镇收入范围。专项收入（教育附加）不纳入乡镇收入范围，由县本级集中，全部用于义务教育项目资金配套。明确乡镇财政主要承担本乡镇所属单位人员经费和政权机关运转所需支出以及乡镇事业发展支出。具体包括：一般公共服务、文化体育与传媒、社会保障和就业、医疗卫生、城乡社区事务、农林水事务、其他支出等。

收入基数：以2006年、2007年各种收入项目的实际收入以及乡镇财政收入增减变化因素为依据，结合国民经济和社会发展计划，按一定增长比例计算确定。乡镇取消的农业税补助、农村税费改革补助、乡镇转移支付补助、村级转移支付补助等均列入乡镇收入基数。具体计算办法。

税收收入基数按2006年、2007年两年实际收入平均数扣除上划中央和省级收入后按52%的增长比例计算确定。

烟叶税，按2006年、2007年两年烟叶税的平均数增长52%后下调50%计算。

非税收入，按2006年、2007年两年实际收入剔除一次性收入因素后的平均数增长52%后下调20%计算。

补助收入。税改补助按2002年农村税费改革时下达的补助数额计算；农业税补助和“两税”附加补助按2007年下达的补助数额计算；乡镇和村级转移支付补助按2007年省财政下达的补助数额计算。

支出基数：包括乡镇所属各单位的人员工资、遗属补助、津贴补贴、工会经费、医疗保险经费、失业保险经费、公用经费、优抚和社会救济经费、农村税费改革专项支出、公共卫生支出、事业发展经费和预备费等。

工资福利支出。基本工资人员工资按2008年1月份财政实际发放的人数和标准计算，外出和外借人员按其工资标准的50%计算确定；乡镇卫生院全民退休人员和防疫妇保人员工资按全额计算，卫生院的其他全民职工工资按60%计算，外出打工和脱产学习人员不列入支出基数，卫生院的集体人员工资由所在单位自行解决。津贴补贴在岗人员及离休人员按0.6万元/人年、退休人员按0.4万元/人年的标准计算。社会保障缴费、乡镇干部职工医疗保险基金按年工资总额的4%计算；单位人员的失业保险基金按基本工资总额的2%计算。其他工资福利支出乡镇广播站临时人员及兽医站人员工资按2007年实发标准列入乡镇支出基数，并由乡镇负责发放。上述工资福利支出涉及差额单位的，按差额拨款比例计算确定。

遗属补助，按2008年1月份实有人数及标准，优抚和社会救济支出按民政部门2007年实际发放的人数和标准列入支出基数。

乡镇所属全额拨款单位公用经费，按2008年1月份实有人数和人均6000元/人的标准计算（包括省财政对乡镇的转移支付补助）。

工会经费，按在职人员工资总额的1%计算。

社区人员工资、办公费及专项经费据实安排，县城社区县财政负担部分亦列入乡镇支出基数。

税改专项经费，按税改补助中指定的项目和金额计算确定。

村级补助支出，按省财政下达的税改转移支付补助中的村级管理费、省财政安排村级转移支付补助、“两税”附加补助标准确定。

住房公积金，按在职人员工资总额的5%计算确定。

公共卫生支出，村级防保和疾病控制经费、村级动物防疫经费按县政府有关文件规定的标准计算，农村合作医疗工作经费，按乡镇农业人口人均1元的标准计算确定。

计划生育专项经费，包括农村放弃生育奖、农村一女户及二女户考取大学奖、农村二女户结扎养老保险、农村四项手术统筹、农村独生子女平安保险及农村中心户长补助，按现有的人数和标准计算。

事业发展支出、预备费，分别按乡镇人员经费和公用经费总额的1.5%和3%核定定额上解（或补助），计算方法与上轮相同。

为巩固完善乐安县“乡财县管”改革成果，2009年县财政局先后印发《乐安县乡镇财政资金报账管理办法》和《乡财县管财务管理制度》。

（六）2012年以后乡镇财政管理体制

2012年以后，乡镇（场）实行“核定收支、保障运转、以奖代补、自求平衡”的财政体制，在确保乡镇（场）财政刚性支出需要的基础上，采取“以奖代补”的方式支持乡镇（场）发展经济和培植财源，做到对乡镇（场）财政“管而不死，活而不乱”，建立“谁发展、谁受益，发展快、收益多，培财源、促增收，保支出、促平衡”的收入分配与激励机制。在取消原体制上解和补助的基础上，乡镇（场）财政收入全部上缴县级财政，执行中按比例奖励；对乡镇（场）人员经费、公用经费等基本支出，年初由乡镇（场）财政根据县乡财政体制和县财政预算原则安排预算，执行中由县财政按月均衡拨付，对村级补助等项目支出按时间进行拨付。为提高财政资金使用绩效、加强财政资金安全管理、防范财政风险，按照财政部和省财政厅的要求，全面实行国库集中支付制度，乡镇（场）财政资金所有权、使用权和审批权不变。乡镇（场）收入范围和支出范围均与上轮体制划分范围相同。该体制的具体内容如下。

足额安排基本支出预算。

人员工资，按照国家工资标准和单位实有人数安排，行政在职人员增发1个月奖励工资，卫生院在职人员工资按编制数及13780元/人年的标准安排，遗属补助按260元/人月、社区人员按600元/人月安排，广播站临时人员按实有人数和发放标准据实安排。

津贴项目，在职人员的津补贴及绩效工资标准为16000元/人年，其中：政府机关、站所人员由财政预算安排10000元/人年，另6000元/人年在县财政奖励给乡镇的各项资金中安排；卫生院在职人员津补贴在该单位非税收入中安排；离休人员按15200元/人年、退休人员按12000元/人年的标准，由财政预算安排。

社会保障缴费项目，医疗保险基金，按在职人员基本工资总额的7.5%、退休人员基本退休费的1.5%安排；此外，退休人员安排600元的一次性风险储备金。失业保险基金：按事业单位在职人员基本工资总额的2%安排。

工会经费项目，按在职人员基本工资总额的2%安排。

住房公积金项目，按在职在岗人员基本工资总额的9%安排。

公务费项目，按在职在岗人数和4000元/人年的标准安排。

社区工作经费项目，安排每个社区1万元工作经费。

适当安排项目支出预算。

公共卫生支出，村级防保和疾病控制经费按县政府有关文件规定的标准计算，农村合作医疗工作经费按乡镇农业人口和人均1元的标准安排。

村级补助支出，按每个行政村平均6.6万元的标准安排，由各乡镇根据行政村情况具体分配，但每个行政村最低要达到6万元。

村书记和村主任养老保险支出，按其参加养老保险应缴保费的50%安排，其余50%由市财政负担10%、个人负担40%。

优抚和社会救济支出，按民政部门实际发放人数和标准安排。

预备费支出，按乡镇（场）支出总额的2%安排。

建立以奖代补机制。在对乡镇（场）财政收入进行目标考评的同时，建立以奖代补激励机制。

地方税收奖罚，按乡镇（场）2011 年国税、地税入库数扣除烟叶税收、物流税收、虚收成分和客商奖励（按乡镇上报客商税收的 50% 计算奖励）后地方实际留成数为地方税收基数。从 2012 年开始，乡镇（场）每年的地方税收基数在上一年的基础上递增 15%，地方税收超基数部分全额奖励给乡镇（场），未完成当年核定的地方税收基数的乡镇（场）由县财政如数扣缴歉收部分。

物流税收奖励，按乡镇（场）当年实现的物流税收地方留成部分全额奖励给乡镇（场）。

烟叶税收的 80% 奖励给乡镇（场）。

社会抚养费的 70% 奖励给乡镇（场），用于发展当地经济社会事业。

其他非税收入（社会抚养费除外）按 60% 划拨给乡镇（场），用于基础设施建设。

国土收入奖励按乡镇（场）实现的国有土地出让金收入的 62% 奖励给乡镇（场），用于基础设施建设，其余 38% 用于计提各项基金，基金计提标准随国家规定调整而相应调整。

第三节　财政收支

一、财政收入

1986—2016 年，乐安县财政收入持续稳定增长。全县财政收入由 1986 年的 978 万元增加到 2016 年的 70303 万元，年均增长 15.32%。财政收入以各种税收收入为主，专项收入和其他收入比重随之不断变化，保障了经济社会发展、民生不断改善。

（一）税收收入

农业税收：指农民耕种田、地、山、塘所得的农作物收入，按照规定，对农民征收部分实物或代金，包括历代的田赋（古代折征铜钱、花银或币值）以及与此引发井田中的公田，需要人力耕作，因而对人丁征力役，对田地征赋税，这是亦赋亦役，就是古代国税的总称。中华人民共和国成立后，赋税改称农业税，群众习惯叫公粮。1985 年起，贯彻减轻农民负担的政策，农业税税率几经调降。1987 年 4 月 1 日开征耕地占用税，2002 年，农村税费改革执行农业税税率为 7%。2004 年，农业税政策调整和中央加大转移支付力度，再次降低农业税税率，将农业税税率调整为 4%。2005 年，农业税全面取消，从而实现农业税的“零负担”，结束农民种田交税历史。

工商税收：由税务机关对一切从事工商业经营的单位和个人，按其生产、销售等收入征收各种工商税种收入的总称。1994 年 1 月，国务院为适应建立和发展社会主义市场经济体制，对工商税收进行全面改革和完善，以统一税法、公平税负、简化税制、合理分权、理顺分配关系、规范分配方式、保障财政收入、建立符合社会主义市场经济要求的新税制体制。2016 年，正在执行和保留的工商各税有增值税、消费税、营业税、企业所得税、个人所得税、资源税、城市维护建设税、房产税、印花税、城镇土地使用税、土地增值税、车船使用税，车辆购置税共 13 种。是年，乐安县纳入营业税改征增值税试点扩大范围的建筑业、房地产业、金融保险业和生活服务业的纳税户全部顺利移交到国税部门征收，营业税改征增值税工作于 2016 年全面完成。

（二）非税收入

非税收入指除税收以外，由各级政府、国家机关、事业单位、代行政府职能的社会团体及其他组织依法利用政府权力、政府信誉、国家资源、国有资产或提供特定公共服务，取得并用于满足社会公共需要的财政资金。其收入管理范围包括：行政事业性收费、政府性基金、国有资源有偿使用、国有资产有偿使用收入、国有资本经营收入、彩票公益金、罚没收入、以政府名义接收的捐赠收入、主管部门集中收入、政府财政资金产生的利息收入等及各单位取得的赞助收入。

企业收入：指国家和地方政府及其所属机构投资兴办的工业、交通、农业、农垦、林业、商业、供销、粮食、物资、城市公用等其他企业上缴给财政的利润等收入。

专项收入：指国家和地方政府用于专项开支的收入，包括各种专项收入和基金等。这项收入在财政预算上一般都是列收列支，除上解外，地方财政以收抵支。为了事业发展的需要，地方财政在财力允许的条件下，可以增拨一些资金以补充专项收入的不足，但是不允许将已属于专项收入的资金调作他用。乐安县于1986年始有排污费收入，1987年有粮食调拨经营收入；1990—2003年财政决算中，乐安县专项收入科目有排污费收入、教育附加2项；2004—2008年有公路运输管理费收入；2007年始增加矿产资源专项收入。1986—2016年，乐安县专项收入9709万元。

行政事业性收费：指国家机关、事业单位代行政府职能的社会团体及其他组织根据法律、行政法规、地方性法规等有关规定，依照国务院规定程序批准，在向公民、法人提供特定服务的过程中，按照成本补偿和非盈利原则向特定服务对象收取的费用。2006年以前，除规费收入外，行政性收费收入和事业性收费收入均纳入预算外资金管理。管理形式分3种类型。一是财政部门集中的预算外资金有各项附加（工商税附加、农业税附加、专控商品税附加等）；集中企业的有关资金（县办工业企业利润留成、企业更新改造资金和折旧基金、工业集资等）；集中统管的事业收入和杂项收入。二是国营企业及其主管部门管理的各种资金收入。三是行政事业单位管理的预算外资金收入。为贯彻落实执收执罚部门收支完全脱钩改革的要求，进一步强化非税收入管理，深化“收支两条线”管理改革，调动执收执罚单位依法依规征收政府非税收入积极性，切实做到非税收入应收尽收，应缴尽缴，更好地完成财政收入任务，确保财政收支平衡，2009年2月20日，乐安县政府办公室印发《乐安县政府非税收入征管及奖励办法》。各执收单位严格按照非税收入管理办法，依法行政，依法理财，坚持有项目照收费，无项目不乱收费；坚持既不擅自提高收费标准又不自行降低收费标准，所缴收入及时足额入库。

罚没收入：即罚款和没收收入。罚款又分惩罚性罚款和补偿性罚款。凡政法机关、行政管理机关和国家经济管理部门按国家法律、法令查处的罚款，属于惩罚性罚款。此项罚款除政策另有规定的外，全部上缴财政。一般经济单位根据合同或信用关系收得的罚款，属于补偿性罚款。补偿性罚款在补偿经济损失之后的剩余部分，行政事业单位以“其他收入”科目上缴国库，企业位列“营业外收入”。国家机关按照法律、法令的规定，依法没收贪污、盗窃分子的赃款、赃物及其他一切非法所得而上缴国库的部分，为各级财政的没收收入。1986年，财政部对《罚没财物管理办法》作两点原则修改的紧急通知中指出，原办法规定，执法机关可以从罚没收入中提留20%～30%，补充办案经费，这一规定流弊不少，使一些执法机关为追求提成“以罚代刑”，对一些重大经济案件不予起诉，一罚了之，严重影响打击严重经济犯罪活动的斗争。

国有资本经营收益：政府非税收入的重要组成部分，按照国家要求，应当严格按照同级财政部门规定执行，及时足额上缴同级国库。逐步建立国有资本经营预算体系，将国有资本经营收益纳入国家预算管理，确保国有资本经营收益的安全和有效使用，促进国有经济结构调整和国有企业健康发展。2008—2016年，乐安县国有资本经营收入共计9658万元。

国有资源（资产）有偿使用收入：为规范和加强国有企业和行政事业单位的国有资产管理，1993年11月3日，乐安县政府转发抚州地区行署《关于国有资产管理的通知》，对加强企业和行政事业单位国有资产管理，指导监督行政事业单位建立健全国有资产的日常管理、资产处置和资产报告等制度做出明确规定。1996年10月16日，乐安县政府批转县财政局、县国有资产管理局《关于进一步加强国有资产管理，建立国有资产保值增值基金意见的通知》，对全县占有国有资产的企业进行清产核资和产权登记。2012年8月31日，乐安县政府下发《关于乐安县县直行政事业单位经营性国有资产整合运作实施方案的通知》。1994—2016年，乐安县国有资源（资产）有偿使用收入共计6862万元。

其他收入：主要是各乡镇开展财务大检查（每年三大检查内容之一）查处的违纪收入；财政利用财政周转金和间歇资金扶持经济效益好、信誉程度高的国有企业和乡镇企业，解决临时性困难而收取的资金占用费收入；还有农业“四税”过渡账户的利息收入等。

财政部门管理的预算外资金收入：主要包括各项附加收入，财政部门集中的企业资金，财政集中、统管的事业收入和杂项收入。

（三）贷款转贷回收本金收入

乐安县有国债转贷资金、地方政府债务、国际金融贷款3种形式的贷款回收种类在使用。

（四）转移性收入

转移性收入包括：返还性收入、财力性转移支付收入、专项转移支付收入、政府性基金转移收入、彩票公益金转移收入、预算外转移收入、单位间转移收入、上年结余收入、调入资金9款。转移支付的模式主要有自上而下的纵向转移、横向转移、纵向与横向转移的混合3种。中国的转移支付制度是在1994年分税制的基础上建立起来的，是由税收返还、财力性转移支付和专项转移支付三部分构成。

1986—2016年乐安县财政收入情况表

表12-1-7　　　　单位：万元

年份	一般公共财政收入	农业四税	工商税收入	企业收入	专项收入	行政事业性收费收入	罚没收入	国有资本经营收入	国有资源有偿使用收入	其他收入
1986	978	144	789	−29	2	—	10	—	—	62
1987	1128	171	909	−23	46	—	13	—	—	12
1988	1357	189	1065	62	2	—	18	—	—	21
1989	1587	280	1181	15	2	—	57	—	—	52
1990	1840	307	1178	89	22	—	86	—	—	158
1991	1777	320	1177	−131	23	—	104	—	—	284
1992	1936	365	1240	−67	24	—	69	—	—	305
1993	2178	381	1502	−58	31	—	63	—	—	259
1994	2238	737	1071	160	33	—	24	—	15	298
1995	2875	856	1367	153	23	—	54	—	25	397
1996	3048	1237	1655	−10	25	—	15	—	25	101
1997	3657	1366	2044	−10	—	—	124	—	35	98
1998	3775	1220	2161	−10	33	156	70	—	45	100
1999	3582	1189	1846	−10	37	35	206	—	45	234
2000	3550	1280	1765	−12	43	36	236	—	—	202
2001	3972	1325	1978	−12	43	50	487	—	—	101
2002	3879	1995	1456	−12	53	25	271	—	—	91
2003	4021	1876	1720	−12	64	73	249	—	—	51

续表 12-1-7

年份	一般公共财政收入	农业四税	工商税收入	企业收入	专项收入	行政事业性收费收入	罚没收入	国有资本经营收入	国有资源有偿使用收入	其他收入
2004	3359	1152	1911	-12	101	116	75	—	—	16
2005	3972	643	2368	-12	124	332	486	—	—	31
2006	6211	420	3869	—	173	747	943	—	—	59
2007	9336	1570	5266	—	248	1169	973	—	90	20
2008	12050	2684	6420	—	328	1331	603	571	24	89
2009	18207	2068	7407	—	260	5155	1916	957	422	32
2010	25889	5000	10656	—	660	3314	3476	2590	139	54
2011	36009	2129	18844	—	1096	9091	963	3447	423	16
2012	38464	3171	26302	—	969	4728	482	2093	719	—
2013	42241	4459	29046	—	897	4427	1139	—	2273	—
2014	48218	6509	34113	—	957	3378	2121	—	509	631
2015	52263	10036	35852	—	1498	3240	706	—	931	—
2016	52936	7962	34071	—	1892	5417	2147	—	1142	305

二、财政支出

财政支出也称公共财政支出，指在市场经济条件下，政府为提供公共产品和服务，满足社会共同需要进行的财政资金的支付，是对征集资金的支配和使用。

1985—1987 年，财政体制实行“划分税种、核定收支、分级包干”，乐安县由于财力薄弱，属常年补贴县，预算收入 100% 留县。1985 年，地区财政定额补助 82 万元。从 1986 年起，每年递减 10%；1988—1993 年，实行“分级包干”财政体制，以 1986 年为基数列收列支，增收全留地方，改定额补助为定额上解，每年上解 24 万元；1994 年后实行“分税制”，划分事权，确定省与县的支出范围。

2007 年 1 月 1 日，全面实施政府收支分类改革。是年，支出科目统一按财政部规定的支出功能分类调整为：一般公共服务（包括行政事业经费支出）、公共安全、教育、科学技术、文化体育与传媒、社会保障和就业、医疗卫生、环境保护、城乡社区事务、农林水事务、交通运输、工业商业金融等事务、其他支出、转移性支出等 16 大类。

2012 年支出科目分为：工资福利支出、商品和服务支出、对个人和家庭的补助、对企事业单位的补贴、转移性支出、赠予、债务利息支出、债务还本支出、基本建设支出、其他资本支出、贷款转贷及产权参股、其他支出等事项。2016 年全县公共财政预算支出完成 23.04 亿元，比 2015 年增加 2.55 亿元，增长 12.5%。

一般公共服务支出：2007 年以前为行政支出。此项支出是财政用于保证政府行使权力，服务社会实现管理职能的费用开支。2007 年起，行政管理支出改为一般公共服务支出，包括人大事务、政协事务、政府办公室及相关机构事务、发展与改革事务、统计信息事务、财政事务、税收事务、审计事务、海关事务、人事事务、纪检监察事务、人口与计划生育事务、商贸事务、知识产权事务、工商行政管理事务、食品与药品监督管理事务、质量技术监督与检验检疫事务、国土资源事务、海洋管理事务、测绘事务、地震事务、气象事务、民族事务、宗教事务、港澳台侨事务、档案事务、共产党事务、民主党派及工商联事务、群众团体事务、其他一般公共服务支出、国债事务31个部分。2012年在2007年的基础上减少食品和药品监督管理事务、国土资源事务、海洋管理事务、测绘事务、地震事务、气象事务、国债事务7个部分；增加组织事务、宣传事务、统战事务、对外联络事务、其他共产党事务支出5个部分；人事事务改为人力资源事务。2012年共为29个部分。

公共安全支出：用于政府维护社会公共安全事务支出，包括武装警察、公安、国家安全、检察、法院、司法行政、监狱、劳教、国家保密、缉私警察等。

教育支出：用于政府教育事务支出，包括教育管理事务、普通教育（学前教育、小学教育、初中教育、高中教育、民办教师补助）、职业教育、教师进修及干部继续教育和其他教育等。乐安县2016年全县教育支出46287万元，增长3.7%，占全县财政总支出的19.8%。

科学技术支出：1987年起，科学技术事业费列为类级科目。2007年后，科技经费有较大幅度的增长，乐安县2016年全县科学技术支出1261万元，增长4%。

文化体育与传媒支出：用于文化、文物、体育、广播影视、新闻出版等方面的支出。乐安县2016年全县文化体育与传媒支出6049万元，增长22.8%。

社会保障和就业支出：包括社会保障、民政管理、财政对社会保障基金补助、行政事业单位离退休、企业改革补助、就业补助、抚恤、退役安置、社会福利、残疾人事业、城市居民最低生活保障、其他城镇社会救济、自然灾害生活救助、农村最低生活保障、其他农村社会救济、补充道路交通事故社会救助基金，其他社会保障和就业等。

节能环保支出：包括环境保护管理事务支出、环境监测与监察支出、污染治理支出、自然生态保护支出、天然林保护工程支出、退耕还林支出、风沙荒漠治理支出、退牧还草支出、已垦草原退耕还草、能源节约利用、污染减排、可再生能源和资源综合利用等支出。乐安县所反映的是：环境保护管理事务、污染治理、自然生态保护、退耕还林、能源节约利用、污染减排等支出。

城乡社区事务支出：包括城乡社区管理事务支出，城乡社区规划与管理支出，城乡社区公共设施支出，城乡社区住宅支出，城乡社区环境卫生支出，建设市场管理与监督支出等。该科目为2007年设立，之前在行政经费或城市维护费中列支，居委会干部补助和城乡社区环境卫生支出均在农业税附加中开支。

农林水事务支出：包括农业、林业、水利、扶贫、农业综合开发等支出。2016年乐安县农林水事务支出45253万元，增长3.6%，占全县财政总支出的19.6%。

交通运输支出：用于交通运输和邮政业支出。包括公路运输支出、水路运输支出、铁路运输支出、民用航空运输支出和邮政业支出等。乐安县所反映的是公路水路运输、石油价格改革对交通运输的补贴、车辆购置税支出和其他交通运输支出等。

资源勘探电力信息等事务支出：具体包括资源勘探、制造业、建筑业、电力监管、工业和信息产业监管、安全生产监管、国有资产监管、支持中小企业发展和管理等项支出。乐安县反映的主要是安全生产监管支出和支持中小企业发展和管理支出。

商业服务业等事务支出：具体包括商业流通事务、旅游业管理与服务、涉外发展服务等项支出。

金融监管等事务支出：该科目2007年以后设立。乐安县反映的是：信用社营业税补助、人民银行国库集中支付费用、金融机构涉农贷款增量奖励和其他金融监管等项支出。

国土资源气象等事务支出：乐安所反映的是国土资源、气象等公益服务事业支出。

住房保障支出：乐安县财政总决算报表从2010年起反映此项支出。2016年全县支出住房保障支出12793万元，增长126.1%。

粮油物资储备事务支出：乐安县反映的主要是粮油物资管理事务支出，1998—2012年共支出1765万元。

国债还本付息支出：乐安县反映的主要是国内债务付息支出。

其他支出：预算内的财政支出，除上述支出外，其他都统归于其他支出项目。

财政部门管理的预算外资金支出：其资金来源主要是各项附加收入、财政部门集中的县办企业资金（利润留成、更改折旧基金等）、财政部门集中、统管的事业收入和杂项收入等。资金支出分类，根据有关年度财政决算报表反映分为：经济建设类、社会文教科学类、行政管理类和其他支出。

社会保险基金支出：反映的项目有基本养老保险基金支出、失业保险基金支出、基本医疗保险基金支出、工伤保险基金支出、生育保险基金支出、新型农村合作医疗基金支出、城镇居民基本医疗保险基金支出、新型农村社会养老保险基金支出、城镇居民养老保险基金支出等9项。其支出总额包括统筹基金账户支出和个人（家庭）账户基金支出。

1986—1995年乐安县财政支出情况表

表12-1-8　　单位：万元

项目	1986	1987	1988	1989	1990	1991	1992	1993	1994	1995
基本建设支出	—	—	—	11	8	—	—	—	5	47
企业挖潜改造资金（含五小、新试）	16	8	21	14	6	15	15	15	15	15
科技三项费	2	3	2	1	2	4	1	1	—	3
支援农村生产支出	71	71	64	142	213	334	202	289	263	150
农业综合开发支出	—	—	—	—	—	—	—	—	—	58
农林水气象等部门事业费	89	90	103	105	119	133	183	212	247	261
工业交通等部门事业费	58	42	45	46	27	37	53	54	44	49
流通部门事业费	8	7	10	10	12	7	7	8	4	4
文体广播事业费	50	67	56	40	42	47	49	51	60	63
教育事业费	401	381	471	532	625	659	808	909	1264	1281
科学事业费	3	4	3	3	3	3	3	1	1	2
卫生事业费	133	135	119	147	135	148	170	200	192	248
税务及其他部门事业费	51	54	86	83	90	104	98	99	153	323
抚恤和社会福利救济费	58	70	84	86	84	98	111	134	134	166
行政管理费	190	206	231	243	301	333	369	413	671	760
公检法司支出	39	30	74	91	96	108	110	131	165	216
城市维护费	24	23	36	37	22	29	70	63	43	72
政策性补贴支出	95	123	718	658	623	784	720	569	609	3
支援不发达地区支出	—	—	60	43	44	51	33	36	36	60
专项支出	2	47	2	2	24	24	25	28	28	16
计划生育事业费	13	18	20	28	26	48	31	36	36	65
其他支出	55	47	81	125	123	161	74	72	27	167
年度支出合计	1358	1426	2286	2447	2625	3127	3132	3321	3997	4029

1996—2005 年乐安县财政支出情况表

表 12-1-9　　　　单位：万元

项目	1996	1997	1998	1999	2000	2001	2002	2003	2004	2005
基本建设支出	23	59	217	69	468	314	910	1711	1522	1176
企业挖潜改造资金（含五小、新试）	17	26	155	7	5	3	3	3	3	3
科技三项费	2	8	9	8	9	8	10	10	15	12
支援农村生产支出	256	231	239	205	232	168	109	—	—	—
农业综合开发支出	48	88	278	203	237	211	308	393	296	527
农林水气象等部门事业费	322	372	467	342	372	581	713	847	1482	1899
工业交通等部门事业费	58	58	61	36	32	63	164	165	476	1110
流通部门事业费	5	6	16	33	38	51	49	56	67	86
文体广播事业费	80	100	118	111	107	149	161	175	204	346
教育事业费	1513	1642	1809	2095	2212	3254	4359	3742	4202	5369
科学事业费	2	11	3	10	11	13	15	17	18	28
卫生事业费	252	480	461	432	369	601	713	733	743	838
税务及其他部门事业费	394	460	512	529	453	636	716	792	894	1150
抚恤和社会福利救济费	188	216	433	237	258	370	843	1089	1241	1618
行政事业单位离退休经费	—	3	3	310	380	516	658	737	891	935
社会保障补助支出	—	—	147	382	682	1913	2972	2234	2524	2834
行政管理费	938	1006	988	1089	1092	1422	1865	1944	2119	2440
武装警察部队支出	5	8	30	7	7	8	43	18	29	66
公检法司支出	312	497	564	650	757	1012	959	1087	1253	1481
城市维护费	52	188	118	141	59	279	209	377	341	457
政策性补贴支出	229	5	10	—	810	551	252	251	251	251
支援不发达地区支出	37	295	201	312	283	371	1376	1033	1731	1782
土地和海域开发建设支出	—	—	—	1	—	—	—	—	—	—
专项支出	61	—	63	51	51	70	74	89	99	123
计划生育事业费	70	102	119	122	132	199	237	271	320	430
其他支出	79	292	299	302	142	553	668	882	1095	1989
年度支出合计	4943	6153	7320	7684	9198	13316	18386	18656	21816	26950

2006—2016 年乐安县财政支出情况表

表 12-1-10　　　　单位：万元

项目	2006	2007	2008	2009	2010	2011	2012	2013	2014	2015	2016
一般公共服务	4506	5863	6296	7336	8433	11526	8490	10130	9354	13910	15943
国防	—	—	—	—	—	—	32	—	10	81	276
公共安全	2180	2704	3291	4854	5753	6697	6654	7211	7202	9092	9192
教育	6343	8655	12002	15229	16596	24595	38863	42011	38314	44657	46287
科学技术	38	63	84	110	134	167	196	301	330	1213	1261
文化与传媒	471	655	1005	1342	1535	1443	2185	4426	4547	4924	6049
社会保障和就业	6567	9265	13397	15242	19001	22011	26404	28808	33543	37847	43682
医疗卫生和计划生育	1366	2780	5654	8107	12177	13609	14514	18669	20020	24447	25053
节能环保	—	241	1593	4503	2010	2118	3119	3325	2927	2043	1992
城乡社区	968	1990	1529	1329	1140	1825	1857	2186	3807	5060	7917
农林水	5984	9997	13709	17980	20688	26492	29079	37240	40608	43677	45253
交通运输	2182	1877	1475	2535	1844	2848	2047	5223	2293	1839	3048
资源勘探信息等	—	1275	1036	2161	3336	3574	2410	4199	7586	7779	8131
商业服务业等	134	100	140	476	1325	1084	1383	1230	371	796	1293
金融支出	—	92	162	134	80	55	135	14	6	21	-
国土海洋气象等	114	271	487	1324	643	623	554	397	659	642	837
住房保障	—	—	—	—	3481	6158	3893	6498	8544	5658	12793
粮油物资储备	46	62	163	463	460	247	102	89	342	1169	217
债务付息	—	—	—	2	78	102	696	145	34	—	1167
其他	6158	973	904	4009	2414	914	588	239	654	61	51
合计	37057	46863	62927	87136	101128	126088	143201	172341	181151	204916	230442

三、政府性基金收入和支出

政府性基金收入和支出是国家对政府收支分类改革以后设置的分类科目，1997—2006 年称财政基金收支，2007 年以后为政府基金收支。2006 年以前基金收支金额很小，2007 年之后收支金额较大，并有逐年增长趋势。按照财政部要求，基金收支决算每年单独编制。

2007—2016 年乐安县政府性基金收支情况表

表 12-1-11　　　　单位：万元

年份	收入方					支出及结余方				
	当年收入	上级补助	上年结余	调入资金	收入合计	当年支出	上解支出	调出资金	年终结余	支出合计
2007	10960	1954	218	—	13132	11124	160	—	1848	13132
2008	5568	2246	1868	332	10014	6388	216	—	3410	10014
2009	8601	2020	3413	—	14034	9144	189	71	4630	14034
2010	23307	20+60	4630	12	30009	24477	247	—	5285	30009
2011	26454	3809	5285	—	35548	27137	482	—	7929	35548
2012	23977	4622	7929	15	36543	29647	1262	—	5634	36543
2013	26376	5186	5634	354	37550	31512	334	—	5704	37550
2014	20762	4402	5704	10	30878	25438	406	—	5034	30878
2015	43234	6387	5034	—	54655	45772	386	4053	4444	54655
2016	71134	2720	4444	13205	91503	73588	293	14500	3122	91503

第四节　财政管理

一、预算管理

（一）预算编制

1986—1993 年，乐安县财政预算编制以“先吃饭，后建设”为总原则，全县安排用于个人部分经费占财政收入总额的 76%，随着财政负担人数的不断增多，个人经费占比重逐年上升，因而在年初安排预算时，除确保个人经费外，其他支出量力而行，有多少钱办多少事，大力压缩非生产性支出及社会集团购买力，严格控制会议费、小车费及办公费用，确保财政收支平衡。1987 年，乐安县的财政收入预算是按照抚州地区财政局下达的收入奋斗目标数 992.6 万元安排编制。

2010 年，财政总收入预算安排 27700 万元，比 2009 年执行数增长 25%；财政总收入奋斗目标 28800 万元，比 2009 年执行数增长 30%。地方财政收入预算安排 19100 万元。全县一般预算收支总额为 39880 万元。

2011 年，财政总收入预算安排 42600 万元，比 2010 年执行数增长 39.7%；地方财政收入预算安排 33000 万元，比 2010 年执行数增长 27.5%。全县一般预算收支总额为 54084 万元。

2012 年，全县一般预算收入总额为 62138 万元。收入预算项目为：地方收入 38864 万元（税收收入 28864 万元、非税收入 10000 万元），结算补助收入 23274 万元。一般预算支出 55710 万元，上解和还贷支出 6428 万元。

2013 年，全县公共财政预算收支安排情况：全县财政总收入预算安排 5.5 亿元，比 2012 年执行数增长 19.2%；公共财政预算收入 4.06 亿元，比 2012 年，执行数增长 5.5%。全县公共财政预算收入 4.06 亿元，加上级补助收入 2.4 亿元，减上解支出 0.2 亿元、还本付息支出 0.08 亿元、消化财政挂账 0.3 亿元，当年全县可安排的财力为 5.88 亿元。按照预算收支平衡的原则，全县公共财政预算支出安排 5.88 亿元。政府性基金预算收支安排情况：全县政府性基金预算收入安排 1.88 亿元。政府性基金预算支出安排 1.88 亿元，基金预算收支平衡。

2014 年，乐安县公共财政预算收支安排情况：全县财政总收入预算安排 6 亿元，比 2013 年执行数增长 14.1%；公共财政预算收入 4.63 亿元，比上年执行数增长9.7%。全县公共财政预算收入4.63亿元，加上级补助收入3.0亿元。全县公共财政预算支出安排7.02亿元。政府性基金预算收支安排情况：全县政府性基金预算收入安排2.21亿元，政府性基金预算支出安排2.24亿元。

2015年，乐安县公共财政预算收支安排情况：全县财政总收入预算安排6.85亿元，比2014年执行数增长13.0%；公共财政预算收入5.22亿元，比2014年执行数增长8.15%。全县公共财政预算收入5.22亿元，加上级补助收入6.69亿元。全县公共财政预算支出安排14.01亿元。政府性基金预算收支安排情况：全县政府性基金预算收入安排6.04亿元，政府性基金预算支出安排3.39亿元。全县8项社会保险基金收入53200万元。

2016年，乐安县公共财政预算收支安排情况：全县财政总收入预算安排7.61亿元，比2015年执行数增长11.0%；公共财政预算收入6.03亿元，比2015年执行数增长15%。全县公共财政预算收入6.03亿元，加上级补助收入9.36亿元。全县公共财政预算支出安排18.17亿元。政府性基金预算收支安排情况：全县政府性基金预算收入安排4.66亿元，政府性基金预算支出安排1.34亿元。社会保险基金预算收支安排情况：全县9项社会保险基金收入89583万元（含新增机关事业单位基本养老保险26798万元），较2015年执行数增长41.3%。

（二）预算执行

1986年是“七五”计划头一年，也是实行乡镇财政管理体制第一年。乐安县乡镇级财政建立，乡镇人民政府当家理财的积极性得到充分调动。全年财政收入完成978.2万元，占预算的128.8%，比1985年增长22%。财政支出完成1357.9万元，占预算的171.9%，比1985年增长20.8%。

1987年，财政预算执行工作认真贯彻执行改革、开放、搞活的方针和政策，深入广泛地开展“增收节支、增产节约”运动，使全县经济改革得到进一步发展，财政收入又一次呈现超上年、超计划、超历史的好形势，全县财政收入首次突破1000万元大关。财政收入完成1128.5万元，完成预算112.1%，比1986年增长15.4%。财政支出完成1426.3万元，完成预算147.4%，比1986年增长5%。

1988年，县乡财政实行“分灶吃饭、分级管理”，执行“划分税种、核定收支，定额补助”的财政预算管理办法。财政收入完成1357万元，占预算的106.1%，比1987年增长21%。财政支出完成2285.9万元，占预算的108.9%，比1987年增长18.3%。全年资金供求矛盾突出，财政收入增长主要依赖森林资源的采伐及一些不稳定的罚没收入。而支出需求较大，当年个人部分增支人均400元，另外还有增人增机构的情况，这些都对财政收支平衡增加极大的压力。

2011年，全县财政总收入实现42664万元，完成预算的100.2%，同比增收12176万元，增长39.9%。其中，中央收入6655万元，完成调整预算的103.5%，比2010年增收2057万元，增长44.7%；地方财政收入36009万元，完成调整预算的99.6%，比2010年增收10120万元，增长39.1%。分级完成情况：县本级实现收入24074.8万元，完成调整预算的94.5%，同比增收5273万元，增长28%；乡镇级实现收入18589.2万元，完成调整预算的108.6%，同比增收6903万元，增长59.1%。分部门完成情况：国税部门组织收入5114万元，完成调整预算的102.3%，同比增收1123万元，增长28.1%；地税部门组织收入22514万元，完整调整预算的93.8%，同比增收6250万元，增长38.4%；财政等部门组织收入15036万元，完成调整预算的110.6%，同比增收4803万元，增长46.9%。税收收入完成27628万元，增长36.4%，同比下降1.7%；非税收入实现15036万元，同比增收4803万元，增长46.9%。基金收入实现26454万元，同比增收3147万元，增长13.5%，其中国有土地使用权出让金收入25654万元，同比增收4778万元，增长22.9%。全县财政一般预算支出为126088万元，比2010

年增加24960万元，增长24.7%。基金预算支出完成27137万元，同比增长2660万元。其中：国有土地使用权出让金支出23951万元，同比增支1660万元。

2012年，全县财政总收入实现46130万元，完成调整任务的100%，同比增收3466万元，增长8.1%。其中，中央收入7666万元，完成调整预算的105.5%，比2011年增收1011万元，增长15.2%；地方财政收入38464万元，完成调整预算的99%，比2011年增收2455万元，增长6.8%。分级完成情况：县本级实现收入21854.7万元，完成调整预算的99.1%，同比减收2220.1万元，下降9.2%；乡镇级实现收入24275.3万元，完成调整预算的100.9%，同比增收5686.1万元，增长30.6%。分部门完成情况：国税部门组织收入7604万元，完成调整预算的101.4%，同比增收2490万元，增长48.7%；地税部门组织收入29535万元，完成调整预算的100.1%，同比增收7021万元，增长31.2%；财政等部门组织收入8991万元，完成调整预算的98.5%，同比减收6045万元，下降40.2%。分税种完成情况：税收收入完成37139万元，增长34.4%，占财政总收入比重为80.5%，同比增长15.8个百分点。主要税种完成情况如下。增值税实现5891万元，同比增收1858万元，增长46.1%。营业税实现15258万元，同比增收4709万元，增长44.6%。企业所得税实现4265万元，同比减收145万元，下降3.3%。个人所得税实现1148万元，同比减收492万元，下降30%。契税实现1211万元，同比减收212万元，下降14.9%。耕地占用税实现1960万元，同比增收1254万元，增长1.8倍。烟叶税实现1981万元，同比增收211万元，增长11.9%。土地增值税实现872万元，同比减收283万元，下降24.5%。非税收入实现8991万元，同比减收6045万元，下降40.2%。其中：行政性收费收入4728万元，同比减收4363万元，下降48%；罚没收入482万元，同比减收481万元，下降49.9%；专项收入969万元，同比减收127万元，下降11.6%。基金收入实现23977万元，同比减收2477万元，下降9.4%。其中，国有土地使用权出让金收入23319万元，同比减收2335万元，下降9.1%。全县财政一般预算支出为143201万元，比2011年增加17113万元，增长13.6%。基金预算支出完成29647万元，同比增支2510万元。其中：国有土地使用权出让金支出25482万元，同比增支1531万元。

2013年，全县财政总收入预算为5.5亿元，全年完成5.26亿元，占年初预算的95.6%，同比增收0.65亿元，增长14%；占市政府下达的调整收入计划（5.23亿元）的100.6%。财政总收入中上划中央收入1.04亿元，完成年初预算的72.2%，同比增收0.27亿元，增长35.2%；公共财政预算收入（地方财政收入）完成4.22亿元，占年初预算的103.9%，同比增收0.38亿元，增长9.8%。公共财政预算收入主要项目预算执行情况是：税收收入完成33505万元，占预算的109.3%，增长18.1%。其中：增值税4108万元，完成预算的200.8%，增长178.9%；营业税13458万元，完成预算的93.3%，下降11.8%；企业所得税2760万元，完成预算的79.4%，增长61.8%；个人所得税558万元，完成预算的27.9%，增长21.6%；烟叶税（收购环节）2233万元，完成预算的90.4%，增长12.7%。非税收入完成8736万元，占预算的87.4%，下降2.8%。其中：行政性收费收入4427万元，完成预算的55.5%，下降6.4%；罚没收入1139万元，完成预算的123.1%，增长136.3%；专项收入897万元，完成预算的81.5%，下降7.4%；国有资源（资产）有偿使用收入完成2273万元，增长216.1%。全县公共财政预算支出完成17.2亿元，比2012年增加2.91亿元，增长20.3%。公共财政预算支出主要项目预算执行情况是：一般公共服务支出10130万元，增长19.3%；公共安全支出7211万元，增长8.4%；教育支出42011万元，增长8.1%；科学技术支出301万元，增长53.6%；文化体育与传媒支出4426万元，增长102.6%；社会保障和就业支出28808万元，增长9.1%；医疗卫生支出18677万元，增长28.7%；节能环保支出3325万元，增长6.6%；农林水事务支出37240万元，增长28.1%；住房保障支出6498万元，增长66.9%。以上支出均包括上级专项追加的支出。

2014年，全县财政总收入预算为6亿元，全年完成6.06亿元，占年初预算的101.0%，同比增收0.8亿元，增长15.2%。财政总收入中上划中央收入1.24亿元，完成年初预算的90.7%，同比增收0.2亿元，增长19.5%；公共财政预算收入（地方财政收入）完成4.82亿元，占年初预算的104.0%，同比增收0.6亿元，增长14.1%。公共财政预算收入主要项目预算执行情况是：税收收入完成53009万元，占预算的119.7%，增长20.8%。其中：增值税10016万元（其中营改增7579万元），完成预算的115.9%，增长143.8%；营业税9973万元，完成预算的95.8%，下降25.9%；企业所得税2824万元，完成预算的71.8%，增长2.3%；个人所得税560万元，完成预算的43.6%，增长0.4%；烟叶税（收购环节）2414万元，完成预算的91.4%，增长8.1%。非税收入完成7596万元，占预算的84.4%，下降13.0%。其中：行政性收费收入3378万元，完成预算的48.4%，下降23.7%；罚没收入2121万元，完成预算的229.3%，增长86.2%；专项收入957万元，完成预算的87.0%，增长6.7%；国有资源（资产）有偿使用收入完成509万元，下降77.6%；其他收入完成631万元，同比增收631万元。全县公共财政预算支出完成18.1亿元，比2013年增加0.88亿元，增长5.1%。公共财政预算支出主要项目预算执行情况是：一般公共服务支出9361万元，下降7.6%；公共安全支出7202万元，下降0.1%；教育支出38314万元，下降8.8%；科学技术支出330万元，增长9.6%；文化体育与传媒支出4547万元，增长2.7%；社会保障和就业支出33543万元，增长16.4%；医疗卫生与计划生育支出19033万元，增长1.9%；节能环保支出2927万元，下降12.0%；城乡社区事务支出3807万元，增长74.2%；农林水事务支出40004万元，增长7.4%；国土海洋气象等支出659万元，增长66.0%；住房保障支出7607万元，增长17.1%。以上支出均包括上级专项追加的支出。

2015年，全县财政总收入预算为6.85亿元，全年完成6.85亿元，占年初预算的100%，同比增收0.79亿元，增长13.0%。财政总收入中上划中央收入1.57亿元，完成年初预算的95.8%，同比增收0.33亿元，增长26.4%；公共财政预算收入（地方财政收入）完成5.23亿元，占年初预算的100.2%，同比增收0.4亿元，增长8.4%。公共财政预算收入主要项目预算执行情况是：税收收入完成45888万元，占预算的102.8%，增长13.0%。其中：增值税10145万元（其中营改增7219万元），完成预算的93.0%，增长1.3%；营业税13037万元，完成预算的100.2%，下降30.7%；企业所得税3897万元，完成预算的93.9%，增长38.0%；个人所得税691万元，完成预算的46.6%，增长23.4%；烟叶税（收购环节）2498万元，完成预算的100.7%，增长3.5%。非税收入完成6375万元，占预算的85.0%，下降16.1%。其中：行政事业性收费收入3240万元，完成预算的70.8%，下降4.1%；罚没收入706万元，完成预算的36.7%，下降66.7%；专项收入1498万元，完成预算的149.8%，增长56.5%；国有资源（资产）有偿使用收入完成931万元，增长82.9%。全县公共财政预算支出完成20.49亿元，比2014年增加2.38亿元，增长13.1%。

2016年，全县财政总收入预算为7.61亿元，后因压实财政收入及“营改增”改革影响，执行中调整为7.03亿元。全年完成7.03亿元，占调整预算的100%，同比增收0.18亿元，增长2.63%。财政总收入中上划中央收入1.68亿元，占调整预算的100%，同比增收0.11亿元，增长7.2%；上划省级收入0.06亿元；公共财政预算收入（地方财政收入）完成5.29亿元，占调整预算的100%，同比增收0.07亿元，增长1.3%。公共财政预算收入主要项目执行情况是：税收收入完成42033万元，占年初预算的85.3%，下降8.4%。其中：增值税10308万元（其中营改增7378万元），完成年初预算的56.3%，增长1.6%；营业税9165万元，完成年初预算的127.9%，下降29.7%；企业所得税3516万元，完成年初预算的98.6%，下降9.8%；个人所得税959万元，完成年初预算的125.5%，增长38.8%；烟叶税（收购环节）3265万元，完成年初预算的96.4%，增长30.7%。非税收入完成10903万元，占年初预算的98.3%，增长71.0%。其中：行政事业性收费收入5417万元，完成年初预算的70.7%，增长67.2%；罚没收入2147万元，完成年初预算的150.7%，增长204.1%；专项收入1892万元，完成年初预算的135.1%，增长26.3%；国有资源（资产）有偿使用收入完成1142万元，增长22.7%。全县公共财政预算支出完成23.04亿元，比2015年增加2.55亿元，增长12.5%。

二、国家金库

1986年，江西省财政厅、中国人民银行江西省分行转发财政部和中国人民银行颁发的《中华人民共和国国家金库条例实施细则（试行）》，规定县级人民银行机构尚未设置前，支库业务暂由专业银行办理（当时由中国工商银行乐安支行办理）。各级财政机关都要在同级国库设立“地方财政存款”和“财政预算外存款”账户。财政部门的各种专项基金存款，一律通过财政总会计办理，不得库外设库，自立账户，财政机关需要在国库增设账户，须经上级财政机关和国库审查批准。是年，乐安县人民银行成立国库股，负责乐安县国库工作。

1987年，乐安县按照江西省财政厅、中国人民银行江西省分行与各专业银行省分行要求，在国家金库管理上，认真填写缴款书；对国营企业所得税、调节税缴款书的收据、付款凭证、收款凭证、税收会计凭证、税务核销凭证、财政机关核查对账凭证，及时分送有关单位；对预算收入及时办理划转和报解。企业支付款项实行“税、贷、货、利”的顺序办理。要求专业银行经收的待报解国库款，不得作为自己的资金来源使用，必须及时划缴入库，不得拖延、积压、挪用，每逾期1天，按延压挪用资金的3‰罚款。

2009年4月，乐安县财政局国库股单独办公，配备工作人员5名，其中：股长1名，总预算会计1名，专户会计3名。

2010年3月，乐安县财政局下发《关于县级财政资金收缴与拨付管理内部操作规程暂行办法的通知》，确定所有县级财政资金账户统一纳入国库单一账户体系管理，实行所有财政资金“统一管理、分账核算和统一调度”；7月，县财政局又下发《乐安县行政事业单位公务卡管理暂行办法》，在全县全面推广公务卡制度改革。

2011年4月，乐安县财政局专项资金会计配备到位，从各专业股室接交专项资金账套共计40余套，国库股统一账务处理；6月，乐安县财政局下发《关于清理整顿财政专户的实施方案》，明确财政国库管理机构是唯一持有和管理财政专户的职能部门，全面清理整顿全县财政资金专户，户名统一为乐安县财政局，县本级财政专户数量控制在35个以内；12月，县财政局又下发《关于乡镇设立财政资金国库集中支付银行账户的通知》，确定县信用联社为乡镇财政资金国库集中支付代理银行，统一在各乡镇分别设立预算单位零余额账户及乡镇村级财务经费账户。

2012年5月，乐安县政府下发《关于转发乐安县预算单位银行账户清理工作实施方案》，决定对全县预算单位银行账户进行全面清理、整顿。共清理预算单位银行账户153个，撤销账户89个，保留64个。

2013年8月，账户资金运行管理系统正式上线。该系统主要运用于对各预算单位账户进行网上审批，对各类账户资金流动进行动态监控及强制多级对账。有36个预算单位、99个银行账户纳入系统运行，其中：财政专户45个、预算单位银行账户54个（含15个乡镇零余额账户）。2014年7月，县财政局印发《2013年度乐安县本级权责发生制政府综合财务报告试编工作方案》，做到部门与业务股室的密切配合，业务股室与国库股的密切配合，形成既有分工又有合作的工作局面。

2015年10月，县财政局深化国库集中支付改革。一是实行资金规范化管理。将具备集中支付条件的预算单位的预算内资金、预算外资金、流动资金、财政专户资金全部纳入财政国库集中支付管理范围。二是实行集中支付全程监督。政府用钱须事先申报，审核通过后由财政部门直接支付，随用随拨，实时监控，随时掌握财政资金的动态，有助于从制度上解决财政资金被截留、挤占、贪污和挪用等问题。三是实行信息化管理。建立与财政国库管理制度改革相适应的现代信息系统。

2016年12月，贯彻落实《江西省财政厅转发〈财政部关于进一步清理规范地方财政专户的通知〉的通知》精神，县财政局对现有的23个财政专户进行整理，确定本次需撤销财政专户共7个，其中：道路交通事故社会救助基金专户1个，农业综合开发资金专户1个，清算备用金专户5个。清理完成后，财政专户将由23个缩至16个。

三、企业财务管理

1986年，财政部、国家体改委关于商业体制改革规定，继续放开国营小型商业企业。一是实行国家所有集体经营的小型商业企业，利改税核定上缴的承包费，从是年1月1日起减收一半，其余上缴给商业局。二是转为集体所有制的小型企业，占用国家的固定资产和流动资金，其偿还金在税后列支，偿还期间的占用费，自1月1日起免缴。三是租赁给集体和个人经营的企业，租赁费从1月1日起改用税前列支，缴商业主管部门，以业养业。四是凡能为集体经营和个人租赁经营的小型企业，其新增加的资产，分别归集体和个人所有。企业为扩大经营，可以向店内外集资，实行股份制，按股分红。五是开放的小型企业，在完成各项缴纳后，留利部分按一定比例提取公积金和公益金，偿还金未交完以前，企业财产不准转租、转卖。六是以劳务为主的理发、浴池、修理、饮食服务等小型企业，实行全额提成工资或超额提成工资，在税前列支，不属于奖金范围。七是恢复按二、八比例同财政算账的办法，即企业缴纳的所得税，超过20%的部分，由财政部门返还给商业主管部门。八是缴给商业主管部门的承包费、偿还金等主要用于商业网点建设，不得用于行政费和奖金、福利开支。

1987年，在国营企业实行利改税和盈亏包干的基础上，逐步推行企业承包经营责任制，企业对国家承包的范围是上缴国家的所得税和调节税。此后，在总结经验的基础上，按国家规定，对1988—1993年进行两轮承包（3年为一期）。1988年起，江西省政府决定，将粮食企业财务管理体制，下放到地县，划分收支，分级管理，省、地、县三级粮食企业的财务收支，按隶属关系纳入同级财政预算管理。当年，乐安县推行“工资总额同经济效益挂钩”，初始参与的企业很少，后来逐年增加。1991年，乐安县政府贯彻省政府《关于完善粮食财务管理体制和加强粮食财务管理办法》，财政部门对粮食企业按照“盈亏分开算、收支两条线”的原则，实行分行业管理。粮油加价款、预购定金贷款利息补贴等，由财政拨至粮食局；粮油企业和饲料企业按核定基数向税务部门缴纳所得税；粮贸公司的议价企业、运输企业、其他有利润企业分别向财政缴交利润。1993年，乐安县执行《关于全省国有小型商业企业实行“国有民营”改革试点的意见》，坚持“国家所有、集体（个人）经营、照章纳税、定额上缴、超收归己”的原则。是年7月1日起，凡设立在国境内的所有企业，不分经济类型，都必须严格按财政部颁发的《企业财务通则》和《企业会计准则》执行。1995年，粮食企业按国务院规定实行政企分开，划清政策性业务与经营性业务，建立两条线运营机制。1997年12月，乐安县严格按照中国建设银行转发财政部《关于加强国有企业财务监督若干问题的规定》的通知强调，要提高预算约束的刚性和财经纪律的严肃性，严禁违规违纪和越权行事，对转移截留收入超预算开支、违规超指标购建、乱支乱挂等行为加大查处力度。

2002年，乐安县对企业公司改建有关国有资本管理和财务处理作出规定，规范企业改制行为。2005年，乐安县执行财政部制定的《企业公司制改建有关国有资本管理与财务处理的暂行规定》和有关问题的补充通知。

2013年5月，县财政局要求企业以真实的交易事项、完整的账簿记录为依据，全面清查资产，核实债务和权益，正确结转损益，依法进行年终审计。2016年5月，乐安县财政局全面推开“营改增”工作，通过全面培训、帮助，使全县财税干部和企业财务人员尽快熟悉政策规定和征管办法，合理配置办税资源、充分提供办税便利、确保办税秩序井然，达到有效提升税收征管水平的目标。

四、非税收入管理

1990年5月，国务院将1986年发布的《征收教育费附加的暂行规定》修订为《中华人民共和国征收教育费附加的暂行规定》，自1990年8月1日起施行。乐安县财政预决算中从1990年起列有排污费收入和教育附加收入。1999年7月，为进一步加强矿产资源工作的管理，乐安县政府再次下发《关于全面贯彻执行矿产资源法，切实加强矿产资源补偿费征收管理工作的通知》，2006年之前矿产资源补偿费列为预算外收入管理，2007年起纳入预算内管理，其收入逐年增加。

为贯彻落实财政部《关于加强政府非税收入管理的通知》精神，2007年3月，结合乐安实际，制定《乐安县政府非税收入征收管理暂行办法》，明确规定：从是年开始乐安县所有的非税收入必须纳入预算和财政专户管理。政府非税收入是政府财政收入的重要组成部分，不是单位和部门的自有资金，其所有权属于国家，调控和支配权属于政府，管理权属于财政。政府非税收入应当纳入财政预算管理和财政专户管理，并严格执行“收支两条线”的管理规定。明确县财政局是县政府非税收入征收管理的行政主管机关，具体行使县政府非税收入的日常征收、管理、监督职能。政府非税收入可以由县财政局直接征收，也可以由县财政局委托单位征收。

2016年12月，乐安县财政局开展财政非税收入自查，深入推进财政票据电子化改革，不断完善“以票控收、以票促缴”的管理机制，认真做好非税收入的归集、记录、结算、划解等业务，进一步规范核算方法，完善非税收入报告体系，提高收入统计信息的准确性和完整性。

五、会计管理

1986年，财政部下发《会计专业职务试行条例》和实施意见，改革会计职称评定工作，实行专业技术职务聘任制度和以职务工资为主要内容的结构工资制，充分调动广大会计人员的积极性。1986年2月，国务院发布《关于实行专业技术职务聘任制度的规定》，其第八项规定，对1983年参加统考合格的人员，根据工作需要直接聘任相应专业职务。1987年，乐安县成立会计专业职称初级评审委员会，开展全县会计专业技术职务的评审工作。从1992年3月开始，根据财政部、人事部规定，会计专业技术资格实行全国统一考试制度，不再进行相应会计专业职务任职资格的评审工作。

1992—2016年，全县取得会计专业技术职称的人员共计705人，其中：高级会计师2人，中级会计专业技术职称132人，初级会计专业技术职称571人。取得会计从业资格证的774人。注册会计师5人。

六、国有资产管理

为加强国有资产管理，保证国有资产保值增值，防止国有资产流失，巩固发展全民所有制经济，1992年5月，成立乐安县国有资产管理局，为副科级机构，挂靠县财政局，履行对全县国有资产进行管理的职责。1997年机构改革，县国有资产管理局升格为正科级机构，与县财政局合署办公，一个机构两块牌子。2003年4月，县国有资产管理局机构撤销，其工作职能并入县财政局。2010年，设立乐安县国有资产监督管理办公室，为县财政局内设副科级机构。2015年4月，国有资产监督管理办公室为正股级机构。

县国有资产管理局的基本任务是：对县境内、外属于本县管辖的国有资产（包括企业和行政事业单位的固定资产、流动资产和其他国有资产）行使管理职能，重点管理国家投入各类企业（包括中外合资、合作企业）的国有资产。通过逐步完善国有资产管理制度，加强监督管理，促使国有资产使用单位有效地经营和使用国有资产，依法向国家上缴利润和国有资产产权收益，实现资产增值。乐安县国有资产管理局成立后，具体开展国有资产产权登记，行政事业单位财产清查登记和国有企业清产核资试点，国有资产评估等几项基础工作。1999年，乐安县在多家企业间开展城镇集体企业清产核资试点工作，为清产核资工作在全县铺开取得经验。

2012年8月，乐安县政府印发《乐安县县直行政事业单位经营性国有资产整合运作实施方案》，通过县直行政事业单位经营性国有资产整合运作，把分散沉淀的国有资产转化成高效流动的国有资本，加快建立国有资源、资产、资本、资金良性循环的运营体系，进一步激活促进发展的外源动力和内在活力，增强政府投融资能力和调控经济的实力，带动社会资本对政府急需发展的产业和重大基础性项目加大投入，实现国有资本裂变扩张、最大程度地保值增值。是月，县国有资产监督管理办公室在县政府授权下，首批对34家县直行政事业单位经营性国有资产进行核定，由县财政局出具资产权属划转通知书，在国土、建设、房管等相关部门办理资产产权权属变更登记手续，然后划转至乐安县凌云投资开发有限公司，按市场化运作进行投融资，确保国有资本保值增值，维护国有资产权益。

2014年11月，县国有资产监督管理办公室相继出台《车辆购置、使用和处置管理暂行办法》和《行政事业国有资产管理办法》等规章制度，推进行政事业单位国有资产管理的规范化、精细化和制度化进程。严格规范行政事业单位非经营性资产转经营性资产的行为，对资产进行出租、出借的，须进行可行性论证后报财政部门审批。

2015年4月，县国有资产监督管理办公室制定“四项制度”，按照“产权清晰、权责明确、政企分开、管理科学”的现代企业制度要求，完善国有企业法人治理结构。由县国资办会同主管部门逐步对全县国有企业制定经营业绩目标考核体系。各监管单位超过50万元的资金使用、资产处置、资产采购以及涉及重大项目建设、投融资决策、对外担保和影响企业改革、发展、稳定的重大事项，需事前上报县国资办审核，并报请县政府批准后方可实施。各监管单位银行账户印鉴需加盖县国资办专用监管印鉴，该印鉴留县国资办保存。各监管单位指定一名报账员归集本单位的各项收支原始凭证，整理汇总后送国资办审核。

2016年6月，开展全县行政事业单位国有资产清查工作，清查范围是2015年12月31日以前经机构编制管理部门批准成立，执行行政、事业单位财务会计制度的各级各类行政事业单位、社会团体。目的是全面摸清行政事业单位“家底”，进一步强化行政事业单位资产管理，夯实资产管理信息系统数据，推进资产管理与预算管理、财务管理相结合。

七、财政监督与财务检查

财政监督检查以确保预算任务完成为中心，以促进财政管理为重点，一般以监督检查与规范财政管理相结合的形式实施。实施方式分为日常监督检查、专项监督检查。日常监督检查主要对预算执行和财政管理中的某些重要事项进行日常监控。财政机关业务机构的日常监督检查是结合预算编制，对财政资金分配进行事前的审查、稽核，对资金拨付、使用进行事中的审核、控制，以及对财政资金运行和预算执行中重要环节进行必要的延伸检查核证，及时进行重点监控和实地检查。专项监督检查坚持指令性计划和指导性计划相结合，程序包括：制订检查方案、组织培训、下达检查通知书、实施检查、提出书面报告、立卷归档。

1986年5月，抚州地区财政局批准乐安县财政局配备财政驻厂员 6 名，人员和编制统一放在县财政局内使用。1996 年增配财政驻厂员 1 名。其主要任务是：帮助企业加强财务会计工作；对企业的生产经营和财务情况进行调查研究；帮助企业建立和健全各项经济责任制；督促企业及时编报会计报表；定期向上级机关和有关部门报告工作。

1989 年 6 月，根据江西省政府《关于设置税收财务物价大检查办公室的通知》精神，经县人民政府常务会研究同意，成立乐安县人民政府税收财务物价大检查办公室，定为副科级常设机构，挂靠县财政局。其主要工作任务除组织每年 1 次的全县税收财务物价大检查工作，处理大检查中查出的违纪问题，催缴违纪收入和扫尾善后工作外，开展经常性的监督检查工作以及查处人民群众来信来访反映的违反财经纪律的案件等。

1995 年 3 月，财政部对各级财政监察机构、工作权限、工作制度、工作程序以及机构人员和财政监察机构与本级财政部门各业务机构的工作关系等作出进一步规定。县财政局财政监察股属行使财政监察职能的专门机构，负责对全县财政系统各单位及其工作人员执行财政法规、财务会计制度和有关政策情况及违法违纪行为进行监督检查。具体职责是：参与乐安县财政监督、财政财务检查实施办法的拟订与组织实施：参与县财政局有关股室对乡镇财政预算执行、财政收支以及财政资金使用情况与效益的监督检查；参与县财政局有关股室开展财政预算内，预算外资金管理的专项审计；加强对本局机关（含本局所属单位）的财务及财政周转金管理的监督，坚持对局机关各股室（含局所属单位）的财务进行年度审计制度，并协助有关部门开展财政财务审计工作；受理和查处财政系统干部职工以权谋私、弄权渎职、违反财政政策、法令和制度的举报事宜；建立健全财政监察网络，指导全县各地财政兼职监察员开展财政监察工作。

1997 年 7 月，县政府实施县直机关机构改革，三定“方案”将财政监督股核定为县财政局内设机构。乐安县政府税收财务物价大检查办公室改称为乐安县税收财务物价大检查办公室（简称“县三检办”），挂靠县财政局，其工作职能划并到财政监督股内，其主要职责为：一是研究拟订财政监督规划，拟订财政监督具体制度和办法，组织实施全县财政监督。二是指导并参与全县财政部门开展财政监督工作，负责办理财政行政复议和行政诉讼案事项等。三是组织实施每年一度的税收财务物价大检查，受中央、省、地委托，检查处理中央、省、地驻县单位和企业违纪问题。四是监督检查社会经济中介机构执行财税物价政策情况。五是对人民群众来信来访有关举报违犯财经纪律的行为进行检查处理等。同时，县政府增设乐安县预算外资金管理局，对全县预算外资金实行统一管理，对预算外资金收支活动监督检查和稽查。

1998 年 6 月，根据国务院取消每年一度的税收财务物价大检查，强化税务部门的专项检查，建立科学规范的财政日常监督机制的精神，全县每年一度的三大检查工作至此终止。县三检办撤销，人员、财产和账目并入县财政局。

1999 年，县政府研究决定，“乐安县人民政府税收财务物价大检查领导小组”更名为“乐安县人民政府财经监督检查领导小组”，下设乐安县财经监督检查办公室，与县财政局财政监督股合署办公。

2005 年 2 月 1 日起，乐安县执行国务院公布的《财政违法行为处罚处分条例》，在职权范围内，依法对财政违法行为作出处理、处罚决定。对有财政违法行为的单位直接负责的主管人员和其他直接责任人员，以及有财政违法行为的个人，属于国家公务员的，由监察机关或者任免机关依照人事管理权限，依法给予行政处分。

2009 年 10 月，为从源头把关预防财务腐败，确保会计信息的真实性，不断提高会计信息质量，乐安县财政监督检查局对 13 家行政、事业及国有企业单位进行“会计信息质量”专项检查。

2013 年 7 月，县委、县政府印发乐安县 2013

年度财政资金监督检查工作方案。抽调财政、监察、审计人员成立5个检查小组对全县2010—2012年财政专项资金管理使用情况进行检查。

2014年12月，县委组织部、县人社局、县监察局、县编办、县财政局、县公安局6部门在全县范围内开展清理整治“吃空饷”专项督查。

第二章 税 务

1986—2016年，乐安县税务部门经历由“统”到“分”的改革历程。1994年，为适应建立社会主义市场经济体制要求，县税务局分别设立县国税局和县地税局；县国税局为垂直管理。分设后，税务部门积极培植税源，落实多项税收优惠政策，创新征管方式，提高征管能力和服务水平，确保各项税收完成，为支持地方经济建设，促进各项事业发展发挥积极作用。

第一节 国 税

一、机构人员

1986年，乐安县税务局内设秘书股、人事监察股、税政一股、税政二股、计划会计统计股、税务稽查队；下辖鳌溪、公溪、湖坪、龚坊、戴坊、招携、谷岗、南村、牛田9个税务所和湖溪、航桥、山砀、鹏洲、潭港、望仙、金竹、坪溪、万坊、罗陂、石陂11个税务站。1988年设立县检察院驻税务局检察室。1989年秘书股改称办公室，增设征管股、发票管理所和税务微机室，撤销人事监察股，设立监察股和审计股。1990年税政一股、二股合并为税政股。1991年成立稽查分局和专项基金稽征所。1992年撤销专项基金稽征所，改设税政二股，税政股更名税政一股。1994年成立税务咨询所，稽查分局更名为稽查队。是年9月税务局分设为国家税务局和地方税务局。

乐安县国家税务局于1994年9月成立，实行垂直管理。内设办公室、征收管理股、税政管理股、监察室、人事教育股、计划财务股、税务咨询事务所、发票管理所和信息中心。辖第一、第二、公溪、招携、戴坊、牛田、望仙7个分局和山砀、谷岗、湖坪、龚坊、潭港、航桥、湖溪、鹏洲、万崇、罗陂、增田、坪溪、金竹、南村14个税务站，同时成立县国税局稽查分局。1995年设立县国税局纪检组，撤销第一分局、第二分局，合并成立城区分局，谷岗税务站由第二分局辖站升为县局直属征收站。1996年撤销征管股、税政股、监察室、人事教育股、计划会计统计股、发

乐安县国家税务局办公大楼

票管理所和信息中心，设综合业务股、人事监察股和计划财务股。撤销戴坊、牛田、望仙3个分局；同时成立龚坊分局。1997年撤销人事监察股，设人事教育股、监察室。1999年稽查分局更名为稽查局。

2003年5月撤销城区分局。年底，县国税局内设办公室、计划征收股、征收管理股、人事教育股、税政法规股、监察室、信息中心、管理一股、管理二股和稽查局；下辖公溪、龚坊、招携3个分局。2004年9月，管理一股、管理二股更名为税源管理一科、税源管理二科，新设办税服务厅。至此，县国税局内设机构为：办公室、人事教育股、监察室、税政法规股、计划财务股、征收管理股、税源管理一科、税源管理二科、办税服务厅、稽查局、信息中心；下辖公溪分局、龚坊分局、招携分局。2008年增设纳税评估科。

2009年9月至2016年，根据“三定”方案，乐安县国税局机构设置为：办公室、人事教育股、监察室、税政法规股、收入核算股、征收管理股、税源管理科、纳税评估科、办税服务厅（纳税服务科）、稽查局、信息中心；下辖公溪分局、龚坊分局、招携分局。至2016年年底，全县国税系统共有在职人员77人，其中：中共党员53人，研究生学历1人、大学48人、大专27人、高中1人。退休人员32人。办公地址：迎宾北大道国税大楼。

1986—2016年，历任局长：邹庆生、黄澈、罗凤灵、黄强、吴华光、吴晓文。

二、税源培植

在抓好税收征管的同时，县国税部门注重培植税源，落实税收优惠政策，对农业生产者销售自产农产品免税。来料加工、来件装配和补偿贸易所需进口设备免税。承担粮食收储任务的国有购销企业销售粮食免征增值税。单一大宗饲料、混合饲料、配合饲料等免税。福利企业增值税先征后返。森林企业增值税自2001年1月1日起即征即退。其他涉农和下岗职工再就业享有优惠政策。

对农业生产者销售的自产农产品；避孕药品和用具；古旧图书；外国政府、国际组织无偿援助的进口物资和设备；直接用于科学研究、科学试验和教学的进口仪器、设备；由残疾人组织直接进口供残疾人专用的物品；销售自己使用过的物品；托儿所、幼儿园提供的保育和教育服务；养老机构提供的养老服务；残疾人福利机构提供的育养服务；婚姻介绍服务；殡葬服务；残疾人员本人为社会提供的服务；医疗机构提供的医疗服务；从事学历教育的学校提供的教育服务；农业机耕、排灌、病虫害防治、植物保护、农牧保险以及相关技术培训业务，家禽、牲畜、水生动物的配种和疾病防治；纪念馆、博物馆、文化馆、文物保护单位管理机构、美术馆、展览馆、图书馆在自己的场所提供文化体育服务取得的第一道门票收入；寺院、宫观举办文化、宗教活动的门票收入；政府性基金和行政事业性收费；个人转让著作权；个人销售自建自用住房；金融机构农户小额贷款利息、国家助学贷款、国债、地方政府债利息、人民银行对金融机构的贷款利息、住房公积金管理中心用住房公积金在指定的委托银行发放的个人住房贷款利息、外汇管理部门在从事国家外汇储备经营过程中，委托金融机构发放的外汇贷款利息、统借统还业务中，企业集团或企业集团中的核心企业以及集团所属财务公司按不高于支付给金融机构的借款利率水平或者支付的债券票面利率水平，向企业集团或者集团内下属单位收取的利息收入；被撤销金融机构以货物、不动产、无形资产、有价证券、票据等财产清偿债务；保险公司开办的一年期以上人身保险产品取得的保费收入；符合要求的金融商品转让收入；金融同业往来利息收入；符合条件的担保机构从事中小企业信用担保或者再担保业务取得的收入；国家商品储备管理单位及其直属企业承担商品储备任务，从中央或者地方财政取得的利息补贴收入和价差补贴收入；纳税人提供技术转让、技术开发和与之相关的技术咨询、技术服务；符合条件的合同能源管理服务；政府举办的从事学历教育的中等和初等学校（不含下属单位），举办进修班、培训班取得的全部归该学校所有的收入；政府举办的职业学校设立的主要为在校学生提供实习场所、并由学校出资自办、由学校负责经营管理、经营收入归学校所有的企业，从事《销售服务、无形资产或者不动产注释》中“现代服务”（不含融资租赁服务、广告服务和其他现代服务）、“生活服务”（不含文化体育服务、其他生活服务和桑拿、氧吧）业务活动取得的收入；家政服务企业由员工制家政服务员提供家政服务取得的收入；福利彩票、体育彩票的发行收入；军队空余房产租赁收入；为了配合国家住房制度改革，企业、行政事业单位按房改成本价、标准价出售住房取得的收入；将土地使用权转让给农业生产者用于农业生产；涉及家庭财产分割的个人无偿转让不动产、土地使用权；土地所有者出让土地使用权和土地使用者将土地使用权归还给土地所有者；县级以上地方人民政府或自然资源行政主管部门出让、转让或收回自然资源使用权；随军家属就业；军队转业干部就业免征增值税。资源综合利用企业即征即退。退役士兵创业就业、重点群体创业就业按一定额度扣减增值税，等等。

对国债利息收入；地方政府债券利息收入；符合条件的居民企业之间的股息、红利等权益性投资收益；从事农、林、牧、渔业项目；符合条件的技术转让所得；经营性文化事业单位转制为企业的免征企业所得税。综合利用资源生产产品取得的收入；金融、保险等机构取得的涉农贷款利息收入、保费收入在计算应纳税所得额时减计收入。开发新技术、新产品、新工艺发生的研究开发费用；安置残疾人员及国家鼓励安置的其他就业人员所支付的工资加计扣除。符合条件的小型微利企业减免企业所得税。国家需要重点扶持的高新技术企业减征按 15% 的税率征收企业所得税。

三、税收征管

1986—1993 年，县城实行税款征收、纳税管理、纳税检查三分离，农村实行征管、检查两分离的管理模式。1994 年，税制改革后，国税部门实行统一领导，分级管理，税收管理权集中在税收所归属的级别部门，取消管户制度，推行自核自缴制度，国有、集体企业一律实行申报纳税制度，个体工商户由个人自报，税务机关集体审核税款，限期到税务机关缴纳。县国家税务局设立办税服务厅，保证集中征收。

抓好重点税源监控。从乐安县实际出发，确定重点税源级次，并实施分级监控、分类管理、分项指导。对年纳税 5 万元以上的企业进行重点监控，按月分析税源增减变化情况，加大对数据分析研究的力度。强化个体税收管理。

2000 年，认真推行《双定户纳税定额测算系统》，扎扎实实开展个体税负测算、调整工作，力求做到全面测算，公平税负；对个体工商大户按照行业特色、区别经营规模进行精细化管理。同时加强未达起征点户税务登记管理和动态分类管理，强化未达起征点户的台账制度和巡回管理制度。加强小规模企业核定征收管理。通过生产能力测算等办法，对其分类进行纳税评估，按其费用、耗材等测算生产经营量及销售额；规范程序，提高透明度，定期公布同行业纳税人税负信息，力求做到税负公开、公平、公正，为其他企

乐安县行政服务中心纳税大厅

业营造良好的竞争环境。

2005年以后，完善税源监控预警管理，深入开展宏观税负分析、税收弹性分析，按季度对重点税源企业进行例会分析，结合分类管理制度的实施，形成企业纳税能力和实际纳税水平的对比分析；按季度及月份做好税收预测工作。2007年，加强行业税收管理，实行以电管税，以耗定产、以产定销、按月核定税款等方式；认真开展农村砖瓦、砂石、木竹等行业税收管理。从2008年开始，深化纳税评估，加强评估与管理、稽查等部门的衔接，建立定期例会制度，强化按季通报信息，建立健全评估协调及案源移送、信息反馈等制度，完善税源监控、税收分析、纳税评估、税务稽查“四位一体”税源管理机制。

2011年起，加强房地产税费一体化征收管理，对承担房地产税费征管职责的各部门进行整合完善，统一税费标准，做到规范征管和阳光操作；整合部门职能，做到数据比对和信息共享；严格审批程序，做到联审联批和一体化征管；简化办事流程，做到一站式服务，共同构建一个功能齐全、规范透明、优质高效的现代化房地产税费征管新体系。2013年，多举措加强石料行业税收征管，有针对性地开展税收宣传和政策辅导，消除砂石行业纳税人的抵触情绪，采取“以发票控税”“以炸药核税”等手段控管税收源泉，对辖区石料开采行业，按发票使用量和炸药使用量核定税款，并通过部门间的协作配合，加强对第三方所提供数据和资料的分析，有效堵塞石料行业税收征管漏洞。

2015年，加快推进“三证合一”“一照一码”商事登记制度改革，通过“一窗受理、互联互通、信息共享”，将由工商行政管理、质量技术监督、税务3个部门分别核发不同证照，改为由工商部门核发统一社会信用代码的营业执照，进一步便利企业注册登记，持续推动形成大众创业、万众创新热潮，维护交易安全、消除监管盲区。2016年开始，征管体制改革全面推行，国、地税合作不断向深层次推进，联合办理税务登记、联合核定税款、联合征收税款、联合稽查评估等各项合作事项逐步推行，严格落实“放管服”的要求，推进办税便利化改革，建立国、地税合作常态化机制，转变税收征管方式，提高税收征管效能。

1994—2016年乐安县组织收入入库情况表

表12-2-1　　单位：万元

年份	国税收入	年份	国税收入	年份	国税收入
1994	1661.8	2002	1275.7	2010	4170
1995	908.4	2003	1673.4	2011	5252
1996	981.1	2004	1824.0	2012	7689
1997	621.9	2005	2312.2	2013	11546
1998	744.2	2006	2313.0	2014	19262
1999	768.2	2007	3177.0	2015	22587
2000	794.7	2008	4327.0	2016	23501
2001	761.3	2009	3429.0	—	—

四、税务稽查

税务稽查是监督和修正纳税人的纳税行为，确保征纳双方依法办税的一种措施。税务部门在完善体系、强化稽查的同时，实行有奖举报、大案要案集体审理、行政复议、违章听证制度，对偷、逃、抗税案件依法进行处理，狠抓稽查“三率”（查补率、入库率、处罚率）的提高，增强稽查工作有效性。

五、发票管理

县国税局发票管理所负责增值税专用发票的计划、运输、保管、发售、检查等日常管理工作。从上级购领增值税专用发票时，实行双人专车押领。基层税务单位需代开专用发票的，必须出具发票管理人员持有的发票购领申请表，并加盖公章。每本发票限期使用，到期未用部分剪角作废。发票安全保管做到“三专七防”（专人管理、专柜存放、专账记载，防盗、防鼠、防火、防蛀、防霉烂、防损失、防丢失）。开具增值税专用发票必须逐笔足额征收税款，严禁只开发票不收或少收税款。

发票管理是征税、纳税的一个重要环节，从普通填写式发票，到裁剪式发票、机打发票，再到增值税发票，其间还有有奖发票、反击制售假发票等。

六、主要税种

产品税　1987—1993年，对全县境内从事生产应税产品的单位和个人征收产品税；1994年改为增值税，税率3%～17%。

增值税　1987—1993年，对纺织品、轻工机械产品、重工业产品和西药等征收。1994年始，增值税扩大税基，对所有产品在生产、批发、零售及加工、修理、修配劳务环节全面征收，税率0～17%。2009年1月1日起，全面实行消费性增值税。2013年8月1日，交通运输业和部分现代服务业纳入“营改增”试点，同时广播影视作品的制作、播映、发行等，也开始纳入试点。2014年1月1日，铁路运输业及邮政服务业纳入“营改增”试点范围。至此，交通运输业全面纳入营改增范围。2016年5月1日，“营改增”试点全面推开，试点范围推广至房地产业、建筑业、金融业和生活服务业，所有营业税纳税人将由缴纳营业税改为增值税。

营业税　对全县境内建筑业、交通运输等行业征收资源税，以量定额征收。

企业所得税　1993年，将国营企业、集体企业、私营企业所得税合并为企业所得税，税率33%。2008年，取消内外资企业差别待遇，统一内外资企业所得税法，将法定税率由33%降为25%，并对国家重点支持的高新技术企业和符合条件的小型微利企业分别给予15%和20%的低税率优惠。

屠宰税　在县境内屠宰猪、牛的，分别按每头12元、16元征收。2002年取消。

个人所得税　1993年，将收入调节税和个体工商户所得税合并为个人所得税，并根据不同个人所得项目，规定不同的超额累进税率。

固定资产投资方向调节税　税率0%～15%。税收机构分设后，划归地方税务局征管。

消费税　1994年，正式建立消费税制度。2006年，对消费税税目、税率及相关政策进行调整，新增高尔夫球及球具、高档手表、游艇、木制一次性筷子、实木地板等税目，增列成品油税目，原汽油、柴油税目作为该税目的两个子目，同时新增石脑油、溶剂油、润滑油、燃料油、航空煤油5个子目；取消“护肤护发品”税目；调整白酒、小汽车、摩托车、汽车轮胎消费税税率。2008年，调整汽车消费税政策，提高大排量乘用车消费税税率，降低小排量乘用车消费税税率。2009年，调整卷烟、烟和成品油消费税政策。2014年，提高汽油、柴油等成品油消费税，取消小排量摩托车、酒精、汽车轮胎消费税。

车辆购置税　2001年，实施《中华人民共和国车辆购置税暂行条例》和《车辆购置税征收管理办法》，开始征收车辆购置税。2009年，调整车辆购置税政策，对1.6升及以下排量乘用车减征车辆购置税。2014年，对符合条件的新能源车免征车辆购置税。2015年，对购买1.6升及以下排量乘用车减半征收车辆购置税。

第二节　地　税

一、机构人员

1994年，根据国务院关于国、地税机构分设的工作部署，乐安县税务局分设为乐安县国家税务局、乐安县地方税务局。1994年9月，成立县地方税务局，为正科级单位。内设办公室、税政一股、税政二股、征收管理股、计划会计统计股、稽查分局，并设立直属分局及各乡镇驻征站。1995年，设立鳌溪、招携、望仙、牛田、戴坊、公溪6个基层分局。1996年，撤销5个基层分局，保留公溪分局，各乡镇设财税所。1999年，设立发票分局。2000年，实行省地税局垂直领导，2001年，乡镇财、税分设，撤销各乡镇财税所，设立鳌溪、招携、望仙、牛田、戴坊、公溪6个基层分局。2002年机构改革，县地税局内设人秘股、征收管理股、税政管理股、监察室、计划财务股；设立发票所、后勤服务中心、信息中心3个直属事业单位和稽查局、征收管理局2个直属行政单位；并设鳌溪、戴坊、公溪、万崇、增田、招携6个基层分局和谷岗、牛田、山砀3个所。2004年，增田分局、谷岗所合并到鳌溪分局，山砀所合并到戴坊分局，牛田所合并到万崇分局，征收管理局更名为办税服务厅。2007年，发票所合署到征收管理股，人秘股更名为办公室，后勤服务中心合署到办公室。2008年8月，撤销招携分局并入鳌溪分局，戴坊分局更名为龚坊分局。2013年1月，公溪、龚坊、万崇等基层分局全部迁到县城办公，机构重新设置，成立4个基层分局（一分局、二分局、三分局、四分局）。2015年1月，机构重新设置，成立5个基层分局（一分局、二分局、三分局、四分局、五分局），税政管理股增挂政策法规股牌子，办公室更名为人秘股，办税服务厅更名为纳税服务分局。至2016年年底，地税系统共有干部职工107人，其中在职96人，退休11人。办公地址：乐安大道122号。

1994—2016年，历任局长：黄凤珍（女）、詹忠才、陈文清、陈俊波。

二、税源培植

乐安县地税局紧密围绕组织收入中心任务不放，积极创新管理方式方法，抓好做实税源管理工作，在全面、深入税源调查基础上，建立健全科学规范的收入分析预测制度和税收征管制度，密切关注经济发展趋势，提高税源监控水平。

通过充分利用大数据资源开展税源管理分析，“金税三期工程”数据、财务报表、情况通报、风险推送等资料，通过落实月度分析和通报机制，强化重点税源纵向比对分析和主要行业横向比对分析。积极探索适合乐安实际的税源分析模型，分析预测税收形势，寻找薄弱环节和突破口。大力落实综合治税条例，及时采集利用工商、国税、技术监督等部门的管户信息数据，通过比对分析，强化税源控管，杜绝漏征漏管；主动加强与国土局、房管局、招商局、经贸委等部门的沟通与联系，完善房地产税收一体化制度，建立以地控税、以药控税新机制，积极将新经济增长点转化为税收增长点。

通过定期开展税收巡查和纳税评估，组织税源管理业务骨干，深入实地，准确掌握企业生产经营情况，同时积极向企业纳税人普及相关税收法律法规和各类税收优惠政策，定期开展“纳税人学堂”进行涉税业务知识辅导，通过与纳税人建立规范化沟通渠道，推行干部联系重点税源制度，建立完善县局、分局、税管员三级税源监控机制。切实落实“放管服”改革要求，加大对行政许可、行政审批事项的公开和审批监督，通过公开“权力清单和责任清单”，推行“双随机一

乐安县地方税务局办公大楼

乐安国地税营改增四大行业企业座谈会（2016 年）

公开”制度，开展“便民春风行”行动，不断简化办税程序，提高税收服务质效，方便纳税人，为地方经济的发展起到良好的促进作用。

1994 年，县地税局成立以后，充分运用税收优惠政策，支持县域经济发展。全面贯彻江西省地税局《支持全民创业 100 条措施》《支持返乡农民工就业创业 12 条措施》、抚州市地税局《支持物流业发展 50 条措施》《小型微利企业税收优惠政策》等各项税收优惠政策，做好优惠政策实施效果、减免税额等统计评估和信息反馈工作。认真贯彻落实国家的下岗再就业优惠政策，大力扶助下岗再就业人员就业。2016 年，下岗再就业优惠 114 人，减免地方税收 156 万元；落实小微税收优惠政策及未达起征点减免优惠纳税人 1126 户次，减免营业税、所得税等地方各税 3350 万元；按规定取消防洪保安资金、价格调节基金的代收代缴，减免各项基金 236 万元。通过落实税收优惠政策，大大减轻纳税人负担，特别是小微型纳税人，增强全民创业的热情，促进全县经济的发展。

2016 年，国家推行“营改增”税收改革，地税的主要税种营业税改征增值税，地方税收税源受到冲击，县地税局积极探索新的税源增长点，全面推行个人所得税全员全额明细申报制度，不断完善自然人税收管理体制，实现个税申报全覆盖。在全县行政事业单位施行工资薪金个税财政统扣模式，加强个税 12 万元以上所得和两处以上取得收入的个税管理，强化股权转让税收监管，加强国、地税合作委托代征管理等新征管方式征收个人所得税 5196 万元，是 1994 年地税成立时总收入 210 万元的 25 倍。

三、税收征管

1994 年，国、地税机构分设后，县地税局实行统一领导、分级管理，税收管理权限集中在税收所归属的级别部门，逐步取消管户制，推行自核自销制度。国有、集体企业一律实行申报纳税制度，个体工商户由个人申报、主管地税机关集体审核、限期到主管地税机关缴税。2004 年，设立办税服务厅，对税款进行集中征收。2005 年，县地税局完成新征管软件上线工程，实现税收征管数据省地税局大集中。

地方税收征收方式主要有 4 种：查账征收、核定征收、查验征收、定期定额征收。县地税局在税收征收时根据实际情况分别采取不同的征收方式。2005 年，全县地税系统推行银行批量扣税的征收方式，对采取定期定额纳税方式的个体工商户，由纳税人到指定的当地邮政储蓄所办理专户，并存入不少于 3 个月的应纳税款，由邮政储蓄所代扣税款。

不断健全征管制度，根据《中华人民共和国税收征收管理法》和各税条例的规定，结合乐安地税工作实际，先后制定和规范《乐安县房屋租赁业税收征管办法》《乐安县建筑行业个人所得税征管办法》《乐安县车辆税收征收办法》《乐安县建筑业资源税管理办法》《乐安县建筑业、房地产税收管理办法》等征管办法，有效地加大征管力度，提高征管质量，加强重点行业的税收监控；对征管资料实行“档案化”管理，对纳税户实行“户籍化”管理，加强巡查巡管，及时登记造册，及时整理归档，防止税收的“跑、冒、滴、漏”；全面开展信息化建设。从2004年10月开始，对征管资料各项信息进行采集，组织专门人员进行录入。2005年5月1日，顺利实现新征管软件上线运行，地税征管由原始化的手工操作向现代信息技术转变；从2006年起，开展个体工商户计算机参数定税工作，纳税人的税负核定更加科学、合理，税负更加公平。

全县行政事业单位个税全员申报培训班

2008年下半年后，国际金融危机蔓延所带来的国内经济形势变化，给组织收入工作带来困难。面对困难，乐安县地税局准确分析和预测税源变化情况，抓住重点、难点和薄弱环节，有计划、分阶段地分解落实税收收入任务，大力实施税收科学化、专业化、精细化管理。2016年实现地税收入35462万元，圆满地完成市、县下达的全年税收任务。

1994—2016年乐安县地方税收收入完成情况表

表12-2-2　　　　单位：万元

年份	地税收入	年份	地税收入	年份	地税收入	年份	地税收入
1994	210	2000	1690	2006	4058	2012	29535
1995	956	2001	1920	2007	5735	2013	32356
1996	1459	2002	1393	2008	6906	2014	33805
1997	1957	2003	1663	2009	8305	2015	41129
1998	2080	2004	1911	2010	11263	2016	35462
1999	1777	2005	2431	2011	22514	合计	250515

四、税务稽查

税务稽查是税务机关依法对纳税人、扣缴义务人履行纳税义务、扣缴税款义务等情况进行检查和处理的全部活动。县地税局不断完善稽查体系，强化稽查工作措施，加大地税稽查工作力度，实行有奖举报、大案要案集体审理、行政复议、违章听证制度，对偷、逃、抗税案件依法进行处理，狠抓“三率”（查补率、入库率、处罚率）的提高，增强稽查工作的实效性。

1995—2016年乐安县部分年份查补税款情况表

表12-2-3　　　　单位：万元

年份	金额	年份	金额	年份	金额	年份	金额
1995	22.90	2003	202.00	2013	1375	2015	662
1998	214.18	2006	113.25	2014	1019	2016	2247

五、发票管理

各类发票由县地税局发票管理所向市地税局领回，发放到各基层分局及办税服务厅，纳税人按照有关规定到基层分局或办税服务厅领购所需发票。县地税局建立健全发票管理制度，发票由专人保管，专库、专柜存放，专用包袋携带。每月底对库存发票进行盘点，做到账实相符。各基层分局发票管理岗人员每月月底清查结存发票，并将发票结存报表及收回的发票存根交县地税局。对办税服务厅及基层分局各窗口发出的发票，实行“双登双签”制度，即在开具的发票上登记纳税的税票号码，在开具的税票上登记所纳税的发票号码，征纳双方均要在对方的发票登记簿上签名。

六、主要税种

地税税种、税率几经变化，至2016年年底，主要税种、税率情况如下。

营业税：对全县境内提供应税劳务、转让无形资产、销售不动产的单位和个人征收营业税。依据不同税目，税率3% ~ 20%。2016年5月1日，全面推开营业税改增值税试点，标志着营业税停征。

个人所得税：对在个人（自然人）取得的各项应税所得征收个人所得税。根据不同所得项目，规定不同的超额累进税率。工资薪金所得：每月扣除3500元后，按3% ~ 45%的七级超额累进税率计征。个体工商户生产经营所得、企事业单位的承包承租经营所得：查账征收按5% ~ 35%的5级超额累进税率。稿酬所得：20%的比例税率，减征20%。劳务报酬所得：特许权使用费用所得，股息，利息，红利所得，财产租赁所得，财产转让所得（含股权转让所得），偶然所得和其他所得均适用20%的比例税率。申报扣缴方式：除个体工商户生产经营所得外，其他均适用扣缴方式，纳税人、扣缴义务人必须在次月15日内申报缴纳税款。

企业所得税：对全县境内的企业就其生产经营所得和其他所得依法征收企业所得税。法定税率33%，自2008年1月1日起税率25%。1.法定税率25%。2.核定征收：应纳所得税率4%–20%。计税方法：收入 × 应税收入（4% ~ 20%）× 适用税率或成本费用/(1–应税所得率)× 适用税率。3.纳税期限：月后、季后15天内，年终汇算清缴应在年后4个月内进行。纳税人应按季报送财务会计报表，在年后45日内向主管税务机关报送会计决算表和企业所得税申报表，办理年终汇算清缴。

城市维护建设税：对缴纳增值税、消费税、营业税的单位和个人就其实际缴纳的“三税”税额为计税依据而征收的城市维护建设税。税率：城市7%，县城及镇5%，其他1%。

土地增值税：对转让国有土地使用权、地上建筑物及其附着物并取得收入的，征收土地增值税。税率：采取四级超额累进税率，最低为30%，最高为60%。征收对象：有偿转让国有土地使用权及地上建筑物和其他附着物产权所取得的增值额。税率：30% ~ 60%的4级超率累进税率。对房地产开发项目中，普通标准住房按收入 ×1%预征，核定征收按5%征收；非普通标准住房按收入 ×3%预征，核定征收按6%征收；店面按收入 ×5%预征，非住宅核定按8%征收；由国土部门据实征收，达到清算条件后及时清算，多退少补，逾期不清算一律按照10%征收。4.纳税期限：转让房地产合同签订后的7日内，按期纳税为月后的10日内。

车船使用税：对拥有车船的单位和个人按辆或按吨位依据不同税率征收车船税。1.载货汽车：按自重每吨80元/年。2.载人汽车：9座（含）以下每辆360元/年；9 ~ 20座每辆420元/年；20座以上（含）每辆480元/年；微型车每辆240元/年。3.摩托车：每辆60元/年。4.纳税期限：按年征收，分季缴纳。

资源税：对县境内开采应税资源的矿产品或生产盐的单位和个人征收资源税。根据所开采的资源或生产的盐不同种类按不同的税率征收。

印花税：对经济活动和经济交往中书立、使用、领受具有法律效力的凭证的单位和个人征收印花税。印花税共有13个税目，依据不同税目执行不同的税率。购销合同：税率3‰，计税依据为应税购销合同金额。建筑安装工程承包合同，税率3‰，计税依据为应税建筑安装工程承包合同金额。加工承揽合同，勘察设计合同，货物运输合同，产权转移书据：税率5‰，据税依据同上。记载资金的账簿按实收资本和资本公积金合计金额的5‰计征贴花。财产租赁，财产保险，仓储保管合同：税率1‰，计税依据同上。技术合同：税率为3‰，计税依据同上。借款合同：0.5‰，计税依据同上。权利，许可证照，其他账簿：按照年贴花5元/本，于领取或启用时贴花。纳税期限：按月汇总缴纳印花税，日期月后15天内或按次缴纳。

城镇土地使用税：对县境内拥有土地使用权的单位和个人征收土地使用税。纳税范围：县城，镇属范围内。适用税额：县一级土地每平方米6元/年；县二级土地每平方米4.5元/年；县城除一二级土地外的其他建制镇土地每平方米3元/年。纳税期限：按年计算，分季缴纳，季后15日内申报缴纳。

房产税：对县境内拥有房屋产权的单位和个人征收房产税。税率：分别按房产余值和房屋租金征收1.2%、12%，对出租个人住房的，按租金收入的4%征收。

契税：土地使用权或房屋所有权的买卖、赠与或交换需按成交价格或市场价格的3%～5%征收契税。纳税人为受让人。征收对象：国有土地使用权出让，土地使用权转让，房屋的买卖，赠与和交换。税率：法定税率为3%～5%，江西省为4%。其中：首次转让90～144平方米普通标准住宅优惠税率为2%。

耕地占用税：对占用耕地建房或者从事非农业建设的单位或者个人征收的一种税。税额是以纳税人实际占用耕地面积乘以地方政府核定的每平方米固定税额计算，一次性征收。征收对象：单位或者个人占用耕地建房或者从事非农业建设，按所占耕地的面积×（19～22）元/平方米的单位税率。其中：鳌溪、公溪为22元，其他建制镇为21元，乡为19元。占用红线以内的基本农田加征50%，占用林地按70%征收。

烟叶税：对县境内收购烟叶的单位征收烟叶税，税率20%。

固定资产投资方向调节税：税率分基本建设和技术改造两个序列。基本建设项目和其他固定资产项目设置299个。其中171个税目实行零税率，67个税目税率为5%，61个税目税率为30%。299个税目以外的基本建设项目和其他固定资产投资项目税率均为15%；对技术更新改造项目，列举税目的税率为0，非列举税目税率一律为10%，住宅投资除城乡个人建设住宅，地质野外工作人员生活基地住宅、各类学校教职员工住宅以及学生宿舍，科研所住宅，北方节能住宅税率为0，其他住宅税率为5%。1994年，全面实行新税制，该税种由地方税务机关负责继续征收。从1997年7月1日起，实行减半征收。2000年1月1日起，暂停征收。

屠宰税：1994年2月始，对原在销售环节征收营业税的部分，按新规定改征增值税；原在收购环节征收产品税的部分，在维持原税负前提下，仍征屠宰税。生猪、菜牛每头定额征收20元，菜羊每只2元。原在屠宰环节征收的屠宰税，仍按原办法执行，即生猪、菜牛每头定额征收12元，菜羊每只0.5元。贫困乡、特困乡农民自养、自宰、自食应税生猪的屠宰税减半征收。2003年11月26日，停征屠宰税。

筵席税：是指对在境内设立的饭店、酒店、宾馆、招待所等含营业场所，举办筵席的单位和个人就其一次筵席支付金额达到或超过一定数量的金额征收的一种税收，税率为15%～20%。1994年停征。

第三章　金　融

1986—2016年，乐安县金融机构通过金融体制改革，形成以人民银行为领导、银监办为监督、专业银行为主体、多种金融机构并存的现代金融组织体系，建立起统一开放、有序竞争、严格管理的现代金融市场体系。全县金融机构积极履行职能，拓展业务，改善服务，防范和化解金融风险，为全县经济建设和社会事业发展提供有力支持。保险事业蓬勃发展，在促进经济社会和改善人民生活中发挥着越来越重要的作用。

第一节　金融监管

一、中国人民银行乐安县支行

1986年，中国人民银行乐安县支行内设机构有人事秘书股、计划研究股、金管稽核股、会计发行股。1987—2000年调整为：人事秘书股、计划统计股、金管稽核股、会计发行股、国库股、保卫股。2001—2003年，设人事秘书股、货币信贷与统计股、办公室、保卫股、会计国库股。2004年调整为：办公室、人事政工股、货币信贷与统计股、会计国库股、纪检监察审计室。2016年内设机构为：办公室、货币信贷股、会计国库股、纪检监察室。有在职人员22人，退休人员11人。在职人员中有技术职称的19人，其中经济师6人、助理经济师6人、政工师3人、助理政工师2人、助理会计师3人。办公地址：乐安大道6号。

1986—2016年，历任行长：付行忠、张书和、桂华平、黄文辉、邹力宏、刘恒和、黄爱萍（女）。

（一）存款与储蓄

1986年以后，随着改革开放的逐步扩大和深入，城乡经济发展较快，居民收入普遍增加，全县存款日益增多。1996年前，存款分为财政性存款、机关团体企事业存款、个体工商户存款、基本建设存款、存续存款和信用社存款。1996年以后，全县存款统一归纳为对公存款和储蓄存款。金融系统坚持以客户满意为宗旨，改善服务态度，提高服务质量，加强网点建设，增设储蓄种类，改进储汇办法，开展多方揽储，各项存款幅度增加。2005年年底，全县各项存款余额223600万元。其中，公存款26000万元，占11.6%；居民储蓄存款178300万元，占79.8%。2016年年底，全县各项存款余额1328548万元，其中，公存款217943万元，占16.4%；居民储蓄存款926121万元，占69.7%。

中国人民银行乐安支行办公楼

单位公存款　单位公存款一直是金融系统的重要资金来源。1986年以后，县内各银行采取有效措施揽储聚资，壮大资金实力。对有储蓄往来的单位实行基本存款账户，加强贷款归行和信贷员跟踪管理；对无贷款户上门服务，扩大公存款。至2016年年底，全县公存款余额217943万元。

居民储蓄存款　居民储蓄存款历来是金融系统竞争激烈的主要资金来源。1986年以后，县内常设的储蓄存款主要有定期储蓄和活期储蓄两大类。定期储蓄分为整存整取、零存整取、整取零存、存本取息及华侨人民币定期储蓄。在竞争中，各家储蓄机构坚持“存款自愿、取款自由、存款有息、为储户保密”原则，增设网点，根据市场经济的发展和人民群众的需要，不断创新储蓄存款种类。同时，为吸聚储户参加储蓄存款，开办名目繁多的有奖储蓄。1995年起，停办有奖储蓄，推出银行信用卡通存通兑业务。到2016年年底，全县居民储蓄存款余额926121万元。

1986—2016年乐安县存款情况表

表12-3-1　　单位：万元

年份	合计	其中		
		单位公存款	居民储蓄存款	农业及其他存款
1986	8510	2731	3016	2763
1988	11589	2428	6247	2914
1990	12995	2695	8239	2061
1992	19243	3265	13175	2803
1994	33782	7116	25372	1294
1996	50385	7895	41380	1110
1997	59371	8919	48887	1565
1998	79798	9672	67343	2783
1999	85325	10000	72723	2602
2000	93887	9452	80307	4128
2001	108409	11657	93925	12827
2002	123283	11157	105302	6824
2003	142302	17872	120950	3480
2004	169126	20631	143585	4910
2005	223672	25929	178390	19353
2006	262974	53318	202687	6969
2007	273046	31733	213134	28179
2008	321520	61782	258760	978
2009	391687	70707	299059	21921
2010	460550	84457	352992	23101
2011	563280	136487	423219	3574
2012	699002	180022	514422	4558
2013	837784	218960	609182	9642
2014	975009	254380	713309	7320
2015	1108732	210831	808095	89806
2016	1328548	217943	926121	184484

1990—2016年乐安县金融机构存款利率变化情况表

表 12-3-2　　　　单位：%

调整时间	活期存款	定期存款					
		三个月	半年	一年	二年	三年	五年
1990.04.15	2.88	6.3	7.74	10.08	10.98	11.88	13.68
1990.08.21	2.16	4.32	6.48	8.64	9.36	10.08	11.52
1991.04.21	1.8	3.24	5.4	7.56	7.92	8.28	9
1993.05.15	2.16	4.86	7.2	9.18	9.9	10.8	12.06
1993.07.11	3.15	6.66	9	10.98	11.7	12.24	13.86
1996.05.01	2.97	4.86	7.2	9.18	9.9	10.8	12.06
1996.08.23	1.98	3.33	5.4	7.47	7.92	8.28	9
1997.10.23	1.71	2.88	4.14	5.67	5.94	6.21	6.66
1998.03.25	1.71	2.88	4.14	5.22	5.58	6.21	6.66
1998.07.01	1.44	2.79	3.96	4.77	4.86	4.95	5.22
1998.12.07	1.44	2.79	3.33	3.78	3.96	4.14	4.5
1999.06.10	0.99	1.98	2.16	2.25	2.43	2.7	2.88
2002.02.21	0.72	1.71	1.89	1.98	2.25	2.52	2.79
2004.10.29	0.72	1.71	2.07	2.25	2.7	3.24	3.6
2006.08.19	0.72	1.8	2.25	2.52	3.06	3.69	4.14
2007.03.18	0.72	1.98	2.43	2.79	3.33	3.96	4.41
2007.05.19	0.72	2.07	2.61	3.06	3.69	4.41	4.95
2007.07.21	0.81	2.34	2.88	3.33	3.96	4.68	5.22
2007.08.22	0.81	2.61	3.15	3.6	4.23	4.95	5.49
2007.09.15	0.81	2.88	3.42	3.87	4.5	5.22	5.76
2007.12.21	0.72	3.33	3.78	4.14	4.68	5.4	5.85
2008.10.09	0.72	3.15	3.51	3.87	4.41	5.13	5.58
2008.10.30	0.72	2.88	3.24	3.6	4.14	4.77	5.13
2008.11.27	0.36	1.98	2.25	2.52	3.06	3.6	3.87
2008.12.23	0.36	1.71	1.98	2.25	2.79	3.33	3.6
2010.10.20	0.36	1.91	2.2	2.5	3.25	3.85	4.2
2010.12.26	0.36	2.25	2.5	2.75	3.55	4.15	4.55
2011.02.09	0.4	2.6	2.8	3	3.9	4.5	5
2011.04.06	0.5	2.85	3.05	3.25	4.15	4.75	5.25
2011.07.07	0.5	3.1	3.3	3.5	4.4	5	5.5
2012.06.08	0.4	2.85	3.05	3.25	4.1	4.65	5.1
2012.07.06	0.35	2.6	2.8	3	3.75	4.25	4.75
2014.11.22	0.35	2.35	2.55	2.75	3.35	4	—
2015.03.01	0.35	2.1	2.3	2.5	3.1	3.75	—
2015.05.11	0.35	1.85	2.05	2.25	2.85	3.5	—
2015.06.28	0.35	1.6	1.8	2	2.6	3.25	—
2015.08.26	0.35	1.35	1.55	1.75	2.35	3	—
2015.10.24	0.35	1.1	1.3	1.5	2.1	2.75	—
2016.03.01	0.35	1.1	1.3	1.5	2.1	2.75	—

（二）信贷

1986年年底，全县商业贷款余额3990万元。随着经济体制改革的进一步深化，国有商业实行承包，合作商业划小核算单位，个体工商户逐渐增多。金融机构坚持防范贷款风险，提高信贷资产质量，各商业银行以经济效益为核心，增强经营意识，商业贷款稳中有升。对工业企业，坚持择优扶持、确保重点的信贷政策，对优质名牌产品、“拳头”产品和经济效益好的企业优先给予工业贷款支持，积极支持化工、建材、纺织器材等骨干企业的项目开发和设备改造。1986年工业贷款891万元。1996年开始，金融机构重点加大资金盘活力度，县内企业普遍出现借贷现象，2003年，全县工业贷款为4484万元。2003年后，各商业银行陆续上市，推进银行的集团化发展，成立金融市场部、投资银行部、私人银行部等功能型的部门，成立或收购证券、信托等公司，银行的多元化经营逐步实现，现代商业银行资产管理的功能不断增强，商业贷款也呈现井喷式增长。2009年年底，全县商业贷款余额43946万元。2016年，全县贷款518070万元。其中，短期贷款152378万元，占全县贷款29%；中长期贷款348651万元，占全县贷款67%。

1986—2009年乐安县银行贷款情况表

表12-3-3　　　　单位：万元

年份	合计	其中			
		工业贷款	商业贷款	农业贷款	其他
1986	6397	891	3990	816	700
1988	8697	1063	5295	1075	1264
1990	14442	1795	9612	1757	1278
1992	23771	2780	16067	2654	2270
1994	33488	4199	19399	705	9185
1995	40810	535	25645	829	13801
1996	49733	6053	32829	1025	9826
1997	67567	6887	35601	2443	22636
1998	67247	2845	30573	7129	26700
1999	66025	4897	30786	7659	22683
2000	58653	2888	27318	7414	21033
2001	62218	1591	31112	10185	19330
2003	65682	4490	27924	14768	18500
2004	65653	4484	24888	16588	19693
2005	67591	3065	27663	19509	17354
2006	65197	2025	26766	25265	11141
2007	48734	1833	24661	842	21398
2008	76412	100	28559	42334	5419
2009	146531	300	43946	54381	47904

2010—2016年乐安县银行贷款情况表

表 12-3-4　　单位：万元

年份	合计	其中			
		短期	中长期	票据融资	其他
2010	164810	72653	78802	13355	0
2011	169261	63622	97131	8508	0
2012	204640	88826	113864	1950	0
2013	270630	124990	145611	29	0
2014	311151	95342	209494	6314	1
2015	385384	98010	279687	7686	1
2016	518071	152378	348651	17042	0

（三）社会信用建设

2004年，中国人民银行乐安县支行根据上级行制定的征信管理要求，成立统计股，规范全县贷款卡发放操作。2006年11月，实行企业信用信息基础数据库与银行信贷登记咨询系统并行，全国统一的个人信用信息基础数据库正式运行。通过该系统发放贷款卡，向所有物联网单位提供信贷征信查询制度。征信系统的建立，在全国范围内为每一个有经济活动能力的企业和个人建立统一的信用档案，有助于帮助金融机构了解企业和个人的信用状况，防范和化解信用风险，维护金融稳定，促进经济发展。通过建立守信激励和失信惩戒机制，使信用主体（个人、企业）更加重视自身信用记录，降低信用风险，构建和谐社会。

2016年，乐安县首台个人征信自助查询机在中国人民银行乐安县支行大厅亮相。居民除通过互联网、柜台查询等两种方式查询个人信用报告外，还可通过查询机自助查询个人信用情况。中国人民银行乐安县支行会计国库股分别组织开展征信宣传、社会信用体系建设与宣传，建立农户信用档案53600户，累计评定农户信用等级32856户；评出信用农户4182户，创建10个信用村，创建信用乡镇3个。

征信管理　中国人民银行乐安县支行积极做好农户信用评级，推动农村信用体系建设。依托农户信用数据平台持续做好农户信息征集工作，通过全面征集农户信用信息，科学评价农户信用状况，不断增强农户信用意识，为农村金融机构有效控制信贷风险、合理放贷提供参考和依据，为全面掌握辖内农村信用体系建设进展情况奠定基础。对辖内涉及系统采集数据的部门进行全面沟通、上门对接，为采集翔实的非农数据打好基础。积极推动“信用乡镇、信用村和信用户”建设。制定《关于信用乡镇、信用村和信用户创建实施方案》，协调各相关部门以建立金融扶贫工作站为契机，推动“征信＋金融扶贫”的工作合力。以信息采集为纽带，聚合各乡镇、村委会、涉农金融机构力量，推动农户信用建档工作。协调乡镇政府、村委会将农户、建档立卡贫困户档案信息提供给涉农金融机构，与其建立精准对接档案。对全县7.7万户农户和建档立卡贫困人口广泛开展信贷需求摸底调查，按照“一户一档”的要求，对创建地建立内容规范、信息全面的农户信用档案3284户，评定信用农户994户。

2016年6月14日是全国“信用记录关爱日”，为更广泛地普及征信知识，提高全民诚实守信意识，提升国民信用水平，形成全县“学征信、懂征信、用征信”的浓厚氛围，推动社会信用体系建设，中国人民银行乐安县支行积极组织辖内各金融机构开展“关注信用记录、共建诚信社会”为主题的宣传活动，向群众分发宣传材料3200份，接受咨询300人次。

反洗钱　洗钱是指明知犯罪所得及其产生的收益，通过各种方法掩饰、隐瞒犯罪所得及其收益的来源和性质的犯罪行为。中国人民银行乐安县支行由会计国库股履行反洗钱职能，根据当前日趋严峻的反洗钱形势，人民银行密切和金融机构、公安机关反洗钱协作关系。2006年《中华人民共和国反洗钱法》颁布。2008年7月开始，要求县内各金融机构按季手工报送非现场监管报表。2009年1月，使用“反洗钱综合业务管理信息系统”报送非现场监管报表。

（四）支付清算

1992年5月，同城票据交换资金清算系统在中国人民银行乐安县支行推广上线运行。辖区银行业各金融机构同城票据交换通过该系统扎计各票据交换行当日提入、提出票据笔数与金额，并按清算行扎计当日票据交换清算差额，由中国人民银行乐安县支行和各清算行凭以会计记账。1994年5月，抚州地区人民银行成为全国第六批开通电子联行分支行，乐安县所在银行业金融机构跨异地资金汇划通过人民银行电子联行办理，实现跨行异地资金汇划当日到账。1995年1月中国人民银行乐安县支行推广应用“中央银行会计核算系统”，会计核算实现从手工记账到微机处理。与此相适应会计财务报表编制、汇编相继实现微机处理。2002年1月15日电子联行“天地对接＂业务到县，中国人民银行乐安县支行正式开通电子联行业务，手工联行业务被电子联行所取代。10月26日“中央银行会计核算四集中系统”在全市人民银行系统上线推广应用。

2005年1月31日，中国人民银行乐安县支行由“中央银行会计四集中系统＂切换到“会计集中核算系统”（ABS）正式运行。4月11日，将“中央银行会计集中核算系统”（ABS）电联环境切换为支付环境，“大额支付系统”取代“电子联行系统”与CCPC（城市数据处理中心）连接，处理跨系统异地转汇业务。6月6日，中国人民银行开发的全国统一的“人民币银行结算账户管理系统”在全市上线运行，从此人民银行结束银行结算账户靠手工管理的历史。2006年3月26日，小额支付系统上线运行。2007年6月25日，全国支票影像交换系统（CS）上线运行。影像交换系统主要处理银行业金融机构跨行和行内支票影像信息交换，其资金清算通过小额支付系统处理。2009年5月26日，“中央银行会计集中核算电子对账系统＂上线。2010年6月28日，“电子商业汇票系统＂在江西省全辖上线运行。电子商业汇票系统是中国人民银行推广运行的又一跨行支付清算系统。该系统依托网络和计算机技术，可以接收、登记、转发电子商业汇票数据电文，提供与电子商业汇票货币给付、资金清算行为相关服务，并提供纸质商业汇票登记查询和商业汇票公开报价等服务。

（五）外汇业务

乐安县银行业办理的外汇业务主要有国际贸易结算、侨汇及非贸易结算、外币存款、外汇贷款、外币兑换（买卖）、外汇调剂及国际金融咨询。中国银行乐安支行在辖内经办外汇业务最早，市场份额一直占较大部分，办理的业务种类较多，在辖内具有一定的代表性。20世纪80年代末，辖内陆续创办的“三资”企业，国际结算业务逐年增多。各外汇业务办理银行先后开办互委业务，为进出口企业提供包括信用证、跟单托收、汇款、保函等国际金融服务。

至2016年年底，乐安县辖内有6家办理外汇业务银行，分别为中国银行股份有限公司乐安支行、中国工商银行股份有限公司乐安支行、中国农业银行股份有限公司乐安支行、中国建设银行股份有限公司乐安支行、中国邮政储蓄银行股份有限公司乐安支行及九江银行股份有限公司乐安支行。

二、抚州银监分局乐安办事处

2003年11月28日，组建抚州银监分局乐安办事处，2004 年 1 月 31 日正式挂牌成立。其主要职责是负责辖内银行业金融机构有关行政许可事项，按规定程序查实辖内银行业金融机构的违法违规经营行为，负责对辖内银行业金融机构的日常监管，重点是对农村中小银行业金融机构和邮政储蓄机构的非现场监管和现场检查；收集辖内银行业金融机构各类风险信息等。

2003—2016 年，历任主任：黄思敬、黄辉明。

市场准入监管　2004—2016 年，共办理各类行政许可事项 133 次。其中涉及机构设立、变更和终止初审事项 52 次，高级管理人员任职资格初审事项 73 件，新批准设立机构 6 个，撤销 2 个。至 2016 年年底，全县有银行业机构 55 个，其中，大型商业银行 10 个，政策性银行 1 个，城市商业银行 2 个，农村商业银行 21 个，村镇银行 1 个，邮政储蓄银行 20 个。

非现场监管　通过对全县农村中小金融机构风险监测，实现重大风险的早发现、早识别、早干预和早控制，增强风险监管的前瞻性、针对性和有效性，降低防范和化解风险的成本，确保农村中小银行业金融机构平稳、高效运行。

现场检查　充分利用非现场指标，明确检查重点，指导现场检查，核实现场检查结果。2004—2016 年，先后组织实施 42 次现场检查，投入工作量 840 人次，发现问题 126 个，提出整改措施和监管意见 102 条，责令纪律处分 3 人。

第二节　国有商业银行

一、中国工商银行股份有限公司乐安支行

1986 年，中国工商银行乐安支行内设人秘股、会计出纳股、信贷股、计划股、储蓄股、保卫股、稽核股、工会、第七办事处、江边办事处、新居分理处、莲塘分理处、王枧分理处、新街储蓄所等股室、网点，全行共 88 人。1991 年 1 月 1 日，中国工商银行乐安第七办事处（原 721 矿区）与中国工商银行乐安支行分设，升格为副科级办事处，将江边办事处、莲塘分理处、新居分理处、王枧分理处、沙洲分理处（原中国工商银行崇仁支行第二办事处）等网点划归工行乐安第七办事处管辖。

1996 年 11 月，中国工商银行乐安支行与中国工商银行乐安第七办事处合并，内设两部一室（业务部、营业部、办公室），下设新街储蓄所、站前分理处、房地产信贷部、第七办事处、江边办事处、莲塘分理处、新居分理处、湖港分理处、直属储蓄所等网点。2005 年 10 月，中国工商银行乐安支行整体改制为中国工商银行股份有限公司乐安支行。至 2016 年年底，中国工商银行股份有限公司乐安支行下设营业部、名都分理处、公溪支行 3 个网点，全行共 35 人。

1986—2016 年，历任行长：黄友茂、邓桃芳、吴小毛、彭新洪、艾峻、徐裕昌、朱明华、冯宏。

存款业务　树立“小客户拉动大零售、小业务开拓大市场”的经营理念，紧紧抓住县城公路建设、危房棚户区改造、贫困县教育资源的投入等机遇，通过大力发展核心产品，提升储蓄存款和有效客户市场份额。进一步强化“服务立行”“服务兴行”理念，切实提高服务质量、服务水平和服务效率，打造当地银行业优质服务品牌形象。到 2016 年年末，各项存款余额 15.68 亿元，较 2015 年增加 3.85 亿元。

资产业务　以市场为核心，制定“个贷客户经理挂网点联动营销、抓大带小”的整体工作思路，拓展个人经营性贷款业务，积极推动政府购买服务项目，提高营销效率。2016 年 12 月成功发放第一笔政府购买服务项目贷款，用于乐安县城基础设施建设工程项目。至 2016 年，年末各项贷款余额 3.87 亿元，比 2015 年净增 1.3 亿元。

电子银行　业务积极围绕大力发展电子银行业务的战略思想，通过各种营销手段，吸引客户申办电子银行业务，使电子银行成为倍受客户青睐的银行产品，不断提升客户电子银行产品的动户率。至 2016 年 12 月底，电子银行各项指标均超额完成任务，电子银行全市考核名列前茅。

2003—2016 年中国工商银行乐安支行各项存贷款余额情况表

表 12-3-5　　　　单位：万元

年份	存款余额	其中储蓄存款余额	贷款余额	年份	存款余额	其中储蓄存款余额	贷款余额
2003	26704	23617	5699	2010	58387	47554	4478
2004	31615	27131	5345	2011	70645	54093	8503
2005	40603	34795	277	2012	79902	63082	13222
2006	41442	34586	849	2013	77348	68921	11124
2007	42293	34180	1145	2014	98810	80471	16224
2008	45437	40553	946	2015	118350	92757	25672
2009	56160	43900	3054	2016	156926	114785	38677

二、中国农业银行股份有限公司乐安支行

1986 年，中国农业银行乐安县支行内设秘书股、人事股、监察室、保卫股、会计股、计划股、稽核股、工商信贷股、农业信贷股、工会、信用合作股；下设支行营业部及鳌溪、石陂、潭港、鹏洲、戴坊、龚坊、公溪、湖溪、牛田、万崇、湖坪、罗陂、增田、望仙、南村、谷岗、招携、坪溪、金竹 19 个营业所；设立王井分理处及鳌溪、长征、沿河、桥背、站前、古城、火车站 7 个储蓄所。1996 年 11 月，政策性经营与商业性经营分开，成立中国农业发展银行乐安县支行，原由农业银行承担的政策性金融业务和粮食贷款等，改由中国农业发展银行乐安县支行办理，相关人员也一并调入。是年，乐安县农村信用合作联社脱离与中国农业银行乐安县支行的行政隶属关系，独立管理，相关人员也一并调入。1997 年中国农业银行乐安县支行 24 人划至中国农业发展银行乐安县支行。2005 年，内设综合办公室、监保部、客户部、信贷部；下设支行营业部及鳌溪、戴坊、龚坊 3 个分理处，共有干部职工 71 人。2009 年，整体改制为中国农业银行股份有限公司乐安支行。办公地址：乐安大道 2 号。

2016 年年底，中国农业银行股份有限公司乐安支行设有行长室、综合管理部、风险管理部、财会运营部、客户部、支行营业部、鳌溪支行（二级支行）、戴坊分理处、龚坊分理处。全行正式职工 111 人，其中在职 70 人，退休 41 人；大专以上学历 49 人（本科 14 人），具有初级以上专业技术职称 23 人，中共党员 46 名。

1986—2016 年，历任行长：陈诗庆、雷立仁、蓝纯耀、邹赤民、邹国平、吴允兴、罗凤萍（女）。

存款　1993 年年末，各项存款余额 8848 万元，其中对公存款 3376 万元，居民储蓄存款 5472 万元。2016 年，各项存款余额增至 165322 万元，其中对公存款 60446 万元，居民储蓄存款 104876 万元。

1993—2016 年中国农业银行股份有限公司乐安支行各项存款余额情况表

表 12-3-6　　单位：万元

年份	存款余额	其中		年份	存款余额	其中	
		对公存款	储蓄存款			对公存款	储蓄存款
1993	8848	3376	5472	2005	36091	9134	26957
1994	8928	1455	7473	2006	42684	10647	32037
1995	12027	2445	9582	2007	45787	12628	33159
1996	15527	2959	12568	2008	56357	14672	41685
1997	16304	1819	14485	2009	69760	23415	46345
1998	18081	2673	15408	2010	82592	30318	52274
1999	18600	3244	15356	2011	88732	28996	59736
2000	20789	4046	16743	2012	112811	39742	73069
2001	24794	4568	20226	2013	123797	42153	81644
2002	27170	5077	22093	2014	137354	48297	89057
2003	30017	5084	24933	2015	147804	49793	98011
2004	34579	8272	26307	2016	165322	60446	104876

贷款　始终以服务“三农”（农业、农村、农民）为己任，调整信贷结构，加大农业投入，积极推行农户小额信用贷款。1985 年后，随着国家支农力度加大，全县农业贷款规模不断扩大。2009 年成立股份公司后，站在股改后的全新起点，创新金融扶贫新模式，为贫困户建档立卡，精准脱贫，助力全县脱贫攻坚，提供信贷服务，全力支持符合国家政策的各类贷款，包括农村经济组织贷款、农村工商业贷款和农户贷款。根据全县各时期发展战略，重点扶持发展烤烟、蚕桑、大棚蔬菜、食用菌、生猪、肉牛养殖、油茶、特色种养等产业。

1993—2016 年中国农业银行股份有限公司乐安支行各项贷款余额情况表

表 12-3-7　　单位：万元

年份	各项贷款余额	年份	各项贷款余额	年份	各项贷款余额
1993	1888	2001	16289	2009	9369
1994	7660	2002	16121	2010	12081
1995	9659	2003	15366	2011	11973
1996	10893	2004	15525	2012	13590
1997	12371	2005	14538	2013	18461
1998	13069	2006	14236	2014	31832
1999	13569	2007	14141	2015	53731
2000	9893	2008	2730	2016	80784

三、中国建设银行限份有限公司乐安县支行

1986年，中国人民建设银行乐安县支行内设人秘股、会计股、业务股。1987年改设人保股、会计股、储蓄股、计划股；下设储蓄专柜、芙蓉储蓄所、车站储蓄所、象山储蓄所。1990年将人保股分设为人秘股、保卫股，增设花园储蓄所。1991年成立房地产信贷部，芙蓉储蓄所与花园储蓄所合并成立芙蓉储蓄所，花园储蓄所更名为大院储蓄所。1994年增设鸿雁分理处，1996年撤销。1996年5月，中国人民建设银行乐安县支行更名为中国建设银行乐安县支行；是年10月，中国人民建设银行江西省第二专业支行（驻公溪矿区）更名为中国建设银行乐安县支行公溪办事处，纳入乐安县支行管辖；公溪办事处内设人保股、会计股、储蓄股、业务股；下设储蓄专柜、261储蓄所、721储蓄所、邹家山储蓄所。1997年，撤销房地产信贷部、261储蓄所。2000年，内设人保科、会计科、储蓄科、业务科；下设公溪办事处、芙蓉储蓄所、大院储蓄所、象山储蓄所、车站储蓄所。2001年，公溪办事处更名为公溪分理处，撤销邹家山储蓄所。2002年，撤销车站储蓄所、大院储蓄所、721储蓄所，公溪分理处撤销内设股室。2003年，撤销象山储蓄所。2005年，实行股份制改造，更名为中国建设银行股份有限公司乐安支行，内设综合部、财会部、业务部；下设公溪分理处。是年，撤销芙蓉所，财会部更名为营业室。2016年年底，共有员工30人，退休6人。具有大专以上学历30人，初级以上专业技术职称26人（中级3人），在职中共党员9人。办公地址：长征路1号。

1986—2016年，历任行长：刘成龙、陈四祥、李建平、陈四祥。

存款　除吸收居民及单位存款外，还开展协定存款、通知存款、理财、私人银行等业务。1991年实现储蓄柜台操作网络化，着力推出契合各类客户需求的差异化产品，理财规模保持稳健增长；持续推进产品创新，为客户提供便捷性、综合化服务，实现收入增长；全力打造网络金融生态系统，推动网络金融客户和交易量的较快增长。

1986—2016年中国建设银行限份有限公司乐安县支行存款余额表

表12-3-8　　单位：万元

年份	存款余额	其中		年份	存款余额	其中	
		对公存款	个人存款			对公存款	个人存款
1986	200	200	—	2008	44366	6413	37953
1994	8216	2200	6016	2009	53950	6213	47737
2000	12346	3130	9216	2010	66907	8430	58477
2001	14122	3404	10718	2011	76406	31857	44549
2002	15141	4605	10536	2012	93312	38351	54961
2003	18616	7209	11407	2013	104401	40750	63651
2004	21892	6444	15448	2014	113231	45472	67759
2005	31261	6560	24701	2015	125016	46830	78186
2006	39123	9441	29682	2016	131761	51680	80081
2007	36657	4692	31965	—	—	—	—

贷款　办理公司贷款业务主要有：流动资金贷款、固定资产贷款、并购贷款、房地产贷款、银团贷款、贸易融资等。个人贷款业务主要有：个人住房贷款、个人消费贷款（个人汽车贷款、助学贷款、个人消费额度贷款、个人住房装修贷款、个人耐用消费品贷款、个人权利质押贷款）、个人经营贷款、个人信用卡透支等。1989年贷款金额比较少，只有503万元，至2016年达到31362万元。

1986—2016 年中国建设银行限份有限公司乐安县支行贷款情况表

表 12-3-9　　单位：万元

年份	贷款金额	年份	贷款金额	年份	贷款金额	年份	贷款金额
1986	503	2003	3475	2008	4301	2013	17042
1994	1923	2004	3276	2009	6542	2014	21793
2000	2935	2005	353	2010	9567	2015	25508
2001	1328	2006	551	2011	11397	2016	31362
2002	921	2007	3985	2012	12204	—	—

四、中国银行股份有限公司乐安支行

1993 年 5 月成立中国银行乐安支行，有员工 7 人，12 月设立中国银行乐安支行储蓄所。1995 年 5 月新增网点金元储蓄所。1999 年 12 月撤并金元储蓄所，2005 年 8 月撤并中国银行乐安支行储蓄所。2006 年完成企业股份制改造，更名为中国银行股份有限公司乐安支行，内设综合管理部、业务发展部、营业部。截至 2016 年年末，共有正式职工 24 人，其中在职 21 人，退休 3 人。具有大专以上学历 18 人（本科毕业生 6 人），具有初级以上专业技术职称 7 人（中级 1 人），中共党员 6 人。1997 年 2 月搬迁至站前路 2 号新综合大楼办公。

1993—2016 年，历任行长：俞建平、周曦、黄玉华、李剑波、王九贵、王祥宜、董健武、邹天平。

存款　存款业务有城乡居民及单位存款，分为活期存款和定期存款。定期存款有整存整取、零存整取、整存零取、存本取息、定活两便等多个种类。还开展有协定存款、通知存款等业务。1998 年 9 月 20 日，储蓄业务完成上机调试，实现储蓄业务柜台微机化，传票、账卡、存折、存单全部由微机打印。1999 年 5 月 18 日，储蓄业务实现全省通存通兑。2005 年 1 月，核心系统一期顺利投产，实现全国通存通兑。2010 年 6 月，IT 蓝图顺利上线。

1993—2016 年中国银行股份有限公司乐安支行各项存款余额表

表 12-3-10　　单位：万元

年份	存款余额	其中		年份	存款余额	其中	
		对公存款	储蓄存款			对公存款	储蓄存款
1993	273	31	242	2005	16776	4597	12179
1994	869	243	626	2006	20689	6166	14523
1995	1694	315	1379	2007	20513	7435	13078
1996	2736	582	2154	2008	21653	5600	16053
1997	3810	722	3088	2009	26377	6712	19665
1998	4621	856	3765	2010	31892	8957	22935
1999	5556	632	4933	2011	44787	17145	27642
2000	6007	347	5660	2012	58769	28256	30513
2001	7247	1608	5639	2013	72611	37185	35426
2002	10000	1797	8203	2014	70544	32640	37904
2003	12430	3759	8671	2015	77286	39757	37529
2004	13822	3111	10711	2016	87454	45853	41601

贷款　中国银行作为外汇外贸专业银行，主要支持外贸、创汇企业的生产经营。1993 年，国家外汇体制改革和金融体制改革，中国银行逐渐朝着全能的商业银行发展。2008 年以后，大力支持国家城镇化建设和县域经济的发展，发放公司贷款、个人住房按揭贷款、抵押贷款和个人投资经营贷款。

1993—2016 年中国银行股份有限公司乐安支行贷款情况表

表 12-3-11　　单位：万元

年份	贷款金额	年份	贷款金额	年份	贷款金额	年份	贷款金额
1993	16	1999	466	2005	671	2011	19082
1994	80	2000	573	2006	1679	2012	22164
1995	190	2001	551	2007	4620	2013	24791
1996	245	2002	531	2008	7573	2014	26578
1997	311	2003	473	2009	12257	2015	29933
1998	372	2004	465	2010	15238	2016	31057

五、中国邮政储蓄银行股份有限公司乐安支行

1986 年 6 月，遵照国务院关于充分发挥邮电部门的优势，积极发展储蓄业务的指示精神，乐安县邮电局恢复开办邮政储蓄，但只受理个人现金存款，不受理支票，存款利息与银行规定一致，业务种类有活期储蓄、零存整取、整存整取和定期储蓄 4 种。1994 年以后，扩大业务范围，开展代发工资、预收电话费、代理保险、代发养老金。2002 年开通电子汇兑业务，实现全国联网，24 小时到账。2008 年 9 月，邮政储蓄业务从邮政局分离出来，成立中国邮政储蓄银行股份有限公司，隶属于中国邮政储蓄银行有限责任公司。中国邮政储蓄银行股份有限公司乐安支行内设有行长办公室、综合管理部、三农金融部、营业部、北大道支行、万崇支行。2014 年搬迁至商贸南大道 75 号新办公大楼，有员工 40 人。

2008—2016 年，历任行长：卢志勇、张幼平、彭斌、祝小明、熊光辉。

存款　有居民存款及单位存款，分为活期存款和定期存款。定期存款有整存整取、零存整取、整存零取、定活两便等多种。2008 年，各项存款 2400 万元，其中对公存款 5000 万元，储蓄存款 1900 万元。2016 年增长为各项存款余额 76789 万元，其中对公存款 27388 万元，储蓄存款 49401 万元。

2008—2016 年中国邮政储蓄银行股份有限公司乐安支行各项存款表

表 12-3-12　　单位：万元

年份	存款余额	其中		年份	存款余额	其中	
		对公存款	储蓄存款			对公存款	储蓄存款
2008	24000	5000	19000	2013	72667	28344	44323
2009	24860	6000	18860	2014	73899	26788	47111
2010	30129	8900	21229	2015	74586	27455	47231
2011	44360	11290	33070	2016	76789	27388	49401
2012	58790	28257	30533	—	—	—	—

贷款　主要针对“三农”金融服务，产品种类有小额贷款、个人住房按揭贷款、抵押类贷款和个人消费类贷款。邮政储蓄银行成立之初贷款规模小，各项贷款金额只有534万元。2016年达38792万元。

2008—2016年中国邮政储蓄银行股份有限公司乐安支行贷款情况表

表12-3-13　　　　单位：万元

年份	贷款余额	年份	贷款余额	年份	贷款余额
2008	534	2011	18990	2014	29879
2009	1856	2012	21458	2015	32478
2010	12578	2013	24890	2016	38792

第三节　政策性银行

中国农业发展银行乐安县支行

1997年1月，从中国农业银行乐安县支行划转24位干部职工，成立中国农业发展银行乐安县支行，内设办公室、信贷业务部、综合会计部。2005年内设办公室、客户服务部、营业结算部；2016年内设办公室、信贷业务部、会计结算部，全行干部职工16人。办公地址：迎宾大道西侧农发行大楼。

1997—2016年，历任行长：管贵贤、邹黄辉、王龙辉、罗凤英（女）、李勇、刘振华、王龙辉、马逢山。

中国农业发展银行乐安县支行主要经营农村政策性金融业务，包括由原中国人民银行乐安支行办理的专项贷款和农业银行经营的农田水利、农业基本建设、农业开发及粮、棉、油、肉、糖、烟等贷款。2004年，开办代理保险、粮棉油产业龙头企业贷款，对其他粮食企业商业性贷款业务。2007年，开办农村基础设施建设贷款、农业综合开发贷款和农业生产资料贷款业务。

1997—2016年中国农业发展银行乐安县支行存款情况表

表12-3-14　　　　单位：万元

年份	存款额	年份	存款额	年份	存款额
1997	529	2004	1108	2011	1065
1998	240	2005	4928	2012	1013
1999	316	2006	2710	2013	1410
2000	122	2007	2970	2014	55402
2001	379	2008	3047	2015	26056
2002	1423	2009	7564	2016	62854
2003	506	2010	5316	—	—

2008—2016年中国农业发展银行乐安县支行贷款情况表

表12-3-15　　　　单位：万元

年份	贷款额	年份	贷款额	年份	贷款额
2008	59997	2011	53992	2014	63372
2009	45236	2012	29984	2015	45122
2010	43788	2013	58491	2016	74322

第四节 城市商业银行

九江银行股份有限公司乐安支行

九江银行股份有限公司乐安支行成立于2013年9月，是第一家进驻乐安县的城市商业银行。2016年底，有员工10人。

2013—2016年，九江银行股份有限公司乐安支行行长：邱云平。

九江银行股份有限公司建立授权制度，实行总分行行长对支行行长授权管理。增加支行贷款额度，从50万元上升到100万元；减少审批环节，优化操作流程，致力于打造“快活”银行，“三当”银行，即100万元以内的贷款，实现当天申请，当天审批，当天发放。

大力支持乐安特色产业，在支行人手紧张、乡镇没有网点的情况下，克服困难积极参与烟农贷款业务，发放烟农贷款10多笔200多万元。加大精准扶贫力度，发放全市第一笔“村长贷”业务。

创新内部机制，设立小微企业贷款部门，配置专门的小微客户经理。到2016年年底，小微企业各项存款日均余额为4003万元，完成年度任务的120%，贷款余额3912万元，较2015年增长1620万元。

2013年12月，向乐安县文旅投资有限公司发放4000万元贷款，用于流坑古村建设。2014年11月，向乐安县城市投资发展有限公司发放贷款5000万元，用于乐安县鳌河治理。2015年12月，再次向乐安县文旅投资有限公司发放贷款1亿元，用于流坑古村项目建设。2016年12月，向乐安县人民医院发放贷款8000万元，用于改善乐安县民生医疗水平。2016年年底，各项存款余额5.3亿元，各项贷款余额4.2亿元，其中对公贷款2.8亿元；个人消费贷款1亿元，个人经营性贷款3000万元。

第五节 地方法人金融机构

一、乐安县农村商业银行股份有限公司

乐安县农村信用合作联合社成立于1985年，隶属中国农业银行乐安县支行。1986年，下设21个信用社，11个分社。1989年10月，与中国农业银行乐安支行信用合作股合署办公，两块牌子一套人马。1995年8月，内设业务科、财会科、稽核科、办公室。县信用联社迁入乐安大道125号办公。

1996年7月，乐安县农村信用合作联合社与中国农业银行乐安支行脱钩，由中国农业银行抚州分行直接领导。同时增设保卫科，1999年3月增设信息电脑科与财会科。2001年12月，下辖9个信用社、15个信用分社，有员工198人。2002年10月内设人事教育科、财会电脑科、计划信贷科、稽核监察科、保卫科、办公室、资产保全部；下辖鳌溪、公溪、牛田、湖坪、罗陂、万崇、谷岗、山砀、长征9个信用社，石陂、湖溪、龚坊、戴坊、潭港、鹏洲、招携、望仙、金竹、南村、太平、增田、城郊、象山、金桥15个分社和蓝天、星光2个储蓄所。

2005年，内设人事秘书科、财务会计科、计划信贷科、客户经理部、保卫科、稽核监察科、信息电脑科、营业部；下辖鳌溪、长征、公溪、山砀、牛田、万崇、罗陂、湖坪、谷岗9个基层信用社，石陂、城郊、湖溪、潭港、龚坊、戴坊、增田、招携、望仙、金竹、南村、太平、金桥13个分社和星光、蓝天2个储蓄所。

2014年，内设办公室、人力资源部、财务管理部、信贷管理部、安全保卫部、稽核监察部、风险合规部、业务拓展部、运营管理部9个职能部门；下辖10个基层信用社，12个分社。

2016年8月，中国银行业监督管理委员会江西监管局批准，乐安县农村信用合作联社改制为江西乐安农村商业银行股份有限公司（简称“乐安农商银行”），内设办公室、人力资源部、财务管理部、信贷管理部、纪检监察室、审计部、

风险合规部、业务拓展部、运营管理部、安全保卫部（中后台管理部门）；设置三农事业部、清收事业部2个前台经营部门；设置总行营业部以及鳌溪、公溪、牛田、罗陂、湖坪、万崇、谷岗、山砀、长征、石陂、湖溪、龚坊、戴坊、潭港、招携、金竹、南村、望仙、增田、城郊、金桥22个运行营业网点。有员工212人。

1986—2016年，历任主任：罗水龙、吴欢员、陈诗庆、周建平、甘加清、刘国民、胡水龙；历任理事长：曹临斌、熊建国、潘强；行长：黄燕民、熊建国、潘强、危仁强。

乐安县农村信用合作联社（乐安农村商业银行股份有限公司）一直注重“存款立社，效益兴社”，始终坚持“立足县域、服务三农”的市场定位，坚持与地方政府、经济组织、中介协会、农村和社区互动合作，发掘经济中信用价值，不断创新服务模式和产品，解决农民和中小微企业贷款难的问题。

存款　1991年存款余额2600万元，2000年增至8261万元，2010年为75208万元。至2016年年底，各项存款达47.59亿元，较年初增长7.82亿，增幅19.65%，高于全市平均增幅4.77个百分点，高于全省平均水平4.98个百分点，存款余额占全县金融机构市场份额35.99%。

贷款　1995年各项贷款4256万元，2005年突破亿元，达到11997万元，2010年为40800万元，到2016年年底达到19.92亿元，高于全市平均增幅6.54个百分点，高于全省平均水平4.39个百分点。其中涉农贷款余额18.03亿元。不良贷款余额为4686万元，到期贷款收回率为97.56%，正常贷款收回率为98.83%，实现各项收入2.61亿元，其中净收入17962.14万元。

二、乐安洪都村镇银行股份有限公司

乐安洪都村镇银行股份有限公司由南昌农村商业银行发起，经中国银行业监督管理委员会抚州银监分局批准，于2015年11月26日正式开业，入股股东21人，股本金5000万元。截至2016年12月31日，各项存款余额为1.62亿元，各项贷款余额为1.15亿元。

2015—2016年，乐安洪都村镇银行股份有限公司董事长：王泽君。

第六节　保险公司

一、中国人民财产保险股份有限公司乐安县支公司

1984年12月，成立中国人民保险公司乐安县支公司。下设人秘、业务、计财3个股。各专业银行以及下属各办事处、分理处、营业所、信用社等30多处均为保险公司的代办单位。同时在县属单位聘请百余兼职保险代办员。1989年1月，成立公溪保险营业所。1996年5月，中国人民保险公司实行财产保险和人寿保险分业经营，成立中国人民财产保险有限公司乐安支公司，2003年10月更名为中国人民财产保险股份有限公司乐安支公司。2005年6月，设立鳌溪营销服务部。至2016年年底，公司内设综合部、车险销售部、三农服务部、理赔分部、出单分中心、营销部，有员工20余人。办公地址：鳌溪路8号。

1986—2016年，历任经理：游江、谢金生、邹国清、康冬发、董建国、傅奕。

1986—2016年，经营机动车辆保险、企业财产保险、意外保险、学生平安保险、校园方责任保险、安全生产责任保险、家庭财产保险、农业保险（水稻、烟叶、能繁母猪、育肥猪、林木、蚕桑等）、意外健康保险等各种非寿险业务。2016年试点开办脱贫返贫责任保险、商业补充医疗保险等。

中国人民财产保险股份有限公司乐安支公司坚持为振兴乐安经济服务的原则，努力发展保险事业，扩大保险服务领域，在巩固发展传统险种的同时，不断开发新的险种，这些险种的发展对全县稳定生产经营、安定人民生活、促进经济发展起到积极的作用。到2016年年底，保费收入从1986年49万元增加到2016年的3332.98万元。

1986—2016 年中国人民财产保险股份有限公司乐安县支公司保费收入和理赔情况表

表 12-3-16　　　　单位：万元、%

年份	保费收入	赔款金额	赔付率	年份	保费收入	赔款金额	赔付率
1986	49.00	18.00	36.73	2002	420.00	260.00	61.90
1987	83.00	34.58	41.66	2003	459.43	254.00	55.29
1988	147.00	57.00	38.78	2004	476.46	268.00	56.25
1989	177.00	59.00	33.33	2005	529.82	280.00	52.85
1990	213.00	86.98	40.84	2006	648.00	263.00	40.59
1991	396.00	125.00	31.57	2007	820.00	320.00	39.20
1992	405.00	158.00	39.01	2008	946.00	1246.00	131.71
1993	403.00	182.00	45.16	2009	1145.00	913.00	79.74
1994	421.00	213.00	50.59	2010	1368.00	1095.00	80.04
1995	528.72	288.00	54.47	2011	1720.00	1102.00	64.07
1996	266.00	290.00	109.02	2012	2008.00	1427.00	71.07
1997	300.20	245.00	81.61	2013	2402.31	1339.61	55.76
1998	331.00	237.00	71.60	2014	2795.00	1222.91	43.75
1999	355.10	249.00	70.12	2015	2948.00	1364.42	46.29
2000	355.10	221.00	62.24	2016	3332.98	1270.82	38.13
2001	400.10	245.00	61.23	—	—	—	—

二、中国人寿保险股份有限公司乐安县支公司

中国人寿保险股份有限公司乐安县支公司前身是中国人民保险公司乐安支公司，1996 年分设中国人寿保险有限公司乐安县支公司，1999 年更名为中国人寿保险公司，2002 年变更为中国人寿保险股份有限公司乐安县支公司。到 2016 年，公司内设经理室、综合管理部、个险部、银保部、团险部、客户服务部，在编人员 12 人。办公地址：鳌溪路 6 号。

1996—2016 年，历任经理：谢金生、黄萌、吴中华、邓地发、刘睦童、周旭鸿、刘平华、徐建华、周兴华。

2012—2016 年中国人寿保险股份有限公司乐安县支公司保费收入情况表

表 12-3-17　　　　单位：万元

年份	总保费	寿险	意外险	健康险
2012	5063.76	456.46	100.54	242.69
2014	6034.25	1945.00	151.09	1110.40
2016	6366.67	2206.52	82.80	1786.43

2011—2016 年乐安县人身保险给付情况表

表 12-3-18　　　　单位：万元

项目	2011	2012	2013	2014	2015	2016
赔款支出	128.29	134.95	121.70	517.17	958.94	967.23
各类给付	2156.30	1967.47	2873.86	1748.04	2655.77	3022.66
合计支出	2284.59	2102.42	2995.56	2265.21	3614.71	3989.89

三、其他保险公司

进入21世纪后，还有新华人寿保险、太平洋保险、平安保险、大地财产保险等机构在乐安县设立营业网点。

第七节　投融资公司

一、乐安县城市投资发展有限公司

为推进城市基础设施建设，加强投融资管理，2008年11月成立乐安县城市投资发展有限公司。投资人为县财政局，注册资本500万元；到2015年12月，注册资本达1.63亿元。公司性质为事业单位，企业化运作。定编6个，内设综合办公室、财务室。

2008—2016年，历任董事长兼总经理：徐友洪、郭凌宇、熊明生。

2008年，乐安县城市投资发展有限公司为乐安县污水处理厂法人单位。污水处理厂建设规模为日处理污水2万吨，截污干管18千米，共投资2700万元。

2012年7月，乐安县城市投资发展有限公司由一般公司类转入政府融资平台。8月，成立乐安县凌云投资开发有限公司，注册资本5000万元，性质为国有独资公司。9月，乐安县城市投资发展有限公司作为业主，为乐安县电力网调度大楼工程进行项目资金管理。2014年6月投资建设水上乐园、鳌河景观工程和湿地公园工程项目。

2015年12月，经县政府常务会议研究，同意国开发展基金有限公司入股乐安县城市投资发展有限公司，入股股金1300万元。

2016年，为县城供水基础设施项目和贫困村基础设施建设进行融资。

二、乐安县文旅发展投资有限责任公司

2012年9月，县政府授权县财政局出资组建乐安县文旅发展投资有限公司，为国有独资公司，注册资本5600万元，定编6个。主要负责对全县文化旅游产业、易地扶贫移民搬迁等项目进行融资、管理等。

2012—2016年，历任董事长兼总经理：郭凌宇、邹禄龙、涂继玮（总经理）。

2012年，参与牛田水南樟树林经营权回收工作。2014年从景德镇市商业银行获取贷款2亿元，用于流坑古村景区及重点工程项目建设。2015年10月，与九江银行达成框架性协议，以“流坑景区景点提升工程项目”申请两年期项目贷款1亿元，按1∶1比例配置财政存款，以流坑旅游新村360亩土地作为贷款抵押物，由县城市投资发展有限公司提供担保。2016年，按照省扶贫办、中国农业发展银行江西省分行易地扶贫搬迁项目融资政策，向农业发展银行申请8亿元低息长期易地扶贫搬迁专项政策性贷款。

三、乐安县信乐城市改造投资有限责任公司

2016年8月，成立乐安县信乐城市改造投资有限责任公司，为直属县政府的国有独资有限责任公司，注册资本1.5亿元。内设综合办公室、工程项目部，财务融资部，有员工27人。

2016年县信乐投公司董事长为黄国星（兼），总经理为邹耀平（兼）。

乐安信乐城市改造投资有限责任公司主要承担旧城区开发建设和棚户区改造、保障性住房建设与开发、城市建设与基础设施投资、资本运营和管理、房地产开发与经营管理、工程业务咨询等，是集融资、投资、建设、运营、偿债为一体的国有独资公司。由县政府授权县工信委对其进行行业管理，县财政局国资办对其进行资产监管，县监察局、县审计局对其运营进行全过程监管。接受政府项目委托代建业务，按市场化模式参与工程建设招投标。

第十三卷　农　业

本卷目录

第一章　农业资源与区划

乐安县农业生产资源丰富，是江西省粮食生产大县。为科学利用农业资源，实现农业合理布局，县域先后在20世纪80年代初和2009年开展农业资源调查和农业发展规划工作，制定较为详细农业区域发展规划。

第一节　农业自然资源

农业自然资源是发展农业生产的物质基础，主要包括土地资源、气候资源、水利资源和生物资源四大部分。

一、土地资源

（一）地形地貌

全县地形总体为南部多山，地势东高西低；北部多丘陵，地势由西南向东北倾斜。县域主要地貌类型有低丘岗地、高丘地和山地，并以海拔300米以下低丘岗地为主，约占全县总面积51%，主要分布在县境东北部、西南部和中部山间盆地以及河流两岸狭长地带。其次是海拔300～500米高丘地，约占全县总面积11%，主要分布于县境中部和东南部。再次为海拔在500米以上山地，约占全县总面积38%，主要分布在县境东部、南部和西北部边缘地带；800米以上山峰绝大多数位于东南部，显示出东南部山地较高，西北边缘山地略低的特点。

（二）土地利用状况

全县土地面积2410.44平方千米，折合约24.10万公顷。据20世纪80年代初编制的《乐安县综合农业区划报告》，县域土地利用状况为：

耕地用地：全县耕地面积，1980年统计上报数为391657亩。其中水田362782亩，旱地34690亩，约占县域土地总面积的10.82%。

田埂用地：全县共有78584亩，约占县域土地总面积的2.18%。

林业用地：指山地中除耕地以外的土地，全县共有2784354亩，占土地总面积的76.94%。其中，有林地1517523亩，疏林、灌木林和未成林造林地384354亩，无林地882477亩。

水面用地：全县共有74674亩，约占县域土地总面积的2.07%，其中水库用地17861亩，池塘用地5884亩，河流用地50929亩。

交通用地：全县共54134亩，约占土地总面积的1.5%。其中公路（含机耕路）用地9209亩，乡村小路用地44771亩，铁路用地154亩。

居民用地：全县共156904亩，约占土地总面积的4.34%。

据2016年，第三次全国农业普查资料，全县确权（承包）耕地面积为480437亩，实际耕种的耕地面积为504395亩（含自留地、开荒等），确权（承包）林地面积2457962亩，实际经营的林地面积2397676亩，实际经营的淡水养殖面积30701亩。

二、气候资源

县域地处华南气候区与华中气候区的过渡地带，气候温暖，日照充足，雨量丰沛，无霜期长，具有亚热带季风湿润气候特色。

日照　日照是土壤和大气主要热源，也是植物生长发育主要条件之一。1986—2016年县域平均年日照时数为1571.1小时。日照时数年内分配以6—10月为多，其间各月日照时数均在150小时以上，尤以7—8两月为最，月日照时数240小时以上，平均每天8小时以上，有利于夏季作物成熟和秋季作物生长发育。但3—5月平均月日照时数少于140小时，常引起早稻烂秧和坐蔸。

热量　热量条件对农林牧副渔生产都有重要影响，尤其同作物布局、耕作制度和栽培管理有着密切关系，通常用“温度”数值来表示。据县气象实测资料：1986—2016年，年平均气温为17.8℃，一年中7月最热，7月平均气温28.96℃。1月最冷，1月平均气温5.57℃。气温年较差为23.39℃。多年平均无霜期265.61天。从地域差异来看，山区比丘陵地区初霜期早15—20天，终霜期晚15天左右。

降水　1986—2016年，县域平均年降水量为1745毫米（县城），受地形影响，各地降水不一。大致趋势是：东南部多于西北部，山区多于丘陵。东南和西南山区年降雨量均在1700毫米以上，多雨中心在湖坪，多年平均降雨量为1804.3毫米。少雨中心在西北部的戴坊，多年平均降雨量为1453.7毫米。降水量年际变化较大，年内降水分布也不均匀，以3—6月雨量最多，占全年的58%，易造成洪涝危害；7—10月雨量较少，占全年的25.3%，而且此时正值夏季，气温高，蒸发量大，作物需水量多，常常出现旱情。

三、水利资源

县域水系较为发达，有公溪水（又称宝塘水）、谷岗水、牛田水（又称乌江水）、万崇水（又称湖坪水）4条较大河流。前二者属抚河流域，集雨面积1022.9平方千米，约占全县土地总面积42.45%，后二者属赣江流域，集雨面积1191.1平方千米，约占全县土地总面积的49.4%。至2016年县域建有各类水利工程1565座（处）。其中蓄水工程1003座，引水工程291处，提水工程110处，供水及防洪工程161处。

1986—2016年，年平均降水量1745毫米，年径流总量平均24亿立方米，其中农业灌溉用水约1.85亿立方米，有效灌溉面积23.7万亩。

县域径流年际变化较大，且丰欠不均。1986—2016年，最大降水年份为2015年，降水2556.9毫米，最小降水年份为2003年，降水1104.2毫米。在一年内季节分配上也不均匀，每年4—6月径流量占年径流总量的比例，寨头水文站为55.8%，芜头水文站为61.9%。这不仅给水资源开发利用带来很大困难，而且易造成水旱灾害。

四、生物资源

森林资源　县域原始生态植被不多，除金竹畲族乡严杭、坪溪等少数边远深山保存有原始森林外貌外，现有森林多为次生状态。主要植被类型有马尾松林、杉木林、以壳斗科和樟科为主的阔叶林、混合稀疏林、灌木林、油茶林、毛竹林、山顶草甸等。

草场资源　县境有草山草坡25万亩。其中集中连片面积在500亩以上的有25片，3.6万亩，占草山草坡总面积14.4%。集中连片面积200亩以下的有21万亩，占草山草坡总面积84%。草场优势植被主要有禾本科的芦茅、金丝金茅、小山竹和豆科的葛藤、美丽胡枝子等。这些草山草坡可因地制宜地合理开发利用，发展牛、羊、免、鹅等食草畜牧业。

水产资源　域内主要有鱼、虾、鳖、龟、蟹、蚌、螺以及莲藕、荸荠、菱角、菱笋等水生动植物。其中鱼类品种有72种，主要经济鱼类有鲤鱼、鲢鱼、鳙鱼、鳊鱼、草鱼、鲫鱼、甲鱼、黄鳝等。池塘水库常见养殖鱼类有鲤鱼、鲢鱼、鳙鱼、鳊鱼、草鱼、鲫鱼等。

农作物资源　县域农作物品种资源较为丰富，传统大宗作物品种有水稻、大豆、红薯、油菜、花生、芝麻、苎麻、甘蔗、烟叶、蔬菜、红花草等。

此外，在广阔丘陵山地，还有丰富野生植物资源，主要有猕猴桃、山苍子、橡子、栗子、小竹笋和中草药材等。

第二节　农业区域规划

农业区划是在农业资源调查基础上，根据各地不同自然环境与社会经济条件、农业资源与生产特点，按照区内相似性与区间差异性，把一定地域范围划分为若干不同类型和等级的农业区域。县境在1980年和2009年先后进行两次农业区域规划工作。

一、1980年农业区域规划

1980年，域内组织250多人的专业队伍，开展农业资源调查和农业区域规划工作。形成10份专业考察报告、1份综合农业区划报告，编成《乐安县农业区划成果报告集》。为指导域内农业生产，因地制宜地合理开发利用县域农业资源，加快农业发展步伐起到积极作用。

《乐安县综合农业区划报告（1980年）》将全县划分为6个农业区域，即东南山地林、农区，西北高丘林、粮区，北部低丘粮、茶区，西部高丘林、粮区，中部丘陵农、林区，西南低丘粮食、经济作物区。

东南山地林、农区　包括谷岗、坪溪、金竹、招携4个公社和公溪镇的罗陂、丁垅、邹家、乐家，湖溪公社的石洞、沙港、甘泉、康村、湖溪、阳光、社背、竹员，石陂公社的下岭、咸溪、咸口、下罗、店元，南村公社的稠溪、炉桐、弩坪、大里、山心、车头，望仙公社的白荷、尧坊，湖坪公社的贺立以及罗陂公社的棠溪、上洋等66个大队，土地总面积921.42平方千米。农业发展方向：合理用山养山，逐步建成为“青山常在，永续作业”的用材林基地，因地制宜发展农、牧、副业生产，以充分保证区内对粮食和畜产品的需要。

西北高丘林、粮区　包括航桥公社的厚坊，山砀公社的蔡坊，龚坊公社的殷坊、廉坑、长罗，戴坊公社的丰秋、社坑、麦坑等8个大队和共大乐安分校，土地面积135.67平方千米。农业发展方向：以林为主，林粮兼作，着重发展经济林，因地制宜发展用材林，进一步巩固提高粮食商品率。

北部低丘粮、茶区　包括湖溪、公溪、航桥、山砀、龚坊、戴坊等公社的40个大队和排下农场（现为外资办、农科所和良种场），土地面积413.3平方千米。农业发展方向：继续抓好粮食生产，结合发展经济作物和林牧副渔生产，建设粮食、油料、茶叶、生猪商品基地。

西部高丘林、粮区　包括鹏洲、潭港两个公社的全部和增田公社的前进、王沙，牛田公社的羊家岭，望仙公社的东炉、坪上等25个大队和大马头垦殖场，总面积304.6平方千米。农业发展方向：以林为主，林粮结合着重发展经济林，合理开发和积极发展用材林；同时，继续搞好粮食生产，巩固提高粮食商品率。

中部丘陵农、林区　包括鳌溪镇全部以及石陂、南村、增田、望仙等公社的部分大队，共30个大队，总面积约280.2平方千米。农业发展方向：在做好水土保持基础上，实行农林并举，在继续扩大粮食商品生产同时，着重发展经济林；有机结合发展牧、副、渔业生产。

西南低丘粮食、经济作物区　包括万坊公社全部和牛田、湖坪、罗陂公社的大部分，共38个大队以及县良种场，总面积约353.5平方千米。农业发展方向：以种植业为主，农、林紧密结合。大力提高农业生产水平，巩固粮食商品率。充分利用该区优越自然条件，发展大豆、芝麻、苎麻、柑桔、茶叶等经济作物。在丘陵荒地积极发展水土保持林、薪炭林和经济林。

县农业区划成果对指导当时农业生产决策起到积极作用。但由于区划以自然资源分布为主要依据，随着经济发展，农业科技进步，尤其是交通条件改善和人们思维理念改变，产业布局主观因素增多，现实的农业产业布局与农业区划有一定差异。

二、2009年县域农业区域规划

2009年，域内开展国家绿色农业示范区建设规划，将全县划分为东南山地精品林、牧绿色农业区；西北部高丘林、经济作物、水稻绿色农业区；北部低丘水稻、经济作物绿色农业区；中部丘陵水稻、经济作物、牧绿色农业区；西南低丘水稻、经济作物绿色农业区5个区域。

东南山地精品林、牧绿色农业区　包括金竹畲族乡，谷岗乡，招携镇全部，南村乡北部、中西部和南部，鳌溪镇西部，湖溪乡北部、中部和中南部，公溪镇南部。农业发展重点为用材林、有机油茶、绿色草食畜、牧业、优质蚕桑业和绿色一季水稻。

西北部高丘林、经济作物、水稻绿色农业区 包括山砀镇中部和南部，公溪镇中部和北部，龚坊镇中部和南部，戴坊镇中西部，湖溪乡西北部。农业发展重点为绿色双季稻，烤烟、蔬菜、食用菌等经济作物，有机油茶、杉松等经济林和用材林，生猪、肉鸭、肉牛等生态养殖小区。

北部低丘水稻、经济作物绿色农业区 主要包括山砀镇中部和南部，公溪镇中部和北部，龚坊镇中部和南部，戴坊镇中西部，湖溪西北部。该区主要发展绿色双季稻，烟叶、蔬菜、茶叶、中药材等绿色经济作物，生猪、肉鸭、肉牛等生态养殖小区及有机油茶。

中部丘陵水稻、经济作物、牧绿色农业区 包括鳌溪镇中部，增田镇中部和东部，南村乡西部，招携镇西北部。主要发展绿色双季稻，烤烟、蔬菜、食用菌等绿色经济作物，生猪、家禽、肉牛水产等生态养殖小区，有机油茶等。

西南低丘水稻、经济作物绿色农业区 包括牛田镇、万崇镇、罗陂乡全部区域。主要发展绿色双季稻，蔬菜、双孢蘑菇、蚕桑、烤烟、中药材等绿色经济作物，生猪、肉牛、肉鸭为主的生态养殖小区。

第三节 农业产业结构

农业产业结构是指农业中各产业部门或各生产种类所占比重及其相互关系。合理的农业产业结构，有利于农业内部各部门之间相互促进；有利于农业生态系统各因素之间保持相对协调和稳定，有利于合理利用自然资源和经济资源；满足国民经济对农产品的需求。

一、1986—2000 年农业产业结构

1986 年，农业（种植业）产值 5189 万元，林业产值 1308 万元，畜牧业产值 1271 万元，渔业产值 94 万元。农、林、牧、渔四大产业产值比重 66.0 ： 16.6 ： 16.2 ： 1.2。农业四大产业中种植业仍是农村收入第一来源，林业和畜牧业次之，渔业比重最小。

20 世纪 80 年代后期至 90 年代初期，林业产值增幅较大，与县域落实林业政策，划分自留山与责任山，木材采伐量增加有关。20 世纪 90 年代初畜牧业增幅较快，与县域建设瘦肉型猪和商品生产基地有关。20 世纪 90 年代中期渔业增幅较大是因为县域实行小型水库管理改革，小型水库承包给养殖专业户发展水产养殖业。2000 年农业（种植业）产值 22218 万元，比 1986 年增加 17029 万元，增长 328.2%；林业产值 12087 万元，比 1986 年增加 10779 万元，增长 824.1%；畜牧业产值 10199 万元，比 1986 年增加 8928 万元，增长 702.4%；渔业产值 4499 万元，比 1986 年增加 4405 万元，增长 899.0%。这 15 年县域农、林、牧、渔四大产业产值都有较大增长，但增长速度有所不同。渔业增长最快，林业次之，牧业再次，种植业最次。

2000 年，农、林、牧、渔四大产业产值比重 45.3 ： 24.7 ： 20.8 ： 9.2。种植业比重由 66% 下降为 45.3%，林业由 16.6% 上升为 24.7%，牧业由 16.2% 上升为 20.8%，渔业由 1.2% 上升为 9.2%。期间，种植业产值增长主要是单产效益提高，但所占比重呈下降趋势，林业、畜牧业、渔业规模扩大比重呈上升趋势。

1986—2000 年乐安县农林牧渔业产值及比例情况表

表 13-1-1　　单位：万元

年份	农业	林业	畜牧业	渔业	各业比例
1986	5189	1308	1271	94	66.0 ： 16.6 ： 16.2 ： 1.2
1987	5446	1664	1390	104	63.3 ： 19.3 ： 16.2 ： 1.2

续表 13-1-1

年份	农业	林业	畜牧业	渔业	各业比例
1988	5617	1745	1432	141	62.9 ∶ 19.5 ∶ 16.0 ∶ 1.6
1989	5819	1805	1735	142	61.2 ∶ 19.0 ∶ 18.3 ∶ 1.5
1990	6250	1912	1714	151	62.3 ∶ 19.1 ∶ 17.1 ∶ 1.5
1991	14042	7014	5734	517	51.4 ∶ 25.7 ∶ 21.0 ∶ 1.9
1992	14664	9048	6636	591	47.4 ∶ 29.3 ∶ 21.4 ∶ 1.9
1993	17956	10339	9247	858	46.8 ∶ 26.9 ∶ 24.1 ∶ 2.2
1994	18816	10502	11362	1007	45.1 ∶ 25.2 ∶ 27.3 ∶ 2.4
1995	20499	10108	13348	1372	45.2 ∶ 22.3 ∶ 29.5 ∶ 3.0
1996	21701	10708	11008	2043	47.7 ∶ 23.6 ∶ 24.2 ∶ 4.5
1997	22297	10353	13718	3757	44.5 ∶ 20.6 ∶ 27.4 ∶ 7.5
1998	21742	10017	12185	3944	45.4 ∶ 20.9 ∶ 25.4 ∶ 8.2
1999	22143	10381	11666	4434	45.5 ∶ 21.4 ∶ 24.0 ∶ 9.1
2000	22218	12087	10199	4499	45.3 ∶ 24.7 ∶ 20.8 ∶ 9.2

说明：1986—1989 年以 1980 年不变价计算，1990—2000 年以 1990 年不变价计算

二、2001—2016 年农业产业结构

2001 年，农业（种植业）产值 35066 万元，林业产值 13894 万元，畜牧业产值 16072 万元，渔业产值 5500 万元。农、林、牧、渔四大产业比重 49.7 ∶ 19.7 ∶ 22.8 ∶ 7.8。从产值看 2001 年与 1986 年四大产业均有较大增长，但增长比例不同，渔业、牧业增长快。从产值比重看，种植业比重下降 16.3%，林业比重上升 3.1%，畜牧业上升 6.6%。但种植业仍为大农业中的第一产业，占主导，畜牧业由第三上升为第二位，林业降为第三位，渔业仍为第四位，但其比重有较大提高。

2016 年，农业（种植业）产值 124337 万元，林业产值 16236 万元，畜牧业产值 29238 万元，渔业产值 14945 万元，农、林、牧、渔四大产业产值比重 67.3 ∶ 8.8 ∶ 15.8 ∶ 8.1。与 2001 年比，种植业增长 89271 万元，增长 254.6%。其所占比重也有较大提高，由 2001 年的 49.7% 上升至 67.3%。其原因是进入 21 世纪，县域进行种植结构调整，大力发展高效经济作物，如烤烟、蚕桑、大棚蔬菜等，使种植业经济效益不断提高，所占比重提高。林业产值增加 2342 万元，16 年仅增长 16.9%，所占比重由 2001 年的 19.7% 下降到 8.8%，下降 10.9 个百分点，其原因是进入 21 世纪，县域严格实施封山育林政策，使林业收入减少，所占比重逐年下降。畜牧业发展平稳，比 2001 年产值增加 13166 万元，增长 81.9%，比重保持第二位，渔业产值比 2001 年增加 9445 万元，增长 171.7%，产值比重一直在 8% 左右。

2001—2016 年乐安县农林牧渔业产值及比例情况表

表 13-1-2　　　　单位：万元

年份	农业	林业	畜牧业	渔业	各业比例
2001	35066	13894	16072	5500	49.7 ∶ 19.7 ∶ 22.8 ∶ 7.8
2002	33103	14367	16508	5986	47.3 ∶ 20.5 ∶ 23.6 ∶ 8.6
2003	31599	15142	16650	6144	45.5 ∶ 21.8 ∶ 23.9 ∶ 8.8

续表 13-1-2

年份	农业	林业	畜牧业	渔业	各业比例
2004	48417	16100	17424	6769	54.6 ∶ 18.1 ∶ 19.6 ∶ 7.7
2005	48080	10129	17013	8010	57.8 ∶ 12.2 ∶ 20.4 ∶ 9.6
2006	48942	16178	15245	8568	55.0 ∶ 18.2 ∶ 17.1 ∶ 9.7
2007	56482	15017	23536	9001	54.3 ∶ 14.4 ∶ 22.6 ∶ 8.7
2008	63305	13863	24964	9577	56.6 ∶ 12.4 ∶ 22.4 ∶ 8.6
2009	66481	15254	24322	10056	57.2 ∶ 13.1 ∶ 21.0 ∶ 8.7
2010	70894	13507	25237	10035	59.2 ∶ 11.3 ∶ 21.1 ∶ 8.4
2011	81377	12495	26904	10749	61.8 ∶ 9.5 ∶ 20.5 ∶ 8.2
2012	93404	9701	25633	11942	66.4 ∶ 6.9 ∶ 18.2 ∶ 8.5
2013	95872	11822	26445	11779	65.7 ∶ 8.1 ∶ 18.1 ∶ 8.1
2014	103836	11276	26432	12640	67.4 ∶ 7.3 ∶ 17.1 ∶ 8.2
2015	108694	15204	24715	14240	66.7 ∶ 9.3 ∶ 15.2 ∶ 8.8
2016	124337	16236	29238	14945	67.3 ∶ 8.8 ∶ 15.8 ∶ 8.1

第二章　土壤与肥料

20世纪80年代以后，县域开展两次土壤普查，并利用普查成果指导域内土壤改良、低产田改造和农作物种植与施肥，取得良好效果。

第一节　土壤种类

据江西省核工业地质局提供的岩性资料和县域第二次土壤普查资料，县域成土母质有花岗岩、石英岩、泥浆岩、红砂岩、河积物和紫色泥页岩6种岩类风化物。主要土地类型有水稻土、灰潮土、红壤土、黄壤土、紫色土5个土类。

一、水稻土

水稻土是乐安县主要耕作土壤，面积74.80万亩。其中水田约43万亩，占全县耕地总面积92.5%。水稻土可划分为4个亚类。一是淹育型水稻土，面积约18.38万亩，约占水稻土的24.6%。淹育型水稻土俗称“浅脚田”，主要分布在排田上部，丘陵岗地顶部，开垦利用年限较短，土壤熟化程度较低，土体发育不明显，土壤侵蚀较强，耕作层薄，保肥保水力差。肥力较低，因受所处地形影响，地下水位低，灌溉水源缺少，易受干旱。二是潴育型水稻土，面积约49.54万亩，约占水稻土面积66.2%左右。多分布在塅田、垅田和水源条件较好的坑排田中下部，是水稻土中发育较好的一类，俗称“双季稻田”。这类土壤耕作历史悠久，熟化程度较高，排灌水源条件及水、气、热状态等因素都较好。三是潜育型水稻土，面积约6.74万亩，占水稻土的9%，一般座落在垅田、坑田底部和河谷平原的低洼地带，俗称“深脚田”或“烂泥田”。这类土壤地下水位较高，排水困难，使土体下部或表层终年渍水，水土温度较低，水稻返青发蔸慢。四是侧渗型水稻土，面积较少，只有0.14万亩，零星坐落在缓坡排上或垅田、排田交界部位，俗称“漏水田”“榨水田”。这类土壤漏肥、漏水较为严重，改良利用较困难，在水肥管理方面，应采取少量多次施肥，浅灌、湿润相结合的水肥管理方法。

二、灰潮土

灰潮土是县域较好的一种旱作土壤，面积约0.96万亩。主要分布在公溪、山砀、牛田、招携、增田等乡镇河道两旁河谷平原。这类土壤质地轻松，一般为沙壤土，剖面质地层次明显，土层较厚，通透性好，肥力较高，有机质在2%以上，为蔬菜、瓜果、柑橘、油料等经济作物主要生产土地。

三、红壤土

红壤土是乐安县面积最大的一类林地土壤，总面积274.10万亩，分为红壤、红壤性和黄红壤3个亚类。一是红壤，红壤含铁、铝丰富，整个土体呈现红色，呈酸性或强酸性反映，PH值为4.5～5.5，植被主要为草地灌木、松、杉林。土层较厚，分布在海拔150米以上的公溪、湖溪、万崇、湖坪、罗陂、鳌溪、谷岗、增田、南村、招携、金竹等乡镇丘陵山地。二是红壤性土，这种土壤是表土和均质土层被蚀得最严重的一种自然土。土层很薄，多为混合岩和红砂岩类风化而成。主要分布在南村、龚坊、增田、山砀等乡镇部分山头，面积约0.28万亩。基本无农、林业利用价值，是水土保持和治理的重点对象。三是黄红壤，是红壤向黄壤过渡的一种类型，一般分布在山地500～800米左右地段。域内主要出现在金竹乡部分山地，面积约31.04万亩。这类土壤表层和亚表层都有黄化现象，以黄色为主，而心土层和底土层仍是红色，土表有明显枯枝落叶层，现状植被多为松、竹、杉或针叶混合林。成土母质为花岗岩类风化物。

四、黄壤土

黄壤土主要分布在招携、金竹两个乡镇海拔800～1000米的山地，面积约为0.34万亩。成土母质为花岗岩类风化物。表皮有枯枝落叶层，表土颜色深暗，呈暗灰色、灰黑色，有机质3%左右。心土层为黄色，质地为中壤，呈强酸反应。

五、紫色土

紫色土主要分布在戴坊镇丰秋村一带海拔400米左右的山地，面积约为3万亩；成土母质为紫色泥页岩风化物，质地多为中壤或重壤。土体以紫色为主，PH值在6.0左右，有机质含量在1%～2.5%，含磷、钾较多，肥力较高，初定为酸性紫色土。

六、土壤重金属污染普查

为从源头保障农产品质量安全，保障人民群众身心健康，促进全县耕地保护与提升，2013年，县域开展农产品产地土壤重金属污染防治工作。组织专业技术人员，历时3年，通过实地勘验、走访、论证等形式，划分农产品产地，并绘制区域划分及样点分布图。通过GPS定位，拍摄图片，按150亩一个样，共采集土样497个。通过对土壤样品化验检测结果的分析，了解到全县农产品产地土壤重金属污染现状及各类土壤重金属污染程度（无污染、轻度污染、中度污染、重度污染面积）的分布区域，为推进全县绿色发展提供科学依据。

2013—2015年乐安县农产品产地土壤重金属污染普查情况表

表13-2-1　　单位：亩、个

乡镇	工矿企业周边		污水灌区		一般农区	
	代表面积	取样点	代表面积	取样点	代表面积	取样点
鳌溪镇	1140	7	3327	22	0	0
湖溪乡	16722	112	0	0	0	0
南村乡	720	5	0	0	0	0
谷岗乡	1600	11	0	0	0	0

续表 13-2-1

乡镇	工矿企业周边		污水灌区		一般农区	
	代表面积	取样点	代表面积	取样点	代表面积	取样点
公溪镇	18724	125	0	0	0	0
增田镇	18000	120	0	0	0	0
金竹畲族乡	0	0	580	4	0	0
招携镇	0	0	7357	49	0	0
湖坪乡	0	0	0	0	890	6
龚坊镇	0	0	0	0	985	6
罗陂乡	0	0	0	0	906	6
万崇镇	0	0	0	0	915	6
牛田镇	0	0	0	0	926	6
戴坊镇	0	0	0	0	967	6
山砀镇	0	0	0	0	978	6
合计	56906	380	11264	75	6567	42

第二节　低产田改造

一、低产田划分

1986 年，乐安县开展第二次土壤普查，将稻谷常年（一般指前 3 年平均）亩产量低于 300 千克划为低产田；301 ~ 500 千克为中产田；500 千克以上为高产田。旱地常年亩产量（旱粮折稻谷计算）200 千克以下或棉花常年亩产皮棉 20 千克以下为低产旱地。

1996 年 4 月 19 日，省计划委员会、省农业区划委员会印发《江西省五荒四低资源更新调查技术要点》，把粮食亩产（前 3 年平均亩产）低于400 千克划为低产田，401 ~ 600 千克为中产田，600 千克以上为高产田。

县域低产田划分标准是亩产低于当地常年（一般指前 3 年平均）平均产量的 20% ~ 30% 为低产田。

二、低产田类型

1986 年，乐安县实施第二次土壤普查、测土配方施肥项目，将域内低产田归纳为冷浸青泥田、沉沙结板田、黏结发僵田 3 个类型。

冷浸青泥田　指冷水田、冷浆田、烂泥田、青泥田、锈水田、沤水田、深脚田等。发育于各种成土母质。主要分布在山间和丘谷的坑、垅田之中，丘陵盆地和河谷平原上地势低洼处的会墩田、畈田，水库周围及渠系附近，也有零星分布。主要障碍因素是渍水难排、土壤还原性有毒物质多。

沉沙结板田　包括沉板田、面浆田、结板砂田、粗砂田、白砂田、砾砂田、砂子田等。成土母质主要是酸性、中性结晶岩类和红砂岩类风化物，以及部分石英岩类、紫色砂砾岩类风化物和河积物。主要分布在山地和丘陵地区梯田和排田之中，沿河港地势低洼的洲坝也有分布，多因土壤侵蚀，串灌漫灌，使土壤黏粒与养分流失，直径大于 0.01 毫米的物理性砂料含量占 60% ~ 70%。主要障碍因素是土质过砂极易沉板，耕耙不起浆，插秧困难。

黏结发僵田　包括顽泥田、生泥田、死泥田、窑泥田、黄泥田、火塥田等。成土母质主要是第四纪红黏土和紫色泥页岩、泥质岩类风化。主要分布在低丘、岗地的排田上，公溪水系两岸低丘边缘的排田上也有分布。主要障碍因素是土质黏重，通透性差。

三、低产田数量

1986年，第二次土壤普查资料和1988年统计年报统计，域内低产田面积约占耕地总面积的30%左右。

1995年统计年报，域内耕地面积380391亩，低产田99665亩，占耕地总面积的26.2%。

2012年统计年报，域内耕地面积337303亩，低产田82369亩，占耕地总面积的24.42%。

2016年据国土部门资料，域内耕地面积523647亩，低产田面积109756亩，占总耕地面积的20.96%。

四、低产水田改造

冷浸青泥田改造 一是开沟排水，降低地下水位。主要是开防洪沟、排水沟，改串灌、漫灌为沟灌；山坑、垄上部挖塘蓄水，引塘水灌溉，提高水温；沿河低洼地段渍水稻田，深挖主干排水沟，实行排、灌分家。二是冬翻晒垡。在开沟排水基础上，每年冬季进行干耕晒田和冬翻晒垡。三是水旱轮作。主要采用的方式有：休闲（冬翻）—花生（玉米、瓜类、烟叶）—晚稻；休闲（冬翻）—早稻—秋大豆（红薯、荞麦）；油菜（蚕豆、豌豆、绿肥）—稻—稻。四是增施磷、钾肥。利用磷、硫肥沾秧根或点蔸。实践试验，每亩用钙镁磷肥5千克加石膏粉2.5千克或硫磺粉0.25千克沾秧根，分别增产10.7%和14.3%。每亩用过磷酸钙25～30千克拌碳酸氢铵10～15千克作基肥或追肥，域内各地取得明显增产效果。

沉沙结板田改造 一是在植被覆盖度差的荒山种植草被，加强水土保持；二是改善排灌条件，在农田上方开环山沟，拦截山洪水，减轻和防止土壤侵蚀；三是修建灌溉沟渠，实行排、灌分家，减少肥分和黏粒流失；四是缺水的地方，修筑山塘水库，蓄水防旱，有条件的地方建电排灌站，消除内涝，引水防旱；五是进行深耕客土，加厚耕层，改良耕作层，提高土壤蓄水保肥能力。

对沉沙结板田采取种、养、积、造等多种方法广辟肥源，增加土壤有机质。对不宜耕作地段，开展退耕还林、还牧和封山育林。

黏结发僵田改造 一是扩种绿肥，增施有机肥。20世纪90年代，政府采取一系列措施扩种红花草，同时发展水生绿肥（水浮莲、水葫芦、水花生、绿萍），鼓励割青沤肥，秸秆还田，增施猪牛粪和厩肥等增加有机肥施用量。为提高红花草产量，农业部门推广根瘤菌和磷肥拌种，根外喷施钼肥和硼肥等技术。二是深耕掺砂。对耕作层浅的田块逐年进行深耕，使耕作层逐渐加厚到15厘米左右；对黏重田进行客土掺潮砂，使土壤中泥沙比例调节到正常范围。三是调节土壤酸碱度。推广使用石灰，鼓励农民绿肥翻沤和稻草还田，同时每亩施用石灰50千克，中和土壤酸度，加速绿肥和稻草腐烂，减少化肥施用量。

五、低产旱地改良

域内低产旱地有红壤、山地黄壤和潮土3种类型，发育于各种母质的旱地土壤，干旱缺水，板结黏重，通透性差。其改造措施有。一是深耕改土，增施有机肥。即逐年深耕，使耕层加厚到20厘米以上。同时增加作物秸秆还田数量。二是平整土地，保持水土。改随坡面起伏的坡地为水平梯地，水平梯地宽狭为缓坡宽，坡陡狭，无地埂旱地修筑梯埂。同时加强山地绿化，保护植被，防止冲刷，保持水土。兴修水利，改善灌溉条件。修建山塘水库，开渠引水，提水灌溉，或喷灌、滴灌等。客土改良。黏土掺砂，砂土掺泥，改良土壤质地。合理耕作和轮作。豆科作物和绿肥套作、轮作，用养结合，做到“根不离土”。

六、低产田改造成效

1986年后，域内对中低产田采用以治水、改土为中心的综合改造和增产配套措施，取得显著改土、增产效果。1992年对鳌溪、谷岗、坪溪等乡镇3000亩稻田进行半旱式耕作改良，共增产11.55万千克，亩增产粮食38.5千克。在招携、南村、金竹3个乡镇进行坡耕地治理2000亩，共增产9.86万千克，平均亩增产49.3千克。在潭港、龚坊、鹏洲进行培肥改良4.1万亩（其中旱地4000亩），共增产粮食134.07万千克，平均亩增产32.7千克。1997年从大型商品粮基地建设经费中拿出86万元资金，用于域内中低产田改造，其中东源水库灌溉区和曹坪水库灌溉区投资66万元，新增灌溉面积5000亩，改善灌溉面积1.2万亩，总增产粮食148.75万千克，平均亩增产87.5千克。在南村乡太平村投资20万元，用于开沟排水，改良面积7000亩，总增产粮食87.5万千克，平均亩增产125千克。2000—2016年，域内采取开沟排水、坡地改梯田、深耕深松、增施有机肥、地膜覆盖和秸秆还田等技术，进行中低产田改良，平均亩增产粮食128.57千克。通过耕地整理、烟水工程、高标准农田建设等项目的实施，域内中低产田改造取得显著成效。

七、现代农业标准粮田项目建设

2012—2016年，域内开展现代农业标准粮田建设，建设面积20300亩，投入资金2646.28万元。其中：中央投资2400万元，县财政配套246.28万元。

2012—2015年乐安县现代农业标准粮田等项目建设情况表

表13-2-2　　单位：亩、万元

年份	项目名称	建设规模	投入资金	建设地点	主要建设内容	建设成效
2012	现代农业标准粮田项目	4250	563.17	南村乡望下、太平、山心村和排下良种场	渠道建设：新建斗渠2539米，原有斗渠维修加固2949米，拆除重建832米，新建UD30槽农渠5834米，建UD50型槽农沟9037米，新挖土质农沟1779.5米； 机耕道、生产路：新建机耕道4278米，生产路3792米，土地平整面积726.2亩，田埂修筑72149米，建过水涵138米，水陂维修加固1座等	改善项目区农业生产条件，提高渠系水用系数和灌溉水利用系数，恢复和新增灌区灌溉面积，改善耕作条件，为农业机械化生产提供保障，新增农产品牌生产能力和产值，并增加稳产高产粮田面积，农作物产量及产值明显增加。
2013	现代农业标准粮田项目	5800	770	龚坊镇长罗村、黄乐村和排下农场	新建斗渠12144米，槽农渠35843米，新建斗沟毛沟2424米，新修机耕道12161米，田间道12649米，田块平整2030亩，田埂修筑27550米，新建机耕桥2座等	
2014	现代农业标准粮田项目	6000	792.11	招携镇望仙村、牛田镇峡圳村、戴坊镇红光村和排下农场、现代农业示范园	灌排渠道：斗渠40878米，斗沟1260米，农渠27209米，农沟3310米； 田间道路：机耕道共22条7613米，田间道共3504米； 渠系建筑物：机耕桥5座，涵洞共29座，盖板涵9座； 田块平整：722亩，修筑田埂27169.6米	
2015	现代农业标准粮田项目	4250	561	增田镇瑶前村、山砀镇龙义村	水源工程：水陂1座，蓄水塘2口段； 灌排渠道：斗渠28580米，农渠10137米，斗沟5569米，农沟4179米； 田间道路：机耕道9184米，田间道430米 渠系建筑物：机耕桥5座，涵洞17座，水闸4座； 田块平整：344亩，修筑田埂8956米	
	全国新增千亿斤粮食生产能力规划田间工程项目	10000	1260	湖坪乡西头村、街上村、汉上村，戴坊镇甘竹村、横江村、村前村，龚坊镇耿元村，公溪镇新居村、陈家村、莲塘村		

第三节 农作物肥料

一、有机肥

（一）农家肥料

域内传统农家肥料主要有人畜粪肥、厩肥、堆肥、窖肥、秸秆还田、饼肥、泥肥、陈墙土、火土灰等。此类农家肥料在农作物生产和改良农田土壤中发挥举足轻重的作用。20世纪80年代后，由于化肥迅速发展，数量、品种日益增多，且肥效快，使用方便，农民对农家肥的收集、堆积、贮藏与施用等逐渐淡化，加上农村劳力大量转移，农村经济结构变化，农民对传统农家肥的使用逐步减少。

沼气发酵肥　始于20世纪50年代末，80年代大量推广，90年代以后，沼气逐渐减少。

秸秆还田　秸秆成为农村最广泛的有机肥源之一。域内秸秆还田主要有直接还田、留高茬还田、覆盖还田、垫褥还田和过腹还田5种形式。1996—1999年，县域十分重视秸秆还田的推广，并作为“沃土计划”主要内容。2006年，农业部启动有机质提升项目，2014年，县土肥站实施国家级耕地保护与质量提升资金补贴项目，中央财政拨款80万元。40万元用于开展秸秆还田示范，推广早稻机械收割生化催腐还田技术，发放秸秆腐熟剂210吨，应用面积10.5万亩，惠及农户2万户。通过示范带动，到2016年，域内水稻秸秆还田面积达90%以上，秸秆还田量达85%，基本杜绝秸秆焚烧。

饼肥　是油料作物果实榨油后剩下的残渣。种类很多，主要有花生饼肥、大豆饼肥、菜籽饼肥、棉籽饼肥、芝麻饼肥、茶籽饼肥、桐子饼肥等。1986—2016年，随着饼肥生产数量日益增多，域内饼肥使用愈来愈广，年使用5000～6000吨。主要用作水果、蔬菜、花卉等经济作物的基肥。

（二）商品有机肥

县域商品有机肥应用始于20世纪90年代，2000年后发展加快。域内商品有机肥主要有鑫施美牌和恒生泰牌等品种，施用于瓜果、蔬菜、烟叶、蚕桑等经济价值较高的作物及绿色农产品生产中。2008年，乐安县列入国家级测土配方施肥资金补贴项目县，商品有机肥也开始广泛应用于水稻作物，亩施用量40～50千克。

（三）绿肥

域内绿肥主要有栽培、野生和水生3种。

栽培的冬季绿肥有紫云英（红花草）、肥田萝卜（满园花）、肥田油菜、大（米）麦、蚕（豌）豆、箭舌豌豆（大果菜）、金花菜；夏季绿肥有大叶猪屎豆、草叶鲜百谷、响铃豆、印度豇豆、田菁、豉豆。

野生绿肥有胡枝子、葛藤、紫藤、鸡眼草、紫穗槐、田皂角（合萌）、合欢、毛野扁豆、铁扫帚、黄荆、大青、牡荆、芒（茅蔗、茅草）、五节芒、白茅（丝茅）、马唐、艾蒿、一年蓬（野蒿）、苦苣菜（野麻子）、黄花蒿（臭蒿）、菊芋（洋萋）、水蓼（辣蓼草）、大子蓼、洋蹄（牛舌头）、蕨（野鸡尾）、狗脊（正青、黄狗头）、毛蕨（毛青）等。

水生绿肥有满江红（红萍、绿萍、细绿萍）、水葫芦、水浮莲、大漂、水花生。

1986—1998年，域内种植冬绿肥面积每年在10万亩以上，其中1992年种植面积168274亩。1999年后冬种绿肥种植面积逐年减少，由十几万

冬季绿肥——紫云英

亩减至几千亩。20世纪80年代域内绿肥鲜草亩产量有1500～2000千克，高的达4000千克；20世纪90年代末鲜草亩产虽有1500～2000千克，但大面积产量降到1000～1500千克；到2003年后鲜草亩产降至800～1000千克，甚至更低，有的地块有芽无苗。

2013年，域内实施现代农业发展资金绿肥推广项目，财政拨款30万元用于发展冬绿肥（紫云英）生产。当年建有1.5万亩绿肥高产种植核心示范区1个，集中连片面积在2000亩以上的2个。全县累计示范面积15003亩，总产鲜草15054.76吨，折合养分含量为有机物1458.8吨，含氮58.71吨，含磷4.52吨，含钾40.65吨。

2014年，域内实施耕地保护与质量提升补贴项目，财政拨款80万元，其中用于绿肥（紫云英）生产的资金20万元。以冬闲田集中区域为重点，建立绿肥种植核心示范区10015亩，通过种植绿肥翻压还田，培肥地力，带动恢复绿肥生产。示范区大田绿肥亩产鲜草1110.5千克，减少化肥施用量10.02%。

二、化肥

化肥种类　域内施用的化肥主要有大量元素肥、中量元素肥和微量元素肥3种。大量元素肥主要有氮素、磷素、钾素化肥，复合肥；中量元素肥主要有硫肥、硅肥、钙肥等；微量元素肥主要有硼肥、钼肥、锌肥、叶面肥等。

化肥施用　二十世纪六七十年代化肥施用在县域逐步推广。80年代后，有机肥料与化学氮、磷、钾多种配合使用，并开始推广复合肥，域内化肥施用量快速增长。90年代以后，有机无机配方施肥，化肥生产供应继续增加，经氮、磷、钾化肥为原料加工制成不同配比的复混专用肥蓬勃兴起。2013年后，以氮、磷、钾化肥为原料加工制成的缓释肥开始在域内施用。

氮素化肥施用　20世纪80年代，氮肥生产供应迅速增加，施用普遍，覆盖所有农业、林业、果茶业。品种以尿素、碳酸氢铵为主，其次有硫酸铵、氯化铵、磷化铵、硝酸铵、石灰氮、氨水等品种。

磷素化肥施用　二十世纪七八十年代始，施用磷肥迅速增加并普及。磷肥品种主要有钙镁磷肥、过磷酸钙、磷二铵、磷一铵，少量磷矿粉、骨粉。2015年始，有生物磷肥使用，主要用作于基肥、种肥。

钾素化肥施用　域内使用化学钾肥始于1972年，1986年后施用量逐年增加。到2001年后，施用单质钾肥逐渐减少，农作物所需钾肥主要来源于复合（混）肥。使用钾素化肥有氯化钾、硫酸钾、磷酸二氢钾等。

复合（混）肥施用　20世纪70年代前，域内施用的全部为单一肥料。由于复合肥具有养分含量高，副成分少且物理性状好等优点，80年代起得到快速推广。1986—2000年，复合肥施用快速增长，2001年后，复合肥施用在水稻上，几乎不再施单一磷肥和单一钾肥。

中量元素肥料施用　硫肥，域内使用硫肥多是硫磺和石膏。施用方法主要是沾秧根。也有的在第一次耘禾时亩施石膏5千克左右。硅肥，1986年前，域内硅肥主要靠稻草还田予以补充。2009—2011年，在水稻田进行施硅钙肥试验，早稻亩增稻谷22.7千克，增产5.36%。钙肥，域内农民有施钙肥习惯，主要有石灰、硅钙肥、钙镁磷等。

微量元素肥料施用　微肥施用始于20世纪90年代初，从施硼开始，发展到施钼、锌、铜、锰等多种微肥。硼肥有硼砂、硼酸等品种；钼肥有钼酸铵、钼酸钠、三氧化钼等品种；锌肥有硫酸锌、碱式硫酸锌、氧化锌、氯化锌等品种；叶面肥有喷施宝、磷酸二氢钾等品种。

稀土肥料施用　稀土肥料主要指混合轻稀土硝酸盐，其商品名为“农乐”。1988年在域内试验施用，主要用于柑橘、辣椒等经济作物。试验表明，施用稀土肥能提高农作物坐果率，促使果实膨大，改善果质品质，促进果实早熟。

三、其他肥料

腐殖酸类肥料　腐肥是以富含腐殖质之泥类、风化煤、褐煤为主要原料，与氮、磷、钾、钠、镁经加工复合而成的有机、无机肥料。1993年，县农业局利用赣中南开发资金筹建顺欣配肥厂。1997年在生产复混肥同时，生产腐殖酸类肥料，进行试验推广。复混肥主要用于水稻，腐殖酸肥主要施用于油菜、蔬菜等经济作物和水稻育秧。结果表明，施用腐肥对各种作物均有较好的增产效果，水稻亩增产5.8%～11.2%，油菜和蔬菜等经济作物上施用，一般亩增产4.35%～9.86%。

细菌肥料　主要是根瘤菌，固氮菌、“5406”抗生菌和微生物菌。域内20世纪60年代建有细菌肥料厂，主要生产紫云英根瘤菌。在冬季紫云英田中普遍推广应用。1986—1998年，种植紫云英施用根瘤菌。2000年后，种植紫云英面积急减，细菌肥减少。2013年，国家提倡绿色农业、绿色食品、无公害食品，绿肥种植有较大发展，微生物菌肥施用数量与应用面积逐渐增加。

四、测土配方施肥

1986年第二次土壤普查表明，域内土壤普遍偏酸，耕地土壤中速效磷、速效钾普遍缺乏，土壤中氮、磷、钾比例失调。2008年，国家实施测土配方施肥项目，通过对耕地土壤检测发现，土壤酸性加重，土壤碱解氮富有，速效磷、速效钾虽有增加，但氮、磷、钾比例仍失调。

1986年始，域内开展测土配方施肥，是年水稻田间试验示范与推广应用面积325亩。试验结果表明测土配方施肥，平均每亩增产粮食43.27千克，增产率11.88%。此后推广应用面积逐年扩大，作物种类不断增加。2005年，农业部、财政部启动测土配方施肥试点补贴资金项目。乐安列入测土配方施肥项目县，由县农业局土肥站负责项目实施。

测土配方施肥技术主要包括测土、配方、配肥、供应、施肥指导5个方面。农业部门将测土配方施肥技术推广模式落实到户，开展“测土到田，配方到厂，供肥到点，指导到户”的测、配、产、供、施一条龙服务。

测土配方施肥实施9年，财政累计投入资金260万元，建有土肥化验室1个约150平方米，检测土壤样品5000多个，9年全县累计完成测土配方施肥面积529.5万亩，其中水稻501.5万亩。惠及80%以上农户。水稻测土配方施肥比常规施肥平均每亩增产稻谷23.25千克，增幅5.54%，共增产粮食11.66万吨。项目区内减少不合理化肥投入平均每亩1.93千克，共减少不合理化肥施用量1.02万吨。项目区每亩平均增收40.57元，共增收2.04亿元。

通过实施测土配方施肥，全面开展取土化验，田间试验示范，基本摸清域内耕地土壤“家底”，初步建立主要农作物的施肥指标体系，加快科学施肥技术推广应用。据测算，与农民习惯施肥相比，测土配方施肥试验示范区水稻作物氮、磷、钾肥平均利用率分别提高4.6%、3.2%和1%。

1986—2016年乐安县化肥使用情况表

表13-2-3　　单位：吨

年份	氮肥	磷肥	钾肥	复合肥	合计
1986	11293	4493	1138	1272	18196
1987	10735	5710	1067	791	18303
1988	12035	5162	925	1128	19250
1990	14363	6274	1084	1502	23223
1992	14358	6366	1788	1714	24226
1993	10802	6281	1784	1697	20564
1994	11458	6426	1989	2446	22319
1995	11980	7790	2240	2350	24360

续表 13-2-3

年份	氮肥	磷肥	钾肥	复合肥	合计
1996	14350	6474	1888	1726	24438
1997	14421	6835	2124	2135	25515
1998	12368	6946	2296	3292	24902
1999	12169	7026	2257	3420	24872
2000	12078	7120	2135	3216	24549
2001	11246	7230	2125	3248	23849
2002	11258	7232	2231	3236	23957
2003	10896	7148	2196	3675	23915
2004	9798	6968	2256	3685	22707
2005	10016	6894	2348	3986	23244
2006	10082	6939	2452	3998	23471
2007	10085	6951	2461	4002	23499
2008	8821	4608	2704	13923	30056
2009	8532	5104	3003	15539	32178
2010	8640	4708	2941	15045	31334
2011	9266	5699	3440	15642	34047
2012	9437	5826	3578	—	—
2013	9049	6148	3606	16415	35218
2014	9107	6660	3785	16473	36025
2015	9189	6687	3822	16636	36334
2016	9099	6696	3810	16631	36236

第三章　种植制度与种子

由于自然环境、生产条件和农民耕作习俗的不同，县域各地农作物种植制度和作物品种存在一定差异。作物种植制度指一个单位或一个地区农作物结构在空间和时间上的配制布局，以及所采用的复种、休闲、轮作、连作、单作、间作、混作、套作、再生等种植方式。种植制度的形成和发展，取决于各地自然条件和社会经济条件及当地耕作习惯。

第一节　种植制度

一、农作物结构与分布

（一）农作物分布

乐安县大田农作物主要有水稻、烟叶、绿肥、油菜、西瓜、籽瓜、玉米、红薯、荸荠、大豆、蚕（豌）豆、棉花、果蔗、芝麻等。水稻种植面积占九成以上。由于各地生产条件、经济条件和村民耕作习俗不同，作物布局呈现区域性。20世纪80年代以前，公溪、戴坊、龚坊、山砀、航桥、鹏洲等北部乡镇，农作物结构相对单一，大田作物主要为水稻、绿肥、油菜、棉花、花生、红薯、芝麻等。进入20世纪90年代，调整农业产业结构，开始种植烟叶、蚕（豌）豆，但绿肥、油菜面积逐年减少。至2016年，主要大田作物有水稻、烟叶、西瓜、花生、红薯等。牛田、万崇、湖坪、罗陂等南部乡镇，作物结构比北部乡镇相对丰富，主要大田农作物有水稻、棉花、油菜、绿肥、大豆、花生、西瓜、籽瓜、蚕（豌）豆、荸荠、烟叶、红薯、果蔗、芝麻等。20世纪80年代以前，国家对主要农作物有种植计划，有种植计划的作物都有种植。进入20世纪90年代，国家逐步取消种植计划，农作物种植以市场为导向。域内主要有水稻、烟叶、西瓜、蚕（豌）豆、荸荠、花生、红薯等。金竹乡、谷岗乡等山区乡镇，由于山高水冷，是县域主要单季稻生产区，大田作物主要为水稻、花生、红薯等，其他作物种植较少。

（二）主要作物品种结构

水稻品种结构　20世纪80年代前，以常规稻为主，90年代中期始，旱床育秧技术推广，突破早稻杂交水稻育秧技术瓶颈，早稻杂交面积迅速扩大。2001年，杂交早稻种植面积占早稻面积50%以上。至2016年，95%以上为杂交水稻。在水稻品种熟期结构中，20世纪80年代由于主要靠人力，机械化程度很低，早稻早、中、晚熟比例大致为2∶5∶3，“双抢”（抢收抢种）时间通常为15～20天。2004年国家出台农业机械购置补贴政策，随着农业机械的普及推广，抛秧等农业新技术的运用，水稻熟期结构发生变化，2016年，农户早稻品种通常以中、迟熟品种为主，早熟品种种植较少，“双抢”通常10～15天结束。晚稻品种以中、迟熟品种为主，一季稻以安排迟熟品种为主。

油菜品种结构　主要有“白菜型”和“甘蓝型”两种。“白菜型”是乐安传统品种，20世纪70年代种植较多，80年代后，以推广“甘蓝型”品种为主，主要品种有中油821、万油17、秦油2号、赣油杂一号等。

烟叶品种结构　乐安县烟叶品种主要有K326、云烟87和G28、G80。K326主要分布在南村、增田、招携等乡镇。云烟87分布在山砀、龚坊、戴坊、湖溪、鳌溪、万崇、湖坪、罗陂、大码头、公溪、牛田等乡镇（场）。

二、复种方式

（一）复种指数

复种指在一年内同一块地上收获两季或多季作物的种植方式。同一块地上收获作物的次数，通常用耕地复种指数表示，反映出一个地区的自然条件、生产条件和技术水平。20世纪80年代初期，农村实行家庭承包责任制，极大调动农民生产积极性，复种指数迅速提高，1986年，全县耕地复种指数为179%，之后逐年提高，1992年为220%。从20世纪90年代中期开始，随着农村外出务工人员逐年增多，农业劳力逐年减少，大田复种指数逐年降低，大棚经济作物复种指数提高。2016年，全县耕地复种指数为214%。

（二）主要复种方式

1. 水田复种方式

肥—稻—稻　县域20世纪80年代之前的主要复种方式。农民收入主要依靠农业种植，农村劳动力丰富，农民对农作物种植很重视，而当时化肥供应紧张，绿肥成为农作物主要肥力来源，1986年，绿肥种植面积为113334亩，1992年为168274亩。之后，随着外出务工人数逐年增加，农民收入结构发生变化，农业收入占比下降，加上化肥供应量日益增加，农户种植绿肥的积极性逐步下降。到2016年，“肥—稻—稻”三熟复种方式很少。

油—稻—稻　20世纪80年代以前，农民食用油主要来源是自种的菜籽油。对油菜种植较为重视，除用旱地种植外，水田种植占有较大份额。油菜品种为白菜型品种，在茬口安排上不影响早稻种植。也有一些“油—稻”复种面积，主要是一些望天田，油菜选用甘蓝型品种，这样能获得更高产量。尽管种植油菜的经济效益不是很好，但它是解决农民吃油问题主要途径，农户种植的积极性较高。进入20世纪90年代，随着国家油脂工业发展和粮油市场的开放，市场上成品食用油供应日趋丰富，农民种植油菜的积极性逐渐下降。尽管县、乡政府花较大力气抓油菜生产，由于没有农民的主动参与，以行政手段主导的油菜生产，虽然播种面积不少，但收成较少。2016年，县域仅种植油菜3724亩。

闲—烟—稻　一种水旱轮作的复种方式。20世纪90年代，县域开展农业产业结构调整，把发展烟叶生产作为重点。与水稻相比，种烟有较大的效益优势，且有较高税收，是一个富民富县的产业。县域烟叶生产发展经历曲折。20世纪90年代初，由于农民不懂技术，农户像种蔬菜一样种植烟叶，加上烘烤技术跟不上，种烟效益达不到预期目标。为此乐安县采取请进来、走出去的方法提高烟叶栽培和烘烤技术。从广昌县请来技术员指导烟农种植、烘烤烟叶，组织烟农到种烟区考察学习，经县、乡政府大力推进，2016年，“闲—烟—稻”种植规模达到30613亩。

蚕（豌）豆—稻—稻　县域传统种植方式，为水旱轮作，用地与养地相结合的一种模式。1986年种植规模485亩，主要分布在湖坪、万崇、罗陂、牛田等乡镇，以本地品种为主。1997年引进中豌4号、中豌6号示范推广，既适合大田种植，也适合在山地与幼林、果桑园田间套种。冬播鲜荚亩产400～500千克，反季节秋播鲜荚亩产250～400千克。2016年，全县蚕（豌）豆种植面积7707亩，主要分布在湖坪、万崇、罗陂、牛田、鳌溪、南村、增田、南村8个乡镇。

闲—稻—稻　县域传统的最主要的种植方式。20世纪90年代后，农民外出务工人员逐年增多，逐渐放弃冬季农作物生产，使得“闲—稻—稻”面积逐年增大，2016年，闲—稻—稻面积达到250707亩。

闲—西瓜—稻　1986年，县域这类复种方式面积为1869亩，主要分布在增田、鳌溪、湖坪、南村、罗陂、万崇等乡镇。1997年开始面积不断增大。2004年达18683亩，之后逐年减少。2016年，全县种植面积为7650亩。

闲—玉米—稻　20世纪80年代中后期，粮食产量不断提高，县政府提出在不放松粮食生产前提下，积极发展多种经营。为加快畜牧业发展，补充饲料来源，开始试种“掖单2号”等玉米品种。有两种复种方式，即“春玉米—晚稻”和“早稻—秋玉米”。1992年面积5806亩，2004年1065亩。之后，面积降至一二百亩。近几年，增田、鳌溪等镇仍有种植，作为鲜玉米在集市出售。2016年面积389亩，主要为“闲—玉米—晚稻”复种方式。

闲—稻—荸荠　是一种水旱轮作的种植方式，全县种植面积不大，主要分布在牛田镇，1986年面积40亩，1994—2002年，维持在300亩左右。由于荸荠收获费工费时，在农村劳力减少的情况下，种植面积逐年减少，2016年仅有少量种植。

闲—稻—秋大豆　分布在全县各乡镇的一种复种方式，1986年面积为13279亩。有些农田不能种双季水稻，而农村劳力较丰富，大豆作为农村传统年货食品，有较大需求，1996年面积达30588亩。之后，面积不断减少，2016年面积9525亩。

闲—单季稻—闲　县域最古老的种植方式。一种是“望天田”的单季早稻，另一种是“深泥田”的单季晚稻。1986年，全县单季稻种植面积93078亩，主要分布在谷岗、招携、南村、金竹等山区乡镇。进入20世纪90年代，进行中低产田改造，双季稻面积继续扩大，单季稻面积进一步减少。之后，随着劳务输出增长，农村劳动力逐渐减少，农业收入在家庭收入中的份额减少，一季稻种植面积逐步扩大。2016 年全县一季稻面积 46253 亩。

2. 旱地复种方式

冬季作物—棉花　棉花是乐安县传统产业。计划经济时期，各乡镇都有棉花种植任务，但面积不大。1989 年，全县种植面积 1100 亩。为恢复这一传统产业，进一步调整农业产业结构，1994 年县里成立棉花生产办公室专抓棉花生产，1995 年，面积扩大到 3386 亩，1996 年，扩大至 5318 亩。之后，由于市场、效益等原因面积逐年减少，2016 年，只有零散种植。

蔬菜—果蔗　20 世纪 70 年代开始的一种复种方式，主要分布在牛田、南村、增田、鳌溪等乡镇。1986 年种植面积 477 亩，之后逐年增加，2002 年 2579 亩。近年随着外来水果增多，面积逐年减少，2016 年面积 2202 亩。

油菜—蔬菜　由于油菜生育期长，稻田种植茬口安排很紧，往往影响早稻生产。因此，油菜—蔬菜成为乐安县油菜生产的主要复种方式，1986 年全县种植面积 14858 亩，各地都有种植。由于油菜生产效益低，种植面积逐年减少，2016 年只有 3724 亩。

蔬菜—花生　花生是乐安传统作物，居民把它当作年节果品，农村每家每户都有种植，大多为自产自销。1986 年全县蔬菜—花生复种面积为 2337 亩。2016 年种植面积 9249 亩。

蔬菜—红薯　红薯是传统粮食作物，二十世纪六七十年代种植较广，是粮食的重要补充。农村实行生产责任制后，水稻产量不断提高，红薯逐步演变成饲料作物。80 年代大多农户都饲养生猪，红薯苗作为养猪的主要饲料，红薯通常提取淀粉食用。1986 年，全县种植面积 11009 亩。之后逐年增加，2000 年为 21799 亩。后来，随着生猪养殖方式改变，配合饲料的推广应用，面积逐步缩减。近年由于红薯生育期长，生产成本低，管理耐粗放，红薯叶柄可作蔬菜，在劳力不足的情况下，为不荒田，蔬菜—红薯仍是农户常用的一种复种方式，2016 年面积为 8994 亩。

蔬菜—芝麻　县域芝麻种植历史悠久，农村生产责任制前，有种植计划，一般把肥力差的边远旱地用来种植芝麻。农村实行生产责任制后，开始几年粮棉油等主要农产品有实物上交任务，农村仍有一定面积种植。1986 年，全县蔬菜—芝麻复种面积 1528 亩，1997 年为 2796 亩。之后，随着上交任务逐步取消，面积逐年减少，2016 年面积 190 亩，以自用为主。

第二节　作物品种

1986—2016 年，县域大宗农作物种类主要有水稻、烤烟、蚕桑、玉米、油菜、大豆、花生、西瓜、蚕（豌）豆、红薯、蔬菜、绿肥等。

水稻　1986—1990 年主要推广品种。早稻：密里红、红 410、浙辐 802、浙辐 31、233、8004、湘早 3 号、优早 1 号、香矮早 14、82–8、协优 35、威优 35、协优 49、威优 49 等。中稻：754、溪二 28、711、湘 59、鸭血糯等。晚稻：秀水 11、协优 432、协优 64、威优 64、汕优 64、中优 432、汕优 6 号、汕优 10 号、协优 46、协优 2374 等。

1991—2000 年主要推广品种。早稻：HA79137–7、红突 5 号、泸红早一号、辐 8–1、协优华联一号、威优华联一号、优 Ⅰ 华联一号、金优 402、优 Ⅰ 402 等。中稻：红优 63、汕优 63、协优 63、两优培九（65002）等。晚稻：汕优 77、威优 77、协优 77、汕优晚 3、金优晚 3、Ⅱ优 838、金优 207、中优 207、金优桂 99、汕优桂 99 等。

2001—2010 年主要推广品种。早稻：金优 71、中优 71、中早 35、中嘉早 17、金优 463、中优 463、优 Ⅰ 463、神农 101、金优 458、优 Ⅰ 458、T 优 706、T 优 898、金优 898、先农 1 号、株两优 02 等。中稻：金优 63、新香优 63、德农 2000、Y 两优 1 号、中浙优 1 号、D 优 527、准两优 527、丰两优 4 号、C 两优 608 等。晚稻：泰国丝苗、黄华占、新香 80、岳优 9113、五优

308、深优 957、五优 T025、岳优 360、隆香优 130、T 优 253、中优 253、荣优 225、荣优 868 等。

2011—2016 年主要推广品种，早稻：株两优 30、株两优 35、陆两优 996、陆两优 173、先农 29、株两优 1 号、五优 156、陵两优 611、陵两优 32、陵两优 722、株两优 4024、陵两优 722。中稻：五山丝苗、天优 3301、闽丰优 3301、C 两优华占、深两 5814、杨两优 6 号、泰优淦 3 号、天优华占、晶两优华占、隆两优华占等。晚稻：软占、五优华占、荣优华占、欣荣优华占、丰源优 299、泰优 398、泰优 390、天优雅占、五优 61、吉优雅占、丰源优华占、吉优 225、吉优 353、吉优华占、安丰优华占等。

烤烟　主要推广品种：G28、G80、K326、云烟 87 等。

蚕桑　主要推广品种，蚕：芙蓉 × 湘辉、青松 × 皓月、华抗 2 号等。桑：沙 2× 仁 109、农桑 12、农桑 14、强桑 1 号等。

玉米　主要推广品种：农大 108、掖单 13 号、甜玉米、糯玉米、紫玉米等。

油菜　主要推广品种：万油 17、中油 821、中双 4 号、中双 6 号、秦优 2 号、西南 302、赣油杂 1 号、赣油杂 2 号、湘油杂 15 号、赣油杂 6 号、丰油 730、浙油 50、华油杂 62、赣油杂 7 号、赣油杂 8 号等。

大豆　主要推广品种：浙春 1 号、浙春 2 号、苏早 1 号、日本青、292 毛豆、鹤丰 2 号、八月黄、九月黄、青皮豆、黑豆、赤豆、黄大豆等。

烟田

花生　主要推广品种：海花 1 号、紫皮花生、红皮花生、奥油 551 等。

西瓜　主要推广品种：新红宝、聚宝、特大新红宝、金钟冠龙、新澄一号、西农 8 号、瑞宝新 8 号、苏蜜 5 号等。

辣椒　主要推广品种：牛田辣椒、湘研 1 号、湘研 2 号、湘研九号、湘研 4 号、湘研 6 号、湘研 5 号、双辣九号、干鲜椒王、丰优 18 号、赣椒 1 号等。

蚕（豌）豆　主要有白花蚕豆、青皮蚕豆、豌豆有麻壳豌豆、红皮豌豆、品种有中豌 4 号、中豌 6 号等。

豇豆　主要推广品种：高产 4 号、之豇 28-2、宁豇 3 号、青皮 901 等。

红薯　主要推广品种：紫心薯、白皮薯、红心薯、黄心薯、白心薯、红皮薯、白皮白心薯等。

绿肥　主要推广品种：紫云英（红花草）、余江大叶籽、南昌大叶籽、芜湖大叶籽等。

第三节　种子管理

一、种子经营与管理

（一）种子经营

20 世纪 80 年代以前的计划经济时期，国家对粮、油实行统购统销，为使种子与粮油统购统销政策接轨，水稻、油料作物种子由农业部门提供计划，粮食部门负责储运与经营，对农民实行“以粮换种”“以油换种”政策。棉花种子、绿肥种子分别由土产公司和生产资料部门负责储运与经营。80 年代中期后，为方便农户购种，县良种公司和乡镇农技站先后开设种子销售门市部，向农民直接销售种子。1996 年起，鉴于国家定购粮价高于议购粮价，种子生产收购取消定购粮指标划拨。2007 年后，民营和股份制种子企业成为种子经营主体，种子生产企业根据市场需求自主经营。

（二）种子监管

生产环节监管　2001 年，县种子管理站先后对域内从事种子生产的湖南隆平种业、江西科源种业、江西博大种业等种子企业进行生产许可证核查，种子生产合同备案审查，田间隔离情况检查，杂交稻制种花期除杂监管；同时协调收购价格，维护正常的种子生产秩序。

流动环节监管　2001年，县种子管理站会同县农业综合执法大队，对种子经营活动进行不定期监督抽查。开展种子经营许可证、种子包装、标签标注、经营档案、种子广告、品种审定与授权、种子质量抽查等种子市场监管。

在每年种子销售旺季的春秋时节，对全县种子市场进行质量抽检，每年抽取种子样品200余份，对送检种子进行净度、水分、发芽率检测，及时公布检测结果，对不合格种子案件移交农业执法大队依法处理。

2015—2016年，全县共查办种子生产经营案件14起，收缴假劣种子25千克，罚款5.4万元，挽回经济损失10万元。

（三）纠纷调处

2001—2016年，县种子管理站先后组织种子质量纠纷田间鉴定46起，挽回农户因种子质量问题损失20余万元。

二、良种推广

1986—2008年，全县良种推广工作由县种子公司（与县种子管理站合署办公）和各乡镇农技站组织开展，每年主要推广品种由县种子公司提出意见建议，报请有关领导决定，调购种子数量参照农业生产计划安排。

水稻新品种展示　2009—2016年，县种子管理站承担省农业厅现代农业水稻新品种展示项目，省财政每年安排专项经费10万元。2009年进行中稻新品种展示，展示品种16个，面积100亩；2010年起，进行早、晚稻新品种展示，每年展示面积162亩。其中，2010—2014年每年展示早、晚稻品种各20个。2015—2016年，早、晚稻品种各15个。建立展示核心区，每个品种种植3～5亩，并在路旁树立展示牌。在水稻主要种植乡镇设立5个水稻品种对比小区，每个品种种植一个小区，小区面积0.1～0.2亩，按熟期顺序排列，及时组织农民现场观摩，了解品种田间表现，避免农民盲目选种。

水稻新品种预备区域试验　2004年起，县种子管理站承担江西省种子管理局晚稻早熟Ⅰ组预备区试验任务，每年2～4个组，品种30～60个，进行试验设计、栽培管理、观察记载等工作，及时将试验结果和总结上报江西省种子管理局。

主推品种推介　2005年起，县农业局每年根据品种表现，从中筛选出一批优质、高产、多抗、适应域内种植的品种，作为县域下一年度主导品种。每年推荐水稻、玉米、大豆等主要农作物品种30余个。

品种跟踪调查　2004年起，县种子管理站对全县主推水稻品种大田种植表现进行跟踪调查，为做好品种更新换代提供依据。

超级稻、优质稻高产示范栽培　2009—2015年，结合承担省农业厅粮食高产创建项目，每年组织超级稻百亩连片示范、优质稻万亩高产栽培示范。

良种进村入户工程　2012—2016年，每年开展优良品种进村入户工作，全县共培育良种示范户5000户，带动辐射周边6万户，累计推广良种300余万亩。

水稻新品种试验

第四章　粮油作物

乐安县是传统农业大县，也是全省粮油生产大县。域内粮油作物主要有水稻、红薯、玉米、大豆、油菜、花生等。

第一节　水　稻

水稻是域内种植面积最大的农作物，种植历史悠久。2006年获江西省粮食生产大县奖励，2012年、2014年分别被评为江西省粮食生产先进县。

一、种植面积及产量

1986—1991年，国家实施一系列激励农业发展的方针、政策，改革农村经济体制，完善家庭联产承包责任制，示范推广双季杂交水稻，充分调动农民粮食生产积极性，水稻单产和总产出现较大增长。1991年比1986年增产2 6765吨，单产从1986年的278千克增长至1991年的330千克。

1992—2002年，随着粮食市场和消费需求变化，农业增长逐步由数量型向质量型转变。期间，实施耕作制度改革，调整农作物结构，增加经济作物和优质稻面积。1996年，乐安县在大马头垦殖场实施水稻抛秧试验示范。1998年，在公溪镇荷陂村等地开始大面积推广，此后，抛秧技术在全县逐步普及。配合推广杂优水稻、病虫害综合防治和化学除草等增产技术，在水稻种植面积减少的情况下，粮食总产量稳定增长。1992年水稻单产332千克，总产175398吨；2001年水稻单产353千克，总产177597吨。

2002—2016年，国家先后出台免征农业税、发放种粮补贴、增加农业投入等政策，提高农民种粮积极性。2008年始，先后在公溪、山砀、龚坊、戴坊、南村、金竹等乡镇实施高产创建活动，水稻单产屡创新高。2012年，域内逐步推广集中育秧、规模经营、机耕、机收、稻谷烘干等现代农业技术，农业机械化、产业化也不断提高。2016年，全县50亩以上种粮大户709户，面积达5.5万亩。水稻单产由2002年的348千克提高到2016年的469千克，总产由2002年的162398吨增至2016年的274972吨。

稻田

1986—2016年乐安县水稻种植面积及产量表

表13-4-1　　单位：亩、千克、吨

年份	播种面积	亩产	总产量	年份	播种面积	亩产	总产量
1986	533945	278	148437	2002	466506	348	162398
1987	536697	292	156520	2003	407265	313	127454
1988	528966	301	158983	2004	533100	381	203089
1989	538304	303	163033	2005	551710	381	210233
1990	545693	323	176414	2006	560184	379	212593
1991	530221	330	175202	2007	561818	392	220419
1992	527994	332	175398	2008	562437	396	222888
1993	503713	334	168403	2009	582481	398	231883
1994	533627	346	184853	2010	577895	405	233867
1995	535893	356	191080	2011	573136	426	244566
1996	543871	373	202805	2012	589078	454	267554
1997	541695	382	207080	2013	587377	456	267775
1998	537736	365	196541	2014	586582	462	271036
1999	532102	378	201063	2015	584120	468	273421
2000	—	—	—	2016	585795	469	274972
2001	503561	353	177597	—	—	—	—

1986—2016年乐安县早稻种植面积及产量表

表13-4-2　　单位：亩、千克、吨

年份	播种面积	亩产	总产量	年份	播种面积	亩产	总产量
1986	254061	320.5	81439	2002	170284	313	53213
1987	255807	319	81667	2003	161040	302	48589
1988	256129	308	78891	2004	221983	368	81633
1989	254410	281	71399	2005	232015	361	83791
1990	256252	316	80937	2006	239190	359	85891
1991	247801	311	77144	2007	240184	372	89245
1992	234422	312	72938	2008	241281	382	92249
1993	198560	293	58221	2009	249491	383	95627
1994	221786	308	68336	2010	250763	377	94525
1995	219682	313	68701	2011	256537	404	103638
1996	223992	336	75177	2012	263156	431	113361
1997	218061	345	75139	2013	262417	443	116177
1998	206564	303	62638	2014	262126	448	117446
1999	204062	325	66281	2015	260166	454	118146
2001	184006	318	58508	2016	259710	456	118302

1986—2016年乐安县中稻种植面积及产量表

表13-4-3　　单位：亩、千克、吨

年份	播种面积	亩产	总产量	年份	播种面积	亩产	总产量
1986	95041	281.5	26784	2002	97523	371	36187
1987	92948	296	27507	2003	90698	328	29721
1988	92885	315	29253	2004	74022	376	27847
1989	90925	328	29840	2005	67053	399	26771
1990	88459	338	29896	2006	57767	396	22879
1991	87552	346	30331	2007	55375	413	22878
1992	86464	329	28367	2008	50635	404	20437
1993	88733	348	30843	2009	56701	404	22924
1994	88464	360	31882	2010	54355	406	22080
1995	88234	377	33235	2011	33719	409	13800
1996	87380	382	33391	2012	36991	409	15145
1997	84777	408	34603	2013	46612	459	21386
1998	88990	387	34451	2014	46620	462	21549
1999	89353	401	35822	2015	46253	473	21880
2000	—	—	—	2016	45159	468	21115
2001	97359	364	35485	—	—	—	—

1986—2016年乐安县双季晚稻种植面积及产量表

表13-4-4　　单位：亩、千克、吨

年份	播种面积	亩产	总产量	年份	播种面积	亩产	总产量
1986	184843	217	40142	2002	198699	367	72998
1987	187942	252	47346	2003	155527	316	49144
1988	179952	283	50839	2004	237095	395	93609
1989	192969	320	61794	2005	252642	395	99671
1990	200982	328	65581	2006	263227	394	103823
1991	194868	348	67727	2007	266259	407	108296
1992	207108	358	74093	2008	270521	407	110202
1993	216420	367	79339	2009	276289	410	113332
1994	223377	379	84635	2010	272777	430	117262
1995	227977	391	89144	2011	282880	449	127128
1996	232499	405	94237	2012	288931	481	139048
1997	238857	407	97338	2013	278348	468	130212
1998	242182	411	99452	2014	277836	475	132041
1999	238687	415	98960	2015	277701	480	133395
2000	—	—	—	2016	280926	483	135555
2001	222196	376	83604	—	—	—	—

村育秧工厂培育早稻秧苗

二、栽培技术

（一）育秧

早稻育秧　域内早稻育秧有水播水育和地膜保温育秧两种方式。20 世纪 80 年代以前，以水播水育为主，保温育秧面积较少。20 世纪 90 年代后，保温育秧逐步推广。县域北部乡镇保温育秧起步较早，南部、西南部及山区乡镇起步较晚。1993 年开始推广旱床育秧技术，突破早稻杂交育秧的技术瓶颈，使早稻杂交得以大面积推广。1996 年推广水稻塑盘育秧技术，为水稻抛秧技术推广奠定基础。

晚稻育秧　20 世纪 80 年代，晚稻育秧以水播水育为主，20 世纪 90 年代改变为湿润育秧，进入 21 世纪后逐渐被塑盘育秧取代。

（二）播种期与播种量

20 世纪 80 年代以前早稻水播水育，播种期大多在清明节前后，保温育秧一般在 3 月中下旬。常规早稻每亩秧田用种 100 ～ 125 千克。秧田与大田比例为 1 ∶ 10 左右。杂交早稻抛秧秧田每亩播种 80 千克，秧田与大田之比为 1 ∶ 40 左右。单季晚稻一般在 5 月上中旬播种，每亩抛秧秧田用种量在 50 千克左右，秧田与大田之比为 1 ∶ 35 左右。二季晚稻播种则在 6 月中下旬左右，一般每亩抛秧秧田播 60 千克左右，秧田与大田之比为 1 ∶ 40 左右。

（三）栽插密度

稻田栽插密度视土壤肥沃程度、品种、类型和季节不同而有差别，一般为肥田较稀、瘦田较密，早稻较密，晚稻较稀。域内一般早稻亩栽插 2 万蔸左右、一季晚稻 1.5 万蔸左右，二季晚稻 1.7 万蔸左右。

（四）田间管理

施肥　20 世纪 70 年代为接力施肥，即重施基肥，巧施分蘖肥，加施粒穗肥。基肥占 70%，用有机肥和碳铵作底肥；追肥以施用尿素为主，同时推广尿素、磷酸二氢钾等叶面施肥；粒穗肥以施用氯化钾为主。20 世纪 80 年代中期始，推广配方施肥，根据田土肥力，以田定产，以产定氮，以氮定磷钾，将所需化肥混合成复合肥，施于稻田，取得显著增产效果。域内通常采用 45% 复合肥作基肥，尿素作追肥，氯化钾作粒肥的施肥方式。

除草　20 世纪 80 年代以前一般采用人工耘禾，主要以脚耘为主，一茬水稻一般耘 2 ～ 3 次。20 世纪 90 年代后，随着稻田除草剂种类增多，除草效果不断提高，使用面积逐步扩大，耘禾面积开始逐步缩小。2005 年后，很少见到农民耘禾，稻田除草剂的广泛应用，大大减轻农民劳动强度，提高水稻产量。

灌溉　二十世纪七八十年代品种矮杆化，在水稻返青后，普遍采用干干湿湿灌溉方法。20 世纪 90 年代始推广水稻增产节水薄露灌溉技术，即寸水返青，浅水分蘖，薄水抽穗、湿润壮子“灌水方式”，够苗后自然落干晒田，拔节孕穗期薄水灌溉，抽穗成熟期薄水间歇灌溉，干湿交替，收割前 7 天左右断水。薄露灌溉改变传统勤灌漫灌方法，减少灌溉用水量，有效改良水稻生态环境，有利于提高水稻产量和质量。

第二节　其他粮食作物

域内其他粮食作物主要有红薯、玉米、豆类

等，其种植规模、品种和产量各时期有所不同，栽培管理技术也随时代不同而改进和提高。

一、红薯

红薯俗称番薯，是域内主要旱粮作物之一。20世纪80年代以前以种植高产高淀粉红薯为主，用于充当粮食，制作薯粉。1986年，全县红薯种植面积11068亩，折合稻谷单产197千克，（红薯产量以5千克鲜薯折1千克稻谷计算），总产2181吨。1998年种植面积22496亩，为历年之最，折合稻谷单产250千克，总产5620吨。进入21世纪以后，红心薯、紫心薯、黄心薯、白心薯、红皮白心薯种植较普遍，主要是作果蔬食用。随着农村劳动力输出，人民生活水平提高，红薯种植面积逐年减少，2016年为11882亩，折合稻谷单产311千克，总产3696吨。

红薯地

1986—2016年乐安县红薯种植情况表

表13-4-5　　单位：亩、千克、吨

年份	播种面积	单产	总产量	年份	播种面积	单产	总产量
1986	11068	197	2181	2002	19304	249	4810
1987	11440	233	2669	2003	18558	240	4457
1988	12515	243	3035	2004	16104	239	3841
1989	13650	271	3695	2005	14281	255	3636
1990	13857	276	3824	2006	13838	280	3868
1991	16634	278	4618	2007	14094	326	4590
1992	18597	267	4931	2008	13004	299	3889
1993	19362	309	5990	2009	12749	296	3779
1994	20197	273	5514	2010	12591	403	5079
1995	12403	496	6156	2011	13835	317	4379
1996	20399	287	5856	2012	14030	305	4273
1997	20967	291	6108	2013	9841	324	3191
1998	22496	250	5620	2014	7892	337	2663
1999	21819	298	6492	2015	8994	300	2699
2000	20542	246	5056	2016	11882	311	3696
2001	20775	265	5499	—	—	—	—

说明：红薯产量按5千克鲜薯折1千克稻谷计算

域内种植红薯，红薯分为早红薯、晚红薯两种。夏季插藤为早红薯，秋季插藤为晚红薯。早红薯春季用块根育苗，再剪苗挺直扦插，多栽于旱地；晚红薯多栽于水田，在早稻收割后剪蔓扦插，栽得越早，产量越高，霜降前后收获。种植技术主要有：早红薯采取温床育苗，采用薄膜覆盖育苗。高垄栽培，红薯是块根作物，高垄能增厚土层，提高土壤含水量，有利于排灌，增产效果明显，此技术沿袭至今。

二、玉米

玉米俗称苞谷、苞粟，为粮饲兼用作物。乐安种植的玉米品种主要有：农大108、掖单2号、掖单13号、甜玉米、糯玉米、紫玉米等。

20世纪80年代以前，域内基本以种植水稻为主，玉米作为杂粮仅零星种植。90年代初发展玉米生产，1992年全县玉米种植5806亩，其后一直在2000亩左右，进入21世纪玉米种植面积进一步减少，2010年仅为139亩，2016年回升至389亩，品种主要是作为果蔬食用的甜玉米、糯玉米和紫玉米。

1992—2016年乐安县玉米种植面积及产量表

表13-4-6　　单位：亩、千克、吨

年份	播种面积	单产	总产量	年份	播种面积	单产	总产量
1992	3936	167	657	2005	310	216	67
1993	1890	220	415	2006	139	201	28
1994	3608	84	305	2007	189	317	60
1995	2073	158	328	2008	205	298	61
1996	—	—	—	2009	139	281	39
1997	3369	189	636	2010	179	363	65
1998	3116	173	540	2011	238	290	69
1999	2213	176	389	2012	338	325	110
2000	1743	192	335	2013	358	313	112
2001	1604	194	311	2014	369	304	112
2002	1235	200	247	2015	389	306	119
2003	1065	200	213	2016	379	306	116
2004	310	210	65	—	—	—	—

域内种植玉米有两种形式：水田采取春玉米—晚稻，或早稻—秋玉米复种形式；旱地采用蔬菜—玉米；或红薯—玉米等间作套种。20世纪80年代之前，域内玉米栽种比较粗放。1984年，乐安县专程从浙江省东阳玉米研究所请来农艺师，举办玉米栽培技术学习班，传授杂交玉米栽培技术。种植技术主要有：

整地：选择排水良好地，进行深翻、深松、深施肥。施肥深度15厘米以上。

选种：从正规种子部门选购质量好、纯度净度及发芽率高的种子。

播种：播种最佳时期一般在5月1至10日。

密植：一般采用宽行0.6～0.7米，株距0.25～0.3米，每亩定苗密度为4000～4500株，掌握肥地宜密、瘦地宜稀原则。

施肥：要求施足底肥，早施苗肥，重施穗肥，补施粒肥。底肥每亩施水粪20～25担或优质农家肥2000千克，追肥采取开沟条施或暗施。

三、豆类

大豆　1986年全县大豆种植面积13279亩，单产51.5千克，总产量684.7吨。1995年种植面积30606亩，创历年新高，单产99千克，总产达3035吨。随着农村青壮年外出务工，大豆种植面积逐步萎缩，到2015年大豆种植面积为9525亩，仅为1995年的31.1%。虽单产提高到115千克，但总产仅1095吨，为1995年的36.1%。2016年大豆生产有所回升，种植面积10274亩，单产119千克，总产1223吨。

1986—2016年乐安县大豆种植情况表

表13-4-7　　　　单位：亩、千克、吨

年份	种植面积	单产	总产量	年份	种植面积	单产	总产量
1986	13279	51.5	684.7	2002	17534	96	1688
1987	13231	56	736	2003	15605	94	1469
1988	14619	64	932	2004	12684	95	1206
1989	14322	78	1114	2005	12334	99	1217
1990	15332	72	1110	2006	12500	96	1196
1991	20734	84	1744	2007	12324	99	1217
1992	20471	83	1686	2008	12227	101	1237
1993	24780	86	2140	2009	12229	99	1207
1994	30000	87	2628	2010	13042	98	1273
1995	30606	99	3035	2011	10428	107	1119
1996	29098	96	2780	2012	9272	108	1787
1997	27965	96	2674	2013	9311	110	1021
1998	25219	95	2410	2014	9566	113	1084
1999	24782	97	2408	2015	9525	115	1091
2000	18736	93	1747	2016	10274	119	1223
2001	18052	96	1732	—	—	—	—

域内种植大豆，分春播、夏播、秋播3种。春播在3月下旬至4月上旬播种；夏播大豆作田塍豆，5月中旬播种育苗，6月上旬移栽；秋播在大暑前后播种，宜早不宜迟。种植技术主要有：

合理密植：春播大豆每穴播种4～5粒，每穴留苗2～3棵，每亩播1.5万穴为宜。夏播大豆略稀一些，秋播大豆密植与春播大豆基本类似。

科学施肥：只施草木灰、火土灰和少量猪牛粪，少用氮肥，更不用化肥。20世纪60年代后期，普遍推广钙镁磷肥，使用固氮菌或根瘤菌拌种。20世纪70年代推广施用尿素或硫铵，80年代以钾素为主，亩用氯化钾15～20千克在中耕施用，并应用微量元素拌种喷洒，增产效果十分明显。

田间管理：出苗后及时查苗、补缺，发现缺穴断行采取补种或地里预留苗带土移栽补苗，及时间苗、定苗、中耕、除草，播种前先作畦后断水，出苗期和开花结荚期及时灌水。若遇干旱，及时灌“跑马水”（将水灌至10厘米左右深后，随即放干）。加强病虫害防治，杀灭田间虫害。

蚕（豌）豆　乐安种植的蚕豆，分为白皮蚕豆、青皮蚕豆；豌豆分为麻壳豌豆，红皮豌豆。按用途分蔬菜豌豆和谷实豌豆两种类型。蔬菜豌豆，又称白花豌，早熟、荚多、粒形略大而圆润，种皮白色，多作蔬菜。谷实豌豆又称紫花豌豆，

分枝多，抗逆性稍强，茎叶茂盛。粒形略小而皱缩。域内主要种植蔬菜豌豆品种，1992 年开始主要种植中豌 4 号、中豌 6 号，既适合大田种植，也适合在山地与幼林、果、竹、桑园、蔗田间作套种。冬播鲜荚亩产 400 ~ 600 千克，反季节秋播亩产鲜荚 250 ~ 400 千克。

县域有种植蚕（豌）豆传统，1986 年以前多为农户分散种植。1986 年，全县种植 1006 亩，单产 47 千克、总产 47.5 吨。20 世纪 90 年代中期，县政府把豌（蚕）豆生产作为农业产业结构调整重要内容，大力推广蚕（豌）豆生产。1999 年达到高峰，种植面积 38073 亩，亩产 78.4 千克、总产量 2985 吨。其后逐年下降，2016 年种植 8309 亩，亩产 97 千克、总产 805 吨。

1986—2016 年乐安县蚕（豌）豆种植情况表

表 13-4-8　　　　单位：亩、千克、吨

年份	种植面积	单产	总产量	年份	种植面积	单产	总产量
1986	1006	47	47.5	2002	15491	88.37	1369
1987	2602	44.5	116	2003	12372	89	1095
1988	2735	58.5	160	2004	9936	86	855
1989	3023	68.5	207	2005	11499	88	1014
1990	3482	70.65	246	2006	8185	77	627
1991	3887	70.49	274	2007	8353	78	652
1992	4745	62.17	295	2008	6573	81	531
1993	10433	76.2	795	2009	6576	82	536
1994	12652	80.06	1013	2010	7606	72	550
1995	19234	80.17	1542	2011	7655	78	597
1996	16052	79.3	1273	2012	7035	105	740
1997	15443	80.42	1242	2013	14125	315	4456
1998	31865	78.77	2510	2014	7627	110	836
1999	38073	78.4	2985	2015	7707	107	828
2000	22275	80	1782	2016	8309	97	805
2001	18777	77.54	1456	—	—	—	—

蚕（豌）豆种植技术主要有：

播种　蚕（豌）豆播种期为霜降前后，最迟不过立冬；播种过早，温度高，年前生长旺，遇到 -5℃低温，会冻死茎叶；播种过迟，温度低，出苗慢，发棵差，生长发育不好。中豌 4 号、中豌 6 号秋播在 9 月 5—20 日，冬播在 11 月 25 日至 12 月上旬。

密植　蚕豆多用点播，每穴用种 2 ~ 3 粒，大粒种每亩用 5000 穴，株距 50 厘米，行距 23 厘米，每亩基本苗 1 万 ~ 1.3 万株；中小粒种，每亩 7000 ~ 8000 穴，株距 33 ~ 40 厘米，行距 20 ~ 27 厘米，每亩基本苗 1.5 万 ~ 2 万株。豌豆以行株距 26 ~ 33 厘米穴播，每穴播种 2 ~ 3 粒，每亩播种量 4 ~ 5 千克。中豌 4 号、中豌 6 号冬播亩用种量 8 千克左右，秋播亩用量 15 千克左右。采用穴播，冬播行距 35 厘米，株距 12 厘米；秋播行距 30 厘米，株距 10 厘米左右。

管理　蚕豆除耕耙、整地、施肥、中耕、除

草、培土、清沟、排渍外，还需在开花结荚期即清明前后摘心打顶，防止植株疯长。豌豆整地时，亩施腐熟粪肥10担或过磷酸钙75千克或复合肥40千克，加磷肥50千克作基肥；盛花期亩用尿素250克加钼肥20克兑水30千克喷施；开花前撒施一定数量草木灰或氯化钾。

病虫害防治　对蚜虫和潜叶蝇采用80%敌敌畏乳油1000倍液或40%氧化乐果1500倍液防除，对霜霉病和白粉病用托布津和施宝灵等防治。

1986—2016年乐安县粮食作物种植面积及产量表

表13-4-9　　单位：亩、千克、吨

年份	播种面积	亩产	总产量	年份	播种面积	亩产	总产量
1986	559777	270.5	151299	2002	520199	328	170521
1987	563997	284	160042	2003	456955	295	134884
1988	558849	292	163111	2004	572844	365	209112
1989	565258	295	198052	2005	590963	366	216269
1990	578517	314	181600	2006	595688	367	218487
1991	577740	316	182762	2007	595688	380	227202
1992	576134	319	182988	2008	596835	384	229199
1993	560668	317	177798	2009	616021	386	237939
1994	600174	324	194317	2010	613798	393	241346
1995	600406	337	202156	2011	605698	414	250754
1996	613309	348	213379	2012	620069	441	273724
1997	612655	357	218401	2013	618353	443	274124
1998	620432	335	207621	2014	618665	448	277720
1999	619139	345	213350	2015	616356	455	280173
2000	—	—	—	2016	619275	455	281696
2001	563319	331	186635	—	—	—	—

第三节　油料作物

一、油菜

品种　油菜是乐安传统油料作物，20世纪80年代，主要种植白菜型品种和甘蓝型西南302等品种，90年代引进中油821、中双4号、中双6号等品种。21世纪后主要种植华优杂62、浙优50、赣油杂8号等品种。

规模　1986年后，抚州地区行政公署多次发文，作出大力发展油菜生产的决定，乐安县委、县政府把冬季油菜生产列为农业开发总体战目标之一。乐安县被列入“赣东片油菜生产基地”重点扶持县。1986年全县种植油菜15467亩，亩产30.5千克、总产468.8吨。20世纪90年代中期，县政府大力发展油菜生产，1995年种植面积100411亩，亩产56千克，总产达5623吨。是年，

油菜地

乐安获评抚州地区油菜生产先进县。1996年，油菜种植面积进一步扩大到105157亩，创历年新高，但亩产和总产比上年均有所下降。其后，随着农村外出务工人员增多，油菜面积逐渐萎缩。2010年，全县油菜种植面积2076亩、亩产73千克，总产152吨。之后虽有所回升，但增长不大，2016年油菜面积为4712亩，亩产78千克，总产366吨。

1986—2016年乐安县油菜种植情况表

表13-4-10　　　　单位：亩、千克、吨

年份	种植面积	亩产	总产量	年份	种植面积	亩产	总产量
1986	15467	30.5	468.8	2002	3698	77	285
1987	13911	32	437	2003	3172	60	191
1988	13594	30	455	2004	1524	63	96
1989	14682	30	437	2005	2680	61	163
1990	30065	39	1168	2006	2834	56	159
1991	46459	39	1831	2007	5751	43	345
1992	52825	43	2198	2008	4982	59	296
1993	60120	46	2760	2009	3342	62	208
1994	52802	44	2316	2010	2076	73	152
1995	100411	56	5623	2011	3070	93	285
1996	105157	43	4473	2012	2952	64	190
1997	91270	49	4496	2013	3199	53	170
1998	41808	65	2720	2014	3559	74	263
1999	25229	59	1485	2015	3724	79	293
2000	8336	55	457	2016	4712	78	366
2001	7488	52	390	—	—	—	—

种植方式　乐安油菜生产有两种种植方式，一种是直播（直播又分点播和撒播），一种是育苗移栽。20世纪80年代后，大力推广育苗板田移栽，进入21世纪主要推广免耕栽培，不因整地而耽误油菜栽播季节，水田实行打穴移栽，板田直播，化学除草的耕作方法，取得良好效果。

种植密度　移栽每亩1万株左右，直播每亩3万～4万株。

施肥技术　苗肥：在油菜3～4叶时，亩用尿素5～7.5千克在雨前撒施。腊肥：在冬至前后追施一些土杂肥，确保油菜安全越冬。苔肥：春季在油菜现蕾后，亩追施尿素和氯化钾各5～7.5千克。叶面施肥：在油菜初花期，每亩用

250 克硼砂或速效硼 50 克加水 30 千克喷雾。

病虫害防治　冬季主要防治蚜虫和菜青虫，可选用吡虫啉、敌敌畏等农药。春后防治菌核病和霜霉病，在初花期和盛花期分别用 40% 的菌核净 100 克兑水 40 千克喷施。

二、花生

品种　乐安花生分春花生、秋花生两种，以春花生为主。花生品种主要有海花 1 号、紫皮花生、红皮花生和奥油 551 等 4 个品种。

规模　1986 年全县播种面积 2337 亩，单产 99 千克、总产 231 吨。1999 年增至 17449 亩，单产 152 千克，总产 2649 吨，面积和总产均创历年新高，之后逐年下降。2016 年种植面积为 9052 亩，单产 153 千克，总产 1386 吨。

1986—2016 年乐安县花生种植情况表

表 13-4-11　　单位：亩、千克、吨

年份	种植面积	亩产	总产量	年份	种植面积	亩产	总产量
1986	2337	99	231	2002	16048	141	2256
1987	2304	93	214	2003	14433	134	1938
1988	2305	104	240	2004	10055	142	1423
1989	2873	109	312	2005	8386	163	1370
1990	3573	105	376	2006	7999	146	1167
1991	3961	97	385	2007	8676	148	1286
1992	8801	109	896	2008	8917	145	1291
1993	11193	141	1573	2009	9413	144	1359
1994	18526	156	2900	2010	9723	145	1405
1995	17781	154	2741	2011	10415	147	1530
1996	12603	137	1724	2012	10371	146	1509
1997	13333	155	2066	2013	9722	144	1402
1998	17195	160	2754	2014	8274	161	1328
1999	17449	152	2649	2015	9249	154	1425
2000	15034	150	2259	2016	9052	153	1386
2001	15579	176	2373	—	—	—	—

种植方式　选种，花生选种选用早熟、中果型品种。播种前剔除已发芽、变色、霉烂种子。每千克花生种子用 2 克钼酸铵拌。

施肥技术　底肥一般每亩施土渣肥 2000 千克，碳酸氢铵 20 ~ 30 千克，过磷酸钙 50 千克，氯化钾或硫酸钾 15 千克左右。

播种　春花生一般在 3 月下旬至 4 月上旬播种。地膜覆盖栽培的花生播种期比当地露地播种提前 10 ~ 15 天左右。乐安推广地膜覆盖种植技术，地膜覆盖能增温、保湿、保肥、保持土壤疏松，加速土壤养分分解，提高花生出苗率，达到促进苗壮、果多、果饱、早熟、高产效果。比一般种植增产花生 75 ~ 100 千克、增产 30% ~ 50%。使用多效唑、增产菌、三十烷醇等，花生增产效果显著。

第五章 经济作物

经济作物指除粮油作物以外的其他大田作物及果树、蔬菜、烟叶、蚕桑等。乐安县经济作物主要有棉花、麻类、果树、茶叶、烟草、白莲、甘蔗、西瓜、甜瓜、蔬菜、食用菌、蚕桑等。其种植规模和主要品种各时期有所不同，栽培技术随时代而改进。20世纪末21世纪初烤烟、蚕桑、蔬菜、磨菇成为县域农业主导产业。

第一节 烤 烟

一、品种

乐安县种植烟草历史悠久，20世纪80年代以前，农户种植晒烟，制成黄烟丝，大多自产自销，少量在农贸集市上买卖。90年代始，县政府把烤烟生产作为农业产业结构调整的重要内容，大力发展烤烟生产。主要品种有G28、G80、K326和云烟87等，尤其以K326为主。K326品种由美国1983年育成，1985年引入中国。叶形长椭圆，叶面较皱，厚度适中，大田生育期120天左右，耐肥，抗黑胫病、青枯病、感赤星病、病毒病和气候斑点病。叶片分层落黄好，容易烘烤。初烤烟叶颜色橘黄，油分多，叶片结构疏松。烟叶化学成分协调，香气量足，味纯净。

二、规模与产量

1989年，南村乡太平村、潭港乡下陂村等地农户试种烤烟30亩。1991年4月，由抚州地区科技兴农办、地区烟草分公司牵头，由县科委、县烟草公司、县烟办及鹏洲乡政府参与组成科技承包集团，承包1000亩农田种植烤烟，是年，平均每亩产值360元，纯收入234元，较种植水稻每亩增收入121.6元。

1992年，县域大力发展烤烟生产，全县种植烤烟面积1.2万亩，产量1.9万担。涉及16个乡镇、120个村、4300户。主产区在南村、潭港、增田、湖溪、戴坊等乡镇。1993年，种植面积虽有1.2万亩，产量1.5万担，较1992年有所下降。

1994年，国家调整粮食收购价格，粮价大幅度上升，烤烟生产比较效益下降，农户种植烤烟积极性降低，烤烟种植面积跌入低谷，是年实际种植烤烟仅260亩，全县仅收购烟叶403担。

进入21世纪，烤烟价格上升，农民种烟积极性提高。同时，政府抓住“北烟南移”机遇，加大资金扶持力度，集中精力抓烟叶生产基础设施建设，抓技术人才培养，抓生产技术改良创新，烟叶产量质量逐年提高，烟叶生产规模稳步上升。种植区域涉及戴坊、山砀、龚坊、鳌溪、增田、南村、招携7个主产乡镇。

2006年烤烟种植面积再次突破万亩，达到10103亩，总产量30734担，总产值1537万元，实现烟叶特产税581万元，亩产值1521元，平均千克价10.17元。继2005年戴坊镇成为第一个烟叶万担镇后，是年，山砀镇成为县域第二个烟叶“万担镇”。

2008年，山砀镇开展现代烟草生产示范工作。成立烟叶生产合作社、理事会，设立烟田机耕、烟叶育苗、烟叶病虫害防治、烟叶采收、烘烤、分级扎把等专业队或互助组，并投资新建大型密集式烤房24座。配有发电室、编烟室、培训室、农机室、合作社办公室等，示范点实行工厂化烟叶生产面积1100亩，参与实施的烟农共61户。

通过实施工厂化操作，该示范点参与实施的烟田亩均产值增加10%，成本则下降10%。是年，全县烤烟又有大发展，种植烟叶乡镇12个、村委会126个、村小组615个、农户1959户，实际种植面积共18723亩，收购烤烟67413担。

2009年，受国家对烟叶生产“控制规模、控制产量”政策影响，乐安县烟叶种植面积和产量均有所减少，但烟叶质量提高，全县平均千克价、上等烟比例、亩产量、亩产值和烟叶等级质量均居全市第一，全省前列。特别是山砀镇山砀村、南村乡前团村实行的现代烟草农业示范点工作取得突出成绩。2011年，全县烟叶收购突破10万担大关。

2014年，全县烤烟生产质量和效益进一步提高，上等烟比例53.9%，中等烟比例43.3%，低次等烟比例2.8%，上、中等烟比例97.2%；全县平均亩产量141千克，平均亩产值3510元，全县总产量、总产值、总创税在全市排名第一，在全省排名第二。全县烤烟均价、平均亩产值在全省20个种烟县中排名第一。烟叶质量和效益连续实现5年增长。2016年，种植烟叶4.5万亩，收购烟叶11.7万担，总产值突破1.48亿元，创税0.56亿元，户均收入10万元，烟叶规模、烟叶总产量、烟叶总产值3项指标位居全省第一。

1991—2016年乐安县烟叶生产情况表

表13-5-1　　单位：亩、千克、担、万元

年份	种植面积	平均亩产量	收购量	烟叶总产值	烟叶税
1991	8390	50.66	8500	—	—
1992	11759	82.68	19444	—	—
1993	12000	62.69	15046	—	—
1994	260	77.50	403	—	—
1995	1178	67.49	1590	—	—
1996	300	61.17	367	—	—
1997	5800	63.70	7389	—	—
1998	6000	100.00	12000	—	—
1999	10000	100.00	20000	—	—
2000	5430	92.19	10012	—	—
2001	5153	80.49	8295	286.40	108.26
2002	3628	55.18	4004	321.18	121.41
2003	5698	59.92	6828	560.05	211.70
2004	8443	157.30	26573	1328.65	502.23
2005	9979.48	132.29	26404	1349.00	509.92
2006	10103	152.10	30734	1536.72	580.88
2007	12323.2	163.31	40251	2195.59	829.93
2008	18723.36	180.02	67413	4548.98	1719.51
2009	17469.37	173.46	60606	4398.90	1662.78
2010	17004	149.56	50864	3784.83	1430.66
2011	31016	162.12	100569	8043.31	3040.37

续表 13-5-1

年份	种植面积	平均亩产量	收购量	烟叶总产值	烟叶税
2012	31608	137.28	86783	9005.66	3404.14
2013	30996	137.34	85138	10151.63	3837.32
2014	34018.2	141.14	96023	11934.33	4511.18
2015	30766.8	133.67	82249	10388.70	3926.93
2016	45005.8	129.95	116966	14842.65	5610.52

三、栽培技术

育苗　选择背风向阳，地势高，光照足，排水畅，土层厚，土质肥，上年没种烟的土地制作苗床。1个“标准畦”（按畦长10米、宽1米、沟宽0.67米、沟深0.16米规格制作）温床育苗，可以满足1.5亩大田用苗，若采用营养袋假植，1个标准畦可以满足2～3亩大田用苗。2010年以后逐步采取集约式商品化大棚湿润育苗方式。

移栽　移栽时间在3月中旬，最迟至3月下旬栽完。以干栽为主，先栽烟后浇水，在移栽前半个月，按预定行株距作畦，移栽时再打穴，施入基肥拌匀，使土肥结合后移栽。移栽前一天先将苗床浇透水，选择壮苗带土起苗穴栽。

追肥培土　在移栽1个月内中耕3次，并结合除草、追肥、培土等，采取“先浅后深再浅”和“中间深两边浅”原则，起到破地皮、除杂草和保墒作用。在进行第二次中耕时进行小培土，第三次中耕在烟株封行时，结合大培土，加高畦面20厘米左右，利于增加烟株的吸收面积，促使侧根增生，防旱防涝防倒伏。

打顶抹杈　对留叶进行控制，每株留叶15～20片。采取现蕾打顶，少部分采取初花打顶。

病虫害防治　通过选择抗病品种，合理轮作，开沟排水，消除杂草，消灭病源，及时拔除病株并烧毁，辅之以药剂防治控制病害。采取农业防治和药剂防治并举，做好冬耕灭蛹，清除田间杂草，减少虫源，发现地老虎和烟青虫采用人工捕捉，辅以药剂防治。

采收　成熟采收期从6月初开始，顺序是烟株自下而上分期分批进行。从采收脚叶至顶叶采完，历时40天左右。一般5～8次，每隔5～7天采收1次。采收时遵守“多熟多采，少熟少采，不熟不采”原则，掌握每株采叶，一般每次采收23片。

绑烟装烤　绑烟前一般先按烟叶质量不同进行分类，做到同一竿烟叶是同一部位，大小相当，成熟一致的烟叶。按上密下稀，上生下熟同层同质原则进行装烤。综合考虑烟叶着生部位、叶片大小、含水量高低、气候干湿程度等因素决定装烟容烤房。

烤制　二十世纪八九十年代，采用“三看三定”和“三严三灵活”的烘烤方法，即看烟叶变化定温度和湿度，看温、湿度变化定烤火大小，看干湿温差定天窗和进风洞开关大小；严格把握烟叶变黄程度，灵活掌握变黄时间长短；严格把

烟叶分级扎把

握各阶段温度范围，灵活掌握烧火大小；严格把握变黄、定色两个时间干、湿球温差，灵活掌握天窗、地洞开关大小。进入21世纪后，采用低温保湿变黄烘烤法，改变过去认为较高湿度促使烟叶变黄观念。

四、烤烟科技成果

1993年，县烤烟生产办公室研究课题“烤烟优质试产高效益示范推广”，获抚州市二等奖。

2004年，县烤烟生产办公室研究课题“烤烟工厂化漂浮育苗技术”，获抚州市科技进步三等奖。

2007年，南村乡管坊村李禄生，在县烟叶生产办公室组织和引导下，成功研制出第三代专用烤烟漂浮育苗播种器械，并向国家知识产权专利局申请专利，获专利号：200620095604.X。

2009年，县烤烟生产办公室研究课题“烤烟大型密集烤房智能化烘烤工艺技术”，获抚州市科技进步三等奖。

第二节　蚕　桑

一、蚕桑品种

（一）蚕虫品种

春蚕品种　菁松×皓月。该品种孵化齐一，小蚕趋光性强，大蚕有趋光性和趋密性。各龄眠起齐一、眠性快。食桑活泼，但5龄期13天食桑缓慢，盛食期食桑快而旺，不踏叶。大蚕体色青白，普斑，蚕体大而结实。5龄期及簇中抗湿性差，老熟齐涌，多结上层茧，茧形大而匀整。全龄经过24～26天。

饲养技术要点：一是收蚁前，蚕室保持黑暗，干湿差以0.5℃～1℃为宜，收蚁日感光不宜过早，避免蚁蚕逸散；二是小蚕期饲育温度适当偏高，但不宜超过29℃，以防3眠蚕发生；三是各龄要及时扩座及加网，以防饿眠；四是各龄盛食期，尤其是5龄期第4天后要注意饱食，大蚕用桑宜适熟偏老，尽量避免喂湿叶或变质叶，以防感染发病；五是及时做好上蔟准备，熟蚕要适熟偏生，防止过密，注意通风排湿。

夏蚕品种　芙蓉×湘晖、华康2号。芙蓉×湘晖含多化性血统，抗逆力强，正反交孵化均齐一，正交蚁蚕较文静，反交蚁蚕逸散性较强，稚蚕发育齐而快。各龄眠起齐一，壮蚕体色青白，素蚕，蚕体结实行动活泼，体质强健，盛食期桑旺盛，食桑量较多，老熟齐一，营茧较快，大多在中上层结茧，熟蚕背光，密集性强，上蔟过密，易结双宫茧，茧粒小，大小较均匀，茧色洁白，茧丝质优。

饲养技术要点：一是收蚁当日感光不宜过早，感光后宜适当提前收蚁，避免因过早孵化蚁蚕爬散而消耗体力，影响收蚁工效和损失蚁量；二是稚蚕趋光性和密集性较强，在每次给桑前要做好扩座匀座工作。防止食桑不匀而造成发育不齐；三是小蚕期用叶要偏嫩，否则易发生小蚕，导致发育不齐；大蚕期正交用叶要适熟、偏老些，反交用叶不能过老。华康2号对养蚕生产中主要发生的病毒病（俗称血液型脓病）具有高度抵抗力，适合长江流域夏秋季及亚热带蚕区饲养。

秋蚕品种　芙蓉×湘晖、薪杭×白云。薪杭×白云抗病、抗逆性强。饲养技术要点与夏蚕大致相同。

（二）桑树品种

杂交桑树以沙2×伦109、抗青10号为当家品种。亩栽桑4000～5000株，树型养成实行冬剪夏伐。

嫁接桑树以湖桑品种桐乡青、团头荷叶白、湖桑197、农桑12、农桑14为当家品种。亩栽1000～1200株，树型养成为中、低杆树型。

二、种养方式

推广优良品种　一是推广优良的桑树品种，用农桑12号、农桑14号、良桑等优良品种取代桐乡青、团头荷叶白，用杂交桑沙2×伦109取代抗青10号，使亩桑产叶量从1200千克提高到3250千克。二是推广优良的蚕品种，以青松×皓月为春蚕当家品种，使茧层率由20%提高到

桑叶基地

23%，张种产量由33千克提高到43千克，上车率在92%以上，上茧率在98%以上，一茧丝长1400米以上。白厂丝达到AAAA级至AAAAA级。

加强桑园管理　一是在树型养成上以低杆桑为主，促使桑树的营养生长；二是成林桑园使用除草剂，减少桑园用工；三是在小蚕二眠时桑树摘心，使桑叶成熟达到高产；四是早夏伐，当蚕进入5龄时有计划地剪伐；五是冬翻时多施入有机肥；六是桑园适时用药，控制病虫害发生。

实行科学养蚕　一是做到小蚕饲养精细化，实行小蚕共育。推广“小蚕片叶主体育”技术；二是推广大蚕省力化养蚕、实行蚕台育、地面育、条桑育等新技术新方法，既节省劳力，降低成本，又能使蚕壮、茧大、丝长、不发病。深受蚕农和缫丝企业欢迎。

做好消毒防病　在使用新鲜生石灰做消毒干燥材料的同时，增加防病一号、消特灵、防僵粉及焦糠等消毒干燥材料的使用。防病措施主要有7点：一是提高消毒水平；二是做好隔离工作；三是蚕座中蚕体分布疏密适度；四是做好提青分批工作；五是改善贮桑条件；六是运种发种时尽可能选择在晴天无雨且气温较低时进行；七是加强小蚕专用桑园管理，提高桑叶质量。切实抓好养蚕前、养蚕中、养蚕后的消毒防病工作，不留死角。推广使用纸板和木板方格蔟自动结茧上蔟技术，提高蚕茧质量。

三、种养规模

乐安县虽有种桑养蚕传统，但过去都是农户分散零星种养。规模种养始于20世纪80年代末。1989年，牛田镇农技站组织水南村9人到江西省龙南县学习种桑养蚕技术，引进杂交桑苗试种，种桑36亩。1990年发展桑园面积56亩，养蚕种20张，张种产鲜茧38千克。

1991年，县委、县政府在调整农业产业结构中，把蚕桑作为主导产业来抓，实施“蚕桑工程”，成立乐安县果业蚕桑利用领导小组，县委副书记任组长。在牛田、招携、龚坊、万崇、罗陂、湖坪、望仙、湖溪等9个乡镇发展蚕桑生产，各蚕桑生产乡镇都成立蚕桑生产办公室，由乡镇农技站站长具体负责。当年全县发展桑园面积1100亩，养蚕11批，养蚕种1250张，产鲜茧900担，产值43.2万元。1992年，全县投资150万元，发展桑园1500亩，全年养蚕11批，养蚕种2993张，产鲜茧2155担，产值90.5万元。亩产茧最高的达125千克。为与蚕桑生产相配套，乐安县兴办蚕种催青室1个，乡办小蚕共育室4个，方格蔟

养蚕

厂一个，蚕茧收购烘干站3个。

1993年，全县桑园面积发展到2918亩，全年养蚕9批，养蚕种5325张，产鲜茧3833担，产值183.98万元。涌现一批高产高效典型。湖坪乡贺立村种桑231亩，最高张种产茧量53千克。龚坊镇殷坊村高家村小组28户村民有24户种桑养蚕，户均养蚕收入2245元，亩均收入1122元。其中蚕农金耀梅种桑3.2亩，养蚕种17张，产鲜茧527千克，蚕茧收入5012元。该村小组还提出“吨粮田、百担茧、千头猪、万斤油”的“三高”农业发展思路。时任江西省委书记毛致用到该村小组视察蚕桑生产，并给予高度评价。

1994年，乐安县建成2400绪缫丝厂，实现产销一条龙的服务体系。县委、县政府制定优惠措施发展蚕桑生产。一是蚕桑生产所需资金给予优先贷款；二是鲜茧收购资金保证足额到位，保证1995年鲜茧收购每千克不低于16元；三是种桑面积给予调减粮食征购任务；四是蚕农建蚕房用地免征土地管理费；五是把蚕桑生产列入目标管理年终考核，县政府与各蚕桑乡镇签订蚕桑生产责任状。1995年，全县有17个乡镇（场）、125个行政村、592个村小组栽桑养蚕，养蚕村民2844户，桑园面积7165亩，养蚕种8241张，产鲜茧5934担，收入474.8万元。1996年，国内外茧丝绸市场极度疲软，茧丝价格大幅下跌，蚕农亏损，出现大量挖桑毁园，县域蚕桑生产跌入低谷。

2002年，县委、县政府看准茧丝绸市场发展前景，决定重新恢复和发展蚕桑生产。确定“因地制宜、合理布局、突出重点、以市场为导向、以效益为目标”的新发展思路，采用“项目服务产业、产业引导项目”的运作方式，做大做强蚕桑产业。2002—2004年，栽桑农户连续3年享受国家退耕还林优惠政策。2005年，全县恢复发展桑园面积3560亩，重点乡镇7个，重点村26个，10亩以上大户12户，5亩以上农户210户。2010年，蚕桑生产创新高，全县种桑12042亩，养蚕种5000张，产鲜茧4000担，创产值621万元。其后几年平稳发展，2016年，蚕桑生产实行产业化发展模式，种桑10716亩，养蚕种5864张，产鲜茧5160担，创产值877万元。

县委、县政府高度重视对蚕桑生产的科学研究和人才培养，县域形成一支种桑养蚕专业技术队伍，建成一批较集中连片的高产稳产蚕桑基地。1995年，乐安县获全省种桑养蚕工作三等奖。2005年，乐安县蚕桑产业跃进全省十强。2008年，全县蚕茧总产值760万元，创历史新高。全县蚕桑生产在种植面积、养种量、产茧量等方面都取得新的突破，全省排位第五。2012年，乐安县蚕桑产业跃居全省第四。2014年，全县蚕桑种植规模、养种量、蚕茧产量等综合指标位列全省第三。2016年，全县蚕桑生产继续保持持续发展的良好态势，产业规模处全市第一、全省第三，是全省唯一面积和产量增长县。

1989—2016年乐安县蚕桑生产情况表

表13-5-2

年份	桑园面积（亩）	养蚕种（张）	养蚕（批）	产鲜茧（担）	基价（元/担）	产值（万元）	养蚕乡镇（场）
1989	36	—	—	—	—	—	牛田
1990	36	20	11	15	290	0.5	牛田、潭港
1991	1100	1250	11	900	480	43.2	牛田、招携、龚坊、万崇、罗陂、湖坪、望仙、湖溪
1992	2600	2993	11	2155	420	90.5	牛田、招携、龚坊、万崇、罗陂、湖坪、望仙、南村、湖溪、谷岗

续表 13-5-2

年份	桑园面积（亩）	养蚕种（张）	养蚕（批）	产鲜茧（担）	基价（元/担）	产值（万元）	养蚕乡镇（场）
1993	2918	5325	9	3833	480	183.9	牛田、招携、龚坊、万崇、罗陂、湖坪、望仙、南村、湖溪、谷岗
1994	6133	7297	9	5254	700	367.7	牛田、招携、龚坊、万崇、罗陂、湖坪、望仙、南村、湖溪、谷岗
1995	7165	8241	9	5934	800	474.8	牛田、招携、龚坊、万崇、罗陂、湖坪、望仙、南村、湖溪等 17 个乡镇
1996	3100	2900	7	2088	750	156.6	湖坪、牛田、罗陂、万崇、龚坊、招携、大马头
1997	2200	273	7	197	750	14.8	湖坪、牛田、罗陂、万崇、龚坊、招携、大马头
1998	1505	415	7	299	750	22.4	湖坪、牛田、罗陂、万崇、龚坊、招携、大马头
1999	144	108	7	78	710	5.6	湖坪、牛田、罗陂、万崇、龚坊、招携、大马头
2000	200	110	7	79	800	6.3	湖坪、牛田、罗陂、万崇、龚坊、招携、大马头
2001	1200	420	7	344	825	28.4	湖坪、牛田、罗陂、万崇、龚坊、招携、大马头
2002	1200	1060	7	869	480	41.7	湖坪、牛田、罗陂、万崇、龚坊、招携、大马头
2003	2860	831	7	681	520	35.4	湖坪、牛田、罗陂、万崇、龚坊、招携、大马头
2004	3000	848	7	695	800	55.6	湖坪、牛田、罗陂、万崇、龚坊、招携、大马头
2005	3140	1280	7	1050	950	99.8	湖坪、牛田、罗陂、万崇、龚坊、招携、大马头
2006	4556	1999	7	1395	1192	166.3	湖坪、牛田、罗陂、万崇、龚坊、招携、大马头
2007	5200	3600	7	2806	981	275.3	湖坪、牛田、罗陂、万崇、龚坊、招携、大马头
2008	11200	5000	8	4000	1050	420.0	湖坪、牛田、罗陂、万崇、龚坊、招携、谷岗、金竹
2009	12200	5200	8	4200	1011	425.0	湖坪、牛田、罗陂、万崇、龚坊、招携、谷岗、金竹
2010	12042	5000	8	4000	1552	621.0	湖坪、牛田、罗陂、万崇、龚坊、招携、谷岗、金竹
2011	6700	4000	8	2560	1550	396.8	湖坪、牛田、罗陂、万崇、龚坊、招携、谷岗、金竹
2012	6000	3800	8	3200	1500	620.0	湖坪、牛田、罗陂、万崇、龚坊、招携、谷岗、金竹
2013	5690	3735	10	3662	1857	680.0	湖坪、牛田、罗陂、万崇、龚坊、招携、谷岗、金竹、鳌溪、增田
2014	7860	4797	10	3853	1732	667.7	湖坪、牛田、罗陂、万崇、龚坊、招携、谷岗、金竹、鳌溪、增田
2015	9462	4317	10	4215	1774	747.7	湖坪、牛田、罗陂、万崇、龚坊、招携、谷岗、金竹、鳌溪、增田、公溪
2016	10719	5864	10	5160	1700	877	湖坪、牛田、罗陂、万崇、龚坊、招携、谷岗、金竹、鳌溪、增田、公溪

第三节 蔬 菜

一、种类

域内栽培的蔬菜种类较多，主要有：

叶菜类 白菜（黄芽白、调羹白、春不老）、蕹菜（本地籽蕹、水蕹、抚州水蕹）、芹菜、川芎、春菜（松菜）、芥菜（雪里红）、苋菜、包菜、菠菜、油麦菜、香菜、生菜、莴苣、菊花茶、荠菜、木耳菜、猪婆菜等。

根茎类 萝卜（长萝卜、圆萝卜、红心萝卜）、胡萝卜、地瓜（青龙角）、马铃薯（土豆）、芋头、魔芋、生姜、洋姜、淮山（山药）、百合、荸荠、茭白、莲藕、花菜、西兰花、芦笋、冬笋、春笋、小竹笋等。

瓜类 黄瓜、南瓜、丝瓜、冬瓜、苦瓜、葫芦、金瓜、佛手瓜等。

豆类 蚕豆、豌豆、毛豆、红豆、豇豆、乌豇豆、四季豆、长豆角，寒豆角、扁豆、刀豆、金竹特有的虎爪豆等。

茄果类 辣椒、茄子、西红柿、秋葵等。

葱蒜类 韭菜、毛苔韭、香葱、四季葱、洋葱、藠头、大蒜等。稻谷

食用菌类 香菇、蘑菇、茶薪菇、黑木耳、竹荪菇、平菇、金针菇等。

此外还有野生蔬菜，主要有蕨菜、水芹菜、苦麦菜、马齿苋等。

20世纪80年代以前，域内蔬菜多为本地常规品种。1998年，引进中豌6号、中豌4号、珍珠绿、辣椒湘研1号至5号、闽东701、702、703等优质品种。1999年，引进种植槟榔芋、食荚豌豆、甜菜脆豆、紫红茄、9495杂交茄、正椒一号、圣女番茄、美国无架豆、美国黑籽豆、白玉春萝卜、特早西葫芦、蜜本南瓜、短蔓杂交南瓜、11号早芥菜、南丰长茄。槟榔芋引进后，受到菜农普遍欢迎，1999年，仅增田镇一个镇就种植槟榔芋2400亩。

三、种植规模与产量

20世纪80年代，域内蔬菜栽培规模较小，1986年，蔬菜面积不到2万亩。为发展蔬菜生产，公溪镇率先在莲塘发展无公害蔬菜，并于1993年申报蔬菜生产基地；是年，县政府向地区行署请示建立5000亩蔬菜生产示范基地，当年播种面积5072亩。1995年，乐安县完成《蔬菜基地的基础设施的可行性报告》，万亩蔬菜基地建设正式启动。1996年，成立乐安县菜篮子工程实施领导小组。蔬菜面积和产量迅速增加，到1997年蔬菜面积120251亩，总产量达172329吨。由于市场等原因，1998年，蔬菜面积和产量迅速减少至57569亩，总产量91337吨；到2008年，域内蔬菜面积49909亩，总产量52689吨。2009年，国务院启动新一轮“菜篮子”工程，施行政策扶持，域内反季节蔬菜、特色蔬菜发展迅速。2011年，通过财政资金购进300个钢架大棚，扶持牛田镇傍安村和增田镇石陂村蔬菜标准化大棚生产基地。2012年，戴坊镇乐屿蔬菜基地实施中央苏区项目，建玻璃温室一幢；财政安排资金购钢架大棚175个，用于扶持增田镇石陂村蔬菜基地。2013年，抚州市对蔬菜产业实行奖补政策，县政府下发《关于进一步促进蔬菜生产，保障市场供应和价格基本稳定的实施意见》，全面实施“菜篮子”工程，并在戴坊乐屿蔬菜专业合作社实施

大棚蔬菜

省级水资源费补助项目；对戴坊乐屿蔬菜专业合作社、增田镇石陂阳光蔬菜专业合作社、双益双菌专业合作社、心连心蔬菜专业合作社、牛田菜篮子专业合作社实施“菜篮子”工程项目。2015年，在戴坊镇排下农场创建现代农业示范园，建1920平方米六连栋大棚1座，6×30米蔬菜大棚125个。2016年，在增田镇石陂村建六连栋大棚1座，6×30米蔬菜大棚245个。至此，全县有蔬菜专业合作社18家（不包括食用菌）、种植蔬菜面积48346亩（含菜用瓜），蔬菜温室大棚面积1085.76亩，蔬菜总产量58275吨。

1986—2016年乐安县蔬菜种植情况表

表13-5-3　　单位：亩、吨

年份	种植面积	总产量	年份	种植面积	总产量	年份	种植面积	总产量
1986	19288	55541	1997	120251	172329	2008	49909	52689
1987	22073	63710	1998	57569	91337	2009	50351	53493
1988	24165	68165	1999	69669	122419	2010	52474	60271
1989	26875	68453	2000	74771	108040	2011	46437	55065
1990	31874	64233	2001	72297	97414	2012	46477	54774
1991	34754	61452	2002	84126	131727	2013	47238	55120
1992	39971	72384	2003	81112	99417	2014	46992	57369
1993	50072	89173	2004	74796	107076	2015	48074	58053
1994	73888	122278	2005	69277	85876	2016	48346	58275
1995	97764	154780	2006	55734	62067	—	—	—
1996	109342	151853	2007	55120	54840	—	—	—

2016年乐安县温室、大棚面积情况表

表13-5-4　　单位：亩

乡镇	温室面积	大棚面积		乡镇	温室面积	大棚面积	
		钢架大棚	简易大棚			钢架大棚	简易大棚
增田镇	2.88	400	0	山砀镇	0	30	0
戴坊镇	2.88	380	0	万崇镇	0	20	0
鳌溪镇	0	120	0	龚坊镇	0	15	0
公溪镇	0	0	40	金竹畲族乡	0	0	5
罗陂乡	0	40	0	合计	5.76	1035	45
牛田镇	0	30	0	—	—	—	—

四、栽培技术

传统栽培技术　种植有轮作、复种、间（套）作。主要方式有粮菜轮作、高杆与矮杆作物间作、瓜畦边间种生姜、辣椒，以及茄、果瓜、葱蒜隔年轮作，年复种3～4茬。

蔬菜保护地栽培技术　保护地栽培主要有玻璃温室、连栋大棚、钢架结构大棚，竹木结构大棚，小拱棚、简易土温室以及地膜、遮阳网等辅助设备。主要应用于育苗，春提早，秋延迟，保温、抗热栽培等。1982年，蔬菜开始采用保护地栽培技术，仅为地膜覆盖。1990年10月，公溪镇农技员辛发兴在自家责任田里搭起7个塑料大棚，试种3亩早茄，提前两个月上市。1992年，域内开始大面积兴建大棚种植蔬菜。1995年，公溪镇新居村刘木根首次采用遮阳网育苗技术。

高山反季节栽培技术　1992年，在金竹、谷岗、南村等海拔500～600米山地，利用其独特气候，开展反季节蔬菜栽培。栽培的蔬菜主要有辣椒、萝卜、马铃薯、四季豆等。到21世纪，金竹乡以栽培毛苔韭菜为主，南村乡以山露菜为主。2010年，蔬菜开始实施标准化种植，2011年，标准化种植面积6000亩。

五、种植区域与基地

经过几十年的发展，域内形成4块相对集中的蔬菜种植区域。一是抚八公路沿线的戴坊、山砀、公溪等乡镇，在戴坊镇排下村形成面积2500亩和公溪镇1000亩的蔬菜种植集中区；二是以增田镇石陂村为中心的1000亩无公害蔬菜种植集中区；三是牛田、万崇等乡镇，形成面积1000亩无公害蔬菜种植集中区；四是鳌溪镇赖村村等1000亩无公害蔬菜种植集中区。主要蔬菜基地有：

乐屿蔬菜基地　位于戴坊镇排下村。2013年7月，成立江西乐屿蔬菜种植专业合作社，租赁戴坊镇排下村县良种场和农科所667.15亩耕地，实施菜篮子工程及园艺产品扶持项目，建高标准菜园种植蔬菜。2015年，实施江西省现代农业资金蔬菜项目。按照标准园建设，建有现代化玻璃温室1座，六连栋温室1座，标准钢架大棚1100个，冷库1座。除种植辣椒、茄子、黄瓜等本地常规蔬菜品种外，引进多种外地蔬菜新品种圣女番茄、苦菜、养心菜、滋补臭菜、奶油紫翠、迷你多栗小黄瓜、京香蕉、秋葵等，并形成一定规模。该基地还种植猕猴桃、火龙果、铁皮石斛等。

阳光蔬菜基地　位于增田镇石陂村。2008年，成立增田镇阳光蔬菜专业合作社。该基地共有蔬菜面积1000亩，六连栋大棚1座，钢架大棚1500座。主要生产辣椒、黄瓜、茄子、秋葵等。该合作社为省级示范社，2015年，获江西省财政支持现代农业资金。

宏鑫蔬菜基地　位于鳌溪镇赖村村。2015年，成立宏鑫蔬菜专业合作社。通过赖村村流转农民土地200亩种植蔬菜，其中建有1000平方米钢架大棚30座，主要生产辣椒、黄瓜、茄子等本地常规品种。

山露菜集中种植基地　位于南村乡车头村、太平村和前团村等地。2009年，成立乐安县山露菜种植专业合作社，基地面积1000亩，产品由鹏鑫食品有限公司负责收购。

淮山集中种植区　先在戴坊镇树下、麦坑、竹山、鹏家洲、小曹村种植，后扩展到山砀镇樟坊村，龚坊镇芫塘、陀上、炉下村，公溪镇长安村等地种植。

茅苔韭集中种植区　位于金竹畲族乡等地。主要分布在海拔500～600米高山区。面积较大的是引水村30亩、大通村50亩，分别由乐安县云盖香种植专业合作社和乐安县国通绿色生态种植专业合作社组织生产和销售。

此外，在公溪镇辛家村、鳌溪镇青山村、万崇镇丰林村、龚坊镇陀上村等地也有较集中种植蔬菜基地。

第四节　食用菌

一、品种

乐安有栽培食用菌的传统，主要品种有香菇、茶薪菇、黑木耳、竹荪菇、平菇、金针菇等。香菇、黑木耳栽培经历原木栽培、段木栽培、压块栽培和袋料栽培4个阶段。原木、段木栽培消耗森林资源较大，20世纪80年代逐步取消，之后一般采用袋料栽培方式种植。茶薪菇是一种食、药两用新品种，含有人体所需的多种氨基酸、多糖及十多种微量元素。招携、谷岗、金竹等山区乡镇多有种植。平菇在20世纪80年代试种成功，并广泛推广。金针菇20世纪90年代才推广，采用袋料栽培，与其他食用菌不同的是培养料仅装半袋，当培养料长满菌丝时，再将另一半空袋拉长，在缺少光线和氧气条件下只长菌柄，整个菇形像白嫩的豆芽。

食用菌生产基地

木耳。80年代中期，县科委在鳌溪镇前坪基地试验栽培食用菌取得成功；90年代县农科所开展食用菌菌种培育，最初培育的为平菇菌种，其后县政府大力推广食用菌栽培技术，鳌溪镇潭港村、石塘村，大马头垦殖场的召尾村，牛田镇傍安村等地成为食用菌栽培专业村，许多村民掌握食用菌栽培技术后，到外地种植食用菌并致富。2008年，江西省农业厅授予乐安县为10个省级蘑菇标准化示范区之一。2016年，全县有食用菌专业合作社11个，食用菌栽培总产量434吨。形成了一定规模的竹荪菇生产基地、蘑菇生产基地、金针菇生产基地，招携镇杭村村为全县最大的竹荪菇基地，年栽培竹荪菇300余亩，产量30吨左右。

二、规模与产量

20世纪80年代以前，域内食用菌生产主要是村民在山中以树木培植，品种大都为香菇和黑

2005—2016年乐安县部分年份食用菌种植情况表

表13-5-5　　单位：吨

年份	总产量	其中			年份	总产量	其中		
		香菇	黑木耳	蘑菇			香菇	黑木耳	蘑菇
2005	2454	42	6	2405	2013	446	12	145	237（鲜）
2006	2373	50	24	2291	2014	407	108	12	299（鲜）
2007	870	28	27	815	2015	434	105	13	329（鲜）
2012	1695（干）	16（干）	1444（干）	95（干）	2016	500（干鲜混合）	13（干）	62（干）	392（鲜）

第五节　果　树

一、品种

乐安县果树种类主要有柑、橘、梨、桃、李、柰、柿、枣、杏、杨梅、板栗、枇杷、石榴、无花果、枳椇（金钩子）、山楂、葡萄、猕猴桃等。

二、规模与产量

1986年，全县果树面积4174亩，总产量460吨。1989年，县委、县政府把发展果业作为富民兴县重要举措，对全县果树发展进行规划。建议北部乡镇发展桃、柿、枣等落叶果树，南部乡镇发展柑橘，山区乡镇发展猕猴桃、杨梅、山楂。1990年，全县大力发展果业，各地兴办集体园艺场，仅鹏洲乡就有乡园艺场、丰元园艺场、仲溪园艺场、苦竹园艺场、上林园艺场5个集体园艺场，果园1300亩。1991年始，实施“果业工程”，县政府出台多项扶助政策，鼓励集体、个人、股

份合作等多种形式发展果业。1993年，县委、县政府提出“乡有千亩果，村有百亩园”规划，并向市政府提交建设水果生产基地的可行性报告。1995年，制定果树生产基地建设规划，1996年，提出建设农业十大基地，在鳌溪镇罗山村四都排村小组兴建县直机关果业开发基地。1997年，全县果树面积34859亩，达到历史最高，果树种类和品种都有突破性发展。进入21世纪，由于市场原因，果树面积逐年减少。2016年，全县果园面积16441亩，总产量8409吨。

1986—2016年乐安县果园面积及产量表

表13-5-6　　单位：亩、吨

年份	果园面积	总产量	年份	果园面积	总产量	年份	果园面积	总产量
1986	4174	460	1997	34859	1119	2008	19385	2219
1987	5378	501.5	1998	33042	660	2009	20001	1783
1988	6348	561	1999	30821	963	2010	18443	2261
1989	7748	688	2000	25319	608	2011	15946	3195
1990	6606	8110	2001	25490	717	2012	15857	5393
1991	8152	788	2002	23097	625	2013	16206	6367
1992	10919	399	2003	22104	691	2014	16283	6961
1993	20969	259	2004	22389	777	2015	16286	8299
1994	31758	363	2005	18443	3032	2016	16441	8409
1995	27494	398	2006	14948	1220	—	—	—
1996	32788	580	2007	17868	1460	—	—	—

三、主要果树种植

（一）柑橘类

乐安柑橘类果树主要有橘、柑、橙、柚4种。橘类品种有南丰蜜橘、温州蜜橘等，如宫川、兴津、尾张等；柑类品种有椪柑等；橙类有脐橙等，如甜橙、锦橙、冰糖橙及本地普通甜橙等；柚类品种有文旦柚及本地变通柚等，1998年引进永喜早香柚。

1986年，全县有柑橘面积3023亩，产量334吨。1991年遭受严重冻害，基本绝收。经采取促发新梢、树盘覆盖、树干涂白、叶面喷肥等方法加强管理，适逢域内兴起果业开发高潮，1993年后，柑橘得以大面积种植，面积稳定在8000亩左右，但产量一直徘徊在500～600吨。2005年开始较快增长，2008年县域柑橘树又一次遭受严重冻灾。2011年后，加强柑橘园管理，产量突破2000吨，2014年开展柑橘标准园创建，2016年全县柑橘面积9673亩，总产3561吨。

柑橘基地：牛田镇麻坑村500亩，罗陂乡右源村100亩，湖溪乡东堆村80亩，大马头乡下陂村50亩。蜜柚基地：公溪镇荷陂村、枧上村50亩。

1986—2016年乐安县柑橘面积和产量表

表 13-5-7　　单位：亩、吨

年份	种植面积	总产量	年份	种植面积	总产量	年份	种植面积	总产量
1986	3023	334	1997	15002	595	2008	7917	1739
1987	4124	383	1998	11869	348	2009	8379	1238
1988	5231	417	1999	10982	628	2010	6530	1662
1989	6592	688	2000	11159	313	2011	6316	2109
1990	5164	577	2001	11491	482	2012	9203	2625
1991	6144	557	2002	11144	412	2013	9641	3320
1992	2935	8	2003	10459.	691	2014	9653	3551
1993	8508	80	2004	10615	483	2015	9562	3556
1994	9119	159	2005	8681	1878	2016	9673	3561
1995	8130	153	2006	8199	795	—	—	—
1996	10425	379	2007	8246	1055	—	—	—

（二）梨树

乐安梨树品种有雪梨、黄花梨、黄冠梨等。

20世纪80年代前多为零星栽种，20世纪90年代中期，域内大兴果业工程，梨树种植面积得以扩展并形成一定规模，其中雪梨有一定名气。到2011年，梨树种植面积达5336亩，总产589吨。但由于市场销售不佳，在单产大幅提高的同时，梨树面积却逐年减少，到2016年仅2538亩，总产1846吨。梨树基地有：金竹畲族乡金竹村120亩、山砀镇沙坑村50亩。

梨树栽培技术主要是整形修剪和套袋。冬季修剪病虫枝、交叉枝、重叠枝，以短截、疏枝和回缩为主，夏季修剪以抹芽、摘心、拉芽为主。20世纪90年代中后期开始应用套袋技术，在疏果以后进行，将果套于涂有杀菌剂的纸质袋中，直至成熟。

1986—2016年乐安县梨树种植面积和产量表

表 13-5-8　　单位：亩、吨

年份	种植面积	总产量	年份	种植面积	总产量	年份	种植面积	总产量
1986	1104	73	1997	4178	138	2008	2130	228
1987	1022	58	1998	4711	113	2009	2046	242
1988	1030	58	1999	2377	72	2010	3260	288
1989	1070	146	2000	2844	134	2011	5336	589
1990	1041	146	2001	2856	69	2012	2428	1614
1991	652	137	2002	2844	76	2013	2522	1689
1992	448	26	2003	2775	95	2014	772	1644
1993	1101	104	2004	2785	110	2015	774	1839
1994	2637	79	2005	2466	443	2016	2538	1846
1995	3767	94	2006	2119	188	—	—	—
1996	4013	98	2007	2316	190	—	—	—

（三）桃树

乐安桃树品种有油桃、早花露桃、雨花露桃、黄桃等。1998 年，引进大观一号水蜜桃，2013 年，引进红心水蜜桃，在牛田等乡镇种植。其中乐安水蜜桃在抚州市有一定知名度。

20 世纪 80 年代以前，桃树主要是农户在房前屋后零星栽种，未有规模栽种。20 世纪 90 年代中期乐安大兴果业工程，桃树面积得以扩展并形成一定规模。2002 年种植桃树 578 亩，总产量 90 吨。2016 年面积 1258 亩，产量 1415 吨。

2002—2016 年乐安县桃树种植面积与产量表

表 13-5-9　　单位：亩、吨

年份	种植面积	总产量	年份	种植面积	总产量	年份	种植面积	总产量
2002	578	90	2007	893	107	2012	1310	—
2003	556	93	2008	903	124	2013	—	1150
2004	586	93	2009	960	113	2014	1202	1293
2005	1033	546	2010	1360	122	2015	1221	1340
2006	874	123	2011	1380	305	2016	1258	1415

（四）板栗

域内板栗品种有；焦扎、青扎、大红袍、处团、署红、九家种、薄壳、毛板红、魁栗、毛板红、本地的桂花早等，板栗基地主要有南村乡西坑村、太平村等地约 800 亩。2016 年产板栗约 70 吨。

（五）杨梅

一直以来，县域内杨梅都是山上自然生长。直至 20 世纪末，域内开始人工种植杨梅。1998 年引进荸荠杨梅、东魁杨梅，后引进炭梅和中魁。主要杨梅基地：鳌溪镇王家排 1000 亩、罗山村 500 亩、林头湾村 150 亩，招携镇肖坊村 100 亩，湖坪乡参陂村 50 亩，龚坊镇陀上村 60 亩。

（六）葡萄

20 世纪 90 年代初期，公溪镇街上村靠河边种有葡萄 50 亩，由于技术跟不上，管理不到位，经济效益差，未再种植。2010 年，境内逐步发展葡萄生产。栽培的主要品种有醉金香、巨玫瑰、勇优 1 号、夏黑、记峰、乒乓、红富士、维多利亚、巨峰、白香蕉、北醇、康纳尔、玫瑰香等。2015 年，江西欣瑞丰生态农业发展有限公司在戴坊排下农科所种植葡萄 165 亩，在鳌溪镇赖村村种植葡萄 80 亩。2016 年，全县种植葡萄面积 249 亩，产量 19 吨。

杨梅

葡萄园

（七）猕猴桃

20 世纪 80 年代末，乐安县开始有人尝试种植猕猴桃，但由于种植技术难以掌握，发展缓慢。2014 年，增田镇小池村种植 20 亩。2015 年，罗陂乡罗田村种植猕猴桃 200 余亩，有中红、红阳、金叶等品种。2016 年，种植猕猴桃的有乐屿蔬菜专业合作社基地 4 亩、罗陂乡罗田村 150 亩、牛田镇傍安村 100 亩、金竹畲族乡金竹村 50 亩。

（八）其他果树

李、柰：品种有搂砂李、三华李及本地鳌溪唐家柿李、青柰、油柰等。

柿子：品种有高安方柿、于都盒柿、日本甜柿（富有、次郎）、本地甜柿及公溪的无核柿等。域内柿树主要是在房前屋后零星栽种，未有规模栽种。

枣：枣树品种有蜜枣和糠枣等。主要是在房前屋后零星栽种，未有规模栽种。

枇杷：品种有白玉、软条白砂、照种白砂，适于加工的洛阳青、大红袍、解放钟等。主要是房前屋后零星栽种，未有规模栽种。

第六节 茶 叶

一、品种

域内茶叶品种主要有绿茶、红茶、乌龙茶、白茶 4 种类型。1986 年抚州地区茶叶评比，乐安县坪溪乡大龙山茶场和湖坪乡茶场生产的茶叶获得较好名次。21 世纪初，从福建安溪引进铁观音茶种植。

二、规模与产量

茶叶主产于山区乡镇，最先有坪溪乡大龙山茶场，后龚坊、戴坊、谷岗、公溪、湖坪、山砀等乡镇先后建立茶场。1986 年，全县有茶园面积 687 亩，1992 年增至 802 亩，产茶叶 44 吨。由于种茶经济效益不高，茶园面积逐渐减少。2007 年，县政府鼓励发展茶叶生产，茶园得以规模发展。仅南村乡就有茶园 1800 亩，其中，华盖山茶叶开发有限公司种植 1500 亩，生产乌龙茶和绿茶；江西东源茶叶开发有限公司在南村乡张坑村种植 300 亩，主要生产乌龙茶。江南有机茶开发有限公司在公溪镇种植 1100 亩，生产乌龙茶和绿茶。茗源茶叶专业合作社种植 300 亩，主要生产铁观音。乐安流坑茶叶有限公司在鳌溪镇大元村种植铁观音 300 亩。2012 年始，县财政每年安排 500 万元资金用于发展茶叶生产。2013 年，实施现代农业生产发展资金茶叶项目，建标准化生态茶叶基地 3600 亩，总投资 1800 万元，其中申请中央财政资金 144 万元。2015 年，全县茶园面积 3298 亩创历史新高，总产 25 吨，2016 年回落至 2646 亩，总产 26 吨。

茶叶生产基地

1986—2016 年乐安县茶叶面积与产量表

表 13-5-10　　单位：亩、吨

年份	种植面积	总产量	年份	种植面积	总产量	年份	种植面积	总产量
1986	687	8	1997	401	16	2008	1791	8
1987	737	12	1998	272	10	2009	2061	13
1988	503	17	1999	330	13	2010	1973	14
1989	674	26	2000	67	9	2011	2396	16
1990	554	22	2001	203	8	2012	2590	19
1991	571	21	2002	257	8	2013	2539	21
1992	802	44	2003	212	7	2014	2536	23
1993	292	17	2004	217	8	2015	3298	25
1994	317	15	2005	370	7	2016	2646	26
1995	280	20	2006	299	9	—	—	—
1996	400	23	2007	1151	7	—	—	—

三、栽培技术

栽种：选好茶树良种，精细作好茶园规划与种植。采取冬播浅播，浸种催芽，基肥深施，浇水保苗，勤薄追肥，合理修剪，松土除草等措施，实现第一年种植，第二、三年初摘，第四、五年进入丰产。

施肥：以施氮肥为主，氮、磷、钾三肥科学搭配。采叶茶园氮、磷、钾比例采用 3 ∶ 1 ∶ 1 或 4：1 ∶ 1，增加秋肥用量，约占全年追肥用量 25% ~ 30%，利于增加秋茶产量。

防治病虫：以加强经常性田园清洁工作，促使茶树生长健壮，增强茶树抵抗病虫害能力为主，结合辅以少量农药防治，减少农药污染茶叶。

留养采摘：头两三年以养为主，盛产期后以采为主，采养结合。按标准及时分批勤采，密植茶园顶端优势强，茶芽生长快，勤采快采，可获快采快发高产效果。

第七节　其他经济作物

一、果用瓜

乐安县果用瓜主要有西瓜、甜瓜等。20 世纪 80 年代，西瓜主要有马兰瓜、新红宝。1999 年，引进黑蜜 2 号无籽西瓜，栽培面积 190 亩。甜瓜品种，20 世纪 80 年代，主要是金瓜、梨瓜和梢瓜等。1999 年引进银辉甜瓜。

1986 年，全县种植果用瓜 1869 亩、总产 2937 吨。2001 年，种植 21110 亩、总产 26248 吨，达到历史高峰，其后逐年减少，2016 年，种植

西瓜种植基地

8593 亩、总产量 10910 吨。

果用瓜栽培　选用抗病品种，营养钵育苗，深沟高畦，小拱棚地膜覆盖栽培，整蔓与人工辅助授粉，轮作换茬或嫁接稀植，增施饼肥或磷钾肥，定期喷施农药，铺草垫瓜等。

1986—2016 年乐安县果用瓜面积产量情况表

表 13-5-11　　　　单位：亩、吨

年份	种植面积	总产量	年份	种植面积	总产量	年份	种植面积	总产量
1986	1869	2937	1997	15552	28425	2008	9373	11444
1987	2987	1623	1998	17740	20514	2009	9282	10922
1988	4985	6179	1999	18248	24044	2010	9828	10938
1989	2913	4396	2000	18066	17540	2011	9720	10050
1990	3315	4144	2001	21110	26248	2012	8290	8909
1991	—	—	2002	16655	20296	2013	8592	8957
1992	6458	8874	2003	20221	22812	2014	8855	11373
1993	8560	9840	2004	11829	15019	2015	9753	13383
1994	7928	8840	2005	22343	12936	2016	8593	10910
1995	7445	9076	2006	9192	12695	—	—	—
1996	12291	17911	2007	8504	10272	—	—	—

二、棉花

棉花是乐安县传统产业，计划经济时期，各乡镇都有棉花种植任务，但面积不大，1988 年播种面积 1100 亩。1994 年，县委、县政府为进一步调整农业产业结构，成立棉花生产办公室，专抓棉花生产，1996 年，棉花种植面积扩大到 3066 亩。1997 年，进一步扩大至 4831 亩。之后，由于市场、效益等原因棉花种植范围逐年减少，2003 年，仅为 19 亩。此后未列入统计数据。

三、芝麻

县域芝麻种植虽然历史悠久，但种植规模一直较小，主要有白芝麻和黑芝麻两种，作为香料食用。农村实行联产承包责任制前，有种植计划和上交任务。一般把肥力差的边远旱地用来种植芝麻。实行生产责任制后，开头几年粮棉油等主要农产品有实物上交任务，各乡镇（场）都有一定面积的种植。1986 年，全县芝麻种植面积 1528 亩，1997 年达到 2796 亩。随着上交任务逐步取消和市场芝麻充足，芝麻种植面积逐年减少，2016 年仅有 190 亩，均为自产自销。

四、甘蔗

县域甘蔗主要是作果品食用，种植面积较少，主要分布在牛田、南村、增田、鳌溪等蔬菜生产乡镇。1986 年种植面积 477 亩，之后逐年增加，2002 年发展到 2579 亩，达到历史新高。其后，随着外来甘蔗等水果的增多，域内甘蔗种植面积一直徘徊在 1500 ~ 2000 亩左右，2016 年为 2202 亩。

1986—2016 年乐安县棉花、果蔗、芝麻种植情况表

表 13-5-12 单位：亩

年份	棉花	果蔗	芝麻	年份	棉花	果蔗	芝麻
1986	—	477	1528	2003	19	2453	386
1987	—	558	1348	2004	—	2412	492
1988	1100	642	1083	2005	—	1487	255
1990	1020	929	1242	2006	—	1390	155
1992	180	—	1648	2007	—	1140	106
1993	552	741	1761	2008	—	1346	148
1994	486	1762	1952	2009	—	1477	163
1995	—	2316	2695	2010	—	1601	167
1996	3066	2326	2687	2011	—	1603	192
1997	4831	2070	2796	2012	—	1629	172
1998	3370	1815	2479	2013	—	1556	172
1999	—	2131	2325	2014	—	1674	190
2000	560	2447	1912	2015	—	1996	195
2001	313	2577	1152	2016	—	2202	190

五、其他水果

草莓：品种有红艳。2015 年始有小规模种植。

八月瓜：金竹畲族乡一农户从山上移植一种类似猕猴桃的果树，其果实深受市场欢迎。未形成规模种植。

火龙果：2015 年，乐屿蔬菜种植专业合作社试种热带水果火龙果 15 亩并取得成功。

第六章　农作物保护

乐安县气候湿润，光热充足，雨量充沛，无霜期长，四季分明，有利于农作物生长，但危害农作物生长的病、虫、草、鼠害也时有发生。县委、县政府历来十分重视农作物保护，坚持贯彻落实“预防为主，综合防治”的方针，最大限度地降低病、虫、草、鼠害对农作物危害，有效保护农作物生长。

第一节　农作物危害

域内农作物危害主要有病害、虫害、草害和鼠害四种。

一、水稻病虫害

（一）病虫种类

20 世纪 80 年代，域内水稻主要病害有纹枯病、稻瘟病、白叶枯病、稻曲病，次要病害有黄矮病、

南方水稻黑条矮缩病、立枯病、秧苗绵腐病、赤枯病、叶鞘腐败病、褐色叶枯病、胡麻叶斑病、小球菌核病。1986 年，在牛田镇首次发现水稻细菌性条斑病。20 世纪 90 年代开始出现细菌性心腐病和基腐病，制种稻田偶尔出现稻粒黑粉病。

域内主要虫害有二化螟、大螟、稻飞虱、稻纵卷叶螟，次要虫害有稻蝗、负泥虫、叶蝉、稻苞虫、黏虫、稻象甲、食根叶甲、蟋象、三化螟、稻蓟马。1998 年 7 月 31 日，在坪溪乡首次发现稻瘿蚊。2013 年 5 月 2 日，在万崇镇上罗村首次发现全球性检疫对象——稻水象甲。

（二）病虫危害

稻瘟病　县域水稻常发病害。每年都有不同程度发生，造成叶瘟和穗颈瘟。一般主要危害常规优质稻和糯稻。20 世纪 90 年代中期后杂交稻也危害加重。1997 年，在浙辐 802、73—07 等品种上穗瘟病严重，早稻发生稻穗瘟病面积 1.3 万亩，病穗率一般在 40% 以上。晚稻穗瘟病在糯稻、9194 等品种上严重发生，成灾面积达 4100 亩，其中绝收 800 亩。2006 年，因推广先农 1 号品种，引起南村乡近 700 亩早稻和招携镇近 100 亩早稻严重坐蔸。2015 年，因立秋以后天气以多雨日为主，尤其是 9 月 12—16 日的轻度寒露风天气影响，造成 13 个乡镇二季晚稻五优 308 和五优 103 等五优系列品种穗瘟严重发生，全县二季晚稻穗颈瘟发生面积 56022 亩，其中损失率在 10% 以内的面积 3628 亩，损失率达 11% ~ 20% 的面积 5068 亩，损失率达 21% ~ 30% 的面积 5525 亩，损失率达 30% ~ 50% 的 10209 亩，损失率达 51% ~ 70% 的面积 11804 亩，损失率达 71% ~ 85% 的面积 9076 亩，绝收面积 10712 亩。

纹枯病　县域水稻常发病害。20 世纪 90 年代后期，农户对水稻偏施化肥，少施或不施农家肥，水稻病害发生逐年加重。20 世纪 90 年代中期以前，病丛率一般在 60% 以内，病株率在 40% 以内，90 年代后期，病丛率最高达 100%，病株率达 80% 以上。

稻曲病　县域水稻常发病害。一般发生在中稻和晚稻，个别年份在早稻上偶有发生。2001 年，谷岗乡小港村发生严重稻曲病，病穗率最高达 100%，一般的也有 20% ~ 36%，农户割稻时一身都是黄褐色孢子粉，所割稻谷全部须在水渠里清洗。同年坪溪、金竹等山区乡镇也发生较重的稻曲病。2008 年，县域二季晚稻普遍发生稻曲病，病穗率一般在 8% ~ 21%，最高达 69%，严重影响稻谷产量和质量。

二化螟　县域水稻常发虫害。早、中、晚稻均有发生。2016 年以前，该虫一般是中等发生，少数乡镇局部偶尔偏重发生。2016 年，在中稻上表现出高度抗药性和世代重叠的不规律性，尤以戴坊、龚坊、山砀、公溪发生严重，部分田块中稻白穗率高的达 10.4%，二季晚稻稻枯心率高达 13.7%，后期白穗率高达 18.23%，损失较重。西南部和南部乡镇为害较重于常年，白穗率最高达到 11.06%。

三化螟　县域水稻常发虫害。危害较重。1994 年，第四代三化螟在增田镇个别二季晚稻田块上白穗率高达 20%。1995 年后逐年减轻，在防治二化螟时得到兼治，不需另外专门防治，2010 年，突然在牛田镇水南村、谢家村和高坪村二季晚稻田块较重发生，白穗率最高达 9.35%，此后发生较少。

稻飞虱　县域水稻常发虫害。每年均有发生，且危害较重。20 世纪 90 年代初至 2000 年年初，早稻白背飞虱危害严重，后因“大功臣”（吡虫啉）农药的推广，早稻发生危害逐年减轻。1994 年 6 月中下旬，早稻百丛虫量 1.4 万只；9 月下旬二季晚稻稻飞虱最高百丛虫量 1.5 万只。1995 年 6 月中旬，百丛有短翅型成虫 10 ~ 25 只为常见，多的高达 80 ~ 150 只；7 月百丛虫量 1.2 万余只；9 月 20 日在二季晚稻上调查，百丛虫量近 1.5 万只，且短翅型成虫 300 只 / 百丛。1996 年早稻发生较轻，8 月中下旬一季晚稻却大暴发，百丛虫量最高达 5 万只，穿顶枯槁面积达 500 亩；二季晚稻在 9 月下旬百丛虫量高达 2 万只。1997 年 7 月上旬，早稻百丛虫量 1.6 万只，成灾面积 400 亩，绝收面积 100 亩，晚稻偏轻发生。2001 年 9 月 8 日，一季晚稻出现穿顶枯槁现象，百丛虫量1.67万只。2005年6月下旬末至7月上旬，早稻飞虱百丛虫量1.1万只；9月中旬一季晚稻稻飞虱大发生，百丛虫量1.3万只；9月下旬末二季晚稻上大暴发，百丛虫量高达2.8万只，街上路灯下到处可见飞虱，市场上出现买打飞虱药难的现象，10月1日受冷空气影响，迅速迁走，防治工作结束。2006年7月下旬，早稻飞虱百丛虫量1万只；9月初在一季晚稻上百丛虫量1.4万只，最高达6万只；二季晚稻上暴发时间较2005年迟，10月中旬初百丛虫量高达5.3万只。2007年6月中旬初，早稻就出现枯槁现象，百丛虫量1.5万只；7月下旬初，早稻百丛虫量高达2.6万只；8月下旬末，一季晚稻飞虱百丛虫量高达3.8万只；9月中旬，二季晚稻百丛虫量高达1.1万只。2008年，早稻飞虱发生较轻，9月下旬末二季晚稻百丛虫量高达1.9万只。2009年早、晚稻发生都较轻。2010年7月8日，早稻出现枯槁现象，百丛虫量高达20850只，晚稻发生较轻。2011年早稻发生较轻，9月2日中稻出现枯槁现象，百丛虫量1.1万只，晚稻发生较轻。2012年，早稻发生较轻，属中等偏重发生，中稻局部重发，8月底至9月初，百丛虫量1.3万只，晚稻偏重发生。2013年，早稻中等发生，8月19日中稻出现枯槁现象，百丛虫量高达3万只，二季晚稻中等偏重发生。2015年和2016年，稻飞虱均属中等发生年份。

稻纵卷叶螟　县域水稻常发虫害。一般是以二代幼虫危害早稻和四代幼虫危害中晚稻较重，尤其是四代幼虫危害中晚稻重，突出表现在20世纪90年代末至2010年前。

稻瘿蚊　1998年8月，首次在与宁都交界的金竹乡芳草村和坪溪乡苦竹村发生轻微危害。1999年，扩展到招携镇和南村乡。2000年，又扩展到望仙乡，均轻微发生。2001年，在南村乡二季晚稻上突然暴发成灾，造成近1500亩晚稻几乎绝收，并扩展到湖坪乡也有零星发生。2002年，扩散到万崇、罗陂、牛田、增田、鳌溪等乡镇，全县积极防治，危害程度得到控制。2003年，戴坊、龚坊、大马头垦殖场等乡镇有中度发生。从2004年开始消失得无影无踪。2015年，又在湖坪乡西头村和罗陂乡上杨村二季晚稻上有零星危害。2016年，万崇镇桐山村一季晚稻出现中等偏轻危害，上罗村有零星危害，湖坪乡西头村、汗上村、坊塘村也有零星危害。

黏虫　县域水稻次要害虫，偶有发生，且危害较轻。但2009年9月底，在招携镇青里村鹅形村小组范围突然暴发，最高亩有虫量6.4万条，吃光水稻叶片，咬断穗枝落满稻田。2010年，在鳌溪镇鳌溪村刘家湾、王田、屋下村小组出现危害，以后年份虽然发生，但不严重。

稻水象甲　该虫为全球性检疫性有害生物。2013年5月2日，在万崇镇首次发现危害早稻。通过调查，在鳌溪、湖溪、公溪、山砀、龚坊、戴坊、牛田、万崇、罗陂、湖坪、招携、南村和增田等13个乡镇均有发生，当年发生面积6.8万亩，防治面积13.73万亩。2014年，发生面积6.01万亩，防治面积18.85万亩。2015年，发生面积4.11万亩，防治面积7.5万亩。2016年，发生面积3.15万亩，防治面积6万亩。稻水象甲的发生虽然面积较大，但因其在早稻分蘖期危害，加上县委、县政府高度重视，农业部门和各乡镇广泛宣传发动，防控措施得以全面落实到位，故造成的损失很小。

二、旱作物病虫害

玉米常见病虫害主要有：地老虎、蚜虫、玉米螟、黏虫、大斑病、纹枯病、锈病和丝黑穗病。

大豆主要病虫害有：地老虎、蚜虫、豆芫菁、豆夹螟、豆天蛾、豆卷叶螟、豆毒蛾、根腐病、灰斑病、病毒病、细菌性斑疹病、霜霉病和锈病。

蚕（豌）豆主要病虫害有：蚜虫、美洲斑潜蝇、蚕豆象、豌豆象、蚕豆赤斑病、蚕豆锈病、霜霉病和白粉病。

红薯主要病虫害有：夜蛾、地老虎及储藏期间的软腐病、黑斑病和茎线虫病。

马铃薯主要病虫害有：蛴螬、蚜虫、瓢虫、蟋蟀、早晚疫病、青枯病、病毒病、环腐病、软腐病和粉痂病。

油菜主要病害有：菌核病、霜霉病、蚜虫、菜青虫、潜叶蝇、白锈病和病毒病。

三、果树病虫害

柑橘类病害主要有疮痂病、炭疽病、黑点病等；虫害先以天牛、潜叶甲、吉丁虫、恶性叶甲等鞘翅目害虫为主，后以潜叶蛾、天牛、凤蝶、卷叶蛾等鳞翅目害虫为主，又变为以红蜘蛛、潜叶蛾、天牛、吸果夜蛾为主，再变为以红蜘蛛、锈壁虱、蚧粪、柑橘粉虱、潜叶蛾、蚜虫为主。

梨树病害主要有黑星病、锈病、黑斑病、轮纹病等；虫害主要有蚜虫、星毛虫、食心虫、吉丁虫、军配虫等。

板栗病害主要有粟疫病、栗实病、白粉病等；虫害主要有栗瘿蜂、栗透翅蛾、栗链蚧等。

葡萄病害主要有黑痘病、白腐病、炭疽病和霜霉病；虫害主要有二星叶蝉、斑衣蜡蝉、虎天牛等。

桃树病害主要有树脂病、细菌性穿孔病、炭疽病等；虫害主要有天牛、桃蛀螟、象鼻虫等。

四、其他经济作物病虫害

茶叶主要病害有云纹叶枯病、轮纹病、炭疽病、紫纹病、膏药病等；常见虫害有茶毛虫、刺蛾类、蓑蛾类、茶蚕、茶尺蠖、天牛、小绿叶蝉、蚧类、螨类、卷叶蛾、蛀梗虫、根结线虫等。

烟叶主要病害有黑茎病、病毒病、炭疽病、赤星病、角斑病和气候斑点病等；主要虫害有地老虎、烟青虫、斜纹夜蛾、蚜虫、蜻蠊等。

白莲主要病害有莲腐败病、莲褐纹病等；主要虫害有斜纹夜蛾、蚜虫等。

五、蔬菜病虫害

瓜类蔬菜病害主要有枯萎病、疫病、霜霉病、白粉病、炭疽病、细菌性角斑病、病毒病、蔓枯病、黑星病等；主要虫害有蚜虫、白粉虱、瓜绢螟等。

茄果类蔬菜病害主要有病毒病、灰霉病、早晚疫病、腐败病、番茄溃病、茄子黄萎病（半边疯）、茎腐病、菌核病、疫病、炭疽病、细菌性疮痂病、根腐病等；主要虫害有红蜘蛛、茶黄螨、蚜虫、白粉虱、斜纹夜蛾、棉铃虫、地老虎、蝼蛄等。

绿叶菜类病害主要有芹菜的斑枯病、斑点病，韭菜的灰霉病、疫病、锈病，生菜的褐斑病、软腐病，香菜斑点病（早疫病），木耳菜的蛇眼病，空心菜的褐斑病、轮斑病等；虫害主要有：韭蛆、旋花天蛾、菠菜潜叶蝇等。

豆类蔬菜病害主要有炭疽病、根腐病、锈病、灰霉病、菌核病、细菌性疫病、红斑病、煤霉病（叶斑病）、花叶病、轮纹病等；虫害主要有蚜虫、豆夹螟、小地老虎、豆野螟、白粉虱等。

甘蓝类蔬菜病害主要有猝倒病、立枯病、霜霉病、黑腐病、灰霉病、黑胫病、黑斑病、菌核病、软腐病等；虫害主要有菜粉蝶、小菜蛾、蚜虫、黄曲跳甲等。

根茎类蔬菜（萝卜）主要病害有病毒病、软腐病、黑腐病、炭疽病等；虫害主要有蚜虫、地老虎、种蝇等。

六、农田草害

杂草种类：域内农田杂草有 500 多种，其中水田杂草主要有稗草、鸭舌草、矮慈菇、牛毛毡、异型沙草、日照飘拂草、眼子草、四叶草、李氏禾、碎米莎草、千金子等。旱地危害严重的杂草有马唐、牛筋草、狗牙根、看麦娘、白茅、雀稗、莎草、喜旱莲子草、黏毛卷耳、繁缕、蓼类等。

杂草的防除：20 世纪 80 年代以前，水稻除草靠人工耘禾，旱地除草靠人工铲除。20 世纪 80 年代中期开始推广使用除草剂，施用二甲四氯、丁西颗粒剂、丁草剂等除草剂防除稻田杂草；旱地、果园施用草甘磷等除草剂。20 世纪 90 年代后，农田化学除草面积迅速增大，水田、旱地、果园广泛使用除草剂除草。

稻田除草剂品种主要有丁苄、二氯喹啉酸、异丙甲草胺、丙草胺、丁草胺、乙草胺、氰氟草酯、苄嘧磺隆、吡嘧磺隆、乙氧氟草醚、二甲四氯等。随着稗草、千金子等杂草的抗性增强，2012 年后，苯噻酰草胺、双草醚等新品种得到推广运用。旱地和果园除草剂主要有草甘膦、喹禾灵、地乐安、氟草胺、百草枯、乙草胺、异丙甲草胺、丁草胺等。

七、农田鼠害

鼠害种类：域内农田害鼠有黄毛鼠、黑线姬

鼠、褐家鼠、小家鼠、大足鼠。其中黄毛鼠、黑线姬鼠为农田主要害鼠种群。

鼠害防治：20世纪80年代中期，推广使用杀鼠灵、敌鼠钠盐等杀鼠剂，取得较好的灭鼠效果。

20世纪90年代，推广新一代溴敌隆、溴鼠灵杀鼠剂。通过长期坚持大面积灭鼠工作，大大降低鼠害，减少农村鼠传疾病发病率。鉴于灭鼠工作中，时有人畜中毒伤亡事件发生，威胁人民群众生命财产安全，影响社会稳定。1992年，国家禁止使用氟乙酰胺、氟乙酸纳、甘氟、毒鼠强等灭鼠剂。县爱卫会、卫生局、农业局、公安局、工商局五部门联合发出《关于切实加强我县鼠药市场管理的紧急通知》，整顿鼠药市场，取缔、查封、禁售邱氏鼠剂、毒鼠强、421、一扫光等可引发二次中毒的高毒鼠药。2003年，国务院办公厅下发《关于深入开展毒鼠强专项整治工作的通知》，县人民政府制订相应的实施方案，成立专项整治领导小组，出动执法人员对集贸市场和农药经营门店进行突击检查，对鼠药实行定点销售，销毁禁售鼠药。

第二节　病虫害防治

县域农作物保护工作，始终贯彻“预防为主，综合防治”方针。在防治策略上采取“治早、治小、治了”，尽量减小病虫害的损失。1997年，乐安县加入江西省新农药新技术推广协会，积极推广“大功臣”“快杀灵”“施稻灵”防治稻飞虱、二化螟、稻纵卷叶螟和稻瘟病。1998年，大力推广水稻“秧田超级送嫁药”和“穗期混合保穗药”技术，有效预防秧苗期病虫害和穗期病虫害发生。2006年4月，植保工作提升为政府行为，成立县农业病虫防控指挥部，由分管农业副县长任指挥长，实行“政府主导，属地管理，联防联控”的农作物病虫害防控工作机制。2011年，县植保部门积极创新植保技术，逐步形成以生态控制为中心，以农业防治为基础，以利用物理、生物防治为重点，以科学应用化学防治为补充的病虫害防治体系。采取生态治理、农业防治、生物控制、物理透杀等方法，减少农药使用量，实施“绿色植保”理念。

农业防治　推行稻田“三耕”（全面秋耕、普遍冬耕、提早春耕），消灭病虫害生长环境；通过改革耕作制度，实施水旱轮作，改良土壤。通过增施农家肥、有机肥，控制氮肥，增加作物通风透光，提高农作物抗病虫害能力。推广抗病虫品种，及时更换种植年限长的品种、适量施肥、适时晒田、科学管水等措施减轻病虫危害。

化学防治　20世纪80年代中期开始，乐安县禁止销售和使用六六六、滴滴涕等有机氯农药和西力生、赛力散等有机汞农药。推广施用高效低毒的强氯精、杀虫双、杀虫单、克百威、吡虫啉、敌杀死、三环唑、富士一号、井岗霉素、叶青双、米乐尔、益舒宝、益舒丰（灭线磷）等新农药。

农民喷洒农药

公溪镇农户用无人机喷洒农药

同时创办“植物医院”，开展处方卖药、对症下药、混合用药等技术推广。之后又推广低容量喷雾技术，病虫防治效果大为提高。2007年1月1日起，县域全面禁止甲胺磷、对硫磷、甲基对硫磷、久效磷和磷胺5种高毒有机磷农药在农业上使用，大力推广阿维菌素等高效低毒低残留农药。2011年后，在水稻生产上，主要用三唑磷、水胺硫磷、氯虫苯甲酰胺、苏云菌杆菌防治螟虫；用吡蚜酮、醚菊酯、噻嗪酮、噻虫嗪、吡虫啉防治稻飞虱，用毒死蜱、丙溴磷、氯虫苯甲酰胺、苏云菌杆菌防治稻纵卷叶螟；用三环唑、稻瘟灵、春雷霉素、枯草芽孢杆菌防治稻瘟病；用苯甲·丙环唑、井岗霉素、井·蜡质芽孢杆菌防治纹枯病和稻曲病。尔后又推广嘧菌酯、吡唑嘧菌酯及其复配剂一药全防水稻三病，并兼有促进光合作用，提高产量的作用。

物理防治　进入21世纪，乐安县农作物虫害防治逐步推广使用杀虫灯、黄色诱板、蓝色诱板等物理防治措施杀害各种害虫。

生物防治　2000年后，积极推广运用苏云菌杆菌、春雷霉素、蜡质芽孢杆菌、枯草芽孢杆菌等生物技术防治病虫害。同时推广实施稻田养鱼、稻田养虾、稻田养鸭等，利用害虫天敌杀灭害虫等生物防治技术防治农作物病虫害。

性诱剂使用　2010年后，积极推广运用二化螟、稻纵卷叶螟性诱剂诱杀雄性成虫技术，有效减少成虫交配产卵，减少害虫生长，减轻化学防治压力。

综合防治　20世纪80年代末期，县域不断探索完善农作物病虫害防治方式方法，成立“植物医院”为主体的技、物结合服务体系，面向农民推广诊病查虫、开方卖药、技术咨询、承包代治等措施。20世纪90年代，开始改变过去以一虫一病为主要对象的单一防治方法，采用农业、生物、物理、化学等措施对农作物病虫害进行综合治理。初步形成以农业防治为基础、科学用药、保护利用自然天敌为重点的综合防治体系。

2000年，启动无公害食品行动计划，开展无公害农产品产地认定、产品论证和绿色食品论证。制定水稻、蔬菜等农作物无公害高产栽培规程、推广农业防治、生物防治和物理防治技术，控制化学农药的用量与使用，降低农药在水稻等农作物产品的农药残留，减少农田污染。电动喷雾器、机动喷雾器、无人机等新型高效施药器械数量不断增加。

专业防治　20世纪90年代末，大量农民外出务工，农村务农劳动力出现结构性短缺，加上病虫害迁飞性、暴发性、流行性，农作物病虫害连年发生，病虫防治成为农业生产者遇到的最大困难。域内开始成立水稻病虫防治互助组织或专业户，继而成立农作物病虫害防治专业合作社。2011年，全县有病虫害防治专业户3个，拥有机动喷雾器16台，承包防治面积12.3万亩。2016年有专业组织19个，防治面积18.15万亩。

专业防治服务方式主要有两种：一种是全程承包，即包病虫防治，包每亩产量，每亩收取810元服务费，实行“六统一赔”，即：统一预测预报、统一技术指导、统一防治时间、统一购进农药、统一配制、统一打药，损失包赔。另一种是半包式：即只包病虫防治。统一打药时间，统一药剂，由防治人员代打药。

第三节　病虫害预测预报

20世纪70年代初，县农业局在县城郊区鳌溪镇前坪村建立农作物病虫害测报站。开展农作物病虫害监测预报工作。20世纪80年代，乐安县植保站（测报站）参加全国和省组织的稻纵卷叶螟、稻飞虱的迁飞规律和地方发生规律的研究，在高山上设立高空捕虫网，观察捕虫网稻飞虱、稻纵卷叶螟迁入情况。经过两年观察，查清域内两大迁飞性害虫的来龙去脉和发生危害的规律，明确稻飞虱在秦岭以南过冬；秦岭以北发生的稻飞虱、稻纵卷叶螟是由广东、广西以南地区迁入而来。明确稻飞虱、稻纵卷叶螟在域内不能越冬。在测报上，关注5～6月西南气流出现峰面天气，调查稻飞虱、稻纵卷叶螟的迁入发生量。该研究成果乐安县植保站（测报站）获国家科技进步四等奖和江西省科技成果三等奖。

通过定期系统调查和记载病虫发生发展情况，掌握病虫发生动态。结合气象、作物生长发育等与病虫发生有关的因素进行综合分析，对病虫发生期、发生量、危害程度和防治时间作出判断，并及时发布预报和防治信息。病虫测报对象主要是粮食、果业和蔬菜。1990 年开始运用《江西省农作物病虫测报专用电码》，传递农作物病虫情报。1995 年以后，采用省植保植检站制定的《稻棉主要病虫发生量和发生改积分级标准》以及《稻棉主要病虫发生程度的评判方法》进行农作物主要病虫发生统计，不但丰富测报工作内容，而且提高监测病虫害信息时效性。2008 年，乐安县植保站迁往鳌溪镇桥陂村。

第四节　植物检验检疫

县乡农作物检验检疫机构人员，由县植保站和乡镇农业综合服务站植保员组成。开展植物检验疫工作，主要对水稻、烟叶、蚕桑等农作物产地检疫和疫情调查。

1986 年，乐安县首次在牛田镇发现水稻细菌性条斑病疫情，后逐步扩散到多个乡镇。1994 年，在牛田镇麻坑村和戴坊镇排下实验农场发现柑橘溃疡病疫情，后由于2008 年冰冻引起橙类冻死而消灭。1995 年，发现美洲斑潜蝇疫情，全县各地蔬菜上都有发生。2013 年，发生稻水象甲疫情，全县除金竹、谷岗 2 个乡镇外均有发生。2016 年，在牛田镇麻坑村发现柑橘黄龙病疫情，共有 5 株病树。

1992—2016 年乐安县农药使用情况表

表 13-6-1　　单位：吨

年份	农药	年份	农药	年份	农药	年份	农药
1992	218	1999	206	2006	149	2013	518
1993	160	2000	189	2007	364	2014	372
1994	236	2001	188	2008	1641	2015	387
1995	226	2002	176	2009	1630	2016	458
1996	244	2003	128	2010	1746	—	—
1997	213	2004	135	2011	506	—	—
1998	212	2005	147	2012	534	—	—

第七章　畜牧水产业

乐安县畜牧水产资源丰富，家畜有猪、牛、羊等，家禽有鸡、鸭、鹅、鸽等。水产有草鱼、鲢鱼、鳙鱼、鲤鱼、鲫鱼五大家鱼，还有黄鳝、泥鳅、乌鱼、鲶鱼及鳖、蛙、虾、螺等。进入 21 世纪，孔雀、大雁、野猪、竹鼠、豚鼠、蛇、香猪、肉狗等特种养殖较快发展，渐成规模。

第一节 畜牧业

一、家畜家禽种类与品种

（一）家畜种类与品种

乐安县传统家畜养殖主要有猪、牛、羊、兔等种类。

猪 传统生猪品种为乐安花猪，由当地城乡居民分散饲养，乐安花猪肉质优良，但生长缓慢。20世纪80年代始，引进外地生猪品种，主要有大约克、中约克。20世纪90年代主要有大约克、长白等，2000年后主要有大约克、长白、杜洛克等。

牛 传统养牛主要为耕田役牛。主要品种有吉安黄牛、滨湖水牛。2000年后逐步引进肉牛、奶牛养殖，有鲁西黄牛、安格斯牛、西门塔尔牛等。

羊 20世纪80年代养羊品种主要有黑山羊、广丰山羊。90年代引进南江黄羊，2010年后，县域养殖品种主要有黑山羊、南江黄羊、波尔山羊等。

（二）家禽种类与品种

乐安县传统家禽养殖主要有鸡、鸭、鹅、鸽等种类。

鸡 20世纪80年代前，养殖的主要是本地土鸡，其后相继引进外地优良鸡种，主要有崇仁麻鸡、宁都三黄鸡、泰和乌鸡、来杭鸡、罗丝鸡、红络克鸡等。90年代引进罗曼蛋鸡。至2016年，养殖的品种主要有崇仁麻鸡、宁都三黄鸡、泰和乌鸡、珍珠鸡、贵妃鸡、罗曼蛋鸡。

鸭 主要有大余麻鸭、吉安红毛鸭、北京鸭、绍兴麻鸭、樱桃谷鸭、瘤头鸭。

鹅 二十世纪八九十年代，主要有丰城灰鹅、莲花白鹅。至2016年，主要有丰城灰鹅，莲花白鹅、皖西白鹅、太湖白鹅、狮头鹅。

鸽 主要有王鸽、石岐鸽等。

二、家畜家禽养殖规模

生猪 1986年，全县生猪存栏117809头，出栏66356头。1996年发展到高峰，存栏230457头，出栏241572头。其后逐年下降。2016年，存栏64167头，出栏90506头。

牛 1987年，养牛存栏36546头，出栏857头。1996年，存栏最多为62687头，出栏3186头。1997年，出栏最多8786头，其后逐年减少。2016年，存栏34243头，出栏5271头。

羊 县域养羊较少，1987年存栏110只，出栏34只。2006年后养羊渐成规模，当年存栏260只，出栏196只。2016年存栏1759只，出栏922只。

家禽 1986年家禽养殖存笼46.26万只，出笼16.58万只。1997年发展到高峰，当年家禽存笼116.16万只，出笼326.01万只。其中，鸡存笼61.56万只，出笼113.17万只；鸭存笼50.36万只，出笼207.09万只；鹅存笼4.24万只，出笼5.75万只。其后家禽养殖规模有起伏，总体呈下降趋势。2015年家禽存笼79.11万只，出笼187.77万只。2016年有所发展，存笼101.69万只，出笼196.96万只。其中，鸡存笼67.80万只，出笼102.40万只；鸭存笼31.39万只，出笼85.54万只；鹅存笼2.5万只，出笼9万只。

1986—2016年乐安县畜牧养殖情况表

表13-7-1　　　　单位：头、只

年份	生猪出栏	生猪存栏	牛出栏	牛存栏	家禽出笼	家禽存笼	鸡存笼	鸭存笼	鹅存笼
1986	66356	117809	—	33737	165805	462576	—	—	—
1987	76021	126417	857	36546	178347	449056	—	—	—
1988	80133	132074	1074	38749	206785	483624	—	—	—
1989	95418	146656	—	41164	218872	565774	—	—	—
1990	100749	144661	1304	43187	253000	556000	451000	104000	1000
1991	127663	146409	1812	48373	321451	575599	419123	139379	17097

续表 13-7-1

年份	生猪出栏	生猪存栏	牛出栏	牛存栏	家禽出笼	家禽存笼	鸡存笼	鸭存笼	鹅存笼
1992	143348	153128	2472	50937	366313	659372	474498	159082	25792
1993	182243	164029	3368	53681	769485	753129	479822	253534	19773
1994	212874	169493	2476	57464	1393836	878632	531432	312541	34659
1995	234066	199132	2281	60795	1608127	1417590	927812	440199	49579
1996	241572	230457	3185	62687	1826162	—	857862	476012	46233
1997	271860	200130	8785	62180	3260100	1161600	615600	503600	42400
1998	223408	168743	4990	57915	2149529	1219603	699713	468977	50913
1999	182975	165861	4992	56591	2041233	1373041	686113	630784	56144
2000	139196	122515	7022	56998	2228414	1301490	708970	574900	17620
2001	—	130047	—	55903	—	1475300	841600	603300	30400
2002	150777	131338	6854	54912	2021000	1476900	809100	654800	13000
2003	137896	123094	5076	51061	2314400	2167800	1271800	834200	61800
2004	132047	102536	4971	49871	2470500	2711300	1323400	1304300	83600
2005	126232	94456	4431	43979	1588600	1604400	883300	593400	127700
2006	89067	59939	4818	41011	1389300	1523000	934500	464800	123700
2007	76847	60010	3785	37339	1169200	714500	442900	255100	16500
2008	78244	61285	3713	35901	1200100	749500	462700	264800	22000
2009	84231	66680	5368	39076	1823100	765500	464600	273900	27000
2010	85262	63031	5838	37172	2345400	640900	468100	167500	5300
2011	89804	68205	5580	33816	1575900	583400	427600	151000	4800
2012	87304	64044	5442	36511	1610800	670900	493000	172900	5000
2013	87743	59400	5225	32429	1868000	686300	504300	176800	5200
2014	87495	59529	5293	31919	1798800	947100	512000	179700	5400
2015	87324	59853	5413	30047	1877700	791100	528000	243100	20000
2016	90506	64167	5271	34243	1969600	1016900	678000	313900	25000

三、特种畜禽养殖

20 世纪 90 年代始，县域各地逐步发展特种畜牧养殖业，主要养殖乐安花猪、肉牛、肉鸭、奶牛、山鸡、肉狗、野猪、孔雀、竹鼠、豚鼠、香猪等。

乐安花猪　乐安花猪是域内特有优良地方品种，据 1989 年出版的《乐安县志》记载，1149 年乐安建县时就有养殖，距今已有 860 多年的历史。“临川才子金溪书，宜黄戏子乐安猪”的说法在抚州民间代代相传，可见乐安花猪曾经声名远扬，有口皆碑。1956 年原江西省农林厅、江西省农业科学研究所开展家畜品种调查，乐安花猪列入“江西省地方家畜品种”。1964 年，乐安花猪作为吉安花猪主要类型之一，列入“江西省地方家畜品种”。1973 年，省农业厅组织省内专家对地方猪重新分类，赣南三花猪、赣西南花猪、吉安花猪合并后统称赣中南花猪。乐安花猪作为赣中南花猪的地方独特类群，得到专家的充分肯定。1986 年，全县花猪母猪存栏 5600 头，占当时县域母猪存栏数 80% 以上。

20 世纪 90 年代以后，随着外来生猪品种不断引入推广，以外来品种为主导的生猪杂交改良比例不断提高，原有的乐安花猪养殖比例逐渐下降，生猪养殖朝着规模化、标准化、集约化方向发展，“乐安花猪”面临绝迹危险。

2005年始，在鳌溪镇赖村村，兴建有一小规模乐安花猪养殖场，当时存栏花猪仅60余头。其后国家对地方畜禽品种资源高度重视，以及饮食结构改善，地方畜禽的保护开发利用力度不断加大。县委、县政府将乐安花猪作为畜牧业生产发展的一个重点项目，加大培育发展。2010年，引进上海艾格福地生态农业有限公司，开展乐安花猪资源保护与开发利用。公司筹资1000多万元，在招携镇杭村村建设现代化保种场。建有猪舍面积3600平方米，存栏乐安花猪2100余头。2016年，销售生猪2000余头，产值超过500万元。

2013年12月，乐安花猪农产品地理标志登记通过农业部审核，成为2014年第一批国家地理标志登记保护品种。2016年3月，县政府制定《乐安花猪产业发展规划（2016—2025年）》。

板鸭生产　乐安肉鸭饲养一直有较好传统，年饲养量保持在150万只左右。1997年达到最高的210万只。20世纪90年代中期开始，域内肉鸭饲养采用“公司＋农户”方式，有23家孵化专业户，辐射各个乡镇。在南村乡南村村和戴坊镇排下村建有板鸭加工厂，与吉安、遂川、万安等地合作，年销售板鸭20万只。2009年，成立乐安成长孵化专业合作社，统一全县的肉鸭饲养、销售、板鸭加工业务。2016年，全县肉鸭饲养量120万只，产值1800万元。

肉牛养殖　进入21世纪，随着国家养殖扶持政策调整，县域肉牛养殖业得到一定程度发展，在公溪、山砀、大马头、万崇、招携、谷岗等乡镇场新建一批肉牛养殖场，2016年规模养牛场有10余家。规模较大的有：万崇镇丰裕牧业有限公司养牛场，存栏700余头；大马头鑫牛畜牧养殖基地，存栏170余头；公溪镇郭密生养牛场存栏380余头等。此外，在招携、南村、谷岗等草山草坡较多的乡镇有许多养牛专业户，户养牛一般在几十头。

特种经济动物养殖　20世纪80年代中期，域内已有少量特种经济动物养殖。主要品种有火鸡、珍珠鸡、肉兔、獭兔等。随着人们生活水平提高，特种动物需求量增大，特种养殖业发展较快。2016年，县内特种经济动物养殖有孔雀、大雁、野猪、竹鼠、豚鼠、蛇、香猪、肉狗等10多个品种。

2016年乐安县特种动物养殖情况表

表13-7-2

养殖动物	地址	养殖规模	
		存栏	出栏
孔雀	公溪镇新居村新居村小组	230只	小孔雀450只、种蛋2000枚
竹鼠	公溪镇新居村新居村小组	1300只	3000只
蛇	公溪镇荷陂村江边村小组	12000条	10000条
肉狗	公溪镇新居村叶山村小组	10只	40只
大雁	湖溪乡东堆村格田村小组	1600只	2500只
野鸭		200只	3000只
孔雀		120只	300只
火鸡	龚坊镇同富村坪下村小组	600只	1000只
五黑鸡		800只	—
贵妃鸡		260只	—
珍珠鸡		100只	—
孔雀		60只	—

续表 13-7-2

养殖动物	地址	养殖规模	
		存栏	出栏
豚鼠	龚坊镇同富村	700 只	300 只
野猪	鳌溪镇岭元村	800 头	500 头
竹鼠	增田镇石陂村安下村小组	100 头	—
孔雀	招携镇港田村	600 只	60 只
野猪	万崇镇陂汉村	60 头	20 头
豚鼠	万崇镇坪背村坪背	1000 只	—
豚鼠	万崇镇坪背村刁家村小组	200 只	100 只
竹鼠	湖坪乡坊塘村	500 只	100 只
香猪	湖坪乡善和村	210 头	300 头

四、畜禽疫病防控

1961 年，成立乐安县畜牧兽医工作站，负责县域畜牧家禽疫病防治，各公社（乡镇）均设有兽医站，配有专职兽医，负责家禽家畜疫病防治。1998 年始，域内加大重大动物疫病防控，将县防治五号病指挥部更名为乐安县防治重大动物疫病指挥部，办公室设在农业局（县畜牧兽医局）。防控的主要疫病有：猪瘟、口蹄疫、禽流感、新城疫、高致病性猪蓝耳病、小反刍兽疫等。

2003 年开始，对主要重大动物疫病实行强制免疫，主要包括猪瘟、口蹄疫、禽流感、新城疫等。2008 年增加高致病性猪蓝耳病免疫。2016 年增加小反刍兽疫免疫等。乐安县连续多年获抚州市防治重大动物疫病达标县，2009 年、2013 年被评为先进县。

五、动物疫病防治项目建设

无规定动物疫病区建设　1999 年乐安县列入国家无规定动物疫病区建设项目县，国家投资 40 万元，至 2002 年全面完成基本设施建设并开展工作。建设内容包括：新（改）建兽医化验室、仪器设备购置等。

动物防疫体系建设　县级防疫监督设施建设：2007 年，乐安县列为国家预算内投资项目县级防疫监督设施建设县，国家投资 64.3 万元，主要用于改造业务用房（兽医化验室）、购置仪器设备。乡镇兽医站基础设施建设。2007—2012 年，分 6 批下达国家预算内投资，共计投资 177.43 万元，对全县 15 个乡镇兽医站基础设施进行建设，主要用于新（改）建兽医化验室、仪器设备购置。

生猪标准化规模养殖场建设　2007—2014 年，国家投资 595 万元扶持企业发展畜牧产业，建成乐安县旺发生猪养殖场等 12 个标准化规模养殖场。标准化规模养殖生猪，既有利于保护生态环境，防止畜粪污染，又有利于动物疫病防治。

2007—2014 年乐安县国家扶持发展畜牧业情况表

表 13-7-3　　单位：万元

年份	扶持建设项目	国家投资	年份	扶持建设项目	国家投资
2007	乐安县旺发生猪养殖场	40	2012	乐安县景达项目发展有限公司	60
2008	江西余荣种猪开发有限公司	40	2012	乐安良种猪场	40
2010	乐安县顺发生猪养殖场	60	2013	乐安县台大科技园畜牧养殖基地	40
2011	乐安县艾格福地生态农业有限公司 赣中南花猪保种基地	40	2013	乐安县晨阳生态商品猪养殖场	40
2011	乐安县湖坪乡排上养殖场	40	2014	乐安县石里元养猪场	80
2012	乐安县鹏辉养殖场	60	2014	乐安县华昌生猪养殖场	55

六、屠宰管理

乐安县生猪定点屠宰管理经历起步、磨合、强势推进、调整提高、规范完善5个阶段。自1985年国家取消生猪派购计划后，生猪屠宰从国营食品公司独家经营，变成国营、集体和个体工商户多种经济主体，多渠道经营。由于缺乏法制化规范管理，出现一系列新问题。一是个体屠商泛滥、流通秩序混乱；二是病害肉大量上市，危害消费者健康；三是国营屠宰设施大量闲置，资源浪费严重；四是个体屠商随地屠宰猪牛，污染环境；五是屠宰税收大量流失。1990年，根据国务院关于生猪屠宰实行“定点屠宰、统一检疫、统一纳税、分散经营”的指导方针，乐安积极推行生猪定点屠宰，在各乡镇全部推行生猪定点屠宰管理，共设立生猪（牛）定点屠宰场点20家。1999年，县城屠宰厂改造升级为机械化屠宰，并更名为乐安县畜禽屠宰加工厂，结束生猪屠宰主要靠“一把刀、一口锅”的历史。2006年，乐安县畜禽屠宰加工厂迁建到鳌溪镇前坪村。2012年根据商务部、农业部等九部委《关于加强生猪定点屠宰资格审核清理工作的通知》要求，全县关停9家B类乡镇生猪定点屠宰场点。2015年9月，县商务局承担的畜禽屠宰监督管理职责划入农业局（畜牧兽医局），由县畜牧兽医局具体承担全县畜禽屠宰监管职责，县农业综合执法大队承担全县畜禽屠宰执法职责，县畜牧兽医局增挂乐安县畜禽屠宰管理办公室牌子，并增设畜禽屠宰管理站。2016年再次清理10家B类乡镇生猪定点屠宰场。全县只保留乐安县畜禽屠宰加工厂1家A类生猪定点屠宰厂。

畜禽屠宰规模 1986年，全县屠宰生猪15620头、牛857头、家禽85.7万只。随着人民群众生活水平日益提高，肉类食品量不断增长，畜禽屠宰规模呈不断上升趋势。2016年，屠宰生猪50837头、牛3016头、家禽125.18万只，分别为1986年的3.26倍、3.52倍和1.46倍。

1986—2016年乐安县畜禽屠宰情况表

表13-7-4　　　　单位：头、百只

年份	生猪	肉牛	禽类	年份	生猪	肉牛	禽类
1986	15620	857	8570	2002	37695	3520	10765
1987	18250	872	8720	2003	34474	3427	10473
1988	25000	880	8850	2004	33012	3385	10229
1989	25762	910	9100	2005	35015	3314	10470
1990	26860	958	8755	2006	36500	3440	10591
1991	28451	1060	8745	2007	40800	3800	9262
1992	29680	1219	8632	2008	41498	2214	7795
1993	28967	1322	8972	2009	45223	2972	8600
1994	28763	1409	9327	2010	47917	2722	12154
1995	29682	1468	9982	2011	45116	2253	15636
1996	32080	1520	10278	2012	47213	2440	10506
1997	33190	2123	11375	2013	48606	2322	10738
1998	33144	2196	10169	2014	50101	2642	11236
1999	33168	2450	10997	2015	49760	3122	11992
2000	34799	2496	10055	2016	50837	3016	12518
2001	37042	3511	10744	—	—	—	—

第二节　水产业

一、水产种类

乐安水产资源丰富，据20世纪80年代初编印的《乐安县农业区划成果报告集》资料，全县鱼类品种71种，分属6目14科，其中鲤科鱼类占多数，有57种。主要经济鱼类有草鱼、鲢鱼、鳙鱼、鲤鱼、鲫鱼、泥鳅、黄鳝、乌鱼、鲶鱼等。其他经济水生动物有鳖、蛙、虾、蟹、蚌、螺等。

1986—2016年，水产养殖主要种类有：青鱼、草鱼、鲢鱼、鳙鱼、鲤鱼、鲫鱼、鳊鱼、泥鳅、黄鳝、鲶鱼、鳜鱼、乌鳢等鱼类，以及克氏原螯虾（淡水小龙虾）、中华绒螯蟹、鳖、牛蛙、棘胸蛙等水生动物。

二、水产养殖规模

全县有大小水库山塘1003座，加上村前屋后池塘、水陂，河堰等，水面总面积约9.2万亩，其中可供养殖使用水面面积约4.09万亩，为水产养殖提供必要条件。

1986年，全县水产养殖面积14984亩。其中，池塘4702亩，水库10282亩。水产品总产量753吨。其中，养殖产量662吨，捕捞产量91吨。1988年，县域不断完善渔政管理、水产技术服务、苗种繁育、鱼病防治等体系，保障渔业生产健康稳步发展。2001年，大力推进渔业产业化，提升渔业综合竞争力，提出“压缩捕捞、扩大养殖、主攻加工、搞活流通”方针。2007—2016年，全面推进水产健康养殖，全县有5个单位申报无公害水产品养殖基地，水产品产量质量不断提高。

2016年，全县水产养殖面积40940亩，其中，池塘11781亩、水库29159亩。水产品总产量8830吨。其中，养殖产量8140吨，捕捞产量690吨。特种水产品种也得到迅速发展，其产量占水产品总产量的比重逐年增长。

三、鱼苗繁育

20世纪80年代初，在县水产场、湖坪乡胜利水库、公溪镇古城水库开展鱼苗繁殖，建有孵化室，繁育鲤鱼、草鱼、鲢鱼、鳙鱼当地“四大家鱼”鱼苗，负责全县鱼苗的供应。20世纪90年代后，集体鱼苗孵化产业逐渐衰落，个体鱼苗孵化专业户相继产生。戴坊镇村前村上房村小组、公溪镇莲塘村江背村小组、南村乡望下村堆上村小组、万崇镇丰林村万坊村小组是域内苗种培育专业村。2016年，繁育鱼苗约1.6亿尾。

四、池塘养鱼

域内池塘大致分为4种类型：一是门前屋后池塘，该类池塘生活用水注入较多，水质较肥；二是田间灌溉池塘，主要用于灌溉和养鱼，天旱时容易发生渔农争水矛盾，水质一般；三是山塘，多在山区山谷之中，水温较低，日照较少，水质清瘦；四是城郊精养鱼塘，该类池塘分布在城郊或村边，池塘比较标准，水位较深，鱼产量较高。

为发展渔业生产，提高池塘养鱼单产水平，1988年乐安县开展池塘养鱼丰产示范活动，推广池塘改造、鱼种投放、综合养鱼、鱼病防治、投饵施肥、轮捕轮放等先进实用的科学养鱼技术。1986年，全县池塘养殖面积4702亩，平均亩产63.16千克，总产297吨。2001年面积13100亩，达到高峰，亩产227.48千克，总产2980吨。其后平稳发展，面积有所减少，单产不断提高。2016年，面积为11781亩，亩产322千克，总产3794吨。

泥鳅养殖

1986—2016 年乐安县池塘养鱼情况表

表 13-7-5　　单位：亩、吨

年份	面积	产量	年份	面积	产量	年份	面积	产量	年份	面积	产量
1986	4702	297	1994	—	—	2002	12510	3160	2010	10500	2874
1987	4814	327	1995	—	—	2003	12560	3341	2011	10590	2922
1988	5616	425	1996	8600	1419	2004	12560	3300	2012	10950	3270
1989	5686	509	1997	9343	1793	2005	11640	3480	2013	11391	3414
1990	5360	511	1998	12369	1421	2006	11660	3551	2014	11686	3660
1991	5386	764	1999	12185	2628	2007	8160	2515	2015	11781	3728
1992	6408	651	2000	12495	2543	2008	8160	2578	2016	11781	3794
1993	8528	836	2001	13100	2980	2009	10450	2890	—	—	—

五、水库养鱼

乐安水库养鱼经历由粗放养殖到精细养殖过程。20 世纪 80 年代，戴坊镇横江水库、长垅水库，湖坪乡胜利水库、看坊水库，万崇镇乃江水库，罗陂乡尺江水库，龚坊镇石里元水库，山砀镇友谊水库，公溪镇古城水库等相继成立水产养殖场，从事水产养殖，但大多采用粗放型养殖方式，鱼产量不高。2000 年，开展小型水库产权改革试点，将小型水库承包给养殖户开展水产养殖。由于投放足够鱼苗数量和规格较大鱼种，并有专业人员管理，进行投饵施肥，养鱼产量不断提高，养殖种类逐渐增多。1986 年，县域水库养殖面积 10292 亩，平均亩产 20.6 千克，总产 212 吨。其后逐步发展，2016 年，有水库养殖面积 29159 亩，平均单产 99.9 千克，总产 2913 吨，成为域内市场供应的主要来源。

1986—2016 年全县水库养鱼面积和产量表

表 13-7-6　　单位：亩、吨

年份	面积	产量	年份	面积	产量	年份	面积	产量	年份	面积	产量
1986	10292	212	1994	—	—	2002	16490	865	2010	27900	2895
1987	10292	251	1995	—	—	2003	16540	876	2011	28210	2910
1988	12292	369	1996	17200	430	2004	16540	917	2012	29350	3120
1989	12916	312	1997	16094	1105	2005	25090	960	2013	29020	3008
1990	13391	304	1998	16094	1412	2006	24856	1034	2014	29014	2792
1991	12405	207	1999	16600	1077	2007	27600	2155	2015	29159	2913
1992	13532	431	2000	16490	827	2008	27350	2864	2016	29159	2913
1993	13425	589	2001	15900	1075	2009	27750	2915	—	—	—

六、稻田养鱼

乐安稻田养鱼主要有两种类型：稻鱼兼作，即种稻和养鱼同时进行；稻鱼轮作，即种一季稻，养一季鱼，主要是利用冬闲田蓄水养鱼。金竹、招携等乡镇有传统稻田养鱼习惯，但养殖品种单一，单产较低。1987—1988 年，实施“稻田养鱼丰产示范项目”，1994—1998 年，推广稻田养鱼新技术，稻田养鱼稳步发展。1986 年，稻田养鱼面积 17803 亩，亩产仅有 8.6 千克，总产 153 吨。到 2016 年，稻田养鱼面积达到 32950 亩，亩产 43.5 千克，总产 1433 吨。

1986—2016 年乐安县稻田养鱼情况表

表 13-7-7　　单位：亩、吨

年份	面积	产量	年份	面积	产量	年份	面积	产量	年份	面积	产量
1986	17803	153	1994	—	—	2002	42650	1030	2010	34500	1121
1987	17265	272	1995	—	—	2003	42000	419	2011	34100	1168
1988	23203	350	1996	24000	939	2004	43000	645	2012	34600	1210
1989	13763	198	1997	30364	784	2005	43200	920	2013	34753	1240
1990	13509	195	1998	45884	760	2006	43110	931	2014	32891	1425
1991	13903	170	1999	45950	1080	2007	43000	1290	2015	32950	1407
1992	13501	209	2000	42600	1003	2008	34600	1142	2016	32950	1433
1993	13230	146	2001	50000	825	2009	34800	1151	—	—	—

七、特种水产养殖

乐安特种水产品养殖历史悠久，20 世纪 80 年代以前，大多是个别养殖，未能形成规模，20 世纪 90 年代之前无统计数据。1996 年纳入统计范围，当年特种水产品产量 122 吨，主要养殖品种有鳗鲡、泥鳅、黄鳝、鳖及江西“三红一鲫”（荷包红鲤、兴国红鲤、玻璃红鲤、彭泽鲫）等。2006 年后，鳗鲡退出养殖，江西“三红一鲫”不再作为特种水产品加以统计。2016 年，特种水产品产量 4290 吨，主要养殖品种有泥鳅、黄鳝、鲶鱼、鳜鱼、乌鱼、淡水小龙虾、大闸蟹、甲鱼、牛蛙、棘胸蛙等，特种水产品产量占水产品总产量的 41.2%。

甲鱼养殖　1993 年，鳌溪镇王家排建立甲鱼养殖场，开启乐安甲鱼养殖先河。开始几年效益较好，1997 年下半年后，甲鱼市场价格出现断崖式下跌。2003 年被迫停产。2013 年，在戴坊镇白石村江家村小组、邹家村小组，湖溪乡尧门村等地村民开展甲鱼规模养殖。2016 年，戴坊镇白石村、湖溪乡尧门村等地有甲鱼养殖专业合作社。

鳗鱼养殖　1996 年 11 月，福建客商投资 1000 万元，在大马头垦殖场合资创办闽大鳗业有限公司，为乐安首家鳗鱼养殖场。次年，捕捞产量 2.6 万千克，创产值 192 万元。之后，由于市场价格、养殖环境与饲养技术等原因停养。1996 年，戴坊镇干部集资在丰秋村东元村小组养殖鳗鱼 50 亩左右，第二年取得一些效益，后来由于市场行情、饲养环境及技术等原因，于 1998 年停养。

1996—2016 年乐安县特种水产品养殖情况表

表 13-7-8 单位：吨

年份	产量	年份	产量	年份	产量	年份	产量	年份	产量
1996	122	2001	1510	2006	1430	2011	3200	2016	4290
1997	449	2002	1660	2007	1801	2012	3820	—	—
1998	750	2003	1860	2008	2300	2013	3393	—	—
1999	1010	2004	1900	2009	2301	2014	3852	—	—
2000	1067	2005	2520	2010	2900	2015	4080	—	—

2008—2016 年乐安县水产养殖专业合作社情况表

表 13-7-9 单位：个

乡镇	合作社数	不同品种养殖合作社					
		小龙虾	泥湫	甲鱼	大闸蟹	刺胸蛙	其他水产
湖溪乡	14	0	0	4	0	1	9
公溪镇	3	0	1	0	0	0	2
山砀镇	2	0	0	0	1	0	1
增田镇	1	0	0	0	0	0	1
龚坊镇	5	0	1	0	0	0	4
罗陂乡	1	0	1	0	0	0	0
谷岗乡	5	0	0	0	0	2	3
金竹乡	3	1	0	0	0	0	2
招携镇	4	0	1	0	0	0	3
戴坊镇	5	0	0	1	1	0	3
鳌溪镇	6	0	0	0	0	1	5
合计	49	1	4	5	2	4	33

第八章 农业机械

20 世纪 80 年代以来，乐安县农业机械主要有耕作机械，农用运输机械，抽水、加工脱粒等固定作业机械以及其他半机械农具。农机管理部门各时期对农机经营、农机使用等进行管理。2004 年，国家实行购置农业机械的补贴政策，加快推进了县域农业机械化进程。

第一节　农机动力

一、农业耕作机械

耕整机　20 世纪 80 年代中期，为适应单家联户小规模耕作，县内引进 2.94 ~ 4.5 千瓦耕整机。耕整机分单轮与双轮驱动两种，一般单轮机用于不规则小田块，多用于山区小田块和果蔬旱地作业。被喻为“一头牛的价格，八头牛的功效”，深受农户欢迎。乐安农机厂曾在 20 世纪 90 年代组织生产。2016 年，全县有耕整机 4260 台，微耕机 1660 台。

插秧机　2005 年以前，县内无机械插秧机，随着购置补贴政策出台，2006 年，乐安县引进 4 台“东洋”牌插秧机。次年，县农机局在公溪镇举办插秧机插秧演示，受到农户欢迎。到 2016 年，全县拥有插秧机 89 台。

联合收割机　1996 年，龚坊乡一农民购进一台 130 型全喂入自走式联合收割机，为家乡进行收割经营服务，开创乐安联合收割机使用历史。1999 年，乐安县江边机械厂组织生产赣乐—145 型联合收割机，远销省内外。2005 年，在国家有关购买农机补贴政策和农机工程项目带动下，县域农户购买水稻联合收割机的热情快速增长。2016 年，全县有水稻联合收割机 2400 台。

收割稻谷

开沟机　有前置式和后置式两种，与东风 12 手扶拖拉机配套，在螺旋桨作用下，将泥土抛向两侧。主要用于旱地，集挖沟、碎土、抛土、覆盖一次性完成，每小时开沟 34 亩，很适宜于板田油菜栽培。

此外还有培土机、起垄机、拨杆机、剪叶机等农业机械，主要用于烤烟生产和旱作物栽培。

二、农用运输机械

县内农用运输机械主要有拖拉机。分为手扶拖拉机和轮式拖拉机两种。手扶拖拉机，1986 年有 913 台，2016 年增至 9861 台。轮式拖拉机：动力 14.7 千瓦以上的，1986 年有 156 台，2016 年有 124 台。农用汽车：1986 年有 134 台，2016 年增至 687 台。

其他农用运输机械，主要种类有小四轮、大四轮、三轮车等，主要品牌有四方、铁武林等。1986 年有 134 台，2016 年有 156 台。

三、农业固定作业机械

县内农业固定作业机械主要用于农田排灌、农产品脱粒加工等。主要有：碾米机：有 85 型、40 型等几种型号，1986 年有 3715 台，2016 年增至 8576 台。粉碎机：有 350 锤片式、26 型锤片式等几种型号，1986 年有 1673 台，2016 年有 1163 台。柴油抽水机：有 80-36-13 等型号，1986 年有 216 台，2016 年增至 558 台。抽水泵：有 80-36-19 等型号，1986 年有 3726 台，2016 年增至 9436 台。

此外，还有用于养殖业的饲料粉碎机、搅拌机，用于油料加工的榨油机，用于养鱼的增氧机、投饵机等。

四、半机械农具

县内主要有用于稻谷脱粒的脚踏打谷机；用于农作物病虫害防治手动弥雾喷粉器、背负式半自动喷雾器；用于农作物运输的手推独轮车，双轮大板车等。

1986—1993 年乐安县农业机械保有量表

表 13-8-1　　　　单位：千瓦、台

年份	农机总动力	手扶拖拉机		其他农用运输机械		固定作业机械		半机械化农具	农副产品加工机器	排灌机器
		台	千瓦	台	千瓦	台	千瓦			
1986	35613	913	11865	134	7352	1488	16396	65504	1673	370
1987	39197	940	12642	188	8521	1566	18034	66384	1759	360
1988	39139	941	12415	184	7992	1615	18732	68092	1826	378
1989	39438	834	10939	200	8765	1682	19734	77738	1944	415
1990	37806	855	11180	162	7378	1773	19248	75391	1918	395
1991	36009	775	9486	141	6476	2003	20047	82223	1985	523
1992	31242	596	7058	134	5388	1920	18846	77620	1908	530
1993	29433	463	6025	110	4990	1890	18418	79580	1661	500

第二节　农机管理

一、农机经营管理

计划经济时期，农业机械属于国家重要计划物资，由县农机公司统一经营。各公社（乡镇）设有农机站，统一管理使用农业机械。先后实行集中管理、专业经营、定额计酬、小段包工、定产定酬、包机到人的管理模式。实行农村联产承包责任制后，原集体所有的拖拉机多数实行承包经营。1985 年，除龚坊、山砀等少数几个乡镇农机站还保留几台破旧的拖拉机外，其他各乡镇农机站的农机全部租赁或转卖给个人经营。1986 年，一些乡镇农机站结合本地需要，利用原有场所和设施为农户提供有偿服务，开展多种经营，农机站又逐步恢复生机。戴坊、湖溪、增田、招携、万崇、鹏洲等乡镇的农机站先后恢复农业机械服务和管理。农机管理人员由 1986 年的 35 人发展到 1993 年的 75 人。农机操作人员由 1986 年的 1009 人增到 1993 年的 2445 人。乡镇农机站的经营业务，也由过去单一的供应柴油发展到技术咨询、技术服务、技术培训、机件维修和保养及零配件供应等。

二、农机使用管理

20 世纪 80 年代，乐安县实行各种类型拖拉机驾驶员机耕考核发证，对已取得交通监理部门颁发驾驶证的机手，未考到机耕证的，停止供应柴油指标；对新培训的机手，进行农田作业考试，机耕考试不及格者，不发机耕证，同时不准参加交通监理部门的驾驶证考试。机耕考试内容以实际操作为主。1991 年开始，对拖拉机等农业机械操作员进行年审，对拖拉机等农机进行年检，同时不定期开展农机作业田检路查，规定拖拉机等农机每年进行 1 次二级保养。农机年检分初次检验、年度检验和临时检验 3 种。检验内容：车容整洁、安全设备齐全、机件完好、安全可靠、挂车及配套农具连接可靠、安全设备完整有效。凡领有号牌和行驶证、使用证的农业机械，自领取之日起，须按农机监理机关规定，每年检查 1 次。对农机驾驶、操作人员自领证之日起，必须按农机监理机关规定参加年审，审验合格，填写《驾驶操作人员年度审验鉴定表》，农机监理机关在驾驶、操作证和驾驶员登证表的审验栏签注盖章。未办理年度审验手续或审验不合格者，不准继续驾驶拖拉机和操作农用动力机。年度审验的内容包括安全驾驶、遵纪守法、事故教训等情况，乡镇农机站负责鉴定，农机监理站进行审核合格后签章。

三、农机安全监理

1991 年，根据国务院《关于改革道路交通管理体制的通知》精神，对既从事农田耕作又从事农业运输的农业机械，其安全技术检验、驾驶员考核、安全教育、年度审验、核发牌证等工作，由公安机关委托给农机管理部门负责。县农机管理局设立农机安全监理股，负责农业机械安全监督管理工作。2010年始，国务院将各类农用运输车管理权划归公安部门管理，县农机局主要负责对变型拖拉机及其他农业机械设备进行安全监督管理。

第三节　农机培训

培训对象　主要是各种类型拖拉机、农用运输车驾驶员，柴油机、电动机、农副产品加工机械操作手，联合收割机手、机动插秧机操作手，以及乡镇农机管理人员，农机维护维修人员等。

培训内容　主要有农业机械基本原理，农机技术操作规程，农业机械常见故障，农机故障排查及维修，农机保养与维护，新型农机的推广运用以及相关法律法规、交通规则等知识。

培训方式　根据不同对象和不同内容，采取不同培训方式。举办专业技术培训班，指导农机操作人员学习农机基本原理、技术操作规程、相关交通法规等知识。实用技术操作，采取走出教室、深入农户、田间地头，手把手现场培训指导。与农业部门紧密配合，开展农机机械技术和农机维修培训。1986—1993年共举办培训班29期，培训学员2149人次。1994—2016年举办263期，培训21845人次。

第四节　农机购置补贴

2004年，国家出台农机购置补贴政策，安排专项资金对农民购买农业机械给予一定比例补贴。目的是鼓励和支持农民购买使用先进适用的农业机械，加快推进农业机械化，提高农业综合生产能力，促进农业增产增效、农民节本增收。

一、补贴种类　农机购置补贴种类有农田耕作机械、种植施肥机械、田间管理机械、作物收获机械、收获后处理机械、农产品初加工机械、排灌机械、畜牧水产养殖机械、动力机械、农田基本建设机械、设施农业设备和其他机械等12个大类39个小类125个品目的机具。

二、补贴对象　县域直接从事农机作业的农牧渔业者及农业生产经营组织。在申请补贴人数超过计划指标时，采取公开摇号的方式确定补贴对象。对已经报废老旧农业机械并取得拆解回收证明的农户，可优先补贴。

三、补贴标准　农机购置补贴产品不定销售价格，实行生产企业（供货点）与用户议价销售，农机管理部门对补贴机具确定其补贴额度。定额补贴按不超过该机市场平均价格30%测算，单机补贴额原则上不超过5万元。

2005—2016年，全县农业机械补贴资金共6787万元，补贴购置各种农机（含蔬菜大棚）18272台（个）。其中：插秧机89台，手扶拖拉机9861台，耕整机4260台，微耕机1660台，收割机1845台，轮式拖拉机111台，培土机163台，挖掘机6台，蔬菜大棚277个。

2005—2016年乐安县农机补贴情况表

表13-8-2　　单位：万元、台、个

年份	补贴资金	插秧机	手扶拖拉机	耕整机	微耕机	收割机	轮式拖拉机	培土机	挖掘机	蔬菜大棚
2005	30	0	0	0	0	50	0	0	0	0
2006	48	4	0	0	0	62	0	0	0	0
2007	47	4	120	0	0	44	0	0	0	0
2008	166	2	276	63	0	66	0	0	0	0

续表 13-8-2

年份	补贴资金	插秧机	手扶拖拉机	耕整机	微耕机	收割机	轮式拖拉机	培土机	挖掘机	蔬菜大棚
2009	494	12	897	755	0	161	0	0	0	0
2010	589	26	1030	1191	0	161	2	0	2	0
2011	661	19	1405	1153	155	85	0	163	1	0
2012	642	15	1098	291	431	148	7	0	3	277
2013	650	0	1196	178	464	93	13	0	0	0
2014	980	0	1425	629	0	282	0	0	0	0
2015	1121	6	1170	0	285	341	19	0	0	0
2016	1359	1	1244	0	325	352	70	0	0	0
合计	6789	89	9861	4260	1660	1845	111	163	6	277

第九章 农业科技与农业产业化

1986—2016年，县域重视农业科学技术发展工作，大力加强农业科学技术人才培养和农业科学技术推广，扩大农业产业化经营，推进传统农业向现代化农业转变，涌现一批农业龙头企业，农业综合开发工作取得显著成效。

第一节 农业科技

一、获奖成果

1985—1986年，县农业局与地区植保站共同完成“农田鼠害综合防治”项目，获地区科技进步三等奖。1992年，县能源办完成的“改灶省柴节煤技术推广”项目，获省农业厅技术改进奖三等奖。1993年，县农业局与地区兽医站共同完成的“猪瘟计划免疫技术应用”项目，获省农业厅技术改进奖三等奖。1995年，县农业局与地区农业局共同完成的“猪瘟计划免疫试验”项目，获省科技进步三等奖。同年，县农业局与地区兽医站共同完成的“猪瘟计划免疫试验”项目，获地区科技进步一等奖。1996年，县科委与地区科委共同完成的“早稻酸土育秧试验示范”项目，获地区科技进步三等奖。2009年，乐安县鹏鑫食品有限公司与江西农业大学共同完成的“清水山露菜棚栏调控保鲜技术”项目，获抚州市科技进步三等奖。同年，县烟叶生产办公室完成的“烤烟大型密集型烤房智能化烘烤技术”项目，获抚州市科技进步三等奖。

二、农技培训

1989年，县科学技术协会在特困乡镇招收农民致富技术函授大学学员566名，以乡镇为单位开办12个科技班，学习农业科技知识。1990年，招收农函大学员400名，专门学习烤烟生产和蚕桑生产知识。1986—2016年，以乡镇为单位先后开设120余次农民科技培训班，参训学员5.6万人次。

2008年，乐安县被列为全省新型农民科技培训项目实施县，筛选50个专业培训项目村，挑选

2000余名学员和175名村级动物防疫员作为培训对象，组织学习农业科技和畜牧兽医知识。有55名被录取为农业广播学校畜牧兽医专业中专生。2009年，乐安县首次实施农村劳动力转移阳光工程培训，公开招标培训机构，县职业中学中标，当年共培训农民学员180余人次。2010年，农村劳动力转移阳光工程培训200余人次，由县职业中学承担，培训专业旅游服务员100余人次、沼气工100余人次。2011年，阳光工程培训700余人次，培训机构为县职业中学。2012年，阳光工程培训1150余人次，其中，农业职业技能培训450余人次，农业专项技术培训700余人次。主要有：病虫害专业防治员、蔬菜园艺工、高产创建、沼气工、村级动物防疫员、农药经销员等。2013年，阳光工程培训由乐安县农技推广服务中心与乐安县职业中学联办，举办13期培训班，共培训681人次，其中农业专项技术培训502人次。乐安县职业中学承担农业职业技能培训124人次，农业专项技术培训502人次。

2016年，乐安县被列为新型职业农民培育县，培训机构为乐安县农技推广中心，培训地点为县委党校，分3期进行，培育150人次。

三、农技推广

2009年，乐安县被列为基层农技推广体系改革与建设示范县，主要实施内容：一是确定水稻、烤烟、蚕桑、食用菌、生猪为全县农业主导产业；二是设置农技推广体系机构、核定人员编制。改革后，全县共设乡镇农业综合服务站16个，编制172人，在编172人；三是筛选、推广主导品种和主推技术；四是培育农业科技示范户1000户；五是建设10个农业科技示范基地；六是培训100名基层骨干农技人员。其中种植业77人，畜牧业14人，水产业5人，农机4人。

2011年，深化农业科技体制改革，县农技推广服务中心内设机构核定编制数40个，全县设立15个乡镇农业技术推广综合站。当年，印发《乐安县乡（镇）农技推广人员聘用等实施意见》，明确乡镇农业技术综合站的岗位全部列入竞聘上岗范围，县农技推广中心和乡镇农业综合站建立考核组织，人员实行岗前培训并加强管理与监督。实行农技推广，每个村民小组设立1户以上科技示范户。

2012年，加强基层农技推广体系建设，筛选、推广主导品种和主推技术；培育农业科技示范户999户，选聘农业技术指导员100人；建设欣瑞丰现代生态农业发展有限公司综合基地、增田镇阳光蔬菜种植专业合作社蔬菜基地、乐安县鹏辉生猪养殖场3个农业科技试验示范基地，培训基层农技推广人员37人。

2013年，县政府整合资金，加大投入，将基层农技推广服务体系建设项目工程修改为新建公溪、山砀、湖溪、湖坪4个乡镇农技推广综合站业务用房，并对牛田、罗陂2个乡镇农技推广综合站业务用房进行改（扩）建；在15个乡镇配置仪器设备，投资规模437.73万元。建设江西艾格福地生态农业发展有限公司乐安花猪养殖场、江西乐屿生态农业有限公司蔬菜基地和江西信达茧丝绸有限公司优质蚕茧标准化生产基地3个农业科技试验示范基地；推选31名基层农技推广人员参加江西农业大学举办的全省基层农技推广人员培训。

2014年，完善农技推广运行机制；培育农业科技示范户1087户，选聘技术指导员90人；建设江西乐屿生态农业有限公司和江西信达茧丝绸有限公司2个标准化生产农业科技试验示范基地；推荐36名基层农技推广人员参加江西农业大学举办的全省基层农技推广人员培训；遴选109名农技指导员和1087户科技示范户。

2015年，建设乐安县鸿鑫生态农业专业合作社和乐安县白石正汉养殖专业合作社2个农业科技试验示范基地；培育1084户农业科技示范户。

2016年，建设增田镇温田蚕桑科技示范园和现代农业示范园2个农业科技试验示范基地；遴选108名农技指导员，培育1083户农业科技示范户；推选37名基层农技人员参加江西生物科技职业学院举办的全省基层农技人员培训。

第二节　农业产业化

一、农业产业化经营

农业产业化即从整体上推进传统农业向现代农业转变，是加速农业现代化的有效途径。2003年6月，成立乐安县农业产业化经营工作领导小组，办公室设在县农业局，开展对全县农业产业化工作指导。

2003年，抚州市开始对各县区进行农业产业化经营工作目标考评。当年，乐安县获评全市农业产业化经营工作先进单位。

2006年，乐安县有市级农业产业化龙头企业9家，龙头企业完成无公害产品认证4个，完成绿色食品认证1个，申请注册商标1个；全县共有各类农民专业合作经济组织20个。2008年，农业产业化工作促使全县新增生产烟叶面积0.84万亩，新增生产蚕桑面积0.77万亩。新增省级龙头企业1家，市级龙头企业4家。其中广信茧丝有限公司主营收入较2007年增长10%。新增农民专业社11个，新增广雅竹笋为省级农产品知名品牌；新增无公害农产品认证8个、绿色食品2个。

2010年，开展农产品食品加工业情况和农民专业合作社发展调查，当年新增蔬菜标准化基地1239亩，占计划的123.9%；新增省级龙头企业2家、市级龙头企业3家。新增农民专业合作社25家。乐安县鹏鑫食品有限公司的“爱杰鑫”蔬菜罐头获江西省著名商标；新增无公害农产品认证3个。开展对稻谷、蔬菜、水果、茶叶、畜禽产品、水产品农（兽）药残留监测，抽检样品全部合格。乐安县鹏鑫食品有限公司开发的“保鲜山露菜”获江西省优秀科技新产品。当年，乐安县在全市农业和农村工作考评中排第三名。

2014年，成立由县长担任组长的乐安县现代农业示范园建设领导小组，县财政安排15万元工作经费，编制完成现代农业示范园区建设规划；新增江西益农现代农业开发有限公司、乐安县华盖山茶叶专业合作社为市级休闲农业示范点。县政府安排蔬菜生产奖补配套资金10万元，实施200万元现代农业蔬菜项目。新增农民专业合作社29个、无公害农产品1个、绿色食品3个及乐安花猪地理标志。开展科技示范户的培训，32人到江西农业大学培训，6人到省生物工程科技学院培训；开展基层农技人员“三定向”培养工作，共选拔6名定向生参加江西农业工程职业学院和江西生物科技职业学院学习。当年，乐安县在全市农业和农村工作考评中排第三名。

2016年，成立乐安县现代农业示范园建设园区管委会，落实全县现代农业示范园排下核心园区，规划面积1万亩，当年实际完成集中连片核心园区建设3200亩。其中，江西乐屿生态农业有限公司蔬菜3000亩，江西欣瑞丰生态精品葡萄园200亩，园区的主导产业为蔬菜、烟叶、油茶、水稻。当年投入资金188万元，支持园区现代农业科技展示馆温室苗木栽培及装饰采购项目，投入200万元建设温室钢结构工程，拨入财政资金72万元支持乐屿蔬菜基地建设。当年，乐安县获评全省农业与农村工作先进集体。

二、农业龙头企业

2004年，抚州市进行市级农业产业化龙头企业认定工作。当年，乐安县富源丝厂、乐丰绿色

蔬菜温室大棚

食品有限公司2家企业被认定为首批市级农业产业化龙头企业。到2016年，全县有市级以上农业产业化龙头企业11家。其中，江西广雅食品有限公司为国家级农业产业化龙头企业。省级农业产业化龙头企业有5家，即乐安县鹏鑫食品有限公司、乐安县山蜂食品有限公司、乐安县信达茧丝绸有限公司、江西大地常春实业有限公司、乐安县恒源食品有限公司。市级农业产业化龙头企业有5家，即江西台大农业科技园有限公司、江西省高氏油茶产业发展有限公司、抚州黑五类食品有限公司、江西省加乐食品有限公司、乐安县岭元野生动物驯养繁殖基地。

三、主要休闲农业基地

休闲农业是利用农业景观资源和农业生产条件，发展观光、休闲、旅游的一种新型农业生产经营形态。是深度开发农业资源潜力，调整农业结构，改善农业环境，增加农民收入的新途径。在综合性的休闲农业区，游客不仅可观光、采果、体验农业耕作、了解农民生活、享受乡土情趣，而且可住宿、度假、游乐。乐安县休闲农业资源丰富，已开发市级以上休闲农业示范点有4家。其中，省级休闲农业示范点2家，即小蓬莱景区和江西益荣现代农业开发有限公司。市级休闲农业示范点2家，即乐安县华盖山茶叶专业合作社和江西台大农业科技园有限公司。

第三节　农业综合开发

一、土地治理项目

乐安县土地治理始于1998年，治理项目包括：稳产高产基本农田建设、高标准农田示范工程、粮棉油等大宗优势农业产品基地建设、良种繁育、土地复垦等中低产田改造、草场改良、小流域治理、土地沙化治理、生态林建设、中型灌区节水配套改造等。主要扶持农业主产区，重点扶持粮食主产区。以中低产田改造为重点，结合优势农产品产业带建设，建设旱涝保收、稳产高产基本农田。坚持山水田林路综合治理，实现经济、社会、生态效益的统一。土地治理项目扶持对象以农民为重点。

农业综合开发立项坚持“公平竞争，择优立项”原则。乐安县根据省、市下达的投资规模，选择开发条件好、乡镇重视、农户积极性高的项目上报抚州市，再由省、市评估小组进行评估论证，符合要求的给予立项。1998—2016年，全县农业综合开发土地治理项目总投资16344万元。其中，中央财政资金9492万元，地方财政配套4494万元（含省级配套资金2521万元，市级配套资金1973万元），自筹资金2270万元，银行贷款87万元。共建设项目22个，建设高标准农田20.46万亩。

二、产业化经营项目

产业化经营项目包括经济林及设施农业种植、畜牧水产养殖等种植养殖基地项目，农产品加工项目，储藏保鲜、产地批发市场等流通设施项目。该类项目参照国家制定的优势农产品区域布局规划，根据当地资源优势和经济发展状况，确定重点扶持的优势农产品产业。通过加强优势农产品基地建设，扶持农业产业化龙头企业，提高农业生产组织化程度和农业产业化经营水平。项目扶持对象包括国家级和省级农业产业化龙头

实施农田整理项目

企业以及农民专业合作组织等。

农业产业化经营选择符合产业政策和行业发展规划，资源优势突出，区域特色明显，市场潜力大，示范带动作用强，预期效益好的项目。项目建设符合生态环境保护和资源节约利用要求。1998—2016 年，全县产业化经营项目总投资 8216 万元。其中，中央财政资金 1322 万元，地方财政资金 675 万元（含省级配套 217 万元，市级配套 432 万元，县级配套 26 万元），自筹资金 4507 万元，银行贷款 1712 万元。共扶持项目 28 个。

三、项目管理

所有工程类项目均实行招投标，财政投资在 50 万元以上的重点项目实行单独公开招标，小型项目实行与重点项目捆绑招标或与同类项目打包招标。项目实施期间，以项目区为单位向农民群众公示项目建设内容、主要工程量、财政资金及农民筹资投劳的使用计划等，主动接受项目区群众监督。财政投资 10 万元以上的小型水库、拦河坝、机电井、渠系、机耕路、桥涵闸等土地治理工程类项目都实行工程监理。财政投资 10 万元以上项目请审计部门进行单项工程审计，出具审计决算，作为项目报账的最终依据。

四、实施效益

1998—2016 年，全县农业综合开发共建设高标准农田 20.46 万亩。通过对山、水、田、林、路进行综合治理，较大地改善项目区农业生产基本条件，增强抵御自然灾害能力，提高项目区农业综合生产能力。农业可持续发展能力得以增强。农业综合开发产业化经营项目实施，促进粮食、生猪、蚕桑、毛竹、蔬菜、烟叶、竹笋等农业主导产业发展。通过水源工程、田间配套和机耕路工程，提高劳动效率，降低生产成本，增加项目区农民收入；通过扶持农业产业化龙头企业，带动农民发展特色种养业，同时吸引农民进入本地企业务工，促进增加农民收入来源，促进农村社会和谐、稳定和健康发展。

1998—2016 年乐安县农业开发项目建设投资情况表

表 13-9-1　　　　单位：万元

年份	总计	土地治理总投资						增量项目总投资					产业化总投资						
		小计	中央	省	地	自筹资金	银行贷款	小计	中央	省	地	自筹资金	小计	中央	省	地	县	自筹资金	银行贷款
1998	545	313	91	—	93	92	37	—	—	—	—	—	232	42	—	42	—	43	105
1999	594	369	123	—	123	123	—	—	—	—	—	—	225	42	—	42	—	42	99
2000	68	68	27	—	27	14	—	—	—	—	—	—			—		—	—	—
2001	683	402	150	—	129	72	50	—	—	—	—	—	281	58	—	52	—	28	143
2002	705	453	189	—	170	94	—	—	—	—	—	—	252	74	—	67	—	37	74
2003	710	486	221	—	155	110	—	—	—	—	—	—	224	70	—	49	—	35	70
2004	412	412	187	—	94	131	—	—	—	—	—	—	—	—	—		—	—	—
2005	638	638	290	—	145	203	—	—	—	—	—	—	—	—	—		—	—	—
2006	611	611	305	—	153	153	—	—	—	—	—	—	—	—	—		—	—	—
2007	974	669	310	—	204	155	—	—	—	—	—	—	305	100	—	55	—	150	—
2008	1063	713	357	—	178	178	—	—	—	—	—	—	350	100	—	50	—	200	—
2009	2678	840	442	—	221	177	—	—	—	—	—	—	1838	150	—	75	—	1213	400
2010	1860	1530	900	405	45	180	—	20	20	—	—	—	310	30	14	—	2	165	100
2011	2434	1350	900	324	36	90	—	105	70	25	3	7	979	86	23	—	3	846	21

续表 13-9-1

年份	总计	土地治理总投资						增量项目总投资					产业化总投资						
		小计	中央	省	地	自筹资金	银行贷款	小计	中央	省	地	自筹资金	小计	中央	省	地	县	自筹资金	银行贷款
2012	3191	1560	1040	374	42	104	—	150	100	36	4	10	1481	132	32	—	4	613	700
2013	1779	1200	800	288	32	80	—	—	—	—	—	—	579	80	19	—	2	477	—
2014	2164	1200	800	288	32	80	—	450	300	108	12	30	513	200	72	—	8	234	—
2015	2250	1605	1070	385	43	107	—	—	—	—	—	—	645	158	57	—	7	424	—
2016	1200	1200	800	288	32	80	—	—	—	—	—	—	—	—	—	—	—	—	—
合计	24559	15619	9002	2352	1954	2223	87	725	490	169	19	47	8216	1322	217	432	26	4507	1712

1998—2016年乐安县农业开发项目建设效益情况表

表 13-9-2　　单位：万亩、万千克、万元、亩

年份	土地治理项目效益						
	建设标准农田面积	新增灌溉面积	改善灌溉面积	新增粮食产量	新增种植业总产值	新增农民纯收入总值	新增农田防护林
1998	0.93	—	0.93	234.00	—	—	900
1999	1.50	—	1.50	236.00	—	—	—
2000	0.25	—	0.25	37.50	—	—	—
2001	1.20	—	1.20	225.00	295.00	—	3000
2002	1.40	0.20	1.20	245.00	920.00	—	—
2003	1.10	0.10	1.00	246.00	270.00	—	—
2004	0.75	—	0.75	187.50	277.00	—	—
2005	1.10	0.05	1.05	264.00	370.00	222.00	—
2006	2.11	1.06	1.05	183.60	293.76	160.00	—
2007	0.95	—	0.95	212.00	331.20	166.40	—
2008	0.87	—	0.87	185.00	315.00	142.40	—
2009	0.86	0.06	0.80	184.00	331.20	149.00	—
2010	1.15	0.19	0.96	233.80	7.20	4.30	—
2011	1.14	0.19	0.95	246.90	531.93	314.34	200
2012	1.34	0.15	1.19	283.30	656.39	393.83	200
2013	0.86	0.05	0.81	125.90	327.34	196.40	130
2014	1.20	0.01	1.19	121.40	309.04	185.42	130
2015	1.00	0.04	0.96	81.60	220.32	132.19	130
2016	0.75	0.03	0.72	86.88	243.26	133.79	20
合计	20.46	2.13	18.33	3619.38	5698.64	2200.07	4710

第十章　农业管理

县内农业管理机构包括县乡两级。县级分行政管理机构和技术管理机构，行政管理机构有县农业局、县农村工作办公室等，技术管理机构有农技推广中心、畜牧兽医局和烤烟生产办公室等。乡镇有农业技术推广综合站、畜牧兽医站和经营管理站等。对农业农村管理包括农村集体经济管理、农民负担监管、农业信息化、农产品质量管理、农村能源管理等。

第一节　机构人员

一、行政管理机构

（一）乐安县农业局

1950年11月，县人民政府设立建设科管理农业事务。1951年11月，设立农林科管理农业事务。1956年6月，改为农林局。1958年2月，水利局并入，改称农林水利局。1960年3月，林业、水利分出，改称农业局。1961年2月，水利局再次并入，改称农业水利局。1968年4月，农业水利局并入县革命委员会抓促部。1970年3月，恢复农业水利局并设立农业水利局革命委员会。1973年1月，农业水利分开，单独设立农业局革命委员会。1984年6月，将农业局改为农牧渔业局，1996年设立中共农牧渔业局委员会。2001年12月，改称农业局。

县农业局办公大楼

县农业局是县人民政府主管农业的职能部门，主要负责域内农、牧、渔业及农村经济管理工作。1986年在职人员70人，其中技术人员38人。2016年，局机关行政编制12个，工勤编制1个。内设机构有：办公室、农村经济体制与经营管理股、市场信息股、计划财务审计股、科技教育股、综合法规股6个职能股室。2016年12月，有公务员10人，其中，正科级5人，副科级4人，科员1人。

1986—2016年，历任局长：游木林、黄茂通、李自发、许光明、陈继发、陈方针、程宝光、邹炳忠、杨卫、杨拾祥；1996—2016年，历任党委书记：许林福、刘华龙、韩君才。

（二）乐安县人民政府农村工作办公室

1988年12月，撤销乐安县委农村工作部改为乐安县农业经济委员会，为县政府工作部门；1995年12月，撤销县农业经济委员会改为乐安县人民政府农村工作办公室；2002年10月，恢复乐安县委农村工作部，增挂乐安县人民政府农村工作办公室牌子，与县委农村工作部两块牌子，一套人马。

（三）乐安县农业综合开发办公室

1989年实施农业综合开发，也称赣中南农业开发，工作由县计划委员会兼管，1991年改由县农村工作办公室兼管。2003年4月，成立乐安县农业综合开发办公室，为县政府副科级财政拨款事业单位，核定事业编制7个，领导职数：正职1名，副职1名。其主要职责为：负责全县国家立项的农业综合开发统筹规划、综合协调、组织实施和督促检查工作。2007年12月，根据抚州市人事局印发《关于乐安县粮食局等十个单位列入参照公务员管理的通知》，县农业综合开发办列入参照公务员管理单位。

二、技术管理机构

（一）乐安县农技推广中心

成立于1987年6月，为县政府直属正科级一类事业单位，挂靠县农业局。内设农业技术推广站、植物保护站、土壤肥料站、种子管理站、经济作物站、水产站。其主要职能为负责农业技术推广，农作物病虫害防治及灾情的监测预报，种子管理等工作。

2016年人员编制为40个，领导职数：主任1名、副主任2名。在册人员32人。其中，副高职称2人、中级职称13人、初级职称16人。

1987—2016年，历任主任：游木林、方彤、黄茂通、洪承焕、陈中平。

（二）乐安县畜牧兽医局

1961年，成立乐安县畜牧兽医工作站，1967年撤销。1974年恢复成立县畜牧兽医站。1988年8月，成立乐安县畜牧兽医协会，为群众性团体组织（1997年前后自行解散）。1991年8月，成立乐安县畜牧兽医管理总站。1997年1月，设立乐安县兽医卫生监督检验所。2008年6月，成立乐安县畜牧兽医局，为副科级一类事业单位，归口农业局管理。内设办公室、畜牧技术推广站、动物疫病预防控制中心，2015年7月，增设畜禽屠宰管理站。下辖乐安县动物卫生监督所。2016年人员编制12个，有在职人员9人，其中，副高职称2人，中级职称2人，其他5人。

（三）乐安县农业机械管理局

1984年5月，县农业机械管理局更名为县农业机械服务站，职能不变，仍为正科级机构。1990年4月恢复农业机械化管理局，为参照公务员法管理单位，内设人事秘书、农机管理、农机培训、农机修理推广4个职能股室。主要职责为负责全县农业机械管理、农机技术推广、农机人员培训和农机安全监督管理。局机关工作人员19人，其中行政管理人员6人，工勤人员7人，专业技术人员6人。1991年5月增设农机安全监理股，增加农机监理职能。2007年12月，根据抚州市人事局抚人字（2007）190号文件，县农机局列入参照公务员管理单位。2016年内设人事秘书、农机管理、农机安全监理、农机修理推广4个职能股室，在职人员8人。其中，参照公务员法管理人员5人，工勤人员3人。

1986—2011年，各乡镇均设有农机站，负责域内农业机械推广、服务和管理。2011年根据深化乡镇机构改革方案，乡镇农机站与农技站等部门合并组成农业综合服务站，履行农机服务和管理等职责。

1986—2016年，历任局长（站长）：余厚仁、周荣、杨霭兴、游永和、徐志华、杨建平。

县农机局办公楼

（四）乐安县烟叶生产办公室

1989 年 8 月，成立乐安县烟叶生产领导小组，下设烟叶生产办公室（简称“县烟办”），工作人员分别从农业局、农经委、烟草专卖局（公司）抽调，办公室主任由时任县烟草专卖局（公司）局长（经理）担任。办公地先后设在县农业局、县烟草公司办公楼内。1989 年，县烟办有工作人员 11 人。设有技术室、财务室。2016 年年底，有工作人员 6 人。县烟办主要职责是：制定全县烟叶生产工作实施意见、协调县直单位与烟草部门关系，督查指导并考核乡镇烟叶产业发展，培训指导县、乡、村三级技术员和示范户。

1989—2016 年，历任主任：方彤、王南香、黎茶根、邓全生、周栋梁、章建其、游高亮。

（五）乐安县蚕桑管理局

1991 年 2 月，成立乐安县果业蚕桑利用领导小组，下设果业蚕桑办公室，从县农业局、科委抽调 7 名工作人员开展工作。1992 年 12 月，蚕桑办与果业办分开办公。1994 年 5 月，县蚕桑办列为正科行政单位，是年 9 月，更名为县蚕桑管理局。1997 年 5 月，“三定”方案将乐安县蚕桑局定为事业单位。2007 年 12 月，根据抚州市人事局印发《关于乐安县粮食局等十个单位列入参照公务员管理的通知》，县蚕桑局列入参照公务员管理单位。2016 年，县蚕桑管理局有干部职工 11 人，内设蚕桑服务部、技术股、办公室 3 个股室。

1991—2016 年，历任局长（主任）：洪承焕、游木林、许光明、许林福、余国勇、陈夏林、邓中华、游高亮。

（六）乐安县农业利用外资办公室

乐安县农业利用外资办公室（简称“外资办”）。其前身为 1985 年 6 月成立的县排下实验农场，位于戴坊镇排下村。1990 年 11 月，县政府将排下实验农场更名为乐安县农业利用外资办公室，为副科级单位，隶属县农牧渔业局。有办公、生活用房 2600 平方米，板鸭厂车间 500 平方米，鸭舍 2400 平方米；耕地 1550 亩，山林 500 亩；小（2）型水库 1 座（红旗水库），鱼塘 6 口，小山塘 2 座。主要职责是管理所属的国有资产，从事红壤开发利用。1990 年，编制为 8 个，实际在职 11 人。2016 年编制 5 个，在编 4 人，退休人员 5 人。历任主任由县农业局分管领导兼任。

（七）乐安县果业开发办公室

成立于 1993 年，1997 年 5 月定为正科级一类事业单位，挂靠县农业局，主要职责为全县果业发展规划与技术指导，2003 年 3 月撤销。1993—2003 年，办公室主任由韩君才担任。

三、乡镇农业服务机构

（一）农业技术推广站

1973 年湖溪农技站成立；1974 年鳌溪、公溪、戴坊农技站成立；1976 年罗陂农技站成立；1980 年山砀农技站成立；1982 年航桥、坪溪农技站成立；1983 年大码头农技站成立；1985 年龚坊农技站成立；1986 年万崇、牛田、潭港、招携农技站成立；1987 年南村、湖坪农技站成立；1988 年鹏洲农技站成立；1990 年，望仙、增田农技站成立。至 1990 年，全县各乡镇均设有农技站。乡镇农技站的主要职责为农业技术推广与服务。

（二）畜牧兽医站

1953 年鳌溪、公溪兽医站成立；1954 年龚坊兽医站成立；1955 年南村、湖坪、戴坊兽医站成立；1956 年金竹兽医站成立；1958 年望仙兽医站成立；1962 年，万崇、招携兽医站成立；1963 年牛田兽医站成立；1965 年湖溪兽医站成立；1966 年增田兽医站成立；1968 年谷岗兽医站成立；1972 年潭港兽医站成立；1974 年坪溪兽医站成立；1975 年罗陂兽医站成立；1978 年鹏洲兽医站成立；1980 年山砀兽医站成立；1985 年航桥兽医站成立。至 1985 年全县 20 个乡镇均设有兽医站。乡镇兽医站的主要职责为畜牧技术推广、动物疫病防控、动物和动物产品检疫等。

（三）农村经营管理站

1997 年 7 月，县政府批准组建乡镇农村经营管理站。1999 年 3 月，县农业局党委任命各乡镇农村经营管理站站长，全县各乡镇经管站正式成立。乡镇农经站的主要职责为辖区内农村经营管理指导和农民负担监管。

2001年，乡镇机构改革，撤销航桥、鹏洲、坪溪、潭港、望仙5个乡，其所属的农技站、兽医站、经管站分别并入山砀、戴坊、金竹、鳌溪、招携等5个乡镇相对应的机构。

2003年12月乐安县乡镇农业“三站”人员结构情况表

表13-10-1

站别	人数			人员年龄			学历			职称		
	总人数	其中		30岁以下	31至50岁	51岁以上	高中以下	中专	大专以上	技术员	助理农艺师	农艺师
		男	女									
农技站	142	124	18	42	81	19	26	99	17	62	77	3
农经站	70	63	7	20	50	0	2	59	9	53	17	0
兽医站	330	322	8	106	163	61	291	37	2	129	50	—
合计	542	509	33	168	294	80	319	195	28	244	144	3

（四）农业技术推广综合站

2005年8月，乡镇事业单位机构改革，撤销乡镇农技站、经管站、兽医站、农机站、企业办，设立乡镇农业技术推广综合站，站长由乡镇安排。2009—2016年，乐安列入基层农业技术推广体系改革与建设示范县，对基层农技推广机构设置与人员编制进行核定，并开展一系列相关工作；2011年经乡镇党委推荐，县农业局党委研究，重新任命乡镇农业技术推广综合站站长。

由于农业“三站”组建年代不同，各乡镇有先后，1993年以前全县人员无统计。1994年，全县乡镇农技推广人员196人，其中，国家农技干部112人、招聘干部54人、农技员20人。2013年，全县基层农技人员共542人，2016年，年底在册人员为103人。

公溪镇农业技术推广综合站

2016年乐安县各乡镇农业技术推广综合站基本情况表

表13-10-2　　　　单位：人、平方米

所属乡镇	人员	办公用房面积	主要办公设备及数量	主要仪器设备及数量	主要职能
龚坊镇	5	30	电脑1台、复印机1台	冰箱1台、触摸屏1台、解剖工具箱1套、双目解剖镜1台、检疫箱1套、土壤墒情监测仪1个、土壤养分速测仪、农残速测仪1台、水质快速测定仪、电子天平1台、烘箱1个、横格式分样器1个、数粒机1台、电子磅秤1台、移动智能识读器1台、沼气维修工具箱1台、沼气检测专用设备1套、病虫测报工具箱1个、病虫调查统计器1套、采样箱1套、多功能一体机1台、投影仪1台、数码相机1台	一是宣传贯彻党在农村的各项方针政策和法律法规；二是根据县农业产业规划，协助乡镇政府科学制定农业产业规划；三是组织农业技术员、动物防疫员、科技示范户和农民开展农作物栽培、动物饲养、水产品养殖、农村能源、农业机械应用等农业实用技术培训，开展新品种、新技术、新材料的示范推广；四是深入农业生产实地，现场指导科技示范户和农民；五是承担本乡镇农作物病虫害、动物疫情及灾情的监测、预报、防治、处理，拟定并即时发布病虫情报，上报上级部门；六是负责本乡镇农业需求信息的采集、反馈、传递和发布
增田镇	11	30	台式电脑2台、笔记本电脑2台、打印机1台		
招携镇	9	56	电脑2台、打印机2台		
谷岗乡	4	50	电脑1台、打印机1台		
鳌溪镇	12	60	打印机2台		
万崇镇	4	290	手提电脑2台、台式电脑2台		
山砀镇	11	240	手提电脑2台、台式电脑3台		
牛田镇	3	300	电脑4台、档案柜6只		
罗陂乡	6	100	电脑2台		
金竹畲族乡	5	70	台式电脑1台、打印机1台		
湖坪乡	4	394	手提电脑2台、台式电脑2台		
戴坊镇	13	100	打印机2台、台式电脑2台、档案橱7只		
湖溪乡	7	394	手提电脑1台、台式电脑1台		
公溪镇	7	394	手提电脑1台、台式电脑1台、档案柜6只		
南村乡	7	20	手提电脑1台、台式电脑1台		

四、局属基层单位

（一）农业综合执法大队

2005年3月，县农业局成立农业综合执法大队，为正股级一类事业单位，编制6个。2015年9月，畜禽屠宰监管职责调整，县农业执法大队增加6个编制，共计编制12个。主要职责：查处县域农业领域违法行为，开展“农资打假专项整治行动”和生猪定点屠宰市场专项整治工作；承办县域种植业种子、农药、肥料，养殖业兽药、饲料和饲料添加剂等物质的监管，以及农产品质量安全违法案件的行政处罚及行政强制。

（二）乐安兽药厂

乐安兽药厂前身是县农业局1971年创办的职工家属工厂，原址位于詹家巷14号。1982年经省农业厅检查验收，批准建厂生产，厂名为乐安县兽药厂。1983年12月，经县政府批准招收大集体人员19人，成立大集体性质乐安县兽药厂。1992年，经县人民政府批准，该厂从大集体性质

转变为县属地方国有企业。1995年，整体搬迁至鳌溪路260号，新建厂区占地8000平方米，建筑面积4000平方米。散剂、水针剂、粉针剂、片剂一应齐全，各类品种65个，员工173人。1996年，企业工业总产值1080余万元。1997年，该厂实行国有股份制改革，全厂员工集体入股，入股率96%。历时3年，2010年改制完成

（三）乐安县沼气纱罩厂

1984年11月，县政府将二轻局所属陶瓷厂沼气纱罩车间移交给乐安县农牧渔业局，更名为乐安县沼气服务公司纱罩厂，在册职工23人，属大集体企业。从1986年开始，由职工推选承包人，实行自产自销，自负盈亏，按产值的14%提取公积金；工厂内部实行计件制，按劳取酬。1995年开始，产品销售不好，导致资金周转困难，1996年8月停产。2004年，企业职工陆续参加社会养老保险，2013年6月，纱罩厂职工列入破产改制企业，参加医保。

（四）乐安县农业科学研究所

1971年12月，成立乐安县农业科学研究所（简称“农科所”），隶属县农业局，所址在大马头垦殖场召尾村。有水田100亩，旱地60亩作为农业科研基地。1985年5月，县农科所从大马头召尾村迁至戴坊镇排下实验农场。1986年，县农科所有水田300余亩，旱地200余亩，鱼塘15亩。2011年县农业局决定外资办、农科所、良种场合署办公，三块牌子，一套人马。2014年，县农科所现有耕地由县政府整体出租给乐屿生态有限公司建蔬菜基地，职工工资由政府按政策给予保障。2016年，全所在职员工16名，其中管理人员3名。

（五）乐安县良种场

1950年8月，成立乐安县良种场。1970年与畜牧水产场合并，更名为县畜牧水产良种场。1972年与畜牧水产场分家，复称县良种场，场址位于鳌溪镇前坪村。1975年迁至牛田镇员陂村龙石村小组。1985年4月，迁至戴坊镇排下实验农场。1986年有水田400余亩，旱地100余亩，山林400亩，水库（高坑水库）1座。在职员工32人，其中，干部及管理人员6人，退休人员3人。良种场以种子生产为主，繁育常规稻种子和杂交稻制种。2016年，全场在职员工20人，其中管理人员3人。

（六）乐安县畜牧水产场

1950年成立国营乐安县农场，地址在鳌溪镇小南门鳌河南岸。有土地1300亩，其中水田300亩、旱地500亩、山林500亩。1970年石里元鱼种场并入，增加水产项目，更名为县畜牧水产场，其后又与县良种场合并，更名为县畜牧水产良种场。1972年与良种场分家，复称县畜牧水产场，负责全县家鱼孵化、苗种培育和良种猪繁育。1988年划归县农牧渔业局管理。1992年，因县城扩建，畜牧水产场迁往五福亭，用赣中南开发资金，新建一个生产基地。有山林近千亩，水面近200亩。2012年，因工业园区建设需要，五福亭基地全部征用。2016年因南山公园建设，县政府征用水产在县城仅有的山林200亩。1986年有在册人员66人。其中，在职人员30人，退休人员36人。2016年，有在册人员73人。其中，在职人员22人，退休工人46人，遗补人员5人。

（七）乐安县种子公司

乐安县种子公司成立于20世纪60年代，专事经营农作物种子。1986—2007年，县种子公司与县种子站合署办公，两块牌子，一套人马，实行企业化管理。2000年12月，《中华人民共和国种子法》颁布实施，农作物种子由县种子公司独家专营转变为多主体竞相经营。县种子公司经营不善，逐步退出种子经营市场。2007年，县种子站与县种子公司分离，原事业编制人员划入县种子站，种子公司实行破产改制，40名职工进入社保安置。

第二节 集体经济管理

一、村级财务管理

农村实行家庭联产承包责任制后，村民小组一级经济逐步消失，农村财务管理主要是村民委员会一级。

1991年，县农牧渔业局设立农村经济审计站，

负责局机关及局属单位内部审计和全县村级财务审计工作。1993年，县农牧渔业局、县财政局联合下发《关于对全县村级合作经济组织财会人员进行全面培训、考核、发证的通知》，全面培训村组会计、出纳、财务主管领导，提高财务管理人员业务能力。接着又联合下发《关于全县村级财务实行五统一的通知》，即统一会计科目，统一采用借贷记账法记账，统一账簿、报表格式，统一会计凭证，统一村级会计的培训、考核、发证，进一步规范村级财务管理行为。

1999年，各乡镇（场）成立农村经济经营管理站（简称“经管站”），并制定经管站目标管理考核办法，确保《乐安县农村经济经营管理办法》落到实处。9月，全县开展清理乡村两级不良债务工作；10月，全县共清理出乡镇级债权总额2794.60万元，乡镇级债务总额4975.09万元，乡镇债务总额是债权总额的1.78倍。每个乡镇平均负债236.91万元。是年全县村级债权总额620.68万元，村级债务总额1806.19万元，村级债务总额是债权总额的1.75倍，村级负债率为74.36%，每个村委会平均负债8.3万元。

2003年，省农业厅下发《关于进一步加强农村集体财务管理工作的通知》，实行农村集体资金“乡管村用”，推进农村财务电算化管理工作。全县村级财务全面实行村账乡代理，村委会不设会计，只设一名报账员，减轻村级负担。

2005年，开展农村财会人员培训和村级财务审计工作。乡镇经管站结合村级财务公开，对各村的财务收支、各项财产、债权、债务、收益分配及“一事一议”等筹资筹劳提取等进行审计和清查。

2006年5月，县农业局举办全县村级债权债务调查摸底培训班，对乡镇农村经营管理人员和村级财务代理人员进行培训。

2007年8月，县农业局转发抚州市农业局《关于开展全市财务管理混乱村清理整顿的通知》，对全县各乡镇财务管理混乱村的村级经济进行清理整顿。

二、农村土地承包管理

土地延包　1992年5月，地区行署下发《抚州地区农业承包合同管理制度（试行）》的通知，要求县乡设立农业承包合同管理委员会，同级农经部门为办事机构，村委会设立承包合同管理小组。农业部门开始进行域内农业承包合同管理工作。

1998年乐安县开展第二轮土地延长承包期工作。全县第二轮土地承包面积35.8万亩，占耕地总面积的96%；土地承包户5.7万户，占全县农业户总数的95%；全县填发“农村土地承包经营权证书”6万本，到户率95%。

2002年开展二轮土地延长承包期扫尾工作，确定全县计税面积为35.88万亩，为农业税征收提供依据。2003年3月《中华人民共和国农村土地承包法》正式实施，7月，县农业局举办4期“学习农村土地承包法”培训班，对农村土地承包管理干部和农村基层干部进行培训，培训人数600余人次。

2006年，域内开展换发农村土地承包经营权证工作，收回由省农业厅监制的农村土地承包经营权证，换成由农业部监制的新版中华人民共和国农村土地承包经营权证。换发证工作历时两年，2008年年底，第二轮土地延包面积32.2万亩，占耕地面积的94%，土地承包户5.99万户，占总农户数的92%。全县填发中华人民共和国农村土地承包经营权证5.99万本，到户率为98%以上，基本完成土地延包及换证工作。

2007年11月，乐安县开展农村土地专项治理工作。对辖区农村土地征用补偿及分配、农村机动地、“四荒地”发包中存在的突出问题进行专项治理。县农业局、监察局、纠风办组成督导组对各乡镇专项治理工作进行督导，并对检查中发现的问题予以跟踪督办。通过专项治理，完善农村二轮土地延包，规范农村承包土地流转，解决农村土地征用补偿及分配、农村机动地和“四荒地”发包中存在的问题。域内土地延包工作中仍有部分乡村存在“三年一小调，五年一大调”

农村土地承包经营权证

的现象。

土地流转　1998年农村土地第二轮延包后，由于承包期长达30年，期间各家庭人口、生产经营状况等发生较大变化，有的家庭劳力减少，无力耕种承包地，有的家庭人口增加，已有的耕地无法安置现有劳力，出现农村土地自发流转情况。当时，土地流转大多是在亲戚、朋友或本村农户间进行，通常是一年一约定，春节期间双方协商，并支付流转费，签订协议的较少。由于土地流转不规范，只是口头约定，农村土地流转纠纷时常发生。

2004年，粮食价格上涨，国家对种粮农民进行补贴，取消农业税等一系列优惠政策的出台，土地流转矛盾增多。为规范农村土地承包经营权流转，结合农村税费改革，乐安县开展农村土地承包经营权流转试点工作，成立农村土地流转工作领导小组，下发实施方案。是年，全县农村土地流转面积23992.26亩，占计税面积的7.3%，流转户数7047户，签订合同7047份，全县承包耕地30亩以上的大户有360多户。

县域土地流转主要有转包、转让、互换、出租、股份合作几种形式。

2009—2010年，在鳌溪镇开展乡镇农村土地流转规范化服务试点工作，成立农村土地流转规范化服务中心，收集并发布土地流转供需信息，为流转双方办理流转手续，将此前口头协议变更为统一格式的书面合同，推动土地流转工作规范化。2009年，全县承包耕地34.3万亩，土地流转面积3.2万亩，占承包耕地面积的9%，涉及农户6500户，占全县农户的10%。2016年，县域土地流转10.60万亩。其中转包4.65万亩，转让0.23万亩，互换0.54万亩，出租3.98万亩，股份合作0.91万亩，其他形式0.29万亩。

县域土地流转主要是向种粮、种烟、种桑大户集中，规模通常在20～150亩范围内，200亩以上规模的相对较少。土地流转金一般为100～200元/亩，加上政策性补贴，土地流转收益每亩耕地一般为300~400元。

进入21世纪，随着现代农业快速发展和全县农业产业结构调整，一家一户零星分散耕作模式严重制约农业现代化、集约化、规模化发展，很多优势农业项目因土地不集中，不能成片开发、规模经营而无法实施。

乐安县土地流转缓慢，不成规模，究其原因，一是农民恋土观念强，顾虑多。土地是农民的命根子，由于对土地依赖性强，把土地当作生存的保障，大多数农民即便自己不种地也不会长期放弃土地，宁愿收益低点也不会把土地长时间流转出去。二是土地分配零散，不方便流入方耕作。三是外出输出务工不稳定。外出务工人员经常面临失业。随时有返乡的可能，所以大多数农民选择短期流转土地。四是土地流转收益低，流入方通常用于种粮、种烟等，效益相对不高，对流转双方吸引力不大；再加上无法安置流出方的人员，影响土地流出的积极性。五是农机和农业新技术的推广应用，如抛秧技术的推广、新型除草剂的使用；各种农业生产专业户，如耕地专业户，除草、病虫害防治专业户，收割专业户的出现，使农活变得简单而轻松，大多数留守妇女或老人能够耕作自家的土地，所以他们选择自己耕种。

2009—2016 年乐安县土地流转情况表

表 13-10-3　　单位：亩

年份	转包	转让	互换	出租	股份合作	其他形式	合计
2009	19138	400	2390	10050	—	140	32118
2010	30458	1250	3240	1936	2000	840	39724
2011	30833	1450	2540	8715	2200	3020	48758
2012	29403	2650	5349	12600	2550	1405	53957
2013	32373	2015	5447	15610	9905	1295	66645
2014	37257	2043	5830	18755	10860	1148	75893
2015	34112	4039	7125	18876	11100	2600	77852
2016	46467	2315	5366	39779	9135	2948	106010

三、集体土地确权颁证

2014 年 5 月，乐安县启动农村集体土地确权登记颁证工作，成立以县委书记为第一组长，县长任组长，县委分管领导任常务副组长，县政府、县人大、县政协分管领导任副组长的领导机构。乡、村、组也成立相应的领导机构，由乡镇干部、村干部和村小组长组成工作组。明确县负总责，乡镇是责任主体，村组具体实施，乡镇、村书记是第一责任人，乡镇长、村主任是直接责任人。建立乡镇、村、组三级责任体系，形成三级书记抓确权，四套班子齐上阵，县、乡、村、组、群众 5 个层面共努力的工作态势。其间共派出 16 个督导组开展全程督导，采取明查与暗访相结合的办法，每个乡镇抽查 2 个村，每个村抽查 2 个村小组，每个村小组抽查 10 户农户，有力地保证土地确权工作的顺利实施。

确权工作以湖溪乡为试点。通过招标和政府采购的方式，筛选江西雅图测绘有限公司为作业单位，合同资金为463.56万元。全部工作历时3年，2016 年基本完成，次年通过验收。

土地确权工作进一步稳定和完善域内农村土地承包关系，解决承包地面积不准、四周界址不清、空间位置不明、登记簿不健全等问题。土地确权把承包地块、面积、合同、权属证书全面落实到户，实现承包面积、承包合同、经营权登记簿、经营权证书相符；承包地四至边界测绘登记到户、承包合同签订到户、承包经营权证书发放到户、基本农田标注到户。全县共发放证书 58898 本，签订承包合同 60100 份，建立农户档案 60100 份，并建立土地确权数据库、农村综合产权交易平台。土地确权工作也存在一些问题，如有的村组实行生产责任制以后一直没调整过责任田，存在人田矛盾；有的村组“三年一小调，五年一大调”导致田证不符等问题。

第三节　农民负担与“三资”监管

一、农民负担

农民负担有合理负担和不合理负担两种。合理负担主要指有政策规定，要求由农民承担的部分义务，包括筹资和筹劳两部分。筹资包括“三提留，五统筹”。“三提留”指公积金、公益金和管理费；“五统筹”指乡村两级办学费、计划生育费、五保户供养费及抚恤金、民兵训练费、乡村公路建设费。筹劳指每个农村劳动力每年承担 10 个义务工和 20 个劳动积累工。超出政策规定的负担属不合理负担，是加重农民负担的行为，农民有权拒缴，农民负担监管部门要依法查处。

1981年农村实行家庭联产承包责任制，域内多数村小组没有集体经济，原先由村小组承担的公益义务，改由农户分担。20世纪80年代，农民负担包括“三提留”和农副产品派购，即粮食、棉花、油菜籽和生猪派购，简称为“四上交”。由于当时国家实行价格“双轨制”，许多农民交不了实物，采用价格补差的办法用货币结算完成。

1985年2月，江西省委、省政府下达《关于贯彻中共中央1985年一号文件的实施意见》，指出要继续减轻农民负担，凡是要农民出钱兴办的事都要经过乡镇人民代表大会讨论决定。坚持“定项限额”，农民负担的各种社会性开支总额一般不超过当地人均纯收入3%~5%。农民有权拒绝额外摊派。

1990年年底，江西省七届人大常委会通过《江西省农民负担管理条例》，规定各地向农民征收、筹集、提取各种资金费用、义务工和劳动积累工，必须按条例办理，同时应按条例履行上交集体提留、乡统筹费和承担劳动义务。20世纪90年代，国家逐步取消农副产品派购，农民负担逐步演变成“三提留，五统筹”和完成规定数量的义务工和劳动积累工。“三提留，五统筹”实行总量控制，人均负担以乡镇为单位，不得突破上年人均纯收入的5%。从1998年开始，乐安县按1997年基数一定三年不变。2001年，县政府在乡镇财政十分困难的情况下，仍调减全县农民负担预算，全县农民负担总额为1456.02万元，比2000年减少290.58万元，人均负担额为55.92元，比2000年减少11.21元。

2002年开始，改公粮为农业税，取消村提留和乡统筹。2004年农村税费改革后，平均每亩农业税高于全省平均64元水平的，一律降到64元以下，税率比2001年降低3个百分点。取消除烟叶外的农业特产税，全面实施对种粮农民的直接补贴。2005年一律免征农业税和除烟叶以外的农业特产税，农民负担全部取消。

1990—2003年部分年份乐安县农民人均纯收入及农民负担情况表

表13-10-4　　单位：元

项目	1990	1996	1997	2000	2001	2002	2003
人均纯收入	489	1241	1981	1198	1199	1203	1224
人均负担	18	34	68	56	56	66	66
亩均负担	12	23	46	41	41	54	54

说明：1990—2001年农民负担不包括农民承担的税费负担，2002—2003年农民负担包括农民承担的税费负担

二、农民负担监管

1993年，县委、县政府下发《关于切实减轻农民负担的决定》，将农民负担日常监管工作正式授权于县农牧渔业局和乡镇经营管理站，农业部门开始对全县农民负担进行监管。

2000年发放农民负担监督卡。2001年7月，县减轻农民负担领导小组成员单位抽调20人，分5个组，对21个乡镇（场）进行减轻农民负担工作检查，对检查结果进行通报，对存在问题的10个乡镇下发督办单；11月，县减轻农民负担领导小组抽调农业局、监察局、财政局、计委、教委、交通局、审计局、水电局、林业局、农办、物价局、民政局、文广局等部门26人，分成6个组，对全县21个乡镇（场）及教育、供电、土管、民政、计划生育、公安等部门设在乡镇的基层站所涉农收费情况进行执法检查，并对执法检查情况进行通报。

2002年实施农村税费改革，主要内容是“三取消、两调整、一改革”。“三取消”：一是取消乡统筹费、农村教育集资等专门面向农民征收的行政事业性收费和政府性基金、集资；二是取消屠宰税；三是取消统一规定的劳动积累工和义

务工。“两调整”：一是调整农业税政策，调整农业特产税政策。“一改革”即改革村提留征收使用办法，通过改革，使全县农民负担减轻20%以上。

2005年，国家免征农业税和除烟叶以外的农业特产税，农民负担监管工作的重点转向村集体公益事业建设筹资筹劳；涉农行政事业性收费、经营服务性收费；对农民建房、农民专业合作社、村级集体经济组织的各种集资；农民承担的其他费用和劳务；对农民、村级集体经济组织的补贴补偿和对村级财政性补助资金的发放、使用。

2008年，对2006年以后强农惠农政策落实情况进行监督检查，纠正违法违规征占土地案件22件，查处违法抵扣直补资金案件1件、挪用直补资金1件，处理违法违规人员2人。2009年进行强农惠农政策落实情况检查。检查重点是“家电下乡”“农机下乡”“汽车、摩托车下乡”等惠农资金到位情况，并对检查情况进行通报。

2010年，开展减轻农民负担专项治理，重点治理对农民建房乱收费、乱罚款行为；对农民专业合作社乱收费、乱罚款行为；超范围、超限额、违反民主程序开展“一事一议”筹资筹劳行为；不落实强农惠农政策行为。

2012年8月，县政府办公室下发《关于印发乐安县开展涉农乱收费等农民负担问题专项治理实施方案的通知》，对全县涉农乱收费、乱罚款的摊派问题、加重村级组织和农民专业合作社负担问题、违规开展“一事一议”筹资筹劳问题进行专项治理。

2014年，县农民负担监督管理领导小组下发文件，对全县“一事一议”筹资筹劳、农民建房、农村义务教育、计划生育、农民用水用电和农民合作社等领域乱收费、乱罚款进行专项治理。

2016年6月，县委办公室印发《关于集中整治和查处基层侵害群众利益不正之风和腐败问题的实施方案》。县纪委、县委办、政府办、组织部、政法委、宣传部、农工部、财政局、扶贫和移民局、民政局、人社局、交通局、国土局、住建局、城管局、房管局、农业局、林业局、水利局、市场监管局、卫计委、教育局等22个部门各司其职，制定实施方案，对各自职责范围内的不正之风和腐败问题进行专项整治。

2002年乐安县农民负担情况表

表13-10-5　　单位：万亩、元、千克、人

乡镇	县批复计税土地面积	乡镇落实计税土地面积	2002年新农业税收及附加			县批复亩产	亩均负担	人均负担	人口数	人均纯收入
			合计	正税	附加					
鳌溪	3.20	3.20	1829373	1524477	304902	650	57.17	70.36	22099	1668
戴坊	4.48	4.61	2443628	2036357	407271	700	54.55	76.36	30109	1573
龚坊	2.81	2.93	1580641	1317201	263440	700	56.25	79.03	19516	1116
山砀	2.51	2.52	1523134	1269278	253855	700	60.68	76.16	20438	1419
公溪	1.86	1.85	1081311	901092	180218	650	58.13	63.61	17245	1654
湖溪	1.55	1.57	999616	833013	166602	650	64.49	76.89	12104	1147
牛田	1.79	1.76	975705	813087	162617	600	54.51	51.35	17916	932
万崇	1.91	1.78	956949	797457	159491	600	50.10	73.61	12493	945
湖坪	2.07	2.01	1103213	919344	183868	600	53.29	64.89	15314	925

续表 13-10-5

乡镇	县批复计税土地面积	乡镇落实计税土地面积	2002 年新农业税收及附加			县批复亩产	亩均负担	人均负担	人口数	人均纯收入
			合计	正税	附加					
罗陂	1.50	1.50	813048	677540	135508	600	54.20	58.07	13101	958
增田	2.49	2.62	1380820	1150684	230136	700	55.45	72.67	19136	1367
招携	2.42	2.42	1157611	964676	192935	530	47.83	55.12	19488	917
金竹	1.22	1.09	405638	338032	67606	400	33.25	36.88	10541	773
谷岗	1.28	1.28	530388	441990	88398	459	41.44	40.80	11872	944
南村	2.67	2.61	1366560	1138800	227760	650	51.18	71.93	17776	957
大马头	0.12	0.12	71529	59607	11921	650	59.60	71.52	1032	1357
合计	33.88	33.94	18219170	15182642	3036528	615	53.78	66.25	260180	1203

三、农村集体“三资”监管

农村集体“三资”指农村集体资金、资产和资源。“三资”监管即对农村集体资金使用、资产和资源管理与交易进行监督和管理。2010 年 9 月，乐安县纪检部门开始实施农村集体“三资”监管工作。2012 年 11 月，纪检部门实行职能转换，将农村“三资”监管工作转交农业部门。2015 年调整县“三资”监管领导小组，由分管农业的副县长担任组长，农业、财政、民政、国土、林业、房管、审计、司法、统计、公共资源交易等部门为成员单位，并进一步明确各部门的职责。农业部门负责农村集体“三资”监管协调；财政部门负责农村集体“三资”账目代理；审计部门负责农村集体“三资”审计；统计部门负责农村集体“三资”统计；民政部门负责落实民主决策、民主管理、民主监督和村务公开；国土资源部门负责农村集体土地、集体建设用地、矿产资源交易的监管与协调；司法部门负责对农村集体“三资”纠纷提供法律援助；林业部门负责农村集体山林交易的监督、指导、协调，集体山林纠纷调处；公共资源交易部门负责农村集体资产、资源的交易服务。通过清查核资、强化监管组织、建立监管平台、完善监管制度、改革监管模式等措施，推进域内“三资”监管工作，维护农民的权益，促进社会的和谐稳定。

2011 年年底，全县 16 个乡镇（场）175 个村委会全部实现“三资”清理、委托代理及电子化管理。各乡镇分别建立以公共资源交易站、财务核算中心、经济合同审核中心为主体的农村集体“三资”监管平台，完善制度流程，配备相关工作人员，利用现有的电子触摸显示屏对“三资”信息进行公开。各种财务管理信息资料及其他会计资料从 2012 年开始都通过三资监管平台运行。

第四节　农业信息化

一、农业信息

2001 年起，市农业局每年编印《农业统计提要》，从当年开始，乐安县涉农部门定期向市农业局提供农业生产条件和种植业、养殖业主要生产数据及春耕备耕期间农资价格。2005 年 5 月，市农业局开通《抚州农业信息网》，县农业信息站开始向农业信息网发布域内农业信息，反映域内农业发展情况、农产品生产、农业工作动态等信息。2006 年开始，农业综合统计、基点调查实行网上填报。2011 年年初，开通“12316”咨询电话，通过“12316”服务平台，把种植业、养殖业、林业、农机、行政执法等相关信息发送给县域农业生产企业和农民，咨询热线全天候开通。2015 年，乐安县开展农产品质量诚信“红黑榜”活动，考核认定江西广雅食品有限公司等 18 家食品生产单位“质量安全”为诚信 A 级；乐安县民富蚕桑专业合作社等 5 家单位为诚信 B 级；大地常春实业有限公司为诚信 C 级。是年 12 月开始，开通无公害农产品绿色食品、有机食品、农产品地理标志“三品一标”网上申报。2016 年，江西乐屿生态农业有限公司列入农业物联网示范企业。

二、智慧农业

2016 年，乐安县启动智慧农业建设工作。在传统农业中运用物联网技术，利用传感器和软件，通过移动平台或者电脑平台对农业生产进行控制，具有精准感知、控制与决策管理功能。包括农业云数据、“12316”资讯服务、农业物流网、农业指挥调度中心、农村电子商务平台、休闲农业、农产品质量安全溯源防伪等。在农村电子商务方面，主要打造以益农信息社为主的农村电子商务平台，是年已建成村级益农信息社服务站 10 个。在农业信息服务上，利用物联网技术，在市级以上食品生产企业，陆续建立农产品质量安全实时图像与视频监测、监控系统，并与县级农产品质量安全指挥调度中心联网，实施农产品质量安全监管，利用“12316”资讯平台，开展相关信息服务。

第五节　农产品质量管理

一、农产品质量安全监管

2005 年，成立乐安县农业综合执法大队；2006 年 10 月，经中国绿色食品协会批准，乐安县成为国家绿色农业示范县；2012 年，成立乐安县农产品质量安全检测检验站；2013 年，成立无公害农产品现场检查专家组；2014 年，成立乐安县农产品质量安全协调领导小组，办公室设在县农业局，并制定相关方案，明确工商、质监、药监、公安、环保等相关部门的职责，设立举报电话和举报信箱；2016 年 12 月，农产品质量安全检验检测站建成。这些机构承担全县农产品质量安全监管、发布农产品质量安全信息、组织协调农业投入品市场监督检查、农产品安全的事故调查处理和突发事件的应对工作。

二、农产品质量安全认证

（一）无公害农产品

2002 年，乐安县启动无公害农产品生产基地认证。2010 年 7 月，乐安县鹏鑫食品有限公司的“爱杰鑫”清水竹笋，经农业部农产品质量安全中心审定，成为域内首个无公害农产品。至 2016 年，域内有 10 个基地取得省级无公害农产品产地论证，有 15 个农产品取得国家无公害农产品认证。

（二）绿色食品

2007 年 8 月，乐安县鹏鑫食品有限公司的“爱杰鑫”清水竹笋，经中国绿色食品发展中心认定为域内首个绿色食品。至 2016 年，域内有两家绿色食品生产企业，绿色食品产品共 6 个。

（三）有机食品

2016 年，全县有 2 个有机食品生产企业，有机食品产品 3 个。分别是乐安县恒源食品有限公司生产的米粉，乐安县岭元野生动物驯养繁殖基地养殖的生猪和野猪。

（四）农产品地理标志

2011 年 9 月，乐安县骏达蔬菜专业合作社的“乐安竹笋”和 2014 年 5 月乐安县农业技术推广服务中心的“乐安花猪”分别通过国家农产品地理标志登记保护产品认证。

乐安竹笋外形完整，呈金字塔状，色泽自然，口感鲜嫩，清脆可口，细嫩无渣。富含蛋白质、胡萝卜素、氨基酸、碳水化合物、大量维生素 A、B、C 及复合维生素，良好的粗纤维及矿物质。地域保护范围：南村、谷岗、招携、鳌溪、公溪、湖溪、金竹 7 等个乡镇，面积 17840 公顷。

乐安花猪　毛色以“三花”为主，除头尾为黑色外，其他部位黑白相间，并在黑白相间处有大小不等的“晕”带。头型以粗短、有皱为主，额顶有白色斑带，四肢粗壮，腰微、腹下垂，乳头多为7对。肉色呈玫瑰红，脂肪洁白，肉汁清澈。地域保护范围：招携、金竹、增田、湖坪、万崇、罗陂、牛田、戴坊、龚坊、山砀、鳌溪、南村、谷岗、大马头14个乡镇。总面积214782公顷，总生产规模3.6万头，年总产量2880吨。

三、农产品品牌建设

中国驰名商标　2015年，江西广雅食品有限公司的“广雅”商标被评为中国驰名商标。

江西省著名商标　乐安县企业共获得4个江西省著名商标，分别是江西广雅食品有限公司的“广雅”和“登仙桥”商标、乐安县山蜂食品有限公司的“鹿角蜂”商标、乐安县鹏鑫食品有限公司的“爱杰鑫”商标。

江西省名牌农产品　域内江西名牌农产品有“广雅”牌竹笋和“爱杰鑫”牌清水竹笋。

江西省十大最受欢迎农产品　乐安县山蜂食品有限公司的“山蜂”牌蜂蜜，2010年获得江西首届十大最受欢迎农产品称号。

获奖农产品　乐安县鹏鑫食品有限公司的“爱杰鑫”牌清水竹笋，荣获中国绿色食品博览会银奖、第三届中国（衢州）农博会粮交会金奖、第七届江西名优农产品（上海）展示展销会金奖、江西工业和信息化委员会2011年度江西省优秀新产品三等奖。乐安县山蜂食品有限公司的“山蜂”牌桂花蜜，获第八届、第九届中国国际农产品交易会畅销产品金奖、第六届江西名优农产品（上海）展示展销会畅销产品金奖。江西广雅食品有限公司的“广雅”牌竹笋，获第四届江西名优农产品（上海）展示展销会畅销产品奖。第五届、第六届江西名优农产品（上海）展示展销会畅销产品金奖。乐安县艾格福地生态农业有限公司的“金禽乐安花猪”牌乐安花猪，获第十一届江西鄱阳湖绿色农产品（上海）展示展销会金奖。

乐安县农产品“三品一标”情况表

表13-10-6

单位	产品名称	批准产量	“三品一标”	证书编号	有效期限
乐安县骏达蔬菜专业合作社	乐安竹笋	17840公顷	农产品地理标志	AGI00619	2011.9
乐安县农业技术推广服务中心	乐安花猪	3.6万头，2880吨/年	农产品地理标志	AGI01400	2014.5
乐安县恒源食品有限公司	米粉	1.9吨	有机产品认证	129OP1700080	2018.2
乐安县岭元野生动物驯养繁殖基地	野猪	400头，40吨	有机产品认证	129OP1700144-1	2018.4
乐安县岭元野生动物驯养繁殖基地	土猪	200头，26吨	有机产品认证	129OP1700144-2	2018.4
江西鹏鑫食品有限公司	清水竹笋	1500吨	绿色食品	LB-17-1308149343A	2016.8
江西鹏鑫食品有限公司	清水竹笋	1500吨	绿色食品	LB-17-1608144559A	2019.8
江西广雅食品有限公司	清水竹笋	1200吨	绿色食品	LB-17-1402141379A	2017.2
江西广雅食品有限公司	鲜嫩笋丝	1000吨	绿色食品	LB-17-1402141380A	2017.2

续表 13-10-6

单位	产品名称	批准产量	“三品一标”	证书编号	有效期限
江西广雅食品有限公司	小竹笋	800 吨	绿色食品	LB-17-1402141381A	2017.2
江西广雅食品有限公司	鲜嫩笋丝	1000 吨	绿色食品	LB-17-1702142751A	2020.2
乐安县鹏鑫食品厂	爱杰鑫清水竹笋	500 吨	无公害农产品	WGH-06-03388	2013.7
乐安县十里香樟蘑菇专业合作社	十里香樟蘑菇	110 吨	无公害农产品	WGH-13-18994	2016.12
江西台大农业科技园有限公司	生猪	150 吨	无公害农产品	WGH-14-07085	2017.9
乐安县乐屿蔬菜种植专业合作社	辣椒	450 吨	无公害农产品	WGH-14-13478	2017.11
乐安县恒源水稻种植专业合作社	稻谷	1000 吨	无公害农产品	WGH-14-08741	2017.11
乐安县增田镇阳光蔬菜种植专业合作社	辣椒	450 吨	无公害农产品	WGH-14-14866	2017.11
乐安县增田镇阳光蔬菜种植专业合作社	豇豆	200 吨	无公害农产品	WGH-14-14867	2017.11
乐安县增田镇带陂水稻种植专业合作社	稻谷	500 吨	无公害农产品	WGH-15-01719	2018.4
江西加乐食品有限公司	稻谷	540 吨	无公害农产品	WGH-16-11113	2019.12
乐安县宏鑫蔬菜种植专业合作社	苦瓜	1000 吨	无公害农产品	WGH-16-08754	2019.10
乐安县心连心蔬菜专业合作社	西瓜	520 吨	无公害农产品	WGH-16-08755	2019.5
乐安县恒源水稻种植专业合作社	稻谷	1000 吨	无公害农产品	WGH-14-08741	2020.9
乐安县乐屿蔬菜种植专业合作社	辣椒	450 吨	无公害农产品	WGH-14-13478	2020.9
乐安县增田镇阳光蔬菜种植专业合作社	辣椒	450 吨	无公害农产品	WGH-14-14866	2020.7
乐安县增田镇阳光蔬菜种植专业合作社	豇豆	200 吨	无公害农产品	WGH-14-14867	2020.7

四、农产品质量安全体系

农业行政执法机构　2005年，乐安县农业局成立农业综合执法大队，负责全县农业行政执法工作。2012年，县农业综合执法大队增挂乐安县农产品质量安全检测检验站牌子，承担农产品质量安全执法工作。

农产品质量安全监管　2002年，县农业局会同县工商局联合下发《关于禁止使用杀虫脒、克伦特罗等高毒高残留农（兽）药的通告》，依据不同动植物全面或局部禁止使用74种（类）高毒高残留农（兽）药。是年，组成3个检查组，对域内农（兽）药经销商进行全面清查，农资市场秩序明显好转，农资产品合格率总体保持较高水平。2006年，乐安县获评全市无公害农产品生产先进单位。2007年4月，在全县范围内禁用甲胺磷、对硫磷、甲基对硫磷、多效磷、磷胺等5种高毒有机磷农药。2009—2016年，连续8年开展农产品质量安全专项治理活动，对高毒高残留农药、种植业、畜牧业、水产业、农产品（无公害、绿色、有机）、农资打假等6大类进行专项整治，2012年、2013年连续两年获评全省农产品质量安全专项治理先进单位。2016年检测结果，全县蔬菜总体合格率为97.2%、水果总体合格率为99.6%、茶叶总体合格率为99.8%、食用菌总体合格率为98.5%、生猪（猪尿检测）总体合格率为99.5%，淡水产品总体合格率为98.2%，没出现过因食用农产品导致的质量安全事故。2016年12月，在戴坊镇乐屿蔬菜基地举行农产品质量安全突发事件应急演练。

五、农产品检验检测

2012年，省农业厅、省发改委批准建设乐安县农产品检验检测站。2015年，县农业局利用办公楼五楼改建，建成面积309平方米的农产品检验检测站，并采购固相仪、液相仪等54台（套）设备。2016年12月，经县发改委、财政局、农业局三家联合初验，基本合格，具备开展检验检测的条件。

第六节　农村能源管理

1979年9月，成立乐安县沼气办公室，在全县推广户用沼气池；1989年8月，更名为乐安县农村能源办公室。2005年之后，陆续实施沼气国债项目、亚行贷款农村能源生态建设项目、巩固退耕还林成果农村能源项目。

一、推广省柴灶和微水发电

省柴灶　1983年，乐安县开始推广省柴灶，是年分3批培训砌灶技工93人。至1988年，全县建成省柴灶1.27万座，占全县农户数的28.8%，年节省木柴约14235吨；1988年，县政府与农业部签订推广省柴灶合同，1989年完成省柴灶1.3万座，占全县农户数的30%，年节省木柴约14300吨；1990年完成省柴灶1.6万座，占全县农户数的34%，年节省木柴约17600吨。1991年10月通过农业部验收。

1992年4月22日，县政府办批转县能源办关于加强农村能源建设工作的意见，要求从5月1日起，全县机关、厂矿、学校、饮食服务行业、砖瓦窑一律停烧柴草，改用其他燃料。农村和城镇居民没改灶的要征收燃料损耗费，决定由林业部门代征改燃节柴基金，用于开展全县农村能源工作。1993年10月，乐安县获评国家计委、农业部全国省柴节煤先进集体。

微水发电　乐安是山区县，有着丰富的水能资源，但至20世纪80年代初，全县小水电只有701.95万千瓦，国网供电508万千瓦，远不能满足生产和生活需要。而住在山区的农民，用电更困难。20世纪80年代中期开始推广微水发电，到1991年，在招携、坪溪安装1046台微水发电机，其中1991年安装211台，年发电量52万千瓦小时。由于微水发电机体积小，重量轻，无法有效固定，安装在野外时常被盗或破坏，难以扩大推广。到1996年，全县共安装1127台，装机容量3790千瓦，年发电量49.53万千瓦，供1227户使用。之后，随着电力的推广而逐步淘汰。

二、推广农村能源项目

（一）推广沼气和实施沼气国债项目

乐安县从20世纪80年代初期开始推广用沼气池。当时县能源办专门培训一批建池技工，免费帮助农户建沼气池。农户建沼气池只承担建材费，技工工资由县能源办负责。由于受条件限制，池子建好后很难进行密封性测试，不少池子漏气，加上使用长稻草发酵，出料困难，所以大多使用寿命不长，推广困难。到1996年年底，全县建有沼气池1748个，年产气44.24万立方米；建净化池18个，总容积132立方米。

2005年，经国家发改委、农业部批准，乐安县列入2005年沼气国债项目实施县。全县沼气国债项目户950户，国债补助资金76万元。项目区为罗陂、万崇、增田、南村等10个乡镇。由于受此前推广沼气池的影响，项目区群众无法接受。2006年上半年，在增田镇瑶前村堵元村小组进行沼气池建设示范，建成6个“一池三改”沼气池，即，改厨房、改猪圈、改厕所、建沼气池，效果很好，群众很满意。2007年和2008年沼气国债项目规模为1500户，在罗陂乡云下村，大马头垦殖场移民新村，公溪镇荷陂村、新居村，增田镇增田村、石陂村，龚坊镇浯塘村，鳌溪镇下罗村等地建户用沼气池82个。在牛田镇傍安村，湖坪乡贺立村、善和村，增田镇西边村、东湖村、增田村，招携镇杭村村、坝上村，公溪镇芜头村，山砀镇龙义村，戴坊镇小槽村等兴建集中供气沼气池，总容量2860立方米，供气农户1144户。在万崇镇丰林村、桐山村，增田镇石陂村，南村乡大里村，湖坪乡坊塘村、西头村、东山村，鳌溪镇咸溪村等地建有沼气服务网点。

（二）实施巩固退耕还林成果农村能源项目

2009年，开始实施巩固退耕还林成果农村能源项目，项目内容包括推广沼气、节柴灶、太阳能热水器。2009年，在湖溪乡尧门村建成120立方米集中供气沼气池。2010年，实施退耕还林项目，安装太阳能热水器231台，建节柴灶364座，并在湖坪乡的参陂村和坊塘村、万崇镇的桐山村、增田镇的石陂村、鳌溪镇的咸溪村分别建有120立方米集中供气沼气池。2011年，实施退耕还林项目，安装太阳能热水器216台，建省柴灶395座。分别在招携镇的南槽村、牛田镇的傍安村建成150立方米集中供气沼气池。2012年，巩固退耕还林成果项目，其中安装太阳能热水器370台，并在招携镇的杭村建有1个120立方米集中供气沼气池。2013年，在罗陂乡的罗田村，戴坊镇的小槽村，万崇镇的桐山村，牛田镇的水南村分别建有150立方米集中供气沼气池。2014年，在湖坪乡的东山村建有150立方米集中供气沼气池。

（三）实施亚行贷款农村能源生态建设项目

2005年，实施亚行贷款农村能源生态建设项目，完成“猪—沼—粮（菜、果）”三位一体模式项目户467户。主要分布在增田、万崇、罗陂、鳌溪、招携、山砀等6个乡镇。项目实施后每年减少人畜粪污排放7665吨，节省薪柴林1167立方米，减少化肥用量18.7吨，生产沼气22.4万立方米。其中，2005年共完成62户，建果园145.3亩，举办培训班4期，培训475人次，改造乡村至乡镇的道路32千米。2006年完成260户，设施蔬菜面积11.5亩，新建果园101亩，举办培训班4期，

农村沼气池建设

培训290人次。是年乐安县项目办被省项目办评为项目建设先进单位。2007年完成145户，举办培训班3期，培训农户260人次。2008年举办培训班3期，培训农户260人次。

项目实施期间共筛选项目扶贫户231户，申报并拨付扶贫资金23.84万元。其中2007年申报134户，申报资金16.08万元；2008年申报97户，申报资金7.76万元。

第十四卷　林　业

本卷目录

第一章　森林资源

乐安位于江西省中部，抚州市西南部，地处赣江和抚河上游，属亚热带气候区。在优越的自然地理条件孕育下，森林植被繁茂，植物资源丰富，是江西省重点林业县。1986—2016年，县委、县政府逐年调整经济发展方式，改重采伐为重营林，大力培育生态林和公益林。先后进行6次森林资源调查及分类区划工作，历次调查均根据林业部森林资源调查主要技术规程和江西省二类资源调查工作细则，采用抽样和小班调查相结合的方法进行。据2016年林地年度变更暨森林资源数据更新调查，全县有林地面积183924公顷，占全县总面积的76.3%；活立木总蓄积657.12万立方米，毛竹蓄积5212.55万株，森林覆盖率70.23%。2016年，全县林业产值占国内生产总值的8.63%。

第一节　林地与植被特征

一、林地面积

据2016年乐安县森林资源数据更新调查，全县共有林地面积183924公顷，占全县总面积的76.3%。全县林地面积，按权属分：国有林面积23527.6公顷，占12.8%；集体林面积160396.4公顷，占87.2%。

按地类分：林分地155331.4公顷，占84.4%；疏林地4903.9公顷，占2.7%；灌丛林地12184.8公顷，占6.6%；未成林造林地4640.9公顷，占2.5%；苗圃地31.9公顷，占0.1%；无立木林地4549.9公顷，占2.5%；宜林地2281.1公顷，占1.2%。

按规划林种类别分：公益林面积51100.9公顷，占27.8%；商品林面积132823.1公顷，占72.2%。

全县林分地，按二级林种划分：用材林108790.4公顷，占70%；防护林32832.1公顷，占21.1%；特用林13416.3公顷，占8.6%；乔木经济林292.4公顷，占0.3%。

全县经济林面积8816公顷。其中，乔木经济林292.4公顷，占3.3%；灌木经济林8523.6公顷，占96.7%。

2016年乐安县优势树种各龄组面积情况表

表14-1-1　　　　单位：公顷

优势树种	合计	幼龄林	中龄林	近熟林	成熟林	过熟林
马尾松	34543.8	13489	19240.8	1466.9	339.7	7.4
国外松	17204	7532.1	7979.8	1527.7	164.4	—
杉木	59853.6	20751.7	29718.7	7264	2119.2	—
硬阔类	16708.4	10563.8	5664.7	276.2	180.7	23
软阔类	2183.9	264	1265	410.9	240.5	3.5
混交类	1530.2	1059.2	453.2	2.6	15	0.2
合计	132023.9	53659.8	64322.2	10948.3	3059.5	34.1

1986—2016年，乐安县加大造林、封山育林和毛竹低产林改造力度，促使疏林地、未成林造林地、无立木林地和宜林荒山迅速转化为林分地。全县林分地面积由1986年的97598公顷提高到2016年的155331公顷，增加57733公顷，增长159%。其中，树林林分地面积由1986年的86802公顷提高到2016年的132474公顷，增加45672公顷，增长153%。竹林林分地面积由1986年的10796公顷提高到2016年的22858公顷，增加12062公顷，增长212%。

二、植被类型

乐安地形复杂，山高谷深，沟壑纵横，生存环境多样，孕育多样化的植物物种和植物群落类型，以地带性的常绿阔叶林为主，类型有常绿阔叶林、常绿针叶林、常绿针阔叶混交林、落叶阔叶林、落叶针叶林、落叶针阔叶混交林、竹林、灌丛以及沼泽植被、人工植被、农田和园地等，分为10个植被型，60个群系。常绿阔叶林其乔木层主要由壳斗科、樟科、山茶科的常绿树种组成，其次是金缕梅科、杜英科、杜鹃花科等种类。

三、植物种类

乐安有各类植物共264科828属1719种。其中，种子植物有183科670属1408种（含裸子植物9科11属16种，被子植物174科659属1392种）。苔藓植物有53科104属184种（含苔纲21科35属55种，藓纲31科69属129种）。有蕨类植物28科54属127种。

乐安植物群落，木本植物主要有樟科、金缕梅科、红豆杉科、木兰科、八角枫科、蓝果树科、山茶科、紫薇科、槭树科、八角科、五味子科、毛茛科、金粟兰科、杨柳科、壳斗科、桑科、榆科、胡桃科、大血藤科、山茱萸科、木通科、猕猴桃科等。其中樟科、壳斗科、山茶科、紫薇科、槭树科和金缕梅科植物资源非常丰富。草本植物主要有禾本科、莎草科、菊科、紫草科、唇形科、伞形科及蕨类等。地被植物主要有苔藓及地衣等。

四、植物分布

域内植被分布不平衡，植物种类丰富的地区主要集中在县域东南部的金竹、谷岗、南村、招携等山区乡镇以及与永丰县、新干县、崇仁县等县际交界地段。

乐安植物呈垂直分布，海拔300米以下低丘地主要是耕作带。海拔300～800米山地主要为常绿针、阔叶林和落叶针、阔叶林。乔木林下的灌木树种有山茶科、杜鹃科、马鞭科、蔷薇科、紫金牛科及冬青科等。海拔800米以上的山地，除有少数松林外，大部分为矮林及灌丛，主要有壳斗科、杜鹃科、山茶科、槭树科、蔷薇科等。草本植物主要有禾本科中的芒和五节芒等。

植被繁茂的山林

第二节 植物资源与树种

一、植物资源

域内主要植物资源有3门53科156种。

（一）裸子植物门 有8科21种：银杏科包括银杏1种；松科包括金钱松、马尾松、湿地松、火炬松、雪松5种；杉科包括杉木、柳杉、木杉3种；柏科包括柏木、福建柏、刺柏、侧柏、圆柏5种；罗汉松科包括罗汉松1种；苏铁科包括苏铁1种；三尖杉科包括三尖杉、中国粗榧2种；红豆杉科包括南方红豆杉、长叶榧树、榧树3种。

（二）被子植物（双子叶纲）门 有43科123种：木兰科包括鹅掌楸、凹叶厚朴、木莲、望春玉兰、白玉兰、深山含笑6种；樟科包括豹皮樟、香樟、黑壳楠、檫树、天竺桂、华南桂、闽楠、红楠8种；杨柳科包括响叶柳、垂柳、旱柳、毛白杨4种；胡桃科包括枫杨、青钱柳、少叶黄杞3种；桦林科有光皮桦1种；壳斗科包括水青冈、锥栗、丝栗栲、罗浮栲、南岭栲、小红栲、甜槠、青钩栲、苦槠、钩栲、乌楣栲、石栎、青冈、小叶青冈、福建青冈、麻栎、茅栗、锥栗、板栗19种；榆科包括杭州榆、长序榆、榉树3种；钟萼木科包括钟萼木1种；金缕梅科包括枫香、细柄蕈、檵木3种；杜仲科包括有1种；悬铃木科有二球悬铃木1种；蔷薇科包括椤木石楠、桃叶石楠、桃、李、梨、枇杷6种；豆科包括红豆树、花榈木、黄檀、合欢、山合欢5种；苦木科有臭椿1种；楝科包括楝树、香椿、毛红椿3种；大戟科包括重阳木、粗糠柴、乌桕、油桐4种；交让木科包括虎皮楠、交让木2种；野漆科包括南酸枣、黄连木2种；冬青科包括小果冬青、榕叶冬青2种；省沽油科有银鹊树1种；槭树科有青榨槭1种；无患子科有全缘栾树1种；鼠李科包括枳、枣树、拐枣3种；杜英科包括杜英、猴欢喜2种；椴树科包括浆果椴、椴树2种；梧桐科有梧桐1种；柏乐树科有柏乐树1种；山茱萸科有香港四照花1种；杜鹃花科包括映山红、乌饭、鹿角杜鹃、闹羊花、江西杜鹃5种；海桐科有海桐1种；杨梅科有杨梅1种；芸香科包括柑树、桔树、柚树3种；山茶科包括红花油茶、木荷、天目紫茎、厚皮香、黄端木5种；大风子科包括山桐子、山拐枣2种；兰果树科包括喜树、兰果树2种；五加科包括树参、灯台树2种；柿树科包括浙江柿、柿树2种；野茉莉科包括赤杨叶、红皮树2种；木樨科包括木樨、女贞、桂花树3种；玄参科有泡桐1种；紫葳科包括梓树、楸树2种；茜草科包括鸡仔木、香果树、黄栀子3种；虎耳草科有蛛网萼1种。

（三）被子植物（单子叶纲）门 有2科12种：禾本科包括毛竹、刚竹、箬竹、苦竹、实心竹、雷竹、肉桂、香桂、草珊瑚、七叶一枝花、八角莲11种；棕榈科有棕榈1种。

二、树木种类

（一）按生长形态划分

针叶常绿林 树种主要有：杉木、马尾松、湿地松、刺柏、侧柏、圆柏、南方红豆杉、榧树、三尖杉、雪松、柳杉、福建柏等。

针叶落叶林 树种主要有：水杉、池杉。

阔叶常绿林 树种主要有：甜槠、木荷、苦槠、青冈、细叶青冈、大叶苦柯、润楠、华东润楠、樟树、杜英、野山含笑、深山含笑、香港四照花、女贞等。

阔叶落叶林 树种主要有：青榨槭、秀丽槭、紫薇、短柄枹、锥栗、拟赤杨、小叶白辛树、鹅掌楸、白玉兰、枫香、银杏、五角枫、榆树、糙叶树、桤木、旱柳、垂柳等等。

灌木林 树种主要有：山茶、油茶、小叶黄杨、枸骨、杜鹃、檵木、桂花、夹竹桃、乌饭、黄端木、石斑木、赤楠、金樱等。

（二）按树木用途划分

常见用材林树种主要有：杉木、马尾松、水杉、樟树、拟赤杨、木荷、苦槠、枫树、火炬松、湿地松、檫树、杨树等。

野生珍贵树种主要有：南方红豆杉、伯乐树、鹅掌楸、杜英、猴欢喜、黄檀、花榈木、水青冈、甜槠、青冈、大叶青冈、东南石栎、麻栎、枫香、刨花楠、野含笑、椤木石楠等。

油料树种主要有：油茶、油桐、乌柏、樟树、山苍子、松树等。

淀粉类树种主要有：板栗、槠类、茅栗、锥栗、枣、柿等。

纤维类树种主要有：桑、苎麻、竹类、梧桐、棕榈等。

果树主要有：柑橘、橙、柚、桃、李、柿、板栗、枣、枇杷、梨、杨梅、猕猴桃、山楂、拐枣、香港四照花、乌饭、葡萄等。

药用植物主要有：银杏、三尖杉、草珊瑚、七叶一枝花、八角莲、黄精、薜荔、木通、十大功劳、厚朴、玉兰、肉桂阴香、杜仲、高粱泡、算盘子、木槿、五加、常春藤、朱砂根、女贞、大青、牡荆、枸白马骨、钩藤、忍冬、羊蹄甲等。

观赏树种主要有：侧柏、圆柏、苏铁、银杏、雪松、罗汉松、槭树类、凌霄花、夹竹桃、黄杨类、紫荆、蜡梅、杜鹃花类、金丝桃、玉兰、荷花玉兰、紫玉兰、含笑、金叶含笑、合欢、桂花、女贞、海桐、悬铃木、石榴、月季、蔷薇花类、山茶花、梅等。

第三节　林木蓄积

一、全县林木蓄积总量

据乐安县2016年森林资源数据调查，全县活立木蓄积657.12万立方米，其中林分地蓄积620.75万立方米，占94.4%；疏林地蓄积9.09万立方米，占1.4%；四旁树蓄积16.93万立方米，占2.6%；散生木蓄积10.35万立方米，占1.6%。

全县林分地蓄积中，按优势树种划分：杉木林蓄积267.11万立方米，占43%；松木林蓄积225.36万立方米（其中马尾松蓄积164.13万立方米，国外松蓄积61.23万立方米），占36%；阔叶林蓄积128.28万立方米（其中硬阔叶树蓄积113.70万立方米，软阔叶树蓄积6.26万立方米，混交类蓄积8.33万立方米），占21%。

按权属划分：国有林木蓄积99.87万立方米，占16.1%；集体林木蓄积36.49万立方米，占5.9%；民营林木蓄积478.89万立方米，占77.1%；外资林木蓄积0.66万立方米，占0.1%；其他林木蓄积4.83万立方米，占0.8%。

按二级林种划分：用材林蓄积377.82万立方米，占60.9%；防护林蓄积151.57万立方米，占24.4%；特用林蓄积91.00万立方米，占14.6%；经济林蓄积0.35万立方米，占0.1%。

全县用材林蓄积377.82万立方米，其中天然林蓄积214.12万立方米，占56.7%；人工造林蓄积161.71万立方米，占42.8%；飞播造林蓄积1.99万立方米，占0.5%。

在全县用材林中，近熟、成熟、过熟林蓄积为88.57万立方米，占用材林总蓄积的23.4%。其中杉木蓄积48.98万立方米，占55.3%；马尾松蓄积19.04万立方米，占21.5%；国外松蓄积15.66万立方米，占17.7%；硬阔叶树蓄积3.13万立方米，占3.5%；软阔叶树蓄积1.70万立方米，占1.9%；混交类蓄积0.05万立方米，占0.1%。

2016年乐安县用材林蓄积情况表

表14-1-2　　单位：立方米

优势树种	合计	幼龄林	中龄林	近熟林	成熟林	过熟林
马尾松	1130904	248214	692334	127008	55847	7501
国外松	476460	59306	260601	145458	11095	—
杉木	1653256	166427	996980	320181	169668	—
硬阔类	430956	181574	218055	13579	12325	5423
软阔类	22957	17	5827	6744	9712	657
混交类	63695	33390	29770	—	490	45
合计	3778228	688928	2203567	612970	259137	13626

二、林木蓄积变化

1986—2016年，乐安县森林资源实现总量增长，青山常在、永续利用的目标。从森林资源总量看，2016年，林分地木材蓄积由1986年的336.64万立方米增加到2016年的620.75万立方米，增加284.11万立方米，增长184%；林分地竹林蓄积由1986年的2635.02万根增加到2016年的5212.55万能根，增加2577.53万根，增长198%。从树种结构看，杉木林蓄积由1986年的90.30万立方米增加到2016年的267.11万立方米，增加176.81万立方米，增长296%；松木林蓄积由1986年的133.18万立方米增加到2016年的225.36万立方米，增加92.18万立方米，增长169%；阔叶林蓄积由1986年的113.15万立方米增加到2016年的128.28万立方米，增加15.13万立方米，增长113%。从龄组结构看，2016年，各树种林龄结构比较合理，除松木林和阔叶林的成熟林蓄积下降外，其他各树种各龄组的蓄积均有增加。

1986—2016年部分年份乐安县林地面积及蓄积情况表

表14-1-3 单位：公顷、立方米

年份	林分地				疏林地		灌丛林地	未成林造林地	无立木林地
	树林		竹林						
	面积	蓄积	面积	蓄积	面积	蓄积	面积	面积	面积
1986	86802	3366357	10796.2	26350200	16277.5	174927	4685.3	14076.5	47485.5
1994	110117	2672882	11987	17422700	21232	243752	4044	30999	18870
1999	118953	3896647	16500	26278400	12574	62118	28494	3446	2783
2003	124107.5	5302108	17839.7	42938683	6972.7	63229	26004.2	4593.4	3605.4
2009	138961.6	5303962	21370.4	36046240	6590.1	21276	3060.7	6662.3	548.3
2013	133585.8	5708405	230601.0	53041190	5191.9	39818	9754.2	10086.1	2819.3
2016	132473.8	6207472	22857.6	52125490	4903.9	90916	12184.8	4640.9	4549.9

1986—2016年部分年份乐安县林分资源调查结果表

表14-1-4 单位：公顷、立方米

调查年度	优势树种	合计		幼龄林		中龄林		成熟林	
		面积	蓄积	面积	蓄积	面积	蓄积	面积	蓄积
1986	合计	86802	3366357	51259.9	723243	24484.6	1528565	13057.5	1114549
	杉木林	21316.2	903044	10865.6	180840	9783.5	664557	667.1	57647
	松木林	44908.1	1331780	32228.7	335577	5562.9	381490	7116.5	614713
	阔叶林	20577.7	1131533	8165.6	206826	7138.2	482518	5273.9	442189

续表 14-1-4

调查年度	优势树种	合计		幼龄林		中龄林		成熟林	
		面积	蓄积	面积	蓄积	面积	蓄积	面积	蓄积
1994	合计	110117	2672882	75002	962549	32667	1573571	2448	136762
	杉木林	44862	1297118	19847	259778	23927	977430	1088	59910
	松木林	42143	346647	39658	211889	2485	134758	—	—
	阔叶林	23112	1029117	15497	490882	6255	461383	1360	76852
1999	合计	118953	3896647	77319.6	1441760	34496.3	1909357	7137.1	545530
	杉木林	45133	2162866	29336.5	800261	13088.5	1059804	2707.9	302801
	松木林	63695	1353490	41401.8	500792	18471.6	663210	3821.7	189488
	阔叶林	10125	380291	6581.3	140707	2936.2	186343	607.5	53241
2003	合计	124107.5	5302108	59394.1	1547101	56280.5	3246478	8432.9	508529
	杉木林	43784.4	2656800	7170.5	236792	32655.6	2094776	3958.3	325232
	松木林	63367.1	2075080	40012.2	982295	19381.7	929636	3973.2	163149
	阔叶林	16956	570228	12211.4	328014	4243.2	222066	501.4	20148
2009	合计	138961.6	5303962	73852.2	1715888	53978.5	2876037	11130.9	712037
	杉木林	60650.6	2452161	22932.6	346748	31285.7	1640064	6432.3	465349
	松木林	61166.3	2139106	40171.8	1067672	17032.3	876475	3962.2	194959
	阔叶林	17144.7	712695	10747.8	301468	5660.5	359498	736.4	51729
2013	合计	133585.8	5708405	69994.9	1606194	56017.0	3422806	7573.9	679405
	杉木林	58905.8	2411395	26839.7	448587	27291.1	1560683	4775	402125
	松木林	53014.1	2130564	28783.3	617271	22555.4	1312381	1675.4	200912
	阔叶林	21665.9	1166446	14371.9	540336	6170.5	549742	1123.5	76368
2016	合计	132473.8	6207472	54109.9	1266516	64322.3	3639980	14041.6	1300976
	杉木林	59853.7	2671082	20751.7	313663	29718.7	1537560	9383.3	819859
	松木林	51747.7	2253558	21021.2	395932	27220.6	1478786	3505.9	378840
	阔叶林	20872.4	1282832	12337	556921	7383	623634	1152.4	102277

第二章　森林培育

1986—2016年，国有（营）造林、国有（营）集体联合造林、社会造林、实施国家重点工程项目造林，全县共造林绿化14.20万公顷，其中人工造林9.54万公顷，飞播造林3.42万公顷，基地造林0.59万公顷，造油茶林0.66万公顷。义务植树1167万株，封山育林3.48万公顷，新造林全部进行3年的幼林抚育。

第一节　种苗培植

一、采种

1986—2000年，全县林木种源主要有人工采集、引进良种和建立基地3种途径。人工采集杉木等本土树种的种子，全靠手工操作，采种量比较小，每年在300千克左右。1985年，乐安县林业局在鳌溪镇咸口村丁元村小组建立杉木种子园，专门采集优良种源的杉木种子；1988年引进广西秃杉良种，在招携、坪溪等地造林66.67公顷；1990年引进马尾松良种飞播造林，涉及大部分乡镇，总投资138.1万元；1992年在招携镇杭村村建立板栗优质穗条母本园。1998年引进雷竹4720株在13个乡镇试种，成活率80%以上。

2001—2016年，随着林业技术的进步，实行良种育苗、良种造林，县内人工采种已不能跟上林业发展的步伐，县内良种基地的种子、苗木供给也无法满足植树造林需求，开始在江西省定点基地采购良种及苗木。

二、育苗

1986—2007年，重点培育以杉木、湿地松等用材林和油茶等经济林苗木，用于工程造林、项目造林、退耕还林及社会造林。培育苗木采用优良家系、无性系采穗圃中的穗条，前期推广杉木无性系扦插育苗，中期采用良种种子进行容器育苗，后期进行松类牙苗截根移栽、油茶嫁接育苗等方式培育苗木。育苗基地有戴坊镇麦坊村、湖溪乡小陂村、增田镇东湖村和县

育苗基地

森林苗圃，全县有苗木圃地565.5公顷。2008年后，重点培育以杉木、湿地松、鹅掌楸、杜英、桂花、樱花等为主的绿化树种的苗木，用于“一大四小”“森林城乡、绿色通道”“森林城市创建”及项目造林。主要在鳌溪、增田、戴坊、龚坊、山砀、公溪、湖溪7个乡镇建立绿化苗木基地，比较有规模的生产企业和个人经营苗木基地共9家。至2016年，全县绿化苗木基地共1040公顷。

第二节　用材林培育

一、人工造林

1986—1987年，开展县、乡、村“一任书记绿化一座山”造林绿化工作，共造林5629公顷。

1988—1991年，全县对植树造林模式进行改革，改以往的分散式造林为“集中山场、集中时间、国家扶持、群众投劳”的乡（镇）、村群众集体造林，共造林11047公顷。

1991—1995年，开展人工荒山造林全民运动，5年时间完成荒山荒地造林22665公顷。初步实现县委、县政府提出用10年时间“在山上再造一个乐安”，把林业作为乐安支柱产业来抓的目标。

1996—1998年，进行林果业开发和高效林业带建设。发动机关、部门、厂矿等社会各界参与林业开发，建立各自的林果业基地。重点在“临川—八都”和“焦坑—乐安”公路沿线建设高效林果业带。共造林9873公顷。

1999—2001年，实施跨世纪绿色工程，它是“山上再造”工程继续和完善，除项目造林外，重点进行县、乡、村绿色通道绿化，共造林绿化2883公顷。

2001—2005年，实施“国债长防林”和“农发长防林”项目，项目重点是治理生态环境，共造林或疏林补植2533公顷，其中新造林1067公顷，封山育林1466公顷。

2002—2013年，乐安连续12年被列入“退耕还林工程”项目实施县，共造林13480公顷，其中退耕地造林2867公顷，退耕还林荒山造林8773公顷，封山育林1840公顷。退耕还林工程涉及全县16个乡镇（场），175个村委会。

2004—2009年，连续6年实施日本政府贷款江西省造林项目工程，共造林5530公顷。项目工程主要由县实验林场和县林业工业公司共同实施，项目投资1964.12万元，其中日元贷款1496.95万元，政府配套282.74万元，自筹184.43万元。

2008—2011年，实施造林绿化“一大四小”工程建设。“一大”：确保到2010年全省森林覆盖率达到63%。“四小”：一是县城和市府所在地的绿化，二是乡镇政府所在地的绿化，三是农村自然村的绿化，四是基础设施、工业园区和矿山裸露地的绿化。全县共完成造林绿化“一大四小”工程建设任务17812公顷。其中，2008年完成7933公顷（山上5400公顷、山下2533公顷）；2009年完成4386公顷（山上3100公顷、山下1286公顷）；2010年完成2760公顷（山上1700公顷、山下1060公顷）；2011年完成2733公顷（山上1953公顷、山下780公顷）。

2009—2015年，实施巩固退耕还林成果项目，共完成退耕还林补植补造282.7公顷，其中2008年完成23.3公顷，2009年完成220.7公顷，2011年完成38.7公顷。

2012—2016年，实施“森林城乡、绿色通道”工程，重点抓好省道“六上线”乐安县境内16千米路肩两侧绿化带建设，同时打造风景林村庄，共造林1958.3公顷。

2015—2016年，实施防护林重点工程，共造林653公顷，其中2015年完成320公顷，2016年完成333公顷。

1986—2016年的每年春季，县委、县政府都要组织开展全民义务植树活动。号召全县群众在村旁、路旁、水旁、屋旁等“四旁”进行义务植树。县四套班子领导带头参加植树造林，县直各单位的干部职工，在城镇街道、公路沿线、苗圃基地、森林公园和工业园区开展义务植树。31 年中全县累计参加义务植树 152.9 万人次，义务植树 1167 万株。

二、飞播造林

飞机播种造林具有速度快、用工少、成本低、效果好的优势。乐安县从 1984 年开始，在县域内植被覆盖度 0.3 以下的荒山荒坡连续 10 年开展飞机播种造林，至 1993 年累计飞播造林面积 34172 公顷，保存面积 25845 公顷，保存率为 75.6%。飞播树种主要是松树。

1984—1993 年乐安县飞播造林情况表

表 14-2-1　　单位：公顷

年份	地点	树种	造林面积	保存面积	年份	地点	树种	造林面积	保存面积
1984	增田乡、南村乡	松树	2000.0	1600.0	1990	公溪镇、航桥乡	松树	3733.3	2800.0
1985	牛田镇、万崇乡	松树	7600.0	5320.0	1991	万崇镇	松树	3333.3	2666.6
1986	罗陂乡	松树	1874.0	1311.8	1992	龚坊镇	松树	2592.0	2073.6
1987	鳌溪镇	松树	3600.0	2880.0	1993	戴坊镇	松树	2266.7	1813.4
1988	鹏洲乡	松树	3573.3	2858.6	合计	—	—	34172	25845
1989	湖溪乡	松树	3600.0	2520.0	—	—	—	—	—

三、基地建设

1986 年，乐安县实验林场开始速生丰产林基地建设。1986—1990 年，实施国内林业贷款速生丰产林基地建设工程项目，总体规划设计由林业部调查规划设计院和乐安县林业局负责，基地建设总面积 10681.2 公顷，概算投资 1225.8 万元。共营造速生丰产林 5880 公顷，其中：杉木 4951.8 公顷、马尾松 701.07 公顷、国外松 55.67 公顷、阔叶树 171.46 公顷。项目实际投资 1478.6 万元，其中：农业银行贷款 1260.1 万元，乐安县林业局拨付育林基金 128 万元，乐安县实验林场自筹资金 90.5 万元。造林后连续 3 年进行幼林抚育，每年抚育 2 次，幼林基本郁闭，进入中龄林后进行抚育间伐，加强护林防火防盗，培育优质林木。

1991—1998 年，实施世界银行贷款速生丰产林基地建设工程项目，总体规划设计由抚州地区林业勘察设计队和乐安县林业局负责，分两期实施。第一期（1991—1994 年）基地建设总面积 6000 公顷，概算投资 1498 万元。共营造速生丰产林 6530.13 公顷，其中：杉木 3164.3 公顷、马尾松 1292.53 公顷、国外松 1226.1 公顷、阔叶树 847.2 公顷。项目实际投资 1800.16 万元，其中：世界银行信贷资金 1198.61 万元、物资配套 121.77 万元、地级配套 62.8 万元、乐安县实验林场配套 287.81 万元（其中劳务折抵 230.28 万元）。第二期（1995—1998 年）基地建设总面积 2500 公顷，概算投资 1163.67 万元。共营造速生丰产林 2074.8 公顷，其中：杉木 100.67 公顷、马尾松 457.4 公顷、国外松 1328.2 公顷、阔叶树 188.53 公顷。项目实际投资 822.41 万元，其中：世界银行信贷资金 410.5 万元、物资配套 117.37 万元、省级配套 62.83 万元、地级配套 24.5 万元、生产建设单位配套 207.26 万元（其中劳务折抵 123.25 万元）。造林后连续 3 年进行幼林抚育，每年抚育 2 次，幼林基本郁闭，进入中龄林后进行抚育间伐，加强护林防火防盗，培育优质林木。

1998—2009 年，县林业局组建乐安县林茂林业发展有限公司，投资 50 万元，在谷岗乡四青村租赁近万亩低产毛竹林进行高产毛竹林基地建设，为全县毛竹林低改起到示范带头作用。

四、封山育林

封山育林是乐安县森林培育的主要途径。经济体制改革以后，大量富余劳动力外出务工经商，在乡村生活的人口也随之锐减，加上液化气使用的逐步推开，减轻了砍伐柴薪的压力，为封山育林创造条件。1990 年 8 月，县政府印发《关于封山育林的规定》，规定全县公路沿线、河溪两旁、水库库区、村庄四周、飞播造林山场等 33333.3 公顷山林实行“全封山”。2001—2005 年，封山育林与长江中上游防护林项目同步进行，封山育林 1466.7 公顷。

2015 年 12 月 10 日，县委、县政府召开全县封山育林动员大会，出台《中共乐安县委、乐安县人民政府关于乐安县封山育林实施意见》《乐安县人民政府关于印发乐安县封山育林管理办法（试行）的通知》，发放 1800 份封山育林通告。县人民政府与各乡镇人民政府签订乐安县保护发展森林资源目标管理责任书。

2016 年 1 月开始，全县实施为期 10 年的全面封山育林工程，封山育林 161333.34 公顷。

1986—2016 年乐安县造林情况表

表 14-2-2　　单位：公顷

年度	面积	年度	面积	年度	面积	年度	面积
1986	3583	1994	11800	2002	2333	2010	2760
1987	7520	1995	7000	2003	3367	2011	2533
1988	7187	1996	4113	2004	4467	2012	3340
1989	7233	1997	3740	2005	4400	2013	2593
1990	7533	1998	2020	2006	4467	2014	2120
1991	8340	1999	1393	2007	3867	2015	1980
1992	9400	2000	740	2008	4333	2016	833
1993	11866	2001	753	2009	4387	—	—

1986—2016 年乐安县义务植树情况表

表 14-2-3　　单位：万株

年度	数量	年度	数量	年度	数量	年度	数量
1986	29.73	1994	62.00	2002	33.00	2010	4.00
1987	60.29	1995	47.00	2003	80.00	2011	2.60
1988	45.39	1996	41.50	2004	100.00	2012	0.80
1989	34.59	1997	65.00	2005	50.00	2013	0.40
1990	51.53	1998	48.20	2006	50.00	2014	0.10
1991	33.50	1999	58.00	2007	50.00	2015	0.23
1992	47.00	2000	43.64	2008	2.00	2016	0.10
1993	46.50	2001	79.00	2009	1.00	—	—

第三节　毛竹林培育

县境毛竹林主要分布在西南部的招携、金竹、谷岗、南村、湖坪5个乡镇，面积约占全县毛竹林总面积的87%，其他乡镇有少量分布，约占13%。全县毛竹大多是天然林，且大部分是三、四类林分。

乐安县毛竹培育历经毛竹垦复、封山育竹、毛竹低改3个时期。1986—1996年为全垦抚育期，采取刀劈抚育，砍倒杂灌、铺盖林地，任其腐烂的办法，以增加有机质，提高地力。通过清除杂灌，全面松土5～6寸，挖掉石块、树根、枯死竹蔸、老鞭，开沟施肥等方式，促其快速生长；全县垦复毛竹林3828公顷，3年垦复一次。通过垦复，毛竹的质量及产量得到大幅提高。

1997—2007年为封山育竹期。全县加大毛竹林培育力度，连续9年实行封山育竹，让林分休养生息。凡每亩立竹在100株以下的林分实行封禁，做到“四严禁”（严禁砍伐、严禁挖笋、严禁放牧、严禁在林内烧火土灰）。封禁2～3年，待每亩立竹恢复到200株以上时，方可开禁择伐。

2008—2016年为毛竹低产改造期。对低产低效毛竹林进行砍杂、竹腔施肥、号竹。砍杂，即全面砍除林中杂草；竹腔施肥，即使用PNP肥料在当年新竹蔸部打一小孔，用注射器注入5毫升稀释液，然后用黄泥封口；号竹，即对当年竹进行号字，写明年份以利砍伐。与此同时，实施国家巩固退耕还林成果专项资金毛竹低改和省级林业发展专项资金毛竹低改工程项目。两个项目共投资1594.22万元，改造低产毛竹面积7069.2公顷、建设笋竹两用林面积83.3公顷、建设林道77千米。其中，巩固退耕还林成果专项资金投入1094.22万元，改造低产毛竹面积4863.2公顷；省级林业发展专项资金投入500万元，改造低产毛竹面积2206公顷。毛竹实施低改后，发笋增多，成竹率提高，竹径增粗，不仅扩大竹林面积还优化林分结构。

通过毛竹垦复、封山育竹、毛竹低改，全县林分毛竹林面积从1986年的10796公顷、毛竹蓄积2635万根，发展到2016年的22857.6公顷、蓄积5212.55万根，毛竹林面积增加12061.4公顷，毛竹蓄积增加2577.5万根。

第四节　经济林培育

一、油茶林

1986年，县域油茶林保有量约6000公顷，大都是老油茶林。1986—1990年，县域开展对油茶林复壮改造，进行一般性的铲山松土和砍杂，因油茶产量得不到有效提升，群众对油茶林改造的热情逐渐下降。1991年2月，县委、县政府作出《关于大力发展油茶生产的决定》，全县计划种植油茶6667公顷。1991—2007年，在全面垦复的基础上加以施肥，对大部分低产油茶林进行补植改造，提高油茶产量，群众对油茶林投入的

毛竹林

高产油茶林

积极性有所提高。2008 年以后，县政府大力支持种植高产油茶林。通过引进江西省高氏油茶产业发展有限公司，推广油茶嫁接、轻基质容器育苗等技术，种植高产油茶 2200 公顷，示范带动农户种植高产油茶，群众对油茶林的投入空前高涨，全县油茶林面积进一步扩大，品质进一步提升。全县新造高产油茶林面积 6600 公顷。其中，戴坊、龚坊、山砀、金竹、湖坪 5 个乡镇约占总面积的 70%，其他乡镇均有零星分布，约占 30%。2016 年，全县有油茶林面积 12600 公顷。

二、柑橘林

1986 年，全县有柑橘面积 200 多公顷，其中面积较大的基地有戴坊共大农场，戴坊排下农场，南村乡管坊村，牛田镇麻坑村、谢家村，约占全县柑橘面积的 80%；其他的都是零星种植散户，约占 20%。除牛田镇麻坑村、谢家村的柑橘属本土品种外，其余的柑橘都是从浙江温州引进嫁接的品种。

1991 年 12 月 9 日，乐安县气温降至 -11.1 度，柑橘林遭受严重冻害，损失重大。2008 年 1 月 12 日至 2 月 5 日，乐安县又一次遭遇严重冰冻雪灾，柑橘林再次遭受毁灭性打击，全县柑橘树大部分被冻死，仅牛田麻坑、谢家村和一些房前屋后的零星散户柑橘树由于地形原因及特别防护免受冻害。其后，一些柑橘林地通过重新嫁接或栽植得到恢复，不过大部分以散户种植为主，而原较大面积的戴坊共大农场、戴坊排下（农场）和南村乡管坊村基地基本不存。2016 年，全县有柑橘林约 230 公顷。

三、杨梅林

20 世纪 90 年代以前，域内杨梅以山地自然生长为主。1998 年 6 月，由县林业局牵头，组织鹏洲，潭港等乡镇人员到浙江省余姚市学习考察杨梅生产，引进荸荠杨梅和东魁杨梅品种进行人工种植栽培。2010 年后，县政府结合退耕还林工程发展经济林业产业，从浙江引入中魁杨梅和黑炭杨梅优良品种，种植基地有鳌溪镇的杨柳山庄、王家排、林头村，招携镇的肖坊村，湖坪乡的参陂村和龚坊镇的陀上村等。其他乡镇也有零星分布（含本地杨梅），以散户种植为主。2016 年，全县约有杨梅面积 120 公顷。

四、板栗林

1992 年，为发展县域经济林产品，县政府投入大量财力物力营造板栗林，在全县推广种植从浙江引入的优良品种魁栗和毛板栗。县林业局在招携镇杭村村建立板栗优质穗条母本园，面积约 10 公顷。在南村乡太平村、望下村等地种植板栗林，约 10 公顷。但由于各种原因，板栗林的经济效益并不好，一些板栗林又逐渐改种中药材及奈李等其他果林。到 1995 年，引入种植的嫁接杂交板栗林所剩无几，只保有招携镇坪头村、新街村等本土板栗品种。另外还有一些引入嫁接杂交品种板栗种植散户。2016 年，全县有板栗面积约 50 公顷。

五、茶叶

县域有种植茶叶的传统，茶叶的种类主要有绿茶、红茶、乌龙茶和铁观音等。20 世纪 80 年代，部分乡镇建有茶场，较有名的有湖坪茶场和坪溪大龙山茶场。1986 年全县有茶园面积约 45 公顷，产茶 8 吨。

进入 21 世纪，县政府鼓励发展茶叶生产。先后成立多个茶叶生产专业合作社和茶叶生产有限公司。主要有乐安县华盖山茶叶开发有限公司，在南村乡有茶园约 100 公顷；江南有机茶开发有限公司，在公溪镇有茶园约 70 公顷；乐安流坑茶叶有限公司，在鳌溪镇有茶园 20 公顷；乐安县引水茶叶专业合作社在金竹畲族乡有茶园 20 公顷。这些菜叶开发公司或专业合作集种植、加工、销售于一体发展茶叶生产。2016 年全县有茶园面积 180 公顷，产茶 26 吨。

第五节　花卉栽培

一、花卉种类

县域花卉主要有鲜切花、盆栽花卉、花坛植物、盆景、观赏苗木等种类。其中：鲜切花主要

兰花种植基地

有月季、玫瑰、菊花、百合等；盆栽花卉主要有仙人掌、水仙、兰花、郁金香等；花坛植物主要有杜鹃、万寿菊、鸡冠花、石竹；盆景主要有树桩盆景、山水盆景、水旱盆景和其他盆景；观赏苗木主要有桂花、罗汉松、樟树、红叶石楠、蜡梅、紫薇、茶花、女贞、樱花等。

二、种植面积

20世纪90年代前，县域花卉栽培分散于个人或单位庭院栽种观赏，属自种自养自我观赏。21世纪初开始，县域花卉种植逐步发展，花卉栽培由自我观赏转向产业化经营。2006年，全县花卉产业初具规模，有花卉苗木面积38公顷，盆栽花2000盆，树桩盆景530盆，兰花100万盆，专业技术人员12人，从业人数117人。

2016年，全县有花卉苗木面积706.66公顷，其中：鲜切花4.33公顷，盆栽花卉4公顷，花坛植物3公顷，盆景2公顷，观赏苗木693.33公顷。有花卉温室2个、面积0.14公顷，遮荫棚3.53公顷。年产花木约90万株，销售额2500万元；有花卉苗木从业人员1200余人；有花店6个。

三、花卉苗木基地

2001年7月成立乐安县花卉协会，有会员58人。协会汇编印发花卉栽培技术参考资料，开办专业技术讲座和培训班。开展花卉栽培咨询服务，组织参加省市花卉展销会，促进群众花卉种养积极性。2006年，县花卉协会挑选盆景、根艺等花卉作品，参加江西省第二届花卉园艺博览会，获得金、银、铜奖各1个和兰花优秀奖，并得到抚州市花卉协会的组织奖。

2016年县域花卉苗木企业有：江西省贵仁园林有限公司，基地设在增田镇，面积6.67公顷，主要种植红枫、紫薇；乐安县田源园林有限公司，基地设在南村乡，面积4公顷，主要种植樟树、桂花；石陂苗木基地，基地设在增田镇，面积2公顷，主要种植银杏、竹柏；江西台大农业科技有限公司，基地设在龚坊镇台大路，面积221.33公顷，主要种植茶花、桂花、石楠；乐安县益荣现代农业开发有限公司，基地设在大马头乡，面积14.67公顷，主要种植楠木、桂花；江西大地常春实业有限公司，基地设在鳌溪镇，面积433.33公顷，主要种植桂花、樱花、红叶石楠；乐安县兰韵种植专业合作社，基地设在金竹畲族乡严杭村，面积1.5公顷，主要种植寒兰、惠兰、春兰。

第三章　森林开发与森工

乐安森林资源丰富，但分布不均。大部分林木资源分布在边远高山地区，交通便利的林区集中过伐的现象严重，而交通闭塞的边远高山林区的资源却无法被开发利用。1986—2016 年，全县共生产木材 169.05 万立方米，毛竹 1324.76 万根。主要森工是木竹加工，全县木竹生产加工企业最多时有 32 家。

第一节　森林采运

一、木竹采伐

1986 年始，县境实行林木限额采伐管理，执行国家对林木采伐方式、采伐数量、采伐时效的有关规定。采伐方式主要有择伐、间伐和小面积皆伐。择伐是在不同龄级的成熟或过熟林和不应皆伐的林地上实施部分砍伐取材。择伐受采伐强度限制，采伐强度大小以作业设计的规定为准。间伐即抚育间伐，是对林分郁闭度超过 0.9，造林初植密度大的中幼龄林实行间伐。小面积皆伐，即将同一龄级成熟或过熟林全部砍伐后更新的一种采伐方式。皆伐连片面积不能超过 20 公顷。对局部林地生产力差，林木生长缓慢，甚至成为小老头树的山场实施皆伐，重新造林改换造林树种。

传统的木材采伐季节以秋季为主，民间有“秋砍冬运，夏季流送”之说。随着交通条件的改善，水运改陆运，木材采伐季节为常年性。按照林木采伐许可证限定本年度有效的规定，采伐许可证指标不能跨年度砍伐和使用。

二、木竹运输

水运　20 世纪 70 年代以前，乐安县境木竹运输以水运为主。主要河流有赣江水系的牛田河与抚河水系的谷岗河。在牛田河下游的樟树市设有贮木场，木竹在此上岸。谷岗河下游的崇仁县设有转运站，木竹到抚州周渡贮木场上岸，水运量约占年木竹生产量的 60% 以上。

陆运　从 20 世纪 80 年代开始，为开发边远林区的木竹资源，县境大力修建林区公路，在金竹、招携、南村、谷岗、湖坪等边远地区共修建林区公路 224 千米，为边远林区木竹的采伐、运输提供有利条件。木竹运输也逐渐由水运转为以陆运为主。1975 年成立乐安县林业车队，1986 年县林业车队有运输汽车 26 辆。县境木竹大部分由县林业车队承运至公溪镇江边村火车站贮木场后，再由火车中转至全国各地，少部分由当地车辆运输。还有少数购买木竹者自带车辆直接到产地装运。20 世纪 90 年代后，木竹市场放开，大部分购买木竹者自带车辆直接到木竹产地运输，公溪镇江边村火车站贮木场逐渐失去中转功能，县林业车队车辆相继失去运输木竹为主的优势。到 2004 年，县林业车队随同林业工业公司进行国有企业改制。

三、木竹产量

1986—2016 年，全县共生产木材 169.05 万立方米，毛竹 1324.76 万根。松、杂木产量逐年下降，年产量由 1986 年 5.80 万立方米下降至 2016 年 986 立方米。杉木、毛竹产量于 20 世纪 90 年代出现迅速增长的势头，2000 年后逐渐减少，主要是因为县内实施控制天然阔叶林资源消耗、重点培育人工杉木林及毛竹林发展策略。

1986—2016 年乐安县商品木竹年产量表

表 14-3-1　　单位：木材 / 立方米、毛竹万根

年份	商品木竹年产量				年份	商品木材年产量			
	木材			毛竹		木材			毛竹
	合计	杉木	松杂木			合计	杉木	松杂木	
1986	74000	16000	58000	30.00	2002	38131	29831	8300	54.50
1987	85000	16500	68500	30.00	2003	37880	30780	7100	30.00
1988	87549	40747	46802	30.00	2004	43840	43040	800	40.00
1989	87549	40747	46802	30.00	2005	31380	16409	14971	50.00
1990	87549	32827	54722	30.00	2006	42000	27000	15000	40.00
1991	59725	26427	33298	40.00	2007	63650	47150	16500	40.00
1992	45897	8565	37332	55.00	2008	119807	66142	53665	48.00
1993	46789	5857	40932	60.00	2009	64110	46732	17378	19.50
1994	65789	12469	34320	80.00	2010	63388	52672	10716	5.20
1995	41674	14724	26950	100.00	2011	34204	25930	8274	11.30
1996	84167	63901	20266	117.08	2012	20187	7937	12250	6.10
1997	80410	64174	16236	80410	2013	22401	7728	14673	8.80
1998	82105	69316	12789	82.00	2014	6994	4545	2449	1.70
1999	62736	55500	7236	74.00	2015	16863	14661	2202	—
2000	60236	56141	4095	50.00	2016	3738	2752	986	—
2001	30750	25000	5750	44.50	—	—	—	—	—

说明：1.1988—1991 年、1994 年杉木产量中含自用材 81125 立方米

2.1996—2001 年、2004 年杉木产量中含自用材 127970 立方米、培植材 12106 立方米、烧材及集约材 82354 立方米

第二节 木竹加工经营

1988 年始，县域严格实行木材加工经营许可证制度。控制木材加工企业的审批，提高木竹加工企业准入门槛，着力发展精细加工木竹产品企业，严格控制以消耗阔叶林资源为主的木竹工艺品类加工企业，取缔以粗加工板材、方料类的木材加工企业。1995 年前后，随着林业市场经济的发展，县委、县政府加大招商引资力度，全县的木竹生产加工企业发展迅猛，最多时有 32 家，年消耗木材 4 万多立方米、毛竹加工 40 余万根，使全县森林资源保护工作压力骤增。

2001 年始，县委、县政府提出生态立县的科学发展战略，从天然林保护生态效益出发，减少阔叶树种的消耗，对以阔叶树为原材料的加工企业严格控制，对杉木和毛竹为原材料的企业加大整合力度，按照“淘劣留优、去小留大、减弱扶强”的原则，促使企业通过技术升级改造，达到对木竹的深加工、精加工。同时，还实行木材收购、销售申报制度。通过市场运作，落实原材料供应保障措施，以活立木拍卖和青山流转两种形式保障原材料供应，鼓励企业积极参与拍卖、流转，建立自己的原材料基地。2016 年，全县有木竹加

工企业27家，其中木材加工企业18家，毛竹加工企业9家。乐安华林木业有限公司、中天木业、丰林人造板厂、荣昌木业有限公司、嘉德园艺制品有限公司、恒达上新木竹制品有限公司等规模相对较大。加工产品主要有细木工板、指接板、建筑模板、松胶板、竹地板、竹拉丝、杉松工艺品、仕女扇等。

第三节　林副产品

乐安林业副产品品种繁多，由于资源和市场需求的变化，其产品产量也不断变化。如松脂因资源的变化，产量逐年下降。常规产品主要有：竹笋、竹片、小山竹、竹梢、篙竹、香菇、黑木耳、中药材等。

竹笋　乐安竹林资源丰富，冬笋、春笋、小山竹笋以及笋干是县内的传统土特产。经过多年的护笋养竹，2016年，竹林面积增至23333.3公顷。1990—1999年，全县每年外销毛竹鲜笋9000吨、干笋5000吨、小山竹笋8000吨。1999—2008年，县域先后建有4家规模较大的竹笋加工企业。

半成品春笋

竹片　利用边远山区交通不便山场的毛竹生产的竹片，大部分用作建筑材料上的脚手板，在二十世纪八九十年代产量较大，县域每年生产的竹片折合毛竹外销30余万根。

小山竹　县域小山竹资源丰富，20世纪八九十年代所生产的小山竹主要用作围栏、造纸及编织工艺品等，每年外销小山竹6000吨。

竹梢　全县竹林面积2万多公顷，每年生产毛竹30余万根，竹梢利用20多万支，主要用作农业方面蔬菜基地搭棚。

篙竹　篙竹直径大于小山竹小于毛竹，主要用作建筑材料上的脚手架及搭建工棚。二十世纪八九十年代，市场对篙竹需求量大，全县每年外销深圳等地篙竹7000吨。

食用菌　1997年，县域大力培植森林食品，发展食用菌林，栽种香菇、茶薪菇、黑木耳等食用菌，年产量约150吨。由于菌菇生产主要原料为木材，对森林保护造成一定压力，为发展林业，保护生态环境，县域限制菌菇种植，面积逐渐减少。2016年底，全县共有食用菌林130公顷，产量约100吨，供县内市场所需。

中药材　县内植物药材资源丰富，品种繁多，分布广泛。药用树种主要有银杏、三尖杉、草珊瑚、木通、十大功劳、厚朴、肉桂阴香、玉兰、杜仲、五加、算盘子、高粱泡、木槿、薜荔、常春藤、钩藤、忍冬、羊蹄甲、女贞、朱砂根、大青、白马骨、牡荆等。20世纪80年代中期后，人工种植厚朴、黄精、绣花针、杜仲、黄栀子、枳壳、绞股蓝、铁皮石斛、吴朱萸等中药材。2016年年底，全县只保有黄精和绣花针20公顷，铁皮石斛1公顷。

第四章　森林保护

县委、县政府为保护森林，实现生态立县发展战略，1986年成立乐安县森林病虫害防治检疫站，开展森林病虫害防治工作。1991年，成立乐安县人民政府森林防火指挥部，全面落实森林防火行政领导负责制。1997年，县林业局增设野生动植物保护管理站，实行野生动植物经营规范管理。2000年，设立乐安最大的自然保护区——江西老虎脑省级自然保护区，以保护森林的原始状态。2006年，启动补偿生态公益林工程项目，以促进森林资源数量稳步增长。2012年，开展100年以上树龄古树名木的全面调查，进行建档立卡并挂上保护牌。

第一节　森林防火

一、组织队伍

1988年始，县委、县政府不断强化森林防火行政领导负责制，明确各乡镇（场）党委书记、乡镇（场）长为森林防火工作第一责任人，乡镇（场）分管森林防火工作的领导为直接责任人，驻点包片的县直单位领导为相关责任人，乡镇（场）驻村干部和村委干部为主要责任人，层层签订森林防火责任状并列入年终考核。

1991年，原乐安县护林防火指挥部更名为乐安县人民政府森林防火指挥部，由县长担任总指挥长，县人武部、林业局、交通局、气象局、法院、检察院、公安局、邮电局、政府办、卫生局、公安局林业分局为成员单位，设有4名副总指挥，下设办公室（设在林业局），负责日常工作，配备专职人员5人。2004年，县林业局组建一支30人的专业森林消防队。2009年，森林消防队人员增至50人。全县16个乡镇（场）均配备专业消防车，组建30人的半专业森林防火队；175个行政村都建立20人的森林防火应急扑火队。2016年，森林防火指挥部成员单位有林业局、财政局、发改委、民政局、交通运输局、卫计委、教体局、文广局、工业园区、气象局、旅游局、商务局、法院、检察院、公安局、森林公安局、园林局、武警中队、乐安电信分公司、乐安移动分公司、乐安联通分公司。

二、防火设施

1988年，先后在大华山、石陂林场上堡工地、湖溪邹家工地建有森林防火瞭望台，瞭望监测覆盖率50%；2014年建设智慧森林防火平台，安装森林防火监控探头20个，对全县重点山头、林地

乐安县森林防火指挥中心

实现全天候监测；营造生物防火林带501千米。

2016年，县森林防火指挥部配有防火指挥车1辆，运输车3辆；值班电话1部，基地台2台，车载台3台，对讲机20个，背负式电台1台；GPS定位仪6个。装备风力灭火机48台，风水灭火机10台，油锯11台，割灌机8台，灭火水枪80支，水泵2台，水雾喷射器1台；阻燃服200套，作训服140套，头盔140顶，头灯50个，扑火鞋110双，扑火手套110双。全县16个乡镇均配备专业消防车。

三、森林火灾

1988—2010年，全县森林火警火灾共发生148起，其中火警39起，一般火灾107起，较大火灾2起，火灾总面积3331.98公顷，受害森林面积1280.19公顷，损失林木13964.05立方米，损失幼林165.86万株，死亡2人，林木及其他经济损失约280.75万元。2011年后，全县林区热点监测实现全覆盖，监测率100%，严禁林区用火，每年只发生几起野外用火，未发生大的森林火灾和人员伤亡事故，森林火灾发生率、受害率、控制率、查处率“四率”全部在市下达森林防火责任目标范围内。2015年，被评为全省森林防火平安县。

山林灭火演练

1988—2010年乐安县森林火灾发生情况表

表14-4-1　　单位：起、公顷

年份	火灾起数			火场总面积	受害森林面积	年份	火灾起数			火场总面积	受害森林面积
	合计	火警	一般				合计	火警	一般		
1988	5	2	3	92.43	12.36	2000	7	0	7	204.40	128.40
1989	—	—	—	—	—	2001	2	0	2	15.10	7.50
1990	1	0	1	19.60	12.90	2002	12	1	11	274.20	154.86
1991	1	0	1	4.20	—	2003	23	2	21	271.30	88.10
1992	6	3	3	27.60	19.50	2004	33	14	19	822.20	229.40
1993	3	1	2	48.00	1.70	2005	9	0	9	277.90	130.40
1994	—	—	—	—	—	2006	1	1	0	5.40	1.20
1995	5	2	3	35.20	35.20	2007	4	3	1	—	3.30
1996	7	0	7	208.38	66.93	2008	8	3	5	584.86	103.46
1997	5	1	4	70.50	56.27	2009	6	4	2	80.60	54.09
1998	1	0	1	9.05	1.42	2010	4	2	2	50.06	40.80
1999	5	0	5	231.00	132.40	—	—	—	—	—	—

说明：2011—2016年全县未发生森林火灾

第二节　病虫害防治及检疫

一、防治组织

1986年，成立乐安县森林病虫害防治检疫站，负责全县森林病虫害防治检疫工作。根据森林病虫害的分布和发生情况，在全县布设森林病虫害监测点，监测点从1990年11个增加到2016年17个，每个监测点配备1～2名兼职测报员，负责辖区内森林病虫害的测报工作。1986—2016年，先后开展2次全县森林病虫害普查和11次专题调查，全面掌握县域森林病虫害的分布、发生、发展趋势，为科学防治森林病虫害提供可靠保证。2016年全县有专职检疫员3名。

二、病虫害种类

乐安县发生的森林病害主要有：杉木炭疽病、杉木叶枯病，松针褐斑病、松材线虫病、松赤枯病，竹丛枝病、竹煤污病，油茶炭疽病、油茶软腐病、油茶煤污病，杨树叶锈病，苗木立枯病等。

发生的森林虫害主要有：马尾松毛虫、思茅松毛虫、松褐天牛、松梢螟、铜绿金龟子、松茸毒蛾、松叶蜂；粗鞘双条杉天牛、土白蚁；黄脊竹蝗、刚竹毒蛾；油茶黑跗眼天牛、绿磷象甲、茶黄毒蛾；樟叶蜂、樟蚕、樟巢螟、银杏大蚕蛾（危害甜槠树）、舞毒蛾、枫毒蛾、油桐尺蛾（危害拟赤杨、枫树等）、杨树舟蛾、星天牛、桑天牛、云斑天牛、茶袋蛾（危害桂花树）、丝棉木金星尺蛾（危害大叶黄杨）、金绒锦天牛（危害海桐）等。

农户用草甘膦为果树除草

三、病虫害防治

（一）病害防治

松材线虫病　2012年，秋季普查中首次在公溪镇莲塘村发现疑似松材线虫病，枯死松木53株。此后几年疫情不断发展蔓延，截至2016年，全县发生松材线虫病枯死松木达4万多株。主要发生在公溪、山砀、龚坊、戴坊、湖溪、增田6个乡镇。发生病害的当地，每年坚持及时对枯死疫木进行掩埋伐蔸，焚烧枝干等防治措施。

杉木炭疽病　2013年7月，谷岗乡四青村山下村小组等地发生杉木炭疽病，危害面积约10公顷，及时采取喷洒多菌灵等化学农药防治。

竹丛枝病　2014年6月，招携镇青里村王泥斜村小组发生竹丛枝病，危害面积约10公顷，及时采取人工清理并焚烧除治。

（二）虫害防治

马尾松毛虫　1989—1990年，县域多地发生马尾松毛虫危害，面积累计18666.67公顷，主要发生在公溪、山砀、龚坊、戴坊、罗陂、南村、增田、望仙、大马头9个乡镇（场）。及时采取化学农药防治虫源地、施放白僵菌粉炮进行生物防治及人工捕虫、摘卵块等人工防治措施。

松叶蜂　1991年5月，公溪、航桥、山砀、龚坊、戴坊、罗陂6个乡镇的湿地松新造幼林发生松叶蜂危害，发生面积293.33公顷，及时进行喷苦烟乳油防治。

刚竹毒蛾　1991年10月，坪溪乡圆树岭村毛竹发生刚竹毒蛾危害，发生面积14公顷，及时用杀虫烟剂进行防治。

黄脊竹蝗　2004—2005年，县域发生黄脊竹蝗危害，累计面积1066.67公顷，主要发生在招携、金竹、湖坪、南村4个乡镇。采取施放杀虫烟剂等措施进行防治。

松梢螟　2011年5月，万崇镇桐山村下山村小组新造湿地松幼林发生松梢螟危害，发生面积约13.33公顷，采取人工摘除虫梢烧毁等防治。

思茅松毛虫　2013年5月，县绿园生态林场咸溪、店元工地，鳌溪镇王家排村，南村乡西坑村等地发生思茅松毛虫危害，发生面积近133.33公顷，及时喷撒森得保（药）粉防治。

油桐尺蛾　2015年5月，金竹畲族乡徐庄村等地阔叶树（拟赤杨、枫香）发生油桐尺蛾危害，发生面积200多公顷，成灾面积33.33公顷，及时调用白僵菌粉炮防治。

（三）其他病虫害

2010年10月，万崇镇池头村湿地松发生松茸毒蛾危害，面积约13.3公顷，及时进行喷白僵菌粉炮药防治。2012年5月，湖溪乡石洞村湿地松发生铜绿金龟子危害，面积约6.67公顷，及时喷绿色威雷药防治。

四、森林植物检疫

从1986年开始，森林防疫站配备专职检疫员，对全县森林、木竹产品及苗木繁殖材料实施产地检疫和调运检疫。1986—2016年，全县共检疫木材及其产品约100万立方米、竹材及其产品约500万根、造林苗木约1亿株。

2003年1月1日，乐安县出省检疫证实行电脑签证。是年6月1日，省内检疫证也实行电脑签证，标志着乐安县手工开具森林植物检疫证历史结束。

第三节　动植物保护

一、老虎脑自然保护区

1999年，在县境东南部雩山山脉的老虎脑山区发现疑是国家一级重点保护动物——华南虎踪迹；8月，乐安县政府决定设立老虎脑自然保护区，保护区总面积4.9万公顷。2002年，在申报省级自然保护区过程中，将县级自然保护区实验区范围内的人工林和毛竹林划出保护区，总面积调整为2.2万公顷，确定保护区重点以保护珍稀濒危物种华南虎、云豹大型猫科动物及其栖息地的天然森林植被为主。2004年，经江西省人民政府批准老虎脑自然保护区为省级自然保护区，保护区总面积为2.2万公顷，核心区面积0.75万公顷。保护区范围涉及金竹、招携、南村、谷岗4个乡镇。

2014年，为科学、合理、规范地建设好老虎脑自然保护区，县林业局委托南昌大学流域生态研究所，对老虎脑自然保护区进行综合科学考察。根据考察结果，县委、县政府提出对保护区进行调整。调整后，总面积14502.59公顷，其中核心区面积6244.19公顷，占总面积的43.06%；缓冲区面积1992.89公顷，占总面积的13.74%；实验区面积6265.51公顷，占总面积的43.20%。

2015年6月至2016年9月，由抚州市林业局主导，乐安县林业局协助，在老虎脑自然保护区内开展珍贵野生动物资源调查，安装红外触发摄像机38台，拍摄到三万多张照片和大量影像资料，共鉴别出鸟类14种、兽类10种、两栖爬行动物1种，其中国家一级保护动物2种（黑鹿、白颈长尾雉），二级保护动物3种（水鹿、白鹇、凤头鹰），省级保护动物10种。调查表明，县内保护区的森林生态保存较好，为更好地保护全县珍贵野生动物资源提供了真实可靠的科研数据。

二、生态公益林

2006年，乐安县启动生态公益林工程项目，补偿公益林区划面积16667公顷；到2016年，全县公益林补偿面积达到40667公顷，其中：国家级公益林3333公顷，省级公益林37333公顷。分布在全县11个乡镇的65个村和县绿园生态林场、林业公司、森林公园等地，涉及农户2050户、4973个小班（细班）。项目工程，由县下达到各乡镇和国有林权单位，并委托乡镇政府、国有林权单位负责管理，委托项目单位聘请专职护林员，并对护林员进行培训、考核。每年，县林业局组织技术人员会同乡镇政府有关人员，对公益林管护质量进行验收，并根据验收结果向财政部门提供补偿资金拨付依据。工程项目实施后，区划内森林资源数量稳步增长，结构合理调整，林分质量不断提高，效益得到增强。

2016 年乐安县公益林分布情况表

表 14-4-2　　单位：公顷

乡镇（场）	合计	其中		乡镇（场）	合计	其中	
		国家级	省级			国家级	省级
金竹畲族乡	12246.1	811.5	11434.6	戴坊镇	1341.3	0	1341.3
招携镇	4025.8	0	4025.8	龚坊镇	1855.1	0	1855.1
谷岗乡	2550.6	0	2550.6	鳌溪镇	1321.8	1321.8	0
南村乡	2082.2	0	2082.2	湖溪镇	700.0	0	700
牛田镇	740.0	73.3	666.6	山砀镇	744.9	0	744.9
绿园生态林场	9963.6	566.7	9396.9	公溪镇	1033.3	0	1033.3
林业公司	2028.6	560.0	1468.6	合计	40667.0	3333	37334
森林公园	33.7	0	33.7	—	—	—	—

2006—2016 年乐安县公益林补偿情况表

表 14-4-3　　单位：公顷、元 / 公顷、万元

年份	面积	补偿标准	补偿金额	年份	面积	补偿标准	补偿金额
2006	16666	67.50	112.50	2012	39333	225.00	885.00
2007	33333	90.00	300.00	2013	39333	255.00	1003.00
2008	39333	120.00	472.00	2014	39333	255.00	1003.00
2009	39333	150.00	590.00	2015	39333	300.00	1180.00
2010	39333	150.00	590.00	2016	40705	300.00	1221.15
2011	39333	225.00	885.00	—	—	—	—

三、古树名木保护

2005 年，县林业局启动全县古树名木保护工程，初步摸清 500 年以上树龄的古树 300 余株，200 ~ 499 年树龄的古树 4300 余株。2012—2013 年，对 100 年以上树龄的古树再次进行全面调查。全县共有 100 年以上树龄的古树 7567 株。其中：500 年以上一级保护古树 540 株，300 ~ 499 年二级保护古树 1485 株，100 ~ 299 年三级保护古树 5542 株。2016 年，补充调查县内古树为 7830 株。

古银杏

红豆杉

其中，一级保护古树 569 株、二级保护古树 1593 株、三级保护古树 5668 株。一级保护古树建档立卡，并由当地村林权所有者负责管护。

坐落在牛田镇水南村的古樟树群，面积 70 多公顷，蓄积约 4000 立方米，树龄大多在 200 年左右，最长达 600 余年。2005 年，在当地聘请 2 名专职护林员管护，投入 30 万元对两岸樟树林断带部分进行移栽绿化，在古樟群安装避雷装置。2016 年，水南樟树林被上海大世界基尼斯总部确定为“中国第一古樟林”。

罗汉松

2016 年乐安县古树名木名录表

表 14-4-4　　单位：年、米、厘米、株

乡镇	中文名	拉丁名	树龄	树高	胸围	具体生长位置	数量
鳌溪镇	樟树	Cinamonum camphora	403	16.0	330	罗山村、东坑村、林头村等	136
	冬青	Ilex purpurea Hassk.	300	12.0	240	咸口村小学内	1
	枫香	Liquidambar formosana	164	20.0	269	咸口村、青山村、下陂村等	32
	拐枣	Hovenia acerba Lindl.	100	14.0	200	石桥边	1
	黄檀	Dastanopsis hupeana Hance	190	16.5	165	东坑村、下陂村	7
	苦槠	Csstanopsis sclerophylla	390	12.4	323	咸口村、青山村	9
	罗汉松	Podocarpus macrophyllus	400	7.0	160	罗山村彭家嵊	1
	椤木石楠	Photinia davidsoniae	170	10.0	190	下陂村增家屋背	1
	木荷	Schima superba	353	17.5	285	青山村村口上	2
	女贞	Ligustrum lucidum	163	13.7	265	咸口村、青山村、赖村村等	4
	乌桕	Sapium sebiferum (L.) Roxb	180	17.0	300	下陂村	2
	小叶栎	Quercus chenii Nakai	430	28.0	330	桥背村村口上	1
	银杏	Ginkgo biloba linn	750	15.5	270	东坑村、罗山村	2
	圆储	Castanopsis eyrei	345	11.5	280	案山村庙仔边	2
公溪镇	枫香	Liquidambar formosana	130	29.0	215	莲塘村	2
	苦槠	Csstanopsis sclerophylla	224	14.7	284	莲塘村、荷陂村	7
	椤木石楠	Photinia davidsoniae	200	8.5	220	陈家村港旁上	1
	樟树	Cinnamonum camphora	300	21.0	372	公溪村、陈家村、莲塘村等	53
增田镇	枫香	Liquidambar formosana	170	14.0	260	瑶前村、石陂村、长江村	8
	黄连木	Pistacia chinensis	120	17.0	151	东湖村村口	1
	苦槠树	Csstanopsis sclerophylla	150	11.0	245	瑶前村水口	1

续表 14-4-4

乡镇	中文名	拉丁名	树龄	树高	胸围	具体生长位置	数量
增田镇	椤木石楠	Photinia davidsoniae Rehd	136	11.2	154	村口	5
	马尾松	Pinus massoniana Lamb	160	15.0	252	瑶前村、温田村、长江村	3
	木荷	Schima superba Gardn	190	13.0	250	瑶前村水口	1
	女贞	Ligustrum lucidum	125	8.0	195	东湖村屋中间	1
	小叶栎	Quercus chenii Nakai	193	14.6	312	石陂村、东湖村	3
	樟树	Cinnamonum camphora	260	14.6	352	瑶前村、温田村、长江村	142
牛田镇	冬青	Ilex purpurea Hassk.	180	23.0	196	牛田村杨柳洲	3
	枫香	Acer saccharum Marsh	195	21.0	200	南羊村、峡圳村、牛田村	249
	枫杨	China Wingnut Chinese Winged Nut Chinese Ash	140	24.5	246	水南村、流坑村、连河村	34
	国槐	sophora japonica linn	105	6.0	118	麻坑村连河洲上	1
	寒叶		240	20.0	220	南羊村村庄内	1
	槐树	Sophora japonica Linn	110	15.0	170	南羊村河岸边	1
	黄连木	pistacia chinensis	210	21.5	220	南羊村、水南村、流坑村、连河村	25
	黄莲树	Pistacia chinensis Bunge	100	15.5	160	马坑村横里屋背	2
	黄檀	Dastanopsis hupeana hance	210	27.0	204	水南村、牛田村、流坑村	86
	继树	Loropetalum chinense Oliv.	100	16.0	28	流坑村白马洲	1
	金枝糖		350	13.0	310	麻坑村老冠庙	1
	锯树		400	13.6	283	河岸边	12
	苦槠	Castanopsis sclerophylla	300	16.7	270	牛田村、连河村、流坑村	7
	蜡树	Fouquieria splendens	300	18.0	280	南羊村村庄内	1
	栎树	Quercus Linn	255	14.0	155	村庄内	2
	椤木石楠	Photinia davidsoniae	178	10.5	169	水南村、牛田村、流坑村	29
	马尾松	Pinus massoniana Lamb	165	23.0	190	员陂村洲仔里	2
	木荷	SchimasuperbaGardn et Champ	330	17.0	235	流坑村村庄内	3
	楠木	Phoebe zhennan S. Lee et F. N. Wei	100	8.0	110	流坑村金钩湾	1
	女贞	Ligustrum lucidum	170	17.0	170	南羊村、水南村、流坑村	18
	青榨槭	Acer davidii Franch.	250	18.0	147	南羊村村庄内	9
	拓树	Cudraniatricuspidata(carr)Bur. exLavallee	185	16.0	193	麻坑村、员陂村	3
	乌桕	Sapium sebiferum (L.) Roxb	380	20.0	258	峡圳村、麻坑村、员陂村	8

续表 14-4-4

乡镇	中文名	拉丁名	树龄	树高	胸围	具体生长位置	数量
牛田镇	小叶栎	Quercus chenii Nakai	250	20.0	230	流坑村、员陂村、南羊村	33
	樟树	Cinnamomum camphora (L.) Presl	230	19.0	233	牛田河岸边	2447
	楮树	Papermulberry	300	15.5	202	牛田河岸边	169
	紫弹朴	Celtis biondii Pamp.	200	22.0	207	牛田河岸边	18
金竹畲族乡	糙叶树	Aphananthe aspera Planch.	155	12.0	242	大通村大通组庙边	1
	赤皮青冈	Cyclobalanopsis gilva (Blume) Oerst.	140	8.0	171	联村村瑶老上	1
	大叶青冈	Cyclobalanopsis jenseniana	305	8.0	298	严杭村南济组水口	1
	冬青	Ilex purpurea Hassk	123	11.5	157	严杭村、联村村	2
	枫香	Liquidambar formosana	160	20.5	211.5	引水村、坪溪村、大通村	142
	黄檀	Dastanopsis hupeana Hance	120	7.6	102	流舍村、联村村	3
	苦槠	Csstanopsis sclerophylla	150	10.9	185	徐庄村、引水村、坪溪村等	122
	椤木石楠	Photinia davidsoniae	105	7.0	126	联村村瑶老上	1
	马尾松	Pinus massoniana	150	18.0	178	引水村、坪溪村、大通村等	145
	木荷	SchimasuperbaGardn et Champ	230	19.0	259	深坵村	2
	南方红豆杉	Taxus chinensisvar.mairei Cheng et L.K	300	9.6	220	严杭村、金竹村	28
	楠木	Phoebe zhennan S. Lee et F. N. Wei	250	14.0	259	深坵村雷打石组	1
	女贞	Ligustrum lucidum	143	10.4	185.5	大通村、金竹村、联村村	5
	青冈栎	Cyclobalanopsis glauca(Thunb) OERST	120	12.5	156.5	坪溪村、联村村	2
	杉树	Cunninghamia lanceolata(Lamb) Hook	122	17.0	147	坪溪村、深坵村、联村村等	6
	甜槠	Castanopsis eyrei	175	12.0	200	坪溪村、金竹村、深坵村	39
	乌桕	Sapium sebiferum (L.) Roxb	140	12.0	173	坪溪村茶垅组庙边	1
	小叶青冈	Quercus myrsinifolia	165	11.0	294	流舍村、坪溪村、严杭村	14
	银杏	Ginkgo biloba linn	520	14.0	397	严杭村、金竹村、流舍村	7
	樟树	Cinnamomum camphora (L.) Presl	225	16.7	264	徐庄村、大通村、联村村	22

续表 14-4-4

乡镇	中文名	拉丁名	树龄	树高	胸围	具体生长位置	数量
湖溪乡	枫香	Liquidambar formosana	150	17.7	258	小陂村、湖溪村、沙港村	28
	黄檀	Dastanopsis hupeana Hance	300	13.0	157	甘泉村村右边	1
	苦槠	Csstanopsis sclerophylla	309	10.2	254	小陂村、甘泉村、社背村等	24
	木荷	Schima superba	278	14.0	243	小陂村	2
	甜槠	Castanopsis eyrei	350	16.0	320	尧门村元头屋背	1
	小叶栎	Quercus chenii Nakai	320	14.9	261	甘泉村、沙港村、梅溪村等	15
	樟树	Cinamonum camphora	380	13.6	302	湖溪村、东堆村、沙港村等	81
谷岗乡	豹皮樟	LitseacoreanaLvl. Var.Sinensis (Allen)Yang etP.H. Huang	320	18.0	192	汤山村、板岭村、火嵊村	12
	冬青	Ilex purpurea Hassk.	200	28.0	228	汤山村、四青村	2
	枫香	Liquidambar formosana	140	23.0	244	板岭村、登仙桥村、王坊村	90
	红豆杉	Chinese yew	400	16.0	247	水口村、谷岗村、火嵊村	88
	黄连木	Cinamonum camphora	326	22.0	267	凹下村屋背	1
	黄檀	Dastanopsis hupeana Hance	478	26.0	296	四青村方木坑大庙后山	1
	苦槠	Csstanopsis sclerophylla	350	20.0	395	王坊村、坳下村、水口村	58
	椤木石楠	Photinia davidsoniae	370	17.5	238	凹下村、水口村、四青村	21
	马尾松	Pinus massoniana	275	30.0	360	火嵊村猎仔山	1
	木荷	Schima superba	130	22.0	183	汤山村、水口村、四青村	19
	牛劲花		150	28.5	178	汤山村马路边	3
	女贞	Ligustrum lucidum	150	18.0	218	汤山村、坳下村、板岭村	10
	千重皮		420	33.0	260	四青村方木坑小庙	2
	青冈栎	Cyclobalanopsis glauca(Thumb.)Oerst	340	23.0	235	凹下村、四青村	2
	青皮树	Celastraceae	160	24.0	175	水口村、四青村	3
	肉桂	Cinnamomum cassia	203	23.0	205	汤山村水口左	1
	山杜英	Elaeocarpus sylvestris (Lour.) Poir.	500	24.0	378	汤山村下东山	1
	杉木	Cuninghamia lanceolata(Lamb.) Hook	100	25.0	140	火嵊村	1
	甜槠	Castanopsis eyrei	270	19.0	242	水口村、火嵊村	7
	望春花	Magnolia denudata	167	18.7	222	汤山村、登仙桥村、水口村	8
	香樟	Cinamonum camphora	480	17.0	345	王坊村、登仙桥村、凹下村	53
	小叶栎	Quercus chenii Nakai	298	25.0	238	四青村、火嵊村、板岭村	18
	银杏	Ginkgo biloba linn	280	18.5	250	凹下村、水口村、四青村	21

续表 14-4-4

乡镇	中文名	拉丁名	树龄	树高	胸围	具体生长位置	数量
罗陂乡	枫香	lipuidambar formosana	290	21.0	250	棠溪村、龙江村	28
	苦槠树	castanopsis scleropylla	250	20.0	228	罗陂村、棠溪村	12
	马尾松	pinus massoniana	270	21.0	236	右源村、棠溪村	31
	木荷	schima superba	250	19.8	239	棠溪村、云下村	7
	樟树	Cinamonum camphora	335	24.0	290	罗陂村、棠溪村、右源村等	62
龚坊镇	枫香	Liquidambar formosana	245	18.7	263	殷坊村、下石村	19
	福建柏	Fokieniahodginsii (Dunn) Henry et Thomas	100	12.0	95	大垅村下石村小组	1
	黄连木	Cinamonum camphora	310	14.0	160	南边村义门村	1
	若槠	Csstanopsis sclerophylla	162	13.0	197	南边小组义门村	12
	罗汉松	Podocarpus macrophyllus	600	13.0	320	同富村上边村小组	1
	椤木石楠	Photinia davidsoniae	160	13.0	170	南边村义门村	2
	木荷	Schima superba	300	14.0	250	浯塘村上元排组	1
	女贞	Ligustrum lucidum	190	13.0	200	大垅村下石村小组	1
	樟树	Cinamonum camphora	300	14.0	271	南边村义门、殷坊村、南边村半脑门	178
戴坊镇	枫香	Liquidambar formosana	220	21.7	258	村前村、朱元村、横江村	9
	黄檀	Dastanopsis hupeana Hance	243	9.6	197	村前村、丰秋村	3
	苦槠	Csstanopsis sclerophylla	208	10.7	218	横江村村后	4
	椤木石楠	Photinia davidsoniae	280	12.0	220	朱元村港边	1
	闽楠	Phoebe bournei(Hemsl.)Yang.	500	20.0	282	古竹村头上	6
	木荷	Schima superba	230	20.0	240	良元村水口上牛栏边	1
	楠木	Phoebe zhennan S. Lee et F. N. Wei	600	11.7	200	良元村水口上牛栏边	3
	乌桕	Sapium sebiferum (L.) Roxb.	510	14.0	595	村前村	1
	小叶栎	Quercus chenii Nakai	173	15.3	190	村前村小港的	3
	小叶青冈	Ouercus myrsinifolia	255	23.0	250	朱元村、甘竹村	2
	樟树	Cinamonum camphora	230	15.0	272	红光村、村前村、小曹村、竹山村	204

续表 14-4-4

乡镇	中文名	拉丁名	树龄	树高	胸围	具体生长位置	数量
湖坪乡	枫香	Liquidambar formosana	130	27.0	256	长富村、参陂村、中村村等	50
	厚皮树	Lannea coromandelica	128	20.5	169	参陂村木桥组庙边里	2
	黄连木	Cinamonum camphora	110	30.0	255	善和村街上组街上	2
	苦槠	Csstanopsis sclerophylla	138	19.5	303	中村村、善和村、贺立村	19
	椤木石楠	Photinia davidsoniae	143	18.0	230	中村村、善和村、贺立村	4
	马尾松	Pinus massoniana	147	28.0	267	参陂村、坊塘村	11
	木荷	Schima superba	126	24.0	268	长富村、贺立村、西头村	17
	香樟	Cinamonum camphora	195	23.0	330	长富村、丁元村、参陂村	195
	小叶栎	Quercus chenii Nakai	115	30.0	249	西头村	8
招携镇	枫香	Liquidambar formosana	117	20.9	342	大垅村下石、茶园村下堡	10
	枫杨	China Wingnut Chinese Winged NutChinese Ash	113	21.0	337	南槽村曲港马路下港边	3
	拐枣	Hovenia acerba Lindl.	108	19.0	325	南槽村港边	2
	红豆杉	Chinese yew	120	11.0	155	茶园村下堡村小组	1
	女贞	Ligustrum lucidum	190	11.0	274	青里村竹山港边、茶园村社公庙边	6
	杉树	Cunninghamia lanceolata (Lamb.) Hook	214	15.0	183	茶园村乌石坳、南槽村曲港	5
	松树	Pinus massoniana	177	17.0	273	茶园村乌石坳、青里村港背	2
	香椿树	Ailanthus altissima(Mill.)Swingle	160	20.0	279	南槽村上阴排路边	1
	银杏	Ginkgo biloba linn	120	23.0	230	肖坊村毛家咀村口	1
	小叶栎	Quercus chenii Nakai	400	18.2	397	茶园村下堡、坳背村屋边	5
	樟树	Cinamonum camphora	240	16.5	362	南槽村、青里村、瓦子场等	75
	槠树	Castanopsis sclerophylla	135	8.0	283	青里村、肖坊村	2
大马头	枫香	Liquidambar formosana	198	19.7	271	召尾村	11
	黄檀	Dastanopsis hupeana Hance	390	22.0	310	村庄内	1
	若槠	Csstanopsis sclerophylla	120	9.7	149	召尾村	30
	小叶栎	Quercus chenii Nakai	550	18.0	410	汗口上	1
	樟树	Cinamonum camphora	264	16.7	202	召尾村	35

续表 14-4-4

乡镇	中文名	拉丁名	树龄	树高	胸围	具体生长位置	数量
万崇镇	枫香	Liquidambar formosana	240	20.0	304	上坊村、下村村、敢塘村等	23
	国槐	Sophora japonica Linn.	350	18.0	215	上罗村路边	1
	黄檀	Dastanopsis hupeana Hance	370	18.0	233	上、下村、增坊、河堤上	14
	苦槠	Csstanopsis sclerophylla	340	13.0	276	路边村、增坊村、敢塘村等	7
	椤木石楠	Photinia davidsoniae	414	9.6	261	庙仔边、敢塘村、村中村等	5
	马尾松	Pinus massoniana	120	21.0	210	丰林村河堤上	2
	南方红豆杉	Chinese yew	600	17.0	370	坪背村上坊庙仔边	1
	小叶青冈	Quercus myrsinifolia	360	19.5	245	下村村、增坊村、敢塘村等	38
	银杏	Ginkgo biloba linn	100	16.7	132	上罗村村中	3
	香樟	Cinamonum camphora	365	16.0	305	汉上村、陂上村、上坊村等	254
南村乡	侧柏	Platycladus orientalis	270	13.5	220	努坪村、樟坑村	3
	大叶栎	Quercus griffithii	450	11.0	380	炉桐村决溪组村口前	1
	冬青	Llex purpurea Hassk	145	12.5	237.5	大里村、努坪村	2
	枫香	Liquidambar formosana	120	17.5	280	太平村、大里村、车头村等	9
	枫杨	China Wingunt	146	18.6	298	南村村、望下村	5
	桂花	Osmanthus fragrans	110	9.5	173	车头村稍坪村	2
	红豆杉	Chinese yew	320	11.5	259	炉桐村	31
	黄檀	Dastanopsis hupeana Hance	295	14.5	243	管坊村、望下村	4
	苦槠	Csstanopsis sclerophylla	168	12.0	231	茅岗村、车头村、管坊村等	85
	罗汉松	Podocarpus macrophyllus	300	7.0	222	山心村山心组村井边	1
	椤木石楠	Photinia davidsoniae Rehd	225	11.0	197	南村村、炉桐村、望下村等	43
	马尾松	Pinus massoniana Lamb	130	16.5	194	车头村、努坪村、炉桐村等	200
	木荷	Schima superba	160	13.0	230	车头村、樟坑村、南村村等	45
	女贞	Ligustrum lucidum	140	13.5	202	大里村、望下村、炉桐村	34
	青冈栎	Cyclobalanopsis glauca	180	10.0	160	望下村堆上组中垫	1
	甜槠	Castanopsis eyrei	160	9.5	232	炉桐村	16
	乌桕	Sapium sebiferum	130	9.0	200	望下村堆上组村口	1
	小叶栎	Quercus chenii Nakai	230	15.8	205	茅岗村、管坊村、南村村	137

续表 14-4-4

乡镇	中文名	拉丁名	树龄	树高	胸围	具体生长位置	数量
南村乡	小叶青冈	Quercus myrsinifolia	290	12.6	242	炉桐村稠溪组庙背	4
	银杏	Ginkgo biloba linn	180	16.5	249	努坪村、炉桐村	2
	樟树	Cinnamonum camphora	260	14.0	300	太平村、西坑村、山心村等	565
山砀镇	白栎	Quercus fabri Hance	120	8.0	200	流坊村新居组	1
	枫香	Liquidambar formosana	180	15.0	308	厚坊村、蔡坊村、流坊村	26
	苦槠	Csstanopsis sclerophylla	170	12.0	306	口前村、流坊村	8
	椤木石楠	Photinia davidsoniae Rehd	235	9.0	270	厚坊村、蔡坊村	2
	马尾松	Pinus massoniana Lamb	145	12.5	240	厚坊村	2
	木荷	Schima superba	140	14.0	255	杏坊村淡川组	1
	香樟	Cinamonum camphora	164	11.5	397	口前村、杏坊村、航桥村	48
	小叶栎	Quercus chenii Nakai	140	16.0	296	杏坊村淡川组	1

四、野生动植物保护

1994 年 12 月，乐安县林业公安分局破获一起非法猎捕 4 只云豹的特大案件。

1996 年 11 月，乐安县开展保护野生动物专项行动，共摧毁非法猎捕、收购、贩卖野生动物网点 11 个。破获赣州籍两男子郭某某、刘某某在乐安县非法猎捕珍稀动物案，缴获国家一级保护动物云豹 2 只，二级保护动物金猫 1 只、穿山甲 6 只，省级保护动物毛冠鹿 1 只、平胸龟 186 只、五步蛇 300 条等，全部放归大自然。

1997 年，县林业局增设野生动植物保护管理站，对全县野生动、植物经营实行规范管理。经审核，颁发野生动物驯养繁殖许可证 19 户。2012 年 11 月，根据省林业厅通知，为保护野生动物资源，对全县办理的野生动物经营户证件全部收回，禁止非法经营野生动物。鼓励合法驯养繁殖野生动物，依法打击破坏野生动物的违法犯罪行为。对野生植物的利用，实行野生植物采集证制度，严格禁止采挖国家级及省级保护野生植物。

至 2016 年，全县已初步查明脊椎动物（不含鱼类）有 180 多种。其中，鸟类 120 多种、兽类 30 多种、两栖类 8 种、爬行类 20 多种。有国家重点保护动物 30 种。其中，国家一级保护动物云豹、白颈长尾雉等 6 种，国家二级保护动物虎蚊蛙、穿山甲等 24 种；有省级重点保护动物平胸龟、毛冠鹿等 23 种。有高等植物 80 科，约 700 种。其中，有国家重点保护植物南方红豆杉等 3 种，国家二级保护植物金钱松等 18 种，省级重点保护罗汉松 15 种。

放飞国家二级保护动物草鸮

乐安县主要重点保护陆生野生动物名录表

表 14-4-5

中文名称	拉丁学名	保护级别		中文名称	拉丁学名	保护级别	
		国家级	省级			国家级	省级
棘胸蛙	Rana spinosa		★	草鸮	Tytocapensis	Ⅱ	
虎纹蛙	Rana tigrina	Ⅱ		穿山甲	Manispentadactyla	Ⅱ	
平胸龟	Piatysternon megacephalum		★	狐	Vulpes		★
王锦蛇	Elaphe carinata		★	豺	Cuonalpinus	Ⅱ	
乌梢蛇	Zaocys dhumuades		★	黄喉貂	Martesflavigula	Ⅱ	
银环蛇	Bungarus fasciatus		★	黄鼬	Mustelasibirlca		★
眼镜蛇	Naja naja		★	水獭	Lutralutra	Ⅱ	
尖吻蝮	Agdistrodon acutus		★	大灵猫	ViverraViverraZibetha	Ⅱ	
蝮蛇	Agdistrodon halys		★	小灵猫	Viverriculaindica	Ⅱ	
竹叶青	Trimeresurus stejnegeri		★	果子狸	Pagumalarvata		★
苍鹰	Accipiter gentilis	Ⅱ		食蟹獴	Herpestesurva		★
普通鵟	Buteo buteo	Ⅱ		华南虎	Pantheratigris	Ⅰ	
金雕	Apuila chrysaetos	Ⅰ		豹猫	Felisbengalensis		★
灰胸竹鸡	Bambusicola thoracica		★	金猫	Felistemmincki	Ⅱ	
白鹇	Lophura myethemera	Ⅱ		云豹	Nelfelisnebulosa	Ⅰ	
勺鸡	Pucrasia macrolopha	Ⅱ		黄麂	Muntiacusmuntiak		★
白颈长尾雉	Sysmaticue ewllioti	Ⅰ		毛冠鹿	Elaphoduscephalophus		★
红腹锦鸡	Chrysolophus pictus	Ⅱ		水鹿	Cervusnuicolor	Ⅱ	
环颈雉	Phasianus colchicus		★	鬣羚	Capricornissumatraensis	Ⅱ	
黑鸢	Milvus migrans	Ⅱ		黑麂	Muntiacusorinifronsceruus	Ⅰ	
戴胜	Upupa epops		★	凤头鹰	Accipitertrivirgatus	Ⅱ	
黄腹角雉	Tragopan caboti	Ⅰ		斑头鸺留鸟	Glaucidiumcuculoides	Ⅱ	
喜鹊	Pica pica		★	领角鸮	Otusbakkarnoena	Ⅱ	
寿带	Terpsiphone paradise		★	长耳鸮	Asiootus	Ⅱ	
大山雀	Parus major		★	短耳鸮	Asioflammeus	Ⅱ	
画眉	Garrulax canorus		★	雀鹰	Accipiternisus	Ⅱ	
红嘴蓝鹊	Urocissa erythrorhyncha		★	红头咬鹃	Harpacteserythrocephalus	Ⅱ	

说明：Ⅰ为国家一级保护动物，Ⅱ为国家二级保护动物，★为省级重点保护动物

乐安县主要重点保护野生植物名录表

表 14-4-6

中文名称	拉丁学名	保护级别	
		国家级	省级
银杏	Ginkgo Biloba L.	Ⅰ	
金钱松	Pseudolarix Kanmpferi Gord	Ⅱ	
水杉	Metaseguia glyptostroboides Huet cheng		Ⅲ
福建柏	Fokieniahodginsii(dunn) Henryet Thomas	Ⅱ	
罗汉松	Podocarpusmacrophyllus(Thunb) D.Don		Ⅲ
三尖杉	Cophalotaxus fortunei Hook.f.	Ⅱ	
中国粗榧	Cephalotaxussinensis(Rehd.etwils.)Li	Ⅱ	
南方红豆杉	Taxus chinensis Var.inairei	Ⅰ	
长叶榧树	Torreya jackii chun	Ⅱ	
榧树	Torreya grandis Fort	Ⅱ	
鹅掌楸	Liricdendron chinense(Hemsl)sarg	Ⅱ	
凹叶厚朴	Magnolia biloba(Rehdetuils)cheng	Ⅱ	
木莲	Magnolia fordiana(Hemsl)oliv.	Ⅱ	
香樟	Cinnamomum camphora(L.)presl	Ⅱ	
华南桂	Cinnamomumaustro-sinenseT.H.Chang		Ⅲ
闽楠	Phoebe bournei(hemsl.)Yang.	Ⅱ	
青钩栲	Castanopsis Kanakamii Hayata.		Ⅲ
长序榆	Ulmus elongate L.K.FuerC.S.Ding	Ⅱ	
榉树	Zelkova schneideriana Hand-Mazz.	Ⅱ	
钟萼木	Bretschneidera sinensis Hemsl	Ⅰ	
杜仲	Eucommia ulmoides Oliver.		Ⅲ
红豆树	OrmosiaHosiei Hemsl.et Wils.	Ⅱ	
花榈木	Ormosia henryi Prain	Ⅱ	
黄檀	Dalbergia hupeana Hance		Ⅲ
毛红椿	Toonasurmeivar.pubescems(Fr.)chun.	Ⅱ	
猴欢喜	Scoanea sinensis Hemsl.		Ⅲ
红花油茶	Came llia Chekiang-oleasahu		Ⅲ
喜树	Captotheca acuminate Decne.	Ⅱ	
香果树	Emme nopterys henryi Oliv.	Ⅱ	
半枫荷	Semiliquidambar	Ⅱ	
实心竹	Dendrocalamusstriclus(Roxb)Nees		Ⅲ
肉桂	C.cassia presl		Ⅲ
香桂	C.subavenium Miq		Ⅲ
草珊瑚	Sarcandraglabra(thumb)nakal		Ⅲ
江西杜鹃	Rhodocdendron kiangsiensis Fang		Ⅲ
七叶一枝花	Panispolyphylla smithvarchinensis(Fr)Hara		Ⅲ
八角莲	Dysosmapleiantha(Hance)Woods		Ⅲ

说明：Ⅰ为国家一级保护植物，Ⅱ为国家二级保护植物，Ⅲ为省级重点保护植物

第五章　林业管理与科技

20世纪80年代中期，全县开展“两山并一山”工作，将1982年林业“三定”（稳定山林权、划定责任山自留山、确定林业生产责任制）时划分给农民的责任山、自留山合并，采取统分结合的管理办法。1987年，县委、县政府根据《森林法实施细则》，制定以“四统一”（统一规划采伐和造林山场，统一组织采伐和更新造林，统一收益分配及采伐，统一领证管理）为主要内容的管理办法。2005年，进行以明晰产权、减轻税费、放活经营、规范流转为主要内容的林业集体产权制度改革。随着林业管理制度的不断变革，全县林政管理逐步纳入法制化、制度化、规范化的轨道。

第一节　机构人员

一、县林业局

1950年11月，县人民政府设立建设科管理农林工作。1951年11月，增设农林科管理农林工作。1956年6月，改农林科为农林局。1958年，将水利局并入，改称农林水利局。1960年3月，设立农林垦殖局。1970年11月，改农林垦殖局为林业局，1973年，又更名为农林垦殖局，1984年6月，复称林业局。

1991年，成立中共林业局委员会和中共林业局纪律检查委员会。2003年，县政府批准确定县林业局内设办公室、林政资源管理股、人事监察股、计划财务股、造林经营股、政策法规股6个职能股室，定行政编制18个，工勤事业编制2个，专项事业编制4个。2011年，县政府批准调整确定县林业局内设办公室（党委办公室、行政审批股与之合署办公）、林政资源管理股、人事教育股、计划财务股、造林经营股、政策法规股6个职能股室。定行政编制为17个，工勤事业编制2个。2016年，林业局机关内设股室有办公室、林政股、营林股、人事股、计财股、森林资源监测中心、人武部、森防站、野保站、林权管理服务中心、法规股、防火办、监察室13个职能股室，有工作人员71人。

县林业局主要负责组织开展植树造林、封山育林工作；组织、指导以植树种草等生物措施防治水土流失和防沙、治沙工作；指导各类商品林和药用林以及风景林的培育和发展；指导、监督林木种苗培育和森林病虫害防治、检疫工作；指导森林资源的保护管理工作；指导陆生野生动植物资源的保护和合理开发利用；指导管理林业基

县林业局

本建设、多种经营和技术改造工作；承办县绿化委员会和县政府森林防火总指挥部的具体工作。县山林权属争议调处办公室、县森林防火指挥部办公室、县绿化委员会办公室挂靠县林业局。

1986—2016年，历任局长：曾鸿祥、陈银保、李乐辉、帅辉德、谭小凡、胡文军；1991—2016年，历任党委书记：曾鸿祥（兼）、黄九龙、谭小凡、帅辉德、胡文军（兼）。

二、县森林公安局

1988年11月，乐安县林业公安分局正式挂牌成立，内设人秘股和治安股，辖招携、谷岗2个林业派出所。1989年增设山砀、万崇、望仙3个林业派出所，定编48个。林业公安分局为副科级单位，党务、行政直属县林业局领导，业务受林业、公安部门双重领导。1991年，分局增设法制股。1992年5月，成立石陂林业派出所。1995年3月，林业分局增设刑侦队。1996年10月，招携、谷岗、万崇、山砀、望仙林业派出所接管户籍管理工作。1998年10月，乐安县林业公安分局更名为乐安县森林公安局。2006年11月，森林公安局增设警务督察室。2007年9月，森林公安局54名在编民警转为政法专项编制，另有工勤编2个。2015年10月县森林公安局升格为正科。2016年，乐安县森林公安局内设办公室、刑侦队、治安股、法制股、执勤室和督查室，辖招携、谷岗、万崇、山砀、望仙、石陂和鹏洲林业7个派出所，在编在岗人员共50人。

主要职责：负责全县各类森林刑事案件的侦破工作，组织协调跨地区和涉林重大案件的侦破；查处全县林业治安案件，授权查处全县各类林业行政案件，负责全县木竹加工消耗行业的管理等。

2015—2016年，森林公安局局长：曾晓春、王乐平；政委：王乐平、蔡建良。

三、县林业局直属单位

木材检查站　1987年6月，成立乐安县木材检查总站，核定事业编48个（含基层站哨），为正股级事业单位。内设办公室和财务室，有罗家圩一个省批基层木材检查站，并先后设有银口、上堡、石塘、湖田、航桥、望仙、大马头、丰秋、罗陂、罗陂（公溪镇境内）10个护林防火站哨和1个江边村火车站木材验证站。至2015年，护林防火站哨全部撤销，只保留罗家圩木材检查站和江边村火车站木材验证站。2016年，木材检查总站有干部职工21人。主要职责为：对县辖区水路、陆路、货场木材运输进行查验，制止违法运输木材行为；查验林木种子及国家、省级重点保护野生动植物的运输凭证，对违法运输行为实施林业行政处罚。

绿园生态林场　1985年9月，成立“国营乐安县实验林场”和“乐安县速生丰产用材林基地管理站”，直属县林业局，为副科级事业单位，企业管理（实行两块牌子，一套人马），下设金竹、坪溪、南村、望仙、万崇、鹏洲6个分场。1985年11月，撤销南村分场，增设石陂分场，管辖石陂、湖溪、谷岗3个乡所属基地。1986年7月，县林业局将县林业技术推广站划归实验林场管理。1987年4月，撤销万崇分场和望仙分场，增设牛田分场、招携分场和增田分场，鹏洲分场并入石陂分场。1990年，增设公溪分场。2002年2月，坪溪分场并入金竹分场。2007年2月，撤销乐安县速生丰产林基地管理站，国营乐安县实验林场更名为乐安县绿

县森林公安局

园生态林场。2014年12月，国有林场改革，在绿园生态林场基础上组建生态公益型林场（乐安县森林苗圃人员并入，牌子保留），核定为股级公益性事业单位，名称仍为“乐安县绿园生态林场”，隶属县林业局。2015年8月，乐安县绿园生态林场下设的石陂、增田、牛田、公溪、金竹、招携6个分场同时更名为管理站。2016年，乐安县绿园生态林场有干部职工68人。

林业工作管理站　1994年，在全县各乡镇设林业工作站，属县林业局派出机构，委托行政执法。县林业局设立林业工作管理站，对各乡镇林业工作站进行协调管理、业务指导。2016年，全县设有鳌溪、金竹、招携、增田、南村、谷岗、湖溪、公溪、山砀、龚坊、戴坊、牛田、万崇、湖坪、罗陂15个乡镇林业工作站，有干部职工31人。主要职责为：承担林业政策宣传、林政资源管理、林政执法、林业生产组织、林业科技推广和社会化服务；根据国家有关政策规定代收林业行政事业性收费和协助管理各项林业行政事务等。

森工林场　1983年，成立乐安县林业工业公司，属国营企业，下辖林业劳动服务公司、林业汽车队、江边贮木场及5个采育林场9个林站，有职工1055人。2004年8月，县林业工业公司实行企业改制。2009年，成立乐安县森林工业局，为县林业局下属财政全额拨款副科级事业单位，定编12个。2014年12月，乐安县林业工业公司通过国有林场改革，整合重组为商业经营性质的国有林场，更名为“乐安县森工林场”，与县森林工业局合署办公，实行一套人马，两块牌子。内设办公室、计财股、林业产业行业管理股、林业公路管理站、企业管理股、林产化工股，下设招携、湖坪、戴坊、谷岗、石陂5个管护站。2016年，乐安县森工林场（森林工业局）共有人员40人。

第二节　林政管理

一、木竹采伐管理

为保护生态环境，控制县域森林资源消耗，促使森林资源持续增长，1986年始，全县实行木竹限额采伐管理，对每年木竹采伐量进行严格管理控制。每年木竹采伐限额，包括当年所有林木的主伐、抚育伐、林分改造等各种采伐消耗的总额。年林木采伐限额是年度林木资源采伐量的最大限量。县林业主管部门严格执行年度木竹采伐限额、采伐作业设计、凭证采伐等制度，建立台账管理，设立采伐证发放台账、生产台账、经营加工调运台账，对木竹的采伐、生产、调运进行全程监督管理。乐安县额定1986—2016年木材采伐限额总量为612.58万立方米，其中商品材376.97万立方米，自用材为47.08万立方米，烧材188.53万立方米，毛竹采伐量为6124.28万根。

1986—2016年乐安县木竹采伐限额情况表

表14-5-1　　单位：立方米、万根

期间	木材				毛竹	
	合计	商品材	自用材	烧材	合计	商品竹
1986—1990年	821460	410730	82146	328584	150	150
1991—1995年	793290	412510	76155	304625	335	335
1996—2000年	834040	450380	76320	307340	2200	2200
2001—2005年	1091900	610900	96200	384800	219	219
2006—2010年	1217560	603390	122834	491336	3220.28	3220.28
2011—2015年	1259820	1182165	15531	62124	—	—
2016年	107760	99665	1619	6476	—	—

说明：自2015年开始，全县不再下达商品竹采伐限额，但要求每亩竹林要保留120株以上成品竹

二、木竹运输管理

1985年1月1日，《中华人民共和国森林法》实施，对木材凭证运输管理做出原则规定。1987年4月1日，执行江西省林业厅印发的《江西省木材运输管理办法》，乐安县林业局在每个自然村聘请护林员，对该村的森林资源进行管护，护林员的职责是对辖区的山林定期进行巡山，看护森林，制止或者及时上报非法砍伐木竹行为。开展公路木材运输稽查，对乱砍滥伐、无证运输等违法行为进行查处。成立林业行政综合执法大队进行林业专项整治，严厉打击盗伐滥伐毁林行为，坚决取缔“三无”（无营业执照，无生产许可，无用材指标）违规木竹加工企业，清理整顿森林资源消耗大的粗加工型企业。

三、林业规费征收

林业规费　指“两金”“两费”，即育林基金、更新改造资金及林政管理费、林区管理建设费。征收范围包括经营或直接出售的木材、竹材、木竹成品及半成品、林副产品均应按规定征收“两金”“两费”。农村居民采伐自留地及房前屋后个人所有的零星木竹和生活柴炭，免征“两金”“两费”，其他均应按规定征收。国营林业企事业和垦殖场自产自用的木竹也应按规定征收。对木竹成品及半成品，按实际消耗木竹量换算再计征。2006年起只征收育林基金和森林植物检疫费，2015年1月1日起对小微企业（含个体工商户）免征森林植物检疫费，2016年2月1日起将育林基金征收标准降为零。

征收标准　产区经营单位按收购后第一次销价的20%征收“两金”，其中育林基金12%，更新改造资金8%；集体或林农直接销售的，按每次成交价的25%向用户征收“两金”，其中育林基金15%，更新改造资金10%。林政管理费按每立方米3.5元征收，其中：林政费1.5元，护林防火费2元。林区管理建设费杉木每立方米10元，松杂木每立方米5元。2003—2016年，全县共征收育林基金6551.2万元。

2003—2016年乐安县育林基金征收情况表

表14-5-2　　　　单位：元

年份	金额	年份	金额	年份	金额
2003	7758561	2008	9206368	2013	1657505
2004	6956969	2009	5214686	2014	464418
2005	6918630	2010	4716170	2015	881803
2006	6387916	2011	2891647	2016	13340
2007	10045838	2012	2398168	合计	65512000

四、山林权属改革

2005年11月，县域启动以“明晰产权，减轻税费，放活经营，规范流转”为主要内容的农村林业产权制度改革。全县完成林地、林权初始登记178465公顷，发放林地使用权证67687本，发证率97.4%；发放林地所有权证4362本，发证率95.77%。参与林业产权制度改革农户58844户。全县国有山林23527.6公顷。国有山林来源：一是1950年土改划定；二是1964年乡、村无力经营的荒山荒坡无偿赠给国有林场；三是1971—1982年乡、村将山林评估作价一次性转给国有林场；四是1985—1994年，国家建立速生丰产用材林基地建设和林业利用外资造林项目购置的山林。《中华人民共和国土地法》规定农村土地属集体所有，县域有集体山林160396公顷。

2006年7月，成立乐安县林业产权交易中心，履行林业产权登记管理，森林资源流转、资产评估，林业技术、法律、信息咨询和林业融资服务。2012年7月，乐安县林业产权交易中心更名为“乐安县林权管理服务中心”，履行林权管理、流转服务、社会服务等职能。2007—2016年，全县森林资源流转交易面积5700.4公顷，其中：国有2586.58公顷，集体及个人3113.82公顷；抵押贷款面积10607.16公顷，金额22858.89万元。2016年1月，林权登记管理服务、林业档案系统移交到县不动产登记管理局。

乐安县林业产权交易中心办证大厅

五、山林权属争议调处

1986年，县政府设立山林权属调处办公室，负责调处山林纠纷。山林权属争议的处理坚持先调解后处理和以双方协商解决为主，政府处理为辅之原则。对调解无效的，由人民政府作出处理决定。对行政裁定不服的，可向县人民法院提起行政诉讼。1986—2016年，全县共发生山林权属争议案791起，已调处768起，其中一般调处664起，立案调处104起，调处率为97%。确权面积为12413.33公顷。

2005—2016年乐安县山林权属纠纷调处情况表

表14-5-3　　　　单位：起

年份	争议数	调处数		年份	争议数	调处数	
		一般调处	立案调处			一般调处	立案调处
2005	2	0	2	2012	6	0	6
2006	22	2	20	2013	12	4	8
2007	612	564	25	2014	17	13	4
2008	18	9	9	2015	40	35	5
2009	17	14	3	2016	16	8	8
2010	18	14	4	合计	791	664	104
2011	11	1	10	—	—	—	—

第三节　林业科技

一、科技人员和试验

1993年，全县林业系统有专业技术职称人员32人，其中高级职称1人，中级职称9人，初级职称17人，技术员5人。随着林业发展步伐加快，林业专业技术人员队伍也不断壮大。至2016年，全县林业系统有专业技术职称人数88人，其中：高级职称5人，中级职称51人，初级职称29人，技术员3人。另有技术工人65人，其中技师3人、高级工33人、中级工23人、初级工6人。

1984—2000年，县林业工业公司在万崇林站石桥工地和戴坊林场麦坑工地试种绞股蓝33.33公顷，取得经验后逐步在各乡镇推广种植。1995年全县种植面积达到333公顷，年产量2000多吨。2000年始，由于绞股蓝栽种成本高于从外地购进成本，加上制药厂绞股蓝原料收购提炼药品后成本价也较高，致使绞股蓝产品严重滞销，直至停产。

1988—2005年，乐安县实验林场先后在本场苗圃和各分场建立苗木基地，面积672.07公顷。进行杉木扦插试验、杉木优树取萌扦插试验、稀土喷洒苗木幼林试验、杉木优良种源推广试验和杉木优良无性系选育研究。开展播种育苗、插播育苗、分根育苗、pt菌（生物活化剂，亦称复合生物肥料）根化育苗和pt菌根化芽苗造林试验，幼林施肥试验，秃杉种源试验，晚松引种试验，五松即湿地松、火炬松、晚松、桐棉松、高州松对比试验，桤木引种试验，桤木、杉木、湿地松混交试验等科研项目。

二、科技成果

1991年，县实验林场“速生丰产林基地总体规划设计”获国家林业部二等奖。是年，乐安生产的绞股蓝高级保健茶在香港食品博览会上，获得首届专利技术专利产品交易金牌奖。

1993年，县实验林场的“杉木、马尾松地理种源试验”，获江西省科技一等奖。

1994年4月，县实验林场陈显明、龚顺祥、万于根的“杉木优良种源推广”，获江西省科技进步二等奖和江西省农业科教人员突出贡献一等奖。是年8月，陈显明、龚顺祥、万于根的“山地人工用材林幼林阶段关键技术组合及优化模型应用”，获江西省科技进步三等奖和江西省农业科教人员突出贡献二等奖。

1997年，县实验林场实施的“江西省竹类资源及利用规划研究”项目，获林业部科学技术进步三等奖。

2000年9月，县实验林场陈显明的“世行贷款国家造林项目科技推广”获江西省科技进步一等奖。

三、科技运用

1992年，林业局在招携镇杭村村建立板栗优质穗条母本园。

1993—1995年，县直机关在鳌溪镇罗山村前坑磨汗山（县城往南村乡公路边）建立面积为100公顷的果园（奈李）基地。

1993—1996年，县林业局帮助招携、南村、增田等乡镇林农进行板栗高接换种面积33.3公顷，并指导全县各乡镇林农进行板栗苗木嫁接。

2003—2004年，从省林科院引进优良无性系油茶品种在金竹畲族乡和招携镇种植面积86.67公顷。

1996—2016年，在全县重点推广应用毛竹低产林改造、毛竹丰产林培育、毛竹笋竹两用林栽培、杉（松）人工林抚育间伐、退耕还林工程配套荒山荒地造林项目建设、长江中上游防护林项目建设、生态公益林建设、天然林保护工程、杨梅林的科学管理、油茶示范基地建设、花卉苗木基地建设、速生丰产板栗基地建设，以及pt菌根剂的推广应用等。